제6판

回生事件實務

(下)

서울回生法院
裁判實務研究會 著

박영사

제6판 머리말

    도산전문법원인 서울회생법원이 개원한 지도 벌써 6년이 지났습니다. 그 동안 서울회생법원은 기업회생 절차에서의 사전계획안(P-Plan), 자율구조조정 지원 프로그램(ARS Program), 효율적인 M&A를 위한 스토킹호스 매각방식, 개인회생 절차에서의 주택담보대출 채무재조정 프로그램 등 새로운 제도를 많이 도입하였고, 이러한 제도는 어느 정도 안정화 단계에 접어들었습니다. 신속한 사건처리와 채무자에 대한 우호적 태도 등 서울회생법원이 이룬 성과는 도산전문법원의 필요성을 깨닫는 계기가 되었습니다. 이러한 성과를 인정받아 올해 3. 1. 부산과 수원에서도 도산전문법원인 부산회생법원과 수원회생법원이 개원하게 되었습니다.

    서울회생법원 재판실무연구회는 끊임없는 연구와 실무 경험을 바탕으로 실무서를 발간해 왔고, 이는 전국 도산담당법관과 도산 실무를 담당하거나 연구하시는 분들에게 도산법제에 대한 안내서와 같은 역할을 해 왔습니다. 따라서 빠르게 변화하는 도산 환경 속에서 그 변화를 충실히 반영하고 이에 대하여 안내해 드리는 것은 서울회생법원의 의무이자 숙제와도 같은 것입니다. 이에 서울회생법원은 2019년 이후 4년 만에 「회생사건실무」 제6판을 발간하게 되었습니다.

    이번 개정판에서는 채무자 회생 및 파산에 관한 법률이 시행된 지 20여 년이 다 되어가는 점을 감안하여 가급적 구 회사정리법, 화의법, 파산법에 관한 내용들은 삭제 또는 축소하였습니다. 또한 서울회생법원 개원 이후에 접수된 사건도 상당히 축적된 점을 감안하여 최대한 서울회생법원 사건 위주로 사례를 기재하였고, 서울중앙지방법원 때의 사건은 삭제하거나 축소하였습니다. 이전 판까지는 일본 사례를 많이 참고하였으나 우리나라의 도산법제가 어느 정도 성숙하였다는 판단 아래 일본 사례는 꼭 필요한 경우가 아니면 삭제하거나 축소하였습니다.

    그리고 2019년 이후 서울회생법원의 개선된 실무와 제도를 모두 반영하였고, 그 동안 축적된 판례 등도 반영하였습니다. 회생절차개시 전에 채무자와 주요채권자들 사이의 자율적 구조조정을 지원하는 프로그램(Autonomous Restructuring Support; ARS)을 새롭게 집필하였습니다. 또한 제18장에 '상장법인의 회생절차'를 새롭게 신설하여 상장폐지절차 및 상장법인에 대한 회생절차를 상세히 서술하였습니다. 또한 코로나 19의 영향으로 대표자심문과 현장검증을 대면방식이 아닌 영상심문으로 진행하는 등의 실무상 변화도 반영하였습니다. 회생계획안 기재례에 골프장 사건 등 특수한 사례도 추가하였습니다. 2021. 12. 21. 실무준칙 제241호 '회생절차에서의 M&A'를 개정함에 따라 그 개정내용 또한 반영하였습니다.

　　대한민국의 도산법제는 이제 진정한 도약의 시기가 아닌가 생각됩니다. 앞으로도 대한민국 도산법제와 도산전문법원이 계속 발전하며 나아갈 수 있도록 이 책을 읽으시는 여러분들의 많은 관심과 성원을 부탁드립니다. 끝으로 오랜 기간 연구와 치열한 토론을 거쳐 제 6 판을 집필해주신 서울회생법원 재판실무연구회 소속 법관들께 깊은 감사의 말씀을 드립니다.

2023. 7.

서울회생법원장 및 재판실무연구회 제 3 대 회장 **안 병 욱**

격 려 사

　　서울회생법원이 도산제도의 발전과 도산전문법원의 설립에 대한 국민적 염
원을 담아 개원한 지도 벌써 2년이 넘었습니다. 설립 당시 서울회생법원은 최고
의 도산전문법원을 지향한다는 포부를 밝히면서 '효율적인 기업구조조정 제도의
장점 접목을 통한 취약산업 구조개선 및 시장경제 활성화 도모', '지속적 경기불
황 속에서 실패를 두려워하지 않는 혁신적 기업가 정신의 제고를 통한 경제 펀
더멘털 재건 기여', '정직한 채무자의 실질적 재기 지원을 통한 국가경제의 인적
자본 충실화 및 가정경제의 회복', '신속하고 전문적인 국제도산사건 관리를 통
한 아시아 지역에서의 선도적인 국제도산 허브코트의 지향'을 설립이념으로 삼
았습니다.
　　지난 2년간 서울회생법원은 이러한 설립이념에 따른 소명을 다 하기 위하
여 사회 각층의 의견을 폭넓게 청취하는 동시에 더욱 진취적으로 여러 최선진
제도를 연구함으로써 스토킹호스 비드 매각방식, 중소기업 맞춤형 회생절차 프
로그램(S-Track), 지분보유조항(ERP), 개인회생 주택담보대출채권 채무재조정제
도 프로그램 등의 도입, 연 3,000명 이상 방문하는 뉴스타트 상담센터의 운영,
P-Plan 회생절차 및 상속재산파산제도의 활성화 등 합리적이고도 효과적인 도
산제도의 운영을 위한 창의적인 절차를 마련하는 데 노력을 아끼지 않았습니다.
또한 국제적으로도 다양한 경로를 통하여 세계 유수의 도산전문법원들과 교류하
고, 외국 법원과의 원활한 업무협조를 뒷받침할 수 있는 국제적 절차 적용에 보
조를 함께 하기로 함으로써 세계 속의 선진 도산전문법원으로 도약할 수 있는
기반을 닦아 왔습니다.
　　이번에 펴내는 제5판 「회생사건실무(상)·(하)」, 「법인파산실무」, 「개인파
산·회생실무」는 서울회생법원 재판실무연구회가 개원 후 처음으로 발간한 도산
제도 전반의 재판실무 교재로서, 그 동안 서울중앙지방법원 파산부 실무연구회
가 발간해온 제4판 이후의 축적된 도산실무의 경험과 연구 성과를 다시 살펴보
고 지난 2년 동안 서울회생법원 가족들이 열성을 다하여 정비하고 발전시킨 도
산실무를 집약한 것입니다. 이 책자들이 각계에서 직접 도산실무를 담당하는 분
들뿐만 아니라 도산제도를 연구하거나 관심을 가지신 분들에게 많은 도움이 되

기를 기대합니다.

　끝으로 격무 중에도 이 책자들의 발간을 위하여 애쓴 서울회생법원 재판실무연구회 소속 법관들의 노고에 깊이 감사드리고, 우리 도산제도와 서울회생법원이 큰 발전을 이루기를 기원합니다.

2019. 7.

서울회생법원장　**정 형 식**

제5판 머리말

「회생사건실무」, 「법인파산실무」, 「개인파산·회생실무」는 제4판에 이르기까지 서울중앙지방법원 파산부의 실무를 반영하면서 우리나라 도산실무의 길잡이 역할을 해왔습니다. 제4판이 발간된 2014년 9월 이후 크고 작은 변화를 겪었던 우리나라 도산실무는 2017년 3월 서울중앙지방법원 파산부가 서울회생법원으로 분리·설치된 이후 다시 한 번 도약했습니다. 이에 이러한 변화와 도약을 반영하기 위해 제5판을 발간합니다.

이번 개정판에서는 서울회생법원의 실무사례를 토대로 새로이 시행된 제도와 재판실무상 쟁점에 대한 최근까지의 연구결과와 판례 등을 반영하였습니다. 먼저 법인회생절차에서는 2011년 이후 시행되고 있는 채권자들이 적극적으로 절차에 참여할 수 있는 패스트트랙 기업회생절차와 구조조정담당임원(CRO) 제도 뿐 아니라 서울회생법원 설치 이후 성공적으로 정착된 사전계획안(P-Plan) 제도, 중소기업을 위한 간이회생제도와 중소기업맞춤형 회생절차(S-Track), 회생절차에서의 M&A 특히 공고전 인수희망자가 있는 경우의 M&A인 스토킹호스비드(Stalking Horse Bid) 제도 등을 새로이 집필하였습니다. 또 법인파산절차에서는 파산채권의 신고와 조사, 확정, 재단채권의 행사 및 변제, 견련파산 등 여러 쟁점과 법인파산 절차 운영방향을 반영하였습니다. 개인파산절차에서는 2012년 이후 시행되어 정착된 원칙적 파산관재인 선임 실무를 기초로 설명하고, 서울회생법원 설치 이후 새로이 실시하고 있는 개인 채무자들의 실질적 재기지원을 위한 뉴-스타트 상담센터 등 여러 제도를 소개하였으며, 서울가정법원과의 협업에 따라 접수가 증가하고 있는 상속재산파산 제도에 관한 실무상 쟁점을 별도의 장으로 서술하였습니다. 개인회생절차에서는 서울회생법원 설치 이후 수립된 상세한 업무처리기준과 생계비 산정과 관련하여 변화된 실무, 원칙적 변제기간을 3년으로 단축한 개정 법률과 이에 따른 실무의 변화, 2018년 2월 새로이 도입된 전임외부회생위원 제도 등을 소개하였습니다. 또한 회생·파산채권에 대한 조사확정재판의 간이한 처리실무와 부인권 관련 사건의 다양한 사례, 국제도산 승인·지원 사건의 변화된 심리방식과 외국법원과의 공조실무도 반영하였습니다.

　　그 밖에도 서울회생법원은 최근 법인회생절차에서 회생절차개시 전에 채무자와 주요채권자들 사이의 자율적 구조조정을 지원(Autonomous Restructuring Support; ARS)하는 프로그램, 개인회생절차에서 신용회복위원회와 협업하는 주택담보대출채권 채무재조정 프로그램을 시범시행하고 있는데, 이에 관한 내용은 실무의 축적을 기다려 다음 개정판에 반영될 것으로 기대합니다.

　　끝으로 도산재판업무에 충실하면서도 연구와 토론을 거쳐 이 개정판을 집필해주신 서울회생법원 재판실무연구회 소속 법관들과 서울회생법원 개원 이후 2년간 효율적 도산제도 개선을 위해 헌신하신 이경춘 초대 서울회생법원장님께 감사의 말씀을 드립니다. 그리고 모쪼록 제5판이 우리나라 도산실무의 발전에 작은 도움이 되기를 바라고, 제5판이 다루는 새로운 주제나 기존 실무처리방법으로서 논의의 대상이 되는 부분에 대해서는 도산법학자와 도산실무가의 폭넓은 토론이 이어지기를 기대합니다.

2019. 7.

서울회생법원 재판실무연구회 초대 회장 **정 준 영**

제 4 판   머리말

2006년 4월 채무자 회생 및 파산에 관한 법률이 시행됨에 따라 선진적인 도산법 체계를 가지게 된 우리나라의 도산실무는 그 동안 그에 맞추어 괄목할 만한 성장을 하였습니다. 특히 2008년 하반기 이후 세계적인 경기침체와 불황의 영향으로 도산절차를 이용하는 기업이나 개인의 수가 크게 증가하면서, 도산법제와 실무에 대한 관심이 높아졌을 뿐만 아니라 실무적인 제도개선에 대한 외부의 반응 또한 매우 뜨거웠습니다.

2011년 4월 제3판이 발간된 이후 서울중앙지방법원은 법인회생절차에서 'Fast Track 회생절차제도'를 시행함으로써 절차의 신속한 진행과 회생기업의 조속한 시장 복귀, 이해관계인의 절차참여 확대 등을 통해 회생절차의 새로운 방향을 제시하였고, '중소기업 회생컨설팅제도'를 시행하여 중소기업청 등 외부기관과의 연계를 통해 재정적으로 어려운 중소기업의 재기에 도움을 줄 수 있는 토대를 마련하였습니다.

법인파산절차에서는 파산관재인 보수제도의 개선, 효율적인 파산재단의 관리·감독을 통해 채권자들에게 불필요한 손해가 발생하지 않도록 하였습니다.

개인파산 및 면책절차에서는 원칙적으로 파산관재인을 선임하는 '새로운 개인파산절차'를 시행함으로써 신속한 절차진행을 통해 빠른 시간 내에 채무자를 면책하되, 파산신청을 남용하는 경우가 없도록 하였습니다. 또한 소송구조의 활성화를 통해 절차비용도 납부할 수 없는 채무자에 대해서는 절차적인 장벽을 해소하도록 노력하였습니다.

개인회생절차에서는 법 규정에 맞게 변호사나 법무사 등을 외부회생위원으로 선임하는 '외부회생위원 제도'를 운영하였습니다. 아울러 개인도산절차에서 신용회복위원회나 서울시 금융복지상담센터와 연계하는 신속처리절차를 시범 실시하여 채무자가 보다 신속하게 구제받을 수 있도록 노력하였습니다.

위와 같은 제도개선뿐만 아니라 사건의 양적·질적 증가에 따라 제3판에서 예상치 못했던 실무상 쟁점들이 많이 생겼고, 그 과정에서 많은 연구와 실무사례가 축적되었습니다. 또한 민사소송절차나 민사집행절차 등에 도산절차와 연관된 쟁점이 많이 부각되어 도산법 분야에서 주목할 만한 대법원 판결이나 결정이 많이 나왔습니다.

　이에 따라 기존의 제3판이 발간된 지 3년밖에 지나지 않았지만 제3판의 발간 이후 문제되었던 여러 가지 실무 사례와 대법원 판결 등을 소개할 필요가 있어서 제4판을 새롭게 발간하게 되었습니다. 특히 제4판에서는 제3판이 발간된 이후 실무상 문제되었던 주요 쟁점들을 다루었을 뿐만 아니라, 아직도 논란이 계속되고 있는 쟁점들에 대해서도 그 현황을 정리함으로써 독자들과 향후 해결해야 할 과제를 공유할 수 있도록 하였습니다.

　법인회생절차에서는 Fast Track 회생절차제도, 구조조정담당임원(CRO) 위촉, 중소기업 회생컨설팅제도, 조사위원에 대한 평가, 부인권의 주문 유형, 회생채권으로 분류되는 조세의 범위, 집합채권 양도담보의 효력 범위, 회생계획인가 후 추완신고 문제, 회생계획안의 구체적인 유형 등을 새롭게 집필하거나 보완하였습니다. 특히 소위 '세모 그룹 사건'과 관련하여 구 사주가 회생절차를 악용하여 회생신청 전에 자금을 빼돌린 후 회생계획인가를 통해 채무를 탕감받은 다음 빼돌린 자금으로 회사를 다시 인수하거나, 구 사주의 계열사 등을 통해 회사를 인수하는 등 경영권을 부당하게 회복하는 행위를 방지하기 위한 법원의 최근 실무운영 개선방안을 반영하였고, 이러한 개선책을 제도화하기 위해 새로이 개정한 서울중앙지방법원의 '회생절차에서의 M&A에 관한 준칙'도 소개하였습니다. 아울러 기존 집필부분에서 실무가 변경된 내용을 추가하거나 수정하고, 오류가 있었던 부분을 바로잡았으며, 그 동안 나온 대법원 판결과 결정 등도 반영하였습니다.

　제4판이 도산실무와 관련된 쟁점을 두루 다루고 있어서 특정 쟁점에 대해서는 설명이 부족한 점이 있을 수 있습니다만, 이 책이 도산사건을 담당하시는 실무가들이나 도산법 분야를 연구하시는 학자들에게 도산실무를 알려주는 좋은 자료가 되어서 도산법제와 실무의 개선에 조금이나마 기여할 수 있기를 바랍니다.

　끝으로 이 개정판 발간을 위해 정성어린 집필과 치열한 토론을 해주신 서울중앙지방법원 파산부 실무연구회 소속 법관들께 진심으로 감사드리고, 앞으로도 도산법제와 실무가 좀 더 발전할 수 있도록 여러분들의 많은 관심과 격려를 부탁드립니다.

2014. 9.

서울중앙지방법원 파산부 실무연구회 회장 **윤 준**

제 3 판   머리말

2006년 4월부터 시행된 채무자 회생 및 파산에 관한 법률에 따른 도산실무의 길잡이 역할을 해왔던 「회생사건실무(상)·(하)」 제2판이 발간된 것이 2008년 5월이었습니다.

그런데 제2판 발간으로부터 만 3년이 경과하는 동안 회생사건을 둘러싼 실무운용에 많은 변화가 발생하였습니다. 채무자 회생 및 파산에 관한 법률의 일부 개정이 있었고, 주목할 만한 관련 대법원 판결도 여러 차례 선고되었습니다. 무엇보다도 2008년 이후 전세계적 경제위기로 인한 대내외적 경제환경의 악화로 법인회생사건의 신청건수가 2006년 19건, 2007년 29건에서 2008년 110건, 2009년 193건, 2010년 155건으로 급격히 증가하였습니다. 이러한 사건 증가 속에서 제2판이 발간될 때까지만 하더라도 드러나지 않았던 각종 실무상 쟁점들이 우후죽순으로 발생하였고, 그 과정을 통해 도산사건의 전문재판부로서의 각종 연구 결과와 실무 운용례가 집적되었습니다.

그래서 저희 실무연구회는 개정 법령과 새로운 대법원 판결, 그리고 제2판 발간 이후 새롭거나 변경된 실무 운용례, 연구 성과 등을 담은 본 제3판을 새롭게 발간하게 되었습니다.

제3판에서는 제2판이 발간된 2008년 이후 급증한 법인회생사건의 처리과정에서 대두된 주요 쟁점들을 가급적 빠짐없이 다루도록 집필하였습니다. 특히, 계속기업가치 산정방법을 비롯한 조사위원 업무수행 변화, 회생채권 등의 출자전환 시기에 관한 실무기준의 변경을 포함한 회생계획안 작성방법의 변화, 강제인가 사례, 회생절차 개시신청 기각사유 등에 관하여 지난 3년간 축적된 실무례를 두루 반영하였고, 회생계획안 인가 전 M&A 진행 절차 등을 보다 심도 있게 다루었으며, 개정 법률에 따른 신규자금차입의 절차 및 효과 등 개정된 법령에 따른 실무의 변동사항 등을 추가하였습니다.

본 제3판은 도산법 분야 발전의 큰 흐름 속에서 저희 실무연구회만의 현재까지의 실무 운용례와 연구 결과를 내용으로 하고 있어 여러 모로 부족한 점이 있습니다만, 이 책이 회생사건을 실제 담당하시는 분들에게는 좋은 지침서가 되어 도산실무 정립에 기여하고, 도산제도를 연구하시는 분들에게는 도산실무에 대한 이해의 폭을 넓히는 데 조금이나마 도움이 되기를 바랍니다.

끝으로 회생사건의 폭발적인 증가와 바쁜 업무 중에서도 본 제 3 판의 발간을 위해 애써 주신 서울중앙지방법원 파산부 실무연구회 소속 법관들의 노고에 감사드리고, 많은 경험과 깊은 전문성을 갖춘 도산전담 법관으로서 앞으로도 도산법 분야 발전에 더욱 크게 기여해 주시기 바랍니다.

2011. 4.

서울중앙지방법원 파산부 실무연구회 회장   지 대 운

제 2 판 머리말

저희 실무연구회가 채무자 회생 및 파산에 관한 법률의 시행에 발맞추어 새로운 도산실무의 운용지침서로서 「회생사건실무(상)·(하)」를 발간한 지 2년이 지났습니다.

위 책은 기존 경영자 관리인 선임제도 등 과거 회사정리절차 실무에서 미처 경험하여 보지 못한 새로운 제도에 관하여 연구하여 발간한 것이었으므로 발간 당시부터 수정·보완을 어느 정도 예견하고 있었습니다.

실제로 서울중앙지방법원 파산부가 지난 2년간 새 법에 따라 실무를 운용하여 본 결과 당초 예상하지 못했던 문제점들이 발생하여 위 책의 내용을 일부 수정할 필요가 생겼고, 또 그 동안 실무를 운용하면서 축적된 전문재판부로서의 연구결과와 실무례 등을 정리하여 둘 필요도 있었으므로, 이번에 새로이 본 제 2 판을 발간하게 되었습니다.

제 2 판은 초판의 틀과 내용면에서 크게 변하지 아니하였으나, 새 법 시행 이후 접수된 사건의 처리과정에서 드러난 문제점들을 가급적 빠짐없이 언급하도록 노력하였습니다. 특히 최근 새롭게 문제가 되고 있는 집합채권양도담보에 관한 부분을 추가하고, 도산해지조항의 효력 문제를 보다 심도 있게 다루었으며, 기타 법령의 개정에 따른 실무의 변동사항 등을 상당부분 보완하였습니다.

초판을 발간할 때와 마찬가지로 이 책이 회생사건을 담당하시는 분들에게 좋은 지침서가 되고 실무운영을 개선하는 데 조금이나마 도움이 되기를 바라 마지 않습니다.

끝으로 바쁜 업무중에서도 본 제 2 판 원고의 작성을 위하여 애써 주신 서울중앙지방법원 파산부 실무연구회 소속 법관들의 노고에 깊은 감사의 말씀을 드립니다.

2008. 5.

서울중앙지방법원 파산부 실무연구회 회장 고 영 한

격 려 사

　　지난 1997년 외환위기 직후의 대기업 연쇄도산 사태로부터 시작하여 최근 가계신용의 위기로 말미암은 개인 도산사건의 급증에 이르기까지 우리 사회는 단기간에 많은 도산사건을 경험하고 있고, 이에 따라 법원의 도산사건 실무도 사회·경제적인 요청에 부응하여 지속적으로 발전함으로써 이제는 도산법제가 우리의 경제활동의 근간을 이루는 중요한 제도의 하나로 자리를 잡았습니다.

　　금년 4. 1.부터 시행된 "채무자 회생 및 파산에 관한 법률"은 과거 회사정리 절차와 화의절차로 이원화되어 있던 기업 재건형 도산절차를 회생절차로 일원화 하여 모든 채무자가 이용할 수 있도록 하면서 '기존 경영자 관리인 제도'를 도입 함과 동시에 채권자의 권한과 기능을 강화하는 등 종래의 절차를 크게 변경하였고, 파산절차와 개인회생절차에서도 채무자의 회생을 도모하기 위한 적지 않은 변경을 가하고 있어 법원의 도산사건 실무도 앞으로 많은 변화가 있을 것입니다.

　　이번에 서울중앙지방법원 파산부 실무연구회가 펴내는 「회생사건실무(상)·(하)」, 「법인파산실무」, 「개인파산·회생실무」 등의 책자는 서울중앙지방법원 파산부 실무연구회가 그 동안 축적한 회사정리 실무 운영 경험과 연구 성과를 집대성하고, 지난 1년 동안 "채무자 회생 및 파산에 관한 법률"에 따라 새로 시행되는 도산제도의 합리적인 운영방안에 대한 연구 결과를 모은 것으로서, 새로운 도산법제의 시행에 즈음하여 바람직한 실무관행을 정립하고 도산사건을 합리적이면서도 효율적으로 처리하는 데 좋은 길잡이가 될 것이라고 생각합니다.

　　바쁜 업무중에서도 이 책자들의 발간을 위하여 애쓴 서울중앙지방법원 파산부 실무연구회 소속 법관들의 노고를 치하함과 아울러, 우리 법원에서 가장 많은 경험과 깊은 전문성을 갖춘 도산전담 재판부로서 향후 이 방면의 법률 문화 발전에 더욱 큰 기여를 할 것을 기대합니다.

2006. 5.

대 법 관 　 양 　 승 　 태

머 리 말

　우리 나라는 "회사정리법"·"화의법"·"파산법" 등 일련의 정비된 도산법제를 가지고 있었습니다. 그러나 우리 사회는 이와 같은 도산법제를 오랫동안 널리 이용하지 못하다가 1997년 외환위기 사태로 촉발된 경제 위기 이후 많은 기업 도산사건과 나날이 증가하는 개인 도산사건에 본격적으로 활용하기 시작하였고, 이제는 도산법제가 우리 사회의 중요한 제도로 확고하게 자리잡게 되었습니다.

　과거 "회사정리법"·"화의법"·"파산법"으로 나뉘어 있던 도산법령은 2005. 3. 31. "채무자 회생 및 파산에 관한 법률"로 통합·제정되어 지난 4. 1.부터 시행되고 있습니다.

　"채무자 회생 및 파산에 관한 법률" 중 대표적인 기업 재건형 도산절차인 '회생절차'에서는 종래 회사정리절차와 화의절차로 이원화되어 있던 재건형 기업 도산절차를 일원화한 것으로, 기존 경영자 관리인 제도를 도입하고, 회생절차 폐지시 필수적이었던 파산 선고를 임의화하며, 종래 활성화되지 못하였던 채권자협의회의 기능과 권한을 강화하고 있고, '법인파산절차'에서도 채권자협의회 제도를 도입하는 등 채권자의 파산절차 참여를 도모하고 있습니다. 또 새 법은 최근 들어 급증하고 있는 개인파산절차의 공고방법을 간이화하고, 면책심문기일을 임의화하는 등 절차를 간소화하고, 개인파산절차와 개인회생절차에서 파산재단 또는 개인회생재단에 속하지 아니하는 면제재산의 범위를 확대하는 등 많은 변화가 있습니다.

　서울중앙지방법원 파산부 실무연구회는 그 동안 회사정리 사건·법인파산 사건·개인파산 사건·개인회생 사건을 처리하면서 실무 경험과 많은 연구 결과를 축적하여 왔습니다. 우리 실무연구회는 이와 같은 실무 경험 및 연구 결과를 토대로 지난 1년 동안 새 법에 맞는 새로운 도산실무의 운영 방안을 연구·검토하였습니다.

　그 결과 앞으로는 기존 경영자 관리인 제도를 충실히 시행하여 기존 경영권을 보장하고, 회생계획 인가 전 회생절차 폐지시 파산선고를 지양하며, 회생절차의 조기 종결을 도모하는 등 새 법의 입법 목적에 부합하는 방향으로 회생실무를 운용하여 재정적으로 파탄에 직면한 채무자의 도산절차 진입을 조기에 유도하여 자원의 효율적 배분을 도모함과 동시에, 채권자협의회의 강화된 기능과 권한의 행사를 보장하여 채권자로 하여금 기존 경영자 관리인을 견제·감시할 수 있도록 하는 방향으로 운용함으로써 기존 경영자와 채권자 사이에 자율적인 협의를 통하여 회생절차가 활성화되도록 운용할 것입니다. 또한 향후의 개인파산·회생절차는 '파산자'라는 명칭의 사용을 폐지하여 파산에 대한 부정적 인상을 제거하고, 새 법에 따라 인터넷 공고의 활용, 면책심문기일의 임의화 등 절차를 간소하게 운용하여 채무자로 하여금 '신속한 새 출발'을 할 수 있도록 하며, 면제재산 제도 등을 적극 활용하여 채무자의 기본적인 생활 보장을 도모하는 방향으로 운용할 것입니다.

서울중앙지방법원 파산부 실무연구회는 이번에 위와 같은 연구 결과를 모아 새 법에 따른 새로운 도산실무의 운용 지침서로서 「회생사건실무(상)·(하)」, 「법인파산실무」, 「개인파산·회생실무」를 펴냅니다. 이 실무책자는 과거 서울중앙지방법원에서 발간한 「회사정리실무」·「파산사건실무」·「개인채무자회생실무」 등의 실무책자를 토대로 우리 실무연구회가 그 동안 연구·검토한 결과를 보완하여 새로이 펴내는 것입니다. 새로 발간하는 실무책자는 아직 경험하지 못한 새로운 도산 제도에 대한 연구 결과를 내용으로 하고 있어 여러 모로 부족한 점이 적지 않습니다만, 새로운 도산실무의 정립과 연구에 조금이나마 도움이 되기를 기대하는 마음에서 이를 발간하기에 이르렀습니다.

이번 실무책자의 발간에 종전의 「회사정리실무」·「파산사건실무」·「개인채무자회생실무」의 연구결과를 활용할 수 있도록 흔쾌히 수락하여 주신 종전 집필진 여러분께 감사드립니다.

끝으로 바쁜 업무 가운데에도 책자의 발간을 위하여 애쓴 서울중앙지방법원 파산부 실무연구회 소속 법관들과 교정 작업을 담당한 서울중앙지방법원 파산부 이용운·김춘수 판사의 노고에 감사의 말씀을 드립니다.

2006. 5.

서울중앙지방법원 파산부 실무연구회 회장 이 진 성

집필진명단

1. 초판 집필진

차한성(전 대법관, 전 서울중앙지방법원 파산수석부장판사)

이진성(헌법재판소 재판관, 전 서울중앙지방법원 파산수석부장판사)

오영준(서울중앙지방법원 부장판사) · 이제정(사법연수원 교수) · 남성민(법원행정처 인사총괄심의관) · 김용철(수원지방법원 성남지원 부장판사) · 김진석(서울고등법원 판사) · 박상구(의정부지방법원 부장판사) · 오민석(대법원 재판연구관) · 문유석(인천지방법원 부장판사) · 김용하(서울고등법원 판사) · 이성용(대구지방법원 부장판사) (이상 전 서울중앙지방법원 파산부 판사)

임치용(변호사, 전 서울중앙지방법원 파산부 부장판사)

홍성준 · 박태준(변호사, 전 서울중앙지방법원 파산부 판사)

2. 제2판 집필진

고영한(대법관, 전 서울중앙지방법원 파산수석부장판사)

고종영 · 오민석(대법원 재판연구관) · 문유석(인천지방법원 부장판사) · 권순민(서울고등법원 판사) · 김용하(서울고등법원 판사) · 고일광(춘천지방법원 영월지원장) · 이성용(대구지방법원 부장판사) · 김정곤(대전지방법원 부장판사) · 정영식(서울고등법원 판사) · 주진암(서울중앙지방법원 판사) · 김형진(사법정책연구원 연구위원, 판사) (이상 전 서울중앙지방법원 파산부 판사)

이용운(변호사, 전 서울중앙지방법원 파산부 판사)

3. 제3판 집필진

지대운(서울고등법원 부장판사, 전 서울중앙지방법원 파산수석부장판사)

김정만(대법원장 비서실장, 전 서울중앙지방법원 파산부 부장판사), 유해용(대법원 선임재판연구관, 전 서울중앙지방법원 파산부 부장판사)

고홍석(창원지방법원 부장판사) · 남동희(대전가정법원 부장판사) · 정재헌(사법연수원 교수) · 정석종(서울동부지방법원 판사) · 권성수(사법연수원 교수) · 이진웅(서울서부지방법원 판사, 법원행정처 사법지원실 사법지원심의관) · 이여진(서울서부지방법원 판사) · 박정호(서울북부지방법원 판사) (이상 전 서울중앙지방법원 파산부 판사)

4. 제 4 판 집필진

이종석(서울고등법원 부장판사, 전 서울중앙지방법원 파산수석부장판사)

구회근 · 이재희(서울중앙지방법원 파산부 부장판사)

이진웅(서울서부지방법원 판사, 법원행정처 사법지원실 사법지원심의관) · 김희중(대법원 재판연구관) · 정우영(인천지방법원 판사) · 오병희(서울동부지방법원 판사, 베트남법원연수원 파견) · 서정원(서울서부지방법원 판사) · 박찬우(서울동부지방법원 판사) (이상 전 서울중앙지방법원 파산부 판사)

양민호 · 민지현 · 오세용 · 이수열(이상 서울중앙지방법원 파산부 판사)

조웅(서울고등법원 판사)

김장훈(변호사, 전 서울중앙지방법원 파산부 판사)

5. 제 5 판 집필진

정준영(서울고등법원 부장판사, 전 서울회생법원 수석부장판사)

심태규(서울동부지방법원 부장판사, 전 서울회생법원 부장판사)

안병욱 · 김상규 · 이진웅(이상 서울회생법원 부장판사)

이지영 · 최우진 · 김희동 · 이숙미 · 임동한 · 김영석 · 김동희 · 권민재 · 박민 · 전성준 (이상 서울회생법원 판사)

이현오(서울북부지방법원) · 김유성(대법원 재판연구관) · 권창환(서울남부지방법원) · 노연주(서울북부지방법원) · 권순엽(서울동부지방법원) · 원운재(청주지방법원 영동지원) (이상 전 서울회생법원 판사)

이주헌(변호사, 전 서울회생법원 판사)

6. 제 6 판 집필진

임선지(서울회생법원 수석부장판사)

김동규(서울남부지방법원 부장판사, 전 서울회생법원 부장판사)

이동식 · 나상훈(이상 서울회생법원 부장판사)

정인영(울산지방법원 부장판사, 전 서울회생법원 판사)

장민석 · 우상범 · 오범석 · 이석준 · 김선중 · 김종찬 · 손호영 · 이민호 · 김성은 · 김기홍 (이상 서울회생법원 판사)

이혜민 · 이이영 · 최유경 · 강경미(이상 대법원 재판연구관) · 조형목(서울북부지방법원, 헌법재판소 파견) · 박소연 · 성기석 · 한옥형(이상 서울남부지방법원) · 김연수(청주지방법원 충주지원) (이상 전 서울회생법원 판사)

일러두기

이 책은 회생사건을 담당하는 법원의 사건처리 지침서로 작성된 것이다. 이 책에 서술된 법률이론이나 견해는 저자들의 의견으로서 법원의 공식 견해가 아님을 밝혀 둔다.

〈약 어 표〉

1. 법　령

개인채무자회생법	2005. 3. 31. 법률 제7428호로 폐지된 개인채무자 회생법
규칙	채무자 회생 및 파산에 관한 규칙
시행령	채무자 회생 및 파산에 관한 법률 시행령
법	채무자 회생 및 파산에 관한 법률
구 파산법	2005. 3. 31. 법률 제7428호로 폐지된 파산법
구 화의법	2005. 3. 31. 법률 제7428호로 폐지된 화의법
구 회사정리법	2005. 3. 31. 법률 제7428호로 폐지된 회사정리법

2. 국내문헌

재판자료 제86집	회사정리법·화의법상의 제문제, 재판자료 제86 집(2000), 법원도서관
민사집행(Ⅰ)~(Ⅳ)	법원실무제요, 민사집행(Ⅰ)~(Ⅳ), 법원행정처(2020),
임채홍·백창훈(상)	임채홍·백창훈, 회사정리법(상)(제2판), 한국사 법행정학회(2002)
임채홍·백창훈(하)	임채홍·백창훈, 회사정리법(하)(제2판), 한국사 법행정학회(2002)
임치용 1~4	임치용, 파산법연구 1~4, 박영사(2004~2015)
한국산업은행	한국산업은행 조사부, 회사정리법 해설, 한국산 업은행(1982)

3. 일본문헌

注解	宮脇幸彦 등, 注解 会社更生法, 青林書院, 1986
ジュリスト	倒産判例百選 第5版, 別冊ジュリスト No 216, 有斐閣, 2013. 7.
更生計画の実務と理論	事業再生研究機構, 更生計画の実務と理論, 商事法務, 2004
更生計画の諸問題	山内八郎, 会社更生計画の諸問題, 一粒社, 1979
条解(上)	三ヶ月章 등, 条解 会社更生法(上), 弘文堂, 1999
条解(中)	三ヶ月章 등, 条解 会社更生法(中), 弘文堂, 1999
条解(下)	三ヶ月章 등, 条解 会社更生法(下), 弘文堂, 1999
会社更生の実務(上)	西岡清一郎 등, 会社更生の実務(上), 金融財政事情研究會, 2014
会社更生の実務(下)	西岡清一郎 등, 会社更生の実務(下), 金融財政事情研究會, 2014
判例タイムズ	新会社更生法の理論と実務, 判例タイムズ No 1132, 2003. 12.
新会社更生法 解説	宮川勝之伊 등, 新会社更生法 解説, 三省堂, 2003
新しい会社更生法	伊藤真 등, 新しい会社更生法, 有斐閣, 2004
条解 民事再生法	園尾隆司 등, 条解 民事再生法(第3版), 弘文堂, 2013
新・裁判実務大系 第21巻	門口正人 등, 新・裁判実務大系 第21巻, 会社更生法・民事再生法, 青林書院, 2004
会社更生法・特別清算法	伊藤真, 会社更生法・特別清算法, 有斐閣, 2020

4. 미국문헌

Bankruptcy	David G. Epstein, Steve H. Nickles and James White, *Bankruptcy*, West Group, 1998
Business Reorganization in Bankruptcy	Mark S. Scarberry, Kenneth N. Klee, Grant W. Newton and Steve H. Nickles, *Business Reorganization in Bankruptcy*, Fourth Edition, West Group, 2012
Collier	Collier on Bankruptcy Fifteenth Edition Revised
Bankruptcy Anthology	Charles J. Tabb, *Bankruptcy Anthology*, Anderson Publishing Co., 2002

Douglas G. Baird, Bankruptcy

G. Baird, Thomas H. Jackson and Barry E. Adler, *Bankruptcy*, Revised Fourth Edition, Foundation Press, 2007

Understanding Bankruptcy

Michael J. Herbert, *Understanding Bankruptcy*, A Times Mirror Higher Education Group, 1995

Bankruptcy and Debtor/Creditor

Brian A. Blum, Bankruptcy and Debtor/Creditor, *Aspen Law & Business*, Second Edition, 1999

주요목차

제21장 개인 채무자의 회생

제22장 국 제 도 산

세부목차

제14장 회생계획안 심리 및 결의를 위한 관계인집회

제15장　회생계획의 인부결정

제16장　회생계획의 수행과 변경

제17장　회생절차와 M&A

제18장 상장법인의 회생절차

제19장　회생절차의 종결과 폐지

제21장　개인 채무자의 회생

제22장　국 제 도 산

제14장

∙
∙
∙

회생계획안
심리 및
결의를 위한
관계인집회

제1절 서 론

1. 의 의

가. 회생계획안 심리를 위한 관계인집회의 의의

회생계획안의 제출이 있는 때에는 법원은 그 회생계획안을 심리하기 위하여 기일을 정하여 관계인집회를 소집하여야 한다(법 제224조 본문).[1] 제출된 회생계획안은 원칙적으로 회생계획안의 결의를 위한 관계인집회에서 가결되어야 비로소 회생계획으로 성립되고 법원의 인부결정의 대상이 되는데, 회생계획안의 심리를 위한 관계인집회는[2] 그와 같은 결의절차를 거치기 전에 회생계획안의 내용을 심리하기 위하여 마련된 절차이다. 다만 서면결의에 부치는 때에는 심리를 위한 관계인집회를 소집하지 아니하고(법 제224조 단서) 서면결의에 의하여 가결된 회생계획안에 대하여 법원이 바로 인가 여부에 관한 결정을 하게 된다(법 제242조의2 제1항).

회생계획안은 이해관계인의 의견을 반영하여 작성하는 것이 일반적이다. 그러나 회생계획안을 제출하기 전에 회생계획안의 제출자가 모든 이해관계인으로부터 의견을 듣는 것은 거의 불가능하므로, 결의에 앞서 심리를 위한 관계인집회를 개최하여 제출자로 하여금 회생계획안의 내용을 알리게 하고, 이에 대한 이해관계인의 의견을 듣는 데에 심리를 위한 관계인집회의 의의가 있다.

나. 결의를 위한 관계인집회의 의의

결의를 위한 관계인집회에서의 주된 절차는 심리를 위한 관계인집회에서 심리를 거친 회생계획안에 대하여 이해관계인의 찬부를 묻는 것이지만, 이를 위하여 부수적으로 회생을 위하여 채무를 부담하거나 담보를 제공하는 자의 출석 및 진술(법 제233조), 의결권에 대한 이해관계인의 이의에 관한 법원의 결정(법 제188조 제2항), 회

---

[1] 종래에는 실무상 '제1회 관계인집회'에 대응하는 용어로 회생계획안의 심리를 위한 관계인집회를 '제2회 관계인집회'라고, 회생계획안의 결의를 위한 관계인집회를 '제3회 관계인집회'라고 불렀으나, 2014. 12. 30. 개정되어 2015. 7. 1.부터 시행된 법은 제1회 관계인집회를 폐지하고, 관리인 보고를 위한 관계인집회와 그 대체절차(법 제98조, 제98조의2 참조)를 신설하였다. 따라서 심리 및 결의를 위한 관계인집회를 '제2회 및 제3회 관계인집회'로 부르는 것은 바람직하지 않다.

[2] 실무상 '회생계획안의 심리를 위한 관계인집회'를 '심리를 위한 관계인집회'로, '회생계획안의 결의를 위한 관계인집회'를 '결의를 위한 관계인집회'로 호칭하므로, 이하에서는 편의상 위와 같은 간단한 용어를 사용하기로 한다.

생계획안이 가결되지 않은 경우에 속행기일을 지정하는 법원의 결정(별제
258조) 등의 절차도 함께 진행한다.

2. 심리를 위한 관계인집회와 결의를 위한 관계인집회의 병합

가. 병합의 필요성

서울회생법원에서는 신속한 절차의 진행을 위하여 대부분의 경우 직권으로 특별조사기일, 심리를 위한 관계인집회와 결의를 위한 관계인집회를 모두 병합하여 실시하고 있다(별제186조).[3] 그 이유는 일반적으로 관리인이 회생계획안을 작성·수정함에 있어 개별적으로 주요 채권자들과 접촉하여 그 의견을 반영하고 그 과정에서 법원의 지도를 받고 있기 때문에 실무상으로는 심리할 회생계획안 그 자체로 결의에 부칠 수 있는 경우가 대부분이고, 심리를 위한 관계인집회에서 이해관계인의 의견을 들어 회생계획안을 대폭 수정해야 할 경우는 거의 없기 때문이다. 또한 관계인집회와 특별조사기일을 병합하는 경우 이해관계인 내지 감독행정청에 기일 통지를 일거에 할 수 있어 통지를 위한 절차비용도 절감할 수 있다.

회생계획안의 심리를 마친 결과 이미 제출된 회생계획안이 그대로 결의에 부치기에 부적절하다고 판단되는 경우에는 이미 개최한 심리를 위한 관계인집회를 종료하지 않은 채 이를 속행함과 동시에 결의를 위한 관계인집회를 연기한 후 다음 기일에서 다시 두 집회를 병합하여 진행할 수 있다.

만일 심리를 위한 관계인집회와 결의를 위한 관계인집회를 병합하는 것이 부적절하다고 판단되는 경우에는 이를 병합하지 않고 절차를 진행할 수도 있다. 예를 들어, 회생계획안은 최초로 지정된 결의를 위한 관계인집회기일부터 2월 내에 가결되어야 하는데(별조 제239조 제1항),[4] 미리 심리를 위한 관계인집회와 병합될 결의를 위한 관계인집회의 기일을 지정해 버리면 그로부터 2월 내에 회생계획안의결의를 하기 어렵다고 볼 만한 특별한 사정이 있는 경우,[5] 채무자의 자산·부채, 영

---

3) 서울중앙지방법원 2010회합8 (주)에스트 사건에서는, 회생계획안이 제출되었으나 관리인이 추완신고된 회생채권 중 의결권의 상당 부분을 차지하는 금액을 부인할 예정이라고 하므로, 결의에 앞서 추완신고된 미확정 회생채권에 대한 의결권 액을 검토하기 위하여, 추완신고된 회생채권 등의 특별조사기일을 심리 및 결의를 위한 관계인집회에 앞서 별도로 진행하였다.
한편 회생계획안의 사전제출(법 제223조)이 있는 경우와 관계된 부분은 '제13장 제2절 6.' 참조.
4) 법원은 필요하다고 인정하는 때에는 계획안제출자의 신청이나 직권으로 위 2월의 가결기간을 1월의 범위 내에서 연장할 수 있다(법 제239조 제2항).
5) 구 회사정리법하에서 서울중앙지방법원에서는 정리회사 한보철강공업(주) 사건에서 결의를 위한 관계인집회를 병합하지 않은 채 심리를 위한 관계인집회만을 여러 번 개최한 사례가 있었는

업구조가 복잡하고 이해관계인이 많아서 심리를 위한 관계인집회를 통해 별도의 의견수렴을 거쳐야 할 필요가 있는 경우, 복수의 회생계획안이 제출되어 각 회생계획안마다 심리가 필요한 경우[6] 등이 여기에 해당될 것이다.

따라서 이 장에서는 원칙적으로 심리를 위한 관계인집회와 결의를 위한 관계인집회를 병합하는 것을 전제로 관련 실무를 검토하기로 한다.

나. 병합의 절차

법원은 상당하다고 인정하는 때에는 관리인의 신청에 의하거나 직권으로 관계인집회의 기일을 병합할 수 있다(법제186조). 실무상 관리인의 신청에 의해 병합하는 경우는 매우 드물다. 서울회생법원은 실무상 병합하려는 심리 및 결의를 위한 관계인집회의 기일을 처음부터 같은 일시·장소로 지정하여 이해관계인 및 감독행정청 등에 통지하고, 재판장이 관계인집회의 개최를 선언하면서 기일 병합의 취지를 이해관계인에게 고지하는 방법으로 관계인집회의 기일을 병합하고 있다(관계인집회를 병합할 경우의 기일지정례는 [별지 148], 병합된 특별조사기일과 심리 및 결의를 위한 관계인집회의 조서 기재례는 [별지 150] 참조).

제2절   관계인집회기일 및 특별조사기일의 지정

1. 관계인집회기일 및 특별조사기일의 지정결정

법원은 회생계획안의 제출이 있는 때에는 그 회생계획안을 심리하기 위하여 기일을 정하여 관계인집회를 소집하여야 하며(법제224조본문), 관계인집회의 심리를 거친 회생계획안에 관하여 수정명령을 하지 아니하는 때에는 회생계획안의 결의를 위하여 기일을 정하여 관계인집회를 소집하여야 한다(법제232조). 다만 회생계획안을 서면결의에 부치는 때에는 심리를 위한 관계인집회를 소집하지 아니한다(법제224조단서). 기일의 지정은 결정의 형식으로 하며, 두 관계인집회를 병합하고자 한

데, 이는 주요 금융기관으로 구성된 채권단이 회사의 주요 자산인 당진제철소를 매각하기 위한 시간이 필요하였기 때문이었으며, 그 후 매각 방침이 확정된 뒤에는 다시 속행된 심리를 위한 관계인집회와 결의를 위한 관계인집회를 병합하여 진행하였다.

6) 서울회생법원 2020회합100020 (주)동해디앤씨, 2020회합100103 (주)나인포인트 사건에서 복수의 회생계획안에 대한 구체적인 설명과 문제점 논의 등을 위하여 심리를 위한 관계인집회만을 먼저 진행하다가 어느 정도 심리가 마무리된 후 결의를 위한 관계인집회를 병합하여 진행하였다.

다면 심리를 위한 관계인집회의 기일을 지정함과 동시에 결의를 위한 관계인집회의 기일을 같은 일시·장소로 지정하여야 한다.

관계인집회의 기일을 지정할 때에는 조사기간의 종료 전에는 회생계획안을 결의에 부치지 못한다는 점(별제235조)과 회생계획안의 가결은 회생절차개시일부터 1년 이내에 하여야 하고, 불가피한 사유가 있는 때에는 법원이 6월의 범위 안에서 그 기간을 늘일 수 있다는 점(별제239조제3항)을 유의하여야 한다.

그리고 조사기간 이후에 신고된 회생채권 등의 조사를 위하여 특별조사기일을 지정하여야 하는데, 특별조사기일도 심리 및 결의를 위한 관계인집회와 병합하여 실시하는 것이 일반적이며, 그 기일의 지정도 위 관계인집회의 기일지정과 동시에 하는 것이 서울회생법원의 실무례이다.[7]

서울회생법원은 회생계획안이 제출되면 곧바로 특별조사기일 및 관계인집회기일을 지정하고 있다. 다만 경우에 따라 관리인의 의견을 물어 어느 정도 가결요건을 확보할 시간을 부여하기도 하고, 관리인의 요청이 있으면 회생계획안을 수정할 시간을 부여하기도 한다. 지정하는 기일은 뒤에서 보는 바와 같이 이해관계인에게 기일지정결정문을 송달하고 소환하는 시간을 감안하여 1~2개월 뒤로 정하고 있는데, 이해관계인이 다수이거나 해외송달, 인허가 행정청 등에 대한 의견조회 내지 동의 절차가 필요한 경우에는 2개월 이상 뒤로 정하기도 한다.

2. 기일지정 후의 후속조치

가. 기일지정의 공고

법원은 관계인집회의 기일과 회의의 목적인 사항을 공고하여야 한다(별제182조제1항). 공고는 관보에의 게재 또는 대법원규칙이 정하는 방법으로 한다(별제9조제1항)(기일 지정 공고에 관한 기재례는 [별지 149] 참조). 공고방식에 관하여는 '제2장 제2절 2.' 참조.

나. 관리인, 회생채권자 등에 대한 통지 등

1) 통지의 대상

추후 보완신고된 회생채권 등에 대한 특별조사기일을 지정하는 결정은 관리인, 채무자, 목록에 기재되어 있거나 신고한 회생채권자·회생담보권자·주

---

7) 이 경우 관계인집회기일 지정결정 시까지 추후 보완신고된 회생채권 등이 없는 경우에도 특별조사기일을 미리 지정할 필요가 있다. 그 지정결정 이후에 추후 보완신고가 이루어지는 경우가 있기 때문이다.

주·지분권자에게 송달하여야 한다(법 제163조). 그리고 심리 및 결의를 위한 관계인집회의 소집을 위하여 관리인, 조사위원·간이조사위원, 채무자, 목록에 기재되어 있거나 신고한 회생채권자·회생담보권자·주주·지분권자, 회생을 위하여 채무를 부담하거나 담보를 제공한 자가 있는 때에는 그 자에게 관계인집회의 기일을 통지하여야 한다(법 제182조 제1항).

다만 관계인집회기일에 관하여는 의결권을 행사할 수 없는 회생채권자·회생담보권자·주주·지분권자에게는 통지하지 않을 수 있는데(법 제182조 제2항), 특별조사기일의 경우에는 의결권이 없다는 이유로 기일지정결정서의 송달을 생략할 수 없으므로, 만일 특별조사기일과 관계인집회기일을 병합하는 경우에는, 의결권을 행사할 수 없는 회생채권자·회생담보권자·주주·지분권자에게도 기일지정결정서를 송달하여야 한다(법 제163조)(의결권을 행사할 수 없는 자에 대하여는 '제14장 제5절 5. 라.' 참조).

회생을 위하여 채무를 부담하거나 담보를 제공하는 자는 결의를 위한 관계인집회에 출석하여 그 취지를 진술하여야 하기 때문에(법 제233조) 이들에게 관계인집회의 기일을 통지하여야 한다(법 제182조 제1항 제5호).

그리고 결의를 위한 관계인집회의 소집을 위해서는 미리 관리인, 채무자, 목록에 기재되어 있거나 신고한 회생채권자·회생담보권자·주주·지분권자(의결권을 행사할 수 없는 자를 제외한다), 회생을 위하여 채무를 부담하거나 담보를 제공하는 자에게 회생계획안의 사본 또는 그 요지를 송달하여야 한다(법 제232조 제2항). 이는 이해관계인, 특히 결의를 위한 관계인집회에서 의결권을 행사하는 자에게 결의에 부치기 전에 최종적인 회생계획안의 내용을 충분히 숙지하고 검토할 기회를 주기 위한 것이다.

그런데 실무상 심리 및 결의를 위한 관계인집회의 기일 지정 후 집회기일 전에 채권자들의 요구사항을 추가로 반영하거나 자금수지 계획을 변경하거나 오기를 수정하는 등의 사유로 회생계획안 수정안이 제출되는 경우가 많다.

이 경우 회생계획안의 수정이 경미하지 않거나 이해관계인에게 불리한 영향을 미치는 것이라면, 수정된 회생계획안을 회생채권자 등에게 송달하여야 한다. 그러한 시간적 여유가 없는 경우에는 특별한 사정이 없는 한, 관계인집회의 개최를 연기한 후 회생채권자 등 이해관계인에게 수정안 사본 또는 요지를 송달하는 절차를 거쳐야 할 것이다.[8]

---

8) 대법원은, 관리인이 관계인집회 개최 당일 입회금 반환채권의 현금변제율이 30%에서 17%로

다만, 이해관계인에게 불리한 영향을 미치는 경우라도 회생계획안의 수정이 경미하고 회생계획안이 가결될 것이 예상되므로 불필요한 비용과 시간을 낭비하는 것에 불과하여 관계인집회의 연기가 불필요한 경우 등에는 특별한 사정이 있다고 보아 관계인집회기일을 연기하지 않고 수정된 회생계획안의 요지를 이해관계인에게 팩시밀리, 전자우편 등 간이한 방법으로 통지하고 집회기일에서 출석한 이해관계인에게 수정안을 미리 교부한 뒤 수정된 내용을 상세히 설명하는 등의 조치만 취하는 실무례도 있다.

2) 통지의 방식

관계인집회기일의 통지는 기일통지서를 우편에 의하여 송달하거나 출석한 이해관계인에게 기일을 직접 고지하거나 전화·팩시밀리·보통우편·전자우편 등의 간단한 방법으로 할 수 있다(법 제33조, 민사소송법 제167조, 민사소송규칙 제45조 제1항). 서울회생법원에서는 송달업무를 경감시키기 위하여 회생절차개시신청 당시 채무자가 알고 있는 '채권자·주주·지분권자 주소록'에 업무담당자의 이메일 주소 및 팩시밀리번호를 기재하게 하고, 아울러 채권신고서 양식에도 '이메일 및 팩시밀리'란을 만들어 간단한 통지방식을 활용하고 있다(채권신고서 양식은 [별지 91] 참조).

한편 특별조사기일의 통지는 기일지정결정서를 송달하는 방식으로 하여야 한다(법 제163조).

관계인집회기일의 통지를 송달의 방식에 의할 경우 모두 발송송달의 방법으로 할 수 있으며(법 제11조 제1항), 경우에 따라서는 공고로써 송달을 갈음할 수 있다(법 제10조). 규칙 제7조는, 도산절차의 진행이 현저하게 지연될 우려가 있는 때, 회생절차의 개시 당시(변경회생계획안이 제출된 경우에는 그 제출 당시) 주식회사인 채무자의 부채총액이 자산총액을 초과하는 때로서 송달을 받을 자가 주주인 경우에는 공고로써 송달을 갈음할 수 있도록 하고 있다. 따라서 위 규칙 조항에서 규정하는 경우에 해당하는 때에는, 관계인집회기일 및 특별조사기일의 통지는 송

낮아지는 회생계획안 수정안을 제출한 사안에서, "회생계획의 심리를 위한 관계인집회와 회생계획안의 결의를 위한 관계인집회를 병합하여 개최하기로 한 경우에, 회생계획안의 심리를 위한 관계인집회의 기일이 종료되기 전에 회생계획안이 수정되어 연이어 개최하기로 한 회생계획안의 결의를 위한 관계인집회가 열리기 전에 회생채권자 등 이해관계인 모두에게 수정안 사본 또는 요지를 송달할 수 없었고, 회생계획안의 수정이 경미하지 않고 이해관계인에게 불리한 영향을 미치는 것이라면, 특별한 사정이 없는 한, 법원은 예정된 회생계획안의 결의를 위한 관계인집회의 개최를 연기한 후 회생채권자 등 이해관계인에게 수정안 사본 또는 요지를 송달하는 등으로 의결권을 행사하는 자에게 내용을 충분히 숙지하고 검토할 기회를 줌과 동시에 회생계획안의 결의를 위한 관계인집회에 출석하지 못한 회생채권자 등 이해관계인에게 결의의 기회를 보장해 주어야 한다."라고 판시하였다(대법원 2016. 5. 25. 자 2014마1427 결정).

달을 갈음하는 공고의 방식으로 할 수 있을 것이다.

실무상으로는 관리인, 조사위원, 채무자, 목록에 기재되어 있거나 신고한 회생채권자·회생담보권자·주주·지분권자, 회생을 위하여 채무를 부담하거나 담보를 제공하는 자에게 특별조사기일과 관계인집회기일 및 회생계획안의 요지를 발송송달의 방법으로 송달하되,[9] 관리인, 채무자, 목록에 기재되어 있거나 신고한 회생채권자·회생담보권자·주주·지분권자 중 의결권행사가 가능한 자 이외의 자에 대한 송달은 공고로 갈음하는 결정을 하고 있다.

다. 감독행정청 등에 대한 통지, 의견진술요구

법원은 주식회사인 채무자의 업무를 감독하는 행정청, 법무부장관 및 금융위원회에게 관계인집회의 기일을 통지하여야 한다(법 제183조).[10] 법원은 필요하다고 인정하는 때에는 채무자의 업무를 감독하는 행정청, 법무부장관, 금융위원회 그 밖의 행정기관에 대하여 회생계획안에 대한 의견의 진술을 요구할 수 있으므로 (법 제226조 제1항), 실무상 관계인집회기일 통지서에 회생계획안의 요지를 첨부하여 통지하면서 그에 대한 의견 회신을 요청하고 있다. 한편 채무자의 업무를 감독하는 행정청, 법무부장관 또는 금융위원회는 법원에 대하여 언제든지 회생계획안에 관한 의견을 진술할 수 있다(법 제226조 제3항).

관계인집회의 기일을 통지할 감독행정청 등의 범위는 채무자마다 다르겠지만, 서울회생법원에서는 법무부장관, 기획재정부장관, 산업통상자원부장관, 고용노동부장관, 기타 관계부처 장관(주식회사인 채무자의 업종에 따라 국토교통부장관, 농림축산식품부장관, 해양수산부장관, 중소벤처기업부장관, 문화체육관광부장관 등이 포함될 수 있다), 금융위원회위원장, 채무자의 주된 사무소 또는 영업소의 소재지를 관할하는 광역단체장, 기초단체장, 국세청장, 관할 세무서장, 관세청장 등을 통지대상으로 삼고 있다(관계인집회 통지서 기재례는 [별지 135] 참조).

라. 인허가 행정청 등에 대한 의견조회 등

1) 법원은 회생계획안에 행정청의 허가·인가·면허 그 밖의 처분을 전제로

---

9) 실무상 특별조사기일과 심리 및 결의를 위한 관계인집회기일을 함께 지정하고 있으므로, 기일의 통지는 송달의 방식에 의하여야 한다(법 제163조). 그러나 특별조사기일을 병합하지 않을 경우에는 간단한 방식의 기일통지가 가능할 것이다.

10) 실무상 개시신청이 있는 경우와 마찬가지로 주식회사가 아닌 회사, 재단법인, 사단법인, 의료법인 등의 경우에도 관계기관에 통지를 하고 있다.

하는 내용이 있을 경우에는 그 사항에 관하여 그 행정청의 의견을 들어야 한다 (별 제226조). 이는 회생계획안에 행정청의 허가·인가·면허 그 밖의 처분을 요하는 사항을 정하였을 경우 행정청의 의견과 중요한 점에서 차이가 있다면 법원은 회생계획인가의 결정을 할 수 없기 때문이다(별 제243조 제6호).[11] 행정청의 의견을 들어야 하는 경우로는 재단법인의 기본재산을 임대하거나 처분하는 경우,[12] 골프장이나 콘도미니엄의 운영 형태를 변경하는 경우,[13] 항공사를 M&A 절차를 통해 매각하는 경우[14] 등이 있다. 인허가 행정청에 대하여는 관계인집회기일을 통지할 필요는 없으나, 법 제183조의 감독행정청과 인허가 행정청이 중복되는 경우가 많을 것이다.

2) 법원은 채무자의 근로자 과반수로 조직된 노동조합이 있는 경우에는 그 노동조합, 그렇지 않은 경우에는 채무자의 근로자 과반수를 대표하는 자로부터 회생계획안에 관한 의견을 들어야 한다(별 제227조). 만약 근로자의 과반수로 조직된 노동조합도 없고 근로자의 과반수를 대표하는 자도 없다고 판단되는 경우에는 그 의견을 들을 필요가 없다고 해석된다.[15]

서울회생법원에서는 노동조합이 없는 경우에는 이미 구성되어 있는 노사협의회의 근로자 측 대표자 또는 근로자의 과반수 대표자에게 의견조회를 하고 있으며, 노사협의회 내지 근로자의 과반수 대표자가 없는 경우에도 근로자대표 앞으로 의견조회서를 보내고 있다. 의견회신의 기한은 관계인집회가 개최되기 전으로 정하면 되는데, 서울회생법원에서는 심리를 위한 관계인집회 7일 내지 10

---

11) 법 제243조 제1항 제6호(회생계획에서 행정청의 허가·인가·면허 그 밖의 처분을 요하는 사항이 제226조 제2항의 규정에 의한 행정청의 의견과 중요한 점에서 차이가 없을 것)는 회생계획안이 행정청의 허가 등을 전제로 하고 있는 경우에 그러한 처분이 내려지지 않으면 회생계획의 수행가능성에 문제가 발생할 수 있기 때문에 회생계획인가의 요건으로 규정한 것이다. 한편 법원이 법 제226조 제2항에서 정하고 있는 의견조회를 누락한 경우, 이는 회생계획인가의 요건 중 법 제243조 제1항 제1호에서 정한 '회생절차가 법률의 규정에 적합할 것'이라는 요건을 흠결한 것이지 회생계획의 수행가능성과 관련한 법 제243조 제1항 제6호의 요건을 흠결한 것으로 볼 수 없다(대법원 2018. 5. 18. 자 2016마5352 결정, 대법원 2016. 5. 25. 자 2014마1427 결정 참조).

12) 서울중앙지방법원 2012회합259 재단법인 기독교대한하나님의성회 사건, 서울회생법원 2019회합100143 사회복지법인 백세재단, 2020회합100069 학교법인 명지학원, 2020회합100174 의료법인 뉴금강의료재단 사건에서 재단법인의 기본재산을 매각하는 내용의 회생계획안에 대하여 주무관청에 의견을 조회하였다.

13) 서울중앙지방법원 2013회합67 캐슬파인리조트(주) 사건, 서울회생법원 2016회합100269 (주)한원레저, 2016회합100283 경기관광개발(주), 2018회합100038 (주)레이크힐스순천, 2018회합100253 일송개발(주), 2020회합100020 (주)동해디앤씨, 2020회합100103 (주)나인포인트, 2020회합100128 (주)베어포트리조트 사건에서 골프장을 회원제에서 대중제로 전환하는 내용의 회생계획안에 대하여 주무관청에 의견을 조회하였다.

14) 서울회생법원 2021회합100020 이스타항공(주) 사건에서 항공운송사업 면허 및 운항증명의 효력이 회생절차에도 불구하고 유지되고 있는지 여부, 대표자 변경에 따른 변경면허 및 신규 운항증명의 신청·발급이 가능한지 여부 등에 대하여 국토교통부에 의견을 조회하였다.

15) 条解(下), 219면.

일 전으로 정하고 있다(의견조회서의 기재례는 [별지 137] 참조).

실무상 의견조회 결과 특이한 의견이 제시된 사례는 거의 없으나, 만약 회생절차에 협조할 의사가 없다는 취지로 해석될 만한 내용이 제시된다면 회생계획의 인가 여부를 결정함에 참고할 수도 있다.

3) 회생계획에서 국세징수법 또는 지방세징수법에 의하여 징수할 수 있는 청구권(국세징수의 예에 의하여 징수할 수 있는 청구권으로서 그 징수우선순위가 일반 회생채권보다 우선하는 것을 포함한다)에 관하여 3년[16] 이하의 기간 동안 징수유예를 하거나 체납처분에 의한 재산의 환가를 유예하는 내용을 정하는 때에는 위 청구권에 관하여 징수의 권한을 가진 자의 의견을 들어야 하며(별 제140조제2항), 3년을 초과하는 기간 동안 징수를 유예하거나 체납처분에 의한 재산의 환가를 유예하는 내용을 정하거나, 채무의 승계, 조세의 감면 또는 그 밖에 권리에 영향을 미치는 내용을 정하는 때에는 징수의 권한을 가진 자의 동의를 얻어야 한다(별 제140조제3항).

법률상 명시적인 규정은 없으나 이러한 징수의 권한을 가진 자의 의견진술이나 동의는 법원에 대하여 이루어져야 하는 것으로 해석되고 있으므로,[17] 이에 관한 의견의 조회나 동의 여부에 대한 조회는 법원이 하여야 한다. 그리고 그 의견진술이나 동의는 심리를 위한 관계인집회가 종료되기 전에 이루어지는 것이 적절하므로 법원으로서는 심리를 위한 관계인집회를 소집하면서 해당 징수의 권한을 가진 자에게 의견이나 동의 여부에 관한 조회를 하는 것이 바람직하다. 만약 심리 및 결의를 위한 관계인집회의 기일을 지정한 후에 위에 해당하는 조세채권 등이 추후 보완신고된 경우에는 추후 보완신고를 각하하지 않는 한 그 추후 보완신고된 조세채권 등의 징수의 권한을 가진 자에 대하여도 다시 의견조회를 하여야 한다. 서울회생법원에서는 의견의 회신기한을 편의상 심리를 위한 관계인집회 7일 내지 10일 전으로 정하고 있다(징수의 권한을 가진 자에 대한 의견조회 기재례는 [별지 133] 참조).

징수의 권한을 가진 자의 의견을 듣는 것으로 족한 경우에는 징수의 권한을 가진 자가 권리변경에 대하여 부동의하거나 아예 의견을 회신하지 않더라도 절차상 아무런 문제가 없다. 그러나 징수의 권한을 가진 자의 동의를 얻어야 함에도 징수의 권한을 가진 자가 해당 조항에 대하여 부동의하거나 의견을 회신하지 않는 경우에는 그 회생계획안은 권리변경의 내용이 법률의 규정을 위반한 것이

---

16) 기산점은 회생계획인가결정일로, 종기는 인가결정일이 속한 연도로부터 3년이 지난 연도의 인가결정일에 해당하는 날로 봄이 타당하다. 이에 관한 자세한 내용은 '제13장 제5절 4. 사.' 참조.

17) 条解(中), 504면.

되므로 법원은 이를 관계인집회의 심리나 결의에 부치지 아니할 수 있고(법 제231조 제1호), 가결된다 하더라도 회생절차 또는 회생계획이 법률의 규정에 적합하지 않은 경우에 해당하므로 이를 인가할 수 없게 된다(법 제243조 제1항 제1호).[18] 따라서 가능하다면 사전에 관리인으로 하여금 회생계획안 작성 단계부터 관련 세무당국과 면밀히 협의하여 필요한 경우 미리 회생계획안을 수정하도록 지도하는 것이 바람직하다.[19]

제3절 기일 전의 준비 및 특별조사기일의 진행

1. 기일 전에 준비할 사항

가. 특별조사기일 및 관계인집회기일 전 필요한 자료의 준비

특별조사기일과 관계인집회기일을 병합하여 진행하기 위해서는 ① 관리인보고서, ② 추후 보완신고된 회생채권 등의 시·부인표, ③ 회생계획안의 요지, ④ 확정된 회생담보권·회생채권 등의 의결권에 대한 이의명세서, ⑤ 출석현황 및 의결표 등의 자료를 미리 준비하여야 한다.[20]

실무상 관리인은 ① '관계인집회 자료'라는 제목으로 심리를 위한 관계인집회에서 관리인이 진술할 회생계획안의 내용을 기재한 '관리인보고서', ② 특별조사기일에 시·부인 현황을 일목요연하게 파악하는 데 필요한 '추후 보완신고된 회생채권 등의 시·부인표', ③ 집회에 참석한 이해관계인에게 설명할 '회생계획안의 요지', ④ 회생계획안의 수행가능성, 청산가치 보장 여부를 기재한 '조사위원의 2차 조사보고서',[21] ⑤ 조사기간 또는 특별조사기일에 시인하였지만 현실화 가능성이 없음 등을 이유로 의결권에 대하여 이의를 제기할 채권의 목록을 정리

---

18) 다만 징수의 권한을 가진 자의 동의 없이 감면을 내용으로 한 회생계획인가결정이 즉시항고 기간의 도과로 확정된 경우에는 조세당국은 그와 같은 위법을 주장하여 회생계획의 효력을 더 이상 다툴 수 없다(대법원 2005. 6. 10. 선고 2005다15482 판결 참조).
19) 서울중앙지방법원 2009회합93 (주)필봉프라임엔터테인먼트 사건에서는, 세무서장이 조세채권 4년 분할변제 조건인 회생계획안에 대한 사전 동의서를 제출하였다가 철회하여서, 지정되어 있던 특별조사기일, 심리 및 결의를 위한 관계인집회를 연기하고, 관리인으로 하여금 회생계획안을 수정하도록 하였다.
20) 이 중 출석현황 및 의결표는 본래 법원이 작성하여야 하는 것이지만, 실무에서는 편의상 관리인이 법원의 지도를 받아 작성하고 있다.
21) 실무상 심리를 위한 관계인집회기일 5일 전에 조사위원이 회생계획안의 수행가능성 및 청산가치 보장 여부에 관한 조사보고서를 법원에 제출한다. 만약 조사위원이 회생계획안의 수행가능성이 없다는 조사보고서를 제출한 경우, 회생계획안 배제(법 제231조 제3호) 및 회생절차 폐지(법 제286조 제1항 제1호)를 검토할 필요가 있다.

한 '확정된 회생담보권·회생채권 등의 의결권에 대한 이의명세서' 등이 포함된 소책자를 제출한다. 또한 이와 별도로 각 채권자마다 부여될 의결권 현황 등이 기재되어 결의를 위한 관계인집회를 진행함에 도움이 되는 '출석현황 및 의결표'를 제출한다. 서울회생법원은 관계인집회 약 1~2주 전에 주심판사가 위 자료를 이메일로 전달받아 검토 및 수정 지도를 마친 후에 소책자로 제작하여 제출하도록 하고 있다.[22]

나. 관계인집회기일 전에 법원이 미리 검토하여야 할 사항

1) 의견조회에 대한 회신 여부 확인

우선 감독행정청, 근로자의 대표자, 징수의 권한을 가진 자에게 보낸 의견조회에 대하여 회신이 도착하였는지 살펴보아야 한다. 단순히 의견진술의 기회를 부여하는 데 그치는 것에 대해서는 반드시 회신을 받아야 할 필요는 없지만, 혹시 회신된 의견 중에 특별히 회생절차에 참고하여야 할 사항이 있는지 여부는 검토하여야 한다.

회생계획안의 내용상 징수의 권한을 가진 자의 동의를 구하여야 하는 경우에는 관계인집회를 개최하기 전에 그 동의 여부를 미리 확인하여[23] 필요한 경우 심리 및 결의를 위한 관계인집회를 변경 내지 연기한 뒤[24] 수행가능성이 있는 범위에서 회생계획안을 수정하거나 다시 징수의 권한을 가진 자로부터 동의를 구하도록 하고, 만일 회생계획안의 수정이나 징수의 권한을 가진 자의 동의가 모두 여의치 않은 경우에는 회생계획안의 배제(법 제231조) 등의 조치를 검토하는 것이 바람직하다.

2) 기타 관계인집회 개최에 필요한 사항 확인

서울회생법원은 관계인집회를 개최하기 전에 미리 관리인으로부터 이해관계인의 예상 출석인원, 이해관계인의 예상 진술내용, 회생계획안의 가결가능성 유무에 대하여 보고받고 있다. 관리인으로 하여금 이해관계인의 예상 진술내용을 미리 검토하게 하면 회생계획안의 내용 중에 추가로 수정할 부분이 있는지 여부를 확인할 수도 있고, 가결가능성에 따라 다음 절차(회생계획의 인가, 관계인

22) 특별조사기일을 위한 준비에 관한 자세한 내용은 '제11장 제2절 2. 나.' 참조
23) 도착한 회신이 조건부 동의를 내용으로 하는 경우에는 이를 동의한다는 취지로 보기 어려운 경우가 많으므로 주의하여야 한다.
24) 다만 결의를 위한 관계인집회를 변경 내지 연기하는 경우에는 법 제239조에 규정된 가결기간에 유의하여야 한다.

집회의 변경 내지 속행 여부, 회생절차의 폐지, 권리보호조항을 정한 회생계획안의 인가 여부 등)를 어떻게 진행하여야 할지 준비할 수 있기 때문이다.[25]

2. 추후 보완신고된 회생채권 등에 대한 특별조사기일의 진행

가. 특별조사기일과 관계인집회의 진행 순서

특별조사기일과 관계인집회를 병합하여 진행하는 경우에는 먼저 추후 보완 신고된 회생채권 등에 대한 특별조사기일을 진행하고 그 다음에 심리를 위한 관계인집회, 결의를 위한 관계인집회의 순서로 진행하되, 이러한 진행절차를 이해 관계인에게 설명하는 것이 바람직하다.

나. 특별조사기일의 진행 요령

1) 개정, 출석 확인 및 진행 순서 설명   재판장은 사건번호와 사건명을 부르고, 관리인 등 이해관계인의 출석 여부를 확인한 후 특별조사기일과 관계인 집회의 진행 순서에 관하여 설명한다.

2) 절차의 병합 고지   재판장은 특별조사기일, 심리를 위한 관계인집회, 결의를 위한 관계인집회를 병합한다는 취지를 고지하여야 한다.

3) 재판장의 특별조사기일 개최 선언

4) 관리인의 조사결과 진술   재판장은 관리인에게 신고기간 이후 특별 조사기일 개최 시까지 추후 보완신고된 회생채권 등의 신고현황과 그 조사결과 를 진술하도록 하여야 한다. 특별조사기일에 관리인이 출석하지 아니한 때에는 회생채권과 회생담보권을 조사하지 못하는 점을 유의해야 한다(별제165조). 실무상 관 리인은 신고현황과 조사결과에 관한 자료를 미리 '추후 보완신고된 회생채권 등 의 시·부인표'로 작성하여 이를 토대로 진술하고 있다. 통상 관리인은 개괄적인 신고채권의 현황, 시·부인 현황만을 진술하고, 나머지 구체적인 시·부인 사유 에 관한 진술은 배부한 '추후 보완신고된 회생채권 등의 시·부인표'의 기재로 갈음하며, 추후 보완신고가 뒤늦게 접수되어 시·부인표에 반영되지 아니한 회

---

25) 그리고 서울회생법원에서는 주심 판사가 특별조사기일이나 집회 개최 전에 조서의 형태로 된 예상 진행계획(실무상 '집회 시나리오'라 부르고 있다)을 작성하여 절차상 간과한 점이 없는지 를 미리 점검하고 재판장의 절차진행에 도움을 주고 있으며(법원사무관등이 미리 조서 초안을 작성한 후 주심판사 또는 재판장이 검토, 수정하는 재판부도 있다), 주무 관리위원은 관리인에 게 절차 진행 순서를 미리 알려 주어 기일이 원활히 진행될 수 있도록 하고 있다.

생채권 등에 대해서는 일응 부인하고 있다.

관리인이 심리 및 결의를 위한 관계인집회 준비에 비하여 상대적으로 특별조사기일에 대한 준비를 소홀히 하는 경우가 많으므로, 법원은 추후 보완신고된 회생채권 등의 시·부인 작업을 적절히 지도하는 것이 바람직하다.

추후 보완신고된 회생채권 등의 시·부인표의 작성요령은 조사기간 내에 관리인이 이의의 방식으로서 제출하는 시·부인표의 작성요령과 같다('제11장 제1절 4.' 참조).

5) 이해관계인에 대한 의견진술 기회 부여　재판장은 위와 같이 관리인이 조사결과를 모두 보고하고 나면 이해관계인에게 그 조사결과에 대한 의견진술의 기회를 부여하여야 한다. 그리고 출석한 이해관계인에게 다른 이해관계인의 회생채권 등에 대하여 이의를 진술할 기회를 부여하여야 한다(법 제164조제2항). 한편 개인인 채무자 또는 개인이 아닌 채무자의 대표자는 추완신고된 채권의 내용에 대해 가장 잘 알고 있기 때문에 특별조사기일에 출석하여 의견을 진술하여야 하고, 다만 정당한 사유가 있는 때에는 대리인을 출석하게 할 수 있다(법 제164조제1항). 채무자 또는 대표자가 출석하지 않더라도 특별조사기일을 진행함에는 문제가 없다는 견해도 있으나,[26] 법에 따라 출석하도록 하는 것이 바람직하다. 다만 대부분의 사건에서 채무자 또는 대표자가 관리인이 되므로 관리인의 시·부인 진술을 채무자 또는 대표자의 의견진술로 갈음할 수 있을 것이지만, 예외적으로 제3자 관리인을 선임한 경우라면 채무자 또는 대표자의 출석 여부를 살펴 그에게 의견진술의 기회를 부여해야 한다.

6) 이의가 진술된 권리자의 구제절차 설명　절차를 마치기 전에 재판장이 이의가 진술된 회생채권자 등에 대하여 권리구제절차를 설명하는 것이 바람직하다(권리구제절차에 대한 자세한 내용은, '제11장 제4절' 참조).

7) 재판장의 특별조사기일 종료 선언

다. 특별조사기일의 조서 기재례

서울회생법원은 재판장이 법원사무관등에게 특별조사기일의 조서 작성을 명함으로써 법원사무관등으로 하여금 조서를 작성하도록 하고 있다(규칙 제5조 단서, 제3호 참조). 특별조사기일의 조서 기재례는 [별지 150] 참조.

---

26) 채무자 또는 채무자의 대표자의 출석 및 의견진술에 관하여는 条解(中), 641면 이하 참조.

라. 심리를 위한 관계인집회 종료 후에 이루어진 추후 보완신고에 대한 처리

회생채권 등의 추후 보완신고는 원칙적으로 심리를 위한 관계인집회가 종료될 때까지 또는 서면결의에 부치는 결정이 있을 때까지 가능하다(법 제152조 제3항).[27] 따라서 회생계획안에 대한 추가 심리가 필요하다는 등의 사유로 심리를 위한 관계인집회의 속행이 예정되어 있는 경우에는, 향후 추후 보완신고가 들어올 것에 대비하여 병합하여 진행하고 있는 특별조사기일도 속행하는 것이 송달 업무를 경감할 수 있어 바람직하다.

한편 대법원은 회생채권자가 일정한 경우 법 제152조 제3항에 불구하고 회생계획안 심리를 위한 관계인집회가 끝난 후에도 회생절차에 관하여 알게 된 날로부터 1월 이내에 회생채권의 신고를 보완할 수 있다고 판시하였다.[28] 따라서 특별조사기일 및 심리를 위한 관계인집회가 종료된 후에 이루어진 추후 보완신고가 위와 같은 경우에 해당한다면 법원은 이러한 신고를 각하할 것이 아니라 특별조사기일을 다시 지정하여 관리인으로 하여금 채권의 시·부인을 하도록 하여야 한다.[29][30]

특별조사기일 지정결정은 관리인, 채무자, 목록에 기재되거나 신고된 회생채권자 등에게 송달하여야 하고(법 제163조), 신고기간 후에 추후 보완신고된 회생채권 등의 조사비용은 그 회생채권자 등의 부담으로 한다(법 제162조 후문). 따라서 적법한 추후 보완신고가 있는 경우 법원은 특별조사기일에서 조사의 대상이 되는 회생채권 등을 갖고 있는 자에게 기간을 정하여 그 조사비용의 예납을 명할 수 있다(규칙 제64조 제1항). 예납비용은 특별한 사정이 없는 한 총채권자에게 송달하는 데 필요한 비용을 기준으로 산정한다.[31] 회생채권자 등이 비용을 예납하면, 특별조사기일 지정결정을 하고 그 예납된 비용으로 특별조사기일 지정결정을 송달한다. 만일

---

27) 다만 심리를 위한 관계인집회가 끝난 후 또는 서면결의에 부치는 결정이 있은 후에 채무자의 행위가 부인된 때에는 상대방은 부인된 날부터 1월 이내에 신고를 추후 보완할 수 있다(법 제109조 제2항).

28) 대법원 2018. 7. 24. 선고 2015다56789 판결, 대법원 2016. 11. 25. 선고 2014다82439 판결, 대법원 2012. 2. 13. 자 2011그256 결정 참조.

29) 심리를 위한 관계인집회 종료 후 추완신고된 채권의 처리를 위한 후속절차에 대하여는 '제10장 제4절 4. 마.' 참조.

30) 회생절차종결 이후의 추후 보완신고에 대하여는 각하하거나 예납명령 내지 특별조사기일을 지정하는 등의 조치를 취할 필요가 없다.

31) 서울중앙지방법원은 2010회합81 (주)씨포트, 2011회합162 (주)금광테크, 2012회합143 (주)모라도 사건 등에서, 서울회생법원은 2016회합100116 의료법인 늘푸른의료재단, 2017회합100119 (주)오츠메쎄 사건 등에서 추후 보완신고 회생채권자에게 조사비용으로 총채권자에게 2회 송달할 비용(1회 송달비용×2회×총채권자수) 상당의 예납을 명하였다.

회생채권자 등이 예납명령을 받고도 정해진 기간 내에 조사비용을 납부하지 아니한 경우에는 그 권리에 관한 신고를 각하할 수 있다(규칙 제64조 제2항). 다만 채권자의 수가 많은 데에 비해 채권자의 이의제기 가능성은 낮은 경우, 채권자의 수가 많을 뿐만 아니라 관리인의 시부인만으로도 채권조사의 목적을 충분히 달성할 수 있을 것으로 보이는 경우 등 특별조사기일 지정결정의 송달이 과다한 비용과 불필요한 절차의 지연을 초래할 것으로 보이는 경우에는 달리 처리한 사례도 있다(별 제10조 제1항, 규칙 제7조 제1호).[32]

　　실무상 심리를 위한 관계인집회 종료 후 속행된 결의를 위한 관계일집회기일 전에 위와 같이 실권되지 않는다고 판단되는 회생채권 등의 추후 보완신고가 있고 결의를 위한 관계인집회기일까지 송달의 여유가 있는 경우에는 특별조사기일을 결의를 위한 관계인집회 속행기일과 같은 일시·장소로 지정하여 두 기일을 병합하여 진행할 수 있을 것이다. 이 경우 추후 보완신고 회생채권자에게 결의를 위한 관계인집회기일 지정결정 및 회생계획안의 요지를 함께 송달하여야 한다(별 제182조 제1항, 제232조 제2항).[33] 한편 추후 보완신고된 회생채권을 시인하여야 할 경우에는 결의를 위한 관계인집회 속행기일 전에 회생계획안 변경안에 이를 미리 반영하는 것이 바람직한데, 이 경우 회생채권자 등에게 불리한 영향을 주지 않는 회생계획안 변경안이 마련되도록 유의하여야 하고(별 제234조), 그 변경안의 수행을 위하여 자금의 차입, 자산의 추가 매각, 비용의 절감 등이 필요한 경우에는 조사위원으로 하여금 수행가능성에 대하여 추가 검토를 하도록 하여 회생계획인가 요건(별 제243조 제1항 제2호)을 구비하고 있는지 확인할 필요가 있다.[34]

---

32) 서울회생법원은 2020회합100166 이준종합건설(주) 사건에서 추후 보완신고 회생채권자에게 총 채권자가 아닌 추후 보완신고 회생채권자에 대한 2회 송달비용(1회 송달비용×2회) 상당의 예납을 명하고 이외의 채권자들에 대한 송달은 공고로 갈음한 후 특별조사기일을 진행하였다. 서울중앙지방법원은 2011회합34 엘아이지건설(주), 2012회합103 범양자산관리(주), 2012회합266 에스에이치바이오(주), 2012회합103 범양건영(주), 2013회합110 팬오션(주) 사건 등에서 비용예납을 명하지 않고 관리인과 추후 보완신고 회생채권자 이외의 채권자들에 대한 송달을 공고로 갈음한 후 특별조사기일을 진행하였고, 서울회생법원은 2018회합100246 (주)이레 농업회사법인 사건에서 비용예납을 명하지 않고 관리인과 채무자, 추후 보완신고 회생채권자 이외의 채권자들에 대한 송달을 공고로 갈음하는 결정을 한 바 있다. 그리고 조사비용의 예납명령을 발령한 후 사실상 채무자로 하여금 조사비용을 납부하게 한 뒤 특별조사기일을 진행하거나, 예납명령이 채권자에게 송달되지 않아 특별조사기일 지정결정의 송달을 공고로 갈음한 후 특별조사기일을 진행한 사례도 있다.

33) 만일 송달의 여유가 없는 경우에는 속행된 결의를 위한 관계인집회기일을 변경하는 방안을 검토할 수 있다. 이때 법 제239조에 규정된 가결기간에 유의하여야 한다.

34) 만일 부득이하게 회생채권자 등에게 불리한 영향을 주는 내용의 회생계획안 수정안을 제출하여야 하는 경우에는 법원이 법 제229조의 수정명령을 하여 회생계획안을 수정하게 한 후 법 제230조 제1항에 의하여 심리를 위한 관계인집회를 재개하는 방법을 검토할 수 있다.

제4절 심리를 위한 관계인집회

1. 심리를 위한 관계인집회의 준비

법원은 심리를 위한 관계인집회에서 회생계획안의 제출자로 하여금 회생계획안의 내용을 설명하도록 하고, 이에 대한 이해관계인, 즉 관리인, 채무자, 목록에 기재되어 있거나 신고한 회생채권자·회생담보권자·주주·지분권자의 의견을 들어야 한다(별제 225조).

실무에서는 회생계획안 제출자(주로 관리인이다)로 하여금 심리를 위한 관계인집회 전에 회생계획안, 회생계획안의 요지, 관리인보고서를 미리 인쇄하여 출석하는 이해관계인에게 배부하도록 하고 있다.[35] 이때 작성되는 관리인보고서는 회생계획안의 내용이 복잡하고 양이 많기 때문에 관리인이 회생계획안의 내용을 이해관계인에게 요령 있게 설명하기 위하여 만드는 보조자료이다(기재례는 [별지 151] 참조).

서울회생법원에서는 관리인으로 하여금 이해관계인의 의견을 심리를 위한 관계인집회 전에 미리 수렴하여 보고하도록 하여, 관계인집회의 원활한 진행을 준비함과 동시에 관계인집회에서 진술하지 못하는 이해관계인의 의견도 참고할 수 있도록 하고 있다.

2. 심리를 위한 관계인집회의 진행 요령

가. 절차의 진행

1) 재판장의 심리를 위한 관계인집회의 개최 선언

2) 회생계획안 제출자의 회생계획안 수정신청에 대한 허가결정 고지 회생계획안 제출자는 회생계획안의 심리를 위한 관계인집회의 기일까지 법원의 허가를 받아 회생계획안을 수정할 수 있다(별제 228조). 따라서 최초 회생계획안이 제출된 이후로 수정된 회생계획안이 제출된 경우에는 그에 대한 허가가 필요하고, 허가

---

35) 회생계획안의 양이 많은데다가 출석하는 이해관계인의 수가 많은 경우에는 회생계획안의 요지와 관리인보고서만 배부하기도 한다. 경우에 따라서는 회생계획안의 내용이 뒤늦게 확정되어 관계인집회 전에 인쇄물이 도착하지 않은 사례도 있으므로, 주심 판사는 관리인으로 하여금 제때에 인쇄물이 도착될 수 있도록 주의를 환기시켜야 한다.

결정은 주로 심리를 위한 관계인집회에서 고지하는 방식으로 이루어진다. 만일 수정된 회생계획안이 미리 제출되어 재판부의 허가를 받은 상태라면 회생계획안 수정신청에 대한 허가결정 고지는 불필요하다.

3) 회생계획안 제출자의 회생계획안 설명   실무상 관리인을 비롯한 회생계획안 제출자는 미리 작성·배부한 '관리인보고서' 또는 이와 유사한 서면을 토대로 이해관계인에게 회생계획안의 요지 및 변제계획에 관하여 설명하고 있다.

4) 조사위원의 조사결과 및 의견 진술   실무상 조사위원은 심리를 위한 관계인집회에 출석하여 제출된 회생계획안의 수행가능성 및 청산가치보장 여부에 관한 조사결과 및 의견을 진술하고 있다.

5) 이해관계인에 대한 의견진술 기회 부여   심리를 위한 관계인집회에서 의견진술의 기회를 부여할 대상은 관리인, 채무자, 목록에 기재되어 있거나 신고한 회생채권자·회생담보권자·주주·지분권자이다(법 제225조). 이때 진술되는 의견은 대부분 회생계획안 제출자에 대하여 보충 설명을 요구하거나 질의를 하는 내용이다. 따라서 법원은 이해관계인의 의견진술에 대하여 회생계획안 제출자에게 보충 설명을 하거나 답변을 하도록 지도하는 것이 바람직하다.

실무상 주로 회생계획안의 권리변경 및 변제방법에 대한 불만이나 수정요구, 회생계획안 일부 기재사항의 오류를 지적하는 내용 등이 진술되는데, 이렇게 진술된 이해관계인의 의견에 대하여 법원이나 회생계획안 제출자가 구속되는 것은 아니다. 그러나 정식으로 법원에 대하여 회생계획안의 수정명령을 신청하는 것으로 볼 수 있는 경우에는 법원이 이에 대하여 판단을 해 주어야 하며, 의견을 들어본 결과 제출된 회생계획안에 쉽게 고칠 수 없는 흠결이 발견된 경우에는 심리를 위한 관계인집회를 속행하여 회생계획안을 수정할 기회를 부여하는 것이 바람직하다. 후자(後者)의 경우에는 법 제239조의 가결기간을 고려하여 결의를 위한 관계인집회를 연기하여야 하며, 이와 같이 관계인집회에서 속행 또는 연기된 기일을 지정·선고할 경우에는 이해관계인에 대한 송달이나 공고를 하지 않아도 된다(법 제185조 제2항).[36)]

6) 회생계획안 제출자의 보충 설명 또는 답변

7) 이해관계인의 수정명령신청에 대한 결정의 고지   관계인집회 전 또는 관계인집회에서 이해관계인의 회생계획안 수정명령신청이 있는 경우에 법원은

---

36) 특별조사기일의 연기 또는 속행에 관하여는 따로 규정이 없으나, 이와 마찬가지로 해석하여야 할 것이다.

이에 대하여 수정명령 또는 기각결정을 할 수 있다(자세한 것은 '제13장 제8절 3. 라.' 참조).[37]

심리를 위한 관계인집회의 기일 후에 법 제229조(회생계획안의 수정명령)의 규정에 의한 수정이 있는 때에는 법원은 그 수정안을 심리하기 위하여 다시 기일을 정하여 관계인집회를 소집할 수 있다(법 제230조 제1항). 그러나 위에서 본 바와 같이 심리를 위한 관계인집회에서 회생계획안의 수정이 필요하다고 판단할 경우에는 집회를 속행하여 회생계획안을 수정할 기회를 부여하고 있을 뿐 아니라 심리를 위한 관계인집회와 결의를 위한 관계인집회를 병합하여 실시하고 있으므로, 심리를 위한 관계인집회를 재개하여 수정된 회생계획안을 심리하여야 할 경우는 실무상 거의 없다.[38]

8) 재판장의 심리를 위한 관계인집회 종료 선언

나. 조서 기재례

서울회생법원은 재판장이 법원사무관등에게 심리를 위한 관계인집회의 조서 작성을 명함으로써 법원사무관등으로 하여금 조서를 작성하도록 하고 있다(규칙 제5조 단, 서. 제3호 참조). 심리를 위한 관계인집회의 조서 기재례는 [별지 150] 참조.

제5절   결의를 위한 관계인집회

1. 개   요

결의를 위한 관계인집회는 심리를 마친 회생계획안의 결의를 위한 절차로서, 회생계획안의 결의와 이에 부수되는 내용을 처리하는 절차이다. 결의를 위한 관계인집회에서 처리하여야 하는 부수되는 절차로는 회생을 위하여 채무를 부담하거나 담보를 제공하는 자의 진술(법 제233조), 회생계획안의 결의를 위한 조의 분류

---

37) 실무상 관계인집회 전에 서면으로 회생계획안의 수정명령을 신청한 신청인을 개별적으로 소환하여 관계인집회에서 결정을 고지한 사례가 있다.

38) 다만 심리를 위한 관계인집회 종료 후 결의를 위한 관계인집회가 속행 내지 연기된 사안에서 추후 보완신고 채권자의 요구 등으로 회생채권자 등에게 불리한 영향을 주는 내용의 회생계획안 수정안을 제출하여야 할 경우에는 법원이 회생계획안의 수정명령을 하여 회생계획안을 수정하게 한 뒤 심리를 위한 관계인집회를 재개하여 회생계획안의 심리를 다시 하여야 할 경우가 있을 수 있다.

(별제236조), 이해관계인의 의결권 이의에 대한 결정(별제188조제2항), 회생계획안이 가결되지 않은 경우 속행기일의 지정(별제238조), 이해관계인에게 불리한 영향을 주지 않는 범위 내에서의 회생계획안 변경(별제234조) 등이 있다.

2. 결의를 위한 관계인집회의 진행 요령

가. 절차의 진행

1) 재판장의 결의를 위한 관계인집회 개최 선언
2) 회생을 위하여 채무를 부담하거나 담보를 제공하는 자의 진술
3) 조 분류의 결정
4) 의결권이 없거나 의결권을 행사할 수 없는 자가 있을 경우 그 취지의 고지
5) 의결권에 대한 이의진술 및 조 분류의 결정에 대한 의견진술 기회 부여
6) 의결권 이의에 대한 결정, 조 분류 변경 여부에 관한 결정
7) 가결요건에 대한 설명
8) 결의
9) 집계
10) 집계 결과 발표
11) 가결된 경우 가결된 회생계획의 인가 여부에 관한 이해관계인의 의견진술 기회 부여 및 인가 여부의 결정 내지 계획인부기일의 선고,[39] 부결된 경우 회생절차를 폐지할지 여부에 관한 이해관계인의 의견진술 기회 부여
12) 속행기일지정 신청이 있는 경우 속행기일지정을 위한 절차 진행
13) 속행기일의 지정
14) 재판장의 결의를 위한 관계인집회 종료 선언

나. 조서 기재례

서울회생법원은 재판장이 법원사무관등에게 결의를 위한 관계인집회의 조

---

39) 실무상 회생계획안을 관계인집회의 결의에 부치기 전에 법원이 미리 회생계획의 인가요건까지 심사한 후 회생계획안이 관계인집회에서 가결되면 바로 그 자리에서 인가결정을 선고하는 경우가 대부분이나, 예외적으로 가결된 이후에도 회생계획의 인가요건을 심사하기 위한 시간이 필요한 경우에는 별도로 회생계획의 인가 여부의 기일을 정하여 선고한 후 그 기일에 인가 여부의 결정을 하고 있다(법 제242조 제1항). 자세한 것은 '제15장 제1절 2.' 참조.

서 작성을 명함으로써 법원사무관등으로 하여금 조서를 작성하도록 하고 있다 (규칙, 제5조, 단). 결의를 위한 관계인집회의 조서 기재례는 [별지 150] 참조.

3. 회생을 위하여 채무를 부담하거나 담보를 제공하는 자의 진술

회생을 위하여 채무를 부담하거나 담보를 제공하는 자는 결의를 위한 관계 인집회에 출석하여 그 뜻을 진술하여야 한다. 다만 정당한 사유가 있을 때에는 대리인을 출석하게 할 수 있으나, 대리인은 대리권을 증명하는 서면을 법원에 제출하여야 한다(법, 제233조, 제1항·제2항).

법 제233조가 법률적인 의미를 가지는 것은 회생을 위하여 채무를 부담하 거나 담보를 제공하는 것을 회생계획안에서 창설적으로 규정한 경우이다. 즉 여 기서 '회생을 위하여 채무를 부담하거나 담보를 제공하는 자'란 채무자 이외의 자로서 채무자의 채무를 인수하거나 보증하는 등 회생을 위하여 채무를 부담하 거나 채무자를 위하여 담보를 제공한다는 것이 회생계획안에서 창설적으로 규정 된 자를 말한다. 그리고 '출석하여 그 뜻을 진술하여야 한다'는 것은 회생을 위 하여 채무를 부담하거나 담보를 제공하는 자에게 출석의 의무를 지운다는 뜻이 아니고, 만약 그러한 자가 출석하여 진술하지 아니하였을 경우에는 회생계획안 이 인가되더라도 채무부담이나 담보제공이 유효하게 성립되지 않는다는 것을 의 미한다.[40] 회생계획안을 서면결의에 부치는 때에는 채무를 부담하거나 담보를 제공하는 자의 동의를 얻어 회생계획안에 그 내용을 정함으로써 결의를 위한 관 계인집회에서의 진술에 갈음한다(법, 제240조, 제3항). 회생계획안의 내용상 회생을 위하여 채 무를 부담하거나 담보를 제공하는 자가 있는 경우는 많지 않으나, 회생계획안이 나 변경회생계획안에서 제3자가 채무자의 신주 또는 회사채를 인수하는 의무를 부담하는 것으로 되어 있는 경우 등이 이에 해당할 것이다.

그러나 인수자와 관리인 또는 채권자들 사이에 채무부담에 관한 개별 약정 이 이미 성립되어 있고(즉 채무부담 등이 창설적인 것이 아닌 경우) 회생계획안에는 보고적인 의미로서 인수자의 채무부담에 관한 규정을 기재한 경우에는, 인수자 가 출석하여 진술하더라도 이는 회생계획안 제출자의 설명을 보충하는 데 지나 지 않으므로 그러한 진술을 하지 않았더라도 채무의 불성립이라는 효과가 생기 지 않는다. 다만 실무에서는 이와 같이 인수자의 진술이 보충적인 의미에 지나

---

40) 条解(下), 262면.

지 않는 경우라도 출석하게 하여 그와 같은 취지를 진술하도록 하고 있다.[41]

이와 같이 회생을 위하여 채무를 부담하거나 담보를 제공하는 자의 진술은 늦어도 결의를 위한 관계인집회가 개최된 이후 회생계획안에 대한 결의에 들어가기 전까지는 이루어져야 한다.

4. 조의 분류

회생계획안에 대한 결의는 조별로 나누어 행하고(법 제236조), 모든 조에서 가결되었을 때 회생계획안이 가결된다. 회생절차에서 '조(組)'란 회생계획안의 결의에 있어서 이해관계인에 의하여 구성되는 의결단위를 말하는 것으로서 회생계획안의 작성에 있어서도 하나의 기준이 되는 단위를 말하기도 한다. 회생계획안을 작성하고 결의함에 있어서 이러한 조의 분류는 본질적으로 선순위 권리자는 물론 소수의 권리자를 보호하는 기능을 가짐과 아울러 이해관계인의 권리보호라는 회생법원의 지도기능을 현실화시키는 기준으로서의 기능을 가지고 있다.

조를 단순하게 분류한다면 획일적인 이해관계의 조정은 수월한 반면 소수자의 권리보호라는 점에서는 불충분할 수 있고, 또 조를 너무 복잡하게 분류한다면 권리변경의 정도가 다른 이해관계인을 보호한다는 측면은 강조될 수 있지만, 결과적으로 회생계획안의 가결이 어렵게 되는 부작용이 있다. 따라서 법 제236조에서는 기본적인 조의 분류를 ① 회생담보권자(1호), ② 일반의 우선권 있는 채권을 가진 회생채권자(2호), ③ 일반 회생채권자(3호), ④ 잔여 재산의 분배에 관하여 우선적 내용을 갖는 종류의 주식 또는 출자지분을 가진 주주·지분권자(4호), ⑤ 그 밖의 주주·지분권자(5호)로 분류하는 것을 원칙으로 하되(법 제236조), 법원이 그 권리의 성질과 이해관계를 고려하여 2개 이상의 호의 자를 하나의 조로 분류하거나, 하나의 호에 해당하는 자를 2개 이상의 조로 분류할 수 있도록 하여(법 제236조 제3항 본문), 조의 분류에 관하여 법원의 재량을 인정하고 있다.[42] 그러나 법 제140

---

41) 이와 같은 사례로는 이미 체결된 인수계약에 의하여 채무자의 제3자 매각에 따른 회생계획안을 제출하거나 회생계획 변경을 하는 경우에 인수대금 등의 납입의무가 있는 인수자가 관계인집회에 출석하여 진술하는 것이 대표적이다. 서울회생법원은 위와 같은 인수계약이 체결되어 있는 경우, 인수자에게 인수계약에 따른 의무의 이행 여부, (변경)회생계획안에 대한 의견 및 향후 (변경)회생계획안에 따른 변제의 이행 여부 등에 대하여 진술하도록 하고 있다.

42) 대법원은, 법원이 조를 분류하면서 법 제236조 제2항 각호에 해당하는 동일한 종류의 권리자를 2개 이상의 조로 세분하지 않은 것이 위법한지 여부에 관하여, "법은 회생담보권자·회생채권자·주주·지분권자를 각각 다른 조로 분류하여야 하는 것 외에는 법원이 법 제236조 제2항 각호의 자가 가진 권리의 성질과 이해관계를 고려하여 2개 이상의 호의 자를 하나의 조로 분류

조 제1항, 제2항이 규정하는 벌금·조세 등 청구권을 가진 자는 위와 같은 조 분류에서 제외되고(별제236조), 회생담보권자·회생채권자·주주·지분권자는 각각 다른 조로 분류하여야 한다(별제236조).

그런데 실무상으로는 ②나 ④에 해당하는 이해관계인이 있는 경우는 거의 없기 때문에 결국 회생담보권자의 조, 회생채권자의 조, 주주·지분권자의 조의 세 가지로 분류되는 경우가 대부분이다. 이러한 실무는 결의의 조를 세분화할수록 회생계획안의 가결이 어렵게 되어 결국 회생가능성이 있는 채무자도 폐지를 면하기 위하여 채권자들의 과대한 요구를 수용하게 될 우려가 있기 때문이다.[43] 다만, 같은 조에서 다수의 힘으로 가결 여부를 결정하는 것이 권리변경의 태양이 상대적으로 열악한 소수자에 대하여 온당하지 않은 결과를 초래하는 등 소수자 권리보호의 필요성이 큰 경우 등에는 결의의 조를 보다 세분화하는 것을 검토할 필요가 있다. 사안에 따라서는 회생채권자 조를 상거래채무와 금융기관채무, 주채무와 보증채무, 특수관계인에 대한 채무 등으로 세분화할 수도 있다.[44]

한편 서울회생법원은 유일한 회생담보권자가 현실화 가능성이 없는 미발생 구상채권자로 의결권이 없는 경우와 같이 같은 조 내에 의결권을 행사할 채권자가 없는 경우라도 회생담보권자 조로 분류를 한 뒤 의결권을 부여하지 않는 방식으로 운영한다. 앞서 본 바와 같이 회생절차에서 '조(組)'란 의결뿐만 아니라 회생계획안의 작성에 있어서도 하나의 기준이 되는 단위이기 때문이다.

조의 분류는 법원이 결정으로 하여야 하며 이 결정은 이해관계인에게 송달하여야 하나(별제236조), 관계인집회의 기일에서 이 결정을 선고한 경우에는 송달을 하지 않을 수 있다(별제236조). 다만 서면결의에 부치는 경우에는 법원은 미리 조 분류에 관한 결정을 하고 이를 이해관계인에게 송달하여야 한다(별제236조). 실무에서는 일반적으로 결의를 위한 관계인집회의 개최 선언 후에 조 분류에 관한 결

하거나 하나의 호에 해당하는 자를 2개 이상의 조로 분류할 수 있다고 규정하여(법 제236조 제3항), 조의 통합과 세분에 관하여 법원의 재량을 인정하고 있다. 따라서 회생법원의 조 분류 결정에 재량의 범위를 일탈하였다고 볼 수 있는 특별한 사정이 없는 한, 법원이 법 제236조 제2항 각호에 해당하는 동일한 종류의 권리자를 2개 이상의 조로 세분하지 않았다고 하여 위법하다고 볼 수 없다."라고 판시하였다(대법원 2016. 5. 25. 자 2014마1427 결정).

43) 이 경우 회생계획안이 가결되지 않았다면 법 제244조 제1항에 따라 권리보호조항을 정하여 회생계획을 인가하는 방법을 검토할 수 있다.

44) 서울회생법원에서 조를 세분화한 사례로는, 의결권자가 회생채권자만 존재하는 상황에서 회생채권자의 조에서 부결이 예상되자 강제인가 가능성을 염두에 두고 회생채권자의 조를 금융기관 조와 비금융기관 조로 분류한 사례[2021회합100030 (주)더휴컴퍼니 사건], 회생채권 중 특수관계인의 채권이 회생채권 전체 의결권 중 약 46%를 차지하여 다른 회생채권자들의 의결권이 왜곡되는 것을 방지하기 위해 회생채권자의 조를 특수관계인 조와 특수관계인 이외의 조로 분류한 사례[2021간회합100086 (주)이투씨글로벌 사건] 등이 있다.

정을 고지하고 이를 조서에 기재하고 있다. 이러한 법원의 조 분류에 관한 결정에 대하여는 관리인, 채무자, 목록에 기재되어 있거나 신고한 회생채권자·회생담보권자·주주·지분권자가 의견을 진술할 수 있으나(법 제236조 제4항), 법원이 그 의견에 구속되는 것은 아니며, 법원의 조 분류에 관한 결정에 대하여는 불복할 수 없다(법 제13조 제1항). 다만 법원은 회생계획안을 결의에 부칠 때까지는 언제든지 종전의 조 분류를 변경할 수 있다(법 제236조 제5항). 이러한 조 분류의 변경은 조 분류의 결정에 준하는 방법으로 이루어져야 한다.

5. 의 결 권

가. 의결권의 범위와 행사

회생절차가 개시되면 이해관계인은 회생절차 중에 개별적인 권리행사를 할 수 없고 의결권의 행사에 의하여 자기에게 불리하다고 판단되는 회생계획안의 확정을 저지하여 유리한 회생계획안의 작성을 유도하거나 회생절차의 폐지를 도모할 수밖에 없다. 따라서 이해관계인에게 의결권의 범위와 행사 여부는 중요한 문제이다.

1) 의결권의 범위

회생채권자는 제134조 내지 제138조에 규정된 채권에 관하여는 그 규정에 의하여 산정한 금액에 따라, 그 밖의 채권에 관하여는 그 채권액에 따라 의결권을 가진다(법 제133조 제2항). 회생담보권자는 그 담보권의 목적의 가액에 비례하여 의결권을 가진다. 다만, 피담보채권액이 담보권의 목적의 가액보다 적은 때에는 그 피담보채권액에 비례하여 의결권을 가진다(법 제141조 제5항).

주주·지분권자는 그가 가진 주식·출자지분의 수 또는 액수에 비례하여 의결권을 가지나(법 제146조 제2항), 회생절차의 개시 당시 채무자의 부채총액이 자산총액을 초과하는 때에는 의결권을 가지지 아니한다(법 제146조 제3항 본문).

2) 의결권의 행사

원칙적으로 확정된 회생채권 또는 회생담보권을 가진 회생채권자 또는 회생담보권자는 그 확정된 액이나 수에 따라 의결권을 행사할 수 있고, 이의 없는 의결권을 가진 주주·지분권자는 목록에 기재되거나 신고한 액이나 수에 따라 의결권을 행사할 수 있다(법 제188조 제1항). 다만 관리인, 목록에 기재되어 있거나 신고된 회생채권자·회생담보권자·주주·지분권자는 관계인집회에서 의결권에 관하여 이의를 할 수 있고($\frac{\text{별 제}}{\text{187조}}$), 법원은 이와 같이 이의가 제기된 권리에 관하여 의결권을 행사하게 할 것인지 여부와 의결권을 행사하게 할 액 또는 수를 결정한다($\frac{\text{별 제188조}}{\text{제2항}}$).

한편 목록에 기재되어 있거나 신고한 주주의 경우 특별한 사정이 없는 한 결의를 위한 관계인집회에서의 의결권 행사 시점 또는 법 제240조에 의한 서면 결의 시점에 주주명부 또는 이와 유사한 효력을 가지는 문서의 기재를 기준으로 주주 의결권을 가지는 자를 확인하여야 한다.[45] 즉, 상장법인의 경우 2016. 3. 22. 제정되어 2019. 9. 16. 시행된 주식·사채 등의 전자등록에 관한 법률에 따라 주식이 전자등록되므로,[46] 주주명부 폐쇄제도를 활용하여 목록에 기재되어 있거나 신고한 주주가 주주명부 폐쇄 첫날을 기준으로 전자등록기관인 한국예탁결제원의 소유자명세에 따른 주주명부[47] 내역과 일치하는지 확인한다. 그 밖의 비상장법인 등의 경우 ① 주식이 전자등록되어 있으면 상장법인의 경우와 동일하게 처리하고, ② 자본시장과 금융투자업에 관한 법률에 따라 주권이 예탁되어 있으

---

45) 대법원 2017. 3. 23. 선고 2015다248342 전원합의체 판결은 "주식을 양수하였으나 아직 주주명부에 명의개서를 하지 아니하여 주주명부에는 양도인이 주주로 기재되어 있는 경우뿐만 아니라, 주식을 인수하거나 양수하려는 자가 타인의 명의를 빌려 회사의 주식을 인수하거나 양수하고 타인의 명의로 주주명부에의 기재까지 마치는 경우에도, 회사에 대한 관계에서는 주주명부상 주주만이 주주로서 의결권 등 주주권을 적법하게 행사할 수 있다. 또한 주주명부상의 주주만이 회사에 대한 관계에서 주주권을 행사할 수 있다는 법리는 주주에 대하여만 아니라 회사에 대하여도 마찬가지로 적용되므로, 회사는 특별한 사정이 없는 한 주주명부에 기재된 자의 주주권 행사를 부인하거나 주주명부에 기재되지 아니한 자의 주주권 행사를 인정할 수 없다. 따라서 특별한 사정이 없는 한, 주주명부에 적법하게 주주로 기재되어 있는 자는 회사에 대한 관계에서 주식에 관한 의결권 등 주주권을 행사할 수 있고, 회사 역시 주주명부상 주주 외에 실제 주식을 인수하거나 양수하고자 하였던 자가 따로 존재한다는 사실을 알았든 몰랐든 간에 주주명부상 주주의 주주권 행사를 부인할 수 없으며, 주주명부에 기재를 마치지 아니한 자의 주주권 행사를 인정할 수도 없다."라고 판시하였다. 대법원은 위 판결을 통하여, ① 타인의 명의를 빌려 회사의 주식을 인수하고 그 대금을 납입한 경우에 그 타인의 명의로 주주명부에 기재까지 마쳐도 실질상의 주주인 명의차용인만이 회사에 대한 관계에서 주주권을 행사할 수 있는 주주에 해당한다는 취지로 본 판례, ② 회사는 주식인수 및 양수계약에 따라 주식의 인수대금 또는 양수대금을 모두 납입하였으나 주식의 인수 및 양수에 관하여 상법상의 형식적 절차를 이행하지 아니한 자의 주주로서의 지위를 부인할 수 없다고 한 판례, ③ 회사가 명의개서를 하지 아니한 실질상의 주주를 주주로 인정하는 것은 무방하다고 한 판례, ④ 회사가 주주명부상 주주가 형식주주에 불과하다는 것을 알았거나 중대한 과실로 알지 못하였고 또한 이를 용이하게 증명하여 의결권 행사를 거절할 수 있었음에도 의결권 행사를 용인하거나 의결권을 행사하게 한 경우에 그 의결권 행사가 위법하게 된다는 취지로 판시한 판례 등을 모두 변경하였다.

46) 위 법 제25조 제1항 단서, 부칙(2016. 3. 22.) 제3조 제1항 참조.

47) 주식·사채 등의 전자등록에 관한 법률 제37조, 제39조, 제40조 등에 따르면, 전자등록기관이 전자등록된 주식의 발행인의 요청으로 필요한 사항을 계좌관리기관에게서 통보받아 '소유자명세'를 작성하여 발행인에게 통지한 경우, 발행인은 통지받은 사항 등을 기재한 주주명부를 작성·비치하여야 한다. 따라서 소유자명세 작성·통지에는 명의개서가 뒤따르게 된다. 한편 전자등록된 주식의 소유자는 명의개서가 되지 않았더라도 발행인에게, 전자등록기관에서 받은 '소유자증명서'를 제출하거나 전자등록기관으로 하여금 '소유 내용 통지'를 하게 함으로써 소유자로서의 권리를 행사할 수 있다.

면 주주명부 폐쇄제도를 활용하여 목록에 기재되어 있거나 신고한 주주가 주주
명부 폐쇄 첫날을 기준으로 예탁기관인 한국예탁결제원의 실질주주명세에 따른
실질주주명부[48] 내역과 일치하는지 확인하며, ③ 전자등록이나 예탁 그 어느 것
도 되어 있지 않으면 주주명부의 기재에 의한다.

나. 의결권에 대한 이의

관리인과 목록에 기재되어 있거나 신고한 회생채권자·회생담보권자·주
주·지분권자는 관계인집회에서 확정되지 않은 회생채권자·회생담보권자 및 주
주·지분권자의 의결권에 관하여 이의를 진술할 수 있다(법 제187조).

조사기간 내의 이의(법 제161조) 또는 특별조사기일에서의 이의(법 제164조 제2항)는 회생채권
또는 회생담보권의 존부 및 내용과 의결권의 액수가 회생채권자 등의 목록에 기
재되거나 신고된 대로 확정되는 것을 차단하는 효력이 있지만(법 제166조), 법 제187조
의 관계인집회에서의 의결권에 대한 이의는 의결권 행사를 저지하기 위한 것으
로 권리의 내용에 영향을 미치는 효력이 없다는 점에서 그 성질이 다르다. 따라
서 관리인 등이 회생채권자 또는 회생담보권자의 의결권 행사를 저지하기 위해
서는 조사기간 내에 또는 특별조사기일에 의결권에 대한 이의를 제기한 후 관계
인집회에서도 다시 의결권에 대한 이의를 진술하여야 한다.

1) 회생담보권자·회생채권자의 의결권에 대한 이의

가) 의결권의 액수가 확정되지 않은 경우

우선 목록에 기재되어 있거나 신고된 회생채권이나 회생담보권에 관하여 관
리인 등이 조사기간 내에 또는 특별조사기일에 채권의 존부 및 내용과 의결권
액수 모두에 대하여 이의를 제기한 경우, 목록에 기재되거나 신고된 회생담보
권·회생채권의 존부 및 내용과 의결권 액수의 확정이 모두 차단된다. 한편 이의
가 제기된 채권의 존부 및 내용의 확정을 위하여 채권조사확정재판을 신청하여
야 하는데, 채권조사확정재판의 대상이 되는 것은 채권의 존부 및 내용에 한하고

---

48) 자본시장과 금융투자업에 관한 법률 제309조, 제315조, 제316조, 제318조 등에 따르면, 한국예
탁결제원은 투자자의 동의를 얻어 투자매매업자 또는 투자중개업자가 예탁한 주권을 종류·종
목별로 혼합하여 보관하므로, 주주는 혼장임치된 주식의 공유자로서 '실질주주'가 된다. 그리고
주식의 발행인의 요청으로 실질주주에 관한 사항을 예탁자로부터 통보받아 발행인 또는 명의개
서 대리 회사에 '실질주주명세'를 통지한 경우, 발행인 또는 명의개서 대리 회사는 통지받은 사
항 등을 기재한 '실질주주명부'를 작성·비치하여야 하고, 이는 주주명부와 같은 효력을 가진다.
한편 실질주주는 명의개서가 되지 않았더라도 발행인에게 한국예탁결제원에서 받은 '실질주주
증명서'를 제출함으로써 주주로서의 권리를 행사할 수 있다.

(별 제170조 제3항), 의결권의 액수는 채권조사확정재판의 대상이 될 수 없다.[49] 이와 같은 경우 해당 채권자가 1월 이내에 채권조사확정재판을 신청하거나 소송절차 수계를 신청하여 관계인집회기일에는 아직 채권이 확정되지 않은 경우가 많을 것이다.

다음으로 목록에 기재되거나 신고된 회생채권이나 회생담보권에 관하여 관리인 등이 조사기간 내에 또는 특별조사기일에 채권의 존부 및 내용은 시인하고 의결권만 부인한 경우,[50] 그 채권의 존부 및 내용은 그대로 확정되고 이를 회생채권자표 및 회생담보권자표에 기재한 때에는 그 기재는 확정판결과 동일한 효력을 갖게 되나 의결권은 확정이 차단된다.[51]

이와 같이 의결권의 액수가 확정되지 않은 경우, 관리인 등은 관계인집회에서 의결권에 대한 이의를 제기할 수 있고(별 제187조), 이에 대하여 법원은 의결권 행사 여부와 의결권의 액수를 결정하게 된다(별 제188조 제2항). 관계인집회에서 관리인 등으로부터 의결권에 대한 이의가 제기되지 않은 때에는 비록 조사기간 내에 또는 특별조사기일에 의결권이 부인되었다고 하더라도 그 권리자는 목록에 기재되거나 신고한 액수에 따라 의결권을 행사할 수 있다(규칙 제68조 제1항).[52]

나) 의결권의 액수가 확정된 경우

원칙적으로 확정된 회생채권 또는 회생담보권을 가진 회생채권자 또는 회생담보권자는 그 확정된 액이나 수에 따라 의결권을 행사할 수 있고, 이에 대해서는 법 제187조의 의결권에 대한 이의를 제기할 수 없다(별 제188조 제1항, 제187조 단서).

다만 경우에 따라서는 의결권까지 모두 확정된 회생채권이나 회생담보권에 대하여도 예외적으로 의결권에 대한 이의를 할 수 있는 경우가 있다. 예를 들어, 신고 자체가 예비적으로 한 것으로서 비록 조사기간 안에 이의 없이 확정되었다 하더라도 그 성격상 의결권의 행사를 인정할 수 없는 경우,[53] 확정된 회생채권

---

49) 대법원 2015. 7. 23. 선고 2013다70903 판결 참조.
50) 조사기간 내에 또는 특별조사기일에 의결권을 시인한 경우에는 의결권이 확정되므로 원칙적으로 누구도 관계인집회에서 의결권에 대한 이의를 제기할 수 없다.
51) 다만 해당 채권자는 조사기간 내에 또는 특별조사기일에 의결권이 부인되었다고 하더라도 법 제170조 제3항의 해석상 의결권 액을 확정하기 위하여 채권조사확정재판을 신청할 수는 없고, 채권조사확정재판을 신청하지 않았더라도 관계인집회에서 의결권을 행사할 수 없는 것으로 확정되지는 않는다.
52) 대법원은, 신고된 회생채권의 존부 및 내용 등에 관하여 채권조사절차에서 이의가 제출되어 미확정 상태에 있는 이른바 '이의채권'이라 하더라도, 관계인집회에서 그에 기한 의결권의 행사에 대하여 이의가 제기되지 아니한 이상 의결권은 신고한 액수에 따라 행사할 수 있고, 위와 같은 법리는 채권조사절차에서 신고된 회생채권의 의결권 액수에 대하여만 이의가 제출된 경우에도 마찬가지로 적용된다고 판시하였다(대법원 2016. 5. 25. 자 2014마1427 결정, 대법원 2014. 2. 21. 자 2013마1306 결정 등 참조).
53) 예를 들면, 공익채권으로 인정되지 않을 것을 조건으로 하여 회생채권 신고를 하였으나 추후

자표 등의 기재가 잘못되어 객관적으로 확정되어 있지 않다고 볼 수 있는 경우나 객관적으로 확정되어 있다 하더라도 그 의결권이나 권리 내용의 기재에 잘못이 있다는 취지의 다툼이 있을 경우에는 의결권에 대한 이의를 통하여 이를 다툴 수 있는 것으로 해석된다.[54)]

확정된 회생채권이나 회생담보권이 확정 이후에 발생한 사유로 인하여 소멸하거나 감소한 경우 이해관계인은 이에 대하여 직접적으로 의결권 이의를 할 수 있다. 대법원도 법원의 변제허가에 의하여 회생계획인가 전에 변제된 채권은 변제된 한도에서 절대적으로 소멸하는 것이고, 따라서 의결권의 액도 그 한도에서 감액된다고 판시한 바 있다.[55)] 따라서 당사자 사이에 채권 소멸에 관하여 다툼이 없다고 인정되는 경우[56)]에는 관리인은 별도로 청구이의의 소를 제기할 필요 없이 결의를 위한 관계인집회에서 변제를 받은 채권자의 의결권에 대한 이의를 제기하고, 법원은 의결권에 대한 이의를 받아들여 당해 채권자에게 의결권을 부여하지 않는다는 결정을 할 수 있다.[57)]

한편 회생채권이 결의를 위한 관계인집회 전에 양도된 경우에는 객관적으로 채권이 소멸하거나 감소한 것은 아니므로 채권의 양수인에게 의결권을 부여하면 되고, 채권신고가 철회된 경우에는 의결권 이의의 대상이 되는 채권이 소급적으로 신고되지 않은 것으로 되므로 의결권 이의의 대상이 아니다.

2) 주주·지분권자의 의결권에 대한 이의

주주·지분권자에 관하여는 신고제도만 있을 뿐(조 제150 참조) 조사절차와 확정제도가 없기 때문에(법 제161조 제166조 참조) 주주·지분권자가 가지는 의결권에 대한 이의는 법 제187조에 따라 관계인집회에서 이루어진다.

관리인 등이 결의를 위한 관계인집회에서 주주의 의결권에 대해 이의를 제기하면 법원은 위 가. 2)항 기재 기준에 따라 의결권 부여 여부를 결정하고 있다. 최초의 결의 당시 의결권에 대한 이의가 없어 의결권이 부여된 주주·지분

에 공익채권으로 인정된 경우, 채권자에 의한 상계의 효력에 관하여 다툼이 있어 상계의 효력이 인정되지 않을 것을 조건으로 하여 회생채권 신고를 하였으나 추후에 상계의 효력이 인정된 경우 등이 있다.

54) 条解(下), 36면.

55) 대법원 2001. 1. 5. 자 99그35 결정.

56) 법원의 허가를 얻어 회생채권을 조기에 변제하였거나 재계약을 통하여 공익채권으로 된 경우로서, 회생채권이 소멸하였다는 점 및 상대방과 사이에 의결권에 관한 다툼이 없다는 점에 관하여 관리인의 충분한 소명이 있는 경우 등이다.

57) 실무에서는 해당 채권자로부터 채권소멸(변경)신고서 등을 제출받아 채권소멸(감액) 처리를 하고 그에 의하여 의결권이 소멸(감액)되는 경우가 많다.

권자라고 하더라도 그 이후 주주·지분권자의 지위를 상실한 것으로 확인되면 속행된 관계인집회에서는 그 의결권에 대한 이의가 가능하다.

그러나 실무상으로는 채무자가 채무초과인 상태로 회생절차를 신청하는 경우가 많고, 뒤에서 설명하는 바와 같이 회생절차개시 당시 채무자의 부채 총액이 자산 총액을 초과하는 경우에는 법 제146조 제3항에 의하여 주주·지분권자에게 의결권이 인정되지 않기 때문에 주주·지분권자의 의결권에 대하여 이의가 제기되는 경우는 거의 없다.

3) 의결권에 대한 이의명세서

의결권에 대한 이의는 관계인집회에서 구두로 진술하여야 하는데, 서울회생법원에서는 확정된 회생채권 등의 의결권에 대한 이의의 경우 그 중요성에 비추어 이를 서면(확정된 회생담보권·회생채권 등의 의결권에 대한 이의명세서)으로 작성하여 법원에 제출한 후 그 취지를 진술하도록 하고 있다(이에 대한 기재례는 [별지 152] 참조).

다. 의결권 이의에 대한 법원의 결정

1) 개   요

이의가 있는 권리에 대하여는 법원이 의결권을 행사하게 할 것인지 여부와 의결권을 행사하게 할 액이나 수를 결정한다(법 제188조 제2항). 이러한 법원의 결정은 기속력이 없기 때문에 이해관계인의 신청에 의하거나 직권으로 언제든지 종전의 결정을 변경할 수 있다(법 제188조 제3항). 위 결정들은 송달을 하지 않아도 된다(법 제188조 제4항). 의결권에 대한 이의는 결의를 위한 관계인집회에서 즉시 이루어지기 때문에 이에 대한 법원의 결정은 관계인집회에서 선고의 방법으로 하는 것이 일반적이다.

의결권 이의에 대한 법원의 결정에 대하여는 불복할 수 없다(법 제13조 제1항). 이러한 법원의 결정은 권리의 실체적인 내용까지 확정하는 것은 아니고, 단지 회생절차 내에서 절차적인 효력을 가지는 것에 불과하다.

2) 미확정 채권에 대한 의결권

관리인은 통상 확정되지 않은 채권에 대하여 일괄하여 의결권에 대한 이의를 진술하므로 만일 관계인집회기일 당시 조사확정재판이 확정되는 등의 사유로 채권의 내용과 존부가 확정된 경우에는 의결권에 대한 관리인의 별도의 이의가 없는 한 확정된 채권액에 따라 의결권이 부여될 것이다.

그런데 실무상 결의를 위한 관계인집회기일 전까지 조사확정재판[58]이나 회생채권에 관한 소송이 확정되지 않는 경우도 있다. 따라서 법원은 관리인이 시·부인표를 제출하는 단계에서 채무자에 대하여 우호적이지 않은 채권자의 회생채권을 전략적으로 부인하는지를 주의깊게 살피고, 아울러 관계인집회기일 전에 관리인으로부터 미확정 회생채권의 목록, 내용 및 발생원인, 이의 사유 등에 관하여 별도로 보고받은 후 의결권 부여 여부 및 범위를 결정할 필요가 있다.[59] 다만 서울회생법원에서는 위와 같은 불확정 요소를 평가하는 것이 곤란한 경우에는 미확정의 권리자에 대하여 의결권을 부여하지 않는 것으로 처리하는 경우가 많다.

한편 관리인이 회생담보권으로 신고된 채권의 전부 또는 일부에 대하여 회생담보권임을 부인하고 회생채권으로 시인하였는데 회생담보권의 확정을 구하는 조사확정재판이 계속 중인 경우, 관계인집회기일 당시 회생담보권인지 여부 또는 담보권의 범위에 대한 판단이 이루어지지 않았다면 적어도 해당 채권자에게 회생채권으로 시인된 만큼의 의결권을 부여함이 타당하다.

3) 보증기관의 장래의 미발생 구상채권에 대한 의결권

채무자가 영업을 위하여 보증기관에 일정한 수수료를 지급하고 보증서를 발급받는 경우가 많다. 건설회사가 건설공제조합, 전문건설공제조합, 주택도시보증공사, 서울보증보험 주식회사 등과 같은 보증기관의 보증을 받아 공사를 시행하는 경우가 대표적인 예이다. 그런데 보증기관들이 가지는 장래의 구상채권의 규모가 회생절차에서 회생담보권 또는 회생채권 액수의 상당 부분을 차지하는 경우가 많다. 장래의 청구권은 회생절차가 개시된 때의 평가금액 상당의 의결권

---

58) 서울회생법원에서는 채권조사확정재판의 신속한 처리를 위하여 2021년에 실무준칙 제203호를 신설하였는데, 이에 따르면 법원은 특별한 사정이 없는 한 관계인집회기일 전까지 채권조사확정재판에 대한 결정을 하여야 한다.

59) 미확정 채권이더라도 의결권이 부여되는 대표적인 경우로는, 조사확정재판 또는 본안소송에서 승소하였으나 아직 확정되지 않은 경우, 집행력 있는 공정증서가 있는 경우, 지급명령이 확정된 경우, 중재절차에서 중재판정이 있었거나 당사자 사이에 합의가 이루어진 경우 등이 있다. 서울중앙지방법원은 2012회합246 재단법인 제중의료복지재단 사건에서 조사확정재판 또는 본안소송 승소판결이 있는 경우 승소액의 100%, 집행력 있는 공정증서가 있거나 지급명령이 있었던 경우에는 그 금액의 50%에 해당하는 의결권을 부여하였다. 또한 서울회생법원은 2016회합100105 (주)옵티스 사건에서 조사확정재판이 진행 중인 채권에 관하여 목록에 기재된 금액 전액에 해당하는 의결권을 부여하였고, 2020회합100158 현종물류(주) 사건에서 조사확정재판이 있는 경우 승소액의 100%, 집행력 있는 공정증서가 있는 경우 그 금액의 100%에 해당하는 의결권을 부여하였으며, 2021회합100047 (주)바이오빌 사건에서는 폐지된 직전 회생절차에서 미확정 채권에 대하여 일률적으로 채권액의 50%에 해당하는 의결권을 부여하였던 점, 이해관계인이 직전 회생절차와 동일한 기준으로 의결권을 부여하는 것에 대하여 별다른 이의가 없었던 점 등을 고려하여 미확정 채권에 대하여 일률적으로 채권액의 50%에 해당하는 의결권을 부여하였다.

을 가지는데(별 제133조 제, 제138조), 위와 같은 보증기관에 대한 채무는 보증기간이 경과함에 따라 자연히 소멸하는 경우가 대부분이고 우발채무가 현실화될 가능성을 객관적이고 합리적인 수치로 평가하는 것이 실무상 매우 어렵기 때문에 보증기관의 장래의 구상권에 대한 의결권 부여 여부 및 그 범위가 문제된다.

통상 이러한 보증기관의 장래 구상채무에 대하여 관리인은 채권조사절차에서는 보증금액 상당의 채권은 시인하면서 의결권에 대하여는 현실화 가능성이 없음을 이유로 이의를 하고,[60] 그 후 관계인집회에서도 특별히 구상채무의 현실화 가능성과 그 액수를 객관적으로 평가할 수 있는 사정의 변경이 없는 한 현실화 가능성이 없음을 이유로 의결권에 대한 이의를 진술한다. 이 경우 이론상으로는 지난 수년간 해당 보증기관의 보증채무가 현실화된 통계적 비율의 수치를 토대로 하여 보증기관의 의결권 액수를 평가하는 방법으로 보증기관의 장래 구상채무에 대한 의결권을 부여하는 것이 가능할 수 있다. 그러나 보증기관이 제시하는 과거 일정기간 동안의 보증잔액 대비 대위변제금의 비율(보증금 대지급률)은 이를 그대로 의결권 산정의 기준으로 삼기 어려운 경우가 많다. 특히 대부분의 경우 여러 건설업체들이 공동수급체를 구성하여 공사를 수주하고 구성원들 사이에 발주기관에 대한 의무이행 및 하자보수에 대한 연대책임을 부담하며 보증기관은 공동수급체 구성원 상호 간의 교차보증을 조건으로 보증서를 발급하고 있어 보증기관의 보증책임이 현실화되는 경우는 공동수급체 구성원의 대부분이 도산하는 등으로 공사가 이행될 수 없는 경우와 공동수급체를 구성하지 아니한 소규모 공사에서 수급인이 도산하는 경우 등에 한정된다는 점에서 보증기관이 제시하는 보증금 대지급률과 실제 보증책임의 현실화 비율 사이에는 상당한 차이가 있을 수밖에 없다. 또한 보증기관은 통상 공동수급체 구성원의 해당 지분 비율에 상응하는 금액을 장래의 구상채권으로 신고하는 것이 아니라 상호 교차 보증을 이유로 하여 채무자가 참여하여 시공하는 모든 공사의 공사대금 총액을 구상채권으로 신고하는 경우가 많아 보증기관이 주장하는 보증금 대지급률을 일률적으로 의결권 산정의 기준으로 할 경우 채무자의 책임범위와 현실화 가능성보다 지나치게 많은 의결권을 보증기관에 부여하게 되는 불합리한 결과가 발생하게 된다. 뿐만 아니라 위와 같이 공동수급체 구성원 중 일부에 대하여 보증사

---

60) 현실화 가능성을 객관적으로 평가할 수 있는 경우에는 그만큼의 의결권을 인정할 수도 있을 것이나, 실무상 채권조사단계에서 현실화 가능성의 평가가 가능한 경우는 채권조사 당시 보증기관에 이행보증금의 지급이 청구되어 있고 가까운 장래에 그 청구된 보증금을 실제로 지출해야 할 것으로 보이는 경우와 같이 예외적인 경우를 제외하고는 매우 드물 것이다.

고가 발생하였을 경우 1차적인 이행의무가 있는 다른 공동수급체의 구성원도 채무자에 대하여 장래의 구상채권을 보유하게 되어 보증기관의 구상채권 신고와 중복하여 채권신고를 하는 경우도 있는데, 이러한 경우에는 보증기관의 의결권 액수 평가가 더욱 어렵게 된다. 따라서 보증기관이 제시하는 과거 대지급률 등의 기준을 일률적으로 수용하여 의결권을 부여하기는 어렵고, 위와 같은 과거 대지급률 등이 해당 채무자의 개별적인 상황을 적절히 반영한 합리적인 기준인지, 현실화 가능성 및 그 액수에 관한 관리인의 의사는 어떠한지 등을 면밀히 살펴서 의결권의 왜곡이 생기지 않도록 주의를 기울여야 할 것이다.[61]

라. 의결권이 없거나 의결권을 행사할 수 없는 이해관계인

법은 일정한 경우 회생채권자·회생담보권자·주주·지분권자가 이의 없는 권리를 갖고 있음에도 불구하고 이들에 대하여 의결권을 배제하거나 의결권을 행사할 수 없게 하고 있다. 이러한 경우에는 비록 관리인 등이 채권조사절차에서 당해 권리에 대하여 이의를 하지 않거나 또는 결의를 위한 관계인집회에서 의결권에 대하여 이의를 하지 않더라도 법률의 규정에 의하여 당연히 의결권의 행사가 금지된다.

1) 주주·지분권자의 의결권에 관한 특칙(법 제146조 제3항·제4항)

회생절차의 개시 당시 채무자의 부채총액이 자산총액을 초과하는 경우에는 주주·지분권자는 회생계획안에 대하여 의결권을 가지지 아니하고(법 제146조 제3항 본문), 법 제282조의 규정에 의한 변경계획안을 제출할 당시 채무자의 부채총액이 자산총액을 초과하는 때에도 주주·지분권자는 그 변경계획안에 대하여 의결권을 가지지 아니한다(법 제146조 제4항). 다만 회생계획인가 후에 회생계획을 변경할 경우에는 변경계획안 제출 당시 채무자의 자산총액이 부채총액을 초과하면 주주·지분권자에게도 의결권이 인정된다(법 제146조 제3항 단서). 여기서 '부채총액'이란 재무상태표상의 부채총

---

61) 이러한 이유로 서울회생법원의 경우 실무상 장래 구상권의 현실화 가능성을 평가하여 의결권을 부여한 사례가 거의 없으나, 보증기관이 지급이 청구된 상태의 보증금액에 대하여 의결권을 부여하여 줄 것을 요청한 사례에서 가까운 장래에 지급이 이루어질 가능성이 높다는 사정을 고려하여 지급이 청구된 금액만큼 의결권을 부여한 경우가 있다[2021회합100056 서본건설(주) 사건]. 서울중앙지방법원의 경우, 보증기관이 현행법 시행 이후 현재까지 보증잔액 대비 대위변제금의 비율(보증금 대지급률)이 5.224%라고 주장하면서 이를 미확정 구상채무액에 곱하여 산출한 금액에 대해 의결권을 부여하여 줄 것을 요청한 사례가 있었으나[서울중앙지방법원 2011회합136 범양건영(주) 사건], 위 대지급률의 산정 방식에 객관성, 합리성이 담보되어 있지 않고, 채무자의 개별적인 사정을 반영한 객관적인 현실화 예정액은 과거 대지급률보다 현저히 낮은 것으로 볼 만한 사정이 있었으므로, 보증기관의 주장을 받아들이지 않았고, 결국 의결권도 부여하지 않았다.

액을 말하는 것이 아니라 채무자의 '채무총액'을 말한다. 따라서 부채의 액수를 계산함에 있어서는 재무상태표상에 없는 우발채무도 그 현실화 가능성을 평가하여야 한다. 또한 어떤 채무의 변제기가 장래에 유예되어 있을 경우에는 그 채무의 액면을 그대로 부채로 보는 것이 아니라, 당해 채무를 적정한 현재가치 할인율로 할인한 액수를 부채로 평가하여야 한다.[62]

실무상 회생절차를 신청하는 채무자의 대부분은 채무총액이 자산의 총액자산총액을 넘는, 즉 파산의 원인이 있는 회사들로서 주주·지분권자에게 의결권이 인정되지 않는 경우가 대부분이다.[63] 경우에 따라서는 주주·지분권자에게 의결권이 있는지 여부가 첨예하게 다투어지는 경우가 있는데, 이러한 경우에 주로 참고할 수 있는 자료는 회생절차개시결정 후에 작성되는 관리인보고서와 조사위원의 조사보고서이므로, 위와 같은 보고서 작성 당시부터 채무자가 채무초과 상태에 있는지 여부가 적절히 조사되도록 지도하여야 한다(이에 관하여는 '제7장 제5절 8. 나.'의 설명 참조).[64][65] 그리고 만약 위 조항에 의하여 주주·지분권자에게 의결권이 인정되지 않는 경우에는, 결의를 위한 관계인집회에서 조 분류의 결정을 하고 난 후에 주주·지분권자에게 의결권이 인정되지 않는다는 점을 밝히고 그 사유를 설명하는 것이 바람직하다.

---

62) 특히 회생계획변경 단계에서, 변제기가 장래에 유예된 회생채무를 현재가치 할인율로 할인하지 않고 그 액면 전체를 부채로 보아 부채초과 상태로 판단하여 주주·지분권자에게 의결권을 부여하지 아니하는 경우가 발생하지 않도록 주의하여야 한다.

63) 한편 자산이 부채를 초과하는 사례도 있으므로, 이러한 경우에는 집회 준비에 주의를 요한다. 특히 주주·지분권자의 의결권이 인정되는 경우에는 경우에 따라 주식·출자지분의 추가신고기간을 정하여 추가신고를 받거나, 의결권을 인정할 주주·지분권자를 특정하기 위하여 주주명부를 폐쇄하여야 할 경우 등이 있으므로, 집회기일 전에 미리 준비할 필요가 있다(자세한 것은 '제10장 제3절 1. 다. 및 제4절 4. 바.' 참조).

64) 다만 조사보고서 작성 당시 현실화 가능성을 낮게 평가하여 부채에 산입하지 않은 우발채무(지급보증채무나 손해배상채무)에 대하여 조사보고서 제출 후 부채로 평가하여야 할 사정의 변경이 생긴 경우에는 채무자의 채무초과 여부가 달라질 수도 있을 것이다.

65) 채무자에 대한 회생절차가 진행되는 동안 법원이 선임한 조사위원이 세 차례에 걸쳐 조사보고서를 제출하고 각 조사보고서마다 회생절차개시 당시 채무자의 부채 액수가 다르게 평가되었는데(채무자의 자산은 약 1,090억 원으로 변함이 없으나, 부채는 약 1,101억 원, 약 1,084억 원, 약 1,119억 원으로 계속 변동됨), 법원이 회생계획안 결의를 위한 관계인집회에서 채무자의 주주들에게 의결권을 부여한 사안에서 대법원은, 추완신고된 채권 액수를 고려하더라도 그 차이가 전체 부채 액수의 2%에도 미치지 못하는 등 매우 근소하고, 채무자 본인을 포함하여 채권자들 누구도 조사보고서 내용을 다투지 아니하였으며, 회생계획안 결의를 위한 관계인집회에서 재판장이 채무자의 자산총액이 부채총액을 초과한다고 보아 주주들에게 의결권을 부여하면서 출석한 이해관계인에게 의결권에 대한 이의가 있는지 여부를 물었음에도 아무런 이의제기를 하지 않았다면, 어느 조사평가의 내용에 현저한 잘못이 있음이 명백하지 않는 한, 각 조사보고서 중 어느 것을 택하여 채무자의 자산과 부채 액수를 정할 것인지는 사실심 법원의 재량에 속한다고 판시하였다(대법원 2018. 5. 18. 자 2016마5352 결정 참조).

2) 부당한 의결권자의 배제($_{190조}^{법~제}$)

법원은 권리취득의 시기, 대가 그 밖의 사정으로 보아 의결권을 가진 회생채권자 · 회생담보권자 · 주주 · 지분권자가 결의에 관하여 재산상의 이익을 수수하는 등 부당한 이익을 얻을 목적으로 그 권리를 취득한 것으로 인정되는 때에는 그에 대하여 그 의결권을 행사하지 못하게 할 수 있다($_{제1항}^{법~제190}$). 법원은 이러한 처분을 하기 전에 그 의결권자를 심문하여야 한다($_{조~제2항}^{법~제190}$).

법원이 이 규정에 의하여 의결권자를 배제하기 위해서는 그 요건을 신중하게 검토하여야 한다. 회생계획안에 대한 결의가 자기에게 유리한 방향으로 이루어지도록 하기 위하여 반대되는 의견을 가진 채권자로부터 권리를 취득하는 것 자체는 법률이 금지하는 것이 아니기 때문이다. 따라서 의결권자가 '부당한 이익을 얻을 목적으로' 권리를 취득하였는지 여부를 판단함에 있어서는 권리취득의 시기(주로 개시결정 후일 것이다), 권리의 대가, 의결권자가 상습적으로 같은 행위를 하였는지 여부, 권리취득의 상대방, 취득의 방법, 취득한 권리의 액 또는 수 등을 종합적으로 고려하여야 한다.[66]

법원은 개시결정 후부터 회생계획안에 대한 결의가 종료될 때까지 언제라도 본조에 의한 의결권자 배제결정을 할 수 있다. 배제결정을 하기 전에는 반드시 의결권자를 심문하여야 하지만($_{조~제2항}^{법~제190}$), 의결권자에게 심문의 기회를 부여하는 것으로 족하고 반드시 의결권자가 심문기일에 출석하여 의견을 진술하여야 하는 것은 아니다.

법원의 의결권자 배제결정은 이를 고지함으로써 성립한다. 당해 의결권자는 이에 대하여 즉시항고를 할 수 없으므로($_{13조}^{법~제}$), 이에 불복하기 위해서는 특별항고를 제기하거나($_{소송법~제449조}^{법~제33조,~민사}$) 자기의 의결권 행사가 금지된 집회의 결의에 의하여 성립된 회생계획의 인부결정에 대하여 즉시항고로써 다툴 수 있다($_{247조}^{법~제}$).[67] 그러나 실무상 이 조항에 의하여 의결권을 배제한 사례는 거의 없다.

3) 기타 법률의 규정에 의하여 의결권을 행사할 수 없는 경우($_{191조}^{법~제}$)

가) 회생계획으로 그 권리에 영향을 받지 아니하는 자($_{호}^{1}$)　　회생계획에 의하여 자기의 권리에 영향을 받지 아니하는 자는 회생계획안에 대한 결의에 참가할 아무런 이유가 없기 때문에 의결권을 행사할 수 없다.

권리에 영향을 받는지 여부는 그 권리의 실제 가치를 기준으로 하는 것이

---

66) 条解(下), 49면 이하.
67) 임채홍 · 백창훈(하), 67면.

아니고 표면상 권리의 내용을 기준으로 판단하여야 한다. 따라서 본래의 약정보다 변제기를 늦추거나 이자를 감면하는 경우는 모두 권리에 영향을 받는다고 보아야 한다. 다만 회생계획상 인가결정 이후 본래의 약정대로 채무를 변제하고 보전처분 이후 인가결정에 이르기까지의 이자 및 지연손해금을 모두 지급하도록 규정한 경우에는 권리에 아무런 영향을 받지 않는 경우라고 할 수 있다.[68]

　만약, 회생계획에 의하여 권리에 영향을 받지 않는 권리자가 있을 경우에는 회생계획안에 그 자의 권리를 명시하여야 한다(법 제194조 제2항). 이 경우에는 단순히 권리에 영향을 받지 않는다거나 본래의 약정대로 변제한다고 기재하는 것보다는 본래의 약정 내용이 무엇이고 그 약정에 따라 지급하므로 회생계획에 의하여 권리에 영향을 받지 않는다는 취지로 기재하는 것이 바람직하다.[69]

　나) 법 제140조 제1항에서 정하는 벌금 등의 청구권(法)　　회생절차개시 전의 벌금, 과료, 형사소송비용, 추징금과 과태료의 청구권은 일반 회생채권에 해당한다. 그러나 이는 본래 채무자에게 징벌적으로 부과되는 것이기 때문에 다수결에 의하여 그 내용이 변경될 성격의 것이 아니므로 의결권의 행사가 인정되지 않는다. 즉 징수권자(국가 또는 법무부장관)는 의결권의 행사를 통하여 의견을 표명할 수는 없고, 법 제226조에 의하여 의견을 진술할 수 있을 뿐이다.[70] 대신 이러한 청구권에 관하여는 회생계획에서 감면 그 밖의 권리에 영향을 미치는 내용을 정하지 못한다(법 제140조 제1항).

---

68) 서울회생법원 2018회합100253 일송개발(주) 사건에서는 회생담보권인 대여금채권에 관하여 위와 같이 규정한 후 의결권을 부여하지 않았고, 서울회생법원 2020회합100128 (주)베어포트리조트 사건에서는 회생담보권인 물상보증채권에 관하여 인가결정 이후 즉시 채권최고액의 100%를 변제하도록 규정한 후 의결권을 부여하지 않았다. 한편, 주택도시기금의 경우에는 이율이 현저히 낮기 때문에 회생계획상 본래 약정에 따라 원금 및 이자를 지급함과 아울러 인가일까지의 연체이자를 지급하도록 규정하는 경우가 종종 있고, 이러한 경우에는 권리에 영향을 받지 않는다고 보아야 하므로 의결권을 행사할 수 없다. 다만 연체이자 부분만을 지급하지 아니하는 것으로 규정하는 경우에는 권리에 영향을 받는다고 보아야 하므로 의결권의 행사를 인정하여야 한다.

69) 서울회생법원 2018회합100253 일송개발(주) 사건에서는, "회생담보권인 대여금채권은 2010. 6. 17. 체결한 대출약정서에 따라 변제하고, 보전처분 이후 인가결정에 이르기까지의 이자 및 지연손해금은 인가결정 이후 즉시 지급한다. 따라서 회생담보권인 대여금채권은 본 회생계획으로 그 권리에 영향을 받지 아니한다."라고 기재하였고, 서울회생법원 2020회합100128 (주)베어포트리조트 사건에서는, "회생담보권인 물상보증채권은 원금 및 개시 전 이자의 100%를 본 회생계획안 인가 후 즉시 법원의 허가를 받아 현금으로 변제하고, 개시 후 이자는 본 회생계획안 인가 후 즉시 법원의 허가를 받아 271,449,937원(원금 및 개시 전 이자, 개시 후 이자 합산금액의 현가변제금액이 물상보증 설정금액인 1,000,000,000원이 되도록 하는 금액)을 현금으로 변제한다. 위 회생담보권인 물상보증채권은 채권최고액 100%를 변제하므로 권리변경을 수반하지 아니한다."라고 기재하였다.

70) 条解(下), 63면 이하.

다) **법 제140조 제2항에서 정하는 조세 등의 청구권($\frac{2}{호}$)**   법은 국세징수법 또는 지방세징수법에 의하여 징수할 수 있는 청구권 및 국세징수의 예에 의하여 징수할 수 있는 청구권으로서 그 징수우선순위가 일반 회생채권보다 우선하는 청구권[71]에 대하여 권리변경을 하기 위해서는 법 제140조에서 정하는 바에 따라 그 징수권자의 의견을 듣거나 동의를 얻어야 하는 것을 요건으로 함으로써 다른 권리에 비하여 우선적 지위를 인정하고 있는 반면 관계인집회에서의 의결권은 인정하고 있지 않다. 그러나 국세징수의 예에 의하여 징수할 수 있는 청구권으로서 그 징수우선순위가 일반 회생채권보다 우선하지 아니하는 청구권(국유재산법상 사용료·대부료·변상금채권 등)에 대하여는 일반 회생채권자조로 분류하여 일반 회생채권자와 동일한 권리변경이 가능하므로, 그와 같은 청구권은 의결권을 부여하여야 함을 유의하여야 한다. 한편 채무자의 조세채무를 납세보증보험자가 대위변제한 경우 납세보증보험자에게도 위 조항을 적용하여 의결권을 제한할 것인가 문제된다. 변제자대위권을 행사한 납세보증보험자의 회생절차상 지위에 관하여는 견해가 일치되어 있지 않으나, 서울회생법원에서는 이를 일반의 우선권 있는 회생채권자(법 제217조 제1항 제2호)에 준하여 취급한 바 있다[72](자세한 것은 '제9장 제2절 5. 라.' 참조).

라) **법 제118조 제2호 내지 제4호의 청구권($\frac{3}{호}$)**   회생절차개시 후의 이자(법 제118조 제2호), 회생절차개시 후의 불이행으로 인한 손해배상금 및 위약금(법 제118조 제3호), 회생절차 참가의 비용(법 제118조 제4호)의 청구권을 가지는 자는 관계인집회에서 의결권의 행사가 인정되지 않는다. 이러한 채권은 회생절차의 진행에 따라 발생하기 때문에 그 산정이 곤란하고, 또한 이자 없는 기한부채권의 경우에 중간이자를 공제하여 의결권 액을 산정하는 것(법 제133조 제2항, 제134조 제)과 균형을 맞출 필요가 있기 때문에 의결권을 부여하지 않는 것으로 하였다.

마) **법 제188조 및 제190조의 규정에 의하여 의결권을 행사할 수 없는 자($\frac{4}{호}$)**   이에 관하여는 위 '다. 및 라. 2)'의 설명 참조.

---

71) 국세징수의 예에 의하여 징수할 수 있는 청구권으로서 그 징수우선순위가 일반 회생채권보다 우선하는 청구권으로는 국민건강보험법에 따른 보험료(국민건강보험법 제81조 제3항, 제85조), 고용보험법, 산업재해보상보험법에 따른 보험료(고용보험 및 산업재해보상보험의 보험료징수 등에 관한 법률 제28조 제1항, 제30조), 국민연금법에 따른 연금보험료(국민연금법 제95조 제4항, 제98조) 등이 있다.

72) 서울회생법원은 2020회합100138 동인산업(주) 사건에서 조세채무를 대위변제한 서울보증보험(주)를 일반의 우선권 있는 회생채권자로 취급하여 의결권을 부여하되 조 분류를 달리하지는 않고 회생채권자의 조에 포함시켜 진행하였다.

바) 법 제244조 제2항의 규정에 의하여 보호되는 자($\frac{5}{호}$) 회생계획안의 결의를 위하여 분류된 일부 조에서 가결요건에 해당하는 다수의 동의를 받기 어려운 것이 명백한 경우에 법원은 회생계획안을 작성한 자의 신청에 의하여 결의에 부치기 전에 일부 조에 대하여 권리보호조항을 정하고 회생계획안을 작성할 것을 허가할 수가 있다(별 제244조). 이 경우에는 굳이 의결권을 행사하게 할 필요가 없으므로 그 권리자의 의결권 행사를 인정하지 않는 것이다.

마. 의결권의 행사와 관련된 문제

1) 의결권의 대리행사

회생채권자·회생담보권자·주주·지분권자는 대리인에 의하여 그 의결권을 행사할 수 있다(별 제192조). 이해관계인은 결의를 위한 관계인집회뿐 아니라 관리인 보고 및 심리를 위한 관계인집회에서도 대리인을 선임할 수 있으며, 대리인의 자격은 변호사로 국한되지 아니하고 소송능력이 있는 자이면 누구나 대리인으로 될 수 있다.[73] 따라서 채권자의 임직원이 대리인으로서 관계인집회에 출석할 수 있고, 채권자가 채무자의 직원을 대리인으로 선임하여 의결권을 행사하게 할 수 있다.

관리인이 의결권을 위임받을 수 있는가에 관하여는 법원의 허가가 있으면 가능하다는 견해도 있으나,[74] 관리인은 채무자뿐 아니라 회생채권자·회생담보권자·주주·지분권자 등 다른 이해관계인에 대하여도 중립적인 지위에 있기 때문에 회생계획안에 대하여 찬성 또는 반대 의사를 표명하는 것이 부적당하다고 보아 이를 인정하지 않는 것이 바람직하다. 다만 관리인 본인도 채무자에 대해 회생채권자 등의 지위에 있을 경우 의결권을 행사할 수 있음은 물론이다.

또한 민사소송 등 다른 절차에서의 대리인에게 의결권을 부여할 것인지 여부가 문제되기도 하는데, 회생계획안의 결의에 대한 권한까지 위임받은 것으로 볼 수 있는 특별한 사정이 없다면 다른 절차에서의 대리인에게 회생계획안에 대한 의결권을 부여할 수는 없다.

대리인이 관계인집회에 참가하기 위해서는 대리권을 증명하는 서면을 제출하여야 한다(별 제192조). 실무상으로는 대부분 본인이나 대표자의 위임장을 제출하고 있으며, 이러한 서면은 관계인집회 조서에 첨부되는 출석현황 및 의결표 뒤에

---

73) 임채홍·백창훈(하), 70면.
74) 条解(下), 70면.

편철하고 있다. 다만 위임장의 분량이 너무 많을 경우에는 따로 편철하고 있다.

한편 회생계획안의 결의를 위한 위임장을 받은 대리인이 관계인집회기일의 속행을 위한 결의절차와 속행기일에서의 결의절차에 참가하여 의결권을 행사할 수 있는지 여부가 문제될 수 있으나, 이는 민법상 임의대리권의 발생원인인 수권행위의 범위에 따라 판단하여야 한다. 서울회생법원은 관계인집회기일 통지서와 함께 '회생계획안의 심리 및 결의를 위한 관계인집회와 그 속행기일에서의 출석 및 의결권 행사에 관한 일체의 권리를 위임한다'는 내용이 기재된 위임장 양식([별지 153] 참조)을 송부한 후 그 양식에 따라 위임장을 받도록 하여 대리권 수여 범위에 관한 문제 발생을 사전에 방지하고 있다. 실무상 사례가 거의 없지만 만약 위임장을 제출한 권리자가 직접 속행기일에 출석하여 스스로 결의에 참가하고자 한다면 대리권 부여의사를 철회하였다고 보고 그 자에게 의결권 행사의 기회를 주어야 한다.

2) 의결권의 조건부 행사

결의를 위한 관계인집회의 결의절차를 진행하다 보면 일부 의결권자가 어떤 조건을 붙여 의결권을 행사하거나 기권하겠다는 취지로 말하는 경우가 있다. 이러한 경우는 회생계획안에 동의하는 것으로 볼 수 없으므로 그 의결권자에 대하여 그 취지를 설명한 후 명확히 동의 여부를 밝혀줄 것을 요구하는 것이 바람직하고, 이에 응하지 않을 경우에는 회생계획안에 부동의한 것으로 취급하여야 한다.

3) 의결권의 불통일 행사

회생계획안의 결의를 함에 있어 의결권자가 자기의 의결권 전액에 대하여 찬성 또는 반대의 의사를 하나로 표시하지 않고, 이를 나누어 행사할 수 있다 (법 제189조 제1항).[75] 그리하여 ① 신탁회사가 여러 채권자로부터 자금을 특정신탁받아 이를 일괄하여 채무자에게 대여함으로써 생긴 회생채권·회생담보권을 가지는 경우, ② 채권추심회사가 여러 채권자로부터 채권추심을 위하여 채권을 양도받아 관리하고 있는 경우, ③ 한국자산관리공사가 여러 금융기관으로부터 환매조건부로 회생채권·회생담보권을 취득한 경우 등에는, 개별 신탁자, 양도인, 환매의무자가 그 채권 부분에 대한 실질적인 의사결정권자이므로, 그 동의 여부가 일치되지 않은 경우 의결권의 불통일 행사를 할 수 있을 것이고, ④ 1인의 채권자가 주채무와

---

75) 동일한 채권자가 회생담보권과 회생채권을 모두 가지고 있어 두 개의 조에서 의결권을 행사할 경우에는 각 조에서 서로 다른 의견을 제시하는 것은 무방하고, 이것은 의결권의 불통일 행사의 문제는 아니다.

보증채무와 같이 변제조건이 상이한 채권을 동시에 보유하고 있는 경우에, 결의를 위한 조의 분류를 회생담보권자, 회생채권자, 주주의 조로만 분류하는 실무에서는, 그 변제조건의 우열에 따라 의결권의 불통일 행사를 할 수 있을 것이다.

다만 의결권자는 관계인집회 7일 전까지 법원에 그 취지를 서면으로 신고하여야 한다(별 제2항). 이와 같이 사전에 서면신고를 하게 한 취지는 실무상 출석현황 및 의결표를 관계인집회 전에 미리 작성하는 등 관계인집회의 원활한 진행을 위하여 사전 준비를 하고 있는데, 만약 의결권의 불통일 행사를 무제한적으로 허용하게 되면 관계인집회와 관련된 업무의 혼란을 초래하고 집회의 원활한 진행에 지장을 초래할 수 있으므로 최소한 관계인집회 7일 전까지는 그 취지를 서면으로 신고하도록 하여 업무의 혼란을 방지하고 절차의 진행에 지장이 없도록 하기 위한 것이다.[76]

6. 결의의 절차

가. 결의의 대상

결의의 대상은 회생계획안 전체이고, 회생계획안 개개의 조항에 대하여 의사표시를 하여야 하는 것은 아니다. 따라서 앞서 언급한 바와 같이 특정 조항을 제외하고 나머지 회생계획안에 대하여 찬성한다는 취지의 의사표시는 결국 회생계획안에 대하여 부동의한 것으로 해석하여야 한다.

나. 결의의 방법

결의는 일반적으로 투표, 기립, 거수 등의 방법으로 이루어지고, 특별히 그 형식에 있어서 제한이 없다. 서울회생법원에서는 대체로 조별로 의결권자 개개인을 호명하여 출석 및 찬부를 확인하고,[77] 이를 미리 준비해 둔 출석현황 및

---

76) 서울중앙지방법원 2012회합91 우림건설(주) 사건에서는 채권자 ○○은행이 집회기일 6일 전에 채권금융기관협의회 구성 금융기관들의 의견을 반영한 의결권의 불통일 행사 취지를 신고하였는데, 특별히 집회의 진행에 지장을 초래하지 않는다고 보아 집회기일에서 의결권의 불통일 행사를 허용하였다. 반면 서면신고를 집회기일 7일 전에 하지 않은 경우 의결권의 불통일 행사를 허용하지 않은 사례도 있다.

77) 대법원은 관계인집회에서의 회생계획안에 대한 동의 또는 부동의의 의사표시는 조(회생담보권자조, 회생채권자조 등)를 단위로 하는 일종의 집단적 화해의 의사표시로서 재판절차상의 행위이고 관계인 사이에 일체 불가분적으로 형성되는 집단적 법률관계의 기초가 되는 것이어서 내심의 의사보다 그 표시를 기준으로 하여 효력 유무를 판정하여야 하므로, 거기에 민법 제107조 이하의 의사표시의 하자에 관한 규정은 적용 또는 유추적용될 수 없다고 판시하였다(대법원 2014. 3. 18. 자 2013마2488 결정).

의결표에 기재하는 방법을 사용하고 있다. 재판부에 따라 법원사무관등이 미리 출석 및 찬부를 확인하여 결과를 표시해 둔 출석현황 및 의결표의 내용을 확인하는 방법을 사용하는 경우도 있다.

회생계획안에 대한 동의는 반드시 결의를 위한 관계인집회에 출석하여 행하여야 한다. 따라서 의결권자가 관계인집회에 출석하지 않고 서면으로 동의서를 제출하였다 하더라도 이는 적법하게 동의한 것으로 볼 수 없다.[78]

한편 통상 관리인이 이해관계인의 동의 여부를 기재할 출석현황 및 의결표를 제출하고 있다. 출석현황 및 의결표에는 동일한 채권자가 분리되어 기재되지 않도록 주의하여야 한다.[79]

본래 출석현황 및 의결표에는 의결권을 행사할 수 있는 이해관계인의 출석현황과 의결권 현황, 의결내용만 기재하면 되지만, 특별조사기일과 심리를 위한 관계인집회를 병합하여 실시하기 때문에 권리를 신고하였지만 의결권은 행사할 수 없는 이해관계인(조세채권자, 의결권이 없거나 의결권을 행사할 수 없는 이해관계인 등)의 출석현황도 함께 기재하여야 한다(출석현황 및 의결표의 기재례는 [별지 154] 참조).

7. 가결요건

가. 개   요

법원이 최종적으로 회생계획을 인가하기 위해서는 회생계획안이 관계인집회에서 가결되어야 하며, 회생계획안이 가결되기 위해서는 법 제237조의 가결요건을 충족할 수 있는 법정 다수에 해당하는 이해관계인의 동의가 있어야 한다.

나. 법정 다수의 동의와 회생계획안의 가결

여기서 '법정 다수'라 함은 의결권 액 또는 의결권 수에 의한 다수이고 의결권자의 인원에 의한 다수가 아니다. 그리고 가결에 필요한 각 조의 법정 다수

---

78) 그러나 법 제223조 제3항에 따라 사전계획안을 제출한 채권자 외의 채권자가 사전계획안에 동의한다는 의사를 서면으로 표시한 경우 결의를 위한 관계인집회에서 그 사전계획안을 가결하는 때에 동의한 것으로 보고(법 제223조 제7항 본문), 회생계획안의 변경 결의의 경우에는 종전 회생계획안에 동의한 자가 변경회생계획안에 관한 결의를 위한 관계인집회에 출석하지 않거나 서면의결절차에서 회신하지 않은 경우 변경회생계획안에 동의한 것으로 본다(법 제282조 제4항).

79) 실무상 흔히 발생하는 잘못된 예로는, 동일한 은행이 지점별로 채권을 신고하거나 별개의 채권신고서로 신고를 하여 2개 이상의 신고접수번호를 가지게 되는 경우에 신고접수번호별로 따로 기재되는 경우가 있으므로 주의를 요한다. 또한 당사자 표시와 관련하여 법인과 개인영업자를 명확히 구분하여 표시하여야 한다.

의 비율을 산정하는 분모로 되는 것은 회생채권자의 조와 회생담보권자의 조에 있어서는 의결권을 '행사할 수 있는' 자 전원의 의결권 총액이지 결의를 위한 관계인집회에 출석한 의결권자만의 의결권 총액은 아니다(별 제237조: 제2호). 그러나 주주·지분권자의 조에서는 의결권을 실제로 '행사하는' 주주·지분권자의 의결권 총수를 기준으로 한다(별 제237).

회생계획안은 분류된 모든 조에서 가결요건을 충족하여야 한다. 따라서 한 개의 조에서라도 가결요건이 충족되지 아니하면 회생계획안은 부결된 것으로 처리하여야 한다. 따라서 조가 세분될 경우에는 회생계획안의 가결이 더 어렵게 된다(회생계획안이 부결된 경우의 처리에 관하여는 '아래 9.'의 설명 참조).

다. 가결요건의 구체적 검토

1) 회생채권자의 조

회생채권자의 조에서는 그 조에 속하는 의결권 총액의 3분의 2 이상에 해당하는 의결권을 가진 자의 동의가 필요하다(별 제237). 만약 우선권이 있는 회생채권자의 조를 따로 분류하여 결의를 하였을 경우에도 위와 같은 요건을 충족하여야 하며, 회생채권자의 조를 여러 개의 조로 다시 분류하였을 경우에도 개개의 조에서 위와 같은 요건을 충족하여야 한다.

2) 회생담보권자의 조

회생담보권자의 조는 회생계획안의 내용에 따라 가결요건이 다르게 규정되어 있다.

우선 채무자의 존속, 합병 등 사업의 계속을 내용으로 하는 회생계획안을 제출한 경우에는 의결권을 행사할 수 있는 회생담보권자의 의결권 총액의 4분의 3 이상에 해당하는 의결권을 가진 자의 동의가 있어야 한다(별 제237조).

다음으로, 법원의 허가를 얻어 청산(영업의 전부 또는 일부의 양도, 물적 분할을 포함한다)을 내용으로 하는 회생계획안을 제출한 경우에는 의결권을 행사할 수 있는 회생담보권자의 의결권 총액의 5분의 4 이상에 해당하는 의결권을 가진 자의 동의가 있어야 한다(별 제237조).

3) 주주·지분권자의 조

주주·지분권자의 조에서는 회생계획안의 결의를 위한 관계인집회에서 의결권을 행사하는 주주·지분권자의 의결권 총수의 2분의 1 이상에 해당하는 의결권을 가진 자의 동의가 있어야 한다(별 제237). 의결권을 '행사할 수 있는' 의결권 총액을 기준으로 하는 회생채권자 및 회생담보권자의 조와는 달리 주주·지분권자의 조는 의결권을 '행사하는' 의결권 총액을 기준으로 하는데, 여기서 의결권을 행사하는 주주·지분권자란 결의를 위한 관계인집회에 본인 또는 대리인이 참석하여 의결권을 행사하는 주주·지분권자를 의미하는 것으로 해석된다.

8. 회생계획안을 결의에 부침에 있어 주의하여야 할 사항

가. 결의의 시기

회생계획안은 조사기간의 종료 전에는 결의에 부칠 수 없다(법제235조).

나. 가결의 시기

법은 회생절차가 지연되는 것을 방지하기 위하여 회생계획안의 가결기간에 관하여 특별한 규정을 두고 있다. 즉 법 제235조가 결의가 가능한 최초 시기(始期)를 정하고 있음에 반하여 법 제239조는 결의가 가능한 최후 시기(終期)를 제한하고 있는 것이다.

우선 회생계획안은 결의를 위한 관계인집회의 제1기일부터 2월 내에 가결되어야 한다(법제239조제1항). 여기서 기산점이 되는 제1기일은 결의를 위한 관계인집회가 최초로 지정된 기일을 말하는 것으로서, 이 기일이 변경되거나 연기되어 실제로 실시되지 않은 경우에도 변함이 없다고 해석된다.[80] 따라서 심리 및 결의를 위한 관계인집회를 병합하는 실무례를 취할 경우에는 가결을 위한 기간이 짧으므로 주의하여야 할 것이다.

다만 법원은 필요하다고 인정되는 경우에는 회생계획안 제출자의 신청에 의하거나 또는 직권으로 위 가결기간을 늘일 수 있는데, 이 경우에도 그 연장된 기간은 최초의 가결기간부터 1월을 넘지 못한다(법제239조제2항). 이러한 가결기간의 연장은 거듭하여 할 수 있으나, 법률의 취지에 비추어 모두 합산하여 최초의 가결기간부터 1월을 넘지 못한다고 해석된다.[81]

이와 같은 가결기간의 연장은 결정으로 하여야 하며, 관계인집회에서 가결기간 연장의 결정을 고지한 경우에는 이를 송달할 필요가 없지만, 법정 외에서 계획안 제출자가 가결기간 연장을 신청한 경우 이에 대한 허부의 결정은 신청인

---

80) 条解(下), 298면.
81) 条解(下), 299면.

에게 송달하여야 한다.

그리고 회생계획안은 회생절차개시결정일부터 1년 내에 가결되어야 한다(법제239조제3항 본문). 다만 법원은 불가피한 사유가 있다고 인정되는 경우 6월의 범위 안에서 그 기간을 늘일 수 있는데(법제239조제3항 단서), 이 경우에도 가결기간의 연장은 거듭할 수 있지만 그 연장기간의 합산이 회생절차개시결정일부터 1년 6월을 넘지 못한다고 해석된다(가결기간의 연장결정문의 기재례는 [별지 155] 참조).

구체적인 기간 계산에 있어서는 일반 원칙에 따라 초일인 관계인집회기일이나 회생절차개시결정일은 산입되지 않고(법제33조, 민사소송법제170조, 민법제157조), 제척, 기피신청 등으로 인하여 회생절차가 정지된 상태에 있었던 기간은(법제33조, 민사소송법제48조) 가결기간의 계산에 포함되지 않는다.[82]

한편 회생계획안이 위 가결기간이 도과하도록 가결되지 않고 있는 경우 법원은 원칙적으로 회생계획안을 결의에 부칠 수 없고, 회생절차폐지결정을 하여야 한다(법제286조제1항제2호, 제3호). 다만 어떠한 이유로 회생계획안이 위 가결기간을 도과하여 가결된 경우라면, 원칙적으로 그 회생절차는 법률의 규정에 위반한 것이므로(법제243조제1항제1호) 법원은 회생계획불인가결정을 하여야 할 것이지만, 그 위반의 정도나 경위, 동의율 등 이해관계인의 의사, 채무자의 계속기업가치가 청산가치를 초과하는 정도, 회생절차를 폐지할 경우 사회경제적으로 미치는 영향 등 제반사정을 고려하여 법 제243조 제2항의 재량인가를 할 수도 있을 것이다.[83][84]

9. 속행기일의 지정

가. 개   요

결의를 위한 관계인집회에서 회생계획안이 가결되지 못한 경우 법원이 취

82) 서울회생법원 2016회합100116 의료법인 늘푸른의료재단 사건에서 회생채권자들의 기피신청으로 인하여 회생절차가 정지된 상태에 있었던 기간은 법 제239조에서 정한 가결기간의 계산에 포함되지 않는다고 보아 가결기간이 준수된 것으로 보고 회생계획을 인가하였다(서울고등법원 2018. 5. 17. 자 2017라21212 결정으로 항고기각, 대법원 2018. 9. 28. 자 2018마5665 결정으로 심리불속행 기각 확정).
83) 주석 채무자회생법(Ⅲ), 394-395면.
84) 서울고등법원 2017. 8. 31. 자 2017라20351 결정은, 제1심에서 강제인가된 회생계획안에 대한 결의가 결의를 위한 관계인집회의 제1기일부터 3월이 도과된 시점에 이루어졌다고 인정하면서도, 법 제243조 제2항에서 절차 위반이 있는 경우라도 법원이 재량에 따라 회생계획의 인가 여부를 결정할 수 있도록 정하고 있는 점 등의 제반사정을 고려하여 위 사유만으로는 인가결정을 취소하여야 한다고 보기 어렵다고 판단하였다(대법원 2018. 1. 11. 자 2017마5992 결정으로 심리불속행 기각 확정).

할 수 있는 방법에는 세 가지가 있다. 그 세 가지는 ① 기일을 속행하는 방법(법제238조), ② 권리보호조항을 정하여 회생계획을 인가하는 방법(법제244조), ③ 회생절차를 폐지하는 방법(법제286조제1항 제2호)이다.

원칙적으로 결의를 위한 관계인집회에서 회생계획안이 가결되지 아니한 경우 법원은 회생절차를 폐지하여야 한다(법제286조제1항 제2호). 그러나 부결된 회생계획안을 변경(법제241조)할 여지가 있고 이를 근거로 이해관계인 사이의 추가적인 절충이나 협의의 가능성이 있다면 기일을 속행하여 다시 결의의 기회를 부여하는 것이 절차경제에 부합한다. 이를 위하여 법 제238조에서는 일정한 요건을 갖춘 경우 속행기일을 정하여 회생계획안에 대한 결의를 다시 진행할 수 있는 길을 마련하고 있다.[85] 다만 사전계획안을 서면결의에 부친 경우에는 속행기일을 지정하지 아니한다(법 제240조 제2항).

나. 속행기일을 정하는 절차(법제238조)[86]

1) 회생계획안의 부결

속행기일을 정하기 위해서는 우선 결의를 위한 관계인집회에서 회생계획안이 가결되지 않아야 한다. 여기서 '회생계획안이 가결되지 아니한 경우'는 결의를 한 결과 1개 이상의 조에서 법정 다수의 동의를 얻지 못하여 회생계획안이 부결된 경우를 의미한다.

2) 이해관계인의 신청 등

속행기일은 관리인, 채무자, 의결권을 행사할 수 있는 회생채권자·회생담보권자·주주·지분권자의 신청에 의하거나 법원이 직권으로 정할 수 있다.

신청은 구두나 서면으로 할 수 있으나, 회생계획안이 가결되지 않은 그 관계인집회에서만 할 수 있을 뿐이고 관계인집회가 종료된 후에는 신청할 수 없으며, 적법한 신청이 있더라도 법원이 그에 구속되어 반드시 속행기일을 지정해야 하는 것은 아니다.

---

85) 한편 기일을 속행하여도 가결될 가능성이 없다면, 법원은 회생계획안을 변경하여 동의를 얻지 못한 조의 회생채권자·회생담보권자·주주·지분권자를 위하여 권리보호조항을 정하고 회생계획인가의 결정을 할 수 있다(법 제244조 제1항). 이에 관한 상세한 설명은 '제15장 제3절' 참조.

86) 결의를 위한 관계인집회를 개최하였으나 그 절차를 진행하지 못할 사정이 생겼을 경우에는 민사소송절차에 준하여 기일을 연기할 수 있고, 결의를 위한 관계인집회를 개최하여 일부 절차를 진행하였으나 의결권에 대한 다툼이 있어 이에 대한 검토가 필요하다는 등의 사유로 회생계획안에 대한 결의에 들어가지 않은 경우는 법 제238조에 의한 속행결의 없이 민사소송절차에 준하여 기일을 속행할 수 있다.

3) 기일 속행의 필요성에 관한 검토

회생계획안이 변경될 가능성이 없고 가결요건 이상의 의결권을 보유한 회생채권자 등이 회생계획안에 대하여 반대의 의사를 강하게 표시하고 있어 속행기일에도 회생계획안이 가결될 가능성이 없는 것이 명백한 경우라면 법원은 속행기일을 지정하지 않고 그 신청을 기각할 수 있다. 따라서 결의를 위한 관계인집회에 앞서 회생계획안이 부결될 가능성이 있는 경우에는 속행기일을 정할 필요성이 있는지를 판단하기 위해 회생계획안의 변경 가능성,[87] 속행기일에서의 가결 가능성 등을 미리 심사할 필요가 있다.

회생채권자 등에 대하여 기일 속행에 대한 찬부의 의견을 물어 각 조에서 필요한 수의 동의를 얻었음에도 불구하고 법원이 속행기일을 지정하지 않는 것은 부적절하므로, 속행기일을 지정할 필요가 없다고 판단하는 경우에는 기일 속행에 관한 결의절차에 들어가지 않는 것이 바람직하다.

4) 결의절차의 진행

법원은 속행기일의 지정 신청이 명백히 이유 없다고 판단하지 않으면 속행기일 지정을 위한 결의절차를 진행한다. 속행기일 지정을 위한 가결요건은 회생계획안의 가결요건보다 완화되어 있다. 즉 회생채권자의 조에서는 의결권을 행사할 수 있는 회생채권자의 의결권 총액의 3분의 1 이상에 해당하는 의결권을 가진 자, 회생담보권자의 조에서는 의결권을 행사할 수 있는 회생담보권자의 의결권 총액의 2분의 1 이상에 해당하는 의결권을 가진 자, 주주·지분권자의 조에 있어서는 의결권을 행사하는 주주·지분권자의 의결권 총수의 3분의 1 이상에 해당하는 의결권을 가진 자의 동의만 있으면 된다. 만약 회생계획안 결의를 위한 조를 4개 이상으로 분류하였더라도, 속행을 위한 결의의 조는 회생채권자, 회생담보권자, 주주·지분권자의 3개조만으로 분류하여야 한다.

결의 방법은 회생계획안에 대한 결의절차와 같은 방법으로 이해관계인의 의사를 확인하고 있고, 그 동의 여부를 출석현황 및 의결표의 '속행 여부'란에 기재하고 있다.[88]

---

87) 실무상 회생계획안이 부결되어 속행기일을 지정하는 경우에는 회생계획안 제출자가 회생계획안의 변경을 신청하는 경우가 많지만, 회생계획안 변경이 속행기일 지정을 위한 필수 요건은 아니다.

88) 만약 회생계획안에 대한 결의절차에서 4개 이상의 조로 분류하였다면, 속행기일 지정을 위한 결의를 위하여 3개의 조로 분류된 별도의 출석현황 및 의결표를 미리 준비할 필요가 있다. 한편 이해관계인이 회생계획안의 동의 여부에 관한 자신의 의결권을 행사한 후 바로 퇴정하여 돌아가는 경우가 가끔 있으므로, 속행기일을 정하기 위한 결의절차가 진행될 수 있다는 점을 적절한 방법으로 고지할 필요가 있다.

5) 속행기일의 지정결정

속행기일의 지정을 위한 결의절차에서 각 조에서 필요한 수의 동의를 얻으면 바로 다음 속행기일을 정하여 그 자리에서 고지하면 된다. 이 기일지정의 결정은 이해관계인에게 송달하거나 공고할 필요가 없다(볏제항). 다만 속행기일을 지정할 경우에는 회생계획안의 가결기간을 고려하여야 한다. 따라서 지정될 속행기일이 결의를 위한 관계인집회의 제1기일부터 2월이 경과하거나 회생절차개시결정일부터 1년을 경과하게 된다면 회생계획안의 가결기간 연장결정을 하여야 한다(볏제항).

만약 한 개의 조에서라도 속행기일 지정에 필요한 다수의 동의를 얻지 못하였을 경우에는 결정으로 신청을 기각하고[89] 관계인집회를 종료하여야 하며, 직권으로도 관계인집회를 속행할 수 없다. 속행기일 지정신청의 기각결정에 대하여는 불복할 수 없다(볏제항). 따라서 이 경우에는 결국 법 제286조 제1항 제2호에 의하여 회생절차를 폐지하는 것이 원칙이며, 경우에 따라서는 법 제244조에 따라 권리보호조항을 정하여 회생계획을 인가할 수도 있다.

다. 속행기일에서의 절차

1) 회생계획안의 변경

속행기일이 지정된 경우에는 이해관계인의 동의를 얻어내기 위하여 일반적으로 회생계획안의 변경(볏제조)이 수반된다. 그러나 회생계획안의 변경은 수행가능성이 있는 범위 내에서만 가능한 것이므로, 단지 이해관계인의 동의만을 구하기 위하여 채무자의 영업능력을 넘어 과도하게 많은 채무를 변제하는 내용으로 회생계획안을 변경하는 것은 허용될 수 없다.

회생계획안의 변경신청은 재판장의 속행된 집회개최 선언 직후에 하는 것이 통례이다. 실무상 변경될 회생계획안에 대하여는 법원이 미리 검토하고 조사위원에게도 그 수행가능성에 관한 재조사를 명하고 있으므로, 그 자리에서 바로 변경을 허가하고, 그 취지를 조서에 기재하고 있다.

2) 재 결 의

속행기일에서는 모든 조에 대하여 다시 결의를 하여야 한다. 종전 기일에 어느 한 조에서 법정 다수의 동의를 얻었다 하더라도 속행된 기일에서도 다시 결의를 하여야 하며, 종전 기일에서 회생계획안에 동의한 자에 대하여도 다시

---

89) 임채홍·백창훈(하), 169면.

동의 여부를 물어야 한다.[90] 또한 속행기일에서는 종전 기일에서의 조 분류 결정에 구속되지 않고 그와 다르게 조를 분류할 수 있고, 종전 기일 이후로 미확정 회생채권이 조사확정재판에서 확정되는 등 사정변경이 있다면 의결권을 부여할 수 있다.

결의를 위한 절차는 속행 전 관계인집회의 절차와 동일하다. 따라서 ① 회생을 위하여 채무를 부담하거나 담보를 제공하는 자의 진술, ② 조 분류의 결정, ③ 의결권이 없거나 의결권을 행사할 수 없는 자가 있을 경우 그 취지의 고지, ④ 의결권에 대한 이의진술 및 조 분류의 결정에 대한 의견진술의 기회 부여와 의결권 이의에 대한 결정, 조 분류 변경 여부에 관한 결정, ⑤ 가결요건에 대한 설명, ⑥ 결의, ⑦ 집계, ⑧ 집계 결과 발표, ⑨ 집계 결과에 따른 관계인집회의 진행 등의 절차 순으로 진행한다.

   3) 속행기일의 재속행

속행된 기일에서 회생계획안이 다시 가결되지 못한 경우 법원은 이해관계인의 신청에 의하거나 직권으로 기일을 재속행할 수 있다. 법 제238조에서 정하고 있는 동의요건을 갖추어야 하는 것은 물론이지만, 가결기간을 넘지 않는 한 속행기일의 재속행에 관한 제한은 없다. 그러나 속행기일을 여러 번 지정하는 것이 관행으로 굳어질 경우 이해관계인이 관계인집회마다 다음 속행기일에서 회생계획안이 보다 유리하게 변경될 것을 기대하여 최종 의견을 내지 않을 가능성이 많아 결국 불필요하게 절차를 반복하거나 지연하게 될 우려가 있기 때문에 원칙적으로 속행기일의 재속행은 특별한 사정이 없는 한 허용하지 않는 것이 바람직하다.

   4) 속행기일의 조서 기재례

결의를 위한 관계인집회의 속행기일의 조서 기재례는 [별지 157] 참조.

라. 심리를 위한 관계인집회 종료 후 결의를 위한 관계인집회의 속행기일 전에 추후 보완신고가 있을 경우의 처리

회생채권자 등은 심리를 위한 관계인집회가 끝난 후에는 신고의 추후 보완을 할 수 없으므로(법 제152조 제3항 제1호), 심리를 위한 관계인집회 이후에 추후 보완신고된 회생채권 등은 원칙적으로 각하의 대상이다. 그러나 앞에서 설명한 바와 같이

---

90) 회생계획인가 후에 하는 회생계획의 변경의 경우에는, 종전의 회생계획에 동의한 자가 변경회생계획안에 관하여 결의를 하기 위한 관계인집회에 출석하지 아니한 경우 변경회생계획안에 동의한 것으로 간주한다(법 제282조 제4항 제1호).

예외적으로 추후 보완신고가 가능한 경우가 있으므로,[91] 심리를 위한 관계인집회가 끝난 후에 추후 보완신고된 회생채권 등이 있는 경우에는 이를 각하할 것인지 특별조사기일을 개최하여 채권조사절차를 거칠 것인지를 신속히 판단하여야 한다.[92] 추후 보완신고된 채권이 실권되지 않는다고 판단될 경우 특별조사기일 지정결정을 하되, 가능하면 결의를 위한 관계인집회와 병합하여 실시할 수 있도록 하는 것이 바람직하다(자세한 것은 '제14장 제3절 2. 라.' 참조).

또한 만일 위와 같은 추후 보완신고된 회생채권을 시인하여야 할 경우에는 결의를 위한 관계인집회 속행기일 전에 회생계획안 변경안에 이를 반영하는 것이 바람직한데, 이러한 경우에는 회생채권자 등에게 불리한 영향을 주지 않는 회생계획안의 변경안이 마련되도록 유의하여야 하며(법제234조), 그 수행을 위하여 자금의 차입, 자산의 추가 매각, 비용의 절감 등을 계획하여야 하는 경우에는 조사위원으로 하여금 수행가능성에 대하여 추가 검토를 하도록 하여야 할 것이다.

제6절 서면에 의한 결의제도

1. 의 의

서면에 의한 결의제도는 회생계획안의 심리 및 결의를 위한 관계인집회를 개최하지 않고 의결권을 가지는 회생채권자·회생담보권자·주주·지분권자가 회생계획안에 동의하는지 여부를 서면으로 회답하여 회생계획안의 가결 여부를 정하는 것이다. 법은 개별 사안에 따라서는 이해관계인의 수가 많아 관계인집회의 개최가 곤란한 사정이 있거나 또는 이해관계인의 수가 적어 관계인집회를 개최하는 것이 시간과 비용의 낭비를 가져오고 절차 진행에 비효율을 낳을 수도 있다는 지적을 받아들여 서면에 의한 결의제도를 신설하였다.

---

91) 대법원 2018. 7. 24. 선고 2015다56789 판결, 대법원 2016. 11. 25. 선고 2014다82439 판결, 대법원 2012. 2. 13. 자 2011그256 결정 참조.

92) 추후 보완신고의 적법성을 판단하기 위하여 필요한 경우 관리인이나 채권신고인으로 하여금 보완자료를 제출하도록 하거나 이해관계인을 심문하기도 한다.

2. 서면결의에 부치는 결정

가. 결정의 재량성

법원은 회생계획안이 제출된 때에 상당하다고 인정하는 때에는 회생계획안을 서면결의에 부치는 취지의 결정을 할 수 있다(별 젫¼²⁴⁰). 위 결정에 대하여는 불복할 수 없다(별 젫¹³).

이와 같이 심리 및 결의를 위한 관계인집회를 개최할지 아니면 서면결의에 의할지는 법원의 재량에 맡겨져 있는데, 실무상 어떠한 경우에 서면결의에 의할 것인지가 문제된다.

서면결의가 상당한 경우로는 개인 급여소득자, 소규모 자영업자, 의결권자의 대다수가 원격지에 거주하고 있는 경우, 이해관계인이 지나치게 많아서 집회를 개최하기가 곤란한 경우, 이해관계인이 소수이고 회생계획안에 대한 설명이 이루어져 집회의 형식을 취할 필요가 없는 경우[93] 등을 예로 들 수 있을 것이다(서면결의에 부치는 결정의 기재례는 [별지 158] 참조).[94] 다만 법 제240조 제7항이 회생계획안이 서면결의로 가결되지 아니하였으나 속행기일의 지정에 동의하는 경우에는 속행기일에서 결의에 부쳐야 하고 다시 서면결의에 부칠 수 없도록 규정하고 있으므로, 가결의 가능성이 적은 경우에는 서면결의에 의하는 것이 오히려 시간과 비용의 낭비를 초래할 수 있다. 따라서 서면결의에 부치는 결정을 하기 전에 당해 회생계획안의 가결 가능성을 먼저 살펴볼 필요가 있다. 회생채권 등의 신고기간 이후에 신고된 회생채권 또는 회생담보권이 있는 경우에는, 이를 조사하기 위한 특별조사기일을 개최하여야 하므로 서면에 의한 결의제도를 활용하지 않고 회생계획안의 심리 및 결의를 위한 관계인집회의 기일을 특별조사기일과 동시에 정하여 이들을 병합하여 실시하는 것이 일반적이다.

나. 공고 및 송달

서면결의에 부치는 결정은 이를 공고하여야 하고(별 젫¼²⁴⁰), 목록에 기재되어 있거나 신고한 회생채권자·회생담보권자·주주·지분권자에게 회생계획안의 사본 또는 요지를 송달함과 동시에 의결권자에 대하여는 회생계획안에 동의하는지

93) 池下朗, "更生計畵案の決議の方法," 判例タイムズ, 230면.
94) 서울회생법원은 2015회합100215 영동씨푸드(주), 2017간회합100062 유니트산업(주), 2017간회합100097 (주)르누보, 2018간회합100057 (주)신아금속, 2018간회합100106 (주)쓰리원 사건에서 서면결의를 진행한 바 있다.

여부, 인가 여부에 관한 의견, 회생계획안이 가결되지 않은 경우 속행기일의 지정에 동의하는지 여부를 회신기간 안에 서면으로 법원에 회신하여야 한다는 뜻을 기재한 서면을 송달하여야 한다(법 제240조 제2항 전문). 실무상으로는 동봉한 회신용 봉투를 이용하여 회신하도록 하고 있다. 이 경우 회신기간은 서면결의에 부치는 취지의 결정일부터 2월을 넘을 수 없다(법 제240조 제2항 후문). 송달은 발송송달로 가능하다(법 제240 조 제3항).

실무는 목록에 기재되어 있거나 신고한 회생채권자·회생담보권자·주주·지분권자에게는 위와 같은 사항 외에 의결표의 기재요령, 조 분류 결정, 회생계획안의 가결요건을 기재한 내용의 서면과 서면결의 결과·회생계획안의 인가 여부·회생절차폐지 여부를 나중에 대한민국 법원 홈페이지(www.scourt.go.kr)의 공고란을 통하여 게시할 예정이라는 내용 등을 함께 기재한 서면에 의결표를 첨부하여 송달하고 있다(의결권자에 대한 서면결의 결정 통지서 양식은 [별지 161] 참조). 관계인집회를 개최하는 경우에는 채권자들이 집회에 출석하는 번거로움을 피하기 위하여 채권자의 직원이나 채무자의 직원에게 위임장을 작성·교부하는 경우가 많으나 서면결의에 의하는 경우에는 채권자에게 직접 의결표를 송달하기 때문에 굳이 회신하는 의결표에 덧붙여 위임장, 인감증명서, 법인 등기사항전부증명서 등을 제출할 필요는 없다. 다만 서면결의 시 사용할 의결표의 위조 가능성을 차단하기 위하여 법원사무관등의 직인이 찍힌 의결표를 채권자들에게 송달하여 의결표의 진정성을 확보하고 있다(의결표 양식은 [별지 162] 참조).[95]

한편 법 제240조 제2항, 제182조 제1항은 의결권자가 아닌 자(관리인, 조사위원, 채무자, 회생을 위하여 담보를 제공채무를 부담하거나 채무담보를 부담제공한 자 등)에게도 위에서 말한 서면을 송달하도록 되어 있으나, 의결권 행사와 무관한 이들에 대하여 의결권 행사와 관련된 내용을 통지하는 것은 무의미한 일이므로, 이들에 대하여는 서면결의에 부치는 결정을 하였다는 사실, 회신기간, 서면결의 결과·회생계획안의 인가 여부·회생절차폐지 여부를 추후 대한민국 법원 홈페이지(www.scourt.go.kr) 공고란을 통하여 게시할 예정이라는 내용을 기재한 서면을 통지하고 있다(의결권자 아닌 자에 대한 서면결의 결정 등의 통지서 양식은 [별지 160] 참조).

---

95) 실무상으로 채권자가 의결표에 인감증명서를 덧붙여 제출하였으나 의결표에 날인된 인영과 인감증명서의 인영이 상이한 경우, 채권자가 의결표의 사본(복사하거나 팩스로 송부받은 것)에 동의 여부의 의사를 기재하고 인감증명서를 첨부하여 회신한 경우 등이 있다. 채권자가 법원에서 송부한 의결표 원본에 동의 여부를 표시하여 회신한 경우에는 인감증명서의 첨부 여부는 그 유효성을 인정하는 데에 아무런 영향이 없는 것이므로 비록 첨부된 인감증명서의 인영이 의결표의 인영과 상이하더라도 의결표를 유효하다고 본 사례, 인감증명서가 첨부되어 채권자 본인이 의결표를 작성한 사실이 증명되는 경우에는 의결표 원본을 이용하지 않았다고 하더라도 의결의 유효성을 인정한 사례가 있다.

3. 서면결의에 관련된 특칙

가. 심리를 위한 관계인집회의 소집 및 채권신고의 추후 보완, 회생계획안 수정의 불가

법원은 제출된 회생계획안을 서면결의에 부치는 때에는 심리를 위한 관계인집회를 소집하지 아니하고(법 제224조), 회생계획안을 송달한 때에 회생계획안의 심리를 위한 관계인집회가 완료된 것으로 본다(법 제240조 제4항).

서면결의에 부친다는 결정이 있은 후에는 회생채권 및 회생담보권의 추후 보완신고를 할 수 없다(법 제152조 제3항 제2호).[96] 다만 채무자의 행위가 서면결의에 부치는 결정이 있은 후에 부인된 때에는 상대방은 부인된 날부터 1월 이내에 추후 보완신고를 할 수 있다(법 제109조 제2항). 회생계획안의 제출자는 서면결의에 부치는 결정이 있는 날까지만 회생계획안을 수정할 수 있고, 그 이후에는 회생계획안을 수정할 수 없다(법 제228조).

나. 의결권에 대한 이의 가능 여부 및 의결권에 대한 결정

서면결의에 부치는 결정을 한 경우에 의결권에 대한 이의가 가능한지 여부가 문제로 된다.

법은 이에 대하여 명시적으로 규정하지 않은 채, 관리인, 목록에 기재되어 있거나 신고된 회생채권자·회생담보권자·주주·지분권자는 '관계인집회에서' 의결권에 관하여 이의를 할 수 있다고만 규정하고 있을 뿐이다(법 제187조).

그러나 법 제240조 제6항은 의결권 행사에 관한 법 제188조 제2항을 준용하고 있고, 관계인집회를 개최하지 않는다고 하더라도 미확정의 회생채권, 회생담보권에 대한 의결권 부여 여부의 결정은 반드시 필요하므로, 미확정의 회생채권, 회생담보권에 대하여는 법 제188조 제2항에 의하여 법원이 법 제240조 제2항에서 규정하는 서면을 송달하기 전에 의결권을 행사하게 할 것인지 여부와 의결권을 행사하게 할 액을 결정하여야 한다(규칙 제68조 제2항 제1호). 결국 서면결의에 부치는 결정을 한 때에는 관계인집회를 개최하지 아니하므로 관계인집회에서 하는 의결권에 대한 이의는 인정하지 아니한 채 미확정된 회생채권 등에 대한 의결권의 액을 직권으로 결정하도록 한 것이나, 대신에 규칙 제68조 제3항은 관리인, 목록에

---

96) 다만 앞에서 본 바와 같이 대법원 2018. 7. 24. 선고 2015다56789 판결, 대법원 2016. 11. 25. 선고 2014다82439 판결, 대법원 2012. 2. 13. 자 2011그256 결정 취지에 따라 추후 보완신고가 가능한 경우도 있을 것이다. 자세한 것은 '제14장 제3절 2. 라.' 참조.

기재되어 있거나 신고된 회생채권자·회생담보권자·주주·지분권자는 법원에 서면으로 의결권에 관한 의견을 진술할 수 있도록 함으로써 그 의견을 참고할 수 있게 하고 있다(서면결의 시 의결권 액의 결정 양식은 [별지 163] 참조).

한편 법 제188조 제4항은 의결권 행사 여부, 의결권 액에 대한 결정과 그 변경결정은 송달하지 아니하여도 된다고 규정하고 있는데, 위 규정은 관계인집회에서 의결권에 대한 결정을 고지하는 것을 전제로 한 것으로 보이고 법 제240조 제6항은 법 제188조 제4항을 준용하고 있지 않으므로, 서면결의에 의하는 경우에는 의결권 행사 여부, 의결권 액에 대한 결정과 그 변경결정은 법 제8조에 따라 직권으로 그 의결권에 관계된 회생채권자, 회생담보권자 또는 주주·지분권자에게 송달하여야 한다(규칙 제68조 제4항).

다. 의결권 불통일 행사에 대한 신고기간

서면결의에 의하는 경우에도 의결권자는 의결권을 통일하지 아니하고 행사할 수 있다(법 제240조 제6항, 제189조 제1항).

한편 법은 의결권 불통일 행사의 경우 관계인집회를 개최하는 때에는 그 7일 전까지 법원에 그 취지를 신고하도록 규정하고 있는데(법 제189조 제2항), 이는 의결권의 불통일 행사를 무제한적으로 허용하게 되면 관계인집회와 관련된 업무의 혼란을 초래하고 관계인집회의 원활한 진행에 지장을 초래할 수 있으므로 이를 방지하기 위한 것이다. 그렇다면 비록 법 제240조 제6항이 제189조를 서면결의에 준용함에 따라 법 제189조 제2항 역시 서면결의에 준용된다고 볼 여지가 있으나, 위와 같은 입법취지에 비추어 보면 관계인집회를 개최하지 않는 서면결의에서는 사전 신고는 불필요하므로 법 제189조 제2항은 서면결의 시에는 준용되지 않는다고 할 것이다.

규칙 제69조에서도 서면결의를 하는 경우 법 제189조 제2항에서 정하는 의결권 불통일 행사의 취지의 신고는 법 제240조 제2항의 회신기간 내에 의결권자가 직접 송달받은 의결표에 의결권을 불통일 행사하여 이를 회신하는 방법에 의한다고 규정하고 있다. 서울회생법원은 이와 같은 취지를 의결권자가 알 수 있도록 의결권자에 대한 서면결의 결정 통지서(의결권자용 양식은 [별지 161] 참조) 및 의결표([별지 162] 양식 참조)에 의결권을 통일하지 않고 행사하고자 하는 경우 의결표의 찬성, 반대 칸 아래의 의결권액란에 분할하여 행사하고자 하는 의결권액을 각각 기재하여야 한다는 내용을 기재하여 송달하고 있다.

라. 조 분류에 대한 결정

법 제236조 제1항에 의하면 서면에 의한 결의에 있어서도 조별로 결의하여야 하므로 법원은 미리 조 분류 결정을 하고 이를 관리인·채무자·목록에 기재되거나 신고된 회생채권자·회생담보권자·주주·지분권자에게 관련 서류와 함께 송달하여야 한다(법 제236조제6항 본문). 조 분류 결정에 대하여는 불복할 수 없다(법 제13조제1항) (서면결의 시 조 분류 결정 양식은 [별지 164] 참조).

마. 회생을 위하여 채무를 부담하거나 담보를 제공하는 자의 진술

회생을 위하여 채무를 부담하거나 담보를 제공하는 자는 결의를 위한 관계인집회에 출석하여 그 뜻을 진술하여야 하나(법 제233조제1항), 서면결의에 부치는 경우에는 결의를 위한 관계인집회를 개최하지 않으므로 미리 회생을 위하여 채무를 부담하거나 담보를 제공하는 자의 동의를 얻어 회생계획안에 그 내용을 정함으로써 결의를 위한 관계인집회에서의 진술에 갈음한다(법 제233조제3항). 이 경우 동의는 서면의 방식에 의하여야 하고(규칙 제70조), 관리인 등이 법원에 회생계획안을 제출하는 경우에는 위 동의를 기재한 서면을 함께 제출하여야 한다.

바. 회생계획안의 가결

회신기간 안에 회생계획안에 동의한다는 뜻을 서면으로 회신하여 법원에 도달한 의결권자의 동의가 법 제237조의 규정에 의한 가결요건을 충족하는 때에는 그 회생계획안은 가결된 것으로 본다(법 제240조제5항). 따라서 회신기간 안에 회신이 도착하지 않은 때에는 동의하지 않은 것으로 처리된다.

사. 회생계획의 인가 여부[97]

서면결의에 의하여 회생계획안이 가결된 때에는 법원은 지체 없이 회생계획의 인가 여부에 관하여 결정을 하여야 하고, 관리인, 조사위원·간이조사위원, 채무자, 목록에 기재되어 있거나 신고한 회생채권자·회생담보권자·주주·지분권자에게 인가 또는 불인가의 결정 주문 및 이유의 요지를 기재한 서면을 송달하여야 한다(법 제242조의2제1항·제6항). 이는 회생절차의 불안정 상태를 최소화하기 위하여 인가 여부의 결정을 신속히 하도록 규정한 것이다.

---

97) 이에 대한 자세한 설명은 '제15장 제1절 3.' 참조.

　법원은 법 제182조 제1항에 규정된 자에게 회생계획안의 사본 또는 요지를 송달함과 동시에 의결권자에 대하여는 회생계획안에 동의하는지 여부, 인가 여부에 관한 의견, 회생계획안이 가결되지 않은 경우 속행기일의 지정에 동의하는지 여부를 회신기간 안에 서면으로 법원에 회신하여야 한다는 뜻을 기재한 서면을 송달하여야 한다(법 제240조 제2항), 법원은 회생계획의 인가 여부의 결정을 하기 전에 회신된 의견을 검토하여야 한다.

　한편 법원은 회생계획의 인가 여부에 관한 결정에 앞서 제240조 제2항의 회신기간 이후로 기일을 정하여 회생계획 인가 여부에 관한 이해관계인의 의견을 들을 수 있고(법 제242조의2 제2항), 제242조 제2항 각호의 어느 하나에 해당하는 자[98]는 그 기일에서 회생계획의 인가 여부에 관하여 의견을 진술할 수 있다(법 제242조의2 제3항). 법원은 위와 같은 의견청취기일을 정하는 결정이 있는 때에는 이를 공고하고 그 결정서를 제240조 제2항에 따라 회생계획 인가 여부에 관한 의견을 서면으로 회신한 자에게 송달하여야 한다(법 제242조의2 제4항). 또한 법원은 상당하다고 인정하는 때에는 관리인의 신청에 의하거나 직권으로 제2항에 따른 기일과 특별조사기일을 병합할 수 있다(법 제242조의2 제5항).

아. 속행기일의 지정

　서면결의를 결정한 때에는 법원은 의결권자에게 회생계획안에 동의하는지 여부와 인가 여부에 관한 의견 및 회생계획안이 가결되지 아니한 경우 속행기일의 지정에 동의하는지 여부를 서면으로 물어야 한다(법 제240조 제2항). 만일 서면결의로 가결되지 않은 회생계획안에 대하여 법 제238조의 기일의 속행에 필요한 서면에 의한 동의요건을 충족하여 법원이 속행기일을 지정한 때에는 속행기일에서 결의에 부쳐야 하고 다시 서면결의에 부칠 수 없다(법 제240조 제7항). 회생계획안 제출자는 회생채권자 · 회생담보권자 · 주주 · 지분권자에게 불리한 영향을 주지 아니하는 경우에 지정된 속행기일에서 법원의 허가를 받아 회생계획안을 변경할 수 있다(법 제234조).

　한편 속행기일이 지정된 경우 법 제239조 제1항의 가결기일이 문제될 수 있다. 법은 이에 대한 명시적인 규정을 두고 있지 않으나, 회신기간 만료일부터

---

98) 제1호에서는 법 제182조 제1항 각호의 자를, 제2호에서는 채무자의 업무를 감독하는 행정청, 법무부장관, 금융위원회를 규정하고 있는데, 법 제182조 제1항 각호의 자는 관계인집회기일의 통지 대상이 되는 자로서 관리인, 조사위원, 채무자, 목록에 기재되어 있거나 신고한 회생채권자 · 회생담보권자 · 주주 · 지분권자, 회생을 위하여 채무를 부담하거나 담보를 제공한 자가 있는 때에는 그 자이다.

기산하여 2월 내에 가결되어야 할 것이다.

자. 회생절차의 폐지

서면결의에 의하여 회생계획안이 가결되지 아니하고 속행기일의 지정에 필요한 동의도 얻지 못한 때 또는 서면결의에서 가결되지 아니한 회생계획안에 대하여 속행기일이 지정되고 그 속행기일에서 가결되지 아니한 때에는 법원은, 권리보호조항을 정하여 회생계획을 인가하지 않는 한, 직권으로 회생절차를 폐지하여야 한다(법 제286조 제1항 제4호).

차. 사전계획안이 제출된 경우[99]

사전계획안을 서면결의에 부친 경우 사전계획안을 제출하거나 제240조 제2항의 회신기간 전에 그 사전계획안에 동의한다는 의사를 표시한 채권자는 회신기간 안에 동의한 것으로 본다. 다만, 사전계획안의 내용이 그 채권자에게 불리하게 수정되거나, 현저한 사정변경이 있거나 그 밖에 중대한 사유가 있는 때에는 위 회신기간 종료일까지 법원의 허가를 받아 동의를 철회할 수 있다(법 제223조 제8항).

한편 사전계획안을 제출한 채권자 외의 채권자는 제240조 제2항에 따라 법원이 정하는 회신기간 초일의 전날까지 그 사전계획안에 동의한다는 의사를 서면으로 법원에 표시할 수 있다(법 제223조 제3항).

사전계획안을 서면결의에 부친 경우에는 속행기일을 지정하지 아니한다(법 제240조 제2항).

---

99) 이에 대한 자세한 설명은 '제13장 제2절 6.' 참조.

제15장

．
．
．

회생계획의
인부결정

제1절 회생계획 인부결정의 시기와 절차

1. 개   요

관계인집회에서 회생계획안을 가결한 때에는 법원은 그 기일이나 즉시로 선고한 기일(계획인부기일)에 회생계획의 인가 여부에 관하여 결정을 하여야 한다(법 제242조제1항). 회생계획의 인가 여부의 기일을 정하는 결정은 선고를 한 때에는 공고와 송달을 하지 아니할 수 있다(법 제242조제3항).

서면결의에 의하여 회생계획안이 가결된 때에는 법원은 지체 없이 회생계획의 인가 여부에 관하여 결정을 하여야 한다(법 제242조의2 제1항).

2. 관계인집회에서 결의한 경우

가. 실무상의 처리방법

실무에서는 회생계획안을 관계인집회의 결의에 부치기 전에 법원이 미리 회생계획인가요건까지도 감안하여 심사한 후 회생계획안이 관계인집회에서 가결되면 바로 그 자리에서 회생계획을 인가하고 있다(결의를 위한 관계인집회에서 바로 회생계획을 인가할 경우의 조서 기재례는 [별지 157] 참조).

그러나 회생계획안이 인가에 필요한 요건을 갖추고 있다고 판단하여 관계인집회의 결의에 부치고 그 결과 가결까지 되었다 하더라도 바로 인가결정을 하기 어려운 경우도 있다. 예를 들어, ① 상호 지급보증관계에 있는 두 계열회사의 회생계획안이 서로 상대 회사의 회생계획안이 인가되는 것을 전제로 작성되었는데, 그 결의 결과 한 회사의 회생계획만이 가결되는 바람에 보증채무가 현실화되어 그 수행가능성이 의심되는 경우, ② 채무자에 대한 제3자 인수를 내용으로 하는 회생계획안이 가결되었는데, 그 인수계획을 마무리하기 위한 나머지 절차가 남아 있어 아직 가결된 회생계획의 수행가능성을 장담할 수 없는 경우, ③ 이해관계인이 인가요건의 존부에 관하여 다투어 이에 대한 추가적인 판단이 필요한 경우 등이다. 이러한 경우에는 회생계획안이 가결되었다 하더라도 그 인가요건을 심사하기 위한 시간이 필요하므로, 결의를 위한 관계인집회에서 계획인부기일을 선고하여 회생계획의 인부결정을 하여야 한다.[1] 채무자의 M&A를 내용으로 하는 회생계획 또는 변경회생계획의 경우에는 인수인은 집회 전에 인수대금을 모두 납입함이 원칙일 것이나, M&A계약에서 회생계획안 또는 변경회생계획안이 집회에서 가결된 후 인부결정 전에 인수대금을 납입하기로 하는 특별한 약정을 한 경우에는, 인부결정 선고기일을 예정된 인수대금 납입기일 후로 지정하여야 할 것이다.

회생계획안이 관계인집회에서 확정적으로 부결되면, 법원은 회생절차를 폐지할 것인지(법 제286조 제1항 제2호) 아니면 권리보호조항을 정하고 부결된 회생계획을 인가할 것인지를 결정하여야 한다(법 제244조). 만약 권리보호조항을 정하는 것으로 사전에 검토를 마쳤다면 그 관계인집회에서 권리보호조항을 정하고 인가결정을 선고하면 되지만, 검토가 끝나지 못한 상태라면 권리보호조항을 정하여 회생계획을 인가하는 쪽으로 결론이 날 경우를 대비하여, 계획인부기일을 그 관계인집회에서 선고하는 방식으로 지정할 수 있다. 서울회생법원 실무는 법 제245조 제1항의 선고가 민사소송법상의 판결의 '선고'와 같이 '기일에서 주문을 읽어 선고'하는 것(민사소송법 제206조, 제207조)에는 해당하지 않고 인부결정이 '결정'에 해당하는 점을 고려하여 일반적인 결정의 고지방법을 택하여 별도로 인부기일을 지정하지 않고 통상 1주일 이내에 인가 여부의 결정문에 기하여 이를 공고하는 방식을 취하기도 하고, 법 제245조 제1항의 취지에 따라 기일을 그 관계인집회에서 선고하는 방식으로 지정하여 그 기일에서 인가결정을 선고하기도 한다.

나. 계획인부기일을 지정하는 경우의 실무

법 제242조 제1항의 법문상 계획인부기일을 따로 지정할 경우에는 특정한 기일을 지정하여 선고하여야 하며, 기일을 추후에 지정할 수는 없다. 그러나 일단 지정된 기일의 변경은 허용된다.[2] 계획인부기일을 관계인집회에서 선고한 경우에는 공고와 송달을 하지 아니할 수 있다(법 제242조 제3항). 그러나 이미 지정된 기일을

---

1) 서울회생법원 2016회합100116 의료법인 늘푸른의료재단 사건의 경우 2017. 9. 19. 심리 및 결의를 위한 관계인집회에서 회생담보권자조의 100% 동의, 회생채권자조의 78.77% 동의로 회생계획안이 가결되었으나 이해관계인의 이의로 인가요건을 확인하기 위해 계획인부기일을 2017. 9. 21. 11:00로 선고하여 위 기일에 인가결정을 하였다. 서울회생법원 2020회합100103 주식회사 나인포인트 사건의 경우 2022. 2. 8. 심리 및 결의를 위한 관계인집회에서 회생담보권자조의 100% 동의, 회생채권자조의 75.82%의 동의로 회생계획안이 가결되었으나 이해관계인의 이의로 인가요건을 확인하기 위해 계획인부기일을 2022. 2. 15. 15:50로 선고하여 위 기일에 인가결정을 하였다.
2) 條解(下), 596면.

법정 외에서 변경하는 경우에는 법 제182조, 제183조, 제185조에 따라 기일의 통지 및 공고를 하여야 한다. 원심법원의 인부결정이 항고심에서 취소되어 환송된 경우에 다시 인부결정을 할 경우에도 마찬가지로 계획인부의 기일을 정하여 그 기일의 통지 및 공고를 하여야 한다.

다. 이해관계인의 의견진술

계획인부기일에서 법 제182조 제1항 각호의 자와 채무자의 업무를 감독하는 행정청·법무부장관 및 금융위원회는 회생계획의 인가 여부에 관하여 의견을 진술할 수 있다(별 제2항). 법 제182조 제1항 각호의 자는 기일 통지의 대상이 되는 자로서 관리인, 조사위원·간이조사위원, 채무자, 목록에 기재되어 있거나 신고한 회생채권자·회생담보권자·주주·지분권자, 회생을 위하여 채무를 부담하거나 담보를 제공한 자가 있는 때에는 그 자이다.

법 제182조 제1항 각호의 자에 대하여 의견진술의 기회를 주는 이유는 이들이 회생계획의 인부결정에 따라 그 권리에 영향을 받기 때문에 이에 대한 심문청구권을 보장하기 위한 것이고, 채무자의 업무를 감독하는 행정청·법무부장관 및 금융위원회에게 의견진술의 기회를 주는 이유는 인가요건의 존부를 판단할 때 이들의 의견을 참고하기 위한 것이다.[3]

법 제242조 제2항은 계획인부기일에 의견진술의 기회를 부여하는 것으로 규정하고 있으나, 의견진술의 기회는 법원이 인부결정을 하기 전에 주어지면 족하고, 의견진술의 방법에 제한을 둘 필요는 없으므로, 재판장은 회생계획안에 대한 결의 직후나 계획인부기일에서 출석한 이해관계인 등에게 회생계획안 인부에 대한 의견을 물으면 되고, 의견을 진술하고자 하는 이해관계인이나 관계기관은 관계인집회에서 구두로 의견을 진술하거나 법정 외에서 서면으로 의견을 표시할 수 있다. 그러나 이러한 의견을 듣기 위해서 일부러 기일을 따로 열 필요는 없다.

---

3) 한편 서울회생법원 2016회합100116 의료법인 늘푸른의료재단 사건의 인부결정에서 감독 행정청의 의견을 배척하는 이유를 설시하였다.

3. 서면결의에 의한 경우

가. 실무상의 처리방법

서면결의에 의한 경우에도 관계인집회에서 결의한 경우에서 본 것과 마찬가지로 실무에서는 회생계획안을 서면결의에 부치기 전에 법원이 미리 회생계획 인가요건까지도 감안하여 심사하므로, 법 제240조 제2항에 의한 회신기간이 경과한 후 회생계획안이 서면결의에 의하여 가결되었음이 확인되면 법원은 지체 없이 회생계획의 인가 여부에 관하여 결정을 하여야 한다(법제242조의2 제1항).

서면결의의 경우에 회생계획인가 여부의 결정을 선고하여야 하는지에 관하여는 법 제245조 제3항의 '제1항의 규정에 불구하고'라는 문구의 해석이 문제된다. 다수의 이해관계인이 관여하는 회생절차의 특성상 회생계획의 인부결정은 이를 선고하고 공고하여 그 인부결정을 둘러싼 법률관계를 획일적으로 처리할 필요가 있다. 따라서 위 '제1항의 규정에 불구하고'라는 문구는 '제245조 제1항 단서의 규정에 불구하고'라는 취지로 해석하는 것이 타당하므로, 서면결의의 경우에도 제245조 제1항 본문에 따라 회생계획의 인부결정은 선고하여야 할 것이다.

회생계획안이 서면결의에 의하여 확정적으로 부결되면, 법원은 권리보호조항을 정하고 부결된 회생계획을 인가하지 아니하는 한(법제244조), 회생절차를 폐지하여야 한다(법제286조 제1항 제4호).

나. 이해관계인의 의견회신

법원은 법 제182조 제1항에 규정된 자에게 회생계획안의 사본 또는 요지를 송달함과 동시에 의결권자에 대하여는 회생계획안에 동의하는지 여부, 인가 여부에 관한 의견, 회생계획안이 가결되지 않은 경우 속행기일의 지정에 동의하는지 여부를 회신기간 안에 서면으로 법원에 회신하여야 한다는 뜻을 기재한 서면을 송달하여야 한다(법제240조 제2항). 법원은 회생계획의 인가 여부의 결정을 하기 전에 회신된 의견을 검토하여야 한다.

서면결의에 부치는 경우에는 법원이 아래와 같이 의견청취기일을 정한 때 외에는 관계인집회에서 결의한 경우와 달리 채무자의 업무를 감독하는 행정청·법무부장관 및 금융위원회에게 의견진술의 기회를 부여하는 절차가 마련되어 있지 않으나, 이들이 스스로 서면으로 의견을 표시하여 오면 이를 참고하면 된다.

다. 이해관계인의 의견청취기일

법원은 서면결의의 가결에 따른 회생계획의 인가 여부에 관한 결정에 앞서 서면결의의 회신기간 이후로 기일을 정하여 회생계획 인가 여부에 관한 의견을 들을 수 있다(법 제242조 의2 제2항). 관계인집회에서 결의한 경우와 마찬가지로 법 제242조 제2항 각호의 어느 하나에 해당하는 자는 의견청취기일에서 회생계획의 인가 여부에 관하여 의견을 진술할 수 있다(법 제242조 의2 제3항).

의견청취기일을 정하는 결정이 있는 때에는 법원은 이를 공고하고, 그 결정서를 법 제240조 제2항에 따라 회생계획의 인가 여부에 관한 의견을 서면으로 회신한 자에게 송달하여야 한다(법 제242조 의2 제4항).[4] 법원은 상당하다고 인정하는 때에는 관리인의 신청에 의하거나 직권으로 의견청취기일과 특별조사기일을 병합할 수 있다(법 제242조 의2 제5항).

라. 회생계획의 인부결정 송달

법원은 서면결의에 따라 회생계획의 인가 또는 불인가 결정을 한 때에는 관리인, 조사위원·간이조사위원, 채무자, 목록에 기재되어 있거나 신고한 회생채권자·회생담보권자·주주·지분권자, 회생을 위하여 채무를 부담하거나 담보를 제공한 자가 있는 때에는 그 자에게 그 주문 및 이유의 요지를 기재한 서면을 송달하여야 한다(법 제242조 의2 제6항).

제2절 회생계획인가의 요건

1. 인가요건의 심리 및 판단

가. 인가요건 판단의 기준시

일반적으로 가결된 회생계획이 인가요건을 갖추었는지 여부를 판단하는 기준시는 인부결정을 하는 시점[5]이다. 만약 인부결정에 대하여 즉시항고가 제기된 경우에는 항고심이 속심으로서의 성격을 가지고 있기 때문에 항고심의 결정

---

4) 의견청취기일 지정 결정은 모든 이해관계인에게 송달하는 것이 아니라 서면으로 의견을 회신한 이해관계인에게만 송달하여야 함을 유의하여야 한다.

5) 대법원 2018. 5. 18. 자 2016마5352 결정.

시,[6] 환송심에서는 환송심에서의 인부결정 시이다. 따라서 항고심이나 환송심에서는 원결정이 있은 이후에 발생한 사정까지도 고려하여 인가요건의 존부를 판단하여야 한다.[7][8]

나. 인가요건 존부 판단자료

인가요건의 존부는 법원의 직권조사사항이다.[9] 따라서 인부결정을 할 때까지 나타난 모든 자료를 인가요건에 대한 판단자료로 삼을 수 있는데, 주로 조사위원의 조사보고서(법제87조), 관리인의 보고서(법제92조, 제93조)나 기타 채무자의 재산 및 영업현황에 관한 보고자료, 회생계획안의 내용과 회생계획안 인부에 관한 이해관계인의 의견 등이 그 자료가 될 수 있다. 서울회생법원에서는 회생계획안이 제출되면 조사위원으로 하여금 회생계획안에 의한 변제예정액이 청산가치를 보장하고 있는지 여부, 회생계획안이 수행가능한지 여부에 관하여 검토한 제2차 조사보고서를 제출하도록 하고 있다(이에 대한 자세한 설명은 '제7장 제5절 12.' 참조).

다. 인가요건 존부에 관한 확신의 정도

법원이 회생계획의 인가결정을 함에 있어서는 인가요건을 갖추었다는 점에 관한 확신이 있어야 한다. 그 확신의 정도에 관해서는 명시적 규정이 없지만, 해석상으로는 통상의 판결절차에서 사실의 증명이 있다고 할 수 있을 정도의 확신이 요구된다. 인가요건 중에는 구체적 사실의 존부 그 자체가 요건의 내용이 되는 경우(법 제243조 제1항, 제5호 내지 제7호)가 있는데, 이 경우에는 위와 같은 정도의 심증이 있어야 한

---

6) 대법원 2016. 5. 25. 자 2014마1427 결정은 "회생계획인가 이후 원심계속 중에 담보신탁된 골프장 시설이 채무자 회사에 신탁종료를 원인으로 귀속되었으므로 청산가치를 다시 산정하여야 한다는 재항고인들의 주장에 대하여 회생계획이 인가요건을 충족하고 있는지 여부는 항고심의 속심적 성격에 비추어 항고심의 결정 시를 기준으로 판단하여야 하나, 항고심이 회생법원의 회생계획 인가결정 당시에 예정되어 있던 회생계획의 수행결과까지 고려하여 회생계획의 인가요건의 충족 여부를 판단하여야 하는 것은 아니고, 재항고인들의 주장과 같은 담보신탁된 부동산의 귀속은 회생계획의 수행에 따른 회생채권의 변제, 즉 회생계획에서 예정한 수행결과에 의한 것이므로 항고심이 회생계획 인가결정의 당부를 판단함에 있어 고려할 것이 아니다."라는 이유로 재항고인들의 주장을 배척하였다.
7) 条解(下), 607면 이하.
8) 다만 인부결정의 대상은 '관계인집회에서 가결된 회생계획안'이므로, 법원은 관계인집회에서 부결된 회생계획안에 대하여 인가결정을 할 수는 없다(일부의 조에서만 가결된 경우 폐지결정을 하거나, 권리보호조항을 정하고 강제인가결정을 할 수 있을 뿐이다). 따라서 회생계획안이 부결되어 회생절차가 폐지된 경우, 폐지결정에 대한 항고심에서 기존 관계인집회에서 부동의한 채권자가 동의서를 제출하고, 이를 참작할 경우 가결 정족수를 넘게 된다고 하더라도, 회생계획안이 가결되는 것도, 인가요건을 갖추게 되는 것도 아니다.
9) 대법원 2018. 5. 18. 자 2016마5352 결정.

다. 하지만 복수의 사실에 대한 법적 평가의 결과가 인가요건의 내용이 되는 경우(법 제243조 제1항)에는 관련된 사실을 모두 종합하여 평가한 결과 요건을 충족하고 있다고 판단되면 충분하다. 이것은 마치 통상 소송절차에서 간접사실에 따라 주요사실을 증명하는 것과 같은 형태이다.[10] 한편 뒤에서 보는 바와 같이 법 제243조의2가 신설되면서 일정한 경우 소극적 인가요건이 추가되었는데, 그 중 제1항의 경우에는 구체적인 사실의 존부 및 법적 평가의 결과 모두가 인가요건의 내용이 되고, 제2항의 경우에는 구체적인 사실의 존부가 인가요건의 내용이 되므로, 그에 따라 처리하면 될 것이다.

라. 법원이 이전에 행한 판단의 구속력

법원의 인부결정에 앞서 법원이 인가요건에 해당하는 사실에 대한 판단을 하는 경우가 있는데, 이러한 법원의 판단이 있었다고 하더라도 인부결정의 판단 기준시는 인부결정을 하는 시점이기 때문에 종전의 판단에 구속되지 않고 인부결정을 하면 된다. 예를 들어, 법원이 법 제231조에 따라 회생계획안을 배제하지 않고 회생계획안을 관계인집회의 심리나 결의 또는 서면결의에 부치는 경우에는 법원이 일응 회생계획안이 '법률에 위반되거나, 공정하지 않거나 형평에 맞지 않거나, 수행 불가능한 것'이 아니라고 인정한 셈인데, 이 회생계획안이 관계인집회에서 가결되었다 하더라도 그 후에 사정이 변경되었다거나 그 당시에는 미처 알지 못한 사정을 추후에 발견하였다는 이유로 회생계획을 불인가할 수도 있다. 또한 어느 한 조를 위하여 사전에 권리보호조항을 정한 경우에도, 그 후에 사정 변경이 있거나 권리보호조항 설정 당시에는 미처 알지 못한 사정을 추후에 발견하였다는 이유로 회생계획을 불인가할 수 있다.

인부결정에 대한 항고심에서 원결정이 취소되어 환송된 경우에 환송심은 항고심이 취소의 이유로 삼은 사실 및 법률상의 판단에 구속된다. 그러나 이 경우에도 환송심은 인부결정을 하는 시점의 사정을 기준으로 하여 인부결정을 하여야 하기 때문에, 항고심의 결정 이후에 발생한 사유를 들어 항고심의 결론과 다른 결정을 할 수도 있다.[11]

---

10) 条解(下), 603면 이하.
11) 条解(下), 606면 이하.

2. 회생계획인가의 적극적 요건(별 제243조)

가. 회생계획인가요건의 검토

법 제243조 제1항에는 회생계획의 인가를 위한 적극적 요건들이 나열되어 있다. 회생절차에서는 법원이 법 제231조에 따라 회생계획안을 배제할 수도 있기 때문에 법원이 심리 및 결의에 부치고 변경허가를 한 회생계획안에 대하여 뒤늦게 불인가결정을 하는 것은 적절하지 못하다. 따라서 법원은 회생계획인가요건의 추가적인 심사가 필요한 경우('본장 제1절 2. 가. 및 3. 가.' 참조)를 제외하고는, 회생계획안이 가결되기 전까지 회생계획안이 인가요건을 갖추고 있는지 여부를 미리 검토하여 회생계획안 가결 후 바로 회생계획을 인가하는 것이 바람직하다.

나. 회생절차가 법률의 규정에 적합할 것(제1호전단)

1) 규정의 의미

회생절차의 적법성을 인가요건으로 한 이유는 채권자나 주주 등 이해관계인의 절차참여권을 보장하고 전체 이해관계인의 의견이 반영된 회생계획이 작성될 수 있도록 하자는 데 있다. 따라서 회생절차에 위법이 있다면 원칙적으로 회생계획을 불인가하여야 하지만, 인부결정을 할 때까지 그 하자가 치유되는 경우에는 회생계획을 인가하여야 하며, 제243조 제2항에 따라 법원의 재량에 의한 인가결정을 할 수도 있다.

회생계획에 대한 결의가 성실·공정한 방법으로 행해지지 않았을 경우도 절차의 위법에 해당하지만,[12] 제3호에서 독립된 인가요건으로 규정하였기 때문에 이 규정을 우선적으로 적용하여야 한다. 그러나 결의와 관련된 다른 절차, 즉 결의 시기의 위법,[13] 결의 시에 한 조 분류의 위법,[14] 가결요건의 흠결, 속행기

---

[12] 대법원 2005. 3. 10. 자 2002그32 결정은 "불성실·불공정한 결의란 계획안의 가부를 결정하기 위한 의결권 행사의 의사표시를 하는 과정에 있어서 본인 이외의 제3자로부터 위법·부당한 영향이 작용하는 경우를 말하는 것으로서, 이해관계인에 대한 협박이나 기망은 물론, 의결권 행사 혹은 그 위임의 대가로 특별한 이익이 공여된 경우도 결의의 성실·공정을 해하는 사유에 해당할 수 있다."라고 판시하였다. 같은 취지로는 대법원 2018. 1. 16. 자 2017마5212 결정 등 참조.

[13] "법 제239조 제1항의 가결시기의 기산점이 되는 '제1기일'은 회생계획안의 결의를 위한 관계인집회로 최초로 지정된 기일을 말하는 것으로서, 이 기일이 변경되거나 연기되어 실제로 실시되지 않은 경우에도 변함이 없다."라고 한 사례로는 서울고등법원 2017. 8. 31. 자 2017라20351 결정 참조(다만, 위 결정에서는 가결기간이 도과하였으나 법 제243조 제2항에 따라 인가결정이 적법하다고 판단하였고, 위 결정에 대하여 항고인이 재항고하였으나 대법원 2018. 1. 11. 자 2017마5992 결정으로 심리불속행 기각 확정), 기피신청으로 인하여 민사소송법 제48조 본문에 따라 회생절차가 정지된 상태에 있었던 기간은 가결기간의 계산에 포함되지 않는다는 사례로는

일지정의 위법 등은 제1호의 절차 위법에 해당한다. 이 중 가결요건의 흠결이 있을 경우에는 원칙적으로 법 제286조 제1항 제2호에 따라 회생절차를 폐지하여야 하지만, 법 제242조에서 말하는 '가결'이란 법률적·실체적 의미가 아니라 사실상·절차상의 의미라고 해석되고 있으므로, 어떠한 이유에서든 실질적으로 부결된 회생계획안을 일단 관계인집회에서 가결된 것으로 처리하였다면 그 후에 가결된 회생계획이 가결요건을 갖추고 있는지 여부를 심사하는 것은 법 제243조의 문제라고 할 수 있다.

2) 사 례

대법원 결정례로는 ① 정리회사 관계인집회기일에 대한 기일소환장과 정리계획안을 정리채권자인 갑(甲)에게 송달하지 아니한 채 정리계획안이 가결·인가되었으나, 회사정리법의 가결요건을 훨씬 상회하는 비율의 찬성으로 위 정리계획안이 가결된 점 등에 비추어 위 절차상의 하자는 위 정리계획안의 가결에 영향을 미칠 정도의 중대한 하자가 아니라고 한 사례,[15] ② 담보신탁계약의 우선수익자인 채권자들의 신탁 관련 대여금 채권은 채무자의 재산으로부터 우선변제를 받을 수 있는 권리가 아니므로, 회생법원이 위 채권자들을 별도의 조로 분류하지 않고 회생채권자조로만 분류하였다고 하여 회생법원의 조 분류 결정이 위법하다고 볼 수 없다고 한 사례,[16] ③ 법 제226조 제2항에서 정하고 있는 행정청의 의견조회를 누락한 경우 법률의 규정에 위반한 것으로 볼 수 있다고 한 사례,[17] ④ 회생계획안의 수정이 이해관계인에게 불리한 영향을 미치는 경우 회생법원은 예정된 회생계획안의 결의를 위한 관계인집회의 개최를 연기한 후 이해관계인에게 그 수정안 사본 또는 요지를 송달하는 등으로 의결권을 행사할 자에게 그 내용을 충분히 숙지하고 검토할 기회를 줌과 동시에 결석자에게 결의의

서울고등법원 2018. 5. 17. 자 2017라21212 결정 참조(대법원 2018. 9. 28. 자 2017마5992 결정으로 심리불속행 기각 확정).

14) 골프장 회원권, 콘도 회원권, 스키장 회원권을 가진 회원들을 하나의 회생채권자로 조 분류한 것이 위법하지 않다고 한 사례로는 서울고등법원 2018. 3. 8. 자 2017라20750 결정(대법원 2018. 7. 4. 자 2018마5315 결정으로 심리불속행 기각 확정).

15) 대법원 1992. 6. 15. 자 92그10 결정.

16) 대법원 2018. 5. 18. 자 2016마5352 결정, 대법원 2016. 5. 25. 자 2014마1427 결정.

17) 대법원 2018. 5. 18. 자 2016마5352 결정, 대법원 2016. 5. 25. 자 2014마1427 결정(다만, 대법원은 회생계획 인가의 요건 중 채무자회생법 제243조 제1항 제1호의 '회생절차가 법률의 규정에 적합할 것'이라는 요건을 흠결한 것이지 회생계획의 수행가능성과 관련한 채무자회생법 제243조 제1항 제6호의 요건을 흠결한 것으로 볼 수 없고, 이를 회생절차의 법률규정 위반으로 보더라도 법 제243조 제2항에서 정한 회생절차의 법률규정 위반으로 회생계획을 인가하지 아니하는 것이 부적당하다고 인정되는 때에 해당하는 것으로 볼 수 있다고 판시하였다).

기회를 보장해 주었어야 하는데도 위와 같은 절차를 거치지 않은 경우 법률의 규정에 위반한 것으로 볼 수 있다고 한 사례[18] 등을 들 수 있다.

일본의 사례[19]로는 ① 회생계획안 제출기간이 경과하였다 하더라도 회생절차폐지결정을 하기 전에 회생계획안이 제출된 경우에는 폐지결정을 할 수 없고, 이것을 관계인집회의 심리 및 결의에 부치더라도 위법하지 않다고 한 사례, ② 심리를 위한 관계인집회 이전에 회생계획안의 사본 또는 그 요지가 법 제232조 제2항 소정의 자에게 송달되어 있는 경우에는 그 후 회생계획안에 수정이 가하여지더라도 그 요지에 있어서 다른 바가 없다면 결의를 위한 관계인집회 전에 거듭 송달하지 않더라도 위법하지 않다는 사례, ③ 결의를 위한 관계인집회에서 회생계획안이 가결된 후 법원이 법 제242조 제2항 각호의 어느 하나에 해당하는 자에게 회생계획 인부에 관한 의견을 진술하도록 최고하지 않더라도 위법하지 않다는 사례, ④ 심리를 위한 관계인집회에서 채권자, 주주로부터 법 제229조에 따라 회생계획안의 수정명령의 신청이 있더라도 이 신청은 법원에 대하여 수정명령의 발동을 촉구하는 것을 목적으로 하는 것이기 때문에 법원이 그대로 결의를 위한 관계인집회의 기일을 지정한 이상 수정명령을 발하지 않을 것을 대외적으로 명백하게 한 것이고, 특별히 신청을 배척하는 취지의 재판을 고지할 것을 요하지 않으므로 법원의 조치에 위법이 없다고 한 사례 등이 있다.

3) 하자의 치유

인가요건의 존부를 판단하는 기준시는 인부결정을 하는 시점이기 때문에, 절차가 행해진 당시에는 하자가 있었더라도 인부결정을 할 때까지 그 하자가 치유되면 회생계획을 인가할 수 있다. 예를 들어, 일부 이해관계인이 관계인집회에 적법한 소환을 받지 못했더라도 그 관계인이 기일에 출석하여 이의 없이 결의에 참가하였다면 민사소송에서의 이의권의 포기 또는 상실이 있는 것으로 보아 법률위반의 하자가 치유되었다고 볼 수 있다. 그리고 법 제226조 제2항에 따른 행정청에 대한 의견청취절차를 누락한 경우 등과 같이 법원이 직접 일정한 행위를 추후 보완하거나 보정함으로써 하자가 치유될 수 있는 경우라면, 절차에 위법이

---

18) 대법원 2016. 5. 25. 자 2014마1427 결정. 다만, 위 결정에서 대법원은 "회생법원이 회생계획안의 수정을 허가한 후 출석한 이해관계인의 의견을 들었고, 출석하지 않은 이해관계인은 변제조건의 변경과 무관하게 회생계획안에 동의하지 않겠다는 의사를 가지고 있다고 볼 수밖에 없으며, 이 사건에서는 회생담보권자조의 100% 동의, 회생채권자조의 77.95% 동의로 가결요건을 충족하여 결석자들이 위 수정안에 동의하지 않는다고 하여 그 결과가 달라지지 않았을 것으로 보이는 점 등을 고려하여 법 제243조 제2항에 해당하는 것으로 볼 수 있다."라고 판시하였다.

19) 条解(下), 610면. 이하 이 장에서 일본 사례에 관한 설명에 있어서는 그 내용을 우리나라 현행법의 조문과 용어에 맞추어 수정하였다.

있다는 이유로 불인가결정을 할 것이 아니라 의견청취 등으로 그 하자를 치유하여 인가결정을 하는 것이 바람직하다.

4) 재량에 따른 회생계획의 인가

회생계획의 인가 여부 결정에 이르기까지의 절차가 법률의 규정에 위반되는 경우에도 그 위반의 정도, 채무자의 현황 그 밖의 모든 사정을 고려하여 회생계획을 인가하지 아니하는 것이 부적당하다고 인정되는 때에는 법원은 회생계획인가의 결정을 할 수 있다(법 제243조). 이 규정의 취지는 경미한 절차적 하자로 인하여 그 동안의 절차를 통하여 가결된 회생계획이 수포로 돌아가는 일이 발생하지 않도록 하기 위하여 법원의 재량을 인정하는 것이다.[20]

다. 회생계획이 법률의 규정에 적합할 것(제1호 후단)

회생계획은 그 내용이 적법할 것을 요한다. 여기서 '법률의 규정'이란 직접적으로는 법 제2편 제6장 제1절의 각 조항[21]을 가리키는 것이며, 넓게는 법의 다른 조항이나 민법 등 관련 법[22]의 내용도 포함하는 것이다. 다만 회생계획의 공정·형평성과 수행가능성에 관하여는 그 중요성을 감안하여 제2호에서 따로 규정하고 있다(제2호).

회생계획의 내용이 법률의 규정에 위반된다고 판단되는 대표적인 사례로는, 회생채권인 조세채권에 대하여 권리변경을 할 경우에는 그 내용 여하에 따라 법 제140조 제3항에 규정된 조세징수권자의 동의를 얻어야 하는데 그 동의를 얻지 않은 채 회생계획안이 가결된 경우를 들 수 있다.

한편, 체육시설의 설치 및 이용에 관한 법률 제27조는 체육시설업자의 영업 또는 체육시설업의 시설 기준에 따른 필수시설이 타인에게 이전된 경우, 영업양수인 또는 위 필수시설의 인수인 등이 체육시설업과 관련하여 형성된 공법상의 권리·의무와 함께 체육시설업자와 회원 간에 위와 같은 영업양도 등의 사유가 있기 전에 체결된 사법상의 약정을 승계한다는 내용을 규정하고 있다. 체육시설업자에 대한 회생절차에서 채무자인 체육시설업자가 발행하는 신주 등을 인수할 제3자를 선정하고 그 제3자가 지급하는 신주 등의 인수대금으로 채무를 변제하는 회생계획은 채무자가 체육시설업자의 지위를 그대로 유지하고 체육시설업자의 주주만이 변경되

---

20) 대법원 2018. 5. 18. 자 2016마5352결정, 대법원 2016. 5. 25. 자 2014마1427 결정.
21) 법 제193조부터 제219조까지를 말한다.
22) 실무상 출자전환에 따른 주식취득과 관련하여 독점규제 및 공정거래에 관한 법률 제12조에서 규정하는 기업결합신고(심사)가 종종 문제된다(전대규, 848면).

는 것을 정하고 있으므로, 이러한 경우 회생계획에 입회금반환채권이나 시설이용권 등 회원이 가지는 회생채권을 변경하는 사항을 정하였다고 하여 그 회생계획이 체육시설의 설치 및 이용에 관한 법률 제27조에 반한다고 볼 수는 없다.[23]

라. 회생계획이 공정하고 형평에 맞을 것(제2호)

회생계획에서는 권리의 순위를 고려하여 회생계획의 조건에 공정하고 형평에 맞는 차등을 두어야 한다(법제217조). 대법원은 "공정·형평의 원칙은 선순위 권리자에 대하여 수익과 청산 시의 재산분배에 관하여 우선권을 보장하거나 후순위 권리자를 선순위 권리자보다 우대하지 않아야 됨을 의미한다고 할 것이어서, 예컨대, 정리채권자의 권리를 감축하면서 주주의 권리를 감축하지 않는 것은 허용되지 아니한다. 다만 주식과 채권은 그 성질이 상이하여 단순히 정리채권의 감축 비율과 주식 수의 감소 비율만을 비교하여 일률적으로 우열을 판단할 수는 없고, 자본의 감소와 그 비율, 신주발행에 의한 실질적인 지분의 저감 비율, 정리계획안 자체에서 장래 출자전환이나 인수·합병을 위한 신주발행을 예정하고 있는 경우에는 그 예상되는 지분 비율, 그에 따라 정리계획에 따라 정리회사가 보유하게 될 순자산 중 기존 주주의 지분에 따른 금액의 규모, 변제될 정리채권의 금액과 비율, 보증채권의 경우 주채무자가 그 전부 또는 일부를 변제하였거나 변제할 개연성이 있다면 그 규모 등을 두루 참작하여야 할 것이다."라고 판시하였다.[24]

또한 대법원은 "법원이 회생계획의 인가를 하기 위하여는 법 제243조 제1항 제2호 전단에 따라 회생계획이 공정하고 형평에 맞아야 하는데, 여기서 말하는 '공정·형평'이란 구체적으로는 법 제217조 제1항이 정하는 권리의 순위를 고려하여 이종(異種)의 권리자들 사이에는 회생계획의 조건에 공정하고 형평에 맞는 차등을 두어야 하고, 법 제218조 제1항이 정하는 바에 따라 동종(同種)의 권리자들 사이에는 회생계획의 조건을 평등하게 하여야 한다는 것을 의미한다. 여기서의 평등은 형식적 의미의 평등이 아니라 공정·형평의 관념에 반하지 아니

---

23) 대법원 2016. 5. 25. 자 2014마1427 결정.
24) 대법원 2004. 12. 10. 자 2002그121 결정. "정리회사의 지배주주 및 이와 특수관계에 있는 사람 또는 계열회사의 정리회사에 대한 채권은 지배주주·특수관계인·계열회사 등이 정리회사에 파탄의 원인을 제공한 정도, 채권의 종류 및 금액, 채권의 발생시기·발생경위, 다른 정리채권자들에 대한 권리변경의 정도와의 비교, 다른 계열회사에 대한 유사한 도산절차에서 정리회사에 대하여 규정하고 있는 권리변경의 정도 등을 종합적으로 고려하여 합리적인 범위 내에서 권리변경의 정도를 달리할 수 있다."라고 한 사례로는, 대법원 2006. 10. 27. 자 2005그65 결정 참조.

하는 실질적인 평등을 가리키는 것이므로, 회생계획에서 모든 권리를 반드시 법 제217조 제1항 제1호 내지 제5호가 규정하는 5종류의 권리로 나누어 각 종류의 권리를 획일적으로 평등하게 취급하여야만 하는 것은 아니고, 5종류의 권리 내부에서도 회생채권이나 회생담보권의 성질의 차이, 채무자의 회생을 포함한 회생계획의 수행가능성 등 제반 사정에 따른 합리적인 이유를 고려하여 이를 더세분하여 차등을 두더라도 공정·형평의 관념에 반하지 아니하는 경우에는 합리적인 범위 내에서 차등을 둘 수 있으며, 다만 같은 성질의 회생채권이나 회생담보권에 대하여 합리적인 이유 없이 권리에 대한 감면 비율이나 변제기를 달리하는 것과 같은 차별은 허용되지 아니한다."라고 판시하였다.[25]

실무상으로는 회생계획안의 수정과 변경을 허가할 때에 회생계획안에 공정하고 형평에 맞는 차등이 반영되어 있는지를 검토하여야 하기 때문에, 회생계획의 인부결정 시에는 이것이 문제되는 경우는 별로 없을 것이다. 다만 회생계획안을 결의에 부치거나 수정 또는 변경할 때 그 내용이 위 규정에 합치하는지 여부를 신중하게 검토하여야 할 것이다(이에 관한 자세한 내용은 회생계획안의 작성에 관한 '제13장 제3절 2. 및 3.' 참조).

한편 공정·형평의 원칙에 위반되는 회생계획이 인가되었고, 그 인가결정에 대하여 항고가 제기된 경우 항고법원은 법 제244조 제1항을 준용하여 권리보호조항을 정하여 회생계획을 인가하는 것으로 제1심결정을 변경할 수 있다.[26]

마. 회생계획이 수행가능할 것(제2호 후단)

회생계획은 수행이 가능한 것이어야 한다. 회생계획안이 당초부터 수행가능한 것이 아니라면 회생계획안을 심리나 결의에 부쳐서는 안 되며, 수정명령으로도 그 흠결을 제거할 수 없다고 판단되면 배제결정을 하여야 한다(법 제231조 제3호).

수행가능성의 의미에 관하여는 여러 견해가 있지만, 대법원은 "채무자가 회생계획에 정해진 채무변제계획을 모두 이행하고, 다시 회생절차에 들어오지 않을 수 있는 건전한 재정상태를 구비하게 될 가능성을 의미한다."라고 판시하였다.[27]

---

25) 대법원 2018. 5. 18. 자 2016마5352 결정, 대법원 2016. 5. 25. 자 2014마1427 결정. "기존 주주의 주식을 100% 감자한 것이 과잉감자라거나 공정·형평의 원칙, 헌법상 재산권보장의 원칙, 평등의 원칙에 반한다고 볼 수 없다."라고 한 사례로는, 대법원 2017. 4. 7. 자 2015마1384, 2015마1385(병합) 결정.

26) 대법원 2000. 1. 5. 자 99그35 결정, 서울고등법원 2021. 6. 1. 자 2021라20123 결정(대법원 2021. 10. 28. 자 2021마6013 결정으로 재항고 기각 확정)

27) 대법원 2016. 5. 25. 자 2014마1427 결정은 "회생계획의 인가 이후 원심결정 당시까지 도지사로부터 대중제 골프장 전환에 관한 사업계획 승인을 받지 못했지만, 인가 이후 제3자에 대한

건전한 재정상태의 구비 여부를 판단함에 있어서 채무자가 회사인 경우에는 정상기업으로서의 건전한 재무상태와 적정한 자본구성을 유지할 수 있는 능력을 갖추고 있는지를 검토하여야 한다.

법원은 회생계획의 수행가능성을 엄격하게 심사할 필요가 있는데, 법원이 결의에 부쳐 가결된 회생계획을 다시 법원이 수행가능성이 없다고 하여 불인가하는 것은 매우 부적절한 조치이므로 법원은 적어도 회생계획안이 관계인집회의 심리나 결의 또는 서면결의에 부쳐질 무렵에는 그 수행가능성에 대한 확신이 있어야 한다.

서울회생법원에서는 조사위원에게 관리인이 작성한 회생계획안의 내용을 면밀히 검토한 후 심리 및 결의를 위한 관계인집회 전에(서면결의를 하는 경우라면 결의에 부치기 전이 될 것이다) 그 수행가능성에 대하여 조사한 제2차 조사보고서를 제출하도록 하여 수행가능성 판단에 관한 객관성을 확보하고 있다.[28] 다만 조사위원은 채무자가 관련 소송에서 승소하는 경우 또는 채무자의 전 재산이 매각되는 경우 등과 같이 어떠한 전제 아래에서는 회생계획안의 수행이 가능하다는 식으로 의견을 쓰는 경우가 많은데, 법원에서는 조사위원으로 하여금 가능한 한 이러한 전제를 두지 않고 제2차 조사보고서가 작성될 수 있도록 지도할 필요가 있으며, 만약 이러한 전제 아래 제2차 조사보고서가 작성되는 경우에는 그 전제가 실현가능한지 여부를 보수적인 관점에서 검토하여야 한다. 따라서 재판부는 제2차 조사보고서가 적절하게 작성되었는지, 나아가 회생계획의 수행가능성이 있는지 여부를 가늠할 수 있을 정도의 실무적인 능력을 갖추는 것이 필요하다(이에

신주발행을 통해 50억 원의 변제재원이 마련되어 회생계획 수행을 위한 핵심사항이 이행되었고, 회생계획에서 회원에 대한 현금 변제와 상환우선주 발행이 완료된 후에야 회원의 권리가 소멸되는 것으로 정함으로써 체육시설의 설치 및 이용에 관한 법률에서 규정한 회원의 보호내용과 저촉되는 사항이 없어 도지사가 채무자 골프장의 대중제 전환을 특별히 불허할 사유가 없어 보여 회생계획의 수행가능성이 있다."라고 판시하였다. 대법원 2017. 4. 7. 자 2015마1384, 2015마1385(병합) 결정은 "변경회생계획에서 예정한 신규 자금을 대출받을 가능성이나 회원제 골프장에서 대중제 골프장으로의 전환가능성이 없다고 보기 어렵고 채권자 은행이 변경회생계획대로 변제가 이루어질 경우 신탁부동산에 관한 수익권 등을 행사하지 않을 것으로 보이므로 변경회생계획의 수행가능성이 있다."라고 판시하였다.

28) 서울회생법원에서는, 통상 조사위원이 작성한 조사보고서의 매출추정을 토대로 회생계획안이 작성될 것이므로, 회생계획안이 제출되면 심리 및 결의를 위한 관계인집회 기일을 지정하고, 심리 및 결의를 위한 관계인집회 전까지 조사위원에게 회생계획의 수행가능성 등에 관한 제2차 조사보고서를 제출하도록 하고 있다. 다만 채무자의 매출액이 조사보고서 추정액에 현저히 미치지 못하거나 주요 사업부문에 변경이 있어서 조사보고서의 매출추정을 그대로 적용할 수 없거나 관리인 등이 조사보고서와 다른 전제하에 회생계획안을 작성하여 제출한 경우에는, 심리 및 결의를 위한 관계인집회 기일을 지정하기 전에 조사위원에게 미리 회생계획의 수행가능성 등에 관한 검토를 하도록 하고 있다.

관한 자세한 설명은 '제7장 제5절 12. 다.' 부분 참조).

바. 결의를 성실, 공정한 방법으로 하였을 것(제3호)

회생계획안에 대한 결의가 성실하고 공정한 방법으로 행해져야 회생계획을 인가할 수 있다. 그렇지 못한 경우에는 제1호의 요건이 흠결되었다고도 할 수 있지만, 법은 결의 절차의 중요성을 감안하여 독립된 인가요건으로 규정하고 있다. 불성실·불공정한 결의란 회생계획안의 가부를 결정하기 위한 의결권 행사의 의사표시를 하는 과정에서 본인 이외의 제3자로부터 위법·부당한 영향이 작용하는 경우를 말한다.[29]

결의가 성실·공정한 방법으로 행해지지 않은 경우의 예로는, 관리인, 채무자 또는 그 이외의 제3자가 의결권자에 대하여 기망 또는 협박을 하거나, 뇌물을 공여하는 등의 방법으로 회생계획에 의하지 아니한 특별한 이익을 주거나 줄 것을 약속하는 경우,[30][31] 정당한 이유 없이 계속 중인 채권조사확정재판에 대한 이의의 소를 취하하거나 화해에 응할 것을 약속하는 경우, 정당한 이유 없이 인가결정 후 특정내용의 계약을 체결할 것을 약속하는 경우 등이 있다. 이 경우 뇌물공여의 약속이나 특별한 이익을 공여하는 행위 등은 실체법상으로 무효이기 때문에 총 채권자를 위한 공통의 담보인 채무자의 재산이 감소하지는 않지만,

---

29) 대법원 2018. 1. 16. 자 2017마5212 결정은 "관리인이 부인한 재항고인들의 회생채권에 대하여 법원이 의결권을 부여하지 아니하였다는 사정만으로 법 제243조 제1항 제3호 소정의 회생계획 인가요건을 충족하지 못하였다고 볼 수 없다."라고 판시하였다.

30) 대법원 2005. 3. 10. 자 2002그32 결정은 "정리채권이나 정리담보권의 양도 없이 혹은 양도를 가장하여 채권자집회에서의 의결권 행사 혹은 대리권 수여의 금전적 대가만을 주고받는 경우와는 달리, 이 사건에서는 실제로 정리담보권 자체를 양도받았으나 관계인집회 때까지 신고명의의 변경 등 이전에 필요한 절차를 밟을 시간적 여유가 없어 양도인들로부터 위임장을 교부받아 의결권을 대리행사한 데 지나지 아니하다."라는 이유로 이에 해당하지 않는다고 판단하였다

31) 구 회사정리법 제231조는 "회사 또는 제3자가 정리계획의 조건에 의하지 아니하고 어느 정리 채권자, 정리담보권자 또는 주주에게 특별한 이익을 주는 행위는 무효로 한다."라고 규정하고 있었고, 이와 관련하여 대법원 2005. 3. 10. 자 2002그32 결정은 "정리채권 및 정리담보권의 양도는 회사정리절차상 용인되고 있고(회사정리법 제128조), 정리회사의 인수예정자 등 정리계획을 추진하는 자가 적극적으로 권리를 양수하는 것 역시 회사정리법 전체의 구조에서 시인되고 있으므로, 제3자가 정리채권이나 정리담보권을 양수하는 행위가 같은 법 제231조의 특별이익의 공여행위에 해당하려면, 양도 가격이 당해 정리채권이나 정리담보권의 실제 가치를 현저히 초과하는 경우에 한하는 것으로 제한적으로 해석하여야 한다."라고 판시하였다. 그런데 현행법 제 219조는 "채무자가 자신 또는 제3자의 명의로 회생계획에 의하지 아니하고 일부 회생채권자·회생담보권자·주주·지분권자에게 특별한 이익을 주는 행위는 무효로 한다."라고 규정하고 있어, 무효 대상인 특별공여행위가 구 회사정리법상의 '회사 또는 제3자'가 한 행위에서 '채무자가 자신 또는 제3자의 명의로' 한 행위로 변경되었으므로, 채무자와 무관한 제3자가 자신의 투자판단에 따라 회생채권 등의 실제가치를 현저히 초과하는 가격에 양수한 경우에는 법 제219조에 해당할 여지가 없게 되었다고 할 것이다.

가결요건을 충족한 것이 과연 의결권자의 진정한 의사에 기한 것인지 여부가 불분명하기 때문에 회생계획을 불인가하여야 한다.

그러나 결의가 성실·공정한 방법으로 행해지지 않았다 하더라도, 이것과 회생계획안의 가결 사이에 인과관계가 없는 것이 명확하다면 회생계획을 불인가할 수 없다. 다만 인과관계가 있는지 여부를 심사할 때에도 사전에 해당 의결권자의 의결권을 배제하지 않는 이상 그 의결권 액이나 수를 가결요건의 분모에서 차감해서는 아니 된다. 법 제190조 제1항에 따라 결의에 관하여 재산상의 이익을 수수하는 등 부당한 이익을 얻을 목적으로 그 권리를 취득한 것으로 인정되어 의결권이 배제된 경우에는 불인가의 문제가 발생하지 않는다.

사. 청산가치보장의 원칙을 충족시킬 것($^{제}_{4호}$)

1) 청산가치보장의 원칙의 개념

청산가치보장의 원칙이란, 회생계획에 의한 변제방법이 채무자의 사업을 청산할 때 각 채권자에게 변제하는 것보다 불리하지 아니하게 변제하는 내용이어야 한다는 것이다. 재산권의 본질적 내용이 훼손되는 것을 방지하기 위해서는 최소한 권리자가 채무자의 재산에 대하여 가지는 청산가치가 보장되어야 한다는 것을 근거로 한다.[32]

2) 판단기준

청산가치보장의 원칙은 모든 채권자에 대한 변제액의 총액만이 아니라 각 채권자에 대한 변제액에 관하여도 충족되어야 한다. 청산 시의 배당액을 산정할 때에는 파산절차의 고정주의를 전제로 하여야 하므로 채무자가 장래 취득할 수입을 고려하여서는 아니 된다.[33] 청산가치보장 원칙의 근거를 회생계획을 인가할 경제적 합리성에 있다고 보는 이상 청산가치보장의 원칙이 충족되고 있는지 여부의 판단은 그 판단 시점인 인가결정 시를 기준으로 하여야 할 것이다.

청산가치보장 원칙에서 채무자의 재산 평가는 기업재산을 해체·청산함이 없이 이를 기초로 하여 기업활동을 계속할 경우의 가치(계속기업가치)에 따를 것이 아니라 원칙적으로 도산기업이 파산적 청산을 통하여 해체·소멸되는 경우에 기업을 구성하는 개별 재산을 분리하여 처분할 때를 가정한 처분금액을 합산한 금액(청산가치)에 따라야 한다.[34]

---

32) 대법원 2005. 11. 14. 자 2004그31 결정.
33) 条解 民事再生法, 813-814면.
34) 대법원 2007. 10. 11. 자 2007마919 결정, 대법원 2005. 11. 14. 자 2004그31 결정, 대법원 2004.

회생계획이 청산가치를 보장하고 있는지를 판단하기 위해서는 회생계획에 의한 장래 변제액의 경제적 가치를 인가결정 시를 기준으로 산정할 필요가 있다 (이에 관한 자세한 사항은 '제13장 제3절 5. 다., 제7장 제5절 9. 다 및 12. 나.' 참조).

3) 예 외

가) 채권자의 동의   채권자 스스로 자신의 회생채권 또는 회생담보권에 관한 변제방법이 청산가치에 미달하는 내용으로 정하여진 회생계획에 동의한 경우에는 청산가치보장의 원칙이 적용되지 아니한다(법 제243조 제1항 제4호 단서1).

나) 특수관계인에 대한 대여채무 등의 문제   청산가치보장 원칙의 예외와 관련하여서는 이른바 재벌 또는 대규모 기업집단 상호간의 지급보증 등으로 채무자와 특수관계에 있는 자에 대한 보증채무 또는 구상채무가 있는 경우 또는 채무자가 특수관계에 있는 자에 대하여 부담하는 대여채무가 있는 경우에, 이러한 보증채무, 구상채무 또는 대여채무에 관하여 채무자와 특수관계에 있는 자와 관련된 것이라는 이유로 청산가치에 미달하는 변제를 하는 내용을 정한 회생계획을 인가할 수 있는지가 문제된다.

종래 회사정리실무상 부실경영에 책임이 있는 특수관계인의 채권 및 구상권 등을 일체 면제하는 내용의 정리계획안을 작성하여 온 경우가 대부분이었는데, 대법원은 이러한 실무 관행의 적법성을 인정하였고,[35] 이러한 실무 관행과 대법원 결정례를 배경으로 법 제218조 제2항이 제정되어 특수관계인에 대한 열등한 취급은 입법적으로 뒷받침되었다.

이와 같이 부실경영에 중대한 책임이 있는 특수관계인에 대한 열등한 취급은 형평의 원칙상 인정되는 것으로서 청산가치보장의 원칙을 논하기 전에 형평의 원칙이 우선적으로 적용되게 되므로, 일단 형평의 원칙을 적용하여 특수관계인의 채권·구상권 등을 일반 회생채권보다 열후화[36]시켜 일체 면제한 회생계획안은 법 제243조 제1항 제4호에서 규정하는 청산가치보장의 원칙에 위배되지 아니한다고 해석된다. 한편 이에 대하여 위와 같은 해석론은 '청산가치보장의 원칙'이 명문으로 규정되어 있지 않았던 구 회사정리법 시절에 위 원칙을 같은 법 제233조 제1항 제2호에 규정된 '공정·형평의 원칙'의 하위 내용에 포섭시킴으로서 가능하였던 것인데, 현행법이 제243조 제1항 제2호에 규정된 '공정·형평의

---

12. 10. 자 2002그121 결정.

[35] 대법원 2007. 11. 29. 자 2004그74 결정, 대법원 2004. 6. 18. 자 2001그132 결정.

[36] 특수관계인의 채권을 '열후화(subordination)'시킨다는 말은 일반 회생채권보다 권리의 순위를 후순위로 하는 것을 말한다.

원칙' 이외에 별도로 같은 항 제4호에서 '청산가치보장의 원칙'을 규정하고 있는 이상 두 원칙은 병렬적인 인가 요건으로서 모두 충족되어야 하고 어느 하나가 다른 하나를 배제할 수 있다고 볼 근거가 없으므로, 특수관계인의 채권 및 구상권 등을 불리하게 취급한다 하더라도 최소한 그 청산가치는 보장해야 한다는 견해도 있다.

특수관계인 등에 대한 열후화 취급 기준에 관하여, 대법원은 정리회사의 지배주주 및 이와 특수관계에 있는 사람 또는 계열회사의 정리회사에 대한 채권의 경우 지배주주·특수관계인·계열회사 등이 정리회사에 파탄의 원인을 제공한 정도, 채권의 종류 및 금액, 채권의 발생시기·발생경위, 다른 정리채권자들에 대한 권리변경의 정도와의 비교, 다른 계열회사에 대한 유사한 도산절차에서 정리회사에 대하여 규정하고 있는 권리변경의 정도 등을 종합적으로 고려하여 합리적인 범위 내에서 권리변경의 정도를 달리할 수 있다고 판시하고 있다.[37)]

다만 부실경영에 책임이 없는 특수관계인의 채권 및 구상권까지 청산가치 이하로 감면하여 권리변경을 시키는 것은 법 제218조 제2항의 '차등을 두어도 형평을 해하지 아니한다고 인정되는 경우'에 해당된다고 보기 어려우므로, 부실경영에 책임이 없는 특수관계인의 채권 및 구상권을 감면하는 회생계획안은 청산가치보장의 원칙에 위배될 소지가 있다.

아. 합병 또는 분할합병을 내용으로 한 회생계획에 관한 특별요건(제5호)

회생계획이 합병 또는 분할합병을 내용으로 하는 경우에는 상대 회사 주주총회 또는 사원총회의 합병계약서 또는 분할합병계약서 승인결의가 있어야 한다(상법 제522조, 제530조의3, 제598조). 이 경우 상대 회사가 정상기업이라면 상법 규정에 따라 주주총회 또는 사원총회의 특별결의로써 합병계약서 또는 분할합병계약서가 승인되어야

---

37) 대법원 2006. 10. 27. 자 2005그65 결정. 그러나 이 사안은 정리회사 (주)진로가 계열회사였던 (주)진로쿠어스맥주를 인수한 오비맥주(주)를 상대로, (주)진로쿠어스맥주의 정리채권을 고액 상거래채권자와 동일하게 권리를 변경하는 내용으로 권리보호조항을 정한 것은 형평의 원칙에 위반하여 재판에 영향을 미친 헌법위반임을 주장하며 특별항고한 것인데, 대법원은 (주)진로쿠어스맥주가 정리절차가 개시되기 3년여 전에 회사정리절차를 통하여 오비맥주(주)에게 인수된 후 흡수합병됨에 따라 정리회사의 계열회사에서 벗어난 점, 정리채권의 종류 및 금액, 그 발생시기 및 경위와 아울러 위 정리채권은 정리절차 개시에 앞서 위 흡수합병에 따라 오비맥주(주)에게 승계된 점, (주)진로쿠어스맥주에 대한 투자 및 보증의 제공이 정리회사의 재정에 어느 정도 영향을 주었을 것으로 보이지만 이 사건 정리채권을 다른 고액의 정리채권자들에 비하여 훨씬 불리하게 대폭 감면하여야 할 정도로 정리회사의 파탄에 원인을 제공한 정도가 매우 무겁다고 보기에는 충분하지 아니한 점 등을 들어 항고를 기각하여 결과적으로 (주)진로쿠어스맥주를 계열회사로 취급하지 아니한 원심을 인용하였다.

하고, 상대 회사가 회생절차 진행 중인 회사라면 적어도 합병 또는 분할합병을 내용으로 하는 회생계획안이 가결되어 바로 인가할 수 있는 상태에 있어야 한다. 결국 후자의 경우에는 합병 당사자 회사들의 회생계획안이 모두 가결된 후에야 인가결정을 할 수 있다. 만약 회생절차가 진행 중인 여러 회사에 대하여 서로 합병할 것을 내용으로 하는 회생계획안이 제출되었는데 결의 결과 일부 회사에 대해서만 회생계획안이 가결된 경우에는, ① 모든 회생계획안이 수행할 수 없는 상태에 이르렀기 때문에 가결된 회생계획을 모두 불인가하거나(이 경우 회생계획안이 부결된 사건은 법 제286조 제1항 제2호에 따른 폐지결정으로 절차가 종료하게 될 것이다), ② 부결된 회생계획안에 대하여 법 제244조에 따라 권리보호조항을 정하여 인가함으로써 가결된 회생계획의 인가 요건을 구비시킬 수밖에 없다.

다만 상법 제527조의2 제1항에서 정하는 간이합병의 경우나 제527조의3 제1항에서 정하는 소규모합병의 경우와 같이 상대 회사가 주주총회 또는 사원총회의 승인결의를 요하지 않고 합병 또는 분할합병을 할 수 있는 경우에는 그 회사의 주주총회 또는 사원총회의 승인결의 없이 이사회 승인의 존재만으로 회생계획을 인가할 수 있다(제5호 단서).[38]

합병 이외에도 중요한 영업이나 재산의 양도, 대규모의 출자 등이 회생계획의 중요 내용으로 규정되어 있는 경우 이 조항을 유추적용할 수 있는지 여부가 문제되고 있는데, 이러한 경우에는 이 조항을 그대로 적용할 수는 없고 법원이 수행가능성 유무를 합리적으로 판단하여 인부결정을 하면 된다고 해석하고 있다.[39]

자. 행정청의 허가 등을 요하는 사항을 내용으로 하는 회생계획에 관한 특별요건(제6호)

행정청의 허가, 인가, 면허 기타의 처분을 요하는 사항을 정한 회생계획에 관하여는 법 제226조 제2항의 규정에 따른 행정청의 의견과 중요한 점에서 차이가 없어야 한다. 회생계획안이 행정청의 허가 등을 전제로 하고 있는 경우에 그러한 처분이 내려지지 않으면 수행가능성에 문제가 발생할 수 있기 때문이다.

---

38) 소규모합병의 경우 합병 후 존속하는 회사의 발행주식총수의 100분의 20 이상에 해당하는 주식을 소유한 주주가, 주주총회의 승인을 얻지 아니하고 합병을 한다는 뜻을 공고하거나 주주에게 통지한 날부터 2주 내에 회사에 대하여 서면으로 소규모합병에 반대하는 의사를 통지한 때에는 정식의 합병절차로 복귀하여야 한다. 따라서 소규모합병의 경우에는 위와 같은 공고 또는 통지의 날부터 2주가 경과한 후에 서면에 의한 반대의사통지가 있는지를 확인하여 반대의사가 없으면 회생계획을 인가할 수 있을 것이고, 반대의사가 있으면 주주총회의 승인을 얻은 후라야 회생계획을 인가할 수 있을 것이다(상법 제527조의3 제4항).

39) 條解(下), 631면.

따라서 회생계획안의 내용상 행정청의 허가 등을 전제로 하고 있다고 판단되는 경우에는 법 제226조 제2항에 의한 의견조회를 누락하지 않도록 유의하여야 한다. 예컨대, 최근 증가하고 있는 골프장 사건의 경우, 회원제를 대중제로 전환하는 내용의 회생계획안이 제출되는 경우가 많은데, 체육시설의 설치·이용에 관한 법률에 의하면, 골프장업은 등록 체육시설업(같은 법 제10조)으로서, 등록 체육시설업을 하려는 자는 사업계획서를 작성하여 시·도지사[40]의 승인을 받아야 하고, 이미 승인받은 사업계획을 변경하려는 경우에도 경미한 경우가 아닌 한 승인을 받아야 하는데(같은 법 제12조), 위와 같이 회원제를 대중제로 전환하는 내용의 회생계획은 승인을 받아야 하는 사업계획의 변경에 해당한다고 할 것이므로, 이를 인가하기 위해서는 위 제6호의 특별요건이 구비되어야 한다고 본다.[41]

차. 주식의 포괄적 교환을 내용으로 하는 회생계획에 관한 특별요건(제7호)

회생계획이 주식의 포괄적 교환을 내용으로 하는 경우에는 상대 회사 주주총회의 주식의 포괄적 교환계약서에 대한 승인결의가 있어야 한다. 위 아.항에서 본 것과 마찬가지로 상대 회사가 정상 기업이라면 상법 규정에 따라 주주총회의 특별결의로써 포괄적 교환계약서가 승인되어야 하고, 상대 회사가 회생절차 진행 중인 회사라면 적어도 주식의 포괄적 교환을 내용으로 하는 회생계획안이 가결되어 바로 인가할 수 있는 상태에 있어야 한다. 결국 후자의 경우에는 포괄적 교환의 당사자 회사들의 회생계획안이 모두 가결된 후에야 인가결정을 할 수 있다.

다만 상법 제360조의9에서 정하는 간이주식교환의 경우나 제360조의10에서 정하는 소규모 주식교환의 경우와 같이 상대 회사가 주주총회의 승인결의를 요하지 않고 주식의 포괄적 교환을 할 수 있는 경우에는 그 회사의 주주총회의 승인결의 없이 이사회 승인의 존재만으로 회생계획을 인가할 수 있다(제7호 단서).

---

40) 시·도지사는 같은 법 제4조의2 제4항에서 규정된 "관계 중앙행정기관의 장, 특별시장·광역시장·특별자치시장·도지사·특별자치도지사"를 말한다.

41) 서울회생법원 2016회합100283 경기관광개발(주), 2018회합100038 (주)레이크힐스순천, 2018회합100253 일송개발(주), 2020회합100020 (주)동해디앤씨, 2020회합100103 (주)나인포인트 사건에서 골프장을 회원제에서 대중제로 전환하는 내용의 회생계획안에 대하여 주무관청(해당 광역자치단체장)에 의견을 조회하였다.

3. 회생계획인가의 소극적 요건(법제243 조의2)

가. 소극적 인가요건의 도입

회생절차개시에 중대한 책임이 있거나 해악을 끼친 채무자의 경영자나 그 특수관계인 등이 회생절차를 남용하여 정당한 채권자 등의 희생을 바탕으로 채무를 감면받은 후 다시 정상화된 기업을 인수하여 경영권을 회복하는 것을 방지하기 위해 법 제243조의2는 회생계획에 정해진 영업양수 등에 있어서 일정한 경우 법원이 임의적 또는 필요적으로 회생계획불인가 결정을 하도록 하였다. 채무자의 영업양수 등을 내용으로 하는 회생계획에 대해서 일정한 소극적 요건이 충족되는 경우 법원은 임의적으로 회생계획불인가 결정을 할 수 있거나(법제243조의2 제1항), 필요적으로 회생계획불인가 결정을 하여야 한다(법제243조의2 제2항).

앞서 본 적극적 인가요건의 경우와 마찬가지로 법원은 가능한 한 미리 소극적 인가요건의 존부를 검토하여 회생계획안의 수정을 요구하거나(법제229조) 배제결정(법제231조의2)을 하는 것이 바람직하다. 소극적 인가요건은 채무자에 대한 영업양수, 인수·합병 등 회사의 조직 및 재무구조에 큰 변동을 초래하고, 거액의 자금이동이 수반되는 거래에 적용되므로, 법원은 절차의 안정적인 운영을 위해 각별히 주의를 기울일 필요가 있다. 즉 법원은 영업양수 등 거래를 추진하는 초기 단계에서부터 회생계획인가의 소극적 요건에 해당하는 사유가 있는지 여부에 주의를 기울일 필요가 있고, 이를 위해 관리인, 매각주간사 등으로 하여금 인수희망자 등에 대한 조사를 소홀히 하지 않도록 적절히 지도해야 한다. 회생계획안의 심리·결의를 위한 관계인집회의 기일지정 결정을 하기 전에 회생계획의 소극적 인가요건이 밝혀진 경우 법원은 그 요건의 유형에 따라 회생계획안을 임의로 배제하거나 필요적으로 배제하여야 한다(자세한 사항은 '제13장 제8절 5. 마.' 참조).

한편 회생절차에서는 예측가능성이 무엇보다 중요하고, 특히 채무자의 조직 및 재무구조에 중대한 변동이 생기는 M&A 절차의 경우 예측가능성이 더욱 더 중요한 의미를 가진다. 따라서 법원은 M&A 절차를 진행할 때 임의적 회생계획불인가 사유 유무 판단의 일관성을 유지하도록 주의를 기울여야 한다. 법원의 일관되고 통일적인 M&A 절차 운영은 이해당사자들의 예측가능성 및 M&A 성공가능성의 제고로 이어져, 결국 채권자 등 이해관계인의 이익증진에도 기여하게 될 것이다.

나. 임의적 불인가 요건(제항)

회생계획안이 법 제57조 각호의 어느 하나에 해당하는 행위를 내용으로 하는 경우로서 법 제231조의2 제1항 각호의 요건을 '모두 충족하는 경우' 법원은 회생계획불인가 결정을 할 수 있다.

1) 법 제57조 각호의 내용

가) 채무자의 영업, 사업, 중요한 재산의 전부나 일부의 양수

나) 채무자의 경영권을 인수할 목적으로 하는 주식 또는 출자지분의 양수

다) 채무자의 주식의 포괄적 교환, 주식의 포괄적 이전, 합병 또는 분할합병

2) 법 제231조의2 제1항 각호의 내용

가) 채무자의 이사 등이 회생절차개시의 원인에 중대한 책임이 있을 것(제1호)

① 회사인 채무자의 이사(상법 제401조의2 제1항에 따라 이사로 보는 자를 포함한다)나 해당 이사와 제101조 제1항에 따른 특수관계에 있는 자, ② 회사인 채무자의 감사, ③ 회사인 채무자의 지배인 중 어느 하나에 해당하는 자의 중대한 책임이 있는 행위로 인하여 회생절차개시의 원인이 발생하였다고 인정되어야 한다(이하 이 부분 설명에서는 '중대한 책임 있는 이사 등'이라고 한다).

나) 법 제57조의 각호의 어느 하나에 해당하는 행위(이하 '영업양수 등'이라고 한다)를 하려는 자(이하 '영업양수인 등'이라고 한다)가 중대한 책임 있는 이사 등과 일정한 관계에 있을 것(제2호)

영업양수인 등이, ① 중대한 책임 있는 이사 등의 자금제공, 담보제공이나 채무보증 등을 통하여 영업양수 등을 하는 데에 필요한 자금을 마련한 경우, ② 현재 및 과거의 거래관계, 지분소유관계 및 자금제공관계 등을 고려할 때 중대한 책임 있는 이사 등과 채무자의 경영권 인수 등 사업운영에 관하여 경제적 이해관계를 같이하는 것으로 인정되는 경우, ③ 중대한 책임 있는 이사 등과 배우자, 직계혈족 등 대통령령으로 정하는 특수관계[42]에 있는 경우의 3가지 중 어

---

42) 시행령 제15조의2(회생계획안이 배제되거나 회생계획이 불인가되는 특수관계인의 범위)
   법 제231조의2 제1항 제2호 다목, 같은 조 제2항 각호 외의 부분 및 제243조의2 제2항에서 "대통령령으로 정하는 특수관계"란 각각 다음 각호의 어느 하나에 해당하는 관계를 말한다.
   1. 본인이 개인인 경우에는 다음 각 목의 어느 하나에 해당하는 자
      가. 배우자
      나. 본인 또는 배우자의 직계존비속
      다. 형제자매
      라. 본인의 금전, 그 밖의 재산에 의하여 생계를 유지하는 자이거나 본인과 생계를 함께 하는 자
   2. 본인이 법인이나 그 밖의 단체인 경우에는 다음 각 목의 어느 하나에 해당하는 자

느 하나에 해당하여야 한다.

다. 필요적 불인가 요건($_{2항}^{제}$)

회생계획안이 영업양수 등을 내용으로 하는 경우로서 영업양수인 등 또는 그와 대통령령으로 정하는 특수관계에 있는 자가 법 제231조의2 제2항 각호의 '어느 하나에 해당하는 경우' 법원은 필요적으로 회생계획불인가 결정을 하여야 한다. 위 각호의 내용은 다음과 같다.

1) 채무자를 상대로 형법 제347조(사기)·제347조의2(컴퓨터 등 사용사기)·제349조(부당이득)·제355조(횡령, 배임)·제356조(업무상의 횡령과 배임)·제357조(배임수증재)의 죄(형법 또는 다른 법률에 따라 가중 처벌되는 경우 및 미수범을 포함한다)를 범하여 금고 이상의 실형을 선고받고 그 집행이 끝나거나(집행이 끝난 것으로 보는 경우를 포함한다) 집행이 면제된 날부터 10년이 지나지 않은 경우

2) 채무자를 상대로 위 죄를 범하여 금고 이상의 형의 집행유예 또는 선고유예를 선고받고 그 유예기간 중에 있는 경우

3) 이 법을 위반하여 금고 이상의 실형을 선고받고 그 집행이 끝나거나(집행이 끝난 것으로 보는 경우를 포함한다) 집행이 면제된 날부터 5년이 지나지 않은 경우

4) 이 법을 위반하여 금고 이상의 형의 집행유예 또는 선고유예를 선고받고 그 유예기간 중에 있는 경우

라. 정보제공 등의 요구($_{3항}^{제}$)

법원은 위 소극적 인가요건의 존부를 확인하기 위하여 필요한 경우에는 채무자, 관리인, 보전관리인, 그 밖의 이해관계인 등에게 정보의 제공 또는 자료의 제출을 명할 수 있다. 법 제243조의2의 적용을 면탈할 목적으로 거짓의 정보를 제공하거나 거짓의 자료를 제출하고, 회생계획인가의 결정이 확정된 경우 해당 정보를 제공하거나 해당 자료를 제출한 자는 형사처벌의 대상이 된다($_{조의2}^{별제644}$). 또한 정당한 사유 없이 법 제243조의2 제3항에 따른 정보제공 또는 자료제출을

가. 임원 및 그와 제1호 각 목의 어느 하나에 해당하는 관계에 있는 자
나. 계열회사(「독점규제 및 공정거래에 관한 법률」 제2조 제3호에 따른 계열회사를 말한다) 및 그 임원
다. 단독으로 또는 제1호 각 목의 관계에 있는 자와 합하여 본인에게 100분의 30 이상을 출자하거나 임원의 임면 등의 방법으로 본인의 주요 경영사항에 대하여 사실상 영향력을 행사하고 있는 개인 및 그와 제1호 각 목의 어느 하나에 해당하는 관계에 있는 자

거부·기피 또는 방해하거나, 거짓의 정보를 제공하거나 거짓의 자료를 제출한 자 역시 형사처벌의 대상이 된다(별,제649조).

4. 인부결정의 기재례

회생계획인가결정의 기재례는 [별지 167](관계인집회 가결시), [별지 168](서면 결의 가결시), 회생계획불인가결정의 기재례는 [별지 169] 참조.

제3절   동의하지 아니하는 조가 있는 경우의 인가

1. 권리보호조항 제도의 의의

가. 의   의

권리보호조항 제도는 비록 회생계획안이 일부 조에서 법정 다수의 동의를 얻지 못하여 부결되었다 하더라도, 법원이 부결된 조에 속하는 권리자들의 권리를 보호하는 조항을 정하고, 회생계획을 인가할 수 있도록 하는 제도이다(별,젠).[43] 법은 회생계획안에서 권리의 순위에 따라 차등을 두도록 하면서도, 같은 성질을 가지는 권리자 사이의 형평을 위하여 '조'라는 제도를 두어, 각 조별로 결의를 하도록 하여, 어느 조에서라도 법정 다수의 동의를 얻지 못할 경우에는, 회생계획안이 부결되는 것으로 정하고 있다. 그런데 회생계획안이 부결되는 경우에 반드시 회생절차를 폐지하여야 한다면, 채무자 또는 그 사업의 효율적인 회생을 도모하기 위하여 회생절차에서 진행되었던 이해관계인의 모든 노력이 허사로 돌아가게 된다. 특히 일부 이해관계인의 무리한 요구[44]로 인하여 공들여 작성된

---

43) 권리보호조항 제도(실무상 '강제인가'라고도 부른다)는 미국 1938년 연방파산법에서 규정한 제도가 일본 회사갱생법을 거쳐 우리나라에 도입된 것이다. 현행 미국 연방파산법에서는 §1129(b)에서 상세한 규정을 두고 있는데 이를 'cram down'원칙이라고 부른다. 'cram down'이라는 용어는 계획안에 "반대하는 조(class)의 목구멍으로 계획안을 밀어넣는다(cram down)"는 것에서 유래한다고 설명한다. Charles Jordan Tabb, Law of Bankruptcy(4th ed.), West Academic(2016), 1149면 참조. 미국, 독일, 일본의 강제인가 제도 및 실무에 관한 심층적인 소개로는 정문경, "회생계획 강제인가의 권리보호 정도와 결정 요소에 관한 연구," 이화여자대학교 박사학위논문(2020) 참조.

44) 예컨대, 회생채권자조 의결권 액의 50%를 가진 채권자가 합리적인 이유 없이 자신에 대한 변제조건을 다른 회생채권자보다 우대해 달라고 요구하는 경우에, 관리인이 이를 수용하지 않자, 그 회생계획안에 대하여 부동의한 경우이다.

회생계획안이 부결되어 회생의 가치가 있는 채무자에 대한 회생절차가 폐지된다면, 그 피해는 나머지 회생채권자, 회생담보권자, 주주 또는 지분권자, 채무자의 종업원 등에게 돌아가고, 사회경제적 측면에서도 효율적이지 못하다. 이러한 취지에서 법은 회생계획안이 부결된 경우라도, 부결된 조에 속하는 권리자의 권리를 보호하는 조항을 두어 회생계획을 인가할 수 있는 재량권을 법원에 부여하고 있다. 이러한 권리보호조항 제도는 후순위 권리자의 조에 대하여는 회생계획안에 대한 반대를 억제하는 수단으로서의 기능을 하고, 선순위 권리자의 조에 대하여는 부당한 양보의 요구로부터 그 최소한의 권리를 지키는 수단으로서의 기능을 한다.[45] 이 제도는 법원이 직권으로 회생계획안을 변경할 수 있는 유일한 제도이다. 그러나 권리보호조항 제도가 회생계획안의 부결로 인한 폐지를 회피하기 위한 수단으로 원칙 없이 이용되어서는 안 된다.

나. 권리보호조항 제도의 준용

대법원은[46] 모든 조에서 법정 다수의 동의를 얻었지만 특정 채권자에 대한 회생계획안의 내용이 공정·형평에 반하여 그 상태로는 불인가할 수밖에 없는 경우에도 다른 이해관계인과의 관계 및 정리계획의 수행가능성을 참작하여 공정·형평에 반하는 회생계획으로 인하여 불이익을 받은 조의 특정 채권자를 위하여 공정·형평의 원칙에 맞는 권리보호조항을 정하여 인가할 수 있다고 판시하여 인가 요건을 갖추지 못한 회생계획안에 대하여 권리보호조항 제도를 준용할 수 있다는 입장이다.[47]

그와 같은 취지에서 서울고등법원은 제1심법원의 인가결정에 대한 항고심에서 일부 조에서 결의가 불성실, 불공정한 방법으로 이루어진 경우,[48] 다툼이 있는 권리자에 관하여 회생계획안에 아무런 규정을 두지 않은 경우[49] 제1심의

---

45) 条解(下), 637면 이하.
46) 대법원 2000. 1. 5. 자 99그35 결정. 구체적인 내용은 각주 71) 참조
47) 일본의 실무례 중에는 모든 조에서 가결에 필요한 법정 다수의 동의를 얻기는 하였지만, 조세징수권자로부터 동의를 얻지 못하여 회생계획을 불인가하여야 할 경우에, 징수권자의 의견대로 그 권리의 전액을 변제하는 것으로 회생계획을 변경하여 인가한 사례가 있다. 이에 관하여는 条解(下), 665면 참조. 같은 취지에서 모든 조에서 가결이 되었지만 일부 조에서 그 결의가 불성실, 불공정한 방법으로 되었기 때문에 불인가하여야 할 경우에도 권리보호조항을 두고 인가할 수 있다고 본다. 이에 관하여는 임채홍·백창훈(하), 327면; 条解(下), 640면 참조. 한편 이러한 경우 법 제243조 제2항에 따라 재량인가로 처리하여야 한다고 보는 견해도 있다.
48) 서울고등법원 1997. 2. 25. 자 96라142 결정.
49) 서울고등법원 2021. 6. 1. 자 2021라20123 결정(대법원 2021. 10. 28. 자 2021마6013 결정으로 재항고 기각 확정).

인가결정을 변경하여 권리보호조항을 정한 인가결정을 하였다.

2. 권리보호조항의 설정 요건

가. 적어도 1개의 조에서 가결

권리보호조항을 정하기 위해서는 적어도 1개의 조에서 가결이 되어야 한다. 모든 조에서 회생계획안 가결에 필요한 법정 다수의 동의를 얻지 못한 경우에는 권리보호조항을 정할 수 없고, 반드시 법 제286조 제1항 제2호에 따라 회생절차를 폐지하여야 한다.

나. 권리보호조항의 설정

권리보호조항의 설정은 법원이 직권으로 하여야 한다. 이 경우에는 회생계획안의 결의 전에 미리 권리보호조항의 정함을 허가할 경우(별 제244조 제2항·제3항)와 같이 회생계획안 작성자와 권리자들의 의견을 들을 필요가 없지만, 가능하다면 그 의견을 듣는 것이 바람직하다.

권리보호조항은 법 제244조 제1항 각호의 어느 하나에 해당하는 방법 또는 그에 준하는 방법에 따라 공정하고 형평에 맞게, 권리가 본질에서 침해되지 않고 피해를 최소화할 수 있도록 권리의 실질적 가치를 부여함으로써 권리자를 보호하는 방법으로 동의하지 않는 조의 권리자 전원에 대하여 정하는 것이어야 하고,[50] 결의 시에 부동의한 권리자에 대해서만 권리보호조항을 정하는 것은 허용되지 아니한다.[51] 권리보호조항을 정하기 위하여 법원이 회생계획안을 반드시 변경하여야 하는 것은 아니다. 부결된 회생계획안 자체가 이미 부동의한 조의 권리자에게 청산가치 이상을 분배할 것을 규정하여 법 제244조 제1항 각호의 요건을 충족하고 있다고 인정되는 경우에는, 법원이 부동의한 조의 권리자를 위하여 회생계획안의 조항을 그대로 권리보호조항으로 정하고 인가하는 것도 허용된다.[52] 서울회생법원에서도 당초의 회생계획안 조항을 그대로 권리보호조항으로 정하는 실무례가 많다.

권리보호조항을 정함으로써 본래의 회생계획안 내용보다 당해 이해관계인에게 결과적으로 불리해지는 경우에도 위법이 아니며, 권리보호조항을 정하면서

---

50) 대법원 2018. 5. 18. 자 2016마5352 결정.
51) 임채홍·백창훈(하), 327면; 條解(下), 640면.
52) 대법원 2018. 5. 18. 자 2016마5352 결정.

권리보호조항에 따라 변제를 받는 것과 원 회생계획안에 따라 변제를 받는 것을 그 조의 각 권리자의 선택에 맡길 수도 있다.[53]

권리보호조항을 정하는 방법은 법 제244조 제1항의 각호에 상세하게 규정되어 있다. 이 부분에 관하여는 뒤에서 다시 설명하기로 한다.

다. 인가요건의 충족(법 제243조, 제243조의2)

법원이 권리보호조항을 정함으로써 회생계획안을 실질적으로 변경할 경우에도 변경 후의 회생계획은 법 제243조 및 제243조의2의 인가요건을 충족해야 한다. 권리보호조항 제도는 회생계획인가의 요건 중 가결요건의 흠결을 일정한 범위 내에서 보충하는 데 불과한 것이고, 흠결이 치유된 회생계획안의 인부는 본래의 인가요건의 구비 여부에 따라 결정되어야 하기 때문이다.

이것과 관련된 문제 중의 하나는 수행가능성의 요건이다. 과거 권리보호조항을 정한 사례 중에는 부동의 조의 변제조건을 일부 상향하는 것을 내용으로 한 사례가 많이 있는데, 이 경우에도 실질적으로 변경된 회생계획의 내용이 수행할 수 있는 범위 내에 있어야 한다. 법원이 직권으로 회생계획안을 변경하여 인가하는 것이기 때문에 인가 후에 그 수행이 불가능한 것으로 밝혀질 경우 법원의 부담은 다른 경우보다 더 클 수밖에 없고, 따라서 이러한 경우에는 좀 더 신중히 수행가능성을 검토하여야 한다. 실무상 인가결정 전에 미리 조사위원으로 하여금 예상되는 몇 가지 가능성을 기초로 한 수행가능성 검토보고서를 제출하게 하는 것이 바람직하다.[54]

라. 재도의 심리나 결의 불필요

회생계획안 작성자의 신청에 따라 사전에 권리보호조항을 정하는 경우에는 권리보호조항을 정하는 조의 권리자 1인 이상의 의견을 들어야 하지만(법 제244조 제2항·제3항), 회생계획안이 부결된 후에 법원이 권리보호조항을 정하여 인가하는 경우에는, 그러한 권리자의 의견을 들어야 한다는 규정은 없으므로, 법원은 권리보호조항

---

[53] 임채홍·백창훈(하), 332면; 条解(下), 645면 이하. 이와 반대로 법원이 권리보호조항을 정한다는 명목으로 정리계획안에 부동의한 조에 속한 권리자가 정리계획에 의한 권리변경 전에 원래 갖고 있던 권리의 내용을 현저히 초과한 급부를 정리회사로부터 받을 수 있도록 직권으로 변제조항을 두는 것은 법원이 정할 수 있는 권리보호조항의 한계를 벗어나는 것이어서 허용될 수 없다(대법원 2009. 3. 31. 자 2007그176 결정).

[54] 서울회생법원 2019회합100105 웅진에너지(주) 사건에서 당초의 회생계획안이 2020. 12. 11. 관계인집회에서 부결되었으나 이후 정할 권리보호조항의 수행가능성에 관한 추가 조사위원의견서를 제출받아 2020. 12. 18. 강제인가결정을 하였다.

의 내용을 심리나 결의에 부칠 필요는 없다. 그러나 이 경우에도 법원은 그 동 안의 절차진행과정에서 드러난 이해관계인의 의견을 충분히 고려하여 결정하는 것이 타당하다. 다만 관리인, 조사위원·간이조사위원, 채무자, 목록에 기재되어 있거나 신고한 회생채권자·회생담보권자·주주·지분권자와 회생을 위하여 채무 를 부담하거나 담보를 제공한 자, 채무자의 업무를 감독하는 행정청·법무부장관 및 금융위원회는 회생계획의 인부에 관하여 의견을 진술할 수 있다(법 제242조 제2항, 제182조 제1항) (이해관계인의 의견진술에 관한 상세한 설명은 '제15장 제1절 2.' 부분 참조).

마. 인가의 재량성

일부 조에서 법정 다수의 동의를 얻지 못한 경우에 권리보호조항을 정하여 회생계획을 인가할 것인지 여부는 법원의 재량에 속하는 사항이다.[55] 따라서 원 칙적으로 ① 법원이 권리보호조항을 정하여 인가하지 않고 회생절차를 그대로 폐지한 경우에는, 권리보호조항을 정하여 인가하지 않았음을 이유로 항고할 수 는 없고,[56] ② 법원이 권리보호조항을 정하여 회생계획을 인가한 경우에도, 권리 보호조항을 정한 것 자체를 항고 사유로 삼을 수는 없다. 다만 권리보호조항을 정하여 회생계획을 인가한 경우에 그 권리보호조항이 부동의 조에 속하는 이해 관계인의 권리를 보호하기에 부족하다거나, 권리보호조항을 정하여 인가한 회생 계획이 수행 불가능하다거나, 또는 공정·형평의 원칙에 맞지 않다는 이유로 항 고할 수는 있을 것이다. 그러나 법원의 재량은 자의를 허용한다는 취지가 아니 므로, 재량권의 행사는 합리적인 근거를 바탕으로 하여야 하고,[57] 재량의 범위를

---

55) 대법원 2008. 1. 24. 자 2007그18 결정; 条解(下), 642면 이하.

56) 대법원 2014. 3. 18. 자 2013마2488 결정은 "관계인집회에서 회생계획안에 관하여 일부의 조에 서 법정 다수의 동의를 얻지 못한 경우에 법 제244조에 따라 권리보호조항을 정하여 회생계획 을 인가할 것인지 여부는 법원의 재량에 속하는 사항이므로 법원이 권리보호조항을 정하여 회 생계획안을 인가하지 않았음을 이유로 항고할 수 없다."라고 판시하였다.

57) 서울회생법원에서 처리한 회생사건 중 강제인가 여부가 문제된 사안에서, 긍정적 요소로는 ① 현가변제율이 청산배당률을 크게 상회하는 점, ② 계속기업가치의 대부분이 채무 변제에 투입 된 점, ③ 동의한 조의 동의율이 높은 점, ④ 부동의한 조의 부동의율이 높지 않고(근소한 차로 부결), 전체 의결권 중 동의 의결권의 비율이 높은 점, ⑤ 부동의한 조 또는 전체 채권자 수를 기준으로 한 동의율이 높은 점, ⑥ 부동의 사유가 비합리적인 점[전액 현금변제 주장, 회사 내 규에 따른 부동의(특정채권자가 회생채권에 대한 출자전환을 금지하는 회사 내규를 이유로 부 동의하는 경우, 특정채권자가 회사 내규에 따라 일정 비율 이상의 현금 변제를 요구하며 부동 의하는 경우), 담보목적물의 회생계획인가 전 매각 요구, 담보권 실행에 관한 법원의 허가를 요 하는 회생계획안 조항의 삭제 요구, 부인의 소를 취하하는 것을 회생계획안에 대한 동의의 조 건으로 요구하였으나 거부되자 부동의한 경우, 회생계획안에 따라 회생담보권 100%를 변제받을 수 있는데도 회생채권의 변제율이 낮다는 이유로 회생담보권자로서 부동의한 경우, 회생계획과 무관한 사항을 동의조건으로 내세운 경우, 회생계획안에 선순위 담보권자인 채권자의 개시 후 이자율, 변제미이행 시의 조치 등에 관한 요구사항을 모두 반영하여 후순위 담보권자들의 변제

일탈하였다고 판단될 경우에는 항고할 수 있다.[58]

3. 권리보호조항을 정하는 방법(별 제2항)

가. 회생담보권자

1) 제1호

회생담보권자에 관하여 그 담보권의 목적인 재산을 그 권리가 존속되도록 하면서 신회사에 이전하거나 타인에게 양도하거나 채무자에게 유보하는 방법이다.

제1호의 방법 중 담보목적물을 신회사에 이전하거나 제3자에게 양도하는 경우 채무자가 회생담보권자에 대하여 인적 채무(피담보채권에 대응하는 채무)를 부담하는 경우에는 이것까지도 신회사나 제3자에게 인수시켜야 한다. 그리고 제1호의 경우 인수되거나 존속하는 채무의 금액이나 기한 등은 회생담보권으로 확정된 금액, 기한이다.[59]

만약 회생담보권의 기한이 도래하였는데도 채권의 만족을 얻지 못한 경우의 법률관계는 담보목적물이 신회사나 제3자에게 이전된 경우와 채무자에게 유보된 경우에 차이가 있다. 전자의 경우에는 회생담보권자가 그 재산에 대한 경매절차를 통하여 채권의 만족을 얻을 수 있지만, 후자의 경우에는 회생계획에 따라 변제를 받아야 하는 구속을 받게 된다.[60]

율이 대폭 하락하였음에도 부동의한 경우 등], ⑦ 근로자들의 고용관계가 보장되는 점, ⑧ 수행가능성이 높거나 M&A 가능성이 높은 점(회생담보권자가 채무자 소유 부동산의 매각이 조기에 이루어지지 않았음을 이유로 부동의하였는데 관계인집회 이후 부동산에 대한 매매계약이 체결된 경우), ⑨ 회생절차가 폐지될 경우 사회적 파장이 큰 점, ⑩ 인가 전 M&A가 성사된 경우, ⑪ 회생절차를 함께 진행 중인 관계회사 사건이 인가된 경우, ⑫ 관계인집회 후 의사를 번복한 채권자들의 동의율의 합계가 가결 요건을 충족한 경우 등이 고려되었고, 부정적 요소로는 ① 수행가능성이 낮은 점(조사보고서 또는 회생계획 대비 매출 실적 부진 등), ② 현가변제율과 청산배당율의 차이가 근소한 점, ③ 부동의한 조의 동의율이 낮은 점, ④ 전체 의결권 중 부동의 의결권 액수가 큰 점, ⑤ 부동의한 조 또는 전체 채권자 수를 기준으로 한 동의율도 낮은 점, ⑥ 반대 채권자의 의사가 합리적인 점, ⑦ 재도의 신청 사건으로 속행기일 지정조차 부결된 점, ⑧ 부동의한 채권자들이 사적 회생방법을 모색하고 있는 점, ⑨ 고용관계에 미치는 영향이 낮은 점, ⑩ 사회·경제적 파급효과가 적은 점, ⑪ 관리인이 강제인가를 희망하지 않는 경우 등이 고려되었다. 위와 같은 강제인가 여부 결정에 있어 고려할 사항에 대한 자세한 내용은 정문경, "실무적 관점에서 본 회생계획의 강제인가 사례 분석", 도산법 연구 제1권 제2호(2010. 7.); 박양준, "회생계획의 강제인가 제도와 관련한 실무상 문제점", 재판자료 제127집(2013) 참고.

58) 원심의 정리절차폐지결정을 취소하고, 항고심에서 권리보호조항을 정하고 정리계획을 인가한 사례로는 부산고등법원 1998. 11. 30. 자 98라26 결정 참조. 항고심에서 위와 같이 변형 결정을 할 수 있는 근거에 관해서는 대법원 2000. 1. 5. 자 99그35 결정 등 참조.

59) 条解(下), 652면 이하.

60) 条解(下), 653면 이하.

2) 제2호

회생담보권자에 관하여는 그 권리의 목적인 재산을 법원이 정하는 공정한 거래가격(담보권의 목적인 재산에 관하여는 그 권리로 인한 부담이 없는 것으로 평가한 다) 이상의 가액으로 매각하고, 그 매각대금에서 매각비용을 공제한 잔금으로 변 제하거나 분배하거나 공탁하는 방법이다.

제2호의 방법은 실질적으로 담보권의 실행을 허용하는 것과 같은 효과를 가 져온다. 다만 그 환가의 주체가 관리인이란 점이 일반의 강제집행과 다른 점이 다. 이 경우 매각의 방법이나 매각의 상대방을 반드시 권리보호조항에 명기하여 야 할 필요는 없으나,[61] 매각시기는 권리보호조항에 명기함이 바람직하다. 매각 시기가 특정되지 않는다면, 실질적인 권리보장은 기대할 수 없기 때문이다. 매각 시기는 목적물의 종류, 매각 예정가 등에 따라 담보권실행을 위한 경매절차 진행 시 예상되는 기간, 임의 매각 시 소요되는 기간 등을 참작하여 법원이 정한다.

권리자의 권리보호의 정도에 관하여 법에서는 법원이 정하는 공정한 거래 가격(별 제1항)이라는 개념을 사용하고 있으며, 다수설 및 대법원은[62] 보호의 대상 이 되는 권리의 실질적 청산가치로 보고 있다.[63] 서울회생법원에서는 위 '법원 이 정하는 공정한 거래가격'에 관하여, 그 하한을 '청산가치'로 하여 구체적인 사 안에 따라 청산가치와 계속기업가치 사이에서 권리자의 정당한 권리가 보장될 수 있도록 실무를 운영하고 있다.

공탁은 변제기가 도래하지 않은 경우를 상정한 것이다. 그런데 매각대금에 서 매각비용을 공제한 잔금이 확정된 회생담보권액에 미달하거나 초과하는 경우 에 위 미달액 또는 초과액을 어떻게 처리할 것인지 문제된다. ① 우선 잔금이 회 생담보권액에 미달하는 경우를 보면, 회생담보권액 중 잔금을 지급받고 남는 액 수 부분은 소멸한 것으로 볼 것이 아니라 회생채권에 준하여 변제하도록 하여야 한다는 견해가 있고, 일본에서는 이러한 상황에 대비하여 담보물건의 처분가액이 그 물건을 담보로 하는 채권액에 달하지 못하는 경우에는 부족액은 일반의 회생 채권에 준하여 변제한다고 규정한 사례가 있다고 한다.[64] ② 잔금이 회생담보권

---

61) 條解(下), 654면 이하.

62) 대법원 2005. 11. 14. 자 2004그31 결정, 대법원 2004. 12. 10. 자 2002그121 결정, 대법원 2007. 10. 11. 자 2007마919 결정.

63) 소수설은 법 제244조 제1항 제2호의 '공정한 거래가격'을 청산 시의 가치라고 보는 것은 일반 적인 법문의 해석에 반하고, 이는 공정한 시장에서의 거래가격(Fair Market Value)이라고 봄이 타당하다고 한다. 이에 관하여는 남일총 외 5인, "시장원리에 부합하는 기업퇴출질서 확립을 위 한 제도개선 방안 연구," 한국개발연구원(2000), 131-132면.

64) 임채홍·백창훈(하)(제2판), 335면.

액을 초과하는 경우 남는 잔금의 한도에서 당초 담보물의 가치를 초과함으로 인하여 회생채권으로 인정된 금액 부분을 전액 변제할 수 있는지 여부에 관하여, 위와 같은 결과는 회생절차개시 당시를 기준으로 하여 회생담보권이 조사·확정되는 관계로 인한 부득이한 것이라는 이유로 이를 부정하는 견해가 있다.[65]

3) 제3호

법원이 정하는 그 권리의 공정한 거래가액을 권리자에게 지급하는 방법이다.

제3호의 방법은 법원이 회생담보권의 가치를 평가하여 그 평가액을 담보권자에게 지급하는 방법이다. 특별한 사정이 없는 한 법원이 회생담보권의 가치를 평가할 때 제2호에 따라 회생담보권자가 변제받을 수 있는 액을 기준으로 할 수 있다.[66] 예를 들어, 회사를 청산할 경우 회사의 청산가치에서 공익채권 등을 공제한 나머지 가액 중 회생담보권자에게 돌아갈 몫이 산출된다면, 채권의 분할변제와 같은 방법으로 회생담보권자에게 돌아갈 수 있었던 청산가치 수준 이상의 적정한 권리를 보장하는 내용으로 회생계획안을 변경하면 된다. 다만 이를 분할변제할 경우에는 인가 시를 기준으로 그 총 변제금액의 현재가치가 보호되어야 할 청산가치 수준 이상의 적정한 가치 수준과 같아야 할 것이다.

4) 제4호

그 밖에 제1호 내지 제3호의 방법에 준하여 공정하고 형평에 맞게 권리자를 보호하는 방법이다.

제4호에서 말하는 공정·형평이란 회생담보권자의 우선적 지위를 존중하여 파산절차에서의 별제권자에 준하는 만족을 주는 것을 가리킨다. 따라서 단순히 부결된 회생계획안의 내용을 회생담보권자에게 유리하게 수정하는 것으로는 부족하다. 제1호 내지 제3호의 방법을 혼합하여 권리자를 보호하는 방법[67]도 가능

---

65) 임채홍·백창훈(하)(제2판), 336면.
66) 条解(下), 657면.
67) 예를 들면, 원칙적으로 법원이 정하는 공정한 거래가격을 권리자에게 지급하되, 당해 부동산이 조기에 매각되는 경우에는 매각대금에서 공정한 거래가격에 해당하는 금원을 권리자에게 지급하게 하는 방법이다.
한편 일정한 경우 담보권을 실행할 수 있게 하는 내용의 권리보호조항을 정하는 방법이 가능한지가 문제된다. 서울회생법원의 실무례는 담보권 실행경매 조항을 넣지 않는 경우가 많지만, 위 조항을 넣은 사례로는 서울회생법원 2018회합100089 (주)삼원바이오텍, 2018회합100201 부영판지(주), 2018간회합100118 (주)두리수산, 2021회합100127 (주)대주씨에스, 2021회합100135 (주)정금에프앤씨, 2021회합100138 (주)쉘보드, 2021회합100145 (주)엔와이테크 사건 등이 있다. 한편 부결된 회생계획안에 대해 법원이 강제인가를 하면서 권리보호조항으로 담보권자의 경매신청 허용조항을 넣은 사례로는, 서울중앙지방법원 2012회합1 삼성솔루션(주), 2012회합62 유일산업전자(주), 2012회합257 제일엔지니어링(주) 사건 등이 있다(담보권 실행경매 조항과 관련된 자세한 사항은 제13장 제5절 3. 다. 3) 참조).

하다.

일본의 사례[68]를 보면, ① 회생담보권자 권리의 50% 면제를 정한 회생계획 안을 변경하여 대부분 출자전환하고, 남은 50%는 3개월 거치 2년간 분할변제하는 것으로 정한 사례, ② 회생절차개시결정일 이후의 이자·손해배상액 전액 면 제로 되어 있는 것을 변경하여, 그 일부를 원금의 최종 변제기에 동시에 지급하는 것으로 한 사례, ③ 회생담보권자 중 일부에 대하여 각각 채무자의 재산의 일부를 평가액으로 대물변제하도록 한 사례, ④ 제2호의 방법을 정하면서 목적물이 일정 기간 내에 처분되지 않는 경우에 당해 채권자의 동의가 있다면 관리인이 법원의 허가를 얻어 담보목적물로 대물변제할 수 있다는 취지의 조항을 둔 사례 등이 있다.

나. 회생채권자

1) 제2호 및 제3호

회생채권자에 관하여는 그 채권의 변제에 충당될 채무자의 재산을 법원이 정하는 공정한 거래가격(담보권의 목적인 재산에 관하여는 그 권리로 인한 부담이 없 는 것으로 평가한다) 이상의 가액으로 매각하고 그 매각대금에서 매각비용을 공제 한 잔금으로 변제하거나 분배하거나 공탁하는 방법(제2호)과 법원이 정하는 그 권 리의 공정한 거래가액을 권리자에게 지급하는 방법(제3호)이다.

제2호의 방법은 회생채권자의 채권 변제에 충당하여야 할 채무자의 재산을 공정한 거래가격 이상의 가액으로 매각하여 그 매각대금으로 만족을 주는 방법이고, 제3호는 법원이 회생채권의 가치를 평가하여 그 가액만큼 권리자에게 지급하도록 하는 방법이다. 이러한 방법에 따를 경우 가장 큰 문제는 회생채권자의 몫으로 돌아갈 채무자의 재산의 범위를 어떻게 정하는가 하는 점인데, 이때에는 청산가치에 따라 채무자의 재산을 평가하여, 그 총액을 각 조의 권리자에게 그 우선순위에 따라 순차 배당하는 방법으로 부동의한 회생채권자의 조에게 분배할 재산의 가액 이상이면 된다. 예를 들어, 채무자의 총 재산의 청산가치가 1,000억 원, 공익채권이 100억 원, 회생담보권이 600억 원, 회생채권이 1,000억 원인 경우라면, 청산가치에서 회생채권에 우선하는 공익채권 100억 원, 회생담보 권 600억 원을 공제한 나머지 300억 원이 회생채권자들에게 돌아갈 몫이 된다. 따라서 이러한 경우에는 즉시 300억 원 상당의 자산을 매각하여 회생채권자들

---

68) 條解(下), 657·658면.

에게 그 채권액에 안분하여 변제하거나, 제3호를 적용하여 회생채권을 분할 변제하되 그 변제금을 적정한 할인율로 할인한 후의 현재가치가 300억 원 상당에 이르도록 조건을 정하면 된다.[69]

그런데 실무상 대부분의 경우에는 회생채권자들이 회생계획에 따라 변제받을 금액이 채무자에 대한 파산적 청산을 통하여 변제받는 금액보다 크기 때문에, 만약 법원이 청산가치만을 보장하는 형태의 권리보호조항을 정하게 된다면, 회생채권자들의 입장에서는 당초의 회생계획보다 불리한 조건으로 변제를 받게 된다. 결국 이러한 경우에는 회생채권자들이 회생계획안에 반대할 실익이 없는 데도 스스로 그 불이익을 자초한 셈이 된다. 따라서 이러한 경우 권리보호조항을 정하여 회생계획을 인가할 것이라면, 청산가치 이외에도 수행가능한 범위 내에서 채무자의 계속기업가치 중의 일부를 회생채권자에게 추가로 배분하는 것이 바람직하다. 예를 들어, 위 사례에서 채무자의 계속기업가치가 모두 1,500억 원이고,[70] 회생계획에 따라 변제할 공익채권, 회생담보권의 총액의 현재가치가 각각 100억 원, 800억 원이라면, 남는 600억 원의 범위 내에서 회생채권자들에 대한 변제조건을 청산가치에 의할 경우보다 상향조정하여 정할 수 있다.

2) 제4호

기타 제2호, 제3호의 방법에 준하여 공정하고 형평에 맞게 권리자를 보호하는 방법이다.

회생담보권자의 경우와 같이 회생채권자에게도 제2호와 제3호의 방법에 따라 보호될 수 있을 만큼의 권리를 보호하는 내용을 정하는 방법이다.

과거 회사정리절차에 관한 상급심 판례로는, 아시아자동차공업(주)[인가 후에 정리계획 변경을 통하여 기아자동차(주)로 흡수합병되었다]에 대한 대법원 2000. 1. 5. 자 99그35 결정,[71] (주)두레에어메탈에 대한 대법원 2004. 12. 10. 자 2002그121 결

---

69) 条解(下), 659면 이하.

70) 계속기업가치의 구성요소 중 회생절차종결 후의 잔존가치는 여기서 제외되는 경우가 많을 것이다.

71) 이 사건에서 대법원은, "후순위인 일반 주주의 권리는 10분의 1로 축소시키고, 주채권인 상거래 정리채권은 2차년도까지 전액 변제하도록 하며, 보증채권이 아닌 정리채권은 금융기관 정리채권과 상거래 정리채권 사이에 차등을 두면서도, 보증채권인 상거래 정리채권을 보증채권인 금융기관 정리채권과 마찬가지로 전액 면제시킨 정리계획은 공정·형평의 관념 및 평등의 원칙에 위반됨에도 불구하고 항고를 기각한 원심은 위법하다."라는 취지로 이 부분을 파기환송하는 결정을 하면서, "다만 이 사건의 정리계획안에 대하여는 대다수의 이해관계인이 동의하였을 뿐 아니라 이미 그 계획이 수행되고 있는 점, 정리계획인가결정을 취소함으로써 발생할 사회·경제적 영향이 작지 않다는 점 등을 고려한다면, 원심으로서는 위와 같은 부분적인 위법이 있다 하여 곧바로 제1심 결정(정리계획인가결정)을 취소할 것이 아니라 다른 이해관계인과의 관계, 정리계획의 수행가능성 등을 참작하여 특별항고인에 대한 권리보호조항을 정하여 정리계획을

정,[72] 근화제약(주)에 대한 서울고등법원 1997. 2. 25. 자 96라142 결정[73]이 있다.

일본의 사례로는, ① 분할변제의 기간을 단축한 사례, ② 면제비율은 원회생계획안대로 두고, 변제시기를 앞당긴 사례, ③ 따로 권리보호조항을 두지 않고 원래의 회생계획안대로 인가한 사례, ④ 면제비율을 일부 줄이면서 종전의 회생계획안에서 잉여금으로 추가 변제한다고 규정한 조항을 삭제한 사례, ⑤ 제3호에 의한 권리보호조항을 정함과 동시에 이것과 원래 부결된 회생계획안의 조항 중의 하나를 각 채권자가 임의로 선택할 수 있도록 한 사례 등이 있다.[74]

다. 주주 · 지분권자

주주 · 지분권자의 경우는 회생채권자에 대한 설명이 그대로 적용될 수 있다. 하지만 실무에서는 주주 · 지분권자에게 의결권을 부여할 수 있는 경우가 많지 않기 때문에 권리보호조항을 정하는 경우도 많지 않다.

서울중앙지방법원에서는 구 회사정리법하에서 자산 초과로 주주에게 의결권이 부여된 동서산업(주) 사건에서, 부결된 주주의 조를 위하여 권리보호조항을 적용한 사례가 있다.[75] 제1심에서 부실경영에 책임이 있다고 보아 지배주주 및

인가하는 것으로 제1심 결정을 변경하는 것이 바람직하다."라고 판시하였다(그러나 항고인의 항고취하로 원심의 결정은 그대로 확정되었다).

72) 이 사건에서 대법원은, 원회생계획에 따라 기존 주식 10주가 4.5주로 병합되었고(자본금은 300억 원에서 135억 원으로 감소하였다), 변경계획에 따라 위 병합 후의 주식 20주를 1주로 병합함으로써 구 주주들이 보유한 주식 수는 개시 당시의 2.25%에 불과하게 되었으나, 변경계획상 출자전환에 따라 1,354,205주의 신주만이 발행되어, 자본감소 및 출자전환 후의 정리회사에 대한 구주주의 실질적인 지분 비율은 9.07% 정도로 저감되는 데 그친 반면 보증채권인 정리채권의 경우는 원금의 4%만 변제하고 나머지는 전액 면제하도록 권리변경이 이루어진 사실을 인정한 다음, 위와 같이 감소된 자본금 중 일부에 대하여만 출자전환이 이루어진 것은 장차 인수 · 합병에 의한 정리절차의 진행을 예정한 것이어서, 향후 신주의 발행에 따라 지분 비율이 추가로 저하될 것이 예정되어 있는 것이고, 정리채권인 금융기관의 보증채권은 주채무자의 미변제 확정 여부 및 그 시기와 상관없이 원금의 4%를 지급하기로 하였으나, 다른 한편 위 보증채권의 주채무자는 정리회사와 상호 지급보증관계에 있던 관계 회사들로서 정리회사와 함께 원결정법원에서 정리절차가 진행 중이었고, 주채무자인 위 관계 회사들로부터 변제받거나 담보권을 실행하여 만족을 얻을 가능성이 있는 금액을 참작하여 보증채무의 변제 비율을 정한 것이라 할 것인바, 위와 같은 사정에다가 기록에 나타난 여러 사정을 참작하면 특별항고인과 같은 보증채권자인 정리채권자들의 권리 감축이 후순위자인 주주의 권리 감축보다 과도하여 공정 · 형평의 원칙에 반하게 되었다고는 보이지 아니하므로, 원심의 결정은 정당하고 거기에 위법한 재산권의 침해 기타 재판에 영향을 미친 헌법 위반의 점은 인정되지 아니한다고 하였다.

73) 본래 원심인 서울지방법원에서는 구 경영자와 그 특수관계인의 정리채권을 모두 면제하는 내용의 정리계획을 인가하였는데, 그 항고심인 서울고등법원은 일정한 경우에는 위 내용이 형평에 반한다고 하면서도 항고인들에 대하여 권리보호조항을 정한다면 다른 정리채권자들과의 형평에도 어긋나지 않게 되어 정리계획이 전체로서 적법하게 되고, 또한 다른 이해관계인의 권리를 해하지도 않는 것으로 보인다는 이유로 구 회사정리법 제234조를 유추적용하여 권리보호조항을 정하여 정리계획을 인가하는 것으로 원심결정을 변경하였다.

74) 条解(下), 661면 이하.

특수관계인의 주식을 100% 소각한 서울회생법원 2020회합100124 (주)커피니 사건에서는 채무자의 경영부실 책임이 있는 지배주주인 A의 액면가 5,000원의 보통주식 208,000주 및 그의 특수관계인인 배우자 B의 액면가 5,000원의 보통주식 8,000주를 합산한 보통주식 216,000주(총 발행주식 240,000주)를 무상 소각하고, 다른 구 주주인 C의 주식은 감자하는 내용의 회생계획안을 인가하였으나, 항고심은 A로부터 주식을 양수하여 주주라고 주장하면서 항고한 C에게 C가 훗날 실제 주주였다고 판단될 경우를 대비한 권리보호조항을 부가하여야 하고, C 소유 주식과 동등하게 취급한 결과로서의 금원 지급 조항을 추가하는 내용으로 인가된 회생계획을 변경하였다.[76]

라. 기 재 례

권리보호조항을 정하여 회생계획을 인가하는 경우의 기재례는 [별지 170] 참조.

〈표 15-1〉 권리보호조항을 설정한 주요 회사정리 및 회생사건(1999년~2022년)

사건번호	정리·회생 회사 (인가일)	정리·회생담보권자 (찬성률)	정리·회생채권자 (찬성률)	부동의한 조	권리보호의 방법
98파6758 (변경안)	예림 인터내셔날 (2001. 10. 24)	65억 (96.98%)	120억 (64.28%)	정리채권자조	청산에 따른 예상배당률 이상을 변제하는 권리보호조항 설정
98파7206 (변경안)	광토건설 (2002. 3. 22)	1,211억 (57.27%)	5,629억 (78.59%)	정리담보권자조	청산가치 보장되는 조는 변경계획안대로, 청산가치가 보장 안 되는 조는 청산가치를 보장

---

75) 이 사안에서는, 주요 정리채권자의 변제금액 현가율은 적용 할인율에 따라 26.7% 내지 61.2%임에 비하여 주식은 1/3로 병합하는 내용의 정리계획안에 대한 의결 결과, 정리담보권자조·정리채권자조의 동의율은 모두 98% 이상이었지만, 주주의 조에서만 동의율 42.7%로 부결되었다. 이에 법원은 정리계획안이 인가되지 못하는 경우에는 정리절차폐지 및 파산선고를 하여야 하고, 이렇게 되면 주주에 대한 예상배당률은 0%라는 점과 정리채권자조의 권리변경 정도 등을 감안하여, 정리계획안의 내용 그대로 주주의 권리를 보호하는 조항을 정하고 2002. 1. 23. 정리계획을 인가하였다.

76) 서울고등법원 2021. 6. 1. 자 2021라20123 결정(대법원 2021. 10. 28. 자 2021마6013 결정으로 재항고 기각 확정).

77) 출자전환예정 정리채권자조가 정리계획 변경계획안에 부동의한 경우로서, 출자전환예정 정리채권은 원 정리계획의 권리변경에 따라 정리회사에 대하여 금원의 지급을 청구할 수 없고 장차

사건번호	정리·회생회사 (인가일)	정리·회생담보권자 (찬성률)	정리·회생채권자 (찬성률)	부동의한 조	권리보호의 방법
98파10324 (변경안)	일성건설 (2002. 11. 19.)	480억 (91.68%)	3,897억 (73.38%)	출자예정정리채권자조	변경계획안 그대로 인용(원금 90% 면제, 나머지 출자전환)77)
2001회2 (원계획안)	고려산업개발 (2001. 11. 22.)	1,586억 (47.5%)	1,652억 (88.5%)	정리담보권자조	선택적 조항과 변경계획안 중 선택
2004회19	건영식품 (2005. 2. 7.)	49억 (68%)	716억 (88%)	미확정담보권자조	청산가치에 따른 예상배당률 이상을 변제하는 권리보호조항 설정
98파7206 (2차변경안)	새롬성원 (2007. 4. 30.)	118억 (64.78%)	595억 (73.74%)	정리담보권자조	일부 정리담보권자에게 담보물을 취득할 수 있는 권리를 부여하는 외에는 변경계획안대로 설정78)
2008회합82 (변경안)	신성건설 (2013. 7. 10.)	187.26억 (100%)	1,801.12억 (42.82%)	회생채권자조	① 특정채권의 회수시기를 삭제하고, ② 위 특정채권의 회수 불가능이 확실한 경우에만 출자전환하는 것으로, 그 내용을 변경한 것을 제외하고는 변경계획안대로 설정
2010회합141	오투런 (2011. 7. 29.)	16.61억 (31%)	41.15억 (97.8%)	회생담보권자조	담보물의 매각방법을 추가하는 외에는 회생계획안대로 설정

주식으로 전환되는 것이 확정되어 있어 그 실질이 주식에 가깝다고 할 것인데 회사가 파산적 청산을 하게 될 경우 주주에게 배당될 몫이 전혀 없다는 점을 감안하여, 출자전환예정 정리채권에 대하여 주주의 조와 동일한 조건으로 권리를 감축시킬 것을 정한 정리계획 변경계획안의 내용 그대로 권리보호조항을 정하여 변경계획을 인가하였다.

78) 1999. 9. 3. 최초로 정리계획이 인가된 후 그 정리계획상 변제하여야 할 채무의 변제가 불가능하게 되자 2002. 3. 22. 정리담보권자조에 대하여 권리보호조항을 정하고 정리계획 변경계획의 인가를 받았는데, 그 후에도 위 변경계획에 따라 변제하여야 할 정리채권을 변제하지 못하게 되었다. 이에 서울중앙지방법원은 M&A를 적극적으로 추진하여 M&A 본계약이 체결되었지만, 관계인집회에서 다시 정리담보권자조의 법정 다수의 동의를 받지 못하게 되자, 일부 정리담보권자에게 담보물을 취득할 수 있는 권리를 부여하는 외에는 회생계획안대로 정리담보권자의 권

사건번호	정리·회생 회사 (인가일)	정리·회생담보권자 (찬성률)	정리·회생채권자 (찬성률)	부동의한 조	권리보호의 방법
2012회합1	삼성솔루션 (2012. 7. 5.)	62.38억 (44.78%)	87.98억 (66.79%)	회생담보권자조	담보물의 매각방법을 추가하는 외에는 회생계획안대로 설정
2012회합57	성원유리 (2012. 11. 20.)	23.02억 (62.6%)	26.08억 (92.2%)	회생담보권자조	담보물의 매각방법을 추가하는 외에는 회생계획안대로 설정
2012회합62	유일산업전자 (2013. 1. 24.)	21.74억 (32.69%)	77.64억 (84.56%)	회생담보권자조	담보물의 매각시기 등을 추가하는 외에는 회생계획안대로 설정
2013회합 277	중앙플라텍 (2014. 6. 30.)	103.3억 (18.10%)	114.3억 (92.30%)	회생담보권자조	매각위임 관련 시기를 앞으로 당기는 것을 제외하고 회생계획안대로 설정
2014회합 100112	한백시스템 (2015. 7. 13.)	19.4억 (100%)	48.4억 (44.8%)	회생채권자조	특수관계인 채권자 중 1명을 제외한 나머지 채권자들은 100% 출자전환에서 98.5% 출자전환, 1.5% 현금변제로 하는 것 제외하고, 회생계획안대로 설정
2017회합 100063	피에스코리아 (2017. 9. 28)	1.2억 (0%)	13.2억 (66.91%)	회생담보권자조	회생계획안대로 설정(주주의 조도 100% 찬성)
2017회합 100099	오엠이앤지 (2018. 3. 8.)	1,584만 원 (42.33%)	34.1억 (75.01%)	회생담보권자조	회생계획안대로 설정
2018회합 100073	신아금속 (2018. 11. 26.)	6.5억 (0%)	16.3억 (67.62%)	회생담보권자조	회생계획안대로 설정
2018회합 100089	삼원바이오텍 (2018. 12. 11.)	37.8억 (3.08%)	25.5억 (68.61%)	회생담보권자조	회생계획안대로 설정
2017회합 100135	상훈인더스트리 (2018. 12. 14.)	21.3억 (27.96%)	77억 (75.17%)	회생담보권자조	회생계획안대로 설정

사건번호	정리·회생 회사 (인가일)	정리·회생담보권자 (찬성률)	정리·회생채권자 (찬성률)	부동의한 조	권리보호의 방법
2019회합 100102	성창이엔씨 (2019. 11. 27.)	218.7억 (93.11%)	507억 (31.42%)	회생채권자조	회생계획안대로 설정
2019회합 100219	메디칼드림 (2020. 6. 10.)	50.9억 (14.57%)	124.9억 (94.99%)	회생담보권자조	회생계획안대로 설정
2019회합 100175	디지털슈퍼맨 (2020. 6. 22.)	3.5억 (0%)	30.1억 (98.7%)	회생담보권자조	회생계획안대로 설정
2020회합 100020	동해디앤씨 (2020. 12. 8.)	11억 (0%)	1,266억 (68.44%)	회생담보권자조	채권자 제출 회생계획안대로 설정[79]
2019회합 100105	웅진에너지 (2020. 12. 18.)	1170억 (77.62%)	866억 (48.17%)	회생채권자조	낮은 현가변제율(3.75%), 제9차 연도와 제10차 연도에 집중된 변제방법(제9차 연도 10%, 제10차 연도 90%)을 현가변제율은 3.84%로, 변제방법은 제6차 연도부터 제9차 연도까지 각 10%, 제10차 연도 60%로 권리보호조항 설정
2021회합 100029	유림이엔씨 (2021. 10. 7.)	103억 (98.25%)	101억 (65.57%)	회생채권자조	회생계획안대로 설정

리를 보호하는 조항을 설정하고 인가하였다.

79) 관리인 제출 회생계획안은 회생담보권자조에서는 의결권 총액의 100%, 회생채권자조에서는 의결권 총액의 22.93%의 각 동의를 얻었다. 채권자 제출 회생계획안은 회생담보권자조에서는 의결권 총액의 0%, 회생채권자 조에서는 의결권 총액의 68.44%의 각 동의를 얻었다. 결국 위 각 회생계획안은 법 제237조에서 정한 가결요건을 충족하지 못하여 모두 부결되었다. 그런데 채권자 제출 회생계획안에 부동의한 회생담보권자조는 채권자가 1명으로 그 채권액이 약 11억 원이어서 전체 채권액 약 1,277억 원의 0.8%에 불과하고, 인가일로부터 1개월 이내에 모든 채권액이 현금 변제될 예정이었다. 따라서 채권자 제출 회생계획안을 인가하더라도 회생담보권자 1명에게는 큰 불이익이 돌아가지 않는 반면, 다수의 회생채권자는 수년간 회수하지 못한 채권을 일부라도 회수할 수 있게 되고 재개된 골프장 운영법인의 주주가 될 기회가 열릴 수도 있었다. 위와 같은 사정을 고려하여 부동의한 회생담보권자조를 위하여 채권자 제출 회생계획안대로 권리보호조항을 정하고 채권자 제출 회생계획안을 인가하였다.

4. 사전에 권리보호조항을 정하는 방법

가. 의   의

회생계획안의 가결요건을 충족하는 데에 필요한 동의를 얻지 못할 것이 명백한 조가 있는 때에는 법원은 회생계획안을 작성한 자의 신청에 의하여 미리 그 조의 권리자를 위하여 권리보호조항을 정하여 회생계획안을 작성할 것을 허가할 수 있다(법 제244조 제2항). 이러한 신청이 있는 경우에 법원은 신청인과 동의를 얻지 못할 것이 명백한 조의 권리자 1인 이상의 의견을 들어야 한다(법 제244조 제3항).

앞서 살펴보았듯이 일부 조에서 부결되었을 경우에 권리보호조항을 정하여 회생계획을 인가할 수 있는 길을 열어두었다면, 결의 전에 특정 조에서 부결될 것이 분명한 경우에 굳이 결의 절차에서 부결되기를 기다릴 필요 없이 처음부터 부결될 것이 분명한 조에 대하여 권리보호조항을 정하는 내용의 회생계획안을 작성토록 하는 것이 절차경제상 효과적이라는 점에 이 제도의 취지가 있다. 과거 서울중앙지방법원의 회사정리실무에서 사전 권리보호조항을 정한 사례는 (주)쌍방울개발 사건[80]을 들 수 있는데, 그 이외에는 이 제도를 잘 활용하지 아니하였다.

나. 요   건

1) 법정 다수의 동의를 얻지 못할 것이 명백한 조가 있을 것

어느 조에서 법정 다수의 동의를 얻지 못할지 여부가 불분명한 경우에는 권리보호조항을 정할 것이 아니다.

2) 회생계획안 작성자의 신청과 법원의 허가

사전에 회생계획안에 권리보호조항을 정하기 위해서는 회생계획안 작성자의 신청이 있어야 한다. 법원은 직권으로 사전에 권리보호조항을 정할 수 없고, 다만 그러한 신청이 있을 경우에 이를 허가할지 여부를 결정할 수 있을 뿐이다. 법원이 신청을 허가하기 위해서는 신청인과 그 권리보호조항의 대상이 되는 조

---

[80] 무주리조트를 운영하는 (주)쌍방울개발 사건(서울지방법원 98파4485)의 정리계획 변경계획안에 대하여 사전 권리보호조항을 정한 것이다. 일반회원권 정리채권자조에서 일부 회원권자가 변경계획안에 부동의한다는 입장을 취하고 있었고, 회원권자의 수가 10,000명을 넘어 관계인집회 시 가결요건에 필요한 채권자들의 출석이 사실상 불가능하기 때문에 법정 가결요건을 충족시키지 못할 것이 명백하다고 보아, 법원은 2002. 2. 19. 일반회원권 정리채권자조의 권리를 보호하는 조항을 정하고 변경계획안을 작성하는 것을 사전에 허가하였으며, 위 조의 의결권을 배제하고 결의에 부친 후(결의 결과 정리담보권자 100%, 의결권 행사 정리채권자의 87%가 찬성하였다) 2002. 5. 31. 인가결정을 하였다.

의 권리자 1인 이상의 의견을 들어야 한다. 권리자의 의견을 듣는 이유는 과연 그 조에서 회생계획안이 부결될 것인지 여부를 확인하고, 그 권리자에게 권리보호조항에 대한 의견을 진술할 기회를 부여하기 위함이다. 법원의 결정은 관계인집회에서 구두로 고지할 수 있다.

다. 효   과

권리보호조항의 적용을 받는 조의 권리자는 의결권을 행사할 수 없다 (법 제191조 제5호). 그러나 이 권리자도 법 제242조 제2항에 따라 회생계획 인부에 관한 의견을 진술할 수 있다.

본조의 권리보호조항의 설정은 회생계획안 작성자에 의한 회생계획안의 수정이지만, 법 제228조 내지 제230조에 대한 특별규정이기 때문에 일반규정의 적용이 없는 것으로 해석된다.[81] 따라서 회생계획안 심리를 위한 관계인집회 후에도 권리보호조항을 정할 수가 있으며, 그 내용이 종전의 회생계획안보다 이해관계인에게 불리하다 하더라도 다시 심리를 위한 관계인집회를 개최할 필요가 없다. 그러나 법 제240조의 규정에 의한 서면결의에 부치는 결정이 있은 후에는 권리보호조항을 설정하는 내용으로 회생계획안을 수정 또는 변경할 수 없다고 할 것이고, 다만 서면결의로 가결되지 아니하여 법 제240조 제7항의 규정에 의한 속행기일이 지정됨으로써 관계인집회에서 결의하게 된 경우라면 위와 같이 권리보호조항을 정할 수 있다고 본다.

제4절   회생계획 인부결정 후의 조치

1. 공고 및 송달

법원은 회생계획의 인가 여부의 결정을 선고한 경우에는 그 주문, 이유의 요지와 회생계획이나 그 요지를 공고하여야 한다(법 제245조 제1항 본문).[82] 공고는 선고와 함께 인부결정의 고지방법 중의 하나로서, 계획인부기일에 출석하지 않은 이해관계인

---

81) 条解(下), 664면.

82) 대법원 2016. 7. 1. 자 2015재마94 결정은 "인가 여부의 결정을 선고한 경우 이를 공고하는 것은 회생계획 인가 여부의 결정이 회생계획의 효력 발생 여부를 정하는 결정으로서 다수의 이해관계인에게 미치는 영향이 크므로, 송달의 어려움으로 인한 회생절차의 지연을 방지하고 회생계획 인가 여부의 결정을 확정하는 시기의 통일성을 확보하기 위한 것이다."라고 판시하였다.

이나 서면결의의 경우를 위한 고지방법이다. 공고의 방법은 법 제9조 제1항 및 규칙 제6조에서 정한 방법을 따르면 된다(공고문의 기재례는 [별지 171], [별지 172] 참조).

관계인집회의 결의를 거쳐 계획인부기일에 회생계획의 인부결정을 선고한 때에는 이해관계인에게 송달할 필요가 없으나(법 제245조 제1항 단서), 서면결의에 의한 경우에는 인부결정의 주문, 이유의 요지와 회생계획이나 그 요지[83]를 법 제182조 제1항 각호의 자에게 송달하여야 하고, 채무자가 주식회사인 경우에는 채무자의 업무를 감독하는 행정청·법무부장관 및 금융위원회에도 송달하여야 한다(법 제245조 제3항).

2. 감독행정청 등에 대한 통지

법원이 주식회사인 채무자에 대하여 관계인집회의 결의를 거쳐 회생계획 인부의 결정을 한 경우에는 채무자의 업무를 감독하는 행정청, 금융위원회, 채무자의 주된 사무소 또는 영업소(외국에 주된 사무소 또는 영업소가 있는 때에는 대한민국에 있는 주된 사무소 또는 영업소를 말한다)의 소재지를 관할하는 세무서장에게 그 뜻을 통지하여야 한다(법 제245조 제2항, 제40조 제1항)[84](통지서의 기재례는 [별지 173], [별지 174] 참조).

3. 사무소 및 영업소 소재지 등기소에 대한 등기촉탁

회생계획의 인부결정을 한 경우에 법원사무관등은 직권으로 지체 없이 채무자의 각 사무소 및 영업소(외국에 주된 사무소 또는 영업소가 있는 때에는 대한민국에 있는 사무소 또는 영업소를 말한다)의 소재지의 등기소에 그 취지의 등기를 촉탁하여야 한다. 이때 촉탁서에는 결정서의 등본이나 초본을 첨부하여야 하고, 법원회신용 부본도 첨부한다. 다만 회생계획불인가결정을 한 경우에는 그 결정이 확정된 후에야 그 등기를 촉탁하여야 한다는 점에 주의하여야 한다(법 제23조

---

83) 법 제245조 제3항은 '회생계획 및 그 요지'를 송달하도록 규정하고 있으나 법 제245조 제1항과 마찬가지로 회생계획이나 그 요지 중 하나만을 송달하면 족하다.

84) 법 제245조 제2항은 "법 제41조 제1항의 규정은 제1항의 규정에 의한 결정이 있는 경우에 관하여 준용한다."라고 규정하고 있으나, 법 제41조 제1항은 회생절차의 개시 신청이 있는 경우 채무자 또는 그 대표자 심문에 관한 규정이므로, 위 '법 제41조 제1항'은 '법 제40조 제1항'의 오기로 보인다. 또한 주된 사무소와 본점 소재지가 다른 경우 본점 소재지 관할 지방자치단체 및 세무서장에게도 통지하는 것이 바람직할 것이다(자세한 내용은 '제3장 제3절 1. 다.' 참조).

제1항 제2호·제3호, 등기촉탁서의 기재례는 [별지 175] 참조).

4. 법인이 아닌 채무자의 재산에 관한 등기·등록의 촉탁

법인이 아닌 채무자에 대하여 회생계획의 인부결정이 있으면 등기·등록의 대상이 되는 채무자의 재산에 대하여도 등기·등록을 촉탁하여야 한다. 이때에도 앞서와 마찬가지로 회생계획불인가결정을 한 경우에는 그 결정이 확정된 후에 등기·등록을 촉탁하여야 한다(법 제24조 제1항·제5항, 제23조, 제1항 제2호·제3호, 제27조). 이때 촉탁서에는 인부결정의 등본과 해당 재산의 내역을 첨부하여야 하는데, 등기·등록 대상인 재산의 목록은 인가결정이 내려지거나 불인가결정이 확정되면 채무자에게 제출하도록 하면 된다. 법원회신용 부본도 첨부한다(등기·등록촉탁서의 기재례는 [별지 176] 참조).

5. 회생채권자표 등의 기재

회생계획인가결정이 확정된 때에는 법원사무관등은 회생계획에서 인정된 권리를 회생채권자표, 회생담보권자표와 주주·지분권자표에 기재하여야 한다(법 제249조). 회생계획인가결정이 확정되면 이해관계인의 권리는 확정적으로 변경되기 때문에 그 취지를 회생채권자표 등에 기재하여 이를 명확히 하기 위함이다.

이 기재는 확정판결과 동일한 효력을 가지고 회생절차가 종결되거나 폐지되는 경우에 집행권원이 되는데(법 제255조), 그 효력에 관하여는 뒤에서 설명하기로 한다('제15장 제5절 7.' 참조).

6. 기타 등기촉탁

가. 회생계획에 정관의 변경에 관한 조항이나 자본의 감소에 관한 조항(회생계획에서 자본감소의 효력발생시기를 회생계획인가 시로 정한 경우)이 있는 때에는 법원사무관등은 채무자의 각 사무소 및 영업소 본점, 지점 소재지 등기소에 그 변경등기를 촉탁한다. 실무상 이러한 경우에는 우선 정관의 변경이나 자본의 변경에 관한 법원의 허가를 얻도록 한 다음, 법원사무관등이 정관의 변경등기나 자본의 변경등기의 신청을 받아 등기촉탁을 하고 있다.[85] 따라서 촉탁서에는 변

---

85) 회생계획에서 회생계획의 인가 시 정관변경 또는 감자의 효력이 발생하도록 정한 경우에는

경될 등기의 내역, 정관변경(자본변경)등기 촉탁신청서 사본, 법원의 정관변경(자본변경) 허가서 등본과 법원회신용 부본을 첨부하여야 한다. 그리고 법원에 대한 정관변경(자본변경) 허가신청서에는 해당 회생계획조항의 사본을 첨부하도록 하여 허가를 하는 것이 바람직하다(등기촉탁서의 기재례는 [별지 177] 참조).

나. 회생계획에서 유임할 것으로 정하지 아니한 이사 또는 대표이사는 회생계획이 인가된 때에 해임된 것으로 본다(법 제263조 제4항 전단). 따라서 이러한 임원에 대하여는 인가결정과 동시에 채무자의 각 사무소 및 영업소 소재지 등기소에 임원의 해임등기를 촉탁하여야 하는데, 통상 인가결정 직후 법 제263조 제2항에 따라 임원의 선임이 이루어지기 때문에[86] 임원의 선임 및 해임등기를 동시에 촉탁하면 된다. 한편 감사로서 법 제203조 제4항의 규정에 의하여 감사로 선임되지 아니한 자는 법원이 위 규정에 의하여 후임 감사를 선임한 때에 해임된 것으로 본다(법 제263조 제4항 후단). 따라서 이러한 경우에는 법원의 후임 감사 선임결정이 있은 직후 채무자의 각 사무소 및 영업소 소재지 등기소에 감사의 선임 및 해임등기를 동시에 촉탁하면 된다.

등기촉탁서에는 임원의 변동(해임 및 선임) 현황, 법원의 이사 또는 대표이사 선임에 관한 허가서 등본,[87] 법원의 감사 선임 결정 등본, 회생계획인가결정 등본 및 해당 회생계획조항의 사본과 법원회신용 부본을 첨부하고 있다. 관리인은 상법상 회사의 임원이 아니므로 관리인의 변동이 없는 이상 관리인에 관한 등기의 변경등기를 촉탁해서는 안 된다(등기촉탁서의 기재례는 [별지 179] 참조).

다. 법 제58조 제2항의 규정에 의하여 중지된 강제집행 등은 회생계획인가결정으로 효력을 잃게 되는데(법 제256조 제1항 본문), 등기한 것이 있는 때에는 말소촉탁에 의하여 말소하여야 한다(법 제24조 제2항). 그러나 뒤에서 설명하듯이 실무에서는 관리인으로 하여금 직접 신청법원이나 집행법원에 말소신청을 하도록 하고 있다('제15장 제5절 6. 다.' 참조). 회생절차개시결정의 기입등기 이전에 등기된 가등기(담보가등기는 제외한다) 및 용익물권에 관한 등기, 국세징수법 또는 지방세징수법에 의한 체납

추가로 법원의 허가를 받을 필요가 없지만, 실무상 등기 편의 등을 위해 이러한 경우에도 법원의 허가를 받아 처리하고 있다.

86) 한편 법 제203조의 규정에 의해 회생계획에서 이사의 선임이나 대표이사의 선정을 정한 경우에는 회생계획이 인가된 때에 선임 또는 선정된 것으로 본다(법 제263조 제1항).

87) 이는 관리인이 법원의 허가를 받아 이사 또는 대표이사를 선임하도록 규정한 회생계획의 경우인데, 최근에는 회생계획인가 이후 법원의 허가를 받아 최초로 개최되는 주주총회의 결의에 의해 대표이사 및 이사를 선임하는 내용의 회생계획이 많이 인가되고 있는바, 이러한 경우에는 '대표이사 및 이사 선임을 위한 주주총회 개최에 관한 허가서 등본' 및 '주주총회 의사록 등본' 등을 첨부하게 된다.

처분 및 국세징수의 예에 의하여 징수할 수 있는 청구권으로서 그 징수우선순위
가 일반 회생채권보다 우선하는 것에 기한 체납처분에 의한 압류 등기, 조세채
무담보를 위하여 제공된 물건의 처분에 따른 등기는 회생계획의 인가에 의하여
실효되지 아니하므로 말소의 대상이 되지 아니한다(별, 제256조, 제1).

　　라. 회생계획인가결정 후에 채무자가 등기 또는 등록의 대상이 되는 권리를
취득한 것이 있는 것을 안 때에는 법원은 지체 없이 관할 등기소 또는 등록관
청에 회생절차개시결정 및 회생계획인가결정의 기입등기 또는 기입등록을 촉탁
하여야 하고, 위 권리를 상실한 때에도 지체 없이 기입등기 또는 기입등록의 말
소를 촉탁하여야 한다(법 제24조 제2항·제5항, 제23
조 제1항 제1호·제3호, 제27조).

제5절　회생계획인가결정의 효력

1. 회생계획의 효력발생시기

　　회생계획은 인가결정이 있은 때부터 효력이 생긴다(별,제
246조). 구체적인 효력발
생시기는, 관계인집회의 결의를 거쳐 선고기일에 회생계획의 인가결정을 직접
선고한 경우에는 인가결정의 선고 시부터 효력이 생기고, 기일 외에서 공고에
의한 방식으로 권리보호조항을 정하여 선고하거나 서면결의를 거쳐 회생계획의
인가결정을 선고한 경우에는 회생계획인가결정의 공고가 있은 날의 다음날부터
효력이 생긴다(별,제
9조).

　　일반적인 소송절차에서는 결정이 확정되어야 효력이 발생하지만, 회생계획
은 기본적으로 채무자 또는 그 사업의 회생을 위한 계획이기 때문에 인부결정의
확정을 기다리다가 그 시기를 놓치면 당초 의도한 목적을 달성할 수 없는 경우
가 발생할 수 있을 뿐 아니라, 인가결정 당시 법원에서 그 인가요건을 심사하기
때문에 뒤에 그 인가결정이 취소되는 사례가 매우 적으므로, 법은 확정 시가 아
닌 인가결정 즉시 인가의 효력이 발생하도록 규정하고 있다. 다만 항고법원 또
는 회생계속법원은 항고가 이유 있다고 인정되고 회생계획의 수행으로 생길 회
복할 수 없는 손해를 예방하기 위하여 긴급한 필요가 있음을 소명한 때에는 신
청에 의하여 항고에 관하여 결정이 있을 때까지 담보를 제공하게 하거나 담보를
제공하게 하지 아니하고 회생계획의 전부나 일부의 수행을 정지하거나 그 밖에

필요한 처분을 할 수 있다(법 제247조 제3항).

만약 회생법원이 회생계획을 불인가하거나 회생절차를 폐지하였는데, 항고심이 원심 결정을 취소하고 회생계획을 인가하였다면 그 인가결정 시에 회생계획의 효력이 발생한다. 항고심에서 인가결정을 할 경우 통상 선고기일을 지정하여 선고하는 방법을 취하지 않고 공고의 방식으로 인가결정을 고지하게 되므로, 이 경우 그 공고가 있은 날의 다음 날부터 회생계획의 효력이 발생한다.

2. 면책 및 권리의 소멸

가. 의 의

회생계획인가결정이 있는 때에는, 채무자는 회생계획이나 법의 규정에 의하여 인정된 권리를 제외하고는 모든 회생채권과 회생담보권에 관하여 그 책임을 면하며,[88] 주주·지분권자의 권리와 채무자의 재산상에 있던 모든 담보권은 소멸한다(법 제251조 본문).

나. 실권의 예외

대법원은 2012. 2. 13. 자 2011그256 결정에서 "법 제147조의 회생채권자 목록 제도의 취지에 비추어 볼 때, 관리인은 비록 소송절차에서 다투는 등으로 회생절차에 관하여 주장되는 어떠한 회생채권의 존재를 인정하지 아니하는 경우에도, 그 회생채권의 부존재가 객관적으로 명백한 예외적인 경우가 아닌 한 이를 회생채권자 목록에 기재하여야 할 의무가 있다. 그리고 회생절차에서 회생채권자가 회생절차의 개시사실 및 회생채권 등의 신고기간 등에 관하여 개별적인 통지를 받지 못하는 등으로 회생절차에 관하여 알지 못함으로써 회생계획안 심리를 위한 관계인집회가 끝날 때까지 채권신고를 하지 못하고, 관리인이 그 회생채권의 존재 또는 그러한 회생채권이 주장되는 사실을 알고 있거나 이를 쉽게 알 수 있었음에도 회생채권자 목록에 기재하지 아니한 경우, 법 제251조의 규정에 불구하고 회생계획이 인가되더라도 그 회생채권은 실권되지 아니하고, 이때

---

88) 대법원 2016. 5. 12. 선고 2015다78155 판결, 대법원 2010. 12. 9. 선고 2007다44354(본소), 2007다44361(반소) 판결은 "법 제148조, 제152조 등에 따라 회생절차에 참가하고자 하는 회생채권자는 회생채권의 신고를 하여야 하고, 법 제151조에 따라 목록에 기재된 회생채권은 신고된 것으로 의제되는데, 위와 같이 신고하지 아니한 회생채권은 특별한 사정이 없는 한 법 제251조에 따라 회생계획인가의 결정이 있는 때에는 실권된다."라고 판시하였다.

그 회생채권자는 법 제152조 제3항에 불구하고 회생계획안 심리를 위한 관계인 집회가 끝난 후에도 회생절차에 관하여 알게 된 날로부터 1개월 이내에 회생채권의 신고를 보완할 수 있다고 해석하여야 한다."라고 판시하면서 채권신고를 부적법 각하한 원심결정을 파기하고 환송하였다.[89)90)] 위 결정에 의하면 일정한 경우에는 회생계획의 인가에도 불구하고 실권되지 않고 추완 신고를 할 수 있는 권리가 있게 된다(이러한 경우의 채권신고 및 그 처리 등에 관한 자세한 내용은 '제10장 제4절 4. 마.' 참조).

또한 대법원은 2008. 6. 26. 선고 2006다77197 판결에서 "정리채권·정리담보권 조사절차나 정리채권·정리담보권 확정소송을 통하여 확정된 권리가 정리회사의 관리인의 잘못 등으로 정리계획의 권리변경 및 변제대상에서 아예 누락되거나 혹은 이미 소멸한 것으로 잘못 기재되어 권리변경 및 변제대상에서 제외되기에 이른 경우 등에는, 특별한 사정이 없는 한 인가된 정리계획의 규정 또는 구 회사정리법의 규정에 따라 인정된 권리를 제외하고는 회사가 면책된다는 취지를 규정한 구 회사정리법 제241조는 그 적용이 없다고 할 것이고, 나아가 위와 같은 경위로 확정된 권리가 권리변경 및 변제대상에서 누락되거나 제외된 정리계획을 가리켜 구 회사정리법 제242조 제1항에 따라 확정된 권리를 변제 없이 소멸시키는 권리변경을 규정한 것이라고 볼 수도 없다. 한편 위와 같은 경위로 자신의 확정된 권리가 정리계획의 권리변경 및 변제대상에서 누락되거나 제외된 정리채권자·정리담보권자로서는, 그 확정된 권리의 존부 및 범위 자체에 관한 당부를 다투어 정리계획 인가결정에 대한 불복사유로 삼을 수는 없고… (중략) …정리회사에 대하여 아직 회사정리절차가 진행 중인 때에는 정리계획의 경정 등을 통하여, 회사정리절차가 종결된 때에는 종결 후의 회사를 상대로 이행의

---

89) 대법원 2018. 7. 24. 선고 2015다56789 판결, 대법원 2016. 11. 25. 선고 2014다82439 판결 등도 같은 취지이다.

90) 현행법이 신설한 목록제출제도의 모태가 된 미국 연방파산법의 경우 관재인이 당해 채권자의 채권 존재사실을 알면서도 채권자목록에 이를 기재하지 아니하고, 채권자도 회생절차개시 사실을 통지받지 못하여 채권신고를 하지 못한 경우 헌법상의 적법절차(Due Process)의 원리상 당해 채권자의 채권을 실권시키는 것은 위헌이어서 허용되지 않는다는 입장을 취하고 있다[Reliable Electric Co., Inc v. Olson Construction Company, 726 F.2d 620(10th Cir. 1984); In re Unioil, 948 F.2d 678(10th Cir. 1991); In re Spring Valley Farms, Inc., 863 F.2d 832(11th Cir. 1989)]. 한편 미국의 경우에도 '공고(publication)'의 방식에 의한 송달이 허용되기는 하나 이는 채무자가 알지 못하는 채권자에 대한 송달로서만 유효하고, 채무자가 채권자를 알고 있는 경우에는 채권자에게 실제 통지를 하여야 한다고 본다[In re Trans World Airline, Inc. 96 F.3d 687(3d Cir. 1996)]. 채권자를 알고 있는지 여부는 채무자가 합리적으로 성실한 노력을 통하여 알아낼 수 있었는지 여부에 달려 있다고 한다[Chemetron Corp. v. Jones, 72 F. 3d 341, 346 (3d Cir. 1995), cert denied, 517 U.S. 1137, 116 S. Ct. 1424, 134 L. Ed. 2d 548 (1996)].

소를 제기하는 등으로 그 권리를 구제받을 수 있다."라고 판시하였다. 만약 회생계획 인부결정에 대한 항고의 결과 항고심에서 권리보호조항을 적용하여 회생계획을 인가하였다면, 회생계획인가결정의 경정은 항고심에서 하여야 할 것이다.

다. 면책·소멸의 대상이 되는 권리

1) 회생채권, 회생담보권, 주주·지분권자의 권리

면책·소멸의 대상이 되는 권리는 채무자에 대한 회생채권, 회생담보권, 주주·지분권자의 권리로서 회생계획에 존속 규정이 없거나 법에 특별한 규정이 없는 것이다.[91] 조세채권도 회생채권에 해당하는 것이라면 면책·소멸의 대상이 된다.[92] 따라서 목록에 기재되지 아니하거나 신고되지 않은 회생채권 등이나, 목록에 기재되거나 신고되어 확정되었다 하더라도 회생계획에 변제의 대상으로 되지 않는 것은 면책되어 채무이행을 할 필요가 없다. 그러나 공익채권[93][94]이나 환

---

91) 한편 대법원 2008. 6. 13. 자 2007마249 결정은 정리회사가 정리절차개시 이전 제3자 소유의 담보권부재산을 양수하는 계약을 체결한 후 개시 이후 소유권이전등기를 마친 사안에서, 정리담보권이 아닌 담보권자가 담보권 실행보다 정리담보권으로 변제받는 것이 유리하다고 판단하여 자기의 권리를 정리담보권으로 신고하여 이의 없이 정리절차에서 확정된 후 정리계획까지 인가된 경우, 신의칙상 담보권자는 더 이상 정리절차 밖에서 담보권 실행을 할 수 없다고 판시하였다.

92) 대법원 2007. 9. 6. 선고 2005다43883 판결에서 대법원은, 조세부과처분은 추상적으로 성립하여 있는 조세채권에 관하여 구체적인 세액을 정하고 체납처분 등의 자력집행권을 수반하는 구체적인 조세채권을 발생시키는 조세행정행위이므로, 비록 회사정리개시결정 전에 조세채권이 추상적으로 성립하여 있었다고 하더라도 장차 부과처분에 따라 구체적으로 정하여질 조세채권을 정리채권으로 신고하지 아니한 채 정리계획인가결정이 된 경우에는 구 회사정리법 제241조(현행법 제251조)의 규정에 따라 과세관청이 더 이상 부과권을 행사할 수 없으며, 따라서 그 조세채권에 관하여 정리계획인가결정 후에 한 부과처분은 부과권이 소멸한 뒤에 한 위법한 과세처분으로서 그 하자가 중대하고도 명백하여 당연무효라고 판시하여, 부과처분에 따라 과세관청이 받은 금액은 부당이득에 해당한다고 하였다. 또한 채무자에 대한 회생절차개시 전에 과징금 부과의 대상인 행정상의 의무위반행위 자체가 성립하고 있으면, 그 부과처분이 회생절차개시 후에 있는 경우라도 그 과징금 청구권은 회생채권이 되고, 장차 부과처분에 따라 구체적으로 정하여질 과징금 청구권이 회생채권으로 신고되지 않은 채 회생계획인가결정이 된 경우에는 그 과징금 청구권에 관하여 면책의 효력이 생겨 행정청이 더 이상 과징금 부과권을 행사할 수 없다고 한 사례로는, 대법원 2013. 6. 27. 선고 2013두5159 판결 참조.

93) 회사분할 또는 신회사 설립 시에도 마찬가지로 공익채권은 권리변경의 대상이 될 수 없고, 면책·소멸의 대상이 되는 권리도 아니다. 분할 또는 분할합병에 관한 특례 규정인 법 제272조가 공익채권자에게 적용되지 않는다는 사례로는 대법원 2016. 2. 18. 선고 2014다31806 판결[상법은 분할 또는 분할합병으로 인하여 설립되는 회사 또는 존속하는 회사(이하 '승계회사'라 한다)는 분할 전의 회사채무에 관하여, 분할되는 회사와 연대하여 변제할 책임이 있고(제530조의9 제1항), 다만 주주총회의 특별결의로써 승계회사가 분할되는 회사의 채무 중에서 출자한 재산에 관한 채무만을 부담할 것을 정할 수 있으며, 이 경우 상법 제527조의5 등의 규정에 따른 채권자보호절차를 거치도록 정하고 있다. 그런데 법 제272조 제1항, 제4항은 회생계획에 따라 주식회사인 채무자가 분할되는 경우 위와 같은 채권자보호절차 없이도 분할되는 회사와 승계회사가 분할 전의 회사 채무에 관하여 연대책임을 지지 않도록 정할 수 있다고 규정하고 있다. 법에서 이러한 특례규정을 둔 것은 회생절차에서 채권자는 회사분할을 내용으로 하는 회생계획안에 대

취권(별제), 회생절차개시 전의 벌금, 과료, 형사소송비용, 추징금과 과태료(별 제251, 제140조, 제1항), 개시후기타채권(별제181조)은 면책되거나 소멸하지 않는다.

회생계획의 규정이나 법의 규정에 따라 인정된 권리를 제외한 모든 회생채권과 회생담보권에 관하여 책임을 면한다고 한 의미에 관하여는, 채무가 절대적으로 소멸한다는 견해(채무소멸설)와 채무 자체는 존속하지만 채무자에 대하여 이행을 강제할 수 없는 이른바 자연채무로 남는다는 견해(책임소멸설),[95] 그리고 종국적으로는 책임만의 소멸이지만 회생절차 중에는 채권의 효력이 정지되어 마치 채권 자체가 소멸한 것과 같이 보아야 한다는 견해[96]가 있다.[97] 대법원은 "법 제251조에서 말하는 면책이란 채무 자체는 존속하지만 회사에 대하여 이행을 강제할 수 없다는 의미이다. 따라서 면책된 회생채권은 통상의 채권이 가지는 소 제기 권능을 상실하게 된다. 채무자가 채무자회생법 제251조에 따라 회생채권에 관하여 책임을 면한 경우에는, 면책된 회생채권의 존부나 효력이 다투어지고 그것이 채무자의 해당 회생채권자에 대한 법률상 지위에 영향을 미칠 수 있는 특별한 사정이 없는 한, 채무자의 회생채권자에 대한 법률상 지위에 현존하는 불안·위험이 있다고 할 수 없어 회생채권자를 상대로 면책된 채무 자체의 부존재확인을 구할 확인의 이익을 인정할 수 없다(다만 채무자의 다른 법률상 지위와 관련하여 면책된 채무의 부존재확인을 구할 확인의 이익이 있는지는 별도로 살펴보아야 한다)."라고 판시하여 책임소멸설을 취하고 있다.[98]

한 관계인집회에서의 결의절차를 통하여 회사분할이 채권자에게 유리 또는 불리한 결과를 가져올 것인지를 판단할 수 있고, 법원도 인가요건에 대한 심리를 통하여 채권자에 대한 적절한 보호를 심사하게 되므로 별도의 상법상 채권자보호절차는 불필요하다는 사정을 고려하였기 때문이다. 이러한 취지와 회생계획에서 공익채권자의 권리에 영향을 미치는 규정을 정할 수는 없는 점 등을 종합하여 보면, 회생채권자와 달리 회생계획안에 관한 결의절차에 참여할 수 없는 공익채권자에 대하여는 위 특례규정이 적용되지 않는다], 대법원 2016. 2. 18. 선고 2015다10868, 10875 판결 등 참조.

94) 대법원 2016. 2. 18. 선고 2014다31806 판결은 "회생계획에서 공익채권에 관하여 채권의 감면 등 공익채권자의 권리에 영향을 미치는 규정을 정할 수는 없고, 설령 회생계획에서 그와 같은 규정을 두었더라도 공익채권자가 동의하지 않는 한 권리변경의 효력은 공익채권자에게 미치지 아니한다."라고 판시하였다.

95) 남효순·김재형, 도산법강의, 법문사(2005), 622면.

96) 条解(下), 736면 이하; 注解, 890면; 박홍우, "정리채권 등의 신고·조사·확정에 있어서의 문제점", 재판자료 제86집(2000), 239면.

97) 채무소멸설과 책임소멸설의 실제적인 차이는, 면책된 회생채권·회생담보권에 대한 변제가 나중에 파산절차가 개시된 경우에, 무상부인(법 제391조 제4호)의 대상으로 되는가, 이를 부당이득으로서 반환청구를 할 수 있는가의 문제에서 나타난다.

98) 대법원 2019. 3. 14. 선고 2018다281159 판결 참조. 대법원 2015. 11. 12. 선고 2013다214970 판결, 대법원 2003. 3. 14. 선고 2002다20964 판결, 대법원 2001. 7. 24. 선고 2001다3122 판결도 같은 취지이다.

주주·지분권자의 경우에는 회생계획의 규정에 의하여 주주·지분권자에 대하여 권리를 인정한 경우에는 주식 또는 출자지분의 신고를 하지 아니한 주주·지분권자에 대하여도 그 권리가 인정된다(법제254조). 발행된 주식 또는 출자지분의 수 또는 액은 이미 주주명부 또는 사원명부를 통하여 쉽게 알 수 있는 것이기 때문에 이를 신고하지 않았더라도 회생계획의 수립과 수행에 지장이 생기는 것은 아니기 때문이다.

2) 담보권의 소멸

목록에 기재되지 아니하거나 신고되지 않은 담보권 또는 목록에 기재되거나 신고가 되었더라도 회생계획에서 존속규정을 두지 않은 담보권은 인가결정과 함께 소멸한다. 따라서 이러한 경우 채권을 양도담보로 제공하였다면 담보권자는 제3채무자로부터 금전의 교부를 받을 수 없으며, 주식에 관하여 질권이 설정되어 담보권자가 이를 점유하고 있었다면 이를 채무자에게 반환하여야 한다. 그리고 부동산 위에 설정된 담보권이 소멸하는 경우에 법원은 직권으로 그 말소등기의 촉탁을 하여야 한다(법제24조제2항).[99]

한편 우리나라의 금융관행상 대출금채무에 대하여 토지를 담보로 제공할 경우 근저당권설정등기와 함께 지상권설정등기도 마치는 경우가 흔히 있는데, 이렇게 지상권설정등기를 하는 이유는 만약 채무자가 토지상에 건물이나 쉽게 제거할 수 없는 구축물을 지을 경우 근저당권의 가치가 많이 감소하기 때문이다. 그런데 그 후 채무자에 대하여 회생절차가 개시되고 회생계획이 인가되었는데, 채권조사 결과 위 근저당권이 회생담보권으로 인정되지 못하거나 회생계획에 존속조항이 없어 이 담보권을 말소하여야 할 경우에 법원이 직권으로 지상권설정등기까지 말소촉탁을 할 수 있는지 여부가 실무상 문제된다. 원칙적으로 지상권은 담보물권이 아니라 용익물권이기 때문에 법원의 말소촉탁의 대상으로 될 수는 없을 것이다. 그러나 위와 같은 지상권은 오로지 다른 담보물권의 가치를 보전하기 위한 목적으로만 설정된 것인 데다가, 해당 토지를 매각할 경우에 만

---

99) 대법원 2017. 5. 31. 선고 2015다24751 판결은 "회생계획의 이 사건 조항은 채무자가 담보물건을 처분할 경우에 '매매계약이 완료된 후 소유권이전등기 시 필요한 경우' 법원이 해당 물건에 대한 회생담보권자의 담보권 말소를 촉탁할 수 있도록 정하고 있다. 이 사건 조항에 의한 담보권말소 촉탁은 법 제24조 제2항의 등기촉탁과는 구분되는 임의적인 것으로서, 이 사건 조항은 회생담보권자의 권리 주장의 당부를 떠나 회생계획의 원활한 수행을 위해 삽입한 것으로 보인다. 회생담보권자의 권리는 법 제252조에 따라 회생계획이 정하는 내용으로 변경되므로, 회생계획 내용의 당부를 다투는 것은 별론으로 하고, 회생법원에 의해 인가된 회생계획에 위반되지 아니하고 이루어진 말소등기촉탁이 위법하다고 할 수 없다."라고 판시하여 회생계획에서 정한 담보권말소촉탁과 법 제24조 제2항의 등기촉탁을 달리 보고 있다.

약 담보권자 겸 지상권자가 회생담보권으로 인정되지 않은 채권의 조기변제를 주장하며 지상권설정등기의 말소에 순순히 응하지 않는다면 매각 자체가 곤란해지는 사태가 발생할 수 있기 때문에 위와 같은 원칙만을 고수할 경우에는 매우 부당한 결과를 초래할 수 있다. 그래서 서울회생법원에서는 채권자와 관리인을 통하여 해당 지상권설정등기가 어떠한 목적으로 설정된 것인지를 파악한 뒤, 그 지상권이 오로지 담보 목적으로 설정된 것이라고 인정되면 담보권으로 구성하여 권리변경이 되지 아니하고 소멸되는 담보권으로 보아 직권으로 말소를 촉탁하고 있다. 그리고 이와 같이 지상권의 말소촉탁이 가능한지 여부에 관하여 채권자와 사이에 다툼이 일어날 가능성이 많으므로, 회생계획안을 작성하면서 말소될 담보권의 내역과 아울러 말소될 지상권의 내역을 함께 기재하는 것이 바람직하다.

담보권의 말소 등 채무자·채권자·담보권자·주주·지분권자와 신회사 등의 실체법상 권리의 득실변경은 그 절차에 신중을 기하기 위해 법원사무관등이 아닌 법원의 촉탁에 의하도록 하고 있다(별 제24조).

실무에서는 회생계획의 내용상 당연히 말소되어야 할 담보권이 있다 하더라도 등기말소의 허가를 얻도록 하고 있다. 이 때 허가서에는 해당 회생계획조항의 사본(말소될 담보권의 내역이 포함된 담보물건 명세서 등이 여기에 해당된다)을 첨부하여야 한다. 만약 회생계획에 말소될 담보권의 내역을 누락한 경우에는 회생계획의 다른 조항을 통하여 담보권이 말소되어야 할 것이라는 점이 소명되어야 한다. 법원은 위와 같은 담보권 말소의 허가를 한 다음, 관리인으로부터 다시 등기말소촉탁의 신청을 받아 말소등기촉탁을 하고 있다. 등기촉탁서에는 말소될 등기의 내역(부동산의 표시, 담보권의 표시), 담보권 말소등기 촉탁신청서 사본, 법원의 담보권 말소 허가서 등본과 법원회신용 부본을 첨부하고 있다(말소등기촉탁서의 기재례는 [별지 180] 참조).

3. 권리의 변경

가. 의   의

회생계획의 인가결정이 있으면 회생채권자, 회생담보권자와 주주·지분권자의 권리는 회생계획에 따라 변경된다(별 제252조 제1항).[100] 회생계획인가결정에 따라 회생

---

100) 대법원 2021. 10. 28. 선고 2019다200096 판결, 대법원 2021. 1. 28. 선고 2018다286994 판결은 "회생계획인가의 결정이 있는 때에는 회생채권자 등의 권리는 회생계획에 따라 실체적으로 변

채권자·회생담보권자·주주·지분권자의 권리는 그 회생계획의 내용(회생계획안이 가결되지 않은 경우의 인가에 있어서는 권리보호조항의 내용 포함)과 같이 실체적으로 변경되고, 채무와 구별되는 책임만이 변경되는 것은 아니다. 이 점에서 책임만이 면제되는 법 제251조의 면책과는 성질이 다르다.[101]

나. 회생채권자·회생담보권자의 권리의 변경

회생계획인가결정이 있으면 회생채권자, 회생담보권자의 권리는 회생계획의 조항에 따라 채무의 전부 또는 일부의 면제 효과가 생기고, 기한 유예의 정함이 있으면 그에 따라 채무의 기한이 연장된다. 회생채권이나 회생담보권을 출자전환하는 경우에는 그 권리는 인가결정 시 또는 회생계획에서 정하는 시점에 소멸한다.[102][103]

다. 주주·지분권자의 권리의 변경

회생계획에 주식 또는 출자지분의 소각이나 병합 등 자본감소의 규정이 있으면 그 내용에 따라 주주·지분권자의 권리는 전부 또는 일부가 소멸되거나 변경을 받는다(법 제264조 제1항). 실무상 주주·지분권자의 권리를 변경하는 방법으로 일정기간 이익배당을 정지한다는 취지를 규정하는 것이 일반적인데(법 제1항 제55조 제7호), 이때 주주·지분권자의 이익배당청구권은 인가결정 시로부터 일정 기간 동안 발생하지 않는다.

4. 인가결정의 효력이 미치는 인적 범위

가. 원칙적 규정

회생계획은 채무자, 회생채권자·회생담보권자·주주·지분권자, 회생을 위하여 채무를 부담하거나 담보를 제공하는 자, 신회사(합병 또는 분할합병으로 설립되는 신회사를 제외한다)에 대하여 효력이 있다(법 제250조 제1항).

경되고 회생계획인가결정의 효력은 회생절차가 폐지되더라도 영향을 받지 않는다."라고 판시하고 있다.

101) 대법원 2017. 10. 26. 선고 2015다224469 판결, 대법원 2003. 3. 14. 선고 2002다20964 판결. 자세한 내용은 '제15장 제5절 3. 나. 1)' 참조.

102) 대법원 2017. 10. 26. 선고 2015다224469 판결, 대법원 2003. 8. 22. 선고 2001다64073 판결, 대법원 2003. 3. 14. 선고 2002다20964 판결 참조.

103) 서울회생법원은 특별한 사정이 없으면 회생계획안 작성 시 출자전환 주식의 효력발생일을 법 제205조 제4항에 따른 기존 주식 소각 또는 병합의 효력발생일(보통 인가일이 된다) 다음날로 정하도록 지도하고 있다.

주주·지분권자의 경우에는 신고를 하지 않더라도 회생계획에서 주주·지분권자의 권리가 인정되는 한 실권되지 않으므로(별젲4조), 모든 주주·지분권자에게는 회생계획의 효력이 미친다.[104] 그러나 회생계획의 규정에 의하여 정하여진 회생채권자 또는 회생담보권자의 권리는 확정된 회생채권 또는 회생담보권을 가진 자에 대하여만 인정되므로(별젲3조), 인가결정 당시 권리확정소송이 계속 중인 회생채권자, 회생담보권자에 대하여는 바로 회생계획의 효력이 미친다고 할 수 없으며, 그 권리가 확정된 경우에 인가결정 시로 소급하여 회생계획에 정하여진 권리가 인정된다.[105]

나. 보증인 등에 대한 효력

1) 의 의

회생계획은, 회생채권자 또는 회생담보권자가 회생절차가 개시된 채무자의 보증인 그 밖에 회생절차가 개시된 채무자와 함께 채무를 부담하는 자에 대하여 가지는 권리와 채무자 외의 자가 회생채권자 또는 회생담보권자를 위하여 제공한 담보에 영향을 미치지 아니한다(별젲250조). 이는 회생계획에 따라 채무자의 채무가 면책되거나 변경되더라도 보증인이나 물상보증인 등의 의무는 면책되거나 변경되지 않는다는 취지이다.

민법 제430조에 따르면 주채무자에 대한 채무의 감면 등은 절대적 효력을 가지는 것으로서 보증인이나 물상보증인에게도 그 효력이 미치게 되지만, 회생절차에서는 채권자의 의사에 반하여 회생계획안이 가결되는 경우도 많고, 채무자의 회생을 위한 채권자의 희생은 최소한에 그쳐야 하기 때문에 회생계획은 보증인이나 물상보증인 등에게 그 효력이 미치지 않는다는 특별한 규정을 한 것이다.[106]

2) 적용범위

'회생절차가 개시된 채무자의 보증인 그 밖에 회생절차가 개시된 채무자와 함께 채무를 부담하는 자'는 채무자의 채무가 감면되는 경우 그의 채무도 부분적으로 감면되는 공동의무자로서, 일반적인 보증인, 연대보증인뿐 아니라 어음법, 수표법상의 합동채무자도 포함한다.

---

104) 임채홍·백창훈(하), 370면.
105) 임채홍·백창훈(하), 370면.
106) 대법원 2020. 4. 29. 선고 2019다226135 판결은 "원래 보증채무는 주채무의 한도로 감축되는 부종성을 가지는데(민법 제430조), 채무자의 회생절차에서도 보증채무의 부종성을 관철한다면 채권자에게 지나치게 가혹한 결과를 가져올 것이라는 이유로 법 제250조 제2항 제1호에서 보증채무의 부종성에 대한 예외를 규정하고 있다."라고 판시하였다.

'채무자 외의 자가 회생채권자 또는 회생담보권자를 위하여 제공한 담보'는 회생채권자 등이 채무자에 대한 채권을 피담보채권으로 하여 제3자의 재산상에 가지고 있는 담보물권을 말한다. 제3자의 의사에 기하여 설정된 담보권뿐 아니라, 회생채권자 등이 채무자 재산의 제3취득자에 대하여 가지는 권리도 포함한다.[107]

신탁자가 자기 소유의 부동산에 대하여 수탁자와 부동산관리신탁계약을 체결하고 수탁자 앞으로 신탁을 원인으로 한 소유권이전등기를 마친 다음 수탁자로 하여금 신탁부동산에 관하여 다시 신탁자의 채권자의 채권을 위하여 근저당권설정등기를 마치도록 하였다면, 수탁자는 결국 신탁자를 위한 물상보증인과 같은 지위를 갖게 되었다고 할 것이어서 그 후 신탁자에 대한 회생절차가 개시된 경우 채권자가 신탁부동산에 대하여 갖는 근저당권 등 담보권은 '채무자 외의 자가 회생채권자 또는 회생담보권자를 위하여 제공한 담보'에 해당한다.[108]

만약 회생채권자·회생담보권자 등의 권리가 목록에 기재되지 아니하거나 신고되지 아니하는 등으로 실권된 경우에, 이들 회생채권자·회생담보권자가 보증인이나 물상보증인에 대하여 갖는 권리가 실권되는지 문제되는데, 판례[109]는 이러한 경우에도 실권된 권리자가 보증인이나 물상보증인에 대하여 갖는 권리는 실권되지 않는다고 보고 있다. 다만 회생채권이 소멸시효기간 경과 전에 법 제251조에 의하여 실권되었다면 그 채무의 소멸시효 중단이 문제될 여지가 없으므로, 회생채권자는 다른 연대채무자나 보증인에 대하여 민법 제416조 또는 제440조에 따른 소멸시효 중단을 주장할 수는 없다.[110]

3) 효　　과

회생계획에 따라 주채무자에 대하여 채무의 감면이나 권리의 변경이 이루어진다 하더라도, 보증인이나 물상보증인에 대한 채권자의 권리는 영향을 받지 않는다. 채무자에 대한 채권의 개별행사가 금지되더라도 보증인 등에 대한 권리행사가 금지되는 것이 아니므로, 결국 채권자는 회생절차와 관계없이 언제라도

---

107) 条解(下), 714면. 대법원 2007. 4. 26. 선고 2005다38300 판결.
108) 대법원 2003. 5. 30. 선고 2003다18685 판결.
109) 대법원 2001. 6. 12. 선고 99다1949 판결.
110) 대법원 2021. 6. 30. 선고 2018다290672 판결은 "회생채권이 소멸시효기간 경과 전에 법 제251조에 의하여 실권되었다면 더 이상 그 채무의 소멸시효 중단이 문제 될 여지가 없으므로 회생채권자가 제3자를 상대로 한 소송 계속 중에 회생채무자를 상대로 소송고지를 하고 소송고지서에 실권된 회생채무의 이행을 청구하는 의사가 표명되어 있더라도, 회생채권자는 그로써 다른 연대채무자나 보증인에 대하여 민법 제416조 또는 제440조에 따른 소멸시효 중단을 주장할 수 없다."라고 판시하였다. 대법원 2016. 11. 9. 선고 2015다218785 판결도 같은 취지이다.

채무자의 보증인 등에 대하여 권리를 행사할 수 있게 된다. 판례는 회사정리절차에서 제3자가 주채무를 면책적으로 인수하는 내용의 정리계획이 인가·확정되었다고 하더라도 그 채무인수 자체에 따라 채권에 대한 실질적인 만족을 얻은 것으로는 볼 수 없는 것이므로, 보증인의 책임 범위에는 아무런 영향이 없고, 면책적 채무인수에 있어 보증책임의 소멸을 규정하고 있는 민법 제459조는 이 경우 그 적용이 배제된다고 판시하였다.[111] 또한 판례는 보증인의 책임을 면제하는 것과 같은 내용은 정리계획으로 정할 수 있는 성질의 것이 아니고, 설사 그와 같은 내용을 정리계획에 규정했다고 하더라도 그 부분은 정리계획으로서의 효력이 없다고 판시하였다.[112]

회생계획에 의한 출자전환과 관련하여, 그 출자전환의 효력발생 시에 그 채권액만큼 회생채권·회생담보권이 절대적으로 소멸되는지 여부가 문제된다. 종래 출자전환에 의한 채무변제의 시기 및 범위에 관하여는 여러 가지 견해[113]의 대립이 있었다. 판례[114]는 회생계획에서 신주를 발행하는 방식의 출자전환으로

---

111) 대법원 2005. 10. 28. 선고 2005다28273 판결.
112) 대법원 2005. 11. 10. 선고 2005다48482 판결. 이 판결은 나아가 "정리채권자 또는 정리담보권자가 정리계획안에 대하여 동의 또는 부동의하였다고 하더라도 특별한 사정이 없는 한 일반적으로 정리계획안에 기재된 개개의 내용에 대하여 사법상 법률효과의 발생을 의도하는 의사표시를 한 것으로 볼 수는 없으므로, 정리채권자 등이 관계인집회에서 보증면제조항이 포함된 정리계획안에 대하여 동의하였다는 사정만으로는 보증인에 대하여 보증채무를 면제한다는 개별적인 의사표시를 하였다고 볼 수 없다."라고 판시하였다.
113) 그 견해는 ① 채권을 출자전환한 것만으로 채권자가 보증인 등에 대하여 권리를 행사할 수 없다면 법 제250조 제2항의 취지에 반하는 것이므로, 이러한 경우에는 실제로 채권자가 주식의 양도나 배당금의 수령을 통하여 현실적으로 금전적인 만족을 얻은 때 비로소 그 현실적인 만족의 범위 내에서 보증인이 그 책임을 면한다고 하는 견해(불소멸설), ② 채권의 출자전환은 현물출자의 한 방법이고, 채권자는 출자전환으로 인하여 주식을 취득함으로써 채권의 만족을 얻음과 동시에 채권자의 지위를 상실한다고 보아야 하므로, 출자전환의 효력발생 시에 채권액 전부에 대하여 채권자는 보증채무의 이행을 구할 수 없다고 보는 견해(소멸설), ③ 회생계획인가 시, 출자전환 시 또는 출자전환된 주식의 최초 거래가 가능한 시기를 기준으로 출자전환된 주식의 액면가 또는 시가에 상당하는 채권만이 변제된 것으로 보아야 한다는 견해(시가평가액 소멸설) 등이다.
114) 대법원 2017. 4. 7. 선고 2016다269148 판결, 대법원 2014. 1. 23. 선고 2011다70121 판결, 대법원 2005. 1. 27. 선고 2004다27143 판결, 대법원 2003. 1. 10. 선고 2002다12703, 12710 판결. 한편 정리채권자가 보증인에 대한 정리절차에서 출자전환을 받아 인수한 신주의 시가가 보증인에 대한 정리계획에서 변제에 갈음하기로 한 액수를 초과하는 경우에는, 정리계획에서 변제에 갈음하기로 한 액수에 대하여만 그 채권액이 변제된 것으로 보아야 하므로, 주채무자도 정리채권자에 대하여 위와 같이 변제에 갈음하기로 한 금액의 공제만을 주장할 수 있다고 한 사례로는 대법원 2009. 11. 12. 선고 2009다47739 판결을, 주채무자인 정리회사의 정리계획에서 정리채권 변제에 갈음하여 출자전환을 하기로 한 경우, 정리회사 보증인의 보증채무는 출자전환에 의한 신주발행의 효력발생일 당시를 기준으로 정리채권자가 인수한 신주 시가를 평가하여 출자전환으로 변제에 갈음하기로 한 정리채권 액수를 한도로 그 평가액에 상당하는 채무액이 변제된 것으로 보아야 한다고 한 사례로는 대법원 2012. 6. 14. 선고 2010다28383 판결을 각 참조. 또한 정리계획에 따른 대규모의 유상증자가 예정되어 있는 경우, 출자전환주식에 대한 정상적인 거래

회생채권이나 회생담보권의 전부 또는 일부의 변제에 갈음하기로 한 경우에는 신주발행의 효력발생일 당시를 기준으로 하여 회생채권자 또는 회생담보권자가 인수한 신주의 시가 상당액에 대하여 채무자의 주채무가 실질적으로 만족을 얻은 것으로 볼 수 있어 보증채무도 그만큼 소멸하는 것으로 보아야 한다는 입장을 취하고 있다(자세한 내용은 '제13장 제6절 3.' 참조).

이에 반하여, 회생계획에 의한 전환사채발행의 경우에는 회생채권자 또는 회생담보권자는 여전히 채권자의 지위를 유지하고 있고 단지 채권액을 감액하고 유통성을 높이고자 유가증권의 형식을 갖춘 것에 불과하다는 점에 비추어 볼 때, 전환권이 실제로 행사된 때에 그 주식의 시가 상당액의 보증채무가 소멸하는 것으로 보는 것은 별론으로 하고, 그 행사 이전에는 달리 특별한 사정이 없는 한 전환사채를 취득하였다 하여 이를 취득한 시점에 그 평가액만큼 주채무가 실질적으로 만족을 얻은 것으로 볼 수는 없고, 따라서 그 평가액만큼 보증채무가 소멸한다고 할 수는 없다고 판시하고 있다.[115]

4) 예   외

채권자가 중소벤처기업진흥공단(중소기업진흥에 관한 법률 제66조 제5항에 따라 대출 방식으로 이루어지는 사업에 한정함), 신용보증기금, 기술보증기금인 경우에는 회생계획인가결정을 받는 시점에 주채무가 감경 또는 면제될 경우 연대보증채무도 동일한 비율로 감경 또는 면제된다(중소기업진흥에 관한 법률 제74조의2, 신용보증기금법 제30조의3, 기술보증기금법 제37조의3 참조).[116]

의 실례를 증명하기 곤란하여 순자산가치법 등에 따라 출자전환주식의 시가를 산정하는 경우에는 출자전환주식의 효력발생일 당시 아직 유상증자가 실시되지 아니하여 대차대조표에 반영되지 아니하였다는 형식적인 이유로 그 회계처리에 따른 정리회사의 재무구조와 발행주식 수만을 반영하여 주당 순자산가치 등을 평가하는 방식은 타당하다고 할 수 없고, 출자전환 후 정리계획에 따라 곧이어 실시될 유상증자에 따른 재무구조 변동과 발행주식 수 증가 등을 아울러 고려하여 출자전환주식의 주당 순자산가치 등을 평가하여야 한다고 한 사례로는 대법원 2010. 3. 25. 선고 2009다85830 판결 참조.

115) 대법원 2005. 1. 27. 선고 2004다27143 판결.
116) 대법원 2016. 8. 17. 선고 2016다218768 판결은 "기술보증기금법 제37조의3은 회생절차를 이용하는 중소기업의 기술보증기금에 대한 주채무가 회생계획에 따라 감면되는 경우 이로 인한 효과를 주채무를 연대보증한 대표자 등에게도 미치도록 하여, 재정적 어려움에 빠진 중소기업의 실효성 있는 회생과 함께 대표자 등의 재기를 도모하려는 것이다. 이러한 기술보증기금법 제37조의3의 내용, 입법 취지 등을 종합하면, 회생계획에서 주채무의 변제기를 연장한 것도 위 규정에서 정한 '주채무의 감경 또는 면제'에 해당한다."라고 판시하였다. 한편 대법원 2020. 4. 29. 선고 2019다226135 판결은 "지역신용보증재단에 적용되는 지역신용보증재단법에는 법 제250조 제2항 제1호의 적용을 배제하는 규정이 없다. 이 경우에도 기술보증기금법 제37조의3과 신용보증기금법 제30조의3을 유추적용하여 채권자가 지역신용보증재단인 경우에 주채무가 인가된 회생계획에 따라 감경·면제된 때 연대보증채무도 동일한 비율로 감경·면제된다는 결론을 도출할 수는 없다."라고 판시하였다. 이는 지역신용보증재단과 기술보증기금, 신용보증기금의 설립목적, 재원, 보증한도액 등의 차이를 고려한 것이다.

5. 중지 중인 절차의 실효

가. 의   의

회생계획인가결정이 있으면 법 제58조 제2항의 규정에 의하여 중지한 파산절차, 강제집행, 가압류, 가처분, 담보권실행 등을 위한 경매절차는 그 효력을 잃는다(법 제256조 본문). 이러한 절차들의 효력을 상실시키는 것은 회생계획에 따라 채무자는 이미 파산상태를 벗어났고 채권은 회생계획의 내용에 따라 실체적으로 변경되어 이에 따라 변제가 이루어져야 하는 이상 위와 같은 절차를 유지할 실익이 없기 때문이다.

나. 실효하는 절차의 범위

효력을 잃는 대상은 법 제58조 제2항의 규정에 의하여 중지의 대상이 된 절차인, ① 회생절차개시 당시 채무자에 대하여 계속 중인 파산절차와 ② 회생채권, 회생담보권에 기하여 채무자의 재산에 대하여 행한 강제집행, 가압류, 가처분, 담보권실행을 위한 경매절차이다. 다만 ② 중 법 제58조 제5항의 규정에 의하여 속행된 절차 또는 처분은 실효되지 않는다(법 제256조 단서). 법 제256조 제1항 본문 및 단서는 국세징수의 예에 의하여 징수할 수 있는 청구권으로서 그 징수우선순위가 일반 회생채권보다 우선하지 아니하는 것에 기한 체납처분이 회생계획의 인가결정에 따라 효력을 상실하는지 여부에 관한 규정을 하지 않고 있는바, 효력 상실에 관한 명백한 규정이 없는 이상 위 체납처분은 실효되지 않고, 다만 법 제58조 제5항에 따라 취소할 수 있다고 해석함이 타당하다.

한편 회생채권 또는 회생담보권에 기한 채무자의 재산에 대한 국세징수법 또는 지방세징수법에 의한 체납처분, 국세징수의 예에 의하여 징수할 수 있는 청구권으로서 그 징수우선순위가 일반 회생채권보다 우선하는 것에 기한 체납처분과 조세채무담보를 위하여 제공된 물건의 처분절차는 인가결정에 따라 효력이 상실되지 아니한다. 위와 같은 절차는 법 제58조 제3항에 따라 ① 회생절차개시결정이 있는 날부터 회생계획인가가 있는 날까지, ② 회생절차개시결정이 있는 날부터 회생절차가 종료되는 날까지, ③ 회생절차개시결정이 있는 날부터 2년이 되는 날까지의 세 가지 기간 중 말일이 먼저 도래하는 기간 동안 중지되지만, 법 제256조 제1항에서 실효되는 절차에 이를 포함시키지 않고 있기 때문에 이러한 절차는 인가결정과 동시에 그 절차의 속행이 가능하게 된다. 또한 위와 같이 절차의 속행이 가능하게 된 경우 더 이상 법 제58조 제3항[117])에 따라 중지된 절차로 볼 수는 없으므로, 같은 조 제58조 제5항에 따라 취소할 수는 없다고 해석된다. 회생계속법원으로서는 이러한 점을 고려하여 인가결정을 하기 전에 법 제58조 제5항에 따른 취소여부를 검토할 필요가 있다. 다만 회생계획에는 이러한 조세채권 등에 대한 권리변경과 변제방법을 따로 정하고 있기 때문에 그 변제기가 도래할 때까지 종전의 체납처분 등의 절차를 진행할 수는 없고, 채무자가 회생계획에서 정한 변제기에 이행을 하지 않을 경우에 종전에 중지된 절차를 속행할 수 있게 될 뿐이다.[118])

다. 절차 및 효과

절차가 그 효력을 잃는다는 의미는 앞으로의 속행을 허용하지 않는다는 뜻이 아니라, 소급하여 그 절차가 효력을 잃는다는 것이다.[119]) 따라서 원칙적으로 위와 같은 절차는 법원의 별도 재판이 없이도 그 효력을 잃는다. 효력을 잃은 파산절차에서의 재단채권(법 제473조 제2호 및 제9호에 해당하는 것을 제외)은 공익채권이 된다(법 제256조 제2항).

다만 강제집행, 가압류, 가처분, 담보권실행 등을 위한 경매절차 등은 이미 진행되어 있는 절차의 외형을 제거하기 위한 형식적인 절차가 필요하다. 이러한 절차는 회생법원이 해당 집행법원에 대하여 기존에 이루어진 절차의 말소촉탁을 하는 방법도 가능하지만, 회생법원으로서는 채무자의 재산에 관하여 어느 법원에서 어떤 절차가 진행되고 있는지 직접 확인하기 곤란하고, 그 절차의 기록도 보관하고 있지 않으므로, 현 실무에서는 관리인이 직접 신청법원이나 집행법원에 말소촉탁을 신청하는 방법을 주로 이용한다. 이때 관리인은 해당 법원에 신청서와 함께 인가결정등본 및 말소촉탁의 대상이 되는 재산의 목록을 첨부하여 제출하여야 한다.

위와 같은 절차의 실효는 인가결정과 동시에 발생하는데(법 제246조), 만약 그 인가결정이 뒤에 취소되는 경우에 종전에 소멸하였던 절차가 다시 회복되는지 여부의 문제가 있다. 이러한 경우 파산절차는 당연히 그 효력을 회복하지만, 다른

---

117) 법 제58조 제5항 전단 및 후단에서 '제2항'은 '제2항, 제3항'의 오기라고 보아야 한다는 점에 관한 자세한 설명은 제6장 제4절 5. 가. 참조.

118) 条解(下), 789면 이하. 반면 회생담보권과 일반 회생채권의 경우에는 회생계획상 변제기에 그 채무의 이행이 되지 않더라도 회생절차가 종료(종결 또는 폐지)되지 않는 한 강제집행이나 임의경매 등 개별적 권리행사를 할 수 없다고 해석된다. 한편 견해의 대립은 있으나, 회생계획에서 담보물 매각의 방법으로 회생담보권자에게 담보권실행 권한을 부여하고 있는 경우 담보권실행에 의한 매각을 긍정하는 견해가 있고, 서울회생법원의 경우도 그러한 실무례가 있다.

119) 임채홍·백창훈(하), 378면; 条解(下), 790면.

절차는 그 효력이 회복되지는 않으며, 따라서 후자의 경우에는 채권자가 다시 새로운 신청을 하여야 한다고 해석되고 있다.[120]

6. 회생채권자표 등의 기재와 그 효력

가. 회생계획조항의 기재 등

회생계획인가결정이 확정된 때에는 법원사무관등은 회생계획에서 인정된 권리를 회생채권자표 또는 회생담보권자표와 주주·지분권자표에 기재하여야 한다(법 제249조). 회생계획인가결정이 확정됨으로써 회생채권 등의 권리변경이 확정되고, 이후 회생계획 수행과정에서 기준이 되는 변경된 권리내용을 명확히 하기 위한 것이다. 또한 회생채권자표와 회생담보권자표의 기재는 확정판결과 동일한 효력이 있고, 회생절차가 종료된 때에는 집행권원이 된다(법 제255조). 이는 회생계획의 수행에 장애를 초래하지 않도록 회생계획에 따라 인정된 권리를 더 이상 다툴 수 없게 하고, 이를 기초로 회생절차종결 후 강제집행을 할 수 있도록 하기 위한 것이다.

회생계획조항의 기재 방법은 본래 개개의 회생채권 또는 회생담보권마다 회생계획조항에 따라 인정된 권리를 기재함이 바람직하다. 그러나 회생채권자나 회생담보권자 등이 수백, 수천 명에 이르고 회생계획조항도 방대하므로, 서울회생법원은 법 제167조에 따라 작성된 회생채권자표와 회생담보권자표(한 묶음으로 철함) 뒤에 확정된 회생계획을 등본하여 첨부하고 있다.[121] 이때 개개의 회생채권자표나 회생담보권자표에는 회생계획조항을 기재하는 난이 마련되어 있고, 그 난에는 '별지 회생계획의 조항과 같음'이라는 부동문자가 인쇄되어 있다. 회생채권자 등이 기록열람·복사신청을 하는 경우에는 법원사무관등은 해당 부분만을 사본하여 초본으로 발급하고 있다.

나. 기재의 효력

1) 기판력 문제

법 제255조 제1항에서 말하는 '확정판결과 동일한 효력'에 기판력이 포함되는가에 대하여는 법 제168조의 경우 같이 견해의 대립이 있으나 대법원은 위

---

120) 임채홍·백창훈(하), 380면; 条解(下), 791면.
121) 회생사건은 모두 전자소송으로 진행되고 있어 민사소송 등에서의 전자문서 이용 등에 관한 법률 제10조 제1항, 민사소송 등에서의 전자문서 이용 등에 관한 업무처리지침(재일2012-1) 제27조 제2항 제4호에 따라 회생채권자표 등을 전자적으로 생성하여 관리하고 있다.

효력은 회생절차 내부의 불가쟁력에 불과하다고 보아 기판력을 부정하고 있다.[122] 따라서 회생절차의 목적을 떠나서 회생절차 종료 후 회생채권자들의 개별집행이 경합되는 경우나 채무자가 파산한 경우에는 기판력이 인정되지 않는 것으로 보아야 한다. 예를 들면, 회생계획을 인가받은 채무자에 대하여 회생절차가 폐지되고 파산선고가 된 경우 본조에 따라 확정판결과 동일한 효력을 갖게 된 회생채권자표에 기재된 채권자의 권리는 법 제466조 제1항 소정의 '집행력 있는 집행권원'을 갖는 채권에 해당하지만, 이러한 경우 그 집행권원에는 기판력이 없기 때문에 청구이의의 소로 이의를 주장하는 경우에는 민사집행법 제44조 제2항의 변론종결 후의 사유만을 주장하여야 한다는 제한을 받지 않는다. 따라서 회생계획인가결정의 효력이 발생하기 전의 사유라도 청구이의의 소에서 주장할 수 있다(다만 파산관재인이나 다른 채권자가 그 채권자의 권리를 다툼에 있어서는 채무자가 할 수 있는 소송절차에 의하지 않으면 아니 된다). 또한 회생절차 종료 후 회생채권자들 사이에 채무자의 재산에 대한 개별집행이 경합한 경우 그 배당이의소송에서는 서로 간에 회생채권자표의 기재에 구속되지 않는다.[123]

2) 법 제168조와의 관계

법 제168조도 확정된 회생채권자표와 회생담보권자표의 기재에 "확정판결과 동일한 효력이 있다."라고 규정하고 있어 법 제255조 제1항에 의한 기재와의 효력관계를 이해할 필요가 있다. 법 제168조의 기재가 회생계획에 의한 권리변경이 생기기 전의 권리를 내용으로 하는 것이라면, 법 제255조 제1항의 기재는 회생계획인가 후의 권리를 내용으로 한다는 차이점이 있다. 판례는 법 제168조

---

122) 대법원 2005. 6. 10. 선고 2005다15482 판결은 "회사정리법 제245조 제1항이 … 확정판결과 동일한 효력이 있다고 규정하고 있고, 그 취지는 정리계획인가결정이 확정된 경우 정리채권자표 또는 정리담보권자표에 기재된 정리채권 또는 정리담보권 중 정리계획의 규정에 따라 인정된 권리를 기준으로 정리계획을 수행하도록 하여 신속하고도 안정적인 정리계획의 수행을 보장하려는 데에 있고, 이와 같은 의미에서 위 법조에서 말하는 '확정판결과 동일한 효력'이라 함은 기판력이 아닌 정리절차 내부에서의 불가쟁의 효력으로 보아야 한다."라고 판시하였다. 2016. 3. 24. 선고 2014다229757 판결, 대법원 2003. 9. 26. 선고 2002다62715 판결, 대법원 2003. 5. 30. 선고 2003다18685 판결도 같은 취지이다.

123) 대법원 2003. 9. 26. 선고 2002다62715 판결. 이 판결의 사안을 단순화시키면, 채권자는 정리회사에 대한 채권을 A와 B에게 이중으로 양도하였고, 정리회사는 위 A와 B의 정리채권 신고를 모두 시인하여 정리채권자표에 양 채권 모두 기재되었으며, 이후 다른 회사가 법원의 허가를 받아 정리회사의 자산과 부채를 모두 인수하고 압류경합을 이유로 집행비용을 제외한 나머지 금액을 집행공탁하였고, 이에 관하여 집행법원이 채권이 이중으로 양도된 경우 양수인 상호간의 우열은 확정일자 있는 양도통지가 채무자에게 도달한 일시의 선후에 따라 결정되어야 한다는 이유로 그 일시가 앞서는 A에게 배당을 하자, 이에 B가 구 회사정리법 제245조(법 제255조)에 따라 정리채권자표의 기재는 확정판결과 같은 효력이 있으므로 배당에서도 A와 B를 동등하게 취급하여 안분배당하여야 한다고 주장한 사안인데, 여기서 대법원은 위 조항의 확정판결의 효력은 정리절차 내에서의 불가쟁의 효력에 불과하다는 이유로 B의 주장을 배척하였다.

에 해당하는 구 회사정리법 제145조에 의한 확정판결과 동일한 효력도 정리절차의 진행과정에서 이해관계인의 권리행사의 기준이 되고 관계인집회에서 의결권 행사의 기준으로 된다는 의미를 가지는 것으로서, 기판력이 아닌 확인적 효력을 가지고 정리절차 내부에서 불가쟁의 효력이 있다는 의미에 지나지 않는다는 입장을 취하고 있다.[124)125)]

다. 효력이 생기는 기재

확정판결과 같은 효력이 인정되는 기재는 회생계획에 따라 인정된 권리에 관한 회생채권자표와 회생담보권자표의 기재이다. 법원사무관등이 법 제249조에 따라 회생계획조항을 회생채권자표와 회생담보권자표에 기재함으로써 어떤 채권자가 회생계획에 따라 어떠한 권리를 취득하였는가를 표시하여 주는 것이다.

회생계획에 따라 인정되는 권리이므로 그 내용은 통상의 채권이나 담보권에 한하지 않고 일정 수량의 주식 또는 출자지분, 신주인수권 또는 출자인수권, 사채, 사채인수권을 갖는다는 기재도 가능하다.[126)] 그러나 조세채권 등 공법상의 청구권은 신고가 있으면 회생채권자표나 회생담보권자표에 기재는 되지만 (법 제156조 제2항, 제167조 제1항), 관리인은 채무자가 할 수 있는 방법으로 불복신청을 할 수 있으므로(법 제157조 제1항), 효력이 생기는 기재에서 제외된다.

라. 효력이 미치는 주관적 범위

효력이 미치는 주관적 범위는 채무자, 회생채권자, 회생담보권자, 주주·지분권자, 회생을 위하여 채무를 부담하거나 또는 담보를 제공하는 자, 신회사(합병 또는 분할합병으로 설립되는 신회사는 제외)이다(법 제255조 제1항). 관리인도 포함된다는 점에 대하여는 명문의 규정은 없지만 이론이 없다. 인가 전 폐지결정이 확정된 경우의 회생채권자표 등의 기재와 달리, 채무자가 조사절차에서 이의하였는지에 관계없이 효력이 미친다.[127)128)]

---

124) 대법원 2003. 5. 30. 선고 2003다18685 판결 등 참조.
125) 한편 법 제286조 또는 제287조의 규정에 의한 인가 전 폐지결정이 확정된 때에는 확정된 회생채권 또는 회생담보권자에 관하여는 회생채권자표 또는 회생담보권자표의 기재는 채무자에 대하여 확정판결과 동일한 효력이 있고(다만 채무자가 회생채권과 회생담보권의 조사기간 또는 특별조사기일에 그 권리에 대하여 이의를 하지 아니한 경우에 한함), 회생채권자 또는 회생담보권자는 회생절차 종료 후 파산절차로 이행하지 않는 한 회생채권자표 또는 회생담보권자표에 기하여 강제집행을 할 수 있다(법 제292조).
126) 임채홍·백창훈(하), 384면; 条解(下), 773면.
127) 임채홍·백창훈(하), 384면; 条解(下), 775면.

확정판결과 같은 효력은 법 제255조 제1항이 정한 자들을 당사자로 보아 민사소송법 제218조를 유추적용하여 그 승계인 등에게도 효력이 미친다고 본다.[129] 이 경우 효력이 발생하는 기준시점은 이미 확정된 회생채권과 회생담보권에 대하여는 회생계획인가결정 시이고, 인가결정 시 권리확정소송이 계속 중인 경우에는 그 판결의 기판력 발생 시이다.[130]

마. 시효기간의 특칙

민법 제165조 제2항·제1항은 파산절차에 의하여 확정된 채권 및 재판상의 화해, 조정 기타 판결과 동일한 효력이 있는 것에 의하여 확정된 채권은 단기의 소멸시효에 해당하는 것이라도 그 소멸시효는 10년으로 한다고 규정하고 있다. 법 제255조 제1항이 회생채권자표 및 회생담보권자표의 기재에 대하여 확정판결과 같은 효력이 있다고 규정하고 있으므로, 그 회생채권 또는 회생담보권은 10년보다 단기의 시효기간의 정함이 있는 경우라도 소멸시효기간은 10년이 된다.[131]

다만 공법상의 청구권은 회생채권자표와 회생담보권자표에 기재되더라도 전술한 바와 같이 확정판결과 같은 효력이 생기는 것이 아니므로, 시효기간에 영향이 없다.[132]

바. 기재에 대한 불복방법

먼저, 회생채권자표 등의 기재내용에 명백한 오류나 잘못된 계산이 있는 경우에는 ① 법원사무관등이 재판서 등의 오자 정정방식으로 정정할 수 있다는 견해, ② 목록 및 신고의 내용을 옮겨 기재한 사항은 이 직권으로 정정하고, 조사결과를 기재한 사항은 판결경정에 관한 민사소송법의 규정에 따라 법원이 경정결정을 할 수 있다는 견해 등이 있다. 다음으로, 명백한 오류나 잘못된 계산의

128) 제286조 또는 제287조의 규정에 의한 회생절차폐지의 결정이 확정된 때에는 확정된 회생채권 또는 회생담보권에 관하여는 회생채권자표 또는 회생담보권자표의 기재는 채무자에 대하여 확정판결과 동일한 효력이 있다. 다만 채무자가 회생채권과 회생담보권의 조사기간 또는 특별조사기일에 그 권리에 대하여 이의를 하지 아니한 경우에 한한다(법 제292조 제1항).
129) 임채홍·백창훈(하), 384면; 条解(下), 777면.
130) 임채홍·백창훈(하), 384면; 条解(下), 777면.
131) 임채홍·백창훈(하), 385면; 임치용, 364면, 대법원 2017. 8. 30. 자 2017마600 결정.
132) 대법원 2000. 12. 22. 선고 99두11349 판결은 "토지구획정리사업법상의 청산금 징수채권이 정리채권으로 신고되어 정리채권자표에 기재되었다고 하더라도 관리인은 회사가 할 수 있는 방법으로 불복을 신청할 수 있으므로 그 기재에 확정판결과 동일한 효력이 있다고 규정한 회사정리법 제245조는 적용될 여지가 없고, 따라서 청산금 징수채권이 정리채권으로 신고되어 정리채권자표에 기재되었다고 하더라도 그 시효기간이 민법 제165조에 따라 10년으로 신장되는 것으로 볼 수도 없다."라고 판시하였다.

범위를 넘는 경우의 처리방법에 대하여는 '확정판결과 동일한 효력'의 의미를 어떻게 해석하느냐에 따라 다르다. 기판력을 인정하지 않고 회생채권자표와 회생담보권자표의 기재에 대하여 확인적 효력만을 인정하는 대법원 판례에 따르면, 재심의 소를 제기할 필요 없이 그 무효를 주장할 수 있다고 본다[133][134](자세한 내용은 '제11장 제3절 3.' 참조).

사. 집행력과 강제집행

1) 집 행 력

회생계획에 의하여 회생채권자와 회생담보권자에게 인정된 권리가 금전의 지급 기타 이행의 청구를 내용으로 하는 때에는 그 권리에 관한 회생채권자표와 회생담보권자표의 기재는 집행력을 갖고, 인정된 권리자는 회생절차 종료 후에 채무자와 회생을 위하여 채무를 부담한 자에 대하여 회생채권자표와 회생담보권자표에 의하여 강제집행을 할 수 있다(법 제255조 제2항).[135] 이와 같이 강제집행을 하는 경우에는 강제집행에 관한 민사집행법 제2조 내지 제18조, 제20조, 제28조 내지 제55조의 규정이 준용된다(법 제255조 제3항).

집행력을 갖는 것은 회생채권자와 회생담보권자가 회생계획에 따라 취득한 이행청구권에 관한 기재에 한정되므로, 회생채권자나 회생담보권자가 채무자로부터 신주인수권이나 출자인수권 또는 사채인수권을 취득하는 경우에는 집행력이 없다.[136] 조세채권 등 공법상의 청구권에 관한 기재는 확정판결과 동일한 효력이 없으므로 집행력도 없다. 아래에서는 주로 문제가 되는 점에 관해서만 약술한다.[137]

2) 집행권원

집행권원이 되는 것은 확정된 회생채권과 회생담보권에 대하여 회생계획에

---

133) 임채홍·백창훈(하), 386면.

134) 대법원 2016. 3. 24. 선고 2014다229757 판결은 "회생채권으로 인정되어야 할 피고의 권리가 회생담보권으로 잘못 인정되었다는 이유를 들어 회생담보권자표의 기재의 무효 확인을 구할 이익이 있다."라고 판시하였다. 법 제168조에 해당하는 구 회사정리법 제145조와 관련된 사안이기는 하나 대법원 2003. 5. 30. 선고 2003다18685 판결은 "이미 소멸된 채권이 이의 없이 확정되어 정리채권자표에 기재되어 있더라도 이로 인하여 채권이 있는 것으로 확정되는 것이 아니므로 이것이 명백한 오류인 경우에는 정리법원의 경정결정에 따라 이를 바로잡을 수 있으며, 그렇지 아니한 경우에는 무효확인의 판결을 얻어 이를 바로잡을 수 있다."라고 판시하였다.

135) 법률은 회생절차의 '종결 후'에 강제집행을 할 수 있다고 되어 있지만, 그 내용상 폐지의 경우를 포함하는 '종료 후'의 의미로 해석하여야 한다.

136) 条解(下), 780면 이하.

137) 이하 내용은 임채홍·백창훈(하), 386면 이하를 참조하였다.

서 인정한 금전의 지급 기타 이행의 청구를 내용으로 하는 권리에 관한 회생채권자표와 회생담보권자표의 기재이다.

회생채권과 회생담보권에 관하여 회생절차개시 이전부터 집행권원이 존재하는 경우 양 집행권원이 병존할 수 있는지가 논의되고 있다. 이를 긍정하는 입장[138]도 있으나, 회생계획인가결정 후에는 법 제252조에 따라 모든 권리가 확정된다고 보아야 하므로, 회생채권자표와 회생담보권자표의 기재만이 집행권원이 된다고 보아야 한다.[139]

3) 집행당사자

집행채권자는 회생계획에 따라 금전의 지급 기타 이행의 청구를 내용으로 하는 권리를 인정받은 자로서 회생채권자표와 회생담보권자표에 기재되어 있는 자이다. 집행채무자는 채무자와 회생을 위하여 채무를 부담하는 자이다. 집행채권자나 집행채무자 모두 민사소송법 제218조를 유추적용한 승계인 등을 포함한다.

4) 집행할 수 있는 시기

회생채권자표와 회생담보권자표의 기재에 의한 강제집행은 회생절차 종료 후에 한하여 허용된다. 회생절차 중에는 비록 회생계획에 정해진 변제기에 변제가 되지 않더라도 강제집행은 허용되지 않는다.[140]

다만 회생채권자와 회생담보권자가 회생절차 밖에서 종전부터 가지는 보증인 등에 대한 권리에 따라 행하는 강제집행이나 담보권의 실행은 허용된다(법 제250조 제2항). 그 밖에 조세채권이나 국세징수의 예에 의하여 징수할 수 있는 청구권으로서 그 징수우선순위가 일반 회생채권보다 우선하는 것은 회생계획에 정해진 변제기에 변제되지 않을 때 회생절차가 진행 중이더라도 체납처분이나 담보물건의 처분을 할 수 있고, 징수우선순위가 일반 회생채권보다 우선하지 아니한 것은 법원이 회생에 지장이 없다고 인정하는 경우 관리인 등의 신청에 의하거나 직권으로 중지된 처분의 속행을 명할 수 있다(법 제256조 제1항, 제58조 제3).[141]

---

138) 条解(下), 783면. 이에 따르면, 채권자가 종래 집행권원으로 강제집행을 하는 경우 채무자는 청구이의의 소를 제기하여 종전 집행권원에 표시된 청구권이 회생계획에 따라 실체적으로 변경된 사실을 주장하여 변경된 한도 내에서 집행의 배제를 구하여야 한다.

139) 대법원 2017. 5. 23. 자 2016마1256 결정은 "회생채권에 관하여 회생절차개시 이전부터 회생채권 또는 회생담보권에 관하여 집행권원이 있었다 하더라도, 회생계획인가결정이 있은 후에는 법 제252조에 따라 모든 권리가 변경·확정되고 종전의 회생채권 또는 회생담보권에 관한 집행권원에 따라 강제집행 등은 할 수 없으며, 회생채권자표와 회생담보권자표의 기재만이 집행권원이 된다."라고 판시하였다.

140) 대법원 1991. 4. 9. 선고 91다63 판결.

141) 条解(下), 785면.

5) 집행문의 부여

회생채권자표와 회생담보권자표에 의한 강제집행은 그 집행문을 붙인 정본에 기하여 집행한다(법 제255조 제3항, 민사집행법 제28조). 집행문 부여기관은 회생법원의 법원사무관등이 된다.

서울회생법원의 구체적인 실무례를 보면, 가령 회생채권자가 집행문 부여를 신청하는 경우 당해 채권자의 회생채권자표에 회생계획 관련조항을 첨부하여 정본을 만들고 마지막 장에 집행문을 부기하여 교부한 다음, 회생채권자표에 집행문 부여사실을 기재하고 있다.

법원사무관등은 회생절차 중에 일부 변제가 이루어진 것을 기록에서 알 수 있을 때에는 그 액을 명시하여 집행할 수 있는 한도금액을 명시하여야 한다.

6) 청구이의의 소 등과 관할의 특칙

회생채권자표와 회생담보권자표에 의한 강제집행에 관하여도 집행문 부여의 소(민사집행 제33조), 청구에 관한 이의의 소(같은 법 제44조), 집행문 부여에 대한 이의의 소(같은 법 제45조)가 인정되는데, 그 소는 회생계속법원의 관할에 전속한다(법 제255조 제3항).[142]

7) 회생을 위하여 채무를 부담하는 자의 항변권

회생을 위하여 채무를 부담하는 자는 법 제255조 제1항의 회생채권자표와 회생담보권자표 기재의 집행력을 받아 집행채무자가 되는데, 이러한 자가 부담하는 채무의 성질이 보증채무일 때는 민법 제437조에 의한 최고·검색의 항변권을 가진다(법 제255조 제2항 후문).

제6절   회생계획 인부결정에 대한 불복

1. 회생계획 인부결정에 대한 불복방법

회생계획 인부결정은 회생절차의 핵심인 회생계획에 대하여 법적인 효력을 부여함으로써 채무자 또는 그 사업의 회생을 위한 회생계획을 수행할 것인지 아니면 법적인 효력을 부여하지 않고 거절함으로써 회생절차를 종료시킬 것인지를 결정하는 중요한 재판이다. 따라서 법은 회생계획 인부결정에 대하여는 즉시항고의 방법으로 불복할 수 있도록 규정하고 있다(법 제247조 제1항).

---

142) 대법원 2019. 10. 17. 선고 2019다228305 판결.

2. 즉시항고권자

회생계획 인부결정에 대하여 즉시항고를 할 수 있는 자는 그 재판에 대하여 법률상의 이해관계를 가지고 있는 자이다(별 제13항). 즉 회생계획의 효력을 받는 지위에 있는 자로서 회생계획의 효력발생 여부에 따라 자기의 이익이 침해되는 자이다. 구체적으로 살펴보면 다음과 같다.

가. 회생채권자·회생담보권자

1) 목록에 기재되거나 신고한 회생채권자·회생담보권자

법 제247조 제1항 단서의 반대 해석상 목록에 기재되거나 신고한 회생채권자·회생담보권자는 항고할 수 있다. 목록에 기재되거나 신고한 회생채권자 또는 회생담보권자인 이상 의결권이 있는지 여부,[143] 현실적으로 결의 절차에 참여하였는지 여부는 묻지 않는다. 결의 절차에서 회생계획안에 찬성한 자도 인가결정에 대하여 항고할 수 있다. 그러나 회생계획안에 반대한 자는 불인가결정에 대하여는 항고할 수 없다.[144] 회생계획안이 인가되기 위해서는 강제인가의 경우가 아닌 한 관계인집회에서의 가결 및 법정 인가요건의 구비를 필요로 하는데, 회생채권자 등으로서는 당초 특정 회생계획안에 찬성하였다 하더라도 이후 인가요건의 불비 등 불인가 사유를 발견한 경우에는 인가결정에 대하여 항고할 법률상 이익이 있다고 할 것이나, 당초 특정 회생계획안에 반대한 회생채권자 등으로서는 그 회생계획안에 대한 불인가결정에 대하여 이를 다툴 법률상 이익이 없다고 해석되기 때문이다.

목록에 기재되거나 신고한 회생채권자·회생담보권자인 이상 그 권리가 미확정된 경우에도 즉시항고를 할 수 있다. 그러나 권리확정소송에서 그 권리가 부존재함이 확정되거나 확정소송의 제소기간 도과(별 제17항) 등의 사유로 회생절차에 참가할 자격을 확정적으로 상실한 자는 항고할 수 없다.[145]

법 제140조 제1항의 벌금 등 청구권은 회생계획에 감면 기타 그 권리에 영향을 미치는 규정을 할 수 없고, 착오로 그러한 규정이 있다 하여도 효력이 생기지 않으므로[146] 벌금 등 청구권자는 항고권이 없다.[147]

---

143) 다만, 의결권이 없는 회생채권자·회생담보권자가 즉시항고를 하는 때에는 회생채권자·회생담보권자인 것을 소명하여야 한다(법 제247조 제2항).
144) 임채홍·백창훈(하), 346면; 条解(下), 673면.
145) 임채홍·백창훈(하), 346면.
146) 条解(下), 673면.

2) 목록에 미기재되고 미신고한 회생채권자·회생담보권자

목록에 기재되지 아니하고 신고하지 아니한 회생채권자·회생담보권자는 즉시항고권이 없다(법 제247조).[148] 회생절차에서 권리의 신고는 원칙적으로 심리를 위한 관계인집회가 끝난 후 또는 서면결의에 부친다는 결정이 있은 후에는 할 수가 없고, 그 때까지 목록에 기재되지 아니하고 신고하지도 아니한 권리는 회생계획에 기재되지 아니하는 결과 실권될 운명에 있다. 따라서 목록에 기재되지 아니하고 신고하지 아니한 회생채권자·회생담보권자는 이미 신고를 소홀히 함으로써 잠재적으로 실권한 상태이고, 인가결정에 따라 그것이 확정되는 것에 불과하므로 인가결정에 대하여 불복을 신청할 법률상의 이익이 없다. 또한 회생계획이 불인가된 경우에는 자신들의 권리가 부활될 것이므로 역시 불복신청의 이익이 없는 것이다.

다만 목록에 기재되지 아니하고 신고하지 아니한 회생채권자·회생담보권자라 하더라도 회생절차가 법률의 규정에 위반(법 제243조 제1항 제1호)되어 목록에서 누락되거나 채권신고의 기회를 상실한 경우에는 이를 이유로 인가결정에 대하여 항고할 수 있다.[149]

나. 주주·지분권자

법 제247조 제1항 단서의 반대해석상 목록에 기재되거나 신고한 주주·지분권자도 회생계획 인부결정에 대하여 즉시항고권이 있다. 의결권이 있는지 여부,[150] 결의에 참가하였는지 여부, 회생계획안에 찬성하였는지 여부 등은 신고한 회생채권자·회생담보권자의 경우와 같다.

다. 채 무 자

채무자가 회생계획 인부결정에 대하여 즉시항고를 할 수 있는지에 관하여는 견해가 대립되고 있으나, 회생계획의 효력이 채무자에게도 미친다는 점, 채무자야말로 회생계획의 인부에 중대한 이해관계를 갖게 된다는 점에 비추어 긍정

---

147) 반면 법 제140조 제2항의 청구권은 회생계획에 징수유예나 체납처분에 대한 환가유예, 즉 권리변경사항을 정할 수 있으므로 즉시항고권자가 될 수 있다.

148) 법문에는 '목록에 기재되지 아니하거나 신고하지 아니한'으로 되어 있으나 '목록에 기재되지 아니하고 신고하지 아니한'으로 해석하여야 할 것이다.

149) 条解(下), 674면.

150) 다만, 의결권이 없는 주주·지분권자가 즉시항고를 하는 때에는 주주·지분권자인 것을 소명하여야 한다(법 제247조 제2항).

하는 것이 타당하다.[151]

라. 회생을 위하여 채무를 부담하거나 담보를 제공한 자

법 제247조 제1항이 회생채권자·회생담보권자·주주·지분권자만을 언급하고 있으므로 회생을 위하여 채무를 부담하거나 담보를 제공한 자는 항고권이 없다고 해석할 여지도 있다. 그러나 이러한 자도 회생계획의 효력을 받으므로 항고권을 인정해야 할 것이다. 다만 불인가결정에 대하여는 불복할 수 없다.[152]

마. 관 리 인

관리인에게 항고권이 있느냐에 대해서도 견해의 대립이 있다. 긍정하는 견해[153]도 있고, 관리인의 경우 직접 법률상의 이해관계가 없으며 회생채권자·회생담보권자·주주·지분권자, 채무자, 회생을 위하여 채무를 부담하거나 담보를 제공하는 자는 각 자신의 항고권으로 그 권리보호를 받을 수 있음을 이유로 관리인의 항고권을 부정하는 견해도 있다.[154] 그러나 관리인이 회생채권자의 지위를 겸하고 있는 경우에는 회생채권자로서 항고할 수 있음은 물론이다.

바. 항고권이 없는 자

공익채권자는 회생절차에 의하지 아니하고 그 채권을 수시로 변제받을 수 있어(법 제180조 제1항), 회생계획에 관하여 법률상 이해관계를 가지지 아니하므로 회생계획 인부결정에 대하여 항고할 수 없다. 회생계획에서 공익채권에 관한 변제기의 유예 또는 채권의 감면 등 공익채권자의 권리에 영향을 미치는 규정을 두었다고 하더라도 그 공익채권자가 이에 대하여 동의하지 않는 한 그 권리변경의 효력은 공익채권자에게 미치지 아니하므로 공익채권자는 회생계획인가결정에 대한 적법한 항고권자가 될 수 없다.[155][156]

---

151) 임채홍·백창훈(하), 347면; 条解(下), 675면. 참고로 채무자가 회생절차개시결정에 대하여 즉시항고할 수 있는지에 관하여 대법원 2021. 8. 13. 자 2021마5663 결정은 "회생절차가 개시되면 채무자의 업무의 수행과 재산의 관리 및 처분을 하는 권한이 관리인에게 전속하게 되는 등 채무자의 법률상 지위에 중대한 변화가 발생하므로, 채권자 등의 신청에 의해 회생절차개시결정이 내려진 때에는 채무자가 이해관계인으로서 그에 대하여 즉시항고를 할 수 있다고 보아야 한다. 이때 채무자가 법인인 경우에는 채무자의 기존 대표자가 채무자를 대표하여 즉시항고를 제기할 수 있다."라고 판시하였다.

152) 임채홍·백창훈(하), 348면; 条解(下), 676면.

153) 임채홍·백창훈(하), 348면.

154) 条解(下), 676면.

155) 대법원 2016. 2. 18. 선고 2015다10868, 10875 판결, 대법원 2006. 1. 20. 자 2005그60 결정.

감독행정청, 법무부장관, 금융위원회, 채무자의 노동조합은 회생계획안에 대하여 의견을 진술할 수 있으나(법 제226조,제227조), 회생계획에 따라 직접 권리의무에 영향을 받지 않으므로 회생계획 인부결정에 대해서는 항고할 수 없다고 해석된다.[157]

그러나 조세채권의 징수권자는 그 권리가 목록에 기재되거나 신고된 이상 회생채권자 또는 회생담보권자에 해당되므로 항고할 수 있다.

3. 즉시항고의 절차

가. 항고제기의 방식

회생계획 인부결정에 대한 항고는 회생계속법원에 항고장을 제출함으로써 한다(법 제33조, 민사소송법 제445조). 항고장의 기재 사항은 일반 민사항고 사건의 기재 사항과 동일하게 제1심 결정의 취지 및 그 결정에 대한 항고취지 등이다.

나. 항고기간

회생계획 인부결정에 대한 항고는 인부결정의 공고가 있은 날부터 14일 이내에 하여야 한다(법 제13조 제2항, 제245조 참조). 기산일은 공고의 효력이 발생한 날[158]이고, 이 기간은 불변기간이므로 소송행위의 추완이 허용된다(법 제33조, 민사소송법 제444조 제2항, 제173조).

다. 항고권자에 관한 소명

의결권이 없는 회생채권자·회생담보권자·주주·지분권자는 자신이 회생채권자·회생담보권자·주주·지분권자인 것을 소명하여야 항고할 수 있다(법 제247조 제2항).

라. 항고장의 심사 및 보증금 공탁명령

1) 항고장의 심사

즉시항고가 제기된 경우 원심법원인 회생계속법원은 항고장을 심사하여 소

---

156) 대법원 2006. 3. 29. 자 2005그57 결정. 위 결정은 정리계획변경계획에서 '채무자의 인수자가 승계할 공익채권을 추후 인수자와 공익채권자와의 합의에 따라 변제한다'는 조항을 두고 있더라도 이는 공익채권자와의 합의 하에 권리변동이 가능하다는 것에 불과하고 채무자가 일방적으로 공익채권에 대하여 권리변동을 하는 것이 아니므로, 당해 공익채권을 가지고 있는 자는 사실상 또는 경제상 이해관계가 있음은 별론으로 하고 '법률상 이해관계'를 가지지 아니하므로 즉시항고권이 없다고 판시하였다.

157) 임채홍·백창훈(하), 348면.

158) 법 제9조 제2항에 따라, 관보에 게재되거나 대법원규칙이 정하는 방법에 의한 공고가 있은 날의 다음 날 효력이 발생한다.

정의 인지가 붙여져 있는지, 즉시항고 기간 안에 제기되었는지를 검토하여야 하며, 만약 항고인이 인지보정명령을 이행하지 않거나 항고가 항고기간을 넘겼음이 명백한 경우 재판장은 명령으로 항고장을 각하해야 한다(법 제33조, 민사소송법 제443조 제1항, 제399조 제2항). 일반 민사항고절차와 마찬가지로 회생계속법원은 항고가 이유 있다고 인정되는 경우 재도의 고안으로서 원결정을 경정하여야 한다(법 제33조, 민사소송법 제446조).

2) 불인가결정과 보증금 공탁명령[159]

회생계속법원은 회생계획불인가결정에 대한 항고가 있은 때에는 기간을 정하여 항고인에게 보증으로 대법원규칙이 정하는 범위 안에서 금전 또는 법원이 인정하는 유가증권을 공탁하게 할 수 있다(법 제247조 제4항). 따라서 회생계속법원(원심법원)은 항고장이 접수되면 즉시 항고장을 심사함과 아울러 공탁을 명할지 여부를 1주일 이내에 결정해야 한다(규칙 제71조 제1항).

항고인에게 보증으로 공탁하게 할 금액은 회생채권자와 회생담보권자의 확정된 의결권 액(그 액이 확정되지 않은 경우에는 목록에 기재되거나 신고된 의결권 액) 총액의 20분의 1 범위 안에서 정하되(규칙 제71조 제2항), ① 채무자의 자산·부채의 규모 및 재산상태, ② 항고인의 지위 및 항고에 이르게 된 경위, ③ 향후 사정변경의 가능성, ④ 그 동안의 절차 진행경과 및 그 밖의 여러 사정을 고려하여야 한다(규칙 제71조 제3항). 일반적으로 의결권 액이 확정된 회생채권 등과 회생채권확정소송 등이 계속 중이어서 의결권이 확정되지 않은 회생채권 등이 같이 있으므로 전자의 확정된 의결권 액과 후자의 목록에 기재되거나 신고된 의결권 액을 합산한 금액이 기준이 된다. 회생계속법원이 공탁명령을 할 당시 이미 확정된 채권 중 일부가 변제된 경우에는 잔존하는 채권액을 기준으로 정해야 한다.[160] 다만 보증금을 과다하게 설정하면 항고권의 행사를 원천적으로 봉쇄하는 결과를 초래할 수 있으므로 주의하여야 한다.

만약 항고인이 법원이 정하는 기간 내에 보증을 제공하지 아니하는 때에는 법원은 결정으로 항고를 각하해야 한다(법 제247조 제5항). 본 항의 법문상 '항고를 각하'하는 것으로 되어 있으나, 그 '항고'는 '항고장'을 의미한다고 해석함이 타당하다.[161] 따라서 항고인이 정해진 기간 내에 보증을 제공하지 아니한 때에는 원심

---

159) 항고보증금 공탁제도를 마련하고 있는 이유는 회생절차의 종료 및 파산절차로의 이행이 지연됨에 따라 발생할 수 있는 많은 이해관계인의 손해를 방지하기 위하여 항고의 남용을 합리적으로 제한하기 위한 것이다[헌법재판소 2016. 6. 30. 선고 2014헌바456, 457(병합)].

160) 이태섭, "도산사건의 현황 및 개정법령의 주요내용," 2000년도 도산실무법관연수자료, 사법연수원, 37면.

161) 보다 상세한 내용은 이태섭(주 160), 40면 이하.

법원이 결정으로 '항고장'을 각하하여야 한다(규칙 제7조 제4항). 항고장 각하결정에 대하여는 법에 즉시항고를 할 수 있다는 규정이 없으므로, 이에 대한 불복은 민사소송법에 의한 특별항고로 해야 한다.[162]

한편 항고인이 보증으로 공탁한 현금 또는 유가증권의 출급 또는 회수와 관련하여, ① 항고가 기각되고 채무자에 대하여 파산선고가 있거나 파산절차가 속행됨으로써 현금 또는 유가증권이 파산재단에 속하게 된 경우에는(별 제247조 제6항) 파산관재인이 위 사항을 증명하는 서면을 첨부하여 공탁물 출급청구를 할 수 있고, ② 항고가 인용된 경우 또는 항고가 기각되고 채무자에 대하여 파산선고가 없으며 파산절차가 속행되지 않는 경우에는 공탁자가 공탁서와 항고 인용의 재판이 확정되었음을 증명하는 서면 또는 채무자에 대하여 파산선고가 없으며 파산절차가 속행되지 않음을 증명하는 서면을 첨부하여 공탁물회수청구를 할 수 있다(다만 법원사무관등은 위 증명서를 발급할 때 미리 회생사건 담당 재판부 재판장의 허가를 받아야 한다).[163]

마. 항고기록의 송부

회생계획 인부결정에 대한 항고가 있는 경우 일반 민사항고절차와 같이 원칙적으로 항고장이 제출된 날로부터 2주일 이내에 항고기록을 송부하여야 한다(법 제33조, 민사소송법 제400조). 다만 회생계획불인가결정에 대하여 보증금 공탁명령이 있는 경우

---

162) 대법원 2011. 2. 21. 자 2010마1689 결정 참조. 또한 위 결정은 특별항고만이 허용되는 재판에 대한 불복으로서 당사자가 특히 특별항고라는 표시와 항고법원을 대법원으로 표시하지 아니하였다고 하더라도 항고장을 접수한 법원으로서는 이를 특별항고로 보아 소송기록을 대법원에 송부하여야 한다고 판시하였다.
　　한편 서울중앙지방법원 2009회합116 조선무약 합자회사 사건에서, 회생법원은 채권자 및 대표사원이 폐지결정에 대하여 즉시항고를 하자 항고보증금 공탁결정을 하였고, 기간 내에 항고보증금을 공탁하지 아니하자 항고장 각하결정을 하면서 폐지결정이 확정된 것으로 처리하였다. 이에 채권자 및 대표사원이 항고장 각하결정에 대하여 즉시항고장을 제출하였고, 대표사원은 이와 더불어 항고장 각하결정에 대하여 즉시항고를 제기하였기 때문에 민사소송법에 따라 아직 폐지결정이 확정되지 않았다고 주장하면서, 회생절차개시결정 기입등기의 말소등기 촉탁 등 폐지결정 확정에 따른 법원사무관등의 처분에 대한 이의를 제기하였다. 이에 회생법원은 항고장 각하결정에 대한 즉시항고를 특별항고로 보아 대법원으로 기록을 송부하였고(대법원 2010그255 사건으로 접수되었으나 특별항고의 취하로 종국처리되었다), 위 이의 사건에서 법원은 위 항고장 각하결정에 즉시항고장을 제출한 것은 특별항고에 해당하고 이는 불복할 수 없는 재판에 대한 것이어서 확정된 후의 불복에 해당하게 되므로 특별항고가 제기되었다고 하더라도 원심재판의 확정이 차단되는 것은 아니라는 이유로 각하결정을 하였다(서울중앙지방법원 2011. 1. 6. 자 2010카기8929 결정).
　　헌법재판소는 2016. 6. 30. 선고 2014헌바456, 457(병합) 사건에서 회생계획불인가결정에 대한 재항고 사건에서 재항고인의 항고보증금 공탁명령 불이행으로 재항고장이 각하되는 경우 특별항고로 다툴 수 있다고 판시하였다.
163) 회생사건의 처리에 관한 예규(재민2006-5) 제11조 참조.

에는 보증금이 공탁되기를 기다려 보증금이 제공된 날로부터 1주일 이내에 항고법원에 항고기록을 송부하여야 한다(규칙 제51조 제5항).

항고가 있는 경우 기록송부의 방법도 문제가 된다. 인가결정에 대한 항고가 있는 경우에는 회생계획의 효력이 바로 발생하고 이에 따라 회생계획을 수행해야 하므로 기록등본(재판장이 지정하는 필요 부분)을 만들어 항고법원으로 보내야 한다.[164] 다만 불인가결정에 대한 항고의 경우에도 등본을 하여 송부하는 것이 원칙일 것이나 본래 기록을 그대로 송부하더라도 무방하다.

4. 항고심의 심판

가. 항고이유

항고는 인부결정이 위법임을 이유로 그 취소를 구하는 신청이다. 따라서 인가결정은 인가요건이 존재하지 않은 것이 위법이 되고, 불인가결정은 인가요건이 존재하는 것이 위법이 된다.

인가요건이란 통상은 법 제243조 제1항 각호 및 일정한 경우 법 제243조의2 제1, 2항에서 정한 사항이 되지만 권리보호조항을 정하고 인가결정을 한 경우에는 법 제244조에서 정한 사항도 추가로 필요하다. 따라서 인가결정에 대한 항고는 최소한 하나라도 인가요건의 흠결사유를 주장하면 되지만, 불인가결정에 대한 항고는 적극적 요건 흠결을 이유로 불인가결정이 내려진 경우에는 적극적 인가요건이 존재한다는 것을 항고이유로 주장해야 할 것이고, 소극적 인가요건이 인정되어 불인가결정이 내려진 경우에는 소극적 인가요건이 존재하지 않는다는 것을 항고이유로 주장해야 할 것이다.

항고인은 자신의 이익에 관한 사유만을 항고사유로 주장할 수 있다. 인가요건의 존부는 뒤에 보듯이 직권조사사항이므로 항고인의 주장은 직권발동을 촉구하는 의미밖에 없다. 한편 법 제244조의 적용과 관련하여 권리보호조항을 정하여 인가할 것인지 여부는 회생법원의 재량사항이므로 권리보호조항을 정하여 인가를 하였다거나 또는 권리보호조항을 정하지 아니하고 불인가하였다는 것 자체는 원칙적으로 항고사유가 될 수 없다.[165)166)] 권리보호조항 자체의 위법을 이유

---

164) 재판예규 제871-11호 '1책의 기록에 관하여 수개의 절차에서 동시에 소송이 계속하게 되는 때의 처리요령(재일80-3)' 참조. 회생사건은 모두 전자소송으로 진행되므로 민사소송 등에서의 전자문서 이용 등에 관한 업무처리지침(재일2012-1) 제97조의2에 따라 등본한 기록을 항고법원에 전자적으로 송부하고 있다.

로 항고할 수 있음은 물론이다.

나. 항고심에서의 심리 범위

회생계획인가요건의 존부는 항고심에서도 모두 직권으로 조사할 사항이다. 따라서 항고심은 항고인이 항고이유로 주장한 사유만이 아니라 원칙적으로 모든 인가요건의 존부에 관하여 심리하여야 한다.

다만 인가결정에 대한 항고의 경우 회생절차 또는 회생계획에 관한 하자가 특정한 이해관계인이나 특정한 조에 속한 권리자의 이익에만 관계되고 그 하자가 그러한 자들의 승인에 따라 치유될 수 있는 성질의 것이라면 이로 인하여 불이익을 당할 이해관계인이나 특정한 조에 속한 권리자로부터 항고이유로 주장되지 않는 한 고려할 필요가 없다.[167] 한편 인가결정을 취소하는 경우에는 일단 효력이 발생한 회생계획을 실효시키고 이미 수행된 회생계획을 번복하는 것이므로 신중을 기하여야 한다.

다. 항고심의 재판

항고권 없는 자가 항고를 제기한 경우 등 부적법한 항고에 대하여는 항고각하의 결정을 한다. 항고가 이유 없는 경우에는 항고기각의 결정을 하고, 항고가 이유 있으면 원결정을 취소하는 결정을 해야 한다.

회생절차의 하자와 관련한 법 제243조 제2항은 항고심에서도 적용된다. 이때 고려하여야 할 사항에는 인가 후에 발생한 사정도 포함된다. 인가요건 판단의 기준시는 항고심 결정 시이다.[168] 따라서 원심결정 시 수행가능성이 인정되었던 회생계획이라 하더라도 항고 후 경제사정의 변화로 회생계획 수행가능성이 없음이 인정되면 인가요건을 흠결하게 되어 인가결정에 대한 항고는 이유가 있는 것이 된다.[169]

그런데 항고를 인용하여 원결정을 취소하는 경우 항고심이 자판을 할 것인

---

165) 条解(下), 679면.
166) 대법원 2008. 1. 24. 자 2007그18 결정은 구 회사정리법 사건에서, "구체적 사안에서 정리법원이 부결된 변경계획안을 권리보호조항을 두고 인가할 것인지 여부는 정리법원이 정리회사의 재무구조, 영업상황 및 기업가치 등 제반 사정을 종합하여 재량에 따라 판단할 사항이고, 나아가 정리법원이 구체적인 권리보호조항을 정할 때에는 합리적인 절차와 방법에 따라 정리회사의 기업가치를 평가한 자료를 취사선택한 후 이를 토대로 부동의한 조의 권리자에게 실질적 가치를 부여하면 충분하다."라는 취지로 판시하였다.
167) 条解(下), 680면.
168) 대법원 2016. 5. 25. 자 2014마1427 결정.
169) 条解(下), 681면.

지 아니면 제1심법원으로 환송할 것인지가 논란이 되고 있다. 우리나라의 학설은 항고심에서의 임의적 환송을 인정하고 있는데, 이에 따른다면 항고심이 자판을 할 수도 있고 환송할 수도 있다. 그러나 원칙적으로 회생절차는 회생법원에게 맡기는 것이 적당하므로 환송[170]하는 것이 바람직하다.[171]

한편 회생계획인가결정에 대한 항고의 경우 회생계획이 이미 수행되고 있고 회생계획의 취소가 사회·경제적으로 적지 않은 영향을 가져오는 점 등을 고려하면, 항고법원으로서는 원심법원이 한 회생계획인가결정에 부분적인 위법이 있다고 하여 곧바로 원심의 인가결정을 취소할 것이 아니라 그 위법이 권리보호조항을 정함에 따라 치유될 수 있는 경우라면 법 제244조 제1항을 준용하여 권리보호조항을 정하여 회생계획을 인가하는 것으로 제1심 결정을 변경하는 것이 바람직하다.[172]

라. 항고심 재판의 고지 및 공고와 재판에 부수하는 조치

항고심절차는 그 자체로서는 집단적 절차가 아니고 절차상의 당사자로서는 항고인만이 있을 뿐이므로 항고심의 재판은 선고할 필요는 없고 민사소송법의 일반원칙에 따라 법원이 상당하다고 인정하는 방법으로 고지하면 된다. 따라서 항고기각결정이나 항고각하결정의 경우 항고법원은 상당하다고 인정되는 방법으로 항고인에게 고지하면 된다.[173] 그러나 항고심의 재판 결과는 항고인뿐만 아니라 회생절차와 관련된 이해관계인 다수에게도 영향을 미치는 것이므로, 회생계획의 인부결정을 선고와 함께 공고하도록 한 법규정(법 제245조 제1항)의 취지에 따라 항고심의 재판도 공고하여야 할 경우도 있다. 항고심이 원심결정을 취소하고 자판을 할 경우(인가결정을 취소하고 불인가결정을 할 경우나 불인가결정을 취소하고 인가결정을 할 경우)에는 공고를 하여야 한다. 그리고 항고심이 원심결정을 취소하고

---

170) 회생법원으로 환송된 경우 원결정을 하였던 재판부가 환송된 사건을 다시 재판할 수 있는지 의문이 있다. 대법원에서 파기환송된 사건에 관하여는 민사소송법 제436조(원심판결에 관여한 판사는 상고법원에서의 환송 또는 이송 후 재판에 관여하지 못한다)에서 이를 제한하고 있다. 그러나 항소심에서 파기환송하는 경우에는 그러한 제한규정이 없고, 회생계획의 내용은 다른 재판부가 제대로 파악하기 어려우며, 일반 민사사건의 경우와는 달리 회생사건을 담당하는 재판부는 대부분 법원마다 1개밖에 없음을 고려할 때 본래 재판부가 다시 재판해도 무방하다고 본다. 인부결정에 대한 사례는 아니지만, 과거 회사정리절차에서 서울중앙지방법원은 정리회사 세계물산(주)에 대한 정리절차폐지결정이 고등법원에서 파기환송된 사안에서 그와 같이 처리한 예가 있다.

171) 임채홍·백창훈(하), 352면.

172) 대법원 2000. 1. 5. 자 99그35 결정 참조.

173) 条解(下), 668면.

환송할 경우(인가결정을 취소·환송할 경우나 불인가결정을 취소·환송할 경우)에도 일단 원심법원이 인부결정에 대한 공고를 한 이상 그 결정이 취소되었다는 취지의 공고를 하여야 한다.[174]

    항고심 법원사무관등은 법 제23조, 제27조에 따른 등기·등록의 촉탁도 하여야 한다. 즉 항고를 인용하여 인가결정을 파기환송하는 경우에도 인가의 취소등기·등록을 촉탁해야 한다.[175] 그러나 불인가결정을 취소하는 경우에는 그러한 등기·등록이 되어 있지 않으므로 취소하는 촉탁을 할 필요가 없다. 인가결정에 대한 항고기각은 이미 인가등기·등록이 되어 있으므로 촉탁할 필요가 없으나, 불인가결정에 대한 항고기각은 불인가결정이 확정되었다는 점에 대한 등기·등록의 촉탁이 필요하다.[176]

5. 즉시항고와 회생계획의 수행

가. 즉시항고와 집행정지의 효력

    회생계획인가의 결정에 대한 즉시항고는 회생계획의 수행에 영향을 미치지 아니한다(법 제247조 제3항 본문). 법은 원칙적으로 즉시항고에 대하여 집행정지의 효력을 인정하면서도(법 제13조 제3항 본문), 이 경우 예외적으로 집행정지의 효력을 인정하지 않음으로써 인가결정의 확정을 기다리지 않고 바로 회생계획의 효력이 생기도록 한 법 제246조의 취지를 살리고 있다.

나. 수행정지 등의 가처분

1) 취   지

    인가결정에 대한 즉시항고는 위와 같이 집행정지의 효력이 없는 것이 원칙이므로 경우에 따라서는 항고심에서 항고가 인용되더라도 항고인에게 회복할 수 없는 손해를 입힐 수 있다. 이러한 경우 인가결정에 대한 불복신청을 허용하는

---

174) 대법원 2016. 7. 1. 자 2015재마94 결정은 "항고심이 회생계획 인가결정에 대한 즉시항고를 받아들여 인가결정을 취소하고 제1심법원으로 환송하는 결정을 하는 경우에 항고심법원은 주문과 이유의 요지를 공고하여야 하며, 위 항고심결정에 대하여 법률상의 이해관계를 가지고 있는 사람은 공고일부터 14일 이내에 재항고를 할 수 있고, 또한 공고가 있기 전에 재항고를 하는 것도 허용된다."라고 판시하였다.

175) 条解(下), 683면.

176) 법 제23조 제1항 제1 내지 3호에 의하면, 회생절차의 개시 및 종결 결정, 회생계획인가결정은 그 결정이 있는 경우 등기촉탁 사유가 되나, 회생절차의 개시결정취소 및 폐지 결정, 회생계획불인가결정은 그 결정이 확정된 경우 등기촉탁 사유가 된다.

것이 무의미하게 되므로, 법 제247조 제3항 단서는 엄격한 요건 아래 수행정지 등의 가처분제도를 두고 있다.

2) 성　　질

이 가처분은 민사소송법상의 통상의 가처분이 아닌 특수한 가처분이므로 민사집행법 제300조 이하는 적용되지 않는다.[177]

3) 관할법원

이 가처분은 항고법원 또는 회생계속법원이 발할 수 있다. 회생계속법원이 이 가처분을 발할 수 있는 것은 항고기록을 항고법원에 송부하기 전 또는 항고법원으로부터 기록이 송부된 경우에 한하여 가능하다.[178]

4) 가처분의 요건

항고가 법률상 이유 있다고 인정되고, 회생계획의 수행으로 생길 회복할 수 없는 손해를 피하기 위하여 긴급한 필요가 있다는 점에 관한 소명이 있어야 한다. '회복할 수 없는 손해를 피하기 위한 경우'는 회생담보권자의 담보권을 소멸시키고 목적물을 타인에게 양도할 것을 내용으로 하는 회생계획이 수행되면 제3자가 목적물에 대하여 취득한 권리는 후에 인가결정이 취소되어도 무효로 되지 않아 회생담보권자에게 손해가 발생하는 것이 그 예이다.[179]

5) 가처분의 내용·효력

법원이 할 수 있는 가처분은 회생계획의 전부 또는 일부에 대한 수행을 정지하거나 그 밖에 필요한 처분이다. 그 밖에 필요한 처분의 경우로는 법 제24조 제2항에 의한 말소등기의 회복등기촉탁과 같이 회생계획의 수행에 따라 생긴 법률 상태의 원상회복에 필요한 처분을 들 수 있다.[180]

회생계획의 수행정지명령이 있으면 항고인은 그 정본을 관리인에게 제출하여 현실적으로 수행행위를 정지할 것을 요구하겠지만 법원도 감독권 행사의 일환으로서 관리인에게 명령의 내용을 통지할 필요가 있다(별제81조제1항). 법 제61조 제3항을 유추적용하여, 관리인이 명령에 위반하여 행한 행위는 무효이지만 선의의 제3자에게는 대항할 수 없다.

이 가처분은 항고인에게 담보를 제공하게 하거나 담보를 제공하게 하지 아니하고 명할 수 있다. 담보를 제공하게 한 경우 그 담보는 회생계획의 수행을

---

177) 임채홍·백창훈(하), 353면.
178) 条解(下), 684면.
179) 条解(下), 685면.
180) 条解(下), 686면.

정지함으로써 생긴 손해를 담보하는 것이므로 본래 손해를 입은 이해관계인이 이에 대한 권리를 취득해야 하나, 회생계획수행의 책임자인 관리인이 각 이해관계인을 대표하여 행사할 수 있다.[181]

다. 인가결정 취소의 효과

회생계획인가결정의 취소결정이 확정되면 회생계획은 원칙적으로 소급하여 실효되므로, 권리변동의 효력도 발생하지 않고 관리인이 한 행위도 소급하여 무효이다. 그러나 회생계획의 수행에 따라 제3자가 이미 취득한 권리는 해할 수 없다. 그렇게 해석하지 않는다면 거래의 안전을 해할 뿐만 아니라 인가결정이 확정되기 전에는 회생계획의 수행이 곤란하게 되기 때문이다.[182] 따라서 채무자의 재산을 양수한 제3자의 권리는 인가결정의 취소에 따라 상실되지 않고, 만약 결과적으로 손해를 받은 자가 있다면 그 손해배상채권은 공익채권이 된다(별 제179조 제1항 제5호).[183]

인가결정이 취소된 경우 회생계획수행의 결과를 원상으로 회복하여야 되는데, 각 행위의 성질에 따라 회생계속법원 또는 관리인이 행해야 한다. 예를 들어, 회생계획의 수행으로 기입하였던 등기·등록의 원상회복은 회생계속법원이 회복을 촉탁해야 하고, 회생채권자에게 변제된 금원의 반환청구는 관리인이 해야 한다. 다만 공익채권에 대한 변제는 회생계획에 따라 행하여진 것이 아니므로 반환청구를 할 수 없다.[184]

6. 회생계획 인부결정의 확정

가. 확정시기

회생계획의 인부결정은 일반원칙에 따라 ① 즉시항고기간의 도과, ② 즉시항고에 대한 각하 또는 기각 결정의 확정, ③ 재항고기간의 도과나 재항고에 대한 각하 또는 기각 결정에 따라 확정된다.

---

181) 条解(下), 686면.
182) 법 제246조에서 회생계획은 인가결정이 있은 때로부터 그 효력이 발생하도록 규정한 이유도 이것 때문이다.
183) 임채홍·백창훈(하), 354면.
184) 条解(下), 687면.

나. 확정의 효과

1) 인가결정의 확정

인가결정이 확정되면 누구도 인가요건의 흠결을 다툴 수 없고 회생계획의 효력도 다툴 수 없게 된다. 따라서 회생계획의 내용이 공정·형평의 원칙(별제217조)에 반한다거나 평등의 원칙(별제218조)에 반하더라도 그 하자를 주장하여 인가결정의 효력, 회생계획의 효력을 다툴 수는 없다.[185]

그러나 인가결정이 있다고 하여 본래 회생계획의 내용상 하자가 없는 것으로 변경되는 것은 아니다. 예를 들어, 필요적 기재사항인 변제자금의 조달방법이 누락된 채 회생계획이 인가되어 확정되더라도 그 사항이 기재된 것으로 되지 않는다.[186] 이러한 내용은 회생계획 수행단계에서 회생계획변경의 절차(별제282조)를 밟아야 할 것이다.

2) 불인가결정의 확정

불인가결정이 확정된 때 회생계획의 효력은 생기지 않는 것으로 확정되고 회생절차는 종료된다. 불인가결정의 성질은 회생계획인가 전 폐지결정과 같은 성질의 것으로 설명되고 있고,[187] 따라서 절차 중에 생긴 법률효과는 소급하여 무효로 되지 않고 원칙적으로 유효하다.

불인가결정의 확정에 따라 회생절차가 종료하게 되면 법 제6조 제2항 제3호에 따라 파산을 선고할 경우를 제외하고, 관리인은 공익채권을 변제하여야 하고 또한 이의 있는 공익채권에 대해서는 공탁을 해야 한다(법 제248조, 제291조). 또한 회생절차 중에 확정된 회생채권·회생담보권 가운데 조사기간 또는 특별조사기일에 채무자가 그 권리에 대하여 이의를 하지 않은 것에 관한 회생채권자표, 회생담보권자표에의 기재는 채무자에 대하여 확정판결과 동일한 효력이 있고, 회생채권자·회생담보권자는 이에 기하여 채무자에 대하여 강제집행을 할 수 있다(법 제248조, 제292조).

불인가결정의 확정에 따라 관리인은 그 지위를 상실하고 회생절차로 인하여 관리인에게 전속되었던 채무자의 업무수행권과 재산의 관리처분권은 채무자

---

185) 대법원 2005. 6. 10. 선고 2005다15482 판결은 "이미 회사정리계획이 확정된 이상 구 회사정리법 제122조 제1항에서 정한 징수의 권한을 가진 자의 동의를 받지 아니한 절차상의 하자가 있다는 사정만으로는 회사정리계획의 효력을 다툴 수 없다."라고 판시하였다. 같은 취지로 대법원 1991. 12. 13. 선고 91다1677 판결 참조.

186) 条解(下), 688면.

187) 条解(下), 692면.

에게 회복된다. 그러므로 법원사무관등은 이를 상업등기부·부동산등기부에 공시하기 위하여 직권으로 등기·등록을 촉탁하여야 한다(법제23조,).[188] 다만 관리인은 공익채권의 변제범위 내에서 권한과 의무를 유지하게 된다.

7. 재항고의 준용

회생계획의 인가 여부의 결정에 대한 즉시항고에 관한 불복은 민사소송법 제442조의 재항고[189]에 따라야 하고, 재항고의 사유가 있는 경우 앞서 본 바와 같은 항고에 관한 규정이 준용된다(법 제247조).

---

188) 임채홍·백창훈(하), 358면.
189) 대법원 2016. 7. 1. 자 2015재마94 결정은 "법 제247조 제1항, 제7항은 회생계획 인가 여부의 결정에 대하여 즉시항고를 할 수 있다고 규정하고 있고, 항고심이 회생계획 인가결정에 대한 즉시항고를 받아들여 인가결정을 취소하는 결정을 한 경우에 그에 대한 재항고 역시 즉시항고에 해당한다."라고 판시하였다.

제16장

·
·
·

회생계획의
수행과 변경

제1절 회생계획의 수행과 이에 대한 감독

1. 회생계획 수행

가. 회생계획 수행의 담당자

회생계획의 인가결정이 있는 때에는 관리인은 지체 없이 회생계획을 수행하여야 한다(별 제257). 따라서 회생계획 수행의 주체는 관리인이며, 관리인은 채무자의 업무수행권과 재산의 관리처분권(별 제56항)을 가지고 회생계획의 내용을 수행하게 된다.

관리인의 회생계획 수행은 채무자와 이해관계인 모두를 위하여 공정하고 형평에 맞게 이루어져야 한다. 법은 회생계획 수행의 적정성을 위하여 법원과 관리위원회가 관리인의 업무를 감독하도록 하고 있다(법 제81조 제1항, 제 17조 제1항 제2호).

나. 사업계획의 수행

일반적으로 회생계획은 채무자의 자금조달계획을 기초로 작성되는데, 자금조달계획에서 가장 중요한 부분은 영업활동을 통한 자금의 조달이다. 채무자가 종전의 부진한 영업실적을 다시 본 궤도로 올리는 것은 매우 어려운 일이지만, 관리인은 채무자가 적어도 회생계획에서 예정하고 있는 수준의 영업실적을 거둘 수 있도록 최선을 다하여 채무자의 업무를 수행하여야 한다.

법원은 채무자가 회생계획대로 실적을 올리고 있는지 정기적으로 점검하여야 하며, 채무자의 과거 및 현재 실적과 향후 영업전망에 관하여 파악하고 있어야 한다. 서울회생법원에서는 이를 위하여 관리인에게 각종 보고의무를 지우고 있고 정기적으로 그 경영실적을 평가하고 있는데, 이에 관하여는 뒤에서 자세히 설명하기로 한다.

다. 자산매각계획의 수행

채무자들은 불요불급한 자산을 보유한 채 회생절차로 들어온 경우가 많다. 따라서 영업상 꼭 필요하지 않은 자산은 회생계획에서 매각하도록 규정하는 것이 일반적이며, 채무자의 영업계획에 따라서는 채무자 소유 공장의 토지 및 건물을 타인에게 매각하고 임대로 전환하는 경우처럼 영업상 필요한 자산이라도 매각할 것을 예정하기도 한다. 그리고 실무상 회생계획에서는 이러한 자산매각을 통하여 들어온 자금을 공익채권, 회생담보권 등의 변제에 사용하고 남는 것이 있으면 운용자금으로 사용하도록 규정하는 것이 일반적이다. 따라서 회생계획에 있는 추정자금수지표에는 언제 얼마만큼의 자금이 유입되는 것으로 반영되어 있는데, 만약 이러한 자금의 유입이 계획대로 이루어지지 않는다면 영업의 부진으로 인한 영업수익의 감소 못지않게 자금수급에 부정적인 결과를 초래하기도 한다. 따라서 관리인은 회생계획에서 매각하도록 예정된 자산을 적어도 회생계획상 예상 매각연도 안에 적정한 가격으로 매각하여야 한다.

　　매각 대상이 되는 자산에는 주로 부동산(토지 및 건물), 유가증권(투자유가증권, 관계회사 주식) 등이 있는데, 법원은 이러한 자산의 매각이 회생계획대로 추진되고 있는지 여부를 정기적으로 점검하여야 하며, 경우에 따라서는 관리인에게 자산매각계획을 성실히 이행하도록 주의를 환기할 필요가 있다.

라. 회생채권 등의 변제

　　관리인은 영업수익금이나 자산매각대금 등 채무자가 보유하고 있는 자금을 가지고 회생채권을 변제하여야 하는데, 회생채권 변제에는 신규차입을 통한 회생채권의 변제와 출자전환의 이행도 포함된다. 법원은 채무자가 회생계획에서 정한 대로 회생채권을 변제하는지 여부를 감독하여야 하고, 관리인이 회생채권을 변제하기 전에는 반드시 법원의 허가를 얻도록 하여야 한다([별지 36] 법원의 허가사항과 위임사항에 관한 결정 참조). 그리고 관리인의 각종 보고서를 통하여 채무자가 향후 변제할 회생채권의 규모가 얼마인지, 변제할 재원이 마련되어 있는지를 파악하고 있어야 하며, 만약 회생채권을 변제할 자력이 부족하다면 앞으로 회생채권의 변제계획을 수행할 수 있을지 여부와 그 후의 조치사항에 대한 방침을 가지고 있어야 한다.

　　한편 관리인이 회생계획을 수행하다 보면 여러 가지 이유로 회생채권 등을 변제기 전에 변제할 필요가 있는 경우가 있다. 대표적인 사례로는 자금압박으로 말미암아 도산에 몰리게 된 상거래채권자가 조기변제를 해달라고 요청하는 경우나 채무자에 대하여 우월적인 지위에 있는 채권자가 회생채권을 조기에 변제하지 않으면 거래를 하지 않겠다고 주장하는 경우이다. 그런데 이러한 사유가 회생계획인가결정 전에 발생하였다면 법 제132조에 의하여 법원의 허가를 받아 회생채권을 조기에 변제할 수 있는 데 반하여, 회생계획인가결정 후에는 법률상 조기변제에 관한 근거규정이 없기 때문에 회생계획에 조기변제에 관한 특별한 규정을 두지 않으면 그 필요성이 인정되는 경우에도 회생계획의 변경이란 불편한 절차를 거치지 않는 한 조기변제를 할 수 없게 되는 결과가 발생할 수 있다. 따라서 실무에서는 회생계획의 변제기일에 관한 조항에서 채무자의 변제기일을 규정한 뒤, "다만 위 변제기일 전이라도 법원의 허가를 받아 변제할 수 있다."라는 회생채권 조기변제의 근거 규정을 두고 있다. 다만 이러한 경우에도 앞으로 채권자가 회생계획에 따라 변제받을 수 있는 채권액을 적절한 현가율로 할인한 후의 잔여 채권액을 변제하는 것이 실무상의 관행이다.[1][2] 또한 채무자의 자금 형편상 같은 성질의 채권자 모두에게 같은 조건으로 조기변제할 수 없다거나 조만간 회생절차의 폐지가 예상됨에도 불구하고, 일부 채권자에게만 조기변제할 경우에는 나중에 특혜시비가 일어날 수 있음을 유의하여야 한다. 예외적으로 사업에 필수적인 원자재 공급업체로부터 원자재를 계속 공급받기 위해 해당 업체에 대한 회생채권을 조기변제하는 경우처럼 회생을 위해 불가피하다는 이유로 일부 회생채권만을 조기변제하는 경우가 있다. 이러한 경우 회생채권의 조기변제와 관련하여 실무상 채권자들로부터 별도의 동의를 받지 아니하고 법원의 허가만을 받은 후 변제한 사례[3]와 관리위원회 및 채권자협의회에 대한 의견조회를 거친 후 법원의 허가를 받아 변제한 사례[4]가 있다.

마. 기타 회생계획에 규정된 사항의 수행

이 밖에도 회생계획에는 이사 또는 대표이사의 임면, 정관의 변경이나 자본 감소, 출자전환, 주주총회 개최 등에 관한 규정을 두고 있는데, 관리인은 인가 후 즉시 법원의 허가를 얻어 이러한 사항들을 수행하여야 한다. 특히 회생계획에서 관리인에게 이사 또는 대표이사의 임면권을 부여하고 있는 경우에는 이사 또는 대표이사의 선임이 채무자의 사업에 매우 중요한 영향을 미치는 것을 염두에 두고 역량을 갖춘 자가 선임될 수 있도록 신중하게 결정하여야 한다([별지 36] 법원의 허가사항과 위임사항에 관한 결정 참조).

---

1) 할인율을 둘러싼 논란이 생기지 않도록 회생계획 자체에 이를 명시하는 것이 바람직하므로, 회생계획에 회생채권 조기변제에 관한 근거조항과 함께 조기변제 시 할인율을 명시하는 것이 실무이다.
2) 다만 회생채권 조세채무의 경우에는 원금 감면에 필요한 조세관청의 동의가 없는 한 조기변제 시에도 변제액 전액을 변제하는 것이 실무이다.
3) 서울중앙지방법원 2007회합17 세종건설(주), 2008회합36 씨제이파워넷(주) 사건 등.
4) 서울중앙지방법원 2009회합24 (주)삼선로직스 사건 등.

142 제16장 회생계획의 수행과 변경

2. 회생계획 수행의 감독

가. 회생계획 수행의 감독기관

관리인의 회생계획 수행에 대하여는 법원이 감독권한을 가진다(법 제81조 제1항). 법원의 구체적인 감독권한의 예로서는 관리인의 선임(법 제50조,제74조)과 해임(법 제83조 제2항)의 권한, 관리인의 각종 행위에 대한 허가의 권한(법 제61조)을 들 수 있다. 한편 관리위원회는 법원의 지휘를 받아 법원의 위와 같은 감독 업무를 보좌하며, 이러한 의미에서 법상 또 하나의 감독기관이라 할 수 있다(법 제17조, 제18조, 제74조, 제257조,제287조 제3항, 제288조 제2항 등). 그 밖에 법원에 의하여 직접 선임되는 감사(법 제203조 제4항)와 채무자의 경영상태에 관한 실사를 청구하고 회생절차에 관한 의견을 진술할 수 있는 채권자협의회(법 제21조 제1항)도 일종의 감독기관이라고 할 수 있다. 한편 관리인 불선임 결정으로 채무자의 대표자를 관리인으로 보게 되는 경우에는 회생계획인가 후 주주총회를 개최하여 출자전환으로 주주가 된 회생채권자 등 새로이 구성된 주주들로 하여금 채무자의 관리인으로 보게 되는 대표자 등 경영진을 구성하도록 하여, 관리인의 회생계획 수행에 관한 감독이 채무자를 둘러싼 채권자, 주주 등 이해관계인에 의하여 자율적으로 이루어질 수 있도록 하고 있다.[5] 관리인의 업무수행에 대한 감독은 결국 그를 둘러싼 이해관계인을 통하여 이루어질 때 가장 효율적이다.

나. 관리인의 임면을 통한 감독

회생계획인가 후 법원이 선임한 관리인에게 해임사유나 유고가 있는 경우에 법원은 관리인의 직무를 수행함에 적합한 자를 신임 관리인으로 선임하여야 한다(법 제74조). 또한 채무자가 개인, 중소기업, 그 밖에 대법원규칙이 정하는 자에 해당하여 관리인이 선임되지 않음으로써 채무자(개인이 아닌 경우에는 그 대표자)가 관리인이 된 경우 회생절차의 진행 중에 법 제74조 제2항 각 호의 사유가 있다고 인정되는 때에는 관리인을 선임할 수 있다(법 제74조 제3항 단서). 관리인을 새로 선임할 경우 관리인의 선정기준이나 임기부여 등의 내용은 개시결정 시 관리인을 선임할 때의 절차와 같다(서울회생법원 실무준칙 제211호 '관리인 등의 선임ㆍ해임ㆍ감독 기

---

5) 이와 함께 관리인으로 하여금 종결에 즈음하여 주요채권자의 협의체(채권자협의체)와 감독업무에 관한 협약을 체결하도록 하여 종결 후에도 관리인의 회생계획 수행에 관한 효율적인 감독이 이루어지도록 할 수 있는데, 채권자협의체와의 협약내용은 정기적인 보고서 제출, 중요자산의 처분에 관한 보고 등 회생계획의 적정한 수행을 감독하기 위하여 필요한 한도 내에서 정한다(서울회생법원 실무준칙 제251호 '회생절차의 조기종결' 제4조, 제5조).

준'). 다만 관리인을 해임한 후 새로운 관리인을 선임하는 때에는 법 제74조 제2항의 규정이 적용되지 아니한다(별 제5항). 한편 관리인의 임기가 정하여진 경우에 그 임기 만료 후 관리인 재선임 여부를 결정할 때에는 책임 경영의 측면에서 종전 임기 동안 관리인의 경영실적과 관리위원회 및 채권자협의회의 관리인에 대한 평가 의견 등을 두루 참작하는 것이 바람직하다. 기존 경영자 관리인의 경우 특별한 예외 사유가 없는 한 기존 경영자에게 경영권을 보장하도록 한 법의 취지도 아울러 고려하여야 할 것이다.

법원은 '① 관리인으로 선임된 후 그 관리인에게 제74조 제2항 제1호의 사유가 발견된 때, ② 관리인이 제82조 제1항의 규정에 의한 의무를 위반한 때, ③ 관리인이 경영능력이 부족한 때, ④ 그 밖에 상당한 이유가 있는 때'에는 이해관계인의 신청에 의하거나 직권으로 관리인을 해임할 수 있다(별 제2항). 관리인을 선임하지 아니하여 채무자가 관리인으로 간주되는 경우에는 그 관리인은 법원이 선임한 자가 아니므로 법 제83조 제2항에 의하여 해임할 수 없으나, 위 해임사유에 해당하는 사실이 있는 경우라면 법 제74조 제3항 단서, 제2항 제1호 또는 제3호의 규정에 의하여 관리인 선임 결정을 하면 된다(관리인의 임기만료, 사임 또는 해임에 따른 새 관리인 선임결정의 기재례는 [별지 68], [별지 71] 참조). 이 경우 법원은 급박한 사정이 있는 때를 제외하고는 관리인을 선임하기 전에 채무자나 채무자의 대표자를 심문하여야 한다(별 제5항)(관리인의 해임사유에 관하여는 '제7장 제3절 3. 라.' 참조).

관리인을 해임하기 전에는 해당 관리인을 반드시 심문하여 의견진술의 기회를 주어야 한다(별 제2항). 따라서 법원은 관리인 심문기일을 지정한 후 관리인을 소환하여야 하는데, 통상 관리인에게 기일통지서를 송달하는 방법으로 관리인을 소환한다. 만약 관리인을 적법하게 소환하였음에도 불구하고 관리인이 심문기일에 출석하지 아니하였다면 심문을 종결한 후 관리인 해임 여부를 결정하면 된다. 이 결정에 대하여 관리인은 즉시항고를 할 수 있으나, 이 경우 즉시항고는 집행정지의 효력이 없다(별,제83조,제4항,제4항)(관리인 해임을 위한 심문기일지정결정의 기재례는 [별지 69], 관리인 심문조서의 기재례는 [별지 70], 관리인 해임결정의 기재례는 [별지 71] 참조).

해임되거나 관리인 선임 결정에 의하여 그 지위를 상실한 관리인은 지체 없이 법원에 계산의 보고를 하여야 하며(별 제1항), 이를 게을리할 경우에는 법 제648조 제2항의 규정에 의하여 형사처벌을 받을 수 있다.

다. 법률행위 및 자금지출행위에 대한 허가를 통한 감독

1) 법원의 허가를 받아야 하는 행위의 범위

법원은 필요하다고 인정할 경우에 관리인의 일정한 행위에 대하여 법원의 허가를 얻어야 하는 것으로 정할 수 있다(별 제61항). 실무에서는 통상 회생절차개시 결정과 동시에 관리인이 법원의 허가를 받아야 하는 행위의 범위를 정해 줌으로써 회생절차개시 이후의 감독권을 행사하고 있는데, 회생계획인가 후에도 이러한 감독권의 행사는 계속 이루어진다. 이 경우 법원이 정하는 허가를 필요로 하는 행위들은 대체로 채무자의 중요 결정사항이거나 일정 규모 이상의 자금지출이 수반되는 법률행위 등이다(법원의 허가사항과 위임사항에 관한 기재례는 [별지 36] 참조).

채무자의 지출행위 중 법원의 허가를 필요로 하는 금액의 기준은 아래 표에 따라 정한다. 다만, 채무자의 자산과 부채총액, 법인 채무자의 경우 그 영업의 특성을, 개인 채무자의 경우 그 직업의 특성을 고려하고, 예상되는 허가신청의 빈도, 제3자 관리인 선임 여부 등을 종합하여 달리 정할 수 있고, 위 기준을 정하는 데 필요한 경우 관리위원회는 사전에 법원에 의견을 제시할 수 있다(서울회생법원 실무준칙 제212호 '채무자의 지출행위 중 법원의 허가가 필요한 금액의 기준' 제2조). 채무자에 대하여 회생계획이 인가된 후 법원이 채무자의 지출행위에 관해 위 기준을 달리 정할 필요가 있다고 판단한 경우 법원은 그 기준을 다시 정할 수 있고, 관리위원회는 법원에 의견을 제시할 수 있다(위 준칙 제3조, 법원의 허가를 필요로 하는 행위의 변경결정문의 예는 [별지 181] 참조).

연간 매출액(원)	기준액(원)
100억 이하	5,000,000
100억 초과 ~ 500억 이하	10,000,000
500억 초과 ~ 1,000억 이하	20,000,000
1,000억 초과 ~ 5,000억 이하	30,000,000
5,000억 초과	50,000,000

2) 허가사무의 위임

법원은 위와 같이 법원의 허가를 받아야 할 행위 중에서 채무자의 통상적인 업무에 속하는 허가사무를 대법원규칙이 정하는 바에 의하여 관리위원에게 위임할 수 있다(별제 18조). 이에 따라 규칙은 제29조부터 제31조까지 사이에 걸쳐 법원이 관리위원에게 위임할 수 있는 허가사무의 범위, 위임의 절차와 위임사무의 처리 결과보고에 관한 규정을 두고 있다. 서울회생법원에서는 위 규정에 의하여 채무자의 통상적인 업무 범위에 속하는 행위에 대한 허가사무를 주무 관리위원에게 위임하고 있는데, 일반적으로는 관리인이 법원의 허가를 받아야 할 행위를 정하면서 관리위원에 대한 허가사무의 위임결정을 동시에 하고 있다(법원의 허가사항과 위임사항에 관한 기재례는 [별지 36] 참조). 허가사무를 위임받은 관리위원은 정기적으로 그 처리결과를 법원에 보고하여야 하는데, 서울회생법원에서는 관리인이 월간보고서에 관리위원이 허가한 사무에 관한 내용을 기재하는 것으로 이에 갈음하고 있다.

3) 법원의 허가를 받지 아니하고 한 행위의 효력

법원의 허가대상 행위로 정하였음에도 불구하고 관리인이 법원의 허가를 얻지 아니한 채 행한 행위는 무효로 된다(별 제61조 제3항 본문).[6] 그러나 선의의 제3자에게는 대항하지 못한다(별 제61조 제3항 단서). 여기서 '선의'란 ① 허가받지 않은 행위라는 점을 알지 못했다는 사실로 충분하다는 견해와 ② 그와 같은 소극적인 사실만으로는 부족하고 법원의 허가가 있었다고 적극적으로 믿었어야 한다는 견해가 대립되고 있다. 선의의 증명책임은 이를 주장하는 자가 부담한다. 행위의 상대방이 악의라 하더라도 그 전득자가 선의라면 그 전득자에 대해서도 행위의 무효를 주장할 수 없게 된다.[7] 만약 위와 같이 관리인이 법원의 허가를 받지 않고 행위를 하였을 경우에는 법 제74조 제3항 단서에 의한 관리인의 선임 또는 법 제83조 제2항 제2호에 의한 관리인의 해임 사유가 된다. 또한 법 제648조 제1항의 무허가행위 등의 죄에 의하여 형사처벌을 받을 수도 있다.

4) 허가사무 처리 실무

아래에서는 실무 경험상 중요하다고 판단되거나 허가 여부를 결정함에 있어 주의하여야 할 사항에 관하여 설명하기로 한다.

가) 자산의 매각   앞서 설명하였듯이 자산의 매각은 관리인이 수행하여야 할 중요한 업무 중의 하나이다. 따라서 법원은 관리인이 회생계획에서 예정

---

6) 이와 관련하여 대법원은 "정리회사의 관리인이 일체의 소송행위에 대하여 정리법원의 허가를 받도록 명한 회사정리결정에 반하여 법원의 허가를 받지 아니한 채 집행증서를 작성한 경우, 그 집행증서는 무효라고 볼 수밖에 없으므로, 채권자가 그 집행증서를 채무명의(집행권원)로 하여 채무자의 재산에 대하여 행한 압류는 무효라고 보아야 한다."라고 판시한 바 있다(대법원 1999. 9. 7. 선고 98다47283 판결).

7) 条解(上), 511면 이하.

하고 있는 기간 내에 적정한 가격으로 자산을 매각하는지 여부를 꾸준히 점검하여야 하고, 자산매각대금이 적법하고 공정하게 분배되는지 여부도 감독하여야 한다. 그런데 매각예정자산이 반드시 회생계획에서 예정된 시기나 가격으로 매각되는 것은 아니기 때문에 자산매각을 허가할 때에는 회생계획이나 채무자의 자금수지계획, 향후 더 유리한 조건으로 매각될 가능성이 있는지 여부 등을 종합적으로 고려하여야 한다. 그리고 자산의 매각은 관련 회생담보권자와 매우 중대한 이해관계를 가지는 것이므로 법원으로서는 자산이 공정한 거래가격에 따라 매각되는지 여부를 면밀히 검토하여야 한다. 특히 매각 대상 자산 중 관계회사(자회사) 주식이나 골프장과 같이 자산의 매각이 영업의 양도 등 M&A와 같은 성격을 가지는 경우에는 매각예정시기 전부터 매각을 위한 사전 준비작업을 충분히 하여야 한다.[8]

만약 자산의 시세가 예정된 매각가액에 미치지 못할 경우에는 향후 자산의 시세가 상승할 가능성이 있는지 여부, 현재의 자산매각대금의 이자수입(또는 자산을 매각하지 않을 경우에 부담할 회생담보권의 지급이자) 등 제반 사정을 고려하여 자산 매각 여부를 신중히 결정하여야 한다.[9] 반대로 자산의 시세가 예정된 매각가액을 초과할 경우에는 되도록 조기에 매각하도록 하여야 하는데, 이 경우에도 향후 시세의 상승 가능성과 이자율 등을 고려하여 판단하여야 한다.

또한 상장 주식과 같이 시세가 수시로 변동하는 자산 매각을 허가할 경우, 관리인이 법원으로부터 서면으로 미리 허가받은 매도금액에 구애되어 매각 시기를 놓치는 일이 없도록 특히 주의하여야 한다.

매각예정자산에 관하여 회생담보권자가 있는 경우에는 매각대금의 분배에

---

8) 과거 회사정리절차에서 정리회사인 (주)대농의 경우에는 정리계획상 보유하고 있던 자산 중 골프장을 매각하기로 예정되어 있었는데, 세무상의 문제 등 여러 가지 사유로 인하여 매각금액이 회생계획에 미달할 것으로 예상되었기 때문에 별도로 골프장 영업을 목적으로 하는 독립법인을 설립하여 매각하였다. 서울회생법원은 위와 같은 성질을 가지는 자산매각의 경우에는 그 공정성과 투명성을 확보하기 위하여 관리인으로 하여금 매각주간사를 선정하여 공개매각을 하도록 하고 있다. 서울회생법원 2013회합188 동양인터내셔널(주) 사건에서는 매각주간사를 선정하여 채무자의 자산인 삼표시멘트(주)의 주식을 스토킹호스 매각 방식(Stalking-Horse Bid)으로 매각하였다. 자세한 내용은 '제17장 제6절 1.' 참조.

9) 회생계획상 예정가액보다 낮은 가격으로 매도하려 할 때 선순위 담보권자 또는 후순위 담보권자가 반대하는 경우에도 법원의 허가를 받아 매각할 수 있고, 이로 인해 후순위 담보권자가 담보권 범위 내의 채권금액을 모두 변제받지 못한다 하더라도 법원은 후순위 담보권의 말소촉탁을 할 수 있다. 다만 매각 이후 머지않은 장래에 회생절차가 폐지되고 파산이 선고될 가능성이 있는 채무자의 경우에는 법원이 위와 같은 저가 매각을 허가하지 않는 것이 바람직하다. 왜냐하면 파산선고 후에 파산관재인이 매각하는 것이 좀 더 절차의 공정성과 투명성을 확보할 수 있기 때문이다.

관하여 다툼이 발생할 소지가 있다. 그 예로서는, 매각예정자산이 회생담보권액
이상으로 매각될 경우 회생담보권자가 담보물 평가액을 초과하여 회생채권으로
인정된 채권까지 변제를 요구하거나 다른 채권의 변제를 요구하면서 담보의 해
지를 거부하는 경우가 있다.[10] 서울회생법원에서는 회생계획에서 달리 정함이
없는 경우라면 회생담보권액을 초과하는 자산매각대금은 공익채권의 변제나 채
무자의 운영자금으로 사용하도록 하고 있다. 회생담보권자의 위와 같은 요구는
회생계획에 명시되어 있지 않는 한 수용하여서는 안 될 것이다.[11] 서울회생법원
의 실무는 회생계획에 담보물건 등 자산매각으로 인한 예상초과 수익금의 사용
방법에 대해 명시적인 규정을 두고 있다.[12]

　　매각대상자산에 관하여 여러 개의 근저당권이 설정되었는데, 채권확정절차를
거친 결과 그 근저당권자 중 일부만이 회생담보권자로 인정되고 나머지 근저당권
자의 채권은 회생채권으로만 인정되는 경우가 흔히 있다. 이러한 경우 회생담보권
으로 인정되지 않은 채권자의 근저당권설정등기는 회생계획에서 달리 정함이 없는
이상 회생계획인가결정과 동시에 직권으로 말소되어야 하지만(법 제251조, 제24조 제2항), 실무에서
는 편의상 그 등기를 말소하지 않고 있다가 자산 매각 등의 사유로 소유권이전
등기를 할 때에 권리자로부터 임의로 말소등기서류를 제출받아 말소등기를 하는
방법을 취하고 있다. 그런데 이와 같은 이유로 형식상으로만 근저당권자로 남아
있는 회생채권자가 자산이 매각될 무렵에 자기 채권의 변제를 요구하며 근저당
권설정등기의 말소에 협조하지 않는 경우가 가끔 발생하는데, 이러한 경우에는
법원이 직권으로 위와 같은 근저당권설정등기의 말소를 촉탁하면 된다(법 제24조 제2항). 따
라서 당초부터 회생계획에 회생담보권으로 인정되지 않은 담보권이 말소되어야
한다는 취지와 말소되어야 할 담보권의 내역을 명기하는 것이 바람직하다.[13]

---

10) '매매계약이 완료된 후 소유권이전등기 시 필요한 경우' 법원이 해당 물건에 대한 회생담보권
　　자의 담보권 말소를 촉탁할 수 있도록 회생계획에 정한 사건에서 회생법원의 말소허가결정 및
　　말소등기촉탁은 그에 앞서 회생담보권자의 피담보채권이 변제되었는지 여부와는 상관없이 법
　　제252조와 회생계획의 위 조항에 근거한 것으로서 적법하다는 사례로 대법원 2017. 5. 31. 선고
　　2015다24751 판결 참조.
11) 이와 관련하여 대법원은, 담보목적물의 평가액보다 실제 처분가액이 높은 경우 담보목적물 처
　　분가액 중 잔여액으로 담보목적물 평가액을 초과하여 정리채권으로 인정된 부분을 우선 변제해
　　달라는 정리담보권자의 요구를 수용하여 정리계획안에 이러한 변제계획을 마련해 두는 예가 있
　　고, 이러한 경우에는 담보목적물 평가액을 초과하여 정리담보권으로 인정받지 못한 채권에 대
　　하여도 담보권자가 우선변제를 받을 수는 있으나, 이는 정리계획인가결정에 따른 권리변경의
　　효력에 의한 것일 뿐 이를 정리담보권자에게 인정되는 당연한 권리라고 할 수는 없다고 판시한
　　바 있다(대법원 2005. 7. 28. 선고 2005다17518 판결).
12) 구체적인 내용에 관하여는 '제13장 제5절 3. 다. 2) 나)' 참조.
13) 보통 회생계획에서 회생담보권으로 인정되지 아니한 부동산 및 동산에 관한 담보권과 담보

　　나) 회생채권 등의 변제　　　채무자가 회생채권(회생담보권 포함)을 변제하고 있는지 여부는 회생계획이 제대로 수행되고 있는지 여부를 가늠할 수 있는 척도이다. 따라서 실무에서는 채무자의 자금지출에 관한 허가사항 대부분을 관리위원회에 위임하고 있으면서도 회생채권의 변제는 법원(재판부)의 허가사항으로 하고 있다(법원의 허가사항과 위임사항에 관한 기재례는 [별지 36] 참조). 그러나 관리인이 회생채권의 변제는 이미 회생계획에 그 시기와 금액이 특정되어 있으므로 법원의 허가 없이도 할 수 있다고 오해하는 경우가 종종 있다. 따라서 법원은 허가사항의 범위를 결정하면서 관리인에게 이러한 오해를 하지 않도록 주의를 환기할 필요가 있다.

　　변제자금이 부족하여 회생채권 전부를 변제할 수 없는 경우에도 주의를 요한다. 회생계획에는 보통 변제자금이 부족할 경우의 처리방법에 관하여도 규정되어 있는데,[14] 이러한 경우 관리인이 신청하는 변제계획의 내용이 채무자의 회생계획의 내용에 부합하는지 검토하여야 한다. 변제기에 채무자가 변제예정액의 전액을 변제할 수 없는 경우에는 변제하지 못하는 채권의 내역, 채권을 변제하지 못할 경우 연체이자의 적용 여부, 미변제 사유 및 향후의 대책 등을 상세히 보고받는 것이 바람직하다.[15]

　　다) 종업원의 임금인상　　　관리인의 임금교섭행위는 법원이 통상 관리인이 법원의 허가를 받아야 할 사항 중의 하나로 지정하는 '기타 상무에 속하지 아니하는 행위'에 해당하고, 임금의 지급수준은 채무자의 수익성과 자금운용에 직접적인 영향을 미치는 요소이다. 따라서 서울회생법원은 종업원의 임금인상을 법원의 허가사항으로 파악하고 있다.

　　채무자의 실질적인 회생을 위해서는 재무상태의 개선을 위한 단순한 채무조정뿐만 아니라 근로관계에 대한 합리적인 조정 역시 불가피하다.[16] 서울회생법원에서는 실무준칙 제254호 '단체협약 체결'을 제정하여 관리인이 근로자 측과 임금 기타 근로조건에 관하여 원만히 협상하여 불필요한 노사 갈등이 발생하지

　　목적의 지상권 등은 소멸하는 것으로 정하고 있다. 구체적인 내용에 관하여는 '제13장 제5절 3. 다. 1)' 참조.

14) 구체적인 내용에 관하여는 '제13장 제5절 1. 나. 3)' 참조.

15) 회생계획에는 변제자금이 부족할 경우 회생담보권을 우선 변제한 후 남은 자금으로 회생채권을 채권액에 안분하여 변제하도록 규정되어 있음에도 불구하고, 관리인이 법원의 허가를 받지 않은 채 회생담보권과 회생채권 전체에 대하여 안분하여 변제하는 사례가 있으므로 주의를 요한다.

16) 이진웅·장규형, '서울회생법원 실무준칙 제정 경과 및 주요내용', 법조(2017. 12.), 211면.

않도록 함으로써 회생의 가능성을 높이도록 하고 있다(워크아웃준칙 제1조). 관리인은 단체협약을 체결하기 전에 법원의 허가를 받아야 하고, 관리인이 위 허가신청을 할 때에는 단체협약의 내용이 회생계획상의 추정임금인상률 등 관련 규정의 범위 내이고 회생계획의 수행에 지장을 초래하지 않음을 확인할 수 있는 자료를 첨부하여야 한다(워크아웃준칙 제2조).

종전의 실무례를 보면 관리인이 법원의 허가 여부를 고려하지 않은 채 독단적으로 종업원들과 지나치게 높은 수준의 임금인상안을 합의한 뒤 법원에 대하여 이를 허가해 줄 것을 신청하는 경우가 종종 있었다. 이때 법원이 그 신청을 불허가할 경우에는 불필요한 노사분규나 경영상의 분란이 발생할 우려가 크기 때문에 법원이 그 허가신청서를 처리할 때에 큰 부담을 가지지 않을 수 없다. 따라서 관리인은 임금 기타 근로조건에 관하여 근로자 측과 협상을 개시하기에 앞서 적정한 임금 기타 근로조건의 수준을 법원에 보고하여야 하며, 근로자 측과 합의를 할 때에도 합의예정안을 법원에 사전 보고하고 법원과 충분한 협의를 거쳐야 한다(워크아웃준칙 제3조).

다만 이러한 경우 법원이 합리적인 이유 없이 임금인상을 억제한다는 인상을 주지 않도록 주의하여야 하며, 모든 채무자에 대하여 동등하게 시행할 수 있는 임금인상 허가에 관한 기본 원칙을 마련하여 시행하는 것이 바람직하다. 아래에서는 임금인상을 허가할 때에 고려하여야 할 사항에 대하여 설명하기로 한다.

법원이 임금인상의 허가 여부를 결정함에 있어서는 해당 임금인상이 회생계획상의 추정 임금인상률 등 관련 규정의 범위 내인지 여부, 물가상승률, 전년도 임금 지급 수준과의 비교, 채무자의 영업실적 및 회생계획 이행상황, 향후 전망 등을 종합적으로 고려하여야 한다. 그중에서도 채무자의 영업실적 및 회생계획의 추정(추정손익계산서, 추정자금수지표)과 그 이행현황이 가장 중요한 요소가 될 것이다. 회생계획은 채무자의 향후 사업계획을 기초로 작성되는 것이며, 향후 사업계획에는 인건비의 지급도 포함되어 있으므로 원칙적으로 임금의 인상은 회생계획에서 예정하고 있는 인건비의 지급 수준을 초과하지 않는 것이어야 한다.[17] 만약 채무자가 회생계획에서 예정하고 있는 영업실적을 올리지 못하고 있

---

[17] 다만 인건비는 손익계산서상의 매출원가와 판매관리비 두 항목에 걸쳐 들어가 있는 경우가 많기 때문에 회생계획상 얼마만큼의 인건비 지출을 예상했는지 알 수 없는 경우가 종종 있고, 또한 회생계획에서는 단순히 물가상승률 수준만큼 인상하는 것으로 예정하는 경우가 많아 현실성이 떨어지는 경우도 있기 때문에 주의할 필요가 있다.

음에도 불구하고, 회생계획에서 예정한 인건비 이상을 지급한다면 결국 채무자를 둘러싼 이해관계인 중 채권자의 이익보다는 종업원의 이익에 더 치중하는 결과를 가져올 것이다. 따라서 서울회생법원에서는 임금인상을 허가하기에 앞서 (1) 관리인으로부터 과거 실적 및 상황[① 최근 3년간 회생계획상의 매출·매출원가·판매관리비·영업이익 달성 정도, ② 최근 5년간 직급별 임금인상률, ③ 과거 상여금 지급률(단체협약 내용 및 실제 지급률), ④ 인상 전후 동종업체와 임금수준 비교], (2) 당해 연도 협상과정 및 관리인 의견(① 노동조합 유무, 노동조합 가입자의 수 및 비율, 상급노동단체, 최근 노사관계의 동향, ② 회생계획상 예정된 당해 연도 임금인상률·인건비총액·매출액 대비 인건비율, ③ 당해 연도 임금인상 요구내용과 그 협상과정, ④ 당해 연도 적정임금 기타 근로조건의 수준 또는 합의예정안, 이에 대한 관리인 등의 의견), (3) 인상 후 예상자료[① 직급별 1인당 연간 실수령 총액 기준, 인상 전 임금·인상 후 임금·인상액·인상률(연간 호봉승급분 포함), ② 인상 전·인상 후 예상 인건비총액(제 수당 및 퇴직금충당금 포함)·인건비부담증가율, ③ 임금인상 후의 당해 연도의 추정 매출·매출원가·판매관리·영업이익 및 회생계획 달성률, ④ 인상 후 동종업체와 임금수준 비교] 등에 관한 상세한 자료를 제출·보고받고 있다(준칙 제4조).

　　한편 임금의 구조는 크게 기본급과 상여금 및 수당으로 이루어진 경우가 많으므로, 단순히 허가신청서에 '기본급 몇 % 인상'이라고 기재되어 있다고 하여 이를 그대로 받아들일 것이 아니라 상여금 및 수당에 대한 인상효과도 고려하여 채무자가 연간 부담하여야 할 인건비 총액을 검토하여야 한다. 그리고 채무자에 따라서는 매년 정기 승급과 승진을 시행하는 곳도 있으므로, 승급과 승진으로 인한 인건비의 상승도 함께 고려하여야 하며, 향후 종업원의 추가 고용도 간과해서는 안 된다.

　　만약 실제로 임금인상과 관련하여 노사 간에 분쟁이 발생하고 그 결과 채무자의 업무 수행에 심각한 차질이 발생한다면 회생계획 수행가능성에 부정적인 요소로 보아 회생절차폐지를 고려할 수도 있을 것이다.[18]

　　임원의 임금인상에 대하여도 종업원의 임금인상에 관한 원칙이 그대로 적용될 수 있다. 현재 일반 기업과 비교한 임금 수준의 격차는 종업원보다 임원의 경우가 더 큰 편인데, 이는 부득이한 것으로 여겨진다. 회생절차가 진행 중인 채

---

18) 과거 회사정리절차에서 정리회사인 경동산업(주)의 경우 1999년에 임금협상과 관련하여 파업이 발생하였는데, 당시 정리계획 수행 실적이 매우 부진하였기 때문에 파업 후 합의된 과도한 임금인상안에 대하여 법원이 불허가결정을 하였으며, 결국 부진한 실적을 만회하지 못한 채 다음 해에 정리절차가 폐지되었다.

무자 사이에도 임원의 임금 수준의 차이가 비교적 큰 편인데, 이는 채무자의 규모나 영업실적 등의 차이에서 기인하는 바가 크지만 임원 퇴직금 규정이 채무자마다 차이가 많은 점에도 그 원인이 있는 것으로 보인다.[19]

한편 임원이나 종업원의 보수가 일반 기업보다 지나치게 낮은 경우에는 우수한 인력이 경쟁업체로 이탈할 수 있으므로, 이 점에 관하여도 주의를 요한다.

라) 조직개편 및 이사 등의 변동　　　여러 가지 이유로 관리인이 채무자의 조직을 개편하는 경우가 많다. 주로 관리인이 새로 임명되었을 경우, 회생계획이 인가된 직후에 조직개편이 많이 이루어지며, 구조조정이나 사업부문의 변동 등으로 조직이 개편되는 경우도 있다. 서울회생법원에서는 이러한 조직개편이 이루어지는 경우 반드시 법원의 허가를 받아 시행하도록 하고 있는데, 관리인의 의견을 존중하여 그대로 허가하는 사례가 대부분이지만, 불필요하거나 중복되는 조직이 포함되어 있는지 여부를 잘 검토하여야 한다.[20] 특히 특별한 필요도 없이 퇴직하였거나 퇴직할 임원이 고문이나 자문역으로 남아 채무자로부터 보수를 받고 있는지 여부를 살펴보아야 한다.

회생계획에 의하여 선임되거나 유임된 이사의 임기는 1년을 넘지 못한다(법 제203조 제5항). 따라서 법인인 채무자는 적어도 1년에 한 번은 이사와 대표이사의 재선임 절차를 밟아야 한다. 서울회생법원은 회생계획에 관리인이 법원의 허가를 얻어 이사와 대표이사를 선임할 수 있는 것으로 규정되어 있는 경우[21]에는 관리인이 이사 또는 대표이사의 임기가 만료될 무렵 법원과 이사 또는 대표이사의 재선임 여부에 관하여 사전 협의를 거치도록 하고 있다. 관리인이 이사 또는 대표이사의 선임 허가신청을 할 경우에는 보수의 변동 여부를 반드시 기재하도록 하는 것이 바람직하다. 한편 법 제74조 제3항·제4항에 의하여 관리인이 선임되지 않은 경우에는 통상 회생계획안에 주주총회나 이사회 또는 채권자협의회가

---

19) 채무자의 임원에 대한 퇴직금 규정을 검토하여, 퇴직금 지급률이 지나치게 높은 경우에는 적절하게 조정할 필요도 있다. 서울중앙지방법원 2013회합193 동양네트웍스(주), 2013회합195 동양시멘트(주) 사건의 경우, 임원의 퇴직금 지급률을 하향 조정하도록 하였다.

20) 중요한 조직개편 등의 경우에는 관리인으로 하여금 사전에 주요 내용을 보고하도록 한 후 허가신청서를 제출하도록 할 필요도 있다.

21) 법인인 채무자의 이사를 선임하거나 대표이사를 선정하는 때에는 회생계획에 선임이나 선정될 자의 임기 또는 선임이나 선정의 방법과 임기를 정하여야 한다(법 제203조 제1항). 회생계획에 정한 방법으로 이사를 선임하거나 대표이사를 선정하는 경우에는 이사의 선임이나 대표이사의 선정에 관한 다른 법령이나 정관의 규정은 적용하지 아니한다(법 제263조 제2항). 회생절차 개시 당시 제3자 관리인이 선임되었거나, 인가 후 제3자 관리인이 선임된 경우 법원의 허가를 얻어 이사와 대표이사를 선임할 수 있도록 회생계획에 정하는 구체적인 내용에 관하여 '제13장 제5절 9. 아.' 참조.

이사 또는 대표이사의 선임권을 갖는 것으로 정하게 되므로 법원의 관여 없이 주주총회 등에서 이사와 대표이사의 재선임 여부가 결정될 것이다.

　　마) 신규 투자　　채무자가 영업을 하다 보면 신규로 투자를 하거나 특정 사업부문으로 새로이 진출하는 경우가 있다. 유통업의 경우에는 기존 매장을 새로 단장하거나 신규 점포를 개점할 수 있고, 의류업의 경우에는 신규 브랜드를 출시할 수도 있다. 또 최근에는 인터넷 상거래 사업에 투자하거나 자회사를 설립하는 경우도 있다. 이러한 신규 투자의 경우에는 초기에 투자자금이 투하되었다가 몇 년간에 걸쳐 이를 회수하는 성격을 가지고 있기 때문에, 과거 실무에서는 이를 부정적인 시각으로 바라본 적도 있었다. 그러나 지금의 경제상황은 기술과 영업환경의 변화가 심하고 회생계획을 수행 중인 채무자도 경제상황에 적응하여야 할 필요가 있기 때문에 무조건 부정적으로만 생각할 것은 아니다. 다만 신규 투자의 경우에는 그 사업시행에 위험성이 따르기 때문에 관리인으로 하여금 그 사업의 타당성을 면밀히 검토한 후 시행하도록 지도하여야 한다.

　　또 반대로 회생계획에서는 신규 투자를 예정하여 그만큼의 매출과 수익을 올리는 것을 예정하고 있는데, 자금 사정이나 경기 변동 등의 원인으로 이를 시행하지 못하는 경우도 있다. 당초 회생계획안 작성 당시부터 채무자가 신규 투자를 할 수 있을지 여부에 대한 면밀한 검토가 이루어져야 하는데, 만약 이러한 검토 후에 신규 투자계획을 회생계획안에 마련해 두었음에도 불구하고 이를 시행하지 못하는 경우에는 회생계획 수행에 차질이 발생할 가능성이 매우 높다. 이러한 경우에는 회생계획에 정한 매출과 영업이익 등을 달성할 수 있도록 다른 대체 수단을 강구하거나 이것이 불가능하여 회생계획의 수행에 현저한 지장이 있다면 회생계획의 변경 또는 폐지를 고려하여야 할 것이다.

　　바) 각종 소송과 관련된 허가사항　　서울회생법원에서는 관리인이 하는 소의 제기, 소송대리인의 선임, 화해 기타 일체의 소송행위를 법원의 허가사항으로 하고 있다. 다만 미수채권의 회수를 위한 거래상대방의 물건 및 채권에 대한 가압류나 가처분 등의 보전처분 신청행위는 그 성질상 신속성을 필요로 하므로 허가대상에서 이를 제외하되, 그 상황을 분기마다 법원에 보고하도록 하고 있다. 그리고 위와 같은 허가사항이 되는 소송행위 중 소 및 상소의 제기 여부의 결정, 소송대리인의 선임, 소 및 상소의 취하, 조정, 화해, 청구의 포기·인낙, 소송탈퇴, 조정에 갈음하는 결정에 대한 이의신청 여부 및 화해권고결정에 대한 이의신청 여부의 결정 등 대부분은 재판부의 허가사항으로 정하고 있다. 한편 최

근에는 조정을 통한 소송의 종료가 많이 이루어지고 있는데, 관리인은 조정을 하기 전에 미리 법원의 허가를 얻거나, 담당 재판부에 조정에 갈음하는 결정을 하도록 요청한 후 나중에 법원의 허가를 얻어 이를 수용하는 방식을 취해야 할 것이다.

그런데 기간의 준수가 필요한 소송행위의 경우(예를 들어, 항소의 제기나 조정에 갈음하는 결정에 대한 이의신청)에 관리인이 그 기간을 넘길 때까지 허가신청을 하지 않는 경우도 있고, 기간이 만료될 무렵 급히 허가신청서를 제출하는 경우가 적지 않다. 따라서 관리인으로 하여금 위와 같은 기간 준수가 필요한 소송행위의 경우에는 반드시 그 기간을 엄수하도록 지도하여야 한다.[22]

사) 기타 상무에 속하지 아니하는 행위   채무자의 자본 또는 출자액의 감소, 지분권자의 가입, 신주 또는 사채의 발행, 합병 등은 채무자의 상무에 속하지 아니하는 행위로서 법원의 허가를 받아야 한다. 앞서 언급한 임금의 인상이나 조직 개편도 여기에 해당한다고 할 수 있으며, 행정청이 부과한 과징금이나 벌금의 납부, 희망퇴직이나 권고사직의 실시, 정리해고 등 구조조정 행위도 법원의 허가를 받아서 시행하여야 한다. 그리고 위와 같은 사항에 대한 허가사무는 관리위원에게 위임되지 않은 것이므로, 각 채무자의 주무 관리위원은 이러한 허가사항들이 관리위원 허가사항으로 신청되는 일이 없도록 주의하여야 한다. 서울회생법원에서는 재판부 허가사항인지 관리위원 허가사항인지 여부가 불분명한 사안에 대해서는 특별한 사정이 없는 한 재판부의 허가사항으로 하도록 하고 있다.[23]

라. 보고서 제출을 통한 감독과 평정기일의 실시

관리인은 법원이 정하는 바에 따라 그 업무와 재산의 관리상태 기타 법원이 명하는 사항을 법원에 보고하여야 할 의무가 있다(법 제). 그리고 법원과 관리위원회는 관리인의 회생계획 수행업무를 감독하기 위하여 정기적으로 채무자의 경영실태와 회생계획 수행상황을 점검·확인하여야 하며, 이를 위하여 수시로 관리인에게 채무자의 업무, 재산상황 및 그 동향에 대한 구두 설명 및 자료 보

---

22) 기간 준수 등을 위하여 불가피하게 법원의 허가 없이 소송행위를 한 경우 이에 대한 사후허가가 가능한지 여부가 문제되나, 실무상 법원의 사후허가로 허가 없이 한 소송행위의 하자는 치유되는 것으로 보아 소송행위의 사후허가를 허용하고 있다. 다만 사전허가가 원칙이므로, 법원으로서는 사후허가를 함에 있어 다소 신중할 필요가 있다.

23) '기타 상무에 속하지 아니하는 행위'로 보아 법원의 허가를 받아 시행한 사례로는 회사본점 이전, 단체협약변경서 체결, 취업규칙 개정, 연봉제 시행, 퇴직금 중간정산 지급, 외부감사인에 의한 회계감사를 위한 외부감사계약 체결, 소프트웨어 저작권 침해 관련 합의, 합작 법인 설립 등이 있다.

고를 요구하여야 한다. 한편 실무에서는 이와 같이 법원이 보고할 사항으로 특별히 정하지 않은 사항에 관해서도 관리인이 스스로 중요하다고 생각하는 사항들에 관해서는 수시로 보고하도록 하고 있다. 그 예로는, 회생채권의 소멸이나 변동에 관한 보고, 이사 또는 대표이사의 사임 보고(사임 허가신청을 하는 경우도 있다), 소송의 결과 보고 등이 있는데, 종전에 법원의 허가를 받아 시행한 사항에 대한 결과나 회생계획 수행과 관련된 중요 사항들의 보고가 이에 해당된다.

　　서울회생법원에서는 회생계획 수행 여부를 감독하기 위하여 관리인에게 정기적인 보고서를 제출하도록 하고 있는데, 제출할 보고서의 내용과 제출요령을 정한 실무준칙 제213호 '관리인의 보고서 작성 등'을 제정하여 시행하고 있고, 또한 실무준칙 제252호 '관리인의 채무자 자회사현황 보고'를 제정하여 채무자의 자회사 현황에 대해서도 정기적으로 보고하도록 정하고 있다. 관리인이 법원에 정기적으로 제출하는 보고서는 월간보고서, 분기보고서, 반기보고서, 채무자현황 및 연간보고서 4가지 종류이고, 그 밖에 법원이 필요하다고 판단하여 구두 또는 서면으로 보고를 명한 사항에 대하여도 지체 없이 보고서를 작성·제출하도록 하고 있다.[24] 위와 같은 보고서의 내용은 모두 중요한 사항에 관한 것이지만 특히 채무자의 영업실적의 추이나 자금사정을 유의하여 검토하여야 한다. 만약 매출 및 입금 실적이 현저히 부진하거나 특정 항목의 지출이 전월보다 갑자기 증가한 경우처럼 특이한 사항이 있다면 관리인에게 그 원인과 대책에 관한 상세한 보고를 별도로 받는 것이 좋다. 그 밖에도 자금 지출 내역 중 부적절한 것이 있는지 여부, 공익채권이 지나치게 증가하고 있는지 여부, 접대비나 업무추진비 등이 과도하게 집행되고 있는지 여부, 보유시재와 은행으로부터 발급받은 잔고증명서가 일치하는지 여부 등에 대해서도 유의하여야 한다. 요컨대 법원은 각종 보고서의 내용을 통해 채무자의 회생계획에 정한 사업의 운영과 채무변제 등이 원활하게 수행되고 있는지, 채무자의 조직 내부나 영업활동에 개선해야 할 구조적인 문제점이 없는지, 자금의 유입과 지출이 투명하게 이루어지고 통제 시스템이 효율적으로 작동하고 있는지 등을 점검하여 적절한 방향으로 관리감독을 해야 할 필요가 있다.

---

24) 법원은 채무자의 자산과 부채 액수, 채무자의 영업상황과 자금사정, 관리인의 업무수행 성실도, 인가된 경우 회생계획 수행 정도 등을 종합하여 위 보고서의 일부 또는 전부를 작성하지 아니하게 할 수 있고, 개인 채무자, 영세한 소규모 기업인 채무자, 간이회생절차를 진행 중인 채무자에 대하여는 보고서의 일부 또는 전부를 작성하지 아니하게 할 수 있다(위 준칙 제213호 제3조).

또한 서울회생법원에서는 회생절차의 투명하고 효율적인 진행을 위하여 채무자의 관리인(채무자의 대표자 아닌 자가 관리인으로 선임된 경우에 한함)에 대하여 정기적인 평정을 실시하고 있다(서울회생법원 실무준칙 제215호 '관리인 평정' 제1조). 법원은 매년 12월 말을 기준으로 회생계획이 인가되어 회생절차가 계속 중인 채무자의 관리인에 대하여 채무자의 관리인이 수행한 업무의 적정성에 관한 평가를 한다. 관리인은 위 평가를 위하여 매년 1월 15일까지 관리위원회에 회생절차 진행경과 및 수행상황 등의 내용을 기재하여 제출하여야 하고, 관리위원회는 위 평가를 위하여 주심판사에게 관리인이 제출한 위 회사현황 보고와 함께 관리인이 수행한 경영성과, 회생계획 수행상황, 허가·보고사항 준수 여부, 조기종결 또는 인가 후 폐지에 대한 의견, 기타 관리인 및 감사에 대한 의견을 제출한다(위 준칙 제2조 제1항, 제3조 제1항·제2항).

채무자에 대하여 회생절차폐지결정·종결결정을 하는 경우 그 결정 후 지체 없이 채무자의 관리인에 대하여 관리인이 수행한 업무의 적정성에 관한 평가를 한다. 관리위원회는 위 평가를 위하여 주심판사에게, 회생절차 폐지결정·종결결정 후 지체 없이, 채무자의 관리인이 수행한 경영성과, 회생계획 수행상황, 허가·보고사항 준수 여부, 기타 관리인 및 감사에 대한 의견을 제출한다(위 준칙 제2조 제2항, 제3조 제3항).[25]

위와 같은 회생계획 수행감독을 위하여 보고·제출된 자료나 평정자료는 이를 체계적이고 지속적으로 축적하여 관리·감독의 일관성이 유지될 수 있도록 하여야 한다. 서울회생법원은 관리위원회의 의견을 참조하여 관리인에 대한 평가표를 작성하고, 관리인에 대한 평정결과를 회생·파산위원회에 통보한다(위 준칙 제4조). 그리고 관리인의 재선임 여부를 결정하거나 업무가 종료된 제3자 관리인을 다른 회사의 관리인으로 선임하려 할 때 위의 평정자료를 비중 있게 참고하고 있다.

마. 채무자의 사무소 또는 영업소나 현장검증을 통한 감독

법원과 관리위원회는 관리인의 회생계획 수행상황을 감독하기 위하여 필요한 경우 공장 검증 등을 통하여 영업 현장을 점검할 수 있다. 회생계획이 인가되고 나면 채무자의 직원들은 마치 바로 채무자가 다시 회생한 것처럼 생각한 나머지 종전의 긴장감을 늦추는 경우가 흔히 있고, 회생계획의 수행은 관리인이나 금융기관 또는 법원 출입 담당 부서만이 하는 것으로 오해하는 경우도 있다. 따라서 법원으로서는 가능한 한 많은 채무자의 사무소 또는 영업소를 방문하여

---

25) 다만, 매년 12월 말을 기준으로 회생계획이 인가되어 회생절차가 계속 중인 채무자의 관리인에 대하여 관리인이 수행한 업무의 적정성에 대한 평가를 한 때로부터 3월이 경과하지 않은 경우에는 위 평가를 생략할 수 있다(위 준칙 제2조 제2항 단서).

채무자 및 영업 현황에 대한 보고를 직접 받고 회생계획의 원활한 수행을 위한 노력을 다해 줄 것을 당부하는 것이 바람직하다.

서울회생법원은, 채무자의 사무소 또는 영업소, 영업장을 방문할 때에 소요되는 비용은 일반 소송의 현장검증비용과 같은 방법으로 충당하고 있으며, 검증 시에 받은 현황보고자료 등을 첨부하여 검증조서도 작성하고 있다(검증조서 작성례는 [별지 182] 참조).

바. 감사를 통한 감독

1) 감사의 선임

법은 상법상 감사제도의 실효성을 도모하고 채무자에 대한 경영의 투명성을 높이기 위하여 법인인 채무자의 감사를 채권자협의회의 의견을 들어 법원이 직접 선임하도록 정하고 있다(법 제203조 제4항). 채무자의 감사로서 법 제203조 제4항의 규정에 의하여 감사로 선임되지 아니한 자는 법원이 감사를 선임한 때에 해임된 것으로 보게 된다(법 제263조 제4항). 따라서 채무자의 감사는 대표이사나 이사처럼 회생계획인가결정에 의하여 그 지위를 상실하는 것이 아니라 법원의 후임 감사 선임에 의하여 비로소 그 지위를 상실하게 된다. 서울회생법원에서는 실무준칙 제220호 '감사의 선임 및 평정'과 실무준칙 제221호 '감사의 업무수행'을 제정하여, 이 준칙에 따라 모든 주식회사 또는 유한회사인 채무자에 대하여 실질적인 감사 업무를 수행할 수 있는 사람을 관리위원회, 채권자협의회 및 회생·파산위원회의 의견을 들어 감사로 선임하고 있다(감사 선임 결정례는 [별지 178] 참조. 감사의 선임방법과 그 업무수행에 관한 상세한 사항에 대해서는 위 실무준칙을, 감사 선임 등에 관한 등기촉탁에 관하여는 '제15장 제4절 6.' 및 [별지 179]를 각 참조).

서울회생법원은 관리인으로 하여금 특별한 사정이 없는 한 법원의 허가를 받아 구조조정담당임원을 위촉하도록 하고 있고(서울회생법원 실무준칙 제219호 '채무자의 구조조정담당임원(CRO)' 제2조), 구조조정담당임원이 위촉되어 있는 경우 법원은 관리위원회, 채권자협의회 및 회생·파산위원회의 의견조회를 거친 후 그를 감사로 선임할 수 있다(서울회생법원 실무준칙 제220호 '감사의 선임 및 평정' 제6조).

2) 감사제도의 운영

감사제도를 운영함에 있어서 법원은 다음과 같은 점에 유의하여야 한다. 우선, 감사는 관리인의 경영과 회생계획 수행활동에 대한 감시자의 역할을 수행하는 자이므로 관리인과 사이에 업무상 불필요한 마찰이 발생할 소지가 있다. 따라서 이러한 사태를 예방하고 양자 사이의 업무 분담이 원활하도록 조정역할을 잘하여야 한다. 아울러 관리인이 감사에게 그 활동에 필요한 조직이나 물적 시설을 제공하고 있는지를 검토하여 부족한 점이 있다면 관리인에게 시정을 명하여야 한다.

그리고 감사가 정기적·비정기적으로 제출하는 보고서를 면밀히 검토하여 감사가 자신의 업무를 잘 이해하고 성실히 근무하고 있는지를 살펴야 한다. 대부분 채무자에게는 크고 작은 감사 지적사항이 발생하기 마련인데, 이에 관한 감사의 사전 예방 조치가 부실하거나 사후 적발실적이 미진한 경우에는 감사가 자신의 업무를 잘 수행하고 있는지에 관하여 의문을 가져볼 필요가 있다. 이를 검토하기 위하여 서울회생법원에서는 감사로 하여금 정기적으로 주심판사에게 회사현황 등에 대하여 보고를 하도록 하고 있다.

3) 감사의 임기

감사의 임기는 법원이 정하여야 한다. 감사의 임기에 관하여는 다른 법령이나 정관의 규정에 의한 제한을 받지 아니한다(법 제263조 제3항·제5항). 서울회생법원은 실무준칙 제220호 '감사의 선임 및 평정'에 따라 감사의 임기를 특별한 사정이 없는 한 다른 임원의 임기와 마찬가지로 1년으로 정하고 있으며, 특별한 사유가 없는 한 최초 선임된 날부터 길어도 3년을 초과하여 연임할 수 없도록 하고 있다(위 준칙 제5조).[26]

4) 감사의 보수

현행법에 명문의 규정은 없으나 감사도 회생절차를 위한 기관의 일종이므로 법 제30조의 규정을 유추 적용하여 비용을 미리 받거나 보수 또는 특별보상금을 받을 수 있다고 본다. 따라서 법원은 감사를 선임할 때에 감사가 지급받을 보수를 결정하고 있다. 감사의 보수는 채무자와 동일한 업종에 속하는 다른 업체의 감사 보수실태, 기존의 보수체계, 채무자의 재정상태, 채무자의 자산 및 매출규모, 감사 업무의 내용과 난이도를 고려하여 정한다(실무준칙 제220호 '감사의 선임 및 평정' 제4조).[27] 서울회생법원은 감사의 보수수준을 업종별, 채무자의 규모별로 분류하여 관리하면서 감사를 새로 선임할 때에 위 자료를 참고로 하여 감사의 보수가 균형을 이룰 수 있도록 조정하고 있다.

한편 감사가 재직 중에 법원의 허가 없는 비자금의 조성과 지출, 부당한 수

---

26) 다만 곧 폐지 또는 종결을 앞두고 있어 새로운 감사를 선임하는 것이 부적절한 경우, 감사가 채무자의 영업과 관련된 분야의 전문가여서 다른 적임자를 찾기 어려운 경우 등 특별한 사정이 있는 경우에는 3년 이상의 연임도 검토할 수 있을 것이다.

27) 조사위원은 조사보고서에서 채무자의 향후 판매관리비를 산정할 때 감사의 예상 보수를 포함하고 있는데, 이때에 책정된 보수 한도 내에서 감사의 보수를 결정하여야 할 것이다.

입의 감소 또는 지출의 증가 등을 발견하여 채무자의 재산 감소를 방지하고 결과적으로 채무자의 회생에 기여한 공로가 인정되는 경우에는 해당 감사에게 특별보수를 지급할 수 있을 것이다(별제30조).

한편 법원이 선임한 감사가 퇴직하는 경우 퇴직금을 지급하여야 하는지에 관하여는 견해가 대립한다. 법에 특별한 규정이 없고, 법원 역시 감사의 보수를 결정할 때 퇴직금에 관한 특별한 언급 없이 연 단위의 보수를 결정하고 있기 때문이다. 실무상 서울회생법원은 채무자의 정관이나 임원퇴직금 지급규정 등에 감사의 퇴직금 지급에 관한 근거규정이 있거나 이에 관한 주주총회의 결의가 있는 경우에는 이에 따라 퇴직금 지급을 허가하고 있다.[28]

5) 감사의 사임 및 해임

현행법에는 감사의 사임이나 해임에 관한 규정이 없지만 감사는 법원에 의하여 선임되는 기관인 이상 사임에 관하여 법원의 통제를 받아야 할 것이고, 법원이 해임할 수도 있다고 보아야 한다. 서울회생법원 실무준칙 제220호 '감사의 선임 및 평정' 제11조는 감사는 정당한 사유가 있는 때에는 법원의 허가를 얻어 사임할 수 있다고 정하고, 제12조는 법원은 감사가 직무를 태만히 하거나 감사능력이 부족한 때, 그 밖에 상당한 이유가 있는 때에는 이해관계인의 신청에 의하거나 직권으로 감사를 해임할 수 있다고 정하고 있다. 감사의 해임결정에 관하여는 즉시항고를 할 수 없다(별제13조).

6) 감사의 겸임

감사는 채무자 및 자회사의 관리인, 관리인대리, 이사, 지배인 기타 사용인의 직무를 겸하지 못한다(서울회생법원 실무준칙 제220호 '감사의 선임 및 평정' 제7조). 법원은 채무자의 자산 및 부채 규모, 업종, 영업력, 영업규모, 감사의 필요성 및 그 정도를 참작하여 1인을 여럿의 채무자의 감사로 선임할 수 있다. 이 경우 감사의 근무방식 및 근무일수 배분에 대해서는 미리 정하여야 한다(위 준칙제8조).

사. 외부회계감사를 통한 감독

자산총액이 500억 원 미만인 주식회사(주권상장법인 또는 협회등록법인은 제외) 등은 외부감사인에 의한 회계감사를 받지 않아도 된다(주식회사 등의 외부감사에 관한 법률 제4조, 동 시행령 제5조).[29] 그

---

28) 감사에 대한 퇴직금 지급 여부 및 그 액수와 관련한 혼란을 방지하기 위하여, 임원퇴직금 지급규정 등에 감사의 퇴직금 지급에 관한 근거규정이 없을 경우 이를 새로이 마련하도록 할 필요가 있다. 서울중앙지방법원 2013회합110 에스티엑스팬오션(주) 사건의 경우, 정관을 개정하여 감사에 대한 퇴직금 지급 및 그 액수 산정 근거를 마련하도록 하였다.

러나 채무자의 재정상황을 보다 투명하게 파악하고, 회생계획 수행에 관한 법원 감독의 실효를 거두기 위한 목적으로 서울회생법원에서는 실무준칙 제253호 '외부감사인에 의한 회계감사'를 제정하여 법인인 채무자로 하여금 외부회계감사를 받도록 하는 것을 원칙으로 하고 있다. 위 준칙에 의하면, 관리인은 매 회계연도 개시 후 4개월 이내에 공신력 있는 외부감사인(주로 회계법인)과 회계감사계약을 체결하도록 정하고 있고(위 준칙 제3조 제1항),[30] 다만 채무자가 주식회사 등의 외부감사에 관한 법률의 적용을 받지 아니하고 영세한 소규모 법인, 비영리 법인 또는 합명회사, 합자회사 중 어느 하나에 해당하는 때에는 직권으로 또는 관리인의 신청에 의하여 이 준칙의 적용을 면제할 수 있다(위 준칙 제2조 단서). 그리고 이때 회계감사계약을 체결한 외부감사인은 법원으로부터 직접 회계감사명령을 받은 것과 같은 주의의무를 다한다는 취지의 서약서를 법원에 제출하여야 하며(위 준칙 제6조 제1항), 동일한 채무자에 대하여 3개 회계연도를 초과하여 회계감사 업무를 맡을 수는 없도록 하였다 (위 준칙 제5조 제3항). 또한 회생절차개시신청 전 3년 이내에 채무자에 대하여 외부감사 또는 경영컨설팅 등을 한 적이 있는 외부감사인은 회생계획인가 회계연도 다음해부터 3년간, 채무자의 조사위원직을 수행하였던 외부감사인은 회생계획인가 회계연도 다음해부터 3년간 그 채무자의 외부감사인으로 선정될 수 없다(위 준칙 제5조 제2항).[31]

회계감사 결과에 대한 보고서는 통상 반기에는 검토보고서, 기말에는 감사보고서로 작성되는데, 이때 법원은 관리인으로부터 회계감사보고서를 제출받아 관리인이 제출한 반기 및 연간보고서의 기재사항과 상이한 점이 있는지 여부를

---

29) 주식회사 등의 외부감사에 관한 법률 시행령 제5조(외부감사의 대상) ① 법 제4조 제1항 제3호 본문에서 "직전 사업연도 말의 자산, 부채, 종업원 수 또는 매출액 등 대통령령으로 정하는 기준에 해당하는 회사"란 다음 각호의 어느 하나에 해당하는 회사를 말한다.
   1. 직전 사업연도 말의 자산총액이 500억 원 이상인 회사
   2. 직전 사업연도의 매출액(직전 사업연도가 12개월 미만인 경우에는 12개월로 환산하며, 1개월 미만은 1개월로 본다. 이하 같다)이 500억 원 이상인 회사
   3. 다음 각 목의 사항 중 2개 이상에 해당하는 회사
      가. 직전 사업연도 말의 자산총액이 120억 원 이상
      나. 직전 사업연도 말의 부채총액이 70억 원 이상
      다. 직전 사업연도의 매출액이 100억 원 이상
      라. 직전 사업연도 말의 종업원(「근로기준법」 제2조 제1항 제1호에 따른 근로자를 말하며, 다음의 어느 하나에 해당하는 사람은 제외한다. 이하 같다)이 100명 이상
        1) 「소득세법 시행령」 제20조 제1항 각호의 어느 하나에 해당하는 사람
        2) 「파견근로자보호 등에 관한 법률」 제2조 제5호에 따른 파견근로자
30) 이 경우 회생계획에 "채무자는 「서울회생법원 실무준칙」 제253호(외부감사인에 의한 회계감사)가 정하는 바에 따라 매년 외부감사인으로부터 회계감사를 받습니다."라는 내용을 기재한다. 구체적인 내용에 관하여 '제13장 제5절 9. 파.' 참조.
31) 같은 맥락에서 채무자에 대하여 중소기업 회생컨설팅을 실시한 회계법인 역시 회생계획인가 회계연도 다음해부터 3년간 채무자의 외부감사인으로 선정될 수 없다고 보아야 한다.

검토하여야 한다. 만약 감사보고서와 관리인보고서 사이에 상이한 점이 있다면 관리인에게 그 원인을 소명하도록 하여야 한다. 한편 감사보고서의 의견은 적정의견과 한정의견 등으로 표시되는데, 관리인은 채무자가 평소 적정한 회계처리를 할 수 있는 회계시스템을 구축하여 반드시 적정의견을 받을 수 있도록 하여야 한다. 만약 감사보고서의 의견이 한정의견이라면 법원은 관리인에게 그 원인을 보고하도록 하고, 향후에는 적정의견을 받을 수 있는 결산보고서를 작성하도록 지도하여야 한다.

아. 채권자협의회에 의한 감독

채권자협의회는 채무자의 비용부담하에 변호사, 회계사 등의 조력을 받을 수 있고(법 제21조 제3항), 관리인의 해임에 관한 의견을 제시하는 등의 방법으로 회생계획의 수행을 감독할 수 있다(법 제21조 제1항 제2호).

또한 법은 회생계획인가 후 ① 회생계획을 제대로 수행하지 못하는 경우, ② 회생절차의 종결 또는 폐지 여부의 판단을 위하여 필요한 경우, ③ 회생계획의 변경을 위하여 필요한 경우에는 채권자협의회가 법원에 채무자의 재산 및 영업상태에 대한 실사를 청구할 수 있도록 하고 있다(법 제21조 제1항 제4호, 제259조).

3. 회생계획 수행명령

가. 수행명령의 의의

회생계획이 인가된 이후 법원은 채무자, 회생채권자·회생담보권자·주주·지분권자, 회생을 위하여 채무를 부담하거나 담보를 제공하는 자, 신회사(합병 또는 분할합병으로 설립되는 신회사를 제외) 또는 관리인에 대하여 회생계획의 수행에 필요한 명령을 할 수 있다(법 제258조 제1항).

나. 수행명령의 절차 및 효과

수행명령은 이해관계인의 신청 없이 직권으로 하는 것이 원칙이다(법 제258조 제1항). 이해관계인이 수행명령을 신청하는 경우 이는 직권의 발동을 촉구하는 성질의 것이기 때문에 수행명령을 하지 않을 때에 반드시 기각결정을 하여야 하는 것은 아니다. 수행명령은 결정 형식으로 하고 그 효력을 받는 상대방에게 송달함으로써 효력이 생긴다. 수행명령에 대해서는 불복신청을 할 수 없다(별 제13
령이 상대방에 대하여 작위 또는 부작위를 명하는 경우에 이를 위반한 자에 대
하여는 과태료의 제재가 가해질 수 있다(별 제660).

다. 실무상 수행명령의 기능과 의미

위와 같은 수행명령의 성격과 기능이 무엇인지에 관하여는 아직까지도 명확한 해석론이 없는 것으로 보인다. 그러나 실무상으로는 회생절차의 수행이 법원의 감독 아래에 있다는 일반적인 규정으로서의 의미를 가진다고 볼 수 있다. 한편 회생계획의 수행을 담당하는 관리인에게는 회생계획의 적정한 수행의 의무가 부과된다는 점에서, 채무자를 둘러싼 이해관계인에게는 회생계획의 수행을 촉구할 수 있는 제도적 장치가 있다는 점에서 의의가 있다.

실무에서는 이해관계인이 종종 수행명령을 신청하기도 한다. 그 신청의 내용은 대체로 미지급 회생채권의 변제, 채무자의 변제책임이 확정된 보증채무나 미확정채권(회생계획인가 당시 소송계속 중이었던 채권)의 변제 등을 요구하는 것들인데, 주로 회생계획 조항의 해석상 다툼이 있는 경우가 많다. 회생계획의 해석은 법원이 하는 것이므로, 이와 같이 그 해석에 관한 다툼이 발생하여 수행명령신청이 들어오면 법원으로서는 이에 대한 판단을 해 주는 것이 바람직하다. 실무에서는 수행명령을 직접 발령하는 경우는 매우 드물고, 사실상 수행명령신청의 내용에 따라 관리인이 업무를 수행하도록 지도하는 선에 그치고 있다.[32]

제2절 회생계획의 변경

1. 회생계획변경의 의의

회생계획의 변경이라 함은 회생계획인가의 결정이 있은 후 부득이한 사유로

---

32) 최근의 수행명령신청 사례로 서울회생법원 2020회합100189 채무자 쌍용자동차(주) 사건에서 이해관계인(채권자 겸 대주주)인 M&M이 인가된 회생계획에 관하여 수행명령을 신청한 것이 있다. 위 이해관계인은 회생계획에 따른 외화채권의 출자전환 시 환율 적용에 오류가 있음을 이유로 '출자전환 신주발행의 효력발생일' 당시의 외국환시세에 따라 신주를 발행하여 줄 것을 관리인에게 요청하였으나 관리인이 2개월간 오류를 정정하여 주지 않자, 법원에 회생계획 수행명령 신청을 하였고, 결국 관리인은 수행명령신청의 내용에 따라 추가 출자전환을 하여주었으며, 위 이해관계인은 수행명령신청을 취하하였다.

회생계획에서 정한 사항을 변경하는 것을 말한다(별 제282조).[33] 인가 후의 회생계획의 변경은 인가에 의하여 회생계획이 대외적으로 성립되어 현실적으로 수행되고 있는 단계에서 행하여지는 것이다. 인가로 인한 권리변경이나 면책의 효과가 발생된 후의 채권이나 주식·출자지분을 대상으로 하는 것이라는 점에서 회생계획 성립과정에 있어서의 회생계획안의 수정(별제229조) 내지 변경(별제234조)과는 구별된다.[34]

회생계획은 관계인집회에서의 결의와 법원의 인가를 거쳐 확정되어 회생계획에서 정한 권리변경 및 실권의 효과가 이미 발생되었을 뿐 아니라 그것에 기초하여 이미 변제의 수행이 이루어지고 있기 때문에 원칙적으로 그 변경을 인정할 수 없다. 그러나 회생계획의 변경을 전혀 인정하지 않고, 경제상황 기타 사정의 급변으로 회생계획의 수행이 불가능하게 되는 경우에 항상 회생절차를 폐지할 수밖에 없다면, 경제성 내지 회생 가망성이 있는 채무자의 경우에는 사회경제적인 관점에서도 바람직하지 않고, 이해관계인의 의사에도 반하는 결과를 초래할 수 있다. 따라서 법은 엄격한 요건하에 회생계획변경이 가능하도록 규정하고 있다.[35]

2. 회생계획 변경절차의 개요

회생계획의 변경은 신청에 의하여만 가능하며(별 제282조), 그 신청에 대한 법원의 조치는 다음과 같이 요약할 수 있다.

먼저 그 신청이 신청권자, 신청방식, 신청시기 등의 형식적 요건을 갖추지 못한 경우에는 회생계획변경신청 각하결정을 하고, 변경의 필요성이 없거나 변경 회생계획인가의 요건(별 제243조)을 갖추지 못한 경우에는 회생계획변경 불허가결정을 한다.

그와 같은 요건을 갖춘 경우에 법원은, 그 내용이 회생채권자, 회생담보권자 또는 주주·지분권자에게 불리한 영향을 미치지 않는다고 판단하면 그대로 회생계획변경결정을 하면 되고, 만약 불리한 영향을 미친다고 판단하면 변경회생계획안의 심리 및 결의를 거쳐야 하는데, 관계인집회에서의 결의 또는 서면

---

33) 회생계획을 변경하는 안을 법 제146조에서는 '회생계획의 변경계획안'이라고 하고, 법 제282조에서는 '변경회생계획안'이라고 하고 있다.

34) 대법원 1991. 12. 13. 자 91다1677 결정. 회생계획안의 수정 내지 변경에 관하여는 '제13장 제8절' 참조.

35) 채무자의 M&A에 특유한 회생계획변경에 관하여는 '제17장 제3절' 참조.

결의로 가결되면 변경회생계획인가결정 또는 변경회생계획불인가결정을 선고하고, 가결되지 못하면 권리보호조항을 정하여 변경회생계획인가결정을 선고하거나 회생계획변경 불허가결정을 한다.

3. 회생계획 변경절차를 요하는 경우

가. 회생계획에서 정한 사항의 변경

회생계획에 정한 사항의 변경은, 향후의 영업추정 등과 같이 단순한 예상 내지 목표로서의 정함이 아닌 한, 절대적 기재사항은 물론이고 상대적 기재사항이라도 반드시 회생계획 변경절차를 밟아야 한다.

그중 가장 중요한 사항은 채권자와 주주·지분권자의 권리에 관한 조항의 변경이다. 예컨대, 채권 가운데 다시 일부를 더 면제하거나 변제기를 또 다시 연기하거나 주주·지분권자의 권리를 재감축하는 것 등이다. 회생계획의 수행에 따라 일부 변제되거나 상계, 포기 등에 의하여 회생채권 등이 축소된 경우에는 그 잔액이 변경의 대상이 된다. 연체된 회생채권이나 개시 후 이자[36]도 변경의 대상이 되고, 조세 등의 청구권도 징수권자가 법 제140조 제3항에 따라 동의하면 권리를 변경할 수 있다.

권리변경의 대상은 원래 회생채권 또는 회생담보권이었던 채권 및 주식·출자지분에 한하고, 공익채권은 성립시기가 원회생계획의 인가일 전후인지를 가리지 않고 권리변경의 대상이 되지 않는다. 변경회생계획안에서 공익채권의 권리를 변경한다는 취지의 조항을 둔다고 하더라도, 이는 해당 공익채권자와 사이에 권리변경에 대한 합의가 이루어졌다는 사실을 보고적인 의미로 기재한 데 지나지 않는다. 이 경우 권리변경의 효과는 그 합의에 따라 발생한 것이지, 법 제252조가 적용된 결과는 아니다. 따라서 공익채권의 권리변경 조항이 있는 경우에는 권리변경의 근거가 된 해당 공익채권자와의 합의사실을 명시하여 두는 것이 좋다.

주식·출자지분의 권리변경에 관하여 보면, 원회생계획인가 당시의 주식·출자지분은 물론이고 인가 후의 새로운 주식·출자지분도 회생계획이 정한 바에

---

36) 인가일 이후의 개시 후 이자도 회생채권에 부수한 채권으로서 변경회생계획안에 의한 변경의 대상이 되는 것으로 해석된다. 서울회생법원 2014회합4 아일랜드(주) 사건에서는 연체된 회생채권 및 그 지연손해금의 지급시기 등을 변경하면서 해당 회생채권에 대한 개시 후 이자 일부를 추가로 지급하는 내용으로 회생계획을 변경한 바 있다.

따라 부여된 것이므로(법제55,) 권리변경의 대상이 된다. 그러나 새로이 납입 또는 현물출자를 하여 부여된 신주·출자지분(법제206조·) 또는 회생채권에 갈음하여 부여된 주식·출자지분(법제206조·)을 제외하고 원회생계획인가 당시의 주식·출자지분만을 변경의 대상으로 하거나, 위와 같은 3가지 주식·출자지분 사이에 권리변경의 차등을 두더라도 평등의 원칙에 반하는 것은 아니라고 본다.[37]

나. 회생계획에 정함이 없는 사항의 추가

회생절차에 의하지 않으면 할 수 없는 사항, 예컨대, 자본 또는 출자액의 감소, 지분권자의 가입, 신주 또는 사채의 발행, 자본 또는 출자액의 증가, 주식의 포괄적 교환 또는 주식의 포괄적 이전, 합병·분할·분할합병 또는 조직변경,[38] 해산 또는 회사의 계속, 이익 또는 이자의 배당 등은 회생절차가 종료될 때까지는 반드시 회생계획의 정함에 따라 행하여야 하므로(법제193조,), 당초의 회생계획에는 없었으나 인가 후에 이러한 사항을 행할 필요가 있는 경우에는 반드시 회생계획변경의 절차를 거쳐야 한다. 또한 원회생계획에 관한 심리 및 결의나 법원의 인가를 무의미하게 할 정도로 중대한 정책의 변경, 예컨대, 영업 또는 재산의 양도·출자·임대차, 채무자의 사업에 대한 경영의 위임, 타인과 영업의 손익을 같이 하는 계약의 체결·변경·해약, 타인의 영업의 양수(법제200조), 중대한 내용의 정관변경[39]등은 회생계획변경의 절차를 거쳐야 한다.[40]

4. 회생계획 변경절차를 요하지 않는 경우

회생담보권 또는 회생채권 전액을 변제계획에서 정하여진 시기보다 앞당겨 변제하는 것은 채무자가 기한의 이익을 포기하는 것에 불과하여 회생계획을 변경할 필요가 없다. 다만 이 경우 변제일 이후의 장래 이자 또는 손해배상채무를

---

37) 條解(下), 963면 참조.
38) 부인권 관련 소송을 수행하기 위하여 채무자를 분할하여 분할신설회사가 이를 수행할 수 있도록 회생계획을 변경한 사례로 서울회생법원 2018회합100113 (주)에스피알씨, 2018회합100217 (주)안성테크, 2019회합100022 (주)디페트엠자산관리 사건 등.
39) 대법원 2005. 6. 15. 자 2004그84 결정은 "원정리계획에서 정관변경에 관하여 '정리절차기간 중 정관변경의 필요성이 있을 때에는 관리인이 법원의 허가를 얻어 변경한다'고 규정하고 있더라도, 원정리계획상 고려대상이 아니었던 제3자의 인수·합병에 의한 정리절차의 진행 및 종결을 위한 정관변경은 전체적인 정리계획의 기본적인 구도가 변경되는 결과를 초래하므로 이러한 정관변경을 정리계획 변경절차에 의하지 아니하고 원정리계획의 위 정관변경조항에 기한 법원의 정관변경허가결정만으로 하는 것은 허용될 수 없다."라고 판시하였다.
40) 임채홍·백창훈(하), 398면; 條解(下), 958면.

면제하거나 현가할인율을 적용하여 할인 변제하는 것은 회생담보권자 또는 회생채권자도 기한의 이익을 갖고 있음에 비추어 불이익한 변경에 해당한다고 보아야 하므로(민법제468조) 상대방이 동의하지 않는 한 회생계획 변경절차를 거쳐야 한다. 과거 회사정리절차에서 원정리계획에 조기변제에 관한 근거규정이 없는 경우에도 채권자들 사이의 형평에 반하지 않는 한 법원의 사전 허가를 받은 후 채권자들의 신청 및 동의를 받아 현가로 할인된 채권액을 대규모로 조기에 변제한 사례가 여러 차례 있었다.[41] 한편 법 시행 이후의 회생사건 실무에서는 원회생계획에 조기변제 및 조기변제 시의 할인율에 관한 근거규정을 마련하는 것이 일반적이므로, 이 경우 채권자들에게 현가로 할인된 채권액을 조기에 변제하기 위하여 회생계획 변경절차를 거칠 필요는 없을 것이다.

유휴자산의 실제처분가격이 회생계획상 변제자금의 조달방법에 관한 조항에서 정한 예정가격과 차이가 생기는 때와 같이 회생계획상의 조항이 하나의 목표나 예정에 불과하여 관리인을 구속하는 것이 아닌 경우에는 회생계획을 변경할 필요가 없다. 공익채권의 변제에 관한 정함도 하나의 목표나 예정에 불과하여 공익채권자를 구속하는 것이 아니기 때문에 회생계획에 반하는 결과가 되어도 회생계획의 변경이 필요한 것은 아니다.

5. 회생계획변경의 요건

가. 신청권자

신청권자는 관리인, 채무자 또는 목록에 기재되어 있거나 신고한 회생채권자·회생담보권자·주주·지분권자로서 회생계획안 제출권자의 범위(법제220조, 제221조)와 일치하며, 직권에 의한 변경은 불가능하다(법제282조제1항).[42] 회생채권자·회생담보권자·주주·지분권자는 현재의 권리자일 것을 요하며, 이미 전부 변제를 받았거나 원회생계획의 인가나 수행으로 권리가 소멸되었거나 권리를 전부 양도한 자는 신청권이 없고, 반면 인가 후 잔존채권을 양도받은 채권자나 회생계획의 정함에 의하여 부여된 주식·출자지분을 취득한 주주·지분권자 등에게 신청권이 있다.

---

41) 정리회사 (주)미도파, 극동건설(주), (주)에스케이엠, (주)일화.
42) 필요하다면 법원은 회생계획수행명령으로 관리인에게 계획변경을 신청하도록 촉구할 수 있다는 견해도 있다(青山善充, 会社更生計画の變更, 裁判法の諸問題(下): 兼子博士還曆記念(下), 有斐閣, 468면).

나. 신청의 방식

변경할 내용을 구체적으로 명시한 '변경회생계획안'이라는 서면을 제출하여 신청한다. 변경할 내용을 명시하지 않은 채 적당하게 변경하여 달라는 식의 신청은 부적법하다.

다. 회생계획변경의 시기

회생계획의 변경은 회생계획인가결정 후 회생절차 종료 전에 한하여 허용된다. 따라서 회생계획인가결정 또는 폐지결정에 대한 항고 중에도 회생계획의 변경은 가능하다.

라. 부득이한 사유와 변경의 필요성

회생계획의 변경이 허용되는 경우는 인가결정이 있은 후 '부득이한 사유'로 회생계획에 정한 사항을 '변경할 필요'가 생긴 때라야 한다.

먼저 '부득이한 사유'라 함은 원회생계획의 인가 당시 그러한 사정이 예상되었다면 당연히 현재와는 다른 회생계획이 수립되었을 것이라는 사태의 출현을 말한다. 인가 후 경제상황의 급변, 법령의 개폐와 같은 일반적인 사정변경 또는 합병계획의 상대 회사에 대한 합병무효의 판결이 확정된 경우(법 제271조제6항), 행정청으로부터 인·허가를 예정대로 받지 못하였거나 취소당한 경우(법 제243조 제1항 제6호), 관련기업의 부도 발생 등 외부적 사유가 이에 해당할 것이나, 주력 공장의 소실, 종업원의 장기 파업, 의외의 영업부진[43]과 같은 내부적 사유도 원회생계획 인가 당시예상할 수 없었던 경우에는 '부득이한 사유'에 해당한다고 볼 수 있다.[44] 불가항력에 의한 것인지의 여부는 문제되지 않는다.[45]

---

43) 대법원 2007. 11. 29. 자 2004그74 결정은 구 회사정리법 사건에서, 정리회사의 영업수익 감소로 정리계획 전부 또는 일부의 수행이 불가능하거나 현저히 곤란하여짐에 따라 이를 회피하기 위하여 정리계획을 변경한 경우, 정리계획을 변경할 부득이한 사유와 변경의 필요성이 있다고 보았다.

44) 해운업계의 불황 및 이에 따른 조선업계의 장기 침체로 인한 영업부진 등을 '부득이한 사유'로 보아 회생계획 변경절차의 진행을 허가한 사례로 서울중앙지방법원 2009회합94 (주)사라콤, 2011회합14 대한해운(주) 사건, 메르스 사태로 인한 매출감소 등을 '부득이한 사유'로 보아 회생계획 변경절차의 진행을 허가한 사례로 서울회생법원 2014회합100128 (주)알펫 사건, 원회생계획이 계획한 담보물 매각을 통한 변제가 현실적으로 어려워지거나 경영 여건이 극도로 악화되어 매출이 원회생계획 대비 부진한 경우를 '부득이한 사유'로 보아 회생계획 변경절차의 진행을 허가한 사례로 서울회생법원 2015회합100238 신영금속(주), 2015회합100061 (주)정토지오텍 사건 등.

45) 条解(下), 966면.

다음으로 회생계획에 정한 사항을 '변경할 필요'라 함은 현재의 상태를 그대로 내버려두면 회생계획의 전부 또는 일부가 수행 불능 또는 현저하게 곤란하게 되는 상황에 처해 있으나, 그 회생계획을 변경한다면 그와 같은 사태를 회피할 수 있고 채무자의 회생을 도모할 수 있는 경우를 말한다. 따라서 변경되는 회생계획의 내용은 이와 같은 변경의 필요성에 부합하는 내용이어야 한다.[46]

6. 회생계획변경의 절차

가. 개   요

1) 회생계획변경의 요건 중 ① 신청권자, 신청방식, 신청시기에 관한 요건에 흠결이 있는 경우에는 회생계획변경신청을 각하하는 결정을 하여야 하고, ② 변경의 필요성에 관한 요건에 흠결이 있는 경우에는 회생계획변경 불허가결정을 하여야 한다. 이러한 각하결정이나 불허가결정에 대하여는 불복할 수 없다(별 제13).

2) 회생계획변경의 신청이 위와 같은 요건을 구비한 경우에는 법원은 회생계획변경의 내용을 심리하여 '회생채권자·회생담보권자·주주·지분권자에게 불리한 영향을 미치는지 여부(별 제282)'를 판단하게 되는데, 불리한 영향의 유무에 따라 회생계획의 변경에 관계인집회의 심리 및 결의를 필요로 하는지 여부가 결정된다. 즉 변경내용이 회생채권자·회생담보권자·주주·지분권자에게 불리한 영향을 미칠 것으로 인정되는 경우에는 원래의 회생계획안의 제출이 있는 경우와 같은 절차를 밟게 되고(별 제282), 불리한 영향이 없다고 인정되면 법원의 결정만으로 회생계획변경이 이루어진다.

3) 변경회생계획안이 수행가능한 것인지 여부는 특히 신중한 검토를 요한다. 변경회생계획안이 인가된 지 얼마 되지 않아 수행불가능한 것으로 판명된 결과 재차 회생계획을 변경하여야 하는 사태가 발생하여서는 곤란하기 때문이다. 서울회생법원의 경우, 변경회생계획안에 대한 심리 및 결의를 위한 관계인집회 기일을 지정할 무렵 조사위원을 선임하거나 기존 조사위원에게 변경회생계획안의 수행가능성을 검토하도록 하고 있다.[47]

---

46) 구 회사정리법하에서 정리회사 극동건설(주)의 주주들이 신주를 주주들에게 무상으로 배정하는 내용의 변경계획안을 제출하였는데, 법원은 '변경계획안의 내용이 계획수행을 곤란하게 하는 사정을 회피하고 기업의 유지갱생을 도모할 수 있는 내용'의 것이 아니라는 이유로 회생계획변경을 허가하지 아니하였다.
47) 서울회생법원은 기존 조사위원에게 변경회생계획안에 대한 조사를 명하는 경우에는 별도의 조사명령을 하지 않고 있고(기존 조사명령에 변경회생계획안에 대한 조사보고서 제출명령도 포

나. 이해관계인에게 불리한 영향을 미치는지 여부에 관한 심사

법 제282조 제2항의 '불리한 영향을 미치는 경우'란 이해관계인의 채무자에 대한 권리나 지위가 원회생계획에 비하여 질적·양적으로 감소하거나 불안정하게 되는 경우를 말한다. 권리의 재감축, 담보권의 해제, 변제기의 연장 등이 '불리한 영향을 미치는 경우'에 해당됨은 명백하다. 현금 변제 조항을 출자전환 조항으로 변경하는 것이 불리한 영향을 미치는 경우에 해당하는지 여부는 본래의 채무 변제시기, 기업의 객관적인 가치 등을 함께 검토하여야 하기 때문에 일률적으로 단정하기는 어렵지만 특별한 사정이 없는 한 불리한 것으로 보아야 할 것이다.

예상초과수익금을 채권의 조기변제에 충당한다고 규정하였다가 운전자금에 사용하는 것으로 변경하는 경우, 기존 주주의 의결권 비율 감소와 주가 하락을 초래할 우려가 있는 증자를 내용으로 하는 변경(다만 원회생계획상 포괄적으로 신주발행을 예정하고 있는 경우에는 신주를 발행할 때마다 회생계획 변경절차를 거쳐야 하는 것은 아니다),[48] 기업의 경영에 있어서 중요한 의미를 가지고 이해관계인의 채무자에 대한 지위에 변동을 가져올 염려가 있는 부분의 추가 내지 변경, 예컨대, 자본 또는 출자액의 감소, 신주 또는 사채의 발행, 지분권자의 가입, 이익 또는 이자의 배당, 영업의 양도 등과 같은 조항의 추가 또는 그 중요한 부분의 변경은 구체적 사안에 따라 판단할 문제이지만 '불리한 영향을 미치는 경우'에 해당될 가능성이 크다.[49]

어느 조의 권리자를 원래의 회생계획보다 더 우대하면서 다른 조의 권리자는 원래의 회생계획대로 두는 이른바 상대적 지위의 저하(예컨대, 회생담보권자 및

함되어 있는 것으로 해석), 조사위원의 변경회생계획안에 대한 조사보고서 작성 관련 보수는 업무수행 정도를 감안하여 적절히 정하고 있다.

48) 구 회사정리법하에서 정리회사 (주)신한, 신성통상(주), 세계물산(주), (주)진로 등에 대하여 M&A를 추진하면서 정리계획 변경절차를 거치지 않고 원정리계획 조항에 따라 제3자 배정방식의 유상증자를 실시한 후, 유상증자 대금으로 정리채무 조기 할인 변제 또는 전액 변제에 동의하는 채권자들에게 정리채무를 변제하고 정리절차를 조기종결하였다. 서울회생법원 2015회합 100225 삼부토건(주) 사건에서도 회생계획상 M&A를 예정하고 있었고, 인수자의 인수대금이 남은 회생담보권, 회생채권 전액을 변제하기에 충분하여 그 대금으로 채무변제를 완료함에 따라 회생계획 변경절차를 거치지 않고 회생절차를 조기에 종결하였다. 자세한 내용은 '제17장 제3절 4. 가.' 참조.

49) 구 회사정리법하의 정리회사 극동건설(주)에 대한 정리계획 변경계획안의 결의를 위한 관계인 집회에서, 정리담보권자에게 원금 100% 및 변제일까지의 이자를 지급하되 원정리계획에 의한 향후 연 9% 상당의 이자지급의무 및 민법 제468조 단서의 손해배상채무를 면제하는 변경계획안 조항은 정리담보권자에게 불이익한 변경이라고 보아 정리담보권자에게 의결권을 부여하였다.

회생채권자의 변제기를 단축하면서 주주의 지위는 원안대로 유지하는 경우)는 불리한 영향을 미치는 경우에 포함되지 않는다는 것이 다수설이다.[50]

다. 불리한 영향을 미치지 않는 경우의 절차

회생계획의 변경이 회생채권자, 회생담보권자 또는 주주·지분권자에게 불리한 영향을 미치지 않는 경우에는, 법원은 회생계획인가의 요건(별 제243)[51]을 갖추었다고 인정하면 회생계획변경결정을, 그렇지 않으면 회생계획변경 불허가결정을 한다(불리한 영향을 미치지 않는 경우의 회생계획변경결정의 예로는 [별지 183] 참조).

불리한 영향을 미치지 않는 경우의 회생계획변경결정에 관하여 회생계획인가결정의 선고 및 공고에 관한 규정(별제245조)은 준용되지 않는다고 보아야 하므로,[52] 직권으로 회생계획변경의 신청인, 관리인 및 채무자에게 송달하면 충분하고 (별제8조) 선고나 공고는 필요 없다. 불허가결정의 경우에도 변경신청인에게 송달하면 족하고, 이에 대하여는 불복할 수 없다(제13조).

회생계획변경신청이 불허가되더라도 원래의 회생계획이 남아 있으므로 당연히 절차종료(회생절차의 폐지)의 사유가 되는 것은 아니지만, 원래의 회생계획을 수행할 수 없는 것이 명백하게 된 때에는 법원은 신청 또는 직권으로 회생절차 폐지의 결정을 하여야 한다(별제288조).

라. 불리한 영향을 미치는 경우의 절차

변경내용이 회생채권자·회생담보권자·주주·지분권자에게 불리한 영향을 미칠 것으로 인정되는 경우에는 회생계획안의 제출이 있는 경우의 절차에 관한 규정이 준용된다(별제282조).

1) 변경회생계획안의 예비심사

변경내용이 법률의 규정에 위반하거나 공정·형평의 원칙에 반한 경우 또는 수행불가능한 경우에는 변경회생계획안의 수정을 명할 수 있으며(별제229조), 수정명령에 응하지 않거나 수정명령에 의하더라도 흠결이 치유될 수 없다고 판단되는 경우에는 회생계획변경 불허가결정을 한다. 회생계획안의 배제는 원래의 회생계

---

50) 条解(下), 969면.
51) 회생계획의 변경이 채권자 등에게 불리하지 않은 경우에는, 주로 법률적합성 여부, 수행가능성 여부만을 심사하는 것으로 충분하고 그 밖의 요건은 문제되지 않을 것이다. 条解(下), 970면.
52) 条解(下), 970면.

획안의 경우에는 관계인집회의 심리나 결의에 부치지 않는다는 결정으로 하지만
(법 제231조), 변경회생계획안의 경우에는 변경신청에 대한 응답으로서 불허가결정의 형
식으로 배제하면 충분하다.[53] 회생계획변경 불허가결정에 대하여는 불복할 수
없다(법 제13조 제1항).

2) 관계인집회의 결의에 부치는 경우

가) 관계인집회기일의 결정, 공고 및 통지   법 제240조의 규정에 의한 서
면결의에 부치는 경우가 아니면 변경회생계획안의 심리 및 결의를 위하여 각각
기일을 정하여 관계인집회를 소집하되(법 제224조, 제232조), 두 기일을 병합할 수 있다(법 제186조).
실무상으로는 통상 두 기일을 병합하고 있으며, 관계인집회기일로부터 약 2주
내지 3주 전에 기일지정결정을 하고 있다.

또한 법원은 집회기일의 일시, 장소와 회의의 목적인 사항(변경회생계획안의
심리 및 결의)을 공고(법 제186조)함과 함께 관리인, 조사위원·간이조사위원, 채무자, 회
생채권자, 회생담보권자 및 주주·지분권자 등 이해관계인에게 통지하여야 하고
(법 제182조), 주식회사인 채무자의 업무를 감독하는 행정청, 법무부장관 및 금융위원회
에도 통지하여야 한다(법 제183조). 공고 및 통지의 방법은 원래의 회생계획안의 경우와
동일하다.

다만 회생계획의 변경으로 불리한 영향을 받지 아니하는 권리자는 절차에
참가시키지 아니할 수 있으므로(법 제282조 제2항 단서) 통지할 필요가 없다. 나아가 회생계획의
변경으로 불리한 영향을 받지만 의결권이 없는 권리자[예컨대, 변경회생계획안 제
출 당시 채무초과인 경우의 주주·지분권자(법 제146조 제3항)]에게는 집회기일을 통지하지 않을
수 있다(법 제182조 제2항).

나) 변경회생계획안의 송달 등   변경회생계획안의 사본 또는 그 요지를
관리인, 채무자, 회생채권자·회생담보권자·주주·지분권자 등의 이해관계인에
게 송달하여야 하는 것(법 제232조 제2항)과 감독행정청, 노동조합 등의 의견 청취(법 제226조, 제227조)와
변경회생계획안의 수정(법 제228조 내지 제230조), 변경회생계획안의 변경(법 제234조)도 원래의 회생계
획의 경우와 동일한 절차에 의한다.

다) 변경회생계획안의 심리 및 결의

(1) **결의를 위한 조의 분류**   변경회생계획안의 결의를 위해서는 원회생계
획에 의하여 권리가 변경된 현재 상태의 권리의 성질에 따라 법 제236조에 준
하여 회생담보권자, 회생채권자, 주주·지분권자 등으로 조를 분류하면 된다. 당

---

53) 条解(下), 971면.

초에는 회생담보권이었더라도 전부 출자전환 되었다면 주주 또는 지분권자의 조로, 담보권이 유보되지 않은 권리자는 회생채권자의 조로 분류한다.

　(2) **의 결 권**　　변경의 대상이 되는 것은 원회생계획의 인가에 의하여 권리변동이 이루어진 후의 채권, 주식이기 때문에 변경회생계획안의 결의에 있어, 변경으로 인하여 불리한 영향을 받는 채권자 및 주주·지분권자의 의결권의 범위는 변경회생계획안의 결의 당시에 가지는 채권액 또는 주식수·출자좌수에 상응하는 것이어야 한다.[54]

　서울회생법원에서는 결의를 위한 관계인집회에서 의결권을 정하는 절차로, 먼저 관리인으로 하여금 관계인집회 전에 회생채권자, 회생담보권자의 잔존 채권액[55]을 보고하도록 한 후,[56] 관계인집회 기일에서 관리인에게 그 잔존채권액이 얼마인지를 진술시키고, 그 액수만큼 의결권을 주는 것에 이의가 있는지를 이해관계인에게 물어 의결권을 확정시키는 절차를 밟고 있다.

　주주·지분권자의 의결권에 관하여는 법 제146조 제4항은 "제282조의 규정에 의한 회생계획의 변경계획안을 제출할 당시 채무자의 부채총액이 자산총액을 초과하는 때에는 주주·지분권자는 그 변경계획안에 대하여 의결권을 가지지 아니한다."라고 규정하고 있다.[57] 서울회생법원에서는 주주·지분권자에게 불리한 영향을 미치는 변경회생계획안이 제출된 경우에는 관리인으로 하여금 제출일자를 기준으로 한 재무상태표를 제출하도록 하여 채무자가 부채 초과인지 여부를 검토하고 있다. 다만 이 경우의 부채총액은 단순히 재무상태표상의 개념이 아니라 현실화될 보증채무 등을 포함한 실질적인 개념이다('제14장 제5절 5. 라.' 참조).

　(3) **가결 요건**　　결의는 조마다 행하여지고 각 조의 가결 요건은 원래의 회생계획의 경우와 같다(법 제236조, 제237조). 즉 ① 회생채권자의 조는 의결권의 총액의 3분의 2 이상에 해당하는 의결권을 가진 자, ② 회생담보권자의 조는 변경회생계획

---

54) 条解(下), 972면. 실무상 회생채권 등의 확정에 관한 소송 등을 통하여 확정된 권리를 누락하지 않도록 유의하여야 함은 물론이다.

55) 서울회생법원에서는 원금, 개시 전 이자와 함께 변경회생계획안의 결의를 위한 관계인집회 전일까지 원회생계획에 의하여 발생한 개시 후 이자 및 지연손해금도 의결권 액에 포함시키고 있다.

56) 서울회생법원에서는 회생채권자, 회생담보권자의 수가 많지 않은 경우에는 관리인으로부터 잔존 채권액을 보고받을 때 회생채권자, 회생담보권자의 채무잔액 확인서를 첨부시키고 있다.

57) 이와 관련하여 대법원 2007. 11. 29. 자 2004그74 결정은 구 회사정리법 사건에서, 정리계획 변경계획안의 의결에 관하여 주주에게 의결권이 인정되는지 여부는 변경계획안 제출 시점에 정리회사의 자산이 부채를 초과하는지 여부에 의하여 결정되는 것이므로, 가사 정리절차 개시 당시 자산이 부채를 초과하여 주주에게 의결권이 부여되었는데 그 후 실적의 악화나 기타 예상치 못한 사정으로 부채가 자산을 초과하게 되었을 뿐이라고 하더라도, 변경계획안 제출 시점에 정리회사의 부채가 자산을 초과하는 이상 주주에게 의결권을 인정할 수 없다고 판시하였다.

안의 내용에 따라, 채무자의 존속, 합병 등 사업의 계속을 내용으로 하는 변경회
생계획안을 제출한 경우에는 의결권의 총액의 4분의 3 이상에 해당하는 의결권
을 가진 자, 청산(영업의 전부 또는 일부의 양도, 물적 분할을 포함)을 내용으로 하는
변경회생계획안을 제출한 경우에는 의결권의 총액의 5분의 4 이상에 해당하는
의결권을 가진 자, ③ 주주·지분권자의 조에서는 관계인집회에서 의결권을 행
사하는 주주·지분권자의 의결권 총수의 2분의 1 이상에 해당하는 의결권을 가진
자의 동의가 필요하다(변경회생계획안의 심리 및 결의를 위한 관계인집회 조서의 예로
는 [별지 184] 참조).

(4) 결의의 특칙　　　　변경회생계획안의 가결요건에 대하여는 특칙이 있다.
즉 종전의 회생계획에 동의한 자가 변경회생계획안에 관하여 결의를 하기 위한
관계인집회에 출석하지 아니한 경우에는 변경회생계획안에 동의한 것으로 본다
(법 제282조 제4항 제1호).[58]

　　법 제282조 제4항의 적용을 어떤 경우에 할 것인지는 채권양도, 상속, 합병
등과 관련하여 해석상 논란이 있다. 예를 들어, ㉠ 종전의 회생계획에 동의한 A
가 부동의한 B의 채권을 양수한 경우, ㉡ 종전의 회생계획에 부동의한 A가 동
의한 B의 채권을 양수한 경우, ㉢ 원래 채권자가 아니었던 A가 종전의 회생계
획에 동의한 B의 채권을 양수한 경우, ㉣ 종전의 회생계획에 동의 후 사망한 B
의 채권을 A가 상속한 경우, ㉤ 종전의 회생계획에 동의한 법인 B가 원래 채권
자가 아니었던 법인 A에 흡수합병된 경우, ㉥ 종전의 회생계획에 동의한 법인
A에 원래 채권자가 아니었던 법인 B가 흡수합병된 경우, ㉦ 종전의 회생계획에
동의한 법인 B와 종전의 회생계획에 부동의한 법인 C의 신설합병으로 인하여
법인 A가 설립된 경우 등에서, 법 제282조 제4항의 적용 여부를 원래의 채권이

---

58) 이와 관련하여 대법원 2006. 3. 29. 자 2005그57 결정은 정리계획의 변경절차에 있어 종전의
계획에 동의한 자로서는 정리계획 변경계획안 결의를 위한 관계인집회에 본인 혹은 대리인이
현실적으로 출석하여 부동의의 의사를 표시하는 방법 이외에는 구 회사정리법 제270조 제2항
단서 규정의 적용을 피할 수 없다고 해석되고, 변경계획안의 내용이 그의 진의에 반한다거나,
구 회사정리법에서 예정하고 있지 아니한 방법으로 그 의사를 개별적으로 밝힌 사정이 있다거
나, 나아가 관리인 혹은 정리법원이 그러한 사정을 알았거나 알 수 있었다는 등의 사유가 있다
하여 달리 해석할 것은 아니라고 하면서, 관계인집회기일 외에서 서면의 발송 등에 의한 방법
으로 의결권을 행사할 수는 없고 법에서 정한 이외의 방법으로 관리인 혹은 정리법원에 부동의
의 의사를 밝힌 정리채권자 등에 대하여도 구 회사정리법 제270조 제2항 단서 규정이 적용된다
고 해석하는 것이 정리채권자 등의 재산권 기타 기본권을 부당하게 침해하는 것이라고 볼 수
없다고 판시하였다. 또한 헌법재판소 2008. 1. 17. 자 2006헌바38 결정도 종전 정리계획에 동의
한 자가 정리계획 변경계획안의 결의를 위한 관계인집회에 출석하지 아니한 경우 변경계획안에
동의한 것으로 보도록 규정한 구 회사정리법 제270조 제2항 단서 후단 부분이 헌법에 위반되지
않는다고 판시하였다.

동의되었던 것인지를 기준으로 할 것인지, 현재 채권자가 종전의 회생계획에 동의한 자인지를 기준으로 할 것인지 등이 문제된다.

구 회사정리법하에서 서울중앙지방법원의 종래 실무에서는 채권이 승계된 경우 양수인이 종전의 정리계획에 동의하였는지 여부를 묻지 않고 동의간주 조항의 적용을 무조건 배제하였다. 그 이유는 법 문언상 종래의 정리계획에 동의한 '자'라고 되어 있을 뿐 종래의 정리계획에 동의한 '채권'이라고 규정되어 있지 않고, 채권양수인으로서는 채권양도인이 종래의 정리계획에 동의하였는지를 쉽게 확인하기 어려운 경우도 있어 변경정리계획안의 관계인집회에 불출석함으로써 그 의사에 반하는 예측하지 못한 결과가 생길 수 있을 뿐 아니라, 최초 관계인집회보다 변경정리계획안이 채권자들에게 유리하게 변경되는 속행 관계인집회의 경우에서도 위와 같은 간주 조문은 없는 점 등이었다. 그러나 2002년경부터는 채권이 승계되었다고 하더라도, 현재의 채권자와 그가 가지는 채권이 모두 '종전의 회생계획에 동의'라는 요건을 갖추었는지 여부를 기준으로 이러한 요건을 모두 갖추었다면 그 부분에 한하여 동의간주의 효력을 적용하는 것으로 실무를 운영하여 왔고, 이러한 실무는 서울회생법원에서도 그대로 유지되고 있다. 그 이유는 위 규정의 취지가 회생계획의 변경을 용이하게 하기 위한 것이므로 채권의 승계가 있다 하여 무조건 위 규정의 적용을 배제하는 것은 부당하고, '종전의 회생계획에 동의한 자'라는 법 문언상, 일단 '채권자'를 기준으로 동의 여부를 가리되, 다만 그 채권자가 현재 보유하는 '채권' 전액에 대하여 동의간주의 효력을 부여하는 것은 당사자의 의사해석으로는 지나친 점이 있기 때문이다.[59] 다만 상속, 합병 등과 같이 포괄승계가 이루어진 경우에는 '채권자'의 동일성은 유지되는 것으로 본다. 단순히 채권자의 상호가 변경된 경우에도 동의간주의 규정이 적용됨은 물론이다. 법 제282조 제4항의 취지를 이렇게 해석한다면, 위 사례들에서 현재 채권자인 A가 변경회생계획안의 결의를 위한 관계인집회에 불출석한 경우, ㉠의 경우는 A가 동의 당시 보유하였던 채권액에 한하여 동의간주로 취급하고, ㉣, ㉤, ㉥의 경우는 전액에 관하여 동의간주로 취급하며, ㉦의 경우는 B가 동의 당시 보유하였던 채권액에 한하여 동의간주로 취급하고,[60] ㉡, ㉢의

---

59) 예를 들어, 채권자 A가 종전의 회생계획에 동의할 당시에는 100만 원의 채권을 가지고 있었는데, 이후 당시 부동의하였던 다른 채권자들로부터 1,000만 원의 채권을 추가로 양수하여 현재 1,100만 원의 채권을 보유하고 있는 상태에서, A가 변경회생계획안의 결의를 위한 관계인집회에 불출석하였다고 하여, A의 의사를 100만 원을 넘는 1,100만 원 전액에 관하여 동의하는 것으로 간주하는 것은 무리일 것이다.

60) 각 경우 모두 원회생계획의 인가 이후 변제 등으로 채무가 일부도 소멸하지 않았음을 전제로

경우는 아예 동의간주로 취급하지 않는다. 이와 관련하여 관계인집회를 위한 출석현황 및 의결표를 준비하면서 그 비고란에 채권자별로 원회생계획의 동의 여부를 미리 확인하여 표시하여 두고 있다(그 경우의 관계인집회를 위한 출석현황 의결표의 예로는 [별지 185] 참조).

한편 원회생계획에 대한 결의절차에 참가하여 동의하였으나 변경회생계획에 대한 결의절차에는 참가하지 아니하여 동의간주된 자가 변경회생계획을 다시 변경하는 2차 변경회생계획안의 결의를 위한 관계인집회에 출석하지 아니한 경우에 법 제282조 제4항에 의하여 동의한 것으로 볼 수 있는지가 문제된다. '종전의 회생계획'은 변경의 대상이 되는 직전의 회생계획만을 의미하는 것이고, '동의한 자'란 적극적으로 결의절차에 참가하여 동의의 의사표시를 한 자만을 의미하는 것이지 그 문언상 동의간주된 자까지 포함하는 것으로 해석할 수는 없으므로, 위와 같은 경우에는 동의간주 규정을 적용할 수 없다.[61]

(5) 속행기일의 지정 변경회생계획안이 가결되지 않은 경우에는 속행기일의 지정에 관한 법 제238조의 규정이 준용된다고 본다.

라) 변경회생계획의 인부결정 등 변경회생계획안이 관계인집회에서 가결된 경우에는 인가의 요건을 구비하고 있는지 여부를 심리하여 그 인부의 결정을 선고하여야 한다(별지 제242조 제245조). 인가의 요건이 구비된 경우에는 변경회생계획인가결정, 그렇지 않은 경우에는 변경회생계획불인가결정으로 표시하는 것이 타당하다. 변경신청에 대한 직접적인 법원의 결정이 아니라 관계인집회의 심리를 거쳐 가결된 변경회생계획에 대한 법원의 판단을 표시하는 것이기 때문에 단순히 변경결정·변경불허가결정이라고 하기보다는 인가결정·불인가결정이라고 하는 것이 절차의 실질에 부합하기 때문이다(불리한 영향을 미치는 경우의 변경회생계획인가결정의 예로는 [별지 186], 변경회생계획불인가결정의 예로는 [별지 188] 참조).[62]

변경회생계획안이 가결되지 않은 경우라 하더라도 권리보호조항을 정하여 변경회생계획인가결정을 할 수 있다. 그리고 권리보호조항을 정하여 변경회생계획인가결정을 하지 않더라도 원래의 회생계획이 존재하므로 당연히 회생절차를 폐지하여야 하는 것은 아니고, 회생계획변경신청에 대한 응답으로 회생계획변경

한다.

61) 구 회사정리법하에서 정리회사 영남방직(주) 사건(서울지방법원 92파426)에서 변경계획에 관한 결의 절차에서 동의간주된 정리채권자가 변경계획을 다시 변경하는 변경계획안에 관한 관계인집회에 불출석한 경우 동의간주 규정을 적용하지 아니하였다.

62) 条解(下), 973면.

불허가결정을 하면 되며, 이에 대하여는 불복할 수 없다(별 제13)(이 경우의 회생계획변경 불허가결정의 예로는 [별지 187] 참조).

　　마) 인부결정 선고 후의 법원의 조치　　변경회생계획 인부결정을 선고한 경우에는 그 주문, 이유의 요지와 변경회생계획이나 그 요지를 공고하여야 하고,[63] 채무자가 주식회사인 경우 인부결정이 있었음을 감독행정청 등에 통지하여야 한다(별 제245조 제2). 이해관계인에 대한 송달은 하지 아니할 수 있다(별 제245). 변경회생계획인가결정이 확정된 때에 법원사무관등은 변경회생계획 조항을 회생채권자표, 회생담보권자표와 주주·지분권자표에 기재하여야 한다(별 제249조)(변경회생계획 인가공고의 기재례는 [별지 189], 인가결정 통지의 기재례는 [별지 190], 변경회생계획불인가결정 공고는 [별지 191] 참조).

　　3) 서면결의에 부치는 경우[64]

　　가) 서면결의에 부치는 취지의 결정　　법원은 회생계획의 변경신청과 함께 변경회생계획안이 제출된 때에 상당하다고 인정하는 때에는 변경회생계획안을 서면에 의한 결의에 부치는 취지의 결정을 할 수 있고, 이 경우 그 뜻을 공고하여야 한다(별 제240 제1항).

　　나) 변경회생계획안의 송달 등　　법원은 관리인, 채무자, 회생채권자, 회생담보권자 및 주주·지분권자 등 이해관계인에게 변경회생계획안의 사본 또는 그 요지를 송달함과 동시에 의결권자에 대하여는 변경회생계획안에 동의하는지 여부와 인가 여부에 관한 의견, 변경회생계획안이 가결되지 아니한 경우 속행기일의 지정에 동의하는지 여부를 법원이 정하는 기간 안에 서면으로 회신하여야 한다는 뜻을 기재한 서면을 송달하여야 한다(별 제240조 제2항,/제182조 제1항). 그 회신기간은 원래의 회생계획안을 서면결의에 부치는 경우와 동일하게 그 결정일부터 2월을 넘을 수 없다(별 제240 제2항).

　　그러나 관계인집회의 결의에 부치는 경우에 관하여 본 것과 마찬가지로 회생계획의 변경으로 불리한 영향을 받지 아니하는 권리자, 회생계획의 변경으로 불리한 영향을 받지만 의결권이 없는 권리자(예컨대, 회생계획의 변경계획안 제출당시 채무초과인 경우의 주주·지분권자, 법 제187조에 의한 이의에 의거하여 미리 의결권을 행사시키지 않기로 결정된 자)에 대하여는 송달하지 아니할 수 있다.

---

63) 변경회생계획불인가결정에 대하여는 법 제245조 제1항이 준용되지 않고 고지방법으로서 송달만 하면 족하다는 견해도 있다[임채홍·백창훈(하), 404면].

64) 변경회생계획안을 서면결의에 부쳐 진행한 사례로 서울회생법원 2015회합100215호 영동씨푸드(주) 사건 등.

변경회생계획안을 서면결의에 부치는 취지의 결정이 있은 후에는 변경회생계획안의 수정 또는 변경을 할 수 없는 것도 원래의 회생계획안을 서면결의에 부치는 경우와 동일하다.

다) 변경회생계획안의 결의　　결의를 위한 조의 분류 및 의결권에 관하여는 관계인집회의 결의에 부치는 경우에 관하여 본 것과 동일하게 처리하면 된다. 다만 서면결의에 관하여는 관계인집회에서 결의하는 경우와는 달리 관계인집회에서 의결권에 관하여 이의하는 절차가 마련되어 있지 아니하므로 의결권을 정하는 절차에 차이가 있다. 서울회생법원에서는 서면결의에 있어서 의결권을 정하는 절차로, 먼저 관리인으로 하여금 변경회생계획안 등을 송달하기 전에 회생채권자, 회생담보권자의 잔존채권액을 보고하도록 한 후, 확정된 권리에 관하여는 그 액수만큼 의결권을 부여하고, 채권조사절차에서 이의가 제출되어(법 제161조 제1항, 제164조 제2항.) 아직 확정되지 않은 권리에 관하여는 의결권을 행사하게 할 것인지 여부와 의결권을 행사하게 할 액 또는 수를 결정하고, 그 결정을 송달하는 절차를 밟고 있다(법 제188조 제2항, 규칙 제68조 제4항).

변경회생계획안의 가결의 요건도 관계인집회의 결의에 부치는 경우에 관하여 본 것과 동일하다. 서면결의를 위한 회신현황 및 의결표를 준비하는 경우에는 그 비고란에 채권자별로 원회생계획의 동의 여부를 미리 확인하여 표시하여 두도록 하고 있다. 변경회생계획안이 가결되지 않은 경우에는 속행기일의 지정에 관한 법 제240조 제7항, 제238조의 규정이 준용된다고 본다.

종전의 회생계획에 동의한 자가 변경회생계획안에 대한 서면결의절차에서 회신하지 아니한 경우에는 변경회생계획안에 동의한 것으로 본다(법 제282조 제4항 제2호). '종전의 회생계획에 동의한 자'의 의미와 법 제282조 제4항을 어떠한 경우에 적용할 것인지에 관하여는 변경회생계획을 관계인집회의 결의에 부치는 경우에서 본 것과 같다.

라) 변경회생계획의 인부결정 등　　변경회생계획안이 가결되거나 가결되지 않은 경우의 처리에 관하여는 앞에서 관계인집회의 결의에 부치는 경우에 관하여 본 것과 동일하다.

변경회생계획 인부결정을 선고한 경우에는 그 주문, 이유의 요지와 변경회생계획이나 그 요지를 공고하고(법 제245 제1항), 관리인, 조사위원·간이조사위원, 채무자, 회생채권자·회생담보권자·주주·지분권자, 회생을 위하여 채무를 부담하거나 담보를 제공한 자 등 이해관계인과 채무자가 주식회사인 경우에는 감독행정청·법무부장관 및 금융위원회 등에 송달하여야 하며(법제245조 제3항, 제182조 제1항), 채무자의 주된 사무소 또는 영업소의 소재를 관할하는 세무서장에게 통지하여야 한다(법, 제245조 제2항, 제40조 제1항). 변경 회생계획인가결정이 확정된 때에 법원사무관등은 변경회생계획에서 인정된 권리 를 회생채권자표, 회생담보권자표와 주주·지분권자표에 기재하여야 한다(법, 제249조).

7. 회생계획변경의 효과

회생계획변경은 이를 인정하는 법원의 결정, 즉 회생계획변경결정(이해관계 인에게 불리한 영향을 미치지 않는 경우) 또는 변경회생계획인가결정(이해관계인에게 불리한 영향을 미치는 경우)이 있은 때로부터 그 효력이 생기므로(법, 제282조 제3항, 제246조), 권리 변경(법, 제252조)이나 면책의 효과(법, 제251조)도 그때부터 생긴다. 원래의 회생계획 중 변경회 생계획에 저촉되는 부분은 장래를 향하여 효력을 잃고, 효력을 잃지 않는 나머 지 부분과 변경회생계획이 일체가 되어 하나의 회생계획을 형성한다.

8. 불복절차

가. 회생계획변경결정 또는 변경회생계획인가결정에 대한 즉시항고 및 재항고

회생계획변경결정 또는 변경회생계획인가결정에 대하여는 즉시항고가 허용 되므로(법, 제282조 제3항, 제247조 제1항), 항고심에서 항고가 이유 있다고 인정되면 원결정을 취소하 고 변경불허가결정 또는 변경회생계획불인가결정을 하게 된다. 다만 이해관계인 에게 불리한 영향을 미치는 회생계획의 변경을 관계인집회 소집 등의 절차를 밟 지 않고 행한 경우에는 그러한 절차를 행하기 위하여 원심으로 환송하여야 한다.[65]

항고권자의 범위, 즉시항고의 효력 등은 원래의 회생계획인가결정에 대한 즉시항고의 경우와 같다('제15장 제6절'의 설명 참조).

변경회생계획인가결정이 있은 경우의 항고기간은 원래의 회생계획인가 시 와 마찬가지로 공고일을 기준으로 하여 14일이나(법 제13조 제2항), 공고에 관한 규정 (법 제24조 제1항)이 준용되지 않는 회생계획변경결정에 대한 항고기간은 민사소송법의 원 칙대로 송달을 기준으로 하여 1주일이 된다(법 제33조, 민사소송 제444조 제1항).[66][67]

---

65) 条解(下), 975면.
66) 대법원 1991. 12. 13. 자 91다1677 결정은 이해관계인에게 불리한 영향을 미치는 정리계획 변

즉시항고는 변경회생계획의 수행에 영향을 미치지 아니한다. 그러나 항고법원 또는 회생법원은 항고가 법률상 이유 있다고 인정되고, 계획수행으로 생길 회복할 수 없는 손해를 피하기 위하여 필요하다고 판단되면, 신청에 의하여 변경회생계획의 전부나 일부의 수행을 정지하거나 기타 필요한 처분을 할 수 있다(법 제282조 제3항, 제247조 제3항).

회생계획변경결정 또는 변경회생계획인가결정에 대한 즉시항고에 관한 재판의 불복은 민사소송법 제442조의 재항고에 의하여야 하고, 재항고의 사유가 있는 경우 위 즉시항고에 관한 규정이 준용된다(법 제282조 제3항, 제247조 제7항).

나. 변경되지 아니한 경우의 불복 가부

회생계획변경신청이 변경요건을 갖추지 못하여 각하결정을 한 경우, 변경내용이 이해관계인에게 불리하지 않은 회생계획에 대하여 회생계획인가의 요건을 갖추지 않았다고 보아 회생계획변경 불허가결정을 한 경우, 변경내용이 이해관계인에게 불리한 회생계획에 대하여 예비심사 결과 회생계획변경 불허가결정을 한 경우 각 결정에 대하여 불복할 수 없음은 전술한 바와 같다.

변경회생계획안을 관계인집회의 심리에 부친 결과 가결되지 않더라도 원래의 회생계획이 존재하므로 법 제286조 제2호에 의하여 회생절차를 폐지하여야 하는 것은 아니고, 회생계획변경신청에 대한 응답으로 회생계획변경 불허가결정을 하면 된다. 이 불허가결정에 대하여는 불복신청을 할 수 없다(별 제13조 제1항)(이 경우의 회생계획변경 불허가결정의 예로서는 [별지 187] 참조).

다만 변경회생계획안에 대하여도 권리보호조항을 정하여 인가하는 것이 가능하다고 보이며, 관계인집회를 개최한 경우 변경회생계획안 부결 당시까지 재판부가 권리보호조항을 정하여 인가할 것인지 아니면 회생계획변경 불허가결정을 할 것인지 여부를 결정하지 못하였다면, 일단은 변경회생계획 인부기일을 선고의 방식으로 지정하는 것이 좋다(법 제242조 제1항, 상세한 것은 '제15장 제1절' 참조).

변경회생계획안을 관계인집회의 심리에 부친 결과 가결되었으나 인가의 요건을 구비하고 있지 않다고 보아 변경회생계획불인가결정을 한 경우에도 원래의

경신청에 대하여 법원이 불리한 영향이 없는 것으로 잘못 판단하여 관계인집회에서 정리계획안에 대한 결의를 거치지 않았다고 하더라도 법원의 결정이 즉시항고 없이 확정되었다면 이를 다툴 수 없다고 하였다.

67) 이 경우 회생계획변경결정을 송달받지 못한 이해관계인의 즉시항고기간이 문제가 된다. 부산고등법원 2004. 6. 4. 자 2003라37 결정은 이해관계인이 그 결정이 있었다는 사실을 알았거나 알 수 있었을 때부터 즉시항고기간이 시작한다고 보아야 한다고 판시하였다.

회생계획은 남아 있으므로 그 자체로서는 절차종료의 사유가 되지 않고(법 제248조는 준용되지 않음), 다만 회생계획수행의 가망성이 없게 되면 회생절차폐지결정을 하게 된다(법 제288조). 법 제282조 제3항은 회생계획변경의 결정이 있은 경우에 제247조의 규정이 준용된다고 하고 있으므로 그 반대해석상 변경회생계획불인가결정에 대하여 즉시항고가 허용되지 않는다고 본다.

回 生 事 件 實 務

제17장

．

．

．

회생절차와
M&A

제1절 개 요

1. 회생절차상 M&A의 필요성

채무자에 따라서는 회생절차개시신청 전의 부도 등의 여파로 신용도가 급격히 하락하고 기존의 거래관계가 무너지고 유능한 종업원이 이탈하여 기업가치가 크게 손상됨으로써 정상적인 회생절차의 진행에 큰 어려움을 겪는 경우가 있다. 이러한 도산의 충격은 채무자의 기업가치 하락을 가져와 조만간 청산가치가 계속기업가치보다 상회하게 되는 결과를 초래할 위험이 있다. 이러한 입장에 처해 있는 채무자의 경우에는 회생계획이 인가되기 이전에도 M&A(주식교환, 유상증자, 주식이전, 합병, 분할, 분할합병, 영업양도, 회사설립 등)를 통하여 도산의 충격을 최소화하면서 신속하게 사업을 재건하는 방안을 모색함이 바람직하다.

한편 사업의 계속을 내용으로 하는 회생계획이 인가된 경우에도 채무자에 따라서는 경기침체의 장기화 등 회생계획 수립 당시 미처 예측하지 못했던 여러 사정으로 인하여, 회생계획의 수행이 불확실하게 되는 경우도 있다. 이 경우 매각 가능한 사업부문을 양도하거나 대규모 신주발행을 통하여 회생채무를 조기에 변제함으로써 채무자의 사업을 효율적으로 회생시킬 수 있을 것이다.

이와 같이 M&A는 채무자의 회생을 조기에 효율적으로 달성할 수 있는 유용한 수단이라고 할 수 있다. 이 절에서는 주식회사를 중심으로 회생절차상의 M&A에 관하여 살펴보기로 한다.

2. 서울회생법원의 M&A 실무

가. 기존 실무

종래 서울중앙지방법원은 기존 경영자의 경영권을 보장하는 기존 경영자 관리인 제도를 채택한 법 시행 이후 채무자의 독자회생을 원칙으로 함에 따라 구 회사정리법 시행 당시보다 M&A를 적극적으로 추진하지 않았다.

그런데 국내외 경제 여건의 변화로 경기침체가 장기화되어 채무자의 독자회생이 점차 어려워짐에 따라, 인가된 회생계획의 수행이 불확실하다고 인정되거나 그 수행가능 여부가 명백하지 않은 경우 또는 신규 투자자금이 투입되지 아니하면 더 이상 시장에서 생존하는 것이 불가능할 것으로 예측되는 경우 M&A를 추진하는 사례가 점차 증가하였다.

이에 서울중앙지방법원은 2006. 4. 1. 회생절차에서의 M&A에 관한 모델 및 기준을 마련하고자 '회생절차에서의 M&A에 관한 준칙'(회생실무준칙 제11호)을 만들어 시행하였고, 2010. 1. 27. 이를 개정하여 회생계획인가 전 M&A 절차 등을 상세히 규정하여 시행하였으며, 2014. 5. 27. 다시 이를 개정(이하에서는 2014. 5. 27. 개정된 회생실무준칙 제11호를 '구 M&A준칙'이라 한다)하여 구 사주가 회생절차를 남용하여 거액의 채무를 탕감 받고 회사의 경영권을 회복하는 악의적인 행위를 방지하기 위한 방안을 규정하여 시행하였다.

나. 새로운 M&A 실무

1) 새로운 실무준칙 제정

서울회생법원은 2017. 3. 1. 개원을 하면서 채무자의 재무구조를 개선하여 회생채무를 조기에 변제할 수 있도록 관리인으로 하여금 M&A를 적극적으로 추진하게 하고, 회생절차 내 M&A가 효율적이면서도 공정하고 투명하게 이루어질 수 있도록 적정한 절차 운영의 기준을 제시하기 위하여 2017. 5. 12. 실무준칙 제241호 '회생절차에서의 M&A'(이하에서는 이를 'M&A준칙'이라 한다)를 제정하여 2017. 9. 1.부터 시행하였다.

M&A준칙은 구 M&A준칙 중 실무에서 유효하게 활용되고 있는 내용을 유지하되, 준칙제정 당시 M&A 실무 동향 및 절차관계인의 요구를 반영하는 방향으로 내용을 보완하였다.

이에 따라 M&A준칙은, 관리인이 선택할 수 있는 M&A 방법으로 매각대금의 극대화, 절차의 공정성과 투명성, 매각절차의 시급성, 개별 방법에 따른 매각절차의 성공가능성 등을 종합적으로 고려하여, ① 공고를 통한 공개입찰, ② 제한적인 경쟁입찰, ③ 수의계약 중 적정한 방법을 선택하여 회생절차에서의 M&A 절차를 진행할 수 있도록 하였다(제3조). 다만, 관리인은 공개입찰방법에 의하여 M&A 절차를 진행하였으나 매각이 성사되지 아니한 경우나 공개입찰방법으로 M&A 절차를 진행하지 아니하더라도 절차의 공정성을 해할 염려가 없는 경우, 신속하게 매각절차를 진행할 필요성이 있는 경우, 그 밖에 제한적인 경쟁입찰이나 수의계약방법으로 M&A 절차를 진행할 상당한 이유가 있는 경우에는 법원의 허가를 받아 제한적인 경쟁입찰이나 수의계약방법으로 M&A 절차를 진행할 수 있다($\frac{제3조}{제2항}$).

또한 M&A준칙은 구 M&A준칙에 정해져 있던 매각주간사에 대한 착수금, 성공보수금, M&A를 성공시킨 관리인에게 지급하는 특별보상금을 증액하였고, 구 M&A준칙에 있었던 특별보상금 상한액(3억 원) 기준을 삭제하였다. 이는 M&A 성공이 궁극적으로 채권자들의 이익으로 돌아가므로 채권자들의 이익을 증진하고 효율적인 회생절차 진행을 위하여 절차관계인에게 각자 그 역할에 상응하는 적절한 대가를 지급함으로써 합리적인 인센티브를 제공하기 위한 것이다.

나아가 M&A준칙은 공고 전 인수예정자가 있는 경우의 특칙(제6절)을 두고 있다. 이를 통하여 서울회생법원이 출범한 이래 다양한 방식으로 활용되고 있는 이른바 스토킹호스 매각방식(Stalking-Horse Bid)에 관한 실무기준을 마련하였다.[1]

2) M&A준칙 개정

M&A준칙이 마련된 이후 M&A를 진행하는 대다수의 회생사건에서 스토킹호스 방식에 따른 매각절차가 이루어졌는데, 공고 전 인수예정자를 확보한 상태에서 매각절차가 진행되므로 M&A 절차의 안정성과 신속성이 한층 높아지게 되었다. 그런데 일반적인 스토킹호스 매각방식에서는 공고 전 인수예정자가 우선매수권을 행사하여 사실상 인수자가 될 가능성이 높기 때문에 공고 전 인수예정자를 선정하는 단계에서부터 공정한 절차 진행이 필요하다는 문제가 제기되었다. 한편 인수자 측에서 채무자에 대한 경영 참여 확대와 회생계획인가 후 회생절차의 신속한 종결을 요청하는 경우가 여럿 있었고, 인수대금의 구성과 납입 등에서도 좀 더 유연한 기준을 적용하길 바라는 목소리 또한 높아졌다.

이에 서울회생법원은 M&A 절차의 공정성 및 투명성의 본질을 해치지 않으면서도 인수자 등 이해관계인의 의견을 반영하고 회생절차에서의 M&A 성공가능성을 높이기 위한 실용적인 방안들을 보완하고자 2021. 12. 21. M&A준칙을 개정하였다.[2]

개정된 준칙은 기존 M&A준칙의 체계와 내용을 대부분 유지하면서 일부 내용을 추가하는 방식으로 이루어졌다. 개정에 따라 추가된 주요 내용으로는, ① 스토킹호스 매각방식에서 공고 전 인수예정자 선정 시 제한적인 경쟁입찰방법의 도입($\frac{제34조 제}{1항 후문}$), ② 인수자가 채무자에 대한 직원 등의 파견을 요청하거나 관리인의 중

---

[1] 공고 전 인수희망자가 있는 경우 그 자와 조건부 인수계약을 체결한 후 공개입찰을 통하여 조건부 인수계약에 따른 인수내용보다 더 나은 인수내용을 제시하는 인수희망자가 있으면 그 자를, 그렇지 않으면 조건부 인수계약을 체결한 자를 최종 인수자로 확정하는 매각방식을 말한다. 이에 대한 자세한 내용은 '제17장 제6절' 참조.

[2] 부칙에 따르면, 개정된 준칙은 2021. 12. 21.부터 시행하고, 시행 당시 법원에 계속 중인 사건에 대하여도 적용하되, 개정 전 M&A준칙의 규정에 따라 생긴 효력에는 영향을 미치지 않는다.

요한 경영상 판단에 의견을 제시할 수 있고(제23조 제1항·제2항), M&A 절차 종료 후에는 신속한 회생절차 종결 또는 채무자의 운영에 관한 의견을 제출할 수 있는 방안 마련(제40조 제3항), ③ 인수인이 회생담보권을 보유하거나 회생담보권자의 동의를 받아 회생담보권을 존속하게 한 경우에 그 회생담보권의 가액을 인수대금에 포함할 수 있거나(제17조 제3항 제1호), 인수대금 납입 때 금융기관 발행의 확약서 제출 또는 에스크로계좌 예치 등을 활용할 수 있는 방법 도입(제24조 단서) 등을 들 수 있다.[3]

3) 용어의 정리

일반적으로 M&A 절차는 매각공고, 인수의향서 접수, 예비실사, 인수제안서 접수, 우선협상대상자 선정, 양해각서 체결, 정밀실사, 인수계약 체결, (변경)회생계획안 제출의 순서로 진행된다. 이 장에서 ① '인수의향서[LOI(Letter Of Intent)]'란 단순히 M&A 절차에 참여할 의사가 표시된 서면으로서, 당사자에게 아무런 법적 구속력이 없는 서면을, ② '인수제안서'란 실제 매각대상을 인수할 의사로 그 인수금액을 기재하여 M&A 절차에서 매각주간사 등에게 제출하는 서면을, ③ '인수희망자'란 매각대상을 인수할 의사를 가진 자로서 M&A 절차에서 인수의향서나 인수제안서를 제출한 자를, ④ '우선협상대상자'란 M&A 절차에서 법원의 허가를 받아 미리 작성된 기준에 따라 선정된 배타적 협상권(일정기간 우선적으로 협상할 권리)을 가진 자를, ⑤ '인수예정자'란 법원의 허가를 받아 관리인과 매각대상에 관하여 양해각서를 체결한 자를, ⑥ '인수자'란 법원의 허가를 받아 관리인과 인수계약을 체결한 자를, ⑦ '공고 전 인수예정자'란 M&A 공고 전 적정한 인수내용으로 인수를 희망하는 자로서 관리인과 조건부 인수계약을 체결한 자를 말하는 것으로 한다(M&A 준칙 제2조).

제2절   M&A의 방식

1. 개   요

M&A(merger and acquisition)는 합병과 매수(또는 인수)를 포괄하는 개념으로서 회사의 합병, 영업의 양수, 지배주식의 취득 등의 방법으로 회사의 지배권 내지 경영권을 직접 혹은 간접으로 취득하는 여러 가지 형태의 행위를 총칭한다.

---

3) 이에 대한 구체적 내용은 '제17장 제3절' 이하 참조.

합병(merger)은 일반적으로 한 회사는 존속하고 다른 회사는 해산하여 해산되는 회사의 사원 및 재산이 존속 회사에게 포괄적으로 승계되는 흡수합병을 뜻한다. 광의로는 비슷한 크기의 두 회사가 합병 즉시 해산하고 신회사를 설립하여 해산되는 각 회사의 사원 및 재산이 신회사에게 포괄적으로 승계되는 신설합병(consolidation)을 포함하나, 실제로는 절차가 간단하고 비용이 적게 드는 흡수합병이 주로 이용되고 신설합병은 그 예를 찾아보기 어렵다. 매수(acquisition)는 한 회사가 다른 회사의 주식의 상당 부분을 인수함으로써 경영권을 취득하는 주식매수(acquisition of stock), 다른 회사의 자산의 전부 또는 일부를 매입하는 자산매수(acquisition of asset), 다른 회사의 영업을 조직적 일체로서 양수하는 영업양수(acquisition of business)로 구분할 수 있다.

통상의 M&A가 매수인의 입장에서 기술하는 데 반해 회생절차에서의 M&A는 매도인의 입장에서 기술한다는 점에서 차이가 있을 뿐 개념상 본질적인 차이는 없다. 회생절차에서의 M&A가 매도인 중심인 것은, 통상의 M&A[4]처럼 매수인이 주도적으로 증권시장에서 회생회사의 주식을 매입하거나 주주들과의 개별 접촉을 통하여 주식을 매입하여 대주주가 되더라도 주식의 귀속주체만 변동될 뿐 회생회사의 재무구조 개선 또는 채무의 변제에 도움이 되지 않아 회생회사의 M&A 방식으로 의미가 없다는 점[5]과 그렇기 때문에 채무를 일시에 변제함으로써 채무자가 회생절차에서 조기에 벗어나도록 함을 목표로 매도인인 관리인에 의하여 주도적으로 추진될 수밖에 없다는 점에 기인한다.

M&A는 여러 가지 형태로 분류할 수 있으나, 이 절에서는 회생절차와 관련하여 그 진행시기에 따른 분류 및 내용에 따른 분류를 검토하기로 한다. M&A는 그 진행시기에 따라 ① 회생절차개시 전부터 진행된 M&A, ② 회생절차개시 후 회생계획인가 전에 진행되는 M&A, ③ 회생계획인가 후에 진행되는 M&A로 분류할 수 있고, 그 내용에 따라 크게 제3자 배정 유상증자 방식과 영업양도 방식으로 나눌 수 있다.[6]

---

[4] 우리나라에서 M&A는 통상 지배주주로부터 장외에서 구주를 매수하는 방식으로 이루어지는 경우가 압도적으로 많다. 천경훈, "한국 M&A의 특성과 그 법적 시사점에 관한 試論", 선진상사법률연구 통권 제56호, 법무부(2011), 145면.

[5] 다만 이러한 방법은 회생절차에서의 M&A 과정에서 기존 주주의 권리를 추가로 감축할 필요가 있는데도 회생절차개시 또는 변경회생계획안 제출 당시 자산이 부채를 초과하여 주주의 의결권을 제한할 수 없는 경우 주주 조의 가결정족수인 2분의 1을 확보하기 위하여 M&A의 전 단계에서 전략적으로 활용될 수 있을 것이다.

[6] 그 밖에도 분할, 합병, 분할합병, 회사설립, 주식교환, 주식이전 등의 방식이 있다. 이 방식들의 장단점 등 보다 구체적인 내용에 관하여는 김정만, "회생절차상 M&A의 선택기준과 회생계획

2. 진행시기에 의한 분류

가. 회생절차개시 전부터 진행된 M&A

이에 관하여 법은 특별한 규정을 두지 않고 있으나, 최근 미국, 일본을 비롯한 선진 도산법제를 가진 국가들의 경우 회생절차개시 전에 추진된 M&A의 결과를 그대로 받아들여 도산법상 채무면제 등의 효과를 부여하는 간이한 절차를 추진하고 있는 사례가 많은데, 미국의 Prepackaged Plan[7]과 일본의 스폰서 선정 후 민사재생절차 또는 회사갱생절차의 신청 등이 바로 그 예이다.[8]

우리나라에서도 동아건설산업 주식회사(서울중앙지법 2006회합16), 주식회사 한성항공(서울중앙지법 2009회합116), 레이크힐스순천(서울회생법원 2018회합100038), 삼포산업 주식회사(서울회생법원 2020회합100005), 에이치엔티일렉트로닉스 주식회사(서울회생법원 2020회합100148) 사건 등과 같이 회생절차개시 전에 M&A절차를 추진하다가 회생절차개시를 신청한 사건들이 있어 이와 같은 절차를 회생절차에서 승인할 필요성이 있다. 그에 따라 M&A준칙은 제5절에 '회생절차 개시신청 전 진행된 M&A의 승인에 관한 특칙'을 두어 이에 관하여 상세하게 규정하고 있다.

회생절차개시 전부터 진행된 M&A 절차를 회생절차에서 승인하는 제도를 활용하면 인수자의 신용을 바탕으로 채무자의 신용하락에 의한 사업훼손을 방지할 수 있을 뿐만 아니라 회생절차를 신속하게 종결할 수 있게 되는 장점이 있다.

나. 회생절차개시 후 회생계획인가 전에 진행되는 M&A

회생절차개시 이후부터 회생절차가 종료될 때까지 채무자의 영업을 양도하거나 신주를 발행하는 등 M&A를 하려면 회생계획에 의하는 것이 원칙이다 (법 제55조 제1항, 제200조, 제206조). M&A는 이해관계인에게 중대한 영향을 미치는 사업 재건방법의 하나이기 때문이다. 다만 회생절차에서의 M&A란 회생절차개시 전후를 불문하고 성립한 M&A로서 회생계획에 의한 채무감면 등의 효과를 발생시키는 것을 말하고, 회생절차에서 추진이 가능한 여러 형태의 M&A는 회생계획에 의하지 아니하면 원칙적으로 그 효과를 발생시킬 수 없으므로, 결국 회생계획에 의한 M&A라 함은 회생계획인가 이후에 추진된 것뿐만 아니라 그 이전에 추진된 것도 포함하는 개념이라고 할 것이다. 통상적으로는 회생계획인가의 시점을 기준

인가 전 M&A", 사법논집(제50집), 법원도서관(2010), 79면 내지 96면 참조.

7) 우리나라의 사전계획안 회생절차(P-Plan 회생절차)와 유사하다.

8) 이에 대한 자세한 내용은 '제17장 제5절 1. 나.' 참조.

으로 그 이전부터 추진하는 것을 '회생계획인가 전 M&A', 그 이후에 추진하는 것을 '회생계획인가 후 M&A'로 구분하고 있다.

회생계획인가 전 M&A는 회생절차개시 후 회생계획인가 전에 진행되는 M&A뿐만 아니라 앞서 살펴본 회생절차개시 전부터 진행된 M&A도 넓은 의미에서 포함하는 것으로 볼 수 있다.

회생절차개시 후 회생계획인가 전에 진행되는 M&A는 회생절차의 진행과 보조를 맞추어 진행하여야 하므로, 회생계획인가 후에 진행되는 M&A에 비하여 매각절차를 간이하고 신속하게 진행하여야 하는 특징이 있다.

인가 전 M&A는 인가 후 M&A에 비하여 절차가 신속하고 회생채권자에 대한 평균변제율도 높다는 장점이 있다.[9] 이에 더하여 최근 회생절차 내에서 M&A에 관한 선례가 많이 축적되고, 시장의 회생절차에 대한 이해도도 높아졌으며, 사전계획안 회생절차와 조기종결 제도 등 인가 전 M&A에 친화적인 여러 제도가 도입됨에 따라 최근 서울회생법원은 채무자의 회생을 위한 M&A 방법으로 인가 전 M&A를 주로 활용하고 있다.

다. 회생계획인가 후에 진행되는 M&A

회생계획이 인가된 후 채무자의 신용하락 등으로 인하여 회생계획인가 당시의 예측과는 달리 회생계획을 수행하는 것이 쉽지 않거나, 회생계획의 수행이 가능하다고 하더라도 독자생존 방식으로는 회생채권 및 회생담보권을 변제하고 사업을 극대화하기 어려워서 외부자금을 필요로 하게 되는 경우 회생계획 수행의 일환으로 M&A를 진행하게 될 것이다. 이는 채무자의 효율적 회생을 위한 것으로서 이와 같은 절차를 통하여 책임 있는 경영주를 확보한 후 회생계획의 변경절차를 거쳐 회생절차를 종결하는 것이 일반적이다. 현재 서울회생법원은 실무준칙 제251호 '회생절차의 조기종결'에 따라 특별한 사정이 없는 한 회생절차를 조기에 종결하고 있으므로, 회생계획인가 후 M&A를 진행한 사례는 점차 줄어들고 있다.

---

9) 백숙종, "회생절차에서 M&A의 효율적 활용", 법조 통권 725호, 법조협회(2017), 262, 263면.

3. 내용에 의한 분류

가. 제3자 배정 유상증자 방식

제3자에게 유상증자를 통하여 채무자의 신주를 배정, 발행하는 방식으로서 주식회사 M&A 유형 중 가장 널리 활용되고 있는 방식이다.

제3자 배정 유상증자 방식은 채무자를 직접 경영할 의사와 능력이 있는 제3자에게 신주를 배정, 발행하여 지배주주가 되도록 하고, 그가 납입한 유상증자 대금으로 회생채무를 일시에 변제함으로써 개선된 재무구조를 바탕으로 채무자가 회생절차에서 조기에 벗어나는 것을 목적으로 한다. 회생절차에서는 기존 주식의 감자를 시행할 경우 주주총회의 특별결의나 채권자보호절차를 거칠 필요가 없고(법 제260조, 제264조 제2항, 상법 제439조 제2항, 제232조), 채무자의 부채가 자산을 초과하는 경우에는 주주에게 관계인집회에서의 의결권도 인정되지 않으므로, 일반 M&A에 비하여 지배구조 변경이 신속하고 경제적으로 이루어질 수 있는 장점이 있다.

나. 영업양도 방식

채무자의 영업 전부 또는 일부에 관하여 이를 해체하지 않고 조직화된 총체, 즉 인적·물적 조직을 그 동일성을 유지하면서 일체로서 제3자에게 이전하는 방식이다.[10] 영업양도에 있어서 이전의 목적이 되는 것은 단순한 물건 또는 권리의무뿐만 아니라 거래선, 영업상의 비밀, 노하우 같은 경영조직의 사실관계를 포함한 유기적 일체로서 양수인은 이를 이용하여 양도인과 같은 영업자의 지위를 취득하게 된다. 특별한 사정이 없는 한 근로관계는 양수인에게 포괄적으로 승계된다.[11]

채무자에게 양도가 가능한 사업부(예컨대, 이익을 내고 있는 사업부)와 양도가 곤란한 사업부(만성적인 적자를 내고 있는 사업부)가 혼재하고 있어 제3자 배정 유상증자 방식을 택할 경우 양도가 곤란한 사업부로 인하여 인수대금이 하락할 가능성이 있는 때,[12] 채무자에게 이월결손금이 남아있지 않은 상태에서 제3자 배정

---

10) 대법원 2013. 2. 15. 선고 2012다102247 판결.

11) 대법원 2003. 5. 30. 선고 2002다23826 판결.

12) 예컨대, 구 회사정리법하에서 정리회사 (주)한보에너지의 경우 생산성과 성장가능성이 높은 도시가스 사업부문과 그렇지 않은 석탄 사업부문이 존재하여 양 사업부문 모두를 제3자 배정 유상증자 방식에 의한 M&A로 매각하는 것은 오히려 인수대금의 저하를 가져올 우려가 높아 양 사업부문을 영업양도 방식으로 분리매각하고, 잔존 자산은 청산절차를 밟는 방안을 택하였다. 정리회사 해태제과(주)의 경우 제과 사업부문은 영업양도하고 건설 사업부문은 영업을 폐지한 후 상호를 변경하여 사실상 청산절차를 밟는 방안을 택하였다.

유상증자 방식을 택할 경우 대규모 채무면제이익이 발생하거나 추가적인 조세부
담의 가능성이 있어 인수자의 입장에서 인수에 따른 부담이 큰 때 등에 활용할
수 있는 방식이다(회생계획에 의한 영업양도에 관하여는 '제13장 제5절 7.' 참조).

　　회생절차에 의한 영업양도는 주주총회의 특별결의를 거칠 필요가 없고
(별 제261조 제2항,) 반대주주의 주식매수청구권도 인정되지 않기 때문에(별 제261조 제2항,)
상법상의 영업양도에 비하여 여러모로 편리하다. 다만 영업양도 방식은 양도대
상 자산 및 부채를 양수인에게 개별적으로 이전하는 특정승계절차를 취하므로
제3자 배정 유상증자 방식에 비하여 복잡한 양도절차가 수반되고 양도세·취득
세·등록세 등이 부과되며, 양도되지 않은 잔존자산의 처분 등에 상당한 시일이
소요되어 회생절차를 곧바로 종결할 수 없다는 단점이 있다. 실무상으로도 영업
양도 방식은 예외적인 경우에 한하여 이용되고 있는 실정이다.[13]

제3절　회생계획인가 후에 진행되는 M&A

1. 일반적으로 유의하여야 할 사항

가. M&A 방식의 검토

　　채무자를 직접 경영할 의지와 능력이 있는 제3자에게 다량의 신주를 배정,
발행하여 그 제3자가 지배주주가 되도록 하고, 그 유상증자 대금으로 기존 회생
채권을 조기에 변제하여 회생절차를 종결한다면 채무자의 회생을 위한 변제자금
을 효과적으로 조달할 수 있을 뿐만 아니라 책임 있는 경영주를 확보하여 채무
자의 안정적인 경영구도를 확립할 수 있다.

　　그러나 모든 채무자에게 유상증자 방식의 M&A가 최선이라고 할 수는 없
다. 예를 들어, 채무자가 수개의 사업부문을 영위하고 있으나 그중 하나의 사업
부문이 사양산업에 속하여 유상증자 방식에 의한 M&A에 의할 경우 인수대금
이 크게 하락할 가능성이 있다면 사양산업에 속하는 사업부문을 제외한 나머지
사업부문을 영업양도 방식에 의하여 제3자에게 양도하고 잔존 사업부문에 관하
여는 청산절차를 밟는 것이 이해관계인에게 보다 유리할 수 있다. 또한 우발채
무로 인한 위험부담으로 인하여 유상증자 방식에 의한 M&A가 사실상 곤란한

---

13) 회사분할제도의 영업양도에 대한 보완적 기능에 관하여는 '제13장 제5절 8.' 참조.

경우에는 영업양도에 의한 매각이 더 효율적인 구조조정 방안이 된다.[14] 경우에 따라 여러 사업부문 중 어느 하나는 영업양도 방식으로 매각하고, 나머지 사업부문은 물적 분할을 통하여 분할 신설된 회사의 주식을 제3자에게 양도하는 방식으로 매각하는 것이 효율적일 수 있다.[15] 다만 복잡한 양도절차 등의 단점 때문에 위와 같은 영업양도 방식에 의한 매각이 효율적이거나 유리한 것으로 볼 수 있는 예외적인 경우가 아닌 한 영업양도는 회생절차에서의 M&A 방식으로 잘 활용되지 않고 있다.

따라서 M&A준칙에서는 제3자 배정 유상증자 방식을 전제로 절차를 정하면서 성질상 허용되지 않는 경우를 제외하고는 영업양도 등 다른 유형의 M&A 방식에서도 그 절차를 적용하도록 함으로써 채무자의 회생에 가장 적합한 방식을 선택할 수 있도록 하고 있다(제4조 제2항).

나. 기준의 일관성

M&A 진행과정에서 인수희망자와 채권자 등 이해관계인의 요구는 매우 다양하다. 인수희망자는 조금이라도 낮은 가격으로 채무자를 인수하고 싶어 하고, 채권자 등 다른 이해관계인은 인수대금을 높여 자신들의 권리를 조기에 회수하고 싶어 할 것이기 때문이다.

만약 법원이 일정한 기준을 가지지 못하고 합리적인 이유 없이 사안에 따라 다른 기준을 적용한다면, 이는 결국 특혜 시비와 법원에 대한 불신으로 이어질 것이다. 다만 법원의 기준은 M&A 시장의 현실에 부합하는 것이어야 하므로, 채무자의 효율적 회생을 통하여 이해관계인의 이익을 극대화한다는 M&A의 목적을 염두에 두고 시장의 현실을 감안하여 구체적인 사정에 따라 탄력적으로 적용되어야 할 것이다.

---

14) 구 회사정리법하에서 정리회사 한보철강공업(주)는 인수계약을 체결하고도 인수자금 조달에 실패하여 정리회사에 보증금을 몰취당한 AK캐피탈이 정리회사 등을 상대로 거액의 손해배상청구소송을 제기하자, 그로 인한 공익채권 발생의 위험을 고려하여 자산매매 방식의 M&A를 추진하였다. 그리고 서울중앙지방법원 2011회합42 (주)씨모텍 사건에서도 회생계획인가 후 M&A 절차를 당초 제3자 배정 유상증자 방식으로 진행하였다가 실패하였고, 그 원인이 소송계속으로 인한 우발채무의 발생 가능성이라는 매각주간사의 의견에 따라 다시 영업양도 방식으로 진행하여 성공하였다.

15) 철강사업 및 건설사업의 2개 사업부문을 영위하고 있던 (주)한보의 경우 철강 사업부문은 영업양도에 의하여 제3자에게 이전하고, 건설 사업부문은 영업양도 방식에 의하는 경우 공사실적이 승계되지 않는 점을 고려하여 이를 물적 분할한 후 사업을 승계한 신설회사의 주식을 제3자에게 양도하는 내용의 정리계획 변경계획을 수립하여 M&A를 완료하였으며, 분할 후 존속법인은 청산절차를 진행하였다.

다. 절차의 공정성과 투명성

회생절차에서의 M&A는 최종적으로 법원의 허가 및 감독에 따라 모든 절차가 투명하고 공정하게 이루어져야 한다.

최근 회생절차에서의 M&A에 대한 시장의 관심이 높아지면서, 직접 인수를 희망하거나 매각주간사로 선정되려는 업체가 경쟁적으로 나서고 있는 상황이고, 경쟁에서 탈락한 업체들이 선정과정에 대해서 이의를 제기할 가능성이 상존하고 있으므로, 절차의 공정성과 투명성을 유지하는 것이 매우 중요하다. 이를 위해서, 규칙에서는 "관리인은 영업 또는 사업의 양도 등에 관하여 매각주간사, 채무자의 재산 및 영업상태를 실사할 법인 또는 우선협상대상자 등을 선정하는 때에는 미리 채권자협의회의 의견을 묻는 등 공정하게 절차를 진행하여야 한다" (규칙 제49조)라고 하여 M&A 절차의 공정한 진행에 관하여 규정하고 있고, M&A준칙에서도 매각주간사 또는 우선협상대상자 선정 시 관리인이 최종 용역제안서나 인수제안서를 제출받기 전에 구체적인 선정기준을 법원과 협의하여 미리 작성하도록 하고 있다.

라. 회생절차에서의 M&A 악용 방지

법은 회생절차개시에 중대한 책임이 있거나 해악을 끼친 채무자의 경영자나 그 특수관계인 등이 회생절차를 남용하여 정당한 채권자 등의 희생을 바탕으로 채무를 감면받은 후 다시 정상화된 기업을 인수하여 경영권을 회복하는 것을 방지하기 위해, 회생계획에 정해진 영업양수 등에 있어서 일정한 경우 법원이 임의적 또는 필요적으로 '회생계획안을 관계인집회의 심리 또는 결의에 부치지 아니하는 결정'을 하도록 하였고(법 제231조의2), 회생계획에 정해진 영업양수 등에 있어서 일정한 경우 법원이 임의적 또는 필요적으로 '회생계획불인가 결정'을 하도록 하였다(법 제243조의2).

이에 따라 M&A준칙은 인수제안서를 제출한 인수희망자가 시행령 제4조의 특수관계인, 특수관계인이었던 자, 주주, 주주였던 자 및 이와 관련 있는 자로서 회생절차 개시의 원인에 중대한 책임이 있는 경우 또는 법 제231조의2 제1항 제2호 각 목에서 정한 자에 해당하는 경우 인수자 또는 우선협상대상자 선정에서 배제할 수 있도록 하였다(제17조 제4항, 제1호·제5호). 이는 스토킹호스 매각절차에서 공고 전 인수예정자를 선정하는 단계에서도 마찬가지로 적용된다(제34조
제3항).

 따라서 법원으로서는 M&A 진행 과정에서 우선협상대상자나 인수자, 공고 전 인수예정자 등이 위와 같은 요건에 해당하여 향후 회생계획안 배제 또는 회생계획불인가 결정을 하는 사태에 이르지 않도록 사전에 매각주간사 등에게 유의하도록 알려줄 필요가 있다.

마. 회생절차의 종결 가능성 고려 및 인수자 의사 존중

 채무자의 인수자는 회생절차의 종결을 전제로 다액의 인수대금을 출연할 것임은 명백하다. 법원의 입장에서도 인수자가 다액의 인수대금을 출연하여 회생채권 등이 대부분 변제되었음에도 회생절차를 지속하여 채무자를 계속 법원의 감독하에 두는 것은 바람직하지 않다. 따라서 채무자의 M&A를 진행함에 있어서는 회생절차의 종결가능성을 항상 염두에 두어야 하고, 만약 현재 진행하는 M&A가 성공하여도 회생절차를 종결하기 곤란하다면 그 점을 인수희망자에게 분명히 인식시켜야 할 것이다.

 M&A준칙은, 관리인이 회생채무의 변제 등 회생절차 종결을 위한 절차를 신속히 진행하고, 법원은 관리인 및 임직원의 개임 등 향후 채무자의 운영에 관하여 인수자의 의사를 존중하도록 하였다. 나아가 법원은 필요한 사항을 직접 협의하기 위하여 매각주간사, 인수희망자, 인수예정자, 인수자 등의 출석을 요구할 수 있고, 인수자는 법원에 신속한 회생절차 종결이나 채무자의 운영에 관하여 의견을 제출할 수 있다(제40
조).

2. M&A의 주체와 추진 시기

가. M&A의 주체

1) 원 칙

 채무자의 M&A를 추진할 주체는 관리인이다. 채무자의 업무수행 및 재산의 관리처분권은 관리인에게 전속하며(법제
56조), 관리인은 채무자와 그 채권자 및 주주 등 이해관계인 전체의 관리자로서 일종의 공적 수탁자이므로, 관리인에게 채무자를 회생시킬 임무가 있기 때문이다.

 관리인은 매각주간사 선정 및 인수계약 등의 당사자로서, M&A의 시작부터 완결까지 모든 절차를 능동적으로 수행하여야 하며, 만일 M&A가 채무자의 회생에 가장 효율적인 대안이라는 결론에 이른다면 자기 자리의 보전을 위해서 또는 직원들의 고용안정을 위해서 M&A에 소극적으로 임하여서는 아니 된다. M&A준칙에서도 관리인은 채무자가 독자적으로 사업을 계속하기 어려운 경우에는 지체 없이 M&A를 추진하여야 하고, 특히 제3자 관리인은 회생계획인가 후 회생계획의 수행가능 여부가 명백하지 않은 경우에는 M&A를 적극적으로 추진하여야 한다고 규정하고 있다(제5조 제1항).

따라서 법원은 M&A가 가장 효율적인 대안이라는 결론에 이른다면 관리인이 합리적인 사유 없이 M&A 추진을 미루는 일이 없도록 적절히 지도하여야 한다. 관리인도 평소 채무자의 기업가치를 극대화하기 위하여 노력하여야 함은 물론,[16] 채무자의 실상을 자세히 파악하여 M&A 협상에 임하여서도 채무자의 장점을 적극적으로 내세워 인수대금을 극대화할 수 있어야 한다. 인수희망자가 관리인에게 구체적인 인수계획을 담은 인수희망서를 제출하면, 관리인은 이를 법원에 보고하고 인수희망자의 정당한 제의에 적극적으로 응하여야 한다.[17] 회생채권자, 회생담보권자, 주주 등 이해관계인 또한 M&A 절차의 착수를 요청할 수 있다. M&A준칙은 이해관계인이 M&A 절차의 착수 또는 M&A 절차 진행 과정에 관한 의견을 법원에 제출할 수 있고, M&A 절차의 착수에 관한 의견이 제출된 경우 관리인에게 M&A 절차 착수의 적절성 여부 등을 검토한 보고서를 법원에 제출하도록 하였다(제7조 제2항·제3항).

2) 기존 경영자 관리인의 경우

법 제74조 제2항에 의하여 기존 경영자가 관리인으로 선임된 경우 또는 같은 조 제3항에 의한 관리인 불선임 결정에 의하여 관리인으로 보게 되는 기존 경영자의 경우, 이들에 대하여 처음부터 M&A의 적극적인 추진을 요구하는 것은 곧 기존 경영자의 경영권 박탈로 이어지므로 부실기업의 조기신청을 유도하기 위하여 기존 경영자의 경영권을 보장해 주겠다는 입법취지와 부합하지 않는 측면이 있다.[18] 따라서 기존 경영자를 관리인으로 선임하는 등의 경우 관리인

---

16) 수익성이 낮은 사업부문을 정리하고, 생산성을 높이기 위한 구조조정의 시행 등이 그 예이다.

17) 만약 관리인이 M&A에 소극적이거나 다른 특별한 사정이 있는 경우에는 인수희망자는 직접 법원에 인수희망서를 제출할 수도 있을 것이다. 이 경우 서울회생법원은 관리인에게 인수희망서 제출 사실을 고지하면서, 제안의 적절성 여부 등을 검토하여 보고하도록 하고 있다.

18) 채무자가 경영권과 관리처분권을 계속 보유하는 미국의 DIP 제도 하에서는, 채권단에게 회생계획안을 제출할 권한을 준다면, 채권단은 회사의 매각이나 청산 등을 통하여 바로 채권을 회수하려는 조치를 취할 가능성이 높기 때문에, 이는 DIP 제도와 어긋난다고 보고 채무자에게만 회생절차신청 후 120일간의 배타적인 회생계획안 제출권(Exclusivity)을 주고 있고, 이 기간은 법원의 허가에 의하여 연장될 수 있도록 하고 있다. 채무자에게 위와 같이 배타적인 회생계획안

등이 작성, 제출한 독자생존 방식의 회생계획안이 현실성이 있다고 판단되고 그 회생계획안이 채권단에 의하여 가결되었다면, M&A의 추진은 일단 유보될 수 있다. 이 경우 기존 경영자 관리인이 독자생존 방식의 회생계획을 성실히 수행하고 있는 한 M&A를 추진하지 않고 있다는 사유를 들어 관리인을 해임할 수는 없다.[19]

그러나 인가된 회생계획의 수행이 불확실하여 더 이상 정상적인 회생절차의 진행이 어렵게 되거나 회사의 재건을 위하여 M&A가 필요할 경우 기존 경영자 관리인은 즉시 M&A를 추진하여야 할 것이다.

나. 채권자협의회의 역할

채권자협의회는 전체 채권자 일반의 이익을 대표하는 지위에 있고, M&A에 관한 주요 자료를 제공받을 수 있는 지위에 있으므로(별 참고), 채권자에 대한 변제재원의 규모를 결정하는 채무자의 매각에 가장 큰 이해관계를 가지고 있다. 이러한 채권자협의회의 의견이 M&A 절차에 반영될 수 있도록 하기 위하여 규칙 제49조는, 관리인은 영업 또는 사업의 양도 등에 관하여 매각주간사, 채무자의 재산 및 영업상태를 실사할 법인 또는 우선협상대상자 등을 선정하는 때에는 미리 채권자협의회의 의견을 묻는 등 공정하게 절차를 진행하여야 한다고 규정하고 있다. 또한 M&A준칙은, 법원이 채권자협의회의 의견을 들어 채무자에 대한 M&A 절차 진행 여부를 결정하고, 채권자협의회가 구성되지 아니한 경우에는 적정한 방법으로 주요채권자의 의견을 듣도록 규정하고 있다(제7조 제1항).

다만 채권자협의회의 의견이나 요구가 전체 이해관계인의 이익에 부합하는 것이라면 M&A 진행과정에 반영시켜야 할 것이지만, 특정 당사자의 이익만을 위한 부당한 것이라면 이를 고려하여서는 아니 될 것이다.[20] 또한 채권자협의회

제출권을 주는 이유는, 회생절차 초기에 회사의 매각이나 청산이 이루어진다면, 결국 기존 경영진이 경영권의 상실을 우려하여 회생절차 신청을 미루게 될 것이고, 그로 인한 부실의 심화로 채무자는 물론 사회경제에 악영향을 미치는 점을 고려하였기 때문이다(Business Reorganization In Bankruptcy, 603면 참조).

19) 한편 회생계획인가 전 단계에서 관리인이 제출한 독자생존 방식의 회생계획안과 회생채권자 등 이해관계인이 제출한 M&A를 내용으로 하는 회생계획안이 서로 충돌하는 경우 그 처리 방안과 관련하여, M&A 추진의 주체가 관리인임을 이유로 회생채권자가 제출한 회생계획안에 따른 인수계약이 체결될 가능성이 없으므로, 수행가능성이 없음을 이유로 회생채권자가 제출한 회생계획안을 배제한 사례[서울회생법원 2019회합100062 (주)기린산업]가 있는 반면, 모든 회생계획안을 관계인집회의 심리 및 결의에 부쳐 회생채권자가 제출한 회생계획안이 가결 및 인가된 사례[서울회생법원 2018회합100253 일송개발(주)]도 있다.

20) 만약 관리인이 특정 이해관계인의 요구에 쉽게 휩쓸린다면, 인수희망자와 채권자들은 M&A 과정에서 채무자의 회생가능성보다는 자신들의 이익을 극대화하는 데에만 주력하게 될 가능성

에 M&A에 관한 모든 자료를 제공할 경우에는 회사 내부 정보가 유출되어 인수대금을 하락시키는 요인으로 작용할 수도 있고, 채권자협의회의 구성원 중 일부가 인수희망을 가지고 있는 경우라면 채권자협의회에 대한 정보제공은 절차의 공정성에 관한 의혹을 불러일으킬 수 있으므로, 채권자협의회의 절차 관여에는 일정한 한계가 있을 수밖에 없다.[21]

이러한 관점에서 본다면, 채권자협의회에 M&A의 진행과정에 관한 절차적인 사항에 관한 정보를 제공하는 것은 무방할 것이지만, 예컨대, 매각주간사가 채무자에 대한 실사를 통하여 새로 산정한 기업의 청산가치 및 계속기업가치에 관한 사항 등과 같은 실체적인 사항에 관한 정보를 제공하는 것이 인수대금의 하락 요인으로 작용할 수 있는 경우라면 그러한 실체적인 사항에 관한 정보는 채권자협의회에 제공하지 않는 것이 바람직할 것이다.[22]

다. 추진 시기

관리인은 회생계획인가 후에도 M&A를 진행할 수 있으므로, 회생계획안 작성단계에서 장차 M&A를 추진할 것을 고려하여, 가급적 발행주식의 수를 줄여 향후 제3자 배정 신주발행의 여지를 넓히고, 출자전환 여부를 조기에 확정시키는 등으로 불확정한 요소를 가급적 배제하여 인수희망자의 예측가능성을 높이며, 수행가능성이 충분한 회생계획안을 마련하는 방법으로, 회생계획인가 후 채무자의 M&A 가치를 높여 두는 것이 좋다.

회생계획이 인가된 후 채무자의 독자적인 사업 계속이 어려운 경우에 관리인이 지체 없이 M&A를 추진하여야 하고 제3자 관리인의 경우 그러한 의무가 더욱

이 높다. 이렇게 되면 극단적으로는 유상증자 없이 채무자가 인수자로부터 회생채무 변제자금을 전액 고리로 차입하여 일단 회생채권자에게 회생채권을 변제한 후, 인수자도 자신의 채권을 고리로 회수하는 M&A 구도가 되어, 채무자는 다시 파탄에 빠지게 될 가능성이 높아지므로, 법원은 이를 허용하기 곤란할 것이다.

21) 우선협상대상자를 선정하는 단계에서도 채권자협의회에 의견조회절차를 거쳐야 하는지에 관하여, 입찰내용이 의견조회 과정에서 외부에 알려지게 될 우려가 있고 특히 인수희망자가 1명에 불과한 때에는 채권자협의회에 대한 의견조회가 자칫 인수대금을 하락시키는 요인이 될 수 있는 위험이 있으며, 의견조회 절차를 거치지 않더라도 우선협상대상자를 선정할 경우 법원의 허가를 받아야 하기 때문에 절차의 공정성 등의 문제는 발생하지 않을 것이라는 이유로 우선협상대상자 선정단계에서는 의견조회를 할 필요가 없다는 견해가 있다.

22) 같은 취지에서 M&A 절차가 진행 중인 사건에서 채권자 등 이해관계인이 법 제28조 제1항에 따라 사건기록의 열람·복사 등을 청구하였을 때, 이를 허용하면 비밀유지가 필요한 M&A 절차의 공정성을 해하거나 인수대금을 하락시킬 가능성이 있는 경우라면, 법원은 법 제28조 제4항이 정한 사유로서 '채무자의 회생에 현저한 지장을 초래할 우려가 있거나 채무자의 재산에 현저한 손해를 줄 우려'가 있다고 보아 열람·복사 등의 청구를 불허할 수 있다.

강하게 요구됨은 앞서 본 바와 같다. 이 경우 전략상 채무자의 계속기업가치를 제고하기 위하여 일정 기간이 소요되고 그것이 인수대금을 높이는 데 효과적이라면 급히 M&A를 추진하기보다는 이를 잠시 유보하는 것이 더 효율적일 것이다.[23]

3. M&A 절차[24]

가. 개   요

관리인은 매각대금의 극대화, 절차의 공정성과 투명성 확보, 매각절차의 시급성, 개별 방법에 따른 매각절차의 성공가능성 등을 종합적으로 고려하여 ① 공고를 통한 공개입찰, ② 제한적인 경쟁입찰, ③ 수의계약 중 적정한 방법을 선택하여 회생절차에서의 M&A 절차를 진행할 수 있다(M&A준칙 제3조 제1항). 다만, 관리인은 ① 공개입찰방법에 의하여 M&A 절차를 진행하였으나 매각이 성사되지 아니한 경우, ② 공개입찰방법으로 M&A 절차를 진행하지 아니하더라도 절차의 공정성을 해할 염려가 없는 경우, ③ 신속하게 매각절차를 진행할 필요성이 있는 경우, ④ 그 밖에 제한적인 경쟁입찰이나 수의계약방법으로 M&A 절차를 진행할 상당한 이유가 있는 경우에는 법원의 허가를 받아 제한적인 경쟁입찰이나 수의계약방법으로 M&A 절차를 진행할 수 있다(M&A준칙 제3조 제2항).[25]

위와 같은 M&A 방법 중 공고를 통한 공개입찰에 의한 M&A 절차는 특별한 사정이 없는 한 아래와 같은 순서로 진행한다. 다만 절차별 소요기간은 조정할 수 있고, 사건의 특성에 비추어 불필요하다고 판단되는 절차는 생략할 수 있다(M&A준칙 제 13조 제1항).

---

23) 구 회사정리절차에서 정리회사 (주)두루넷의 경우 과거 M&A 추진 시 인수희망자들이 최저매각금액 이하로 인수제안서를 제출하여 공개매각이 무산된 경험을 되새겨, M&A 재추진에 앞서 우선 인터넷서비스 가입자 유치에 총력을 기울여 시장점유율을 부도 이전 수준으로 회복하였고, 그 후 M&A를 추진함으로써 최저매각금액을 훨씬 웃도는 금액에 공개매각이 이루어졌다. 정리회사 (주)엔터프라이즈네트웍스 역시 유사한 과정을 거쳐 성공적으로 M&A를 마친 바 있다.

24) 회생계획인가 전의 M&A도 회생계획인가 후의 M&A와 그 진행절차 자체는 큰 차이가 없다. 다만 전자의 경우 회생절차의 진행과 보조를 맞추어야 하기 때문에 후자에 비하여 일부 절차의 소요기간을 단기간으로 지정하는 방식으로 보다 신속하게 진행하는 것이 일반적이다.

25) 수의계약방법의 M&A를 진행한 사례로는 서울회생법원 2021회합100030 (주)더휴컴퍼니(공개입찰방법에 의하여 M&A를 진행하였으나 매각이 성사되지 아니한 경우), 서울회생법원 2021간회합100003 (주)배드브이알(파산절차가 진행 중에 M&A 착수를 위하여 채무자가 회생신청을 한 것으로서 신속하게 매각절차를 진행할 필요성이 있는 경우) 사건 등이 있다.

	절차	예상소요기간	비고
1	매각주간사 선정		
2	매각주간사의 실사 및 매각 준비	2주~5주	• 채무자의 자산 및 부채 실사 후 청산 가치와 계속기업가치 산정 • 매각전략 수립
3	매각공고	2주~6주	• 매각공고 후 간략한 회사소개서 배포 • 마케팅 • 인수의향서 제출안내서 배포
4	인수의향서 접수		
5	예비실사	2주~4주	• 예비실사를 위한 데이터룸 오픈 • 입찰안내서 및 양해각서안 배포 • 우선협상대상자 선정기준 작성
6	인수제안서 접수		• 입찰보증금 납입
7	우선협상대상자 선정	1주~2주	
8	양해각서 체결		• 이행보증금 납입
9	정밀실사	2주~4주	
10	인수대금 조정	2주~3주	• 양해각서에 인수대금조정의 요건과 기한 명시
11	인수계약 체결		• 양해각서에 인수계약 체결 기한 명시 • 계약금 납부
12	회생계획안 작성 및 제출		
13	인수대금 예치, 금융기관 발행 확약서 제공 또는 에스크로계좌 예치 등		• 집회기일 수 영업일 전
14	관계인집회 개최		

나. 매각주간사의 선정

1) 매각주간사

M&A 절차의 초기 단계에서, 관리인에게 부족한 전문성을 보완하고 절차의 공정성을 확보하기 위하여 특별한 사정이 없는 한 매각주간사를 선정하고 있다.[26] 관리인은 법무법인, 회계법인, 은행 또는 금융기관 등 및 위 업체들의

---

26) 서울중앙지방법원은 2008회합82 신성건설(주) 사건에서 관리인이 매각주간사를 선정하여 회생계획인가 후 M&A 절차를 3회 진행하였으나 모두 실패한 상태에서 회생담보권자인 유더블유제이차유동화전문 유한회사의 모회사인 연합자산관리(주)가 100% 출자한 회사가 채무자를 직접 인수하겠다고 제의하고, 그 내용이 예전에 진행했던 M&A 절차에서의 인수조건보다 회생채권자에게 유리하다고 판단하여 매각주간사 선정 없이 M&A 절차를 다시 진행하였다.

컨소시엄을 매각주간사로 선정할 수 있다(M&A준칙 제8조 제1항).[27] 매각주간사는 기업가치 평가, M&A 전략 수립, 기업소개서(Information Memorandum) 작성, 잠재적 인수 희망자 유치, 입찰안내서 배포, 인수제안서 접수 및 평가, 채무조정안 수립, 채권자 설득 등 일련의 절차를 관리인과 함께 수행하게 된다. 실무상 채무자의 M&A 절차에서는 인수자가 채무재조정을 요구하는 경우가 일반적이므로, 채권자 설득 능력도 매각주간사 선정에 있어 중요한 고려 요소가 된다.[28]

관리인은 법원에 M&A 절차 추진 허가신청을 함과 동시에 매각주간사 선정방법에 대한 허가신청을 할 수 있다(M&A준칙 제6조 제1항 제1호). 매각주간사와 아울러, M&A를 추진함에 있어 필요한 경우 관리인은 별도로 법률자문, 회계자문, 기술자문 등을 받을 수 있다(M&A준칙 제8조 제2항).

2) 선정방법 및 선정기준

관리인은 회사의 규모, 신속한 절차진행의 필요성, 이해관계인 사이의 분쟁 발생 가능성, 매각주간사 업무의 난이도, 사안의 특수성 등을 고려하여 다음의 방법 중 적정한 방법을 선택하여 매각주간사를 선정할 수 있다. 다만, 수의계약 방법은 회생절차의 신속한 진행 필요성 등 특별한 사정이 인정되고 절차의 공정성을 해하지 않는 경우에 허용될 수 있다(M&A준칙 제9조 제1항).

① 공개경쟁: 매각주간사 선정을 위한 신문 공고 및 홈페이지 공고와 주요 업체에 대한 용역제안서 제출안내서 발송을 병행하여 용역제안서를 제출받은 후 선정절차를 거쳐 매각주간사 선정

② 제한적 경쟁: 복수의 업체에 용역제안서 제출안내서를 발송하여 용역제안서를 제출받은 후 선정절차를 거쳐 매각주간사 선정

③ 수의계약

매각주간사 선정과정에서의 공정성 확보를 위하여, 용역제안서 제출기간 만료 전에 관리인은 법원과 협의하여 용역제안서 내용의 충실도, 회사현황 및 M&A 절차에 대한 이해도, M&A 추진계획의 적정성,[29] M&A 수행·자문 실적,

---

27) 실무상 대부분의 사건에서 회계법인이 매각주간사로 선정되고 있다. 신청대리인인 법무법인이 회계법인과 공동으로 매각주간사에 선정된 사례로는 서울회생법원 2021회합100144 (주)마론 사건이 있다.

28) 기관의 종류에 따라 매각주간사로서의 장단점이 있다. 일반적으로 대형 회계법인은 신용도가 높은 대신 채권자 설득에 관한 경험이 부족하고, 기업구조조정 전문회사 등은 M&A에 관한 노하우(know-how)는 많으나 신용도가 부족하다. 실무상, 매각주간사 선정에서는 회생절차에서의 M&A에 관한 경험과 이해, 잠재적 인수희망자 유치, 당사자 설득 능력이 가장 중요하나, 매각주간사의 신용도 역시 간과할 수 없다.

29) 이 부분 평가요소로는 매각추진의 구도 및 방법의 적정성, 잠재적 인수희망자 확보 여부 및

참여 인원의 능력·경력[30] 등 제반 요소를 종합적으로 고려한 구체적인 선정기준 및 평가위원을 미리 정하여야 한다(M&A준칙 제9조 제2항·제3항).[31]

3) 선정 및 용역계약 체결

복수의 용역제안서가 접수되면 미리 마련된 선정기준에 따라 업체의 우선순위를 평가한 다음, 그 순위에 따라 관리인이 용역수수료,[32] 계약기간 등 구체적인 계약 조건을 협의하여 계약조건이 가장 좋은 업체를 법원의 허가를 받아 매각주간사로 최종 선정한다(M&A준칙 제10조 제1항).

M&A준칙에서는 매각주간사의 용역수수료(착수금 및 성공보수)의 규모에 관하여, 채무자의 자산, 유입자금의 규모와 형식에 따라 기준금액을 제시하고 있다.

관리인은 이를 기준금액으로 하여 채무자의 업종, 규모, 자금사정, M&A의 성사 가능성, 매각주간사 업무의 난이도, 잠재적 인수희망자 유치 및 인수대금 결정에 대한 기여도 등 여러 사정을 고려하여 기준금액의 60% 범위 내에서 증감하여 매각주간사의 용역수수료를 정하고, 이에 대하여 법원의 허가를 받아야 한다(M&A준칙 제11조 제1항).[33] 다만 관리인은 채무자의 자산 규모, 매각주간사 업무의 난이도 등을 고려하여 유입자금 규모에 비례한 금액이 아닌 특정금액을 매각주간사의 용역수수료로 정

마케팅 능력, 추진계획의 적정성 및 신속성, 이해관계인과의 협상 및 이해 조정능력, 매각주간사 용역수수료의 적정성 등이 있다(M&A준칙 제9조 제3항 제3호).

30) 이 부분 평가요소로는 매각주간사의 규모, 참여인원의 수·경험 등이 있다(M&A준칙 제9조 제3항 제5호).

31) 일반적으로 매각주간사 선정기준은 ① M&A 수행 및 자문실적, ② 업무수행능력, ③ M&A의 성공가능성, ④ 용역제안서 내용의 충실도 등으로 항목을 나누어 각각의 항목별로 일정 점수를 배정하는 방식으로 마련되고, 그중 ① 및 ②의 항목은 용역제안서를 제출한 업체(특히 회계법인)의 규모, 최근 진행했던 M&A의 건수 및 실적 등 객관적인 자료에 따라 그 점수가 결정된다. 그러나 매각주간사를 선정함에 있어, 회계법인 등의 규모나 최근 진행했던 M&A 건수 등을 무시할 수는 없지만 그보다는 ③ M&A의 성공가능성, ④ 용역제안서 내용의 충실도 등이 더 중요한 선정기준이 되는 것이 타당하다. 더구나 최근 몇몇 대규모 회계법인이 회생절차 내에서 이루어지는 M&A의 매각주간사로 선정된 경우가 많아서, 위 ① 및 ②의 항목에 많은 점수를 부여하고, 위 ① 및 ②의 항목의 내부 등급별 배점기준도 회사 규모나 실적을 과도하게 중시할 경우 그 자체만으로 매각주간사 선정을 좌우하는 결과를 초래하고, 그에 따라 새로운 업체의 신규 시장 진입을 차단할 수도 있다. 따라서 위 ① 및 ②의 항목에 대한 점수 배정을 낮추고, 그 내부 등급별 배점기준도 적절히 조정함으로써 채무자의 현황을 제대로 파악하여 구체적이고 합리적인 M&A 추진계획을 제시한 업체가 매각주간사로 선정되도록 할 필요가 있다.

32) 서울회생법원에서는 원칙적으로 용역수수료의 과다는 매각주간사의 선정기준으로 고려하지 않고 있다. 용역수수료의 과다를 고려하면 능력 있는 업체는 일반적으로 용역수수료가 높아 매각주간사 선정에서 배제될 가능성이 크고, 용역수수료는 협상에 의하여 조정될 수 있기 때문이다. 실무상 용역수수료 이외의 제안 내용을 고려하여 업체별 우선순위를 정한 다음, 그 순서대로 관리인이 용역수수료를 협상하여 매각주간사를 선정하는 경우가 많다.

33) 실무상 매각주간사가 용역수수료를 기준금액의 일정 비율에 해당하는 금액으로 확정하여 정할 것을 요구하는 경우가 종종 있으나, 이와 같이 정할 경우에는 M&A의 성사와 관련된 매각주간사의 업무수행 능력 및 기여도 등을 제대로 평가할 수 없게 되므로 가급적 M&A준칙과 같이 사후조정이 가능한 방식으로 규정하는 것이 좋을 것이다.

할 수 있다(M&A준칙 제11조 제3항).

용역계약의 기간은 절차 진행의 기간을 고려하여 통상 6개월 또는 1년을 단위로 정하고 있다. 다만 필요한 경우 법원의 허가를 받아 계약기간을 연장할 수 있다(M&A준칙 제10조 제2항).

4) 업 무

매각주간사는 M&A의 성공적인 추진을 위하여 ① 매각전략수립 및 잠재적 인수희망자 유치, ② 매각대상의 가치평가, 주요현안 분석을 통한 최적의 M&A 절차 진행 방안 마련, ③ M&A 절차 진행에 필요한 문서 작성, ④ M&A 절차 전반에 걸친 자문 및 업무 지원, ⑤ 법률, 세무, 회계 및 재무에 관한 제반 검토와 자문, ⑥ 회생계획안 작성 및 채권자 동의를 위한 업무 지원, ⑦ 기타 거래를 종결하기 위하여 필요한 범위 내에서 관리인이 요청하는 사항에 관한 업무를 수행한다(M&A준칙 제12조 제1항).

매각주간사는 법원이 필요하다고 인정한 경우 회생계획안의 심리 및 결의를 위한 관계인집회에 출석하여 채권자 등 이해관계인의 질문에 답변하여야 한다(M&A준칙 제12조 제2항).

다. 매각 준비 및 매각공고

1) 매각주간사의 실사

매각주간사는 직접 또는 회계법인 등을 통하여 채무자의 자산 및 부채에 대하여 실사(Due Diligence)를 하고 이를 토대로 청산가치와 계속기업가치를 산정한 후 관리인과 협의하여 채무자의 M&A 매각금액을 잠정적으로 결정한다. 매각금액은 향후 변경회생계획안 작성 시 채무재조정의 기준이 되는 금액이므로 채무자의 청산가치, 계속기업가치, 관계인집회에서의 채권자들의 동의가능성, 인수제안금액이 매각금액에 미달할 경우의 M&A 재추진 가능성 등을 고려하여 결정하여야 할 것이다.

M&A 매각금액은 통상 청산가치와 계속기업가치 사이에서 결정된다. 인수희망자 간에 인수 경쟁이 치열하거나 인수희망자가 인수 후 합병에 따른 시너지(synergy)효과를 높이 평가함으로써 계속기업가치를 초과하는 액수의 인수금액을 제시하는 경우도 있으나, 특별한 사정이 없는 한 계속기업가치는 미래의 수익흐름을 추정하여 현재가치로 환산한 것으로서 채무자의 기업가치의 상한을 의미한다고 볼 수 있다. 한편 영업부진 등으로 회생계획의 수행이 불가능하여 M&A가

성사되지 않을 경우 회생절차를 폐지하여야 할 정도로 상황이 좋지 않은 채무자라면 청산가치 이상으로만 매각되면 채권자들의 동의를 얻을 수 있을 것이므로, 매각금액 결정 시 청산가치가 매각대금의 하한이 될 수 있다.

회생계획을 차질 없이 수행하고 있거나 장래의 기업가치가 큰 채무자의 경우에는 계속기업가치에 근접한 액수 또는 그 이상으로 매각금액을 높여 채권자들에게 변제할 재원을 극대화시킬 필요가 있다. 이러한 청산가치, 계속기업가치 및 매각금액은 이를 공표할 경우 인수제안금액이 하락할 가능성이 있으므로 공표하지 않고 있다.

조사위원이 작성한 조사보고서의 청산가치와 계속기업가치를 매각주간사 실사에 인용할 수 있는 경우에는 매각주간사에게 별도의 실사를 하지 아니하게 할 수 있다(M&A준칙 제13조 제2항).

2) 매각전략의 수립

관리인과 매각주간사는 M&A를 어떤 구도로 추진할 것인지에 관하여 구체적인 전략을 수립하고 잠재적 인수희망자를 물색하며 각종 서류(입찰안내서, 양해각서 초안, 우선협상대상자 선정기준표, 기업소개서 등)를 준비하여야 한다.

매각전략 중 유상증자 비율의 범위를 정하는 것이 특히 중요하다. 유상증자 비율을 지나치게 높게 책정할 경우 인수자의 입장에서는 그만큼 투자금 회수의 불확실성이 높아져 인수대금의 하락 요인으로 작용할 수 있고, 반대로 사채 인수비율을 높게 책정하는 경우에는 채무자로서는 공익채권을 새로 발생시켜 회생채권을 변제하는 것에 불과하므로 재무구조 개선효과가 없어 채무자의 갱생에 도움이 되지 않기 때문에 유상증자 비율을 어느 정도까지 허용할 것인지에 관하여 면밀히 검토하여야 한다.

구 회사정리법하에서 이자보상비율[34]에 따른 사채의 규모를 먼저 정하고 목표매각대금에서 위 금액을 제한 나머지 금액을 유상증자 비율로 하여 매각전략을 수립한 경우가 많았다. 이 경우 보수적인 관점에서 '2.5 내지 3'의 이자보상비율을 적용하여 유상증자 비율을 높이기도 하였다. 그러나 유상증자 비율이 높으면 인수대금의 하락을 가져올 수 있고, 회생절차종결 후 유상감자를 통하여 자본금을 감소시킬 우려도 있으므로, 현재는 M&A 거래의 구조, 채무자의 현재 상황 및 향후 사업 전망 등을 고려하여 적정한 유상증자 비율을 정하고 있다.

---

34) 이자보상비율이란 이자비용을 공제하기 전의 영업이익이 이자비용의 몇 배수에 해당하는지를 계산하여 재무구조의 안정성 여부를 판단하는 개념인데, 이에 대한 자세한 내용은 '제13장 제4절 2. 나. 2).' 참조.

한편 유상증자 시 액면발행을 할 것인지 할증발행을 할 것인지 여부도 검토할 사항 중의 하나이다.[35] 상장법인인 채무자의 주가가 액면금액을 초과하고 재무구조 및 영업실적이 양호한 경우에 액면발행은 인수자에게 특혜를 주는 결과가 되기 때문에 할증발행을 하는 것이 바람직하다.[36] 또한 할증발행을 통해 액면가액을 초과하는 순재산이 유입되므로 재무구조의 건실화를 꾀할 수 있고, 기존 주주가 소유하는 주식의 가치와 균형을 이루기 위해서도 할증발행이 필요하다.[37] 다만 할증발행 시 적정한 할증발행가액의 결정이 어렵고 인수 이후의 주가의 불확실성에 따른 투자위험 증대로 인수대금의 하락을 가져올 가능성이 있으므로, 할증발행 여부 및 발행가액을 신중하게 검토할 필요가 있다.

3) 매각공고

매각전략이 수립되면 관리인은 법원의 허가를 받아 매각공고[38]를 하게 된다(M&A준칙 제14조 제1항).[39]

매각공고에는 다음의 내용이 포함되어야 한다(M&A준칙 제14조 제2항).

---

35) 액면금액에 미달하는 할인발행은 자본충실의 원칙상 상법 제417조(액면미달의 발행) 또는 자본시장과 금융투자업에 관한 법률 제165조의8(액면미달발행의 특례)에서 정한 경우 외에는 허용되지 않는다(상법 제330조). 실제로 할인발행을 하는 예는 거의 없다. 상장회사의 경우 주가가 액면가액을 미달하더라도 액면가액으로 신주를 발행하고, 이로 인하여 생기는 실권주는 대주주가 인수하는 것이 일반적이다. 이철송, 「회사법강의」(제30판), 박영사(2022), 913면 참조.

36) 상장법인인 동서산업(주)의 경우 M&A 추진 당시의 주가를 고려하여 할증발행을 하기로 하였고, 인수제안서 제출 시 1주당 16,000원의 발행가액(액면금액 5,000원)을 제시한 기업이 우선협상대상자로 선정된 바 있다. 그리고 서울중앙지방법원 2011회합14 대한해운(주) 사건의 경우 1주당 13,477원(액면금액 5,000원), 서울회생법원 2015회합100225 삼부토건(주) 사건의 경우 1주당 6,940원(액면금액 5,000원)으로 각 발행되었다.

한편 상장회사에 대한 M&A의 경우, 통상 1주당 발행가액은 유가증권 또는 코스닥시장에서 거래되는 주가보다 낮은 경우가 많은데, 이는 M&A에 대한 기대효과로 주가가 상승하는 점, 출자전환된 대부분의 주식이 보호예수상태에 있어 실제 거래되는 주식 수가 적은 점 등을 고려한 조치이다. 서울중앙지방법원 2011회합14 대한해운(주) 사건의 경우 1주당 발행가액은 13,477원이었으나, 당시 주가는 1주당 46,100원이었고(실제 거래되는 주식 수는 전체 발행주식 수의 10%에 불과하였다), 2010회합73 성지건설(주) 사건의 경우 1주당 발행가액은 5,000원이었으나, 당시 주가는 1주당 16,900원이었다.

37) 이 경우에도 채권자의 권리변경과 주주의 권리변경 사이에 공정하고 형평에 맞는 차등이 생기도록 주의하여야 한다.

38) 서울회생법원은 관리인에게 신문 공고 외에도 실무준칙 제242호 'M&A 관련 홈페이지(웹사이트)의 관리 요령'에 따른 공고도 같은 날 하도록 하고 있다(M&A준칙 제14조 제3항).

39) 부산고등법원(창원) 2020. 12. 30. 자 2020라10004 결정(대법원 2021. 4. 23. 자 2021마5234 상고기각 결정 확정)은 당초의 매각공고 내용(일괄매각 또는 특정 자산 분할매각)과 다른 내용(영업 일부 물적 분할)으로 M&A를 진행한 것이 주주에 대한 송달 및 통지의무를 위반하고 의견진술의 기회를 보장하지 않은 하자가 있는 것인지 문제된 사안에서, 법에 주주에게 회생계획인가 전 M&A 내용에 관하여 송달하거나 통지하여야 할 의무를 부과하고 있는 조항이 없으므로 송달·통지의무가 있다고 할 수 없고, (부채초과 상태여서) 의결권을 가지지 못하는 주주에게 회생계획안을 미리 송달하거나 통지·고지할 필요가 없는 이상 의견진술의 기회를 보장하지 않은 하자도 없다고 판단하였다.

① 매각의 개요: 매각대상, 매각방법, 입찰방법, 채무자의 업종 등

② 진행일정

㉮ 인수의향서 및 비밀유지확약서 접수: 제출기한, 제출장소, 제출방법, 제출서류 등

㉯ 예비실사: 기간, 참가자격 등

㉰ 인수제안서 접수: 제출기한, 제출장소, 제출서류 등

③ 기타 주요사항

관리인과 매각주간사는 잠재적 인수희망자에게 간략한 회사소개서(Teaser)를 배포하는 등 마케팅을 위하여 활동하게 된다.

4) 인수의향서 접수, 예비실사, 입찰안내서 배포

매각공고 이후부터 인수의향서(LOI, Letter of Intent)를 접수하게 되는데, 인수의향서는 법적 구속력이 없기 때문에 M&A 과정 중에 변경 또는 수정될 수 있고, 인수대금도 기재하지 않는다. 인수의향서를 제출하는 인수희망자는 관리인에게 비밀유지확약서(Confidential Agreement)를 함께 제출하여야 한다(M&A준칙제15조 제1항). 관리인은 인수의향서를 제출한 업체들에게 기업소개서(Information Memorandum)를 배포한다. 인수의향서 제출기간이 지나면 관리인은 인수의향서를 제출한 업체의 현황, 인수목적, 인수의향서에 나타난 투자전략, 자금조달계획, 향후 회사 경영방안 등을 법원에 보고하여야 한다(M&A준칙제15조 제2항).

통상 인수희망자별로 날짜를 배정하여 모두 예비실사에 참가하게 하나, 인수희망자가 너무 많은 경우에는 부적절한 인수희망자(인수의지가 불명확하거나 인수능력이 의문시되는 인수희망자 등)를 배제시킨 후 예비실사참가자를 선정하기도 한다. 예비실사에 참가하는 인수희망자에게는 소정의 정보이용료를 납부시키는 것이 보통이다. 인수희망자는 채무자가 제공하는 재무 관련 자료, 영업 관련 자료 등을 열람할 수 있다(M&A준칙제15조 제3항). 나아가 현장실사 등을 위하여 관리인에게 채무자의 영업소 등의 방문을 허락하여 줄 것을 요청할 수 있는데, 이 경우 관리인은 인수희망자의 요청에 대한 의견을 기재하여 법원에 허가 여부를 신청하여야 한다(M&A준칙제15조 제4항). 이때 법원은 관리인의 의사를 고려하여 그 신청에 대한 허가 여부를 결정할 수 있고, 인수희망자에게 예비실사와 관련한 일정한 제한 사항을 정할 수 있다(M&A준칙제15조 제5항). 이 단계에서 관리인은 인수의향서를 제출한 인수희망자에게 입찰대상·입찰방법·입찰시기 등 입찰에 관한 유의사항이 기재된 입찰안

내서를 배포한다($^{M\&A준칙 제}_{16조 제1항}$).

입찰안내서에는 다음에서 정한 내용이 포함되도록 한다($^{M\&A준칙 제}_{16조 제2항}$).[40]

① 입찰의 목적, 거래구조, 컨소시엄의 구성 등 입찰의 개요

② 입찰금액의 의미, 확정된 인수금액의 사용계획(사용용도) 등

③ 입찰서류의 종류, 제출기한, 제출장소

④ 입찰보증금의 납입을 필요로 하는지 여부, 액수, 처리방법

⑤ 무효로 하는 입찰서류

⑥ 우선협상대상자 선정 및 지위 상실

⑦ 이행보증금을 납입하도록 하는 경우 이행보증금의 납입과 처리방법

⑧ 양해각서안

⑨ 입찰 이후 잠정적인 M&A 추진 일정

⑩ 기타 입찰참가 유의사항

서울회생법원은 관리인으로 하여금 입찰안내서에 "인수희망자가 법 제231조의2 제1항 제2호 각 목에서 정한 자에 해당하는지 여부 등을 확인하기 위한 자료 제출을 요구할 수 있고, 만일 이에 응하지 않는 인수희망자는 인수자 또는 우선협상대상자 선정에서 배제될 수 있다."라는 내용을 명시하도록 하고 있다($^{M\&A준칙 제}_{16조 제3항}$).

라. 우선협상대상자 선정 및 양해각서 체결

1) 우선협상대상자 선정기준의 작성

관리인은 인수제안서 제출일 이전에 법원의 허가를 받아 구체적이고 상세한 내용의 우선협상대상자 선정기준을 작성하고, 관리인, 구조조정담당임원, 감사, 매각주간사 담당자, 법률자문 담당자 등 3인 이상을 인수제안서 평가위원으로 정한다($^{M\&A준칙 제}_{17조 제1항}$).[41] 우선협상대상자 선정기준은 추후 선정결과를 둘러싼 분쟁의 소지가 없도록 공정하고 합리적으로 작성하는 것이 중요하다.

---

40) 서울중앙지방법원 2011회합14 대한해운(주) 사건에서 입찰안내서 중 사채 발행조건에는 단지 '회사채'로만 기재되어 있을 뿐, 신주인수권부사채(BW) 및 전환사채(CB)는 제외한다고 기재되지 않았음에도 매각주간사가 일부 인수희망자에게만 신주인수권부사채 및 전환사채는 제외한다라는 취지로 구두 설명하고, 일부 인수희망자가 매각주간사의 구두 설명에 따라 인수제안서를 제출하였다가 우선협상대상자 선정에서 탈락하자 공동관리인을 상대로 입찰절차 진행정지 등의 가처분을 신청하여 문제가 된 적이 있다. 따라서 법원은 매각주간사로 하여금 가능한 한 입찰조건의 세부사항을 상세하게 기재한 입찰안내서를 작성, 배포하도록 하고, 인수희망자에게 동일한 내용을 설명하도록 지도, 감독함으로써 M&A 절차의 공정성 및 투명성을 확보할 필요가 있다.

41) 평가위원을 선정할 때에는 특별한 사정이 없는 한 매각주간사 담당자나 구조조정담당임원 등 공정성을 담보할 수 있는 자를 포함시키는 것이 좋다.

관리인은 우선협상대상자 선정기준에 관한 세부적인 배점내용이 사전에 공개되지 않도록 하여야 한다(M&A준칙 제17조 제2항).[42]

우선협상대상자 선정기준에서는 아래 항목을 평가하고, 평가요소별 배점과 세부 항목별 배점 기준을 사안별로 적절히 조정하여 인수 후 채무자를 실제로 경영·발전시킬 의사와 능력이 있는 인수희망자를 우선협상대상자로 선정할 수 있도록 한다(M&A준칙 제17조 제3항).

① 인수대금: 인수대금의 규모,[43] 유상증자 비율, 신규자금 대여조건(회사채 인수 등), 인수인이 회생담보권을 보유하거나 담보권 존속에 대한 해당 회생담보권자의 동의를 받은 경우 그 회생담보권의 가액[44]

② 자금조달증빙

③ 인수희망자의 재무건전성

④ 인수 후 경영능력

⑤ 종업원 고용승계 및 고용안정에 대한 입장

⑥ 기타 사안의 특수성을 반영한 선정조건[45]

인수대금 규모의 배점이 가장 높게 마련인데, 인수대금의 규모에 따른 변별력이 비계량지표(인수 후 경영능력, 고용승계 여부, 인수희망자의 재무건전성 등)에 비하여 지나치게 낮게 책정되지는 않았는지, 유상증자 비율에 따라 배점에 차별을 둘 것인지,[46] 비계량지표의 배점은 적절한지 등을 면밀히 검토하여야 한다. 이

---

42) 우선협상대상자 선정기준이 기록에 드러나 있는 경우 법원은 입찰 절차가 완료될 때까지 이해관계인의 열람·복사 등의 청구에 대한 심사를 면밀히 하여 그 내용이 유출되지 않도록 각별히 유의할 필요가 있다.

43) 경우에 따라 관계인집회에서의 회생채권자 등의 동의 가능성을 고려하여 청산가치를 초과하는 최저매각금액을 정하고, 그보다 낮은 금액을 기재한 인수제안서를 무효로 처리하기도 한다.

44) M&A 절차에서 회생담보권자가 인수자로 참여한 경우 또는 기존 회생담보권자가 인수대금에서 일시에 변제받기보다 변제를 유예하고 이자를 지급받는 방식을 선호하는 경우가 회생담보권자의 동의를 전제로 회생계획인가 후에도 그 회생담보권을 존속시키는 방안을 허용할 수 있고, 이 경우 회생담보권의 가액을 인수대금으로 평가할 수 있다. 이러한 방식에 의하면 인수자에게 인수대금 마련을 위한 차입금 조달 등의 부담이 감소하여 M&A 성공 가능성을 높일 수 있고, 회생담보권 변제유예분이 회생채권에 대한 변제재원으로 이어질 수 있는 등 회생절차에서 여러 장점을 가질 수 있다. 다만, 이 경우 회생계획인가 후에도 회생담보권이 잔존하므로 채무자의 재무구조 측면에서는 부정적으로 평가할 여지가 있는데, 이는 우선협상대상자 선정 시 하나의 평가요소로 고려할 수 있을 것이다.

45) 양해각서 초안의 수정요청 여부를 배점기준에 포함시키는 경우도 간혹 있다.

46) 실무는 우선협상대상자 선정기준을 정함에 있어 채무자의 재무구조 개선을 위하여 유상증자 비율을 높게 제출한 인수희망자를 우대하는 것이 일반적이다. 다만 ① 인수희망자의 입장에서는 유상증자 비율이 높을수록 투자금 회수의 불확실성이 높아져 인수대금이 하락하는 요인이 되는 점, ② 채권자 입장에서도 사채 비율이 높더라도 인수대금을 높게 제출한 인수희망자를 선호하는 점, ③ 인수대금으로 회생채무를 상환하고 공익채무만 남게 되므로, 사채 발행을 통한 일정 규모의 공익채무의 발생은 용인되어야 하는 점 등을 고려하여 채무자가 부채감당능력이

를 위해서 다양한 예상 데이터를 가지고 시뮬레이션을 실시하여 배점의 적정성을 평가하여 볼 필요가 있다.[47)]

인수 후 채무자를 실제로 경영·발전시킬 의사와 능력이 있는 인수희망자가 우선협상대상자로 선정될 수 있도록 선정기준을 마련하여야 한다. 법원이 관리하는 회생절차에서의 M&A가 단기적인 주식 시세 차익만을 노린 투기성 자금에 의하여 이용당하는 것을 막고, 궁극적으로 채무자를 경영·발전시킬 제3자에게 채무자를 인수시키는 것이 채무자 또는 그 사업의 효율적인 회생을 도모한다는 회생절차의 목적에 부합하기 때문이다.

인수제안서를 제출한 인수희망자가 다음에 해당하는 경우에는 우선협상대상자 선정에서 배제할 수 있다(M&A준칙 제 17조 제4항).

① 시행령 제4조의 특수관계인, 특수관계인이었던 자, 주주, 주주였던 자 및 이와 관련 있는 자로서 회생절차 개시의 원인에 중대한 책임이 있는 경우

② 인수희망자의 인수 목적 또는 인수 시도 과정 등이 회생절차를 남용하는 등 반사회적 법률행위에 해당하는 경우

③ 매각주간사 등과 경제적 이해관계가 있는 경우

④ 채무자의 M&A와 관련하여 위법·부당한 행위를 하였음이 소명되는 경우

⑤ 법 제231조의2 제1항 제2호 각 목에서 정한 자에 해당하는 경우

2) 인수제안서 접수 및 입찰보증금

인수희망자는 예비실사 결과를 토대로 미리 배포된 입찰안내서에 따라 인수대금을 기재한 구속력 있는 인수제안서를 제출하게 된다. 인수제안서 제출자는 인수대금에 대한 자금조달증빙[48)]을 제시하여야 하는데, 일정 기준 이상의 자

있다면, 사채 인수금액을 높게 썼다는 이유로 감점을 한다든가, 유상증자 금액을 높게 썼다는 이유로 가산점을 주는 것은 제반 사정을 종합적으로 판단하여 신중하게 결정할 필요가 있다.

47) 서울중앙지방법원이 M&A 절차를 진행한 사건 중에서 인수예정자 또는 인수자가 지분 100% 보장 또는 임직원 중 일부만에 대한 고용승계를 요구하여 문제가 된 적이 있고, 이는 인수대금의 적정성 여부와도 관련이 있으므로, 우선협상대상자 선정 이전에 법원은 매각주간사로 하여금 입찰안내서를 배포할 때에 인수희망자에게 그와 같은 요구사항이 있으면 인수제안서에 명확히 기재해야 한다는 점을 고지하도록 하고, 우선협상대상자 선정기준을 마련함에 있어서도 그와 같은 인수제안서가 접수될 가능성이 있는지 여부 및 우선협상대상자 선정기준에 이를 어떻게 반영하여 평가할 것인지 여부를 미리 검토할 필요가 있다.

48) 인수희망자 명의의 예금잔액증명서, 상장주식 등 시장성 있는 유가증권의 잔고증명서, 금융기관장이 발행한 대출확인서는 자금조달증빙으로서 유효하나, 대출실행의 결정권한이 없는 지점장, 본부장 명의로 발행된 대출의향서 또는 투자확약서, 대출실행 여부와 관련하여 조건(예컨대, 당사 규정에 적합한 경우, 이사회 승인이 필요한 경우, M&A 대상 채무자의 자산을 담보로 하는 경우 등)이 붙어 있는 대출의향서 또는 투자확약서는 무효 처리되거나 상당한 감점을 받을 수 있다.
한편 인수희망자의 주된 사무소가 대한민국 외에 있는 법인 또는 사모펀드인 경우 자금조달 증빙 서류로서 대한민국 내에서 영업을 하지 아니하는 해외 금융기관에서 발급한 예금잔액증명

금조달증빙을 제시하지 못할 경우 인수제안서를 무효 처리하기도 한다.[49]

입찰조건으로서 인수희망자는 인수제안서 제출 이후에는 컨소시엄의 구성원을 임의로 변경할 수 없도록 하고, 예외적으로 불가피한 경우에 한하여 관리인이 법원의 허가를 얻어 컨소시엄 구성원을 변경할 수 있는 것으로 정하고 있다.

금융기관으로부터 인수자금을 대출받으면서 회사 인수 후 회사의 자산을 담보로 제공하기로 약정하고[50] 인수제안서 제출 시에 담보제공 약정이 있음을 밝히지 아니한 채 우선협상대상자로 선정받은 경우, 이러한 사실이 인수계약 체결 전에 발견되면 인수자가 피인수회사의 담보제공으로 인한 위험 부담에 상응하는 반대급부를 제공하는 등의 사정이 없는 이상 인수제안서를 무효 처리하고 우선협상대상자의 선정을 취소하여야 한다. 인수 후 담보를 제공하기로 한 이면약정이 인수계약 체결 후에 밝혀질 경우를 대비하여 인수계약 조항 중에 이러한 경우를 해제권 행사의 사유의 하나로 규정해 놓을 수 있을 것이다. 다만 위와 같은 이면약정이 실제로는 대부분 회생절차종결 후에 드러나게 되는데, 그 경우 회사의 자산을 담보로 제공한 인수자의 대표자를 업무상 배임죄로 처벌받게 하거나[51] 인수자를 상대로 손해배상을 구하는 외에 회생절차를 통한 조치를 취할 수는 없을 것이다.

관리인은 회생절차의 특수성, M&A 절차 악용 방지의 필요성, 매각절차 방해의 가능성, 절차의 안정성 등을 고려하여 필요한 경우 인수희망자가 인수제안서를 제출할 때 입찰보증금을 납부하도록 요구할 수 있다. 입찰보증금을 요구할 경우에는 미리 입찰안내서에서 입찰보증금의 납부시기, 액수, 처리방법 등을 정

서 등을 제출하기도 하는데, 그와 같은 자금조달증빙은 신뢰하기 어려울 뿐만 아니라, 설령 이를 유효한 것으로 보아 우선협상대상자로 선정하여 M&A 절차를 진행한다고 하더라도 대한민국 내로 자금을 유입시키는 데 해당 국가의 승인이 필요하다는 사정 등으로 약정한 기일 내에 이행보증금 등의 대금 납입이 제대로 이루어지지 않을 수 있다는 점에 유의하여야 한다. 실제 서울중앙지방법원이 해외 법인 또는 사모펀드를 우선협상대상자로 선정하여 M&A 절차를 진행한 2012회합116 벽산건설(주), 2012회합203 한성엘컴텍(주) 사건에서 대금 납입이 이루어지지 아니하였다.

49) 한편 인수제안서를 접수할 때 인수자 선정 등과 관련하여 민·형사상 어떠한 이의를 제기하지 않겠다는 내용의 확약서를 함께 제출받는 경우가 있는데, 공고 전 인수예정자를 선정하는 단계에서 위와 같은 확약서를 제출한 자가 선정 절차의 위법성을 주장하며 M&A 절차의 중단 및 속행금지의 가처분을 신청한 사례에서, 법원은 민·형사상 어떠한 이의도 제기하지 않겠다는 내용의 확약서를 제출함으로써 부제소 합의를 한 것으로 인정되므로, 특별한 사정이 없는 한 신청의 이익이 인정되지 않고, 부제소 합의의 효력을 배척할만한 특별한 사정도 발견할 수 없다는 이유로 그 신청을 각하하였다(서울중앙지방법원 2022. 6. 3. 자 2022카합20762 결정).

50) 소위 'LBO(Leveraged Buyout, 기업인수에 필요한 자금을 마련하기 위하여 그 인수자가 금융기관으로부터 대출을 받고 나중에 피인수회사의 자산을 담보로 제공하는 방법) 방식'에 의한 기업인수이다.

51) 대법원 2020. 10. 15. 선고 2016도10654 판결, 대법원 2012. 6. 14. 선고 2012도1283 판결, 대법원 2006. 11. 9. 선고 2004도7027 판결.

하여야 한다(M&A준칙 제18조 제1항·제2항). 입찰보증금이 납부된 후 쌍방의 귀책사유 없이 인수계약이 체결되지 아니하거나 관리인의 귀책사유로 인수계약이 체결되지 아니하는 경우에 관리인은 납부된 입찰보증금을 반환하여야 한다(M&A준칙 제18조 제3항).

3) 우선협상대상자 선정 및 통지

관리인은 우선협상대상자 선정기준에 따라 평가한 결과 가장 우수한 인수제안서를 제출한 인수희망자를 법원의 허가를 받아 우선협상대상자로 선정한다(M&A준칙 제19조 제1항). 우선순위를 평가함에 있어 동점자가 있을 경우에는 인수대금의 규모가 큰 인수제안서 제출자를, 인수대금의 규모까지 동일할 경우에는 유상증자 금액이 큰 인수제안서 제출자를, 유상증자 금액까지 동일할 경우에는 기타 비계량지표의 배점점수가 큰 항목의 고득점 순으로 우선협상대상자를 선정하는 것이 일반적이다.[52] 우선협상대상자를 선정함에 있어 그 후보자에게 법 제231조의2 제1항, 제2항의 사유가 있는지, M&A준칙 제17조 제4항에 정한 배제사유가 있는지 여부를 면밀히 살펴보아야 한다.[53]

관리인은 필요한 경우 우선협상대상자를 선정하면서 순위에 따라 예비협상대상자를 선정할 수 있다(M&A준칙 제19조 제3항).[54] 한편 인수제안서 제출자가 다수이고 그 우열을 가리기가 쉽지 않은 경우에는 우선협상대상자를 복수로 선정한 후 복수의 우선협상대상자 사이에 재입찰을 실시하여 최종적으로 우선협상대상자를 선정할 수도 있다.[55]

4) 양해각서 체결

관리인은 우선협상대상자와 이미 배포된 양해각서안에 대한 협상을 거쳐 법원의 허가를 받아 양해각서(MOU, Memorandum of Understanding)를 체결한다.[56][57][58] 양

---

52) 서울중앙지방법원 2012회합103 범양건영(주) 사건에서 당초 진행한 인가 후 M&A 절차가 1 회 유찰되어 다시 M&A 절차를 진행하는 과정에서 관리인 및 매각주간사가 법원으로부터 우선협상대상자 선정기준 중 유상증자 부분을 '유상증자 100% 기준'에서 '유상증자 50% 이상 기준'으로 변경하는 것에 대한 허가를 받은 적이 없음에도 인수희망자에게 그와 같이 유상증자 비율이 변경되었다고 임의로 고지하고, 이에 따라 인수희망자가 '유상증자 비율 66.7%'로 한 인수제안서를 제출하자 법원이 그와 같이 유상증자 비율을 변경하는 것에 대하여 허가한 적이 없다는 이유로 입찰 무효로 처리한 사례가 있다.

53) 법원은 우선협상대상자로 선정될 자에게 M&A준칙 제17조 제4항에서 정한 배제사유가 있는지 여부를 확인하기 위하여 필요한 경우 채권자협의회, 구조조정담당임원, 감사 및 기타 이해관계인 등에 대하여 의견조회를 할 수 있다(M&A준칙 제19조 제2항). 위 준칙에 따라 채권자협의회에 의견조회를 거쳐 우선협상대상자를 선정한 사례로는 서울회생법원 2018회합100082 (주)국민정밀 사건이 있다.

54) 실무상 예비협상대상자의 존재 자체가 관리인의 협상력을 높일 수 있으므로 사전에 정해 놓은 매각금액을 넘는 복수의 인수희망자를 예비협상대상자로 함께 선정해두는 것이 유리하다. 홍성준, "회사정리·회생절차와 M&A", BFL 제20호, 서울대학교 금융법센터, 2006, 80면.

55) 다만 지나친 경쟁과열로 잡음이 생기는 경우가 적지 않다는 단점 때문에 실무상 널리 활용되고 있지는 아니하다. 박형준, "법정관리기업 인수·합병(M&A)의 실무와 전망", 사법논집 제44집, 법원도서관, 2007, 612면.

해각서에서는 인수대금 조정의 요건, 조정가능한 인수금액의 범위, 조정 절차·기간, 협의가 이루어지지 않을 경우 처리 방안, 인수자가 취득할 지분 비율[59] 등을 구체적으로 정하여야 한다(M&A준칙 제20조 제2항).

관리인은 회생절차의 특수성, M&A 절차 악용 방지의 필요성, 매각절차 방해의 가능성, M&A 절차의 안정성 등을 고려하여 필요한 경우 우선협상대상자가 양해각서 체결 전까지 인수대금의 일정 비율에 해당하는 금액(일반적으로 인수대금의 5%)을 이행보증금으로 납입하도록 요구할 수 있다. 입찰보증금이 납입된 경우에는 이를 위 이행보증금의 일부로 충당할 수 있다(M&A준칙 제20조 제3항). 이행보증금이 납부된 후 쌍방의 귀책사유 없이 인수계약이 체결되지 아니하거나 관리인의 귀책사유로 인수계약이 체결되지 아니하는 경우에 관리인은 이행보증금을 반환하여야 한다(M&A준칙 제20조 제4항). 우선협상대상자는 입찰안내서에 따라 선정통보일로부터 일정 기간 내에 양해각서를 체결하여야 한다.[60]

마. 회생계획 변경 이전의 준비과정

1) 인수예정자의 정밀실사 및 인수대금의 조정

인수예정자는 양해각서에서 정한 방법에 따라 채무자에 대한 정밀실사를

---

56) 이 단계에서 협상이 결렬되는 경우도 있다. 구 회사정리절차에서 당초 우선협상대상자로 선정된 기업이 정리회사에 대한 M&A에서 관행적으로 수용되고 있던 조건들의 수정(이행보증금제도의 철폐, 관할법원을 외국의 중재기관으로 할 것, 정밀실사의 범위를 무제한으로 허용하여 줄 것 등)을 요구하면서 협상을 끌다가 결국 협상포기를 선언하여 우선협상대상자의 지위를 상실한 적이 있고, 영업양도 방식으로 M&A를 추진하던 중 우선협상대상자가 영업양도일까지 양수도대금의 무제한적인 정산을 요구하여 협상이 결렬된 적도 있다. 또한 서울중앙지방법원 2011회합14 대한해운(주) 사건에서, 1차 M&A 추진 시 우선협상대상자가 영국의 택스 리스(Tax Lease) 제도와 관련한 우발채무의 발생가능성을 이유로 그에 대한 위험보장 등을 요구하여 협상이 결렬되었다.

57) 통상 양해각서와 인수계약서에는 인수대금의 사용용도에 대해 정하고 있는데, 회생채권이나 회생담보권의 변제 이외에 매각주간사에 대한 용역보수, 관리인에 대한 특별보상금에도 사용할 수 있도록 명시할 필요가 있다.

58) M&A준칙은 인수희망자가 시행령 제4조의 특수관계인, 특수관계인이었던 자, 주주, 주주였던 자 및 이와 관련 있는 자로서 회생절차 개시의 원인에 중대한 책임이 있는 등의 경우에는 인수자 또는 우선협상대상자 선정에서 배제할 수 있도록 규정하고 있는바, 양해각서 또는 인수계약 체결 이후 인수예정자 또는 인수자에게 그와 같은 사유가 있다는 점이 뒤늦게 밝혀진 경우도 있을 수 있으므로, 양해각서 또는 인수계약에 "인수예정자 또는 인수자에게 우선협상대상자 선정대상에서 제외될 수 있는 사유가 뒤늦게 밝혀진 경우 관리인은 법원의 허가를 얻어 양해각서 또는 인수계약을 언제든지 해제할 수 있고, 이 경우 인수예정자 또는 인수자는 관리인에 대하여 어떠한 민·형사상 책임을 물을 수 없다."라는 규정을 명시하는 것이 바람직하다.

59) 인수자의 지분비율을 매각공고 또는 입찰안내를 할 때 미리 정해야 한다는 견해도 있으나, 실무상 우선협상대상자와의 협상과정에서 구체적인 지분비율이 정해지는데다가, M&A 절차의 유연성을 확보할 필요도 있으므로 양해각서 체결 시 이를 정하도록 하였다.

60) 법원의 허가를 얻은 경우에는 기간연장이 가능하도록 정하는 것이 보통이다.

실시한다. 실사기간은 대개 2주~4주 정도로 정하는데, 채무자의 규모에 따라서는 1달 이상 장기간으로 정하는 경우도 있다.

인수예정자의 정밀실사는 실사기준일 현재 실사범위에 해당하는 자산, 부채가 매각주간사가 정한 실사기준에 따라 적정하게 평가되어 있는지 확인하도록 하는 것이다.[61] 정밀실사 후 인수예정자는 최종 인수제안서 또는 인수대금조정 요청서를 제출하는데,[62] 인수예정자에 따라서는 실사기준일 이후의 자산, 부채의 변동사항을 가지고 인수대금 조정요청을 하는 경우가 있기 때문에 관리인은 미리 인수예정자에게 인수대금 조정요청의 범위를 주지시킬 필요가 있다.

회생절차상의 M&A에서는 일반 M&A와는 달리 부외부채나 우발채무의 발생가능성이 거의 없기 때문에 통상 양해각서에 인수대금의 10% 한도 내에서 인수대금을 조정할 수 있는 것으로 정한다.

관리인은 정밀실사를 마친 인수예정자로부터 인수대금 조정요청을 받은 경우 10%의 범위 내에서 차순위 인수희망자의 입찰금액을 고려하여 인수대금 조정에 관한 협의를 하고, 법원의 허가를 받아 인수대금을 조정할 수 있다(M&A준칙 제21조). 매각주간사나 관리인이 M&A를 성사시킬 욕심으로 인수예정자의 조정요청사항을 꼼꼼히 따져보지 않고 막연히 이를 수용하여야 한다는 의견을 표명하는 경우가 있다. 법원으로서는 관리인에 대하여 인수예정자의 조정요청 내용과 그 수용 여부에 관하여 구체적인 근거자료를 제시할 것을 요구하고, 특히 매각공고 전에 자체실사를 주관한 매각주간사에 대하여는 인수예정자의 정밀실사 결과와 매각주간사의 자체실사 결과가 차이 나는 이유를 납득할 수 있도록 설명할 것을 요구하여야 한다. 인수대금 조정 협상이 끝나면 기타 인수조건에 관해서도 세부적인 협상을 벌여 타결되면 인수계약을 체결한다.[63]

---

61) 서울중앙지방법원은 2008회합78 우리산업(주) 사건에서 매각주간사가 자체 실사를 할 때 채무자가 관할관청의 허가를 받지 아니하고 대기환경오염물질 배출시설을 설치했다는 사실을 간과하였고, 이후 인수예정자가 정밀 실사하는 과정에서 이를 발견하고 양해각서 해제를 요청하여 이를 허가하였다.

62) 인수대금의 조정과 관련하여, 통상 양해각서에 "실사 결과, '갑(채무자)'의 자산 총계에서 부채 총계를 차감한 금액(이하 '실사결과금액')이 매각주간사가 제시하거나 조사보고서에서 제시된 2022. 6. 30.(회생절차개시일) 기준 '갑'의 자산 총계에서 부채 총계를 차감한 금액(조정기준금액)보다 5% 이내로 부족한 경우에는 인수대금 조정을 요청할 수 없으며, 실사결과금액이 조정기준금액보다 5%를 초과하여 부족하고 그 부족금액이 매각주간사 제시 근거나 조사보고서 제시 근거의 중대하고 명백한 오류 또는 누락으로 인하여 발생한 경우에 한하여 인수대금의 조정을 요청할 수 있다"와 같은 조항을 두고 있다.

63) 서울중앙지방법원은 2012회합70 미주제강(주) 사건에서 인수대금 중 매각주간사의 수수료 등을 제외한 나머지 금원은 회생채권, 회생담보권에 대한 변제재원으로 사용한다는 내용의 양해각서가 체결된 이후 우발채무가 현실화되어 공익채권으로 분류되고, 그에 따른 채무 승계를

인수대금을 얼마로 할 것인지는 기본적으로 인수예정자와 관리인 사이의 협상의 문제이나, 채무자의 객관적인 시장가치에 상응하는 선에서 채권자들의 동의 가능성과 회생절차의 종결가능성 등을 고려하여 결정되어야 할 것이다.

2) 인수계약의 체결

관리인은 인수대금이 확정된 후 인수예정자로부터 인수대금의 약 10% 상당을 계약금으로 지급받고 인수계약을 체결한다. 입찰보증금이나 이행보증금이 납입된 경우에는 이를 계약금의 일부로 충당한다(M&A준칙 제22조).

인수계약에는 인수대금 및 그 지급시기와 방법, 지급조건 등 그 동안 협상해 온 M&A에 관한 모든 사항은 물론 후속절차에 대한 내용(회생계획 변경절차에 관한 내용, 회생담보권·회생채권의 변제에 관한 내용, 자본감소·유상증자·사채 인수에 관한 내용, 인수기획단의 파견, 회생절차의 종결에 관한 내용 등)을 기재한다. 인수예정자가 컨소시엄인 경우에는 컨소시엄 구성원 사이에 연대책임이 있다는 내용을 기재하고, 원칙적으로 컨소시엄 구성원은 변경할 수 없으며, 예외적으로 불가피한 경우에 한하여 관리인이 법원의 허가를 얻어 컨소시엄 구성원을 변경할 수 있고, 변경된 구성원은 종전의 권리 및 의무를 승계하도록 함으로써 인수대금의 납입을 담보하게 하고 있다.[64]

또한 인수자의 귀책사유로 인하여 인수계약이 해제 또는 해지되는 경우에는 위 계약금을 위약벌 또는 위약금[65]으로서 몰취하는 조항을 인수계약에 명시함으로써 인수자가 부당하게 계약을 파기하지 못하도록 구속력을 확보하여 두어

염려한 인수예정자가 인수대금 중 일부를 그에 대비한 변제재원으로 유보해 달라고 계속 요구하였으나, 인수예정자의 요구를 받아들이는 경우 회생채권 등에 대한 변제재원의 감소, 즉 인수대금의 감액이라는 결과를 초래할 뿐만 아니라 양해각서에 명시된 인수대금의 조정사유에 해당하지 않는 점을 고려하여 인수예정자의 요구를 받아들이지 아니한 채 인수계약 체결을 허가하지 아니하였다.

64) 인수계약 체결 이후 인수자 측에서 컨소시엄 구성원의 변경을 요구할 경우, 그와 같이 변경을 요구하는 사유의 적정성 여부에 따라 허가 여부를 판단하되, 인수대금 중 유상증자 비율, 컨소시엄 구성원 상호 간의 자금조달 증빙자료, 주인수자의 재무건전성 등을 고려하여 우선협상대상자로 선정되었던 점에 비추어, 우선협상대상자 선정결과까지 달라질 수 있어서 M&A 절차의 공정성 또는 투명성을 훼손할 우려가 있는 경우에는 이를 허가할 수 없다. 또한 법원은 가급적 양해각서 또는 인수계약서에 컨소시엄 구성원을 변경할 수 있는 사유를 구체적으로 명시하도록 지도할 필요가 있다. 서울회생법원에서 컨소시엄 구성원의 변경을 허가한 사례로는 2019회합100179 (주)키위미디어그룹, 2020회합100104 (주)더블유에프엠, 2020회합100189 쌍용자동차(주) 사건 등이 있다.

65) 위약벌과 위약금의 한계가 반드시 명확한 것은 아니나, 통설 및 판례에 의하면 위약벌은 손해배상과 무관하므로 위약벌과 별도로 채무불이행으로 인하여 실제 발생한 손해 전부의 배상을 청구할 수 있고, 법원이 이를 감액할 수 없으며 그 약정의 일부 또는 전부가 사회질서에 반하여 무효라고 볼 수 있을 뿐임에 반하여, 위약금(손해배상액의 예정)은 손해의 배상이나 전보를 위한 것이므로 위약금을 초과하는 손해의 배상을 청구할 수 없고, 그 액수가 부당하게 과다한 경우에 법원이 감액할 수 있다는 점에서 중요한 차이가 있다.

야 한다.[66] 인수자는 계약금을 제외한 나머지 인수대금[67]을 변경회생계획안의 결의를 위한 관계인집회 기일 수 영업일 전 또는 서면결의의 회신기간 만료일 수 영업일 전까지 전액 납입하여야 한다. 다만, 관리인은 법원의 허가를 받아 관계인집회 기일 전에 인수자가 금융기관 발행의 확약서를 제공하거나 에스크로계좌[68]에 인수대금을 예치하는 등의 방법으로 인수대금납부 가능성을 소명하고, 변경회생계획 인가 후 즉시 인수대금을 납부하도록 할 수 있다(M&A준칙).

한편 인수예정자가 독점규제 및 공정거래에 관한 법률 제11조에 따른 기업결합 신고를 하여야 하는 경우에는 공정거래위원회로부터 사전심사를 받아야 하므로,[69] 이러한 내용 역시 계약서에 명시하여야 한다. 변경회생계획안의 결의를 위한 관계인집회 기일 또는 서면결의의 회신기간의 만료일까지 사전심사결과의 통보 등을 받지 못한 경우에는 변경회생계획안이 가결되더라도 사전심사결과의 통보 또는 기업결합신고의 수리 이후로 인가결정을 미루는 것이 바람직하다.[70]

따라서 위와 같은 기업결합신고가 문제될 경우에는 미리 그 심사에 소요되는 기간 등을 고려하여 변경회생계획안의 심리 및 결의를 위한 관계인집회 기일 지정 등 절차 진행계획을 수립할 필요가 있다.

---

66) 서울중앙지방법원은 2012회합116 벽산건설(주) 사건에서 회생계획인가 후 M&A를 진행하다가 관리인과 주된 사무소가 카타르(Qatar)국에 있는 자를 대표자로 하여(이하 '컨소시엄 대표자'라고 한다) 구성된 컨소시엄 사이에 대금 600억 원으로 한 인수계약 체결을 허가하였다. 그런데 위 컨소시엄이 인수계약에 정한 바에 따라 잔금 540억 원을 납입하지 아니하여 관리인이 잔금 미납을 이유로 인수계약을 해제하고자 하였으나 컨소시엄 대표자의 국내 사무소가 이미 폐쇄된 상태여서 인수계약 해제의 의사표시가 담긴 통지서를 위 컨소시엄에게 송달시키는 데 문제가 발생한 적이 있다. 따라서 해외 법인 또는 컨소시엄 대표자의 주된 사무소가 해외에 있는 컨소시엄을 인수예정자 또는 인수자로 하는 양해각서 또는 인수계약을 체결할 경우, 그들의 책임 있는 사유로 양해각서 등을 해제하여야 할 때를 대비하여 ① 양해각서 또는 인수계약서에 그들의 송달장소를 대한민국 내에 있는 어느 한 곳으로 명시하고, 민법상 의사표시의 효력발생시기로서 도달주의의 원칙에 대한 예외로 그 곳에 대한 '발송'송달로서 효력이 발생한다거나 ② 컨소시엄 대표자 이외의 구성원에 대한 송달로서 컨소시엄 대표자 및 나머지 구성원에 대하여도 효력이 발생한다는 조항을 명시하는 방안을 검토할 필요가 있다.

67) 실무상 인수자가 계약금을 제외한 나머지 인수대금을 산정할 때 계약금과 함께 계약금에 관한 이자 상당액을 공제하여 달라는 요청을 하는 경우가 있다. 그러나 계약금은 인수계약에 따른 채무의 이행으로 채무자에게 지급된 것이므로 그에 대한 이자 상당의 이익은 당연히 채무자에게 귀속되는 것이고 이를 인수대금의 일부로 공제할 수는 없다.

68) 이때 계좌는 은행법 제2조 제1항 제2호에서 정한 은행에 개설된 계좌에 한한다.

69) 기업결합 신고는 주식을 취득한 후 사후적으로 하는 것이 원칙이나, M&A를 내용으로 하는 회생계획이 인가된 직후에는 특별한 사정이 없는 한 기존 주식의 감자, 신주 및 회사채의 발행, 회생채권 변제 등에 돌입하게 되므로 신주 발행 이전에 인허가 관련 문제를 미리 해결할 필요가 있어 실무상 사전심사요청제도(독점규제 및 공정거래에 관한 법률 제11조 제9항)를 활용하고 있다.

70) 서울회생법원에서 기업결합에 대한 사전심사를 신청하여 승인 통보를 받은 후 회생계획인가 결정을 한 사례로는 2020회합100092 신한중공업(주), 2021회합100020 이스타항공(주), 2020회합100189 쌍용자동차(주) 사건 등이 있다.

3) 인수자의 경영에 관한 의견제출

인수계약을 체결한 인수자는 통상 채무자의 경영 인수 작업에 돌입하게 되고, 변경회생계획이 인가된 경우에 그 회생계획에서 정한 방법 등에 따라 선임된 대표이사를 통하여 채무자를 직접 경영할 수 있다. 따라서 인수계약이 체결된 후에는 관리인이 인수자의 의사를 존중하여 경영할 필요가 있고, 인수자는 관리인의 중요한 경영상 판단에 인수자로서 의견을 표명할 이해관계가 있다고 볼 수 있다.

이에 M&A준칙은 인수자가 인수계약체결 후 관리인 또는 법원에 인수자의 비용으로 채무자의 경영에 관한 원활한 업무 인수를 위하여 인수자의 직원 등을 채무자에 파견하는 것을 허가하여 줄 것을 요청할 수 있도록 하였다(제23조 제1항).[71] 나아가 관리인은 인수계약체결 후 중요한 경영상 판단을 해야 하는 경우 인수자의 의견을 들어야 하고, 그 경영상 판단이 법원의 허가 사항에 해당하는 경우 허가신청서에 인수자의 의견을 기재하여야 하며, 법원의 허가사항에 해당하지 아니하는 경우에는 법원에 관련 내용을 보고하여야 한다(제23조 제2항).

4. 회생계획의 변경

가. 회생계획 변경의 필요성과 변경회생계획안의 내용

채무자의 M&A에서 인수자는 자신의 투자에 대응하여 자본감소, 채무재조정 및 회생절차의 종결을 요구함이 통례이고, M&A가 성사된 채무자에 대한 회생절차를 계속 진행하는 것도 바람직한 일은 아닐 것이므로, M&A 과정에는 채무재조정을 내용으로 하는 회생계획의 변경과 이를 위한 변경회생계획안의 결의절차가 수반되는 것이 보통이다.[72]

---

71) 서울회생법원에서 인수자의 인수기획단 파견을 허가한 사례로는 2019회합100168 (주)케이에이치치이, 2019회합100199 (주)데코앤이, 2020회합100189 쌍용자동차(주), 2021회합100020 이스타항공(주) 사건 등이 있다.

72) 그러나 회생계획인가 후의 M&A가 성사된 후 회생절차를 종결하기 위하여 항상 회생계획변경 등의 절차가 수반되는 것은 아니다. 이와 관련하여 대법원 2008. 5. 9. 자 2007그127 결정은 정리회사의 관리인이 정관에 규정된 수권자본금 한도 내에서 정리법원의 허가하에 향후 제3자 배정방식의 신주발행을 계획하고 있는 정리계획 조항에 따라 신규자금을 유치할 목적으로 정리법원의 허가를 받아 신주를 발행하는 경우에는 정리회사의 기존 주주들이 정리계획에 의하여 감수하기로 예정한 불이익이 구체적으로 현실화되는 것에 불과하므로 특별한 사정이 없는 한 제3자 배정방식의 신주발행을 위하여 정리계획 변경절차를 거칠 필요가 없다고 판시하였다. 서울회생법원은 2015회합100225 삼부토건(주) 사건에서 회생계획상 M&A를 예정하고 있었고, 인수자의 인수대금이 남은 회생담보권, 회생채권 전액을 변제하기에 충분하여 그 대금으로 채무변제를 완료함에 따라 회생계획 변경절차를 거치지 않고 회생절차를 조기에 종결하였다.

이 경우의 변경회생계획안의 내용은 일반적으로, M&A 추진 경위, 인수계약의 내용, 기존 주식의 소각 또는 병합, 인수자에 대한 유상증자 내지 사채 발행, 회생채무의 감면과 인수대금에 의한 일괄 변제, 관리인의 종결신청의무 등을 그 내용으로 한다. 주식 소각 또는 병합은 원회생계획에서 실시되었더라도 재차 실시하는 것이 일반적이고, 유상증자는 인수자에게 액면금액[73]으로 주식을 발행하는 것이 보통이다.

나. 채무재조정의 방식

채무재조정의 방식으로서, 회생담보권, 회생채권 모두 원회생계획에서 정한 연도별 변제예정금액을 변경회생계획안의 결의를 위한 관계인집회 전일을 기준으로 하여 할인한 금액과 변제재원(인수대금 중에서 매각주간사 성공보수, 유보금 등을 차감한 후 채무 변제에 실제 사용할 수 있는 금액을 말한다)을 일치시키는 내부수익률[74]을 산정한 다음, 각 회생담보권 및 회생채권별로 연도별 변제예정금액을 내부수익률을 적용하여 현재가치로 할인한 금액을 현금 변제하는 내용으로 변경회생계획안을 작성하는 방식이 원회생계획에서 권리의 순위를 고려하여 정한 공정·형평한 차등을 훼손시키지 않으면서도 변제재원을 합리적으로 배분할 수 있어 바람직하다.

그러나 위와 같은 배분방식은 원회생계획상 회생담보권자들에 비하여 변제조건이 상대적으로 열악한 회생채권자들에 대하여는 변제금액이 줄어드는 결과가 되기 때문에 변제재원이 충분하지 않은 경우 회생채권자조의 동의를 얻는데 장애가 될 수 있다. 이에 따라 실무상으로는 우선 변제재원에서 회생담보권의 담보물의 청산가치에 해당하는 금액만큼 회생담보권자에게 선순위로 배분하고, 회생담보권 중 담보물의 청산가치를 초과하는 부분은 일반 회생채권과 동등하게 취급하여 후순위로 배분하는 방법이 자주 활용된다.

다. 기존 주주의 권리감축의 정도

인수계약 체결 후 변경회생계획안을 작성함에 있어 기존 주주의 권리감축의 정도(감자비율)를 어느 수준에서 결정할 것인지가 실무상 문제된다.

판례는 회생채권자의 권리를 감축하면서 주주의 권리를 감축하지 않는 것

---

73) 앞서 본 바와 같이 상장회사의 경우 액면금액 이상으로 할증발행을 하기도 한다.
74) 내부수익률(IRR, Internal Rate of Return)은 순현재가치를 0으로 만드는 할인율로서, 현금유입의 현가와 현금유출의 현가를 같게 하는 수익률을 말한다.

은 공정·형평의 원칙상 허용되지 않는다고 하고 있다.[75] 따라서 회생계획에서 회생채권을 전부 변제하지 못하고 일부 면제 또는 출자전환하는 경우에는 주주의 권리도 반드시 감축하여야 한다. 이때 주주에 대한 권리감축의 정도는 회생채권자에 대한 권리감축의 정도보다 작아서는 안 된다. 기존 주주의 권리감축의 정도를 파악하는 방법으로는 단순한 감자비율이 아니라 감자 및 신주발행 후 변동된 기존 주주의 주식지분비율을 주주의 권리 감축률로 보는 상대적 지분비율법이 주로 이용된다.[76]

실무상 변경회생계획안 제출 당시 자산이 부채를 초과하여 주주들에게도 의결권이 있는 경우(법 제146조 제3항 단서) 일부 소액주주들이 관계인집회에 출석하여 자본감소에 대하여 불만을 표출하거나 변경회생계획인가결정에 대하여 항고를 제기하는 등으로 회생절차의 종결을 지연시키는 수가 있고, 채권의 일부를 주식으로 출자전환 받은 회생채권자 겸 주주들도 감자비율에 관하여 민감하게 반응하는 수가 있으므로 관리인과 매각주간사로 하여금 감자비율의 적정성에 관하여 면밀히 검토하도록 함과 아울러 이해관계인에게 감자의 불가피성을 충분히 설명하도록 할 필요가 있다.

라. 변경회생계획안의 심리·결의

1) 개   요

회생채권자·회생담보권자·주주에게 불리한 영향을 미치는 회생계획의 변경신청이 있는 때에는 회생계획안의 제출이 있는 경우의 절차에 관한 규정을 준용하므로(법 제282조 제2항), 회생채권자·회생담보권자·주주의 권리 감면을 내용으로 하는 M&A를 통한 변경회생계획안은 관계인집회의 심리와 결의 또는 서면결의를 거쳐야 한다(그 절차에 관한 자세한 설명은 '제14장 제3절 내지 제6절' 참조).

2) 변경회생계획안 배제 여부

가) 배제의 특칙

앞서 본 바와 같이 법은, 회생절차개시에 중대한 책임이 있거나 해악을 끼친 채무자의 경영자나 그 특수관계인 등이 회생절차를 남용하여 정당한 채권자 등의 회생을 바탕으로 채무를 감면받은 후 다시 정상화된 기업을 인수하여 경영

---

75) 대법원 2004. 12. 10. 자 2002그121 결정.
76) 이에 대한 자세한 내용은 '제13장 제3절 2.' 참조. 그 밖에 기존 주주의 권리감축의 정도를 파악하는 방법으로는 M&A 전에 기존 주주에게 배분될 순자산가액과 M&A를 통한 감자 후 기존 주주에게 배분될 순자산가액을 비교하여 감축률을 산정하는 순자산접근방법을 들 수 있다.

권을 회복하는 것을 방지하기 위해, 변경회생계획에 정해진 영업양수 등에 있어서 일정한 경우 법원이 임의적 또는 필요적으로 변경회생계획안을 관계인집회의 심리 또는 결의에 부치지 아니하도록 하였다(법제231조의2). 이는 일반적인 회생계획안 배제의 경우와 같다.[77) 다만 이 경우 변경회생계획안의 배제는 변경신청에 대한 응답으로서 불허가결정의 형식으로 한다.[78)

　　나) 회생채권자 등 이해관계인이 제출한 M&A를 내용으로 한 변경회생계획안의 배제

　　관리인이 법원의 허가를 받아 공개입찰 등의 방법으로 M&A 절차를 진행하여 이미 인수계약을 체결한 이후 회생채권자 등 이해관계인이 인수대금을 높이거나 인수자를 변경하기 위하여 다시 M&A를 내용으로 하는 변경회생계획안을 제출한 경우 이를 그대로 허용하면 기존의 M&A 절차가 무용하게 되는 등 공정하고 신속한 회생절차의 진행을 방해할 우려가 있다. 또한 법원의 허가를 받아 진행한 M&A 절차가 인수희망자가 없거나 인수계약 체결에 이르지 못하는 등의 사유로 성공하지 못한 경우에 그 M&A 절차에 참여하였거나 참여할 수 있었던 인수희망자가 회생절차를 지연시키거나 M&A준칙의 적용을 회피하기 위한 의도에서 회생채권자 등 이해관계인을 통하여 M&A를 내용으로 하는 변경회생계획안을 제출한 경우에도 마찬가지로 공정성 등의 문제가 발생할 수 있다. 이와 같이 회생채권자 등 이해관계인이 제출한 M&A를 내용으로 하는 변경회생계획안이 회생절차의 공정성 등을 해하는 것으로서 변경회생계획안 배제 사유인 법 제231조 각호의 어느 하나에 해당하는 경우 그 변경회생계획안을 배제할 필요성이 크다.

　　M&A준칙은 관리인이 법원의 허가를 받아 M&A 절차를 진행하였거나 그 절차 진행 중에 법 제221조 각호에 해당하는 자가 M&A를 내용으로 하는 회생계획안을 제출한 경우 그 회생계획안이 아래 각호의 어느 하나에 해당하고 그 회생계획안에 의한 M&A 절차의 진행이 공정하고 신속한 회생절차의 진행을 저해할 우려가 있는 때에는 법 제231조에 따라 그 회생계획안을 관계인집회의 심리 또는 결의에 부치지 아니할 수 있도록 하였다(제3항). 이는 변경회생계획안의 경우에도 그대로 적용된다.

　　(1) 회생계획안에 관리인이 법원의 허가를 받아 이미 체결한 인수계약의 이행을 불가능하게 하는 내용이 포함되어 있을 때[79)

---

77) 이에 대한 자세한 내용은 '제13장 제8절 5. 마.' 참조.
78) 이에 대한 자세한 내용은 '제16장 제2절 6. 라.' 참조.
79) 참고로 회생계획인가 전 단계에서 기존에 관리인이 체결한 인수계약과 전혀 별개의 인수계약

(2) 관리인이 법원의 허가를 받아 진행한 M&A 절차에 입찰 등의 방법으로 참여하였거나 참여할 수 있었는데도 참여하지 않은 자를 인수자 등으로 하여 특별한 이유 없이 다시 M&A 절차를 진행하는 것을 내용으로 하는 회생계획안이 제출된 때

3) 주식의 추가신고

변경회생계획안의 제출 당시 채무자의 자산 총액이 부채 총액을 초과하는 때에는 주주가 의결권을 가지게 되므로, 이러한 경우에는 법 제155조에 의하여 주식의 추가신고기간을 정하여 주주의 권리를 보장하여 주는 것이 타당하다.[80] (그 절차에 관한 자세한 설명은 '제10장 제4절 4. 바.' 참조). 원회생계획안의 결의를 위한 관계인집회에서 의결권이 부여되었던 주주라고 하더라도 변경회생계획안의 결의를 위한 관계인집회 당시 주주의 지위를 상실하였다면 관리인은 의결권에 대하여 이의를 하여야 한다.

4) 인수대금의 납부

인수대금은 변경회생계획안 결의를 위한 관계인집회 기일 수 영업일 전 또는 서면결의의 회신기간 만료일 수 영업일 전까지 채무자에게 완납되거나 그 완납이 담보되도록 인수계약서에 명시하고 있다.[81] 그때까지 인수대금이 완납되지 않거나 그 완납이 담보되지 않는다면 변경회생계획안의 수행가능성을 확신할 수 없기 때문이다. 서울회생법원에서는 변경회생계획안 결의를 위한 관계인집회 전까지 인수대금이 완납되지 않거나 그 완납이 담보되지 않은 경우, ① 가결기간의 만료 전까지 인수대금이 납입될 가능성이 높다는 판단하에 관계인집회 기일을 변경하여 인수대금이 완납된 후 관계인집회를 개최한 사례, ② 관계인집회에서 변경계획안이 가결되었더라도 바로 이를 인가하지 않고, 계획인부기일을 1주일 뒤로 지정하여 인수대금이 완납되는 것을 확인한 후 계획인부기일에 인가결정을 선고한 사례,[82] ③ 관계인집회 기일을 변경하더라도 인수대금이 전부 납입

을 내용으로 하는 회생채권자가 제출한 회생계획안을 배제한 사례로는 서울회생법원 2019회합 100179 (주)키위미디어그룹 사건이 있다.

80) 기아특수강(주), 일신석재(주), (주)진도, (주)홍창, (주)SKM, 아남건설(주), (주)엔터프라이즈네트웍스, 에스티엑스중공업(주) 사건의 경우 주식의 추가신고기간을 정하였다.

81) 다만, 관리인은 법원의 허가를 받아 관계인집회 기일 전에 인수자가 금융기관 발행의 확약서를 제출하거나 에스크로계좌(은행법 제2조 제1항 제2호에서 정한 은행에 개설된 계좌에 한한다)에 인수대금을 예치하는 등의 방법으로 인수대금납부 가능성을 소명하고, 변경회생계획 인가 후 즉시 인수대금을 납부하도록 할 수 있다(M&A준칙 제24조 단서).

82) 이 경우 만약 계획인부기일까지 인수대금이 완납되지 않는다면, 변경회생계획불인가결정을 하여야 할 것이다.

될 가능성이 낮거나 회생절차의 지연만을 초래하는 경우 수행가능성이 없음을 이유로 변경회생계획안을 배제하고, 심리 및 결의를 위한 관계인집회를 취소한 사례가 있다.[83]

마. 변경회생계획 불인가 여부

앞서 본 바와 같이 법은 변경회생계획에 정해진 영업양수 등에 있어서 일정한 경우 법원이 임의적 또는 필요적으로 변경회생계획불인가결정을 하도록 하였다(법 제243조의2, 제1항·제2항). 이는 회생계획불인가결정의 경우와 같다.[84]

5. 변경회생계획인가 이후의 절차

M&A 과정에서 변경회생계획 인부결정을 선고한 경우에도 그 주문, 이유의 요지와 변경회생계획이나 그 요지를 공고하여야 하고, 인부결정이 있었음을 감독행정청 등에 통지하여야 함은 일반적인 경우와 같다(법 제282조, 제40조, 제245조, 제1항).[85]

변경회생계획 인가결정에 대하여는 즉시항고와 재항고[86]가 허용되며(법 제282조 제3항, 제247조 제7항), 그 항고기간은 일반적인 회생계획인가 시와 마찬가지로 공고일을 기준으로 하여 14일간이다(법 제13조 제2항). 즉시항고나 재항고는 변경회생계획의 수행에 영향을 미치지 아니한다(법 제247조 제3항, 제7항).

따라서 인가결정에 대한 항고가 없거나, 항고가 있더라도 항고법원 등으로부터 회생계획의 전부나 일부의 수행을 정지하는 등의 결정(법 제282조 제3항, 제247조 제3항, 제7항)이 없다면, 관리인은 변경회생계획의 내용대로 기존 주식의 소각 또는 병합,[87] 인수자

---

83) 참고로 회생계획인가 전 단계에서 같은 사유로 회생계획안을 배제하고, 회생절차폐지와 함께 관계인집회 등을 취소한 사례로는 서울회생법원 2021회합100004 (주)티티씨디펜스, 2022회합 100003 (주)아이티엑스에이아이 사건등이 있다.

84) 이에 대한 자세한 내용은 '제15장 제2절 3.' 참조.

85) 법 제245조 제2항은 "법 제41조 제1항의 규정은 제1항의 규정에 의한 결정이 있는 경우에 관하여 준용한다."라고 규정하고 있으나, 법 제41조 제1항은 회생절차개시의 신청이 있는 경우 채무자 또는 그 대표자 심문에 관한 규정이므로, 위 '법 제41조 제1항'은 '법 제40조 제1항'의 오기로 보인다.

86) 회생계획 또는 변경회생계획 인가결정에 대한 불복으로 인하여 회생절차의 종결이 지연될 가능성이 있는 것은 회생절차에서의 M&A에 부정적인 영향을 미칠 수도 있다. 최근 실무는 M&A를 내용으로 하는 회생계획 또는 변경회생계획 인가결정에 대하여 즉시항고 또는 재항고가 제기되어 확정되기 전에 회생절차를 종결하는 사례가 증가하고 있다. 서울회생법원의 구체적 사례로는 2014회합100199 (주)한일개발, 2015회합100070 경남기업(주), 2016회합100140 고성조선해양(주), 2016회합100283 경기관광개발(주), 2017회합100029 (주)플래시드웨이브코리아, 2017회합100051 한일건설(주), 2018회합100038 (주)레이크힐스순천, 2020회합100092 신한중공업(주) 사건 등이 있다. 이에 대한 자세한 내용은 '제19장 제1절 2. 가.' 참조.

87) 법 제264조 제2항은 구 회사정리법과 달리 주식소각뿐만 아니라 주식병합의 경우에도 상법

에 대한 유상증자 내지 사채 발행, 인수대금에 의한 회생채무 변제, 담보권 말소, 기타 필요한 등기의 촉탁 등의 절차를 신속히 진행하여야 한다. 유상증자 후 자본증가의 등기를 할 경우의 등록세는 법 제25조 제4항, 제1항, 제23조 제1항 제4호에 의하여 면제된다.[88]

변경회생계획 인가결정에 대한 즉시항고나 재항고가 없고, 변경회생계획의 내용대로 유상증자, 감자, 회생채무의 변제 등이 이행되면 즉시 회생절차를 종결함이 바람직하다. 이를 위해 M&A준칙은, 관리인이 회생채무의 변제 등 회생절차 종결을 위한 절차를 신속히 진행하고, 법원은 관리인 및 임직원의 개임 등 향후 채무자의 운영에 관하여 인수자의 의사를 존중하도록 하였다(제40조 제1항). 나아가 법원은 필요한 사항을 직접 협의하기 위하여 인수자 등의 출석을 요구할 수 있고(제40조 제2항), 인수자는 법원에 신속한 회생절차 종결이나 채무자의 운영에 관하여 의견을 제출할 수 있다(제40조 제3항).

6. M&A를 성공시킨 관리인 등에 대한 처우

채무자의 회생을 촉진하기 위하여 M&A를 성공시킨 관리인에 대하여 채무자의 업종, 규모, M&A의 난이도, 관리인의 적극성, 기여도, 인수자의 상황, 인수조건, 회생절차 종결 여부, 잔여 임기 동안의 관리인의 보수 총액 등을 고려하여 회생절차 종결 시 또는 그 직전에 특별보상금을 지급할 수 있다(M&A준칙 제39조 제1항 본문, 제2항).[89][90] 다만, 관리인의 M&A에 대한 적극성, 기여도가 미미한 경우 또는 회생절차를 신속히 종결하지 않거나 회생계획 인가 후 상당한 이유 없이 채무자의 운영에 관한 인수자의 의사를 존중하지 아니한 경우에는 특별보상금을 지급하지 않을 수 있다(M&A준칙 제39조 제1항 단서).

또한 채무자의 임직원이 자신의 통상적인 업무 범위를 넘어 M&A 성공에 상

제440조, 제441조의 적용을 배제하고 있어 주식병합에 의한 감자에 있어서도 주권제출기간을 정하지 않을 수 있다.

88) 다만, 법 제25조 제4항의 등록세 면제취지와 모순되는 지방세법 제26조 제2항 제1호 단서의 문제점에 관하여는 '제2절 제4절 2. 나.' 참조.

89) 특별보상금 지급시기를 회생절차 종결 시 또는 그 직전으로 정한 이유는 관리인에게 신속한 회생절차 종결의 유인을 제공하기 위함이다.

90) 실무상 M&A 성공으로 인한 관리인의 특별보상금을 정함에 있어 임원 퇴직금 규정에 의하여 산정한 액을 포함하는 경우도 있는데, 그 결정 주문의 형식은 "관리인 ○○○의 퇴직금 및 특별보상금을 ○○○로 한다."로 하고 있다. 특별보상금의 결정은 일반적으로 종결결정과 함께 하고 있으나, M&A 진행과정에서 주심판사가 미리 인수자에게 특별보상금의 액에 관하여 대략적인 이해를 구하여 두고 있다. 나아가 M&A 과정에서 입찰안내서, 양해각서, 인수계약서에 M&A 성공에 따른 관리인에 대한 특별보상금이 인수대금에서 지급됨을 명시하거나, 회생계획안에 관리인에게 지급할 특별보상금을 명시하는 경우가 대부분이다.

당한 공헌을 한 경우에는, 법원은 그 임직원에게도 특별보상금을 지급할 수 있다 (M&A준칙 제 39조 제3항).

M&A를 성공시킨 관리인에게 지급하는 특별보수의 산정 기준은 다음과 같다.

[M&A를 성공시킨 관리인에 대한 특별보수산정에 관한 세칙]

1. 특별보수산정의 기준

제39조(관리인 특별보수)에서 지급하는 관리인에 대한 특별보수는, 아래 기준 보수에서 제39조 제2항에서 열거한 제반사정을 고려하여 60%의 범위 내에서 증감하여 산정한다(다만, 관리인의 M&A 대한 기여도가 미미한 경우에는 특별보상금을 지급하지 아니한다).

2. 기준보수 산정표

※ 아래 기준보수 산정표에서 '인수대금'은 유상증자대금의 전액 및 사채 인수대금의 1/2을 합산한 금액을 말한다.

※ 산식: 기준보수=③+(④-③)×{(인수대금-①)/(②-①)}

① 인수대금(이상)	② 인수대금(미만)	③ 보수(이상)	④ 보수(미만)
0원	100억 원	5,000만 원	1억 원
100억 원	300억 원	1억 원	1억 4,000만 원
300억 원	700억 원	1억 4,000만 원	2억 원
700억 원	1,000억 원	2억 원	2억 3,000만 원
1,000억 원	1,500억 원	2억 3,000만 원	2억 5,500만 원
1,500억 원	2,000억 원	2억 5,500만 원	2억 7,500만 원
2,000억 원	3,000억 원	2억 7,500만 원	3억 원
3,000억 원	5,000억 원	3억 원	3억 3,000만 원
5,000억 원	7,000억 원	3억 3,000만 원	3억 5,000만 원
7,000억 원	1조 원	3억 5,000만 원	3억 7,000만 원
1조 원	2조 원	3억 7,000만 원	4억 원

제4절 회생절차개시 후 회생계획인가 전의 M&A[91]

1. 개 요

회생절차개시 후 회생계획인가 전에 실시하는 M&A의 경우 원칙적으로 회생계획인가 후의 M&A 절차를 준용하여 실시하면 된다. 다만 이는 회생절차의 진행과 보조를 맞추어야 하므로 신속성을 요할 뿐만 아니라 회생계획에 의하여 채권·채무의 내용이 확정되지 않은 상태에서 진행된다는 점에서 회생계획인가 후의 M&A 절차와 다르다.

이 단계에서의 M&A는 그 절차를 신속히 진행하여야 하는 점에서 매각주간사 선정에 드는 시간을 절약할 필요가 있고, 매각공고 전에 인수희망자가 있는 경우에는 더욱 신속한 절차진행을 필요로 한다는 점을 염두에 두어야 한다.

서울회생법원은 M&A준칙 제4절에서 회생절차개시 후 회생계획인가 전의 M&A 절차에 관한 특칙에 관하여 규정하고 있다.

2. 인가 전 M&A 절차의 진행

관리인은 필요한 경우 법원의 허가를 받아 회생계획인가 전 M&A 절차를 진행할 수 있다. 법원은 M&A 절차 진행 허가결정을 하는 경우 관리위원회 및 채권자협의회의 의견을 들어야 한다(M&A준칙 제25조).

3. 매각절차의 간이·신속화

가. 매각주간사 선정절차의 간이화

회생계획인가 후의 M&A 절차에서는 통상 매각주간사 선정계획에 대한 법원의 허가를 받은 다음 용역제안서 접수 및 검토 등의 절차를 거쳐 매각주간사를 선정하기 때문에 매각주간사의 선정에 상당한 시간이 소요될 수 있다. 그러나 회생계획인가 전에 실시하는 M&A 절차에서는 회생절차의 진행과 보조를 맞추어야 하므로 이와 같은 매각주간사의 선정에 소요되는 시간을 절약할 필요

---

91) 이하 보다 자세한 내용에 관하여는, 김정만(주 6), 139면 이하 참조.

가 있다.

이에 따라 관리인은 회생계획인가 전 M&A 절차에서는, ① 채무자에 대하여 회생절차개시 전에 진행된 M&A 절차가 있는 경우 법원의 허가를 받아 회생절차개시 전에 선임된 매각주간사를 인가 전 M&A 매각절차의 매각주간사로 선정할 수 있고,[92)93)] ② 신속한 절차진행을 위하여 필요하고 절차의 공정성을 해하지 않을 경우 법원의 허가를 받아 회생절차에서의 조사위원을 매각주간사로 선정할 수 있다(M&A준칙 제27조).[94)]

조사위원의 경우 회생절차개시와 동시에 조사에 착수하여 채무자의 재산상태 등에 대하여 상세히 알고 있을 뿐만 아니라 회생절차의 진행에 맞추어 매각절차를 진행할 수 있는 장점이 있는 반면 경우에 따라서는 공정성에 의문이 있을 수 있으므로,[95)] 신속한 절차진행을 위하여 필요하고 절차의 공정성을 해하지 않으며, 경험·실적 등에 비추어 매각주간사로 선정하는 것이 적절할 경우에 한하여 매각주간사로 선정하는 것이 바람직하다.

나. 실사절차의 간이화

청산가치와 계속기업가치에 대한 조사위원의 조사보고서 제출 후 M&A 절차를 진행하게 된 경우 법원은 매각주간사로 하여금 별도로 채무자의 자산과 부채에 대한 실사를 하지 않도록 할 수 있다(M&A준칙 제28조).

다. 매각결과의 회생계획에의 반영

관리인은 인가 전 M&A 절차에서 인수계약이 체결된 경우 특별한 사정이 없는 한 그 계약내용에 기초한 회생계획안을 작성하여 제출하여야 한다(M&A준칙 제29조 제1항). 한편

---

92) 서울회생법원은 2018회합100038 (주)레이크힐스순천, 2019회합100168 (주)케이에이치이, 2020회합100054 현진아이씨티(주), 2020회합100104 (주)더블유에프엠 사건 등에서 회생절차개시 전에 선임된 매각주간사를 인가 전 M&A 매각절차의 매각주간사로 그대로 선정하였다.

93) 다만 채권자들이 회생절차개시 전에 진행된 M&A 절차의 공정성에 대하여 이의를 제기하는 경우 회생절차개시 전에 선임된 매각주간사를 인가 전 M&A 매각절차의 매각주간사로 그대로 선정하는 데는 신중을 기할 필요가 있다.

94) 서울회생법원은 2016회합100231 메디퓨처(주), 2016회합100246 (주)코아옵틱스, 2016회합100293 (주)현진, 2017회합100080 (주)송인서적, 2017회합100149 삼환기업(주), 2017회합100160 (주)이클리어인터내셔날, 2018회합100020 (주)대림화학, 2018회합100033 풍림산업(주), 2018간회합100016 (주)하이캐스팅, 2021회합100020 이스타항공(주), 2021간회합100027 (주)앤트바이오, 2022회합100022 (주)소리바다 사건 등에서 M&A 절차의 신속한 진행을 위하여 조사위원을 매각주간사로 그대로 선정하였다.

95) 조사위원의 경우 채무자의 상세한 정보를 독점하고 있음을 기화로 매각의 성사에만 급급한 나머지 인수자 측으로 기우는 경향이 있어 매각주간사로서 부적절한 면도 있다.

법원은 여러 개의 회생계획안이 제출된 경우 관리인으로 하여금 각 회생계획안의 장점을 살려 병합하는 내용의 회생계획안으로 수정할 것을 명할 수 있다(M&A준칙 제29조 제2항).

4. 유의할 점

가. 청산가치가 계속기업가치를 초과하는 경우

채무자의 사업을 청산할 때의 가치가 채무자의 사업을 계속할 때의 가치보다 크다는 것이 명백하게 밝혀진 때에는 법원은 회생계획인가결정 전까지 관리인의 신청에 의하거나 직권으로 회생절차폐지의 결정을 할 수 있으나(법 제286조 제2항 본문), 이러한 경우에도 채무자에 대한 회생절차를 폐지하지 않고 채무자로 하여금 인가 전 M&A를 통하여 회생할 수 있는 기회를 부여할 수 있다.

조사위원의 조사결과 청산가치가 계속기업가치를 상회하는 것으로 산정된 경우라도, 관리인은 법원의 허가를 받아 인가 전 M&A 절차를 진행할 수 있고,[96] 그러한 사건에서 법원은 필요한 경우 관리인에게 잠재적 인수희망자가 존재함을 알 수 있는 자료를 제출하도록 할 수 있다(M&A준칙 제26조).

나. 입찰안내서 및 양해각서(MOU)상 대금증액규정의 필요성

회생계획인가 후에는 기존 회생계획의 내용에 확정된 채무금액, 자산 등 채무자의 가치가 대부분 드러나 있으므로 특별한 사정이 없는 이상 새로운 증액요인이 나타나지는 않고, 오히려 인수예정자의 정밀실사 결과에 따라 대금 감액요인이 발견되는 경우가 많다.

그러나 회생계획인가 전의 M&A에서는 이와는 달리 대금 증액 요인이 발생할 가능성이 크다. 인가 전 M&A의 경우 회생절차가 진행되면서 경제사정이 변화될 가능성이 있고, 회생계획안이 관계인집회에서 결의되어야 M&A가 최종적으로 성사되므로 회생채권자, 회생담보권자, 주주 등 이해관계인의 의견을 무시할 수 없기 때문이다. 실제로 채무자의 청산가치나 계속기업가치가 지나치게 낮게 평가되었다거나, 담보권의 가치평가가 잘못되었다거나, 주요 채권자가 제3자 매각대금의 하한선을 제시하는 등 이해관계인으로부터 다양한 의견이 제시된다. 또한 입찰자가 1~2명에 불과한 경우와 같이 충분한 경쟁이 이루어지지 않아 제시된 최고가가 낮기 때문에 그 인수대금으로는 관계인집회에서 가결되지

---

96) 실무상 대부분 사건의 인가 전 M&A 절차는 이러한 경우에 진행되고 있다.

않을 것으로 예상되는 경우에는 인수예정자를 선정하지 않을 수도 있을 것이나, 그렇게 되면 회생절차의 진행에 맞추어 M&A를 성사시키기 어렵게 되어 사실상 M&A를 포기하는 것이 된다. 따라서 이러한 경우에도 인수희망자의 인수의지가 강력하여 추후 인수대금의 증액에 응할 가능성이 있는 때에는 대금증액규정을 두어 이를 담보로 그 인수희망자를 인수예정자로 선정하여 증액협상을 할 필요가 있다.[97][98]

제5절 회생절차개시 전부터 진행된 M&A[99]

1. 개 요

가. 의 의

채무자에 대한 M&A는 회생절차가 개시된 이후에만 가능한 것은 아니고, 회생절차가 개시되기 전에도 추진할 수 있다. 다만 이 경우에는 아직 회생절차가 개시되지 아니하였으므로 법에서 정한 회생절차상 법률적 효력이 발생하지

---

97) 서울중앙지방법원 2008회합82 신성건설(주) 사건에서 비록 회생계획인가 전 M&A를 추진하다가 실패하기는 하였지만, 당시 인수예정자와 체결한 양해각서에 다음과 같이 대금 증액규정을 마련해 두었다. "단, 제1항의 인수대금으로는 본 거래를 내용으로 하는 회생계획안에 대해 회사의 회생채권자, 회생담보권자 등의 동의를 받을 수 없을 것으로 '갑'이 판단하는 경우, 아래의 절차에 따라 '갑'은 '을'에게 제1항의 인수대금을 증액하여 줄 것을 요청할 수 있고, '을'은 그와 같은 '갑'의 요청에 따라 인수대금 증액을 위한 협의를 진행하여야 한다. ① '갑'은 본 양해각서 체결 후 즉시 제1항의 인수대금을 재원으로 회사의 회생채권자 및 회생담보권자에 대한 변제계획안을 작성한 다음 이에 대하여 채권자협의회의 의견을 듣는 등으로 그 변제계획안에 대한 이해관계인집회의 결의에서 가결될 가능성을 파악하고, 그것이 가능한 변제계획안에 대한 의견을 수렴한다. ② '갑'은 의견수렴된 변제계획안을 회생계획에 반영할 경우에 필요한 인수대금을 산정한 후 이를 '을'에게 통보한다. 단, 그 통보는 제5조에서 정한 실사기간 종료 3영업일(대한민국 금융기관 영업일. 이하 같음) 전까지 하여야 하며, 그때까지 통보가 없는 경우에는 인수대금의 증액을 위한 협의를 하여야 한다. ③ '갑'과 '을'은 위 ②의 통보가 '을'에게 도달한 이후부터 실사종료일 후 10영업일까지의 기간(이하 '협의기간'이라 한다.)동안 인수대금의 증액을 위한 협의를 하여야 한다. ④ 위 ③의 협의기간 내에 인수대금의 증액에 대한 합의가 이루어지지 않는 경우 본 양해각서는 별도의 해제 통지가 없더라도 즉시 해제된 것으로 본다. 이 경우 '을'에게 귀책사유가 없는 것으로 본다. ⑤ '을'이 인수대금의 증액에 동의하지 아니하거나 위 ③의 인수대금 증액을 위한 협의에 불응하는 경우 '갑'은 '을'에 대한 서면통지로 본 양해각서를 즉시 해제할 수 있다. 이 경우 제11조의 면책규정이 적용되며, '을'에게 귀책사유가 없는 것으로 본다."

98) 한편 인수계약 체결 후 회생채권자 등의 변제율 제고 요청 등으로 회생계획안 가결요건을 충족하기 위하여 인수대금을 증액한 사례로는 서울회생법원 2019회합100179 (주)키위미디어그룹, 2020회합100189 쌍용자동차(주) 사건 등이 있다.

99) 이하 보다 자세한 내용에 관하여는, 김정만(주 6), 108면 이하 참조.

않고 M&A를 실시하는 주체도 채무자 또는 채권자 등으로 다양하다는 점에서 차이가 있다.

회생절차개시 전부터 진행된 M&A는 그 절차의 진행정도에 따라 ① 인수 계약이 체결되어 인수자 선정이 완료되거나 더 나아가 대부분의 채권자들의 동의를 얻은 회생계획안의 완성단계에까지 이른 경우,[100] ② 양해각서나 조건부 인수계약이 체결되어 인수예정자 또는 공고 전 인수예정자가 선정된 경우,[101] ③ 인수희망자와 교섭단계에 있는 경우로 나누어 볼 수 있다.

회생절차개시 전에 실시된 M&A의 내용에 대하여 채권자 전원의 동의가 있더라도 우발채무가 발생할 가능성이 있고, 채무자의 부채가 많아서 회생절차에서 회생계획에 의한 채무감면 등의 절차를 거칠 것을 전제로 M&A가 성립된 경우 등에는 회생절차개시 전에 진행된 M&A의 결과를 회생절차에서 승인할 필요가 있을 것이다. 회생절차개시 전에 M&A가 성립된 경우에는 인수자의 신용에 의하여 채무자의 신용하락을 막아 사업훼손을 막을 수 있을 뿐만 아니라 회생절차를 신속하게 종결하고 인수자로 하여금 채무자를 회생시키게 할 수 있는 장점이 있다.

회생절차개시 전에 추진된 M&A에 관하여 법은 특별한 규정을 두고 있지 않지만, 경우에 따라 재정적 어려움을 극복하고 사업을 회생시키기 위하여 필요하다면 회생절차개시의 신청 전이나 직후부터 M&A를 추진하여 공개매각 등 적정하고 합리적인 방법으로 채무자가 발행하는 신주 또는 사채를 인수할 제3자를 선정하고 그 제3자가 지급하는 신주 또는 사채 인수대금으로 채무를 변제하는 등의 내용으로 회생계획안을 작성·제출할 수도 있을 것이다.[102] M&A준칙 제5절은 회생절차 개시신청 전에 진행된 M&A 절차를 회생절차에서 승인하기 위한 요건 등에 관하여 규정하고 있다.

---

100) 서울회생법원 2018회합100038 (주)레이크힐스순천, 2020회합100148 에이치엔티일렉트로닉스 (주) 사건 등의 사례가 있다.
101) 양해각서를 체결하고 회생절차개시신청을 한 사례로는 서울중앙지방법원 2011회합134 비알엔사이언스(주), 투자확약서를 제출하고 회생절차개시신청을 한 사례로는 서울회생법원 2020회합100005 삼포산업(주), 조건부 인수계약을 체결하고 회생절차개시신청을 한 사례로는 서울회생법원 2019회합100168 (주)케이에이치이 사건 등이 있다.
102) 대법원 2007. 10. 11. 자 2007마919 결정.

나. 외국의 제도

1) 미국의 Prepackaged Plan

미국의 Prepackaged Plan 절차란, 채무자가 미국 연방파산법 제11장의 재건절차 개시신청 전에 미리 재건계획안(reorganization plan)을 작성하고, 채권자들에게 사전에 동의를 권유하여 제11장의 규정에 의한 재건계획안 가결에 필요한 수 이상의 채권자들의 사전동의를 받은 후에 제11장의 재건절차를 신청함과 아울러 재건계획안을 법원에 제출하고, 조기에 법원으로부터 재건계획에 대한 인가를 받는 절차를 말한다. 이는 사적 채무조정절차와 법정 회생절차와의 혼합형태로서, 사적 채무조정절차로는 부동의하는 채권자를 구속할 방법이 없다는 문제점을 해결함과 동시에 회생절차의 신속한 진행과 종료를 꾀하기 위하여 1978년 미국 연방파산법 개정 시부터 도입되어 활발히 시행되고 있다.

이는 절차개시신청 전에 재건계획안에 대한 투표를 마쳤는지 여부에 따라 순수한 Prepackaged Plan형(협의형)과 Prenegotiation형(사전 교섭형)으로 구분된다. 전자의 경우 ① 주요 채권자에게 재건계획안과 채무자의 재무상황에 관한 정보를 포함한 개시설명서(disclosure statement)를 발송해서 재건계획안에 대한 찬성을 권유(solicitation)하고, ② 법정 다수의 찬성을 얻어 재건계획안이 수락되면 채무자는 파산법원에 제11장 절차의 개시신청을 하고, ③ 법원은 청문(hearing)을 거친 후 문제가 없다고 판단되면 조기에 재건계획안을 인가하는 방식으로 진행된다. 또한 후자의 경우에는 위 ②의 재건계획안의 수락이 절차개시신청 전에 이루어지지 않는데, 파산법원의 제한을 받지 아니하고 채무자가 절차개시신청 전에 재건계획안의 내용에 관하여 채권자와 교섭하고, 절차개시신청 후에 파산법원에 의하여 개시설명서가 승인되고 그 후 재건계획안에 대한 채권자의 승낙을 권유하는 방식으로 진행된다. 이때 재건계획안에 대한 찬성권유가 절차개시신청 전에 종료되지 않기 때문에 개시설명서 인가의 통지와 청문절차를 거치기 위하여 30일 정도의 기간이 필요하게 되나, 재건계획안의 교섭이 절차개시신청 후에 비로소 시작되는 통상의 제11장 절차에 비해서는 빠르게 진행된다.

2) 일본의 스폰서 선정 후 민사재생절차 또는 회사갱생절차의 신청

일본에서는 민사재생절차와 회사갱생절차에서 M&A 방법의 하나로 스폰서를 선임하여 스폰서로 하여금 주식인수, 자산양수, 흡수합병 등을 하게 하고 채무자에게 자금을 지원하게 하는 등의 방법을 활용한다. 따라서 일본에서의 도산절차개시 전 M&A는 주로 스폰서를 민사재생절차개시 또는 회사갱생절차개시 전에 선임하는 절차를 의미한다. 채무자는 위와 같이 선임된 스폰서로부터 절차개시를 전후하여 금융지원도 받고 절차개시 후에는 재생계획 또는 갱생계획에서 스폰서계약의 내용(합병, 제3자 배정 신주인수 방식의 감자 및 증자, 영업양도, 회사분할, 신회사 설립, 주식교환 등)을 포함시켜 절차를 종료하게 된다.

이때 절차개시신청 전 스폰서의 선정은 가급적 빨리 실시하며, 사업가치의 훼손을 막기 위하여 절차개시신청 후에도 조기에 M&A를 실시할 것이 전제되어 있는 경우가 많다. 한편 우리나라의 경우와 같이 민사재생절차 또는 회사갱생절차에서 재생계획 또는 갱생계획에 의하지 않고 법원의 허가를 받아 조기에 영업양도를 할 수도 있다(일본, 민사재생법 제42, 회사갱생법 제46조). 특히 민사재생절차는 DIP형이기 때문에 절차개시 후에도 기본적으로 경영진의 경영권이 보장되므로 절차개시신청 전에 경영진의 주도로 스폰서를 선정한 후에 절차개시신청을 하고, 조기에 영업양도를 하는 절차의 활용도 용이하다.

절차개시 전에 스폰서계약이 성립된 경우 이를 민사재생절차 또는 회사갱생절차에 끌어들이기 위하여 이를 쌍방미이행 쌍무계약으로 해석하여 관재인이 이를 해제할 것인지 그 이행을 선택할 것인지 여부를 결정하는 방법을 사용한다.

2. 절차승인의 요건

가. 절차의 엄격성 완화

회생계획인가 후 진행되는 M&A는 통상 매각주간사 선정부터 인수계약의 체결에 이르기까지 엄격한 절차를 요구하고 있으나, 회생절차개시 전에 진행된 M&A 절차에서 이와 같은 엄격한 요건을 갖추려면 많은 시간이 소요될 뿐만 아니라 채무자의 신용도가 급격히 하락할 우려가 있는 점, 인가 전 M&A에서는 매각계약의 결과가 회생계획에 반영되어 채권자들 다수의 의결을 거쳐야 M&A의 목적을 달성할 수 있는 점 등에 비추어, 인가 후 M&A에서와 같이 엄격한 절차를 요구할 필요는 없을 것이다.

나. 추진주체 및 시기

회생절차개시 전에 진행된 M&A를 승인하기 위하여 이를 반드시 채무자가 추진한 것에 한하고 그 추진시기도 회생절차개시신청 전으로 제한할 것인지 여부가 문제된다. 그러나 반드시 채무자가 추진한 것에 한한다고 볼 것은 아니고, 채권자 등 이해관계인이 주체가 되어 추진한 것도 이를 승인할 수 있다. 또한 그 추진시기와 관련하여서도, 회생절차개시신청 전후를 불문하고 회생절차개시 결정 전에 추진한 것이기만 하면 이를 승인하는 데 문제가 없다.

한편 M&A를 추진하는 단계에서 주요 채권자와의 협의를 요건으로 할 것인지 여부가 문제되나, 법원이 회생절차개시 전에 진행된 M&A를 승인하는 단계에서 채권자협의회의 의견을 들어 매각절차의 공정성과 그 내용의 적정성에 관하여 검증하는 절차를 별도로 두고 있으므로, 추진단계에서 주요 채권자와의 협의를 요구할 필요는 없다.

다. 절차의 공정성·인수내용의 적정성

회생절차개시 전부터 추진된 M&A라고 하더라도 이를 회생절차에서 승인하기 위하여는 그 절차가 공정하게 진행되었고 제시된 인수내용이 적정하여야 한다. 따라서 승인대상절차가 공개매각방식에서 요구되는 모든 절차를 거쳤다면 이를 유효한 것으로 승계하는 데 아무런 문제가 없다. 위와 같은 절차를 모두 거치지 않았을 경우에도 이를 그대로 승인할 수 있는지 여부가 문제되나, 비록 이러한 절차를 모두 거치지 않았더라도 공정한 절차를 거친 경우와 결과적으로 동일하고 제시된 인수내용이 적정하다면 이를 유효한 것으로 승계할 수 있다. 따라서 채무자가 매각주간사의 선정 없이 직접 인수를 희망하는 특정인과 사이에 M&A를 추진하였더라도 그 공정성에 의문이 없고 제시된 인수내용이 적정한 경우에는 이를 승인하는 것이 가능하다.

라. 법원의 허가 및 의견조회

회생절차개시 전 추진된 채무자에 대한 M&A 절차를 회생절차에서 계속 진행할 필요가 있는 경우, 관리인은 법원에 위 M&A 절차 허가신청을 할 수 있다. 법원은 개시 전 M&A 절차가 공정하게 진행되었고 제시된 인수내용이 적정하다고 판단하는 경우 이를 계속 진행하도록 허가할 수 있다(M&A준칙 제31조제1항·제2항).

회생절차개시 전에 이미 인수자 또는 인수예정자가 선정되었을 경우 그 인수계약 또는 양해각서가 채무자와 사이에 체결된 것이라면 회생절차에서는 법제119조에서 규정한 쌍방미이행 쌍무계약에 해당되기 때문에 관리인이 그 이행 또는 해제를 선택하게 될 것이다. 이때 관리인이 이행을 선택하여 회생절차개시 전에 추진된 M&A의 절차를 계속 진행하기 위하여는 위 M&A준칙 규정에 따라 법원의 허가를 받아야 한다.

인수계약이 채무자 이외의 채권자 또는 주주 등과 인수자 사이에 체결된 경우에는 이를 제3자를 위한 계약으로 해석하여 제3자인 채무자의 지위를 승계하게 된다. 위와 같이 해석하기 어려울 경우에는 관리인이 법원의 허가를 받아 그 결과를 승계하는 별도의 계약을 체결할 수도 있다.[103]

또한 회생절차개시 전에 인수계약이 체결되지 못한 경우에도 관리인이 회생절차개시 전의 절차를 승계하기 위하여는 법원의 허가를 받아야 하는데, 이는 법원의 허가사항으로 규정된 자본의 감소, 신주나 사채의 발행 등을 하기 위한 준비행위로서의 의미를 가지는 것이기 때문이다.

한편 M&A준칙은 법원이 회생절차개시 전에 진행된 M&A 절차를 승인할 경우 관리위원회 및 채권자협의회의 의견을 듣도록 하고 있다(제31조 제3항).

3. 승인 여부에 따른 절차의 진행

법원이 회생절차개시 전 추진된 채무자에 대한 M&A를 승인한 경우 관리인이 M&A 절차를 승계한다. M&A 절차를 승계할 주체는 관리인이고, 그 절차 중 승계의 대상이 되는 것은 인수계약의 체결 등의 단계에 이른 경우를 포함하여 우선협상대상자 선정단계에만 이르렀거나 인수희망자와 교섭단계에 머무른 경우도 포함된다. 법원이 회생절차개시 전 추진된 M&A 절차를 승인한 경우 채권자협의회와 관리위원회의 의견을 들어 조사위원을 선임하지 않을 수 있다(M&A준칙 제32조).[104]

한편 관리인이 법원으로부터 회생절차개시 전 추진된 채무자에 대한 M&A 절차 승인에 관한 허가를 얻지 못한 경우, 관리인은 '공고 전 인수예정자가 있는 경우'에 준하여 법원의 허가를 받아 새로운 인수자 선정을 위한 절차를 진행할 수 있다(M&A준칙 제33조).

---

103) 실제로 동아건설산업(주) 사건에 대한 회생절차의 경우, 채무자에 대한 파산절차 진행 중에 주요 채권자들이 파산절차 밖에서 채무자에 대한 M&A 절차를 진행하여 인수자와 사이에 제3자 배정 유상증자 방식에 의한 인수계약을 체결하였고, 이후 개시된 회생절차에서 주요 채권자, 관리인, 인수자의 3자 합의에 의하여 위 인수계약의 당사자를 주요 채권자에서 관리인으로 변경하는 계약을 체결하였다.

104) 다만 절차의 공정성 확보를 위하여 개시 전 M&A 절차를 승인하는 경우에도 특별한 사정이 없는 한 조사위원을 선임하는 것이 서울회생법원의 다수 실무례이다.

4. 회생계획안의 작성 및 제출

회생절차에서 M&A가 성사되면 관리인이 이를 토대로 한 회생계획안을 작성하여 관계인집회에서의 의결을 거쳐 법원의 인가를 받게 된다. 그런데 회생절차개시 전에 인수자가 선정되고 이를 토대로 한 회생계획안이 작성되었거나 작성 단계에 이른 경우에는 이를 사전에 제출하게 함으로써 회생절차를 보다 신속하게 진행할 수 있을 것이다. 이와 같이 사전계획안을 작성·제출할 수 있는 자는 채무자의 부채의 2분의 1 이상에 해당하는 채권을 가진 채권자 또는 이러한 채권자의 동의를 얻은 채무자이어야 하고(법 제223), 이와 같은 채권자 및 채무자는 회생절차개시 전에 이루어진 M&A의 내용에 기초한 회생계획안을 작성하여 회생절차개시의 신청이 있은 때로부터 회생절차개시 전까지 제출할 수 있다(사전 회생계획안에 대한 자세한 내용은 '제13장 제2절 6.' 참조).

제6절 공고 전 인수예정자[105]가 있는 경우의 M&A

1. 개   요

M&A 공고를 하기 전에 적정한 인수내용으로 인수를 희망하는 자가 있는 경우 공고 전 인수희망자와 조건부 인수계약을 체결한 후, 공개입찰을 통하여 공고 전 인수예정자가 제시한 인수내용보다 더 나은 인수내용을 제시하는 인수희망자가 있으면 그 자를, 그렇지 않으면 공고 전 인수예정자를 최종 인수자로 확정하는 매각방식(Stalking-Horse Bid)으로 M&A 절차를 진행할 수 있다. 이는 회생계획 인가 전후에 관계없이 회생절차에서의 모든 M&A 절차에 활용될 수 있고, 채무자의 영업이나 자산을 양도하는 경우[106]에도 이용될 수 있다.

이러한 매각방식은 ① M&A 공고를 하기 전 인수희망자를 확보하여 미리 조건부 인수계약을 체결한 다음 매각절차를 진행함으로써 매각절차의 성공 가능성을 높이고, ② 매각 대상 목적물에 관하여 공개매각절차를 진행함으로써 절차

---

[105] '공고 전 인수예정자'란 M&A 공고를 하기 전 적정한 인수내용으로 인수를 희망하는 자로서 관리인과 조건부 인수계약을 체결한 자를 말한다(M&A준칙 제2조 제7호).
[106] 서울회생법원 2013회합188 동양인터내셔널(주) 사건에서 채무자 회사의 자산인 삼표시멘트(주)의 주식을 이러한 방식으로 매각하였다.

의 공정성과 투명성을 확보함과 아울러 ③ 공개매각절차를 진행하면서 통상적인 매각절차에서 정한 기간을 단축하거나 불필요하다고 판단되는 절차를 과감히 생략함으로써 매각절차를 신속하게 진행할 수 있는 장점이 있어 실무상 많이 활용되고 있다. 이에 따라 M&A준칙은 공고 전 인수예정자가 있는 경우의 특칙(제6절)을 두고 있다.

2. 매각절차

가. 새로운 인수자 선정을 위한 절차 진행

M&A 공고를 하기 전 적정한 인수내용으로 인수를 희망하는 자가 있는 경우 관리인은 법원의 허가를 받아 위 인수희망자와 조건부 인수계약을 체결할 수 있다. 이때 인수를 희망하는 자가 둘 이상 있는 경우 이들을 대상으로 제한적인 경쟁입찰을 실시하여 조건부 인수계약을 체결할 자를 선정할 수 있다(M&A준칙제34조 제1항).[107] 조건부 인수계약을 체결한 후 법원은 공고 전 인수예정자가 제시한 인수내용보다 더 나은 인수내용을 제시하는 자를 찾기 위하여 공개입찰방법에 따른 인수자 선정절차를 진행할 수 있다. 위 선정절차를 허가하는 경우 법원은 관리위원회 및 채권자협의회의 의견을 들어야 한다(M&A준칙제34조 제2항). 한편 관리인은 위와 같은 선정절차를 진행하는 경우 공고 전 인수예정자가 인수자 선정의 배제사유로서 M&A준칙 제17조 제4항 제1호 또는 제5호에 해당하는지 여부를 조사하여 그 결과를 법원에 보고하여야 한다(M&A준칙제34조 제3항).

나. 조건부 인수계약의 체결

1) 개   요

조건부 인수계약은 매각 공고 전까지는 그 내용이 확정되어야 하고, 관리인은 그 계약의 내용에 관하여 법원의 허가를 받아야 한다. 조건부 인수계약을 체결하는 방법은 공고 전 인수희망자가 하나일 경우 수의계약방법으로 체결될 것

---

107) 공고 전 인수희망자가 둘 이상인 경우 조건부 인수계약을 체결할 당사자 선정 단계에서 제한적인 경쟁입찰을 진행하여 스토킹호스 매각방식의 공정성을 확보할 수 있다. 서울회생법원 2020회합100189 쌍용자동차(주) 사건에서 법원은 공고 전 인수희망자가 둘 이상인 것을 이유로 제한적인 경쟁입찰 방식을 통하여 조건부 인수계약을 체결할 당사자를 선정하였다. 다만 복수의 인수희망자가 있는 경우 반드시 제한적인 경쟁입찰을 실시하여야 하는 것은 아니므로, 법원은 M&A 절차의 공정성, 신속성 등 제반 사정을 고려하여 제한적인 경쟁입찰의 실시 여부를 결정할 수 있다.

이나, 복수일 경우 제한적인 경쟁입찰의 방법으로도 가능하다. 공고 전 인수희망자와 체결하는 조건부 인수계약에는 M&A 또는 영업이나 자산의 양도에 관한 통상적인 규정 이외에 아래와 같은 내용이 포함되는 것이 일반적이다.

2) 조건부 계약

조건부 인수계약에는 향후 공개입찰절차를 통하여 인수희망자 또는 입찰자가 없거나 공고 전 인수예정자의 인수내용보다 더 유리한 인수내용을 제시하는 입찰자가 없는 경우에는 공고 전 인수예정자가 최종 인수자가 되는 조건부 계약임을 명시한다.

3) 해약보상금(Break-up fee)

관리인은 공고 전 인수예정자와 조건부 인수계약을 체결한 후 공개입찰절차를 진행하는 경우 공고 전 인수예정자에게 해약보상금(Break-up fee)을 지급하는 등으로 조건부 인수계약을 체결한 인수예정자의 이익을 보호할 수 있도록 매각구조를 설계하여야 한다(M&A준칙 제34조 제4항). 이에 따라 통상 조건부 인수계약에는 향후 진행될 공개입찰절차를 통하여 공고 전 인수예정자가 아닌 다른 입찰참여자가 인수인이 된 경우, 공고 전 인수예정자가 해약보상금을 수령할 권리를 가지는 해약보상금 조항을 두고 있다. 해약보상금은 공고 전 인수예정자가 제시한 인수대금의 3%로 정하는 것이 일반적이다.[108] 또한 해약보상금의 지급시기는 최종 인수자에 대한 매각결과가 반영된 회생계획안이 인가된 후 3 내지 5영업일 내로 정하는 것이 다수의 실무례[109][110]이다.

---

[108] 반면 최종 인수대금과 공고 전 인수예정자가 제시한 인수대금의 차액을 기준으로 해약보상금을 정한 사례로는 서울회생법원 2015회합100238 신영금속(주)(차액의 3%와 3,000만 원 중 큰 금액), 2016회합100058 디에이치일렉트로닉스(주)(차액의 3%와 3,000만 원 중 큰 금액), 2017회합100029 (주)플래시드웨이브코리아(차액의 2%와 1억 원 중 큰 금액) 사건 등이 있다.

[109] 그 밖에 해약보상금 지급시기와 관련하여, 서울회생법원 2017회합100149 삼환기업(주) 사건에서는 최종 인수예정자와 체결한 인수계약을 법원이 허가한 날로부터 3영업일 내에 최종 인수예정자로부터 해약보상금 상당액을 입금받은 후 그로부터 5영업일 내에 지급하는 것으로, 서울회생법원 2017회합100147 (주)케이티시코리아 사건에서는 새로운 입찰자로부터 인수대금 잔금 지급일에 해약보상금 상당액을 입금받은 후 그로부터 5영업일 내에 지급하는 것으로, 서울회생법원 2018회합100038 (주)레이크힐스순천 사건에서는 1순위 입찰자의 우선협상대상자 선정에 관한 법원의 허가일로부터 3영업일 내에 1순위 입찰자로부터 해약보상금 상당액을 입금받아 공고 전 인수예정자가 예비협상대상자로 선정된 경우에는 1순위 입찰자가 우선협상대상자로서 인수계약에 따른 최종 인수대금을 납입한 날로부터 3영업일 내에, 공고 전 인수예정자가 예비협상대상자로 선정되지 아니한 경우에는 1순위 입찰자로부터 해약보상금을 입금받은 날로부터 5영업일 내에 지급하는 것으로 약정하였다. 한편 2015회합100238 신영금속(주), 2016회합100058 디에이치일렉트로닉스(주), 2017회합100029 (주)플래시드웨이브코리아 사건에서는 최종 인수예정자와의 인수계약에 최종 인수예정자가 인수대금 잔금 지급일에 해약보상금을 지급할 의무가 있음을 명시하도록 약정하였다.

[110] 실제 새로운 입찰자가 최종 인수자로 선정되어 공고 전 인수예정자에게 해약보상금이 지급된

다. 공고 전 인수예정자의 지위

1) 개   요

공고 전 인수예정자가 있는 경우 향후 진행될 공개입찰절차의 공정성과 입찰참여자들의 이익 균형을 담보하기 위하여 조건부 인수계약에 공고 전 인수예정자가 공개 입찰절차에서 행사할 수 있는 권리를 명시해 놓을 필요가 있다. 공고 전 인수예정자에게 부여될 수 있는 권리와 관련하여 통상 조건부 인수계약 체결 시 협의되는 사항은 다음과 같다.

2) 입찰절차 참여권 부여 여부

관리인은 공고 전 인수예정자로 하여금 조건부 인수계약 체결 후 공개입찰 방법에 따른 인수자 선정절차에서 다시 인수제안서를 제출할 수 있도록 매각구조를 설계할 수 있다. 다만, 이 경우 관리인은 다시 인수제안서를 제출하는 공고 전 인수예정자가 종전에 제시한 인수조건에 비해 채무자에 불리한 내용으로 입찰에 참여할 수 없도록 하는 등으로 절차의 효율성 및 인수희망자들의 이익 균형을 확보하여야 한다(M&A준칙 제35조 제1항).

3) 우선매수권 부여 여부

입찰절차에서 조건부 인수계약에서 정한 조건보다 좋은 조건을 제시한 인수희망자가 있는 경우 일반적으로 그보다 동일한 조건 이상의 인수내용을 제시하고 인수할 수 있는 우선매수권을 공고 전 인수예정자에게 부여하고 있다.[111] 공고 전 인수예정자가 우선매수권을 행사하는 경우 그로 인하여 권리를 잃게 되는 입찰절차 내 인수희망자가 지출한 비용 등을 보전해 주기 위하여 보상금(Topping fee) 규정[112]을 두는 것이 일반적이다.

사례로는 서울회생법원 2017회합100104 재영실업(주) 사건이 있다.

[111] 실제 입찰절차에서 조건부 인수계약에서 정한 조건보다 좋은 조건을 제시한 인수희망자가 있어 공고 전 인수예정자가 우선매수권을 행사하고 Topping fee를 지급한 사례로는 서울회생법원 2017회합100029 (주)플래시드웨이브코리아, 2017회합100051 한일건설(주), 2018회합100038 (주)레이크힐스순천, 2019회합100168 (주)케이에이치이, 2020회합100157 (주)메이트아이, 2021회합100020 이스타항공(주) 사건 등이 있다.

[112] Topping fee 액수에 관하여, 대다수 사건에서는 공고 전 인수예정자가 우선매수권을 행사하여 최종 인수예정자로 선정되는 경우 새로운 입찰자에게 공고 전 인수예정자가 제시한 인수대금의 3% 범위 내에서 새로운 입찰자가 부담한 실비에 공고 전 인수예정자가 제시한 인수대금의 1%와 공고 전 인수예정자가 제시한 인수대금과 새로운 입찰자가 제시한 인수대금과의 차액의 3% 중 적은 액수의 금액을 더한 금액을 약정하고 있다. 반면, 서울회생법원 2017회합100080 (주)송인서적 사건에서는 공고 전 인수예정자가 제시한 인수대금의 3% 범위 내에서 새로운 입찰자가 부담한 실비를, 서울회생법원 2017회합100029 (주)플래시드웨이브코리아 사건에서는 최종 인수대금과 공고 전 인수예정자가 제시한 인수대금의 차액의 2%와 실비(1억 원 한도) 중 큰

라. 공개입찰절차의 진행

매각공고 전에 인수예정자가 있는 경우에는 더욱 신속한 절차진행을 필요로 한다는 점을 염두에 두어야 한다. 조건부 인수계약 체결 이후의 공개입찰절차는 M&A준칙에 따라 진행하되, 기간을 단축하거나 불필요한 절차를 생략할 수 있을 것이다. 이 경우 매각공고 및 입찰안내서에는 공고 전 인수예정자와 조건부 인수계약을 체결하였다는 점을 기재한다.

한편 공고 전 인수예정자가 스토킹호스 매각방식에서 해약보상금이나 우선매수권 등을 통하여 공개입찰참여자보다 높은 이익을 보장받는 측면을 고려하면, 공개입찰참여자에게 조건부 인수계약의 조건을 공개하는 것이 공고 전 인수예정자와 공개입찰참여자 사이의 정보의 비대칭성을 방지하고 스토킹호스 매각방식의 공정성을 확보하는 방안이 될 수 있다. M&A준칙은 관리인이 비밀유지약정을 체결하고 공개입찰의 인수희망자에게 공고 전 인수예정자가 제시한 인수내용을 공개할 수 있도록 하고 있다(제34조 제5항).[113]

마. 최종 인수예정자의 선정

새로운 인수자 선정절차에서 인수희망자가 없거나, 제시된 인수내용이 공고 전 인수예정자가 제시한 인수내용에 미치지 못하거나 그것과 동등한 경우에는, 관리인은 법원의 허가를 받아 새로운 인수예정자를 선정하지 아니하고 공고 전 인수예정자를 최종 인수예정자로 확정한다(M&A준칙 제35조 제2항). 관리인은 최종 인수예정자를 선정함과 동시에 차순위 인수예정자를 선정할 수 있고, 법원의 허가를 받아 차순위 인수예정자의 지위와 권한에 관하여 정할 수 있다(M&A준칙 제36조 제1항). 이 경우 관리인은 공개입찰절차의 입찰안내서에 차순위 인수예정자를 선정할 수 있는 사유, 차순위 인수예정자의 권리, 지위의 존속기한, 차순위 인수예정자가 최종 인수예정자로 되는 경우 해약보상금(Break-up fee)의 지급 여부 등을 기재할 수 있

금액을 Topping fee로 약정하였다.

한편 Topping fee의 지급시기에 관하여, 최종 인수예정자 선정에 관한 법원의 허가일부터 3영업일 내에 입금하도록 약정하는 것이 다수의 실무례이다. 그 밖에 인수대금 잔금 지급시를 기준으로 한 사례로는 서울회생법원 2015회합100238 신영금속(주), 2016회합100058 디에이치일렉트로닉스(주), 2017회합100029 (주)플래시드웨이브코리아 사건이 있다.

113) 공개입찰의 인수희망자에게 비밀유지확약서를 제출받고 조건부 인수계약에 관한 내용을 공개한 사례로는 서울회생법원 2020회합100189 쌍용자동차(주), 2022회합100025 (주)좋은사람들 사건이 있다.

다(M&A준칙 제36조 제2항).

새로운 인수예정자를 최종 인수예정자로 선정하는 경우 관리인은 확정된 새로운 인수예정자와 사이에 인수계약을 체결하여야 하는데, 관리인은 특별한 사정이 없는 한 공고 전 인수예정자가 제시한 인수내용에 미치지 못하는 계약내용을 정하여서는 아니 된다(M&A준칙 제37조).

제7절 회생계획인가 전의 영업양도

1. 의 의

법 제62조 제1항은 "회생절차개시 이후 회생계획인가 전이라도 관리인은 채무자의 회생을 위하여 필요한 경우 법원의 허가를 받아 채무자의 영업 또는 사업의 전부 또는 중요한 일부를 양도할 수 있다."라고 규정하고 있다.

회생계획의 인가 전에 회생계획에 의하지 아니한 영업양도를 인정할 필요성이 있는 것은 채무자에 따라서는 회생절차개시신청 전의 부도 등의 여파로 신용도가 급격히 하락하고 기존의 거래관계가 무너지고 유능한 종업원이 이탈하여 기업가치가 크게 손상됨으로써 사업 전체 또는 일부에 관하여 정상적인 회생절차의 진행에 큰 어려움을 겪게 되는 경우도 있고, 심한 경우에는 채무자의 기업가치의 하락으로 청산가치가 계속기업가치를 상회하게 되는 결과에 이를 수도 있기 때문이다. 따라서 이러한 경우 회생계획에 따라 영업을 양도하는 것과 비교하여 보다 유리한 가격 및 조건으로 영업을 양도할 수 있는 경우라면 회생계획인가 전의 영업양도가 더 효율적일 수 있다.

원래 회생절차에서의 M&A는 회생계획에 의하는 것이 원칙인데, 이는 회생계획에 의하지 아니하고 행하여지는 것이므로 예외적인 제도에 해당된다고 할 것이다. 서울회생법원은 M&A준칙 제2절 이하에서 제3자 배정 유상증자 방식을 전제로 절차를 정하면서 성질상 허용되지 않는 경우를 제외하고 제2절 이하의 규정은 제3자 배정 유상증자 방식이 아닌 다른 방식에 의한 M&A 절차에도 적용되는 것으로 규정하여(제4조 제2항), 영업양도 역시 회생계획에 따라 실시할 수 있도록 하였다. 나아가 영업 또는 사업의 중요한 일부 또는 전부의 양도에 관하여 법 제62조에 따라 회생계획에 의하지 아니하고 그 절차를 진행 또는 추진할 수 있도록 규정하였다(제30조 제1항·제2항). 이하에서는 그중 회생계획에 의하지 않은 영업양도에 관하여만 구체적으로 살펴본다.

2. 요 건

가. 실체적 요건

회생계획인가 전의 영업양도를 하기 위해서는 영업 또는 사업의 전부 또는 중요한 일부의 양도가 채무자의 회생을 위하여 필요한 경우에 해당하여야 한다(법 제62조 제11항). 영업과 사업을 구분하여 규정하고 있으나, 영업과 사업이 다른 의미로 해석되는 것은 아니다. 여기에서 영업 또는 사업은 일정 목적을 위하여 조직화된 유기적 일체로서 기능하는 재산이라고 볼 수 있다.[114]

영업양도가 이루어지는 것은 주로 다음과 같은 경우를 들 수 있다. 즉 ① 채무자가 영위하고 있는 복수의 영업 중 "선택과 집중"에 의하여 실적이 양호한 영업만을 남겨두고 이것에 경영을 집중하면서 그 이외의 영업을 매각하는 경우, ② 채무자가 영업을 계속하기보다는 다른 회사에 양도하고 채무자는 해산·청산하는 쪽이 보다 많은 변제재원을 마련할 수 있기 때문에 영업을 전부 매각하는 경우이다.[115]

회생계획인가 전의 영업양도에 있어서 채무자의 회생을 위하여 필요한 경우라는 것은 채무자의 회생절차개시신청에 의한 신용훼손으로 인하여 영업이 급격히 악화되고 회생계획의 인가를 기다려서는 영업의 환가가치가 크게 하락하게 되기 때문에 이를 방지하기 위하여 조기에 영업의 양도를 할 필요가 있는 경우를 말한다. 따라서 회생계획인가 전의 영업양도에 있어서는 통상 그 신청 전후에 양수인 후보자가 존재하거나 선정되어 있는 경우가 많을 것이다.

법 제62조는 영업의 전부 또는 중요한 일부의 양도가 행하여지는 경우에 적용되므로, 회생계획인가 전 영업의 중요하지 않은 일부를 양도하는 경우 그 허용 여부가 문제된다. 이에 대하여 법 제62조가 적용되지 않는다면 법 제200조 제1항 제1호가 영업이나 재산의 전부나 일부를 양도하는 경우에는 회생계획에 의하도록 정하고 있음에 비추어, 법원의 허가만에 의하여 영업의 중요하지 않은 일부를 양도하는 것은 원칙적으로 허용되지 않는다는 견해도 있으나, 당해 영업

---

114) 김정만(주 6), 144면 이하 참조.
115) 「新 裁判実務大系」(第21卷), 110·111면 참조.

이 채무자의 사업에 중요하지 아니하고 그 영업의 계속이 지속적으로 손실을 발생시켜 회생계획의 인가 전이라도 시급히 정리하는 것이 채무자에게 이익이 되는 경우에는 법 제61조 제1항을 적용하여 법원의 허가를 얻어 당해 영업을 양도할 수 있다는 것이 실무이다.[116]

나. 시기적 요건

법 제62조에 의한 영업양도는 회생절차개시 후 회생계획인가 전까지 할 수 있다. 다만 관리인은 회생절차개시 전에 추진된 영업 또는 사업의 중요한 일부 또는 전부의 양도절차를 회생절차에서 계속 진행할 필요가 있는 경우에는 법원의 허가를 받아 법 제62조에 따라 회생계획에 의하지 아니하고 그 양도절차를 진행할 수 있다(M&A준칙 제30조 제1항).

회생절차개시신청 후 회생절차개시 전의 보전관리명령의 단계에 있어서 영업의 전부 또는 중요한 일부의 양도를 할 수 있는지가 문제된다. 예외적으로 영업양도가 필요한 경우라면 이를 부정하는 규정이 없는 이상 법원의 허가에 의하여 할 수 있다는 견해도 있으나,[117] 회생절차의 개시 여부가 결정되지 않은 보전관리단계에서 영업의 전부 또는 중요한 일부의 양도를 인정하는 것은 보전관리의 목적을 넘어서는 것으로서 허용되지 않는다고 보아야 할 것이다.

3. 절 차

가. 의견청취

회생계획인가 전 영업 등의 양도에 대한 허가를 하는 때에는 법원은 관리위원회, 채권자협의회, 채무자의 근로자의 과반수로 조직된 노동조합의 의견을 들어야 한다. 근로자의 과반수로 조직된 노동조합이 없는 때에는 채무자의 근로자의 과반수를 대표하는 자의 의견을 들어야 한다(법제62조 제2항).

영업 등의 양도는 채무자의 사업에 중대한 영향을 초래하고 회생채권자·회생담보권자의 이해에 직접 영향을 미치게 된다. 영업 등의 양도를 허가하기에

---

116) 구 회사정리법하에서 정리회사 (주)코오롱티엔에스의 경우 주력사업은 고속버스 운송 및 관광사업부문이고, 음식 사업부문은 회생절차개시 전부터 영업손실이 계속 발생하여 회생계획인가 전에 이를 정리하는 것이 오히려 이익이라는 판단하에, 서울중앙지방법원은 회생계획인가 전에 제3자에게 음식 사업부문을 양도하는 것을 허가하였다. 그 밖에 서울회생법원에서 회생계획인가 전 영업양도를 허가한 사례로는 2016회합100211 (주)한진해운 사건이 있다.

117) 門口正人, "司法による再建型倒産節次の運用についての再考," 竹下古稀記念, 809면.

앞서 채권자협의회의 의견을 듣도록 한 것은 양도대가가 주요한 변제재원이 되어 변제율에 직접 영향을 미치는 경우도 있기 때문에 회생채권자·회생담보권자의 의견을 반영하기 위한 것이다. 따라서 채권자협의회가 구성되어 있지 않은 경우라면 주요 회생채권자 및 회생담보권자의 의견을 듣는 것이 바람직할 것이다.

나아가 M&A준칙은 회생계획에 의하지 않는 영업양도 절차의 공정성과 투명성을 확보하기 위하여 법원이 필요하다고 인정하는 때에는 법 제40조 제2항 각호의 어느 하나에 해당하는 자[118]에 대하여 영업양도의 허가 여부에 대한 의견의 진술을 요구할 수 있고, 관리인에게 양도대금 액수 및 그 사용방법 등을 법 제98조에서 정한 관계인집회 또는 법 제98조의2에서 정한 관계인설명회에 보고하도록 명하거나 법 제98조 제2항 제1호에 따른 통지의 내용에 포함시키도록 명할 수 있게 하였다(제30조 제4항·제5항).

나. 주주보호절차

상법상 주식회사의 영업양도에는 주주총회의 특별결의를 거쳐야 하고(상법 제374조, 제1항, 제434조), 영업양도에 반대하는 주주는 채무자에 대하여 자기가 소유하고 있는 주식의 매수를 청구할 수 있다(상법 제374조의2). '회생계획에 의한 영업양도'의 경우에는 위와 같은 상법의 규정이 적용되지 않는 것은 법 제260조, 제261조 제2항에 의하여 명백하다. '회생계획에 의하지 아니한 영업양도'에 관하여는 법 제62조 제4항에서 특칙을 규정하고 있다. 즉 주식회사인 채무자의 부채총액이 자산총액을 초과하는 때에는 법원은 관리인의 신청에 의하여 결정으로 상법 제374조 제1항의 규정에 의한 주주총회의 결의에 갈음하게 할 수 있다(주주총회 결의에 갈음하는 허가결정례는 [별지 29] 참조).

이 경우 상법 제374조 제2항 및 제374조의2와 자본시장과 금융투자업에 관한 법률 제165조의5(주식매수청구권의 특례)의 규정은 적용하지 아니한다.

채무초과인지 여부는 채무자를 청산할 때가 아니라 채무자가 존속할 때를 기준으로 자산·부채를 평가하여 판단하여야 한다.

법원은 위 주주총회의 결의에 갈음하게 하는 결정을 한 때에는 그 결정서를 관리인에게 송달하고 그 결정의 요지를 기재한 서면을 주주에게 송달하여야

---

118) 채무자의 업무를 감독하는 행정청(제1호), 금융위원회(제2호), 국세징수법 또는 지방세징수법에 의하여 징수할 수 있는 청구권(국세징수의 예, 국세 또는 지방세 체납처분의 예에 의하여 징수할 수 있는 청구권으로서 그 징수우선순위가 일반 회생채권보다 우선하는 것을 포함한다)에 관하여 징수의 권한을 가진 자(제3호).

한다(법 제63조 제1항). 그 결정은 결정서가 관리인에게 송달된 때에 효력이 발생한다(법 제63조 제2항). 위 주주총회의 결의에 갈음하게 하는 결정에 대하여 주주는 즉시항고를 할 수 있다(법 제63조 제3항).[119]

다. 법원의 허가

1) 개   요

법원은 이상의 절차를 마친 시점에서 영업 등의 양도에 대한 허가를 할 수 있다. 허가를 하는 경우 법원은 양도대가의 사용방법을 정하여야 한다(법 제62조 제3항). 법원의 허가를 받지 아니하고 한 영업 등의 양도는 무효로 한다. 다만 선의의 제3자에게 대항하지 못한다(법 제62조 제5항, 제61조 제3항,).

영업양도에 대한 허가결정 및 양도대가 사용방법 지정결정에 대하여는 즉시항고를 할 수 없다(법 제13조 제1항).

2) 허가 여부의 결정 시 고려사항[120]

법원이 허가 여부를 결정함에 있어서 고려하여야 할 사항은 다음과 같다.

가) 양수인 후보자의 선정방법이 합리적일 것

영업가치의 훼손을 방지하기 위해서는 영업양도의 계획을 비밀로 유지할 필요가 있다. 영업양도가 추진된다는 정보는 신용의 저하를 초래하여 그 자체로 영업가치를 현저히 하락시킬 염려가 있기 때문이다. 그러나 양도대가를 극대화하기 위해서는 가능한 한 다수의 후보자를 참가시키는 공개매각 등의 방식을 취하는 것이 바람직하다. 경쟁은 양도대가를 높이기 위한 가장 좋은 수단이기 때문이다. 이와 같이 모순되는 2가지 요청을 고려하면서 양도대가를 극대화할 수 있는 최선의 방식을 선택하였다면 양수인 후보자의 선정방법은 합리적이라고 할 수 있을 것이다. 영업 등의 양도 허가를 신청할 때에는 영업가치의 산정에 관한 객관적인 자료를 제출하여야 할 것이다. 후보자의 선정절차가 공정하다는 취지의 제3자의 의견을 제출하는 것도 하나의 방법이 될 수 있다.

그러나 이러한 후보자의 선정은 굳이 회생절차개시 후에 이루어져야 하는 것은 아니다. 회생절차개시신청 전에 공정하고 합리적인 방법에 의하여 후보자의 선정이 이루어지고, 그 선정에 대하여 채권자 다수의 승인이 있는 경우에는 법원의 허가를 받아 관리인이 그 후보자에 대한 양도절차를 계속 진행할 수 있

---

119) 위 즉시항고에 집행정지의 효력이 있는지 여부에 관하여 자세한 내용은 '제2장 제3절 2. 마. <표 2-2>' 참조.
120) M&A준칙 제30조 제3항 참조.

다(M&A준칙 제).121)122)
(30조 제1항)

나) 입찰조건에 양도대가를 하락시키는 부당한 조건이 부가되어 있지 않을 것

예를 들면, 채무자의 구 임원을 우대하는 등의 조건이 부가되어 있다면 이는 부당히 양도대가를 낮추는 요인이 되기 때문에 공정한 입찰조건이라고 할 수 없다.

다) 양수인 후보자의 선정절차가 공정하게 진행되었을 것

예를 들면, 다른 조건이 같은데도 양도대가가 낮은 자를 선정하는 등 합리성이 없는 처리가 이루어졌다면 그 절차가 공정하다고 할 수 없다. 물론 후보자의 결정 요인은 양도대가만이 아니기 때문에 양도대가가 다소 적더라도 종업원을 전원 승계하겠다고 하는 후보자를 선정하는 것이 무조건 불합리하다고 할 수는 없다. 그러나 이와 같은 경우에는 선정기준에 있어서 각각의 요소의 비중을 처음부터 명시하는 등의 조치를 취하여 두어 선정절차의 공정성을 객관적으로 설명할 수 있어야 할 것이다.

라) 양도대금의 사용방법 등에 대한 회생채권자 등과의 사전 협의

회생절차에는 공익채권자, 회생담보권자, 회생채권자, 주주·지분권자 등 여러 이해관계인이 존재하는바, 채무자의 주요 자산을 영업양도에 의하여 매각하는 경우에는 위와 같은 권리의 순위가 서로 다르고 복잡하게 얽혀 있는 여러 이해관계인의 이해를 합리적으로 조정하여 법원이 일방적으로 양도대가의 사용방법을 정하는 것은 쉬운 일이 아니다. 따라서 채무자는 회생계획인가 전의 영업양도를 추진함에 있어서 미리 주요 회생담보권자 및 회생채권자와 사이에 양도대가의 사용방법을 포함한 회생계획안의 주요 내용에 관하여 합의를 하는 것

---

121) 회생절차개시신청 전에 이루어진 후보자 선정절차의 공정성과 합리성에 확신이 가지 않는 경우 처음부터 후보자 선정절차를 밟아 영업양도 절차를 진행할 수도 있으나, 이는 절차 진행의 신속성을 생명으로 하는 회생계획인가 전 영업양도 제도의 취지를 퇴색시킬 수 있다. 따라서 이 경우에는 당해 후보자가 제시한 양도대가와 기타 인수조건을 상회하는 조건으로 채무자의 영업을 양수할 것을 단기간(예컨대, 2주 정도)의 공개입찰에 부치는 것도 고려할 수 있다. 이러한 경우 영업양도 절차는 제6절 '공고 전 인수예정자가 있는 경우의 M&A 절차'에 준하여 진행하면 된다.

122) 양도대가의 적정성 여부의 검토는 채무자의 기업가치 평가가 적정함을 전제로 하는데, 회생절차개시 후 조사위원을 선임하여 채무자의 기업가치를 평가하고 이를 토대로 양도대가 등의 적정성 여부를 따지는 것은 절차의 신속성을 핵심으로 하는 회생계획인가 전 영업양도의 취지에 어긋날 수 있다. 따라서 회생절차개시 전에 이루어진 기업가치 평가가 다수의 채권자의 감시 또는 승인 하에 이루어지고 이를 토대로 공개매각을 통하여 그 가치를 상회하는 조건으로 양수인 후보자 및 양도대가 등이 이미 결정된 후 회생절차개시신청이 이루어졌다면, 그 절차의 공정성과 합리성을 심사하여 기업가치 평가를 위한 별도의 조사위원의 선임을 생략하는 것도 가능할 것이다(M&A준칙 제32조 참조).

이 바람직하다. 회생계획안의 주요 내용에 관한 합의가 이루어진 경우라면 관리인을 선임하지 않고 회생절차를 진행할 수 있을 뿐만 아니라(규칙제51), 회생계획의 인가 직후 회생담보권 및 회생채권을 변제한 후 회생절차를 조기에 종결할 수도 있을 것이다. 이는 회생계획인가 전 영업양도가 회생절차개시신청 전에 영업양도 당사자 사이에 양도조건에 관한 합의를 이루고 그에 대하여 채권자의 다수로부터 동의를 받은 사전계획안의 형태로 추진되는 것이 절차의 신속성과 효율성에 부합할 수 있음을 시사하는 대목이다.

　마) 영업양도계약의 내용

　영업양도계약에는 양도대상인 재산의 범위, 양도가격, 담보권의 취급, 교섭책임의 소재, 종업원의 고용승계 여부 및 처우, 거래처의 승계, 양도실행일 등이 주요 내용으로 포함될 것이다.

　회생담보권의 목적인 재산이 양도대상에 포함되는 경우에는 담보권의 취급이 중요한 문제가 된다. 법원의 결정에 의하여 담보권을 소멸시키는 제도[123]가 마련되어 있지 않은 이상 관리인이 회생담보권자와의 교섭을 통하여 담보권의 처리방법을 정할 수밖에 없다. 즉 관리인이 회생담보권자와 양도대가 중 회생담보권의 변제에 사용할 금액과 담보권의 소멸에 관하여 협의한 후 이를 양도대가의 사용방법에 포함시켜 법원으로부터 영업양도의 허가를 받고, 영업양도계약을 체결한 후 법원으로부터 양도대가의 사용방법에 따라 회생담보권을 변제한다는 허가를 받아(제2항의준용) 회생담보권을 변제함과 동시에 그 담보권에 관한 등기를 말소한다거나 회생담보권자에게 양도대가를 새로운 담보물로 제공하고 기존의 담보권을 소멸시키는 방법을 고려할 수 있다.

라. 강제집행 등의 취소

　영업 등의 양도대상인 재산에 관하여 회생채권 또는 회생담보권에 기한 강제집행, 가압류, 가처분, 담보권 실행을 위한 경매절차 또는 체납처분(이하 '강제집행 등'이라 한다)이 이루어져 있는 경우에는 영업 등의 양도에 지장을 초래할 것이다. 회생계획인가 전의 영업 등의 양도가 허용되는 것은 그 양도가 채무자의 회생을 위하여 필요한 경우라야 하므로, 양도대상인 재산에 관하여 이루어져 있는 강제집행 등을 취소하는 것도 회생을 위하여 필요하다고 인정할 수 있다.

---

123) 비교법적으로 미국 연방파산법 제363조 (f)항, 일본 민사재생법 제148조, 회사갱생법 제104조는 회생계획인가 전 영업양도와 관련하여 강제적 담보권 소멸이 가능한 제도를 두고 있다.

따라서 이러한 경우 법원은 영업 등의 양도 허가가 있은 후 관리인의 신청에 의하여 강제집행 등의 취소를 명할 수 있다(별 제58조 제5항).

제8절 인수희망자에 대한 정보 등의 제공

1. 개   요

법 제57조는 M&A의 활성화를 위하여 채무자의 영업을 양수하는 등의 행위를 하고자 하는 인수희망자가 채무자에 관한 정보 및 자료에 용이하게 접근할 수 있도록 하는 근거 규정으로서 인수희망자에 대한 정보 등의 제공에 관하여 정하고 있다. 즉 관리인은 ① 채무자의 영업, 사업, 중요한 재산의 전부나 일부의 양수, ② 채무자의 경영권을 인수할 목적으로 하는 주식 또는 출자지분의 양수, ③ 채무자의 주식의 포괄적 교환, 주식의 포괄적 이전, 합병 또는 분할합병을 하고자 하는 자에 대하여 채무자의 영업·사업에 관한 정보 및 자료를 제공하여야 한다. 따라서 관리인이 M&A에 본격적으로 착수하기 이전이라도 인수희망자가 채무자의 영업·사업에 관한 정보 및 자료를 제공받고 능동적으로 관리인에 대하여 인수제안을 할 수 있게 되어 채무자에 대한 M&A가 상시 가능한 상태가 되었다고 할 수 있다.

2. 제공 청구 시 제출할 서면 등

법 제57조 각호에 규정된 행위를 하려는 인수희망자가 채무자의 영업·사업에 관한 정보 및 자료의 제공을 청구하려면, ① 인수희망자의 사업자등록증, 법인등기사항증명서, ② 인수희망자의 최근 3년간의 비교 대차대조표, 최근 3년간의 요약 비교손익계산서, 최근 3년간의 자금수지표 및 현금흐름표, ③ 인수희망자의 임직원 현황, 주요 업종, 생산품, 납입자본금, 발행주식 수, 주식 소유관계, ④ 인수희망자의 인수 동기, 목적 및 향후 구체적인 인수계획의 내용 및 인수예정 시기, ⑤ 인수에 필요한 자금의 구체적인 조달계획 및 증빙자료, ⑥ 제공을 요청하는 정보 및 자료를 특정할 수 있는 사항 및 이를 필요로 하는 구체적인 사유, ⑦ 정보 및 자료에 관한 비밀을 준수하고 이를 채무자, 채권자, 주주 등의 이익에 반하는 목적을 위하여 이용하지 아니하겠다는 진술서를 관리인에게 제출하여야 한다(규칙제1항). 인수희망자가 실제로 채무자의 영업양수 등의 행위를 할 자력과 의사를 가지고 있는지, 채무자와 경쟁관계에 있는 자가 채무자에 관한 정보 취득을 주된 목적으로 하여 자료 및 정보의 제공을 요구하는 것은 아닌지 등을 검토하여 자료의 제공을 거부할 사유가 있는지를 판단하고, 정보 및 자료를 제공받은 인수희망자에게 비밀준수의무를 부과하기 위한 것이다. 정보 및 자료를 제공하는 데 필요한 비용은 인수희망자가 부담하여야 한다(규칙제50조 제5항).

3. 법원의 허가

제3자가 단순히 인수를 희망하는 의사를 나타내고 있다는 이유만으로 회생절차가 진행 중인 채무자의 내부 회계정보 및 영업정보에 관하여 열람할 권리를 갖는다고 볼 수는 없다.[124] 채무자에 관한 내부 기업정보가 무제한적으로 외부로 유출되면 기업의 경쟁력을 해치고 전체 채권자의 이해에 반하는 결과로 귀결될 가능성이 있으므로, 일정한 사유가 있는 경우에는 자료의 제공이 거부되어야 할 것이다.

법 제57조는 '정당한 사유'가 있는 때에는 관리인은 정보 및 자료의 제공을 거부할 수 있다고 규정하고 있고, 규칙은 '정당한 사유'를 구체화하여 '정보 및 자료를 인수희망자에게 제공하는 것이 채무자의 영업이나 사업의 유지·계속에 지장을 초래하거나 또는 채무자의 재산에 손해를 줄 우려가 있다는 사정 그 밖에 제1항의 청구를 거부할 정당한 사유'가 있는 경우에는 인수희망자가 요청하는 정보 및 자료제공의 전부 또는 일부 거부에 관한 허가를 법원에 신청할 수 있도록 하고 있다(규칙제50조 제3항). 채무자가 상당한 노력에 의하여 비밀로 유지하여 온 생산방법·판매방법 기타 영업활동에 유용한 기술상 또는 경영상의 정보 및 자료, M&A의 추진을 위한 실사자료 등의 제공을 거부하는 것이 이에 해당할 것이다.

관리인은 인수희망자로부터 정보 및 자료의 제공을 청구받은 경우에는 이를 거부할 정당한 사유가 있는지를 검토하여 지체 없이 서면으로 정보 및 자료의 제공 여부에 관하여 법원에 허가신청을 하여야 한다(규칙제50조 제2항). 정보 및 자료를 제공함에 대한 법원의 허가 또는 정보 및 자료제공의 거부를 허가하지 아니하는

---

124) 상법 제466조에 의하면 주주도 발행주식 총수의 100분의 3 이상을 보유하고 있지 않으면 회계장부열람권이 인정되지 않는다.

결정이 있으면 관리인은 지체 없이 인수회망자에게 해당 정보 및 자료의 열람 또는 복사를 허용하여야 한다(규칙제50). 정보 및 자료의 제공에 대한 법원의 불허가 또는 정보 및 자료를 제공하지 아니함에 대한 법원의 허가에 대하여는 불복이 허용되지 않는다(별 제13항). 정보 및 자료 중 일부에 관하여 그 제공을 거부하여야 하는 사유가 있다면 관리인은 그 부분을 제외한 나머지 부분에 관하여는 법원에 정보 및 자료의 제공 허가신청을 하여야 할 것이다.

4. 홈페이지(웹사이트)를 통한 M&A 관련 정보공개

가. 개   요

서울회생법원은 인터넷에 개설되는 M&A 관련 홈페이지(웹사이트, 이하 '홈페이지'라 한다)를 효율적으로 관리함으로써 채무자의 신규자본 유치 및 M&A를 촉진하기 위하여 실무준칙 제242호 'M&A 관련 홈페이지의 관리 요령'을 제정하여 시행하고 있다. 위 준칙에 의하면 M&A준칙이 적용되어 M&A가 추진되는 채무자의 경우에는 그 관리인은 원칙적으로 당해 채무자의 홈페이지를 개설하고 위 준칙 제242호에서 정한 자료를 공시하여야 하며, 법원은 대법원 홈페이지의 공고란과 서울회생법원 홈페이지의 "회생회사 M&A 안내"[125]란에 M&A의 목적, 방법, 일정 등 주요사항을 게재하도록 하고 있다.

나. 공개대상 회사

실무준칙 제242호 'M&A 관련 홈페이지의 관리 요령'에 의하면, 공개대상이 되는 것은 M&A준칙이 적용되어 M&A가 추진되는 채무자이다(제2조제1항본문). 다만, M&A준칙 제3조 제1항 제3호(수의계약)[126]에 따라 제3자 매각절차를 계속 진행하는 경우는 예외로 한다(제2조제1항단서). 위 공개대상에 해당하지 않는 경우에도 관리인 또는 관리인으로 보게 되는 채무자의 대표자(이하 '관리인 등'이라 한다)가 동의하는 경우에는 법원은 대법원 홈페이지 공고란과 서울회생법원의 홈페이지의 "회

---

125) 구체적으로 서울회생법원 홈페이지 "회생회사 M&A 안내"란 중 "공고 게시판"에 M&A 관련 주요사항을 게재하고 있다.

126) 실무준칙 제242호 제2조 제1항 단서에서는 위 준칙 적용의 예외로서 M&A준칙 '제24조 제1항'에 따른 제3자 매각절차를 규정하고 있는데, 이는 수의계약에 관한 규정으로서 M&A준칙 안에서 동일한 내용의 규정이 반복된다는 지적에 따라 2021. 12. 21. M&A준칙 개정과 함께 삭제되었다. 따라서 '제24조 제1항'은 M&A준칙에서 같은 내용을 규정한 '제3조 제1항 제3호'를 뜻하는 것으로 볼 수 있다.

생회사 M&A 안내"란에 M&A에 관한 주요사항을 게재한다(제2항).

다. 공 시

1) 공시의 대상

관리인 등은 인터넷에 당해 채무자의 홈페이지를 개설하고 그 적절한 난에 ① 채무자의 개요(명칭, 업종, 개시결정일, 계획인가일, 종업원 수, 본사 소재지, 공장현황 등), ② 자본과 관련된 사항(상장 여부, 주식 수, 액면가, 납입자본금, 수권자본금, 출자전환 예정 내역), ③ 최근 3년간 재무상태표, 손익계산서, 주요 자산, 특허권 등, ④ 회생담보권, 회생채권에 관한 사항(채권 금액, 회생계획상 변제계획, 변제내역), ⑤ 채권자협의회 또는 채권단, ⑥ M&A 접촉 안내(M&A 유인 홍보문, 담당자 부서 및 담당자 성명, 전화번호, 이메일주소)에 관한 자료를 공시하여야 한다(실무준칙 제242호 제3조 제1항).

위 각 자료를 공시할 때에는 그 기준일자(예: 2022. 5. 1. 현재)를 부기하여야 한다(실무준칙 제242호 제3조 제2항). 이미 M&A가 완료되었거나 기타 특별한 사유가 있는 때에는 관리인 등은 법원의 허가를 얻어 위 자료 중 일부의 공시를 생략할 수 있다(실무준칙 제242호 제3조 제3항).

2) 갱신 및 시정조치

관리인 등은 각 분기마다 위 제3조의 규정에 의하여 공시된 사항에 변동이 있는지 여부를 점검하여 변동이 있는 때에는 즉시 그 내용을 갱신하여야 하고(실무준칙 제242호 제4조 제1항), 분기별 보고서의 M&A 항목에 인터넷에 공시된 M&A 관련 사항의 점검 결과와 갱신 여부 및 갱신 내용을 명기하여 보고하여야 한다(실무준칙 제242호 제4조 제2항).

주심판사는 소관 각 채무자 홈페이지의 M&A 관련 항목이 최신의 정보를 정확하게 공시하고 있는지 해당 채무자의 평정기일마다 이를 확인하고, 게재 내용에 오류가 있는 때에는 관리인 등에게 즉시 시정하도록 조치를 취한다(실무준칙 제242호 제5조).

라. 법원 홈페이지의 M&A 공고 등

법원은 대법원 홈페이지의 공고란과 서울회생법원 홈페이지의 "회생회사 M&A 안내"란에 M&A의 목적, 방법, 일정 등 주요사항을 게재한다(실무준칙 제242호 제6조). 관리인 등은 위 법원 홈페이지의 M&A 공고 등을 통하여 협의 제의를 받은 때에는 그 내용과 조치 및 의견을 법원에 보고하여야 한다(실무준칙 제242호 제7조).

제18장

·
·
·

상장법인의
회생절차

제1절 일반론

1. 상장제도의 의의 및 규제의 필요성

금융투자상품이 유통되는 시장은 거래가 일어나는 장소에 따라 장내시장과 장외시장으로 나뉘는데, 장내시장은 대량적, 반복적으로 일어나는 거래의 효율을 위하여 폭넓은 규제를 받는다.[1] 장내시장의 대표적인 개설주체인 거래소[2]는 유통시장의 두 가지 기능인 유통성제공기능과 가격발견기능을 원활히 하려는 목적에서 상장절차를 통해 거래대상으로 적합한 종목을 선별하여 제한하고 있다.

'상장(上場, listing)'이란 특정 회사가 발행한 증권에 거래소가 개설·운영하는 시장[3]에서 거래될 수 있는 자격을 부여하는 것으로서[4] 그 법적 성격은 발행회사와 한국거래소 사이에 체결되는 사법상의 계약(상장계약)이다.[5]

상장의 대상은 '법인'이 아닌 '증권'이고, 주주권을 나타내는 증권인 주권(株券)에 대하여 이루어지는 것이 일반적이지만, 자본시장과 금융투자업에 관한 법률(이하 '자본시장법'이라 한다)은 주권뿐만 아니라 채무증권, 수익증권, 투자계약증권, 파생결합증권, 증권예탁증권 등도 거래소가 개설한 시장에서 거래되는 증권으로 정하고 있으므로(자본시장법 제8조의2 제4항 제1호, 제4조 제2항), 상장은 주권 이외의 다양한 증권에 대하여도 이루어질 수 있다.[6] 따라서 자본시장법은 증권시장에 상장된 증권을 발행한 법인을 '상장법인', 증권시장에 상장된 주권을 발행한 법인을 '주권상장법인'

---

1) 김건식·정순섭, 자본시장법(제3판), 두성사(2013), 515면.
2) 증권 및 장내파생상품의 공정한 가격 형성과 그 매매, 그 밖의 거래의 안정성 및 효율성을 도모하기 위하여 금융위원회의 허가를 받아 금융투자상품시장을 개설하는 자를 말한다[자본시장과 금융투자업에 관한 법률 제8조의2 제2항]. 우리나라는 자본시장법이 제정되기 전부터 한국거래소만을 거래소로 규정하여 법률로 독점을 인정해왔으나, 2013. 5. 28. 개정된 자본시장법(법률 제11845호)은 거래소에 대한 경쟁력 강화 및 불법 장외거래에 대한 규제를 위해 거래소 법정주의를 폐지하고 거래소 허가제를 도입하였다. 그럼에도 현재까지 한국거래소 외에 허가를 받은 거래소가 없어 한국거래소의 독점 체제가 사실상 유지되었으나 최근 대체거래소(Alternative Trading System) 법인이 설립되는 등 거래소 경쟁체제 도입이 가시화되고 있다.
3) 한국거래소가 현재 개설·운영하고 있는 증권시장으로는 유가증권시장(중대형 우량기업이 중심인 시장, KOSPI 지수 사용), 코스닥시장(중소·벤처기업이 중심인 시장), 코넥스시장(초기 중소·벤처기업 전용시장)이 있다. 상장요건은 유가증권시장, 코스닥시장, 코넥스시장 순으로 엄격하며, 회생절차를 이용하는 상장기업은 주로 코스닥시장 상장법인이다.
4) 자본시장법 제390조, 유가증권시장 상장규정 제2조 제1항 제1호.
5) 대법원 2007. 11. 15. 선고 2007다1753 판결.
6) 다만, 논의의 편의를 위하여 이 장에서 말하는 상장 및 상장폐지는 특별한 언급이 없는 한 상장법인의 주권에 대한 용어로서 한정하여 사용하기로 한다.

으로 용어를 구분하여 정의하고 있다(자본시장법 제9조 제15항).[7]

　　거래소는 증권시장에 상장할 증권의 심사 및 상장증권의 관리를 위하여 증권상장규정을 정하여야 한다(자본시장법 제390조 제1항). 상장규정의 법적 성격에 관하여는 행정입법설, 자치법규설, 약관설의 대립이 있으나, 대법원은 약관설의 입장이다.[8]

2. 회생절차가 상장법인에 미치는 영향

가. 상장의 중요성

　　상장법인은 증권시장 상장을 통하여 ① 경제적 측면(안정적 자금조달을 통한 기업성장의 가속화, 지배구조 개편 등에 필요한 다양한 수단 제공, 기업 인지도 및 브랜드가치 제고, 종업원 사기진작 및 우수인재 확보 용이, 주주의 이익실현), ② 기업운영 측면(자기주식 취득의 간소화, 신주모집의 간소화, 액면미달 발행 간소화, 주주배정 증자 시 통지절차 간소화, 조건부 자본증권 발행가능, 주식배당 한도 확대, 의결권 없는 주식의 발행 한도 확대, 주주총회 소집절차 간소화), ③ 세제 측면(소액주주의 경우 주식양도소득세 비과세, 상속 및 증여재산의 시가 평가 특례, 증권거래세 절감) 등 기업활동의 거의 모든 측면에서 비상장법인에 비하여 유리한 점을 가지게 된다.[9] 따라서 상장법인은 상장폐지가 예견되는 경우 상장의 이익을 유지하기 위하여 거래소의 상장폐지절차 내에서 이의 제기를 하거나 법원에 상장폐지의 효력을 다투는 소송을 제기하는 등으로 상장폐지를 다투기 마련이다.

나. 상장법인이 회생절차로 얻을 수 있는 이점

　　상장법인이 반드시 상장폐지를 면할 목적으로 회생절차개시신청을 하는 것은 아니다. 그러나 일반적으로 회생절차의 성공적 진행은 상장유지를 위하여 특별한 장점을 제공하므로 많은 상장법인이 회생절차를 통하여 상장폐지의 위험을 해소하려 한다. 특히 의견거절 기타 감사의견 비적정으로 인한 상장폐지의 경우

---

7) 주권과 관련된 증권예탁증권이 증권시장에 상장된 경우 그 주권을 발행한 법인도 '주권상장법인'에 해당한다(자본시장법 제9조 제15항 제3호 나목).

8) 자본시장법에 따라 거래소허가를 받아 설립된 거래소가 제정한 증권상장규정은, 자본시장법이 거래소로 하여금 자치적인 사항을 스스로 정하도록 위임하여 제정된 자치 규정으로서, 상장계약과 관련하여서는 계약의 일방 당사자인 거래소가 다수의 상장신청법인과 상장계약을 체결하기 위하여 일정한 형식에 의하여 미리 마련한 계약의 내용, 즉 약관의 성질을 가진다(대법원 2019. 12. 12. 선고 2016다243405 판결).

9) 증권시장 상장의 효과에 관한 보다 구체적인 내용은 한국거래소, 유가증권시장 상장심사 가이드북(2022), 16-20면 참조.

의견거절 등의 원인은 주로 회사의 거래와 관련된 부정행위로 부외부채가 발생할 가능성이 있어 회계처리의 적정성을 판단하기 어렵다는 것이다. 그런데 회생절차에서는 채권자목록에 기재되지 않고 신고되지 않은 부외부채는 회생계획이 인가되면 법 제251조에 따라 실권되므로, 상장법인이 회생계획인가결정을 받고 회생절차를 성공적으로 종결하면 부외부채의 존재와 관련된 상장폐지사유를 근본적으로 해소할 수 있다.[10] 또한 회생절차에서 우량한 전략적 투자자를 인수자로 하는 M&A가 성공하는 경우 영업의 지속성, 재무상태의 건전성, 경영의 투명성 등 거래소 상장적격성 실질심사기준의 모든 면에서 상장유지에 긍정적으로 작용할 수 있다.[11]

다. 상장법인이 회생절차로 인해 받는 제한

한편 상장법인은 회생절차로 인하여 상장절차상 여러 가지 제한을 받기도 한다. 한국거래소의 상장규정에는 다른 상장폐지사유가 없는 경우라도 회생절차의 진행만을 요건으로 관리종목지정, 매매거래정지 등을 할 수 있는 규정이 존재한다.

① 유가증권시장 주권상장법인과 코스닥시장 상장법인은 회생절차개시신청이 있으면 일단 관리종목[12]으로 지정되고,[13] ② 법원의 회생절차개시결정일까지 해당 종목의 매매거래가 정지된다.[14] ③ 법원의 회생절차개시결정 이후에도, 거래소는 유가증권시장 주권상장법인에 대하여는 해당 상장법인의 재무상태, 영업실적 또는 회생계획의 이행 여부 등을 고려하여 공익 실현과 투자자 보호를 위하여 필요하다고 인정하는 때에는 해당 상장법인이 재상장 심사요건의 경영성과 중 매출액과 수익성 요건을 충족하거나 해당 매매거래정지 사유가 해소되었다고

---

10) 이는 감사인 의견 미달을 이유로 하는 형식적 상장폐지뿐만 아니라 상장적격성 실질심사 시 심사기준 중 재무상태의 건전성 판단과 관련하여서도 긍정적으로 작용한다.

11) 인수인의 입장에서도 회생절차 내에서 M&A를 진행하는 것은 부채 감축, 우발채무·부외부채의 실권 등 회생절차 밖에서의 M&A보다 많은 장점이 있다.

12) 코스닥시장의 경우 관리종목으로 지정되면 관리종목 지정사유 확인일 당일 1일간 매매거래가 정지되고, 관리종목 지정사실이 전산 등에 공표되며, 신용거래 대상종목에서 제외되고, 증권선물위원회가 지정한 외부감사가 의무화되는 등의 제재가 뒤따른다. 한국거래소, 코스닥시장 공시·상장관리 해설(2022), 252, 253면.

13) 유가증권시장 상장규정 제47조 제1항 제11호, 코스닥시장 상장규정 제53조 제1항 제10호.
유가증권시장의 경우 법원의 회생절차종결결정이 있은 때, 코스닥시장의 경우 법원의 회생절차종결결정이 있은 날의 다음 날 관리종목지정이 해제된다(유가증권시장 상장규정 제47조 제2항 제3호, 코스닥시장 상장규정 시행세칙 [별표10]).

14) 유가증권시장 상장규정 제153조 제2항 제1호 다목, 코스닥시장 상장규정 시행세칙 제19조 제1항 제1호 나목 본문.

인정되는 경우 그 확인일까지 해당 증권의 매매거래를 정지할 수 있다.[15] 코스
닥시장 상장법인에 대하여도 법원의 회생절차개시결정 이후 공익 실현과 투자자
보호를 위하여 필요하다고 인정하는 때에는 매매거래정지 사유가 해소되었다고
인정하는 경우 그 확인일까지 해당 증권의 매매거래를 정지할 수 있다.[16] ④ 회
생절차개시신청을 하였다는 이유만으로 상장이 폐지되는 것은 아니다.[17] 그러나
회생절차개시신청으로 관리종목으로 지정된 상태에서 법원의 회생절차개시신청
기각, 회생절차개시결정 취소, 회생계획불인가, 회생절차폐지의 결정 등이 있은
때에는 상장적격성 실질심사를 거쳐 해당 보통주권 또는 주식의 상장이 폐지될
수 있다(유가증권시장 상장규정 제48조 제2항 제1호,).[18][19][20]
　　　　　　　코스닥시장 상장규정 제56조 제1항 제1호

15) 유가증권시장 상장규정 제153조 제1항 제5호, 제2항 제4호.
16) 코스닥시장 상장규정 제18조 제1항 제3호, 코스닥시장 상장규정 시행세칙 제19조 제1항 제3호
　　바목.
17) 종래 구 유가증권상장규정(2003. 1. 1. 시행) 제37조 제1항 제9호는 상장법인이 구 회사정리법
　　상 회사정리절차개시신청을 한 경우 당해 주권의 상장을 폐지하도록 정하고 있었다. 이에 대하
　　여 대법원은 "오로지 회사정리절차의 개시신청을 하였다는 이유만으로 그 기업의 구체적인 재
　　무상태나 회생가능성 등을 전혀 심사하지 아니한 채 곧바로 상장폐지결정을 하도록 한 이 사건
　　상장폐지규정은, 그 규정으로 달성하려는 '부실기업의 조기퇴출과 이를 통한 주식시장의 거래안
　　정 및 투자자 보호'라는 목적과 회사정리절차개시신청을 하였다는 이유만으로 위 조항에 따라
　　상장폐지될 경우 그 상장법인과 기존 주주들이 상실할 이익을 비교할 때 비례의 원칙에 현저히
　　어긋나는 것이고, 또한 이 사건 상장폐지규정은 회사정리절차를 선택한 기업만을 곧바로 상장
　　폐지하도록 하고 있어서 기업구조조정 촉진법에 따른 공동관리절차를 선택한 기업에 비하여 차
　　별하고 있는데 그러한 차별에 다른 합리적인 근거를 발견할 수 없다는 점에서 형평의 원칙에도
　　어긋나 정의관념에 반한다고 할 것이다. 아울러 이 사건 상장폐지규정은 회사정리절차를 선택
　　할 경우에 과도한 불이익을 가하여 회사정리법에 기한 회생의 기회를 현저하게 제한하고 회사
　　정리절차를 통하여 조기에 부실을 종료할 기회를 박탈함으로써 사실상 회사정리법상 보장된 회
　　사정리절차를 밟을 권리를 현저히 제약하는 것이어서, 앞서 본 바와 같이 부실이 심화되기 전
　　에 조기에 회사를 정상화하도록 하려는 회사정리법의 입법 목적과 취지에 반한다."라고 하여 위
　　상장규정이 무효라고 판시하였다. 대법원 2007. 11. 5. 선고 2007다1753 판결.
　　　　그 밖에 법 제32조의2(차별적 취급의 금지), 규칙 제51조 제2호(코스닥 상장법인에 해당하는
　　채무자는 관리인을 선임하지 아니할 수 있는 채무자에 포함), 부실기업이라도 상장인 상태에 있
　　어야 M&A의 성공가능성이 커지고 궁극적으로 부실기업의 회생 및 국가경제에 도움이 된다는
　　점 등의 사정도 대상판결의 결론을 뒷받침한다. 장상균, "회사정리절차 개시신청사실을 상장폐
　　지사유로 정한 상장규정 조항의 효력", 대법원판례해설 제72호, 법원도서관(2008), 134면. 위 대
　　법원 판결 이후 회생절차가 개시된 회사에 대하여 상장적격성 실질심사제도가 도입되었다.
18) 다만 간이회생절차개시신청의 경우 기각이나 폐지 결정 등이 있더라도 법 제293조의5 제2항
　　제2호 가목의 회생절차개시결정이 있거나 같은 조 제4항에 따라 회생절차가 속행되는 경우에는
　　상장폐지사유에 해당하지 아니한다(유가증권시장 상장규정 제48조 제2항 제1호 단서, 코스닥시
　　장 상장규정 제56조 제1항 제1호 단서).
19) 코넥스시장 상장법인의 경우 회생절차개시신청이 있으면 ① 법원의 회생절차개시결정일이 있
　　는 때까지 매매거래가 정지되고(코넥스시장 상장규정 시행세칙 제23조 제2항 제4호), ② 법원의
　　회생절차개시결정 이후에도 거래소는 투자자 보호 및 시장관리를 위하여 필요하다고 인정하는
　　때에는 매매거래정지 사유가 해소되었다고 인정되는 경우 그 확인일까지 거래를 정지할 수 있
　　으며(코넥스시장 상장규정 시행세칙 제23조 제3항 제4호), ③ 코넥스시장 상장공시위원회의 심
　　의를 거쳐 해당 기업의 상장을 폐지한다(코넥스시장 상장규정 제28조 제2항 제2호).
20) 대법원 2007다1753 판결에도 불구하고 한국거래소에서는 여전히 워크아웃 회사에 비하여 회

3. 상장유지 여부가 회생절차에 미치는 영향

상장법인과 비상장법인 사이에 회생절차의 진행에 있어 본질적인 차이가 있다거나, 회생절차개시신청을 한 상장법인이 상장폐지결정을 받는다고 하여 회생절차에 직접적인 영향을 미치는 것은 아니다. 그러나 상장법인에 대하여는 수많은 이해관계인이 관련된 경우가 많고, 상장유지 여부는 법인의 기업가치에 실질적으로 중대한 차이를 가져올 수 있으므로,[21] 회생법원으로서는 상장법인에 대한 회생절차를 보다 신속하게 진행할 필요가 있고, 절차 진행과정에서 상장폐지절차의 진행경과를 면밀히 주시할 필요가 있다.

제2절 상장폐지제도 개관

1. 상장폐지의 의의 및 주체

'상장폐지(上場廢止, delisting)'란 거래소가 개설·운영하는 시장에서 거래되고 있는 증권을 더 이상 시장에서 거래되지 못하도록 하는 법적 행위나 그러한 현상의 변경을 의미하는 것으로,[22] 발행회사의 신청에 의한 상장폐지(자진상장폐지)와 발행회사의 의사와 관계없이 거래소가 행하는 상장폐지(강제적 상장폐지)로 나눌 수 있는데, 회생절차와 관련하여서는 후자가 주로 문제된다.[23] 거래소가 상장폐지를 하는 이유는 거래대상으로서의 적격을 상실한 상장법인의 증권을 거래대상에서 배제하여 주식시장의 거래 안정과 투자자 보호를 도모하려는 것이며[24] 그 법적 성격은 사법상의 계약관계(상장계약)를 해소하려는 거래소의 일방적인 의사표시이다.[25]

생회사의 상장유지를 어렵게 하는 각종 상장규정을 두고 있으므로, 이에 대하여 제도적 개선이 필요하다는 견해로는 최효종, "기업회생절차 실무의 현황과 개선방안", 회생과 파산 1, 사법발전재단(2012), 509면 참조.

21) 상장법인일수록 회생절차를 성공적으로 종결할 가능성이 높아진다는 실증연구 결과도 있다. 신승묘·강경이, "도산기업의 갱생요인에 관한 추가적 증거-채무면제이익과 상장여부를 중심으로-", 대한경영학회지 통권 제67호, 대한경영학회(2008).

22) 박광선, "상장폐지의 효력을 다투는 소송에서 문제 되는 실무적 쟁점에 대한 고찰", 사법 제1권 제43호(2018), 260면.

23) 이하에서도 특별한 언급이 없는 한 상장폐지는 강제적 상장폐지를 의미하는 것이다.

24) 김건식·정순섭, 자본시장법(제3판), 두성사(2013), 547면; 대법원 2007. 11. 15. 선고 2007다 1753 판결.

상장폐지의 주체는 한국거래소이다. 한국거래소는 증권의 상장 및 상장폐지 업무 등 거래소 시장에서 투자자를 보호하고 증권 및 장내파생상품의 매매를 공정하게 수행할 책무를 가진다(자본시장법 제373조의7).

2. 상장폐지의 법적 근거

한국거래소는 자본시장법의 위임에 따라 시장별로 '유가증권시장 상장규정', '유가증권시장 상장규정 시행세칙', '유가증권시장 상장적격성 실질심사지침', '코스닥시장 상장규정', '코스닥시장 상장규정 시행세칙', '코스닥시장 상장적격성 실질심사지침', '코넥스시장 상장규정', '코넥스시장 상장규정 시행세칙', '코넥스시장 상장적격성 실질심사지침' 등의 규정을 제정하였고, 이에 따라 상장폐지절차를 운용하고 있다.[26]

3. 상장폐지의 종류 및 사유

가. 상장폐지의 종류

상장폐지는 상장폐지사유에 따라 형식적 요건에 의한 상장폐지(형식적 상장폐지)와 상장적격성 실질심사에 의한 상장폐지(실질적 상장폐지)로 나뉜다.[27] 형식적 상장폐지사유는 해당 사유가 발생할 경우 곧바로 상장폐지에 이르게 되나, 실질적 상장폐지사유는 해당 사유가 발생할 경우 한국거래소 내에 설치된 위원회의 상장적격성 실질심사를 거쳐 상장폐지에 이르게 된다.

실질적 상장폐지는 형식적 상장폐지사유를 다양한 방법으로 회피한 기업에 대하여 상장적격성 여부를 실질적으로 따져 보겠다는 취지에서 도입된 것으로서,[28] 실질적 상장폐지사유의 발생은 그 자체가 상장폐지기준은 아니고 단지 실질심사를 착수할 수 있는 계기에 불과하다. 따라서 실질적 상장폐지사유가 발생

---

25) 대법원 2007. 11. 15. 선고 2007다1753 판결.
26) 한국거래소 법규서비스(https://law.krx.co.kr)에서 구체적인 내용을 확인할 수 있다.
27) 한국거래소는 불특정 다수의 투자자들의 신뢰를 해칠 가능성이 객관적으로 명백한 사유의 발생을 형식적 상장폐지사유로, 불특정 다수의 투자자들의 신뢰를 해칠 가능성이 객관적으로 명백하다고 볼 수 없더라도 투자자들의 신뢰를 보호할 필요가 있을 것으로 보이는 일정한 사유의 발생을 실질적 상장폐지사유로 규정한다.
28) 이는 우리나라에만 존재하는 특이한 제도이다. 김민교, "코스닥시장의 상장폐지에 대한 소고: 실질심사제도를 중심으로", 증권법연구 제17권 제3호(2016), 179면.

한 경우에는 거래소는 곧바로 상장폐지를 결정하지 않고, 해당 사유가 상장적격성 실질심사의 대상이 되는지를 먼저 검토하며(1차: 대상 여부 결정단계), 이후 상장폐지 여부를 결정하는 단계(2차: 상장폐지 여부 결정단계)로 넘어가게 된다.[29)]

나. 형식적 상장폐지사유

형식적 상장폐지는 사유 발생 시 바로 폐지되는 '즉시 폐지사유'와 관리종목 지정을 거쳐 상장폐지에 이르게 되는 '관리종목 지정 후 폐지사유'로 구분되고, 이의신청 허용 여부에 따라서도 구분된다.[30)]

실무상으로 가장 빈번하게 문제되는 형식적 상장폐지사유는 '감사의견 비적정'이다. 감사의견은 적정의견, 한정의견,[31)] 부적정의견,[32)] 의견거절[33)]로 나눌 수 있는데,[34)] 코스닥시장의 경우 최근 사업연도의 재무제표에 대한 감사인의 감사의견(연결재무제표 작성대상법인의 경우 연결재무제표에 대한 감사의견 포함)이 부적정 또는 의견거절이거나 감사범위 제한으로 인한 한정의견인 경우 형식적 상장폐지사유에 해당한다.[35)]

---

29) 상장폐지를 다투는 소송에서 이러한 2단계 구조에 대한 이해 부족에 기인한 주장이 많이 제기되었다고 한다[김민교, "코스닥시장의 상장폐지에 대한 소고: 실질심사제도를 중심으로", 증권법연구 제17권 제3호(2016), 181면]. 대상 여부 결정단계에서는 발생한 해당 사유에 한정되어 판단이 이루어지고, 실질심사대상지정을 하더라도 바로 상장폐지결정으로 이어지는 것이 아니다. 반면 상장폐지 여부 결정단계에서는 판단의 기준이 발생한 해당 사유로 한정되지 않는다.

30) 거래소 시장별 형식적 상장폐지사유는, 유가증권시장의 경우 유가증권시장 상장규정 제48조 제1항 등에서, 코스닥시장의 경우 코스닥시장 상장규정 제54조에서, 코넥스시장의 경우 코넥스시장 상장규정 제28조 제1항에서 각각 규정하고 있다. 한편 코스닥시장의 형식적 상장폐지에 관한 자세한 설명은 한국거래소, 코스닥시장 공시·상장관리 해설(2022), 256면 참조.

31) ① 감사인이 충분하고 적합한 감사증거를 입수한 결과, 왜곡표시가 재무제표에 개별적으로 또는 집합적으로 중요하나 전반적이지는 않다고 결론을 내리는 경우, ② 감사인이 감사의견의 근거가 되는 충분하고 적합한 감사증거를 입수할 수 없었지만, 발견되지 아니한 왜곡표시가 재무제표에 미칠 수 있는 영향이 중요할 수는 있으나 전반적이지는 않은 것으로 결론을 내리는 경우이다. 공인회계사회, 회계감사기준(2022년 개정), 540면.

32) 감사인이 충분하고 적합한 감사증거를 입수한 결과 왜곡표시가 재무제표에 개별적으로 또는 집합적으로 중요하며 동시에 전반적이라고 결론을 내리는 경우이다. 공인회계사회, 회계감사기준(2022년 개정), 540면.

33) 감사인이 감사의견의 근거가 되는 충분하고 적합한 감사증거를 입수할 수 없으며, 발견되지 아니한 왜곡표시가 있을 경우 이것이 재무제표에 미칠 수 있는 영향이 중요하고 동시에 전반적일 수 있다고 결론을 내리는 경우이다. 공인회계사회, 회계감사기준(2022년 개정), 540면.

34) 감사인이 어떤 경우에 어떤 감사의견을 제시하여야 하는지와 관련하여, 감사인이 외부감사 과정에서 충분한 감사절차를 실시했는지 여부, 회사가 회계기준에 따른 재무제표를 작성하였는지 여부 및 계속기업으로서 존속가능성 등에 따라 다음과 같이 구분할 수 있다. 금융감독원, 현명한 투자자를 위한 네비게이션! 감사보고서, 제대로 이해하기(2012), 8면. 한편, 감사의견이 적정의견이 아닌 경우를 통틀어 '감사의견 비적정' 또는 '비적정 감사의견'이라 한다.

다. 실질적 상장폐지사유

실질적 상장폐지사유는 개별적 요건에 의한 실질심사사유(개별적 요건 사유)와 종합적 요건에 의한 실질심사사유(종합적 요건 사유)로 나뉜다. 개별적 요건 사유는 해당 사항과 그에 따른 영향 등에 한정하여 상장폐지 여부를 심사하는 반면, 종합적 요건 사유는 해당 사유 발생 시 기업의 계속성, 경영의 투명성 및 시장의 건전성 등을 종합적으로 고려하여 상장적격성을 판단한다.[36)]

가령 코스닥시장 상장규정상 개별적 요건 사유로는 ① 회생절차개시신청 기각 등(회생절차개시신청에 따라 관리종목으로 지정된 후, 법원의 회생절차개시신청 기

구 분	적정의견	한정의견	부적정의견	의견거절
＜감사범위의 제한＞				
○ 경미	◆			
○ 중요		◆		
○ 특히 중요				◆
＜회계기준의 위배＞				
○ 경미	◆			
○ 중요		◆		
○ 특히 중요			◆	
＜계속기업 존속가능성＞				
○ 타당하나 중요한 불확실성 존재				
－ 회사가 공시	◆			
－ 회사가 미공시		◆	◆	
○ 타당하지 않음			◆	
○ 감사범위의 제한	◆	◆		◆

35) 한국거래소, 코스닥시장 공시·상장관리 해설(2022), 257면.
　　대법원도 "상장법인이 상장으로 누리는 이익도 결국은 거래소에 대한 시장 참여자의 신뢰에 바탕을 두고 있는 것이어서 투자자의 신뢰를 해하지 아니하는 범위 내에서만 보호받을 수 있는 것이고, 상장법인이 제출하는 사업보고서와 그에 대한 감사인의 감사보고서는 상장법인의 재무 건전성과 회계의 투명성을 평가할 수 있는 거의 유일한 자료임과 동시에 투자자들의 투자의사 결정의 주된 근거가 되며 공정하고 타당한 시장가격이 형성되기 위한 전제가 되는데, 감사인의 감사보고서상 감사의견이 부적정 또는 의견거절인 경우에는 불특정 다수의 투자자들의 신뢰를 해칠 가능성이 객관적으로 명백하다."라고 하여 감사의견 비적정을 형식적 상장폐지사유로 규정한 구 유가증권상장규정 조항을 구 증권거래법의 위임범위를 일탈하였다거나 불공정한 약관으로서 무효라고 볼 수 없다고 판시한 바 있다. 대법원 2004. 1. 16. 자 2003마1499 결정.
36) ① 유가증권시장의 경우 개별적 요건에 의한 실질심사사유는 없으나 일정한 경우 경영투명성 관련 심사기준 또는 실질심사사유가 해당 법인의 기업경영에 직접적으로 미치는 영향에 한정하여 심사하는 약식심사가 가능하다(유가증권시장 상장규정 제48조 제2항, 유가증권시장 상장적격성 실질심사지침 제9조, 제10조 [별표2]). ② 코스닥시장의 경우 회생절차 관련 사유(코스닥시장 상장규정 제56조 제1항 제1호)와 상장신청서 허위 기재 관련 사유(같은 항 제2호)가 개별적 요건에 의한 실질심사사유이고, 나머지 사유는 종합적 요건에 의한 실질심사사유이다(코스닥시장 상장규정 제56조, 코스닥시장 상장적격성 실질심사지침 제10조 [별표2]). ③ 코넥스시장의 경우 불성실공시 관련 사유(코넥스시장 상장규정 제28조 제2항 제1호), 회생절차 관련 사유(같은 항 제2호), 상장신청서 허위 기재 관련 사유(같은 항 제3호)가 개별적 요건에 의한 실질심사사유이고, 나머지 사유는 종합적 요건에 의한 실질심사사유이다(코넥스시장 상장규정 제28조 제2항, 코넥스시장 상장적격성 실질심사지침 제8조 [별표2]).

각, 회생절차개시결정 취소, 회생계획불인가 또는 회생절차폐지의 결정 등이 있은 때),[37] ② 상장서류 허위 기재 등이 있고(코스닥시장 상장규정 제56조 제1항 제1, 2호), 종합적 요건 사유로는 ① 상장폐지요건(대규모 손실요건, 자본잠식요건, 매출액요건 등) 회피, ② 횡령·배임, ③ 회계처리 위반, ④ 주된 영업의 정지, ⑤ 결산 이후 자구이행을 통한 자본전액잠식요건 해소, ⑥ 대규모 영업외대손 발생, ⑦ 부실징후기업의 실질적 경영권 변동, ⑧ 부실징후기업의 편법적 제3자배정 유상증자, ⑨ 분할 또는 분할합병 후 존속법인의 부실화, ⑩ 이익미실현법인의 매출액 미달, ⑪ 불성실공시, ⑫ 감사의견 변경,[38] ⑬ 2사업연도 연속 계속기업으로서의 존속능력 불확실성 존재, ⑭ 2사업연도 연속 매출액 미달, ⑮ 법인세비용 차감 전 계속사업손실 발생 지속, ⑯ 2사업연도 연속 자본잠식, ⑰ 2사업연도 연속 자기자본 미달 등이 있다.[39]

라. 감사의견 비적정 상장폐지사유의 개선

종전에는 형식적 상장폐지사유에 해당하는 비적정 감사의견을 받은 기업은 실질심사 없이 상장폐지가 결정되고, 즉시 매매거래가 정지되며, 이의신청 시 동일한 감사인[40]과 재감사계약을 체결하여 개선기간 내에 감사의견이 적정으로 변경되는 경우에 한하여 상장이 유지될 수 있었다.

그러나 한국거래소는 감사의견 비적정 기업의 재감사 부담을 완화하기 위하여 반드시 재감사를 요구하지 않고 변경된 차기년도 감사인의 감사의견이 적

---

37) 주요 심사기준은 ① 회생절차개시신청 기각 등의 사유, ② 해당 법인의 계속기업 가능성 유무이다(한국거래소, 코스닥시장 상장적격성 실질심사지침 [별표2] 코스닥시장 상장적격성 실질심사 기준표).

38) 감사인의 감사의견이 비적정으로 형식적 상장폐지사유가 발생한 상장법인이 이의신청을 하면 1년 이내의 개선기간을 부여받는다. 상장법인이 그 기간 내에 재감사로 감사의견이 변경되거나 차기 감사보고서상 감사의견 적정으로 해당 상장폐지사유가 해소된 경우 실질적 상장폐지사유가 발생한다. 이는 감사의견 비적정이 발생하는 경우 자본잠식과 같은 재무관련 부실이 발생하거나 기업계속성에 문제가 있는 경우가 많아 상장적격성을 검증하기 위함이다. 한국거래소, 코스닥시장 공시·상장관리 해설(2022), 274면.

39) 코스닥시장 상장규정 제56조 제1항 제3호 각 목.

40) 동일한 감사인으로 한정한 이유는, 회계감사는 복잡할 수밖에 없는데 단 며칠간의 감사로 이전의 감사의견을 변경하거나 해소하였다고 제출하는 것은 물리적으로 불가능하고, 변경된 감사의견을 가져오더라도 신뢰하기 어렵기 때문이다. 김민교, "코스닥시장의 상장폐지에 대한 소고: 실질심사제도를 중심으로", 증권법연구 제17권 제3호(2016), 193면.
　　그러나 사실상 독점적 지위를 가지는 외부감사인이 회생절차 진행 중인 법인에 대하여 미납된 감사비용의 우선변제나 과다한 재감사비용 지급 등 현실적으로 이행하기 어려운 조건을 요구하고 이에 응하지 않으면 재감사를 거절함으로써 회생절차에 지장을 초래하는 문제가 실무상 적지 않게 발생하였다. 이와 관련하여 적어도 외부감사인이 한정의견을 표명한 경우에는 신의칙상 부수의무 중 협력의무의 내용으로 재감사 의무를 인정하자는 견해로는, 한태일, "상장폐지 이의신청상 외부감사인의 재감사 의무에 관한 검토-부수의무로서 외부감사인의 재감사 의무 인정의 가능성을 중심으로-", 상사법연구 통권 제96호, 한국상사법학회(2017) 참조.

정이면 상장폐지사유 해소로 인정하는 한편(그 결과 감사의견이 2년 연속 비적정인 경우여야 상장폐지되는 효과가 생긴다),[41] 코스닥시장 상장기업의 경우 개선기간을 종래 6개월에서 1년으로 늘리는 것으로 제도를 개선하였다. 개정규정은 시행일인 2019. 3. 21. 이후 감사의견 상장폐지사유가 발생한 기업부터 적용된다.

4. 상장폐지의 절차

상장폐지의 절차는 시장과 상장증권의 종류에 따라 차이가 있다. 다만 유가증권시장 상장규정, 코스닥시장 상장규정, 코넥스시장 상장규정 내용의 공통요소를 추출하면 대체로 아래의 내용과 같다.[42]

가. 형식적 상장폐지의 절차

1) 상장폐지의 서면통보[43]

상장폐지 대상이 된 상장법인에게 '상장폐지의 사유와 근거', '상장폐지에 대하여 이의신청을 할 수 있다는 내용' 등이 포함된 서면으로 상장폐지 대상이 되었다는 사실을 통보한다.

2) 이의신청에 대한 위원회의 심의·의결[44]

상장법인이 상장폐지 통보에 대하여 기한 내에 이의신청을 하는 경우 관련 위원회(유가증권시장의 경우에는 상장공시위원회, 코스닥시장의 경우에는 기업심사위원회)의 심의를 거쳐 상장폐지 여부를 다시 결정한다. 이때 관련 위원회는 상장법인에게 상장폐지사유를 치유할 수 있는 개선기간을 부여할 수도 있다. 개선기간

---

41) 유가증권시장 상장규정 시행세칙 제19조, 코스닥시장 상장규정 제55조 제2항, 코넥스시장 상장규정 시행세칙 제27조 제3항 제2호.
   감사의견 비적정 상장폐지의 경우 이의신청이 가능하며 상장법인이 이의신청서, 개선계획서 및 전문가 확인서 등을 첨부하여 이의신청을 하는 경우 기업심사위원회 심의·의결을 생략하고 차기 사업연도 사업보고서 법정 제출기한 +10일까지 개선기간을 부여한다. 다만, 해당 감사의견이 적정으로 변경되거나 차기 감사의견 적정을 받는 감사보고서를 신고하는 경우 감사보고서를 신고한 날까지 개선기간을 부여한다. 이 경우 개선기간 중 감사의견을 적정으로 변경하거나 차기 감사보고서의 감사의견이 적정인 경우 상장폐지사유를 해소한다. 한국거래소, 코스닥시장 공시·상장관리 해설(2022), 257면.
42) 박광선, "상장폐지의 효력을 다투는 소송에서 문제 되는 실무적 쟁점에 대한 고찰", 사법 제1권 제43호(2018), 256-267면. 코스닥시장 상장폐지 절차에 관한 자세한 설명은 한국거래소, 코스닥시장 공시·상장관리 해설, 264-266면 참조.
43) 유가증권시장 상장규정 제25조, 코스닥시장 상장규정 제54조 제3항, 코넥스시장 상장규정 제30조.
44) 유가증권시장 상장규정 제25조, 코스닥시장 상장규정 제55조, 코넥스시장 상장규정 제30조.

을 부여한 경우에는 시간을 두고[45] 개선계획이 이행되었는지 여부 등을 지켜본 후 상장폐지 여부를 다시 결정한다.

3) 상장폐지절차의 완료[46]

통보된 상장폐지일부터 상장증권을 거래소에서 거래하지 못하도록 함으로써 상장폐지절차를 완료한다. 다만 관련 위원회의 심의·의결을 거쳐 상장폐지를 결정하는 경우, 거래소는 7매매일 이내의 정리매매기간 동안 상장증권을 시장에서 거래할 수 있도록 허용할 수 있다.

나. 실질적 상장폐지의 절차

1) 실질적 상장폐지의 개시 통보[47]

상장법인에 실질적 상장폐지사유가 발생한 경우 상장법인을 심사대상으로 선정하여 해당 법인에게 그 선정사실을 통보한다.

2) 관련 위원회의 실질심사 및 의결[48]

관련 위원회(유가증권시장, 코스닥시장의 경우에는 기업심사위원회)의 실질심사를 거친 후 상장폐지를 통보하게 되는데, 위원회는 일정한 경우 개선기간을 부여할 수도 있다. 개선기간을 부여한 경우에 개선기간이 경과 후[49] 개선계획이 이행되었는지 여부를 참작하여 상장폐지 여부를 다시 결정한다.

3) 이의신청에 대한 위원회의 심의·의결[50]

상장법인이 상장폐지 통보에 대하여 기한 내에 이의신청을 하는 경우 관련 위원회(유가증권시장의 경우에는 상장공시위원회, 코스닥시장의 경우에는 시장위원회)의 심의를 거쳐 상장폐지 여부를 다시 결정한다. 관련 위원회는 상장폐지를 최종적으로 결정하기 이전에 개선기간을 부여할 수 있다. 개선기간을 부여한 경우에 개선기간 경과 후[51] 개선계획이 이행되었는지 여부를 참작하여 상장폐지 여부

---

45) 개선기간이 부여된 경우 개선기간 경과 후에 상장폐지 여부를 결정하는 것이 원칙이지만, 일정한 사유 발생 시 개선기간이 경과하기 전에도 상장폐지를 할 수 있다(유가증권시장 상장규정 제25조 제4항, 코스닥시장 상장규정 제55조 제3항). 이는 실질적 상장폐지 시 개선기간이 부여된 경우에도 마찬가지이다(유가증권시장 상장규정 제25조 제4항, 제49조 제4항, 코스닥시장 상장규정 제57조 제7항, 제58조 제4항).

46) 유가증권시장 상장규정 제9조, 코스닥시장 상장규정 제23조, 코넥스시장 상장규정 제33조.

47) 유가증권시장 상장적격성 실질심사지침 제4조, 코스닥시장 상장적격성 실질심사지침 제7조, 코넥스시장 상장적격성 실질심사지침 제5조.

48) 유가증권시장 상장규정 제48조, 제49조, 코스닥시장 상장규정 제56조, 제57조, 코넥스시장 상장규정 제28조 제29조.

49) 일정한 사유 발생 시 개선기간이 경과하기 전에도 상장폐지를 할 수 있음은 앞서 본 바와 같다.

50) 유가증권시장 상장규정 제25조, 코스닥시장 상장규정 제58조, 코넥스시장 상장규정 제30조.

를 다시 결정한다.

4) 상장폐지절차의 완료[52]

통보된 상장폐지일부터 상장증권을 거래소에서 거래하지 못하도록 함으로써 상장폐지절차를 완료한다. 다만 거래소는 7매매일 이내의 정리매매기간 동안 상장증권을 시장에서 거래할 수 있도록 허용할 수 있다.

다. 형식적 상장폐지 및 실질적 상장폐지가 중첩된 경우의 처리

형식적 상장폐지와 실질적 상장폐지는 별개의 문제이므로 각 사유의 발생 시 별도로 진행될 수 있지만, 실질적 상장폐지는 절차가 복잡한 반면 형식적 상장폐지는 사유 및 절차가 단순하므로 일찍 절차가 종료하게 된다. 종전에는 대부분의 경우 효율적인 업무 처리를 위해 형식적 상장폐지절차만 먼저 진행하고, 형식적 상장폐지사유가 해소된 경우에 한하여 실질적 상장폐지절차를 진행하였다.[53] 그러나 2019. 3. 21. 이후 감사의견이 2년 연속 비적정인 경우에 상장폐지 결정을 하는 것으로 변경된 이후에는 감사의견과 관련한 형식적 상장폐지도 결정까지 상당한 기간이 소요되므로 원칙적으로 실질적 상장폐지와 병행하여 처리하되, 예외적으로 형식적 상장폐지와 관련된 2년의 기간이 거의 완성된 경우에는 형식적 상장폐지사유가 해소된 후에 실질적 상장폐지절차를 진행하고 있다.

5. 상장폐지의 효과 및 불복

가. 효   과

상장폐지는 상장계약을 해지하려는 거래소의 일방적 의사표시로서, 상장폐지를 통해 상장계약은 해지된다. 상장폐지된 증권에 대하여 투자자들에게 통상 7일(매매거래일 기준)간의 정리매매기간이 제공되고,[54] 정리매매기간이 끝나면 상장종목은 거래소 상장종목에서 삭제되며, 상장법인은 장외법인으로 전환된다.[55]

---

51) 일정한 사유 발생 시 개선기간이 경과하기 전에도 상장폐지를 할 수 있음은 앞서 본 바와 같다.
52) 유가증권시장 상장규정 제9조, 코스닥시장 상장규정 제23조, 코넥스시장 상장규정 제33조.
53) 김민교, "코스닥시장의 상장폐지에 대한 소고: 실질심사제도를 중심으로", 증권법연구 제17권 제3호(2016), 205면.
54) 이는 주권이 상장폐지되기 전에 투자자에게 마지막으로 환금할 수 있는 기회를 주기 위한 것이다. 한국거래소, 코스닥시장 공시·상장관리 해설(2022), 267면.
55) 문일호·신병동, "증권거래소가 행하는 상장결정 및 상장폐지결정의 법적 의미", 고려법학 제49호, 고려대학교 법학연구원(2007), 718면.

나. 불 복

상장폐지의 효력을 다투기 위해 본안소송의 방법으로는 상장폐지결정무효 확인의 소를 제기하여 다투는 것이 일반적이고, 상장폐지절차로 나아가기 전 매 매거래 일시정지처분이 있는 경우 매매거래정지처분의 무효확인 및 예상되는 상 장폐지절차의 이행금지를 구하는 소를 제기하는 것도 가능하다.[56]

그러나 정리매매절차가 개시되면 현실적으로 본안소송의 실익이 없어지기 때문에 효과적이고 신속한 구제를 위해서는 실무상 상장폐지결정 이전에는 상장 폐지결정금지 가처분을, 상장폐지결정 후에는 상장폐지결정효력정지 가처분을 신청하는 경우가 많다.[57]

제3절 상장법인의 회생절차

1. 일반적인 유의점

가. 다양한 이해관계의 확인 및 신속한 진행 필요성

상장법인에 대한 회생절차에서는 상장유지라는 막대한 이해관계를 둘러싸고, 담보권자, 금융기관 채권자, 상거래채권자, 사채권자, 최대주주, 소액주주, 기타 투자자, 인수자 등 이해관계를 달리하는 다양한 이해집단이 존재할 수 있고, 이해집단에 따라 요구하는 회생절차의 진행 방향이 다른 경우가 발생한다. 따라

---

56) 박광선, "상장폐지의 효력을 다투는 소송에서 문제 되는 실무적 쟁점에 대한 고찰", 사법 제1권 제43호(2018), 267, 268면.
57) 김승열, "코스닥시장의 상장폐지실질심사에 관한 연구", 법학논총 제22권 제2호, 국민대학교 법학연구소(2010), 48면.
　가처분신청의 당사자적격은, 채무자에게 상당한 재산적 가치를 가지는 상장계약의 유지 여부에 관한 것이므로 '채무자의 재산에 관한 소송'에 해당하여 관리인이 당사자적격을 가진다고 할 것이고(법 제78조), 가처분재판의 다수 실무례도 관리인을 신청인으로 보고 있다.
　형식적 상장폐지사유를 이유로 한 상장폐지결정에 대하여는, 형식적인 요건에 해당하면 상장폐지결정을 하는 것으로 거래소의 재량의 여지가 없다고 보아 상장폐지사유가 해소되지 않는 이상 효력정지 가처분 신청이 기각되는 경우가 다수이다(서울남부지방법원 2022. 5. 18. 자 2021카합20554 결정, 서울남부지방법원 2021. 8. 18. 자 2021카합20258 결정 등). 실질적 상장폐지사유를 이유로 한 상장폐지결정에 대하여는, ① 개선기간 미부여가 재량권 일탈·남용에 해당하지 않는다고 본 사례(서울남부지방법원 2022. 10. 27. 자 2022카합20436 결정), ② 추가 개선기간 미부여가 재량권 일탈·남용에 해당하지 않는다고 본 사례(서울남부지방법원 2021. 9. 24. 자 2021카합20255 결정)등이 있다.

서 회생절차의 원활한 진행을 위하여 이해집단을 분류하고, 이해집단별로 회생절차 진행과 관련하여 어떠한 이해관계를 가지고 있는지, 원하는 회생절차의 진행 방향이 무엇인지 등을 미리 파악할 필요가 있다.

또한 회생절차에 이른 상장법인의 경우 기업가치가 많이 떨어져 있고 회생절차개시신청으로 인해 주가가 급락하며 시간이 흐를수록 내·외부적으로 다양한 상장폐지사유가 누적되는 경우가 많다. 따라서 회생절차를 신속하게 진행해야 할 필요성이 다른 사건들에 비해 더 크다고 할 수 있다.[58]

나. 상장폐지사유 및 상장폐지절차 진행 상황의 확인

회생절차개시신청을 하는 상장법인의 상당수가 상장폐지결정을 받았거나 상장폐지가 예견되는 상황인 경우가 많고, 상장폐지사유가 없던 상장법인도 회생절차가 진행되면 상장적격성 실질심사가 진행되기 마련이므로, 일반적으로 상장법인의 회생절차는 거래소의 상장폐지절차(이의절차를 포함한다)와 병행하여 이루어지게 된다. 따라서 회생절차개시신청을 한 상장법인에게 해당되는 상장폐지사유가 형식적 상장폐지사유인지, 실질적 상장폐지사유인지를 먼저 파악할 필요가 있다. 양자는 진행절차가 달라 기업의 대응방법, 거래소 상장폐지 심사의 범위 및 기준 등이 다르고, 이에 따라 회생절차의 진행 방향도 달라질 수 있기 때문이다. 그 외에도 상장폐지사유가 여러 개인 경우 각각의 해소 가능성과 대응방안을 확인하고, 회생절차 진행 중 형식적 폐지사유(특히 이의신청이 불가능한 즉시 폐지사유)가 추가로 발생할 가능성이 있는지도 확인해야 한다. 또한 개선기간이 부여된 경우 개선기간 내에 회생계획이 인가될 가능성이 있는지도 확인하여 채권자 등 이해관계인의 절차적 권리를 침해하지 않는 한도 내에서 회생절차를 최대한 신속하게 진행할 필요가 있으므로, 미리 대강의 진행계획을 구상하는 것이 요구된다. 아울러 상장폐지를 다투는 소송이나 보전처분 등이 진행 중인 경우 위 절차의 경과 역시 수시로 확인할 필요가 있다.

상장적격성 실질심사와 회생절차가 병행하는 경우 거래소는 일반적으로 개선기간을 부여하여 실질심사를 사실상 정지하고, 개선기간 내 회생절차가 종결되지 않으면 추가 개선기간을 부여할 수 있으며, 회생절차에도 불구하고 상장적격성을 담보할 수 없는 경우가 아닌 한 일반적으로는 회생절차가 종결된 후에

---

58) 상장법인이 일반법인에 비하여 P-Plan 절차 활용률이 높은 이유도 초단기에 회생절차를 종결하여 기업가치 하락을 최소화하고 기업을 신속히 정상화하기 위한 목적 때문인 것으로 보인다.

실질심사절차를 진행한다. 이 경우 거래소가 실질심사 시 상장법인이 회생계획
인가결정 및 회생절차종결결정을 받은 사실에 구속되어 해당 기업의 상장을 유
지하여야 하는지 문제된다. 이에 대하여 하급심 판결[59]은 "회생절차는 재정적인
어려움으로 파탄에 직면한 채무자에 대하여 채권자, 주주, 지분권자 등 여러 이
해관계인의 법률관계를 조정하여 채무자 또는 그 사업의 효율적인 회생을 도모
하는 제도로서 사업의 재건과 영업의 계속을 통한 채무변제가 주된 목적인 반
면, 상장적격성 실질심사에서 고려하여야 하는 영업지속성은 코스닥시장 상장기
업의 지위를 유지할 수 있는 수준의 영업지속성을 의미하는 것이므로 회생계획
인가의 요건보다 엄격하게 해석할 수 있다."라고 판시하여 회생절차에서 벗어났
다는 사실이 실질심사를 구속하지 않는다고 결정한 바 있다.[60]

반대로 회생법원이 회생절차를 진행하는 데 있어서 거래소의 상장폐지절차

---

59) 서울남부지방법원 2016. 1. 14. 자 2016카합20005 결정(미항고로 확정) 참조. 이 사건에서 채무
자인 (주)승화프리텍은 2014. 11.경 상장적격성 실질심사를 받게 되자 서울중앙지방법원 2014회
합100173호로 회생절차개시신청을 하였고, 인가 전 M&A를 내용으로 하는 회생계획안을 제출
한 후 2015. 6. 17. 회생계획인가결정을, 2015. 8. 27. 회생절차종결결정을 받았으나, 코스닥시장
위원회는 경영투명성이 완전히 개선되었다고 보기 어렵다는 점을 들어 2016. 1. 12. 상장폐지를
의결하였다(회생절차종결 후 상장폐지가 된 사례).

60) 회생절차종결 후 상장폐지가 된 또 다른 사례로는 (주)지와이커머스 사건(서울회생법원 2019
회합100093)이 있다. 위 회사는 2018. 9. 3. 불성실공시 관련 실질적 상장폐지사유가 발생하여
2018. 12. 7. 기업심사위원회로부터 상장폐지를 의결받았고, 이에 2019. 4. 29. 회생절차개시신청
을 하였다. 이후 2019. 5. 22. 회생절차개시결정을 받았으나, 그 직후 2019. 5. 29. 코스닥시장위
원회가 상장폐지 의결을 하였고, 2019. 7. 1. 개선기간 1년을 부여받았다. 2020. 2. 5. 인가 전
M&A를 내용으로 하는 회생계획인가결정을 받고, 2020. 6. 12. 회생절차종결결정을 받았으나,
2021. 4. 9. 코스닥시장위원회는 회생계획인가에 따라 변경된 최대주주의 인수자금 출처가 불투
명한 점, 최대주주의 외부 자금조달 이후 부실 계열사에 대한 자금대여가 지속되는 점, 기존 사
업이 사실상 영업정지 상태인 점, 유동성 부족이 심화된 점 등을 고려하여 상장폐지를 의결하
였다.
　한편 회생절차종결 후 상장이 유지된 사례로는 (주)이엠따블유 사건(서울회생법원 2020회합
100038)이 있다. 위 회사는 2018. 9. 18. 횡령·배임 혐의로 실질적 상장폐지사유가 발생하여
2018. 12. 3. 거래소로부터 1년의 개선기간을 부여받고, 2020. 3. 19. 부외부채의 존재가능성 문제
를 해결하기 위해 회생절차개시신청을 하였다. 이후 2020. 3. 27. 회생절차개시결정, 2020. 4. 24.
회생계획인가결정, 2020. 5. 11. 회생절차종결결정을 받았다. 그 후 2020. 9. 23. 기업심사위원회
가 상장폐지를 의결하였으나, 이의신청을 통해 개선계획이 대부분 이행된 점, 주 거래처와의 관
계가 회복된 점, 유휴자산 매각 및 채권회수를 통해 차입금이 상환된 점 등이 고려되어 2021.
10. 5. 코스닥시장위원회에서 상장유지가 의결되었다.
　회생절차종결 전 상장폐지가 된 사례로는 (주)이매진아시아 사건(서울회생법원 2020회합100087)
이 있다. 위 회사는 2019. 5. 24. 횡령·배임 혐의로 실질적 상장폐지사유가 발생하여 2019. 9.
18. 기업심사위원회에서, 2019. 10. 11. 코스닥시장위원회에서 각각 상장폐지를 의결하였으나
2019. 12. 4. 코스닥시장위원회에서 개선기간 1년을 부여받은 후 2020. 6. 5. 회생절차개시신청을
하였다. 2020. 7. 8. 회생절차개시결정이 있었으나 회생절차 진행 중이던 2021. 1. 7. 코스닥시장위
원회는 위 회사가 개선계획을 상당 수준 미이행한 점, 회생절차의 조사보고서상 향후 10개년
영업손실이 추정되고 청산가치가 계속기업가치를 초과하는 것으로 조사된 점, 개선기간 중 경
영권 부재상태가 4개월 이상 지속된 점 등을 고려하여 상장폐지를 의결하였다.

에 구속되는 것도 아니다. 따라서 회생법원으로서는 상장폐지절차의 진행 경과를 예의주시하되, 상장폐지사유의 해소가 불가능해 보인다고 하여 만연히 회생절차개시신청의 기각 내지 회생절차 폐지를 검토한다거나, 상장유지가 확실시된다고 하여 만연히 회생절차의 개시, 회생계획의 인가 내지 강제인가를 검토하기보다는, 앞서 본 회생절차의 목적에 비추어 법의 요건에 따른 검토를 거쳐 독자적으로 회생절차의 진행 방향을 정하여야 한다.[61]

다. 자산 초과 여부의 확인

회생절차의 개시 당시 채무자인 상장법인의 자산총액이 부채총액을 초과하면 주주가 의결권을 가진다(법 제146조 제3항).[62] 이 경우 법원은 다수의 소액주주들에게 각종 서면을 송달하고, 주식 신고 절차 및 관계인집회를 진행하여야 하는데, 의결권을 가지는 다수의 이해관계인을 상대로 절차를 원활하게 진행하기 위하여는 회생절차의 개시 당시 채무자인 상장법인의 자산총액이 부채총액을 초과하는지 여부를 미리 확인하여 대비할 필요가 있다.

2. 회생절차 진행 단계별 유의점

가. 신청 후 개시결정 전

유가증권시장 주권상장법인, 코스닥시장 상장법인, 코넥스시장 상장법인은 회생절차개시신청 사실이 있는 때에는 그 사실을 개시신청일 당일에 한국거래소에 신고하여야 한다.[63]

나. 개시요건의 판단

1) 개시원인의 판단

상장법인인 채무자는 상장폐지 시 신용이 하락하고 거래소 시장을 통한 자금조달이 불가능해지는 외에도 막대한 상장의 이익을 상실하여 기업활동의 대부분 영역에서 현저한 타격을 받게 된다. 특히 금융기관 채무의 경우에는 기한의

---

61) 다만, 거래소 상장폐지 일정 내지 개선기간 종료일에 맞춘 신속한 절차의 진행 등 일정한 요구는 회생절차의 목적에 부합하는 한도 내에서 수용 가능하다.
62) 회생계획인가 후에 회생계획을 변경할 경우에는 변경계획안 제출 당시 채무자의 자산총액이 부채총액을 초과하면 주주에게 의결권이 인정된다(법 제146조 제3항 단서).
63) 자본시장법 제391조, 유가증권시장 공시규정 제7조 제1항 제3호 나목 (2), 코스닥시장 공시규정 제6조 제1항 제3호 나목 (2), 코넥스시장 공시규정 제6조 제7호 나목 (1) 참조.

이익을 상실하거나 만기 연장이 거부될 가능성도 크다. 따라서 채무자에 대하여
거래소 상장폐지절차가 진행 중이거나 상장폐지가 예견되는 경우에는 법 제34조
제1항에서 정한 개시원인을 인정할 여지가 크다.[64][65]

2) 개시신청 기각사유의 판단

일반적으로 상장유지를 위해서는 회생계획 인가 내지 회생절차 종결에 이
르기까지 회생절차가 진행될 것이 요구되므로, 상장폐지절차가 진행 중이거나
상장폐지가 예견되는 채무자가 상장유지만을 목적으로 회생절차개시신청을 하였
다고 보이는 경우에도[66] 섣불리 법 제42조 제2호의 '회생절차개시신청이 성실하
지 아니한 경우'에 해당한다고 보아서는 안 된다.

한편, 다수의 채권자들이 회생절차 외에 다른 집단적 채무처리절차, 사적 도
산절차 등에 의한 구조조정을 원하고 있고, 그 절차에 의한 구조조정이 실현 가능
하다고 보이는 경우에는 법 제42조 제3호의 '그 밖에 회생절차에 의함이 채권자
일반의 이익에 적합하지 아니한 경우'에 해당할 수 있다. 그러나 상장법인의 경
우에는 회생절차 외의 다른 사적 도산절차 등이 상장유지에 실질적 도움이 되는
지, 상장유지뿐만 아니라 실질적인 회생가능성의 관점에서 어떤 절차가 채무자의
회생에 도움이 되는 절차인지, 소액주주 등 다른 이해관계인의 의사는 어떠한지
등을 추가로 고려하여 법 제42조 제3호의 기각사유를 판단하는 것이 바람직하다.

다. 개시결정

1) 관리인의 불선임

채무자가 유가증권시장 주권상장법인과 코스닥시장 상장법인인 경우에는
관리인을 선임하지 아니할 수 있다.[67] 이때 기존 대표자를 관리인으로 본다

64) 서울회생법원은 2020회합100148 에이치티일렉트로닉스(주) 사건에서 채무자가 신청일 기준 자
산이 약 596억 원이고, 부채가 약 226억 원이지만, 채무자는 코스닥시장 상장법인으로서 외부감
사인으로부터 의견거절의 감사의견을 받아 상장폐지심사 중이고 상장폐지가 되면 금융기관 채
무의 기한이익이 상실되거나 만기가 연장되지 않을 것으로 보이는 이상 '사업의 계속에 현저한
지장을 초래하지 아니하고는 변제기에 있는 채무를 변제할 수 없는 경우'에 해당한다고 보아
회생절차개시결정을 하였다.
65) 법 제34조 제1항 제2호의 개시원인 판단과 관련하여서도, 채무자에게 파산의 원인인 사실이
현재 존재하고 있을 것을 요구하지 않고 그것이 생길 '염려'가 있으면 족하므로, 상장법인인 채
무자에 대하여 상장폐지절차가 진행 중이거나 상장폐지가 예견되는 경우에는, 해당 상장폐지사
유가 회사의 변제능력과 무관한 내용이고 손쉽게 해소할 수 있는 사유라는 등의 특별한 사정이
없는 한, 이를 인정할 여지가 크다.
66) 특히 회생계획인가에 따른 부외부채 내지 우발부채의 소멸을 목적으로 회생절차개시신청을
하는 경우가 많다.
67) 다만 서울회생법원에서는 상장법인이 아닌 채무자에 대하여도 관리인 불선임을 원칙으로 하

(법 제74조 제3항, 제4
항, 규칙 제51조 제2호).

2) 송   달

법원은 회생절차개시결정 후 법 제51조 제1항 각호의 사항을 기재한 서면을 알고 있는 주주에게 송달하여야 한다(법,제51조 제
1항, 제2항). 다만, 주식회사인 채무자의 부채 총액이 자산총액을 초과하는 때로서 송달을 받을 자가 주주인 경우에는 공고에 의하여 송달을 갈음할 수 있다(규칙
제7조). 따라서 상장법인인 채무자의 자산총액이 부채총액을 초과하는 때에는 원칙적으로 알고 있는 주주에게 송달하여야 한다.[68]

3) 신고의무

유가증권시장 주권상장법인, 코스닥시장 상장법인, 코넥스시장 상장법인은 회생절차개시결정이 있은 때 그 사실을 개시결정일 당일에 한국거래소에 신고하여야 한다.[69]

라. 채권자목록의 작성 및 제출

상장법인의 관리인이 주주·지분권자의 목록을 작성함에 있어서는 상장법인의 주식이 수시로 양도될 수 있음을 유의하여야 한다. 특히 주주의 신고의 경우(별 제150
제2항)와는 달리 주주의 목록을 제출하는 단계에서는 주주명부를 폐쇄할 수 없기 때문에 주주의 특정에 어려움이 있다. 상장법인의 주주 목록 작성 시에는 그 당시 주주임이 비교적 명백한 이들을 중심으로 주주 목록을 작성·제출하되,[70] 자산이 부채를 초과하여 주주가 의결권을 행사할 경우라면 추후 주주명부

는 실무를 운영하고 있다.

68) 서울회생법원의 원칙적인 실무이다. 다만 법 제10조 제1항에서 '송달하여야 하는 장소를 알기 어려운 경우' 외에 '대법원규칙이 정하는 사유'를 추가한 이유는 대규모 상장법인 등 현실적으로 송달하는 것이 지극히 곤란한 경우 공고로 갈음하기 위함[채무자 회생 및 파산에 관한 법률 해설, 법무부(2006), 75면 참조]이다. 따라서 서울회생법원에서는 2020회합100189 쌍용자동차(주) 사건에서 1만 주 이상의 주식을 가진 주주에 대하여만 송달을 하는 등 대규모 상장법인 사건에서 일정 지분율 미만의 주주에 대한 송달을 공고로 갈음한 사례가 있다.

모든 주주에 대한 송달을 공고로 갈음하는 경우 송달에 갈음하는 결정의 기재례는 [별지 40]의 본문의 내용과 같다. 한편 위 쌍용자동차 사건의 송달에 갈음하는 결정의 주문은 "관리인, 채무자, 목록에 기재되거나 신고된 회생채권자와 회생담보권자·목록에 기재된 1만 주 이상의 주식을 가진 주주·신고된 주주 중 의결권행사가 가능한 자 이외의 자에 대한 채무자 회생 및 파산에 관한 법률 제182조, 제163조에 의한 송달은 공고로써 갈음한다."이다.

69) 자본시장법 제391조, 유가증권시장 공시규정 제7조 제1항 제3호 나목 (2), 코스닥시장 공시규정 제6조 제1항 제3호 나목 (2), 코넥스시장 공시규정 제6조 제7호 나목 (2) 참조.

회생절차개시결정이 있은 때 외에도 회생절차개시신청, 회생절차개시신청의 기각결정, 회생절차개시결정의 취소결정, 회생계획인가결정, 회생계획불인가결정, 회생절차종결신청, 회생절차종결결정, 회생절차폐지신청, 회생절차폐지결정의 경우 그 사실을 거래소에 신고할 의무가 있다.

70) 다만 관리인에게는 주주 목록 제출 의무가 있는 점, 상장법인에 대한 회생절차가 개시되면 주식 거래가 빈번하지 않은 경우가 많은 점 등을 고려할 때, 관리인은 주식의 양도 가능성을 이

를 폐쇄한 뒤 주주로 하여금 적극적으로 신고를 하도록 유도할 필요가 있다.

마. 회생채권 등의 신고와 조사

1) 주주명부의 폐쇄

회생절차개시 당시 자산총액이 부채총액을 초과하면 주주·지분권자에게 의결권이 부여되는데(별 제146조 제3항), 주식거래가 수시로 이루어지는 상장법인의 경우 신고한 주주와 의결권 행사 무렵의 주주가 서로 달라지는 문제가 있으므로,[71] 법원은 기간을 정하여 주주명부를 폐쇄할 수 있다(별 제150조 제2항).[72] 통상 결의를 위한 관계인집회기일을 폐쇄기간의 말일로 정하고 있다. 주주명부 폐쇄의 기간은 2월을 초과하지 못하고(법 제150조 제2항 후문), 주주명부를 폐쇄하는 결정을 하는 경우 주주명부의 폐쇄가 시작되는 날로부터 2주 전에 그 취지를 공고하여야 한다(규칙 제54조). 법은 주주명부 폐쇄의 구체적인 방법에 관하여는 규정을 두고 있지 않은데, 회생절차가 진행 중이어도 채무자의 사단적·조직적 활동에 관한 권한은 여전히 대표이사에게 있으므로 법원은 주주명부를 폐쇄하는 결정을 대표이사에게 통지하여 명의개서에 응하지 않도록 할 필요가 있다[73](주주명부 폐쇄결정 양식은 [별지 96], 주주명부 폐쇄결정 공고 양식은 [별지 97], 주주명부 폐쇄결정 통지서 양식은 [별지 98] 참조). 이는 관계인집회에서 주주의 의결권 행사를 위하여 필요한 절차나 신속한 절차진행을 위하여 회생계획안 제출을 기다릴 필요 없이 미리 할 수 있음은 물론이다.

법은 제155조에서 주식의 추가신고에 관하여 규정하면서 주주명부 폐쇄의 근거규정인 제150조 제2항을 준용하는 규정을 따로 두고 있지 않다. 그렇지만 법 제150조 제2항의 문언상 신고기간 내의 주식 신고에만 위 조항이 적용된다고 규정되어 있지 않고, 신고기간 내 주식의 신고와 신고기간 경과 후 주식의 추가신고의 절차를 달리 취급할 특별한 이유는 없으므로, 이 경우에도 법 제150조 제2항에 따라 주주명부를 폐쇄할 수 있다고 보아야 한다.[74]

유로 주주 목록을 너무 부실하게 작성하여 제출하는 일이 없도록 유의하여야 한다.

71) 상장법인의 경우 일반적으로 회생절차개시 이후 시장에서의 매매거래가 정지되어 있을 가능성이 크기는 하지만, 앞서 본 바와 같이 거래소가 회생절차개시 이후 채무자인 상장법인의 주권에 관한 매매거래를 정지하지 않을 수도 있고, 장외 매매거래가 이루어질 수도 있기 때문에 주주 변동의 가능성은 여전히 존재한다.

72) 참고로 일본 구 회사갱생법 제130조 제2항은 회사에 대한 주주명부 폐쇄명령 제도를 규정하고 있었으나 신 회사갱생법은 주주명부 폐쇄명령 제도를 폐지하고 기준일 제도(제194조)를 두고 있다(제10장 제3절 1. 다. 참조).

73) 주석 채무자회생법(II), 633면.

74) 주식의 추가신고에 관한 결정을 하면서 주주명부 폐쇄결정을 한 사례로는 서울회생법원 2021 회합100050 (주)엔지스테크널러지 사건이 있고, 주주명부 폐쇄결정을 한 이후에 폐쇄기간 내로

한편 구 회사정리법하에서 종래 서울중앙지방법원의 실무는, 상법 제354조에서 규정한 기준일 제도와 유사한 방식을 취하여 왔다. 즉 법원은 관계인집회의 15일 전 무렵에 관계인집회 7일 전 무렵의 기간까지를 주식의 신고기간으로 정하여 이를 공고하면서 신고하는 주주로 하여금 관계인집회의 2일 또는 3일 전의 특정 시점을 기준으로 하여 발행된 실질주주증명서를 제출하게 하여 주주권을 행사할 자를 확정하였다. 이러한 구 회사정리법하의 실무 방식은 현재에도 그대로 활용할 수도 있다고 본다[주주명부의 폐쇄에 관한 자세한 내용은 '제10장 제3절 1. 다. 2)' 참조].[75]

2) 주식의 추가신고

법원은 상당하다고 인정하는 때에는 신고기간이 경과한 후 다시 기간을 정하여 주식·출자지분의 추가신고를 하게 할 수 있다(법 제152조).[76] 상장법인은 다수의 주주가 존재하고 이해관계도 첨예하게 대립하는 경우가 많으므로 법 제155조의 '상당하다고 인정하는 때'에 해당함을 쉽게 인정할 수 있다. 따라서 회생절차개시 당시 채무자인 상장법인의 자산총액이 부채총액을 초과하여 주주·지분권자에게 의결권이 인정되는 때에는 관리인으로 하여금 주식·출자지분 신고를 적극적으로 유도하게 함은 물론이고, 가급적 추가신고기간을 정하여 주주·지분권자의 의결권을 보장함으로써 전체 주주·지분권자의 총의(總意)를 수렴하는 방향으로 실무를 운영함이 바람직하다.[77]

추가신고기간의 종기에 관하여는 법률상 제한이 없다. 회생계획안에 대한 서면결의 또는 관계인집회에서의 결의에서 의결권 행사에 필요하다면 회생계획 인가 후 회생계획변경을 위한 관계인집회 전에도 추가신고를 못할 이유는 없다고 본다. 다만 주식신고인의 주식 보유 여부를 확인하기 위하여 소요되는 기간을 감안하여 결의를 위한 관계인집회기일 1~2주 전에는 신고기간을 마감하고 있다. 주식·출자지분의 추가신고기간을 정한 경우에는 이를 공고하고 관리인, 채무자와 알고 있는 주주·지분권자로서 신고를 하지 아니한 자에 대하여 같은

주식의 추가신고기간을 정한 사례로는 서울회생법원 2016회합100149 에스티엑스중공업(주), 2018회합100158 (주)감마누, 2022회합100053 (주)휴먼엔 사건이 있다.

75) 다만 2016. 3. 22. 주식·사채 등의 전자등록에 관한 법률이 제정되어 2019. 6. 16. 시행됨에 따라 상장법인의 주식은 전자등록되므로, 상장법인의 경우 주권이 한국예탁결제원에 예탁됨을 전제로 한 '실질주주증명서' 활용 방식은 주식이 전자등록됨을 전제로 한 '소유자증명서' 또는 '소유 내용 통지' 활용 방식으로 바뀌어야 한다. 자세한 내용은 '제14장 제4절 5. 가. 2)' 참조.

76) 추가신고기간이 정해지지 않은 상태에서 신고기간을 넘겨 이루어진 주식·출자지분의 신고는 부적법하므로(법 제152조 참조) 각하하여야 한다(결정문례는 [별지 101] 참조).

77) 실무상 주식의 추가신고를 받은 사례에 관하여는 '제10장 제4절 4. 바. 1)' 참조.

취지를 기재한 서면을 송달하여야 한다(법제1항후문)(결정문과 공고문의 양식은 [별지 100] 참조, 주식의 추가신고에 관한 자세한 내용은 '제10장 제4절 4. 바.' 참조).[78]

3) 특수한 권리의 처리

가) 전환사채, 신주인수권부 사채, 주식매수선택권의 처리

전환사채·신주인수권부 사채의 채권자가 사채의 상환청구권을 행사하는 경우에는 사채원리금 등에 관한 금전채권자로서의 지위에 서게 되고, 이는 일반 회생채권자의 지위와 다를 것이 없다.

한편, 전환사채권자, 신주인수권부 사채권자(또는 신주인수권증권 소지자), 주식매수선택권을 갖고 있는 임원·종업원 등이 회생절차에서 전환권·신주인수권·주식매수선택권을 행사하는 것이 가능한지에 대하여는 견해가 나뉜다.[79] 회생절차가 개시된 경우 그 회사 발행 주식을 대상으로 한 전환권 등의 가치는 사실상 0에 가까워 굳이 이를 행사하려고 하지 않아 회생절차개시신청 또는 개시결정 후 전환권, 신주인수권의 행사가 문제되는 경우는 드물지만, 상장법인의 경우에 장래의 주가상승을 기대하고 회생절차개시 후 신주인수권을 행사하는 사례가 있다. 실무에서는 개시 후 신주인수권 행사를 이유로 한 관리인의 신주발행허가신청에 대하여 회생절차에 의하지 아니한 자본증가를 금지한 법 제55조 제1항 제3호에 위반한다는 이유로 이를 불허한 예가 있다.[80][81]

전환권자 등의 회생절차상 지위와 관련하여 서울회생법원은 전환권자 등을 주주·지분권자에 준하여 취급하고 있다. 이는 전환권 등이 형성권으로서 그 행사를 정지조건으로 하여 전환권자 등이 주주가 되는 권리를 취득한다는 점을 고려한 것이다. 이에 따라 신고를 요하지 않고, 신고가 있는 경우에도 조사의 대상은 아니라고 보며, 회생계획에서 권리변경을 가할 수 있다고 본다(별제252조). 다만 전환권 등을 행사하지 않은 전환권자 등은 주주가 되기 전의 지위에 있으므로 채

---

78) 한편 법 제155조 제2항은 추완신고된 회생채권 등의 특별조사기일에 관한 법 제162조 내지 제165조의 규정을 준용하고 있는데, 주주권·지분권 유무는 조사대상이 아니므로 서울회생법원의 실무는 위 준용규정에 따른 특별조사기일을 별도로 지정하지 않고 있다.

79) 상세한 견해 대립에 대하여는 한민, "전환사채·신주인수권부 사채 및 교환사채 채권자의 도산절차에서의 지위", 민사판례연구 제28권, 박영사(2006), 1035~1043면. 개별적인 신주발행에 따른 복잡하고 유동적인 법률관계 형성을 피하려는 통합도산법 제정 취지에 반하고, 다른 전환사채권자의 전환권이 회생계획에 의해 모두 소멸되는 것과 비교하여 형평에 어긋나며, 미국, 일본 등에서도 전환사채권자의 전환권 행사를 인정하지 않음을 근거로 부정하는 견해로는, 최효종, "기업회생절차 실무의 현황과 개선방안", 회생과 파산 1, 사법발전재단(2012), 519면.

80) 서울중앙지방법원 2013회합106 (주)보루네오가구 사건. 위 불허가결정에서 법원은, 사채로써 대용납입하는 것을 허용할 경우에는 회생절차개시 후 회생채권의 변제를 금지하는 법 제131조에 위반된다는 점도 함께 이유로 들었다.

81) 이에 대한 반대견해로는, 전대규, 450면 참조.

무자의 자산이 부채를 초과하더라도 의결권은 가질 수 없다. 현재 서울회생법원의 대체적인 실무는 회생계획 중 '주주의 권리변경' 부분에서 전환권[82]·신주인수권[83]·주식매수선택권[84]이 모두 소멸하는 것으로 정하고 있다. 드물지만 권리소멸이 아닌 방식의 권리변경도 가능은 하겠으나,[85] 회생채권자, 주주 등 다른 이해관계인과의 관계에서 공정·형평의 원칙, 평등의 원칙을 준수하여야 한다(이에 관한 회생계획안 기재례에 관해서는 제13장 제5절 4. 바. 참조).[86] 회생계획에서 이에 대하여 정함이 없는 경우에는 회생계획인가결정으로 전환권 등 또는 그 행사에 따른 권리는 법 제251조에 의하여 실권되어 모두 소멸한다고 볼 것이다(전환사채 등의 처리에 관한 자세한 내용은 '제9장 제4절 3.' 참조).

　　나) 상환전환우선주주의 상환권 행사와 관련한 처리

　　상환전환우선주(RCPS, Redeemable Convertible Preferred Stock)란, 상환권과 전환권을 선택적으로 또는 동시에 가지고 있는 우선주로서 투자회사의 사업 성공 시에는 상장 등과 연동하여 보통주식으로서의 전환권을 가지고, 사업실패 시에는 일정 기간이 지난 이후 상환하여 투자금을 효율적으로 회수할 수 있는 종류주식이다.

　　상환전환우선주주가 상환권을 행사하지 않는 경우 회생절차에서는 주주로서 취급된다. 한편 행사하지 않은 상환권을 그대로 유지하는 경우 공정·형평의 원칙을 위반할 소지가 있으므로 앞서 본 전환권 등의 경우와 같이 회생계획 중 '주주의 권리변경' 부분에서 이를 소멸시키거나 상환권 행사를 제한하는 내용으

---

82) 서울회생법원 2018회합100123 디엠씨(주), 2019회합100105 웅진에너지(주), 2019회합100179 (주)키위미디어그룹, 2020회합100049 (주)포스링크, 2021회합100050 (주)엔지스테크널러지 사건.

83) 서울회생법원 2021회합100104 (주)티앤더블유코리아 사건. 한편 전환권과 신주인수권을 소멸하는 것으로 정한 사건은 서울회생법원 2021회합100020 이스타항공(주).

84) 전환권, 신주인수권, 주식매수선택권을 소멸하는 것으로 정한 사건은 서울회생법원 2020회합 100048 (주)유양디앤유, 신주인수권과 주식매수선택권을 소멸하는 것으로 정한 사건은 서울회생 법원 2019회합100165 (주)바른전자.

85) 상장법인의 경우에는 신주인수권자가 향후 주가상승을 기대하여 권리소멸이 아닌 방식의 권리변경을 요청하기도 한다. 전환권 및 신주인수권을 유지시킨 사례로는 서울회생법원 2018회합 100158 (주)감마누 사건 등이 있다.

86) 서울중앙지방법원 2013회합110 에스티엑스팬오션(주) 사건에서, 법원은 일부 회생채권자와 신주인수권자들이 제출한 회생계획안이 회생채권자나 주주보다도 신주인수권자에게 더 유리하게 권리변경을 하고 있으므로 공정·형평의 원칙 및 평등의 원칙에 반한다고 보아 관계인집회의 결의에 부치지 아니하는 회생계획안 배제결정을 하였다. 위 사건에서 법원은, 신주인수권자는 회생채권자보다 불리할 뿐만 아니라 주주와 동등하게 또는 그보다 유리하지 아니하게 권리변경이 이루어져야 함을 전제로, 신주인수권의 행사가격 및 신주인수권 행사 시 취득가능지분율을 비교하는 방식으로 권리변경의 유·불리를 판단하였다. 나아가 신주인수권자는 주식을 인수할 수 있는 권리를 보유한 자에 불과할 뿐 아직 주주의 지위에 있다고 볼 수 없으므로 법 제221조 제2호의 회생계획안을 작성·제출할 권한이 있는 자에 해당하지 않는다고 보았다.

로 권리변경하는 것이 서울회생법원의 실무이다.[87]

상환전환우선주주의 상환권은 행사 당시[88] 배당가능이익이 있음을 요건으로 하는데(상법 제345조), 회생절차의 채무자는 대부분 부채초과 상태여서 배당가능이익이 없을 것이므로 회생채권으로 인정할 수 없는 경우가 많다. 이러한 경우 상환전환우선주주의 상환권 행사 시 관리인은 채권조사절차에서 배당가능이익이 없음을 이유로 이의하여야 한다.[89]

다) 주식매수청구권 행사 시의 처리

주식인수계약을 체결하면서 주식인수인에게 회사(채무자)에 대한 주식매수청구권을 부여하는 경우가 있다. 회사가 특정 주주와 사이에 특정한 금액으로 주식을 매수하기로 하는 약정은 상법 제341조에서 정한 요건에 의하지 않는 한 무효이다.[90] 한편 유효한 주식매수청구권의 행사라고 하더라도 쌍무계약인 주식매매계약에 관하여 회사와 주주 모두 이행을 완료하지 않은 상태(주식대금 지급채무의 일부가 미이행되었거나 주권을 모두 교부하지 않은 경우 등)에서 회사에 대하여 회생절차가 개시되었다면 관리인은 법 제119조 제1항에 따라 주식매매계약

---

87) 상환권 행사를 제한하는 내용으로 권리변경을 하는 경우의 구체적인 기재례는 다음과 같다. "본 회생계획에서 정한 채권변제가 완료될 때까지는 상환우선주주는 상환청구를 하지 못하며, 채무자는 상환우선주주에게 상환할 수 없다. 상환우선주를 상환할 때(채무자의 배당가능이익이 있고 본 회생계획에서 정한 채권변제가 완료되었을 때) 상환대금은 주당 60,000원으로 하되, 이 사건 회생절차개시결정일 이후 발생하는 상환수익(연복리 6.7%)은 전액 면제한다."[서울중앙지방법원 2014회합179 (주)에이아이디 사건의 회생계획을 참고한 기재례].

88) 배당가능이익의 존재 여부에 관한 판단시점이 상환권 행사 시인지 아니면 직전 사업연도 말인지 여부가 문제된다. 이에 관하여 주식의 소각에 관한 규정을 준용하여 직전 결산기의 배당가능이익으로 하되, 상환시점에서 회사 사정에 의하여 배당가능이익이 감소한 경우에는 이를 고려하여야 한다는 견해가 있다[법무부, 상법 회사편 해설, 정동윤 감수, 도서출판 동강(2012), 150면]. 이에 대하여 주주가 상환을 청구한 때에 배당가능이익이 존재하여야 한다는 견해가 있다[김화진, "상환주식의 상환", 인권과 정의 제421호, 대한변호사협회(2011), 112면]. 살피건대, 회생절차가 개시된 채무자의 경우 직전 사업연도의 재무상태표가 과다기재되거나, 직전 사업연도 말 이후 현재까지 재정난의 심화 등으로 배당가능한 이익이 감소하는 경우가 대부분이므로 어느 견해에 따르더라도 상환권 행사 시를 기준으로 배당가능이익을 판단하여야 하는 경우가 많을 것이다. 이 경우 위에서 본 바와 같이 회생절차가 개시된 대부분의 채무자는 부채초과로 인하여 배당가능한 이익이 없으므로 상환청구가 가능한 사례는 극히 적을 것이다. 서울회생법원 2019회합100062 (주)기린산업 사건에서는 상환청구권 행사 시를 기준으로 배당가능이익을 판단하여야 한다는 전제에서 시부인을 진행하였고, 하급심 판결 역시 상환청구권 행사 시를 기준으로 배당가능이익의 존부를 판단하는 것으로 보인다(서울고등법원 2021. 4. 22. 선고 2020나2032334 판결 및 그 원심인 서울회생법원 2020. 8. 26. 선고 2020가합100104 판결, 서울중앙지방법원 2020. 2. 23. 선고 2019가합532798 판결 등 참조).

89) 서울회생법원 2019회합100062 (주)기린산업 사건에서 관리인은 애초에 직전년도 재무상태표상 배당가능이익이 있다는 이유로 회생절차 개시 전 상환권을 행사한 특정 상환전환우선주주를 회생채권자로 기재한 채권자목록을 제출하였으나, 시부인 시에는 상환청구권 행사 시를 기준으로 배당가능이익이 있어야 한다는 전제에서 이를 전액 부인하였다.

90) 대법원 2021. 10. 28. 선고 2020다208058 판결 참조.

전부를 해제할 수 있다.[91] 따라서 주주가 주식매수청구권을 행사하는 경우 관리인은 채권조사절차에서 주식인수계약의 무효 또는 쌍방미이행 쌍무계약에 대한 해제권 행사를 이유로 이의하여야 한다.[92]

라) 위약벌 내지 손해배상청구권 행사 시의 처리

주식인수계약을 체결하면서 회사(채무자)에 대하여 회생절차개시신청이 있거나 회생절차가 개시되는 경우 주식인수인이 회사에 대하여 주식인수대금[93] 및 약정 지연손해금에 상당한 금액을 위약벌 또는 손해배상으로서 청구할 수 있도록 정하는 경우가 있다.[94] 이러한 약정의 효력에 관하여 명시적으로 판단한 판례는 없는 것으로 보이나, 해당 약정의 경위와 성격, 해당 약정에서 회생절차개시신청 또는 개시에 대한 회사의 귀책사유를 책임 발생의 요건에 어느 정도 반영하였는지, 주식인수대금 중 어느 정도를 지급하도록 정하였는지 등 제반사정을 고려하여, 해당 약정이 정당한 사유 없이 투자손실을 보전하는 등 위법한 자기주식취득 또는 출자환급에 해당한다면 자본충실의 원칙에 위반되고, 특정 주주에게만 투하자본의 회수를 절대적으로 보장함으로써 다른 주주들에게 인정되지 않는 우월한 권리를 부여하는 내용에 해당한다면 주주평등의 원칙에 반하여 무효라고 볼 수 있다.[95] 따라서 이 경우 관리인은 채권조사절차에서 위약벌

---

91) 대법원 2017. 4. 26. 선고 2015다6517, 6524, 6531 판결 등 참조.

92) 서울회생법원 2019회합100062 (주)기린산업 사건에서는 특정 상환전환우선주주에 대한 주식매수청구권의 부여가 무효라고 판단하였으나, 행사 요건이 충족된다고 볼 경우를 대비하여 쌍방미이행 쌍무계약의 해지 허가를 받아 해지까지 한 다음 시부인 시 위 주주가 신고한 주식매매대금청구권을 전액 부인하였다.

93) 실무상 주식인수대금 전액을 지급하도록 정하는 경우가 많으나, 계약에 따라 인수대금 중 일부 또는 인수대금을 초과하는 금액을 지급하도록 정하는 경우도 있다.

94) 회사가 회생절차개시신청 시 주식인수인의 사전동의를 얻도록 하고, 이러한 동의 없이 회생절차개시신청을 하거나 회생절차가 개시된 경우에 일정액을 지급하도록 정하는 사례가 많으나, 사전동의와 무관하게 회생절차개시신청 또는 회생절차의 개시라는 객관적 사실이 있기만 하면 일정액을 지급하도록 정하는 사례도 있다. 한편 금원 지급의 성격과 관련하여 실무상 그 성격을 위약벌 등으로 주식인수계약서에 명시하는 사례와 이를 명시하지 않는 사례로 나뉜다.

95) 대법원은 일부 주주와 체결한 손실보장약정 또는 투자금반환약정 등이 주주평등원칙에 위반된다고 판시하였는데(대법원 2007. 6. 28. 선고 2006다38161, 38178 판결, 대법원 2018. 9. 13. 선고 2018다9920, 9937 판결, 대법원 2020. 8. 13. 선고 2018다236241 판결 등), 이에 대하여는 주주평등원칙을 자기주식취득금지 또는 출자환급금지 원칙에 대하여 보충적으로 적용해야 하고, 절대적 원칙이 아니라 합리적 정당화사유가 있는 차별은 허용하는 원칙으로 이해해야 한다는 비판이 있다[천경훈, "회사와 신주인수인 간의 투자자보호약정의 효력", 상사법연구 제40권 제3호, 한국상사법학회(2021) 참조].
    한편 하급심 판결 중에는 ① 주주에게 사전 서면동의를 구하지 않고 회생절차개시신청을 하고 이에 대하여 주주로부터 서면 최고를 받은 날로부터 2주간 소명 및 시정을 하지 못하면 주식인수가액에 소정의 손해금을 가산한 돈을 손해배상금으로 청구할 수 있도록 한 약정은 상법상 자본충실원칙 내지 출자환급금지원칙을 위반한 것이고, 채권자보다 후순위인 주주를 채권자로 변경시킴으로써 법 제217조에서 정한 공정·형평의 원칙에 반하며, 일부 주주에게 투자자본

내지 손해배상 약정의 무효를 이유로 이의하여야 한다.

4) 회생채권 또는 회생담보권 확정소송의 목적의 가액 결정

소송목적의 값 결정의 기준은 '이의가 있는 회생채권 등의 권리자가 회생계획으로 얻을 이익'을 표준으로 정하면 되는데(별제178조), 채무자가 상장법인인 경우에는 회생계획을 통해 변제받을 채권액의 현재가치비율 산정 시 출자전환을 통해 취득하는 주식의 가치를 고려하여야 한다.

바. 주요사항 요지의 통지

법 제98조 제2항 제1호의 주요사항의 요지는 원칙적으로 의결권이 없는 주주 등에게도 통지해야 한다고 해석함이 타당하다. 다만, 상장법인인 채무자와 같이 주주가 다수인 경우 모든 주주에 대한 통지가 사실상 어려울 수 있으므로 법원은 채무자의 홈페이지에 게시하도록 하는 등의 조치를 취할 수도 있다. 이 경우 주주에 대하여 주요사항의 요지를 홈페이지에 게시하도록 하는 명령은 법 제98조 제2항 제3호의 기타 적절한 조치에 해당할 것이다[자세한 내용은 '제12장 3. 나. 3)' 참조].

사. 회생계획안의 작성 및 제출

1) 자본감소 관련

가) 회생절차개시신청 전 감자 여부 확인

회생절차개시신청 전 상장폐지사유를 해소하기 위한 자구책으로 미리 수차례 감자를 진행하는 경우가 있는데, 이 경우 회생계획안에서 자본감소를 정할 때 이를 고려하여 추가적인 자본감소의 여부 및 비율을 정하여야 한다.

의 회수를 보장하고 우월적 권리를 부여하는 것이 되어 주주평등원칙에 반한다고 본 사례(부산고등법원 2023. 1. 12. 선고 2022나52563 판결, 상고심 계속 중), ② 전환상환우선주 인수계약에서 회사의 주요자산에 대하여 압류, 가압류, 가처분, 경매의 신청 또는 파산, 화의개시, 회사정리절차개시의 신청이 있는 등 사유가 발생하면 회사에게 최고를 하고 2주일 내 시정되지 아니할 경우 회사에 대한 계약해지권, 이해관계인에 대한 주식매수청구권을 부여한 것이 개별계약의 구체적 내용에 합리적 근거가 있다는 이유로 주주평등원칙에 위반되지 않는다고 본 사례[서울고등법원 2017. 7. 6. 선고 2017나2005066 판결(미상고 확정)], ③ 주식인수계약에서 회사에 대한 회생절차개시신청이 있거나 회생절차가 개시되기만 하면 회사가 주식인수인에게 실손해액과 투자원금의 20% 상당액 중 높은 금액을 배상하고, 위약벌로서 주식인수대금의 1.5배를 청구할 수도 있다고 정한 사안에서, 해당 약정을 문언 그대로 적용하는 경우 주주평등의 원칙 등에 위반하여 무효에 해당할 수 있으므로, 회생절차개시신청이나 개시에 대한 회사의 귀책사유를 요구하는 등으로 합리적인 범위 내에서 제한하여 해석하는 한 유효하다고 판단한 사례(서울회생법원 2020. 12. 9. 선고 2020가합101176 판결, 서울회생법원 2020. 12. 9. 선고 2020가합101183 판결, 항소심 계속 중) 등이 있다.

나) 임의적 자본감소

임의적 자본감소 규정에 따라 행해지는 자본의 감소는 어느 정도까지 하는 것이 적정한지가 문제되는데, 채무자가 상장법인이어서 주식시장에서 주식의 가격이 형성되어 있다면 주식의 시가총액이 자본금이 되도록 조정할 수 있는 비율로 자본감소를 하는 방법이 있다[구체적인 내용은 '제13장 제5절 5. 다. 1)' 참조].

다) 필요적 자본감소

주주명부 폐쇄 및 추가신고 후 확정된 주주명부를 통하여 법 제205조 제4항에 의한 필요적 자본감소 규정에 따라 필요적 자본감소를 해야 하는 주주 및 그 친족 등이 있는지 확인할 필요가 있다.

라) 자본감소의 효력발생일

비상장법인의 경우 주식병합에 따른 자본감소의 효력발생일을 회생계획인가일이나 회생계획인가일로부터 1~2영업일로 정하는 것이 일반적이다. 그러나 상장법인의 경우에 자본감소의 효력발생일을 위와 같이 촉박하게 정하게 되면 한국거래소나 한국예탁결제원의 업무절차와 혼선이 생길 수 있으므로 주식병합 등의 효력발생일을 정할 때 사전에 한국거래소 등과 일정을 협의하는 것이 바람직하다.[96]

출자전환 후 주식재병합에 따른 자본감소의 효력발생일과 관련하여서도 비상장법인의 경우 회생채권 등의 출자전환에 따른 신주발행의 효력발생일로부터 1~2영업일로 정하는 것이 일반적이나, 상장법인의 경우에는 위와 같은 이유로 주식병합 등의 효력발생일을 정할 때 한국거래소 등과의 협의를 거쳐 정하는 것이 바람직하다[자세한 내용은 '제13장 제5절 5. 다. 3)' 참조].[97]

2) 지분보유조항(Equity Retention Plan-ERP): 상환전환우선주의 발행

출자전환하는 신주를 상환전환우선주로 발행하는 경우 의결권이 없거나 제한되는 주식의 발행을 고려할 수 있다. 다만 주권상장법인은 일정한 경우 발행주식총수의 1/2을 초과하여 의결권이 없거나 제한되는 주식을 발행하는 것이 금지되

---

96) 서울중앙지방법원 2014회합100212 동부건설(주) 사건에서는 주식병합에 따른 자본감소의 효력이 회생계획인가일로부터 5영업일에 발생하는 것으로 정하였고, 서울회생법원 2018회합100067 (주)씨앤에스자산관리 사건에서는 주식병합에 따른 자본감소의 효력이 회생계획인가일로부터 7영업일이 경과한 날에 발생하는 것으로 정하였다.

97) 서울회생법원 2018회합100067 (주)씨앤에스자산관리 사건에서는 주식재병합에 따른 자본감소의 효력이 출자전환에 의한 신주발행의 효력발생일로부터 7영업일이 경과한 날에 발생하는 것으로 정하였고, 서울회생법원 2019회합100071 (주)비츠로시스 사건에서는 주식재병합에 따른 자본감소의 효력이 출자전환에 의한 신주발행의 효력발생일로부터 6영업일이 되는 날에 발생하는 것으로 정하였다.

는 점(자본시장법 제165조의15 제2항)을 고려하여야 한다[자세한 내용은 '제13장 제5절 5. 라. 5)' 참조].[98]

3) 합 병

주권상장법인이 다른 법인과 합병하고자 하는 경우에는 대통령령이 정하는 요건·방법 등의 기준에 따라야 하고, 투자자 보호 및 건전한 거래질서를 위하여 대통령령이 정하는 바에 따라 외부의 전문평가기관으로부터 합병 등의 가액, 그 밖에 대통령령이 정하는 사항에 관한 평가를 받아야 한다(자본시장법 제165조의4 제1항·제2항). 한편 회생계획에 따라 합병하는 경우 합병반대주주의 주식매수청구권(상법 제522조의3, 자본시장법 제165조의5), 채권자보호절차(상법 제527조의5) 등의 적용이 배제된다(법 제271조 제3항).

4) 영업양도

주권상장법인이 대통령령으로 정하는 중요한 영업양도를 할 경우에는 금융위원회가 고시로 제외하는 경우 등을 제외하고는 외부의 전문평가기관으로부터 양도가액 등의 사항에 관한 평가를 받아야 하고 금융위원회와 거래소에 신고하여야 한다(자본시장법 제165조의4, 같은 법 시행령 제171조, 제176조의6). 한편 회생계획에 따라 영업을 양도하는 경우 반대주주의 주식매수청구권(상법 제374조의2, 자본시장법 제165조의5)의 적용이 배제된다(법 제261조 제2항).

5) 정관의 변경(사외이사의 수를 감소시키는 경우)

상장회사는 자산규모 등을 고려하여 원칙적으로 이사 총수의 4분의 1 이상을 사외이사로 하여야 하나(상법 제542조의8 제1항 본문), 회생절차가 개시되었거나 파산선고를 받은 상장회사의 경우에는 그러하지 아니하다(상법 시행령 제34조 제1항 제2호). 따라서 상장법인인 채무자가 사외이사의 수를 감소시키는 경우 회생계획안에 이러한 취지의 정관변경에 관하여 기재하기도 한다(자세한 내용은 '제13장 제5절 9. 사.' 참조).

6) 상장법인의 출자전환이 보증인에게 미치는 효력

회생계획안에서 회생채권을 출자전환하기로 정한 경우 출자전환 대상 채권의 소멸 여부, 소멸의 범위와 주채무자에 대한 출자전환이 보증인에게 미치는 효력과 관련하여 종래 불소멸설, 소멸설, 시가평가액 소멸설 등의 견해의 대립이 있었고 판례의 태도는 '시가평가액 소멸설'을 취하고 있는 것으로 평가되고 있다(자세한 내용은 '제13장 제6절 3.' 참조).

이에 따르면 회생계획에서 회생채권을 주식으로 출자전환하도록 규정한 경우 보증인이 있는 때에는 출자전환에 의한 신주발행의 효력발생일 당시를 기준으로 하여 회생채권자가 인수한 신주의 시가 상당액에 한하여 채무소멸의 효과

---

98) 상장법인의 경우 위 제도의 취지에 맞지 않으므로 적용대상에서 제외하여야 한다는 견해로는 김상규, 나청, "중소기업 맞춤형 회생절차 프로그램-중소기업 지분보유 조항(SME Equity Retention Plan)을 중심으로-", 한국도산법학회 추계학술세미나, 한국도산법학회(2017), 13면.

가 보증인에게 미치는데, 상장주식의 경우에는 주식거래시장이 존재하므로 출자전환에 의한 신주발행의 효력발생일 당시 주가를 그대로 시가로 평가하면 될 것이어서 출자전환주식의 가치 평가 방법은 크게 문제되지 않는다.[99] 다만 출자전환에 의한 신주발행의 효력발생일 당시 주식의 시가가 신주의 발행가액보다 높은 경우에는 변제된 것으로 보는 금액이 회생계획에서 변제에 갈음하기로 정한 금액을 초과할 수 없다.[100]

한편 회생계획에서 출자전환에 의한 신주발행 이후 단기간의 간격을 두고 출자전환주식의 병합에 의한 자본감소를 예정하고 있는 경우 신주발행으로 인해 보증채무가 소멸되는 범위를 어떻게 산정하여야 하는지 문제된다. 판례는 '상장법인'의 회생절차에서 회생채권의 출자전환 후 출자전환주식의 병합이 이루어진 사안에서 '출자전환주식 수(병합 전 주식 수)'에 '출자전환에 의한 신주발행의 효력발생일 당시의 시가'를 곱하는 방식으로 보증채무의 소멸범위를 산정하고 있다.[101]

---

99) 상장법인의 경우 보통주권을 새로이 발행하는 경우 추가상장 절차를 거쳐 그 신주의 인수권자에게 교부하게 되므로 회생채권자에게 출자전환으로 신주를 발행하는 경우에도 신주의 효력발생일과 실제로 회생채권자가 그 주식을 취득하여 처분할 수 있는 시점 사이에는 시간적 간격(실무상 1달 정도)이 존재하게 된다. 이러한 사정을 고려하여 회생채권자가 출자전환으로 발행된 신주를 실제 인수하여 이를 처분할 수 있는 시점에 그 시가 상당액만큼 소멸된다고 보아야 한다는 견해도 있을 수 있으나, 이러한 경우에도 신주발행의 효력발생일에 보증인의 보증채무가 신주의 시가 상당액만큼 소멸된다고 봄이 타당하다.
100) 대법원 2018. 5. 15. 선고 2015다200685 판결, 대법원 2012. 6. 14 선고 2010다28383 판결, 대법원 2010. 3. 25. 선고 2009다85830 판결 등 참조.
101) 대법원 2022. 4. 14. 선고 2021다307303 판결[동부건설(주) 사건, 심리불속행기각], 대법원 2018. 5. 15. 선고 2015다200685 판결[남광토건(주) 사건], 2017. 8. 29. 선고 2014다228204 판결[성지건설(주) 사건], 2015. 4. 9. 선고 2014다54168 판결[벽산건설(주) 사건], 2015. 3. 27. 선고 2014다88970 판결[(주)동양건설산업 사건, 심리불속행기각] 등 참조. 대법원은 위 각 사안에서 '병합 후 주식 수를 기준으로 변제금액을 산정하여야 한다', '신주발행의 효력발생일을 전후한 2개월 동안 종가의 평균액을 기준으로 변제금액을 산정하여야 한다', '보호예수기간의 만료일을 기준으로 신주의 시가를 평가하여야 한다', '실제 주식의 처분이 가능한 날 내지는 실제로 처분한 날을 기준으로 신주의 시가를 평가하여야 한다'는 등의 주장을 모두 배척하였다.
한편 대법원은 '비상장법인'의 회생절차에서 회생채권의 출자전환 후 출자전환주식의 병합과 M&A 인수자에 대한 신주발행(유상증자)이 순차로 이루어진 사안[대법원 2017. 9. 21. 선고 2014다25054 판결, (주)우방 사건]에서는 "유상증자에 따른 재무구조 변동과 발행주식 수 증가 등을 고려하여 평가한 주당 순자산가치는 병합된 출자전환주식의 주당 순자산가치이므로, 위 주당 순자산가치에 병합된 출자전환주식 수를 곱하는 방식으로 보증인 등의 채무 소멸범위를 산정할 수 있다."라고 판시하였다. 그런데 출자전환주식에 대한 정상적인 거래의 실례를 증명하기 곤란하여 순자산가치법에 의하여 출자전환주식의 시가를 산정하는 경우에는 주식병합이 계산상의 자본액만 줄일 뿐 법인의 순자산가치에는 실질적인 영향을 미치지 않으므로, '출자전환에 의한 신주발행의 효력발생일 당시의 주가 × 병합 전 주식 수'의 가치는 특별한 사정이 없는 한 '자본감소의 효력발생일 당시의 주가 × 병합 후 주식 수'의 가치와 동일하므로 이 판시내용이 상장법인에 관한 위 대법원 판례의 법리에 반하는 것은 아니다.

아. 관계인집회

1) 관계인집회기일의 지정

상장법인의 경우 관계인집회기일의 통지를 위하여 막대한 송달비용이 소요될 수 있으므로 가급적 기일의 변경이 없도록 운용하는 것이 중요하다. 따라서 관계인집회기일의 지정 전 이해관계인과의 충분한 의견조율을 통해 관계인집회 준비에 충분한 기간을 부여하고, 가급적 최초 관계인집회에서 결의에 이르도록 절차를 진행함이 바람직하다.[102]

2) 관계인집회기일 전의 준비

관계인집회를 개최하기 전에 미리 관리인으로부터 이해관계인의 예상 출석 인원, 이해관계인의 예상 진술내용, 회생계획안의 가결가능성 유무 등을 보고받고 준비를 하여야 함은 비상장법인에 대한 회생절차와 마찬가지이나, 상장법인의 경우 통상 예상 출석인원이 많고, 첨예하게 이해관계가 대립하는 사안도 많으므로 관계인집회기일 전 위와 같은 사항을 미리 파악하고 준비할 필요는 한층 더 크다.

3) 의결권의 행사

목록에 기재되어 있거나 신고한 주주의 경우 특별한 사정이 없는 한 결의를 위한 관계인집회에서의 의결권 행사 시점 또는 법 제240조에 의한 서면결의 시점에 주주명부 또는 이와 유사한 효력을 가지는 문서의 기재를 기준으로 의결권을 가지는 자를 확인하여야 한다. 즉, 상장법인의 경우 2016. 3. 22. 제정되어 2019. 9. 16. 시행된 주식·사채 등의 전자등록에 관한 법률에 따라 주식이 전자 등록되므로,[103] 주주명부 폐쇄제도를 활용하여 목록에 기재되어 있거나 신고한 주주가 주주명부 폐쇄 첫날을 기준으로 전자등록기관인 한국예탁결제원의 소유 자명세에 따른 주주명부[104] 내역과 일치하는지 확인한다(자세한 내용은 '제14장 제

---

102) 관계인집회의 연기에 관하여 선고를 하는 때에는 송달하지 않을 수 있으므로(법 제185조 제2항), 관계인집회기일의 변경 통지에 막대한 송달비용이 드는 사안에서 지정된 관계인집회의 연기가 불가피한 경우 이를 활용하여 송달을 하지 않은 실무례가 있다. 다만 이 경우 다수의 이해관계인이 불필요하게 출석하는 일이 생길 수 있으므로 관리인은 법원에 관계인집회 연기 여부를 확인한 후 이해관계인에게 이메일, 문자메시지 등 송달에 의하지 않는 방법으로 관계인집회가 연기될 예정임을 미리 알리는 것이 바람직하다.

103) 위 법 제25조 제1항 단서, 부칙(2016. 3. 22.) 제3조 제1항 참조.

104) 주식·사채 등의 전자등록에 관한 법률 제37조, 제39조, 제40조 등에 따르면, 전자등록기관이 전자등록된 주식의 발행인의 요청으로 필요한 사항을 계좌관리기관에게서 통보받아 '소유자명세'를 작성하여 발행인에게 통지한 경우, 발행인은 통지받은 사항 등을 기재한 주주명부를 작성·비치하여야 한다. 따라서 소유자명세 작성·통지에는 명의개서가 뒤따르게 된다. 한편 전자

4절 5. 가. 2' 참조).

4) 의결권의 불통일 행사 확인

의결권 행사를 수탁받은 집합투자기구 또는 집합투자업자 등이 관계인집회에서 의결권의 불통일 행사를 할 가능성이 있으므로 관계인집회 전 이를 확인할 필요 있다. 의결권의 불통일 행사를 위해서는 관계인집회 7일 전까지 법원에 그 취지를 서면으로 신고하여야 하는데(별 제189조), 채권자 등이 관계인집회 직전 신고서를 내면서 기일의 변경을 요구하는 경우 다수의 채권자 및 주주에 대한 송달의 문제가 발생하므로 이를 미리 확인할 필요 있다.

5) 주주의 조의 가결요건

주주의 조에서는 회생계획안의 결의를 위한 관계인집회에서 의결권을 행사하는 주주의 의결권 총수의 2분의 1 이상에 해당하는 의결권을 가진 자의 동의가 있어야 한다(별 제237조 제3호). 의결권을 '행사할 수 있는' 의결권 총액을 기준으로 하는 회생담보권자 및 회생채권자의 조와는 달리 주주의 조는 의결권을 '행사하는' 의결권 총액을 기준으로 함을 유의하여야 한다.[105]

자. 회생계획의 수행과 이에 대한 감독

1) 외부회계감사를 통한 감독

주권상장법인은 자산총액이 500억 원 미만인지 여부에 관계없이 독립된 외부의 감사인에 의한 회계감사를 받아야 한다(주식회사 등의 외부감사에 관한 법률 제4조 제1항 제1호).

2) 회생절차종결결정과 관리종목의 해제

법원의 회생절차종결결정이 있은 때에는 관리종목지정이 해제된다.[106] 따라서 채무자가 상장법인의 경우 비상장법인에 비하여 조기종결을 검토할 필요성이 크다.

등록된 주식의 소유자는 명의개서가 되지 않았더라도 발행인에게, 전자등록기관에서 받은 '소유자증명서'를 제출하거나 전자등록기관으로 하여금 '소유 내용 통지'를 하게 함으로써 소유자로서의 권리를 행사할 수 있다.
105) 다만 상장회사의 소액주주의 경우 경영권보다는 시세차익에 관심이 있는 경우가 많아 의결권을 행사하는 경우가 매우 드문 편이다.
106) 유가증권시장 상장규정 제47조 제2항 제3호, 코스닥시장 상장규정 시행세칙 제58조 제1항 [별표 10].

차. 상장법인의 M&A

1) 인수자107)에 대한 확인

상장폐지 위기에 몰린 상장법인이 거래소로부터 부여받은 개선기간이 단기일수록 재무적 투자자를 구하려고 할 가능성이 높고, 그러한 경우 인수자금의 출처가 불분명할 수 있기 때문에 인수자의 투자 경위, 채무자와의 관계 및 인수자금의 출처를 확인할 필요가 있다. 한편 인수자가 컨소시엄인 경우에는 컨소시엄 구성원 중에 서울회생법원 실무준칙 제241호 '회생절차에서의 M&A' 제17조 제4항의 배제사유에 해당하는 자가 있는지 확인하여야 한다.

2) 인수자의 희망 지분율 확인

인수자가 인수 후 지분율 100% 또는 상당히 높은 지분율을 요구하는 경우가 있다. 이러한 경우 인수자의 요구사항이 거래소 상장규정의 주식분산 요건을 충족하는지 검토하여야 한다.

한편 인수자의 인수 후 지분율은 구주의 감자비율과 연동되는데, 주주에게 의결권이 있는 경우에는 관계인집회에서의 가결을 위하여 인수희망자의 인수 후 지분율과 구주의 감자비율 사이에 합리적인 균형을 찾아야 한다.108)

3) 컨소시엄 구성원의 변경 및 인수비율의 변경 가능성 확인

일반적으로 인수계약 체결 시 인수자가 컨소시엄인 경우에는 컨소시엄 구성원 사이에 연대책임이 있다는 내용을 기재하고, 원칙적으로 컨소시엄 구성원은 변경할 수 없으며, 예외적으로 불가피한 경우에 한하여 관리인이 법원의 허가를 얻어 컨소시엄 구성원을 변경할 수 있고, 변경된 구성원은 종전의 권리 및 의무를 승계하도록 함으로써 인수대금의 납입을 담보하게 하고 있다. 다만 실제 인수계약서에는 위와 다른 내용이 기재될 수 있으므로 법원은 인수계약 체결에 관한 허가를 하기 전에 인수계약서에 컨소시엄 구성원과 인수비율의 변경 가능성에 관하여 어떻게 기재되어 있는지를 확인할 필요가 있다.

인수계약 체결 이후 인수자 측에서 컨소시엄 구성원의 변경을 요구할 경우,

---

107) 서울회생법원 실무준칙 제241조 '회생절차에서의 M&A'에서는 M&A의 진행 단계에 따라 M&A의 상대방을 '인수희망자', '우선협상대상자', '인수예정자', '인수자'로 구분하여 정의하나, 이 장에서는 통칭하여 '인수자'라고 표현하기로 한다.

108) 특히 최저 인수대금만으로도 회생채권 전액을 변제할 수 있는 경우에는 회생담보권자나 회생채권자보다는 주주의 관심도가 높은데, 이 때 인수자 선정기준에서 통상의 경우와 같이 인수금액의 규모가 주된 선정기준이 되면 구주의 감자비율을 정할 때 기존 주주의 이해관계 보호에 미흡하게 되어 향후 관계인집회에서 주주의 조의 동의를 얻기 어려울 수 있다. 이와 같은 경우 인수자의 희망 지분율을 인수자 선정기준에 반영하는 방법 등을 고려할 수 있다.

그와 같이 변경을 요구하는 사유의 적정성에 따라 허가 여부를 판단한다. 다만 인수대금 중 유상증자 비율, 컨소시엄 구성원 상호 간의 자금조달 증빙자료, 컨소시엄 구성원이 변경될 경우 인수자 선정 당시 중요 고려사항에 변동이 없는지, 그러한 변동이 사전에 있었다면 인수자 선정결과가 달라질 수 있었는지 등을 종합하여 M&A 절차의 공정성 또는 투명성을 훼손할 우려가 있는 경우에는 이를 허가할 수 없다. 따라서 법원은 가급적 양해각서 또는 인수계약서에 컨소시엄 구성원을 변경할 수 있는 사유를 구체적으로 명시하도록 지도할 필요가 있다.[109]

4) 유상증자 시 할증발행의 검토

상장법인인 채무자의 유상증자 시에는 액면발행을 할 것인지 할증발행을 할 것인지를 검토하여야 한다.[110] 상장법인인 채무자의 주가가 액면금액을 초과하고 재무구조 및 영업실적이 양호한 경우에 액면발행은 인수자에게 특혜를 주는 결과가 되기 때문에 할증발행을 하는 것이 바람직하다.[111] 또한 할증발행을 통해 액면가액을 초과하는 순재산이 유입되므로 재무구조의 건실화를 꾀할 수 있고, 기존 주주가 소유하는 주식의 가치와 균형을 이루기 위해서도 할증발행이 필요하다.[112] 다만 할증발행 시 적정한 할증발행가액의 결정이 어렵고 인수 이

---

109) 서울회생법원에서 컨소시엄 구성원의 변경을 허가한 사례로는 2019회합100179 (주)키위미디어그룹, 2020회합100104 (주)더블유에프엠, 2020회합100189 쌍용자동차(주) 사건 등이 있다.

110) 상장법인의 경우 주가가 액면가액을 미달하더라도 할인발행을 하지 않고 액면가액으로 신주를 발행하되, 이로 인하여 생기는 실권주는 대주주가 인수하는 것이 일반적이다. 이철송, 「회사법강의」(제30판), 박영사(2022), 913면 참조.
　　한편 주권상장법인이 일반공모 증자 방식 또는 제3자 배정 증자 방식으로 유상증자를 하는 경우 기준주가에 일정한 할인율(일반공모 증자는 30/100, 제3자 배정 증자는 10/100)을 적용하여 산정하는 것이 원칙이지만, 회생절차가 진행 중인 기업이 회생계획 등에 따라 주권을 발행하는 경우에는 위 할인율의 제한을 받지 아니한다(증권의 발행 및 공시 등에 관한 규정 제5-18조 제1항, 제4항 제5호).

111) 상장법인인 동서산업(주)의 경우 M&A 추진 당시의 주가를 고려하여 할증발행을 하기로 하였고, 인수제안서 제출 시 1주당 16,000원의 발행가액(액면금액 5,000원)을 제시한 기업이 우선협상대상자로 선정된 바 있다. 그리고 서울중앙지방법원 2011회합14 대한해운(주) 사건의 경우 1주당 13,477원(액면금액 5,000원), 서울회생법원 2015회합100225 삼부토건(주) 사건의 경우 1주당 6,940원(액면금액 5,000원)으로 각 발행되었다.
　　한편 상장법인에 대한 M&A의 경우, 통상 1주당 발행가액은 유가증권시장 또는 코스닥시장에서 거래되는 주가보다 낮은 경우가 많은데, 이는 M&A에 대한 기대효과로 주가가 상승하는 점, 출자전환된 대부분의 주식이 보호예수상태에 있어 실제 거래되는 주식 수가 적은 점 등을 고려한 조치이다. 서울중앙지방법원 2010회합73 성지건설(주) 사건의 경우 1주당 발행가액은 5,000원이었고, 2011회합14 대한해운(주) 사건의 경우 1주당 발행가액은 13,477원이었으나, 당시 주가는 1주당 46,100원이었다(실제 거래되는 주식 수는 전체 발행주식 수의 10%에 불과하였다).

112) 이 경우에도 채권자의 권리변경과 주주의 권리변경 사이에 공정하고 형평에 맞는 차등이 생기도록 주의하여야 한다. 이와 관련하여 M&A 공고 이후 변경회생계획인가결정 시까지 주가(8,000원~11,000원)가 액면가(5,000원)를 현저히 상회하였는데도 상대적 지분비율법의 원칙에 따라 공정·형평의 원칙을 준수하기 위하여 인수인에 대한 액면가 주식발행을 통해 기존 주주의 실질적 권리감축을 한 사례로는 서울중앙지방법원 2009회합6 쌍용자동차(주) 사건. 이에 대

후의 주가의 불확실성에 따른 투자위험 증대로 인수대금의 하락을 가져올 가능
성이 있으므로, 할증발행 여부 및 발행가액을 신중하게 검토할 필요가 있다.

5) 인수자의 처분제한

유가증권시장 상장규정 제44조는 보통주권 상장법인이 제3자 배정 방식으
로 신주를 발행하여 최대주주가 변경되는 경우 보통주권 상장법인의 신주나 주
권 관련 사채권을 취득한 자는 그 증권을 상장일부터 6개월간 의무보유해야 한
다고 정하고 있고,[113] 코스닥시장 상장규정 제50조는 보통주권 상장법인[114]이
제3자 배정 방식으로 유상증자를 하여 최대주주가 변경되는 경우 해당 유상증자
에 참여한 자는 배정받은 주식을 발행일부터 추가상장일 이후 6개월간 의무보유
하여야 한다고 정하고 있으므로,[115] 이에 해당하는 경우 회생계획안에 처분제한
의 문구를 기재하기도 한다.

6) M&A에 필요한 인허가 등 법령상의 제약 해소

회생절차가 진행 중인 상장법인의 M&A와 관련하여 각종 행정법규상의 인
허가 등이 중요한 쟁점으로 등장하는 경우가 있다. 대표적으로는 인수자가 독점
규제 및 공정거래에 관한 법률 제11조에 따른 기업결합신고를 하여야 하는 경
우를 들 수 있다. 이 경우 사전심사요청제도를 활용하여 공정거래위원회의 심사
를 받을 필요가 있는데,[116] 관리인은 이러한 문제를 사전에 검토하여 그 내용을
계약서에 명시하고, 인수자에게 그들의 책임하에 이를 해결하여야 한다는 점을
주지시켜야 하며, 늦어도 M&A를 내용으로 하는 회생계획 또는 변경회생계획에
대한 인가결정이 이루어지기 전에 이와 관련한 문제를 미리 해결할 필요가 있다
[자세한 내용은 '제17장 제3절 3. 마. 2)' 참조].[117]

한 상세한 설명은, 최효종, "기업회생절차 실무의 현황과 개선방안", 회생과 파산 1, 사법발전재
단(2012), 534-538면.
113) 이 경우 유가증권시장 상장법인이 회생계획에 따른 출자전환으로 제3자 배정 방식의 유상증
자를 수회 하는 때에는 해당 신주 모두를 의무보유 대상으로 할 수 있고, 의무보유기간은 각
건별로 적용한다.
114) 위 규정에는 '보통주식 상장법인'이라고 되어 있으나 '보통주권 상장법인'이 맞는 표현이다.
115) 다만 코스닥시장 상장법인이 회생계획에 따른 출자전환으로 제3자 배정 방식의 유상증자를
하는 경우에는 변경되는 최대주주등에 대해서만 의무보유 규정을 적용한다.
116) 기업결합신고는 주식을 취득한 후 사후적으로 하는 것이 원칙이나, M&A를 내용으로 하는 회
생계획이 인가된 직후에는 특별한 사정이 없는 한 기존 주식의 감자, 신주 및 회사채의 발행, 회
생채권 변제 등에 돌입하게 되므로 신주 발행 이전에 인허가 관련 문제를 미리 해결할 필요가 있
어 실무상 사전심사요청제도(독점규제 및 공정거래에 관한 법률 제11조 제9항)를 활용하고 있다.
117) 그 밖에 M&A를 위하여 행정법규상 제한을 해소하여야 하는 경우로는, 벤처투자 촉진에 관
한 법률에 따른 중소기업창업투자회사 또는 여신전문금융업법에 따른 신기술사업금융전문회사
인 채무자를 일반지주회사가 인수하는 경우(이 경우 독점규제 및 공정거래에 관한 법률 제20조
각 항에서 정한 제한을 해소하여야 한다)를 들 수 있다.

제19장

•
•
•

회생절차의
종결과 폐지

제1절 회생절차의 종결

1. 회생절차종결의 의의

일단 개시된 회생절차가 종료되는 사유로는 ① 회생절차종결결정(별제),283조 ② 회생절차폐지결정의 확정(별제286조,제288조), ③ 회생계획불인가결정의 확정(별제242조), ④ 회생계획인가결정에 대한 항고 후 회생계획인가결정에 대한 취소결정 및 회생계획불인가결정의 확정(별제247조), ⑤ 회생절차개시결정에 대한 항고 후 회생절차개시결정에 대한 취소결정 및 회생절차개시신청 기각결정의 확정(별제42조54조) 등이 있다.

그중 회생절차의 종결은 회생계획이 이미 수행되었거나 앞으로 회생계획의 수행에 지장이 있다고 인정되지 않아 회생절차의 목적을 달성할 수 있다고 판단되는 경우에 법원이 관리인 또는 이해관계인의 신청이나 직권으로 회생절차를 종료시키는 것을 말한다.

서울회생법원은 회생절차의 조기종결에 관한 객관적 기준을 정립하여 회생절차의 진행에 관한 예측가능성을 제고하고 채무자의 신속하고 실질적인 회생을 촉진할 목적으로 실무준칙 제251호 '회생절차의 조기종결'을 시행하고 있다.

그리고 '회생계획인가 전에는 신속한 절차진행, 회생계획인가 후에는 법 제283조 제1항에 따른 조기종결'을 핵심내용으로 한 패스트트랙 회생절차를 시행하고 있는데, 그중 조기종결을 염두에 두고 ① 주주총회를 통한 출자전환 주주의 의결권 행사(기업지배권 변동의 현실화), ② 1회 변제 후 즉시 종결 또는 종결 파이낸싱(exit financing)을 통한 자금조달 후 종결,[1] ③ 채권자협의회와 협력을 통한 M&A 절차 진행을 추진하고 있다.

---

[1] 서울중앙지방법원은 2009회합109 (주)대우로지스틱스 사건에서, 정책금융공사 등이 설립한 기업재무안정사모투자전문회사(Private Equity Fund)로부터 상당한 액수의 금원을 투자받은 채무자에게 회생계획에서 정한 변제일정을 앞당겨 회생담보권 등을 일시 변제하게 하고, 채무자에 대한 회생절차를 종결하였다. 이에 대한 자세한 내용은 이진웅, "PEF의 회생기업에 대한 투자 및 회생절차종결: 사례 및 실무상 쟁점의 소개", 법조 통권 662호(2011. 11.), 법조협회, 255면 이하 참조.

2. 회생절차종결의 요건

가. 적극적 요건(회생계획에 따른 변제가 시작될 것)

법 제283조 제1항은 '회생계획에 따른 변제가 시작되면' 회생절차종결결정을 할 수 있도록 규정하고 있다. 서울회생법원은 준비연도 변제기가 도래하기 전이라도 채무자가 회생담보권이나 회생채권 일부를 변제하면 이 요건에 해당하는 것으로 보고 있다.[2] 간혹 관리인이 공익채권을 일부 변제하면서 조기종결 신청을 하는 경우가 있는데, 서울회생법원은 특별한 사정이 없는 한 공익채권의 일부 변제만으로는 회생계획에 따른 변제가 시작되었다고 보지는 않고 있다.

나. 소극적 요건(회생계획의 수행에 지장이 있다고 인정되지 않을 것)

이 요건은 그 개념이 너무 포괄적으로 규정되어 있어 한 마디로 그 내용을 설명하기는 어렵다. 원칙적으로 사업의 계속을 내용으로 하는 회생계획을 수행하고 있는 채무자의 경우 채무자가 법원의 관리·감독을 받지 않더라도 일반 기업과 같은 자본구성과 조직을 갖춘 상태에서 정상적으로 영업활동을 영위할 수 있는 때에 회생절차의 종결 요건을 갖추었다고 볼 수 있다.

서울회생법원 실무준칙 제251호 '회생절차의 조기종결' 제3조에서는 ① 채무자의 총자산이 총부채를 안정적으로 초과하고 있는 경우, ② 제3자가 채무자를 인수하였거나 채무자의 매출실적이나 영업실적이 양호하여 회생계획 수행에 필요한 자금조달이 가능한 경우, ③ 담보물이 처분되지 아니하였더라도 회생절차를 계속하는 것이 담보물 처분에 유리할 것으로 판단되지 않는 경우, ④ 회생절차를 종결하면 채무자의 영업이나 매출이 개선될 것으로 예상되는 등 회생계

---

2) 회생계획인가결정(법 제282조에 의한 회생계획변경결정 또는 변경회생계획인가결정 포함)에 대한 항고 또는 재항고가 제기되어 확정되지 않은 상태에서 회생절차를 종결할 수 있는지 문제된다. 회생계획인가결정의 확정은 회생절차의 종결 요건에 해당하지 않고, 회생계획인가결정에 대하여 항고가 제기되었다고 하더라도 회생계획의 수행에 아무런 영향이 없어(법 제247조 제3항 본문 참조) 회생계획의 수행에 지장이 있다고 보이지 아니한 점, 회생계획인가결정에 대하여 항고가 제기된 사건에서 회생법원이 회생절차종결결정을 망설이는 주된 이유는 항고심에서 항고인의 주장을 받아들여 회생계획인가결정을 취소함으로써 집단적 법률관계의 혼란이 발생할 것을 우려한 것이나, 위와 같은 법률관계의 혼란은 회생계획인가결정에 대한 취소결정에 기한 것이지 회생절차종결결정으로 그 정도가 가중된다고 볼 수 없고, 항고심에서도 권리보호조항을 정하여 강제인가할 가능성이 있는 점에 비추어 보면 회생계획인가결정이 확정되지 않았다고 하여 회생절차종결결정을 할 수 없는 것은 아니다. 서울회생법원은 2016회합100116 의료법인 늘푸른의료재단, 2019회합100146 (주)카오리온코스메틱스, 2020회합100092 신한중공업(주) 사건에서 회생계획인가결정에 대하여 즉시항고가 제기되었음에도 채무자에 대한 회생절차를 종결하였다.

획 수행가능성이 높아지는 경우에 회생절차를 종결함을 원칙으로 하고 있다.

다만 법 제222조가 정하는 청산 또는 영업양도 등을 내용으로 하는 회생계획을 수행하고 있는 채무자의 경우에는 회생절차가 실질적으로 파산절차를 대신하는 의미가 있어서 법원의 감독 아래 회생계획이 수행되는 것이 바람직하므로, 채무자가 보유하고 있는 모든 자산을 매각하여 채무를 변제한 때에 비로소 회생절차의 종결 요건을 갖추었다고 보아야 할 것이다.

한편 법 제259조는 회생절차의 종결 여부의 판단을 위하여 필요한 경우에는 법원은 채권자협의회의 신청에 의하거나 직권으로 조사위원으로 하여금 채무자의 재산 및 영업상태를 실사하게 할 수 있다고 규정하고 있으므로, 경우에 따라서는 위와 같은 실사결과를 참작할 수 있을 것이다.[3]

3. 회생절차종결의 절차

가. 종결결정

회생절차종결결정은 관리인, 목록에 기재되어 있거나 신고한 회생채권자 또는 회생담보권자의 신청이나 직권에 의하여 한다. 관리위원회는 매년 회생계획이 적정하게 수행되고 있는지의 여부에 관하여 평가하고 그 평가결과를 법원에 제출하여야 하며(법 제257조 제3항), 법원에 회생절차의 종결 여부에 관한 의견을 제시할 수 있다(법 제257조 제4항).

현재 서울회생법원은 관리위원회 및 채권자협의회에 회생절차의 종결 여부에 관한 의견조회를 거친 후[4] 채무자에 대한 회생절차를 종결하고 있다(관리위원회에 대한 의견조회의 기재례는 [별지 193], 채권자협의회에 대한 의견조회의 기재례는 [별지 194] 참조).[5]

회생절차의 종결은 결정으로 한다. 종결결정문은 이해관계인에게 송달할 필요는 없으나(법 제283조 제2항 후문), 실무상 관리인 및 채권자협의회에는 송달하고 있다(회생절

---

3) 서울중앙지방법원은 2008회합51 인정건설(주) 사건에서 조사위원에게 회생계획에 정한 회생담보권 등의 합계액 중 조기변제에 동의한 채무액의 비율, 조기변제의 적정성 및 조기변제 이후 채무자의 존속가능성 등을 검토하게 한 다음 채무자에 대한 회생절차를 종결하였다.

4) 경우에 따라 규칙 제11조에 규정된 이해관계인 심문기일을 통하여 채무자의 회생계획 수행현황을 알리고 회생절차종결의 의미와 그 효과 등을 설명하기도 한다.

5) 다만 필요한 경우 관리인에게 채권자협의체를 구성하고, 채권자협의체와 사이에 채권자협의체 내부의 구성과 운영, 활동범위에 관한 필요한 사항을 정하는 협약을 체결하도록 권고하기도 하나, 이는 종결의 요건에는 해당하지 않는다(서울회생법원 실무준칙 제251호 '회생절차의 조기종결' 제4조 제1항, 제3항, 제5조 제1항).

차종결결정의 기재례는 [별지 192] 참조).

나. 종결결정 후의 법원의 조치

1) 공 고

회생절차종결결정을 한 경우에는 그 주문과 이유의 요지를 공고하여야 한다(별 제283조)(공고문의 기재례는 [별지 195] 참조).

2) 감독행정청 등에 대한 통지

주식회사인 채무자에 대한 회생절차를 종결한 경우 법원은 감독행정청 등에 그 취지를 통지하여야 한다(별 제283조 제3항). 실무상으로는 주식회사가 아닌 채무자의 경우에도 같은 통지를 하고 있다.

통지의 대상이 되는 감독행정청은 채무자의 업무를 감독하는 행정청, 금융위원회, 채무자의 주된 사무소 또는 영업소(외국에 주된 사무소 또는 영업소가 있는 때에는 대한민국에 있는 주된 사무소 또는 영업소를 말한다)를 관할하는 세무서장 등이다(별 제40조)(통지서의 기재례는 [별지 196] 참조).

만약 채무자가 회생계획에 따라 이미 해산된 경우, 청산을 종료하였거나 청산을 거치지 아니하고 소멸한 때에는 채무자의 감독행정청에 대하여 통지할 필요가 없으며, 흡수합병의 상대 회사, 신설합병의 경우 신회사, 영업의 양수회사 등의 감독행정청과 이들 회사의 주된 사무소 또는 영업소 소재지의 세무서장에게도 통지할 필요가 없다. 그리고 청산을 내용으로 하는 회생계획의 경우에는 전혀 통지할 필요가 없다.[6]

3) 사무소 및 영업소 소재지 등기소에 대한 등기촉탁

법인인 채무자에 대하여 회생절차종결결정을 한 경우에 법원사무관등은 직권으로 지체 없이 채무자의 각 사무소 및 영업소 소재지의 등기소에 그 취지의 등기촉탁을 하여야 한다(법 제23조 제1항 제3호). 촉탁서에는 결정서의 등본이나 초본을 첨부한다(법인 채무자에 대한 등기촉탁서의 기재례는 [별지 197] 참조).

4) 채무자 재산에 관한 등기·등록 촉탁

회생절차종결결정이 있으면 법원사무관등은 직권으로 지체 없이 등기·등록의 대상이 되는 채무자 재산, 즉 ① 법인이 아닌 채무자의 재산에 대하여는 재산보전처분결정, 회생절차개시결정, 회생계획인가결정의 각 기입등기의 각 말소등기(등록) 및 회생절차종결결정의 기입등기(등록)의 촉탁을 하여야 하고, ② 법인인

---

6) 임채홍·백창훈(하), 409면.

채무자의 재산에 대하여는 재산보전처분결정 기입등기의 말소등기(등록)촉탁을 하여야 한다(별 제24조 제1항·제5항, 제23조 제1항 제3호, 제27조). 촉탁서에는 등기(등록)의 목적, 등기(등록)의 원인 및 그 일자, 결정을 한 법원을 기재하고, 회생절차종결결정문의 등본 또는 초본과 해당 재산의 내역과 법원회신용 부본을 첨부하여야 하는데, 등기·등록이 되는 재산의 목록 및 법원회신용 부본은 채무자로부터 제출받아 첨부하고 있다(개인 채무자에 대한 등기·등록 촉탁서의 서식은 [별지 198] 참조).

다. 관리인의 조치사항

회생절차종결결정이 확정되면 관리인의 임무는 당연히 종료한다. 관리인은 임무가 종료한 때에는 지체 없이 법원에 계산의 보고를 하여야 한다(별 제84조). 관리인이 제출하는 계산의 보고에는 관리인과 채무자 사이의 사무인계서와 인수의 구체적인 내역으로서 채무자 인원 현황, 자금수지 상황, 자산과 부채의 증감 현황, 회생채권의 변제내역 등이 포함된 현황, 재무상태표 등을 첨부하도록 하고 있다.

4. 회생절차종결결정에 대한 불복

회생절차종결결정은 관보에 게재된 날의 다음 날 또는 대법원규칙이 정하는 방법에 의한 공고가 있은 날의 다음 날에 그 효력이 발생하고(별 제9조 제2항), 이에 대하여는 즉시항고가 인정되지 아니하므로 효력 발생과 동시에 확정된다(별 제13조). 다만 불복을 신청할 수 없는 결정에 대하여는 재판에 영향을 미친 헌법 또는 법률의 위반이 있음을 이유로 하는 때에 한하여 대법원에 특별항고를 제기할 수 있으므로, 이를 이유로 하여 공고일부터 1주일 이내에 특별항고를 제기할 수 있다(법 제33조, 민사소송법 제449조).

5. 회생절차종결의 효과

회생절차종결결정은 즉시항고의 여지가 없기 때문에 그 효력이 발생하면 회생절차는 종료된다. 채무자는 통상의 권한을 회복하고, 관리인의 임무는 종료한다. 회생채권자 등은 회생계획에서 달리 정함이 없는 이상 회생계획에 정한 바에 따라 개별적으로 권리를 행사할 수 있게 된다.

가. 관리인의 권한 소멸과 채무자의 권한 회복

관리인의 권한은 회생절차종결결정의 효력이 발생함과 동시에 소멸한다. 따라서 채무자의 업무수행권 및 재산의 관리처분권은 채무자에게 돌아가고, 채무자는 법원의 감독에서 벗어난다. 채무자의 재산에 관한 소송 중 회생채권·회생담보권과 관계없는 소송(별 제59조)이나 회생채권 등의 확정소송으로서 계속 중인 소송은 중단되고 채무자가 이를 수계한다. 그러나 회생절차가 종결되었다고 해서 회생채권 등의 확정소송의 청구취지를 변경할 필요는 없다. 회생절차가 종결되더라도 그 후에 회생채권 등의 확정소송을 통하여 채권자의 권리가 확정되면 소송의 결과를 회생채권자표 또는 회생담보권자표에 기재하고(별제175조), 미확정채권의 처리방법에 관한 회생계획의 규정에 따라 권리보호를 받으면 되기 때문이다.

한편 부인권은 회생절차개시결정 이전에 부당하게 처분된 회사재산을 회복함으로써 회사사업을 유지·갱생시키고자 인정된 법상의 특유한 제도로서 회생절차의 진행을 전제로 관리인만이 행사할 수 있는 권리이므로 회생절차의 종결에 의하여 소멸하고, 부인의 소 또는 부인의 청구 계속 중에 회생절차종결결정이 확정된 경우에는 관리인의 자격이 소멸함과 동시에 당해 소송에 관계된 권리 또한 절대적으로 소멸하며 누구도 이를 승계할 수 없다.[7] 따라서 부인권 소송이 계속 중인 채무자의 경우, 회생절차종결 이전에 채무자를 분할하여 부인권 소송의 수행 및 그 소송결과에 의한 회생채권 변제만을 목적으로 하는 승계회사를 신설한 다음, 분할 신설된 회사는 회생절차 내에 남아 부인권 소송을 계속 수행하도록 하고, 분할 전의 회사에 대하여는 회생절차를 종결하는 것을 검토할 필요가 있다.[8]

서울회생법원에서는 관리인이 퇴직하는 경우에 퇴직금을 지급할 수 있도록 하고 있는데, 그 경우 퇴직금의 액수는 채무자의 임원퇴직금규정, 관리인의 재직기간, 관리인이 수행한 업무의 양과 질, 퇴직사유 등을 종합하여 결정한다(실무준칙 제211호 '관리인 등의 선임·해임·감독기준' 제3조 제2항).

그리고 ① 관리인 등이 그의 경영 수완에 의하여 회생계획이 예정한 경영목표를 초과하여 달성한 때, ② 관리인 등의 능력과 노력에 기인하여 채무자의 재산상황이 당해 관리인의 최초 취임 당시에 비하여 현저히 개선된 때, ③ 관리

---

7) 대법원 2006. 10. 12. 선고 2005다59307 판결.
8) 부인권 소송의 수행 등을 목적으로 한 승계회사 분할 신설에 관해서는 '제13장 제5절 8.' 참조.

인 등이 능동적으로 신규 자본을 물색·유입하거나 다른 우량기업과 인수·합병을 이룩함으로써 채무자의 회생에 현저한 기여를 한 때에는 당해 관리인에게 특별보상금을 지급하고 있다.[9] 위 ①, ②의 경우 특별보상금의 액은 채무자의 규모와 재정상황, 기여도 등을 종합하여 3억 원을 한도로 정하되, 이에 갈음하여 일정한 가격으로 주식을 매수할 권리(스톡 옵션)를 부여할 수도 있다.[10] 위 ③의 경우에는 실무준칙 제211호 '관리인 등의 선임·해임·감독기준' 제3조 제5항 및 실무준칙 제241호 '회생절차에서의 M&A' 제39조, [별지 2 M&A를 성공시킨 관리인에 대한 특별보상금산정에 관한 세칙]에 따라 특별보상금을 산정한다.

관리인에게 퇴직금을 지급하기로 한 경우에는 후임 관리인이 있다면 후임 관리인으로 하여금 임원퇴직금규정을 준용하여 퇴직금을 산정해 오도록 하고, 회생절차종결의 경우에는 당해 관리인으로 하여금 동일한 방법으로 퇴직금을 산정해 오도록 한 다음, 결정의 형식으로 관리인에게 지급할 퇴직금을 정하고 있다(별 제30). 관리인에게 특별보상금을 지급하여야 할 사정이 있다면 퇴직금과 특별보상금의 액을 합산하여 결정하고 있다. 주문은 "(전임) 관리인 ○○○의 퇴직금 및 특별보상금을 ○○○원으로 한다."로 하고 있다.

나. 법인인 채무자에 대한 절차적 구속의 소멸

회생절차가 개시된 후부터 그 종료시까지 법인인 채무자는 회생절차에 의하지 아니하고 자본 또는 출자액의 감소, 지분권자의 가입, 신주 또는 사채의 발행, 자본 또는 출자액의 증가, 주식의 포괄적 교환 또는 주식의 포괄적 이전, 합병·분할·분할합병 또는 조직변경, 해산 또는 회사의 계속, 이익 또는 이자의 배당 등을 할 수 없으나(별 제55조), 회생절차가 종결되면 법인인 채무자는 이에 대한 구속을 받지 않는다.

다. 개별적 권리행사 제약의 해소와 채무자의 회생계획 수행의무

회생절차 중에는 회생채권자는 회생절차에 의하지 아니하고는 채무자로부터 채무의 변제를 받을 수 없으므로(별 제131조), 개별적으로 가압류 등의 보전처분을 하거나 강제집행을 할 수 없다. 그러나 회생절차가 종결되면 회생채권자는 기한이 도래한 회생채권에 대하여 개별적으로 소구하거나 강제집행을 할 수 있게 된

---

9) 서울회생법원 실무준칙 제211호 '관리인 등의 선임·해임·감독기준' 제3조 제3항 참조.
10) 서울회생법원 실무준칙 제211호 '관리인 등의 선임·해임·감독기준' 제3조 제4항 참조.

다.[11] 반면에 채무자는 회생계획에서 정한 대로 채무를 변제하는 등 회생계획을 계속하여 수행할 의무를 부담하게 된다. 하지만, 회생절차 중에 이미 실권된 채권이나 회생계획에서 보호되지 않은 권리는 회생절차가 종결되더라도 부활하지 않는다.

한편 회생채권자 등은 법 제255조 제2항에 따라 회생채권자표 등에 기하여 채무자 및 회생을 위하여 채무를 부담하거나 담보를 제공한 자에 대하여 강제집행을 할 수 있고, 이를 위하여 집행문의 부여를 신청할 수 있다. 법 제144조, 제145조에 의한 상계에 관한 제약도 해소된다.

라. 이사 등의 선임에 관한 특칙

법인인 채무자의 이사 및 대표이사의 선임은 원칙적으로 회생계획에서 정한 대로 하여야 한다(볍 제193조 제2항). 그러나 회생절차가 종결되면 채무자는 법원의 감독에서 벗어나게 되므로 채무자는 상법, 민법 등에 따라 임원을 선임할 수 있다. 다만 이사 또는 대표이사에 의한 채무자 재산의 도피·은닉 또는 고의적인 부실경영 등의 원인에 의하여 회생절차가 개시된 때에는 회생절차가 종결되더라도 당해 이사 또는 대표이사는 다시 채무자의 이사로 선임되거나 대표이사로 선정될 수 없다(볍 제284조 제2항 단서 제203). 법 제284조를 위반하여 회생절차종결 후 채무자의 이사로 선임되거나 대표이사로 선정되어 취임한 자는 형사처벌을 받게 된다(볍 제647조).

M&A를 거쳐 회생절차가 종결되는 채무자의 경우, 서울회생법원은 회생절차종결 이전에 인수자가 추천하는 자를 이사로 선임하는 것을 허가하고 있고, 법원이 선임한 감사에 대하여는 임기만료 또는 회생절차종결 시까지 그 임무를 수행하게 하고 있다.

---

11) 대법원 2020. 8. 20. 자 2019그534 결정에 의하면, 회생채권 추후보완신고 각하결정에 대한 특별항고가 있어 대법원에 계속 중인 경우에 회생절차가 종결하면 특별항고로 불복할 이익이 없게 되는데, 이 경우 추후보완신고한 채권자는 채무자를 상대로 이행의 소를 제기하는 등으로 그 권리를 구제받을 수 있다.

제2절 회생절차의 폐지

1. 회생절차폐지의 의의

회생절차의 폐지는 회생절차개시 후에 당해 회생절차가 그 목적을 달성하지 못한 채 법원이 그 절차를 중도에 종료시키는 것을 말한다.[12] 회생절차의 폐지는 종결과 더불어 회생절차의 종료사유 중의 하나이지만, 회생절차의 종결이 회생절차의 목적을 성공적으로 달성하여 회생절차에서 벗어나는 것임에 반하여, 회생절차의 폐지는 회생절차의 목적을 달성하지 못한 채 회생절차로부터 퇴출당하는 것이라는 점에서 차이가 있다. 그리고 회생계획의 불인가도 회생절차가 그 목적을 달성하지 못한 채 종료된다는 점에서는 회생절차의 폐지와 같으나, 회생계획의 불인가는 법원이 일단 가결된 회생계획을 인가하지 아니하여 회생절차가 종료된다는 점에서 회생절차의 폐지와 다르다.

회생절차의 폐지는 ① 회생계획인가 전의 폐지와 ② 회생계획인가 후의 폐지로 나누어 볼 수 있다. 다시 회생계획인가 전의 폐지는 그 사유에 따라 (i) 회생계획안이 제출되지 않았거나 제출된 회생계획안이 가결되지 않았음을 사유로 하는 폐지(법 제286조 제1항), (ii) 회생계획안 제출 전 또는 그 후에 채무자의 청산가치가 계속기업가치보다 크다는 것이 명백하게 밝혀졌음을 사유로 하는 폐지(법 제286조 제2항), (iii) 채무자가 목록에 기재되어 있거나 신고된 회생채권 등을 모두 변제할 수 있다는 것을 사유로 하는 폐지(법 제287조)로 나눌 수 있다.

2. 회생계획인가 전의 폐지

가. 법 제286조 제1항에 의한 폐지

법원은 ① 법원이 정한 기간 또는 연장한 기간 안에 회생계획안의 제출이 없거나 그 기간 안에 제출된 모든 회생계획안이 관계인집회의 심리 또는 결의에 부칠 만한 것이 못 되는 때, ② 회생계획안이 부결되거나 결의를 위한 관계인집회의 제1기일부터 2월 이내 또는 연장한 기간 안에 가결되지 아니하는 때, ③ 회생계획안이 법 제239조 제3항에 의한 기간 안에 가결되지 아니한 때, ④ 법

---

12) 임채홍·백창훈(하), 417면.

제240조 제1항에 의한 서면결의에 부치는 결정이 있은 때에 그 서면결의에 의하여 회생계획안이 가결되지 아니한 때(다만 서면결의에서 가결되지 아니한 회생계획안에 대하여 법 제238조에 의한 속행기일이 지정된 때에는 그 속행기일에서 가결되지 아니한 때)에는 직권으로 회생절차폐지결정을 하여야 한다(별 제286조).

  1) 법원이 정한 기간 또는 연장한 기간 안에 회생계획안의 제출이 없는 경우(1호 전단)

'법원이 정한 기간'이란 법 제50조 제1항 제4호에 의하여 정해진 기간을 말하는 것이고, '연장한 기간'이란 법 제50조 제3항에 의하여 연장된 기간을 말한다(이 규정에 의한 폐지결정문례는 [별지 199] 참조).

  위 회생계획안 제출기간이 경과한 후라 하더라도 회생절차폐지결정을 하기 전에 회생계획안이 제출되는 경우 이를 어떻게 처리할 것인가가 문제된다. 이 규정에 의한 폐지는, 제출기간을 지키지 않은 데 대한 징벌적 의미라기보다는 향후 회생계획안의 제출가능성이 없다는 취지에서 폐지하는 것이므로 회생절차 폐지결정을 하지 않고 뒤늦게 제출된 회생계획안을 관계인집회의 심리 및 결의에 부칠 수 있다고 봄이 타당하다. 그러나 회생계획안이 조만간 제출되리라고 예상되는 경우에는 가급적 회생계획안 제출기간을 연장함으로써 그 기간을 넘기지 않도록 사전에 조치하는 것이 바람직하다.

  2) 회생계획안 제출기간 안에 제출된 모든 회생계획안이 관계인집회의 심리 또는 결의에 부칠 만한 것이 못 되는 때(1호 후단)

'심리 또는 결의에 부칠 만한 것이 못 되는 때'란 회생계획안의 내용이 법률의 규정에 반하거나, 공정·형평의 원칙에 맞지 아니하거나 수행이 불가능하다고 인정되어 회생계획안을 배제하여야 할 경우이다. 이 규정에 따라 회생절차폐지결정을 하기 전에 회생계획안 배제결정을 하는 것이 서울회생법원의 실무이다(이 규정에 의한 폐지결정문례는 [별지 200] 참조).[13]

  3) 회생계획안이 부결된 경우(2호 전단)

'회생계획안이 부결'된 경우는 관계인집회에서 회생계획안 가결에 필요한 법정 다수의 동의를 얻지 못한 경우를 말한다. 만약 회생계획안이 부결된 직후 기일의 속행신청이 있고, 이에 대하여 법 제238조에 따른 채권자의 동의가 있어 속행기일이 지정되는 경우에는 회생절차를 폐지하여서는 안 된다. 그리고 복수의 회생계획안이 결의에 부쳐져 일부의 회생계획안만 부결된 경우에도 회생절차

---

13) 회생계획안의 배제에 관해서는 '제13장 제8절 5.' 참조.

를 폐지할 수 없다. 부결된 회생계획안에 권리보호조항을 붙여 회생계획을 인가한 때에도 또한 마찬가지이다(이 규정에 의한 폐지결정문례는 [별지 201], 이 경우 공고문례는 [별지 202] 참조).

4) 회생계획안이 결의를 위한 관계인집회의 제1기일부터 2월 이내, 회생절차 개시일부터 1년 이내 또는 연장한 기간 안에 가결되지 아니하는 때($^{2호 후단}_{및 3호}$)

회생계획안은 결의를 위한 관계인집회의 제1기일부터 2월 이내에 가결되어야 하고, 만약 법원이 위 가결기간을 연장(1월을 넘지 못한다)한 경우에는 그 연장된 기간 내에 가결되어야 한다($^{법 제239조}_{제1항·제2항}$). 또한 회생계획안은 회생절차개시일부터 1년 이내에 가결되어야 하고, 법원이 가결기간을 연장하더라도 반드시 회생절차개시일부터 1년 6개월 이내에는 가결되어야 한다($^{법 제239}_{조 제3항}$). 이 규정은 회생절차를 신속하게 진행하여 그 지연을 막고자 하는 취지에서 규정된 것이므로, 만약 위 기간 내에 회생계획안이 가결되지 않는다면 회생절차를 폐지하여야 한다.

5) 서면결의에 의하여 회생계획안이 가결되지 아니한 때($^{4}_{호}$)

현행법은 서면결의제도를 도입하여 법원은 회생계획안이 제출된 때에 상당하다고 인정하는 때에는 회생계획안을 서면에 의한 결의에 부치는 취지의 결정을 할 수 있도록 하였고, 서면결의로 가결되지 아니한 회생계획안에 대하여 법제238조에 의하여 속행기일에서 결의에 부칠 수 있도록 하였다($^{법 제}_{240조}$). 서면결의에 부치는 취지의 결정이 있는 경우에 법원이 정한 회신기간 안에 회생계획안에 동의한다는 뜻을 서면으로 회신하여 법원에 도달한 의결권자의 동의가 법 제237조에 의한 가결요건을 충족하는 때에는 그 회생계획안은 가결된 것으로 보는데, 위와 같은 서면에 의한 의결권자의 동의가 법 제237조에 의한 가결요건을 충족하지 못하는 때에는 회생절차폐지결정을 하여야 한다. 또한 서면결의에서 가결되지 아니한 회생계획안에 대하여 법 제238조에 의하여 속행기일이 지정된 때에는 그 속행기일에서 가결되지 아니한 때에 회생절차폐지결정을 하여야 한다(이 규정에 의한 폐지결정문례는 [별지 203] 참조). 다만 서면결의제도는 관계인집회를 소집하는 것보다 서면에 의한 결의절차가 채권자들로부터 동의를 얻기에 유리하다고 생각될 경우에 할 수 있는 절차이나, 서면결의를 통하여 바로 가결되지 않는 경우에는 다시 속행집회를 열어야 하기 때문에 처음부터 관계인집회의 개최방식을 택하였을 때보다 절차가 복잡하고 지연되는 문제가 있다.

나. 법 제286조 제2항에 의한 폐지

1) 규정의 내용과 연혁

법원은 회생계획안의 제출 전 또는 그 후에 채무자의 청산가치가 계속기업 가치보다 크다는 것이 명백하게 밝혀진 때[14]에는 회생계획인가결정 전까지 관리인의 신청에 의하거나 직권으로 회생절차폐지결정을 할 수 있다(법제286조)(이 규정에 의한 폐지결정문례는 [별지 204] 참조). 그러나 법원이 법 제222조에 의하여 청산 등을 내용으로 하는 회생계획안의 작성을 허가하는 경우에는 회생절차폐지결정을 하지 않을 수 있다(법제286조).

종전에는 회생계획안 제출명령 전후를 나누어 그 전에 폐지하는 경우에는 목록에 기재되어 있거나 신고한 회생채권자, 회생담보권자도 폐지결정의 신청을 할 수 있고 위 폐지사유가 발생한 경우에는 반드시 폐지하도록 하였으나, 2014. 12. 30. 법 개정 이후로는 회생계획안 제출명령 전후를 불문하고 관리인만이 신청권이 있고 폐지사유가 있다고 하여 법원이 반드시 폐지하여야 하는 것은 아니다.[15] 이러한 신청은 서면으로 할 수도 있고, 관계인집회에서 구두로도 할 수 있다.

서울회생법원은 회생절차폐지결정이 채무자에게 미치는 영향이 큰 점 등을 고려하여 이 규정에 의한 회생절차폐지결정을 하기 이전에 관리위원회 및 채권자협의회에 대하여 의견조회를 실시하고 있다(관리위원회 및 채권자협의회에 대한 의견조회 기재례는 [별지 205]·[별지 206] 참조).

법원은 신청권자의 폐지신청이 이유 있다고 인정되는 경우에는 회생절차폐지결정을 하여야 한다. 폐지신청이 이유 없다고 인정되는 경우나 신청의 이유는 있지만 청산 등을 내용으로 하는 회생계획안의 작성을 허가할 경우에는 신청 기각의 결정을 할 수 있고, 신청권자가 아닌 자가 폐지결정을 신청한 경우에는 신청 각하의 결정할 수 있다.

---

14) 법원이 선임한 조사위원이 제출한 조사보고서에 채무자의 청산가치가 계속기업가치보다 크다고 되어 있는 경우에 관리인이 조사결과의 전제가 되는 청산가치 산정, 향후 매출액 또는 매출원가의 추정 등 적정성 여부에 관하여 다투는 경우가 자주 있는데, 서울회생법원은 조사보고서 제출 이후 관리인 및 조사위원의 의견을 각각 수렴한 후 향후 매출액, 매출원가, 판매관리비의 추정, 향후 사업계획 또는 자금조달계획의 합리성 등을 종합적으로 검토하여 회생절차의 폐지 여부를 판단하고 있다.

15) 조사위원 조사결과 청산가치가 계속기업가치보다 크게 산정되었으나 회생절차를 계속 진행하여 회생계획 인가에 이른 경우는 '제13장 제4절 2. 나.' 참조. 특히 인가 전 M&A 절차를 진행하여 회생계획 인가에 이른 경우는 '제17장 제4절 4. 가.' 참조.

2) 요 건

우선 시기적으로 회생계획인가결정을 하기 전까지 이 규정에 의하여 폐지 결정을 할 수 있다. 그리고 채무자의 청산가치가 계속기업가치보다 큰 것이 명백하게 밝혀져야 한다.

경제적 회생의 가치가 있는지 여부에 대한 판단의 기준시점은 회생절차폐지결정을 하는 시점이다. 만약 이 규정에 의한 폐지결정에 대하여 즉시항고가 제기된다면, 항고심에서는 항고심 계속 중에 발생한 사항도 참작할 수 있다.

다. 법 제287조에 의한 폐지

1) 의 의

채무자가 목록에 기재되어 있거나 신고한 회생채권자와 회생담보권자에 대한 채무를 완제할 수 있음이 명백하게 된 때에는 법원은 관리인, 채무자, 목록에 기재되어 있거나 신고한 회생채권자 또는 회생담보권자의 신청에 의하여 회생절차폐지결정을 하여야 한다(별 제287조). 신청인은 회생절차폐지의 원인인 사실을 소명하여야 한다(별 제287조). 채무자가 회생채권 등을 모두 변제할 수 있는 경우에는 채권 전액을 변제한다는 취지의 회생계획안을 작성할 수는 있지만, 이는 회생절차의 목적에 비추어 적절하지 않기 때문에 회생절차를 폐지하도록 한 것이다. 그러나 실무상 이 규정에 의하여 폐지한 사례는 매우 드물다.

2) 요 건

채무자가 회생채권 등을 완제할 수 있을지 여부를 검토함에 있어서는 목록에 기재되어 있거나 신고된 회생채권과 회생담보권만을 고려하면 되고, 목록에 기재되어 있지도 않고 신고도 되지 않은 채권까지 고려할 필요는 없다. 그러나 만약 신고기간 경과 후에 적법하게 추완신고된 채권이 있다면 이는 고려하여야 한다. 이 규정에 의하여 회생절차가 폐지되더라도 목록에 기재되어 있지도 않고 신고도 되지 않은 채권이 실권되는 것은 아니지만, 일반적으로 목록에 기재되어 있지도 않고 신고도 되지 않는 회생채권은 그 규모가 그다지 크지 않기 때문에 폐지사유의 판정을 용이하게 하기 위하여 고려 대상에서 제외하는 것이다.[16]

채무자가 목록에 기재되어 있거나 신고된 회생채권 등을 완제할 수 있음이 명백하다고 인정되어야 한다. 만약 채무자가 회생채권 등을 모두 변제할 수는 있지만, 사업 계속에 현저한 지장을 받게 된다면 이 규정에 의하여 회생절차를

---

16) 條解(下), 1011면 이하.

폐지할 수는 없다.[17] 그리고 이 규정에 의한 폐지결정은 신고기간이 만료된 후부터 회생계획이 인가되기 전까지 할 수 있다. 회생계획이 인가된 후에는 회생절차를 종결하면 되기 때문이다.

3) 절 차

가) 신 청   이 규정에 의한 폐지는 반드시 신청에 의하여 해야 하고, 직권으로 할 수는 없다. 신청권자는 관리인, 채무자 또는 목록에 기재되어 있거나 신고한 회생채권자나 회생담보권자이다. 신청인이 이 규정에 의하여 폐지신청을 할 경우에는 그 원인이 되는 사실을 소명하여야 한다.

나) 이해관계인에 대한 의견진술기회의 보장   신청권자의 신청이 있는 경우 법원은 채무자, 관리위원회, 채권자협의회 및 목록에 기재되어 있거나 신고한 회생채권자와 회생담보권자에 대하여 신청이 있었다는 취지와 이에 대한 의견을 법원에 제출하도록 통지하여야 한다. 그리고 이해관계인으로 하여금 신청에 관한 서류를 열람할 수 있도록 비치하여야 한다(법 제287조 제3항). 그리고 법원은 위 규정에 의하여 통지를 발송한 후 1월 이상이 경과한 후에야 비로소 회생절차폐지결정을 할 수 있다(법 제287조 제4항).

3. 회생계획인가 후의 폐지

가. 근거 규정

회생계획인가결정이 있은 후 회생계획을 수행할 수 없는 것이 명백하게 된 때에는 법원은 관리인이나 목록에 기재되어 있거나 신고한 회생채권자 또는 회생담보권자의 신청에 의하거나 직권으로 회생절차폐지결정을 하여야 한다(법 제288조). 회생절차의 종결이 회생계획의 성공적인 수행을 통한 회생절차의 졸업을 의미한다면, 회생절차의 폐지는 회생계획 수행 실패로 인한 회생절차로부터 퇴출을 의미한다고 할 수 있다.

---

17) 다만 수원지방법원 2019간회합145 (주)가야종합철강 사건에서는 영업을 계속할 의사가 없는 채무자에게 이 규정을 적용하였다. 이 사건에서 관리인은 영업상황이 좋지 않아 영업을 계속할 의사가 없고, 공장 및 부지를 고가에 매수하려는 매수인이 있어서 그 매각대금으로 회생담보권과 회생채권 대부분을 변제할 수 있다고 주장하며 회생절차 폐지를 희망하였다. 법원은 회생절차를 바로 폐지할 수는 없고, 회생절차에서 부동산 매각 및 채권 변제 과정을 감독하기로 정하고 관리인에게 이를 통지하였다. 법원은 공장 및 부지 매각을 허가하였고, 매각대금으로 회생담보권과 회생채권을 전부 변제할 가능성이 커 보이자 관리인에게 이 규정에 의한 폐지신청을 권고하였다. 관리인은 폐지신청을 한 다음 회생담보권과 회생채권 전부를 변제하였고, 법원은 이 규정을 적용하여 폐지결정을 하였다.

나. 폐지사유 및 필요성의 판단

1) 폐지결정의 시기

원칙적으로 회생계획인가결정이 확정된 다음 회생절차폐지결정을 할 수 있다. 다만 회생계획인가결정이 확정되지 않았다 하더라도 항고심의 인가요건 존부의 판단시기는 항고심의 결정 시이기 때문에, 항고심 또는 재항고심이 회생계획의 수행가능성이 없다는 이유로 회생계획인가결정을 취소함으로써, 실질적으로 회생절차폐지와 같은 결과를 가져올 수도 있다.

2) 폐지결정의 실질적 요건

회생절차폐지결정을 하기 위해서는 채무자가 회생계획을 수행할 가능성이 없음이 명백할 것을 필요로 한다.

회생계획을 수행할 가능성이 없다는 것은 채무자가 회생할 가능성이 없다는 의미이다. 즉 회생절차 진행 중에 다시 도산할 우려가 높거나, 회생절차가 종료되더라도 독립하여 사업을 영위할 능력이 없다는 것을 의미한다. 따라서 회생계획 중 채무자의 회생과 깊은 관련이 없는 사항, 예를 들어 소각이 예정된 주식 중 일부에 대하여 소각을 할 수 없는 사정이 발생하였다거나 일부 채권자의 소재불명으로 채권을 변제할 수 없다고 하는 사정은 여기서 말하는 회생계획의 수행불가능과는 관계가 없다. 그러나 이와 반대로 아직 주요 회생채권의 변제기가 도래하지 않았지만, 현재 영업환경과 자금사정이 극도로 나빠져 장래 변제기가 도래하더라도 회생채권을 변제하지 못할 것이 분명하다면 아직 구체적인 회생계획의 미이행이 없더라도 회생계획 수행가능성이 없는 것이다.[18] 결론적으로 말하여 회생계획을 수행할 가능성이 없다는 것은 채무자가 회생계획에서 예정하고 있는 사업계획, 자산매각계획, 증자계획, 신규자금 차입계획 등 자금수지계획의 중요 부분을 이행하지 못하거나 이행할 가능성이 없어 앞으로 회생할 가능성이 없다고 판단되는 경우를 말하는 것이다.

---

18) 서울중앙지방법원은 2009회합48 자프린트닷컴(주) 사건에서, 회생계획상 회생채권의 변제기가 도래하지 않은 상황에서는 회생계획을 수행할 수 없는 것이 명백하다고 볼 수 없으므로 회생절차를 계속 진행하여야 한다는 채권자들의 주장에 대하여, 그 당부를 판단하기 위해 조사위원에게 채무자의 회생계획 수행가능성에 대하여 재조사를 명하였는바, 재조사 결과 비록 아직까지 회생계획상 회생채권의 변제기가 도래하지는 아니하였으나, 채무자가 모든 신규영업을 중단하고 채무자의 직원 대부분이 사직서를 제출한 상태로서, 운전자금의 부족, 신규차입의 제한, 경기 불황 등으로 인한 영업부진이 개선될 여지가 없어 보이고 회생절차를 계속 진행함에 따라 공익채권을 증가시킬 뿐 회생계획에서 계획한 사업계획을 수행할 가능성이 없다는 조사위원의 의견에 따라 채무자에 대한 회생절차를 폐지하였다.

그 구체적인 경우로서는 ① 회생계획에 따른 변제를 제대로 이행하지 못하고 있고, 앞으로도 변제의 지체가 계속될 것으로 예상되는 경우, ② 영업실적이 회생계획상 예정된 사업계획의 수준에 현저히 미달하고 있고, 가까운 장래에 회복될 전망이 보이지 않는 경우, ③ 회생계획에서 정한 자산매각계획을 실현하지 못하여 향후 자금수급계획에 현저한 지장을 초래할 우려가 있는 경우, ④ 공익채권이 과다하게 증가하여 향후 회생계획의 수행에 지장을 초래할 우려가 있는 경우, ⑤ 노사쟁의 기타 채무자 내부의 분규나 이해관계인의 불합리하고 과다한 간섭 등이 계속되어 채무자의 영업 운영에 심각한 차질이 발생한 경우 등이 있을 수 있다.

3) 폐지사유 검토 시 유의사항

회생절차를 폐지하기 위해서는 회생계획의 수행가능성이 없다는 것이 명백하게 드러나야 한다. 법원 스스로 채무자가 회생계획을 수행할 수 있을지 여부를 쉽게 판단할 수 있는 경우가 대부분이지만, 필요하다면 채권자협의회의 신청에 의하거나 직권으로 조사위원으로 하여금 채무자의 재산 및 영업상태를 실사하게 할 수 있다(법 제259조 제2호).

회생계획의 수행가능성은 채무자의 모든 사정을 종합적으로 고려하여 판단하여야 한다. 예를 들어, 회생계획에서 특정 연도에 증자를 계획하고 있었는데 채무자가 증자에 실패하여 자금사정이 어려워졌다고 하여 바로 회생절차폐지결정을 할 것은 아니다. 부실기업의 인수와 회생을 목적으로 하는 벌처펀드(vulture fund)나 기업구조조정전문회사(조합) 등이 이러한 채무자를 인수할 가능성도 있으므로, 이러한 가능성까지도 미리 검토한 후에 회생절차폐지결정을 하는 것이 바람직하다.

그리고 대다수 채권자가 회생절차의 폐지를 바라지 않는다는 것 자체가 회생절차폐지결정을 함에 있어서 반드시 고려하여야 할 사항은 아니지만, 채권자 대다수가 회생계획의 변경을 통하여 채무자의 회생을 원하고 있고 변경될 회생계획이 채무자의 회생에 적합한 수준이라면 회생계획의 변경을 고려할 수도 있다.[19]

---

19) 서울회생법원은 회생계획의 수행가능성에 의문이 제기된 다수의 사례에서 인가 후 M&A를 전제로 한 회생계획의 변경절차를 진행하도록 하였다.

다. 폐지절차 및 실무상의 유의사항

1) 이해관계인에 대한 의견청취

이 규정에 의하여 회생절차폐지결정을 하기 전에는 반드시 기한을 정하여 관리위원회, 채권자협의회 및 이해관계인에게 의견 제출의 기회를 주어야 한다. 필요하다면 기일을 열어 의견을 들을 수도 있다(별 제288조 제2항). 의견제출기한이나 기일은 공고하여야 하며, 확정된 회생채권 또는 회생담보권에 기하여 회생계획에 의하여 인정된 권리를 가진 자 중에서 알고 있는 자에 대하여는 송달하여야 한다(별 제288조 제3항).

실무상 폐지에 관한 의견청취를 위하여 기일을 여는 경우는 많지 않지만, 기일을 여는 경우에는 법 제182조에 의하여 관리인, 조사위원, 채무자, 회생채권자 및 회생담보권자, 회생을 위하여 채무를 부담하거나 담보를 제공한 자 등에게 기일을 통지하여야 한다. 실무상 이해관계인의 의견을 듣기 전에 관리인이 폐지를 신청한 경우에는 관리인으로 하여금 폐지신청에 이르게 된 경위 등을 설명하게 하고 있으며, 법원이 직권으로 기일을 지정하여 실시하는 경우에는 법원이 그동안의 경위 등을 설명하는 것이 바람직하다. 이 규정에 따라 기일이 열린 경우 어떠한 사항을 결의하는 것이 아니며, 단지 폐지결정에 대한 이해관계인의 의견을 듣는 것으로 족하다(기일지정결정문례는 [별지 207], 공고문례는 [별지 208], 조서기재례는 [별지 209] 참조).

실무에서는 이 규정에 따라 기일을 열지 아니하고 단순히 기한을 정하여 이해관계인으로 하여금 의견을 제출할 기회를 부여하는 예가 더 많다. 의견제출기한을 정하는 결정 역시 공고하여야 하며, 확정된 회생채권 또는 회생담보권에 기하여 회생계획의 규정에 의하여 인정된 권리를 가진 자 중에서 알고 있는 자에 대하여는 송달하여야 한다(별 제288조 제3항).[20] 실무상 의견제출기한은 의견회신에 필요한 기간을 감안하여 보통 2주 내지 4주 정도로 정하고 있고, 만약 채권자협의회가 구성되어 있으면 채권자협의회에도 의견조회서를 보내고 있다(의견제출기한 지정결정문례는 [별지 210], 공고문례는 [별지 211], 의견조회서는 [별지 212]·[별지 212-1]·[별지 213] 참조). 실무상 의견회신 결과 대부분 채권자들이 반대의견을 내는 경우가 자주 있으나, 법원이 이에 구애받을 필요는 없다.

---

20) 다만, 채권자들의 수가 매우 많을 경우에는 일정액 이상의 채권자들에게만 제출기한을 명시한 의견조회서를 송달하고, 일정액 미만의 채권자들에게는 공고로 송달에 갈음하는 결정을 한 후 공고를 하는 방법을 상정해 볼 수도 있다.

2) 폐지결정 전의 준비사항

회생절차폐지결정을 하기 전에 채무자에 대한 회생절차를 폐지할지 여부를 신중하게 고려해야 하나, 일단 회생절차를 폐지하기로 했으면 회생절차폐지결정에 앞서 필요한 사항을 준비하고 회생절차폐지에 관한 의견조회를 하여야 한다.

회생절차폐지결정을 하기로 재판부 내부에서 결정이 되면 관리인에게 그와 같은 취지를 알림과 동시에 회생절차폐지결정을 위한 준비를 시켜야 한다. 일시에 영업을 중단함으로써 발생하는 경제적 피해 및 혼란을 막기 위하여 단계적으로 생산량을 축소함으로써 영업중단 시 잔존하는 원재료 등 재고자산을 최소화하여야 하고, 거래처에 대한 물품대금 채권의 회수를 가급적 회생절차폐지결정 이전에 완료하여야 하며, 근로자들에 대하여도 계약직으로 전환함으로써 영업중단에 대비하여야 할 것이다. 따라서 관리인은 회생절차폐지결정 전에 취해야 할 위와 같은 조치들에 대한 단계적 계획을 수립하여 이를 수행하여야 할 것이다.

회생절차폐지에 관한 의견조회를 하기 전에는 관리인에게 회생절차폐지결정에 필요한 자료를 제출하도록 하는 것이 좋다. 제출하도록 하는 주요 자료는 ① 채무자의 개요, 파탄에 이르게 된 사정에 관한 내용, ② 회생절차개시신청 후 현재에 이르기까지의 경과, ③ 최근 5개년간의 재무상태표, 손익계산서(회생계획상의 추정과 대비), ④ 회생계획인가결정 후 회생계획 수행현황과 향후 수행가능성에 관한 의견, ⑤ 공익채권 현황, ⑥ 현재의 주요 회생담보권자, 회생채권자의 현황(채권자명, 담당부서, 전화, 팩스번호, 담당자) 등인데, 특히 ④번에 관하여는 (i) 회생계획상 회생담보권 및 회생채권의 규모와 변제계획, (ii) 회생채권 등의 변제실적과 미변제채무의 현황, (iii) 회생계획 수행차질의 원인 등에 관한 내용과 의견을 제출하도록 한다. 만약 회생절차폐지에 관한 이해관계인의 의견을 듣기 위한 기일을 여는 경우에는 관리인으로 하여금 위와 같은 내용이 포함된 보고서를 제출하도록 하면 될 것이다. 그리고 위와 같이 제출된 자료는 회생절차폐지에 관한 의견조회 시 이해관계인의 판단을 돕기 위하여 법원과 채무자의 주된 사무소 또는 영업소에 비치하여 자료 열람을 원하는 이해관계인에게 공개하도록 하는 것이 바람직하다.

회생절차가 폐지된 채무자에 대하여는 법원이 직권으로 파산을 선고하여야 한다(법6조제1항). 따라서 회생절차폐지결정에 대한 의견조회를 하기 전에 관리인으로 하여금 파산절차에 필요한 비용을 예납하도록 명령하는 것이 바람직하다. 실무상은 이 경우를 대비하여 회생절차개시 단계에서 예납명령 시 미리 파산절차에 필요한 비용으로 약 500만 원 정도를 추가로 예납하도록 하는 경우도 있다.

3) 폐지결정

회생절차의 폐지는 결정으로 하여야 한다. 회생절차폐지결정에 대해서는 즉시항고가 제기되는 경우가 많기 때문에 상급심의 판단에 도움을 주기 위하여 회생절차폐지결정의 이유에 회생계획의 수행가능성이 없다는 점을 명백히 기재하는 것이 바람직하다(이 규정에 의한 회생절차폐지결정의 기재례는 [별지 214] 참조).

4. 폐지결정 후 법원의 조치

가. 공   고

회생절차폐지결정을 한 경우에는 그 주문과 이유의 요지를 공고하여야 하지만, 회생절차폐지결정문을 이해관계인에게 송달하지 아니할 수 있다(법 제289조). 그러나 실무에서는 관리인 및 채권자협의회에 회생절차폐지결정문을 송달하고 있다(공고문의 기재례는 [별지 215] 참조, 채권자협의회에 대한 회생절차폐지결정문 송부 기재례는 [별지 216] 참조).

나. 폐지결정 확정 후의 조치

회생절차폐지결정에 대해서는 이해관계인이 즉시항고를 할 수 있으므로(법 제290조 제1항, 제247조 제1항), 다음 사항은 회생절차폐지결정이 확정된 이후에 조치하여야 한다.

1) 감독행정청 등에 대한 통지

주식회사인 채무자에 대하여 회생절차폐지결정이 확정된 경우 법원은 감독행정청 등에게 그 취지를 통지하여야 한다(법 제290조 제2항, 제40조 제1항). 실무상으로는 주식회사가 아닌 채무자의 경우에도 같은 통지를 하고 있다.

통지의 대상이 되는 감독행정청은 채무자의 업무를 감독하는 행정청, 금융위원회, 채무자의 주된 사무소 또는 영업소(외국에 주된 사무소 또는 영업소가 있는 때에는 대한민국에 있는 주된 사무소 또는 영업소를 말한다)의 소재지를 관할하는 세무서장 등이다(법 제40조 제1항)(통지서의 기재례는 [별지 217] 참조).

2) 사무소 및 영업소 소재지 등기소에 대한 등기촉탁

법인인 채무자에 대하여 회생절차폐지결정이 확정된 경우에는 법원사무관등은 직권으로 지체 없이 촉탁서에 결정서의 등본 또는 초본 등 관련 서류를 첨부하여 채무자의 각 사무소 및 영업소(외국에 주된 사무소 또는 영업소가 있는 때에는 대한민국에 있는 사무소 또는 영업소)의 소재지의 등기소에 그 등기를 촉탁하여야 한다(볍 제23조)(법인 채무자에 대한 등기·등록촉탁서의 기재례는 [별지 218]·[별지 219] 참조). 회생절차폐지결정의 등기를 한 경우 등기관은 직권으로 회생절차개시등기, 회생계획인가등기 및 관리인, 관리인대리 또는 법 제74조 제4항에 의하여 법인의 대표자를 관리인으로 본다는 취지의 등기를 말소하여야 한다(「채무자 회생 및 파산에 관한 법률」에 따른 법인등기 사무처리지침 제13조 제2항).

3) 채무자 재산에 관한 등기·등록 촉탁

법원사무관등은 회생절차폐지결정이 확정되면 등기·등록의 대상이 되는 법인이 아닌 채무자의 재산에 대하여는 재산보전처분결정, 회생절차개시결정, 회생계획인가결정의 각 기입등기의 각 말소등기(등록) 및 회생절차폐지결정의 기입등기(등록)의 촉탁을 하여야 하고(법 제24조 제1항 제1호·제2호, 제5항, 제27조), 법인인 채무자의 재산에 대하여는 재산보전처분결정 기입등기의 말소등기(등록) 촉탁을 하여야 한다(법문 제24조 제1항 후, 제2호, 제27조). 촉탁서에는 등기의 목적, 등기의 원인 및 그 일자, 결정을 한 법원을 기재하고, 회생절차폐지결정문의 등본 또는 초본을 첨부하여야 하는데(등기예규 제17조 제1항), 등기·등록이 되는 재산의 목록 및 법원회신용 부본은 채무자로부터 제출받아 첨부하고 있다(개인 채무자에 대한 등기·등록 촉탁서의 서식은 [별지 220] 참조).

4) 파산절차로 이행

파산선고 전의 채무자로서 회생계획인가 후 회생절차폐지 또는 간이회생절차폐지의 결정이 확정된 채무자에 대하여는 파산의 원인이 되는 사실이 있다고 인정하는 때에는 직권으로 파산을 선고하여야 한다(법 제6조 제1항). 회생계획인가 전에 회생절차폐지결정 또는 간이회생절차폐지결정이 확정된 채무자에게 파산의 원인이 있는 경우에는 채무자 또는 관리인의 신청에 의하거나 직권으로 파산을 선고할 수 있다(법 제6조 제2항).[21] 만약 채무자에 대하여 이미 파산의 선고가 있었다면 그 파산의 절차가 속행된다(법 제7조 제1항). 이에 관하여는 제3절에서 설명한다.

다. 관리인의 조치사항

회생절차폐지결정이 확정되면 관리인의 임무는 당연히 종료한다. 따라서 관리인은 임무가 종료된 때에는 지체 없이 법원에 계산의 보고를 하여야 한다(법 제84조 제1항). 관리인이 제출하는 계산의 보고에는 관리인과 채무자 사이의 사무인계서와 인수의 구체적인 내역으로서 채무자의 인원 현황, 자금수지 상황, 자산과

---

21) 서울회생법원은 회생계획인가 전 폐지 사건의 경우 채무자, 관리인 등의 의사를 존중하여 이들이 사적 청산보다는 파산절차를 이용하기를 원하여 파산신청을 하지 않는 이상 파산선고를 하지 않는 것을 원칙으로 하고 있다.

부채의 증감 현황, 회생채권의 변제내역 등이 포함된 현황, 재무상태표 등을 첨부하도록 하고 있다. 만약 관리인이 계산의 보고를 제출하지 않을 경우에는 법 제648조 제2항에 의하여 처벌될 수도 있다.

5. 폐지결정에 대한 불복

가. 즉시항고

회생절차종결결정에 대하여는 불복할 수 없지만, 회생절차폐지결정에 대하여는 즉시항고를 할 수 있다(법 제290조 제1항, 제247조 제1항 전단). 한편 회생절차폐지신청을 기각하는 결정에 대하여는 즉시항고가 허용되지 않는다.

나. 항고제기의 방식

1) 항고권자

항고권자의 범위는 법 제290조에 의하여 준용되는 법 제247조에 의하여 정해진다. 회생계획인가 전 폐지의 경우에는 관리인, 목록에 기재되어 있거나 신고한 회생채권자·회생담보권자·주주·지분권자이다. 채무자가 항고권을 가지는지 여부가 문제되나, 채무자 역시 회생절차폐지결정에 대하여 법률상의 이해관계를 가지는 자라고 할 것이므로 항고권을 가진다고 보는 것이 타당하다.[22] 회생채권 등의 조사절차에서 권리가 인정되지 않은 자는 항고권이 없다. 의결권이 없는 회생채권자·회생담보권자·주주·지분권자가 항고를 할 경우에는 권리자임을 소명하여야 한다.

회생계획인가 후에 회생절차가 폐지된 경우에는 관리인, 회생계획에 의하여 권리가 인정된 회생채권자·회생담보권자·주주·지분권자, 회생을 위하여 채무를 부담하거나 담보를 제공한 자 등이 항고를 제기할 수 있다. 채무자가 항고권을 가지는지 여부가 문제되나, 회생계획인가 전 폐지의 경우와 마찬가지의 이유로 항고권을 가진다고 보는 것이 타당하다. 폐지신청에 의하여 회생절차폐지결정이 내려진 경우 신청인은 회생절차폐지결정에 대하여 항고할 수 없다.[23]

2) 항고기간

즉시항고는 폐지결정의 공고가 있은 날부터 14일 이내에 제기하여야 하며

---

22) 참고로 대법원 2021. 8. 13. 자 2021마5663 결정은 회생절차개시결정에 대해 채무자의 즉시항고권을 인정하였다.
23) 임채홍·백창훈(하), 435면.

(별 제13조 제2항), 공고의 효력은 관보에 게재된 날의 다음 날 또는 대법원규칙이 정하는 방법에 의한 공고가 있은 날의 다음 날부터 효력이 발생한다(별 제9조 제2항).

3) 항고장의 제출

항고의 제기는 회생계속법원에 항고장을 제출함으로써 한다(별 제33조, 민사 소송법 제445조). 항고장에는 ① 항고인 및 법정대리인, ② 항고로서 불복을 신청한 폐지결정에 대하여 항고한다는 취지를 기재하여야 하고, 2,000원의 인지를 첨부하여야 한다.

다. 항고장의 심사 및 항고보증금 공탁명령

즉시항고가 제기된 경우, 원심법원인 회생계속법원은 항고장을 심사하여야 한다. 우선 인지가 첨부되어 있는지 여부와 즉시항고 기간 내에 항고가 제기되었는지 여부를 검토하여야 한다. 만일 즉시항고가 그 기간을 넘겨 제기된 것이 분명한 경우 회생계속법원 재판장이 명령으로 항고장을 각하하여야 한다(별 제33조, 민사소송 제443조, 제399조).

그리고 회생계속법원은 기간을 정하여 항고인으로 하여금 대법원규칙이 정하는 범위 안에서 보증으로 금전이나 법원이 인정하는 유가증권을 공탁하게 할 수 있다(별 제290조 제1항, 제247조 제4항). 법이 회생절차폐지결정에 대한 항고와 관련하여 항고보증금 제도를 둔 것은 회생계속법원의 위 결정에 대하여 부정적 이해관계를 가진 자의 항고권 남용으로 절차가 지연될 경우 야기될 수 있는 다른 이해관계인의 손해를 방지하기 위하여 항고권을 합리적으로 제한하고자 하는 것이다.[24] 회생절차폐지결정에 대하여 항고장이 제출된 경우 원심법원은 1주일 이내에 항고인에게 보증으로 공탁하게 할 것인지 여부를 결정하여야 한다(규칙 제71조 제1항). 항고인에게 보증으로 공탁하게 할 금액은 회생채권자와 회생담보권자의 확정된 의결권 액(그 액이 확정되지 않은 경우에는 목록에 기재되거나 신고된 의결권액) 총액의 20분의 1 이내로 정하되(규칙 제71조 제2항), ① 채무자의 자산·부채의 규모 및 재산상태, ② 항고인의 지위 및 항고에 이르게 된 경위, ③ 향후 사정변경의 가능성, ④ 그동안의 절차 진행경과 및 기타 제반 사정을 고려하여야 한다(규칙 제71조 제3항)(이 규정에 의한 항고보증금 공탁명령의 기재례는 [별지 221] 참조).[25]

---

24) 대법원 2011. 2. 21. 자 2010마1689 결정.

25) 한편 회생사건의 처리에 관한 예규(재판예규 제1655호, 시행 2017. 5. 12.) 제11조에는 회생계획불인가결정 또는 회생절차폐지결정에 대한 항고를 할 때에 항고인이 보증으로 공탁한 현금 또는 유가증권의 출급 또는 회수의 절차에 대하여 다음과 같이 규정하고 있다.
  ① 파산재단에 속하게 된 경우의 출급 절차
    항고가 기각되고 채무자에 대하여 파산선고가 있거나 파산절차가 속행됨으로써, 보증으로

만약 항고인이 법원이 정하는 기간 내에 보증을 제공하지 아니하는 때에는 법원은 결정으로 항고를 각하하여야 한다(법 제290조, 제247조 제5항). 법 제247조 제5항의 법문상 '항고를 각하'하는 것으로 되어 있으나 법 제247조 제5항의 '항고'는 '항고장'을 의미한다고 해석함이 타당하다. 따라서 항고인이 정해진 기간 내에 보증을 제공하지 아니한 때에는 회생법원이 결정으로 '항고장'을 각하하여야 한다(규칙 제71조 제4항)(이 규정에 의한 항고장 각하결정의 기재례는 [별지 222] 참조)(자세한 내용은 '제15장 제6절 3.' 참조).

한편 항고장 각하결정에 대하여는 법에 즉시항고를 할 수 있다는 규정이 없으므로, 이에 대한 불복은 민사소송법에 의한 특별항고로 해야 할 것이다.[26]

그리고 일반 민사소송 절차와 마찬가지로 회생계속법원이 항고가 이유 있다고 인정하는 경우에는 원결정을 경정하여야 하며(재도의 고안), 항고가 이유 없다고 인정되는 경우에는 항고법원에 기록을 송부하여야 한다(법 제33조, 민사소송법 제400조).

라. 항고제기의 효과

법에 특별한 정함이 없으므로 회생절차폐지결정에 대한 즉시항고의 경우에는 집행정지의 효력이 있다(법 제13조 제3항). 따라서 채무자에 대하여 회생절차폐지결정을 하였다 하더라도 즉시항고가 제기되면 종전의 개시결정이나 인가결정으로 인하여 발생했던 효력은 계속 유지된다. 따라서 관리인의 지위에는 변동이 없으며, 법원이 정했던 범위의 법률행위나 자금집행행위는 여전히 법원의 허가를 얻어 하여야 한다.

다만 회생절차가 폐지된 채무자는 대부분 청산하거나 파산으로 이행할 가능성이 높으므로 종전과 같은 허가기준을 적용하여서는 안 될 것이다. 예를 들어, 신규 사업을 추진한다거나 통상의 영업행위의 범주에 속하지 않는 행위를 하는 것은 허가할 수 없는 경우가 많을 것이다. 따라서 회생절차폐지결정에 대

공탁한 현금 또는 유가증권이 파산재단에 속하게 된 경우에는, 파산관재인이 위 사항을 증명하는 서면(파산사건 담당 재판부의 법원사무관등이 발급한 것에 한한다)을 첨부하여 공탁금 출급청구를 할 수 있다.

② 공탁자의 회수절차

항고가 인용된 경우 또는 항고가 기각되고 채무자에 대하여 파산선고가 없으며 파산절차가 속행되지 않는 경우에는 공탁자가 공탁서와 항고 인용의 재판이 확정되었음을 증명하는 서면 또는 채무자에 대하여 파산선고가 없으며 파산절차가 속행되지 않음을 증명하는 서면(회생사건 담당 재판부의 법원사무관등이 발급한 것에 한한다)을 첨부하여 공탁물 회수청구를 할 수 있다. 다만 법원사무관등은 위 증명서를 발급할 때 미리 회생사건 담당재판부 재판장의 허가를 받아야 한다.

26) 대법원 2011. 2. 21. 자 2010마1689 결정.

하여 즉시항고가 제기된 경우 법원은 파산재단에 속하게 될 재산이 산일되지 않도록 허가를 해 줄 범위에 관하여 방침을 정해 두고 있어야 한다.

마. 재 항 고

위 즉시항고에 관한 항고법원의 재판에 대하여 재판에 영향을 미친 헌법·법률·명령 또는 규칙의 위반이 있는 경우에는 위 항고법원의 재판에 관한 불복으로 재항고를 할 수 있다(법 제290조, 제247조 제7, 민사소송법 제442조). 이때 재항고기간에 관하여는, ① 재항고의 경우 민사소송법 제443조 제2항에 의하여 민사소송법의 상고에 관한 규정이 준용되고, 상고와 상고심의 소송절차에 관하여 특별한 규정이 없으면 항소에 관한 규정이 준용되므로(민사소송법 제425조), 위 즉시항고에 관한 결정이 고지된 때로부터 2주 이내에 하여야 한다는 견해(민사소송법 제396조)와, ② 재항고의 경우 그 대상이 되는 재판의 내용에 따라 통상항고인지 즉시항고인지 여부가 결정되는데, 즉시항고에 대하여 항고심이 각하, 기각한 경우 그에 대한 재항고는 즉시항고로서의 성격을 가지므로[27] 위 즉시항고에 관한 결정이 고지된 때로부터 1주 이내에 하여야 한다는 견해의 대립이 있다.[28] 또한 재항고장은 원심법원에 제출하여야 하고(민사소송법 제397조 제1항), 재항고의 경우에도 항고보증금에 관한 법 제247조 제4항 내지 제6항에 관한 규정이 준용된다.

6. 폐지결정의 효력

회생절차종결결정과 마찬가지로 회생절차폐지결정으로 인하여 회생절차가 종료된다. 그러나 회생절차폐지결정에 대하여는 즉시항고 및 재항고를 제기할 수 있으므로 회생절차폐지결정이 확정된 때에 효력이 발생한다.

가. 회생절차의 종료

1) 관리인의 권한 소멸과 채무자의 권한 회복

회생절차폐지결정의 효력이 발생하면 법 제74조 제2항에 의하여 선임된 관

---

27) 대법원 2011. 6. 29. 자 2011마474 결정.
28) 다만 이 견해에 의하더라도 원심의 인가 전 회생절차폐지결정에 대한 즉시항고에 대하여 항고심이 이를 인용하여 원심결정 취소 및 회생계획인가결정을 할 경우, 이에 대한 불복으로서의 재항고는 비록 그 성격이 즉시항고이기는 하지만(법 제247조 제1항) 회생계획인가결정에 대하여는 공고가 행하여지므로 위 재항고는 회생계획인가결정의 공고가 있은 날부터 14일 이내에 하여야 한다(법 제13조 제2항, 제245조 참조)는 결론에 이르게 될 것이다.

리인의 권한 또는 법 제74조 제4항에 의하여 관리인으로 간주된 채무자 대표자의 회생절차에 기하여 인정된 권한은 소멸되고 채무자의 업무수행권 및 재산의 관리처분권은 채무자에게 회복된다.

특히 주의할 것은, 도산절차의 특유한 제도로서 회생절차의 진행을 전제로 관리인만이 행사할 수 있는 부인권도 회생절차의 폐지에 의하여 소멸한다는 점이다. 그러므로 비록 회생절차 진행 중에 부인권이 행사되었다고 하더라도 이에 기하여 채무자에게로 재산이 회복되기 이전에 회생절차가 폐지된 때에는 부인권 행사의 효과로서 상대방에 대하여 재산의 반환을 구하거나 또는 그 가액의 상환을 구하는 권리 또한 소멸한다.[29] 그러나 회생절차가 폐지되어 견련파산에 의하여 파산절차로 이행하는 경우에는 법 제6조 제6항에 의하여 파산관재인이 종전 회생절차에서 관리인이 수행 중이던 부인의 소 또는 부인권행사에 기한 청구를 수계함으로써 부인권을 계속하여 행사할 수 있다.

회생절차폐지결정이 확정된 때에는 법 제6조 제1항에 의하여 파산선고를 하여야 하는 경우를 제외하고 관리인은 채무자의 재산으로 공익채권을 변제하고 이의 있는 것에 관하여는 그 채권자를 위하여 공탁하여야 한다(법 제291조). 회생절차가 폐지된 채무자는 자금이 부족한 경우가 많고, 따라서 공익채권자의 권리행사가 곤란한 경우가 많으므로 특별히 그 변제에 유의하라는 취지를 규정한 것이다.[30]

2) 채무자에 대한 절차적 구속의 소멸

회생절차가 개시된 후부터 그 종료 시까지 채무자는 회생절차에 의하지 아니하고 ① 자본 또는 출자액의 감소, ② 지분권자의 가입, 신주 또는 사채의 발행, ③ 자본 또는 출자액의 증가, ④ 주식의 포괄적 교환 또는 주식의 포괄적 이전, ⑤ 합병·분할·분할합병 또는 조직변경, ⑥ 해산 또는 회사의 계속, ⑦ 이익 또는 이자의 배당, ⑧ 법인 채무자의 경우 정관변경 등을 할 수 없으나(법 제55조), 회생절차가 폐지되면 회생절차가 종료되므로 채무자는 이에 대한 구속을 받지 않고 상법 등의 규정에 따라 자유로이 이를 할 수 있게 된다. 그러나 채무자에 대하여 직권으로 파산이 선고되는 경우에는 파산절차에 들어가게 되므로, 채무자가 위와 같은 행위를 할 여지는 없다.

---

29) 대법원 1995. 10. 13. 선고 95다30253 판결, 정리절차종결결정에 관한 판례로는 대법원 2006. 10. 12. 선고 2005다59307 판결. 위 판결에서 대법원은 "부인의 소 또는 부인권의 행사에 기한 청구의 계속 중에 정리절차종결결정이 확정된 경우에는 관리인의 자격이 소멸함과 동시에 당해 소송에 관계된 권리 또한 절대적으로 소멸하고 어느 누구도 이를 승계할 수 없다."라고 판시하였다.

30) 임채홍·백창훈(하), 454면.

3) 개별적 권리행사 제약의 해소

회생절차 중에는 회생채권자는 회생절차에 의하지 아니하고는 채무자로부터 채무의 변제를 받을 수 없으므로(법제131조), 개별적으로 가압류 등의 보전처분을 하거나 강제집행을 할 수 없다. 그러나 회생절차가 폐지되어 종료되면 회생채권자는 개별적으로 소구하거나 강제집행을 할 수 있게 된다. 한편 대부분 회생계획에는 회생절차가 폐지될 경우 유예되었던 회생채권의 기한이 모두 도래한다는 취지가 규정[31]되어 있으므로, 회생채권의 변제기 미도래로 인한 문제는 없을 것이다. 하지만 회생절차 진행 중에 이미 실권된 채권이나 회생계획에서 보호되지 않은 권리는 회생절차가 폐지되더라도 부활하지 않는다. 한편 법 제6조에 의하여 채무자에 대하여 파산이 선고되는 경우에는 권리자들이 개별적으로 강제집행 등을 할 수 없고, 파산절차에 의하여 구제를 받을 수밖에 없다.

나. 효과의 불소급성

회생절차의 폐지는 회생절차개시결정의 취소와 달리 원칙적으로 기존에 발생한 효과를 소급적으로 소멸시키지 않는다. 다만 회생계획인가 전의 폐지와 인가 후의 폐지 사이에는 그 불소급성에 관하여 차이가 있다.[32]

1) 회생계획인가 전 폐지의 경우

회생절차폐지의 효력은 소급하지 않는다. 따라서 회생절차개시 후에 관리인이 행한 행위의 효과는 소멸하지 않고[33] 회생채권 등 확정의 효과도 소멸하지 않는다. 이사 등에 대한 책임 추급의 효과 등도 그 효력이 유지된다. 다만 회생계획인가 전에는 실권(법제251조), 권리의 변경(법제252조) 등의 실질적인 권리변동이 없다.

2) 회생계획인가 후 폐지의 경우

회생계획인가 후에 회생절차가 폐지되는 경우에는 그동안 회생계획의 수행이나 법률의 규정에 의하여 생긴 효력에 영향을 미치지 아니한다(법제288조 제4항). 즉 관리인의 업무수행이나 재산관리에 따른 종전 행위의 효력은 그대로 유지되며, 법 제251조에 의한 면책의 효력과 제252조에 의한 권리변경의 효력은 회생절차가

---

31) 대부분 회생계획에서 "회생절차가 폐지되는 경우 회생담보권 및 회생채권에 관하여 본 회생계획에서 정한 변제기일에도 불구하고 그 기일이 도래하는 것으로 한다."라는 규정을 두고 있다.

32) 임채홍·백창훈(하), 440면 이하.

33) 대법원 2022. 6. 16. 선고 2022다211850 판결은 쌍방미이행 쌍무계약에 관한 관리인의 해제의 효력이 문제된 사안에서 "관리인이 법 제119조 제1항에 따라 이 사건 계약에 관한 해제의 의사표시를 한 이상, 채무자에 대하여 회생계획이 인가되기 전에 회생절차폐지결정이 확정되었더라도, 이 사건 계약은 그 무렵 종국적으로 그 효력이 상실되었다."라고 판시하였다.

폐지되더라도 그대로 유지된다.[34] 그 밖에 회생을 위하여 채무를 부담하거나 담보를 제공한 자에 대한 효력, 정관변경의 효력, 신 회사의 설립이나 합병 등의 효력도 그대로 유지된다.

다. 계속 중인 경매절차 등에 미치는 영향

파산절차, 채무자의 재산에 대하여 이미 행한 회생채권 또는 회생담보권에 기한 강제집행 등, 국세징수의 예에 의하여 징수할 수 있는 청구권으로서 그 징수우선순위가 일반 회생채권보다 우선하지 아니한 것에 기한 체납처분은 회생절차개시결정으로 인하여 중지되고(법 제58조 제2항), 위 절차 중 체납처분을 제외한 다른 절차는 회생계획인가결정으로 인하여 실효된다(법 제256조). 따라서 회생계획인가 전에 폐지가 된 경우에는 중지된 절차들이 다시 속행되지만, 회생계획인가 후에는 절차 속행의 문제가 발생하지 않는다. 회생계획인가 후에 폐지가 된 경우에는 다시 위 절차의 신청 등을 하여야 한다.[35]

라. 폐지된 회생절차에서의 권리확정절차에 미치는 영향

1) 회생절차폐지 후 파산이 선고되지 않은 경우

가) 회생계획인가 전 폐지

(1) 채권조사확정재판의 절차가 진행 중인 경우 회생계획인가 전에 회생절차가 폐지되었는데 채권조사확정재판의 절차가 진행 중인 경우에는 당해 채권조사확정재판은 변론을 거치는 소송절차가 아니고 회생절차 내에서 회생채권 등의 조속한 확정을 위하여 심문을 거쳐서 하는 간단한 절차이므로, 회생채권 및 회생담보권 확정의 소와 달리 통상의 소송으로 변경되지 않고 종료된다. 이러한 경우에는 채권 존부에 관한 다툼의 해결을 위하여서는 새로이 소를 제기하여야 한다.

(2) 채권조사확정재판에 대한 이의의 소가 계속 중인 경우 채권조사확정재판에 대한 이의의 소가 계속 중인 경우에는 당사자가 누구인가에 따라 다르다.

① 회생채권 또는 회생담보권을 보유한 권리자가 이의한 관리인을 상대로 한 이의의 소가 계속 중인 경우에는 소송경제의 관점에서 이를 종료하여 무위에 돌리는 것보다는 계속 진행하는 것이 타당하므로, 회생절차폐지결정이 확정되면

---

34) 대법원 2021. 10. 28. 선고 2019다200096 판결 참조.
35) 다만 법 제6조 제1항에 의하여 법원이 직권으로 파산선고를 하게 되는 것이 일반적이므로, 파산이 선고된 후에는 그 효과에 의하여 위 절차의 신청 등을 할 수 없게 될 것이다.

이의의 소 소송절차는 중단되고, 채무자가 관리인의 소송절차를 수계하여야 하며 권리자는 청구를 채권조사확정재판의 변경을 구하는 것에서 채무자를 상대로 채무의 이행 등을 구하는 것으로 변경할 수 있다고 본다. ② 회생채권 또는 회생담보권을 보유한 권리자가 이의한 다른 회생채권자 또는 회생담보권자, 주주, 지분권자를 상대로 한 이의의 소가 계속 중인 경우에는 그 이의의 소는 회생절차 내에서의 회생채권 또는 회생담보권의 확정을 위하여만 의미가 있는 것이고, 그 이의의 소를 통상의 소송으로 변경할 필요도 없고 그 소송의 당사자 사이 판결의 효력이 채무자에게 미치지도 않으므로, 그 소송절차는 종료된다고 본다. ③ 회생채권 또는 회생담보권을 보유한 권리자가 이의한 관리인 및 다른 회생채권자 등 여럿을 상대로 한 이의의 소가 계속 중인 경우에는 그 이의의 소는 주관적 공동소송의 형태이고 관리인을 상대로 한 소송 부분은 위 ①의 경우와 같이 중단되고 채무자가 소송절차를 수계하여야 하며, 다른 회생채권자 등을 상대로 한 소송 부분은 위 ②의 경우와 같이 종료된다고 봄이 타당하다.

        나) 회생계획인가 후 폐지[36)37)]

    (1) 채권조사확정재판의 절차가 진행 중인 경우   회생절차가 폐지되더라도 회생계획인가결정의 효력으로 발생한 면책이나 권리변경의 효력이 존속하므로 채권확정절차는 필요한 것이고, 그러한 필요성이 있다면 보다 간단한 심리방식인 채권조사확정재판의 절차를 유지할 실익이 있는 점,[38)] 기존에 심리된 절차를 통하여 간단하게 권리를 확정하면 당사자에게도 이익이 되는 점, 기존의 절차를 무위로 돌리는 것은 절차의 경제성에 비추어 가급적 피하여야 한다는 점에 비추어 채권조사확정재판의 절차를 유지하는 것이 타당하다. 이 경우 관리인이 당사자인 채권조사확정재판의 절차는 중단되어 채무자가 그 절차를 수계하여야 하고, 회생채권자, 회생담보권자, 주주 등이 당사자인 채권조사확정재판의 절차는

---

36) 회생절차가 종결된 당시 채권조사확정재판의 절차가 진행 중이거나 채권조사확정재판에 대한 이의의 소가 계속 중인 경우도 동일하게 해석할 수 있을 것이다.

37) 회생계획인가가 있은 후 회생절차폐지의 결정이 확정된 경우 법원은 그 채무자에게 파산의 원인이 되는 사실이 있다고 인정하는 때에는 직권으로 필요적으로 파산선고를 하여야 하므로(법 제6조 제1항), 회생계획인가 후 폐지의 경우 파산선고가 되지 않는 경우는 제한적일 수밖에 없다.

38) 구 회사정리법상 회사정리절차에 관한 것이나 대법원 2007. 10. 11. 선고 2006다57438 판결은 "구 회사정리법 제278조에 의하면, 정리계획인가 후의 정리절차의 폐지는 그동안 정리계획의 수행이나 법의 규정에 의하여 생긴 효력에 영향이 미치지 아니하므로, 정리절차가 폐지된 후에도 구 회사정리법 제241조에 의한 면책의 효력과 구 회사정리법 제242조에 의한 권리변동의 효력은 그대로 존속하고, 여전히 권리확정의 필요가 있다. 따라서 정리절차 폐지로 인하여 종전에 계속중이던 권리확정소송이 당연히 종료한다거나 그 소의 이익이 없어진다고 볼 수 없고, 정리절차 폐지 후 파산이 선고되었다 하더라도 마찬가지이다."라고 판시하였다.

중단되지 않고 계속 진행된다.

　　(2) 채권조사확정재판에 대한 이의의 소가 계속 중인 경우　　회생계획인가 후에 회생절차가 폐지되었는데 채권조사확정재판에 대한 이의의 소가 계속 중인 경우에도 그 소송절차는 당연히 종료되거나 부적법하게 되는 것은 아니다. 이 경우 관리인이 당사자인 그 소송절차는 중단되어 채무자가 그 소송절차를 수계하여야 하고, 회생채권자, 회생담보권자, 주주 등이 당사자인 그 소송절차는 중단되지 않고 계속 진행된다.

　　다) 부인의 청구, 부인의 소 및 부인의 청구를 인용한 결정에 대한 이의의 소
　　　　가 계속 중인 경우

　　부인권은 회생절차의 진행을 전제로 관리인만이 행사할 수 있는 권리이므로 회생절차의 폐지로 소멸하고, 관련 소송절차는 종료된다. 다만 회생절차개시결정 당시 사해행위취소소송이 계속되어 관리인이 수계한 경우에는 회생절차폐지로 다시 채권자가 수계한다(법, 제113조 제2항, 제59조 제4항). 관리인이 항변의 방법으로 부인권을 행사한 후 그 소송절차 등의 계속 중에 회생절차가 폐지된 때에는 부인권 행사의 효과는 소멸되므로 부인권 행사의 효과가 유지됨을 전제로 하는 항변도 받아들일 수 없게 된다.

　　2) 회생절차폐지 후 파산이 선고된 경우[39]

　　가) 회생계획인가 전 폐지

　　(1) 채권조사확정재판의 절차가 진행 중인 경우　　회생계획인가 전에 회생절차가 폐지되어 법원이 법 제6조 제2항에 의하여 파산선고를 하였는데 회생절차폐지 당시 채권조사확정재판의 절차가 진행 중인 경우에는, 법 제6조 제5항 본문이 법 제3편(파산절차)을 적용할 때 법 제2편(회생절차)에 의한 회생채권의 신고, 이의와 조사 또는 확정은 파산절차에서 행하여진 파산채권의 신고, 이의와 조사 또는 확정으로 본다고 규정하고 있으므로, 회생절차폐지 후 파산이 선고되지 않은 경우와는 달리 회생절차폐지 당시 관리인을 당사자로 하여 진행 중인 채권조사확정재판의 절차가 당연히 종료된다고 할 수 없다. 이 경우 관리인이 당사자인 채권조사확정재판의 절차는 중단되어 파산관재인이 그 절차를 수계하

---

39) 아래의 설명은 회생절차폐지 후 법원이 법 제6조 제1항 또는 제2항, 제8항에 의하여 파산선고를 한 이른바 '견련파산'에 해당하는 경우를 전제로 한다. 회생계획불인가결정 등이 확정되어 법원이 위 규정에 의하여 파산선고를 한 경우와 법 제7조 제1항에 의하여 파산선고를 받은 채무자에 대하여 회생계획인가 전 회생절차폐지결정 등이 확정되어 파산절차가 속행되는 경우에도 동일하게 해석할 수 있을 것이다. 그러나 견련파산이 아닌 법 제3편(파산절차)에 의한 파산선고가 된 경우에는 그렇지 아니하다고 보아야 한다.

여야 하고, 권리자는 신청을 회생채권의 확정을 구하는 것에서 파산채권의 확정을 구하는 것으로 변경하여야 한다고 본다.[40]

다만 법 제6조 제5항 단서는 법 제134조 내지 제138조에 의한 채권의 이의, 조사 및 확정에 관하여는 그러하지 아니하다고 규정하고 있어 회생절차에서 신고된 회생채권이 법 제134조 내지 제138조에 의한 채권인 경우 그 이의, 조사 및 확정은 파산절차에서 행하여진 파산채권의 이의와 조사 또는 확정으로 볼 수 없다.[41] 법 제6조 제5항 단서의 규정상 그 채권은 파산절차에서 파산채권으로서 새로이 조사되어야 하므로, 회생절차폐지 당시 진행 중인 그 채권에 관한 채권조사확정재판의 절차는 견련파산의 경우에도 종료된다고 본다.

한편 회생절차가 폐지되어 법원이 법 제6조 제2항에 의하여 파산선고를 한 견련파산이 아닌, 회생절차폐지결정이 확정된 후 법 제3편(파산절차)에 의한 파산선고가 된 경우에는 법 제6조 제5항이 적용되지 아니하므로, 회생절차폐지 당시 진행 중인 채권조사확정재판의 절차는 종료된다고 보아야 한다.

(2) 채권조사확정재판에 대한 이의의 소가 계속 중인 경우   회생절차폐지 당시 채권조사확정재판에 대한 이의의 소가 계속 중인 경우에는, 위에서 본 바와 같이 법 제6조 제5항 본문의 규정상 회생절차폐지 당시 계속 중인 회생채권조사확정재판에 대한 이의의 소는 파산채권조사확정재판에 대한 이의의 소로 취급되어야 하므로, 이 경우 관리인이 당사자인 그 소송절차는 중단되어 파산관재인이 그 소송절차를 수계하여야 하고, 청구가 변경되어야 한다고 본다.[42][43]

---

40) 회생절차에서 채권조사확정재판을 신청한 채권자가 파산선고 후 그 신청을 회생채권의 확정을 구하는 것에서 파산채권의 확정을 구하는 것으로 변경하지 않더라도, 파산채권의 존부를 확정하는 주문의 재판을 하는 실무례도 있다. 또한 채권자는 파산선고 후 파산채권의 확정을 구하는 것으로 신청을 변경하지 않아도 되고 법원은 회생채권의 존부를 확정하는 재판을 하면 될 뿐이며, 그에 따라 확정된 회생채권을 법 제6조 제5항에 의하여 파산절차에서는 확정된 파산채권으로 취급하면 충분하다는 견해도 있다.

41) 법 제134조 내지 제138조의 채권은 '이자 없는 채권, 정기금채권, 비금전채권, 조건부채권, 장래의 청구권' 등인데, 회생절차에서는 이를 회생절차개시결정 당시의 '평가액'으로 계산하여 의결권을 부여한다. 그런데 파산절차에서는 파산선고 당시를 기준으로 위와 같은 채권들의 '전액'을 파산채권으로 인정하므로(법 제425조 내지 제427조. 이른바 파산채권의 현재화·금전화), 채권조사확정절차도 달리할 필요가 있다.

42) 관리인이 회생채권이 존재함을 확정한 채권조사확정재판에 불복하여 이의의 소를 제기한 것이라면 파산관재인은 청구를 채권조사확정재판의 변경과 파산채권이 존재하지 아니함의 확정을 구하는 것으로 변경하여야 하고, 채권자가 회생채권이 존재하지 아니함을 확정한 채권조사확정재판에 불복하여 이의의 소를 제기한 것이라면 채권자는 청구를 채권조사확정재판의 변경과 파산채권이 존재함의 확정을 구하는 것으로 변경하여야 할 것이다. 이에 대하여도 파산관재인이나 채권자는 파산선고 후 그 청구를 변경하지 않아도 되고 법원은 회생채권의 존부를 확정한 채권조사확정재판을 그대로 인가하거나 변경하는 판결을 할 수 있다는 견해도 있다.

43) 다만 회생절차에서 신고된 회생채권이 법 제134조 내지 제138조에 의한 채권인 경우 법 제6

나) 회생계획인가 후 폐지[44]

(1) 채권조사확정재판의 절차가 진행 중인 경우　　회생계획인가 후에 회생절차가 폐지되어 법원이 법 제6조 제1항 또는 제8항에 의하여 파산선고를 하였는데 회생절차폐지 당시 채권조사확정재판의 절차가 진행 중인 경우에는, 법 제6조 제5항과 같은 규정이 없어 파산절차에서 새로이 파산채권의 신고, 이의와 조사 또는 확정의 절차를 거쳐야 하기에, 회생절차폐지 당시 진행 중인 채권조사확정재판의 절차를 어떻게 취급할지 문제된다.

법 제6조 제1항에 의하여 파산이 선고된 경우 파산절차에서 파산채권 또는 별제권의 존재 여부와 범위는 채무자에 대한 권리가 종전 회생절차에서 회생채권 또는 회생담보권으로 확정된 다음 인가된 회생계획에 따라 변경되고 파산선고 당시까지 변제되는 등의 사정을 모두 반영하여 정해져야 한다. 회생계획인가의 결정이 있는 때에는 회생채권자 등의 권리는 회생계획에 따라 실체적으로 변경되고 회생계획인가결정의 효력은 회생절차가 폐지되더라도 영향을 받지 않기 때문이다. 따라서 회생계획인가결정이 있은 후에 회생절차가 폐지되었다는 사정만으로 회생채권 또는 회생담보권의 조사확정절차를 통해 그 채권의 존재 여부와 범위를 확정할 법률상 이익이 소멸한다고 단정할 수는 없다.[45]

결국 권리자가 견련파산절차에서 새로이 파산채권 신고, 조사 또는 확정절차를 거치더라도 그 절차는 회생절차에서 회생채권 또는 회생담보권 확정과 인가된 회생계획에 따른 권리변경을 전제로 하므로, 회생채권 또는 회생담보권 조사확정재판은 그대로 유지된다. 관리인을 당사자로 하여 진행 중이던 조사확정재판 절차는 파산선고로 중단되고, 파산관재인이 그 절차를 수계해서 진행한다.[46][47]

(2) 채권조사확정재판에 대한 이의의 소가 계속 중인 경우

법 제6조 제1항에 의하여 파산이 선고되어 파산채권의 조사확정절차가 진행된다는 사정만으로는 종전 회생채권 조사확정절차를 통해 회생채권의 존부와

조 제5항 단서 규정상 그 채권은 파산절차에서 파산채권으로서 새로이 조사가 되어야 하는데, 회생절차폐지 당시 계속 중인 그 채권에 관한 채권조사확정재판에 대한 이의의 소의 소송절차가 견련파산의 경우 당연히 종료되는지와 그 취급에 관하여는 견해의 대립이 있다.

44) 이에 관한 상세한 내용은 백숙종, "견련파산절차에서의 회생채권 조사확정절차의 취급", 사법 제56호, 사법발전재단(2021), 585~627면 참조.

45) 대법원 2021. 1. 28. 선고 2018다286994 판결 참조.

46) 대법원 2020. 12. 10. 선고 2016다254467, 254474 판결 취지에 따르면, 신청취지를 파산채권 확정을 구하는 것으로 변경하거나 신청취지에 이러한 내용을 추가하는 것도 가능하다.

47) 법 제6조 제8항에 의하여 파산이 선고된 경우에도 법 제6조 제1항에 의하여 파산이 선고된 경우와 마찬가지로 볼 수 있을 것이다.

범위를 확정할 법률상 이익이 소멸한다고 단정할 수는 없다. 법 제464조에서 말하는 "이의채권에 관한 소송"에는 종전 회생절차에서 제기되어 진행 중인 회생채권 조사확정재판에 대한 이의의 소도 포함된다. 파산채권에 대하여 이미 회생채권 조사확정재판에 대한 이의의 소가 계속 중인 경우라면 이의채권에 관하여 이의자 전원을 그 소송의 상대방으로 하여 소송을 수계해야 하고, 이때의 수계신청은 상대방도 할 수 있다. 수계 이후 그 당사자가 청구취지를 회생채권자표의 확정을 구하는 것에서 파산채권자표의 확정을 구하는 것으로 변경한 경우 법원은 그에 따라 판단하면 족하고, 회생채권자표의 확정을 구하면서 파산채권자표의 확정을 구하는 내용의 청구취지를 추가하는 것도 허용된다.[48]

다) 부인의 청구, 부인의 소 및 부인의 청구를 인용한 결정에 대한 이의의 소가 계속 중인 경우

채무자에 대한 회생계획인가가 있은 후 회생절차폐지의 결정이 확정되더라도 법 제6조 제1항에 의한 직권 파산선고에 의하여 파산절차로 이행된 때에는, 법 제6조 제6항에 의하여 파산관재인은 종전의 회생절차에서 관리인이 수행 중이던 부인권 행사에 기한 소송절차를 수계할 수 있고, 이러한 경우 부인권 행사에 기한 소송은 종료되지 않는다.[49] 관리인이 항변의 방법으로 부인권을 행사한 후 그 소송절차 등의 계속 중에 회생절차가 종료된 경우에는 파산관재인은 소송절차 등을 수계한 후 부인의 항변을 다시 하여야 한다.[50]

위에서 살펴본, 회생절차폐지가 채권조사확정재판의 절차와 채권조사확정재판에 대한 이의의 소의 소송절차 등 권리확정절차에 미치는 영향을 정리하면 아래 <표 19-1>과 같다.

48) 대법원 2020. 12. 10. 선고 2016다254467, 254474 판결.
49) 대법원 2015. 5. 29. 선고 2012다87751 판결 참조.
50) 주석 채무자회생법(Ⅰ), 176-177면. 다만 대법원 2015. 5. 29. 선고 2012다87751 판결은 부인의 청구를 인용하는 결정에 대한 이의의 소 상고심 계속 중에 견련파산이 선고된 경우 관리인의 부인권 행사 근거인 법 제100조를 기준으로 부인권 행사의 정당성을 판단했고, 서울고등법원 2015. 10. 15. 선고 2014나2041894 판결은 관리인이 제기한 부인의 소 계속 중에 견련파산이 선고된 경우 파산관재인이 법 제100조를 근거로 부인권을 주장할 수 있다고 판시했다. 이 판결들은 파산관재인은 관리인이 부인권을 행사한 소송상태 그대로 이어받는다는 취지로 볼 수 있고, 이에 따르면 파산관재인이 부인의 항변을 반드시 다시 할 필요는 없다고 볼 여지가 있다.

〈표 19-1〉 회생절차폐지가 권리확정절차에 미치는 영향

구 분		채권조사확정재판의 절차	이의의 소 소송절차
회생절차폐지 후 파산이 선고되지 않은 경우	인가 전 폐지	종 료	① 권리자 → 관리인: 중단되어 채무자가 수계, 권리자는 청구 변경 ② 권리자 → 관리인 외: 종료 ③ 권리자 → 관리인 등: 관리인에 대한 부분만 중단되어 채무자가 수계, 권리자는 청구 변경/ 나머지 부분은 종료
	인가 후 폐지	① 관리인이 당사자: 중단되어 채무자가 수계 ② 관리인 외의 자가 당사자: 계속 진행 　(채권조사확정재판 또는 이의의 소로 계속)	
회생절차폐지 후 파산이 선고된 경우(견련파산)	인가 전 폐지	권리자 → 관리인: 중단되어 파산관재인이 수계, 권리자는 신청 변경(신청 변경의 필요 여부에 관하여는 반대 견해 있음). 단, 법 제134조 내지 제138조에 의한 채권에 관한 조사확정재판은 종료	권리자 → 관리인: 중단되어 파산관재인이 수계, 청구 변경(청구 변경의 필요 여부에 관하여는 반대 견해 있음). 단, 법 제134조 내지 제138조에 의한 채권의 조사확정재판에 대한 이의의 소는 종료 여부 등에 관하여 견해의 대립 있음
	인가 후 폐지	권리자 → 관리인: 중단되어 파산관재인이 수계	권리자 → 관리인: 중단되어 파산관재인이 수계, 권리자는 신청 변경하거나 추가할 수 있음

제3절 파산절차로 이행 등

1. 개　　요

　　법은 회생절차 우선주의를 취하여 회생절차를 파산절차보다 우선하고 있다. 즉 채무자는 파산절차가 진행 중이더라도 회생절차개시신청을 할 수 있고(법 제35조 제2항),[51] 법

---

51) 법 제35조 제1항은 채무자의 청산인은 다른 법률에 의하여 채무자에 대한 파산을 신청하여

원은 회생절차개시신청이 있는 경우 필요하다고 인정하는 때에는 회생절차개시신청에 대한 결정이 있을 때까지 채무자에 대한 파산절차의 중지를 명할 수 있다 (법제44조 제1항 제1호). 회생절차개시결정이 있는 때에는 새로운 파산신청을 할 수 없고 기존의 파산절차는 중지되며(법제58조 제1항 제1호·제2항 제1호), 나아가 회생계획인가결정이 있으면 법 제58조 제2항에 의하여 중지된 파산절차는 그 효력을 잃는다(법제256조 제1항).

그러나 그와 같이 우선적으로 진행되는 회생절차가 항상 성공적으로 종료되는 것은 아니다. 회생절차개시신청의 기각, 회생절차폐지, 회생계획불인가에 의하여 회생절차가 중도에 좌절될 수도 있다. 법은 이러한 경우 임의적 또는 필요적으로 신청에 의하거나 직권으로 파산을 선고하도록 규정하고 있는데, 그 취지는 소송경제적 관점에서 인정되는 것으로 설명되고 있다.[52] 이처럼 회생절차가 중도에 실패할 경우 법원이 임의적 또는 필요적으로 신청에 의하거나 직권으로 파산을 선고하는 것을 "견련파산"이라고 한다.

2. 파산절차로 이행

가. 회생절차폐지 등에 따른 파산선고

1) 파산선고를 받지 아니한 채무자

가) 필요적 파산선고와 임의적 파산선고   파산선고를 받지 아니한 채무자에 대하여 회생계획인가가 있은 후 회생절차폐지 또는 간이회생절차폐지의 결정이 확정된 경우 법원은 그 채무자에게 파산의 원인이 되는 사실이 있다고 인정하는 때에는 직권으로 파산을 선고하여야 한다(법제6조 제1항).

한편 파산선고를 받지 아니한 채무자에 대하여 ① 회생절차개시신청 또는 간이회생절차개시신청의 기각결정(법 제293조의5 제2항 제2호 가목의 회생절차개시결정이 있는 경우는 제외한다. 제3절에서는 이하 같다), ② 회생계획인가 전 회생절차폐지결정 또는 간이회생절차폐지결정(법 제293조의5 제3항에 따른 간이회생절차폐지결정 시 법 제293조의5 제4항에 따라 회생절차가 속행된 경우는 제외한다. 제3절에서는 이하 같다), ③ 회생계획불인가결정 중 어느 하나에 해당하는 결정이 확정된 경

야 하는 때에도 회생절차개시의 신청을 할 수 있다고 규정하고 있다.

52) 임채홍·백창훈(상), 162면; 条解(上), 262면 참조. 견련파산이 이와 같이 도산절차에 있어서 재건형으로부터 청산형으로의 원활한 연계를 도모하는 한편 회생에 실패한 기업을 퇴출함으로써 신속한 구조조정을 가능하게 하는 역할을 하는 것은 사실이나, 이를 강화할 경우 회생절차로의 진입 자체를 억제하는 부작용도 나타날 수 있다는 점은 주의할 필요가 있다.

우 법원은 그 채무자에게 파산의 원인이 되는 사실이 있다고 인정하는 때에는 채무자 또는 관리인의 신청에 의하거나 직권으로 파산을 선고할 수 있다(법제6조).

나) 요 건 법원이 법 제6조 제1항 및 제2항에 따라 필요적 또는 임의적으로 파산을 선고하기 위해서는 다음 요건이 필요하다.

(1) 채무자가 파산선고를 받지 아니하였어야 한다. 채무자가 회생절차개시결정 전에 이미 파산선고를 받은 경우에는, 회생계획인가결정이 있기 전이라면 회생절차개시결정의 효과(법제2항 제1호) 등으로 중지된 파산절차가 속행되어야 하고(법제1항), 회생계획인가결정이 있은 후라면 중지된 파산절차가 그 효력을 잃으므로(법 제256조) 법원은 법 제6조 제1항이 아닌 법 제6조 제8항에 의하여 필요적으로 파산을 선고하여야 한다.

한편 파산신청이 있었으나 아직 파산선고를 받지 아니한 채무자에 대하여 법 제6조 제2항 각호의 어느 하나에 해당하는 결정이 확정된 경우에는, 중지명령이나 회생절차개시결정의 효과로 중지된 기존의 법 제3편(파산절차)에 의한 파산신청에 따른 파산절차가 속행되므로 그 파산절차에서 파산이 선고될 수 있는데, 위와 같이 속행되는 기존의 파산절차와는 별개로 법원은 법 제6조 제2항에 의하여 파산을 선고하는 것도 가능하다.[53]

(2) 회생절차개시신청 또는 간이회생절차개시신청의 기각결정, 회생절차폐지결정 또는 간이회생절차폐지결정, 회생계획불인가결정이 확정된 경우라야 한다. 회생절차 또는 간이회생절차의 폐지는 회생계획인가 전후를 묻지 않으나 회생계획인가 전 회생절차폐지결정 또는 간이회생절차폐지결정이 확정된 경우에는 임의적으로, 회생계획인가 후 회생절차폐지결정 또는 간이회생절차폐지결정이 확정된 경우에는 필요적으로, 파산선고를 한다.

(3) 채무자에게 파산의 원인이 되는 사실이 있다고 인정되어야 한다. 파산의 원인인 사실이란 법 제3편(파산절차)에서와 같이 지급불능 또는 채무초과의 상태를 말한다(법 제305조 제1항,제306조 제1항).

다) 파산선고의 시기 파산선고의 요건을 갖춘 경우 언제까지 파산선고를 하여야 하는가에 대해서는 법상 아무런 규정이 없으나, 시간이 흐르면 흐를수록 복잡한 법률관계를 야기할 가능성이 크므로 파산을 선고하기로 예정하였다면 회생절차폐지결정 등이 확정되는 대로 지체 없이 파산을 선고하는 것이 바람

---

[53] 파산신청이 있었으나 아직 파산선고를 받지 아니한 채무자에 대하여 법원이 제6조 제2항에 의하여 파산을 선고한 경우, 기존의 파산신청은 신청의 이익이 없으므로 법원은 그 파산신청을 각하하여야 한다.

직하다.

서울회생법원은 법 제6조 제1항 또는 제2항에 따라 파산선고를 하는 경우에는 특별한 사정이 없는 한 회생절차폐지결정 등의 확정일에 파산선고를 하는 것을 원칙으로 하고 있다. 이는 법 제6조 제8항에 따라 파산선고를 하는 경우에도 같다.

라) 임의적 파산선고 시 고려사항   법은 회생계획인가 후 회생절차폐지결정 또는 간이회생절차폐지결정이 확정된 경우를 제외한 다른 사유로 인하여 회생절차가 종료된 경우는 모두 법원이 임의적으로 파산선고를 할 수 있도록 하였으므로, 실무상 임의적 파산선고를 할 때에는 아래요소를 고려하여 신중하게 하여야 한다.

채무자가 사적으로 청산하는 것보다 파산관재인이 파산절차를 통하여 청산하는 것이 공평하고 적정하며 이해관계인의 이익에도 합치한다고 판단되면 법원이 파산선고를 하는 것이 원칙이다. 그러나 회생절차개시신청의 기각, 회생계획인가 전 회생절차폐지, 회생계획불인가, 회생계획인가 후 회생절차폐지중 앞의 단계에서 회생절차가 좌절되는 경우에는 법원에서 파악하고 있는 채무자의 재산상황, 이해관계인의 의사 등에 관한 정보의 양이 상대적으로 적을 수밖에 없으므로, 신중하게 파산선고를 하여야 한다. 다만 아래와 같이 채무자나 이해관계인의 요청이 있는 경우에는 파산선고를 적극적으로 검토해 보아야 한다.

(1) 채무자 또는 관리인의 신청이 있는 경우   회생절차개시신청 또는 간이회생절차개시신청의 기각결정, 회생계획인가 전 회생절차폐지결정 또는 간이회생절차폐지결정, 회생계획불인가결정이 있는 경우 채무자 또는 관리인이 파산선고를 신청하는 것은[54] 채무자 또는 관리인이 사적 청산에 의하는 것이 적절하지 않다고 판단한 것을 의미하므로, 이러한 경우 법원은 채무자 또는 관리인의 신청이 타당한지 여부를 검토하여 파산선고를 할 것인지 결정하여야 한다. 반대

---

54) 법 제6조 제2항만으로는 채무자 또는 관리인이 그 신청을 할 수 있는 기간이 명확하지 않은데, 회생절차개시신청 또는 간이회생절차개시신청의 기각결정, 회생계획인가 전 회생절차폐지결정 또는 간이회생절차폐지결정, 회생계획불인가결정이 있은 때부터 그 결정이 확정되어 회생절차가 종료되기 전까지를 의미한다고 보아야 한다[이에 관하여는 김정만·정문경·문성호·남준우, "법인파산실무의 주요논점", 저스티스 통권 제124호, 한국법학원(2011), 477면; 최두호, "법인파산절차에서의 몇 가지 쟁점", 도산법연구 제1권 제1호, 사단법인 도산법연구회(2010), 222-223면 참조].
서울회생법원은 원칙적으로 회생절차폐지결정 등이 확정되어 회생절차가 종료하기 전에 그 신청이 있는 경우에만 법 제6조 제2항에 따른 견련파산으로 처리하고, 그 결정이 확정된 후에 채무자의 파산신청이 있는 경우에는 법 제3편(파산절차)에 따른 파산절차로 처리하고 있다.

로 채무자 또는 관리인이 파산선고를 신청하지 않는 경우에 직권으로 파산선고를 하는 것은 그 신청이 있을 때보다 더욱더 신중해야 한다

  (2) 채권자협의회 또는 채권자들의 요청이 있는 경우   채권자들이 파산선고를 원하는 경우는 여러 사유가 있을 수 있다. 채무자의 자산 규모가 크고 이해관계인이 다수로서 사적 청산에 의하면 이해관계인 사이의 형평을 해칠 가능성이 있는 경우, 채무자 대표자(관리인)의 중대한 책임이 있는 행위로 회생절차폐지에 이른 경우, 회생절차폐지 당시 부인권 행사에 기한 소송절차가 계속 중인 경우[55] 또는 부인할 수 있는 행위가 새로이 발견된 경우가 그것이다. 위와 같은 사유를 들어 채권자들이 파산선고를 요청하면 법원은 그와 같은 채권자들의 요청이 타당하다고 판단하는 경우에는 채무자 또는 관리인의 의견을 들어 직권으로 파산선고를 할 수 있다.

  마) 등기 또는 등록의 촉탁   회생절차가 중도에 종료되어 신청에 의하거나 직권으로 파산을 선고할 때에는 회생절차의 종료에 따른 등기 또는 등록 촉탁(법 제23조, 제24조, 제27조)은 파산의 등기 또는 등록 촉탁과 함께 하여야 한다(법 제6조, 제3항).[56] 회생절차와 파산절차의 연속성을 등기 또는 등록의 차원에서도 연속시킴으로써 절차의 이행을 원활하게 하고, 제3자의 권리취득으로 인한 새로운 법률분쟁의 발생을 예방하기 위한 것이다.

  2) 파산선고를 받은 채무자

  가) 필요적 파산선고   파산선고를 받은 채무자에 대한 회생계획인가결정으로 파산절차가 효력을 잃은 후 법 제288조에 따라 회생절차폐지결정 또는 간이회생절차폐지결정이 확정된 경우에는 법원은 직권으로 파산을 선고하여야 한다(법 제6조, 제8항).

  채무자에 대하여 파산선고가 있었다 하더라도 그 후 회생절차개시결정이 있으면 그 효과로 파산절차가 중지되고(법 제58조 제2항 제1호), 나아가 회생계획인가결정이 있으면 중지된 파산절차는 그 효력을 잃게 된다(법 제256조 제1항). 따라서 파산선고를 받은 채무자에 대하여 회생계획인가결정이 있기 전 회생절차가 종료된 경우, 즉 회생절차개시신청 또는 간이회생절차개시신청의 기각결정, 회생계획인가 전 회생절

---

55) 회생절차가 폐지되어 파산절차로 이행하는 경우에는 법 제6조 제6항에 의하여 파산관재인이 종전 회생절차에서 관리인이 수행 중이던 부인권 행사에 기한 소송절차를 수계함으로써 부인권을 계속하여 행사할 수 있다(대법원 2015. 5. 29. 선고 2012다87751 판결 참조).

56) 법 제6조에 의한 파산선고의 등기와 회생절차개시신청의 기각결정 · 회생절차폐지결정 · 회생계획불인가결정에 따른 법 제23조 제1항의 등기는 동시에 촉탁되어야 한다[채무자 회생 및 파산에 관한 법률에 따른 법인등기 사무처리지침(등기예규 제1518호) 제14조].

차폐지결정 또는 간이회생절차폐지결정, 회생계획불인가결정이 확정된 경우에는 중지된 파산절차가 당연히 속행되기 때문에 새로이 파산선고를 할 필요는 없다(법 제7조 제1항). 그러나 회생계획인가결정으로 파산절차가 효력을 잃은 후 회생계획을 수행할 수 없는 것이 명백하게 되어 법원이 법 제288조에 따라 회생절차폐지결정 또는 간이회생절차폐지의 결정을 하여 그 결정이 확정된 경우에는 새로운 파산선고를 필요로 한다. 법은 이 경우 실질적으로는 법 제7조 제1항과 같이 선행 파산절차가 계속 진행되는 것으로 볼 수 있다는 점을 고려하여 법원이 필요적 파산선고를 하도록 하고, 법 제3편(파산절차)을 적용할 때 회생계획인가결정으로 효력을 잃은 파산절차에서의 파산신청이 있은 때에 파산신청이 있은 것으로 보며, 공익채권은 재단채권으로 하도록 규정한 것이다(법 제6조 제9항).[57]

나) 등기 또는 등록의 촉탁　　회생계획인가결정이 있으면 선행 파산등기 또는 등록은 회생계획인가결정의 등기 또는 등록을 하는 경우 직권으로 말소된다(법 제25조 제2항). 따라서 법원이 회생계획인가 후 회생절차 또는 간이회생절차를 폐지함에 따라 직권으로 파산선고를 할 때에는 회생절차폐지결정 또는 간이회생절차폐지결정에 따른 등기 또는 등록의 촉탁은 파산선고의 등기 또는 등록의 촉탁과 함께 하여야 한다(법 제6조 제10항·제3항, 채무자 회생 및 파산에 관한 법률에 따른 법인등기 사무처리지침(등기예규 제1518호) 제14조).

나. 이행절차

회생절차를 폐지하는 등의 사유로 회생절차를 중도에 종료하고 파산선고를 하는 경우 그 이행절차는 다음과 같다. 법원은 견련파산의 필요성을 검토하여 법 제6조 제1항 또는 제2항·제8항에 의한 파산선고를 하는 경우에는 회생절차폐지결정 등의 확정 후 지체없이 파산선고를 할 수 있도록 사전에 필요한 준비를 하여야 한다.

1) 파산선고를 하는 법원

법 제6조 제1항 또는 제2항·제8항에 의한 파산선고는 당해 회생사건을 담당한 재판부가 소속된 회생법원에서 한다. 법 제6조 제1항 또는 제2항에 따른 채무자 또는 관리인의 파산신청도 그 법원에 하여야 한다. 서울회생법원은 2022년 기준으로 법인에 대한 회생사건을 담당한 재판부에서 파산선고를 한 다음 그 재판부에서 그 파산사건까지 처리하되, 특별한 경우에는 다른 재판부에서 파산사건을 처리한다.

---

57) 임채홍·백창훈(상), 165면; 条解(上), 278면 참조.

2) 사건번호·사건명·접수사무 등

파산선고를 하려는 법원은 전산시스템을 이용하여 '하합'이라는 사건별 부호문자가 표시된 새로운 사건번호와 '파산선고'라는 사건명을 받는다. 법원은 파산선고 결정서 등을 작성할 때 견련파산 사건임을 표시해주기 위해, 파산사건의 사건번호 및 사건명과 회생사건의 사건번호 및 사건명을 병기하고 있다.

3) 관리위원회에 대한 의견조회 등

법원이 파산선고를 하기로 한 경우에는 파산선고와 동시에 선임할 파산관재인을 미리 정하여야 한다. 서울회생법원은 원칙적으로 법인 파산관재인 후보자 명단에 등재된 변호사 가운데에서 파산관재인을 선임하고 있다. 파산관재인은 관리위원회의 의견을 들어 선임하여야 하므로(법 제355조 제1항) 법원은 지체 없이 관리위원회에 파산관재인 선임에 대해 의견조회를 하여야 한다. 그 외에도 「금융산업의 구조개선에 관한 법률」 제18조[58]와 같이 법원이 파산선고와 동시에 정하여야 하는 사항(법 제312조 제1항) 등을 정할 때 다른 기관의 의견을 듣도록 한 법률의 규정이 있으면, 그에 따른 의견조회도 하여야 한다.

4) 파산절차의 비용 확보

회생절차개시의 신청을 하는 때에는 신청인은 회생절차의 비용을 미리 납부하여야 하는데(법 제39조 제1항), 채무자가 위 비용을 법원보관금으로 납부한 경우 회생절차의 종료가 확정되면 채무자는 국가에 대하여 법원보관금 잔액의 환급을 청구할 권리를 가진다. 그런데 채무자의 위 법원보관금에 관한 권리는 채무자에 대하여 파산이 선고될 경우 파산재단에 속하는 재산이라고 할 수 있으므로(법 제382조 제1항), 실무에서는 파산재단의 관리처분권을 가진 파산관재인이 회생절차에서의 법원보관금 잔액을 출급받아 파산절차의 비용이나 재단채권에 대한 변제, 파산채권자에 대한 배당의 재원 등으로 사용하고 있다. 한편 채무자 또는 관리인이 법 제6조 제2항에 따라 파산신청을 하였는데 회생절차의 법원보관금 잔액이 파산절차의 비용을 충당하기에 부족하다면, 법원은 그 신청을 한 채무자 또는 관리인에게 파산신청을 하는 때에는 법원이 상당하다고 인정하는 금액을 파산절차의 비용으로 미리 납부하도록 한 규정(법 제303조)에 따라 파산절차의 비용을 예납할 것을 명할 수도 있다.

---

[58] 법원이 금융기관에 대하여 파산선고를 하는 경우에 채권신고의 기간과 채권조사의 기일을 정할 때에는 미리 파산참가기관(예금보험공사 등)의 의견을 들어야 한다.

5) 보전처분

회생절차의 종료가 확정됨과 동시에 파산선고를 하여 절차의 연속성을 유지할 수 있는 경우에는 파산선고에 앞서 보전처분을 할 필요가 없을 것이다. 다만, 예외적으로 회생절차의 종료가 확정되는 시점과 파산선고를 하는 시점 사이에 시간적 간격이 발생하는 경우에는 법원이 파산선고를 하기에 앞서 보전처분을 해야 할 수도 있다.

법 제323조 제1항은 법원은 파산선고 전이라도 이해관계인의 신청에 의하거나 직권으로 채무자의 재산에 관하여 가압류·가처분 그 밖에 필요한 보전처분을 명할 수 있고 법원이 직권으로 파산선고를 하는 때에도 같다고 규정하고 있으므로, 법원은 위 규정에 의하여 법 제6조 제1항 또는 제2항, 제8항에 따른 파산선고에 앞서 필요한 보전처분을 명하는 결정을 할 수 있다. 이러한 보전처분은 회생절차폐지결정이 확정되기 전에도 할 수 있다.[59] 다만 보전처분을 명하는 결정을 하였으나 파산선고를 하지 않기로 했을 때에는 법원은 지체없이 그 처분을 취소하는 결정을 하여야 할 것이다(법 제323조 제2항).

6) 파산선고

파산선고 결정의 기재례는 [별지 223], [별지 224], 파산선고 공고 기재례는 [별지 225], 채권자 등에 관한 파산선고 통지서, 관할 세무서장 등에 관한 파산선고 통지서 등의 기재례는 [별지 226], [별지 227], [별지 228], 상업등기소에 대한 등기촉탁서의 기재례는 [별지 229], 체신관서 등에 대한 우편물 등 배달촉탁서의 기재례는 [별지 230], 파산관재인 선임증의 기재례는 [별지 231]과 같다. 앞서 본 것처럼 견련파산 사건임을 표시해주시기 위해, 파산선고 결정서 등에는 회생사건의 사건번호 및 사건명을 병기한다.

법원은 파산선고일시에 채무자의 대표자와[60] 파산관재인을 출석시켜 파산

---

59) 이와 관련하여 회생절차폐지결정에 대하여 즉시항고가 제기된 경우에는 그 결정이 언제 확정될 것인지를 예상할 수 없고(특히 즉시항고기간이 지난 후에 즉시항고가 취하되면 곧바로 그 결정이 확정되는데, 이러한 경우에는 더욱 회생절차의 종료가 확정되는 시점을 예상할 수 없다), 즉시항고가 제기되지 않더라도 실무상 회생절차폐지결정이 확정되는 시점에 곧바로 파산선고를 하는 것은 곤란하기 때문이다. 이 경우 보전처분은 다음과 같은 방식으로 하면 될 것이다. "채무자는 (이 법원 2022회합○○ 회생 사건의 2023. ○. ○. 자 회생절차폐지결정이 확정된 때부터) 이 법원의 채무자에 대한 파산선고결정이 있을 때까지 아래 각 행위를 하여서는 아니 된다."

60) 회생절차의 종료가 확정된 경우 관리인의 임무는 당연히 종료하고 회생절차에서 인정된 권한도 소멸된다. 그런데 회생절차개시결정이 있으면 채무자의 업무수행권과 재산의 관리처분권이 관리인에게 전속하게 되므로, 회생절차폐지결정 등이 확정되어 파산이 선고된 경우 파산관재인에 대하여 파산에 관하여 필요한 설명을 할 의무가 채무자의 대표자에 준하여 관리인이었던 사람에게도 있다고 볼 수 있는 점, 관리인이었던 사람이 보관하고 있는 채무자의 장부, 물건 등이 있는 경우에는 이는 파산재단의 관리처분권을 가진 파산관재인이 점유착수에 따라 인도받아야

선고 결정 및 그와 동시에 정한 사항을 고지한다. 회생절차개시결정을 할 때처럼 비대면 방식으로 진행할 수도 있다. 또한 채무자의 대표자에게는 ① 법원이 필요하다고 인정하는 때에는 구인될 수 있고(법 제320조, 제319조), ② 파산관재인·감사위원 또는 채권자집회의 요청에 의하여 파산에 관하여 필요한 설명을 하여야 하며(법 제321조), ③ 일정한 경우 처벌받을 수 있음(법 제6편 제)을 알리면서, 제1회 채권자집회의 기일에 출석할 것과 파산관재인의 관재업무에 적극 협조할 것을 당부한다. 서울회생법원은 파산선고 시 채무자의 대표자로부터 파산관재인의 관재업무 수행에 협조할 것이고 제1회 채권자집회의 기일에 출석하겠다는 취지의 서약서를 작성받고 있다.

파산선고 후의 공고 게재, 각종 송달 또는 통지 등은 법 제3편(파산절차)에 따른 파산선고를 한 경우와 같다. 다만 앞서 본 것처럼 회생절차의 종료에 따른 등기 또는 등록 촉탁(법 제23조, 제24조, 제27조 제)은 파산의 등기 또는 등록 촉탁과 함께 하여야 한다(법 제6조 제3항·제10항).

다. 파산절차에 미치는 효력

1) 지급정지·파산신청의 의제

가) 파산선고를 받지 아니한 채무자   회생절차가 중도에 좌절됨에 따라 회생절차를 종료시키고 파산선고를 하는 경우 그 파산선고 전에 파산절차상 부인할 수 있는 행위나 상계금지의 범위를 정하는 기준이 되는 지급정지나 파산신청이 선행하지 않을 수 있다. 법은 이러한 경우를 고려하여 법 제6조 제1항[61] 또는 제2항에 의한 파산선고가 있는 경우 법 제3편(파산절차)을 적용할 때 그 파산선고 전에 지급의 정지 또는 파산의 신청이 없는 때에는 회생절차개시 또는

하는 점 등을 고려하여, 회생절차에서 채무자의 대표자가 아닌 제3자를 관리인으로 선임하였던 경우 실무에서는 그 사람을 파산선고 시 출석하도록 하여 파산관재인의 관재업무에 협조하도록 하고 있다.

61) 대법원 2016. 8. 17. 선고 2016다216670 판결은 채무자의 관리인이 인가된 회생계획을 수행하던 중 채무자에 대한 대출금채권을 회생채권으로 신고한 은행에 정기예금을 예치하였는데, 채무자에 대하여 회생절차폐지결정이 확정되어 법원이 법 제6조 제1항에 의한 파산선고를 하자 은행이 회생채권인 대출금채권을 자동채권으로 하여 채무자의 예금채권을 수동채권으로 삼아 파산관재인에 대하여 상계통지를 한 사안에서, 채무자에 대하여 법 제6조 제1항에 의한 직권 파산선고에 따라 파산절차로 이행되었으므로, 법 제6조 제4항에 따라 채무자가 회생절차개시신청을 한 때에 채무자의 지급정지 또는 파산신청이 있었던 것으로 의제되고, 파산채권자인 은행은 상계의 수동채권인 예금채무를 부담할 무렵 채무자의 지급정지 또는 파산신청으로 의제되는 회생절차개시신청 사실을 알고 있었으므로, 특별한 사정이 없는 한, 은행의 상계는 법 제422조 제2호 본문에서 정한 '파산채권자가 지급정지 또는 파산신청이 있었음을 알고 채무자에 대하여 채무를 부담할 때'에 해당하여 효력이 없다고 보아야 한다는 취지로 판시하였다.

간이회생절차개시의 신청, 법 제650조의 사기파산죄에 해당하는 법인인 채무자의 이사(업무집행사원 그 밖에 이에 준하는 자를 포함한다)의 행위를 지급정지 또는 파산신청으로 본다고 규정하고 있다(법제6조 제4항 전단).[62] 이러한 사항들이 병존하는 경우 그중 가장 빠른 시기를 적용해야 한다. 그리고 회생절차개시신청 등 이전에 지급정지 또는 파산신청이 있었다면 이 규정을 적용할 필요가 없으므로,[63] 회생절차개시신청 등 이전에 지급정지 또는 파산신청이 없었던 경우에 위 규정에 의한 기준시점이 적용되는 것으로 해석하여야 한다.[64][65]

   파산절차에서 지급정지를 안 것을 이유로 하는 파산관재인의 부인권 행사와 관련하여 파산선고가 있은 날로부터 1년 전에 한 행위는 부인할 수 없도록 하거나(법제404조) 파산채권자의 상계권 행사와 관련하여 파산채권자가 지급정지 또는 파산신청이 있었음을 알고 채무자에 대하여 채무를 부담하거나 파산선고를 받은 채무

---

62) 사기파산죄에 해당하는 행위 자체가 채무자에 대한 위험신호이기 때문에 그러한 행위를 지급정지 내지 파산신청으로 본 것으로, 이사, 업무집행사원에 준하는 자란 감사, 직무대행자, 청산인 등이라고 설명된다[条解(上), 270면 참조].

63) 구체적으로 살펴보면, 파산신청이 있었으나 아직 파산선고를 받지 아니한 채무자에 대하여 회생절차개시신청에 따라 회생절차가 개시된 후 회생절차폐지결정 등이 확정되어 법원이 법 제6조 제1항 또는 제2항에 의한 파산선고를 한 때에는, 회생절차개시신청 이전에 이미 파산신청이 있었으므로 법 제6조 제4항 전단을 적용할 필요가 없다고 본다. 한편 회생절차개시신청이 있었으나 아직 회생절차가 개시되지 아니한 채무자에 대하여 파산신청이 있었고 파산이 선고되기 전 회생절차가 개시된 후 회생계획인가 전 회생절차폐지결정 등이 확정됨에 따라 법원이 법 제6조 제2항에 의하여 파산선고를 한 때에는 법 제6조 제4항 전단이 적용될 것인데, 이와 달리 회생절차개시결정의 효과로 중지된 기존의 파산절차가 속행되어 그 파산절차에서 파산이 선고되었다면 법 제6조 제4항 전단을 유추적용할 수 있다는 견해가 있다(이 견해는 회생절차가 개시된 후 새로운 파산신청을 할 수 없음에도 불구하고 파산신청이 있었는데, 부적법한 그 신청이 각하되기 전 회생절차폐지결정 등이 확정되어 기존의 파산신청에 따라 파산이 선고된 경우에도 법 제6조 제4항 전단을 유추적용할 수 있다고 본다).

64) 김희중, "채무자에 대하여 회생계획인가가 있은 후 회생절차폐지의 결정과 파산선고에 따라 파산절차로 이행된 경우, 파산절차에서 상계의 금지의 범위를 정하는 기준시점", 대법원판례해설 제109호, 법원도서관(2017), 530, 531면 참조.

65) 회생절차가 종결된 후 새로운 파산신청에 의하여 파산선고가 된 경우에는 법 제6조 제4항 전단이 적용되지 않고 이를 유추적용할 여지도 없다고 보아야 한다. 한편 구 화의법에 따라 채무자에 대한 화의절차에 의하여 화의인가결정이 확정된 후에 화의가 취소되고 파산선고가 내려진 경우에 관한 것이나 대법원 2007. 8. 24. 선고 2006다80636 판결은, 구 화의법상 화의인가결정이 확정되면 일응 화의절차는 종료되어 채무자의 화의개시신청 당시의 지급정지상태 또는 그에 준하는 위기상태는 일단 화의인가결정이 확정됨에 따라 해소되었다고 볼 수 있고, 화의절차에 의하여 화의인가결정이 확정된 후에 그 화의조건에 따른 변제 등이 이루어지던 중 새로운 사정이나 위기 상황의 발생으로 인하여 그 화의가 취소되고 파산선고가 내려진 경우에는, 구 파산법 제64조 제5호에서 정하고 있는 '지급정지'는 그 파산선고 내지 파산절차와 직결되는, 즉 상당인과관계가 있는 범위 내의 지급정지상태 또는 그에 준하는 위기상태로 한정하여 해석함이 상당하다면서, 이와 달리 선행 화의절차의 종료 여부나 그 진행 기간 내지 경과 등을 고려하지 않은 채 아무런 제한 없이 종전의 화의개시의 원인이 된 선행 지급정지상태 또는 그에 준하는 위기상태를 구 파산법 제64조 제5호에서 정하고 있는 '지급정지'로 볼 수는 없다는 취지로 판시하였다. 그러나 현행법의 회생절차는 구 화의법의 화의절차와 차이가 있으므로 이 판결이 현행법 아래에서 그대로 적용될 수는 없다.

자의 채무자가 지급정지 또는 파산신청이 있었음을 알고 파산채권을 취득한 때에
도 파산선고가 있은 날로부터 1년 전에 생긴 원인에 의한 때에는 상계금지의 범
위에서 제외함으로써(법 제422조 제2호, 제4호 단서), 법상 파산관재인의 부인권 행사 및 파산채권자
의 상계금지 범위에 일정한 기간 제한이 있는 경우가 있다. 이때 종전의 회생절
차가 진행된 기간도 그대로 산입하여 파산절차에서 기간 산정을 해야 될지 문제
가 된다. 만약 이를 인정한다면 회생절차가 길어지면 길어질수록, 파산절차에서
는 지급정지를 안 것을 이유로 하여 파산관재인이 부인권을 행사할 수 없게 되
거나 파산채권자나 파산선고를 받은 채무자의 채무자가 지급정지 또는 파산신청
이 있었음을 알고 채무자에 대하여 채무를 부담하거나 파산채권을 취득하고도
상계를 할 수 있게 되는 부당한 결과를 초래할 수 있으므로, 회생절차가 진행된
기간은 위에서 본 지급정지를 안 것을 이유로 하는 파산관재인의 부인권 행사기
간이나[66] 파산채권자의 상계금지 범위의 제외사유를 정하는 기준이 되는 기간
에[67] 산입되지 아니한다.[68] 한편 회생절차에서 파산절차로 이행된 경우 회생절
차와 파산절차는 그 절차의 목적을 달리하고 회생절차에서 부인권과 파산절차에
서 부인권은 주된 목적, 대상 등에 차이가 있는 점 등을 고려할 때 파산절차에
서 파산관재인의 부인권 행사기간은 법 제405조에 의하여 파산선고가 있은 날
부터 기산하여야 할 것이다.

　　나) 파산선고를 받은 채무자　　파산선고를 받은 채무자에 대한 회생계획
인가결정으로 파산절차가 효력을 잃은 후 법 제288조에 따라 회생절차폐지결정
또는 간이회생절차폐지결정이 확정된 경우에는 법원은 필요적으로 파산선고를
하여야 한다(법 제6조 제8항). 이 경우 뒤의 파산절차는 실질적으로 선행 파산절차의 연속
이라고 볼 수 있으므로, 법 제3편(파산절차)을 적용할 때 선행 파산절차에서 파

---

66) 대법원 2004. 3. 26. 선고 2003다65049 판결 참조.
67) 대법원 2019. 1. 31. 선고 2015다240041 판결은, 법 제404조는 지급정지로부터 1년 이상 경과
　　한 후 파산선고가 되었다면 지급정지와 파산선고 사이에 인과관계가 있다고 보기 어렵고, 수익
　　자의 지위를 장기간 불안정한 상태에 방치하는 것은 부당하다는 취지에서 둔 규정이며, 회생절
　　차 등으로 인하여 법률상 파산선고를 할 수 없는 기간을 위기부인의 행사기간에 산입하는 것은
　　형평의 원칙에 반한다는 점 등을 고려하면, 지급정지 후에 회생절차 등의 선행 도산절차를 거
　　쳐 파산선고가 된 경우에는 특별한 사정이 없는 한 법 제404조의 위기부인의 행사기간에 회생
　　절차 등으로 인하여 소요된 기간은 산입되지 아니한다고 하면서, 법 제422조 제4호 단서, 제2호
　　단서 (다)목은 파산선고를 받은 채무자의 채무자가 지급정지 또는 파산신청이 있었음을 알고
　　파산채권을 취득하는 경우에 파산채권의 취득이 '파산선고가 있은 날부터 1년 전에 생긴 원인
　　에 의한 때'에는 예외적으로 상계를 허용하고 있는데, 위와 같은 법리는 여기에도 마찬가지로
　　적용된다고 할 것이므로, 회생절차가 진행된 후에 파산선고가 된 경우 회생절차에 소요된 기간
　　은 위 규정에서의 기간 계산에 산입되지 아니한다는 취지로 판시하였다.
68) 條解(上), 271면 참조.

산신청이 있은 때에 파산신청이 있는 것으로 본다(법 제6조 제9항 전단). 법 제6조 제8항은 파산신청에 관하여만 규정하고 지급정지에 관하여는 명시적으로 규정하지 아니하였으나, 지급정지의 경우도 같게 볼 수 있다는 견해가 있다.

한편 후행 파산절차에서, 지급정지를 안 것을 이유로 하는 부인의 제한(별 제404조)이나 부인권의 행사기간(별 제405조) 및 파산채권자나 파산선고를 받은 채무자의 채무자가 지급정지 또는 파산신청이 있었음을 알고 채무자에 대하여 채무를 부담하거나 파산채권을 취득한 때에 상계금지 범위에서 제외하는 것(별목 제422조 제2호: 제4호 단서)과 관련하여, 그 기간 등은 후행 파산선고일이 아닌 선행 파산선고일을 기준으로 하여 기산하여야 하고, 법 제405조에 의한 부인권의 행사기간에 중간에 있는 회생절차가 진행된 기간은 산입되지 아니한다는 견해가 있다.[69]

2) 공익채권의 재단채권 의제

법은 회생절차가 중도에 좌절되는 경우 공익채권의 취급에 관하여 일률적인 규정을 두고 있지는 않다. 즉 회생절차개시결정을 취소하는 결정이 확정된 때에는 관리인은 공익채권을 변제하여야 하고, 이의 있는 공익채권의 경우에는 그 채권자를 위하여 공탁하여야 하며(법 제54조 제3항), 회생절차폐지결정 또는 회생계획불인가결정이 확정된 때에는 법 제6조 제1항에 의하여 파산선고를 하여야 하는 경우를 제외하고 관리인은 채무자의 재산으로 공익채권을 변제하고 이의 있는 것에 관하여는 그 채권자를 위하여 공탁하도록 규정하고 있다(별 제291조: 제248조). 그런데 어느 경우이든 파산선고가 되는 한 회생절차에서 공익채권은 파산절차에서는 법 제3편(파산절차)에 따라 취급될 수밖에 없다. 다만 회생절차폐지결정 등이 확정되어 법원이 파산선고를 하는 경우에 회생절차에서 공익채권과 파산절차에서 재단채권의 범위가 일치하는 것은 아니나, 양 절차가 연속하여 이루어지는 이상 양 채권을 동일한 정도로 보호할 필요성이 있으므로 법은 공익채권을 재단채권으로 의제하고 있다.[70]

---

69) 이에 대하여 법 제6조 제8항에 의한 견련파산의 경우 후행 파산절차를 실질적으로 선행 파산절차의 연속이라고 보더라도, 부인권 행사기간 등은 선행 파산절차가 회생계획인가결정으로 그 효력을 잃었으므로 선행 파산선고일이 아닌 후행 파산선고일을 기준으로 하여 기산하여야 하고, 다만 그 기간에는 실효된 선행 파산절차에서 파산신청시부터 그 이후 회생절차가 종료될 때까지 기간을 산입하지 아니하여야 한다는 견해가 있다.

70) 대법원 2016. 5. 24. 선고 2015다78093 판결은 회생절차가 진행되다가 파산절차로 이행된 경우 공익채권을 재단채권으로 보호하는 법 제6조 제1항, 제4항의 내용과 취지에 비추어 보면, 채무자에 대하여 회생계획인가가 있은 후 회생절차폐지의 결정이 확정되어 법 제6조 제1항에 의한 직권 파산선고에 따라 파산절차로 이행된 경우, 특별한 사정이 없는 한, 공익채권자가 채무자에 대한 회생절차의 진행 중에 자신의 채권을 자동채권으로 하여 채무자의 재산인 채권을 수동채권으로 삼아 상계한 것에 파산채권자의 상계금지사유를 규정한 법 제422조 제2호가 적용될 수

구체적으로, 파산선고를 받지 아니한 채무자에 대하여 법 제6조 제1항 또는 제2항에 의한 파산선고가 있는 경우 공익채권은 재단채권으로 한다(법 제6조 제4항 후단). 이와 달리 회생절차가 종료된 후에 법 제3편(파산절차)에 의한 파산신청에 따라 파산선고가 된 경우에는 절차의 연속성이 없으므로, 아직 변제되지 아니한 공익채권 중 법 제3편(파산절차)에 의하여 재단채권에 해당하는 것(법 제473조)을 제외한 나머지 공익채권은, 채무자에 대하여 파산선고 전의 원인으로 생긴 재산상의 청구권에 불과하므로 파산채권(법 제423조)이 될 뿐이다. 파산선고를 받은 채무자에 대한 회생계획인가결정으로 파산절차가 효력을 잃은 후 회생절차폐지결정 또는 간이회생절차폐지결정이 확정되어 법원이 직권으로 파산을 선고한 경우(법 제6조 제8항)에도 공익채권은 재단채권으로 한다(법 제6조 제9항 후단).[71]

파산신청이 있었으나 아직 파산선고를 받지 아니한 채무자에 대하여 법 제6조 제2항 각호의 어느 하나에 해당하는 결정이 확정된 경우에, 회생절차개시결정의 효과 등으로 중지된 기존의 법 제3편(파산절차)에 의한 파산신청에 따른 파산절차가 속행되어 그 파산절차에서 파산이 선고된 때에는, 법 제6조 제4항 후단을 유추적용하여 회생절차에서 공익채권을 파산절차에서 재단채권으로 취급할 수 있다는 견해가 있다.

법 제6조 제4항 또는 제9항에 의하여 종전 회생절차에서 변제되지 아니한 공익채권을 파산절차에서 재단채권으로 취급하는 경우 그 변제순위는 법 제477조 제3항에 따른다.

3) 파산채권의 신고, 이의와 조사 또는 확정으로 의제

가) 회생계획인가 전의 파산선고　　　법은 회생절차에서 파산절차로의 이행을 보다 원활하게 하기 위하여, 파산선고를 받지 아니한 채무자에 대하여 회생계획인가 전 법 제6조 제2항에 의한 파산선고가 있는 경우 법 제3편(파산절차)을 적용할 때 법 제2편(회생절차)에 의한 회생채권의 신고, 이의와 조사 또는 확정은 파산절차에서 행하여진 파산채권의 신고, 이의와 조사 또는 확정으로 본다고 규정하였다(법 제6조 제5항 본문).[72] 다만 법 제134조 내지 제138조에 의한 채권, 즉 이자 없

없다는 취지로 판시하였다.

71) 이처럼 법 제6조 제4항 또는 제9항에 의하여 회생절차에서 공익채권을 파산절차에서 재단채권으로 취급하는 경우 법 제179조에 규정된 공익채권만이 아니라 법 제2편(회생절차)에서 공익채권으로 보는 모든 채권을 재단채권으로 볼 수 있을 것이다.

72) 회생절차개시신청 또는 간이회생절차개시신청의 기각결정이 확정되어 파산선고를 한 경우에는 회생절차 또는 간이회생절차에서 회생채권의 신고 등이 이루어지지 아니하였으므로, 법 제6조 제5항이 적용될 여지가 없다. 회생절차개시결정 또는 간이회생절차개시결정이 있었으나 즉

는 기한부채권(법제134조), 정기금채권(법제135조), 이자 없는 불확정기한채권 등(법제136조), 비금전채권, 외국통화채권 등(법제137조), 조건부채권과 장래의 청구권(법제138조)은 회생절차와 파산절차가 서로 다르게 취급하고 있는 것을 고려하여 그 채권의 이의, 조사 및 확정에 관하여는 그러하지 아니하다고 규정하였다(법제6조제5항 단서).[73]

따라서 회생계획인가 전 법 제6조 제2항에 의한 파산선고가 있는 경우 회생절차에서 법 제147조의 목록에 기재된 회생채권으로서 신고된 것으로 보게 되는 회생채권(법제151조)을 가진 채권자나 직접 회생채권의 신고(법제148조)를 한 채권자는 신고된 회생채권과 동일한 채권을 파산절차에서 다시 파산채권으로 신고할 필요가 없다.[74] 그러한 채권자는 회생채권의 신고 후에 채권액이 증가한 경우 등에서만 신고하지 아니한 회생채권을 파산채권으로 신고하거나 신고한 사항의 변경을 신고하면 되고, 그 외에 회생절차에서 신고하지 아니한 회생채권을 가진 채권자가 파산채권의 신고를 하면 될 뿐이다.[75] 한편 회생절차에서 신고된 회생채권이 법 제134조 내지 제138조에 의한 채권인 경우 그 채권은 법 제6조 제5항 단서의 규정상 파산채권으로서 새로이 조사가 되어야 하나 파산채권으로서 다시 신고가 되어야 할 필요는 없다고 보아야 할 것이다.

나아가 회생절차에서 회생채권의 이의와 조사 또는 확정은 파산절차에서 행하여진 파산채권의 이의와 조사 또는 확정으로 보게 되므로, 파산절차에서는 종전의 회생절차에서 이미 조사된 회생채권을 파산채권으로 다시 조사할 필요가

시항고가 제기되어 그 결정을 취소하는 결정이 확정되고 그 후 회생절차개시신청 또는 간이회생절차개시신청의 기각결정이 확정되어 파산선고를 한 경우에는 취소된 회생절차 또는 간이회생절차에서 회생채권의 신고 등이 이루어졌을 수 있다. 이 경우에도 법 제6조 제5항이 적용되는지에 관하여는 견해의 대립이 있으나, 취소결정의 소급효에 비추어 부정함이 타당하다.

73) 법 제134조 내지 제138조의 채권들에 관하여 회생절차에서는 이를 회생절차개시결정 당시의 '평가액'으로 계산하여 의결권을 부여함에 비하여, 파산절차에서는 파산선고 당시를 기준으로 위와 같은 채권들의 '전액'을 파산채권으로 인정하므로(법 제425조 내지 제427조. 이른바 파산채권의 현재화·금전화), 채권조사확정절차도 달리할 필요가 있기 때문이다.

74) 실무에서는 파산관재인이 파산선고 직후 신고된 회생채권을 가진 채권자에게 그 회생채권과 동일한 채권을 다시 파산채권으로 신고할 필요가 없음을 안내하기도 한다.

75) 법 제3편(파산절차)에는 회생절차에서 법 제152조 제1항, 제3항과 같이 채권신고의 추후 보완을 제한하는 취지의 규정이 없으므로, 회생절차에서 신고기간 안에 신고를 하지 못한 데에 책임이 있는 회생채권자도 파산선고 후에는 채권신고를 할 수 있다. 이와 관련하여 채권자가 회생절차에서 신고한 회생채권과 동일한 채권을 파산절차에서 다시 파산채권으로 신고한 경우 파산채권 신고가 중복신고에 해당하여 부적법하다고 보이므로 법원은 채권조사에 앞서 채권자가 한 파산채권의 신고를 각하할 수 있다는 견해와 신고에 따라 파산채권조사의 대상에는 포함하되 파산관재인이 중복신고임을 이유로 이의를 진술하고 채권자가 파산채권조사확정재판의 신청을 한다면 그 신청을 권리보호의 이익이 없다고 보아 각하하면 된다는 견해가 있다. 서울회생법원의 실무는 후자의 견해에 따르고 있다. 이에 관한 추가적인 논의는 김정만·정문경·문성호·남준우(주 54), 478면; 최두호(주 54), 225면 참조.

없고, 종전의 회생절차에서 확정된 회생채권은 그 확정의 효력이 그대로 유지되어 파산절차에서는 확정된 파산채권으로 취급된다. 다만 회생절차에서 신고된 회생채권이 법 제134조 내지 제138조에 의한 채권인 경우 그 채권은 회생절차에서 조사 또는 확정이 되었더라도, 파산절차에서는 파산채권으로서 다시 조사 및 확정이 되어야 한다. 회생절차에서 신고기간 후에 신고된 회생채권이 있었으나 특별기일을 열어 그 조사를 하지 아니한 상태에서 파산이 선고된 경우와 같이 회생절차에서 회생채권으로 신고되었는데 조사하지 아니한 채권이 있는 경우에는 파산절차에서 그 채권을 파산채권으로 조사하여야 한다.

나) 회생계획인가 후의 파산선고   파산선고를 받지 아니한 채무자에 대하여 회생계획인가가 있은 후 회생절차폐지 또는 간이회생절차폐지의 결정이 확정되어 파산을 선고하는 경우(별제6조)와 파산선고를 받은 채무자에 대한 회생계획인가결정으로 파산절차가 효력을 잃은 후 회생절차폐지결정 또는 간이회생절차폐지결정이 확정되어 파산을 선고하는 경우(별제6조)에는, 회생계획인가 전의 채무자에 대한 견련파산에서 법 제6조 제5항과 같이 회생절차에서 회생채권의 신고 등을 파산절차에서 행하여진 파산채권의 신고 등으로 보는 규정이 없다. 이는 회생계획인가결정이 있는 때에는 회생계획이나 법의 규정에 의하여 인정된 권리를 제외하고 채무자는 모든 회생채권 등에 관하여 그 책임을 면하고(별제251조), 회생채권자 등의 권리는 회생계획에 따라 변경되는데(별 제1항252), 회생계획인가결정이 있은 후의 회생절차폐지 또는 간이회생절차의 폐지는 회생계획의 수행과 법의 규정에 의하여 생긴 효력에 영향을 미치지 아니하므로(별 제4항288), 파산이 선고된 경우 회생계획인가에 따른 권리변경 등을 전제로 새로이 파산채권의 신고 등이 필요하기 때문이다.

따라서 법 제6조 제1항 또는 제8항에 의한 파산선고가 있는 경우 회생계획에서 인정된 회생채권을 가진 채권자는 회생계획에 의하여 변경된 권리의 채권액에 따라 파산채권을 신고하여야 하고 회생계획에 의하여 변경되기 전 권리의 채권액에 따라 파산채권을 신고하여서는 아니 된다. 채권자는 회생계획에 따라 채권을 변제받은 때에도 변제받은 채권을 파산채권으로 신고하여서는 아니 된다.[76]

파산관재인도 회생계획인가결정으로 권리가 실권되거나[77] 회생계획에 의하

---

[76] 실무에서는 파산관재인이 파산선고 직후 인가된 회생계획에서 인정된 회생채권을 가진 채권자에게 위와 같은 파산채권을 신고할 경우의 주의사항에 관하여 안내하기도 한다.

[77] 다만 회생절차에서 회생채권자가 회생절차의 개시 사실 및 회생채권 등의 신고기간 등에 관하여 개별적인 통지를 받지 못하는 등으로 회생절차에 관하여 알지 못함으로써 회생계획안 심

여 권리가 변경된 대로, 나아가 회생계획의 수행 결과를 전제로 채권조사절차에서 채권 시·부인을 하여야 한다. 만일 회생채권을 가진 채권자가 인가된 회생계획에 따라 변경되기 전의 권리대로 파산채권을 신고한 경우나 회생절차에서 회생채권을 신고하지 아니하여 실권된 회생채권을 가진 채권자가 그 회생채권을 파산채권으로 신고한 경우, 회생계획에 따라 채권을 변제받은 채권자가 변제받기 전의 권리대로 파산채권을 신고한 경우에는 파산관재인은 권리가 변경되어 면책되거나 출자전환되어 소멸한 부분, 변제된 부분 등에 대하여 이의를 진술하여야 할 것이다.

4) 소송절차의 중단과 수계

법 제6조 제1항 또는 제2항에 의한 파산선고가 있는 때에는 관리인 또는 보전관리인이 수행하는 소송절차는 중단되고, 이 경우 파산관재인 또는 그 상대방이 이를 수계할 수 있다(법 제6조 제6항). 이는 법 제6조 제8항에 의한 파산선고가 있는 때에 준용된다(법 제10항 제조). 그런데 관리인 또는 보전관리인이 수행하던 소송절차는 파산재단에 속하는 재산과 관련된 것이 통상적인데, 법 제3편(파산절차)에는 이미 파산재단에 속하는 재산에 관하여 파산선고 당시 법원에 계속되어 있는 소송은 파산관재인 또는 상대방이 이를 수계할 수 있다고 규정하고 있어(법 제347조 제1항) 큰 의미는 없다.

법 제6조 제6항에 의하여 중단되어 파산관재인 또는 그 상대방이 수계할 수 있는 소송절차에는 종전의 회생절차에서 관리인이 수행 중이던 부인의 소, 부인의 청구, 부인의 청구를 인용하는 결정에 대한 이의의 소 등 부인권 행사에 기한 소송절차가 포함된다.[78] 관리인이 수행 중이던 회생채권조사확정재판의 절차나 채권조사확정재판에 대한 이의의 소의 소송절차에 관하여는 앞서 보았다.

5) 유효한 행위의 범위 결정

법 제6조 제1항 또는 제2항에 의한 파산선고가 있는 때에는 법 제2편(회생절차)에 의하여 회생절차에서 행하여진 ① 법원, ② 관리인·보전관리인·조사위

리를 위한 관계인집회가 끝날 때까지 채권신고를 하지 못하고, 관리인이 그 회생채권의 존재 또는 그러한 회생채권이 주장되는 사실을 알고 있거나 이를 쉽게 알 수 있었음에도 회생채권자 목록에 기재하지 아니한 경우에는 법 제251조에 불구하고 회생계획이 인가되더라도 그 회생채권은 실권되지 아니한다(대법원 2012. 2. 13. 자 2011그256 결정 참조). 이처럼 회생절차에서 신고되지 아니한 회생채권이 실권되지 아니하는 경우도 있으므로, 파산관재인은 회생채권으로 신고되지 아니한 채권이 파산채권으로 신고된 경우 법 제251조의 규정의 적용을 배제할 사정이 있는지를 검토하여 채권 시·부인을 하여야 할 것이다.

78) 대법원 2015. 5. 29. 선고 2012다87751 판결; 김정만·정문경·문성호·남준우(주 54), 479면 참조.

원·간이조사위원·관리위원회·관리위원·채권자협의회, ③ 채권자·담보권자·
주주·지분권자(주식회사가 아닌 회사의 사원 및 그 밖에 이와 유사한 지위에 있는 자
를 말한다), ④ 그 밖의 이해관계인의 어느 하나에 해당하는 자의 처분·행위 등
은 그 성질에 반하지 아니하는 한 파산절차에서도 유효한 것으로 본다(별제6조).[79]
이 경우 법원은 필요하다고 인정하는 때에는 유효한 것으로 보는 처분·행위 등
의 범위를 파산선고와 동시에 결정으로 정할 수 있다(별제6조). 이는 법 제6조 제
8항에 의한 파산선고가 있는 때에 준용된다(별제6조).

실무에서는 법원이 법 제6조 제7항 후문에 의하여 유효한 것으로 보는 처
분·행위 등의 범위를 따로 정하지는 아니하는 것이 일반적이다.

3. 파산절차의 속행

파산선고를 받은 채무자에 대하여 ① 회생절차개시신청 또는 간이회생절차
개시신청의 기각결정, ② 회생계획인가 전 회생절차폐지결정 또는 간이회생절차
폐지결정, ③ 회생계획불인가결정이 확정된 때에는, 아직 회생계획인가결정이 있
기 전이어서 기존의 파산절차가 그 효력을 잃지 아니하였으므로 회생절차개시결
정의 효과 등으로 중지된 기존의 파산절차가 속행되게 된다.

이처럼 파산절차가 속행되는 경우, 회생절차에서 공익채권은 채무자 또는
관리인에 대하여 파산선고 후의 원인으로 생긴 재산상의 청구권이어서 파산채권
에도 해당하지 아니하고 회생절차에서 공익채권과 파산절차에서 재단채권을 동
일한 정도로 보호할 필요성이 있으므로, 법은 기존의 파산절차가 속행되는 때에
는 그 공익채권은 재단채권으로 하도록 규정하고 있다(별제7조). 또한 법은 위와
같이 파산절차가 속행되는 경우에 법 제6조 제5항 내지 제7항을 준용하도록 규
정함으로써(별제7조), 파산절차가 속행되는 경우 중지되었던 기존의 파산절차와 그
후의 종료된 회생절차, 속행된 파산절차 사이의 연속성을 유지하도록 하고 있다.

---

79) 대법원 2017. 4. 26. 선고 2015다6517, 6524, 6531 판결은 "회생계획인가의 결정이 있은 후 회
생절차가 폐지되는 경우 그동안 회생계획의 수행이나 법률의 규정에 의하여 생긴 효력에 영향
을 미치지 아니하므로(법 제288조 제4항), 회생절차가 폐지되기 전에 관리인이 법 제119조 제1
항에 따라 계약을 해제하였다면 이후 회생계획폐지의 결정이 확정되어 법 제6조 제1항에 의한
직권 파산선고에 의하여 파산절차로 이행되었다고 하더라도 위 해제의 효력에는 아무런 영향을
미치지 아니한다."라고 판시하였다.

제20장

·
·
·

간이회생절차

제1절 서 론

1. 소액영업소득자에 대한 간이회생절차의 도입 배경

중소기업 도산절차는 대기업 도산절차에 비하여 채권자의 수동적 절차참여, 채무자에 대한 신뢰할 만한 정보 결여, 신규자금차입의 어려움, 도산절차 이용을 위한 비용 부족, 소유주의 개인채무와 회사채무의 혼재, 소유와 경영의 미분리 등의 특징을 가진다.

제정 법은 개인과 법인의 구분 없이 모든 채무자에 대한 재건형 도산절차로서 회생절차를 도입하면서 과거 회사정리절차와 화의절차로 나누어졌던 법인에 대한 재건형 도산절차를 회생절차로 일원화하였다. 그런데 회생절차는 대기업에 적합한 회사정리절차를 모델로 한 것이어서 절차가 복잡하고 과다한 비용이 소요된다는 지적이 있었다. 비록 간이회생절차가 도입되기 전에도 중소기업에 관한 특칙[1]이 존재했지만, 이 규정만으로는 중소기업의 특수성을 반영하여 회생절차를 규율하기에는 부족했다. 특히 부채가 많지 않고 사업구조도 단순한 소기업[2]과 개인사업자가 회생절차를 재건절차로 이용하기에는 부적합하므로 이들을 위한 별도의 재건절차가 필요하다는 주장이 제기되었다. 2014. 12. 30. 개정된 법은 종래 일원화된 재건형 도산절차에 대한 비판을 수용하면서, 소기업과 개인사업자가 저렴한 비용으로 쉽고 빠르게 재기할 수 있도록 간이회생절차를 신설하였다.

2. 간이회생절차의 주요 내용

간이회생절차는 신청 당시를 기준으로 회생채권 및 회생담보권의 총액이 50억 원 이하의 범위에서 대통령령이 정하는 금액 이하인 채무를 부담하는 법

---

1) 구법(2014. 12. 30. 개정되기 전의 것)에도 채권자협의회 구성배제에 관한 제20조 제1항, 관리인 불선임 원칙에 관한 제74조 제3항, 회생계획 제출기간 연장기간에 관한 제220조 제6항이 있었다.

2) 중소기업기본법상 중소기업은 주된 업종별 평균매출액 또는 연간매출액이 최대 1,500억 원 이하이면서 자산총액이 5,000억 원 미만으로 법인 또는 개인을 불문한다(중소기업기본법 제2조, 같은 법 시행령 제3조). 또한 그중 주된 업종별 평균매출액 또는 연간매출액이 최대 120억 원 이하이면 소기업으로 분류된다(중소기업기본법 시행령 제8조).

인 또는 개인인 소액영업소득자만을 대상으로 하고 있다(법 제293조의4 제1항, 제293 조의2, 시행령 제15조의3).

회생절차와는 달리 간이회생절차에서는 관리인을 선임하지 않는 것이 원칙이고(법 제293조 의6 제1항), 간이조사위원은 규칙이 정하는 바에 따라 간이한 방법으로 법 제87조에 따른 조사 업무를 수행할 수 있으며, 이 경우 관리인도 법 제91조부터 제93조까지의 규정에 따른 업무를 대법원규칙이 정하는 바에 따라 간이한 방법으로 수행할 수 있다(법 제293조의7 제2항·제3항).

또한 간이회생절차에서는 회생계획안의 가결 요건이 회생절차보다 완화되어 있다. 회생절차에서는 회생채권자의 조에서 2/3 이상의 동의를 얻어야 하지만, 간이회생절차에서는 위 가결 요건을 충족하지 못하더라도 의결권을 행사할 수 있는 회생채권자의 의결권의 총액의 1/2을 초과하는 의결권을 가진 자의 동의 및 의결권자의 과반수의 동의가 있으면 가결된 것으로 본다(법 제293조 의8 제2호).

3. 간이회생절차와 다른 도산절차의 관계

간이회생절차는 기본적으로 회생절차에 해당하므로, 법 제9장(소액영업소득자에 대한 간이회생절차)에서 정한 것을 제외하고는 제2편(회생절차)의 규정이 적용되고, 법(제2편을 제외함) 또는 다른 법령에서 회생절차를 인용하고 있는 경우에는 해당 법령에 특별한 규정이 있는 경우를 제외하고는 간이회생절차도 포함된 것으로 보고 해당 법령을 적용한다(법 제293조의3 제1항·제2항).

따라서 간이회생절차개시결정이 있는 때에는 별도의 파산 또는 간이회생[3] 절차개시의 신청을 할 수 없고(법 제293조의3 제1항, 제58조 제1항 제1호·), 이미 진행 중인 파산절차는 중지된다(법 제293조의3 제1항, 제58조 제2항 제1호). 개인회생절차개시의 결정이 있는 때에는 간이회생절차를 신청할 수 없고, 이미 진행 중인 간이회생절차는 중지된다(법 제293조의3 제2항, 제600조 제1항 제1호).

한편 법은 간이회생절차개시신청이 기각되는 경우를 대비하여 예비적으로 회생절차개시신청 의사가 있는지를 밝히도록 하였고(법 제293조 의4 제2항), 일단 간이회생절차가 개시된 후라도 채무자가 소액영업소득자가 아닌 점이 밝혀진 경우 등에는 간이회생절차를 폐지하고 회생절차를 속행할 수 있도록 규정하고 있다(법 제293조의5 제3항, 제4항).

---

3) 회생절차개시신청도 할 수 없다고 해석된다. 회생절차가 개시된 경우에도 별도의 간이회생절차개시신청은 금지되는 것으로 해석된다[주석 채무자회생법(Ⅲ), 717면 참조].

4. 간이회생절차의 흐름

　　간이회생절차의 흐름은 회생절차와 거의 동일하다. 회생절차와의 주요한 차이점은 채무자가 소액영업소득자가 아니라는 이유로 간이회생절차개시신청이 기각되거나 간이회생절차가 폐지되어도 회생절차를 개시하거나 속행할 수 있다는 점이다(별 제293조의5 제2항 제2호·제4항). 이는 무익한 절차의 반복을 방지하여 채무자 회생이라는 종국적 목적을 원활하게 달성하기 위한 것이다.

　　간이회생절차개시의 신청부터 종료되기까지의 흐름을 간략히 도표로 표시하면 아래 <그림 20-1>과 같다.

<그림 20-1> 간이회생절차 흐름표

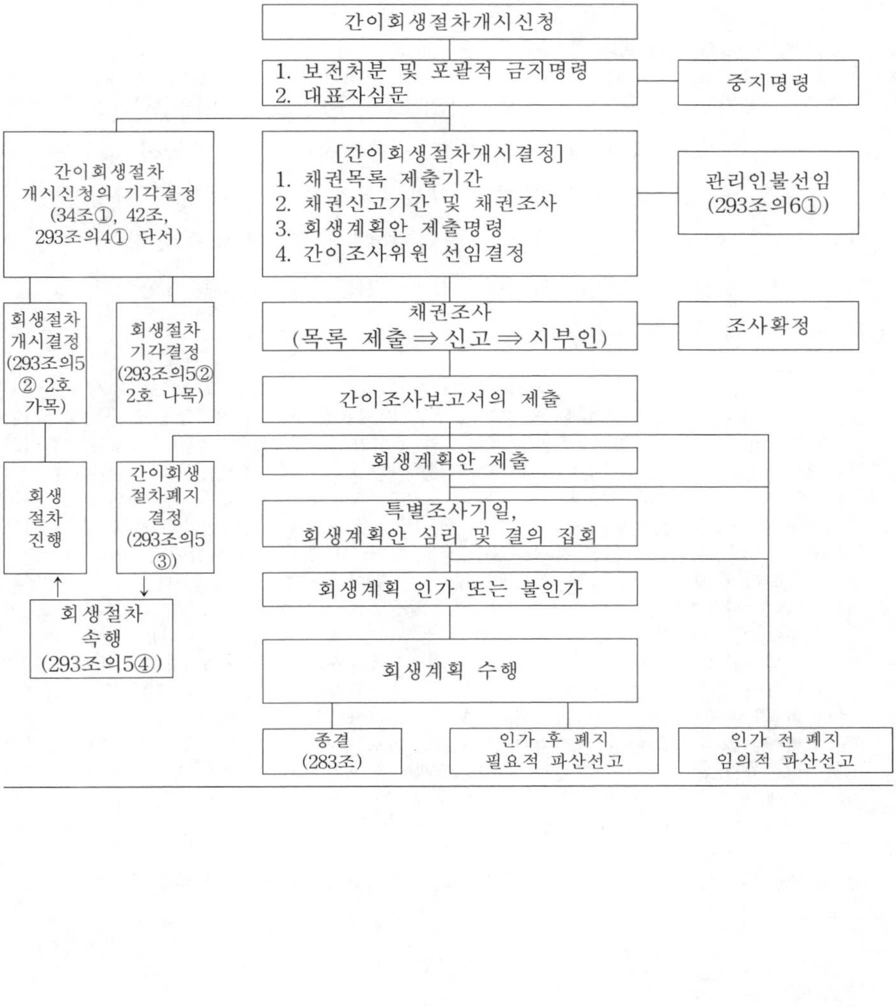

제2절 간이회생절차개시의 신청

1. 관 할

간이회생사건의 관할은 회생사건과 마찬가지이다. 즉 채무자의 보통재판적이 있는 곳이나 채무자의 주된 사무소나 영업소가 있는 곳 내지 이에 해당하는 곳이 없는 경우 채무자의 재산이 있는 곳 중 어느 한 곳을 관할하는 회생법원의 관할에 전속한다(법 제3조).[4]

2. 간이회생절차개시의 신청권자

가. 소액영업소득자

영업소득자란 부동산임대소득·사업소득·농업소득·임업소득, 그 밖에 이와 유사한 수입을 장래에 계속적으로 또는 반복하여 얻을 가능성이 있는 채무자를 말하고(법 제293조의2 제1호), 소액영업소득자는 회생절차개시의 신청 당시 회생채권 및 회생담보권의 총액이 50억 원 이하의 범위 내에서 대통령령으로 정하는 금액 이하인 채무를 부담하는 영업소득자를 의미한다(법 제293조의2 제2호). 현재 시행령은 그 금액을 50억 원으로 정하고 있다(시행령 제15조의3).[5]

---

4) 한편 법 제3조 제2항 및 제5항에서 '간이회생사건'을 명시적으로 규정하고 있지 아니하여, 고등법원 소재지 회생법원에 대한 경합적 관할과 사물관할에 관한 위 규정이 간이회생사건에도 그대로 적용되는지에 관하여 긍정설, 부정설의 논의가 있다[자세한 내용은 이수열, "간이회생절차 연구", 2016. 5. 16. 도산법학회 춘계학술세미나(2015. 5. 16.), 14면 참조]. 실무에서는 간이회생사건에도 위 법 제3조 제2항이 적용되는 것으로 해석하여 고등법원 소재지의 회생법원에 대한 경합적 관할을 인정하고[서울회생법원 2021간회합100004 (주)비앤알테크널러지, 2021간회합100083 (주)티엔티텍스타일 사건 등 다수], 법 제3조 제5항의 사물관할규정 역시 간이회생사건에 적용된다고 보고 개인이 아닌 채무자에 대한 간이회생사건은 합의부에, 개인채무자의 간이회생사건은 단독재판부에 배당하고 있다(서울회생법원 실무준칙 제201호 '간이회생사건 처리기준' 제2조. 이하 이 장에서는 위 실무준칙을 '실무준칙 제201호'라고만 한다).
   또한 법 제3조 제3항 각호의 적용과 관련하여, 선행사건으로 법인에 대한 간이회생절차가 계속되어 있는 경우 그 법인의 계열회사, 대표자, 주채무자와 보증인 등에 대한 회생절차개시신청에 대한 관할을 인정할 수 있는지에 대하여도 논의가 있는데, 간이회생사건은 소액영업소득자를 위한 특례 절차에 해당하는 점에서 이를 기초로 통상의 회생사건에 관한 관할을 부여하는 것은 적절하지 않고, 법 제3조 제3항 제3호 내에서 회생사건과 간이회생사건을 달리 규정하고 있는 점에서 소극적으로 해석하는 것이 타당하다는 견해도 있으나[이수열, "개정 채무자회생법 연구", 도산법연구 제6권 제1호(2015), 사단법인 도산법연구회, 141면], 실무에서는 위 조항에 근거하여 관할을 인정하고 있다.
5) 종전에는 그 금액을 30억 원으로 정하였으나 2020. 6. 2. 대통령령 제30726호로 개정되었다.

소액영업소득자는 법인과 개인을 모두 포함하는 개념이고, 급여소득자는 포함되지 않으나,[6] 급여소득자과 영업소득자의 지위를 동시에 가지고 있는 채무자는 소액영업소득자로 볼 수 있다.[7] 또한 형식상으로는 급여소득자로 볼 수 있으나, 실질적으로 영업소득자로 볼 수 있다면 직함이나 명칭에 관계없이 소액영업소득자에 해당한다고 볼 것이다.[8]

나. 회생채권 및 회생담보권 총액의 판단

1) 개   요

법인의 경우 재무상태표를 통해 회생채권 및 회생담보권의 총액을 비교적 쉽게 확인할 수 있다. 그러나 여기서의 회생담보권 및 회생채권은 재무상태표에 형식적으로 기재된 것으로만 판단할 것이 아니라[9] 실질적인 부채 규모를 기준으로 판단하여야 한다. 따라서 신청서의 기재, 각종 소명자료 및 대표자심문 과정에서 재무상태표에 반영되지 않은 채무를 밝혀 그 총액을 면밀히 검토해야 한다. 왜냐하면 소액영업소득자로 쉽게 인정하여 간이회생절차개시결정을 하였다가 소액영업소득자가 아닌 것으로 밝혀지는 경우에는 간이회생절차폐지 등으로 절차가 지연되거나 법률관계에 혼란이 발생할 수 있고, 간이회생절차의 특례 요건 등을 적용받기 위해 특정 채무를 숨기거나 줄이는 방법으로 간이회생절차를 남용할 우려가 있기 때문이다.

2) 기준 시점

회생채권 및 회생담보권 총액은 간이회생절차개시의 신청 당시를 기준으로

---

[6] 개인채무자의 경우 영업소득자보다 급여소득자의 부채구조가 더 단순하다는 점, 법인은 간이회생절차를 진행하면서 그 대표자는 급여소득자라는 이유만으로 일반 회생절차를 진행할 수밖에 없는 점 등을 고려할 때, 간이회생절차의 대상에서 급여소득자를 제외한 것은 입법론상 검토를 요한다는 견해가 있다[이수열, "개정 채무자회생법 연구", 도산법연구 제6권 제1호(2015), 사단법인 도산법연구회, 142면 각주 43) 참조].

[7] 법인의 대표자로서 급여를 수령하면서 별도의 개인 사업체를 함께 운영하는 자(서울회생법원 2018간회단100028, 2021간회단100032, 2022간회단100012 사건 등), 급여 이외에 영업을 통한 수당을 받는 보험모집인 등을 예로 들 수 있다.

[8] 한편 회생사건의 경우 일정한 요건을 갖춘 채권자나 주주, 지분권자도 회생절차개시의 신청을 할 수 있으나(법 제34조 제2항), 간이회생사건의 경우 법 제293조의4에서 '소액영업소득자'를 신청권자로 한정하고 있으므로, 채권자나 주주, 지분권자는 채무자가 소액영업소득자라 하더라도 간이회생절차개시의 신청을 할 수 없다고 보는 견해가 다수설이다[이수열, "개정 채무자회생법 연구", 도산법연구 제6권 제1호(2015), 사단법인 도산법연구회, 142면; 박승두, "간이회생절차의 주요 내용과 신청방법", 경희법학 제51권 제1호(2016), 515면; 양형우, "소액영업소득자에 대한 간이회생절차", 재산법연구 제32권 제3호(2015), 320면 참조].

[9] 실재하는 보증채무, 우발채무, 충당금 등이 재무상태표의 부채란 기재와 일치하는 것은 아니기 때문이다.

판단한다(법_{의2}제293조_{제2호}). 따라서 그 신청 전일까지 발생한 이자 내지 지연 손해금은 당연히 포함되고, 신청 이후에 채무의 존부 및 범위가 확정되어도 신청 당시에 이미 존재하였던 채무라면 그 총액에 산입해야 한다. 한편, 신청 이후 채무액이 증가하여 개시 당시 회생채권 및 회생담보권 총액이 기준 금액을 초과하더라도 개시결정에 장애가 되지 않는다.

3) 조세채권, 공익채권 등

조세채권이 회생채권 또는 회생담보권이라면 그 총액에 산입해야 하지만 공익채권은 제외된다.[10]

4) 존재 내지 범위에 관하여 다툼이 있는 채무

채무자가 집행력 있는 집행권원이나 종국판결에 의하여 부담하는 채무는 신청 당시 확정 전이라 하더라도 특별한 사정이 없는 한 회생채권 및 회생담보권의 총액에 포함시켜야 한다. 차용증과 같이 처분문서에 의해 비교적 용이하게 인정되는 채무도 그 변제 등으로 인한 소멸에 관하여 합리적이고 충분한 소명이 이루어지지 않았다면 이를 포함시키는 것이 타당하다.

그러나 불법행위에 의한 손해배상채무와 같이 그 채무의 발생은 인정되나 그 범위가 확정되지 않은 경우 또는 채권자와 채무자가 주장하는 채무 범위의 편차가 큰 경우가 문제된다. 이러한 경우에는 간이회생절차개시신청서의 첨부서류,[11] 대표자심문 등을 통해 현출된 자료와 추가 소명자료를 제출받아 그 범위를 판단하거나[12] 필요한 경우 개시 전에 조사위원을 선임하여 부채 총액을 조사할 수밖에 없다.

5) 보증채무 및 연대채무

민법상 보증채무 또는 연대보증채무는 주채무자와 동일한 내용의 채무를 부담하고 있으므로, 주채무자의 변제자력을 불문하고 소액영업소득자를 판단하기 위한 채무 총액에 포함된다. 연대채무자 또는 부진정연대채무자 사이의 내부관계에서 부담 비율이 정해져 있어도 채권자에 대하여 채무 전부에 대하여 변제할 의무가 있으므로, 채무 총액을 산정함에 있어서는 그 부담 비율을 고려할 것이 아니라 채무액 전부를 회생채권 및 회생담보권의 총액에 산입해야 한다.

---

10) 실무준칙 제201호 제3조도 공익채무를 신청 당시 회생채권 및 회생담보권의 총액에 포함하지 않고 있다.

11) 간이회생절차개시신청서의 첨부서류로 '소송이 계속 중이거나 존부에 관하여 다툼이 있는 회생채권·회생담보권의 존재에 관한 소명자료'를 제출해야 한다(법 제293조의4 제4항 제4호, 규칙 제71조의2 제4호).

12) 실무준칙 제201호 제3조.

다만 미발생 구상채무를 보증한 경우와 같이 피보증채무가 간이회생절차개시
신청 당시까지 현실화되어 발생하지 않았다면 채무자가 부담하는 채무라고 보기
어려우므로 회생채권 및 회생담보권의 총액에 포함되지 않는다고 보아야 한다.[13]

6) 물상보증채무

통상 담보목적물의 가액 범위 내에서는 회생담보권이 되고 이를 초과하는
부분은 회생채권으로 인정되지만, 간이회생절차개시결정 전 단계에서 회생채권
과 회생담보권의 총액을 기준으로 소액영업소득자에 해당하는지 판단하므로, 그
구별은 중요하지 않다.

그러나 물상보증인은 담보로 제공한 목적물 가액의 범위 내에서만 책임을
부담하기 때문에, 채무자가 물상보증채무를 부담하는 경우 담보목적물의 가액과
물상보증인으로서 부담하는 책임의 범위를 비교하여 회생담보권의 범위를 정해
야 한다. 만약 담보목적물의 가액을 초과하는 부분이 있어도, 이는 회생채권으로
인정되기 않기 때문에 채무 총액 산정에서 고려하여서는 안 된다. 따라서 간이
회생절차 개시 전에 채무 총액을 정확하게 산정하기 위하여 그 담보목적물의 가
액을 평가해야 할 필요성이 있으므로 그 가치를 알 수 있는 대략적인 자료가
제출되어야 할 것이다.[14]

7) 미발생 구상채무

관리인은 이행보증 또는 하자보증 등을 제공한 보증기관이 대위변제하여
장래에 취득할 구상권을 이른바 '미발생 구상채무'로 보아 회생채권으로 시인하
는 경우가 있다. 이러한 미발생 구상채무는 현실화된 경우가 아니므로 간이회생
절차개시신청 당시에 채무자가 부담하고 있는 채무로 보기 어렵다. 설령 간이회
생절차개시결정 이후에 보증기관의 대위변제로 인하여 구상채무를 부담하게 되
더라도, 이는 간이회생절차개시신청 당시 부담하는 채무라고도 볼 수 없다.[15]
다만 보증인이 간이회생절차개시신청 이전에 사전구상권을 이미 취득한 경우에
는 달리 볼 것이다.

---

13) 실무준칙 제201호 제3조.
14) 간이회생절차개시신청 전에 미리 감정평가를 받아 담보물의 가치를 평가하고 그 결과에 따라
회생담보권의 범위를 정하여 신청하기도 한다[서울회생법원 2019간회합100061 (주)플랜하우스
사건 등].
15) 실무준칙 제201호 제3조. 이와 달리 간이회생절차개시신청 단계에서 그 이용자격이 있는지에
관하여 법적 불확실성이나 다툼이 생겨 오히려 신속하고 간소한 절차 진행에 방해가 될 가능성
이 있다는 이유로, 개시 단계부터 기준 채무액에 우발채무와 미확정채무를 포함하여 산정하는
것이 바람직하다는 견해도 있다[한민, "중소기업 회생제도의 개선", 이화여자대학교 법학논집 제
18권 제4호(2014. 6.), 420면].

8) 편파변제로 이미 소멸한 채무

채무자가 간이회생절차개시신청 이전에 특정채권자에게 편파변제한 경우, 그 채무는 변제로 이미 소멸하였기 때문에 회생채권 및 회생담보권의 총액에 포함시킬 수 없다. 다만 간이회생절차개시결정 전에 대표자심문 과정에서 오로지 소액영업소득자의 자격 요건을 갖추기 위한 목적으로 특정 채권자에게 편파변제를 한 것이 밝혀진 경우에는 '간이회생절차개시신청이 성실하지 아니한 경우'에 해당하여 그 신청을 기각할 수는 있을 것이다(법, 제293조의3 제1항, 제42조 제2호). 또 채무자의 편파변제 행위가 부인되더라도 상대방이 그가 받은 급부를 반환하거나 그 가액을 상환한 때 비로소 상대방의 채권이 원상으로 회복되기 때문에 이를 간이회생절차개시신청 당시 존재한 채무로 보기 어렵다(법, 제293조의3 제1항, 제109조 제1항). 따라서 간이회생절차가 개시된 이후에 부인권 행사로 인하여 채권이 부활하여 소액영업소득자에 해당하지 않게 되더라도 간이회생절차를 폐지할 수 없다.

9) 쌍방미이행 쌍무계약

쌍방미이행 쌍무계약이 해제 또는 해지된 때에 상대방은 손해배상에 관하여 회생채권자로서 그 권리를 행사할 수 있을 뿐이다(법, 제293조의3 제1항, 제121조 제1항). 따라서 관리인이 해제·해지를 선택하고 그로 인하여 채권자가 손해배상채권을 취득하여도, 이는 간이회생절차개시 이후에 발생한 것이어서 신청 당시의 회생채권에는 포함되지 않는다.

한편 채무자가 간이회생절차개시의 신청 당시 쌍방미이행의 공사계약에 따라 기성고 부분에 대한 공사대금채무를 부담하고 있는 경우 이를 회생채권으로 보아야 하는지 문제된다. 만약 관리인이 간이회생절차개시 후 쌍방미이행의 공사계약의 해제를 선택한 경우 기성고 부분은 간이회생절차개시 후의 해제의 원인으로 발생한 회생채권[16]이기 때문에 간이회생절차개시의 신청 당시 회생채권에는 포함되지 않고, 이행을 선택한 경우에는 공익채권[17]이 되기 때문에 간이회생절차개시신청 당시 회생채권에 포함되지 않는다. 간이회생절차개시신청 당시 채무자가 기성고에 따른 공사대금채무를 부담하고 있었으나 간이회생절차가 개시되기 전에 쌍방미이행의 공사계약이 해제된 경우에는 당연히 이를 채무 총액에 산입하여 소액영업소득자에 해당하는지를 판단해야 한다.

---

16) 이에 대한 설명은 '제9장 제5절 1. 마. 3)' 참조.
17) 대법원 2004. 8. 20. 선고 2004다3512, 3529 판결 참조.

3. 간이회생절차개시의 신청서 및 첨부서류

가. 신청서 기재 사항

간이회생절차개시신청서에는 당사자의 표시, 간이회생절차개시의 신청을 구하는 취지, 간이회생절차개시의 원인, 채무자의 영업 내용 및 재산 상태,[18] 소액영업소득자에 해당하는 채무액 및 그 산정 근거를 기재해야 한다(법 제293조의4 제3항). 또 소액영업소득자에 해당하지 않거나 개인인 소액영업소득자가 신청일 전 5년 이내에 개인회생절차 또는 파산절차에 의한 면책을 받은 사실이 있어 간이회생절차 고유의 사유로 그 신청이 기각될 경우를 대비하여 회생절차개시의 신청을 하는 의사가 있는지 여부를 명확히 밝혀야 한다(법 제293조의4 제2항·제3항 제7호).

소액영업소득자는 간이회생절차개시신청이나 회생절차개시신청을 모두 할 수 있으므로, 소액영업소득자로 보이는 채무자가 단순히 회생절차개시신청을 한 경우에는 보정명령 또는 채무자(또는 채무자의 대표자) 심문절차를 통해 간이회생절차개시를 구하는 취지인지, 간이회생절차개시신청이 기각될 경우 회생절차개시를 구하는 것인지 등을 명확하게 밝히도록 해야 한다.

한편 소액영업소득자가 개인인 경우에는 채무자의 성명·주민등록번호 및 주소를, 채무자가 개인이 아닌 경우에는 채무자의 상호, 주된 사무소 또는 영업소의 소재지, 채무자의 대표자의 성명을 신청서에 기재해야 함은 회생절차와 동일하다(법 제293조의4 제3항 제1호·제2호).

나. 첨부서류

회생절차개시신청서의 첨부서류에 관하여 명문의 규정이 없는 것과는 달리, 간이회생절차개시신청서에는 채권자목록, 채무자의 영업 내용에 관한 자료, 채무자의 재산 상태에 관한 자료[19]를 반드시 첨부하여야 한다(법 제293조의4 제4항 제1호 내지 제3호). 아울러 ① 채무자가 개인인 경우에는 주민등록등본, 개인회생절차 또는 파산절차에 따른 면책을 받은 사실이 있으면 그에 관한 서류, 그 밖의 소명자료, ② 채무자가 개인이 아닌 경우에는 법인등기사항증명서, 정관, 간이회생절차개시의 신청에 관한 이

---

18) 회생절차개시신청서에 다양한 항목으로 나누어 기재할 것을 요구하는 것(법 제36조 제6호 내지 제9호)과 달리 간이회생절차개시신청서에는 간략하게 '채무자의 영업 내용 및 재산 상태'를 기재하도록 한다.

19) '채무자의 영업 내용 및 재산 상태에 관한 자료'는 통상 주요 거래처 목록, 채무자의 유·무형 자산 목록, 신청일 기준 및 직전 영업연도의 재무상태표, 최근 영업실적을 알 수 있는 손익계산서 등이다.

사회 회의록, 그 밖의 소명자료, ③ 과거 3년간의 비교재무상태표와 비교손익계산서 또는 이에 준하는 서류, ④ 소송이 계속 중이거나 존부에 관하여 다툼이 있는 회생채권·회생담보권의 존재에 관한 소명자료도 첨부해야 한다(법 제293조의4 제4항,제4호, 규칙 제71조의2).[20]

위와 같은 첨부서류가 신청 당시 제출되지 않았다면 채무자 또는 채무자대표자심문 전까지는 이를 제출하도록 보정명령을 할 필요가 있다. 만약 보정명령에 응하지 않을 경우 간이회생절차개시신청이 성실하지 아니한 경우에 해당하므로, 그 신청을 기각해야 한다(법 제293조의5 제1항, 제293조의3 제1항, 제42조 제2호).

한편 법 제293조의4 제4항 제1호에서 의미하는 '채권자목록'은 제147조 제1항에 규정된 목록과 다르기 때문에 이를 제출하여도 신고의제(법 제151조)의 효과가 없고, 법 제147조 제2항, 규칙 제52조에 따라 작성될 필요도 없으며, 이를 제출하였더라도, 법 제147조에 따른 관리인의 목록 제출 의무가 면제되는 것도 아니다. 따라서 관리인은 간이회생절차개시 이후 위 제147조에 따른 채권자목록을 제출하여야 한다.

그러나 적어도 회생채권 및 회생담보권의 총액을 판단할 수 있도록 채권자의 성명, 원금 및 이자(지연손해금), 발생원인 및 시기, 채권의 내용 등은 특정해야 한다. 위 '채권자목록'은 간이회생절차개시신청권을 판단하는 기준에 불과하기 때문에 그 취지상 공익채무를 기재하지 않아도 된다는 견해[21]가 있으나, 신청 단계부터 총채무의 현황을 정확하게 파악하는 것이 회생절차 진행에 도움이 되므로, 미지급 급여 및 퇴직금을 비롯한 모든 공익채무를 기재하는 것이 바람직하다.

4. 간이회생절차개시의 신청 이후부터 개시결정 전까지의 절차

가. 비용예납명령

회생사건과 마찬가지로 간이회생절차개시신청이 있는 때에는 신청인은 간이회생절차의 비용을 미리 납부하여야 하고(법 제293조의3 제1항, 제39조 제1항), 그 비용은 조사의 내용, 난이도 등을 고려하여 법원이 정하는데, 대부분은 간이조사위원의 보수이다.

---

20) 규칙은 신청서 첨부자료를 상세히 규정함으로써 소액영업소득자가 신청 자료를 보다 용이하게 준비하고 절차에 쉽게 접근할 수 있게 하였다.

21) 이수열, "개정 채무자회생법 연구", 도산법연구 제6권 제1호(2015), 사단법인 도산법연구회, 149면. 다만 이 견해에 따르더라도 공익채권자인지가 불분명한 경우에는 일단 기재하는 것이 바람직하다고 한다.

회생사건의 경우, 회생사건의 처리에 관한 예규 제8조 [별표]에 정해진 조사위원의 보수 추정액에 부가가치세와 예상되는 절차비용을 고려하여 예납명령을 하고 있다. 그러나 간이회생사건에서는 회생사건에서와 달리 간이한 방법의 조사업무가 가능한 점, 간이회생사건의 요건에 해당하는 대다수 소기업의 경우 과다한 조사위원 보수를 부담할 자력이 없는데도 위 [별표] 기준에 따라 예납금을 정하면 비용절감을 통해 원활한 중소기업의 회생을 도모하고자 하는 간이회생제도의 취지에 부합하지 않는 점을 고려하면 위 [별표] 기준을 그대로 사용하는 것은 적절하지 않다.

실무준칙 제201호 제4조(예납금)는 채무자의 신청 당시 재무상태표상 자산 또는 부채 총액을 기준으로 400만 원에서 1,000만 원의 예납금을 납부하도록 정하고 있다.

나. 보전처분 및 포괄적 금지명령의 효력 종기

회생사건은 보전처분 및 포괄적 금지명령을 발령하면서 그 효력의 종기를 '회생절차개시신청에 대한 결정이 있을 때까지'로 정하는 것이 실무례이다.

간이회생사건의 경우도 마찬가지이다. 다만, 간이회생사건의 경우, 간이회생절차개시신청이 기각되더라도 신청인이 회생절차개시신청을 하는 의사가 있음을 밝힌 경우에는 회생절차개시신청에 대한 재판을 하여야 한다. 만일 간이회생절차개시신청이 기각되고 회생절차개시결정을 할 경우에 간이회생절차개시신청의 기각결정이 있으면 보전처분 및 포괄적 금지명령이 실효되므로 회생절차개시신청에 대한 결정이 있을 때까지 채무자의 재산을 보전하기 위하여는 새로운 보전처분 등을 발령하여야 한다. 이러한 절차상 번거로움을 피하기 위하여 실무는 보전처분 및 포괄적 금지명령의 효력을 회생절차개시신청에 대한 결정이 있을 때까지 계속 유지할 필요성이 인정되는 경우라면, 그 효력의 종기를 '간이회생절차개시신청에 대한 결정이 있을 때까지(간이회생절차개시신청이 기각되는 경우에는 회생절차개시신청에 대한 결정이 있을 때까지)'로 정하고 있다.[22]

다. 대표자심문 및 현장검증

간이회생절차개시신청이 있는 때에도 회생절차개시신청과 마찬가지로 법원은 대표자의 유고 등 특별한 사정이 없는 한 채무자 또는 그 대표자를 심문하

---

[22] 회생절차개시신청을 하는 의사가 없다고 밝힌 경우에는 괄호 안 기재는 불필요하다.

여야 하고(법제293조의3 제1항,제41조 제1항·제2항), 필요한 경우 현장검증을 실시할 수 있다. 서울회생법원은 신속하고 간이한 절차진행을 위하여 대표자심문은 회생사건보다 간소한 심문사항[23]을 이용하여 시행할 수 있고, 대표자의 경영현장 이탈을 최소화하도록 배려하여 대표자심문이나 현장검증을 인터넷 화상장치 등[24]을 활용하여 시행할 수 있게 하였다.[25]

제3절 간이회생절차개시의 신청에 대한 재판

1. 간이회생절차개시신청에 대한 취하허가

가. 취하 범위의 특정

간이회생절차개시신청을 한 자는 간이회생절차개시결정 전에 한하여 그 신청을 취하할 수 있고, 보전처분, 보전관리명령, 중지명령, 포괄적 금지명령이 있는 후에는 법원의 허가를 받지 아니하면 간이회생절차개시신청 및 보전처분신청을 취하할 수 없음은 회생절차와 동일하다(법 제293조의3 제1항,제48조 제1항·제2항).

채무자가 취하서를 제출하였는데, 간이회생절차개시신청이 기각될 것을 대비하여 회생절차개시신청 의사를 밝힌 경우의 처리가 문제된다. 특별한 사정이 없는 한 간이회생절차개시신청의 취하에는 그에 부수한 회생절차개시신청의 취하도 포함되어 있다고 보아 취하서가 제출되면 간이회생절차개시신청의 취하를 허가할지만 판단하고, 회생절차개시신청의 취하에 대하여는 별도의 허가 여부를 판단하지 않는 것이 서울회생법원의 실무이다.[26]

나. 회생절차개시신청 취하에 대한 허가 요부

간이회생절차개시신청을 하면서 회생절차개시신청의 의사가 있음을 밝힌 경우, 신청인이 회생절차개시신청만을 취하할 경우에도 취하의 제한에 관한 법

---

23) 회생사건 대표자심문사항을 중심으로 하되, 소액영업소득자와 무관한 사항은 삭제하고 신청서 미기재 심문사항을 위주로 간이회생절차의 특수성을 반영하여 심문사항을 구성하는 것이 바람직하다.

24) 영상 대표자심문 및 현장검증은 Vidyo Connect 앱을 통해 시행하고, 심문기일통지서에 해당 재판부의 영상법정 URL을 첨부하여 대표자가 영상법정으로 바로 입장할 수 있게 하였다.

25) 실무준칙 제201호 제5조 제1항, 제2항.

26) 같은 견해로 주석 채무자회생법(Ⅲ), 739면.

제48조 제2항이 적용되는지 문제된다.

　　보전처분, 보전관리명령, 중지명령, 포괄적 금지명령이 있은 후에 취하를 할 수 없도록 한 취지는 보전처분 등의 혜택만을 위하여 회생절차를 남용하는 것을 방지하기 위함인데, 간이회생절차개시신청을 유지하면서 회생절차개시신청만 취하하는 것은 위와 같은 제도 남용의 위험이 없고, 회생절차개시신청의 의사가 있음을 밝힌 경우라도 간이회생절차개시결정을 하면서 별도로 회생절차개시신청에 대한 재판을 하지 않는 점 등을 고려하면, 회생절차개시신청만 취하하는 것은 단순히 회생절차개시신청의 의사가 없다고 번복하는 것에 불과하기 때문에 그에 대한 취하허가는 필요하지 않다.

2. 간이회생절차개시신청에 대한 기각결정

가. 간이회생절차의 기각사유

　　법원은 회생절차개시의 원인(법제34조)을 갖추지 못하였거나 회생절차개시신청의 기각사유(법제)가 있는 경우 또는 소액영업소득자에 해당하지 않거나 개인인 소액영업소득자가 신청일 전 5년 이내에 개인회생절차 또는 파산절차에 의한 면책을 받은 사실이 있는 경우[27]에는 간이회생절차개시신청을 기각하여야 한다(법제293조의5 제1항).

　　만일 소액영업소득자에 해당하지 않거나 개인인 소액영업소득자가 신청일 전 5년 이내에 개인회생절차 또는 파산절차에 의한 면책을 받은 사실이 있고, 채무자가 회생절차개시신청을 하는 의사가 없음을 밝힌 경우에는 간이회생절차개시신청의 기각결정만으로 사건은 종결된다(법제293조의5 제2항제1호). 그러나 회생절차개시신청을 하는 의사가 있다고 밝힌 경우에는 간이회생절차개시신청의 기각결정과 아울러 회생절차개시결정 또는 회생절차개시신청의 기각결정을 하여야 한다(법제293조의5 제2항제2호).[28][29]

---

27) 절차 남용 방지를 위한 간이회생절차 고유의 소극적 요건에 해당한다. 회생절차에는 해당이 없으므로 개인인 채무자가 면책결정을 받은 때로부터 얼마 지나지 않아 회생절차개시신청을 하였다면 '회생절차개시신청이 성실하지 아니한 경우'(법 제42조 제2호)를 판단하는 사정으로 고려될 수 있다.

28) 신청인이 간이회생절차개시를 전제로 한 비용예납명령에 응하지 않은 경우, 간이회생절차 비용은 회생절차 비용보다 소액이라는 점에서 다시 회생절차의 비용예납을 명할 필요 없이 바로 간이회생절차개시 신청뿐만 아니라 회생절차개시의 신청도 기각할 수 있다. 신청이 성실하지 않은 경우 역시 양 절차 모두에 해당하는 사유가 될 것이므로 간이회생절차개시신청 및 회생절차개시신청을 모두 기각할 수 있다.

29) 실무상 간이회생절차 고유의 기각사유로 간이회생절차개시신청의 기각결정을 하면서 회생절차개시신청도 기각하는 경우, 회생사건에는 별도의 사건번호를 부여하지 아니하고 하나의 결정

나. 기각결정에 대한 불복

간이회생절차개시신청에 관한 기각결정에 대하여는 즉시항고할 수 있고, 항고를 할 수 있는 자는 이해관계인이다(법 제293조의3 제1항, 제53조 제1항, 제13조 제1항). 항고기간은 기각결정의 고지일부터 7일 이내이다(법 제33조, 민사소송법 제444조 제1항).

한편 간이회생절차개시 및 회생절차개시의 신청이 모두 기각된 경우, 채무자는 기각결정 전부에 대하여 또는 하나의 기각결정에 대하여 항고를 제기할 수 있다.

3. 간이회생절차개시의 결정 및 이후의 절차

가. 간이회생절차개시의 필수적 결정

법원은 소액영업소득자가 간이회생절차개시신청을 한 경우에 회생절차개시의 원인(법 제34조 제1항)이 있고, 회생절차개시신청의 기각사유(법 제42조)가 없으며, 개인인 소액영업소득자가 신청일 전 5년 이내에 개인회생절차 또는 파산절차에 의한 면책을 받은 사실이 없는 경우에는 간이회생절차개시의 결정을 하여야 한다(법 제293조의4 제1항, 제293조의5 참조). 이는 회생절차개시신청과 달리 회생절차개시의 적극적 요건을 갖추고 있고, 소극적 요건에 해당하는 사실이 없으며, 간이회생절차 고유의 기각사유가 없다면, 법원으로서는 반드시 간이회생절차개시의 결정을 해야 한다는 것을 선언적으로 밝힌 것이다.

나. 간이회생절차의 특칙 및 실무상 절차 간소화

간이회생절차에 관하여는 회생절차의 규정이 적용되므로(법 제293조의3 제1항), 회생절차개시결정과 동시에 정하여야 할 사항, 개시결정의 효력 및 개시 이후의 절차 진행 등은 회생절차와 동일하다. 다만 법은 간이회생절차의 특칙으로 관리인불선

으로 동시에 기각하는 것을 원칙으로 한다(실무준칙 제201호 제10조 제2항). 반면, 간이회생절차 고유의 기각사유가 있으나 회생절차개시결정은 할 수 있는 경우 간이회생절차개시신청에 대한 기각결정이 확정된 후, 회생사건번호를 새로 부여받아 회생사건의 처리에 관한 예규 제8조 [별표]에 정해진 금액을 기준으로 다시 비용예납명령을 할 필요가 있고, 채무자가 이에 응하지 않는다면 회생절차개시신청도 기각할 수밖에 없다. 물론 간이회생절차개시신청에 대한 기각결정이 확정되지 않아도 회생절차개시신청에 대한 기각결정 또는 회생절차개시결정을 할 수 있다. 그러나 회생절차개시결정이 있은 후에 간이회생절차에 대한 기각결정이 항고심에서 취소된다면, 그 절차에 혼란이 발생하기 때문에 특별한 사정이 없는 한 간이회생절차에 대한 기각결정이 확정되면 회생절차개시에 관한 판단으로 나아가는 것이 바람직하다.

임 원칙($\frac{법}{의6}\frac{제293조}{제1항}$), 간이조사위원의 선임과 간이한 방법에 의한 조사($\frac{법}{조의7}\frac{제293}{}$), 회생계획안 가결 요건 완화($\frac{법}{조의8}\frac{제293}{}$) 등을 정하고 있다. 또한 서울회생법원의 경우, 채권자협의회의 원칙적 불구성,[30] CRO의 탄력적 운용,[31] 법정 기간의 최소화,[32] 간이조사보고서 양식의 표준화·간이화, 추정기간 및 회생계획 변제기간 단축, 신속한 종결 원칙[33] 등 간이하고 신속한 절차 진행을 위해 실무상 절차를 간소화하고 있다. 아래에서는 간이회생절차의 진행 과정 중 회생절차와 구별되는 부분 위주로 살펴본다.

다. 관리인불선임 원칙

회생절차의 경우, 법원은 관리위원회와 채권자협의회의 의견을 들어 관리인의 직무를 수행함에 적합한 자 또는 개인인 채무자나 채무자의 대표자를 관리인으로 선임하여야 하고($\frac{법}{1항}\frac{제74조}{·제2항}\frac{제}{}$), 다만 채무자가 개인, 중소기업인 경우 등에는 관리인을 선임하지 않을 수 있다($\frac{법}{제3항}\frac{제74}{}$). 이 규정에 따라 회생사건에서는 통상 관리인불선임결정을 하고 있다. 그러나 간이회생절차에서는 관리인을 선임하지 않는 것이 원칙이다($\frac{법}{의6}\frac{제293조}{제1항}$). 이 경우 채무자(개인이 아닌 경우에는 그 대표자)는 관리인으로 본다($\frac{법}{의6}\frac{제293조}{제2항}$).[34] 간이회생절차를 이용하는 소기업의 경우 경영자에 대한 의존도가 높기 때문에 이러한 특칙을 둔 것이다. 다만 채무자의 재정적 파탄의 원인이 개인인 채무자, 개인이 아닌 채무자의 이사, 채무자의 지배인이 행한 재산의 유용 또는 은닉이나 그에게 중대한 책임이 있는 부실경영에 기인하는 때 등 법 제74조 제2항 각호의 사유가 있는 경우에는 관리인을 선임할 수 있다($\frac{법}{6}\frac{제293조의}{제1항 단서}$).[35] 한편 간이조사위원이 선임된 경우 관리인은 법 제91조부터 제93조

---

30) 실무준칙 제201호 제6조.
31) 실무준칙 제201호 제9조, 제12조, 서울회생법원 실무준칙 제262호 '간이회생사건 구조조정담당 임원(CRO)' 참조.
32) 실무준칙 제201호 제5조 제3항.
33) 실무준칙 제201호 제13조.
34) 간이회생절차에 관하여는 제2편(회생절차)의 규정을 적용하므로, 관리인 선임증 교부에 관한 제81조 제2항 역시 적용되는 것인지가 문제된다. 법 제81조 제2항은 '법원은 관리인에게 그 선임을 증명하는 서면을 교부하여야 한다.'고 규정하고 있는데, 이는 관리인의 '선임'을 전제로 하는 것이므로 관리인 '불선임'을 원칙으로 하되, 채무자(대표자)를 관리인으로 간주하는 경우에는 선임증을 교부할 필요가 없다는 견해가 있다. 이에 대하여 관리인으로 하여금 전체 이해관계인의 이익을 공정하게 관리하여야 할 필요성을 주지시키고, 법 제81조 제3항에서 이해관계인의 요구가 있는 때에 그 선임증을 제시할 필요가 있을 수도 있으므로 이 경우에도 여전히 관리인 선임증을 교부하여야 한다는 견해도 있다. 서울회생법원에서는 관리인 증명서를 교부하고 있다.
35) 서울회생법원은 2021간회합100056 (주)더스포츠투데이 사건에서 채무자의 대표자는 명목상 대표로서 관리인으로 선임하기에 부적절하자, 채권자와 채무자 쌍방이 관리인으로 적합하다고 희망하는 자를 제3자 관리인으로 선임하였다.

까지의 규정에 따른 관리인의 업무를 앞서 간이조사위원의 업무수행과 동일하게 간이한 방법으로 수행할 수 있다(법7 제293조).

라. 채권자협의회의 원칙적 불구성

관리위원회는 회생절차와 마찬가지로 간이회생절차개시신청이 있은 후 채무자의 주요채권자를 구성원으로 하는 채권자협의회를 구성하여야 하나, 채무자가 개인 또는 중소기업자인 때에는 채권자협의회를 구성하지 않을 수 있다(법 제20조). 간이회생절차는 개인이나 중소기업자가 채무자인 경우가 대부분이므로 서울회생법원에서는 간이회생사건에서 원칙적으로 채권자협의회를 구성하지 않도록 정하였다.[36] 채권자협의회가 구성되지 않음으로써 통상 채권자협의회에 의견조회를 거쳐야 하는 각종 절차에서 의견조회에 필요한 시간을 단축할 수 있고 보다 신속하고 간이한 절차 진행이 가능하다. 또한 채무자 재산에 대한 관리와 의사결정이 더욱 용이해지는 이점이 있다.[37]

마. CRO의 탄력적 운용[38]

개인이 아닌 채무자에 대한 간이회생사건에서도 회생사건과 마찬가지로 채무자의 동의하에 CRO를 위촉하여 절차 전반에 대한 자문, 자금수지의 점검 및 보고 업무를 수행하게 한다.[39] 원칙적으로 채권자협의회가 구성되지 않으므로 채권자협의회의 추천을 받아 위촉하는 회생사건과 달리 법원이 선정한 적임자를 CRO로 위촉한다. 서울회생법원은 적은 비용으로 신속하게 진행되는 간이회생절차의 특성에 맞추어 간이회생사건의 CRO에게 자금수지상황 등을 보고하는 경

---

36) 실무준칙 제201호 제6조. 다만 구체적인 사정에 따라 필요한 경우에는 채권자협의회를 구성한다(서울회생법원 2020간회단100013 사건은 채무자가 회생계획이 인가된 후 폐지결정 및 직권파산선고를 받아 파산절차가 진행되던 중 간이회생절차개시신청을 한 사례로서 주요채권자들의 실질적인 의견수렴을 위하여 채권자협의회를 구성하였다).

37) 주석 채무자회생법(Ⅲ), 718면.

38) 실무준칙 제201호 제9조, 제12조 및 서울회생법원 실무준칙 제262호 '간이회생사건 구조조정 담당임원(CRO)' 참조.

39) 다만, 제3자 관리인이 선임된 경우 또는 다른 특별한 사정이 있는 경우 법원은 CRO를 위촉하지 않게 할 수 있다(실무준칙 제201호 제9조 제1항 단서). 이를 근거로 서울회생법원에서는 채무자가 자금사정을 이유로 CRO 불선임을 요청하고, 채무자의 영업이 단순하며, 자금관리에 문제될 소지가 없고, 관리인이 성실히 절차를 수행할 것으로 판단되는 사건에 한하여 CRO를 선임하지 않고, 대신 월간보고서 등을 통하여 관리위원과 법원이 채무자의 자금관리 상황을 파악한다[서울회생법원 2021간회합100115 (주)엠에스텍, 2021간회합100116 (주)비티에스파워, 2021간회합100055 경기산업(주) 사건 등 다수]. 그러나 이 경우에는 CRO의 부재로 채무자의 운영 실태를 파악하는 데 다소간 어려움이 있는 것이 현실이므로 채무자의 사정과 CRO의 필요성을 적절히 고려하여 위촉 여부를 결정하는 것이 바람직하다.

우 이메일 등 간이한 방법을 선택할 수 있도록 하고, 채무자의 자금사정, 업무의 난이도 등을 고려하여 그 보수를 회생사건보다 적게 정하고 있다. CRO의 임기는 위촉계약에 정함이 없으면 간이회생절차 종결 또는 폐지결정이 확정된 날과 회생계획 인가 후 감사를 선임한 날 중 먼저 도래하는 날까지로 정하는 것이 통상적이다.[40] 다만 서울회생법원은 간이회생절차의 채무자 상당수가 자본금 총액 10억 원 미만으로 감사 선임이 필수적이지 않은 점,[41] 간이회생절차는 인가 후 2개월 내에 종결함이 원칙[42]이므로 시간과 비용을 들여 감사를 선임할 필요성이 적은 점 등을 고려하여, 회생계획인가결정 이후 감사를 별도로 선임하지 않고 간이회생절차 종결 또는 폐지결정이 확정될 때까지 CRO로 하여금 감사의 업무를 수행하게 한다.

바. 간이조사위원

1) 간이조사위원의 자격 및 선임

간이회생절차에서 법원은 이해관계인의 신청에 의하거나 직권으로 간이조사위원을 선임할 수 있다(법 제293조의7 제1항).[43] 간이조사위원은 회생위원의 자격이 있고, 조사에 필요한 학식과 경험이 있으며 그 간이회생절차에 이해관계가 없는 자 중에서 선임되어야 한다(법 제293조의7 제1항, 제601조 제1항, 제87조 제2항).[44] 회생절차의 간이조사위원에 대하여는 회

---

40) 서울회생법원 실무준칙 제262호 '간이회생사건 구조조정담당임원(CRO)' 제6조.

41) 상법 제409조 제4항 참조.

42) 실무준칙 제201호 제13조.

43) 회생사건의 조사위원 선임 규정과 달리 관리위원회 의견을 듣도록 되어 있지는 않지만, 법 제17조 제1항 제1호에서 관리위원회는 법원의 지휘를 받아 간이조사위원 선임에 대한 의견을 제시할 수 있으므로 실무상 개시결정에 대한 의견조회 시에 간이조사위원 선임에 대한 의견조회도 함께 하고 있다.

44) 서울회생법원 실무준칙 제261호 '간이조사위원 선임 및 평정'은 법원사무관을 제외한 간이조사위원에 대한 적임자 명단 작성 및 관리 등 간이조사위원의 선임 및 평정에 관한 사항을 규정하고 있다. 위 준칙에 따라 법원은 법 제601조 제1항 제3호 내지 제7호의 자격을 가진 자를 적임자 명단에 등재하여 관리하고, 1년마다 적임자 명단을 새로 작성하며, 적임자 명단에 등재된 후보자(주로 회계사나 회계법인이다)에게 골고루 선임 기회를 부여한다. 아울러 법은 법원사무관등을 간이조사위원으로 선임할 수 있도록 규정하였고(법 제293조의7 제1항, 제601조 제1항 제2호), 법원사무관인 간이조사위원에게는 보수를 별도로 지급하지 아니하므로 예납금 납부 여력이 없는 채무자에 대하여는 법원사무관을 간이조사위원으로 선임하기도 한다. 따라서 신청서 검토 단계에서 조사의 난이도 등을 미리 예상하여 법원사무관을 선임하는 것이 적절하다고 판단되면, 현장조사 등 실제 지출이 예상되는 절차비용만을 고려하여 예납금을 100만 원 이하의 범위에서 정하기도 한다. 서울회생법원은 2017간회합100064 (주)희광에너지 사건에서 위 회사가 대표자 1인만 근무하고 있어 회사의 조직이 단순한 점, 자산 약 2억 4,000만 원, 부채 약 6억 3,000만 원으로 자산 및 부채규모가 크지 않은 점, 연 매출이 2,000만 원 이하이고 매출추정이 어렵지 아니한 점 등을 고려하여 법원사무관인 간이조사위원을 선임하여 사건을 진행하기도 하였다. 서울회생법원 2020간회단100013 사건에서도 파산절차 진행 중 신청되어 비교적 자산, 부

생절차의 조사위원에 대하여 동일한 규정을 모두 준용하고 있으므로(법,제293조의7), 몇 가지 특칙을 제외하고는 간이조사위원의 지위는 조사위원과 동일하다.

2) 간이조사위원의 업무수행

가) 업무 내용 및 수행방법

간이조사위원에 대해서는 조사위원에 관한 규정이 준용된다. 따라서 간이조 사위원은 법원과 관리위원회의 감독을 받아(법,제293조의7 제1항,제81조), 선량한 관리자의 주의로써 직무를 수행해야 한다(법,제293조의7 제). 채무자의 이사 등에 대하여 채무자 의 업무와 재산의 상태에 관하여 보고를 요구할 수 있고(법,제293조의7 제), 법원의 명 에 따라 채무자에게 속하는 재산의 가액을 평가, 재산목록 및 재무상태표 작성 등의 업무를 수행하여 법원에 보고해야 한다(법,제293조의7 제1항, 제87조 제3항, 제90조 내지 제92조).

다만 간이조사위원은 법 제87조에 따른 조사위원의 업무를 대법원규칙으로 정하는 바에 따라 간이한 방법으로 수행할 수 있다(법,제293조). 즉 간이조사위원이 법 제90조에 따른 재산가액의 평가를 함에 있어서는 일반적으로 공정·타당하다 고 인정되는 회계관행[45]이 허용하는 범위 내에서 회계장부의 검토, 문서의 열람, 자산의 실사, 채무자 임직원에 대한 면담, 외부자료의 검색, 과거 영업실적을 통 한 추세의 분석, 동종업계의 영업에 관한 통계자료 분석의 방법 중 채무자의 업 종 및 영업특성에 비추어 효율적이라고 판단되는 방법을 선택하여 할 수 있다 (규칙,제71조의3 제1항 제1호). 법 제91조의 재산목록 및 재무상태표는 위와 같은 방법에 따라 평가 된 재산가액의 결과를 반영하여 작성하면 족하고, 이 경우 재산의 규모와 재산 내역별 중요도를 고려하여 재무상태표의 계정과목을 통합할 수 있다(규칙,제71조의3 제1항 제2호). 그리고 법 제92조 제1항 각호의 사항의 조사에 관하여는 채무자의 회생계획 또 는 회생절차에 중대한 영향을 미치지 아니하는 사항은 그 요지만을 보고할 수 있고(규칙,제71조의3 제1항 제3호), 법 제87조 제3항에 따라 회생절차를 진행함이 적정한지 여부에 관한 의견을 제출하는 경우에는 채무자의 영업 전망, 거래처의 유지 가능성, 공 익채권의 규모, 운영자금의 조달 가능성 등에 관한 조사만을 토대로 의견을 제 시할 수 있다(규칙,제71조의3 제1항 제4호). 이에 따라 회생사건의 조사위원 선임결정문에는 계속기 업가치가 청산가치보다 큰지 여부를 조사할 것을 명하나, 간이회생사건의 조사

채 등 조사가 간명할 것으로 예상되어 법원사무관을 간이조사위원으로 선임하였다.

45) 일반적으로 공정·타당하다고 인정되는 회계관행은 한국 채택 국제회계기준, 주식회사 등의 외부감사에 관한 법률 제5조 제1항 제2호 및 같은 조 제4항에 따라 한국회계기준원이 정한 회 계처리기준, 증권선물위원회가 정한 업종별 회계처리기준 등이다(법인세법 제43조 및 법인세법 시행령 제79조 참조).

위원 선임결정문에는 '간이회생절차를 진행함이 적정한지의 여부에 관한 의견'만을 제출할 것을 명한다.[46] 이와 같이 간이조사위원은 공정·타당한 회계관행의 범위 내에서 조사방법을 선택할 수 있고 회생절차에 중대한 영향을 미치지 않는 사항에 대해서는 간략히 보고할 수 있으므로, 조사 및 보고업무에 투입하는 노력과 비용을 줄이고 절차의 효율성을 높일 수 있다.

나) 추정기간 및 변제기간의 단축

회생사건에서는 현금흐름할인법에 의한 계속기업가치를 산출할 때 통상 추정기간을 법 제195조 본문이 최장 채무상환유예기간으로 정한 10년으로 한다. 그러나 소액영업소득자로서 자금사정이 악화된 상태에 있는 채무자로 하여금 10년 동안 계속 기업을 운영하고 그 잉여자금을 모두 변제에 투입하게 하는 것은 수행가능성이 낮을 뿐 아니라 소액영업소득자의 간이하고 실질적인 회생을 위한 간이회생절차의 취지에도 부합하지 않으므로, 간이회생사건에서는 무조건 추정기간을 10년으로 정하는 종전의 관행에서 벗어날 필요가 있다. 서울회생법원은 간이회생절차의 추정기간을 계속기업가치가 청산가치를 초과하는 기간으로 산정함을 원칙으로 하되, 5년에 미달하는 경우에는 종전 10년의 실무례를 고려하여 최

---

[46] 조사위원의 업무 중 가장 큰 비중을 차지하는 부분은 계속기업가치 산정이다. 법원이 조사위원에게 '계속기업가치가 청산가치보다 큰지 여부'의 조사를 명함에 따라 수행하는 업무이다. 이는 법이 아닌 「회생사건의 처리에 관한 예규」 제7조 제1호에 근거한 것으로, 계속기업가치가 청산가치를 초과하는 경우 회생계획안 제출명령을 하도록 구법에 의해 그 산정이 간접적으로 요구되었다. 하지만 현행법이 청산가치 초과 시 회생절차 폐지를 임의화하고, 회생계획안 제출명령 자체가 폐지된 이상, 계속기업가치 산정은 임의화되었고, 회생계획안의 청산가치보장 여부와 수행가능성은 구체적인 계속기업가치 산정이 없어도 판단이 가능한 점 등을 고려하면, 조사위원에 대한 조사명령에서 '계속기업가치' 산정을 제외하는 것을 고려할 필요가 있다는 비판이 있었다[이수열, "개정 채무자회생법 연구", 도산법연구 제6권 제1호(2015), 사단법인 도산법연구회, 160면 각주 53)]. 법은 간이회생제도를 신설하면서 그와 같은 비판을 받아들여 조사위원의 업무를 대법원규칙으로 정하는 바에 따라 간이한 방법으로 수행하도록 규정하고, 규칙에서 간이한 방법에 관한 자세한 규정을 두게 된 것이다. 또한 규칙은 제71조의3 제1항 제4호에서 간이조사위원이 채무자의 영업전망, 거래처의 유지 가능성, 공익채권의 규모, 운영자금의 조달 가능성 등에 관한 조사만을 토대로 회생절차 진행의 적정성에 관한 의견을 제시할 수 있게 함으로써 적어도 간이회생사건에서는 계속기업가치 산정이 간이조사위원의 필수업무가 아님을 간접적으로 나타내었다고 볼 수 있다[주석 채무자회생법(Ⅲ), 762면]. 다만 실무상으로는 간이조사위원의 조사방식은 일반 회생사건의 조사방식과 크게 다르지 아니하여 계속기업가치를 산정하고, 이에 따라 추정손익계산서, 추정자금수지표를 모두 작성하고 있다. 이러한 업무관행은 소기업이 저렴한 비용으로 쉽고 빠르게 재기할 수 있도록 하는 간이회생제도 취지에 맞지 아니한다는 비판이 있어 왔다. 서울회생법원에서는 채무자를 계량적으로만 평가하던 기존 실무를 개선하여 채무자에 대한 정성적 평가도 조사보고서에 기재하여 채권자들이 판단할 자료로 삼게 하고, 채무자의 구조조정계획 등을 보수적으로만 반영하여 평가하던 기존 실무를 개선하여 채무자의 향후 사업계획을 적극적으로 반영하도록 노력하고 있다. 또한 서울회생법원은 조사위원이 계속기업가치를 산정하지 아니하고, 채무자의 사업계획을 반영한 주요지표(매출액, 매출원가, 판관비 등)만을 추정하여 이를 근거로 간이회생절차를 진행함이 적정한지의 여부 및 회생계획안의 수행가능성을 판단하는 기준자료로 삼을 수 있도록 허용하였다.

소 5년으로 할 것을 권고한다.[47] 다만 추정기간을 5년으로 하여 계산한 계속기업 가치가 청산가치에 미달하는 경우에는 추정기간을 늘일 수 있다. 한편 채권자의 변제율 상향 요청이 있어 채무자가 이를 수용할 경우 향후 회생계획안의 변제기간은 5년을 초과하여 작성할 수 있고, 이 경우 채무자의 요청에 따라 추정기간을 늘여 다시 계속기업가치 및 영업현금흐름을 계산할 수 있다.[48] 1차 조사보고서에서 추정기간을 원칙적으로 5년으로 함에 따라 장기적으로는 회생계획안의 변제기간을 무조건 10년으로 하는 관행 역시 점차 개선될 것으로 기대한다.

다) 간이조사보고서 양식의 표준화·간이화

간이조사위원은 보통 회생사건의 조사위원을 겸하므로 간이회생절차에서도 회생사건에서의 조사방법이나 조사보고서 작성방식을 그대로 적용하는 사례가 적지 않다. 그러나 이는 소액영업소득자의 특수성을 고려하지 못한 것으로 간이 회생절차의 지연을 초래할 뿐 아니라, 간이조사위원의 보수에 비하여 과도한 업무를 요구하게 된다. 서울회생법원에서는 소액영업소득자의 특수성과 계속기업 가치 산정의 추정기간 단축을 반영하여 조사항목을 표준화하고 조사대상을 최소화하여 제1차 조사보고서에 '표준 간이조사보고서 양식'을 도입하고[49] 이를 간이 조사위원에 배포하였다. 현재는 대부분의 간이회생사건에 표준 양식으로 작성된 간이조사보고서가 제출되고 있다. 표준 양식은 엑셀(Excel) 양식을 활용하여 변환작업이 간이하고, 종전 조사보고서의 항목을 축소함으로써[50] 보고서 작성과 검토에 소요되는 시간을 대폭 단축시키는 효과가 있다(표준 간이조사보고서 양식

---

47) 미국은 연방파산법 제11장에서 규율하는 회생절차가 채무의 규모나 내용이 단순한 소기업에 과중한 부담이 된다는 비판이 제기되자, 소기업의 회생절차 간소화를 위하여 2019. 8. 23. 연방파산법 제11장에 소기업에 대한 절을 신설하는 소기업회생법(Small business Reorganization Act)을 제정하였다. 이에 따라 현재 미국 연방파산법 제11장 회생절차 제5절에 소기업회생 (Subchapter V. Small business Reorganization)이 추가되어 2020. 2. 19.부터 시행되고 있다. 미국 연방파산법에 정한 소기업은 상인 또는 영업활동에 종사하는 자로서 담보 및 무담보 채무 총액이 미화 2,725,625달러 이하인 자를 의미한다[11. U.S.C. §101(51D)]. 개정된 연방파산법에 의하면, 소기업 채무자의 회생계획이 3년 이상 5년을 초과하지 않도록 하고 회생계획에 따라 5년 내에 성실히 변제를 이행하였다면 법원은 모든 채무의 면제를 승인한다(11. U.S.C. §1192).

48) 현재 서울회생법원에서는 청산가치가 보장되는 범위 내에서 추정기간을 5년으로 한 간이조사 보고서가 다수 제출되고 있다. 다만 청산가치 보장을 위하여 추정기간을 늘이거나[서울회생법원 2021간회합100026 (주)지오에스티 10년, 2022간회합100039 대선해운항공(주) 7년 등], 추정기간 5년을 기초로 최초 회생계획안의 변제기간은 5년이었으나, 의결권 비중이 큰 채권자들의 요청으로 10년으로 변경한 사례도 있다[서울회생법원 2021간회합100111 (주)효진컴퍼니, 2022간회합 100005 (주)알리프 사건 등].

49) 수원지방법원에서 2017년 채택한 간이조사보고서 양식을 기본으로 하되, 조사보고서 추정기간을 5년 원칙으로 단축할 경우 채무자 자산의 실사가치와 청산가치 산정의 중요성이 증대되므로 해당 내용에 대한 구체적인 항목을 보완하였다.

50) 기존 제1차 조사보고서 양식과 표준 간이조사보고서 양식의 목차상 차이는 아래와 같다.

은 [별지 231-1] 참조).

3) 간이조사위원의 보수

간이조사위원의 보수는 그 직무와 책임에 상응한 것이어야 한다(법 제293조의3 제1항, 제30조 제1항 제2호·제2항). 실무준칙 제201호는 법원이 예납금(400만 원 내지 1,000만 원)의 범위 내에서 조사의 내용, 조사기간, 조사의 난이도, 조사의 성실성 등을 고려하여 간이조사위원의 보수를 정하도록 규정하였다(실무준칙 제201호 제8조 제3항, [별표 1]).

한편 조사를 위하여 외부기관의 감정이 필요하거나 그 밖에 이에 준하는 경우에는 그에 소요된 비용을 별도로 지급할 수 있고(회생사건 처리에 관한 예규 제8조 제2항), 법원사무관이 간이조사위원인 경우에는 별도로 보수를 지급하지 아니하나 조사에 필요한 여비는 회생절차의 비용으로 보아 법원공무원 여비규칙에 따라 그 실비액을 지급한다(회생사건 처리에 관한 예규 제8조 제1항 단서·제3항·제4항).

4) 간이조사위원의 사임 및 해임

간이조사위원은 정당한 사유가 있는 때에는 법원의 허가를 얻어 사임할 수 있다(법 제293조의7 제1항, 제83조 제1항). 또한 법원은 상당한 이유가 있는 때에는 이해관계인의 신청에 의하여 또는 직권으로 조사위원을 해임할 수 있고, 이 경우 법원은 그 조사위원을 심문하여야 한다(법 제293조의7 제1항, 제87조 제5항).[51]

사. 회생계획안의 가결요건에 관한 특례

간이회생절차가 회생절차와 다른 특징 중 하나는 회생계획안의 가결요건이 완화되어 있다는 점이다. 즉 회생절차의 경우, 회생채권자의 조에서 의결권을 행

기존 제1차 조사보고서 목차	표준 간이조사보고서 목차
Ⅰ. 조사의 개요 Ⅱ. 채무자의 개요 Ⅲ. 회생절차의 개시에 이르게 된 사정 Ⅳ. 법인 채무자의 지배주주 및 임원들의 책임 Ⅴ. 채무자의 재산상태 Ⅵ. 우발채무(보증채무 등) 내역 Ⅶ. 부인대상 행위의 존부 및 범위 Ⅷ. 채무자의 사업을 청산할 때의 청산가치 산정 Ⅸ. 채무자 사업의 수익성 분석 및 사업을 계속할 때의 가치 산정 Ⅹ. 채무변제계획(안) Ⅺ. 회생절차의 적정성 여부에 관한 조사위원의 의견	Ⅰ. 채무자의 개요 Ⅱ. 실사가치 및 청산가치 Ⅲ. 간이회생절차를 진행함이 적정한지 여부 Ⅳ. 기타사항

[51] 서울회생법원 실무준칙 제261호 '간이조사위원 선임 및 평정'은 간이조사위원 후보자가 직무를 위반하거나 간이회생절차의 공정과 신뢰를 해할 우려가 있는 행위를 한 경우, 후보자가 간이조사위원 업무를 수행할 의사 또는 능력이 부족하거나 불성실하여 간이조사위원 업무를 수행하는 것이 곤란하다고 인정되는 경우 등에는 간이조사위원 적임자명단 관리위원회에서 심의를 거쳐 후보자를 적임자 명단에서 삭제할 수 있다고 규정하고 있다.

사할 수 있는 회생채권자의 의결권 총액 3분의 2 이상에 해당하는 의결권을 가진 자의 동의가 있어야 한다(법 제237조). 그러나 간이회생절차의 경우, 위와 같은 동의가 있는 경우 외에도, 의결권을 행사할 수 있는 회생채권자의 의결권 총액 2분의 1을 초과하는 의결권을 가진 자의 동의와 의결권자의 과반수의 동의가 있으면 된다(법 제293조의8).[52)]

한편 간이회생절차에서도 회생계획안의 결의를 할 때 의결권자가 자기의 의결권 전액에 대하여 찬성 또는 반대의 의사를 하나로 표시하지 않고 이를 나누어 행사할 수 있음은 회생절차와 같다(법 제293조의3 제1항, 제189조).

아. 간이회생사건의 신속한 종결 원칙

서울회생법원은 소액영업소득 채무자의 효율적인 재기를 위하여 특별한 사정이 없는 한 회생계획인가결정일부터 2개월 내에 간이회생절차를 종결함을 원칙으로 한다.[53)]

제4절 간이회생절차의 폐지 및 회생절차 속행

1. 간이회생절차의 폐지 사유

가. 개 요

간이회생절차는 회생절차에 적용되지 않는 고유의 폐지 사유가 있다. 즉 채무자가 소액영업소득자에 해당되지 않는 것으로 밝혀진 경우 또는 개인인 소액영업소득자가 신청일 전 5년 이내에 개인회생절차 또는 파산절차에 의한 면책을 받은 사실이 밝혀진 경우 간이회생절차를 폐지할 수밖에 없다(법 제293조의5 제3항). 다만 이 경우에는 채권자 일반의 이익 및 채무자의 회생 가능성을 고려하여 회생절차를 속행할 수 있는데(법 제293조의5 제4항), 위와 같은 폐지사유는 앞서 본 간이회생절차 고유의 기각사유와 동일하다. 따라서 간이회생절차가 개시된 이후에 간이회생절차 고유의 폐지사유가 발견되는 경우 회생절차를 속행하더라도 절차 지연 등의 혼란이 발생할 수밖에 없으므로, 개시 전에 그에 대한 심사를 면밀히 하는 것이 중요하다.

---

52) 다만 회생담보권자의 조와 주주·지분권자의 조에 관한 가결요건 및 속행기일을 정하기 위한 가결요건은 회생절차와 동일하다.

53) 실무준칙 제201호 제13조.

한편 간이회생절차에는 회생절차폐지에 관한 법 제2편 제8장(회생절차의 폐지) 이하의 규정이 그대로 적용되고, 위 규정에 따라 간이회생절차가 폐지되는 경우에는 회생절차 속행에 관한 법 제293조의5 제4항이 적용되지 않으므로, 간이회생절차는 그로써 종료된다.

나. 간이회생절차 고유의 폐지 사유

1) 소액영업소득자에 해당하지 않는 경우

소액영업소득자에 해당하는지는 간이회생절차개시의 신청 당시를 기준으로 판단한다.

간이회생절차개시신청 당시 채권의 존재와 그 범위에 관하여 채무자와 채권자 사이에 다툼이 있었는데, 개시 이후에 법원의 판결을 통해 그것이 존재하는 것으로 밝혀져 회생채권 및 회생담보권의 총액이 소액영업소득자의 범위를 초과하게 된 경우, 법원으로서는 간이회생절차를 폐지할 수밖에 없다.

물상보증채무의 경우, 간이회생절차개시신청 이후에 담보목적물의 가액이 상승함에 따라 회생담보권의 총액이 증가하여 소액영업소득자에 해당되지 않게 되었더라도, 그 가액 증가는 신청 이후의 사정이므로 이를 고려할 필요가 없다. 또 간이회생절차 개시 이후 회생담보권 및 회생채권의 조기변제는 소액영업소득자를 판단함에 있어서 고려할 사항이 아니다.[54]

2) 5년 이내에 면책을 받은 사실이 있는 경우

개인인 소액영업소득자가 신청일 전 5년 이내에 개인회생절차 또는 파산절차에 의한 면책을 받은 사실이 있는 경우 간이회생절차를 폐지한다(법 제293조의5 제3항 제2호). 간이회생절차개시의 신청서에 '소액영업소득자에 해당하는 채무액 및 그 산정근거'를 기재해야 하나(법 제293조의4 제3항 제6호), 과거에 면책을 받았는지 여부에 관한 사항은 신청서에 기재할 필수 사항이 아니라 신청서와 함께 제출해야 할 첨부서류(법 제293조의4 제4항 제4호, 규칙 제71조의2 제1호)로만 규정되어 있으므로, 신청 단계에서 이를 간과하기 쉽다. 따라서 간이회생절차가 상당히 진행된 후 위 사유로 폐지되는 것을 방지하기 위해서는 간이회생절차개시 결정 전에 이를 반드시 확인해야 한다.

---

54) 이에 대하여 간이회생절차가 폐지된 후 새롭게 간이회생절차개시신청을 한다면 소액영업소득자임을 부정할 수 없어 결국 간이회생절차를 개시할 수밖에 없고, 이는 편파변제의 경우와 달리 취급할 필요가 있으므로, 간이회생절차를 계속 유지해야 한다는 견해도 있다[이수열, "개정 채무자회생법 연구", 도산법연구 제6권 제1호(2015), 사단법인 도산법연구회, 146면].

다. 필요적 폐지 및 시기 제한

법원은 간이회생절차개시의 결정이 있은 후 회생계획인가결정의 확정 전에 간이회생절차 고유의 폐지 사유가 밝혀진 경우에는 이해관계인의 신청 또는 직권으로 간이회생절차폐지의 결정을 하여야 한다(법 제293조의5 제3항).[55] 간이회생절차 고유의 폐지사유가 회생계획인가결정이 확정된 후에 발견된 경우라면 간이회생절차를 폐지할 수 없다. 이는 이미 확정된 인가결정에 따라 새로운 법률관계가 형성되었기 때문에 기존의 결정을 번복하는 것보다 이를 존중하는 것이 타당하기 때문이다.

회생계획에 대한 인가결정이 선고되었지만 항고기간이 도과하지 않았거나 이해관계인의 항고로 인하여 인가결정이 확정되기 전[56]에 그 폐지사유가 발견된 경우 간이회생절차를 폐지하여야 한다. 이 경우 회생절차속행결정을 통해 회생절차가 진행된다면 법원의 인가결정의 효력은 그대로 유지된다(법 제293조의5 제4항, 제6조 제7항 제1호).[57] 그

---

55) 대법원 2018. 1. 16. 자 2017마5212 결정은 간이회생절차개시 결정 후 소액영업소득자에 해당하지 아니하는 사정이 밝혀졌는데도 간이회생절차폐지결정을 하지 않고 인가결정을 한 경우의 효력에 관하여 다음과 같이 판시하였다. "간이회생절차개시의 결정이 있은 후에 간이회생절차개시의 신청 당시를 기준으로 한 회생채권 및 회생담보권의 총액이 한도액을 초과함이 밝혀졌음에도 법원이 이를 간과하고 간이회생절차폐지의 결정을 하지 않았다면, 이는 '회생절차 또는 회생계획이 법률의 규정에 적합할 것'이라는 채무자회생법 제243조 제1항 제1호 소정의 회생계획 인가요건을 충족하지 못하였다고 보아야 한다. 다만, 간이회생절차에는 법 제2편 제9장에서 달리 정한 것을 제외하고는 회생절차에 관한 규정을 적용하고(법 제293조의3 제1항), 법원이 법 제293조의5 제3항에 따라 간이회생절차폐지의 결정을 하더라도 채권자 일반의 이익 및 채무자의 회생 가능성을 고려하여 회생절차를 속행할 수 있으며, 이 경우 간이회생절차에서 행하여진 법원, 간이조사위원, 채권자 등의 처분·행위 등은 그 성질에 반하는 경우가 아니면 회생절차에서도 유효한 것으로 보도록 규정되어 있다(법 제293조의5 제4항). 이러한 관련규정의 내용과 간이회생절차의 입법 취지 등에 비추어 보면, 법 제293조의5 제3항 제1호 소정의 폐지사유가 존재하더라도, 채권자 일반의 이익·채무자의 회생 가능성 및 이를 고려한 회생절차 속행 가능성, 법 제237조 제1호의 가결요건 충족 여부, 한도액의 초과 정도, 채무자의 현황 그 밖의 모든 사정을 고려하여 회생계획을 인가하지 아니하는 것이 부적당하다고 인정되는 때에는 법 제293조의3 제1항, 제243조 제2항에 따라 회생계획인가의 결정을 할 수 있다고 보는 것이 타당하다." 이 사안은 간이회생절차를 폐지하고, 회생절차를 진행했을 경우 재항고인들의 회생채권액을 모두 부동의 의견으로 반영하더라도 회생절차의 가결요건을 여전히 충족하였을 것인 점, 뒤늦게 확정된 채권액을 모두 산입하더라도 소액영업소득자의 요건이 되는 금액을 근소하게 초과하는 점, 이미 간이회생절차가 종결된 특수한 사정이 있었던 점을 고려한 것으로 보이므로 실무상으로는 확정되지 않은 채권이 있을 경우 되도록 이를 조속히 확정하여 절차진행에 반영할 필요가 있다.

56) 인가결정은 항고와 무관하게 결정이 있은 때에 효력이 생기고 관리인은 인가결정이 확정되기 전이라도 회생계획을 수행하므로(법 제246조, 제247조 제3항) 이 상태에서 절차를 폐지하는 것은 법률관계에 큰 혼란을 초래하는 문제점이 발생할 수 있어 입법론적으로 폐지결정의 종기를 회생계획 인가 시로 단축하는 것이 타당하다는 견해도 있다[이수열, "개정 채무자회생법 연구", 도산법연구 제6권 제1호(2015), 사단법인 도산법연구회, 제164면].

57) 이 경우에는 간이회생절차를 폐지하기 전에 회생절차진행에 따른 비용예납명령을 별도로 할

러나 속행결정이 없는 경우에는 간이회생절차가 그대로 종료되고, 이는 회생계획
인가결정에 대하여 항고가 있더라도 마찬가지이다.[58]

라. 폐지결정에 대한 불복

간이회생절차폐지결정에 대하여 이해관계인은 불복할 수 있다(법 제293조의3 제1항, 제290조 제1항, 제247조 제1항 전단, 제13조 제1항). 폐지결정에 대한 항고는 집행정지의 효력이 있으므로(법 제13조 제3항), 종전
의 간이회생절차개시결정이나 회생계획인가결정으로 인하여 발생했던 효력은 계
속 유지된다.

2. 회생절차의 속행

가. 회생절차속행결정 및 비용예납명령 등

법원은 간이회생절차개시결정 이후에 간이회생절차 고유의 폐지사유가 밝
혀져서 간이회생절차를 폐지하는 경우 채권자 일반의 이익 및 채무자의 회생 가
능성을 고려하여 회생절차를 속행할 수 있다(법 제293조의5 제4항 전문).[59] 회생계획인가결정 이
후에 그 사유가 밝혀진 경우와 같이 절차안정 및 신속한 회생의 필요성이 인정
된다면 가급적 회생절차를 속행하는 것이 바람직하다.[60] 그러나 채무자의 사업
을 청산할 때의 가치가 채무자의 사업을 계속할 때의 가치보다 크다는 것이 밝
혀진 경우와 사실상 영업상태가 중단된 경우와 같이 재건형 도산절차를 이용할
실익이 없는 경우라면 굳이 회생절차를 속행할 필요가 없다.

회생절차속행결정을 하는 경우에는, 간이회생절차가 폐지결정으로 종료되지
않고 계속 진행된다는 점을 이해관계인에게 알릴 필요가 있으므로, 법원은 명시
적으로 회생절차속행결정[61]을 하고 이를 이해관계인에게 통지할 필요가 있다.[62]

필요가 거의 없다. 또 간이회생절차의 가결요건 특례를 적용받아 회생계획이 인가된 경우라도,
법 제293조의5 제4항 후문에 따라 인가결정의 효력이 유효하다.

58) 이 경우 인가결정에 대한 항고는 부적법하게 된다.

59) 법원이 직권으로 판단할 사항이고 채무자를 비롯한 이해관계인에게는 신청권한이 없다.

60) 서울회생법원은 2017간회단1 사건에서 채무자가 신청서에 기재한 총채무액 약 28억 원을 기
초로 간이회생절차 개시결정을 하였으나, 조사보고서에서 총채무액이 약 32억 원임이 밝혀져
위 간이회생절차를 폐지하고, 폐지결정이 확정된 다음 날 회생절차속행결정을 통하여 일반회생
사건(서울회생법원 2017회단100072)으로 전환하였다. 그 후의 절차는 기존 절차에서 진행된 관
리인의 행위를 모두 유효한 것으로 보고, 간이회생절차 개시결정에서 정한 회생계획안 제출기
간에 맞추어 회생계획안이 제출되었으며, 위 회생계획안이 인가되어 종결되었다.

61) 회생절차속행결정 및 통지서의 양식은 [별지 232] 및 [별지 233] 참조.

62) 간이회생절차폐지결정이 공고되기 때문에, 회생절차 속행결정도 공고하여 혼란을 미연에 방지

회생절차 속행결정은 간이회생절차폐지결정이 확정되기 전이라도 할 수 있다. 다만 폐지결정이 항고심에서 파기될 경우에는 회생절차와 간이회생절차가 공존하게 되어 절차 혼란의 우려가 있으므로, 특별한 사정이 없는 한 가급적 간이회생절차폐지결정이 확정되면 새로운 사건번호를 부여받은 후 곧바로 회생절차 속행결정을 하는 것이 바람직하다.[63]

한편 간이회생절차에서 충분한 조사가 실시되었고 별다른 추가조사가 필요하지 않은 상황이라면 추가 비용예납명령을 하지 않고 곧바로 속행결정을 할 수 있다. 그러나 간이조사위원의 조사가 이루어지기 전이거나 이루어진 이후라도 간이한 방법에 의한 조사가 아니라 정식의 조사가 필요하다면 간이회생절차폐지결정 이전에 추가로 비용예납명령을 할 필요가 있다. 만약 채무자가 비용을 예납하지 않으면 간이회생절차폐지결정으로 절차는 종료되고, 예납명령을 이행하면 폐지결정 확정 시에 회생절차속행결정을 하면 된다.

나. 회생절차속행결정의 효력

회생절차속행결정이 있는 경우 간이회생절차에서 행하여진 ① 법원, ② 관리인·보전관리인·간이조사위원·관리위원회·관리위원·채권자협의회, ③ 채권자·담보권자·주주·지분권자, ④ 그 밖의 이해관계인의 처분·행위 등은 그 성질에 반하는 경우가 아니면 회생절차에서도 유효한 것으로 본다(법 제293조의5 제4항 후문, 제6조 제7항 각호).

따라서 법원의 각종 허가 및 결정, 관리인이 행한 회생절차 내외에서의 행위, 간이조사위원의 조사결과(속행된 회생절차에서 간이조사위원의 지위는 그 성질에 반하므로 실효된다)[64] 등은 모두 유효하다.

간이회생절차의 가결요건 특례규정을 적용받아 가결된 회생계획안에 대한 인가결정의 효력도 유효함은 앞서 본 바와 같다. 간이회생절차개시로 인하여 중단된 소송 및 강제집행도 계속 중단된 채로 남아있게 되고, 쌍방미이행 쌍무계약에 관한 관리인의 선택 및 법원의 허가를 받아 이루어진 회생채권의 조기변제

할 필요가 있다는 견해도 있다.

63) 견련파산의 경우와 마찬가지로, 회생절차 속행결정부터 간이회생절차 및 회생절차 사건의 번호를 모두 병기하는 것이 바람직하다.

64) 간이조사위원은 간이회생절차에서의 고유한 기관이므로 회생절차에서는 성질상 그 지위를 유지할 수 없다. 간이조사위원의 지위와 별개로 간이조사결과의 효력은 인정된다. 다만 간이조사위원의 조사가 시작되지 않은 단계에서 간이회생절차가 폐지된 경우나 간이조사결과에 대하여 이해관계인의 이의제기가 있는 경우 등 특별한 사정이 있는 때에는 별도로 조사위원을 선임하여 조사할 수 있음은 당연하다[주석 채무자회생법(Ⅲ), 751면; 이수열, "개정 채무자회생법 연구", 도산법연구 제6권 제1호(2015), 사단법인 도산법연구회, 168면 참고].

도 모두 유효하다.

아울러 간이회생절차폐지결정과 회생절차속행결정 사이에 시간적 간격이 있다 하더라도, 간이회생절차개시결정을 하면서 동시에 한 회생담보권 및 회생채권 등 목록 제출기간·신고기간·조사기간의 결정에는 아무런 영향을 미치지 않으므로, 관리인으로서는 간이회생절차 고유의 사유로 인한 폐지결정이 있더라도 절차가 확정적으로 종료되기 전까지는 관리인으로 해야 할 직무를 모두 수행할 필요가 있다.[65]

---

65) 서울회생법원 2017간회단1(2017회단100072) 사건의 경우에도 폐지결정일 이후 확정되기 전 주요사항 통지명령에서 정한 기간이 도래하였고, 관리인은 속행결정이 있기 전에 위 주요사항 요지통지를 수행한 후 법원에 보고하였다.

回 生 事 件 實 務

제21장

·
·
·

개인 채무자의
회생

제1절 개 요

1. 회생절차와 개인회생절차

법은 채무자의 회생을 도모하기 위한 제도로 제2편에서 회생절차를, 제4편에서 개인회생절차를 규정하고 있다. 위와 같은 체제상 개인 채무자에 있어서 제2편의 회생절차와 제4편의 개인회생절차가 어떤 관계에 있는지가 문제된다.

법이 회생절차의 관할에 있어서 개인을 전제로 하고 있는 규정을 두고 있는 점(법 제3조 제1항·제3항 제3호), 신청에 있어서도 개인인 경우를 포함하고 있는 점(법 제36조 제2호), 관리인의 선임에 있어서도 개인인 채무자의 경우 그 채무자를 관리인으로 선임하거나 선임하지 않을 수 있도록 하고 있는 규정을 두고 있는 점(법 제74조 제2항·제3항), 개인회생절차가 개시되면 회생절차는 중지되는 점(법 제600조 제1항 제1호) 등에 비추어 개인의 경우에도 회생절차를 이용할 수 있음은 당연하다.

회생절차와 개인회생절차는 절차의 흐름에 있어서는 물론이고 법률적인 효과면에 있어서도 상당히 다르게 규율되어 있다.

우선, 회생절차의 경우 회생계획인가 즉시 회생계획에 의하여 채권자들의 권리에 대한 감면 등 권리변경이 이루어지므로 인가된 후 중도에 폐지되거나 회생계획을 수행하지 못하는 경우라도 회생채권자의 권리행사는 회생계획에 따라 변경된 범위로 제한되고, 회생계획이나 법의 규정에 의하여 인정되지 않은 채권은 실권된다(법 제251조, 제252조). 담보권자에 대하여도 회생계획에 의하여 권리변경을 가할 수 있으며 회생절차가 진행되는 동안 담보권의 행사를 제한할 수 있는 장점이 있다. 반면에, 절차적으로 ① 신청서의 작성이 쉽지 않아 변호사보수 등 상당한 법률비용이 들 수 있고, ② 법원에 상당한 금액의 예납금을 납부하여야 하는 부담이 있으며, ③ 회생절차 진행 중 법원의 광범위한 감독을 받아야 하고, ④ 회생채권에 대한 회생채권자들의 신고를 받아 채권조사확정절차를 거쳐야 하며, ⑤ 변제기간이 장기간이고, ⑥ 회생채권자들의 의결절차를 거쳐야 하므로, 채권자들의 동의 없이는 인가를 받기 어려운 점 등 단점이 있다.

이에 비하여 개인회생절차는 채무자가 관리처분권한을 계속 유지하고 절차가 간단하며, 변제계획상의 변제기간도 짧고 채권자들의 의결절차도 거칠 필요가 없는 장점이 있는 반면에, 목록에 기재된 채권자에 대하여만 효력이 생기므로 목록에 기재되지 않은 개인회생채권은 개별적 집행에 방해를 받지 아니하고 면책 대상에서도 제외되며, 면책의 효력은 변제계획을 모두 수행한 후 법원의 면책결정이 있어야 비로소 발생하고, 담보권자가 별제권자로서 절차 외에서 담보권을 행사할 수 있다는 단점이 있다.

회생절차와 개인회생절차가 상호 배타적인 관계에 있는 것은 아니지만, 법은 개인회생절차가 개시되면 회생절차는 중지되도록 하고 있어 개인회생절차를 회생절차보다 우선하는 것으로 하고 있다(법 제600조 제1항 제1호).

현재 개인 채무자는 개인회생절차의 채무액수의 상한(담보채무 15억 원, 무담보채무 10억 원)을 초과하지 않는 채무를 부담하는 경우 대부분 개인회생절차를 신청하고 있고, 위 상한을 초과하는 경우 회생절차[1]를 신청하고 있다.

2. 회생절차를 이용할 수 있는 채무자

회생절차를 이용할 수 있는 채무자의 범위에 대하여는 논란이 있을 수 있다. 이러한 논란은 회생절차의 여러 규정들, 특히 회생계획의 내용과 회생계획안의 제출에 관한 조항들이 사업을 하는 채무자를 전제로 하고 있기 때문에 사업을 하지 않는 채무자에 대해서는 이를 적용하는 것이 어렵다는 점에서 비롯된다. 그러나 법이 회생절차를 신청할 수 있는 채무자의 신청자격에 대하여 특별한 제한을 두고 있지 않는 점에 비추어 사업을 하는 영업소득자는 물론이고 급여소득자도 회생절차를 신청할 수 있다고 보아야 한다.[2] 현재 개인회생절차의 채무액수의 상한을 초과하는 채무를 부담하고 있는 개인사업자, 의사, 한의사, 회계사, 연예인 등 영업소득자 뿐만 아니라 회사원, 봉직의, 법인인 회생채무자의 대표자 또는 관리인[3] 등 급여소득자도 회생절차를 이용하고 있다. 특히 개인

---

1) 개인회생(법 제4편)과의 구별을 위하여 실무상 이를 '일반회생'이라 하고 있다.
2) 한편 서울회생법원은 2020회단100066 사건에서, 채무자가 지속적인 소득을 얻고 있다는 점을 소명하지 못하고 있는 반면 보정서를 통해 소유하고 있는 부동산의 경매절차를 연기시키고자 회생절차 개시신청을 하였다는 취지로 진술한 경우 이는 회생절차 진행에 따른 부수적 효과만을 목적으로 회생절차 개시신청을 한 것이어서 신청이 성실하지 아니하고, 청산가치가 계속기업가치를 초과함이 명백하여 회생절차에 의함이 채권자 일반의 이익에 적합하지 아니하다는 이유로 법 제42조 제2호, 제3호에 따라 신청을 기각하였다.
3) 실무상 회생절차가 개시된 법인인 채무자의 대표자는 특별한 사정이 없는 한 그 법인의 법률상 관리인으로 재직하거나, 그렇지 않더라도 대표이사 등으로 계속 근무하는 사례가 적지 않은데, 통상 그 대표자 개인도 법인의 채무를 연대보증하거나 본인 개인의 재산을 담보로 제공하는 등으로 재정적 파탄에 이르게 되어 회생절차를 신청하는 사례가 많다. 한편 서울회생법원은 회생절차가 진행 중인 법인의 대표이사, 이사, 감사 등 임원이 개인에 대한 회생절차개시신청을 하는 경우, 당해 주심 판사가 재판장인 재판부로 배당하고, 특별한 사정이 없는 한 당해 법인회

채무자 중에서도 영업에 필수적인 재산에 담보권이 설정되어 있어 담보권의 실행을 저지하여야 영업을 계속할 수 있는 개인사업자나 의사, 한의사 등이 회생신청을 할 실익이 크다.

다만 법인이나 사업자인 개인을 전제로 한 규정이 개인이나 비사업자인 개인에게도 적용될 수 있는지는 그 규정의 취지 등을 고려하여 합리적으로 판단하여야 한다.[4]

3. 신청권자

개인 채무자는, ① 사업의 계속에 현저한 지장을 초래하지 아니하고는 변제기에 있는 채무를 변제할 수 없는 경우와 ② 파산의 원인인 사실이 생길 염려가 있는 경우에는 회생절차를 신청할 수 있다(법 제34조 제1항). 또한 채무자에게 파산의 원인인 사실이 생길 염려가 있는 경우 5천만 원 이상의 금액에 해당하는 채권을 가진 채권자[5]는 개인 채무자에 대하여 회생절차를 신청할 수 있다(법 제34조 제2항 제2호 가목). 법원은 채권자가 회생절차개시의 신청을 한 때에는 채무자에게 경영 및 재산상태에 관한 자료를 제출할 것을 명할 수 있다(법 제34조 제3항).

4. 소액영업소득자에 대한 특례[6]

회생절차개시의 신청 당시 회생채권 및 회생담보권의 총액이 50억 원 이하의 범위에서 대통령령이 정하는 금액[7] 이하의 채무를 부담하는 소액영업소득자는 간이회생절차를 이용할 수 있다. 다만, 개인인 소액영업소득자가 신청일 전 5

생 사건과 같은 조사위원을 선임하며, 법인회생 사건과 개인 채무자의 회생사건의 신청 시기 등을 고려하여 같은 날짜 또는 근접한 날짜에 개인 채무자의 회생사건의 절차별 기일을 정하도록 하여, 회생절차가 진행 중인 법인의 임원의 회생절차 진행에 대한 부담을 경감하고 효율적인 회생을 도모하고 있다.

4) 서울회생법원 실무준칙 제291호 '일반회생 사건의 처리' 제3조는 개인 채무자에 대한 회생사건에 관하여, 그 성질상 적용할 수 없는 것, 개인 채무자에 대한 회생사건의 특성상 적용하기에 적절하지 아니한 것, 위 준칙 제291호에서 달리 정한 것을 제외하고는 법인회생 사건의 준칙을 적용할 수 있다고 규정하고 있다.

5) 개별 채권자의 채권액이 5천만 원 미만이라도 수인의 채권자의 채권액을 합산하여 5천만 원 이상이면 수인의 채권자가 공동으로 신청할 수 있다(자세한 내용은 '제3장 제1절 2. 나.' 참조).

6) 간이회생절차에 대한 자세한 내용은 '제20장' 참조.

7) 2020. 6. 2. 대통령령 제30726호로 개정된 시행령 제15조의3에서는 '대통령령으로 정하는 금액'을 50억 원으로 정하고 있다.

년 이내에 개인회생절차 또는 파산절차에 의한 면책을 받은 사실이 있는 경우에는 그러하지 아니하다(법 제293조의4 제1항, 제293조의2 제2호).

간이회생절차에 있어 소액영업소득자는 부동산임대소득·사업소득·농업소득·임업소득, 그 밖에 이와 유사한 수입을 장래에 계속적으로 또는 반복하여 얻을 가능성이 있는 채무자를 의미하고(법 제293조의2 제1호), 급여소득자는 포함되지 않는다.[8] 그러나 급여소득자와 영업소득자의 지위를 동시에 가지고 있는 채무자는 소액영업소득자로 볼 수 있다.

간이회생절차는 기본적으로 회생절차이나, 관리인불선임 원칙, 간이조사위원의 간이한 방법에 의한 조사, 회생계획안의 가결 요건에 관한 특례 등의 특칙이 적용된다(법 제293조의6, 제293조의7, 제293조의8 참조).

제2절 개시결정 이전의 절차

1. 관 할

가. 원칙적 관할

개인이 회생절차를 이용할 경우 다음 어느 한 곳을 관할하는 회생법원의 관할에 전속한다(법 제3조 제1항).[9]

1) 채무자의 보통재판적이 있는 곳(법 제3조 제1항 제1호)

개인의 보통재판적은 그의 주소에 따라 정하고, 다만 대한민국에 주소가 없거나 주소를 알 수 없는 경우에는 거소에 따라 정하며, 거소가 일정하지 아니하거나 거소도 알 수 없으면 마지막 주소에 따라 정한다(민사소송법 제3조).

---

8) 개인 채무자의 경우 영업소득자보다 급여소득자의 부채구조가 더 단순하다는 점, 법인은 간이회생절차를 진행하면서 그 대표자는 급여소득자라는 이유만으로 일반회생절차를 진행할 수밖에 없는 점 등을 고려할 때, 간이회생절차의 대상에서 급여소득자를 제외한 것은 입법론상 검토를 요한다는 견해가 있다. 이수열, "개정 채무자회생법 연구", 도산법연구 제6권 제1호(2015년), 사단법인 도산법연구회, 142면 각주 43 참고.

9) 2016. 12. 27. 법률 제14472호로 개정된 법 부칙 제2조(지방법원 등에 대한 경과조치)에 의하면, 위 법 시행 당시 회생법원이 설치되지 아니한 지역은 회생법원이 설치될 때까지 관할 지방법원 또는 지방법원 본원을 위 법에 따른 회생법원으로, 관할 지방법원장을 위 법에 따른 회생법원장으로 본다.

2) 채무자의 주된 사무소나 영업소가 있는 곳 또는 채무자가 계속하여 근무
하는 사무소나 영업소가 있는 곳(법 제3조 제1항 제2호 제)

채무자의 보통재판적이 있는 곳과 채무자의 주된 사무소나 영업소가 있는
곳, 채무자가 계속하여 근무하는 사무소나 영업소가 있는 곳이 다를 수 있으므로
이 조항에 따라 채무자의 보통재판적 소재지와는 다른 관할이 인정될 수 있다.

3) 위 1) 또는 2)에 해당하는 곳이 없는 경우에는 채무자의 재산이 있는 곳(법 제3조 제1항 제3호 제)

법 제3조 제1항 제1호 또는 제2호에 해당하는 곳이 없는 경우에는 채무자
의 재산이 있는 곳(채권의 경우에는 재판상의 청구를 할 수 있는 곳을 말한다)을 관
할하는 회생법원에 전속한다.

나. 경합적 관할

법은 회생절차를 더욱 쉽게 이용할 수 있도록 하고 관련 사건에 관하여 동
일한 법원에 회생절차를 신청함으로써 절차의 효율성을 높이기 위한 취지에서
위와 같은 원칙적 관할법원에 더하여 다음과 같은 일정한 법원에도 경합적 관할
권을 인정하고 있다.

① 채무자의 주된 사무소 또는 영업소의 소재지를 관할하는 고등법원 소재
지의 회생법원(법 제3조 제2항)[10]

② 법인의 대표자의 경우 그 법인에 대한 회생사건 또는 파산사건이 계속
되어 있는 회생법원(법 제3조 제3항 제2호)

③ 주채무자 및 그 보증인, 채무자 및 그와 함께 동일한 채무를 부담하는
자, 부부인 관계의 어느 하나에 해당하는 자에 대한 회생사건·파산사
건[11] 또는 개인회생사건이 계속되어 있는 회생법원(법 제3조 제3항 제3호)

④ 채무자의 보통재판적이 있는 곳, 채무자의 주된 사무소나 영업소가 있는
곳 등이 울산광역시나 경상남도인 경우 부산회생법원(법 제3조 제11항)

---

10) 예컨대, 채무자가 인천에서 개업하고 있는 의사로서 그 거주지가 서울이 아니더라도 영업소인
병원 소재지를 관할하는 고등법원(서울고등법원) 소재지의 회생법원인 서울회생법원에 회생절
차를 신청할 수 있다. 다만 급여소득자의 경우에는 위 규정이 적용되지 않는다는 점을 주의해
야 한다.

11) 법 제3조 제3항 제3호의 입법취지가 관련 도산사건의 병행처리를 가능하게 하려는 것이지만,
공동보증인 사이의 개인파산사건과 회생사건, 개인회생사건의 경우에는 병행처리의 필요성이
크지 않으므로 위와 같은 경우에는 법 제4조(손해나 지연을 피하기 위한 이송)를 적용하여 채
무자의 주소지 관할 법원 등으로 직권이송을 할 것인지 여부를 검토할 필요가 있다.

다. 사물관할

개인인 경우에는 영업자이든 비영업자이든 불문하고 단독판사의 사물관할에 속한다(법제5항제3조). 일반적으로 개인은 채권자가 대부분 금융기관이고 그 숫자도 많지 않으며, 채무자가 영위하는 사업내용도 단순하여 이해관계가 복잡하지 않으므로 단독판사가 담당하는 것이 타당하다. 그러나 영업소득자로서 사업내용이 다소 복잡하고 채권자 등 이해관계인이 많아 사실상 법인과 다를 바 없는 개인사업자의 경우에는 재정합의결정[12]을 통하여 합의부에서 심리·재판하는 것도 고려될 수 있다.

2. 신청서 및 첨부서류

가. 신청서 기재사항

회생절차개시신청서에 기재하여야 할 내용은 법 제36조에서 규정하고 있다. 개인 채무자에 대한 회생절차개시 신청서에는, ① 신청인 및 그 법정대리인의 성명 및 주소, ② 채무자의 성명·주민등록번호(주민등록번호가 없는 사람의 경우에는 외국인등록번호 또는 국내거소번호) 및 주소, ③ 신청의 취지, ④ 회생절차개시의 원인, ⑤ 채무자의 사업목적과 업무의 상황, ⑥ 채무자의 자산·부채 그 밖의 재산상태, ⑦ 채무자의 재산에 관한 다른 절차 또는 처분으로서 신청인이 알고 있는 것, ⑧ 회생계획에 관하여 신청인에게 의견이 있는 때에는 그 의견, ⑨ 채권자가 회생절차개시를 신청하는 때에는 그가 가진 채권의 액과 원인 등을 기재하여야 한다.

나. 첨부서류

회생절차개시 신청서의 첨부서류에 관하여 법에 규정은 없으나,[13] 사업을

---

12) 서울중앙지방법원 2012회단44 사건에서, 대형 병원을 운영하는 개인 채무자에 대하여 사업의 규모, 채권자의 수, 채권의 합계액 등을 감안하여 재정합의결정을 하였다. 또한 서울회생법원 2018회단100116, 2021회단100071 사건에서, 골프장을 운영하는 개인 채무자에 대하여 사업 및 부채의 규모, 채권자의 수, 경영권 분쟁 등 회생절차 개시요건에 대한 심사 필요성 등을 고려하여 재정합의결정을 하였다.

13) 반면 간이회생절차의 경우, 법 제293조의4 제4항, 규칙 제71조의2에서 간이회생절차개시신청서에 첨부할 서류에 관하여 규정하고 있다. 간이회생절차개시의 신청서에는 채권자목록, 채무자의 영업 내용에 관한 자료, 채무자의 재산 상태에 관한 자료를 반드시 첨부하여야 한다. 또한 ① 개인 채무자의 경우 주민등록등본, 개인회생절차 또는 파산절차에 따른 면책을 받은 사실이

하는 개인의 경우라면 최소한 다음과 같은 자료를 제출할 필요성이 있다.

① 업무현황 및 조직에 관한 서류

- 영업장의 소재지, 사업의 연혁, 출자자 현황, 종업원 현황

② 자산 및 부채의 상황에 관한 자료

- 재무상태표 및 손익계산서, 주요 자산 목록, 등기·등록의 대상이 되는 재산의 목록 및 등기부 등본, 현재 강제집행 여부 및 집행채권자와 해당 물건목록

- 채권자 명부(회생채권자, 회생담보권자의 목록은 법원의 개시결정일로부터 2주이상 2월 이하로 정한 기간 이내에 제출하여야 함)

- 채무자 명부

- 보증채무 내역

- 주요 거래처 명부

③ 사업의 동향에 관한 서류

- 과거 5년간의 비교재무상태표 및 비교손익계산서

- 최근 1년간 월별 자금운용실적표 및 향후 1년간 월별 자금수지계획표

- 생산실적 및 판매실적표

④ 경제성에 관한 서류

- 향후 사업계획서, 추정손익계산서, 추정자금수지표, 자금조달계획서

사업을 영위하는 채무자의 경우 이러한 서류는 회생절차의 진행에 있어서 필수적인 사항으로 볼 여지가 있다(별 제36조 제6호). 그러나 위와 같은 서류는 변호사나 회계사 등 전문가의 도움이 없이는 작성하기 어려운 것이 대부분이고, 향후 회생절차가 개시되는 경우 선임되는 조사위원의 보고서나 관리인 보고서에도 포함될 내용이므로, 신청 단계에서는 제출 서류가 다소 미흡하더라도 회생절차개시신청에 대한 기각사유가 없는 이상 일단 절차를 진행하는 것이 바람직하다.

사업을 영위하는 경우가 아니라면 위와 같은 서류를 모두 제출할 필요는 없고, 회생채권자목록, 회생담보권자목록, 중요한 재산목록, 등기·등록의 대상이 되는 재산의 목록과 등기부 등본, 월별 자금수지표, 소득에 관한 자료 등을 위주로 제출하면 된다.

있으면 그에 관한 서류, 그 밖의 소명자료, ② 과거 3년간의 비교재무상태표와 비교손익계산서 또는 이에 준하는 서류, ③ 소송이 계속 중이거나 존부에 관하여 다툼이 있는 회생채권·회생담보권의 존재에 관한 소명자료도 첨부해야 한다.

3. 비용예납

회생절차개시의 신청을 하는 때에는 신청인은 회생절차의 비용을 미리 납부하여야 하고(별 제39조), 위 비용은 사건의 규모 등을 고려하여 법원이 정한다. 실무에서는 통상 신청서를 검토하면서 대표자 심문기일 지정결정과 함께 비용예납명령을 하고 있는데, 개시결정과 조사절차의 개시 사이에 시간적 차이가 없고 조사위원의 보수도 결국 채무자의 재산에서 지출되는 것이므로, 일반적으로 조사위원의 보수 추정액에 기타 예상 절차비용[14]을 더하여 예납비용을 결정하고 있다.

서울회생법원은 급여소득자인지 사업소득자인지 여부, 사업소득자인 경우 사업의 규모 등을 고려하되, 조사위원의 보수가 예납금의 가장 큰 부분을 차지하고 있는 점을 참작하여 조사의 난이도, 조사에 필요한 조사위원의 업무량 등을 기준으로 구체적인 액수를 정하여 비용예납을 명하고 있다. 이에 따라 급여소득자의 경우 300만 원 내지 800만 원 정도의 범위에서 그 급여수준 등에 따라 예납비용을 정하고,[15] 회생절차가 진행 중인 법인의 임원에 대하여는 특별한 사정이 없는 한 위와 같은 기준의 80% 이하의 금액으로 정하고 있다. 또한 소액영업소득자가 아닌 영업소득자의 경우에는 500만 원 내지 1,200만 원 정도의 범위에서, 소액영업소득자의 경우(간이회생 사건)에는 300만 원 내지 1,000만 원의 범위에서 회생절차개시 당시의 자산 및 부채의 규모 등을 고려하여 각각 달리 정하고 있다.[16]

---

14) 절차비용에 회생절차가 폐지될 경우 견련파산을 염두에 둔 파산절차비용을 포함시킬 것인가에 대하여는 논란이 있을 수 있으나, 법 제6조 제2항이 인가 전 폐지 시 파산선고를 임의적인 것으로 규정하고 있는 점, 견련파산 선고 시 파산절차비용에 대한 예납명령이 가능할 뿐만 아니라 법인 채무자에 비하여 소액이고 특히 개인 채무자에 대한 파산절차에서 우선보수를 지급하는 경우가 거의 없는 점 등을 고려해 보면, 파산절차비용 전부를 포함하여 예납명령을 할 필요성은 크지 않다. 다만 사안에 따라 파산절차비용을 예납금의 규모를 정하는 데에 참고할 수 있을 것이다.

15) 다만 서울회생법원의 경우 조사위원으로 별도의 보수를 지급하지 않는 법원사무관을 선임하는 때에는 현장조사 경비 등 실제 지출한 비용의 지급을 위하여 100만 원의 비용예납을 명하고 있다.

16) 채무자의 사업의 규모 및 내용, 소득액, 자산 및 채무 등에 비추어 위와 같은 기준이 적정하지 아니한 경우에는 법인회생 사건의 해당 준칙에 의하여 예납금액을 정하고 있는데, 영업소득자인 개인 채무자의 자산이 250억 원, 부채가 300억 원 상당인 사건에서 법인 사건에 비하여도 그 규모가 작지 않고 권리관계가 단순하지 않은 점 등을 고려하여 3,200만 원의 비용예납명령을 한 사례, 한의사인 채무자가 대규모의 한의원과 탕전원을 운영하고 있고, 채권자가 다수인 점 등을 고려하여 5,000만 원의 비용예납명령을 한 사례가 있다. 또한 부부가 함께 회생절차를 신청하는 경우에는 두 사건의 사업의 규모 및 내용, 자산 및 채무, 월급여액 또는 사업소득액

4. 개시결정 전 채무자 재산의 보전

가. 보전처분

개인 채무자에 대하여는 신청이 있는 경우는 물론이고 신청이 없는 경우라도 직권으로 보전처분을 발령할 필요성이 크다. 보전처분을 통하여 개시결정 시까지 채무자의 임의적인 변제나 담보제공, 재산의 처분, 자금의 차입 등을 막을 수 있게 된다.

서울회생법원은 법인회생 사건과 같은 내용으로 보전처분을 하되 법인의 경우 통상 500만 원 이상 기타 재산의 처분금지를 명하고 있으나, 개인의 경우 통상 처분금지 대상 재산가액을 300만 원으로 정하여 보전처분을 발령하고 있다. 이 금액은 채무자의 특성에 따라 적정하게 조정될 수 있다.

나. 강제집행 등의 중지명령, 취소명령 등

개인 채무자의 경우에도 채권자·담보권자 등 제3자의 압류 및 추심명령 등 강제적인 권리실현절차가 계속되는 경우 채무자의 재산이 처분되거나 채권자 간의 형평을 해하게 되어 채무자의 회생에 장애가 될 가능성이 높은 경우에는 법 제44조 제1항에 따라 신속하게 중지명령의 결정을 하는 것이 필요하다.

한편 법원은 회생절차개시 전이라도 채무자의 회생을 위하여 특히 필요하다고 인정하는 때에는 중지된 회생채권 등에 기하여 채무자의 재산에 행하여진 강제집행 등의 취소를 명할 수 있으나(법 제44조 제4항), 통상적으로 신청 후 1개월 이내에 회생절차개시 여부가 결정되는데, 회생절차가 개시되지 않게 되면(법원이 회생절차개시신청을 기각하거나 회생절차개시신청취하를 허가하는 경우 등) 채권자가 비용을 들여 해놓은 강제집행 등만 취소되는 결과가 되므로 회생절차개시 전에 강제집행 등의 취소명령을 하는 경우 구체적인 사정을 참작하여 신중하게 결정하여야 한다.[17]

등을 고려하여 예납금을 각각 정하고 있다.

17) 반면 개시결정 이후에는 회생계획의 인가가능성이 있고, 채권자들의 채권은 회생절차 내에서 회생계획에 의하지 아니하고는 변제받을 수 없으므로 법원은 회생을 위하여 필요하다고 인정하는 때에는 중지된 강제집행 등의 취소명령을 발령할 수 있을 것이다. 특히 채무자가 의사인 때에는 국민건강보험공단에 대한 건강보험진료비 청구채권이 가압류, 압류되는 경우가 많고, 국민건강보험공단으로부터 지급받는 건강보험진료비 청구채권이 병원 수입의 상당한 부분을 차지하고 있어 병원의 정상적인 운영을 위해서는 회생계획인가 전에 건강보험진료비 청구채권에 대한 가압류 등을 취소할 필요성이 있다. 이 경우에도 취소명령을 하기 전에 채무자의 운영자금의 규모와 압류된 채권의 액수, 회생절차의 폐지가능성, 회수되는 자금에 대한 채무자의 자금사용계획 등을 종합적으로 고려하여 취소의 범위를 정하는 것이 바람직하다.

다. 포괄적 금지명령

포괄적 금지명령은 법 제44조 제1항의 규정에 의한 개별적 중지명령만으로 는 회생절차의 목적을 충분히 달성하지 못할 우려가 있다고 인정할 만한 특별한 사정이 있는 때에 보충적으로 모든 회생채권자 및 회생담보권자에 대하여 회생 채권 또는 회생담보권에 기한 강제집행 등의 금지를 명하는 것이다(별 제45항). 최근 실무는 개인 채무자의 경우에도 법인 채무자와 마찬가지로 포괄적 금지명령을 발령할 수 있는 특별한 사정을 폭넓게 해석하여 포괄적 금지명령을 적극적으로 발령하고 있다.[18]

5. 채무자에 대한 심문

회생절차개시의 신청이 있는 때에는 법원은 채무자를 심문하여야 한다(별 제41항). 법원은 채무자가 회생절차에 이르게 된 사정, 자산과 부채 현황, 영업 및 운전자 금 조달 상황, 소득의 안정적 유지 여부, 회생절차개시 요건의 충족 여부, 자구노 력 등을 중심으로 심문하게 된다. 개인 채무자에 대한 회생절차에서 생계비는 회 생계획안 작성 시 필요적으로 고려하여야 하는 내용이므로, 생계비의 구체적인 내 용과 향후 필요한 예정 생계비에 관하여도 심문할 필요가 있다. 또한 채무자의 특 성에 맞게 심문내용을 달리 정할 필요가 있는데, 채무자가 영업소득자라면 영업에 제공된 자산이 모두 채무자의 소유인지, 비영업용 재산이 있는지, 과다한 접대비 의 지출 등 비정상적인 지출항목이 있는지, 개인 생계비와 영업 비용 중 중복으로 계산된 항목이 없는지, 우발채무가 존재하는지 등을 추가로 확인할 필요가 있고, 급여소득자라면 계속 근로가 가능한 직장인지, 근로를 제공하는 회사가 안정적으 로 급여를 지급할 수 있는지 등을 확인할 필요가 있다.

채무자 심문은 보전처분 결정이 내려진 후 1주 내지 2주 정도 이내에 이루 어진다. 실무상 심문기일은 보전처분 및 예납명령을 하면서 채무자에게 구체적 인 일시와 장소를 고지한다(이에 대한 자세한 내용은 '제3장 제3절 2.' 참조). 필요한 경우 채무자를 법원에 직접 출석시키지 않고 인터넷 화상장치 등을 이용하여 심 문할 수도 있다(법 제33조, 민사소송).

---

18) 이에 대한 자세한 내용은, '제4장 제2절 3. 나.' 참조

6. 채권자협의회의 구성 여부

채권자협의회는 회생절차에 이해관계가 큰 채권자들의 적극적인 의견개진이 필요한 경우를 염두에 둔 것이므로, 채무자가 개인인 경우에는 채권자협의회를 구성하지 아니할 수 있다(별제20조)). 채무자가 개인인 경우 채권자들이 통상 채무자의 회생절차에 대하여 별다른 의견을 제시하지 않는 경우가 많다. 따라서 실무상 개인 채무자의 경우에는 원칙적으로 채권자협의회를 구성하지 않고 있다. 다만 채무자의 사업규모가 상당히 크고 채권자들이 많아 이해관계가 다양하며 채권자들의 의견을 적극적으로 반영할 필요가 있는 경우에는 채권자협의회의 구성을 고려할 수 있다.[19]

제3절 개시결정 이후의 절차

1. 개시결정과 동시에 정하여야 할 사항

개인 채무자의 회생절차개시신청이 법 제42조 각호의 기각사유에 해당하지 않으면 법원은 신청일로부터 1월 이내에 회생절차개시결정을 함과 동시에 ① 관리인을 선임하거나 선임하지 아니하고(별 제74조 제3), ② 조사위원을 선임하며, ③ 관리인이 회생채권자·회생담보권자의 목록을 작성하여 제출하여야 하는 기간, ④ 회생채권·회생담보권의 신고기간, ⑤ 목록에 기재되어 있거나 신고된 회생채권과 회생담보권의 조사기간, ⑥ 회생계획안 제출기간을 정하고, ⑦ 관리인 보고를 위한 관계인집회기일을 정하거나, 그 대체절차 중 하나인 주요사항의 요지 통지명령 혹은 관계인설명회 개최명령을 한다.

서울회생법원은 개인 채무자의 경우 장부 등에 의하여 수입 및 지출내역을 정확하게 파악하기가 곤란한 점을 감안하여 채무자에 대한 회생절차 개시결정과 동시에 또는 그 이후에 관리인에게 새로이 예금계좌를 개설할 것과 월간보고서를 제출할 때 보고기간에 해당하는 위 예금계좌의 거래내역서 또는 통장사본을

---

19) 서울회생법원 실무준칙 제291호 '일반회생 사건의 처리' 제5조는 개인 채무자에 대한 회생 사건의 간이, 신속한 진행 등을 위하여 원칙적으로 채권자협의회를 구성하지 아니하되, 사업 규모 및 내용, 월급여액 또는 사업소득액, 자산 및 채무 등을 고려하여 필요한 경우에는 채권자협의회를 구성할 수 있도록 규정하고 있다.

첨부할 것을 명하는 결정을 하여 자금 흐름의 투명성과 공정성을 확보하고 있다(양식은 [별지 30] 참조). 또한 법원의 예금계좌 개설명령에 따라 개설한 계좌를 이용하여 수입, 지출 등 자금거래를 하고, 특별한 사정이 없는 한 현금거래, 다른 계좌를 이용한 자금거래를 금지하고 있다(실무준칙 제291호 '일반회생 사건의 처리' 제9조 내지 제11조).

2. 조사위원의 선임 여부 등

가. 조사위원의 선임 여부

법에서는 조사위원의 선임을 임의적인 것으로 규정하고 있으나(법 제87조 제1항, 제293조의7 제1항), 재무·경영분석, 청산가치와 계속기업가치의 산정, 수행가능한 채무변제계획의 제시 등의 업무는 전문적인 분야로서 회계, 경영, 경제지식과 전문적 판단능력이 요구되므로, 실무상 특별한 사정이 없는 이상 조사위원을 선임하고 있다.

개인회생절차에서는 회생위원이 채무자의 재산이나 소득에 대하여 조사를 하지만, 회생절차에서는 채무자의 재산이나 소득에 대하여 조사할 수 있는 기관이, 실질적으로 조사위원뿐이므로, 법원에서 객관적인 자료에 의하여 채무자에 대한 회생절차를 계속할 것인지 여부를 판단하기 위해서뿐만 아니라, 채무자가 조사위원의 조사보고서에 나타난 장래의 자금수지를 바탕으로 수행가능성 있는 회생계획안을 작성할 수 있도록 하기 위해서도 조사위원에 의한 조사가 필요하다.

조사위원은 조사에 필요한 학식과 경험이 있는 자로서 그 회생절차에 이해관계가 없는 자 중에서 선임하여야 하고, 법원이 조사위원을 선임하기 전에 채권자협의회 및 관리위원회의 의견을 들어야 한다(법 제87조 제1항·제2항). 서울회생법원의 경우 개인 채무자에 대한 회생사건의 조사위원 적임자 명단에 등재된 자 중에서 순서에 따라 조사위원을 선임하고 있는데, 채무자의 사업 규모 및 내용, 월급여액 또는 사업소득액, 자산 및 채무, 채권자 수 등을 고려하여 급여소득자 등 비교적 단순한 사건에 대하여는 법원사무관 등 법원공무원인 조사위원(내부조사위원)[20]을 선임하고, 사업소득자 등 복잡한 사건에 대하여는 공인회계사 또는 회계법인 등을 채무자의 조사위원(외부조사위원)으로 선임하고 있다. 또한 회생절차가 진행 중인 법인의 임원에 대한 회생사건의 경우 당해 법인의 조사위원이 임원 개인의 회생 사건의 조사위원 명단에 등재되어 있지 않더라도 위 임원에 대한 회생사건

---

20) 서울회생법원의 경우 조사위원 중 법원사무관 등 법원공무원인 조사위원을 내부조사위원으로, 내부조사위원이 아닌 공인회계사 또는 회계법인 등인 조사위원을 외부조사위원으로 부르고 있다.

의 조사위원으로 선임하는 것을 원칙으로 하고 있고, 조사의 충실성 및 정확성 등을 강화하기 위하여 필요한 경우에는 내부조사위원과 외부조사위원을 조사위원으로 공동선임하고 있다.

조사위원의 보수는 앞서 본 예납된 비용 범위 내에서 조사의 내용 등을 고려하여 적절히 정하고 있다.

나. 채무면제익에 대한 과세 여부

개인 채무자의 경우에 채무의 상당 부분을 면제받는 것으로 회생계획안을 작성하고 있고,[21] 현행 세법 중 ① 상속세 및 증여세법 제36조 제1항은 채무면제로 인한 이익 상당금액을 증여세 부과대상으로 하고 있으며, ② 소득세법 시행령 제51조 제3항 제4호는 사업과 관련한 채무의 면제가 있을 경우에는 부채감소금액을 사업소득 중 총수입금액에 포함시켜 소득세가 과세되도록 하고 있으므로(다만 이월결손금 보전에 충당된 금액은 제외된다), 개인 채무자의 이러한 채무면제익에 대하여 증여세 및 소득세의 부과 여부가 조사보고서 작성단계에서 문제가 된다.[22]

개인 채무자에 대한 채무면제익에 대한 증여세나 소득세 부과 여부의 문제는 채무자의 장래 자금수지의 추정과 밀접한 관련이 있으므로, 실무에서는 조사보고서의 작성단계에서 사안별로 증여세나 소득세의 부과 여부를 판단하여 자금수지를 추정하지 않을 수 없다. 이에 실무상 대체로 급여소득자의 경우에는 채무면제익에 증여세가 부과되지 않는다는 것을 전제로 조사보고서와 회생계획안을 작성하고, 사업을 하는 채무자의 경우에는 사업과 무관한 채무면제익에 대하여는 증여세가 부과되지 않고, 사업과 관련한 채무면제익에 대하여는 소득세가 부과되는 것을 전제로 조사보고서와 회생계획안 작성 시 세금으로 납부할 금액

---

21) 서울회생법원에서 인가되는 개인 채무자의 회생계획 중 권리변경에 관한 조항을 보면, 대부분의 경우 채무면제의 효력발생 시기를 '회생계획에 따른 변제가 완료되는 날의 다음날'로 정하고 있다. 이와 관련하여 회생계획에서 채무면제의 시기를 인가 시가 아니라 위와 같이 별도로 정할 수 있는지 여부가 문제될 수 있으나, 이를 긍정하는 입장에서는 ① 회생채권자 등의 권리가 '회생계획에 따라' 변경되는 것이므로(법 제252조 제1항), 회생계획에서 채무면제의 효력발생시기를 따로 정하는 것도 가능하다는 점, ② 회생계획에서 면제의 시기를 변제완료 시점으로 정함으로써 채무자로 하여금 성실하게 회생계획을 수행하도록 할 유인을 제공하게 되는 점, ③ 개인의 경우 회생절차폐지 후 파산절차로 이행되면 그에 따른 후속절차인 면책절차가 별도로 예정되어 있는 점 등을 논거로 들고 있다.

22) 반면 주식회사에 대한 회생사건의 경우 채권액면가와 주식액면가의 등가교환에 의한 출자전환의 방법으로 권리변경을 하게 되면 이러한 채무면제익이 발생할 여지가 없으므로, 실무상 출자전환의 방법이 자주 활용된다. 이에 대한 자세한 내용은 '제13장 제6절 2.' 참조.

을 유보하도록 유도하고 있고, 자금수지의 확보를 위하여 면제가 회생기간 마지막 연도에 이루어지는 것으로 하여 회생기간 종료 이후 세금을 납부하는 것으로 가정하고 있다.

3. 관리인의 선임 등

가. 관리인을 선임할 것인지 여부

법은 회생절차에서 관리인을 선임하는 것을 원칙으로 하고 있다. 다만 채무자가 개인, 중소기업 등인 경우에는 관리인을 선임하지 아니할 수 있다고 규정하고 있다(법 제74조 제3항). 반면 간이회생절차에서는 관리인을 선임하지 않는 것을 원칙으로 하되, 법 제74조 제2항 각호의 사유가 있는 경우 관리인을 선임할 수 있다고 규정하고 있다(법 제293조의6). 회생절차개시결정이 있는 때에는 채무자 재산의 산일을 막기 위하여 관리인을 선임할 필요가 있고 관리인을 선임할 경우 채무자의 업무수행권과 재산의 관리처분권은 관리인에게 전속한다. 그러나 개인의 경우에는 사업에 제공하는 재산과 개인적으로 생계에 사용하는 재산의 구분이 곤란하고, 조직이 체계적으로 갖추어진 기업과는 달리 제3자 관리인을 선임하더라도 채무자의 업무수행을 관리인이 하는 것은 상당히 어려운 측면이 있다. 이러한 점을 고려하여 실무상개인 채무자의 경우에는 원칙적으로 관리인을 선임하지 않고 있다.[23]

다만 개인의 경우라도 영업자로서 다수의 채권자가 존재하고, 개인과 명확히 구분되는 사업의 실체가 존재하며, 채무자가 사업이나 재산의 은닉·산일을 초래할 위험성이 현존하고, 회생절차에 이르게 된 사정이 채무자의 재산의 유용또는 은닉, 중대한 책임이 있는 부실경영에 기인하는 경우에는 관리인을 선임할필요성이 있다(법 제74조 제2항 참조).

한편 개인 채무자의 경우 ① 부인대상 행위가 존재하거나 특수관계인에 대한 채무가 다액인 경우, ② 회생절차에 대한 이해 부족으로 채무자가 직접 채권자목록이나 회생계획안의 작성 등의 절차진행을 원활히 수행하기 어려운 경우등에는 제3자 관리인 또는 공동관리인의 선임을 검토할 수 있다. 법원은 개시결정 전에 채무자 심문 등을 통하여 제3자 관리인 또는 공동관리인의 선임이 필

---

23) 서울회생법원은 영업소득자나 소액영업소득자의 회생사건에서 관리인을 선임하지 않는 경우 원칙적으로 CRO(구조조정담당임원)를 선임하여 채무자의 회생절차 전반에 걸친 자문 및 자금 관리 점검, 이해관계인과의 소통 등의 업무를 수행하고 있다(CRO에 대한 자세한 설명은 '제7장 제3절 7. 바.' 참조).

요한지 여부, 채무자의 의사 등을 파악한 후 필요하다고 인정되는 경우에는 개시결정과 함께 또는 그 후에 제3자 관리인이나[24] 공동관리인[25]을 선임할 수 있다 (공동관리인선임결정, 통지, 공고의 양식은 [별지 234]·[별지 235]·[별지 236] 참조).

나. 채무자의 행위에 대한 감독

개인 채무자에 대하여 관리인을 선임하지 않는 것을 원칙으로 할 경우 채무자의 행위를 어떻게 감독할 것인지가 문제된다.

법 제61조는 관리인이 재산의 처분, 재산의 양수, 자금의 차입 등 행위를 함에 있어서는 법원의 허가를 받아야 하는 것으로 정할 수 있도록 하고 있고, 법 제131조는 관리인이 회생채권의 변제를 함에 있어서는 법원의 허가를 받도록 하고 있다. 따라서 법원은 개인의 경우에도 개시결정과 동시에 법원의 허가를 받아야 하는 행위를 결정하여 고지하고 있다.[26] 다만 실무상 재판부가 상세한 부분까지 허가사항으로 하여 관리하기에는 업무상 어려운 점이 있는 점을 고려하여, 회사에 대한 회생절차와 마찬가지로 허가사항의 상당 부분을 관리위원에게 위임하고 있다. 다만 그러한 경우에도 제3자의 영업의 양수, 회생담보권 및 회생채권의 변제, 소의 취하, 쌍방미이행 쌍무계약의 해제 또는 해지 등 중요사항에 대하여는 재판부의 허가사항으로 정할 필요가 있다.

다. 법 제64조의 해석

법 제64조 제1항은 채무자가 회생절차개시 이후 채무자의 재산에 관하여 법률행위를 한 때에는 회생절차와의 관계에 있어서 그 효력을 주장하지 못한다고 규정하고 있다. 이에 대한 해석을 개인의 경우 어떻게 할 것인지가 문제된다.

현실적으로 개인의 경우 채무자로서의 행위와 관리인으로서의 행위를 구분

---

24) 서울회생법원은 2014회단100011 사건에서, 개시결정 후 채무자가 법원의 허가 없이 소송행위를 하는 등으로 법원의 허가위임사항을 수회 위반하여, 채무자에 대한 감독과 소송수행 편의 등을 위하여 변호사를 제3자 관리인으로 선임하였고, 2019회단100167 사건에서, 채무자가 장기간 해외체류 중이고, 부인청구 등으로 회생절차의 장기화가 예상되는 점 등을 고려하여 채무자가 추천한 채무자의 직원을 제3자 관리인으로 선임하였다.

25) 서울회생법원은 2012회단234 사건에서, 회생계획인가 후 부동산매각절차가 지연되고 있는 상황에서 채무자의 신청에 따라 채무자를 도울 수 있는 사람을 공동관리인으로 선임하여 변경회생계획 인가 후 회생절차를 종결하였다.

26) 서울회생법원은 채무자의 지출행위 중 급여소득자의 경우 300만 원, 영업소득자의 경우 법인회생 준칙에서 정한 금액, 소액영업소득자(간이회생 사건)의 경우 300만 원을 기준으로 하여 사업의 규모 및 내용, 월급여액 또는 사업소득액, 자산 및 채무, 허가 신청의 빈도 등을 고려하여 적절히 가감한 금액 이상의 지출행위에 대하여는 법원의 허가를 받도록 정하고 있다(서울회생법원 실무준칙 제291호 '일반회생 사건의 처리' 제4조).

하는 것은 불가능하므로, 특별한 사정이 없는 한 법률관계를 명확하게 하기 위하여 개시결정 후에 채무자가 채무자의 재산에 관하여 한 행위는 관리인으로서 한 행위로 보는 것이 타당하다.[27]

4. 등기·등록의 촉탁[28]

가. 보전처분이나 회생절차개시의 결정이 있는 경우

개인 채무자에 대하여 보전처분이 있는 경우와 회생절차개시결정 또는 간이회생절차개시결정이 있는 경우, 그 채무자의 재산에 속하는 권리 중에 등기 또는 등록된 것이 있는 때에는 법원사무관 등은 직권으로 지체 없이 결정서의 등본 또는 초본을 첨부하여 회생절차개시 또는 간이회생절차개시의 등기 또는 그 보전처분의 등기를 촉탁하여야 한다(법 제24조 제1항, 제27)(등기촉탁서의 기재례는 [별지 47] 참조). 위 보전처분이 변경 또는 취소되거나 효력을 상실한 경우(법 제24조 제1항 단서), 회생절차개시결정 또는 간이회생절차개시결정의 취소결정이 확정된 경우에도 같다(법 제24조 제5항, 제23조 제1항 제2호, 제293조의3 제1항).

나. 인가결정 등이 있는 경우

개인 채무자에 대하여 회생절차폐지·간이회생절차폐지의 결정, 회생계획불인가의 결정이 확정된 경우 및 회생계획인가의 결정 또는 회생절차종결·간이회생절차종결의 결정이 있는 경우,[29] 그 채무자의 재산에 속하는 권리 중에 등기 또는 등록된 것이 있는 때에는 법원사무관 등은 직권으로 지체 없이 결정서의 등본 또는 초본을 첨부하여 등기를 촉탁하여야 한다(법 제24조 제5항, 제23조 제1항 제2호·제3호, 제293조의3 제1항)(등기촉탁서의 기재례는 [별지 176]·[별지 198]·[별지 220] 참조).

다. 등기된 권리의 득실이나 변경이 생긴 경우

개인 채무자에 대하여 회생계획의 수행이나 회생절차가 종료되기 전에 등

---

27) 대법원은 2013. 3. 28. 선고 2010다63836 판결에서 의사인 채무자에 대하여 회생절차가 개시된 후 발생하는 요양급여비용 등 채권은 채무자가 아닌 관리인의 지위에 기한 행위로 인하여 발생하는 것이라고 판시하였다.

28) 자세한 내용은 '제2장 제4절 3.' 참조

29) 회생계획은 인가결정이 있은 때로부터 효력이 생기고(법 제246조), 회생절차종결결정에 대하여는 즉시항고를 할 수 없으므로, 회생계획인가 또는 회생절차종결의 결정이 있는 경우 그 확정을 기다릴 필요 없이 지체 없이 등기·등록을 촉탁하여야 한다.

기된 권리의 득실이나 변경이 생긴 경우에는 직권으로 지체 없이 그 등기를 촉탁하여야 하는데(별 제24조), 이 경우 등기촉탁의 주체는 법원사무관 등이 아니라 '법원'인 점에 유의하여야 한다.

5. 회생채권 등의 확정

관리인이 작성하여 제출한 회생채권자·회생담보권자 등의 목록에 기재되어 있거나 회생채권자 등이 신고한 채권에 대하여 회생채권 등을 확정하기 위해 채권조사절차가 실시되는데, 법은 ① 목록에 기재되어 있거나 신고기간 이내에 신고된 회생채권·회생담보권에 대하여는 조사기일을 따로 열지 않고 조사기간 안에 관리인 또는 이해관계인이 서면으로 이의를 제기하는 방식으로 조사를 하도록 하고(별 제161조), ② 신고기간이 경과한 뒤에 추후 보완신고된 회생채권·회생담보권에 대하여는 특별조사기일을 열어 관리인 또는 이해관계인이 그 기일에서 이의를 제기하는 방식으로 조사를 하도록 하고 있다(별 제162조).

관리인이 회생채권 등에 관하여 이의를 하는 경우에는 시부인표를 작성하여 조사기간 말일까지 법원에 제출하는 방식으로 하여야 하고(규칙 제63조 제1항), 추후 보완신고된 회생채권 등에 관하여도 그 신고내용을 시부인표에 추가 기재하는 방식으로 작성하여 이를 법원에 제출하여야 한다(규칙 제63조 제2항). 조사기간 이내에 또는 특별조사기일에서 회생채권 등에 관하여 이의가 있는 때에 법원은 권리자가 이를 다툴 수 있도록 지체 없이 통지하여야 한다(별 제169조).

조사기간 안에 또는 특별조사기일에서 관리인 또는 다른 회생채권자 등으로부터 이의가 제기되지 않은 경우(이의가 제기되었으나 후에 철회된 경우를 포함한다)에는 회생채권 등이 확정된다(별 제166조). 이때 조사의 결과를 기재한 회생채권자 등 표는 확정판결과 같은 효력이 있는데(별 제168조), 그 의미에 관하여는 견해의 대립이 있으나 회생절차 내에서의 불가쟁력이라고 해석하는 것이 다수설 및 판례[30]이다.

그러나 이와는 반대로 조사기간 안에 또는 특별조사기일에서 관리인 또는 다른 회생채권자, 회생담보권자 등으로부터 이의가 제기된 경우에는 그 회생채권 등을 보유한 권리자는 권리의 확정을 위하여 이의자 전원을 상대방으로 하여 조사기간의 말일 또는 특별조사기일부터 1월 이내에 법원에 채권조사확정재판을

---

30) 대법원 2004. 8. 20. 선고 2004다3512, 3529 판결, 대법원 2003. 5. 30. 선고 2003다18685, 대법원 1991. 12. 10. 선고 91다4096 판결 등 참조.

신청하여야 한다(별제170조·제2항). 채권조사확정재판은 결정에 의한 간이·신속한 채권·담보권의 확정절차이고, 채권조사확정재판에 대하여 불복이 있는 경우에는 결정서 송달일로부터 1월 이내에 이의의 소를 제기하여 정식으로 변론을 거쳐 재판을 받을 수 있다(별제171조). 다만 회생절차개시 당시에 이미 이의 있는 회생채권 등에 관하여 소송이 제기되어 있으면 이의채권의 보유자는 이의자 전원을 그 소송의 상대방으로 하여 조사기간의 말일 또는 특별조사기일부터 1월 이내에 중단된 종전 소송을 수계하고 이 소송의 속행에 의하여 권리를 확정한다(별제172조).

이와 같이 이의가 있는 회생채권 등에 관하여는 원칙적으로 이의채권의 보유자가 채권조사확정재판을 신청하거나 이미 제기되어 있는 종전 소송을 수계하여 권리를 확정하는 것이 원칙이나, 법은 집행력 있는 집행권원 또는 종국판결이 있는 회생채권 등의 경우 강제집행에 착수할 수 있는 지위에 있거나 권리의 존재에 관하여 고도의 추정력이 있는 재판을 받은 것이라는 점을 존중하여 이의채권의 보유자가 아닌 이의자가 채무자가 할 수 있는 소송절차에 의하여만 이의를 주장할 수 있도록 하고 있다(별제174조). 구체적으로는 집행력 있는 집행권원에 대하여 이의자는 신고하거나 목록에 기재된 채권자를 상대로 재심의 소 또는 청구이의의 소 등을 제기하고, 미확정 종국판결의 경우에는 상소로써 이의를 주장하여야 한다.

6. 경제성 판단의 필요성

가. 경제성 판단의 의미

경제성 판단이란 채무자의 사업을 계속할 때의 가치(계속기업가치)와 채무자의 사업을 청산할 때의 가치(청산가치)를 비교하는 것이다. 경제성 판단이 중요한 것은 계속기업가치가 청산가치보다 낮은 경우에는 조속히 시장에서 퇴출하는 것이 사회적 자본분배의 효율성 측면에 있어서 유익하고, 반대로 계속기업가치가 청산가치보다 높은 경우에는 회생절차를 통하여 채무자의 사업을 재건하는 것이 사업을 청산하는 경우보다 이해관계인은 물론이고 사회적으로도 이득이 되기 때문이다. 회생절차에서 경제성 판단은 인가 전 회생절차폐지(별제286조) 등의 기준이 된다.

나. 개인 채무자에 대한 경제성 판단

개인의 경우에는 사업을 하는 영업자와 비영업자(급여소득자 등)로 구분이 되는데, 비영업자의 경우에는 영위하는 '사업'이 없으므로 경제성 판단의 대상이 될 수 있는지 문제된다. 그러나 비영업자의 경우에도 회생기간[31]동안 채권자들에게 변제재원으로 제공할 수 있는 금원의 합계액에 해당하는 가치가 청산가치보다 낮다면 회생절차를 더 이상 진행하지 않고 폐지하는 것이 이해관계인 등에게 이익이 된다는 점에 있어서는 영업자의 경우와 다르지 않다. 따라서 서울회생법원은 실무상 비영업자의 경우에도 경제성 판단을 하는 것을 원칙으로 하고 있다.[32]

7. 관리인 보고를 위한 관계인집회 또는 그 대체절차

관리인보고를 위한 관계인집회는 법원이 필요하다고 인정하는 경우 관리인이 이해관계인에게 회생절차의 개시에 이르게 된 사정, 채무자의 업무 및 재산에 관한 사항, 그 밖에 채무자의 회생에 관하여 필요한 사항 등에 관하여 보고하고, 이에 대하여 이해관계인의 의견을 듣는 집회이다(법 제98조 제1항, 제99조).

관리인 보고를 위한 관계인집회 소집의 필요성이 인정되지 않을 경우 법원은 관리인에 대하여 그 대체절차로서 ① 이해관계인에게 법 제92조 제1항 각호에 정한 사항 요지의 통지, ② 위 사항에 관하여 설명하기 위한 관계인설명회의 개최, ③ 그 밖에 법원이 필요하다고 인정하는 적절한 조치 중 하나 이상의 조치를 명하여야 한다(법 제98조 제2항).

개인 채무자에 대한 회생절차의 경우 채권·채무관계가 복잡하지 아니하고, 채무자의 자산 및 부채 규모가 그리 크지 아니할 뿐만 아니라 회생채권자들은

---

31) 원칙적으로 최장 10년이고, 이를 초과할 수는 없다(법 제195조 참조).

32) 비영업자의 경우 청산가치가 계속기업가치를 초과한다는 이유로 회생절차가 폐지되는 사례는 그렇게 많지 않다. 다만 법인회생 사건의 대표자 또는 관리인이 신청한 회생절차의 경우 법인에 대한 회생절차가 폐지되면 더 이상 관리인보수를 지급받을 수 없게 되므로 다른 수입이 없는 이상 청산가치가 더 높게 산정되어 회생절차를 폐지할 수밖에 없다. 뿐만 아니라 비정규직 의사나 고령인 채무자 등의 경우에는 원칙적인 회생기간인 10년 동안 계속 수입을 얻을 수 있는지 여부를 취업규칙 등을 통하여 확인할 필요가 있다. 만일 이를 통하여 당해 채무자가 10년 동안 계속하여 수입을 얻을 수 없다고 판단될 경우에는 그 가능한 연도만을 기준으로 채권자들에게 변제재원으로 제공할 수 있는 금원 등의 가치를 산정하여 이를 청산가치와 비교하여야 할 것이다.

채권회수율 이외의 회생절차 자체에 대하여 별다른 의견이 없는 경우가 대부분이므로 관리인 보고를 위한 관계인집회의 소집 필요성은 그다지 크지 않다. 이러한 점을 고려하여 실무상 개인 채무자에 대한 회생절차에서는 원칙적으로 회생절차개시결정과 동시에 주요사항 요지의 통지명령[33]을 하고 있고, 예외적으로 관리인이 이해관계인에게 직접 설명할 필요가 있다고 판단되는 경우에는 관계인설명회 개최명령을 하고 있다.

8. 회생계획안의 작성 및 제출

가. 회생계획안의 제출기간

법원은 회생절차개시결정과 동시에 회생계획안 제출기간을 정하여야 한다 (별.제50조.제1항.제4호). 이 경우 제출기간은 조사기간의 말일부터 2개월 이내여야 하고, 법원은 이해관계인의 신청에 의하거나 직권으로 제출기간을 1개월 이내에서 연장할 수 있다(별.제50조 제1항.제4호·제3항).

한편, 채무자 부채의 2분의 1 이상에 해당하는 채권자 또는 이러한 채권자의 동의를 얻은 채무자는 회생절차개시 신청이 있은 때부터 회생절차개시 전까지 사전계획안을 제출할 수 있다(법 제223조.제1항).

나. 회생계획안의 작성

1) 회생계획안에 반드시 기재되어야 할 사항

관리인은 법원이 정한 기간 안에 회생계획안을 작성하여 법원에 제출하여야 한다(별.제220조.제1항). 관리인은 회생계획안의 기재사항 중 그 기재가 없으면 회생계획안이 부적법하게 되는 사항을 누락하지 않도록 주의해야 한다. 이에 해당하는 것으로 ① 회생채권자·회생담보권자의 권리의 전부 또는 일부의 변경에 관한 사항, ② 공익채권의 변제에 관한 사항, ③ 채무의 변제자금의 조달방법에 관한 사항, ④ 회생계획에서 예상된 액을 넘는 수익금의 용도에 관한 사항, ⑤ 알고 있는 개시 후 기타채권이 있는 경우에는 그 내용이다(별.제193조.제1항).[34] 또한 ① 미확정 회생채권, 회생담보권에 관한 조항(별.제197조), ② 분쟁이 해결되지 아니한 권리에 관한 조항(별.제201조), ③ 변제한 회생채권에 관한 조항(별.제198조) 등에 해당 사항이 있는 경

---

33) 그 시기는 통상 조사위원의 조사보고서 제출기한으로부터 1주 내지 2주 정도 후로 정한다.
34) 회생계획안의 작성에 관한 자세한 내용은 '제13장' 참조.

우 이를 회생계획에 기재하여야 한다.

2) 변제기간

회생절차의 경우 회생계획에 의하여 채무를 부담하거나 채무의 기한을 유예하는 경우 그 채무의 기한은 10년을 넘지 못하도록 되어 있다(법제195조).

개인 채무자의 경우 단기간에 채무 전부를 변제할 수 있는 회생계획안이나 권리변경에 대하여 채권자들 다수로부터 동의를 얻을 수 있는 회생계획안을 제외하고는 일반적으로 10년을 기준으로 회생계획안을 작성한다. 다만 채무자가 고령이어서 10년을 기준으로 회생계획안을 작성할 수 없는 경우 등이 있는데, 이러한 경우 법원은 관리인으로 하여금 채무자의 연령, 수입활동의 지속의사, 경제활동연령, 노동기대여명, 근로자 또는 전문직 종사자로서의 정년, 동종업종에서의 비교 정년 등을 토대로 합리적이라고 인정되는 기간을 정하여 회생계획안을 작성하도록 하여야 할 것이다. 이를 위하여 법원은 채무자 심문 과정에서 채무자의 수입활동 가능기간, 수입활동 지속의사 등을 확인하고, 회생절차개시결정과 동시에 조사위원을 선임하면서 조사위원으로 하여금 객관적인 수입활동 가능기간을 조사하도록 한 후 그 기간 동안에 한정하여 채무자의 경제성 판단을 하도록 명하는 것을 고려할 수 있을 것이다.[35] 또한 서울회생법원은 간이회생절차 대상인 개인 채무자의 경우 법인과 마찬가지로 변제기간 5년을 기준으로 회생계획안을 작성하는 것을 원칙으로 하고 있다.[36]

3) 변제할 금액

변제할 금액에 대하여는 채무자의 장래 자금수지를 예측하여 현금흐름을 산정하고 이를 기준으로 적절한 변제금액을 산정하는 것이 원칙이다. 그러나 개인의 경우에는 비용에 있어서 개인의 생계비와 사업비용의 구분이 어려우므로 개인회생절차에서와 마찬가지로 영업소득자의 경우 영업소득에서 제세공과금 등을 공제한 순수입에서 생계비를 제외한 금액을, 급여소득자의 경우에는 급여에서

---

[35] 서울회생법원 2017간회단100092 사건에서, 조사위원은 회생절차개시 당시 79세의 의사인 채무자의 계속기업가치와 관련하여, 의사의 가동연한 및 80대 이상 의사의 비율, 평균 기대수명 및 채무자 개인의 상황 등을 고려하여 향후 5년간 의사로서 영업을 계속하는 것을 가정한 조사보고서를 제출하였고, 채무자도 5년을 변제기간으로 한 회생계획안을 제출하였다. 서울회생법원 2020회단100054 사건에서는 60세의 성형외과 의사인 채무자가 7년을 변제기간으로 한 회생계획안을 제출하였다. 또한 서울회생법원 2021회단100067 사건에서, 채무자가 근무하는 직장의 정년을 고려하여 채무자가 정년까지 재직할 수 있는 기간 동안만 급여소득이 발생하는 것을 전제로 조사보고서가 작성되었고, 채무자도 위 조사보고서를 바탕으로 정년까지 남은 기간인 7년을 변제기간으로 한 회생계획안을 제출하였다.

[36] 자세한 내용은 '제20장 제3절 3. 바. 2) 나)' 참조.

제세공과금 등을 공제한 순수입에서 생계비를 제외한 금액을 일응 변제금액의 기준으로 하게 되는데, 결국에는 채권자들과의 협상을 통해서 결정될 것이다.[37)]

다만 회생계획이 인가되려면 회생계획에 의한 변제금액이 청산가치 이상이 되어야 하므로, 개인의 경우 인가요건 중 청산가치 보장의 원칙을 어떻게 해석할 것인가의 문제가 있다.

비록 법 제243조 제1항 제4호의 인가요건에는 청산가치를 채무자의 '사업'을 청산할 때 각 채권자에게 변제하는 것이라고 규정하고 있지만 실제 청산가치의 산정은 사업의 파산적 청산을 통하여 사업을 해체·소멸시키고 사업을 구성하는 개별 자산을 분리하여 개별 매각하는 것을 전제로 산정되는 것이므로, 결국 채무자의 자산을 평가한 가치가 청산가치가 될 수밖에 없다. 따라서 채무자가 영업자이든 비영업자이든 상관없이 청산가치는 대부분의 경우 채무자의 소유 재산을 매각할 경우의 가치로 평가될 것이다.

9. 회생계획의 인부결정

가. 관계인집회 또는 서면결의에 의한 가결

채무자에 의하여 제출된 회생계획안은 관계인집회의 심리·결의를 거치거나 서면결의에 의하여 가결되어야 한다. 다만 서면결의에 부치는 때에는 회생계획안 심리·결의를 위한 관계인집회를 소집하지 아니한다. 후자의 경우 관계인집회를 소집하는 것보다 서면에 의한 결의절차가 채권자들로부터 동의를 얻기에 유리하다고 판단될 경우에 할 수 있는 절차이나, 서면결의를 통하여 바로 가결되지 않는 경우에는 다시 속행집회를 열어야 하기 때문에 처음부터 관계인집회의 개최방식을 택하였을 때보다 절차가 복잡하고 지연되는 문제가 있다. 이와 같은 점을 고려하여 서울회생법원의 경우 실무상 서면결의의 방법은 거의 이용하지 않고 있다.

관계인집회의 결의는 조별로 행하되, 조의 분류는 법원이 정하고, 개인 채

---

37) 실무상 개인 채무자에 대한 회생절차에서 생계비는 국민기초생활보장법 제20조 제2항에 의한 기준 중위소득의 60%를 기준으로 하여 산정하고 있다. 회생계획안에서 공제하는 생계비의 문제는 결국 회생절차 내에서 채권자들과 협상할 문제이나, 회생절차의 수행기간이 통상 10년으로 비교적 장기간인 점, 채권자들의 동의를 받아야 회생계획이 인가되는 점 등을 고려하면 개인회생절차와 달리 다소 넉넉하게 인정하는 것도 가능할 것이다. 한편 채권자들과의 협의를 통한 회생계획안 수정 과정에서 변제율을 높이기 위해 생계비를 과도하게 감축하는 사례가 있는데, 이 경우 추가 소득원(가족들로부터의 생계비 지원, 차입 등)을 확인하여 회생계획안의 수행가능성을 판단하여야 한다.

무자의 경우 일반적으로 회생담보권자의 조, 회생채권자의 조로 분류하고 있다. 이때 회생담보권자의 조에 있어서는 의결권총액의 4분의 3 이상에 해당하는 의결권을 가진 자의 동의를, 회생채권자의 조에 있어서는 의결권 총액의 3분의 2 이상에 해당하는 의결권을 가진 자의 동의를 각 필요로 한다(법 제237조). 한편 간이회생절차에서는 회생담보권자의 조의 가결 요건은 회생절차와 동일하나, 회생채권자의 조의 가결 요건을 완화하여 ① 의결권 총액의 3분의 2 이상에 해당하는 의결권을 가진 자의 동의가 있는 경우 뿐만 아니라 ② 의결권 총액의 2분의 1을 초과하는 의결권을 가진 자의 동의 및 의결권자 과반수의 동의가 있는 경우에도 가결되는 것으로 정하고 있다(법 제293조의8).

실무상 회생계획안이 한 번 부결된 경우에도 채권자들이 결의를 위한 관계인집회의 속행에 동의하는 때에는 결의를 위한 관계인집회를 한번 더 속행하는 경우가 많다(법 제238조). 또한 간혹 채권자들로부터 동의를 받기 어렵다는 이유로 회생계획안 제출기간의 연장을 요구하는 경우도 있으나, 이는 회생계획안 제출기간을 연장할 합리적인 사유에 해당되지 아니할 뿐만 아니라, 일단 회생계획안을 제출한 후 채권자들의 요구를 일부 반영하여 관계인집회기일 이전에 그 수정안을 제출할 수도 있으므로, 이러한 경우 법원은 가급적 회생계획안 제출기간을 연장하지 않는 것이 바람직하다.

나. 부동의한 조가 있는 경우

회생계획안에 대하여 관계인집회 또는 서면결의에서 법정의 액 또는 수 이상의 의결권을 가진 자의 동의를 얻지 못한 조가 있는 경우에도 법원은 회생계획안을 변경하여 그 조의 회생채권자·회생담보권자를 위하여 그 권리를 보호하는 조항을 정하고 인가결정(이른바 '강제인가')을 할 수 있다(법 제244조). 다만 강제인가를 하기 위해서는 분류한 조가 2개 이상이어야 하고, 그 중 적어도 1개 이상의 조에서 가결요건을 충족하여야 한다.[38] 따라서 모든 조에서 회생계획안이 부결된 경우에는 회생절차를 폐지할 수밖에 없다.

10. 회생절차의 수행 및 종결

회생계획인가의 결정이 있는 때에는 관리인은 지체 없이 회생계획을 수행

---

38) 강제인가에 대한 자세한 내용은 '제15장 제3절' 참조.

하여야 한다(별 제257조). 개인회생절차에서 회생위원에게 매달 임치되는 금원이 채권자에게 자동이체되는 것과 달리 회생사건에서는 1년 단위로 변제가 이루어지기 때문에 법원과 관리위원회는 개시결정 당시에 신고한 채무자의 계좌에 채무자가 매달 변제금원을 적립하고 있는지 여부를 월간보고서 등을 통하여 확인하는 방식으로 개인 채무자의 회생계획 수행을 감독하고 있다.[39]

법원은 회생계획에 따른 변제가 시작되어 회생계획의 수행에 지장이 있다고 인정되는 경우가 아니면 회생절차를 종결한다(별 제283조1항). 개인의 경우 영업자와 비영업자를 불문하고 법원에서 영업에 관하여 관리 감독할 필요성이 크지 않고, 관리 감독이 실효성을 거두기도 어려운 점에 비추어, 회생절차도 회생계획에 따른 변제가 개시되면 조기에 종결하는 것이 타당하다. 다만 회생계획의 이행 여부가 불확실하거나 부인권 소송의 계속으로 종결에 장애가 있는 경우 등은 그러하지 아니하다.

11. 회생절차의 폐지 및 파산절차 등으로의 이행

회생절차의 폐지란 회생절차개시 후 당해 회생절차가 그 목적을 달성하지 못한 채 법원이 그 절차를 중도에 종료시키는 것을 말한다. 이는 크게 ① 회생계획인가 전의 폐지와, ② 회생계획인가 후의 폐지로 나누어 볼 수 있다. 회생계획인가 전의 폐지 사유는 청산가치가 계속기업가치를 초과함이 명백한 경우, 회생계획안이 정해진 기간 내에 제출되지 않거나 관계인집회에 부칠 만한 것이 아닌 경우, 회생계획안이 일정 시기까지 가결되지 않은 경우 등이 있고(별 제286조), 회생계획인가 후의 폐지 사유는 회생계획인가 후에 회생계획을 수행할 가망이 없음이 명백한 경우이다(별 제288조1항).

회생절차개시 전에 파산선고를 받지 아니한 개인 채무자에 대하여 회생계획인가가 있은 후 회생절차폐지 또는 간이회생절차폐지의 결정이 확정된 경우 법원은 그 채무자에게 파산의 원인이 되는 사실이 있다고 인정하는 경우에는 직

---

39) 개인 채무자의 경우 회생계획과는 달리 채권자들에 대한 변제가 제대로 이루어지지 않는 경우가 종종 발생한다. 특히 보유 부동산이나 차량 등의 처분이 매각예정연도 내에 제대로 이루어지지 않거나 매각예정연도 내에 처분이 가능하더라도 회생계획에서 예정한 금액보다 현저하게 낮은 금액으로 이를 처분하겠다는 내용의 허가신청을 하는 경우가 적지 않다. 법원은 이러한 경우 위 매각 등을 통하여 채권자들에 대한 변제계획의 수행이 가능한지 여부, 향후 자산의 시세가 상승할 가능성이 있는지 여부 등을 재차 확인하는 등 관리감독에 보다 주의를 기울여야 한다.

권으로 파산을 선고하여야 한다(별_{제1항}6조). 또한 법원은 파산선고를 받지 아니한 개인 채무자에 대한 회생절차개시신청 또는 간이회생절차개시신청의 기각결정, 회생계획인가 전 회생절차폐지결정 또는 간이회생절차폐지결정(회생절차로 속행된 경우에는 제외), 회생계획불인가결정이 확정된 경우 그 채무자에게 파산의 원인이 되는 사실이 있다고 인정하는 때에는 채무자 또는 관리인의 신청에 의하거나 직권으로 파산을 선고할 수 있다(별_{제2항}6조). 한편, 회생절차개시 전에 개인 채무자에 관하여 파산이 선고되어 있는 경우 회생절차개시신청 또는 간이회생절차개시신청의 기각결정, 회생계획인가 전 회생절차폐지결정 또는 간이회생절차폐지결정(회생절차로 속행된 경우는 제외) 및 회생계획불인가결정이 확정된 때에는 기존에 중지되었던 파산절차가 실효되지 않고 속행되게 된다(별_{제1항}7조).

한편 회생절차폐지 후 파산절차로 이행된 경우에 개인 채무자의 면책신청이 별도로 필요한지 여부가 문제될 수 있으나, 채무자가 회생절차개시 신청을 한 경우에는 회생절차개시의 신청을 파산의 신청으로 보는 이상(별_{제4항}6조) 채무자의 반대 의사표시가 없다면 간주면책제도에 의하여 면책신청도 함께 있는 것으로 봄이 타당하다.

제22장

국 제 도 산

제1절 일 반 론

1. 국제도산의 의의

국제도산이라 함은 도산재단 또는 채권자·채무자의 관계에서 국제적 요소를 포함하는 도산사건을 의미한다.[1] 해상운송회사, 항공회사의 도산은 필연적으로 국제도산의 성격을 갖는다. 또한 금융산업의 발전은 해외 채권자를 양산하여 대기업뿐 아니라 중소기업의 도산 역시 국제도산에 해당할 수 있다. 외국인 노동자의 급증과 외국으로의 이민 역시 개인도산사건의 국제화에 영향을 줄 수 있다. 국제도산 사건에서는 기존의 도산법제로 해결하기 어려운 복잡한 국제적인 법률문제가 생긴다.

구 파산법, 구 회사정리법, 구 화의법은 모두 극단적인 속지주의의 입장에서 있었으므로 국내에서 개시된 도산절차의 대외적 효력이나 외국에서 개시된 도산절차의 대내적 효력을 인정하지 않았으나, 현행법은 속지주의를 폐지하여 수정된 보편주의로 전환함으로써 외국도산절차의 대표자[2]의 당사자적격이나 국내 관리인, 파산관재인의 외국 소재 재산에 대한 관리처분권을 둘러싸고 발생할 법률상의 문제에 대비하고 있다.[3]

---

1) 여기서 '도산'이라 함은, 협의의 청산형 도산절차인 파산절차와 재건형 도산절차인 회생절차를 포괄하는 용어인데, 이하에서는 청산형 도산절차를 '청산절차'라고, 재건형 도산절차를 '재건절차'라고 한다.

2) '외국도산절차의 대표자'는 외국법원에 의하여 외국도산절차의 관리자 또는 대표자로 인정된 자로서(법 제628조 제5호), 파산절차상의 파산관재인, 회생절차상의 관리인 등을 포함하여 채무자를 대신하여 채무자의 재산에 대한 관리처분권을 갖는 자를 의미한다. 이하 이에 대응하는 용어로 '국내도산절차의 대표자'를 사용한다.

3) 다만, 구법 하에서의 판례 역시 "파산법 제3조 제2항은 외국에서 선고한 파산은 한국 내에 있는 재산에 대하여는 그 효력이 없다고 규정하고 있는바, 이는 외국에서 선고된 파산은 한국 내에 있는 재산에 대하여 파산선고의 본래적 효력인 포괄집행적 효력이 미치지 않는다는 것을 선언함에 그치고, 나아가 외국에서 파산선고가 내려진 사실 또는 그에 따라 파산관재인이 선임되었다는 사실 자체를 무시한다거나, 그 선고의 결과 파산선고를 한 해당 국가에서 선임된 파산관재인이 그 국가의 법률에 따라 한국 내에 있는 파산자의 재산에 대한 관리처분권을 취득하는 것까지 부정하는 것은 아니다."라고 하여, 외국 청산절차에 의하여 선임된 파산관재인이 국내 소재한 재산에 대하여 관리처분권을 가짐을 긍정하였다(대법원 2003. 4. 25. 선고 2000다64359 판결).

2. 보편주의와 속지주의

국제도산에서 동일 채무자에 대하여 여러 국가에서의 개별적인 도산절차개시가 가능한 것이냐 하는 관점에서, 어느 한 국가의 법원에서 개시된 도산절차가 여러 국가에 있는 영업활동, 재산 등을 일괄 처리하여야 한다는 입장을 '단일도산주의'라고 하고, 여러 국가에서 각각의 절차가 진행되어도 무방하다는 입장을 '복수도산주의'라고 한다.

이와 달리 한 국가에서 개시된 도산절차의 효력이 미치는 범위의 관점에서, 보편주의와 속지주의라는 두 가지 접근방법이 있다. 속지주의적 접근방법은 채무자의 재산소재지 또는 도산관할을 갖는 모든 국가에서 도산절차가 개시될 수 있되 타국의 도산절차의 효력은 자국에 영향을 미치지 않도록 하는 것으로, 각국의 국내채권자들로 하여금 외국법에 따라 외국법원에 그들의 채권에 대한 소송을 제기하는 불편과 손해를 피하기 위한 것이다. 보편주의적 접근방법은 여러 국가에 소재하는 채무자의 모든 재산을 채무자의 경제적 이해관계의 중심지, 영업소재지, 본사소재지, 등기된 주사무소 소재지 등이 있는 국가(home country, 이하 '주도국'이라 한다)에서 하나의 도산절차에 의해 관리하고 그 절차에서 이루어진 명령과 처분은 세계 어디서나 효력을 인정하자는 것이다. 주도국 법원은 채무자의 국내외 재산에 대하여 관할권을 갖게 되고 법원이 선임한 관리인 역시 채무자의 재산에 대한 관리처분권을 보유하게 되어 재산소재지국의 법원에 대하여 공조를 요청할 수 있게 된다. 뿐만 아니라 주도국 법원은 채권자간의 우선순위, 채무자에 대한 재건 또는 청산의 결정, 부인권 등에 대하여 주도국의 법을 적용한다.

단일도산주의를 취하면 보편주의로 흐를 수밖에 없고, 속지주의가 복수도산주의로 귀결되는 것은 당연하나, 반대로 보편주의를 취한다고 하여 반드시 단일도산주의로 연결되는 것은 아니고, 복수도산주의의 입장을 취한다고 하여 반드시 속지주의로 귀결되는 것은 아니다. 이는 아래 그림에서 보는 바와 같이 복수도산주의와 보편주의가 공존하는 영역(ⓐ)에 해당한다.

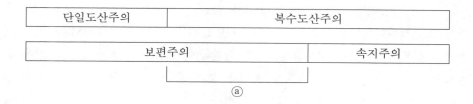

이 영역에서는 관련된 개별국가들이 개별적으로 도산절차를 진행하는 것을
허용하면서도 다른 국가의 도산절차의 초국경적 효력을 인정하게 된다. 이 영역
이 오늘날 국제도산절차에서 추구하는 대세적 흐름의 모습이라고 할 수 있다.[4]

3. 주절차와 종절차

국제연합 국제상거래법위원회(United Nations Commission on International
Trade Law, 이하 'UNCITRAL'이라 한다)가 1997년 성안한 국제도산에 관한 모델법
(Model Law on Cross-Border Insolvency, 이하 '모델법'이라 한다) 제2조의 정의조항
에는 외국 주절차를 '채무자가 그의 주된 이익의 중심지(Centre Of Main Interests,
이하 'COMI'라 한다)를 두고 있는 국가에서 진행되고 있는 도산절차'로, 외국 종
절차를 '채무자가 영업소를 두고 있는 국가에서 진행되고 있는 외국 주절차 이
외의 외국도산절차'로 각 규정하고 있다. 모델법은 종절차에 대하여도 청산절차
와 재건절차를 구별하지 않고 모두 대외적 효력을 인정한다.

미국은 모델법을 수용하여 연방파산법(Title 11 U.S.C., U.S. Bankruptcy Code)
에 제15장을 신설하고, 2005. 10. 17.부터 시행하고 있는데, 제15장에서는 외국도
산절차를 외국 주절차(foreign main proceeding)와 외국 종절차(foreign non-main
proceeding)로 나누고 있다. 외국 주절차는 채무자의 COMI가 있는 나라에서 계
속 중인 절차를 말하고, 외국 종절차는 COMI가 아닌 채무자의 장기적 경제행위
장소(establishment)가 있는 나라에서 계속 중인 절차를 말한다($\S\substack{1502 \\ (4) \cdot (5)}$).[5]

---

4) 한편, 병행도산 절차를 인정하고, 주절차에 대하여는 보편주의를, 종절차에 대하여는 속지주의
를 취하는 것도 가능하다. 2015. 5. 20. 전면개정된 유럽연합(European Union)의 '도산절차에 관
한 No 2015/848 규정[Regulation(EU) No 2015/848 of The European Parliament and of The
Council of 20 May 2015 on Insolvency Proceedings(recast), 이하 'EU 도산규정'이라 한다]'은
주절차에 대하여는 대외적 효력을 인정하면서 영업소 소재지를 관할하는 국가의 법원에서 개시
된 종절차에 대하여는 속지적 효력만을 부여한다.

5) 제15장이 신설되기 전 미국 연방파산법 §304에서는 ancillary proceeding(보조절차)라고 하는,
미국 내에서 개시되는 외국채무자에 관한 제한된 도산절차를 규정하고 있었다. 그 절차의 목적

EU 도산규정[6]의 주절차는 COMI가 있는 법원에서 개시된 보편적 효력을 갖는 도산절차이다(제3조 제1항). 속지적 절차(제2차 절차)[7]는 채무자의 COMI가 어느 회원국의 영토 내에 있는 경우라도, 다른 회원국에 영업소가 소재하면 그 다른 회원국의 법원에서 개시되는 속지적 효력을 갖는 도산절차이다(제3조 제2항·제3항). 속지적 절차는 청산절차일 수도 재건절차일 수도 있는데,[8] 그 효력은 원칙적으로 회원국에 소재하는 재산에 대하여만 미친다. 이와 별도로 주절차가 개시되지 않은 경우에 인정되는 독립적인 속지적 절차가 인정된다.

일본의 외국도산처리절차의 승인원조에 관한 법률(이하 '승인원조법'이라 한다)은 외국주절차(外國主手續)를 ① 채무자가 영업자인 경우에는 그 주된 영업소가 있는 나라에서 신청된 외국도산절차, ② 비영업자인 경우 또는 영업소가 없는 경우로서 채무자가 개인인 경우에는 주소지가 있는 나라에서 신청된 외국도산절차, ③ 채무자가 법인 기타 사단 또는 재단인 경우에는 주된 사무소가 있는 나라에서 신청된 외국도산절차라고 정의하고 있다. 외국종절차(外國從手續)는 외국주절차가 아닌 외국도산처리절차이다(승인원조법 제2조).

4. 현행법의 특징

현행법은 구 회사정리법 제4조, 구 파산법 제3조를 삭제함으로써 속지주의를 명시적으로 폐지하고, 국내도산절차의 대외적 효력 및 외국도산절차의 대내적 효력을 인정하였다. 구 파산법 제2조 단서 역시 삭제함으로써 외국인의 도산능력에 관하여 상호주의를 폐지하였다. 그리고 국내도산절차와 외국도산절차 및

은 예양 등에 기초하여 외국에서 개시된 주절차를 원조하기 위한 것으로서 미국 내 재산의 환가, 배당, 소송절차의 중단 등을 인정하는 것이었다. 현재는 제15장이 §304를 대체하였다. 위 15장은 모델법을 비교적 충실히 수용한 입법으로 평가된다(미국 국제도산 법제 및 실무에 관한 보다 자세한 내용은 이혜민, "미국의 국제도산 실무 및 시사점", 국제사법연구 제27권 제2호, 2021, 109-155면 참조).

6) EU 도산규정은 채무자의 COMI가 EU 회원국 영토 내에 있는 경우에는 직접 적용되고, COMI가 EU 회원국 영토 외에 있는 경우에는 개별 회원국의 국제사법이나 국제도산법에 의한다.

7) 주절차가 개시되는 경우에는 속지적 절차(territorial insolvency proceedings)가 제2차 절차(secondary insolvency proceedings)로 전환되는데(EU 도산규정 제3조 제4항), 이하에서는 양자를 구분하지 않고 '속지적 절차'라고 한다.

8) 종전 EU 도산규정이 속지적 절차를 청산절차(winding-up proceedings)로 제한한 것과 달리, 개정 EU 도산규정은 본문 제3조 제3항에서 그 부분을 삭제함으로써 재건절차도 이차적 도산절차가 될 수 있는 가능성을 열어두었고, 결국 주도산절차의 대표자로서는 도산재단을 효율적으로 관리하는 것이 보다 어려워지게 되었다. 이에 관한 더욱 자세한 설명은 김영석, "유럽의회와 유럽연합이사회의 2015년 5월 20일 도산절차에 관한 2015/848(EU) 규정(재구성)에 관한 검토", 국제사법연구 제21권 제2호, 2015, 289면 이하 참조.

복수의 외국도산절차 사이의 조정에 관한 규정을 두고 있다(법 제638조, 제639조). 법의 총칙 부분과 제5편 국제도산에 관한 부분은 일본의 승인원조법과 모델법의 영향을 받아 도산국제사법(준거법의 결정)을 제외한 나머지 점에 관하여 규정하고 있다.

현행법의 제정으로 말미암아 외국도산절차의 대표자는 외국도산절차의 승인을 받은 후 자신이 국제도산관리인이 됨으로써 국내 소재 재산에 대하여 직접 관리처분권을 확보할 수 있게 되었다(법 제636조 제1항 제4호, 제637조 제1항). 입법형식은 승인절차 외에 별도의 지원절차를 마련하고 있다는 점에서 일본의 승인원조법과 같으나,[9] 병행도산의 조정에 관하여 도산절차 대표자 사이의 사법공조 외에 법원 사이의 직접적인 사법공조를 받아들이고, 국내도산절차와 외국도산절차의 조정에 관하여 동시진행을 전제로 주절차를 중심으로 법원에 재량권을 부여하였다는 점에서는 모델법과 같다. 이에 반하여 일본의 승인원조법은 승인절차와 국내도산절차의 양자택일을 하는 입장이다.

현행법은 모델법과 달리 원칙적으로 주절차와 종절차를 구별하지 않고[10] 법 제628조 정의조항에서 외국도산절차, 국내도산절차, 외국도산절차의 승인·지원절차, 외국도산절차의 대표자, 국제도산관리인에 대하여만 정의규정을 두었다. 그러나 병행도산의 조정에서는 주절차를 중심으로 조정하도록 되어 있으므로(법 제639조 제3항), 여전히 양 절차의 구별 실익은 있다.[11] 법은 국제도산의 관할, 도산절차에서 외국인의 지위, 외국도산절차의 대내적 효력(승인 및 지원절차, 외국도산절차의 대표자의 국내도산절차의 신청 및 참가), 국내도산절차의 대외적 효력(파산재단의 범위, 국내도산절차의 대표자의 관리처분권), 병행도산절차의 조정(외국도산절차와 국내도산절차의 조정, 배당의 조정) 등에 관하여 규정하고 있다.

---

9) 이에 반하여 EU 도산규정, 노르딕협약은 외국도산절차의 승인재판이 없는 자동승인제를 채택하여 외국도산절차에 따른 집행금지의 효력이나 외국도산절차 대표자의 관리처분권을 인정하고 있다.

10) 그밖에 모델법과의 차이점으로는, 모델법에서는 외국도산절차의 승인결정과 동시에 채무자 재산에 대한 권리실행이나 채무자의 변제가 금지되나 현행법에서는 중지명령이나 금지명령 등 별도의 결정이 있어야만 그러한 효력이 발생한다는 점, 모델법에서는 외국도산절차의 대표자가 언제든지 국내도산절차를 신청할 수 있으나 현행법에서는 외국도산절차가 승인된 경우에만 국내도산절차를 신청할 수 있다는 점 등을 들 수 있다. 한편 모델법과의 일부 차이에도 불구하고 우리나라는 현행법으로 인해 UNCITRAL에 의해 모델법을 채택한 국가로 공식적으로 인정되고 있다.

11) 우리 도산법제에도 주절차와 종절차에 대한 개념을 정면으로 도입하자는 입법론으로는, 김영석, "국제도산에서 주된 이익의 중심지(COMI)를 둘러싼 제문제", 서울대학교 법학석사 학위논문(2012) 참조.

제2절 국제도산관할

국제도산관할이라 함은 채무자가 복수의 국가에 영업소나 재산 등을 갖고 있는 경우에 어느 국가의 법원이 파산법원[12]으로서 도산절차를 개시할 수 있는 가를 규율하는 것이다.[13]

구 파산법 등에는 국제도산관할에 관한 직접적인 규정이 없었다.[14] 현행법에서는 국제도산관할 중 직접관할에 관한 규정을 두고 있는지에 대해서 제3조에서 직접관할에 관한 규정을 두고 있다는 입장과 제3조는 국내 회생사건의 토지관할을 규정한 것에 불과하다는 입장이 있다. 국제도산관할 중 간접관할에 대해서는 법 제631조 제1항에서 규정하고 있다.

한편 채무자가 국내에 주소, 거소, 영업소, 사무소도 없이 오직 재산만을 갖고 있는 경우에 그 재산에 기하여 채무자에 대하여 청산절차 외에 재건절차도 신청할 수 있는지 여부에 관하여,[15] 법 제3조에서 직접관할에 관하여 정하고 있다는 입장에서는 법은 일본과 달리 파산절차와 회생절차를 구별하지 않고 제3조 제1항 제3호에서 재산소재지에 대하여도 보충적인 직접관할을 인정하고 있고, 위와 같은 경우 그 재산에 기하여 재건절차도 진행할 수 있다고 해석한다.[16] 이러한 재산소재지에 근거한 재건절차의 직접관할 인정은 특히, 외국에서도 재건절차가 개시되고, 국내의 채무자 재산도 그 재건에 필요한 재산이 되어 국내채권자로서도 청산절차보다 다액의 변제를 기대할 수 있는 경우 등에 실익이 있다. 이러한 재산소재에 기한 종절차 관할의 인정은 병행도산절차의 발생가능성을 높인다. 반면에 뒤에서 보는 바와 같이 간접관할과 관련하여서는 재산소재지

---

12) 이 장에서 파산법원이라 함은 미국의 파산법원과 같은 전문법원을 가리키는 것이 아니라 도산절차에 관하여 관할권을 갖고 도산절차를 개시한 법원을 지칭한다.

13) 국제도산관할은, 대외적 효력을 갖는 도산절차를 위한 관할권의 존부에 관한 '직접관할'과 승인적격이 있는 외국도산절차의 관할권의 존부에 관한 '간접관할'로 구분된다.

14) 국제사법 제2조를 국제도산사건에 관한 직접관할의 근거규정이라고 보는 견해도 있는데, 위와 같은 입장에서도 실질적 관련성의 유무를 판단함에 있어서는 '국내법상 관할 규정'으로 기능하는 법 제3조를 주요한 기준으로 들고 있다. 국제거래재판실무편람 집필위원회, "국제거래재판실무편람", 법원행정처, 2015, 127면 참조.

15) 이 경우 외국도산절차의 대표자가 국내재건절차를 신청할 것인지, 아니면 외국도산절차의 승인절차를 취할 것인지는 외국도산절차의 대표자가 양 제도의 유·불리를 형량한 후에 결정할 것이다.

16) 국내재산의 가액이 어느 정도 규모 이상일 필요는 없다. 미국의 실무도 이와 같다. 194불 정도의 은행예금 보유만으로도 관할을 인정한 판례로는 In re McTague, 198 B.R. 428 (Bankr. W.D.N.Y 1996). 일본 민사재생법 제4조 제1항.

가 관할의 근거로 인정되지 않는다는 점에 유의하여야 한다.

제3절 외국인, 외국법인의 도산능력

외국인 및 외국법인의 도산능력에 관하여 상호주의를 따르던 구 파산법 규정에 대하여, 상인이 아닌 외국인에 대하여 국내에서 도산절차를 개시할 수 없게 되는 등 상호주의가 반드시 자국채권자를 보호하는 것이 아니라는 비판이 있었다. 법은 이러한 비판을 수용하여 구 파산법의 파산절차 상호주의를 폐지함으로써 회생절차와 같이 내외국인 완전평등주의로 통일하였다(법제2조).

제4절 국내도산절차의 대외적 효력

1. 의   의

현행법은 국내외의 학설과 법원의 실무 및 다자간 조약이 일치하여 보편주의로 향해 가고 있는 추세에 맞추어 속지주의를 폐지하였다. 먼저 법 제640조에서 국내도산절차의 대표자가 외국법이 허용하는 바에 따라 국내도산절차를 위하여 외국에서 활동할 권한이 있음을 명시하였다. 그 결과 채무자의 국내외 재산이 국내도산절차의 대표자의 관리처분권의 대상이 됨을 분명히 함으로써 국외재산을 재원으로 삼고 있는 외국도산절차에 국내도산절차의 대표자가 참가할 수 있는 터전이 마련되었다.[17]

따라서 채권자가 외국재산에 대하여 외국에서 개별집행을 하는 경우 관리인 등은 국내법의 도산절차의 효력을 주장하여 외국법원에 그 중지를 신청하는 등 절차에 참가할 수 있다. 다만 그 인용 여부는 해당 국가가 어떠한 제도를 채택하고 있는지에 따르게 될 것이다.

---

17) 국내도산절차와 관련하여 관리인·파산관재인·채무자 그 밖에 법원의 허가를 받은 자 등이 외국법원의 절차에 참가하거나 외국법원의 승인 및 지원을 구하는 등 외국에서 활동하는 경우에도 법 제5편(국제도산)의 규정이 적용된다(법 제629조 제1항 제3호).

2. 종절차의 대외적 효력

주절차는 대외적 효력을 인정하는 것이 일반적이나[18] 종절차도 대외적 효력을 인정할 수 있는지에 대하여 입법례에 따라 다르다.[19] 법은 국내에 채무자의 재산이 소재하여 도산절차가 개시되는 경우에도 대외적 효력이 발생하는 것을 전제하고 있다.[20]

이 점은 뒤에서 보는 바와 같이 외국도산절차가 재산소재지만을 근거로 한 경우에 승인대상에서 제외하고 있는 점과는 다르다. 이는 주된 영업소 소재국에서 도산절차가 개시되지 않고 있는 경우라도 주된 영업소 소재국 법원에서 재산소재지국의 도산절차를 승인함으로써 사업의 중단이나 재산의 산일을 방지할 수 있으므로 그러한 조치를 취할 것인지 여부는 당해 주된 영업소 소재국 법에 맡기면 족하다는 입장에 따른 것이다.

3. 재산의 국내 반입, 해외 반출

국내도산절차의 대외적 효력이 인정된다고 하는 것은 채무자 소유의 해외재산에 대하여 원칙적으로 관리처분권이 미친다고 하는 것에 그치는 것이지 더나아가 국내도산절차의 대표자가 자유로이 그 재산을 해외로부터 반입하여 국내도산사건의 배당재원으로 사용할 수 있다는 것은 아니다.[21] 이 점은 외국도산법이 국내도산절차의 대외적 효력을 인정하는지와 국외로 재산을 반출하도록 허용하는지에 달린 것이다(만일 외국의 도산법이 속지주의를 채택하고 있다면 재산반출을

---

18) 법 시행 이후 서울중앙지방법원 2009회합24 (주)삼선로직스 사건의 회생절차개시결정이 호주, 영국, 싱가포르, 미국, 벨기에 법원에서 별도의 절차를 거치지 아니하고 그대로 승인되었다. 그 밖에 (주)온세통신, (주)대우자동차, (주)진로, (주)삼보컴퓨터에 대한 회사정리절차개시결정과 비오이하이디스테크놀로지(주)에 대한 회생절차개시결정이 미국 법원에서, 서울중앙지방법원 2013회합110 에스티엑스팬오션(주) 사건의 회생절차개시결정이 미국, 영국, 일본, 캐나다, 멕시코, 호주, 뉴질랜드, 벨기에, 싱가포르, 필리핀 법원에서 승인되었다. 서울중앙지방법원 2016회합 100211 (주)한진해운 사건의 회생절차개시결정도 미국, 영국, 프랑스, 일본, 캐나다, 호주, 벨기에, 스페인 등의 법원에서 승인결정이 이루어졌다.

19) EU 도산규정(제3조 제2항)은 이를 부정하고 있으나, 모델법과 일본의 승인원조법은 이를 긍정한다.

20) 실제 대외적 효력이 인정되는지는 역시 해당 외국법의 규정에 따라 결정될 것이다.

21) 김영석, "해운회사의 국제도산에 관한 연구", 사법논집 제64집, 2017, 407면 이하에 의하면 해운회사는 그 특성상 주요 자산인 선박이 도산법정지국 이외의 국가에 소재하고 있는 경우가 많고 선박우선특권의 행사로 역외에서 압류되는 경우가 많아서 국외재산이 발생할 가능성이 더욱 많다.

허용하지 않을 가능성이 높다).[22]

한편, 법 제637조 제2항은 국제도산관리인이 국내재산을 국외로 반출하기 위하여는 법원의 허가를 받도록 규정하고 있다.[23] 국내재산을 외국도산절차를 위하여 외국도산절차의 대표자에게 인도를 명하는 경우에도 그 재산의 대부분이 외국조세채권의 징수에 충당된다면 조세채권이 갖는 주권적인 측면을 고려하여 이를 허용하여서는 안 된다는 견해도 있다.[24]

4. 배당의 조정(hotchpot rule)

가. 의   의

법 제642조는 국내도산절차의 대외적 효력을 인정하는 것을 전제로 국내에서 도산절차개시 후에 채권자가 채무자의 국외재산에 대하여 강제집행 또는 병행도산절차 내에서 변제를 받은 경우뿐 아니라 국외재산으로부터 임의변제를 받는 경우에도 다른 채권자와의 균형을 맞추기 위한 규정을 두고 있다. 채권자라 함은 국내채권자뿐 아니라 외국채권자도 포함한다. 이는 영국법에서 처음 인정된 'hotchpot 원칙'을 수용한 것이다.[25]

나. 내   용

어느 채권자가 외국에서 변제를 받고 국내도산절차에 참가하는 경우 다른 채권자와의 평등을 확보하기 위하여 그와 동순위에 있는 다른 채권자가 동일한 비율로 배당받기까지는 외국에서 변제를 받은 채권자는 국내도산절차에서 배당 또는 변제를 받지 못하도록 하는 것이다. 회생절차의 경우 회생계획안을 작성하기 전에 이미 변제를 받았다면 이를 반영한 회생계획안을 작성하게 된다. 외국에서 변제를 받았더라도 일단 채권전액을 기준으로 국내도산절차의 배당에 참가하지만 의결권을 산정함에 있어서는 변제받은 액수를 공제한다(규칙 제107조 제1항).

---

22) 서울중앙지방법원 2016회합100211 (주)한진해운에 관한 국내회생절차에서는 미국 뉴저지 연방파산법원(U.S. Bankruptcy Court for the District of New Jersey)과의 컨퍼런스 콜을 통해 한진해운이 보유한 미국 내 자회사들의 지분매각대금을 성공적으로 송금받았다.

23) 서울회생법원은 2014국지1 강만식, 강만순 사건에서 미국 버지니아 동부 연방파산법원과, 2016국지100001 리만브러더스인터내셔날(유럽) 사건에서 영국고등법원(High Court of Justice, Chancery Division, Companies Court)과 각 수차례에 걸쳐 이메일을 교신하는 방법을 통해 외국도산절차의 채무자들이 보유한 국내재산의 매각대금의 송금을 허가하기도 하였다.

24) 石黑一憲, "国際倒産と租税," ジュリスト 1991. 6. 15.(No. 981), 78면.

25) 미국 연방파산법 §508. 일본 민사재생법 제89조, 파산법 제109조 및 회사갱생법 제137조.

다. 부당이득의 성립 여부

만일 외국도산절차에서 변제받은 액수가 국내도산절차에서 받게 되는 배당액보다 다액인 경우 그 차액에 대하여 채권자에게 부당이득반환의무가 있는지에 관하여 논란이 있다. 부정설은 외국법에 기한 변제가 적법함에도 불구하고 국내법의 규정을 근거로 부당성을 판단할 수는 없다는 점 등을 논거로 들고 있다.[26] 이에 반하여 긍정설은 국제도산절차의 목적인 채권자 간 평등원칙을 국제적인 수준에서 적용하여야 한다는 점을 들고 있다.[27]

제5절 외국도산절차의 대내적 효력

1. 의 의

현행법은 국내도산절차의 대외적 효력을 인정하는 것과의 균형상 외국도산절차의 대내적 효력을 인정하되 그 구체적인 절차와 방식, 효력에 관하여 상세한 규정을 두고 있다. 일본의 승인원조법과 같이 외국도산절차의 승인절차와 그에 기한 지원처분이라고 하는 이원적인 방식을 채택하였다.

2. 외국도산절차의 승인[28]

가. 의 의

외국도산절차의 승인이라 함은 '외국도산절차에 대하여 대한민국 내에 이

---

26) 임치용, 파산법연구2, 박영사(2006), 314면.
27) 松下淳一, "裁判官轄権" 新裁判実務大系3 国際民事訴訟(財産編), 青林書院(2002), 479면.
28) 법 시행 이후 2022. 12. 31.까지 우리나라에 접수된 외국도산절차의 승인신청 및 지원신청 사건은 총 30건이다. 그 중 최초로 승인결정 및 지원결정을 한 것은 서울중앙지방법원 2007국승1·2007국지1 사건으로서, 이 사건은 주된 영업소가 네덜란드 아인트호벤시에 있는 채무자에 대하여 네덜란드 법원에 외국도산절차가 진행 중에 있고, 채무자의 채권자가 국내에서 채무자의 제3자에 대한 채권을 가압류하고 있는 사안이었는데, 외국도산절차의 승인결정과 가압류취소의 지원결정이 동시에 이루어졌다. 위 사건보다 먼저 접수된 2006국승1 사건은 미국 법원에서의 외국도산절차가 이미 종결되었음을 이유로 그 승인신청이 각하되었는데, 동일한 신청인이 위 외국도산절차의 재개(Re-Open)결정을 받은 후 다시 신청한 것이 2007국승2 사건으로서 그 승인결정이 있었고, 위 승인결정을 전제로 지원신청을 한 것이 2008국지1 사건(취하 종결)이다. 2009국승1 사건에서는 주된 영업소가 홍콩에 있는 채무자에 대하여 홍콩 법원에서 진행 중인 청산절차에 대하여 승인결정이 있었고, 위 승인결정을 전제로 지원신청을 한 것이 2010국지1(가

편의 지원처분을 할 수 있는 기초로서 승인하는 것'을 말한다(별 제628조). '외국도산절차의 승인'은 민사소송법 제217조가 규정하는 '외국재판의 승인'과는 달리 외국법원의 '재판'을 승인하는 것이 아니라 당해 '외국도산절차'를 승인하는 것으로서 그 법적 효과는 외국도산절차가 지원결정을 하기 위한 적격을 갖추고 있음을 확인하는 것에 그치는 것이고, 그 승인에 의하여 외국도산절차의 효력이 직접 대한민국 내로 확장되거나 국내에서 개시된 도산절차와 동일한 효력을 갖게 되는 것은 아니다.[29]

나. 승인관할(간접관할)

1) 관할의 내용

외국도산절차를 국내에서 승인하기 위하여는 그 절차를 신청한 외국에 채무자의 영업소, 사무소 또는 주소가 있을 것이 필요하다(별 제631조제1항). 이러한 영업소 등의 존재는 승인신청의 적법요건이므로 승인을 구하는 외국도산절차의 대표자가 이를 입증하여야 한다. 영업소는 주된 영업소가 아니라도 무방하다. 외국도산절차가 채무자의 종된 영업소나 사무소가 있는 국가에서 개시된 경우라도 그 절차를 승인하여 그에 이은 후속절차를 마련하여 주겠다는 취지이다. 주된 영업소가 있는 국가에서는 워크아웃과 같은 절차가 진행되어 재판상의 도산절차가 개시되지 않고 있는 경우에 종된 영업소가 있는 국가에서는 도산절차가 개시되었다면 이를 승인함으로써 국내에 소재한 재산의 산일을 방지하고 계속기업가치를 유지할 필요가 있을 수 있기 때문이다. 법 제631조에는 '절차의 주종을 불문하

압류중지), 2010국지2(국제도산관리인 선임), 2010국지3(가압류취소) 사건이다. 2012국승1 사건에서는 주된 영업소가 일본에 있는 채무자(해운회사)에 대하여 동경지방재판소에서 진행 중인 갱생절차에 대한 승인결정이 있었고, 위 승인결정 전의 금지명령을 한 것이 2012국지1 사건이고, 승인결정을 전제로 지원신청을 한 것이 2012국지2(포괄적 금지) 사건이다. 이후 미국 버지니아 동부 연방파산법원에서 개시된 미연방파산법 제11장 절차에 대한 2014국승1 사건과 이에 관한 2014국지1(국제도산관리인 선임) 사건, 일본국 동경지방재판소에서 개시된 민사재생절차에 대한 2015국승100001 사건과 이에 관한 2015국지100001(강제집행 등 금지) 사건, 미국 애리조나 연방파산법원에서 개시된 미연방파산법 제11장 절차에 대한 2016국승100000 사건과 이에 관한 2016국지100000(국제도산관리인 선임), 2016국지100002(채권가압류중지) 사건, 영국고등법원에서 개시된 관리절차에 대한 2016국승100001 사건과 이에 관한 2016국지100001(국제도산관리인 선임) 사건, 미국 뉴욕 남부 연방파산법원에서 개시된 미연방파산법 제11장 절차에 대한 2017국승100001 사건, 필리핀에서 개시된 회생절차에 대한 서울회생법원 2019국승100000 사건, 호주에서 개시된 파산절차의 승인에 관한 2021국승100000 사건, 일본에서 개시된 파산절차에 대한 2021국승100001 사건과 이에 관한 2021국지100000(국제도산관리인 선임) 사건, 홍콩에서 개시된 청산절차에 대한 2021국승100002 사건과 이에 관한 2021국지100001(국제도산관리인 선임)의 사건이 처리되었다.

29) 대법원 2010. 3. 25. 자 2009마1600 결정 참조.

고'라는 표현이 없으나 그렇다고 하여 종절차를 배척하는 뜻은 아니다.

2) 재산소재지 관할 배제

승인을 구하고 있는 외국도산절차가 채무자의 재산소재지만을 근거로 관할권이 인정된 경우에는 그 도산절차는 승인의 대상에서 제외된다(별 제63①). 이는 같은 종절차라 하더라도 채무자가 재산만을 갖고 있는 경우라면 채무자와 당해 외국과 밀접한 관련성이 없기 때문에 국내법원이 이를 승인하여 국내 이해관계인의 권리의무를 변경하면서까지 협력할 의의가 없기 때문이다. 모델법과 일본의 승인원조법 역시 단지 재산의 소재지만을 근거로 개시된 도산절차는 승인의 대상으로 삼지 않고 있다.

다. 승인신청과 재판

1) 신청권자 및 신청방법

외국도산절차의 승인신청은 승인관할이 있는 곳에서 개시된 외국도산절차의 대표자가 비용을 납부한 후 서울회생법원에 신청할 수 있다(별 제30조). 신청권자는 외국도산절차의 대표자에 한한다(별 제63①). 외국도산절차의 대표자라 함은 외국법원에 의하여 외국도산절차의 관리자 또는 대표자로 인정된 자를 말하는데(별 제628조 제5호), 외국도산절차에서 도산재단의 관리처분권이 인정된 자가 이에 해당한다.[30] 관재인이 선임된 경우에는 관재인과 미국 연방파산법 제11장의 DIP가 이에 해당한다. 채무자와 채권자는 신청권한이 없다.

외국도산절차의 승인신청서에는 ① 외국도산절차의 대표자 및 대리인의 성명 또는 명칭과 주소, ② 외국도산절차의 대표자에 대한 대한민국 내의 송달장소, ③ 채무자의 성명 또는 명칭과 주소, ④ 신청취지 및 신청이유, ⑤ 외국도산절차가 신청된 국가에 소재하는 채무자의 영업소·사무소·주소, ⑥ 외국도산절차가 신청된 국가의 명칭, 당해 외국도산절차를 담당하고 있는 법원 그 밖에 그 절차를 관장할 권한있는 기관의 명칭과 사건의 표시, ⑦ 외국도산절차의 신청일 및 그 효력발생일, ⑧ 그 밖에 당해 외국도산절차를 특정할 만한 구체적 사항을 기재하여야 하고(규칙 제97조 제1항), 그 기재사항을 증명하는 서면을 첨부하여야 한다(규칙 제97조 제3항).

또한 외국도산절차의 승인신청서에는 ① 외국도산절차 일반에 대한 법적 근거 및 개요에 대한 진술서, ② 외국도산절차의 개시를 증명하는 서면, ③ 외국

---

30) 그 자격을 증명하는 방법으로는 채무자에 대하여 도산절차가 계속하고 있는 외국법원 또는 인증의 권한을 가진 자의 인증서를 들 수 있다.

도산절차의 대표자의 자격과 권한을 증명하는 서면, ④ 승인을 신청하는 그 외국도산절차의 주요 내용에 대한 진술서(채권자·채무자 및 이해당사자에 대한 서술을 포함한다), ⑤ 외국도산절차의 대표자가 알고 있는 그 채무자에 대한 다른 모든 외국도산절차에 대한 진술서(법 제631조)를 첨부하여야 한다.[31]

2) 관할법원

승인신청에 대한 재판의 관할은 서울회생법원 합의부로 집중하였다(별 제630).[32] 지원신청에 대한 재판은 이송 후 다른 법원에서도 할 수 있다(별 제630). 법원은 승인신청이 있는 때에는 지체 없이 그 요지를 공고하고 신청서류를 비치하여야 한다(법 제631조 제3항·제4항).

3) 승인재판

법원은 외국도산절차의 승인신청이 있는 때에는 신청일로부터 1월 이내에 승인 여부를 결정하여야 한다(별 제632 제1항). 반드시 구두변론을 열어야 하는 것은 아니고 심문을 통하여도 가능하다. 승인사건은 비송사건이므로, 비록 변론을 열더라도 재판의 형식은 판결이 아닌 결정이다. 승인재판은 다수의 이해관계인에게 영향을 미치는 사건이므로, 외국도산절차의 대표자로 하여금 승인신청서에 외국도산절차의 내용에 대하여 기재하도록 하고 있다. 법원은 필요하다고 인정하면 직권조사를 통하여 또는 외국도산절차의 대표자에게 외국도산절차에 관한 필요한 자료의 제출을 구할 수 있다. 특히 법원은 상당하다고 인정할 경우 법원사무관 등 또는 법원조직법 제54조의3의 규정에 따른 조사관에게 ① 법 제631조 제1항에 규정된 외국도산절차 승인신청 요건의 적부, ② 법 제632조 제2항 각호에 규

---

31) 특히 법 제631조 제1항 제1호·제4호·제5호의 규정에 따른 진술서에는 ① 당해 외국도산절차 사건의 개요, 진행상황(절차개시의 판단유무를 포함한다) 및 향후의 전망, ② 당해 외국도산절차에 있어서 채권의 우선순위를 정하는 외국법의 규정, ③ 채무자의 업무의 수행 및 재산에 대하여 외국도산절차의 대표자가 갖는 관리·처분권의 행사범위, 존속, 기한, 권한행사에 필요한 법원의 허가 그 밖의 조건, ④ 채무자가 법인인 경우 그 설립의 준거법, ⑤ 대한민국에 있는 채무자의 주된 영업소 또는 사무소의 명칭과 소재지, ⑥ 채무자의 대한민국에서의 사용인 그 밖의 종업원의 과반수로 조직된 노동조합이 있는 경우에는 그 명칭 및 대표자의 성명, 주소, 전화번호·팩시밀리번호·전자우편주소. 만약 그와 같은 노동조합이 없는 경우에는 채무자의 대한민국에서의 사용인 그 밖의 종업원의 과반수를 대표하는 사람의 성명, 주소, 전화번호·팩시밀리번호·전자우편주소, ⑦ 채무자가 법인인 경우, 그 법인의 설립이나 목적인 사업에 관하여 대한민국 행정청의 허가가 있는 때에는 그 행정청의 명칭과 소재지, ⑧ 외국도산절차의 대표자가 채무자에 대하여 국내도산절차가 계속 중인 사실을 알고 있는 경우에는 그 법원·당사자·사건명·사건번호 및 진행상황, ⑨ 외국도산절차의 대표자가 다른 외국도산절차의 승인신청사건이 계속 중인 사실을 알고 있는 경우에는 그 법원·당사자·사건명·사건번호 및 진행상황을 기재하여야 한다(규칙 제97조 제2항). 이때에는 그 기재사항을 증명하는 서면을 함께 첨부하여야 한다(규칙 제97조 제3항).

32) 일본도 승인재판은 동경지방재판소의 전속관할이다(승인원조법 제4조).

정된 외국도산절차 승인신청 기각사유의 유무 등을 조사하여 보고하게 할 수 있다(규칙 제98조).[33] 승인재판에 관한 조서의 작성은 임의적이다(규칙 제5조).

만일 ① 비용을 납부하지 아니한 경우, ② 첨부서류를 제출하지 아니하거나 그 성립 또는 내용의 진정을 인정하기에 부족한 경우, ③ 외국도산절차를 승인하는 것이 대한민국의 선량한 풍속 그 밖에 사회질서에 반하는 경우, 법원은 승인신청을 기각하여야 한다(법 제632 제2항).

비용미납을 이유로 기각하는 것은 회생절차 또는 파산절차의 경우와 같다. 공서양속위반은 모델법 제6조에서 보는 바와 같이 승인신청뿐 아니라 개개의 지원신청의 거절사유이기도 하다.[34]

실무상 서울회생법원이 공서양속위반을 근거로 승인신청 내지 지원신청을 기각한 사례는 아직 없으나, 실체법상의 공서양속위반에 해당하는지 여부는 외국도산절차에서 성립한 도산계획의 내용이 명백한 근거 없이 일부 채권자들을 다른 채권자들보다 불리하게 취급하는지, 권리의 성질에 비추어 우선권을 부여함이 마땅함에도 다른 채권과 동일하게 취급하는지 등을, 절차법상의 공서양속위반에 해당하는지 여부는 채권자에게 절차참가가 실질적으로 보장되었는지 등을 종합적으로 고려하여 판단할 수 있을 것이다.

법원이 승인결정을 하는 경우에는 그 주문과 이유의 요지를 공고하고, 그 결정서를 신청인에게 송달하여야 한다(법 제632 제3항). 결정서에는 연월일 외에 시각도 기재한다(규칙 제100조)(승인 및 지원 결정문의 기재례는 [별지 237] 참조). 법인인 채무자에 대하여 외국도산절차의 승인결정이 있는 경우 그 법인의 설립이나 목적인 사업에 관하여 대한민국 행정청의 허가가 있는 때에는 법원은 외국도산절차의 승인결정이 있음을 주무관청에 통지하여야 한다(규칙 제106 조 제1항).

승인결정의 법적 효과는 후술하는 지원처분을 할 수 있는 기초가 형성되는 것에 불과하다. 또한 외국도산절차의 승인결정은 법에 의한 절차의 개시 또는 진행에 영향을 미치지 아니한다(법 제633조).

---

33) 서울회생법원 실무준칙 제501호 '법원사무관 등의 조사·보고'는 승인신청 내지 지원신청 사건에 관하여 법원사무관 등이 조사·보고하여야 할 사항을 규정하고 있다.

34) 서울중앙지방법원 2007국승2 사건에서 상대방은 채무자의 미국 도산절차 이용 자체가 공서양속에 반한다는 주장을 하였고 법원은 이를 받아들이지 않았는데, 그 항고심인 서울고등법원 2008라592 사건에서 법원은, 승인결정만으로 면책의 효력을 포함한 외국도산절차의 효력이 곧바로 국내에 미치게 되는 것은 아니므로 이를 전제로 승인결정 그 자체가 공서양속에 위반된다는 취지의 주장은 더 나아가 살필 필요 없이 이유 없다고 배척한 바 있다. 이 결정에 대한 비판은 임치용, "판례를 통하여 본 국제도산법의 쟁점", BFL 제38호, 서울대학교 금융법센터, 2009, 97면 참조.

4) 불복신청[35]

승인재판을 신속하고 확실하게 진행하도록 하기 위하여 법원의 승인신청에 관한 재판에 대하여 이해관계를 갖는 자만이 즉시항고를 할 수 있으나 집행정지의 효력은 없다(별 제632조 제4항·제5항). 즉시항고기간은 공고가 있는 때에는 그 공고가 있은 날부터 14일 이내에 하여야 하고(별 제13조), 공고가 없는 경우에는 고지된 날부터 1주일 내에 제기하여야 한다(민사소송법별 제444조 제1항).

5) 변경사항에 대한 서면의 제출 등

외국도산절차의 승인신청이 있은 후 외국도산절차의 대표자가 변경되거나 당해 외국도산절차가 개시 또는 종료된 때에는 외국도산절차의 대표자는 지체없이 변경된 사항을 기재한 서면을 법원에 제출하여야 한다. 또한 외국도산절차의 대표자는 외국도산절차의 승인신청이 있은 후 동일한 채무자에 대하여 국내도산절차 또는 다른 외국도산절차의 승인·지원절차가 계속된 사실을 알게 된 때에는 지체없이 이와 같은 사실을 기재한 서면을 법원에 제출하여야 한다(규칙 제99조 제1항·제2항). 위 서면을 제출하는 때에는 그 기재사항을 증명하는 서면을 첨부하여야 한다(규칙 제99조 제3항).

6) 지원사건의 이송

승인재판의 관할은 서울회생법원 합의부의 전속관할로 정하여져 있으므로 서울회생법원이 승인재판과 동시에 지원처분을 명하는 것이 보통일 것이다. 다만 절차의 효율적인 진행이나 이해당사자의 권리보호를 위하여 필요한 때에는 당사자의 신청 또는 직권으로 사건을 법 제3조에서 정한 관할법원에 이송할 수 있다(별 제630조). 즉 채무자의 주소, 거소, 영업소, 사무소 또는 재산소재지 관할법원 뿐 아니라 고등법원의 관할이나 계열회사의 도산개시 등을 이유로 총칙상의 관할확대조항에 의하여 관할을 갖는 법원도 이에 해당한다.[36] 이 경우에는 이송받은 법원이 지원절차를 담당하게 된다.

이송할 수 있는 경우로는 아직 국내에 도산사건이 개시되기 전으로서 채무자의 공장 등 주요재산 또는 본사 등이 서울 이외에 소재하고 있고 국제도산관리인과의 연락 등의 편의를 고려하여 당해 지역을 관할하는 법원에서 지원처분을 하는 것이 적당한 경우와 이미 국내에 도산사건이 계속 중이어서 당해 법원

---

35) 승인의 대상이 된 외국도산절차가 종료되면 승인결정의 효력도 사실상 함께 종료되는 것으로 해석될 여지가 있으나, 실무상 승인결정이 내려진 이후 불복기간이 경과하면 해당 사건에 대해서 바로 종국처리를 하고 있고, 외국도산절차의 종료 여부에 따라 후속조치를 취하고 있지는 않다.

36) 예컨대, 채무자의 주된 사무소 또는 영업소의 소재지가 청주시인 경우 대전고등법원 소재지인 대전지방법원으로 이송할 수 있다. 이 점에서 채무자의 주소, 거소, 영업소, 사무소 또는 재산소재지 관할을 하는 지방법원으로 이송할 수 있도록 한정한 일본의 승인원조법과 다르다.

이 국내의 경매절차의 중지, 취소 등의 판단을 신속하게 할 수 있는 경우 등이다. 이송권한은 법원에 있으므로 당사자의 신청은 직권발동을 촉구하는 데 그친다. 이 점은 민사소송법상의 이송절차와 같다. 이송결정은 승인과 동시 또는 승인 후에만 가능하고 승인결정 전에는 다른 법원으로 이송할 수 없다.

3. 지원절차

가. 의 의

지원절차라 함은 국내에서 진행되고 있는 채무자의 업무 및 재산에 대한 소송 등의 중지 등 외국도산절차의 대표자가 외국도산절차에 필요한 배당·변제재원을 국내에서 보전·확보하고 이를 기초로 배당·변제계획을 수립하거나 그 계획을 수행할 수 있도록 절차적인 지원을 하는 절차이다.[37]

법원은 외국도산절차를 지원하기 위하여 ① 채무자의 업무 및 재산에 대한 소송 또는 행정청에 계속하는 절차의 중지, ② 채무자의 업무 및 재산에 대한 강제집행, 담보권실행을 위한 경매, 가압류·가처분 등 보전절차의 금지 또는 중지, ③ 채무자의 변제금지 또는 채무자 재산의 처분금지, ④ 국제도산관리인의 선임, ⑤ 그 밖에 채무자의 업무 및 재산을 보전하거나 채권자의 이익을 보호하기 위하여 필요한 처분을 결정할 수 있다(별 제636조 제1항 각호).

법은 승인결정 전 지원절차와 승인결정 후 지원절차에 관하여 달리 규정하고 있다.

나. 구 분

1) 승인결정 전 지원절차(승인 전 명령)[38]

법원은 승인신청 후 그 결정이 있을 때까지 외국도산절차의 대표자의 신청

---

37) 대법원 2010. 3. 25. 자 2009마1600 결정. 지원절차는 외국법원이 외국도산절차에서 한 면책결정이나 회생계획의 인가결정 등과 같이 채무나 책임을 변경·소멸시키는 재판을 직접 한다거나 외국법원의 면책재판 등에 대하여 국내에서 동일한 효력을 부여하는 재판을 함으로써 채권자의 권리를 '실체적으로' 변경·소멸시키기 위한 절차는 아니다(위 결정 참조).

38) 서울중앙지방법원이 승인결정 전에 금지명령을 한 최초의 사례로는, 2012국지1 사건이 있다. 이후 2017국승100001 사건에서 법원은 접수된 지 하루만인 2017. 2. 21. 신속하게 승인 전 명령을 내려 외국도산절차를 적극적으로 지원하였는데, 이는 법원이 "직권으로" 승인 전 명령을 내린 최초의 사례이다. 이후 서울회생법원은 호주에 계속 중인 개인에 대한 파산절차의 승인에 관한 2021국승100000 사건에서도 2021. 7. 14. 직권으로 승인 전 명령을 발령하였다(단, 승인결정 시 별도의 지원결정을 발령하지는 아니하였다).

또는 직권으로 법 제636조 제1항 제1호 내지 제3호의 조치(채무자의 업무 및 재산에 대한 소송 등의 중지와 강제집행, 담보권실행을 위한 경매, 보전절차의 금지 또는 중지, 채무자의 변제금지 또는 채무자 재산의 처분금지, 이하 같다)를 명할 수 있고 이는 승인신청을 기각하는 결정에 대하여 즉시항고를 한 경우에도 준용된다(법 제635조 제1항·제2항).

승인 후와는 달리 법 제636조 제1항 제4호 내지 제5호의 조치는 인정되지 아니하므로, 승인 전 보전관리명령제도, 재산의 국외반출 기타 채무자의 업무 및 재산을 보전하거나 채권자의 이익을 보호하기 위하여 필요한 처분을 할 수 없으며, 중지한 강제집행, 임의경매 등의 취소가 인정되지 아니한다(법 제636조 제7항).

2) 승인결정 후 지원절차

법원은 승인결정을 함과 동시에 또는 승인결정을 한 후에 이해관계인의 신청이나 직권으로 위에서 본 법 제636조 제1항 제1호 내지 제3호의 조치뿐만 아니라 국제도산관리인의 선임, 그 밖에 채무자의 업무 및 재산을 보전하거나 채권자의 이익을 보호하기 위하여 필요한 처분을 할 수 있다(법 제636조 제1항).[39]

다. 신청권자 및 신청방법

승인결정 전 지원절차는 외국도산절차의 대표자가 신청할 수 있고, 승인결정 후 지원절차는 이해관계인이 신청할 수 있다. 법원이 직권으로 지원결정을 할 수 있음은 물론이다.

법 제636조 제1항 제1호 내지 제3호의 규정에 따른 금지명령 등 지원신청서에는 ① 채무자, 신청인 그 밖의 당사자의 성명 또는 명칭과 주소, ② 신청인의 대한민국 내의 송달장소, ③ 신청취지 및 신청이유, ④ 외국도산절차가 개시되었거나 개시될 국가의 법률이 적용되는 경우 법 제636조 제1항 제1호 내지 제3호에 적은 절차에 해당하는 당해 국가의 절차가 중지되거나 금지되는지 여부 및 그 범위에 관한 사항을 기재하여야 한다(규칙 제101조 제1항). 채무자의 재산에 속하는 권리로서 등기 또는 등록이 된 것에 관하여 위 지원신청을 할 경우에는 권리에 대한 등기부등본 또는 등록원부를 첨부하여야 한다(규칙 제101조 제2항). 이는 승인 전 명령절차에서도 같다(규칙 제101조 제4항).

또 법 제636조 제1항 제4호의 규정에 따른 국제도산관리인의 선임신청서에

---

39) 서울중앙지방법원은 2012국지1, 2015국지100001 사건에서, 서울회생법원은 2019국승100000 사건에서 외국도산절차 대표자의 신청을 받아 승인결정과 동시에 채무자 소유의 국내재산에 대한 강제집행을 금지하는 내용의 지원결정을 내렸다. 특히, 위 마지막 사건에서는 별도의 사건번호를 부여하지 아니하고, 승인절차에서 승인 결정과 동시에 지원결정을 내렸다.

는 위 ①~④ 사항 이외에 추가로 ① 채무자의 자산, 부채 그 밖의 재산상태, ② 채무자가 사업을 영위하고 있는 때에는 그 사업의 목적과 업무의 상황, 대한민국에 있는 영업소 또는 사무소의 명칭과 소재지 및 대한민국에서의 사용인 그 밖의 종업원의 현황, ③ 외국도산절차의 대표자 이외의 사람을 국제도산관리인으로 선임하기를 원하는 경우에는 그 취지 및 사유를 기재하고, 대한민국에 있는 채무자의 재산목록 그 밖의 등기부등본 등을 첨부하여 제출하여야 한다(규칙 제102조 제1항).

라. 지원결정

법원은 법 제636조 제1항 제1호 내지 제3호의 규정에 따른 지원결정을 할 때에 필요하다고 인정하는 경우 신청인 또는 외국도산절차의 대표자에게 채권자의 성명, 주소, 채권의 액 및 발생원인을 기재한 채권자일람표 또는 그 밖의 소명자료의 제출을 명할 수 있다(규칙 제101조 제3항). 승인전 명령 절차에서도 마찬가지이다(규칙 제101조 제4항).

또한 법원은 상당하다고 인정할 경우 법원사무관 등 또는 법원조직법 제54조의3의 규정에 따른 조사관에게 법 제636조 제1항 각호에 규정된 외국도산절차에 대한 지원처분의 필요 여부 및 필요한 처분의 내용 또는 같은 조 제3항에 규정된 지원신청 기각사유의 유무 등을 조사하여 보고하게 할 수 있다(규칙 제98조).

법원은 지원결정을 하는 때에는 채권자·채무자 그 밖의 이해관계인의 이익을 고려하여야 하고, 지원신청이 대한민국의 선량한 풍속 그 밖의 사회질서에 반하는 때에는 그 신청을 기각하여야 한다(법 제636조 제2항·제3항). 공서양속위반은 승인신청의 기각사유이기도 한데, 구체적 의미는 승인재판에서와 같다.[40]

마. 국제도산관리인

1) 선 임

법원은 외국도산절차에 대한 지원결정 중 하나로 채무자에 대해 국제도산관리인을 선임할 수 있다(법 제636조 제1항 제4호). 법원은 국제도산관리인으로 외국도산절차의

---

40) 서울회생법원은 2016국지100002 사건에서 공서양속위반 주장에 관한 판단을 하였는데, 외국도산절차에 참가하여 권리를 주장할 수 있는 기회를 보장받지 못하였다는 상대방의 주장에 대하여, 외국도산절차에 참가할 수 있는 기회가 상대방에게 실질적으로 부여되었고 국제도산관리인(외국도산절차의 대표자와 동일인) 역시 그러한 기회를 부여하기 위하여 상당한 노력을 기울였으며, 미국 법원의 도산절차 진행에 특별히 문제가 없는 것으로 보인다는 이유로 상대방의 주장을 받아들이지 않고 지원신청을 인용하였다.

대표자 또는 그 밖에 국제도산관리인으로서의 직무를 수행함에 적절한 사람(법인을 포함한다)을 선임하여야 한다(규칙 제102조 제2항).[41] 법인이 국제도산관리인으로 선임된 경우 그 법인은 대표자 또는 임직원 중에서 국제도산관리인의 직무를 실제 수행할 사람을 지명하여 그 취지를 법원에 신고하여야 한다(규칙 제102조 제3항).

　법원은 국제도산관리인을 선임한 경우 그 선임을 증명하는 서면을 교부하여야 하고(규칙 제102조 제4항), 국제도산관리인은 그 직무를 수행하면서 이해관계인의 청구가 있는 때에는 그 선임을 증명하는 서면을 제시하여야 한다(규칙 제102조 제5항).

　2) 임무와 감독

　가) 임　　무　　국제도산관리인이 선임된 경우 채무자의 업무수행권과 재산의 관리처분권은 국제도산관리인에게 전속한다(법 제637조 제1항). 국제도산관리인과 외국도산절차의 대표자는 외국도산절차에 대한 지원절차의 원활한 진행 및 채무자의 대한민국 내에서의 업무수행과 재산의 관리 및 처분의 공정성을 도모하기 위하여 상호 긴밀히 협조하여야 하고, 국제도산관리인은 외국도산절차의 대표자에 대하여 채무자의 대한민국 내에서의 업무수행과 재산의 관리 및 처분에 대해 필요한 협력 및 정보의 제공을 요구할 수 있다(규칙 제103조 제1항·제2항).

　나) 감　　독　　법원은 국제도산관리인의 임무에 관하여 감독을 한다. 국제도산관리인은 대한민국 내에 있는 채무자의 재산을 처분 또는 국외로의 반출, 환가·배당 그 밖에 법원이 정하는 행위를 하는 경우에는 법원의 허가를 받아야 한다. 또, 국제도산관리인은 법원이 정하는 바에 따라 법원에 대하여 업무와 계산에 관한 보고를 하여야 한다(규칙 제103조 제3항).[42]

　3) 주무관청에의 통지

　법인인 채무자에 대하여 국제도산관리인이 선임된 경우 그 법인의 설립이나 목적인 사업에 관하여 대한민국 행정청의 허가가 있는 때에는 법원은 국제도산관리인의 선임결정이 있음을 주무관청에 통지하여야 한다(규칙 제106조 제2항·제1항).

---

41) 서울중앙지방법원은 2009국승1 사건의 관련 사건인 2010국지2 사건에서 홍콩에서 개시·진행 중인 채무자에 대한 청산절차의 대표자를 국제도산관리인으로 선임하였고, 이후 2014국승1의 관련 사건인 2014국지1 사건, 2016국승100000의 관련 사건인 2016국지100000 사건, 2016국승 100001 사건의 관련 사건인 2016국지100001 사건, 2021국승100001의 관련 사건인 2021국지 100000 사건, 2021국승100002의 관련 사건인 2021국지100001 사건(단, 이 사건에서는 외국도산 절차의 대표자이자 신청인이었던 2인 중 1인을 국제도산관리인으로 선임하였다)에서도 모두 해당 외국도산절차의 대표자를 국제도산관리인으로 선임하였다. 서울회생법원 실무준칙 제502호 '국제도산관리인의 선임·해임·감독 기준'은 국제도산관리인의 선임방법 및 절차 등을 규정하고 있다.

42) 서울회생법원 실무준칙 제503호 '국제도산관리인의 보고서 작성 등'은 국제도산관리인이 작성하여야 하는 보고서의 종류, 작성요령 등을 규정하고 있다.

4) 관리인 및 파산관재인 규정의 준용

법 중 관리인에 관한 규정(제2편 제2장 제1절)과 파산관재인(제3편 제2장 제1절)에 관한 규정이 국제도산관리인에 관하여 준용된다(법 제637조). 외국도산절차에 대한 지원절차의 성질에 반하지 않는 한 관리인 및 파산관재인 관련 규정에 따라 국제도산관리인의 지위, 권한과 의무 등이 결정된다.

바. 공고 및 송달

법원은 강제집행, 담보권실행을 위한 경매, 보전절차의 금지명령 및 이를 변경하거나 취소하는 결정을 한 때에는 주문을 공고하고 그 결정서를 외국도산절차의 대표자나 신청인에게 송달하여야 한다(법 제636조 제4항).

사. 시효의 정지

법 제636조 제1항의 규정에 의한 금지명령이 있는 때에는 그 명령의 효력이 상실된 날의 다음 날부터 2월이 경과하는 날까지 채무자에 대한 채권의 시효는 완성되지 아니한다(법 제636조 제5항).

아. 중지된 절차의 취소명령

법원은 특히 필요하다고 인정하는 때에는 이해관계인의 신청에 의하거나 직권으로 법 제636조 제1항 제2호의 규정에 의하여 중지된 채무자의 업무 및 재산에 대한 강제집행, 담보권실행을 위한 경매, 가압류·가처분 등 보전절차의 취소를 명할 수 있다(법 제636조 제7항 전문). 위와 같이 강제집행 등을 취소하기 위해서는 먼저 지원결정에 의하여 그 절차가 중지되어 있을 것을 요한다. 법원은 취소명령으로 인하여 이해관계인이 예측하지 못한 손해를 입는 것을 방지하기 위하여 필요한 경우에는 담보를 제공하게 할 수 있다(법 제636조 제7항 후문).

자. 지원결정의 취소·변경

법원은 필요한 경우 이해관계인의 신청에 의하거나 직권으로 법 제636조 제1항에 의한 결정을 변경하거나 취소할 수 있다(법 제636조 제6항).[43] 또, 법원은 법 제635

---

43) 서울회생법원은 2016국지100001 리만브러더스인터내셔날(유럽) 사건에서 국제도산관리인이 외국도산절차의 대표자에서 사임하였다는 이유로 채무자가 국제도산관리인의 변경을 구하자, 국제도산관리인을 변경하면서 새로운 국제도산관리인에게 종전 국제도산관리인과 같은 의무를 부과하는 내용의 지원결정 변경결정을 하였다.

조 제1항에 의한 승인 전 명령을 변경하거나 취소할 수 있다(별 제635조).

차. 불복신청[44)

승인결정 전의 명령 또는 이를 변경하거나 취소하는 결정(별.제1항.제635조제3항), 승인결정과 동시에 또는 결정 후에 하는 지원결정, 이를 변경하거나 취소하는 결정, 중지된 절차의 취소명령(별.제636조제1항.제6항.제7항)에 대하여는 즉시항고를 할 수 있다(법.제635조제4항,.제636조제8항,). 위 즉시항고에는 집행정지의 효력이 없다(법.제635조제5항,.제636조제9항,).

카. 기 재 례

외국도산절차의 승인·지원 결정문의 기재례는 [별지 237] 참조.

4. 외국도산절차 대표자의 당사자적격

법은 지원처분의 한 형태로 국제도산관리인제도를 두고, 국제도산관리인이 선임된 후에는 채무자의 업무수행권 및 재산의 관리처분권은 국제도산관리인에게 전속하며, 국제도산관리인은 법원의 허가를 얻어 대한민국 내에 있는 채무자의 재산 처분 또는 국외로의 반출, 환가·배당 그 밖에 법원이 정하는 행위를 할 수 있도록 규정하고 있다(별.제4호,제636조제1항.제637항). 따라서 외국도산절차에 대한 승인결정 후 국제도산관리인이 선임되면 국제도산관리인이 당사자적격을 갖게 되고 그 전에는 여전히 종전 채무자가 당사자적격을 가진다.[45)

외국도산절차의 승인신청권은 외국도산절차의 대표자에게만 부여되어 있고 채권자에게는 인정되지 않고 있다. 따라서 외국채무자를 상대로 거래를 하거나 소송을 제기하려는 국내채권자는 승인결정과 국제도산관리인이 선임되기 전이라면 외국채무자를 상대로 소송을 제기하여야 하고, 만일 소송 도중 또는 거래 중에 국제도산관리인이 선임되었다면 소송을 수계하는 등의 방법으로 국제도산관리인을 상대로 소송을 수행하거나 거래를 하여야 한다.

---

44) 승인사건에서와 마찬가지로 실무상 지원결정이 내려진 이후 불복기간이 경과하면 해당 사건에 대해서 바로 종국처리를 하고 있다. 다만, 법원은 국제도산관리인의 선임에 관한 지원결정에 대해서는 법원이 해당 결정을 통해 국제도산관리인으로부터 매월 월간보고서를 작성·제출받고, 국제도산관리인의 대한민국 내 재산의 처분, 국외송금 등에 대하여 개별적으로 허가를 하고 있는 점 등을 고려하여 국제도산관리인 사임허가(서울중앙지방법원 2010국지2 사건)나 종결결정(서울회생법원 2014국지1, 2016국지100000 사건 등)을 통해 종국처리를 하고 있다.

45) 구법 하에서도 외국 파산관재인의 한국 내에 소재한 재산에 대한 관리처분권을 인정한 대법원 2003. 4. 25. 선고 2000다64359 판결 참조.

5. 외국면책재판의 효력

한국인이 미국에 재산 또는 영업소의 소재를 관할근거로 삼아 미국 연방파산법 제7장(청산절차)을 신청하여 면책결정을 받은 경우와 같이 외국 면책결정의 국내적 효력이 문제가 된다.

외국법원의 면책재판 등은 실체법상의 청구권 내지 집행력의 존부에 관한 것으로서 그에 의하여 발생하는 효과는, 채무자와 개별 채권자 사이의 채무 혹은 책임의 감면이라고 하는 단순하고 일의적인 것이고, 그 면책재판 등의 승인 여부를 둘러싼 분쟁은 면책 등의 대상이 된 채권에 기하여 제기된 이행소송이나 강제집행절차 혹은 파산절차 등에서 당해 채무자와 채권자 상호간의 공격방어를 통하여 개별적으로 해결함이 타당하다. 이 점에서 외국법원의 면책재판 등의 승인은 그 면책재판 등이 비록 외국도산절차의 일환으로 이루어진 것이라 하더라도 민사소송법 제217조가 규정하는 일반적인 외국재판의 승인과 다를 바 없다. 따라서 속지주의 원칙을 폐지한 법 아래에서 외국도산절차에서 이루어진 외국법원의 면책재판 등의 승인 여부는 그 면책재판 등이 민사소송법 제217조의 승인요건을 충족하고 있는지를 심리하여 개별적으로 판단하여야 하고, 그 승인 여부를 법의 승인절차나 지원절차에 의하여 결정할 것은 아니다.[46]

그러므로 외국법원의 면책재판 등을 승인하기 위해서는 민사소송법 제217조 제1항 제3호에 따라 그 면책재판 등의 효력을 인정하는 것이 대한민국의 선량한 풍속이나 그 밖의 사회질서에 어긋나지 아니할 것이라는 요건을 충족하여야 한

---

46) 대법원 2010. 3. 25. 자 2009마1600 결정. 이른바 "토드 오" 사건이다. 속지주의를 채택한 구 파산법 및 구 회사정리법 하에서는, 채무자의 국내 소재 재산에 대한 채권자의 권리 행사에 외국에서 개시된 정리절차 등에서의 권리변동 내지 면책의 효력이 미칠 여지가 없었으나, 채무자회생법 시행 이후 외국법원의 면책재판 등에 대한 승인 방식에 대한 논의가 대두하였고, 대법원은 위 토드 오 사건에서 민사소송법 제217조에 의한 승인 방식을 취할 것을 명시하였다.
이에 대하여는 채무자회생법이 정한 승인결정(또는 승인결정과 지원처분)의 경로를 취하여야 한다는 비판[석광현, "채무자회생 및 파산에 관한 법률에 따른 국제도산법", 국제사법과 국제소송 제5권, 박영사(2012), 547면 이하 참조], 더 나아가 하급심들이 외국도산절차에서 내려진 면책재판의 승인에 소극적인 입장을 취하여야 한다는 것으로 위 결정을 오해하고 보편주의에 반하는 실무를 형성하고 있다는 비판[김영석, "IRJ 모델법과 외국도산절차에서 내려진 면책재판의 승인: 대법원 2009마1600 결정 및 그에 따른 하급심 실무동향을 중심으로", 국제거래법연구 제31권 제1호, 국제거래법학회(2022), 353면 이하] 등이 있다.
한편, UNCITRAL은 제5작업반 내부에서의 논의를 거쳐 2018. 7. 2. 도산관련재판의 승인과 집행에 관한 모델법(Model Law on Recognition and Enforcement of Insolvency-Related Judgments, 'IRJ 모델법'이라고도 한다)을 성안한 바 있다. 위 IRJ 모델법에는 1997년 모델법 제21조의 지원결정은 재판의 승인 및 집행(recognition and enforcement of a judgment)을 포함하는 것이라는 조문(Article X)을 두고 있다.

다. 여기서 대한민국의 선량한 풍속이나 그 밖의 사회질서에 어긋나는 경우라 함은, 국내 채권자의 외국도산절차에 대한 적법한 절차 참가권이 침해되는 등 외국법원의 면책재판 등의 성립절차가 선량한 풍속이나 그 밖의 사회질서에 어긋나는 경우나 외국법원의 면책재판 등의 내용이 선량한 풍속이나 그 밖의 사회질서에 어긋나는 경우뿐만 아니라, 외국법원의 면책재판 등에 따른 면책적 효력을 국내에서 인정하게 되면 국내 채권자의 권리나 이익을 부당하게 침해하는 등 그 구체적 결과가 선량한 풍속이나 그 밖의 사회질서에 어긋나는 경우 등도 포함된다.[47]

6. 외국도산절차의 대표자의 국내도산절차 참가

가. 외국도산절차 대표자의 국내도산절차 신청권

법 제634조는 "외국도산절차가 승인된 때에는 외국도산절차의 대표자는 국내도산절차의 개시를 신청하거나 진행 중인 국내도산절차에 참가할 수 있다."라고 규정하고 있다. 외국도산절차의 대표자로서는 일단 승인재판을 받은 후 스스로가 국제도산관리인이 될 것인지 제3자를 국내도산절차의 대표자로 선임하여 그로 하여금 대한민국 내의 재산에 대하여 관리처분하도록 할 것인지 비교형량한 후 국내도산절차를 신청할 것이다.

이미 외국에서 파산선고를 받은 외국도산절차의 채무자가 다시 국내파산절차를 신청하는 경우에 파산의 원인인 사실이 존재하는 것으로 추정된다(법 제301조). 한편, 제2편 회생절차에 법 제301조와 같은 조항을 두고 있지는 않지만 입법례에 따라서는 이러한 경우에도 회생절차개시의 원인인 사실이 존재하는 것으로 추정하는 경우도 있다.[48]

나. 외국도산절차의 대표자의 국내도산절차 참가권

외국도산절차의 대표자가 진행 중인 국내도산절차에 참가하기 위하여는 먼

---

47) 대법원 2010. 3. 25. 자 2009마1600 결정. 위 결정에서 대법원은 미국 연방파산법원의 회생계획인가결정에 따른 면책적 효력을 국내에서 인정하는 것이 구 회사정리법의 속지주의 원칙을 신뢰하여 미국 연방파산법원의 회생절차에 참가하지 않고 채무자 소유의 국내 소재 재산에 대한 가압류를 마치고 강제집행이나 파산절차 등을 통하여 채권을 회수하려던 국내 채권자의 권리를 현저히 부당하게 침해하게 되어 그 구체적 결과가 우리나라의 선량한 풍속이나 그 밖의 사회질서에 어긋나는 경우에 해당한다는 이유로 미국 연방파산법원의 회생계획인가결정은 민사소송법 제217조 제3호의 요건을 충족하지 못하여 승인될 수 없다고 판단하였다.
48) 일본 회사갱생법 제289조의3은 이에 관한 명문의 규정을 두었다.

저 외국도산절차에 대한 승인을 받아야 한다(법제). 법에 명문의 규정을 두지는 않았으나 외국도산절차의 대표자의 국내도산절차참가권을 허용한 이상 외국도산절차의 대표자에게는 채권자집회출석권, 의견진술권, 계획안제출권, 개시결정 등의 통지수령권이 인정된다. 외국도산절차의 대표자에 대한 각종 결정 및 서면의 민사소송법상 송달은 시간이 오래 걸리므로, 법 제33조에 의하여 준용되는 민사소송법 제184조의 송달영수인제도를 활용하여 국내에서 송달이 이루어지도록 하거나 국내도산절차의 대표자로 하여금 외국도산절차의 대표자, 외국채권자 등에게 통지를 하도록 지도할 필요가 있다.

제6절 병행도산

1. 병행도산의 의의

하나의 법인 또는 자연인에 대하여 복수의 국가에서 도산처리절차가 계속하고 있는 것을 '병행도산'이라고 한다. 모델법은 병행도산의 성립을 인정하면서 이를 조정·질서화하기 위한 방법을 마련하였다. 병행도산의 문제는 각국이 취하는 파산법의 입법정책의 차이, 배분방법에 관한 실체법의 차이로 인하여 자국채권자의 보호라는 실리와 보편주의의 이상이 맞부딪치는 곳에서 발생한다. 실제로 병행도산의 문제를 다룸에 있어 자국채권자와 외국채권자의 공평한 취급 여부가 국제도산조약의 성패를 나누기도 한다.

병행도산은 흔히 두 가지의 형태로 나타난다. 첫째는, 양국 간에 별개의 도산절차가 개시되어 거의 동시에 진행되는 경우로서 이때에는 도산절차의 대표자 간의 공조 또는 법원 간의 공조에 의하여 양 절차의 충돌을 피하고 효율적인 절차진행을 도모하게 된다. 영국과 미국 간의 미디어 그룹에 관한 사건인 맥스웰(Maxwell) 사건(1991), 일본과 미국 간의 마루코 사건(1991) 등이 그 대표적 예이다. 국제도산절차에서의 법원 간의 사법공조가 부각되는 경우이다.

둘째로는, 동일한 채무자에 대하여 개시된 외국도산절차를 국내에서 승인하고 그 후 국내도산절차가 개시되거나, 반대로 이미 국내도산절차가 개시된 후 외국도산절차가 승인된 경우이다. 이 경우에는 양 절차의 조정의 필요성이 부각

된다.

병행도산절차가 원만한 조정 또는 공조를 통하여 서로 장애가 되지 않거나, 더 나아가 도산기업의 가치를 증대시키는 등 효용을 발휘하는 경우는 특히 다음과 같은 때이다.

첫째, 외국도산절차와 국내도산절차의 목표(청산, 재건)가 동일하고 외국도산절차의 대표자가 국내도산절차에서 대표자로 선임되거나 그가 신임하는 자가 국내도산절차의 대표자로 선임되어 양자 간에 긴밀한 협조관계를 이루는 경우, 둘째 외국도산절차가 재건절차이고 국내도산절차가 청산절차인 경우로서 국내 소재 재산이 재건절차에 불필요한 것이고 담보권 등이 설정되어 있으며, 다수의 채권자들 사이에 경쟁관계에 있는 경우, 셋째 국내도산절차의 채권자를 상대로 거액의 부인권 행사가 필요한 경우 등이다.

2. 조   정

현행법은 국내도산절차와 외국도산절차 사이의 조정, 외국도산절차 사이의 조정에 관하여 규정하고 있다.

가. 국내도산절차와 외국도산절차의 사이의 조정(법 제638조)

채무자를 공통으로 하는 국내도산절차와 외국도산절차가 동시에 진행하는 경우 법원은 국내도산절차를 중심으로 제635조 및 제636조의 규정에 의한 지원을 결정하거나 이를 변경 또는 취소할 수 있다(법 제638조 제1항). 법은 명문으로 국내도산절차를 중심으로 조정을 꾀하고, 양 절차가 동시에 진행될 수 있다는 입장을 취하고 있다.

예를 들어, 외국회사에 대하여 우리나라의 영업소 소재지에서 파산관재인이 선임되어 파산절차가 진행되는 중에 외국에서도 주절차가 개시되고, 이에 대하여 우리 법원이 승인결정을 한 경우, 외국도산절차의 대표자를 국제도산관리인으로 선임하기 위하여는 먼저 선임된 국내의 파산관재인을 해임함으로써 국내재산에 관한 관리처분권을 조정할 필요가 있다.

반대로 외국에서 종절차가 개시되어 국내에서 승인이 이루어지고 국제도산관리인을 선임한 경우에도 국내도산절차의 신청이 금지되는 것은 아니므로, 국내도산절차가 개시된 경우 국제도산관리인을 해임하고 국내도산절차의 대표자를 선임할 수도 있다.

한편 국내도산절차는 파산절차이고 승인되는 외국도산절차가 주절차로서 담보권의 행사를 제한하는 효력을 갖는 경우라면 국내파산절차를 기각함이 없이 승인결정을 하면서 국내의 별제권자가 실행하는 담보권의 중지처분을 명할 수 있다.

외국도산절차의 승인·지원절차가 계속 중인 법원의 법원사무관 등과 동일한 채무자에 대하여 국내도산절차가 계속 중인 법원의 법원사무관 등은 당해 외국도산절차의 승인절차 또는 국내도산절차가 계속 중이라는 취지를 알게 된 경우 이를 각 해당 법원에 통지하여야 한다(규칙 제104조 제1항). 또, 외국도산절차의 승인·지원절차가 계속 중인 법원이 국내도산절차의 중지를 명하고자 하는 경우에는 미리 국내도산절차가 계속 중인 법원의 의견을 들어야 한다(규칙 제104조 제2항).

국내도산절차가 계속 중인 법원의 법원사무관 등은 ① 국내도산절차의 개시, 폐지 또는 종결 결정이 있은 때, ② 회생계획 또는 변제계획의 인가결정이 있은 때, ③ 그 밖의 사유에 의하여 국내도산절차가 종료한 때에는 그 취지를 외국도산절차의 승인·지원절차가 계속 중인 법원에 통지하여야 한다(규칙 제104조 제3항). 또, 외국도산절차의 승인·지원절차가 계속 중인 법원의 법원사무관 등은 ① 법 제632조의 규정에 의한 외국도산절차의 승인결정이 있거나 그 변경 또는 취소결정이 있은 때, ② 법 제636조의 규정에 의한 외국도산절차에 대한 지원결정 또는 법 제635조의 규정에 의한 승인 전 명령이 있거나 그 변경 또는 취소결정이 있은 때, ③ 그 밖의 사유에 의하여 외국도산절차의 승인·지원절차가 종료한 때에는 그 취지를 국내도산절차가 계속 중인 법원에 통지하여야 한다(규칙 제104조 제4항).

나. 외국도산절차 사이의 조정(법 제639조)

채무자를 공통으로 하는 여러 개의 외국도산절차의 승인신청이 있는 때에는 법원은 이를 병합하여 심리하여야 한다(법 제639조 제1항). 여러 개의 외국도산절차가 승인된 때에는 법원은 채무자의 주된 영업소 소재지 또는 채권자보호조치의 정도 등을 고려하여 주된 외국도산절차를 결정할 수 있다(법 제639조 제2항). 이 경우 주된 외국도산절차를 중심으로 법 제636조의 규정에 의한 지원을 결정하거나 변경할 수 있다(법 제639조 제3항). 여러 개의 외국도산절차라 함은 주절차 및 종절차를 포함한다. 법원의 지원결정에 대하여는 즉시항고할 수 있으나 집행정지의 효력은 인정되지 아니한다(별제 제639조 제5항·제6항). 규칙 제104조의 규정은 외국도산절차 간의 조정에 준용된다(규칙 제105조).

법 제639조는 여러 개의 외국도산절차의 승인신청이 경합하고 있는 경우뿐 아니라 여러 개의 외국도산절차 중 한 절차에 대하여 이미 승인결정과 지원결정이 난 후 다른 절차의 승인신청이 있는 경우에도 적용된다. 여러 개의 외국도산절차 중 어느 하나를 주된 절차로 결정하여 주된 절차를 중심으로 외국도산절차에 대한 지원을 한 경우 종된 절차를 취소할 필요는 없다. 예컨대, 어느 외국 종절차를 승인하고 강제집행의 중지를 명한 후 새로이 외국의 주절차가 승인된 경우라면 지원처분으로 국제도산관리인을 선임하여 강제집행이 중지된 국내재산을 환가처분하거나 국외로 반출하면 되고 굳이 종전 종절차의 승인재판이나 지원처분을 취소할 필요가 없다. 이와 달리 일본은 여러 개의 절차 중 어느 하나만을 유지하고 나머지 절차를 취소하는 방식을 취하고 있다.

3. 공   조

위와 같은 국내도산절차와 외국도산절차 내지 외국도산절차 간의 공정하고 효율적인 진행을 위해서는 각 도산법원 간의 공조가 필수적이다. 법원은 동일한 채무자 또는 상호 관련이 있는 채무자에 대하여 진행 중인 국내도산절차 및 외국도산절차나 복수의 외국도산절차 간의 원활하고 공정한 집행을 위하여 외국법원 및 외국도산절차의 대표자와의 사이에 ① 의견교환, ② 채무자의 업무 및 재산에 관한 관리 및 감독, ③ 복수 절차의 진행에 관한 조정, ④ 그 밖에 필요한 사항에 관하여 공조하여야 하고(법 제641조 제1항), 이러한 공조를 위하여 외국법원 또는 외국도산절차의 대표자와 직접 정보 및 의견을 교환할 수 있다(법 제641조 제2항).

법원뿐만 아니라 국내도산절차의 관리인 또는 파산관재인도 법원의 감독 하에 외국법원 또는 외국도산절차의 대표자와 직접 정보 및 의견을 교환할 수 있는데(법 제641조 제3항), 이들은 법원의 허가를 받아 외국법원 또는 외국도산절차의 대표자와 도산절차의 조정에 관한 합의를 할 수도 있다(법 제641조 제4항).

한편, 서울회생법원 실무준칙 제504호 '국제도산 사건에서의 법원 간 공조'는 전화, 영상 컨퍼런스 콜 등 구체적인 공조방법, 절차합의서의 체결 등에 관하여 규정하면서,[49] 특히 공조방법 등에 관하여는 법원이 당사자의 신청 내지 직권에

---

49) 서울회생법원은 이를 기초로 2건의 공조를 수행하였는데, 호주연방법원과 진행한 (주)한진해운 파산사건(2017하합15) 관련 공조는 아웃바운드형 사건(외국법원이 국내도산절차를 승인하고 지원하는 사건)에 관한 공조이고, 미국 버지니아 동부 연방파산법원과 진행한 강민식, 강만순

의하여 도산사법네트워크(Judicial Insolvency Network)에서 성안한 국제도산 관련
공조규범(Guidelines for Communication and Cooperation between Courts in Cross-
Border Insolvency Matters, "JIN Guidelines")[50]의 전부 또는 일부를 따르기로 결정
할 수 있도록 함으로써, 서울회생법원이 외국의 주요 법원들과 공조에 관한 업무
프로세스를 공유할 수 있도록 하고 있다. 나아가 서울회생법원은 법원 간 공조가
보다 원활하게 이루어질 수 있도록 하기 위하여 외국 법원들과 사이에 국제도산절
차에서의 협력증진을 위한 업무협약(Memorandum of Understanding)을 체결하기도
하였다.[51]

사건(2014국지1) 관련 공조는 인바운드형 사건(국내법원이 외국도산절차를 승인하고 지원하는
사건)에 관한 공조였다. 두 번째 공조는 서울회생법원이 적극적으로 요청하여 이끌어낸 첫 공조
사건으로, 이를 통해 송금절차를 마무리하고 해당 사건을 종결할 수 있었다.
50) 미국의 뉴욕 남부 연방파산법원, 델라웨어 연방파산법원, 플로리다 남부 연방파산법원, 영국의
고등법원, 호주의 뉴사우스웨일스대법원(New South Wales Supreme Court), 싱가포르 대법원
등 주요법원이 2018. 7. 현재 JIN Guidelines를 채택하고 있다.
51) 2018. 4. 23.에는 미국 뉴욕 남부 연방파산법원과 사이에, 2018. 5. 16.에는 싱가포르 대법원과
사이에 각 업무협약을 체결하였다.

【별지 1 회생절차개시신청 통지서】

서 울 회 생 법 원
제1부

■■■■■■■■■■■■■■■■■■■■■■■■■■■■■■■■■■■■■■

우 06594 서울 서초구 서초중앙로 157 TEL : 530-1908 FAX : 530-1519

2023. . . 10:30

팩시밀리에 의해 통지함

법원주사 ○ ○ ○

<FACSIMILE COVER>

수 신	수 신 처	금융위원회 구조개선지원과
	수 신 자	금융위원회 위원장
	FAX번호	02-3786-8486
발 신	발 신 자	○ ○ ○
	발 신 일	2023. . .
매 수(표지 포함)		2매
비 고	받아보지 못한 면이 있으면 연락바라며, 수신자에게 즉시 전달바랍니다.	

회생사건 접수 통지

서울회생법원

접수 연월일	2023. . .
사 건 번 호 및 사 건 명	2023회합○○ 회생
신 청 인 겸 채 무 자	○○○○ 주식회사 서울 ○○구 ○○로 ○○○ 대표이사 ○○○ 대리인 변호사 ○○○
신 청 요 지	채무자에 대하여 회생절차의 개시를 신청함.
채무자의 개 요	업 종 : 국내외 무역업, 주택건설업 등 발행주식수 : 100만 주 자 본 액 : 50억 원 자 산 액 : 762억 원 부 채 액 : 699억 원 매 출 액 : 335억 원(2023년 6월 기준) 상장법인여부 : 비상장 주거래은행 : ○○은행
담당재판부 또는 담당법관	제 1 부
비 고	

【별지 2 회생절차개시신청 통지서】

서 울 회 생 법 원

제 1 부

통 지 서

사   건   2023회합○○   회생

신청인 겸 채무자

　　　　　　　○○ 주식회사

　　　　　　　서울 ○○구 ○○로 ○○○

　　　　　　　대표이사　○○○

통지사항   신청인으로부터 2023. ○. ○. 회생절차개시의 신청이 있으므로 채무자 회생 및 파산에 관한 법률 제40조 제1항의 규정에 의하여 통지합니다.

채무자의 개요   1. 주업종 : 컴퓨터 및 주변기기 제조 및 판매업 등

　　　　　　　2. 상장법인 여부 : 비상장

　　　　　　　3. 주거래은행 : ○○은행

2023. ○. ○.

재판장　판사　　○　○　○

수신처 : 기획재정부장관, 법무부장관, 산업통상자원부장관, 고용노동부장관, 금융위원회위원장, 국세청장, 관세청장, ○○세무서장, 서울특별시장, ○○구청장. 끝.

【별지 3 비용예납결정】

서 울 회 생 법 원

제 1 부

결   정

사   건   2023회합○○   회생
신청인 겸 채무자

> ○○ 주식회사
> 서울 ○○구 ○○로 ○○○
> 대표이사 ○○○
> 신청대리인 법무법인 ○○○ 담당변호사 ○○○

주   문

　신청인은 이 결정을 송달받은 날로부터 5일 이내에 50,000,000원을 예납하여야 한다.

이   유

채무자 회생 및 파산에 관한 법률 제39조에 의하여 주문과 같이 결정한다.

2023. ○. ○.

재판장　　판사　　　○○○

판사　　　○○○

판사　　　○○○

【별지 4 대표자심문기일지정결정】

서 울 회 생 법 원

제 1 부

결   정

사   건   2023회합○○   회생

신청인 겸 채무자

　　　　　　　○○ 주식회사

　　　　　　　서울 ○○구 ○○로 ○○○

　　　　　　　대표이사 ○○○

　　　　　　　신청대리인 법무법인 ○○ 담당변호사 ○○○

　　위 사건에 관하여 아래와 같이 대표자심문을 시행한다.

　　대표자심문은 수명법관으로 하여금 하게 한다.

　　　1. 일시 : 2023. ○. ○. 15:00

　　　2. 장소 : 서울법원종합청사 4별관 303-1호

2023. ○. ○.

재판장　　판사　　　○○○

판사　　　○○○

판사　　　○○○

위 수명법관으로 판사 ○○○을 지정한다.

2023. ○. ○.

재판장　　판사　　　○○○

【별지 5 보전처분에 대한 의견조회서】

서 울 회 생 법 원
제 1 부

우) 06594 서울 서초구 서초중앙로 157 / ☎ 530-1605 / 팩스 592-5661 / 주심 : ○○○ 판사

시 행 일 자   2023. ○. ○.
수   신   서울회생법원 관리위원회
참   조   주무 관리위원 ○○○
제   목   보전처분에 대한 의견조회

1. ○○ 주식회사에 대한 이 법원 2023회합○○호 회생사건과 관련된 내용입니다.
2. 채무자 회생 및 파산에 관한 법률 제43조 제1항에 의하여 보전처분 여부에 대한 의견을 조회하오니 회신하여 주시기 바랍니다.

재판장   판사   ○   ○   ○

【별지 6 공장검증조서 기재례】

서 울 회 생 법 원

검 증 조 서

사 건	2023회합○○ 회생	기 일 : 2023. ○. ○. 15:00
재판장 판 사 ○ ○ ○		소재지 : 서울 ○○구 ○○동 ○○
판 사 ○ ○ ○		(○○공장)
판 사 ○ ○ ○		공개여부 : 공개

법원 사무관   ○ ○ ○

사건과 당사자를 호명

신청인 겸 채무자 ○○○○ 주식회사의 대표이사 ○○○   출석

대리인 법무법인 ○○ 담당변호사 ○○○   출석

관리위원 ○○○   출석

별지 조서와 같이 검증 시행.

법 원 사 무 관   ○ ○ ○

재판장 판사   ○ ○ ○

(별지 조서는 생략)

【별지 7 대표자심문조서 기재례】

서 울 회 생 법 원

심 문 조 서

사   건   2023회합○○   회생   기 일 : 2023. ○. ○. 15:00

수명법관 판사   ○ ○ ○   장 소 : 서울법원종합청사 4별관
303-1호

법원 사무관   ○ ○ ○   공개여부 : 비공개

사건과 당사자를 호명

신청인 겸 채무자 ○○ 주식회사의 대표이사 ○○○   출석

대리인 법무법인 ○○ 담당변호사 ○○○   출석

관리위원 ○○○   출석

참고인 ○○은행 여신관리부장 ○○○   출석

수명법관

    별지 조서와 같이 채무자 대표이사 ○○○를 심문하다.

                        법원 사무관   ○   ○   ○

                        수명법관 판사   ○   ○   ○

대표이사에 대한 심문조서

수명법관

1. 인적사항 등에 관하여

문 : 채무자 회사(이하 '회사'라고만 한다)의 대표이사의 인적 사항(주민등록번호, 주소, 연락처)을 말씀하십시오.

답 :

문 : 주요 학력 및 경력은 어떠한가요.

답 :

문 : 회사의 사주는 누구이며, 어떠한 경위로 회사의 대표이사로 선임되었나요.

답 :

문 : 현재 다른 회사의 임원을 겸직하고 있는 것이 있나요.

답 :

문 : 대표이사가 다른 회사의 주식을 소유하고 있는가요. 만일, 다른 회사의 주식을 소유하고 있다면 그 회사의 명칭, 업종, 지분율, 회사와의 관계는 어떤가요.

답 :

문 : 전・현직 대표이사나 회사의 임원 중 형사처벌을 받거나 수사기관의 조사를 받은 사실이 있나요.

답 :

문 : 최근 대표이사나 회사의 임원이 부정수표단속법위반 혐의로 고발되거나 수사 또는 기소된 사실이 있나요.

답 :

문 : 대표이사와 임원의 각 월 평균보수(각종 공제 전, 공제 후)는 얼마인가요.

답 :

2. 회사의 개요에 관하여

문 : 회사의 주요 연혁을 말씀하십시오.

답 :

문 : 현재 임직원의 수와 최근의 변동 상황은 어떠한가요.

답 :

문 : 각 임원의 역할 및 회사의 조직·기구현황은 어떠한가요.

답 :

문 : 업계의 최근 동향은 어떠한가요. 이와 같은 동향이 회사에 미치는 영향은 어떠한가요.

답 :

문 : 회생절차개시신청으로 말미암아 영업에 영향이 있나요.

답 :

문 : 회사의 해외지사, 연락사무소 등이 있는가요.

답 :

문 : 노동조합의 현황은 어떠한가요. 노동조합이 없을 경우 근로자대표는 누구인가요?

답 :

문 : 회생절차개시신청으로 직원들이 동요하거나 사직하는 예가 있나요.

답 :

문 : 체불된 임금이나 체납 중인 조세가 있는가요.

답 :

문 : 회사의 등기임원들은 상근으로 근무하면서 보수를 지급받고 있나요.

답:

문 : 대표이사나 임원 중에 회사에 대한 채권, 채무가 있는 사람이 있나요(회사의 회생채권 중 특수관계자 채권의 구체적 내용을 밝힐 것).

답 :

문 : 회사의 중요한 영업재산으로는 어떠한 것이 있나요.

답 :

문 : 현재 위 영업재산에 관하여 소송이 계속 중이거나, 보전처분이 내려지거나 강제집행이 진행 중인 것이 있나요.

답 :

문 : 회사의 주거래은행은 어디인가요. 채무가 제일 많은 곳은 어디인가요.

답 :

문 : 회사는 중소기업기본법 제2조 제1항 소정의 중소기업자에 해당하는가요.

답 :

3. 관계회사와 관련하여

문 : 관계회사들의 현황(업종, 출자비율, 영업상태, 자산 및 부채 현황)은 어떠한가요.

답 :

문 : 대표이사 또는 사주가 자회사나 관계 회사에 관여하고 있거나 주식을 보유한바 있나요.

답 :

4. 자본에 관하여

문 : 회사는 상장회사인가요.

답 :

문 : 회사의 자본금 현황은 어떠한가요.

답 :

문 : 자본금의 변동 과정은 어떠한가요.

답 :

문 : 주권은 발행되어 있나요.

답 :

문 : 주주 현황은 어떠하고 전·현직 대표이사 및 임원의 주식지분비율은 어떠한가 요. 주주들 사이의 관계 및 주식을 취득하게 된 경위에 관하여 밝혀주십시오.

답 :

문 : 최근 3년간 주주배당금과 배당률은 어떠한가요.

답 :

문 : 최근 주주 현황에 관하여 특이할 만한 변동사항이 있는가요.

답 :

문 : 발행된 주식 중 담보로 제공된 것이 있나요.

답 :

5. 자산 및 부채에 관하여

문 : 회사는 외부회계감사를 어디에서 받고 있나요.

답 :

문 : 과거 3년간 회계감사의견은 어떠했나요.

답 :

문 : 회사의 자산현황은 어떠한가요.

답 :

문 : 현재 매출채권, 미수금, 대여금의 회수가능성은 어느 정도인가요.

답 :

문 : 자산 중 분식결산한 것은 없나요.

답 :

문 : 최근에 자산재평가를 한 사실이 있나요.

답 :

문 : 회사의 고정자산 중 최근의 주요 변동사항(매각 등)으로는 무엇이 있나요. 만일 주요 자산의 최근 매각 내역이 있다면, 매각 경위와 매각 결과, 매각대금의 사용내역 등에 대하여 구체적으로 밝히기 바랍니다.

답 :

문 : 회사는 부동산을 보유하고 있나요. 그 구체적 내역은 어떻게 되나요(소재지, 면적, 시가 등).

답 :

문 : 회사는 지적재산권을 보유하고 있나요. 그 구체적 내역과 활용용도는 어떻게 되나요.

답 :

문 : 자산의 담보제공현황은 어떠한가요. 제3자를 위하여 담보를 제공한 것도 있나요. 신청서에 회생담보권으로 기재된 채권은 어떠한 자산을 담보로 제공한 것인지 구체적으로 진술하여 주십시오.

답 :

문 : 담보로 제공되지 않은 부동산이 있나요. 그 용도는 무엇인가요.

답 :

문 : 회사의 부채현황은 어떠한가요. 회생담보권, 회생채권(금융기관, 상거래채권 구분), 임금채권, 조세채권을 분류하여, 각 채권별 채권자수, 채권금액, 최대채권자 및 그 채권금액을 특정하여 표로 정리하여 주십시오.

답 :

문 : 부외 부채가 존재하는지 여부에 관하여 진술하여 주십시오.

답 :

문 : 부채 중 단기차입금의 비중은 높은 편인가요. 이로 인한 문제점은 무엇이고 그 대책은 어떠한가요.

답 :

문 : 관계회사에 대한 채권·채무 현황은 어떠한가요.

답 :

문 : 회사의 보증채무 현황은 어떠한가요.

답 :

문 : 최근 3년간과 현재의 부채비율은 얼마인가요.

답 :

문 : 향후 6개월 이내에 도래하는 채무는 총 얼마인가요. 또한 이미 얼마를 갚았나요.

답 :

문 : 어음·수표의 부도일자와 내역은 어떠한가요. 부도이유는 무엇인가요.

답 :

문 : 대표이사 등 임원의 개인 재산 중 회사를 위하여 담보로 제공된 것이 있나요.

답 :

문 : 금융기관 회생담보권의 현황 및 이에 대한 담보제공 현황은 어떠한가요.

답 :

문 : 회사가 가지고 있는 임차보증금 채권이나 유가증권 중에 금융기관 등에 담보로 제공된 것이 있나요.

답 :

문 : 현재 회생담보권자들의 동향은 어떠한가요. 강제집행을 실행할 의사가 있는 것으로 보이나요.

답 :

문 : 금융기관 회생채권 현황은 어떠한가요.

답 :

문 : 최근 5년 간 재무상태상 항목별 자산, 부채의 주요 변동에 관하여 항목별로 그 구체적 사유를 밝히기 바랍니다(표로 정리할 것).

답 :

6. 영업 및 운영자금조달에 관하여

문 : 회사의 주된 영업내용에 관하여 구체적으로 진술하고, 관련 자료를 제출하여 주

십시오.

답 :

문 : 회사 설립 후 현재까지 영업실적은 어떠한가요(최근 5개년 영업실적-매출액, 매출원가, 판관비, 영업이익, 당기순이익-에 관하여는 표로 정리해 주십시오).

답 :

문 : 회사의 현재 영업상황을 구체적으로 밝히기 바랍니다.

답 :

문 : 회사의 손익분기점은 월 매출 기준으로 얼마인지 진술하십시오.

답 :

문 : 회사 대표이사가 회사의 영업에 있어서 차지하는 비중은 어느 정도이고 대표이사의 현재 건강상태는 어떠한가요.

답 :

문 : 회사가 정상적인 영업활동을 하기 위하여 필요한 월 운전자금의 규모는 얼마이고 그 내역은 어떠한가요.

답 :

문 : 월평균 수금실적은 얼마인가요.

답 :

문 : 현재 회사가 보유하고 있는 자금(시재)의 현황은 어떠한가요.

답 :

문 : 향후 부족한 운전자금의 조달방안은 무엇인가요.

답 :

문 : 회사는 어음, 수표를 발행하고 있나요.

답 :

문 : 그 중 견질로 발행한 것이 있나요.

답 :

문 : 매입거래처와 협력업체의 현황은 어떠한가요.

답 :

문 : 최근 3년간 영업이익, 경상이익의 현황은 어떠한가요. 특별한 변화가 발생했다면 그와 같은 변화가 발생한 이유는 무엇인가요.

답 :

문 : 현재 회사에 관하여 제3자와 사이에 인수협상이 진행되고 있는 것이 있나요. 현
    재는 없더라도 향후 인수합병 등을 추진할 계획이 있나요.

답 :

7. 회생절차개시 요건과 관련하여

문 : 회사의 파탄원인은 무엇인가요.

답 :

문 : 회사는 보증채무를 포함하여 현재 채무초과상태인가요

답 :

문 : 현재 회사가 파산할 경우, 채권자들이 파산절차를 통하여 배당받을 수 있는 채
    권액은 어느 정도일 것으로 생각하나요.

답 :

문 : 회사가 산출한 청산가치와 계속기업가치는 얼마인가요.

답 :

문 : 현재 회사의 신용도는 어떠한가요.

답 :

문 : 채권자 단체가 따로 구성되어 있나요.

답 :

8. 관리인의 선임과 관련하여

문 : 회사의 이사 또는 지배인이 회사의 재산을 유용 또는 은닉한 사실이 있나요.

답 :

문 : 회사의 이사 또는 지배인이 정관이나 법령에 위반한 행위, 임무해태행위를 하여
    회사에 중대한 손해를 발생시킨 사실이 있는가요.

답 :

문 : 회사의 이사 또는 지배인이 분식회계에 관여한 사실이 있는가요.

답 :

문 : 회사의 지배주주가 회사의 경영에 영향력을 행사한 사실이 있나요. 그와 같이
    영향력을 행사한 지배주주 및 그와 친족관계에 있는 자는 누구인가요.

답 :

문 : 상업등기부에 이사나 지배인으로 등재되지 아니하였으나 영향력을 이용하여 이사에게 업무집행을 지시한 자, 이사의 이름으로 직접 업무를 집행한 자, 이사가 아니면서 명예회장·회장·사장·부사장·전무·상무·이사 기타 회사의 업무를 집행할 권한이 있는 것으로 인정될 만한 명칭을 사용하여 회사의 업무를 집행한 자가 있나요.

답 :

문 : 회사의 경영과 관련하여 대표이사는 일반관리 부문, 기술 부문, 영업 부문 등 분야 중에서 주로 어느 부문의 역할을 하였는가요.

답 :

문 : 만약 관리인으로 선임될 경우 공적인 수탁자로서 선량한 관리자의 주의를 다하여 회사의 업무를 수행하고 재산의 관리 및 처분을 하는 등 관리인의 직무를 성실히 할 의사가 있나요.

답 :

문 : 만일 대표이사가 아닌 자가 관리인으로 선임된 경우, 그 관리인이 대표이사를 회사의 임원으로 다시 임명한다면 관리인의 경영과 재산관리업무에 적극 협력할 용의가 있나요.

답 :

문 : 구조조정담당임원(CRO)이 선임될 경우 구조조정담당임원의 자금수지조사 등 업무에 적극 협력할 용의가 있나요.

답 :

9. 자구노력에 관하여

문 : 그 동안 회사의 자구노력은 무엇이 있고 앞으로 어떠한 것이 필요한가요.

답 :

문 : 매각을 예정한 자산이 있나요.

답 :

문 : 최근 임직원의 급여조정이 있었거나 향후 임직원의 급여를 조정할 계획을 갖고 있나요.

답 :

문 : 회생절차에 대한 노동조합의 향후 태도는 어떠한가요.

답 :

10. 기 타

문 : 예납금은 납부하였나요.

답 :

문 : 이 사건 이전에 회생 내지 파산절차를 신청한바 있나요.

답 :

문 : 중소기업회생컨설팅 지원제도를 신청하거나 활용할 계획이 있으신가요.

답 :

문 : 서울회생법원은 회생절차에서 M&A를 통한 채무자의 효율적인 회생을 도모하기 위하여 '채무자의 개요, 자본과 관련한 사항, 최근 3년간 재무상태표, 손익계산서, 주요 자산, 특허권 등, 회생담보권, 회생채권에 관한 사항, 채권자협의회 또는 채권단, M&A 접촉 안내'를 법원 홈페이지에 게시하는 방법으로 일반에 공개하고 있습니다. 대표자는 만약 회생절차가 개시된 후 M&A가 추진되는 경우 회사의 위 사항을 법원 홈페이지에 게시하는 것에 동의하는가요.

답 :

문: 신청대리인과 위임계약 체결하였나요?

답:

문: 위임계약을 체결하였다면 그 위임범위는 어디까지로 하였나요(① 계약의 종기가 개시결정시까지인지 아니면 인가결정시까지인지, ② 신청대리인이 시부인 작업이나 회생계획안 작성업무까지 도와주는 것인지 아니면 회생계획안 작성업무를 위해 회계법인과 별도의 위임계약을 체결하여야 하는 것인지, ③ 개시결정이나 인가결정이 있는 경우 별도의 성공보수가 있는 것인지, ④ 회생절차 진행 도중에 생겨나는 조사확정재판이나 부인의 청구까지도 대리를 하는 것인지 등).

답:

관리위원 ○○○

문 : 부산에서 천안으로 공장을 이전한 이유는 무엇인가요.

답 :

문 : 영업이익률이 적자가 아닐 때에도 3% 내외에 불과한데 이는 무차입 경영을 해도 채무변제에 부족한 것이 아닌가요.

답 :

문 : 무형자산상각이 많이 늘어난 이유와 재고자산이 많은 이유, 직원에게 대여한 장
     기대여금의 내역 등은 무엇인가요.

답 :

수명법관

대리인 ○○○에게 회생절차의 진행과 관련하여 의견을 진술할 기회를 부여.

대리인 ○○○

별다른 의견을 진술하지 아니하다.

법원 사무관   ○   ○   ○

수명법관 판사   ○   ○   ○

【별지 8 채권자협의회 구성통지】

서 울 회 생 법 원
관 리 위 원 회

2023. ○. ○. 발송필

우) 06594 서울 서초구 서초중앙로 157 / ☎ 530-1534 / 팩스 599-7720 / 관리위원 ○ ○ ○

시행일자 : 2023. ○. ○.

수   신 : 수신처 참조
제   목 : 채권자협의회 구성통지

───────────────────────────────

1. 귀(행)사의 채무자인 ○○ 주식회사의 서울회생법원 2023회합○○호 회생 사건과 관련된 내용입니다.

2. 서울회생법원 관리위원회는 채무자 회생 및 파산에 관한 법률 제20조, 같은 규칙 제34조에 의하여 귀사를 구성원으로 하는 채무자 ○○ 주식회사의 채권자협의회를 아래와 같이 구성하였음을 통지하니, 별지 〈참고사항〉을 참조하여 대표채권자를 지체 없이 지정한 다음, 대표채권자는 2023. ○. ○.까지 관리위원회에 도착할 수 있도록 서면 또는 팩시밀리 전송의 방법으로 신고해 주시기 바랍니다(위 기일 내에 대표채권자의 신고가 없는 경우에는 관리위원회가 대표채권자를 지정할 것입니다).

– 아   래 –

□ 채권자협의회 구성원 명단

구성원	부 서	담당자	전화번호	팩스번호	비고
○○은행	○○개선부	○○○ 팀장	02-000-0000	0000-000-0000	
○○기금	○○지원단	○○○ 차장	031-000-0000	0505-000-0000	
□□은행	○○지점	○○○ 차장	033-000-0000	033-000-0000	
○○전자(주)	○○관리부	○○○ 차장	02-000-0000	02-0000-0000	

＊첨부 : 참고사항

관 리 위 원 회 위 원 장 ○   ○   ○

수신처 : ○○은행, ○○기금, □□은행, ○○전자(주). 끝.

〈참 고 사 항〉

1. 채권자협의회의 업무

 - 채권자협의회는 채권자들 사이의 이해관계를 조정하여 법원에 회생절차에 관한 의견을 제시할 수 있고, 법원이 보전관리인·관리인을 선임할 경우, 채무자의 회생채권을 불가피하게 조기 변제할 경우 등 기타 법률이 정하고 있는 사항 또는 법원이나 관리위원회의 요구가 있는 사항에 관하여 의견을 진술할 수 있음.
 - 채권자협의회는 법원으로부터 회생절차개시신청서류, 각종 결정문, 조사보고서 기타 대법원규칙이 정하는 자료의 사본을 제공받을 수 있음.

2. 채권자협의회의 의결 및 의견제시방법

 - 채권자협의회는 재적회원 과반수 출석으로 개회하고, 출석한 구성원 과반수의 찬성으로 의결함(다만 의결권은 서면 또는 대리인에 의하여 행사할 수 있음).
 - 법원 또는 관리위원회로부터 의견을 요청받은 경우에는 의결 결과 및 출석 구성원들의 채권액, 의견을 모두 기재하여 송부하여야 함.
 - 법원 또는 관리위원회가 의견 제출기한을 정한 경우에는 기한 연장허가를 받지 아니하는 한 그 기한을 넘겨서는 아니됨(의견 제출이 없는 경우 채권자들의 이해관계가 반영되지 않을 수 있음).

3. 대표채권자의 역할

 - 대표채권자는 채권자협의회의 의장이 되고, 대외적으로 협의회를 대표하여 협의회의 의견을 제시하고 협의회의 사무를 총괄함.
 - 대표채권자는 법원 또는 관리위원회로부터 의견을 요청받거나 구성원 1/4 이상의 요구가 있을 때에는 5영업일 이내에 회의를 개최하여야 함.
 - 법원 또는 관리위원회의 채권자협의회에 대한 의견조회는 대표채권자에 대하여 하고, 채권자협의회의 법원 또는 관리위원회에 대한 의견진술 또한 대표채권자를 통하여 함.

4. 변경 내용 통지

 - 채권자협의회 구성원은 채권의 이관 또는 매각 등으로 담당부서 또는 담당자가 변경될 경우 담당자 성명 및 전화번호 등을 법원 주무 관리위원에게 전화(02-530-1534) 또는 팩스(02-599-7720)로 통보 바람.

【별지 9 대표채권자 지정통지서】

서 울 회 생 법 원
관 리 위 원 회

2023. ○. ○. 발송필

우) 06594 서울 서초구 서초중앙로 157 / ☎ 530-1534 / 팩스 599-7720 / 관리위원 ○ ○ ○

시행일자 : 2023. ○. ○.

수　　신 : ○○은행

참　　조 : 참조처 참조

제　　목 : 대표채권자 지정 통지

---

1. 귀(행)사의 채무자인 ○○ 주식회사의 서울회생법원 2023회합○○호 회생
   사건과 관련된 내용입니다.
2. 서울회생법원 관리위원회는 2023. ○. ○. 채무자 회생 및 파산에 관한 법
   률 제20조, 같은 규칙 제34조에 의하여 ○○ 주식회사 채권자협의회를 구
   성한 후 구성원에게 통지하였으나 기한 내에 대표채권자 신고가 없으므로,
   같은 규칙 제35조 제2항에 의하여 귀사를 대표채권자로 지정하여 아래와
   같이 통지합니다.

- 아　래-

□ 채권자협의회 구성원 명단

구성원	부 서	담당자	전화번호	팩스번호	비고
○○은행	○○개선부	○○○ 팀장	02-000-0000	0000-000-0000	대표 채권자
○○기금	○○지원단	○○○ 차장	031-000-0000	0505-000-0000	
□□은행	○○지점	○○○ 차장	033-000-0000	033-000-0000	
△△전자(주)	○○관리부	○○○ 차장	02-000-0000	02-0000-0000	

관 리 위 원 회　위 원 장　○　　○　　○

참조처 : ○○기금, □□은행, △△전자(주). 끝.

【별지 10 채권자협의회 구성 및 대표채권자 지정통지】

서 울 회 생 법 원
관 리 위 원 회

2023. ○. ○. 발송필

우) 06594 서울 서초구 서초중앙로 157 / ☎ 530-1534 / 팩스 599-7720 / 관리위원 ○ ○ ○

시행일자 : 2023. ○. ○.
수　　신 : 수신처 참조
제　　목 : 채권자협의회 구성 및 대표채권자 지정 통지[1]

1. 귀(행)사의 채무자인 ○○ 주식회사의 서울회생법원 2023회합○○호 회생
   사건과 관련된 내용입니다.
2. 서울회생법원 관리위원회는 채무자 회생 및 파산에 관한 법률 제20조, 같은
   규칙 제34조에 의하여 귀(행)사를 구성원으로 하는 채무자 ○○ 주식회사의
   채권자협의회를 구성하고, 채권금액 등을 고려하여 '○○은행'을 대표채권자
   로 지정하여 아래와 같이 통지합니다.
3. 채권자협의회 구성원의 업무와 역할 등은 첨부〈참고사항〉을 참조하시기 바
   라며 아래 구성원 관련 변경 사항이 있을 경우에는 대표채권자를 통하거나
   직접 우리 관리위원회에 신고하여 주시기 바랍니다.

－ 아　　　　　래 －

□ 채권자협의회 구성원 명단

구성원	부 서	담당자	전화번호	팩스번호	비고
○○은행	○○개선부	○○○ 팀장	02-000-0000	0000-000-0000	대표 채권자
○○기금	○○지원단	○○○ 차장	031-000-0000	0505-000-0000	
□□은행	○○지점	○○○ 차장	033-000-0000	033-000-0000	
△△전자(주)	○○관리부	○○○ 차장	02-000-0000	02-0000-0000	

* 첨부 : 참고사항(생략)

관 리 위 원 회 　 위 원 장 　 ○　　○　　○

수신처 : ○○은행, ○○기금, □□은행, △△전자(주). 끝.

---

1) 서울회생법원 관리위원회는 채권자협의회 구성 단계에서 미리 채권자협의회 구성원들의 의견
   을 종합하여 채권자협의회 구성과 동시에 대표채권자를 지정하는 실무례가 다수이다.

【별지 11 보전처분결정】

서 울 회 생 법 원
제 1 부
결   정

사   건   2023회합○○   회생
신청인 겸 채무자

○○ 주식회사
서울 ○○구 ○○로 ○○○
대표이사 ○○○
대리인 법무법인 ○○
담당변호사 ○○○, ○○○, ○○○, ○○○

주   문

이 사건에 관하여 회생절차개시신청에 대한 결정이 있을 때까지[2] 채무자는 아래 1. 내지 4.의 각 행위를 하여서는 아니된다. 다만 미리 이 법원의 허가를 받았을 때에는 그 제한을 받지 아니한다.

1. 2023. ○. ○. ○○:○○ 이전의 원인으로 생긴 일체의 금전채무에 관한 변제 또는 담보제공
2. 부동산, 자동차, 건설기계, 특허권 등 등기 또는 등록의 대상이 되는 채무자 소유의 일체의 재산 및 (   )원 이상의 기타 재산에 관한 소유권의 양도, 담보권·임차권의 설정 기타 일체의 처분(그러나 계속적이고 정상적인 영업활동에 해당하는 제품, 원재료 등의 처분행위는 예외)
3. 명목 여하를 막론한 자금의 차입(어음할인, 포함)
4. 노무직, 생산직을 제외한 임직원의 채용

---

[2] 간이회생사건의 경우에는 '회생절차개시신청에 대한 결정이 있을 때까지' 부분을 '간이회생절차개시신청에 대한 결정이 있을 때까지(간이회생절차개시신청이 기각되는 경우에는 회생절차개시신청에 대한 결정이 있을 때까지)'로 변경하여 기재한다.

이　　　유

채무자의 업무 및 재산에 관하여 보전처분을 명함이 상당하므로, 채무자 회생
및 파산에 관한 법률 제43조 제1항에 의하여 주문과 같이 결정한다.

2023. O. O.

재판장　　　판사　　　OOO

판사　　　OOO

판사　　　OOO

【별지 12 보전관리명령】

서 울 회 생 법 원

제 1 부

결   정

사   건   2023회합○○   회생
신 청 인 겸   ○○ 주식회사
채 무 자   서울 ○○구 ○○로 ○○○
                    대표이사   ○○○

주   문

1. 채무자에 대하여 보전관리인에 의한 관리를 명한다.

2. ○○○(19○○. ○. ○.생, 주소 : 서울 ○○구 ○○로 ○○○)을 채무자의 보
   전관리인으로 선임한다.

3. 보전관리인의 2023. ○. ○. 이후의 보수를 월 ○원으로 정한다.

4. 보전관리인이 다음 행위를 함에는 이 법원의 허가를 받아야 한다.

   가. 2023. ○. ○. ○○:○○ 이전의 원인으로 인하여 생긴 일체의 금전채무에
       대한 변제.

   나. 부동산·자동차·건설기계·특허권 등 등기 또는 등록의 대상이 되는 일
       체의 재산에 관한 소유권의 양도, 담보권·임차권의 설정 기타 일체의 처
       분행위. 그러나 계속적이고 정상적인 영업활동에 해당하는 제품, 원재료
       등의 처분행위는 예외로 한다.

   다. 항목당 (   )원[3]을 초과하는 금원지출. 다만 국세, 지방세, 전기료, 수
       도료, 가스료, 전화료, 국민연금, 장애인고용분담금, 직업훈련분담금, 개발
       부담금 등 제세공과금, 건강보험료, 고용보험료, 산재보험료 중 공익채권
       에 해당하는 금원지출은 제외한다. 그러나 위 단서에 열거된 금원지출과

---

3) 서울회생법원은 보전처분 결정시 법원의 허가가 필요한 금액의 기준은 통상 회생절차 개시결
   정에서 채무자의 지출행위 중 법원의 허가가 필요한 금액의 기준과 동일하게 정하고 있다.

(   )원 이하의 금원지출에 관하여도 다음 달 20.까지는 그 지출상황을 보고하여야 한다.

라. 위 '나'목에 해당하지 아니하는 시가 (   )원을 초과하는 재산에 관한 소유권의 양도, 담보권·임차권의 설정 기타 일체의 처분행위.

마. (   )원을 초과하는 재산의 양수.

바. (   )원을 초과하는 금원 지출이 예상되는 증여, 매매, 교환, 소비대차, 임대차, 고용, 도급, 위임, 임치 등 계약의 체결 기타 의무부담행위.

사. 어음·수표계좌의 설정 및 어음·수표 용지의 수령 및 발행행위.

아. 소의 제기, 소송대리인의 선임, 화해 기타 일체의 소송행위.

자. 과장급 이상의 인사 및 보수결정.

차. 권리의 포기.

카. 공익채권과 환취권의 승인.

타. 보전관리인의 자기 또는 제3자를 위한 채무자와의 거래.

파. 경영상 이유에 의한 근로자의 해고.

하. 자본의 감소, 신주나 사채의 발행, 합병, 해산, 회사의 조직변경이나 계속 또는 이익이나 이자의 배당, 기타 회사의 상무에 속하지 아니하는 행위.

5. 보전관리인이 이 법원의 허가를 받아야 할 수 있는 위 각 목의 행위 중 '다'목 내지 '자'목에 대한 허가사무를 이 법원 관리위원회 소속 관리위원 ○○○, □□□, △△△에게 위임한다. 위임받은 허가 사무는 위 관리위원 중 ○○○ 관리위원이 단독으로 처리하되, ○○○ 관리위원에게 유고가 있는 경우에는 □□□ 관리위원이 처리하고, □□□ 관리위원에게 유고가 있는 경우에는 △△△ 관리위원이 처리한다. 다만 아래의 행위에 대한 허가사무는 위임하지 아니한다.

가. '마'목 중 제3자의 영업의 양수.

나. '아'목 중 소 및 상소의 제기 여부의 결정, 소송대리인의 선임, 소 및 상소의 취하, 조정, 화해, 청구의 포기·인낙, 소송탈퇴, 조정에 갈음하는 결정에 대한 이의신청 여부 및 화해권고결정에 대한 이의신청 여부의 결정.

다. '자'목 중 임원의 인사 및 보수결정.

6. 관리위원은 허가위임사무의 처리결과를 매월 이 법원에 보고하여야 한다.

이   유

채무자 회생 및 파산에 관한 법률 제43조 제3항, 제85조, 제61조, 제18조, 같은 규칙 제29조 내지 제31조에 의하여 주문과 같이 결정한다.

2023. ○. ○.

재판장   판사   ○ ○ ○

판사   ○ ○ ○

판사   ○ ○ ○

【별지 13 보전관리인 선임증】

2023회합○○   회생

선 임 증

성 명   ○ ○ ○ (19○○.○.○생)

주 소   서울 ○○구 ○○로 ○○○

위 사람은 ○○ 주식회사의 보전관리인
으로 선임되었음을 증명함.

2023.   ○. ○.

서울회생법원 제1부

【별지 14 보전관리인 선임 공고】

<h1 style="text-align:center">○○ 주식회사 보전관리인 선임 공고</h1>

사   건   2023회합○○   회생
신청인 겸 채무자 ○○ 주식회사
　　　　　　　　　서울 ○○구 ○○로 ○○○

　이 법원은 채무자에 대하여 보전관리인에 의한 관리를 명하였으므로 채무자 회생 및 파산에 관한 법률 제43조 제8항에 의하여 다음과 같이 공고합니다.

- 다 음 -

1. 채무자에 대하여 보전관리인에 의한 관리를 명한다.
2. ○○○(19○○.○.○생)을 채무자의 보전관리인으로 선임한다.

2023. ○. ○.

서울회생법원   제1부

재판장   판사   ○○○

판사   ○○○

판사   ○○○

【별지 15 법인 채무자에 대한 보전관리인 선임등기 촉탁서】

서 울 회 생 법 원
제 1 부
등 기 촉 탁 서

서울중앙지방법원 등기국 등기관 귀하

사   건   2023회합○○   회생
신청인 겸 채무자 ○○ 주식회사
　　　　　　　　서울 ○○구 ○○로 ○○○

　위 사건에 관하여 다음과 같이 보전관리 및 보전관리인 선임의 기입등기를 촉탁합니다.

등기원인과 그 연월일   2023. ○. ○. 보전관리명령 및 보전관리인 선임 결정
등기의 목적   보전관리 및 별지 기재 보전관리인 선임의 기입등기
등록면허세 및 등기신청수수료   지방세법 제26조 제2항 제1호, 등기사항증명서
　　　　　　　　　　　　　등 수수료 규칙 제5조의3 제2항 제1호, 채무자
　　　　　　　　　　　　　회생 및 파산에 관한 법률에 따른 법인등기
　　　　　　　　　　　　　사무처리지침 제8조에 의하여 면제
첨   부   1. 보전관리인에 의한 관리명령결정등본 1통.
　　　　　　　　　2. 인감신고서류(인감신고서, 인감대지, 인감증명서, 주민등록
　　　　　　　　　　초본).
　　　　　　　　　3. 법인등기부등본 1통. 끝.

2023. ○. ○.

법원사무관   ○　　○　　○

【별지 16 담보권실행을 위한 경매절차 또는 강제경매 등 중지명령】

서 울 회 생 법 원
제 1 부
결   정

사   건   2023회합○○   회생
신청인 겸 채무자

        ○○ 주식회사

        서울 ○○구 ○○로 ○○○

        대표이사 ○ ○ ○

주   문
이 사건에 관하여 회생절차개시신청에 관한 결정이 있을 때까지[4] 채무자에 대한 서울서부지방법원 2023타경○○호 사건의 담보권실행을 위한 경매절차를 중지한다.

이   유
채무자 회생 및 파산에 관한 법률 제44조 제1항에 의하여 주문과 같이 결정한다.

2023. ○. ○.

        재판장   판사   ○○○

                 판사   ○○○

                 판사   ○○○

---

[4] 간이회생사건의 경우에는 '회생절차개시신청에 대한 결정이 있을 때까지' 부분을 '간이회생절차개시신청에 대한 결정이 있을 때까지(간이회생절차개시신청이 기각되는 경우에는 회생절차개시신청에 대한 결정이 있을 때까지)'로 변경하여 기재한다.

【별지 17 강제집행 등의 취소결정】

서 울 회 생 법 원

제 1 부

결   정

사   건   2023회합○○ 회생
신청인 겸 채무자

　　　　　　　　○○ 주식회사

　　　　　　　　서울 ○○구 ○○로 ○○○

　　　　　　　　대표이사 ○ ○ ○

상 대 방   주식회사 ○○

　　　　　　　　서울 ○○구 ○○로 ○○○

　　　　　　　　대표이사 ○○○

제3채무자   별지 목록 기재와 같다.

주 　　 문

  채무자와 상대방 사이의 ○○지방법원 20○○카단○○호 가압류 사건에 관하여 위 법원이 2023. ○. ○. 한 채권가압류 결정을 취소한다.

이 　　 유

  이 법원은 2023. ○. ○. 채무자 회생 및 파산에 관한 법률 제44조 제1항에 의하여 주문 기재 채권가압류 절차에 대하여 중지를 명하였고, 채무자가 위 가압류 대상인 채권을 회수하여 채무자의 운영을 위한 자금으로 사용하는 것이 채무자의 회생을 위하여 특히 필요하다고 인정되므로, 같은 법 제44조 제4항에 의하여 주문과 같이 결정한다.

2023. ○. ○.

재판장   판사   ○○○

            판사   ○○○

            판사   ○○○

【별지 18 체납처분 취소결정】

서 울 회 생 법 원

제 1 부

결   정

사   건   2023회합○○ 회생
신 청 인   채무자 ○○주식회사의 관리인 ○○○
　　　　　　 서울 ○○구 ○○로 ○○○

주   문

별지 목록[5] 기재 체납처분을 취소한다.

이   유

　이 법원이 2023. ○. ○. 10:00 채무자에 대하여 회생절차 개시결정을 하여 채무자 회생 및 파산에 관한 법률 제58조 제3항에 따라 주문 기재 체납처분이 중지되었고, 채무자가 위 체납처분 대상인 채권을 회수하여 채무자의 운영을 위한 자금으로 사용하는 것이 채무자의 회생을 위하여 필요하다고 인정되므로, 같은 법 제58조 제5항에 의하여 주문과 같이 결정한다.

2023. ○. ○.

재판장   판사   ○○○

판사   ○○○

판사   ○○○

※ 이 결정문을 집행기관(집행을 실시하고 있는 집행법원 또는 집행관)에
　 제출하여야만 집행취소를 받을 수가 있습니다.

---

5) 별지 목록에는 체납처분청, 피보전채권(조세채권), 체납처분일자, 체납처분 대상 등을 기재한다.

【별지 19 포괄적 금지명령】

서 울 회 생 법 원

제 1 부

결   정

사   건   2023회합○○   회생

신청인 겸 채무자 ○○ 주식회사

　　　　　　　　서울 ○○구 ○○로 ○○○

　　　　　　　　대표이사 ○ ○ ○

주   문

이 사건에 관하여 회생절차 개시신청에 대한 결정이 있을 때까지,[6] 모든 회생채권자 및 회생담보권자에 대하여 회생채권 또는 회생담보권에 기한 강제집행, 가압류, 가처분 또는 담보권실행을 위한 경매절차를 금지한다.

이   유

채무자 회생 및 파산에 관한 법률 제45조 제1항을 적용하여 주문과 같이 결정한다.

2023. ○. ○.

　　　　　　재판장　　　판사　　　○○○

　　　　　　　　　　　　판사　　　○○○

　　　　　　　　　　　　판사　　　○○○

---

6) 간이회생사건의 경우에는 '회생절차개시신청에 대한 결정이 있을 때까지' 부분을 '간이회생절차개시신청에 대한 결정이 있을 때까지(간이회생절차개시신청이 기각되는 경우에는 회생절차개시신청에 대한 결정이 있을 때까지)'로 변경하여 기재한다.

【별지 20 포괄적 금지명령 공고】

채무자 ○○ 주식회사 포괄적 금지명령 공고

사   건   2023회합○○   회생
신청인 겸 채무자 ○○ 주식회사
                  서울 ○○구 ○○로 ○○○

이 법원은 채무자에 관하여 2023. ○. ○. 포괄적 금지명령을 하였으므로, 채무자 회생 및 파산에 관한 법률 제46조 제1항에 의하여 다음과 같이 공고합니다.

- 다 음 -

이 사건에 관하여 회생절차의 개시신청에 대한 결정이 있을 때까지,[7] 모든 회생채권자 및 회생담보권자에 대하여 회생채권 또는 회생담보권에 기한 강제집행, 가압류, 가처분 또는 담보권실행을 위한 경매절차를 금지한다.

2023. ○. ○.

서울회생법원   제1부

재판장   판사   ○○○

            판사   ○○○

            판사   ○○○

---

7) 간이회생사건의 경우에는 '회생절차개시신청에 대한 결정이 있을 때까지' 부분을 '간이회생절차개시신청에 대한 결정이 있을 때까지(간이회생절차개시신청이 기각되는 경우에는 회생절차개시신청에 대한 결정이 있을 때까지)'로 변경하여 기재한다.

【별지 21 포괄적 금지명령 적용배제결정】

서 울 회 생 법 원

제 1 부

결   정

사 건	2023회합○○ 회생
신 청 인	△△ 주식회사
	서울 ○○구 ○○로 ○○○
	대표이사 ○ ○ ○
채 무 자	○○ 주식회사
	서울 ○○구 ○○로 ○○○
	대표이사 ○ ○ ○

주   문

이 사건에 관하여 2023. ○. ○. 한 포괄적 금지명령은 신청인에 대하여는 그 적용을 배제한다.

이   유

채무자 회생 및 파산에 관한 법률 제47조 제1항에 의하여 주문과 같이 결정한다.

2023. ○. ○.

재판장	판사	○○○	
	판사	○○○	
	판사	○○○	

【별지 21-1 ARS에 따른 회생절차개시 여부 보류 결정문】

서 울 회 생 법 원
제 1 부
결   정

사   건   2023회합○○   회생

채 무 자   ○○ 주식회사

              서울 ○○구 ○○로 ○○○

              대표이사 ○○○

주   문

채권자들과 채무자 사이의 구조조정에 관한 협의를 지원하기 위하여 이 사건 회생절차 개시여부 결정은 2023. ○. ○○.까지 보류한다.

이   유

채권자들과 채무자 사이의 구조조정에 관한 협의를 지원하기 위하여 회생절차 개시여부에 관한 결정을 보류할 필요가 있으므로 채무자 회생 및 파산에 관한 법률 제39조의2 제2항 제1, 6호에 의하여 주문과 같이 결정한다.

2023. ○. ○.

재판장   판사   ○○○

            판사   ○○○

            판사   ○○○

【별지 22 회생절차개시, 관리인 선임 등에 대한 의견조회서 - 채권자협의회】

서 울 회 생 법 원
제 1 부

우) 06594 서울 서초구 서초중앙로 157 / ☎ 530-1603 / 팩스 592-5661 / 주심: ○○○ 판사

시 행 일 자   2023. ○. ○.
수   신   ○○ 주식회사의 채권자협의회(대표채권자 : ○○은행)
참   조   차장 ○○○ (전화   , 팩스   )
제   목   회생절차개시, 관리인 선임 등에 대한 의견조회

1. 채무자 ○○○에 대한 이 법원 2023회합○○ 회생사건에 관한 내용입니다.

2. 채무자 회생 및 파산에 관한 법률(이하 '법'이라고 함) 제50조 제1항, 제74조, 제87조 제1항에 의하여 다음 사항에 관한 귀 채권자협의회의 의견을 조회하오니, 20○○. ○. ○.까지 이 법원에 도착할 수 있도록 서면 또는 팩시밀리 전송의 방법으로 회신하여 주시기 바랍니다.

- 다   음 -

가. 위 채무자의 회생절차개시에 대하여 동의하는지 여부

나. 관리인 불선임 또는 선임에 대한 의견

 1) 관리인 불선임(법 제74조 제3항) 또는 채무자의 대표자를 관리인으로 선임(법 제74조 제2항 본문)

   ▶ 관리인 불선임의 경우 채무자의 대표자가 관리인으로 간주되므로(법 제74조 제4항), 대표자의 책임 하에 회생절차가 진행됨

 2) 제3자를 관리인으로 선임(법 제74조 제2항 각호)

   ▶ 이 경우 법 제74조 제2항 각호 중 해당하는 구체적 사유를 제시하고, 관리인으로 추천하는 제3자의 인적사항 및 이력서와 관리인에 적합한 이유를 제시하여야 함

법 제74조 제2항 각호

법원은 다음 각호에 해당하는 때를 제외하고 채무자의 대표자를 관리인으로 선임하여야 한다.

① 채무자의 재정적 파탄의 원인이 채무자의 이사, 채무자의 지배인 중 어느 하나에 해당하는 자가 행한 재산의 유용 또는 은닉이나 그에게 중대한 책임이 있는 부실경영에 기인하는 때

② 채권자협의회의 요청이 있는 경우로서 상당한 이유가 있는 때

③ 그 밖에 채무자의 회생에 필요한 때

　　다. 채무자에 대한 조사위원으로 ○○○○을 선임함에 대한 의견

　　라. 그 밖에 채무자에 대한 회생절차와 관련된 의견

3. 의견제출기한 준수규정(채무자 회생 및 파산에 관한 규칙 제37조 제4항, 제28조)에 따라 위 기한 내에 의견 제출이 없으면 아무런 제시의견이 없는 것으로 보고 처리할 예정이오니 참고하시기 바랍니다.

재　판　장　　　판　사　　　○　○　○

【별지 23 회생절차개시, 관리인 선임 등에 대한 의견조회서 - 관리위원회】

서 울 회 생 법 원
제 1 부

우) 06594 서울 서초구 서초중앙로 157 / ☎ 530-1603 / 팩스 592-5661 / 주심: ○○○ 판사

시 행 일 자   2023.   ○.   ○.
수   신   서울회생법원 관리위원회
참   조   주무관리위원 ○○○
제   목   회생절차개시, 관리인 선임 등에 대한 의견조회

가. 채무자의 회생절차개시 여부에 대한 의견

나. 관리인 불선임 또는 선임에 대한 의견

  1) 관리인 불선임(법 제74조 제3항) 또는 채무자의 대표자를 관리인으로 선
     임(법 제74조 제2항 본문)

     ▶ 관리인 불선임의 경우 채무자의 대표자가 관리인으로 간주되므로
       (법 제74조 제4항), 대표자의 책임 하에 회생절차가 진행됨

  2) 제3자를 관리인으로 선임(법 제74조 제2항 각호)

     ▶ 이 경우 법 제74조 제2항 각호 중 해당하는 구체적 사유를 제시하
       고, 관리인으로 추천하는 제3자의 인적사항 및 이력서와 관리인에
       적합한 이유를 제시하여야 함

다. 채무자에 대한 조사위원으로 ○○○을 선임함에 대한 의견

라. 그 밖에 채무자에 대한 회생절차와 관련된 의견

재 판 장   판 사   ○ ○ ○

【별지 24 회생절차개시신청의 취하 허가결정】

서 울 회 생 법 원

제 1 부

결   정

사   건   2023회합○○   회생

신청인 겸 채무자

　　　　　　　○○ 주식회사

　　　　　　　서울 ○○구 ○○로 ○○○

　　　　　　　대표이사 ○○○

　　　　　　　대리인 법무법인 ○○

　　　　　　　담당변호사 ○○○, ○○○, ○○○, ○○○

주   문

이 사건 회생절차개시신청의 취하를 허가한다.

이   유

신청인으로부터 이 사건 회생절차개시신청 취하서가 제출되었고, 이해관계인의 이익 등 제반 사정을 종합하면 이를 허가하는 것이 상당하다고 보이므로, 채무자 회생 및 파산에 관한 법률 제48조 제2항에 의하여 주문과 같이 결정한다.

2023. ○. ○.

재판장　　　판사　　　○○○

판사　　　○○○

판사　　　○○○

【별지 25 채무자재산보전처분 취하 허가결정】

서 울 회 생 법 원
제 1 부
결   정

사   건   2023회합○○   회생
신청인 겸 채무자

　　　　　　　○○ 주식회사
　　　　　　　서울 ○○구 ○○로 ○○○
　　　　　　　대표이사 ○○○
　　　　　　　대리인 법무법인 ○○
　　　　　　　담당변호사 ○○○, ○○○, ○○○, ○○○

주   문

이 사건 채무자재산보전처분신청의 취하를 허가한다.

이   유

　신청인으로부터 이 사건 채무자재산보전처분신청 취하서가 제출되었고, 이해관계인의 이익 등 제반 사정을 종합하면 이를 허가하는 것이 상당하다고 보이므로, 채무자 회생 및 파산에 관한 법률 제48조 제2항에 의하여 주문과 같이 결정한다.

2023.　　○.　　○.

재판장　　　판사　　　○○○

판사　　　○○○

판사　　　○○○

【별지 26 회생절차개시신청 취하허가 업무연락】

서 울 회 생 법 원
제 1 부
업 무 연 락

수　　　신　　수신처 참조

사　　　건　　2023회합○○　　　회생

신청인 겸 채무자

　　　　　　○○ 주식회사

　　　　　　서울 ○○구 ○○로 ○○○

　　　　　　대표이사　○○○

연 락 사 항　　신청인으로부터 회생절차개시신청취하서가 제출되었고, 이 법
　　　　　　　원이 2023. ○. ○. 그 취하를 허가하였기에 이를 알려드리니
　　　　　　　업무에 참고하시기 바랍니다.[8]

2023. ○. ○.

재판장　　판사　　　○　　○　　○

수신처 : 기획재정부장관, 법무부장관, 산업통상자원부장관, 고용노동부장관, 금
　　　　융위원회위원장, 국세청장, 관세청장, ○○세무서장, 서울특별시장, ○
　　　　○구청장. 끝.

---

[8] 보전처분·보전관리명령·중지명령·포괄적 금지명령이 있기 전에 취하가 이루어진 경우에는
연락사항을 다음과 같이 기재한다.
　"신청인으로부터 2023. ○. ○. 회생절차개시신청취하서가 제출되었기에 이를 알려드리니 업무
에 참고하시기 바랍니다."

【별지 27 회생절차개시신청 기각결정】

서 울 회 생 법 원
제 1 부
결   정

사   건   2023회합○○   회생
신 청 인 겸   ○○ 주식회사
채 무 자   서울 ○○구 ○○로 ○○○
                  대표이사 ○○○

주   문

이 사건 회생절차개시의 신청을 기각한다.

이   유

1. 기초적 사실관계

이 사건 기록과 채무자의 대표자에 대한 심문결과에 의하면, 채무자는 20○○. ○. ○○. ○○제조업을 목적으로 설립된 사실, 하지만 채무자는 사업을 본격적으로 시작하지 못한 채 설립 초기부터 영업활동이 중단되었고, 현재까지 영업중단 상태가 계속되고 있는 사실, 채무자는 20○○. ○. ○○. 경제적 파탄에 이르렀다는 이유로 이 법원에 이 사건 회생절차개시의 신청을 한 사실을 인정할 수 있다.

2. 회생절차에 의함에 채권자 일반의 이익에 적합하지 않은지 여부

가. 관련 법리

채무자 회생 및 파산에 관한 법률(이하 '법'이라 한다) 제42조 제3호는 '회생절차에 의함이 채권자 일반의 이익에 적합하지 아니한 경우'에 회생절차개시의 신청을 기각하여야 한다고 규정하고 있는바, 채무자의 청산가치가 계속기업가치를 초과함이 명백하게 밝혀진 경우에는 원칙적으로 회생절차를 진행하기 보다는

신속히 파산절차를 진행하는 것이 채권자 일반의 이익에 부합한다고 할 것이므로, 더 이상 회생절차를 진행할 필요 없이 개시신청을 기각하여야 할 것이다.

　나. 채무자의 청산가치와 계속기업가치의 비교

　　이 법원이 선임한 조사위원의 조사보고서에 의하면, 채무자의 청산가치는 ○○원인 반면 계속기업가치는 -○○원으로서 채무자의 청산가치가 계속기업가치보다 ○○원을 초과하는 것으로 나타나고 있다.

　　조사위원이 위 각 가치를 산정함에 있어 취한 방법이나 채택한 자료는 적정한 것으로 보이고, 현재가치의 산정을 위해 적용한 ○○.○○%의 할인율 역시 이 법원 관리위원회가 정한 기본할인율과 위험프리미엄의 범위 안에서 향후의 위험가능성을 적절히 반영한 비율이라고 인정된다.

　다. 소결론

　　따라서 채무자의 청산가치가 계속기업가치를 초과함이 명백하므로, 채무자에 대하여 회생절차를 개시하는 것은 채권자 일반의 이익에 적합하지 아니하는 경우에 해당한다고 판단되고, 이 법원 관리위원회 역시 위와 같은 사유로 이 사건 회생절차개시 신청을 기각하는 것이 적정하다는 의견을 제시하고 있다.

3. 결　론

　그러므로 법 제42조 제3호에 따라 이 사건 회생절차개시 신청을 기각하기로 하여 주문과 같이 결정한다.

2023.　○.　○.

재판장　　　판사　　　○○○

판사　　　○○○

판사　　　○○○

【별지 28 회생절차개시신청에 대한 기각결정 업무연락】

서 울 회 생 법 원
제 1 부
업 무 연 락

수　　　신　　　수신처 참조

사　　　건　　　2023회합○○　　　회생

신 청 인 겸 채무자

　　　　　　　　○○ 주식회사

　　　　　　　　서울 ○○구 ○○로 ○○○

　　　　　　　　대표이사　○○○

연 락 사 항　　　이 법원은 2023. ○. ○. 회생절차개시신청을 기각하였고, 그 기각결정이 그대로 확정되었기에 이를 알려드리니 업무에 참고하시기 바랍니다.

2023.　○.　○.

재판장　　판사　　　○　　○　　○

수신처 : 기획재정부장관, 법무부장관, 산업통상자원부장관, 고용노동부장관, 금융위원회위원장, 국세청장, 관세청장, ○○세무서장, 서울특별시장, ○○구청장. 끝.

【별지 29 주주총회결의 대체결정】

서 울 회 생 법 원
제 1 부
결　　　정

사　　　건　　　2023회합○○　회생
채　무　자　　○○ 주식회사
　　　　　　　　서울 ○○구 ○○로 ○○○
관　리　인　　○○○

주　　　문

　채무자 ○○ 주식회사의 관리인이 채무자의 영업 전부를 주식회사 ◇◇에 양도함에 대하여 이 결정으로 상법 제374조 제1항의 규정에 의한 주주총회의 결의에 갈음한다.

이　　　유

　채무자 회생 및 파산에 관한 법률 제62조 제4항, 제1항에 의하여 주문과 같이 결정한다.

2023. ○. ○.

재판장　판사　　　○○○

판사　　　○○○

판사　　　○○○

【별지 30 예금계좌개설을 명하는 결정】

서 울 회 생 법 원

결 정

사 건 　2023회단○○　　회생

채 무 자 　○○○(******-*******)

　　　　　서울 ○○구 ○○로 ○○○

관 리 인 　○○○

주 문

1. 관리인은 회생절차 개시결정일로부터 7일 이내에 관리인 명의의 예금계좌를 개설한 후 그 내용을 법원에 보고하여야 한다.
2. 관리인은 회생절차 개시결정일 이후의 모든 수입 및 지출내역이 위 예금계좌의 거래내역으로 확인될 수 있도록 하여야 한다.
3. 관리인은 다음 달 20일까지 월간보고서를 법원에 제출할 때 보고기간에 해당하는 위 예금계좌의 거래내역서 또는 통장사본을 첨부하여야 한다.
4. 관리인이 제1항의 예금계좌를 변경하고자 하는 경우에는 이 법원의 허가를 얻어야 한다.

이 유

　채무자 회생 및 파산에 관한 법률 제61조, 제93조를 각 적용하여 주문과 같이 결정한다.

2023. ○. ○. 10:00

판사 　　○○○

【별지 31 회생절차개시결정 - 기존 경영자·제3자 관리인 선임의 경우】

서 울 회 생 법 원

제 1 부

결   정

사   건   2023회합○○ 회생

신청인 겸 채무자

　　　　　　　　○○ 주식회사

　　　　　　　　서울 ○○구 ○○로 ○○○

　　　　　　　　대표이사 ○○○

　　　　　　　　대리인 법무법인 ○○

　　　　　　　　담당변호사 ○○○, ○○○, ○○○, ○○○

주   문

1. 채무자에 대하여 회생절차를 개시한다.

2. ○○○(19○○. ○. ○.생, 주소 : 서울 ○○구 ○○로 ○○○)을 채무자의 관리인으로 선임한다.[9]

3. 회생채권자, 회생담보권자 및 주주의 목록 제출기간을 2023. 5. 1.부터 2023. 5. 22.까지로 한다.

4. 회생채권, 회생담보권 및 주식의 신고기간을 2023. 5. 23.부터 2023. 6. 12.까지로 한다.

5. 회생채권, 회생담보권의 조사기간은 2023. 6. 13.부터 2023. 7. 3.까지로 한다.

6. 회생계획안의 제출기간을 2023. 8. 17.까지로 한다.

---

[9] 채무자나 채무자의 대표자 이외의 자를 관리인으로 선임하면서 임기를 정하는 경우에는, 제2항 아래에 제3항으로 「3. 관리인 ○○○의 임기를 이 사건 회생계획안의 인가결정일로부터 60일까지로 한다.」라는 기재를 추가한다.

이   유

1. 인정사실

이 사건 기록에 의하면, 다음 사실을 인정할 수 있다.

가. 채무자는 1930. 11. 15.경 조선미곡창고 주식회사로 설립되어 1963. 2. 1. 현재의 상호로 변경한 이래 지금까지 육상운송업, 해상운송업, 택배업, 유통업 등을 영위하여 오고 있다.

나. 채무자는 상장법인으로서 수회의 증자를 통하여 현재 발행주식수는 3,440만주(납입자본금 1,720억 원)이며, 2022. 12. 31. 현재 ○○○이 1,162,090주(3.38%), ○○ 주식회사가 660,914주(1.92%), 우리사주조합이 3,719,213주(10.81%), 자사주펀드가 330,772주(0.96%)를 보유하고 있고, 나머지 주식들은 일반 주주들이 보유하고 있다.

다. 채무자는 2021년도에 약 889억 원 정도의 손실을 보았으나 2022년도에는 약 140억 원의 순이익을 실현하였고 2023년도에도 순이익이 예상되는 상태이다. 또한 채무자는 2022. 12. 31. 현재 자산이 약 1조 2,227억 원이고, 뒤에 보는 보증채무금 약 7,900억 원 정도를 제외한 부채가 약 6,539억 원이라는 재산상태를 제시하고 있다.

라. 그러나 채무자는 1966년경에 ○○그룹에 편입된 이래 현재 ○○ 주식회사에 대한 보증채무액이 7,900억 원 정도에 이르게 되었다.

마. 그런데 ○○ 주식회사의 채권자들은 2023. 1.경 채무자에 대하여 보증채무의 이행을 청구하면서 채무자의 견질어음을 일시에 교환에 회부하였다. 유동자금에 여력이 없던 채무자는 결국 2023. ○. ○. 100억 원, 다음날 100억 원 합계 200억 원의 어음금을 결제하지 못하고 최종적으로 부도를 내게 되었다.

2. 판   단

위 인정사실에 의하면, 채무자는 사업의 계속에 현저한 지장을 초래하지 아니하고는 변제기에 있는 채무를 갚을 수 없는 상태에 처해 있어 채무자 회생 및 파산에 관한 법률(이하 '법'이라고 한다) 제34조 제1항 제1호가 정한 회생절차개시사유가 있다고 판단되고, 달리 법 제42조 각 호에 정해진 회생절차개시신청의 기각사유가 있음을 단정할 만한 자료가 없다.

3. 결   론

그렇다면 이 사건 신청은 이유 있으므로, 채무자에 대하여 회생절차를 개시하기로 하고, 법 제50조 제1항, 제74조 제1항·제2항에 따라 채권자협의회, 관리위원회의 의견을 참작하여 채무자의 대표이사인 ○○○을 관리인으로 선임하기로 하며, 회생채권자, 회생담보권자 및 주주의 목록의 제출기간, 회생채권, 회생담보권 및 주식의 신고기간, 회생채권·회생담보권의 조사기간, 회생계획안 제출기간에 관하여는 법 제50조 제1항에 의하여 주문과 같이 결정한다.

2023. 5. 1. 10:00

재판장   판사   ○○○

판사   ○○○

판사   ○○○

【별지 32 회생절차개시결정 - 관리인 불선임 결정의 경우】

서 울 회 생 법 원
제 1 부
결   정

사   건   2023회합○○ 회생
신청인 겸 채무자
　　　　　　　　○○ 주식회사
　　　　　　　　서울 ○○구 ○○로 ○○○
　　　　　　　　대표이사 ○○○
　　　　　　　　대리인 법무법인 ○○
　　　　　　　　담당변호사 ○○○, ○○○, ○○○, ○○○

주   문

1. 채무자에 대하여 회생절차를 개시한다.
2. 채무자에 대하여 관리인을 선임하지 아니하고 채무자의 대표자를 채무자의 관리인으로 본다.
3. 회생채권자, 회생담보권자 및 주주의 목록 제출기간을 2023. 5. 1.부터 2023. 5. 22.까지로 한다.
4. 회생채권, 회생담보권 및 주식의 신고기간을 2023. 5. 23.부터 2023. 6. 12.까지로 한다.
5. 회생채권, 회생담보권의 조사기간은 2023. 6. 13.부터 2023. 7. 3.까지로 한다.
6. 회생계획안의 제출기간을 2023. 8. 17.까지로 한다.

이   유

1. 인정사실
　(생략)
2. 판   단
　(생략)

3. 결   론

  그렇다면 이 사건 신청은 이유 있으므로, 채무자에 대하여 회생절차를 개시하고, 채무자 회생 및 파산에 관한 법률(이하 '법'이라고 한다) 제74조 제3항에 의하여 관리인을 선임하지 아니하고 같은 조 제4항에 의하여 채무자의 대표이사를 채무자의 관리인으로 본다. 또한 회생채권자, 회생담보권자 및 주주의 목록의 제출기간, 회생채권, 회생담보권 및 주식의 신고기간, 회생채권·회생담보권의 조사기간, 회생계획안 제출기간에 관하여는 법 제50조 제1항에 의하여 주문과 같이 결정한다.

2023. 5. 1. 10:00

재판장   판사   ○ ○ ○

판사   ○ ○ ○

판사   ○ ○ ○

【별지 33 회생절차개시결정 – 간이회생 사건의 경우】

서 울 회 생 법 원

제 1 부

결   정

사   건   2023간회합○○ 간이회생

신청인 겸 채무자

　　　　　　○○ 주식회사

　　　　　　서울 ○○구 ○○로 ○○○

　　　　　　대표이사　○○○

　　　　　　대리인　법무법인 ○○

　　　　　　담당변호사　○○○, ○○○, ○○○, ○○○

주   문

1. 채무자에 대하여 간이회생절차를 개시한다.[10]
2. 회생채권자, 회생담보권자 및 주주의 목록 제출기간을 2023. 5. 1.부터 2023. 5. 15.까지로 한다.
3. 회생채권, 회생담보권 및 주식의 신고기간을 2023. 5. 16.부터 2023. 5. 29.까지로 한다.
4. 회생채권, 회생담보권의 조사기간은 2023. 5. 30.부터 2023. 6. 12.까지로 한다.
5. 회생계획안의 제출기간을 2023. 7. 24.까지로 한다.

이   유

　이 사건 기록과 채무자의 대표자 심문결과에 의하면, 채무자는 채무자 회생 및 파산에 관한 법률(이하 '법'이라고 한다) 제293조의2 제2호의 소액영업소득자로서 사업의 계속에 현저한 지장을 초래하지 아니하고는 변제기에 있는 채무를 변제할 수 없는 상황에 처해 있을 뿐만 아니라, 채무자에게 파산의 원인인 사실

---

10) 법 제293조의6 제1항에 의하여 간이회생절차에서는 관리인을 선임하지 않는 것이 원칙이고, 이 경우 같은 조 제2항에 의하여 채무자(개인이 아닌 경우에는 그 대표자)는 관리인으로 본다. 따라서 실무상 별도의 관리인불선임 주문을 하지 않고 있다.

이 생길 염려가 있으므로, 법 제293조의5 제1항, 제34조 제1항에서 정한 간이회생절차 개시원인이 있고, 한편 법 제42조 각 호, 제293조의4 제1항 단서에서 정한 간이회생절차 개시신청의 기각사유가 있다고 볼 만한 자료가 없다.

그렇다면 이 사건 신청은 이유 있으므로 채무자에 대하여 간이회생절차를 개시하기로 하고, 회생채권자 · 회생담보권자 · 주주 목록의 제출기간, 회생채권 · 회생담보권 · 주식의 신고기간, 회생채권 · 회생담보권의 조사기간, 회생계획안 제출기간에 관하여는 법 제293조의3 제1항, 제50조 제1항을 적용하여 주문과 같이 결정한다.

2023. 5. 1. 10:00

재판장　판사　　　○ ○ ○

판사　　　○ ○ ○

판사　　　○ ○ ○

【별지 34 관리인대리 선임결정 - 대리권범위 제한의 경우】

서 울 회 생 법 원
제 1 부
결   정

사   건   2023회합○○ 회생
채 무 자   ○○ 주식회사
              서울 ○○구 ○○로 ○○○
관 리 인   ○○○

주   문

관리인이 채무자에 대한 회생채권·회생담보권 등의 조사확정재판, 회생절차
개시로 중단된 소송 등 재판상의 행위와 관련된 직무에 관하여 ○○○(19○○.
○. ○.생, 주소 : ○○시 ○○구 ○○로 ○○○)을 관리인대리로 선임하는 것을
허가한다.

이   유

채무자 회생 및 파산에 관한 법률 제76조 제1항, 제2항에 따라 주문과 같이
결정한다.

2023. ○. ○.

재판장   판사   ○○○

            판사   ○○○

            판사   ○○○

【별지 35 관리인대리 선임허가 결정 공고 - 대리권범위 제한의 경우】

채무자 주식회사 ○○○ 관리인대리 선임허가 결정 공고

사   건   2023회합○○ 회생

채 무 자   ○○ 주식회사

　　　　　　　서울 ○○구 ○○로 ○○○

관 리 인   ○○○

　위 사건에 관하여 이 법원은 관리인대리 선임허가결정을 하였으므로, 채무자 회생 및 파산에 관한 법률 제76조 제3항에 따라 다음과 같이 공고합니다.

다   음

　법률상 관리인이 채무자에 대한 회생채권·회생담보권 등의 조사확정재판, 회생절차개시로 중단된 소송 등 재판상의 행위와 관련된 직무에 관하여 ○○○ (19○○. ○. ○.생, 주소 : ○○시 ○○구 ○○로 ○○○)을 관리인대리로 선임하는 것을 허가한다.

2023. ○. ○.

서 울 회 생 법 원   제 1 부

재판장   판사   ○○○

　　　　　 판사   ○○○

　　　　　 판사   ○○○

【별지 36 법원의 허가사항과 위임사항에 관한 결정】

서 울 회 생 법 원
제 1 부
결   정

사   건   2023회합○○   회생
채 무 자   ○○ 주식회사
             서울 ○○구 ○○로 ○○○
관 리 인   ○○○

주   문

1. 관리인이 다음의 각 행위를 함에는 이 법원의 허가를 얻어야 한다.
   가. 부동산·자동차·중기·특허권 등 등기 또는 등록의 대상이 되는 일체의 재산에 대한 소유권의 양도, 담보권·임차권의 설정 기타 일체의 처분행위.
   나. 시가 (   )원 이상의 재산에 대한 소유권의 양도, 담보권·임차권의 설정 기타 일체의 처분행위. 다만, 계속적이고 정상적인 영업활동에 해당하는 상품, 제품, 원재료 등의 처분행위는 예외로 하나, 매월(월간보고서) 그 거래 내역을 보고해야 한다.
   다. (   )원 이상의 재산의 양수.
   라. 항목당 (   )원[11] 이상의 금원지출. 다만 회생담보권 및 회생채권에 대한 변제는 (   )원 미만의 금원지출도 포함하고, 반면 국세, 지방세, 전기료, 수도료, 가스료, 전화료, 국민연금, 장애인고용분담금, 직업훈련분담금, 개발부담금 등 제세공과금과 건강보험료, 고용보험료, 산재보험료 중 공익채권에 해당하는 금원지출은 제외하나, 매월(월간보고서) 그 지출상황을 보고하여야 한다.

---

11) 채무자의 지출행위 중 법원의 허가를 요하는 금액의 기준에 관하여 자세한 내용은 '제16장 제1절 2. 다.' 및 서울회생법원 실무준칙 제212호 '채무자의 지출행위 중 법원의 허가가 필요한 금액의 기준' 제2조 참조.

　　마. (　　　)원 이상의 금원의 지출이 예상되는 증여, 매매, 교환, 소비대차, 임
　　　　대차, 고용, 도급, 위임, 임치 등 계약의 체결 또는 의무부담행위.

　　바. 명목이나 방법 여하를 막론한 차재.

　　사. 어음·수표계좌의 설정, 어음·수표용지의 수령 및 발행행위.

　　아. 채무자 회생 및 파산에 관한 법률 제119조의 규정에 의한 계약의 해제 또
　　　　는 해지.

　　자. 소의 제기, 소송대리인의 선임, 화해 기타 일체의 소송행위. 다만 미수채
　　　　권회수를 위하여 채무자의 물건 및 채권에 대하여 하는 가압류·가처분
　　　　신청행위는 제외하되, 매 3개월(분기보고서)마다 그 가압류·가처분 상황
　　　　을 법원에 보고하여야 한다.

　　차. 과장급 이상의 인사 및 보수결정.

　　카. 권리의 포기.

　　타. 회생담보권, 회생채권 등에 대한 이의의 철회.

　　파. 공익채권과 환취권의 승인.

　　하. 관리인의 자기 또는 제3자를 위한 채무자와의 거래.

　　거. 경영상 이유에 의한 근로자의 해고.

　　너. 자본의 감소, 신주나 사채의 발행, 합병, 해산, 채무자의 조직변경이나 계
　　　　속 또는 이익이나 이자의 배당 기타 상무에 속하지 아니하는 행위.

2. 관리인이 이 법원의 허가를 얻어야 할 수 있는 위 각 목의 행위 중 '나'목 내
　　지 '마'목, '사'목, '자'목, '차'목에 대한 허가사무를 이 법원 관리위원회 소속
　　관리위원 ○○○, △△△, □□□에게 위임한다. 위임받은 허가사무는 위 관
　　리위원 중 ○○○ 관리위원이 단독으로 처리하되, ○○○ 관리위원이 유고가
　　있는 경우에는 △△△ 관리위원이 처리하고, △△△ 관리위원이 유고가 있는
　　경우에는 □□□ 관리위원이 처리한다. 다만 아래의 행위에 대한 허가사무는
　　위임하지 아니한다.

　　가. '다'목 중 제3자의 영업의 양수.

　　나. '라'목 중 회생담보권 및 회생채권의 변제.

　　다. '자'목 중 소 및 상소의 제기 여부의 결정, 소송대리인의 선임, 소 및 상소
　　　　의 취하, 조정, 화해, 청구의 포기·인낙, 소송탈퇴, 조정에 갈음하는 결정
　　　　에 대한 이의신청 여부 및 화해권고결정에 대한 이의신청 여부의 결정.

　　라. '차'목 중 임원의 인사 및 보수결정.

3. 채무자 회생 및 파산에 관한 법률 제91조의 규정에 의한 재산목록과 대차대조표의 제출기간, 제92조의 규정에 의한 조사보고서의 제출기간을 각 2023. ○.○.까지로 한다.

4. 관리인은 회생절차개시결정일로부터 매월 채무자의 업무 및 재산의 관리상태 기타 부수사항에 관한 보고서(월간보고서)를 작성하여 다음 달 20.까지 이 법원에 제출하여야 한다. 다만 매 3개월째의 보고서(분기보고서)에는 대차대조표 및 손익계산서 등본을 첨부하여야 한다.

5. 관리인은 회생절차개시결정일로부터 매년 채무자의 결산보고서, 채무자 현황 및 연간보고서를 작성하여 매년 회계연도 종료일로부터 3월 이내에 이 법원에 제출하여야 한다.

이   유

채무자 회생 및 파산에 관한 법률 제61조, 제18조, 제91조, 제92조, 제93조에 의하여 주문과 같이 결정한다.

2023. 5. 1. 10:00

재판장   판사   ○ ○ ○

판사   ○ ○ ○

판사   ○ ○ ○

【별지 37 재판부 허가사항에 관한 변경결정】

서 울 회 생 법 원
제 1 부
결   정

사   건   2023회합○○   회생
채   무   자   ○○ 주식회사
                      서울 ○○구 ○○로 ○○○
관   리   인   ○○○

주   문

이 법원의 2023. ○. ○.자 법원의 허가사항에 관한 결정 중 제1의 나.다.라.마. 항의 '○○○만 원'을 '○○○만 원'으로 변경한다.

이   유

채무자 회생 및 파산에 관한 법률 제61조에 의하여 주문과 같이 결정한다.

2023. ○. ○.

재판장   판사   ○○○

판사   ○○○

판사   ○○○

【별지 38 관리인의 보수결정】

서 울 회 생 법 원

제 1 부

결   정

사   건   2023회합○○   회생

채 무 자   ○○ 주식회사

           서울 ○○구 ○○로 ○○○

관 리 인   ○○○

주   문

관리인 ○○○의 2023. ○. ○. 이후의 보수를 연 ○○○원으로 정하여 월할 지급한다.

이   유

채무자 회생 및 파산에 관한 법률 제30조에 의하여 주문과 같이 결정한다.

2023. 5. 1.

재판장   판사   ○○○

            판사   ○○○

            판사   ○○○

【별지 39 개시결정 공고】

<h1 align="center">○○ 주식회사 회생절차개시결정 공고</h1>

사   건   2023회합○○ 회생
채 무 자   ○○ 주식회사
              서울 ○○구 ○○로 ○○○

　　위 사건에 관하여 이 법원은 회생절차개시결정을 하였으므로 채무자 회생 및 파산에 관한 법률 제51조 제1항에 의하여 다음과 같이 공고합니다.

<h2 align="center">다   음</h2>

1. 회생절차개시결정 일시 : 2023. 5. 1. 10:00
2. 관리인 : ○○○(19○○. ○. ○.생)[12]
3. 회생채권자, 회생담보권자 및 주주의 목록의 제출기간 : 2023. 5. 1.부터 2023. 5. 22.까지
4. 회생채권, 회생담보권 및 주식의 신고기간과 장소
   ① 신고기간 : 2023. 5. 23.부터 2023. 6. 12.까지
   ② 신고장소 : 서울회생법원 종합민원실
5. 회생채권·회생담보권의 조사기간 : 2023. 6. 13.부터 2023. 7. 3.까지
6. 회생계획안의 제출기간 및 장소
   ① 일시 : 2023. 8. 17.까지
   ② 장소 : 서울회생법원 종합민원실
   채무자, 목록에 기재되어 있거나 신고한 회생채권자·회생담보권자·주주·지분권자는 위 법원이 정한 기간 안에 회생계획안을 작성하여 법원에 제출할 수 있습니다.
7. 유의사항
   ① 회생채권자, 회생담보권자 및 주주의 목록에 기재되지 아니하고 위 권리

---

12) 법 제74조 제3항에 의하여 관리인을 선임하지 아니하는 결정을 하였을 경우에는, 「2. 관리인 불선임 결정에 의하여 관리인으로 보게 되는 채무자의 대표자 : ○○○ (19○○. ○. ○.생)」이라고 기재함.

신고기간 내에 권리신고도 없으면 실권될 수 있습니다.

② 회생절차가 개시된 채무자의 재산을 소지하고 있거나 그에게 채무를 부담하는 자는 회생절차가 개시된 채무자에게 그 재산을 교부하거나 그 채무를 변제하여서는 아니 되며, 회생절차가 개시된 채무자의 재산을 소지하고 있거나 그에게 채무를 부담하고 있다는 사실을 2023. 6. 12.까지 관리인에게 신고하여야 합니다.

2023. 5. 1.

서울회생법원 제1부

재판장   판사   ○ ○ ○
            판사   ○ ○ ○
            판사   ○ ○ ○

【별지 40 송달에 갈음하는 결정】

서 울 회 생 법 원

제 1 부

결   정

사   건   2023회합○○   회생

채 무 자   ○○ 주식회사

          서울 ○○구 ○○로 ○○○

관 리 인   ○○○

주   문

관리인, 채무자, 알고 있는 회생채권자·회생담보권자 이외의 자 및 주주[13]에 대한 채무자 회생 및 파산에 관한 법률 제51조에 의한 송달은 공고로써 갈음한다.

이   유

채무자 회생 및 파산에 관한 법률 제10조 제1항에 의하여 주문과 같이 결정한다.

2023. ○. ○.

재판장   판사   ○○○

          판사   ○○○

          판사   ○○○

---

13) 채무자 회생 및 파산에 관한 규칙 제7조 제2호에 의하면, 주식회사인 채무자가 부채초과인 경우의 주주에 대하여는 공고로써 송달에 갈음할 수 있으므로, 여기서는 부채초과의 경우를 상정하여 주주를 그 대상으로 기재하였음. 자산초과의 경우의 주문은 「관리인, 채무자, 알고 있는 회생채권자·회생담보권자·주주 이외의 자에 대한 채무자 회생 및 파산에 관한 법률 제51조에 의한 송달은 공고로써 갈음한다」라고 하여야 함.

【별지 41 개시결정통지서(회생채권자 등)】

서 울 회 생 법 원

제 1 부

통 지 서

수 신 　관리인, 채무자, 알고 있는 회생채권자·회생담보권자·
　　　　　주주

사 건 　2023회합○○ 　회생

채 무 자 　○○ 주식회사 (주된 사무소 : 서울 ○○구 ○○로 ○○)

관 리 인 　○○○

　위 사건에 관하여 이 법원은 2023. ○. ○. 10:00 회생절차개시결정을 하였으므로 채무자 회생 및 파산에 관한 법률 제51조 제2항, 제1항의 규정에 의하여 다음 사항을 통지합니다.

1. 회생절차개시결정의 주문
　가. 채무자 ○○ 주식회사에 대하여 회생절차를 개시한다.
　나. ○○○(19○○. ○. ○.생)를 채무자의 관리인으로 선임한다.
2. 관리인의 회생채권자·회생담보권자·주주의 목록 제출 기간 : 2023. ○. ○. 부터 2023. ○. ○.까지
3. 회생채권·회생담보권·주식의 신고기간 및 장소 : 2023. ○. ○.부터 2023. ○. ○.까지 서울회생법원 종합민원실
4. 회생채권 등에 대한 조사기간 및 이의제출 장소 : 2023. ○. ○.부터 2023. ○. ○.까지 서울회생법원 종합민원실
5. 회생계획안의 제출기간 및 장소 : 2023. ○. ○.부터 2023. ○. ○.까지 서울회생법원 종합민원실
　채무자, 목록에 기재되어 있거나 신고한 회생채권자·회생담보권자·주주·지분권자는 위 법원이 정한 기간 안에 회생계획안을 작성하여 법원에 제출할 수 있습니다.

6. 회생절차가 개시된 채무자의 재산을 소지하고 있거나 그에게 채무를 부담하는 자는 회생절차가 개시된 채무자에게 그 재산을 교부하거나 그 채무를 변제하여서는 아니 되며, 회생절차가 개시된 채무자의 재산을 소지하고 있거나 그에게 채무를 부담하고 있다는 사실을 2023. ○. ○.까지 관리인에게 신고하여야 합니다.

2023. ○. ○.

재판장   판사   ○   ○   ○

【별지 42 회생채권·회생담보권·주식·출자지분 신고 및 이의절차 안내서】

○ ○ 주 식 회 사

우)○○○-○○○ 서울 ○○구 ○○로 ○○○ / ☎ ○○○-○○ / 팩스 ○○○-○○

문 서 번 호   ○○법무 ○○호

수   신   채무자 ○○ 주식회사의 회생채권자·회생담보권자·주주

제   목   회생채권·회생담보권·주식 신고 안내

---

1. 귀사(하)의 무궁한 발전을 빕니다.

2. 당사는 2023년 ○월 ○일자로 서울회생법원 제1부의 결정에 의하여 회생절차가 개시됨에 따라 회생채권·회생담보권·주식 신고에 대하여 아래와 같이 업무가 진행됨을 알려드리오니, 회생절차가 원활히 진행될 수 있도록 협조하여 주시기 바랍니다.

= 아   래 =

1. 채권신고자의 범위 : 당사에 대하여 회생채권·회생담보권의 권리를 가지거나 주주로서의 권리를 행사할 수 있는 자

2. 채권 신고기간 : 2023년 ○월 ○일 ~ 2023년 ○월 ○일

※ 집중 신고기간 : 2023년 ○월 ○일 ~ 2023년 ○월 ○일

3. 신고접수 업무 담당자 : 서울회생법원 종합민원실 회생절차 담당자

4. 채권 신고처 : 서울회생법원 종합민원실

5. 신고 및 이의시 유의사항 : 첨부된 「회생채권·회생담보권·주식 신고 및 이의절차 안내」 참조

6. 사전에 당사와 협의가 요망되는 사항은 당사 전담반 및 거래 지점(부서)으로 문의하여 주시기 바랍니다(☎ ○○○-○○).

(별첨)   1. 회생채권·회생담보권·주식 신고 및 이의절차 안내   1부

         2. 회생채권·회생담보권·주식 신고서   각 2부

         3. 회생채권·회생담보권·주식 신고 접수증   1부

         4. 위임장   각 2부

채무자 ○○ 주식회사의   관리인   ○ ○ ○

회생채권·회생담보권·주식 신고 및 이의절차 안내

법원이 2023년 ○월 ○일 당사에 대하여 회생절차개시결정을 하고 회생채권·회생담보권·주식에 대하여 신고를 받고 있습니다. 정해진 기간 안에 권리를 신고하지 않으면 권리를 상실하거나 불이익을 받을 수 있으므로 아래의 내용을 참고하시어 빠짐없이 신고를 하시기 바랍니다.

= 아 래 =

1. 채권신고자의 범위 : 당사에 대하여 회생채권·회생담보권의 권리를 가지거나 주주로서의 권리를 행사할 수 있는 자

2. 채권신고기간 : 2023년 ○월 ○일 ~ 2023년 ○월 ○일

3. 신고서류의 종류 : 회생채권·회생담보권·주식·출자지분 신고서　　 1부
　　　　　　　　　　 회생채권·회생담보권·주식·출자지분 증빙서류　 1부
　　　　　　　　　　 회생채권·회생담보권·주식 신고 접수증　　　　　 1부
　　　　　　　　　　 위임장(대리인 신고시 작성)　　　　　　　　　　 1부
　　　　　　　　　　 금융거래정보(주식보유수) 이용 동의서(주주에 한함) 1부

4. 신고서 작성요령
 * 모든 신고서류와 증거서류는 각 1부씩 작성, 제출하여야 합니다.
 1) 회생채권·회생담보권·주식 신고서 : 소정 양식에 의거하여 1부 작성.
 - 거래명판 및 인감을 날인하고, 대리인란에는 대리인의 인장을 날인합니다.
 2) 채권신고는 채권자의 채권금액 전부를 신고하시고 아래의 구분에 따라 신고서를 작성하시기 바랍니다.

채권의 금액	·채무자를 상대로 권리를 행사할 수 있는 채권금액 전부 ·금융기관의 여신거래 약정서에 의한 원금과 이자의 합계액 ·약정이자의 계산은 2023년 ○월 ○일(개시결정 전일)까지의 것과 2023년 ○월 ○일(개시결정일) 이후의 것을 구분, 작성
의결권의 액	·의결권 행사금액을 기재(통상 채권의 금액과 같음)
채권자의 주소/성명/전화번호/전자우편주소	·권리자의 성명 기재 ·주민등록상의 주소나 법인등기부상의 본점 소재지(우편번호 포함), 전화번호(팩시밀리 번호 포함) 및 전자우편주소 기재
채권의 내용	·당사와의 거래에서 발생한 채권내용을 구체적으로 기재 ·회생채권 : 채권발생의 시기, 발생원인, 이자약정 유무, 이자율, 변제기 등 ·회생담보권 : 담보권의 목적물, 담보권의 내용 등 ·주식 : 주식의 종류와 수(주권번호 기재 요) 또는 그 수액
집행권원·종국판결이 있는 경우	·회생채권 등에 관하여 회생절차개시 당시 집행력 있는 집행권원 또는 종국판결이 있는 경우 법원, 당사자, 사건번호, 사건명, 선고일자, 확정여부를 기재
소송 계속의 경우	·회생채권 등에 대하여 회생절차개시 당시 소송이 계속 중인 경우 관할법원, 소송 당사자, 사건번호, 사건명을 기재
보관하고 있는 증거서류의 표시	·채권이 있음을 소명할 수 있는 자료로서 채권신고시 첨부한 증빙서류 일체를 빠짐없이 기재

2) 채권신고시 첨부 증빙서류의 종류 및 작성요령

종 류	부 수	내 용	비 고
신분증 사본	1	·본인 직접신고시 제출	
위 임 장	1	·대리인을 통하여 신고할 경우 작성 제출 ·채권자 본인의 인감증명 2부 첨부	최근 3개월 이내

법인등기부등본	1	·채권자가 법인일 경우 해당	
법인인감증명서	1		
사용인감계	1	·사용인감으로 날인할 경우	
개인인감증명서	1	·채권자가 개인사업자인 경우	최근 3개월 이내
사업자등록증사본	1	·법인 및 개인사업자 모두 해당	

기타 증빙서류 (해당사항 모두 제출)	1	·차입증서의 사본 2부(원본 지참 필요)
		·세금계산서 사본 2부(원본 지참 필요)
		·어음 사본 2부(원본 지참 필요)
		·계약서 사본 2부(원본 지참 필요)
		  - 매매계약서, 임대차계약서, 하도급 계약서, 용역계약서, 물품납품계약서 등 : 물품납품계약의 경우 거래명세 표 및 인수증 사본 2부(원본 지참 필요)
		·기타 증빙서류 사본 2부(원본 지참 필요)
		  - 채권 양도양수의 경우에는 양도계 약서 및 채권양도통지서 사본 2부 (원본 지참 필요)
		  - 전부명령의 경우 : 법원결정문 사 본 2부(원본 지참 필요)	

보관하고 있는 증거서류		·사본에는 법인(개인)의 인감증명으로 "원본 대조필"하여 날인하고, 신고서류와 증빙서류 에는 "간인"을 하여야 합니다. ·채권의 증거서류는 원본을 지참하여 채권신 고시 원본에 확인필을 받아 원본에 의한 증 거서류 제출임을 확인받아야 합니다.	

5. 제출 신고 서류의 순서

법인인 경우	개인(또는 개인사업자)인 경우
1. 채권신고접수증	1. 채권신고접수증
2. 회생채권 등 신고서	2. 회생채권 등 신고서
3. 회생채권 등 신고 내역서	3. 회생채권 등 신고 내역서
4. 채권 증빙서류(계약서 등 사본)	4. 채권 증빙서류(계약서 등 사본)
5. 법인 인감증명서(사용인감계)	5. 개인 인감증명서
6. 법인 등기부등본	6. 사업자등록증(개인사업자인 경우)
7. 위임장(대리인 신고시)	7. 신분증 사본(본인 신고시)
	또는 위임장(대리인 신고시)
(기타유의사항)	
1. 주주의 경우 금융거래정보(주식보유수) 이용 동의서 1부 제출해야 함	
2. 증빙서류는 원본확인필된 사본을 제출(원본 제출하지 마세요)	

6. 협조 및 유의사항

1) 상기 채권신고기간(2023년 ○월 ○일)까지 회생절차개시결정에 의한 회생채권 등의 신고를 하지 않을 경우 채무자 회생 및 파산에 관한 법률에 의하여 실권될 수 있으므로 유의하시기 바랍니다. 다만 관리인이 제출하는 회생채권자 등의 목록에 기재되어 있는 경우에는 그러하지 않습니다.

2) 회생채권 등을 신고하는 경우에는 관리인이 작성, 제출하여 법원에 비치되어 있는 회생채권자 등의 목록을 사전에 열람하여 신고하는 회생채권 등이 위 목록에 기재되어 있는지 여부를 확인하시고, 만일 회생채권자 등의 목록에 기재된 회생채권을 신고하는 경우에는, 신고서에 위 목록의 번호를 기재하고, 설사 목록에 기재가 되어 있더라도 차이가 있는 경우에는 보유하고 있는 권리 전부를 신고하시기 바랍니다. 회생채권자 등의 목록은 관리인에 의하여 신고기간 이전에 법원에 제출될 예정이므로, 이해관계인은 채권신고기간 동안 이를 열람할 수 있습니다.

7. 채권 신고서류 배부처 및 문의처

• 당사 : 서울 ○○구 ○○로 ○○○(전담반 : ☎ ○○○-○○)

8. 채권신고 장소 안내
 1) 신고장소 : 서울회생법원 종합민원실
 2) 주소 : 서울 서초구 서초중앙로 157
 3) 교 통 편 :
 4) 청사 내 주차장이 협소하므로 대중교통을 이용하시는 것이 편리합니다.

9. 조사기간 및 이의절차 안내
 1) 조사기간 : 20○○년 ○월 ○일 ~ 20○○년 ○월 ○일
 2) 이의절차 : 채권자 목록에 기재되거나 신고된 회생채권자·회생담보권자·주주는 조사기간 안에 목록에 기재되거나 신고된 회생채권 및 회생담보권에 관하여 서면으로 법원에 이의를 제출할 수 있습니다. 만약 이의가 있는 때에는 그 회생채권 또는 회생담보권을 보유한 권리자는 그 권리의 확정을 위하여 이의자 전원을 상대방으로 하여 법원에 채권조사확정의 재판을 신청할 수 있습니다. 다만 이의 대상인 채권에 관하여 이미 소송이 계속 중인 때에는 소송절차를 수계하여야 하고, 이의 대상인 채권이 집행력 있는 집행권원 또는 종국판결이 있는 것인 경우에는 이의자는 채무자가 할 수 있는 소송절차에 의하여서만 이의를 주장할 수 있습니다.

【별지 43 위임장】

위 임 장

사　　　　건 : 2023회합○○　　회생
채　무　자 : ○○ 주식회사
관　리　인 : ○　　○　　○

수임자의 성　명 :
　　　주　소 :
　　위 사건에 관하여 회생채권자·회생담보권자·주주의 목록의 열람, 회생채권·회생담보권·주식의 신고, 회생채권·회생담보권·주식 등에 대한 이의서의 제출에 관한 일체의 권리를 수임자에게 위임합니다.

2023.　　○.　　○.

위임자　　주　소 :
　　　　　성　명 :　　　　　　　　(인)
　　　　　채권신고번호 :

※ 별첨 : 인감증명서 1부

서울회생법원 제1부 귀중

【별지 44 감독행정청 등에 대한 개시결정의 통지】

서 울 회 생 법 원

제 1 부

통 지 서

수   신   수신처 참조

사   건   2023회합○○   회생

채 무 자   ○○ 주식회사(주된 사무소 : 서울 ○○구 ○○로 ○○○)

관 리 인   ○○○

위 사건에 관하여 이 법원은 2023. ○. ○. 10:00 회생절차개시결정을 하였으므로 채무자 회생 및 파산에 관한 법률 제52조, 제51조 제1항의 규정에 의하여 다음 사항을 통지합니다.

1. 회생절차개시결정의 주문

   가. 채무자 ○○ 주식회사에 대하여 회생절차를 개시한다.

   나. ○○○(19○○. ○. ○.생)를 채무자의 관리인으로 선임한다.

2. 관리인의 회생채권자·회생담보권자·주주의 목록 제출 기간 : 2023. ○. ○.부터 2023. ○. ○.까지

3. 회생채권·회생담보권·주식의 신고기간 및 장소 : 2023. ○. ○.부터 2023. ○. ○.까지 서울회생법원 종합민원실

4. 회생채권 등에 대한 조사기간 및 이의제출 장소 : 2023. ○. ○.부터 2023. ○. ○.까지 서울회생법원 종합민원실

5. 회생계획안의 제출기간 및 장소 : 2023. ○. ○.까지, 서울회생법원 종합민원실 채무자, 목록에 기재되어 있거나 신고한 회생채권자·회생담보권자·주주·지분권자는 위 법원이 정한 기간 안에 회생계획안을 작성하여 법원에 제출할 수 있습니다.

6. 회생절차가 개시된 채무자의 재산을 소지하고 있거나 그에게 채무를 부담하는 자는 회생절차가 개시된 채무자에게 그 재산을 교부하거나 그 채무를 변제하여서는 아니 되며, 회생절차가 개시된 채무자의 재산을 소지하고 있거나

그에게 채무를 부담하고 있다는 사실을 2023. ○. ○.까지 관리인에게 신고하여야 합니다.

2023. ○. ○.

재판장   판사   ○   ○   ○

수신처 : 기획재정부장관, 법무부장관, 산업통상자원부장관, 고용노동부장관, 금융위원회위원장, 국세청장, 관세청장, ○○세무서장, 서울특별시장, ○○구청장. 끝.

【별지 45 채권자협의회에 대한 개시결정의 통지】

서 울 회 생 법 원
제 1 부

우) 06594 서울 서초구 서초중앙로 157 / ☎ 530-2703 / 팩스 592-5661 / 주심 : ○○○ 판사

시 행 일 자 2023. ○. ○.
수   신   ○○(주)의 채권자협의회(대표채권자 : ○○은행)
참   조   여신관리부장(전화 : ***-****, 팩시밀리 : ***-****)
제   목   회생절차개시결정문 송부

1. ○○ 주식회사(주된 사무소 : 서울 ○○구 ○○로 ○○○, 관리인 : ○○○)에 대한 이 법원 2023회합○○호 회생사건과 관련된 내용입니다.
2. 이 법원은 위 회사에 대하여 다음과 같이 회생절차개시결정을 하였으므로 채무자 회생 및 파산에 관한 규칙 제39조 제4호, 제6호에 의하여 별첨과 같이 회생절차개시결정문을 송부하오니 업무에 참고하시기 바랍니다.
〈다   음〉
(1) 회생절차개시결정 일시 : 2023. ○. ○. 10:30
(2) 관리인 : ○○○
(3) 회생채권자·회생담보권자·주주의 목록 제출기간 : 2023. ○. ○.부터 2023. ○. ○.까지
(4) 회생채권자·회생담보권·주식의 신고기간 및 장소
    ① 신고기간 : 2023. ○. ○.부터 2023. ○. ○.까지
    ② 신고장소 : 서울회생법원 종합민원실
(5) 회생채권 등에 대한 조사기간 및 이의 제출 장소
    ① 조사기간 : 2023. ○. ○.부터 2023. ○. ○.까지
    ② 이의제출장소 : 서울회생법원 종합민원실
(6) 회생계획안의 제출기간 및 장소
    ① 기일 : 2023. ○. ○. 까지
    ② 장소 : 서울회생법원 종합민원실
(7) 조사위원 : ○○회계법인

▷ 별첨 : 회생절차개시결정문, 조사위원선임결정 등본 각 1부. 끝.

재 판 장   판 사   ○   ○   ○

【별지 46 법인 채무자에 대한 회생절차개시결정의 상업등기촉탁서】

서 울 회 생 법 원
제 1 부
등 기 촉 탁 서

서울중앙지방법원 등기국 법인등기조사과 귀하

사　　　건　　　　2023회합○○　　　회생
채　무　자　　　　○○ 주식회사
　　　　　　　　　서울 ○○구 ○○로 ○○○

　　위 사건에 관하여 다음과 같이 회생절차개시결정 및 관리인 선임결정의 등기를 촉탁합니다.[14]

등기원인과 그 연월일　　　2023. 5. 1. 10:00 회생절차개시결정 및 관리인 선임결정[15]

등기의 목적　　　별지 기재 회생절차개시결정 및 관리인 선임결정 등기[16]

등　록　세　　　지방세법 제26조 제2항 제1호, 등기사항증명서등 수수료규칙 제5조의3 제2항 제1호, 채무자 회생 및 파산에 관한 법률에 따른 법인등기 사무처리지침 제8조에 의하여 면제

첨　　　부　　　1. 결정 등본 1통
　　　　　　　　2. 인감신고 1통
　　　　　　　　3. 촉탁서 부본 1통

2023. 5. 1.

법원사무관　　○　　○　　○

---

14) 법원이 관리인 불선임결정을 한 경우에는, 「위 사건에 관하여 다음과 같이 회생절차개시결정 및 관리인 불선임결정의 등기를 촉탁합니다」라고 기재한다.

15) 법원이 관리인 불선임 결정을 한 경우에는, 「2023. 5. 1. 10:00 회생절차개시결정 및 관리인 불선임결정」이라고 기재한다.

16) 법원이 관리인 불선임결정을 한 경우에는, 「별지 기재 회생절차개시결정 및 관리인을 선임하지 아니하고 채무자의 대표이사를 관리인으로 본다는 결정 등기」라고 기재한다.

【별지 47 개인 채무자의 재산(권리)에 관한 등기·등록촉탁서】

서 울 회 생 법 원
등기(등록)촉탁서

수   신   수신처 참조
사   건   2023회단○○   회생
채 무 자[17)   ○ ○ ○ (******-*******)
              서울 ○○구 ○○로 ○○○

　　　위 사건에 관하여 다음과 같이 회생절차개시결정 기입등기(등록)를 촉탁합
니다.

부동산(권리)의 표시   별지 기재와 같음.
등기(등록)원인과 그 연월일   2023. 5. 1. 10:00 회생절차개시결정
등기의 목적   별지 기재 부동산(권리)에 대한 회생절차개시결정 기입등기
              (등록)
등 록 세   면제
첨   부   1. 결정 등본 1통
              2. 촉탁서 부본 1통

2023.   ○.   ○.

법원사무관   ○   ○   ○

수신처 : 서울중앙지방법원 등기관, 강남등기소장. 끝.

---

17) 채무자가 법인인 경우에는 등기·등록된 권리에 관하여 회생절차개시결정의 등기·등록의 촉
　　탁을 요하지 아니한다(법 제24조 제1항, 제27조).

【별지 48 개인 채무자의 재산에 관한 개시결정기입등기의 말소등기촉탁서】

서 울 회 생 법 원
등기말소촉탁서

○○ 등기소장 귀하

사   건   2023회단○○   회생
채 무 자[18]   ○ ○ ○ (******-*******)
                    서울 ○○구 ○○로 ○○○

　　위 사건에 관하여 다음과 같이 회생절차개시결정 기입등기의 말소등기를 촉탁합니다.

부동산의 표시   별지와 같음.
등기원인과 그 연월일   2023. ○. ○. 소유권이전
등기의 목적   별지 기재 부동산에 관하여 한 회생절차개시결정 기 입등기의 말소등기

등 록 세   면제
첨   부   1. 허가서 등본 1통
                    2. 촉탁서 부본 1통

2023.   ○.   ○.

법원사무관   ○   ○   ○

---

18) 채무자가 법인인 경우에는 등기·등록된 권리에 관하여 회생절차개시결정의 등기·등록의 촉탁을 하지 아니하므로(법 제24조 제1항, 제27조), 회생절차개시결정 기입등기의 말소등기 촉탁 역시 불필요하다.

【별지 49 관리인 선임증】

2023회합○○   회생

선 임 증

성 명   ○ ○ ○ (19○○.○.○생)
주 소   서울 ○○구 ○○로 ○○○

위 사람은 채무자 ○○ 주식회사
의 관리인으로 선임되었음을 증명
함.[19]

2023.   ○.   ○.

서울회생법원 제1부

---

19) 관리인에 대하여 임기를 정하는 경우에는 바로 다음 줄에 「임기 : 회생계획의 인가결정일부터
60일까지」라는 문구를 추가하여 기재함.

【별지 50 관리인으로 보게 되는 채무자의 대표이사에 대한 증명서】

2023회합○○   회생

증 명 서

성 명   ○ ○ ○ (19○○. ○. ○생)

주 소   서울 ○○구 ○○로 ○○

　　위 사람은 채무자 회생 및 파산에 관한 법률 제74조 제3항의 관리인 불선임 결정에 의하여 동조 제4항에 따라 채무자 ○○ 주식회사의 대표이사로 재직하는 동안 동 회사의 관리인으로 보게 됨을 증명함.

2023.   ○.   ○.

서울회생법원 제1부

【별지 51 관리인이 선임된 경우의 각서】

각   서

본인은 채무자 ○○ 주식회사의 관리인으로 취임함에 있어 법원에 대하여 다음과 같은 사항을 준수할 것을 다짐합니다.

1. 본인은 채무자, 채권자 기타 모든 이해관계인들을 위하여 법원의 감독하에 채무자의 업무의 수행, 재산의 관리를 위탁받아 수행하는 공적 수탁자임을 명심하고, 채무자의 효율적인 회생과 아울러 채권자 등 이해관계인의 권익보호를 위하여 최선의 노력을 다하겠습니다.

2. 본인은 관리인으로 재직하는 동안 법원에 대한 각종 허가사항 및 보고사항을 게을리하지 아니하고 모든 업무를 공명정대하고 청렴하게 수행할 것입니다. 만일 관리인으로 선임된 후 채무자의 재정적 파탄이 채무자의 이사·지배인 등의 재산의 유용 또는 은닉이나 그에게 중대한 책임이 있는 부실경영에 기인한 것이라는 사정이 밝혀진 때, 선량한 관리자의 주의의무를 위반한 때, 경영능력이 부족한 때, 그 밖에 상당한 이유가 있는 때에는 언제든지 사임하거나 법원의 해임결정에 따라 관리인의 직에서 물러나겠습니다.[20]

2023.   ○.   ○.

채무자 ○○ 주식회사의 관리인 ○ ○ ○

---

20) 제3자 관리인이 선임된 경우에는 제2항에 다음과 같은 문구를 기재한다.
「본인은 법원에 대한 각종 허가사항 및 보고사항을 게을리 하지 아니하고 모든 업무를 공명정대하고 청렴하게 수행할 것입니다. 선량한 관리자의 주의의무를 위반한 때, 경영능력이 부족한 때, 그 밖에 상당한 이유가 있는 때에는 언제든지 사임하거나 법원의 해임결정에 따라 관리인의 직에서 물러나겠습니다」.

【별지 52 채무자의 대표이사를 관리인으로 보게 되는 경우의 각서】

각 서

본인은 채무자 ○○ 주식회사의 대표이사로서 채무자 회생 및 파산에 관한 법률 제74조 제3항·제4항에 의하여 법률상 관리인의 지위에 서게 됨에 있어서 법원에 대하여 다음과 같은 사항을 준수할 것을 다짐합니다.

1. 본인은 채무자, 채권자 기타 모든 이해관계인들을 위하여 법원의 감독하에 채무자의 업무의 수행, 재산의 관리를 위탁받아 수행하는 공적 수탁자의 지위에 있음을 명심하고, 채무자의 효율적인 회생과 아울러 채권자 등 이해관계인의 권익보호를 위하여 최선의 노력을 다하겠습니다.

2. 본인은 회생절차가 진행되는 동안 법원에 대한 각종 허가사항 및 보고사항을 게을리 하지 아니하고 모든 업무를 공명정대하고 청렴하게 수행할 것입니다. 만일 회생절차의 진행 도중 채무자의 재정적 파탄이 채무자의 이사·지배인 등의 재산의 유용 또는 은닉이나 그에게 중대한 책임이 있는 부실경영에 기인한 것이라는 사정이 밝혀진 때, 채권자협의회의 요청이 있는 경우로서 상당한 이유가 있는 때, 그 밖에 채무자의 회생에 필요한 때(선량한 관리자의 주의의무를 위반한 때, 경영능력이 부족한 때 등)에 해당하여 제3자가 관리인으로 선임되는 경우 및 그 밖의 사유로 대표이사의 직에서 물러나는 경우에는 즉시 관리인의 지위를 상실하게 됨을 명심하겠습니다.

2023. ○. ○.

채무자 ○○ 주식회사의 대표이사 ○ ○ ○

【별지 53 관리인이 유의할 사항】

관리인이 유의할 사항

1. 관리인은 채무자의 대표자가 아니라 전체 이해관계인 집단을 관리 조정하여야 하는 공적인 기관입니다. 따라서 관리인은 주주나 회사의 임직원, 채권자 중 어느 한쪽의 이익에 치우쳐서는 아니 되며 모든 이해관계인의 형평과 공정을 꾀하여야 할 것입니다.

2. 채무자의 업무의 수행과 재산의 관리·처분권한은 전적으로 관리인에게 귀속됩니다. 따라서 관리인은 자기의 경영 능력과 성의를 다하여 채무자의 회생에 힘써야 하고 그 경영 결과에 대하여 책임을 져야 하며, 법원은 채무자의 경영이 잘못되었다고 판단되는 경우에는 언제라도 그 책임을 물을 것입니다.

3. 관리인이 업무를 수행함에 있어 이사 등에 의한 권한침해나 부당한 간섭은 용인되지 않습니다. 관리인은 채무자의 임원이나 노동조합에 대한 관계에 있어서 독립적이어야 하고, 관리인의 책임을 타인에게 전가해서도 아니 됩니다.

4. 관리인은 법원의 감독을 받아야 하고 보고의무를 철저히 이행하여야 합니다. 법원의 허가사항에 관하여 허가를 얻지 아니하고 한 행위는 법률상 무효일 뿐 아니라 형사처벌의 대상이 됩니다.

5. 채무자의 회생에 필요한 경우에는 새로운 투자자의 영입이나 타 기업과의 인수·합병을 적극적으로 추진하여야 합니다.

【별지 54 관리인으로 보게 되는 채무자의 대표이사가 유의할 사항】

관리인으로 보게 되는 채무자의 대표이사가 유의할 사항

1. 관리인으로 보게 되는 채무자의 대표이사는 주주에 대하여 신인의무를 지는 채무자의 대표이사와는 달리, 전체 이해관계인 집단을 관리 조정하여야 하는 공적인 기관의 지위에 서게 됩니다. 따라서 주주나 회사의 임직원, 채권자 중 어느 한쪽의 이익에 치우쳐서는 아니 되며 모든 이해관계인의 형평과 공정을 꾀하여야 할 것입니다.

2. 채무자의 업무의 수행과 재산의 관리·처분권한은 전적으로 관리인으로 보게 되는 채무자의 대표이사에게 귀속됩니다. 따라서 관리인으로 보게 되는 채무자의 대표이사는 항시 자기의 경영 능력과 성의를 다하여 채무자의 회생에 힘써야 하고 그 경영 결과에 대하여 책임을 져야 하며, 법원은 채무자의 경영이 잘못되었다고 판단되는 경우에는 그 책임을 물을 것입니다.

3. 관리인으로 보게 되는 채무자의 대표이사가 업무를 수행함에 있어 다른 이사 등에 의한 권한 침해나 부당한 간섭은 용인되지 않으며, 채무자의 임원이나 노동조합에 대한 관계에 있어서 독립적이어야 하고, 자신의 책임을 임원 등에게 전가하여서도 아니 됩니다.

4. 관리인으로 보게 되는 채무자의 대표이사는 법원의 감독을 받아야 하고 보고의무를 철저히 이행하여야 합니다. 법원의 허가사항에 관하여 허가를 얻지 아니하고 한 행위는 법률상 무효일 뿐 아니라 형사처벌의 대상이 됩니다.

5. 채무자의 회생에 필요한 경우에는 새로운 투자자의 영입이나 타 기업과의 인수·합병을 적극적으로 추진하여야 합니다.

【별지 55 쌍방미이행 쌍무계약 확답기간 연장결정】

서 울 회 생 법 원

제 1 부

결   정

사   건   2023회합○○ 회생

신 청 인   채무자 ○○ 주식회사의 관리인 ○○○

　　　　　　　 서울 ○○구 ○○로 ○○○

상 대 방   ○○ 주식회사

　　　　　　　 서울 ○○구 ○○로 ○○○

　　　　　　　 대표이사 ○○○

주   문

채무자와 상대방 사이에 체결된 별지 목록 기재 각 계약과 관련하여, 상대방이 관리인에게 한 위 계약의 해제나 해지 또는 그 이행 여부의 확답 최고에 대하여 관리인이 상대방에게 확답할 기간을 2023. ○. ○.까지로 연장한다.

이   유

채무자 회생 및 파산에 관한 법률 제119조 제3항, 제2항에 따라 주문과 같이 결정한다.

2023. ○. ○.

재판장   판사   ○○○

판사   ○○○

판사   ○○○

【별지 56 개시 전 조사위원 선임에 관한 의견조회서(관리위원회)】

서 울 회 생 법 원
제 1 부

우) 06594 서울 서초구 서초중앙로 157 / ☎ 530-1605 / 팩스 592-5661 / 주심 : ○○○ 판사

시 행 일 자   2023. ○. ○.
수   신   서울회생법원 관리위원회
참   조   주무 관리위원 ○○○
제   목   개시 전 조사위원 선임에 관한 의견조회

---

1. 채무자 ○○ 주식회사에 대한 이 법원 2023회합○○호 회생 사건과 관련된 내용입니다.
2. 채무자 회생 및 파산에 관한 법률 제87조에 의하여 개시 전 조사위원으로 ○○회계법인(또는 ○○신용평가 주식회사)을 선임함에 관한 의견을 조회하오니 회신하여 주시기 바랍니다.

       재 판 장   판 사   ○   ○   ○

【별지 57 개시 전 조사위원 선임에 관한 의견조회서(채권자협의회)】

서 울 회 생 법 원
제 1 부

우) 06594 서울 서초구 서초중앙로 157 / ☎ 530-1605 / 팩스 592-5661 / 주심 : ○○○ 판사

시 행 일 자   2023. ○. ○.
수   신   주식회사 ○○○의 채권자협의회 (대표채권자 ○○○)
참   조   ○○○ (전화 ○○○-○○○○, 팩스 ○○○-○○○○)
제   목   개시 전 조사위원 선임에 관한 의견조회

---

1. 채무자 ○○ 주식회사에 대한 이 법원 2023회합○○호 회생 사건과 관련된 내용입니다.

2. 채무자 회생 및 파산에 관한 법률 제87조에 의하여 개시 전 조사위원으로 ○○회계법인을 선임함에 관한 의견을 조회하오니 2023. ○. ○.까지 서면 또는 팩시밀리 전송 등의 방법으로 회신하여 주시기 바랍니다.

3. 의견제출기한 준수규정(채무자 회생 및 파산에 관한 규칙 제37조 제4항, 제28조)에 따라 기한 내에 의견 제출이 없으면 아무런 제시의견이 없는 것으로 보고 처리할 예정이오니 참고하시기 바랍니다.

재 판 장   판 사   ○   ○   ○

【별지 58 조사위원 선임결정 및 조사·제출·보고명령】

서 울 회 생 법 원
제 1 부
결   정

사   건   2023회합○○   회생

채 무 자   ○○ 주식회사

             서울 ○○구 ○○로 ○○○

관 리 인   ○○○

주   문

1. ○○회계법인(대표이사 : ○○○, 본점 : 서울 ○○구 ○○로 ○○○)을 채무자의 조사위원으로 선임한다.

2. 조사위원은 다음 사항에 대한 조사결과 또는 의견을 2023. ○. ○.까지 이 법원에 제출하여야 한다.

    가. 채무자 회생 및 파산에 관한 법률 제90조 내지 제92조 소정의 사항에 관한 의견을 붙인 조사결과

    나. 채무자의 사업을 계속할 때의 가치가 채무자의 사업을 청산할 때의 가치보다 큰 지 여부 및 회생절차를 진행함이 적정한지 여부에 관한 의견

    다. 채무자의 부채액에 산입되지 아니한 채무자의 제3자에 대한 보증채무의 금액, 내용 및 보증책임의 발생가능성

    라. 채무자의 이사나 이에 준하는 자 또는 지배인의 중대한 책임이 있는 행위로 인하여 회생절차개시의 원인이 발생하였는지 여부 및 위와 같은 이사 등의 중대한 책임이 있는 행위에 지배주주 및 그 친족 기타 채무자 회생 및 파산에 관한 법률 시행령이 정하는 범위의 특수관계에 있는 주주가 상당한 영향력을 행사하였는지 여부

    마. 채무자 회생 및 파산에 관한 법률 제100조 내지 제104조의 규정에 의하여 부인할 수 있는 행위의 존부 및 범위

3. 채무자에 대하여 회생계획안이 제출된 경우, 조사위원은 심리를 위한 관계인 집회기일의 5일 전까지 다음 사항을 조사하여 그 결과 또는 의견을 이 법원에 보고하여야 한다.

　가. 회생계획안에 의한 변제방법이 채무자의 사업을 청산할 때 각 채권자에게 변제하는 것보다 불리하지 아니하게 변제하는 내용인지 여부

　나. 회생계획안의 수행이 가능한지 여부

이　　　　유

　채무자 회생 및 파산에 관한 법률 제87조 제1항 내지 제4항에 의하여 주문과 같이 결정한다.

2023. ○. ○.

재판장	판사	○ ○ ○
	판사	○ ○ ○
	판사	○ ○ ○

【별지 59 간이조사위원 선임결정 및 조사·제출·보고명령】

서 울 회 생 법 원

제 1 부

결   정

사   건   2023간회합○○   회생

채 무 자   ○○ 주식회사

　　　　　　서울 ○○구 ○○로 ○○○

법률상관리인   ○○○

주   문

1. ○○회계법인(대표이사 : ○○○, 본점 : 서울 ○○구 ○○로 ○○○)을 채무자의 간이조사위원으로 선임한다.

2. 간이조사위원은 다음 사항에 대한 조사결과 또는 의견을 2023. ○. ○.까지 이 법원에 제출하여야 한다.

   가. 채무자 회생 및 파산에 관한 법률 제90조 내지 제92조 소정의 사항에 관한 의견을 붙인 조사결과

   나. 간이회생절차를 진행함이 적정한지의 여부에 관한 의견

   다. 채무자의 부채액에 산입되지 아니한 채무자의 제3자에 대한 보증채무의 금액, 내용 및 보증책임의 발생가능성

   라. 채무자의 이사나 이에 준하는 자 또는 지배인의 중대한 책임이 있는 행위로 인하여 회생절차개시의 원인이 발생하였는지 여부 및 위와 같은 이사 등의 중대한 책임이 있는 행위에 지배주주 및 그 친족 기타 대통령령이 정하는 범위의 특수관계에 있는 주주가 상당한 영향력을 행사하였는지 여부

   마. 채무자 회생 및 파산에 관한 법률 제100조 내지 제104조의 규정에 의하여 부인할 수 있는 행위의 존부 및 범위

3. 채무자에 대하여 회생계획안이 제출된 경우, 간이조사위원은 심리를 위한 관계인집회기일의 5일 전까지 다음 사항을 조사하여 그 결과 또는 의견을 이 법원에 보고하여야 한다.

　가. 회생계획안에 의한 변제방법이 채무자의 사업을 청산할 때 각 채권자에게 변제하는 것보다 불리하지 아니하게 변제하는 내용인지 여부

　나. 회생계획안의 수행이 가능한지 여부

이　　　유

　채무자 회생 및 파산에 관한 법률 제293조의7 제1항, 제87조 제1항 내지 제4항에 의하여 주문과 같이 결정한다.

2023. ○. ○.

재판장　판사　　○○○
판사　　○○○
판사　　○○○

【별지 60 개시 전 조사위원 선임결정 및 조사·제출·보고명령】

서 울 회 생 법 원
제 1 부
결   정

사   건   2023회합○○   회생
채 무 자   ○○ 주식회사
                서울 ○○구 ○○로 ○○○
관 리 인   ○○○

주   문

1. ○○회계법인(대표이사 : ○○○, 본점 : 서울 ○○구 ○○로 ○○○)을 채무자의 조사위원으로 선임한다.
2. 조사위원은 다음 사항에 대한 조사결과 또는 의견을 2023. ○. ○.까지 이 법원에 제출하여야 한다(다만 중간보고서의 제출기한은 2023. ○. ○.까지로 한다).
   가. 채무자 회생 및 파산에 관한 법률 제90조 내지 제92조 소정의 사항에 관한 의견을 붙인 조사결과
   나. 채무자의 사업을 계속할 때의 가치가 채무자의 사업을 청산할 때의 가치보다 큰 지 여부 및 회생절차를 진행함이 적정한지 여부에 관한 의견
   다. 채무자의 부채액에 산입되지 아니한 채무자의 제3자에 대한 보증채무의 금액, 내용 및 보증책임의 발생가능성
   라. 채무자의 이사나 이에 준하는 자 또는 지배인의 중대한 책임이 있는 행위로 인하여 회생절차개시의 원인이 발생하였는지 여부 및 위와 같은 이사 등의 중대한 책임이 있는 행위에 지배주주 및 그 친족 기타 채무자 회생 및 파산에 관한 법률 시행령이 정하는 범위의 특수관계에 있는 주주가 상당한 영향력을 행사하였는지 여부
   마. 채무자 회생 및 파산에 관한 법률 제100조 내지 제104조의 규정에 의하여 부인할 수 있는 행위의 존부 및 범위

3. 채무자에 대하여 회생계획안이 제출된 경우, 조사위원은 심리를 위한 관계인
   집회기일의 5일 전까지 다음 사항을 조사하여 그 결과 또는 의견을 이 법원
   에 보고하여야 한다.
   가. 회생계획안에 의한 변제방법이 채무자의 사업을 청산할 때 각 채권자에
      게 변제하는 것보다 불리하지 아니하게 변제하는 내용인지 여부
   나. 회생계획안의 수행이 가능한지 여부

이   유

   채무자 회생 및 파산에 관한 법률 제87조 제1항 내지 제4항에 의하여 주문과
같이 결정한다.

2023. ○. ○.

재판장   판사   ○○○

판사   ○○○

판사   ○○○

【별지 61 인가 후 조사위원에 대한 실사명령 결정】

서 울 회 생 법 원
제 1 부
결   정

사   건   2023회합○○   회생
채 무 자   ○○ 주식회사
                   서울 ○○구 ○○로 ○○○
관 리 인   ○○○
조 사 위 원   ○○회계법인

주   문

　조사위원은 다음 사항에 대한 조사결과 또는 의견을 2023. ○. ○.까지 이 법원에 제출하여야 한다.
1. 채무자가 2023. ○. ○. 인가된 회생계획안을 수행할 수 있는지 여부와 수행이 불가능하다면 그 이유
2. 채무자에 대하여 변경회생계획안이 제출된 경우, 변경회생계획안에 의한 변제방법이 채무자의 사업을 청산할 때 각 채권자에게 변제하는 것보다 불리하지 아니하게 변제하는 내용인지 여부 및 변경회생계획안의 수행이 가능한지 여부

이   유

　채무자 회생 및 파산에 관한 법률 제87조 제4항, 제259조에 의하여, 주문과 같이 결정한다.

2023. ○. ○.

재판장   판사   ○○○

            판사   ○○○

            판사   ○○○

【별지 62 인가 후 조사위원의 실사와 관련한 예납명령】

서 울 회 생 법 원
제 1 부
결   정

사 건	2023회합○○ 회생
채 무 자	○○ 주식회사
	서울 ○○구 ○○로 ○○○
관 리 인	○○○

주   문

채무자는 이 결정을 송달받은 날로부터 7일 이내에 20,000,000원을 예납하여야
한다.

이   유

채무자의 재산 및 영업 상태 등을 실사하기 위한 비용을 위하여, 채무자 회생
및 파산에 관한 법률 제259조, 제33조, 민사소송법 제116조 제1항을 적용하여,
주문과 같이 결정한다.

2023. ○. ○.

재판장	판사	○○○
	판사	○○○
	판사	○○○

【별지 63 관리인보고서, 조사위원보고서 제출기간 연장결정】

서 울 회 생 법 원
제 1 부
결   정

사   건   2023회합○○ 회생

채 무 자   ○○ 주식회사

　　　　　　서울 ○○구 ○○로 ○○○

관 리 인   ○○○

주   문

1. 관리인의 채무자 회생 및 파산에 관한 법률 제91조에 의한 재산목록과 대차
   대조표의 제출기간과 같은 법 제92조에 의한 조사보고서의 제출기간을 각
   '2023. ○. ○.까지'에서 '2023. ○. ○.까지'로 연장한다.
2. 조사위원이 채무자 회생 및 파산에 관한 법률 제90조 내지 제93조 소정의 사
   항 등에 관하여 의견을 붙인 조사결과의 이 법원에 제출할 기한을 '2023. ○.
   ○.까지'에서 '2023. ○. ○.까지'로 연장한다.

이   유

　채무자 회생 및 파산에 관한 법률 제91조, 제92조, 제87조 제3항, 제33조, 민
사소송법 제172조 제1항을 적용하여 주문과 같이 결정한다.

2023. ○. ○.

재판장 판사　　○○○
판사　　○○○
판사　　○○○

【별지 64 조사위원 선임증】

2023회합○○　　　회생

선 임 증

명　　칭　　○○회계법인

본　　점　　서울 ○○구 ○○로 ○○○

대표이사　　○　○　○

위 회계법인은 채무자 ○○ 주식회사의 조사위원으로 선임되었음을 증명함.

2023.　○.　○.

서울회생법원 제1부

【별지 65 조사위원의 보수결정】

서 울 회 생 법 원

제 1 부

결   정

사   건   2023회합○○ 회생
채 무 자   ○○ 주식회사
                 서울 ○○구 ○○로 ○○○
관 리 인   ○○○
조 사 위 원   ○○회계법인

주   문

조사위원의 보수를 50,000,000원(부가가치세 포함)으로 한다.

이   유

채무자 회생 및 파산에 관한 법률 제30조에 의하여 주문과 같이 결정한다.

2023.   ○.   ○.

재판장   판사   ○○○

판사   ○○○

판사   ○○○

【별지 66 관리인 선임에 관한 채권자협의회에 대한 의견조회서】

서 울 회 생 법 원

2023. ○. ○. 발송필

제 1 부

우) 06594 서울 서초구 서초중앙로 157 / ☎ 530-1603 / 팩스 592-5661 / 주심 : ○○○ 판사

시 행 일 자   2023. ○. ○.

수   신   채무자 ○○ 주식회사의 채권자협의회(대표채권자 : ○○은행)

참   조   여신관리부장 ○○○ (전화   / 팩스   )

제   목   관리인 선임에 관한 의견조회

---

1. 채무자 ○○(주)에 대한 이 법원 2023회합○○호 회생 사건과 관련된 내용입니다.

2. 이 법원은 채무자 회생 및 파산에 관한 법률 제21조 제1항 제2호, 제74조 제1항에 의하여 ○○○을 채무자의 관리인으로 선임함에[21] 관하여 의견을 조회하오니, 2023. ○. ○.까지 이 법원에 도착할 수 있도록 서면 또는 팩시밀리 전송의 방법으로 회신하여 주시기 바랍니다.

3. 의견제출기한 준수규정(채무자 회생 및 파산에 관한 규칙 제37조 제4항, 제28조)에 따라 위 기한 내에 의견 제출이 없으면 아무런 제시의견이 없는 것으로 보고 처리할 예정이오니 참고하시기 바랍니다.

※ 별 첨 : 이력서 사본 1부. 끝.

재 판 장   판 사   ○   ○   ○

---

21) 관리인을 재선임하는 경우에는 '재선임'이라고 기재함.

【별지 67 관리인 선임에 관한 관리위원회에 대한 의견조회서】

서 울 회 생 법 원
제 1 부

우) 06594 서울 서초구 서초중앙로 157 / ☎ 530-1605 / 팩스 592-5661 / 주심 : ○○○ 판사

시 행 일 자   2023. ○. ○.
수   신   서울회생법원 관리위원회
참   조   주무 관리위원 ○○○
제   목   관리인 선임에 관한 의견조회

1. 채무자 ○○(주)에 대한 이 법원 2023회합○○호 회생 사건과 관련된 내용입니다.
2. 이 법원은 채무자 회생 및 파산에 관한 법률 제74조 제1항에 의하여 ○○○을 채무자의 관리인으로 선임함에[22) 관하여 의견을 조회하오니 회신하여 주시기 바랍니다.

※ 별 첨 : 이력서 사본 1부. 끝.

재 판 장   판 사   ○   ○   ○

---

22) 관리인을 재선임하는 경우에는 '재선임'이라고 기재함.

【별지 68 관리인의 사임·임기만료에 따른 새 관리인 선임결정】

서 울 회 생 법 원
제 1 부
결   정

사   건   2023회합○○   회생
채 무 자   ○○ 주식회사
            서울 ○○구 ○○로 ○○○

주   문

1. 관리인 ○○○에 대한 사임을 허가하고, ○○○(19○○. ○. ○.생, 주소 : 서울 ○○구 ○○로 ○○○)를 채무자의 관리인으로 선임한다.[23]
2. 관리인 ○○○의 임기를 2024. ○. ○.까지로 한다.

이   유

채무자의 관리인 ○○○이 2023. ○. ○. 사임신청을 하고 있으므로 이를 허가하고, ○○○를 채무자의 관리인으로 선임하기로 하여 채무자 회생 및 파산에 관한 법률 제83조 제1항, 제74조 제1항에 의하여 주문과 같이 결정한다.[24]

2023. ○. ○.

재판장   판사   ○○○

판사   ○○○

판사   ○○○

---

23) 관리인 임기만료의 경우 주문 제1항은 「○○○(19○○. ○. ○.생, 주소 : 서울 ○○구 ○○로 ○○○)를 채무자의 관리인으로 선임한다」라고 기재하고, 주문 제2항은 동일하다.
24) 관리인의 임기만료의 경우의 이유는 「관리인 ○○○의 임기가 만료되었으므로, ○○○를 채무자의 관리인으로 선임하기로 하여 채무자 회생 및 파산에 관한 법률 제74조 제1항에 의하여 주문과 같이 결정한다」라고 기재한다.

【별지 69 관리인 해임을 위한 심문기일지정결정】

서 울 회 생 법 원
제 1 부
결 정

사 건   2023회합○○   회생

채 무 자   ○○ 주식회사

             서울 ○○구 ○○로 ○○○

관 리 인   ○○○

위 사건에 관하여 아래와 같이 관리인을 심문한다.

관리인 심문은 수명법관으로 하여금 하게 한다.

  1. 일시 : 2023. ○. ○. 10:00

  2. 장소 : 서울법원종합청사 4별관 제○호 심문실

2023. ○. ○.

재판장   판사   ○○○

판사   ○○○

판사   ○○○

위 수명법관으로 판사 ○○○를 지정한다.

2023. ○. ○.

재판장   판사   ○○○

【별지 70 관리인 해임을 위한 심문기일 조서】

서 울 회 생 법 원
심 문 조 서

사 건	2023회합○○ 회생	기 일 : 2023. ○. ○. 10:00	
수명법관 판사	○ ○ ○	장 소 : 서울법원종합청사 4별관	
법원 사무관	○ ○ ○	제○호 심문실	
		공개 여부 : 비공개	

사건과 당사자를 호명

채무자 ○○ 주식회사의 관리인 ○○○   출석

관리위원 ○ ○ ○   출석

수명법관

　　　　별지 조서와 같이 관리인 ○○○를 심문하다.

심문종결

　　　　　　　　　　법원 사무관　　　　　○　○　○

　　　　　　　　　　수명법관 판사　　　　○　○　○

(별지 조서 생략)

【별지 71 관리인의 해임 및 새 관리인 선임 결정】

서 울 회 생 법 원
제 1 부
결   정

사   건   2023회합○○   회생
채 무 자   ○○ 주식회사
               서울 ○○구 ○○로 ○○○

주   문

1. 관리인 ○○○를 해임하고, ○○○(19○○. ○. ○.생, 주소 : 서울 ○○구 ○
   ○로 ○○○)를 채무자의 관리인으로 선임한다.
2. 관리인 ○○○의 임기를 2024. ○. ○.까지로 한다.

이   유

　채무자의 관리인 ○○○에게 채무자 회생 및 파산에 관한 법률 제83조 제2
항 제3호에 정한 사유가 있으므로 동조 제2항에 의하여 직권으로 위 관리인을
해임하고, 동법 제74조 제1항에 의하여 ○○○를 채무자의 관리인으로 선임하기
로 하여 주문과 같이 결정한다.

2023. ○. ○.

재판장   판사   ○○○
            판사   ○○○
            판사   ○○○

【별지 72 관리인 변경공고】

채무자 ○○ 주식회사 관리인 변경공고

사   건   2023회합○○   회생
채 무 자   ○○ 주식회사
              서울 ○○구 ○○로 ○○○

　　채무자의 관리인이 △△△에서 ○○○(. . .생)로 변경되었으므로 채무자 회생 및 파산에 관한 법률 제51조 제3항에 의하여 이를 공고합니다.

2023. ○. ○.

서울회생법원   제1부
재판장   판사   ○○○
             판사   ○○○
             판사   ○○○

【별지 73 관리인 변경에 따른 행정청 통지서】

서 울 회 생 법 원
제 1 부
통   지   서

수   신   수신처 참조
사   건   2023회합○○   회생
채 무 자   ○○ 주식회사 (본점 : 서울 ○○구 ○○로 ○○○)

   채무자의 관리인이 △△△에서 ○○○(19○○. ○. ○.생, 주소 : 서울 ○○구 ○○로 ○○○)로 변경되었으므로 채무자 회생 및 파산에 관한 법률 제52조, 제51조 제1항 제2호에 의하여 이를 통지합니다.

2023. ○. ○.

재판장   판사   ○   ○   ○

수신처 : 기획재정부장관, 법무부장관, 산업통상자원부장관, 고용노동부장관,
        금융위원회위원장, 국세청장, 관세청장, ○○세무서장, 서울특별시장,
        ○○구청장. 끝.

【별지 74 열람·복사신청의 불허가 결정】

서 울 회 생 법 원

제 1 부

결   정

사   건   2023회합○○   회생

채 무 자   ○○ 주식회사

서울 ○○구 ○○로 ○○○

신 청 인   ○○○

서울 ○○구 ○○로 ○○○

주   문

이 사건 신청을 허가하지 아니한다.

이   유

이 사건 신청은 채무자의 사업유지 또는 회생에 현저한 지장을 초래할 우려가 있으므로 채무자 회생 및 파산에 관한 법률 제28조 제4항에 의하여 이를 허가하지 아니하기로 하여 주문과 같이 결정한다.

2023. ○. ○.

재판장   판사   ○○○

판사   ○○○

판사   ○○○

【별지 75 열람·복사신청의 일부 불허가 결정】

서 울 회 생 법 원
제 1 부
결   정

사   건   2023회합○○   회생

채 무 자   ○○ 주식회사

서울 ○○구 ○○로 ○○○

신 청 인   ○○○

서울 ○○구 ○○로 ○○○

주   문

이 사건 신청 중 채무자가 2023. ○. ○. 제출한 영업양도허가신청서의 '2. 신청의 이유' 및 위 신청서에 첨부된 영업양도계약서 부분을 허가하지 아니한다.

이   유

이 사건 신청 중 주문 기재 부분에 대한 열람(복사)은 채무자의 사업유지 또는 회생에 현저한 지장을 초래할 우려가 있으므로 채무자 회생 및 파산에 관한 법률 제28조 제4항에 의하여 위 부분에 한하여 이를 허가하지 아니하기로 하여 주문과 같이 결정한다.

2023. ○. ○.

재판장   판사   ○○○

판사   ○○○

판사   ○○○

【별지 76 부인권 행사 명령 신청서】

부인권 행사 명령 신청서

사 건 번 호   2023회합○○   회생
신 청 인   주식회사 ○○은행
          서울 ○○구 ○○로 ○○○
          대표이사 ○○○
채 무 자   ○○ 주식회사
          서울 ○○구 ○○로 ○○○
관 리 인   ○○○

신 청 취 지

관리인은 채무자가 202○. ○. ○. 주식회사 ○○에게 금 ○○○원을 변제한 행위에 대하여 부인권을 행사하여야 한다.

신 청 원 인

채무자가 202○. ○. ○. 주식회사 ○○에게 금 ○○○원을 변제한 행위는 채무자가 지급정지 후에 한 채무의 소멸에 관한 행위로서 채무자 회생 및 파산에 관한 법률 제100조 제1항 제2호 소정의 부인권 행사대상이 된다 할 것이므로, 회생채권자인 신청인은 동법 제105조 제2항에 의하여 관리인에 대한 부인권 행사 명령을 신청합니다.

첨부 :   1. 어음거래약정서 사본 1부
             2. 거래정치처분 및 거래내역서 사본 1부
             3. 신용거래정보 사본 1부

서울회생법원 제1부 귀중

【별지 77 부인권 행사 명령】

서 울 회 생 법 원
제 1 부
결   정

사   건   2023회합○○   회생
신 청 인   주식회사 ○○은행
             서울 ○○구 ○○로 ○○○
             대표이사   ○○○
채 무 자   ○○ 주식회사
             서울 ○○구 ○○로 ○○○
관 리 인   ○○○

주   문

관리인은 2023. ○. ○.까지 채무자가 202○. ○. ○. 주식회사 ○○에게 금 ○
○○원을 변제한 행위에 대하여 부인권을 행사하여야 한다.

이   유

신청인의 이 사건 신청은 이유가 있으므로, 채무자 회생 및 파산에 관한 법률
제105조 제2항에 의하여 주문과 같이 결정한다.

2023. ○. ○.

재판장   판사   ○○○
          판사   ○○○
          판사   ○○○

【별지 78 손해배상청구권 조사확정재판 결정례】

서 울 회 생 법 원

제 1 부

결   정

사   건   2023회기○○   손해배상청구권조사확정

신 청 인   채무자 ○○ 주식회사의 관리인 ○○○

서울 ○○구 ○○로 ○○

상 대 방   ○○○

서울 ○○구 ○○로

주   문

1. 채무자 ○○ 주식회사의 상대방에 대한 손해배상청구권은 ○○○원 및 이에 대한 2023. ○. ○.부터 다 갚는 날까지 연 5%의 비율로 계산한 금원임을 확정한다.
2. 신청비용은 상대방이 부담한다.

신 청 취 지

주문 제1항 기재와 같다.

이   유

신청인 및 상대방에 대한 각 심문결과와 신청인 제출 자료에 의하면, 채무자 ○○ 주식회사의 이사인 상대방은 2023. ○. ○. 채무자 ○○ 주식회사가 상대방의 개인사업체인 △△에 자금을 대여한 것처럼 관련 장부를 정리하고 채무자 ○○ 주식회사의 운영자금 중 ○○○원을 임의로 인출하여 상대방 및 위 △△에 대하여 부과된 증여세, 부가가치세, 종합소득세 등의 납부에 임의로 소비하여 횡령한 사실이 소명된다.

위 소명사실에 의하면, 상대방은 채무자 ○○ 주식회사의 이사로서 회사운영자금을 횡령함으로써 채무자 ○○ 주식회사에게 횡령액 상당의 손해를 가하였다

고 할 것이므로, 상법 제399조 제1항에 따라 상대방은 채무자 ○○ 주식회사에게 횡령액 ○○○원 및 이에 대한 횡령일인 2023. ○. ○.부터 다 갚는 날까지 민법에서 정한 연 5%의 비율로 계산한 지연손해금을 지급할 의무가 있다.

따라서 신청인의 이 사건 손해배상청구권 조사확정 신청은 이유 있어 이를 인용하기로 하여 주문과 같이 결정한다.

2023. ○. ○.

재판장   판사   ○○○

판사   ○○○

판사   ○○○

【별지 79 회생채권 변제허가 의견조회서 - 관리위원회】

서 울 회 생 법 원
제 1 부

우) 06594 서울 서초구 서초중앙로 157 / ☎ 530-1605 / 팩스 592-5661 / 주심 : ○○○ 판사

시 행 일 자	2023. ○. ○.	
수 신	서울회생법원 관리위원회	
참 조	주무 관리위원 ○○○	
제 목	회생채권 변제허가에 대한 의견조회	

1. ○○ 주식회사에 대한 이 법원 2023회합○○호 회생사건과 관련된 내용입니다.

2. 관리인이 별첨과 같이 회생채권 변제허가 신청을 하였으므로, 채무자 회생 및 파산에 관한 법률 제132조 제3항에 의하여 변제허가에 대한 의견을 조회하오니 2023. ○. ○.까지 회신하여 주시기 바랍니다.

※ 붙임: 회생채권 변제허가 신청서 사본 1부

재 판 장   판 사   ○   ○   ○

【별지 80 회생채권 변제허가 의견조회서 - 채권자협의회】

서 울 회 생 법 원
제 1 부

2023. ○. ○. 발송필

우) 06594 서울 서초구 서초중앙로 157 / ☎ 530-1603 / 팩스 592-5661 / 주심 : ○○○ 판사

시 행 일 자   2023.   ○.   ○.

수   신   채무자 ○○ 주식회사의 채권자협의회(대표채권자 : ○○은행)

참   조   구조개선팀 ○○○ 팀장 (전화   , 팩스   )

제   목   회생채권 변제허가에 대한 의견조회

1. 채무자 ○○ 주식회사에 대한 이 법원 2023회합○○호 회생사건에 관한 내용입니다.

2. 관리인이 별첨과 같이 회생채권 변제허가 신청을 하였으므로, 채무자 회생 및 파산에 관한 법률 제132조 제3항에 의하여 변제허가에 대한 의견을 조회하오니 2023.   ○.   ○.까지 회신하여 주시기 바랍니다.

3. 의견제출기한 준수규정(채무자 회생 및 파산에 관한 규칙 제37조 제4항, 제28조)에 따라 기한 내에 의견 제출이 없으면 아무런 제시의견이 없는 것으로 보고 처리할 예정이오니 참고하시기 바랍니다.

※ 첨부 : 회생채권 변제허가 신청서 사본 1부

재 판 장   판 사   ○   ○   ○

[별지 81 회생담보권자, 회생채권자, 주주·지분권자의 목록 총괄표]

회생담보권자, 회생채권자, 주주·지분권자의 목록 총괄표

채무자 : ○○ 주식회사

(단위 : 원, 주)

구 분		건 수	금 액	비 고
회생담보권		10	150,000,000,000	회생채권 인정액 : 40,000,000원
회생채권	회생채권	500	450,000,000,000	
	담보권 중 회생채권 인정액		40,000,000,000	
	소 계	500	490,000,000,000	
합 계		510	640,000,000,000	

조세채권	2	1,000,000,000	조사대상 아님
주식·출자지분	5	300,000	조사대상 아님

[별지 82 회생채권자의 목록 총괄표]

회생채권자의 목록 총괄표

채무자 : ○○○○ 주식회사

(단위 : 원)

목록번호	채권자	주소	채권내용	채권액	의결권인정액	우선권	비고
채권1-1	(주)△△은행 은행장 ○○○	서울 ○○구 ○○	대여금채권 1. 원금 2. 이자	100,000,000 10,000,000	100,000,000 10,000,000		
채권1-2			보증채권 1. 원금 2. 이자	500,000,000 50,000,000	500,000,000 50,000,000		
채권1-3			대여금채권 1. 원금 2. 이자	400,000,000 40,000,000	400,000,000 40,000,000		
채권2	서울보증보험(주) (대표이사 ○○○)	서울 ○○구 ○○	미발생구상채권				• 장래의 구상권자 (주채권자 : ○○○은행)
채권3	○○○ (△△공업사)	서울 ○○구 ○○	상거래채권(약속어음금)	100,000,000	100,000,000		
채권4	○○○	광명시 ○○로 ○○아 ○	1. 소유권이전등기 (서울 ○○구 ○○로 ○○아파트 ○동 ○호) 2. 손해배상청구해 △	(목적물 가해) ○○원 (손해배상해) ○○원	(목적물 가해) ○○원 (손해배상해) ○○원		• 서울중앙지방법원 200○가 합○○ 소유권이전등기 청구 사건 소송 계속 중
채권5	○○○	경기도 수원시 ○○로 ○○	대여금채권(일반)	100,000,000	100,000,000		- 관리인의 친구
채권6	○○○	서울 ○○구 ○○로 ○○	특수관계인채권	50,000,000	50,000,000		- 법률상 관리인
채권7-1	신용보증기금 (이사장 ○○○)	서울 ○○구 ○○로 ○○	구상채권	100,000,000	100,000,000		- 주채권자 : □□은행 외
채권7-2			미발생 구상채권	250,000,000			
합계				820,020,000	820,020,000		

【별지 83 회생채권자의 목록】

회 생 채 권 자 의 목 록

사 건		20○○회합○○ 회생	채 무 자	주식회사 ○○
회생 채권자	성명·명칭	○○ 은행 주식회사		
	주 소	서울 ○○구 ○○로 ○○○		
	전화번호	(02) 530-○○○○	e-mail	abc123@xxxx.co.kr
목록 번호		채권 1-1	신고 번호	
회생채권의 내용·원인		(원인) 20○○. 5. 1.자 일반 자금 대출 (내용) · 원금 100,000,000원 · 개시결정 전일까지의 이자 10,000,000원(20○○. ○. ○. 부터 연 12%) · 개시결정일부터 연 15%의 비율에 의한 지연손해금		
우선권 유무				
의결권의 액		금 110,000,000원		
목록 번호		채권 1-2	신고 번호	
회생채권의 내용·원인		(원인) 20○○. 6. 1.자 제○회 회사채지급보증 (내용) · 원금 500,000,000원 · 개시결정 전일까지의 이자 50,000,000원(20○○. ○. ○. 부터 연 12%) · 개시결정일부터 연 18%의 비율에 의한 지연손해금		
우선권 유무				
의결권의 액		금 550,000,000원		
목록 번호		채권 1-3	신고번호	
회생채권의 내용·원인		(원인) 20○○. 8. 1.자 당좌대출 (내용) · 원금 400,000,000원 · 개시결정 전일까지의 이자 40,000,000원(20○○. ○. ○. 부터 연 12%) · 개시결정일부터 연 15%의 비율에 의한 지연손해금		
우선권 유무				
의결권의 액		금 440,000,000원		
집행권원·종국판결 유무		(채권 1-1) 서울중앙지방법원 20○○. ○. ○. 선고 20○○가단 ○○ 대여금 판결 원고 : ○○ 은행 주식회사, 피고 : 주식회사 ○○		
소송계속 여부		(채권 1-3) 서울중앙지방법원 20○○가단○○ 대여금 원고 : ○○ 은행 주식회사, 피고 : 주식회사 ○○		
비 고		· 채권 1-3은 20○○가단○○ 청구금액 1,000,000,000원 및 이에 대한 지연손해금 중 일부임		

[별지 84 회생담보권자의 목록 총괄표]

회생담보권자의 목록 총괄표

채무자:○○○○ 주식회사

(단위 : 원)

목록번호	담보권자	주소	담보권 종류 및 목적물	가치평가 및 배분	채권내용	담보권 인정액	의결권 인정액	회생채권 인정액	우선권	비고
담보 1-1	(주)△△은행 은행장 ○○○	서울 ○○구 ○○로 ○○	근저당권 창원시 ○○도 ○○아 … 아파트 60세대 채권최고액 : 2,000,000,000 설정순위 : 1순위(설정일 20○○. 6. 1.)	총 평가액 25억 선순위 배분액 0 당 배분액 20억 배분 후 잔액 5억	대여금채권 1. 원금 2. 이자	1,400,000 300,000	1,400,000 300,000			
					보증채무권 1. 원금 2. 이자	250,000 50,000	250,000 50,000			
담보1-2			주식 질권 ○○(주) 발행 주식 수량 : 100,000주 (설정일 20○○. 3. 1.)	(개시결정일 당시 시가로 평가)	보증채무권 1. 원금 2. 이자	200,000 40,000	200,000 40,000	300,000 20,000		
담보2	○○캐피탈(주) 대표이사 ○○○	서울 ○○구 ○○로 ○○	기계장치 양도담보 창원시 ○○도 소재 ○○공장 ○○공작기계류 20점 (물건인도일 20○○. 8. 1.)	(잔존가치로 평가)	대여금채권 1. 리스료 2. 연체이자 3. 손해금	10,000 1,000 1,000	10,000 1,000 1,000	1,000 1,000 1,000		
담보3	○○저축은행(주) 대표이사 ○○○	서울 ○○구 ○○로 ○○	어음 양도담보 ○○(주) 발행의 어음 액면 : ○○○○○원	(실질가치로 평가)	대여금채권 1. 원금 2. 이자	800,000 200,000	800,000 200,000			
담보4	(주)○○은행 은행장 ○○○	광명시 ○○로 ○○의 ○	근저당권 서울 ○구 ○로 ○에 ○ 지상 2층 건물 채권최고액 : 1,000,000,000 설정순위 : 2순위 (설정일 : 20○○. 1. 5.)	총 평가액 20억 선순위 배분액 15억 당 배분액 5억 배분 후 잔액 0	대여금채권 1. 원금 2. 이자	700,000 150,000	300,000 150,000			
담보5	(주)○○은행 은행장 ○○○	경기도 수원시 ○○로 ○○	근저당권 서울 ○구 ○로 ○에 ○ 대 ○○m² 채권최고액 : 2,000,000,000 설정순위 : 5순위(설정일 : 20○○. 1. 5.)	총 평가액 25억 선순위 배분액 20억 당 배분액 0 배분 후 잔액 0	대여금채권 1. 원금 2. 이자	600,000 100,000	600,000 100,000			
			합 계							

【별지 85 회생담보권자의 목록】

<h1 align="center">회 생 담 보 권 자 의 목 록</h1>

사　건		2023회합○○ 회생	채 무 자	주식회사 ○○
회생 담보권자	성명·명칭	△△ 은행 주식회사		
	주　소	서울 ○○구 ○○로 ○○		
	전화번호	(02) 530-0000	e-mail	def1234@xxxx.co.kr
목록 번호		담보권 1-1	신고 번호	
담보권의 내용·원인		1. (원인) 20○○. 5. 1.자 운전자금 대출 　(내용) ·원금 200,000,000원 　　·개시결정 전일까지의 이자 30,000,000원(20○○. ○. ○.부터 연 10%) 　　·개시결정일부터 연 12%의 비율에 의한 지연손해금 2. (원인) 20○○. 6. 8. 1.자 일반 대출 　(내용) ·원금 300,000,000원 　　·개시결정 전일까지의 이자 40,000,000원(20○○. ○. ○.부터 연 10%) 　　·개시결정일부터 연 10%의 비율에 의한 지연손해금		
담보권의 목적·가액	목　적	서울 ○○구 ○○로 ○○ 대 000m² 및 지상 5층 건물		
	가　액	감정가액 400,000,000원		
회생담보권 인정액		금 400,000,000원		
의결권 액		금 400,000,000원		
목록 번호		담보권 1-2	신고 번호	
담보권의 내용·원인		20○○. 6. 1.자 전세 보증금 100,000,000원		
담보권의 목적·가액	목　적	서울○○구 ○○로 ○○○ ○○ 아파트 제○동 제○○호		
	가　액	감정가액 150,000,000원		
회생담보권 인정액		금 100,000,000원		
의결권 액		금 100,000,000원		
회생채무자 이외의 채무자(담보권 1-1)	성　명	홍 ○ ○	주소	인천 ○○구 ○○로 ○○
	전화전화	(032) 400-XXXX	e-mail	
집행권원·종국판결 유무		(담보권 1-2) 서울중앙지방법원 20○○가단○○ 전세보증금 반환 판결 　　원고 : △△ 은행 주식회사, 피고 : 주식회사 ○○		
소송계속 여부				
비　고		·담보권 1-1 중 회생담보권 인정액 초과분 170,000,000원 및 담보권 1-1 및 1-2 중 개시결정일 이후의 지연손해금은 각 회생채권으로 인정		

[별지 86 회생담보권자 배분 상세명세서]

<부동산 담보물 배분표>

(단위 : 원)

담보권자 : ○○ 은행

담보물 소재지	토지면적/전물면적	담보설정현황				가치 평가액	1순위				2순위				3순위				비고
		순위	설정일자	채권자	공담		설정자	설정금액	배분액	배분잔액	설정자	설정금액	배분액	배분잔액	설정자	설정금액	배분액	배분잔액	
서울 ○○구 ○○로 ○○	대 1,460㎡	1	21. 3. 21.	○○은행	단독	43억	○○ 은행	30억	30억	13억	×× 은행	8억	4억(주1)	9억	△△ 은행	30억	9억	0	
		2	21. 4. 20.	××은행	공담														
		3	22. 2. 20.	△△은행	단독														비고
		4	22. 3. 10.	□□은행	공담		설정자 □□은행	설정금액 5억	배분액 0	배분잔액 0									

※ (주1) 공동담보가 있으므로 나머지 4억 원은 다음 공동담보에서 배분됨.

※ 위와 같은 방법으로 담보 물건별로 배분표를 작성해 나가면 됨.

<유가증권 등 담보물 배분표>

(단위 : 원)

담보권자 : ○○ 은행

담보 목적물	주수/구좌	평가 액	목록 기재액	배분금액	배분 후 잔액	비 고
한국 ○○ 방송 주식	40,000주	230,123,220	230,123,220	230,123,220	0	
○○ 유동화 채권		350,000,000	1,650,000,000	0	0	법 제100조 제1항 제3호에 의하여 부인
○○공제조합 출자증권	200좌	49,470,750		49,470,750	0	
○○ 파이벤스 주식	50,000주	0(주2)		0	0	자본잠식으로 실가가치 0

※(주2) 담보가치가 '0'이지만 나중에 유상매각이 이루어질 수 있으므로 회생계획안에 이의 대비한 규정(예 : 매각시 매금을 당해 주식을 보유하였던 채권자의 회생채권변제에 사용하기로 하는 규정)이 필요함.

[별지 87 주주·지분권자의 목록 총괄표]

주주·지분권자의 목록 총괄표

채무자 : ○○○○ 주식회사

목록 번호	주주·지분권자	주 소	주식·출자지분의 종류	주식·출자지분의 종류	주식의 수· 출자지분의 액수	의결권의 수·액수	비 고
1							
2							
3							
4							
소 계							
합 계							

【별지 88 주주·지분권자의 목록】

주 주 · 지 분 권 자 의 목 록

사 건	2023회합○○ 회생	채 무 자	○○ 주식회사
목록 번호			

사 건	2023회합○○ 회생	채 무 자	○○ 주식회사
목록 번호	주식 1	신고번호	
주주· 지분권자	성명·명칭	◇ ◇ 주식회사	
	주 소	서울 ◇◇구 ◇◇로 ◇◇	
	전화번호	(02) 500-XXXX	e-mail	xyz456@XXXX.com
주식·출자지분의 종류와 수·액수	1. 보통주식　1,000주(액면 : 5,000원) 2. 우선주식　　500주(액면 : 5,000원)		
집행권원· 종국판결 유무			
소송계속 여부			
비 고	대표이사		

[별지 89 벌금·조세 등의 목록 총괄표]

벌금·조세 등의 목록 총괄표

채무자 : ○○○○ 주식회사

(단위 : 원)

목록번호	채권자	주소	채권내용	액수	비고
1	대한민국(○○세무사)	서울 ○○구 ○○로 ○○	법인세 1. 본세 2. 가산금 3. 증가산금		부과일 : 2021. ○. ○. 납기일 : 2022. ○. ○. 소송진행 중(서울행정법원 20○○구합○○)
2	서울특별시	서울 ○○구 ○○로 ○○	지방세 1. 취득세 2. 농특세		부과일 : 2021. ○. ○. 납기일 : 2022. ○. ○.
3	대한민국 (공정거래위원회)	과천시 ○○구 ○○로 ○○	과징금		부과일 : 2021. ○. ○. 납기일 : 2022. ○. ○.
4	대한민국 (서울중앙지방검찰청)	서울 ○○구 ○○로 ○○	벌금		부과일 : 2021. ○. ○. 납기일 : 2022. ○. ○.
5	국민건강보험공단	서울 ○○구 ○○로 ○○	국민건강보험료		부과일 : 2021. ○. ○. 납기일 : 2022. ○. ○. 공익채권
6	대한민국(○○세관)	인천 ○○구 ○○로 ○○	관세		부과일 : 2021. ○. ○. 납기일 : 2022. ○. ○.
	소계				
	합계				

【별지 90 벌금·조세 등의 목록】

벌 금 · 조 세 등 의 목 록

사 건	2023회합○○ 회생	채 무 자	주식회사 ○○

청구권자	성 명	대한민국(소관 : ○○ 세무서장)		
	주 소	서울 ○○구 ○○로 ○○		
	전화번호	(02) 530-○○○○	e-mail	abc234@xxxx.co.kr

목록 번호	조세등 1-1	신고 번호	

청구권의 원인·내용	(원인) 2022. ○. ○.자 2021사업연도 법인세 부과처분 (내용) ·부과된 세액 금○○○원 ·가산금 ○○○원 ·중가산금 ○○○원

목록 번호	조세등 1-2	신고 번호	

청구권의 원인·내용	(원인) 2022. ○. ○.자 2021년 귀속 소득세 부과처분 (내용) ·부과된 세액 금○○○원 ·가산금 ○○○원

집행권원·종국판결 유무	
행정심판·소송계속 여부	
비 고	

청구권자	성 명	대한민국(소관 : ◇◇ 지방검찰청)		
	주 소	서울 ◇◇구 ◇◇로 ◇◇		
	전화번호	(02) 530-○○○○	e-mail	abc5678@xxxx.co.kr

목록 번호	조세등 2	신고 번호	

청구권의 원인·내용	(원인) 서울중앙지방법원 2022. ○. ○.자 2022고약○○호 ○○ 사건 (내용) 벌금 ○○○원

집행권원·종국판결 유무	
행정심판·소송계속 여부	
비 고	

【별지 91 회생채권 등의 신고서】

회생 $\left(\begin{array}{c}\text{채 권} \\ \text{담보권} \\ \text{주식·출자지분}\end{array}\right)$ 신고서

사   건 :   2023회합○○   회생   (○○ 주식회사)

                                   20○○ 년 월 일 신고
회생   채 권 자
회생   담보권자의 성명 또는 상호 :   (인)
주주·지분권자

        주소 : (   )
        전화 :   팩시밀리 :
        전자우편 :

위 대 리 인   성명 :   (인)

        주소 : (   )
        전화 :   팩시밀리
        전자우편 :

                               서 울 회 생 법 원 귀중

별첨 : 1. 회생채권(회생담보권·주식·출자지분) 신고 내역서 1부.
       2. 신고인의 법인등기부등본 1부
       3. 신고 대리인의 위임장
       4. 신고서 및 신고내역서 사본 1부. 끝.

【별지 92 회생채권 신고내역서】

회 생 채 권 신 고 내 역 서

사　　건	2023회합○○ 회생	채 무 자	주식회사 ○○
회생 채권자	성명·명칭	○○ 은행 주식회사		
	주　　소	서울 ○○구 ○○로 ○○○		
	전화번호	(02) 530-○○○○	e-mail	abc@xxxx.co.kr
목록 번호		채권 1-1	신고 번호	채권 (4) -1
회생채권의 원인·내용		(원인) 2021. 5. 1.자 일반 자금 대출 (내용) · 원금 120,000,000원 　　　　· 개시결정 전일까지의 이자 12,000,000원(2021. ○. ○.부터 　　　　　연 12%) 　　　　· 개시결정일부터 연 15%의 비율에 의한 지연손해금		
우선권 유무				
의결권 액		금 132,000,000원		
목록 번호		채권 1-2	신고번호	채권 (4) - 2
회생채권의 원인·내용		(원인) 2022. 6. 1.자 제○회 회사채 지급보증의 구상금 (내용) · 원금 500,000,000원 　　　　· 개시결정 전일까지의 이자 65,000,000원(2022. ○. ○.부터 　　　　　연 12%) 　　　　· 개시결정일부터 연 18%의 비율에 의한 지연손해금		
우선권 유무				
의결권 액		금 565,000,000원		
집행권원·종국판결 유무				
소송계속 여부				
비　　고				

※ 「신고번호」란 중 (　)부분은 접수 순서에 따라 법원이 기재하는 부분이므로 기재하지 마
십시오.

사 건	2023회합○○ 회생	채 무 자	주식회사 ○○
회생 채권자 성명·명칭		○○ 은행 주식회사	

목록 번호	채권 1-3	신고 번호	채권 (4) - 3

회생채권의 원인·내용	(원인) 2022. 8. 1.자 당좌대출 (내용) · 원금 410,000,000원 · 개시결정 전일까지의 이자 41,000,000원(2022. ○. ○.부터 연 12%) · 개시결정일부터 연 15%의 비율에 의한 지연손해금
우선권 유무	
의결권 액	금 451,000,000원

목록 번호	채권 1-4	신고 번호	채권 (4) - 4

회생채권의 원인·내용	(원인) 2022. 8. 1.자 일반대출 (내용) · 원금 100,000,000원 · 개시결정 전일까지 이자 10,000,000원(2022. ○. ○.부터 연 12%) · 개시결정일부터 연 18%의 비율에 의한 지연손해금
우선권 유무	
의결권 액	금 110,000,000원
집행권원·종국판결 유무	
소송계속 여부	(채권 1-4) 서울중앙지방법원 2023가단○○ 대여금 원고 : ○○은행 주식회사, 피고 : 주식회사 ○○
비 고	

※ 「신고번호」란 중 ( )부분은 접수 순서에 따라 법원이 기재하는 부분이므로 기재하지 마
십시오.

【별지 93 회생담보권 신고내역서】

회 생 담 보 권 신 고 내 역 서

사 건		2023회합○○ 회생	채 무 자	주식회사 ○○
회생 담보권자	성명·명칭	△△ 은행 주식회사		
	주 소	서울 ○○구 ○○로 ○○		
	전화번호	(02) 530-○○○○	e-mail	def1234@xxxx.co.kr
목록 번호		담보권 1-1	신고 번호	담보권 ( ) - 1
회생담보권의 내용·원인		1. (원인) 2021. 5. 1.자 운전자금 대출 　　(내용) ·원금 200,000,000원 　　　　　　·개시결정 전일까지의 이자 30,000,000원(2022. ○. ○.부터 　　　　　　　연 10%) 　　　　　　·개시결정일부터 연 12%의 비율에 의한 지연손해금 2. (원인) 2021. 8. 1.자 일반 대출 　　(내용) ·원금 300,000,000원 　　　　　　·개시결정 전일까지의 이자 40,000,000원(2022. ○. ○.부터 　　　　　　　연 10%) 　　　　　　·개시결정일부터 연 10%의 비율에 의한 지연손해금		
회생담보권의 목적·가액		목 적	서울 ○○구 ○○로 ○○ 대 ○○○㎡ 및 지상 5층 건물	
		가 액	400,000,000원	
회생담보권 인정액		금 400,000,000원		
의결권 액		금 400,000,000원		
목록 번호		담보권 1-2	신고 번호	담보권 ( ) - 2
담보권의 내용·원인		2021. 6. 1.자 전세 보증금 100,000,000원		
담보권의 목적·가액		목 적	서울 ○○구 ○○로 ○○○ ○○ 아파트 제○동 제○○호	
		가 액	감정가액 150,000,000원	
회생담보권 인정액		금 100,000,000원		
의결권 액		금 100,000,000원		
회생채무자 이외의 채무자(담보권 1-1)		성 명	홍 ○○	주소	인천 ○○구 ○○로 ○○○○
		전화전호	(032) 400-XXXX	e-mail	
집행권원·종국판결 유무				
소송계속 여부				
비 고				

※ 「신고번호」란 중 ( )부분은 접수 순서에 따라 법원이 기재하는 부분이므로 기재하지 마
십시오.

【별지 94 주식·출자지분 신고내역서】

주 식 · 출 자 지 분 신 고 내 역 서

사 건	2023회합○○ 회생	채 무 자	주식회사 ○○

주주· 지분권자	성명·명칭	주식회사 ◇◇		
	주 소	서울 ◇◇구 ◇◇로 ◇◇		
	전화번호	(02) 530-XXXX	e-mail	789def@XXX.com

목 록 번 호	주식 1	신고번호	주식 (8)

주식·출자지분의 종류와 수, 주권번호	1. 보통주식 총 1,500주(액면 5,000원), 주권번호 ○○번 2. 우선주식 총 500주(액면 5,000원), 주권번호 ○○번
비 고	

※ 「신고번호」란 중 ( )부분은 접수 순서에 따라 법원이 기재하는 부분이므로 기재하지 마
십시오.

【별지 95 회생채권 등 신고 접수증】

회생 (채 권 담보권 주식·출자지분) 신고 접수증	
사 건 번 호	2023회합○○ 회생
채 무 자	○○ 주식회사
신고 권리의 종류	회생(채권, 담보권, 주식·출자지분)
접 수 번 호	
채권자 성명	
위 대리인	
채 권 액	일 금 원 정 (₩)

※ 이 접수증은 법원에 출석시 항상 지참하셔야 합니다.

202 년   월   일
서울회생법원

【별지 96 주주명부 폐쇄결정】

서 울 회 생 법 원

제 1 부

결   정

사   건   2023회합○○   회생

채 무 자   ○○ 주식회사

              서울 ○○구 ○○로 ○○○

관 리 인   ○○○

주   문

2023. ○. ○.부터 2023. ○. ○.까지 채무자의 주주명부를 폐쇄한다.

이   유

이 사건 회생절차에서 의결권을 행사할 주주를 확정하기 위하여 채무자의 주주명부를 일시적으로 폐쇄할 필요가 있으므로, 채무자 회생 및 파산에 관한 법률 제150조 제2항에 따라 주문과 같이 결정한다.

2023. ○. ○.

재판장   판사   ○○○

판사   ○○○

판사   ○○○

【별지 97 주주명부 폐쇄결정 공고】

채무자 ○○ 주식회사 주주명부 폐쇄결정 공고

사   건   2023회합○○   회생
채 무 자   ○○ 주식회사
               서울 ○○구 ○○로 ○○○
관 리 인   ○○○

  위 사건에 관하여 이 법원은 주주명부 폐쇄결정을 하였으므로 채무자 회생 및 파산에 관한 법률 제150조 제2항, 채무자 회생 및 파산에 관한 규칙 제54조에 의하여 다음과 같이 공고합니다.

다   음

  2023. ○. ○.부터 2023. ○. ○.까지 채무자의 주주명부를 폐쇄한다.

2023. ○. ○.

서울회생법원 제1부

재판장   판사   ○○○
             판사   ○○○
             판사   ○○○

【별지 98 주주명부 폐쇄결정 통지서】

서 울 회 생 법 원
제 1 부
통 지 서

수   신   관리인, 채무자, 알고 있는 회생채권자·회생담보권자·
            주주
사   건   2023회합○○   회생
채 무 자   ○○ 주식회사
            서울 ○○구 ○○로 ○○○
관 리 인   ○○○

위 사건에 관하여 이 법원은 주주명부 폐쇄결정을 하였으므로 채무자 회생 및 파산에 관한 법률 제150조 제2항에 의하여 다음 사항을 통지합니다.

다   음

2023. ○. ○.부터 2023 ○. ○.까지 채무자의 주주명부를 폐쇄한다.

2023. ○. ○.

재판장   판사   ○   ○   ○

【별지 99 회생채권 신고의 각하결정】

서 울 회 생 법 원
제 1 부
결   정

사 건	2023회합○○	회생

채 무 자   ○○ 주식회사

　　　　　서울 ○○구 ○○로 ○○○

관 리 인   ○○○

채권신고인   ○○○

　　　　　서울 ○○구 ○○로 ○○○

주   문
이 사건 회생채권 추후 보완신고(접수번호 추완○○번)를 각하한다.

이   유
이 사건에 관하여 채권신고인은 2023. ○. ○. 이 법원에 회생채권 추후 보완신고를 하였으나, 이는 회생계획안 심리를 위한 관계인집회(2023. ○. ○.)가 끝난 후(또는 회생계획안을 서면결의에 부치는 결정이 있은 후)에 한 것으로서 부적법하므로, 채무자 회생 및 파산에 관한 법률 제152조 제3항 제1호(또는 제2호)에 따라 이를 각하하기로 하여 주문과 같이 결정한다.

2023. ○. ○.

재판장   판사   ○○○
　　　　 판사   ○○○
　　　　 판사   ○○○

【별지 100 주식·출자지분의 추가신고기간 지정결정, 공고】

서 울 회 생 법 원

제 1 부

결   정

사   건   2023회합○○ 회생
채   무   자   ○○ 주식회사
                서울 ○○구 ○○로 ○○○
관   리   인   ○○○

주   문

회생절차에 참가하고자 하는 주주의 주식 추가신고기간을 2023. ○. ○.까지로 정한다.

이   유

채무자 회생 및 파산에 관한 법률 제155조 제1항에 따라 주문과 같이 결정한다.

2023.   ○.   ○.

재판장   판사   ○○○

판사   ○○○

판사   ○○○

채무자 ○○ 주식회사의 추가신고기간 지정 공고

사   건   2023회합○○ 회생
채 무 자   ○○ 주식회사
                  서울 ○○구 ○○로 ○○○
관 리 인   ○○○

이 법원은 이 사건에 관하여 주식의 추가신고기간을 다음과 같이 지정하였으므로 채무자 회생 및 파산에 관한 법률 제155조에 의하여 이를 공고합니다.

다   음

1. 주   문
회생절차에 참가하고자 하는 주주의 주식 추가신고기간을 2023. ○. ○.까지로 정한다.
2. 신고방법
채무자의 회생계획안 심리 및 결의를 위한 관계인집회에 참가하고자 하는 주주는 위 주식 추가신고기간까지 서울회생법원 종합민원실에 성명, 주소와 주식의 종류와 수 또는 그 액수를 신고하고, 2023. ○. ○. 10:00까지 주주임을 인정할 수 있는 원인증서 기타 증거서류 또는 그 등본이나 초본을 제출하여야 한다.

※ 주   의
1. 신고한 주주(종전에 신고한 주주 포함)는 주주임을 인정할 수 있는 원인증서(2023.. ○. ○. 15:00 현재 주주임을 증명할 수 있는 잔고증명 등)를 2023. ○. ○. 10:00까지 서울회생법원 종합민원실에 제출하여야 합니다.
2. 신고한 주주(종전에 신고한 주주)는 제1항의 서류 제출에 갈음하여 관리인이 주식 신고인의 금융거래정보 등(주식의 종류와 수 또는 그 액수, 실질 주주 여부에 한함)을 이용할 수 있도록 금융기관에 동의하는 서면을 추가신고기간 내에 제출할 수 있습니다.
3. 의결권 행사 무렵에 실질 주주임을 인정할 수 있는 자료가 부족한 경우에는, 관리인이 주주(종전에 신고한 주주 포함)의 의결권에 관하여 이의할 수 있습니다.

2023. ○. ○.

서울회생법원 제1부

재판장   판사   ○○○
           판사   ○○○
           판사   ○○○

【별지 101 신고기간이 지난 주식·출자지분 신고의 각하결정】

서 울 회 생 법 원

제 1 부

결   정

사   건   2023회합○○   회생

채 무 자   ○○ 주식회사

　　　　　　　　서울 ○○구 ○○로 ○○○

관 리 인   ○○○

주   식   ○○○

신 고 인   서울 ○○구 ○○로 ○○○

주   문

이 사건 주식 신고(접수번호 추가○○번)를 각하한다.

이   유

이 사건에 관하여 주식 신고인은 2023. ○. ○. 이 법원에 주식 추가신고를 하였으나, 이는 이 법원이 정한 신고기간(2023. ○. ○.까지)이 지난 후에 한 것으로서 부적법하므로, 이를 각하하기로 하여 주문과 같이 결정한다.

2023.   ○.   ○.

　　　　　재판장   판사   ○○○

　　　　　　　　　　　　판사   ○○○

　　　　　　　　　　　　판사   ○○○

【별지 102 채권 명의변경 신고서】

채권 명의변경 신고서

사 건 번 호 : 2023회합○○   회생
채 무 자 :
채 권 자 :
신고시의 채권금액 : 금   원 (₩   )
양도인의 채권신고번호 : 신고번호   번

위 사건에 관하여 아래와 같이 채권 양도 양수가 되었음을 신고합니다.

- 아   래 -

1. 양도 양수 금액 : 총 채권액 금   원 중 금   원(₩   )
2. 양도인 : 성   명 :
           주   소 :
           전화번호 :   팩시밀리 :   전자우편 주소 :
3. 양수인 : 성   명 :
           주   소 :
           전화번호 :   팩시밀리 :   전자우편 주소 :
               신고인 : 성   명   (인)
                       주   소
                       전화번호

첨부 : 1. 채권양수도 계약서 사본 1부
      2. 채권양도 통지서 사본 1부
      3. 인감증명서 1부
      4. 위임장

서울회생법원 제1부 귀중

[별지 103 회생담보권, 회생채권, 주식·출자지분의 목록·신고 및 시·부인 총괄표]

회생담보권, 회생채권, 주식·출자지분의 목록·신고 및 시·부인 총괄표

채무자 : ○○ 주식회사

(단위 : 원, 주)

구 분		건 수	신고액·목록기재액	시 인 액	부 인 액	의결권 인정액	비 고
회생담보권		10	200,000,000,000	150,000,000,000	50,000,000,000	150,000,000,000	(회생채권 시인해 : 40,000,000,000원)
회생채권	회생채권	500	750,000,000,000	450,000,000,000	300,000,000,000	450,000,000,000	의결권이의해 없음
	회생담보권 중 회생채권 시인액			40,000,000,000	△40,000,000,000	40,000,000,000	
	소계	550	750,000,000,000	490,000,000,000	260,000,000,000	490,000,000,000	
합 계		560	950,000,000,000	640,000,000,000	310,000,000,000	640,000,000,000	

조세·벌금 등	2	1,000,000,000				시부인 대상 아님
주식·출자지분	5	300,000				시부인 대상 아님

[별지 104 회생담보권 시·부인 명세서]

회생담보권 시·부인 명세서

채무자 : ○○○○ 주식회사

(단위 : 원)

순번	신고번호	목록번호	담보권자	주소	담보권 종류 및 목적물	가치평가 및 배분	채권내용	신고액·목록기재액	시인액	부인액	이의권인정액	회생채권시인액	회생채권의견(인정)액	시부인 사유	우선권	비고
1		담보10	(주)△△은행 은행장 ○○○		근저당권 창원시 ○○로 ○○○ 지상 ○○아파트 60세대 채권최고액 : 2,000,000,000 설정순위 : 1순위 (설정일 2011. 6. 1.)	총 평가액 25억 선순위 배분에 0 당 배분에 20억 배분 후 잔액 5억	대여금채권 1. 원금 2. 이자	10,000 1,000 100,000 10,000	10,000 1,000		10,000 1,000					2023. ○. ○.자 신고 목록 설명
							보증채권 1. 원금 2. 이자	50,000 1,000	50,000 1,000	50,000 1,000		50,000 1,000	50,000 1,000	담보가에 초과금액을 부인하고 회생채권으로 시인		
2		담보11	○○케피탈 (주)대표이사 ○○○		리스채권 창원시 ○○로 ○○○ 소재 ○○공장 공작기계류 20점 (물건인도일 2011. 8. 1.)	(잔존가치로 평가)	물상보증채권 1. 원금 2. 이자 리스채권 1. 리스료 2. 연체이자 3. 규정손해금	50,000 1,000 10,000 1,000 1,000	50,000 1,000 10,000 1,000 1,000	50,000 1,000	50,000 1,000 10,000 1,000 1,000	50,000 1,000	50,000 1,000	주식의 설정가가 없으므로 부인하고 회생채권으로 시인		2023. ○. ○.자 신고 목록 설명
3		담보3	○○기금 이사장 ○○○		어음 양도담보 ○○(주) 발행의 어음 액면 : 000000원	(실질가치로 평가)	구상채권 1. 원금 2. 이자	800,000 200,000	800,000 200,000	800,000 200,000	0	800,000 200,000	800,000 200,000	담보가에 초과금액은 부인하고 회생채권으로 시인		
4		담보13	(주)○○은행 은행장 ○○○		근저당권 서울 ○○구 ○○로 ○○ 지상 2층 건물 채권최고액 : 1,000,000,000 설정순위 : 2순위 (설정일 2012. 1. 5.)	총 평가액 20억 선순위 배분에 15억 당 배분에 5억 배분 후 잔액 0	대여금채권 1. 원금 2. 이자	700,000 150,000	500,000 150,000	200,000 150,000	500,000	200,000 150,000	200,000 150,000	담보가에 초과로 회생채권으로 시인		2023. ○. ○.자 신고 목록 설명
5		담보5	(주)○○은행 은행장 ○○○		근저당권 서울 ○○구 ○○로 ○○ 대지 ○○㎡ 채권최고액 : 2,000,000,000 설정순위 : 5순위 (설정일 2012. 1. 5.)	총 평가가액 25억 선순위 배분에 0 당 배분에 20억 배분 후 잔여 0	대여금채권 1. 원금 2. 이자	600,000 100,000	0 100,000	600,000 100,000	0	600,000 100,000	600,000 100,000	법 제100조 제1항 제3호에 해당하므로 부인하고 회생채권으로 시인		2023. ○. ○.자 신고 목록 설명
합 계																

[별지 105 회생담보권 배분 상세 명세서]

채무자 주식회사 ○○○○

〈부동산 담보물 배분표〉

(단위 : 원)

담보물 소재지	토지면적/건물면적	담보설정현황				가치 평가액	1순위			2순위				3순위				비고
		순위	설정일자	채권자	공담/단독		설정금액	배분액	배분잔액	설정자	설정금액	배분액	배분잔액	설정자	설정금액	배분액	배분잔액	
서울 ○○구 ○○로 75	대 1,460㎡	1	21. 3. 21.	○○은행	단독	43억	30억	30억	13억	××은행	8억	4억(주1)	9억	△△은행	30억	9억	0	비고
		2	21. 4. 20.	××은행	공담													
		3	22. 2. 20.	△△은행	단독													
		4	22. 3. 10.	□□은행	공담													

4순위 : 설정자 □□은행, 설정금액 5억, 배분액, 배분잔액 0

※ (주1) 공동담보가 있으므로 나머지 4억원은 다른 공동담보에서 배분됨.

※ 위와 같은 방법으로 담보 물건별로 배분표를 작성해 나가면 됨.

채무자 주식회사 ○○○○

〈유가증권 등 담보물 배분표〉

(단위 : 원)

담보 목적물	주수/구좌	담보설정현황				설정금액	평가액	배분금액	배분 후 잔액	비 고
		순위	설정일자	채권자	공담					
한국 ○○ 방송 주식	40,000주	1	21. 8. 14.	○○은행	공담	1,650,000,000	230,123,220	230,123,220	0	
○○ 유동화 채권		1	21. 7. 11.	××은행	단독		350,000,000		0	법 제100조 제1항 제3호의 부인권 행사 대상에 해당하므로 부인
○○공제조합 출자증권	200좌	1	22. 9. 13.	△△은행	단독		49,470,750	49,470,750	0	
○○ 파이낸스 주식	50,000주	1	22. 8. 10.	□□은행	단독		0(주2)	0	0	자본잠식으로 실가치 0

※(주2) 담보가치가 '0'이지만 나중에 유상매각이 이루어질 수 있으므로 회생계획안에 이에 대비한 규정(예 : 매각시 매금을 당해 주식을 보유하였던 제3채권자의 회생채권변제에 사용하기로 하는 규정)이 필요함.

[별지 106 회생채권 시·부인 명세서]

회생채권 시·부인 명세서

채무자 : ○○○○ 주식회사

(단위 : 원)

순번	신고번호	목록번호	채권자	주소	채권내용	목록기재액·신고액	시인액	부인액	이의권인정액	시·부인 사유	우선권	비고
1	채권1	채권4	(주)△△은행 은행장 ○○○	서울 ○○구 ○○로 ○○	대여금채권 1. 원금 2. 이자	10,000 / 100	5,000 / 50	5,000 / 50	5,000 / 50	조기변제 허가 받아 변제한 금액은 부인함		2023. ○. ○.자 신고, 목록 실효
					미발생구상채권(보증) 1. 원금 2. 이자	10,000 / 100	10,000 / 100			우발채무로 회생채권으로 시인하되 현실화가능성이 없어 의결권은 부인		
2	채권2		(주)○○○○ 대표이사 ○○○	서울 ○○구 ○○로 ○○	상거래채권 물품대금 1. 외상매입금 2. 약속어음	10,000 / 100		10,000 / 100		1. 외상매입금 부분 중 ○○원은 2023. 6. 1. 변제하였으므로 부인 2. 약속어음금 부분은 증거자료부족으로(어음 원본 미제시) 의결권은 부인		
3	채권3		□□기금 이사장 ○○○	서울 ○○구 ○○로 ○○	장래의 구상민대생 구상채권	10,000	10,000			우발채무로 회생채권으로 시인하되 현실화 가능성이 없어 의결권은 부인		장래의 구상권
4	채권4	채권5	○○○ (△△공업사)	서울 ○○구 ○○로 ○○	상거래 채권 약속어음금	20,000		20,000		어음 원본 미제시로 일응 부인		2023. ○. ○.자 신고, 목록 실효
5	채권6		○○○	광역시 ○○구 ○○	1. 소유권이전등기(서울 ○○구 ○○로 ○○ △△아파트 ○○동 ○호) 2. 손해배상예정액	(목적물 가액)○○원 (손해배상액)○○원	(목적물 가액)○○원	(손해배상액)○○원		소송 중이므로(다툼이 없는 ○원을 초과하는 부분은) 부인(서울중앙지방법원 2022가합○○○ 소유권이전등기구사건)		
					합 계							

[별지 107 벌금·조세 등의 목록·신고 명세서]

벌금·조세 등의 목록·신고 명세서

채무자 : ○○○○ 주식회사

(단위 : 원)

순번	신고 번호	목록 번호	채 권 자	주 소	채권내용	신고액·목록 기재액	비 고
1		조세1	대한민국(○○세무서)	서울 ○○구 ○○로 ○○	법인세 본세 1. 가산금 2. 중가산금		부과일 : 2022. ○. ○. 납기일 : 2022. ○. ○. 소송진행 중(서울행정법원 2022구합○○)
2		조세2	서울특별시	서울 ○○구 ○○로 ○○	지방세 1. 취득세 2. 농특세		부과일 : 2022. ○. ○. 납기일 : 2022. ○. ○.
3		조세3	대한민국(공정거래위원회)	과천시 ○○구 ○○로 ○○	과 징 금		부과일 : 2022. ○. ○. 납기일 : 2022. ○. ○.
4		조세4	대한민국(서울중앙지방검찰청)	서울 ○○구 ○○로 ○○	벌 금		부과일 : 2022. ○. ○. 납기일 : 2022. ○. ○.
5	조세1		국민연금관리공단	서울 ○○구 ○○로 ○○	국민연금보험료		부과일 : 2022. ○. ○. 납기일 : 2022. ○. ○. 공익채권
6	조세2		대한민국(○○세관)	인천 ○○구 ○○로 ○○	관 세		부과일 : 2022. ○. ○. 납기일 : 2022. ○. ○.
			소 계				
			합 계				

[별지 108 주식·출자지분의 목록·신고 명세서]

주식·출자지분의 목록·신고 명세서

채무자 : ○○○○ 주식회사

순번	신고번호	목록번호	주주·지분권자	주 소	주식·출자지분의 종류	주식의 수·출자지분의 액수	의결권의 수·액수	비 고
1	주식1		김○○					별률상관리인
2	주식2		이○○					별률상관리인의 배우자
3	주식3		김○○					별률상관리인의 자
4	주식4		(주)○○○○ (대표이사 ○○○)					
5	주식1		박○○					
6	주식2		정○○					
	소 계							
	합 계							

【별지 109 회생채권자표】

회 생 채 권 자 표

사 건	2023회합○○ 회생		채 무 자	주식회사 ○○
회생 채권자 성명·명칭	○○ 은행 주식회사			
회생 채권자 주 소	서울 ○○구 ○○로 ○○○			
회생 채권자 전화번호	(02) 530-○○○○		e-mail	abc1234@xxxx.co.kr
목록 번호	채권 1-1		신고 번호	채권 (4) - 1
회생채권의 원인	2021. 5. 1.자 일반 자금 대출			

목록 내용	회생채권의 내용	원 금	개시결정 전일까지 이자	개시결정일 이후 이자
		110,000,000원	10,000,000원 (2022. ○. ○.부터 연 12%)	연 15%
	우선권 유무			
	의결권 액	금 110,000,000원		

신고 내용	회생채권의 내용	원 금	개시결정 전일까지 이자	개시결정일 이후 이자
		120,000,000원	12,000,000원 (2022. ○. ○.부터 연 12%)	연 18%
	우선권 유무			
	의결권 액	금 132,000,000원		

조사 결과	회생채권의 내용	·시인액 금 110,000,000원 ·부인액 금 22,000,000원 (부인사유 : 2023. ○. ○ 일부 변제 및 이자계산 착오) · 이의자 : 관리인 ○○○
	우선권 유무	
	의결권 액	·시인액 금 110,000,000원 ·부인액 금 22,000,000원 · 이의자 : 관리인 ○○○
	작성일·작성자	2023. ○. ○. 법원사무관 ○○○ (인)

집행권원·종국판결 유무	서울중앙지방법원 2023. ○. ○. 선고 대여금 사건 판결 원고 ○○ 은행 주식회사, 피고 주식회사 ○○
소송계속 여부	
회생계획조항	별지 회생계획의 조항과 같음
비 고	·2023. ○. ○.자 신고(번호 채권 4-1)로 목록(번호 채권 1-1)은 실효됨

사 건	2023회합○○ 회생		채 무 자	주식회사 ○○
회생 채권자	성명·명칭	○○ 은행 주식회사		
목록 번호		채권 1-2	신고 번호	채권 4-2
회생채권의 원인		2021. 6. 1.자 제○회 회사채지급보증		
목록 내용	회생채권의 내용	원 금 500,000,000원	개시결정 전일까지 이자 50,000,000원 (2022. ○. ○.부터 연 12%)	개시결정일 이후 이자 연 15%
	우선권 유무			
	의결권 액	금 550,000,000원		
신고 내용	회생채권의 내용	원 금 500,000,000원	개시결정 전일까지 이자 65,000,000원 (2022. ○. ○.부터 연 12%)	개시결정일 이후 이자 연 15%
	우선권 유무			
	의결권 액	금 565,000,000원		
조사 결과	회생채권의 내용	·시인액 금 550,000,000원 ·부인액 금 15,000,000원 (부인사유 : 이자계산 착오) ·이의자 : 관리인 ○○○		
	우선권 유무			
	의결권 액	·시인액 금 550,000,000원 ·부인액 금 15,000,000원 ·이의자 : 관리인 ○○○		
	작성일·작성자	2023. ○. ○. 법원사무관 ○○○ (인)		
집행권원·종국판결 유무				
소송계속 여부				
회생계획조항		별지 회생계획의 조항과 같음		
비 고		·2023. ○. ○.자 신고(번호 채권 4-2)로 목록(번호 채권 1-2)은 실효됨		

사 건		2023회합○○ 회생	채 무 자	주식회사 ○○
회생 채권자	성명·명칭	○○ 은행 주식회사		
목록 번호		채권 1-3	신고 번호	채권 4-3
회생채권의 원인		2021. 8. 1.자 당좌대출		
목록 내용	회생채권의 내용	원 금	개시결정 전일까지 이자	개시결정일 이후 이자
		400,000,000원	40,000,000원 (2022. ○. ○.부터 연 12%)	연 15%
	우선권 유무			
	의결권 액	금 440,000,000원		
신고 내용	회생채권의 내용	원 금	개시결정 전일까지 이자	개시결정일 이후 이자
		410,000,000원	41,000,000원 (2022. ○. ○.부터 연 12%)	연 15%
	우선권 유무			
	의결권 액	금 451,000,000원		
조사 결과	회생채권의 내용	·시인액 금 440,000,000원 ·부인액 금 11,000,000원 (부인사유 : 2023. ○. ○. 일부 변제 및 이자계산 착오) ·이의자 : 관리인 ○○○		
	우선권 유무			
	의결권 액	·시인액 금 440,000,000원 ·부인액 금 11,000,000원 ·이의자 : 관리인 ○○○		
	작성일·작성자	2023. ○. ○. 법원사무관 ○○○ (인)		
집행권원·종국판결 유무				
소송계속 여부		서울중앙지방법원 2023가단 ○○ 대여금 원고 ○○ 은행 주식회사, 피고 주식회사 ○○		
회생계획조항		별지 회생계획의 조항과 같음		
비 고		·2023. ○. ○.자 신고(번호 채권 4-3)로 목록(번호 채권 1-3)은 실효됨		

【별지 110 회생담보권자표】

회 생 담 보 권 자 표

사 건		2023회합○○ 회생	채 무 자	주식회사 ○○
회생 담보권자	성명·명칭	△△ 은행 주식회사		
	주 소	서울 ○○구 ○○로 ○○		
	전화번호	(02) 530-0000	e-mail	def1234@xxxx.co.kr
목록 번호		담보권 1-1	신고 번호	담보권 (5) -1
회생담보권의 원인		1. 2021. 5. 1.자 운전자금 대출 2. 2021. 8. 1.자 일반자금 대출		

목 록	회생담보권의 내용	1.	원 금 200,000,000원	개시결정 전일까지 이자 30,000,000원 (2022. ○. ○.부터 연 10%)	개시결정일 이후 이자 연 12%
		2.	원 금 300,000,000원	개시결정 전일까지 이자 40,000,000원 (2022. ○. ○.부터 연 10%)	개시결정일 이후 이자 연 10%
	회생담보권 인정액	금 400,000,000원			
	의결권 액	금 400,000,000원			

신 고	회생담보권의 내용	1.	원 금 230,000,000원	개시결정 전일까지 이자 30,000,000원 (2022. ○. ○.부터 연 10%)	개시결정일 이후 이자 연 12%
		2.	원 금 300,000,000원	개시결정 전일까지 이자 40,000,000원 (2022. ○. ○.부터 연 10%)	개시결정일 이후 이자 연 10%
	회생담보권 신고액	금 600,000,000원			
	의결권 액	금 600,000,000원			

회생담보권의 목적·가액	목 적	서울 ○○구 ○○로 ○○○ 대 000㎡ 및 지상 5층 건물		
	가 액	감정가액 400,000,000원		
회생채무자 이외의 채무자	성 명		주 소	
	전화전호		e-mail	

조 사 결 과	회생담보권의 내용	·시인액 금 400,000,000원 ·부인액 금 200,000,000원 (부인사유 : 담보가액 초과, 일부 변제, 이자계산착오) ·이의자 : 관리인○○○
	의결권 액	·시인액 금 400,000,000원 ·부인액 금 200,000,000원 ·이의자 : 관리인
	작성일·작성자	2023. ○. ○. 법원사무관 ○○○ (인)

집행권원·종국판결 유무	
소송계속 여부	
회생계획조항	별지 회생계획의 조항과 같음
비 고	·2023. ○. ○.자 신고(번호 담보권 5-1)로 목록(번호 담보권 1-1)은 실효됨 ·담보가액 초과분 170,000,000원 및 개시 결정일 이후 이자는 회생 채권으로 인정

576 [별지 110 회생담보권자표]

사 건	2023회합○○ 회생	채 무 자	주식회사 ○○
회생 담보권자	성명·명칭	△△ 은행 주식회사	
목록 번호		담보권 1-2	신고 번호	
회생담보권의 원인		2021. 6. 1.자 전세보증금 반환채권	
목 록	회생담보권의 내용	금 100,000,000원	
	회생담보권 인정액	금 100,000,000원	
	의결권 액	금 100,000,000원	
신 고	회생담보권의 내용		
	회생담보권 신고액	금 원	
	의결권 액	금 원	
담보권의 목적·가액		목 적	서울 ○○구 ○○로 ○○○ ○○아파트 제○동 제○○호
		가 액	감정가액 150,000,000원
회생채무자 이외의 채무자		성 명	홍○○	주 소	인천 ○○구 ○○로 ○○
		전화번호	(032)400-XXXX	e-mail	
조 사 결 과	담보권의 내용	·시인액 금 100,000,000원 ·부인액 금 0원 (부인사유 :) ·이의자 :	
	의결권 액	·시인액 금 100,000,000원 ·부인액 금 0원	
	작성일·작성자	2023. ○. ○. 법원사무관 ○○○ (인)	
집행권원·종국판결 유무		서울중앙지방법원 2023. ○. ○. 선고 2022가단○○ 전세보증금 반환 사건 판결 원고 ○○ 은행 주식회사, 피고 주식회사 ○○	
소송계속 여부			
회생계획조항		별지 회생계획의 조항과 같음	
비 고			

【별지 111 주주·지분권자표】

주 주·지 분 권 자 표

사 건		2023회합○○ 회생	채 무 자	주식회사 ○○
주주· 지분권자	성명·명칭	주식회사 ◇◇		
	주 소	서울 ◇◇구 ◇◇로 ◇◇		
	전화번호	(02) 530-XXXX	e-mail	789def@XXX.com
목록 번호		주식 1	신고번호	주식 8
목록 내용	주식의 종류와 수	1. 보통주식 총 1,000주(액면 5,000원) 2. 우선주식 총 500주(액면 5,000원)		
신고 내용	주식의 종류와 수	1. 보통주식 총 1,500주(액면 5,000원) 2. 우선주식 총 500주(액면 5,000원)		
회생계획조항		별지 회생계획의 조항과 같음		
비 고		·2023. ○. ○. 신고(번호 주식 8)로 목록(번호 주식 1)은 실효됨		

【별지 112 회생채권자 등의 이의서】

회생채권에 대한 이의서

사　건 : 2023회합○○　회생

채무자 : ○○ 주식회사

이의자 : △△ 주식회사

　　　　 서울 △△구 △△로 △△

　　　　 대표이사　○○○

　위 사건에 관하여 신고된 다음의 회생채권에 대하여 이의자는 다음과 같이 이의합니다.

다　음

1. 이의 대상 회생채권의 내역

　① 신고한 회생채권자 : □□ 주식회사

　② 신고번호 : 채권 ○○번

　③ 신고된 채권액 : 원금 ○○○원 및 2023. ○. ○.까지의 이자 ○○○원

2. 이의의 범위 : 신고된 회생채권 전부

3. 이의 사유 :

2023. ○. ○.

이의자 △△ 주식회사

대표이사 ○○○

서울회생법원 제1부 귀중

【별지 113 관리인 보고를 위한 관계인집회기일 조서】

서 울 회 생 법 원
관리인 보고를 위한 관계인집회 조서

2023회합○○ 회생	기 일 : 2023. ○. ○. 15:00
재판장 판사 ○ ○ ○	장 소 : 서울회생법원 제1호 법정
판사 ○ ○ ○	공개 여부 : 공 개
판사 ○ ○ ○	
법원 사무관 ○ ○ ○	

사건과 당사자를 호명

채무자 ○○ 주식회사의 관리인 ○ ○ ○	출석
채무자 ○○ 주식회사의 조사위원 ○○회계법인의 대리인 ○ ○ ○	출석
채무자 ○○ 주식회사의 구조조정담당임원 ○ ○ ○	출석
채무자 ○○ 주식회사의 대표채권자 ○○은행의 대리인 ○○○	출석
채무자 ○○ 주식회사의 주무 관리위원 ○○○	출석

회생채권자, 회생담보권자 및 주주 등 이해관계인의 출석사항은 '별첨 출석상황
표'의 기재와 같음

재 판 장

1. 지금부터 채무자 ○○ 주식회사에 대한 관리인 보고를 위한 관계인집회
   를 개최하겠습니다.

2. 먼저, 출석한 관계인들에게 오늘 진행하는 절차에 대하여 간단히 설명하
   겠습니다. 오늘 진행하는 관리인 보고를 위한 관계인집회는 2023. ○.
   ○. 회생절차가 개시된 ○○ 주식회사와 관련하여 채권자, 주주 기타 이
   해관계인들에게 채무자의 현황을 정확하게 알리고, 관리인, 조사위원, 이
   해관계인들로부터 회생절차의 계속 진행 여부 등에 관한 의견을 듣기
   위하여 개최하는 것입니다.

3. 다만 오늘 진행하는 관리인 보고를 위한 관계인집회에서 의견을 진술할
   수 있는 권한은 회생채권자 · 회생담보권자 · 주주 중에서 관리인이 제출

한 목록에 기재되어 있거나 소정의 절차에 따라 이 법원에 신고한 자 및 그 대리인에게만 부여된다는 것을 알려드립니다.

4. 관리인은,

(1) 채무자가 회생절차의 개시에 이르게 된 사정

(2) 채무자의 업무 및 재산에 관한 사항

(3) 채무자의 이사 등에 대한 손해배상청구권에 관한 보전처분 또는 조사확정재판을 필요로 하는 사정의 유무

(4) 그 밖에 채무자의 회생에 관하여 필요한 사정

(5) 목록에 기재되어 있거나 신고된 회생채권, 회생담보권에 대하여 조사한 결과를 보고하시기 바랍니다.

관 리 인

1. 법원에 제출된 별첨 '관리인 보고서'에 의하여 채무자가 회생절차의 개시에 이르게 된 사정, 채무자의 업무 및 재산에 관한 사항, 채무자의 이사 등에 대한 손해배상청구권에 관한 보전처분 또는 조사확정재판을 필요로 하는 사정의 유무, 그 밖에 채무자의 회생에 관하여 필요한 사항을 보고.

2. 별첨 '관리인 보고서'에 첨부된 '회생채권·회생담보권의 시·부인 총괄표'에 의하여 회생채권 등을 조사한 결과를 보고.

재 판 장

조사위원은 조사개요, 채무자의 업무 및 재산의 현황, 채무자에 대한 회생절차를 계속 진행함이 적정한지 여부 및 그 밖에 조사를 명받은 사항에 관한 조사결과를 보고하시기 바랍니다.

조사위원 ○○회계법인의 대리인 ○○○

법원에 제출된 별첨 '조사위원의 의견 진술서'에 의하여 보고.

재 판 장

회생절차개시 이후 법원은 채무자 ○○주식회사에 대하여 회생절차와 관련된 조언, 자금수지 점검 등의 업무를 담당하는 구조조정담당임원을 선임하도록 하였습니다. 구조조정담당임원은 그동안 업무를 수행하면서 느꼈던 점 기타 회생절차 진행에 대한 의견이 있으시면 진술하시기 바랍니다.

구조조정담당임원 ○○○

…(생략)…

재 판 장

　현재 채무자 회생 및 파산에 관한 규칙에 따라 주무 관리위원이 지정되어 채무자 ○○주식회사에 대한 업무를 관리, 감독하고 있는데, 주무 관리위원은 그동안의 회생절차 진행경과 등에 대한 의견을 진술하시기 바랍니다.

주무 관리위원 ○○○

　…(생략)…

재 판 장

　○○은행은 채무자 ○○ 주식회사의 채권자협의회를 대표하여 회생절차의 진행 등에 대한 의견이 있으시면 진술하시기 바랍니다.

대표채권자 ○○은행의 대리인 ○○○

　…(생략)…

재 판 장

　집회에 참석한 이해관계인 중에서 관리인 및 조사위원의 선임, 채무자의 업무 및 재산의 관리, 회생절차를 계속 진행함이 적정한지 등에 관한 의견이 있으시면 진술하시기 바랍니다.

회생채권자 ○○○

　…(생략)…

재 판 장

　회생채권자의 의견은 …… 취지로 이해되는데, 이에 대한 관리인의 의견은 어떠한가요.

관 리 인

　…(생략)…

재 판 장

　그 밖의 이해관계인들 중에서 의견이 있는 분이 있으시면 이를 진술하시기 바랍니다.

나머지 이해관계인들

　별다른 이의나 의견을 진술하지 아니하다.

재 판 장

　1. 더 이상 의견이 없으면, 조사위원의 조사결과 채무자의 사업을 계속할 때의 가치가 사업을 청산할 때의 가치보다 크다고 인정되므로, 2023. ○. ○.까지 회생계획안이 제출되면, 본 재판부는 다시 기일을 정하여 관

계인집회를 개최하여 이를 심리·결의하도록 하겠습니다.

2. 이상으로 채무자 ○○주식회사에 대한 관리인 보고를 위한 관계인집회
기일을 마치겠습니다.

집회종료

법원 사무관 ○ ○ ○
재판장 판사 ○ ○ ○

【별지 114 관리인 보고를 위한 관계인집회 및 회생채권 등의 특별조사기일 조서】

서 울 회 생 법 원
관리인 보고를 위한 관계인집회 및 추후 보완신고된 회생채권과
회생담보권의 특별조사기일
조   서

2023회합○○   회생   기 일 : 2023. ○. ○. 15:00

재판장 판사   ○   ○   ○   장 소 : 서울회생법원 제1호 법정

　　　판사   ○   ○   ○   공개 여부 : 공 개

　　　판사   ○   ○   ○

법원 사무관   ○   ○   ○

사건과 당사자를 호명

채무자 ○○ 주식회사의 관리인 ○ ○ ○   출석

채무자 ○○ 주식회사의 대표이사 ○ ○ ○   출석

채무자 ○○ 주식회사의 조사위원 ○○회계법인의 대리인 ○ ○ ○   출석

채무자 ○○ 주식회사의 구조조정담당임원 ○ ○ ○   출석

채무자 ○○ 주식회사의 대표채권자 ○○은행의 대리인 ○○○   출석

채무자 ○○ 주식회사의 주무 관리위원 ○○○   출석

회생채권자, 회생담보권자 및 주주 등 이해관계인의 출석사항은 '별첨 출석상황
표'의 기재와 같음

재 판 장

　　1. 출석한 이해관계인들에게 관리인 보고를 위한 관계인집회와 특별조사기
　　　일에 관하여 설명.

　　2. 채무자 회생 및 파산에 관한 법률 제186조에 의하여 채무자 ○○ 주식
　　　회사에 대한 관리인 보고를 위한 관계인집회와 회생채권·회생담보권의
　　　특별조사기일을 병합하여 개최한다고 고지.

　　3. 먼저 관리인 보고를 위한 관계인집회를 개최한다고 선언.

　　4. 관계인집회에서 의견 진술의 기회가 부여됨을 설명하고, 다만 의견을 진

술할 수 있는 권한은 회생채권자·회생담보권자·주주 중에서 관리인이 제출한 목록에 기재되어 있거나 소정의 절차에 따라 이 법원에 신고한 자 및 그 대리인에게만 부여된다는 사실을 고지.

5. 관리인에게 (1) 채무자가 회생절차개시에 이르게 된 사정, (2) 채무자의 업무 및 재산에 관한 사항, (3) 채무자의 이사 등에 대한 손해배상청구권 등에 관한 보전처분 또는 조사확정재판을 필요로 하는 사정의 유무, (4) 기타 회생에 관하여 필요한 사항, (5) 목록에 기재되거나 신고된 회생채권, 회생담보권에 대하여 조사한 결과를 각 보고할 것을 명.

···(별지 113과 동일 부분 생략)

재 판 장

이해관계인들에게 관리인 및 조사위원 선임의 적부, 채무자의 업무 및 재산의 관리, 회생절차를 계속 진행함이 적정한지 등에 관하여 의견진술 기회 부여.

이해관계인들

별다른 이의나 의견을 진술하지 아니함.

재 판 장

1. 채무자에 대한 관리인 보고를 위한 관계인집회를 종료하고, 채권신고기간(2023. ○. ○.) 마감 후 신고된 회생채권 및 회생담보권에 대한 특별조사기일의 개최를 선언.

2. 채권조사의 의의와 효력 및 불복절차에 관하여 설명.

3. 관리인에게 추후 보완신고된 회생채권 및 회생담보권에 대한 조사결과 및 시·부인 내용을 진술할 것을 명.

관 리 인

1. 별첨 관리인보고서에 첨부된 '회생채권·회생담보권의 시·부인 기준표'에 의하여 조사기준 설명.

2. 별첨 '관리인 보고를 위한 관계인집회, 회생채권·회생담보권 특별조사기일 시·부인표'에 의하여 추후 보완신고된 회생채권 및 회생담보권에 대한 조사결과 및 시·부인 내용을 진술.

재 판 장

출석한 이해관계인들에게 관리인의 조사결과 및 시·부인 내용에 관한 의견을 진술할 기회를 부여.

회생담보권자 추후 보완 신고번호 ○번 주식회사 ○○은행의 대리인 ○○○

　　당 은행이 주식회사 △△은행으로부터 양수하여 회생담보권으로 신고한 채권에 관하여 근저당권 이전의 부기등기가 되지 않았다는 이유로 관리인은 회생담보권을 부인하고 회생채권으로 시인하였으나, 근저당권을 이전받지 못한 이유는 채권양수 후 근저당권 이전 일정이 확정되지 않아 이를 시행하지 못하였을 뿐이므로, 이를 회생담보권으로 인정하지 않은 것은 부당하다고 진술.

관 리 인

　　채무자에 대한 회생절차개시결정 당시 회생담보권 신고인인 주식회사 ○○은행이 담보권을 취득하지 않은 상태였기 때문에 부득이 회생담보권 부분은 부인할 수밖에 없었는데, 추후 협의하겠다고 진술.

회생담보권자 신고번호 ○번 ○○조합의 대리인 ○○○

　　관리인은 보증기간이 경과한 채권에 대하여 일괄적으로 부인하였으나, ○○조합으로서는 보증기간이 경과한 경우라도 채권자의 요구가 있으면 이를 이행할 책임을 지게 되므로, 관리인이 위와 같이 일괄적으로 부인한 것은 부당하다고 진술.

관 리 인

　　보증기간이 경과한 채권으로서 현재까지 당사자들로부터 하자보수요청이나 하도급대금의 지급요청 등의 문제가 생기지 않은 것에 대하여 부인하였고 향후 그와 관련하여 당사자들이 ○○조합에게 이행을 요구하는 경우는 거의 없으리라 생각되어 부인하였다고 진술.

회생채권자 신고번호 ○번 ○○상호저축은행 주식회사의 대리인 ○○○

　　관리인이 저희가 신고한 채권 중 연체이자 부분을 부인한 것은 부당하다고 진술.

관 리 인

　　일응 주채권자의 신고가 있었던 부분으로 판단하여 채무자 회생 및 파산에 관한 법률 제126조 제3항에 의하여 부인하였으나, 향후 다시 검토해 보겠다고 진술.

나머지 회생채권자들 및 이해관계인들

　　별다른 이의 또는 의견진술을 하지 아니함.

재 판 장

　　채무자의 대표이사 ○○○에게 추후 보완신고된 회생채권 및 회생담보권에 관하여 이의를 진술할 기회를 부여.

채무자의 대표이사 ○○○

　　별다른 이의를 제기하지 아니함.

재 판 장

　　목록에 기재되거나 신고한 회생채권자・회생담보권자・주주 또는 그 대리인들에게 다른 회생채권 또는 회생담보권에 대하여 이의를 진술할 기회를 부여.

목록에 기재되거나 신고한 회생채권자・회생담보권자・주주

　　별다른 이의를 제기하지 아니함.

재 판 장

　　1. 회생담보권자 및 회생채권자에게, 관리인 등으로부터 이의가 진술된 경우 특별조사기일부터 1개월 이내에 조사확정재판을 신청하거나 이미 회생절차개시결정 당시 소송이 제기되어 있는 경우에는 1개월 이내에 소송수계절차를 밟지 않으면 권리를 상실할 수 있으므로 기간 준수를 당부하고, 다만 특별조사기일부터 1개월 내에 관리인에 의하여 이의가 철회된 경우 특별조사기일에서 시인된 것과 같이 채권 확정의 효력이 있음을 설명.

　　2. 조사위원의 조사 결과 채무자의 사업을 계속할 때의 가치가 채무자를 청산할 때의 가치보다 크다고 인정되므로 2023. ○. ○.까지 회생계획안이 제출되면 이를 심리하기 위한 관계인집회를 다시 소집할 것을 고지.

　　3. 추완신고된 회생채권, 회생담보권에 대한 특별조사기일의 종료를 선언.

집 회 종 료

　　　　　　　　　　법원 사무관　○　○　○
　　　　　　　　　　재판장 판사　○　○　○

【별지 115 주요 사항 요지 통지서 표지】

서울회생법원 2023회합○○ 회생

관리인보고서 요지 송부서

채무자 ○○ 주식회사 관리인 홍길동
서울 ○○구 ○○로 100

  채무자 ○○ 주식회사에 대한 서울회생법원 2023회합○○ 회생 사건에 관하여 위 법원은 2023. ○. ○. 회생절차 개시결정을 하였고, 홍길동이 채무자의 관리인으로서 직무를 수행하고 있습니다.

  관리인은 채무자 회생 및 파산에 관한 법률 제92조 제1항에 따라 채무자가 회생절차의 개시에 이르게 된 사정, 채무자의 업무 및 재산에 관한 사항, 채무자의 이사 등에 대한 보전처분 또는 손해배상청구권 조사확정재판에 관한 사항, 그 밖에 채무자의 회생에 관하여 필요한 사항을 조사하여 법원에 보고하였습니다.

  이에 관리인 보고서의 요지를 별첨과 같이 송부하여 드리오니 참조하시기 바랍니다. 아울러 이해관계인 여러분께서 위 각 사항에 관한 의견이 있으시면 직접 법원에 서면으로 의견을 제출하실 수 있습니다.

  별첨 1. 관리인보고서 1부.
       2. 조사위원 조사보고서 요약 1부. 끝.

문의사항이 있을 경우
채무자 ○○ 주식회사의 담당자 ○○○(전화 ○○○-○○○-○○○○, 팩스 ○○○-○○○-○○○○)에게 연락하여 주시기 바랍니다.

【별지 115-1 주요 사항 요지 통지 사전보고서】

○○ 주식회사

우 12345 / 서울 ○○구 ○○로 ○○ / 담당 김○○ / 전화 (02)1234-5678 / 팩스 (02)2234-5678

문서번호 : ○○ 회생 제2023-○○호

시행일자 : 2023. ○. ○.

	관리위원
사 건 : 2023회합○○ 회생	
수 신 : 서울회생법원 제1부	

제   목 : 주요 사항 요지 통지 사전보고

1. 채무자는 2023. ○. ○. 회생절차 개시결정을 받은 회사입니다.
2. 관리인은 법원의 주요사항 요지 통지 명령에 따라 "채무자 회생 및 파산에 관한 법률" 제92조 제1항 각호에 정한 사항의 주요 요지를 채권자 등에게 아래와 같이 통지하고자 보고합니다.

- 아   래 -

1. 통지 내용 : 첨부 관리인보고서 요지 송부서 참조
2. 통지 예정일 : 202×. ××. ××. (통지기한 : 202×. ××. ××.)
3. 통지 방법 : 등기우편 발송
4. 통지 대상자 : 채무자 목록 및 시부인표에 작성된 회생담보권자, 회생채권자 등을 포함하여 아래 이해관계인 전체.
     (첨부 통지 대상자 목록 참조)

첨부서류 : 1. 주요사항 통지 대상자 목록   1부
           2. 관리인보고서 요지 송부서   1부.

○○ 주식회사
법률상 관리인 대표이사 홍 길 동

CRO

【별지 116 주요 사항 요지 통지 결과보고서】

○○ 주식회사

우 12345 / 서울 ○○구 ○○로 ○○ / 담당 김○○ / 전화 (02)1234-5678 / 팩스 (02)2234-5678

문서번호 : ○○ 회생 제2023-○○호	
시행일자 : 2023. ○. ○.	관리위원
사　　건 : 2023회합○○ 회생	
수　　신 : 서울회생법원 제○부	
제　　목 : 주요 사항 요지 통지 결과보고	

1. 채무자는 2023. ○. ○. 회생절차 개시결정을 받은 회사입니다.
2. 관리인은 다음과 같이 채무자 회생 및 파산에 관한 법률 제98조 제2항 제1호에 따른 주요 사항 요지 통지절차를 이행하였기에 보고합니다.

◇ 다　음 ◇

1. 통지 기간 : 2023. ○. ○. ~ 2023. ○. ○.
2. 통지 내용 : 2023. ○. ○.자 법원 보고 내용과 같음[25]
3. 통지 현황 : 별첨 통지 현황과 같음[26]
4. 통지 불이행 현황 : 별첨 통지 불이행 현황과 같음[27]
5. 기타 통지 관련 특이 사항 : 별첨 기타 보고사항과 같음. 끝.

○○ 주식회사
법률상 관리인 대표이사 홍 길 동

CRO

---

[25] 법원에 보고한 내용과 다른 경우 달라진 내용과 사유를 별첨으로 기재.
[26] 통지 총괄현황 및 개별현황을 기재. 총괄현황은 통지한 채권자 수, 주주 수를 통지 방법(우편송부, 이메일송부 등)별로 구분하여 기재하고, 개별현황은 통지 방법별 통지 상대방을 특정하여 기재하되, 통지 도달 여부가 확인된 경우에는 해당 사항도 기재.
[27] 통지를 이행하지 못한 상대방과 사유를 기재.

【별지 117 관계인설명회 통지문】

서울회생법원 2023회합○○ 회생

관계인설명회 안내장

이해관계인 귀하

채무자 ○○ 주식회사 관리인 홍길동

서울 ○○구 ○○로 ○○○

　　채무자 ○○ 주식회사에 대한 서울회생법원 2023회합○○ 회생 사건에 관하여 위 법원은 2023. ○. ○. 회생절차 개시결정을 하였고, 홍길동이 채무자의 관리인으로서 직무를 수행하고 있습니다.

　　관리인은 채무자 ○○ 주식회사가 회생절차의 개시에 이르게 된 사정, 채무자의 업무 및 재산에 관한 사항, 채무자의 이사 등에 대한 보전처분 또는 손해배상청구권 조사확정재판에 관한 사항, 그 밖에 채무자의 회생에 관하여 필요한 사항의 요지를 이해관계인 여러분께 보고하기 위한 설명회를 다음과 같이 개최할 예정이오니, 이해관계인 여러분의 많은 참석을 바랍니다.

◇ 다　음 ◇

1. 일시 : 2023년 ○월 ○일 ○○시 ○○분
2. 장소 : ○○회관 대강당

　　(별지 안내도면을 참조하시기 바랍니다)

*대리인이 참석할 경우 본인의 위임장 및 위임인의 인감증명서 등을 지참하시기 바랍니다.

문의사항이 있을 경우

채무자 ○○ 주식회사의 담당자 ○○○(전화 ○○○-○○○-○○○○, 팩스 ○○○-○○○-○○○○)에게 연락하여 주시기 바랍니다.

【별지 118 관계인설명회 개최 결과보고서】

○○ 주식회사

우 12345 / 서울 ○○구 ○○로 ○○○ / 담당 김갑동 / 전화 (02)1234-5678 / 팩스 (02)2234-5678

문서번호 : ○○ 회생 제2023-○○호
시행일자 : 2023. ○. ○.
사　　건 : 2023회합○○ 회생
수　　신 : 서울회생법원 제○부
제　　목 : 관계인설명회 개최 결과보고

관리위원

1. 채무자는 2023. ○. ○. 회생절차 개시결정을 받은 회사입니다.
2. 관리인은 다음과 같이 채무자 회생 및 파산에 관한 법률 제98조 제2항 제2호에 따른 관계인설명회를 개최하였기에 보고합니다.

◇ 다　음 ◇

1. 일시 : 2023년 ○월 ○일 ○○시 ○○분
2. 장소 : ○○회관 대강당
3. 설명회 통지 현황: 별첨 설명회 통지현황과 같음[28]
4. 설명회 출석 현황: 별첨 설명회 출석현황과 같음[29]
5. 설명회 진행내용
　가. 관리인의 설명 내용
　나. 출석자의 발언 내용
6. 기타 필요사항. 끝.

○○ 주식회사
법률상 관리인 대표이사 홍 길 동

CRO

---

28) 통지 상대방별 통지현황, 통지하지 못한 상대방 현황 및 그 사유를 기재.
29) 관리인, CRO, 조사위원, 회생채권자 등 이해관계인의 출석현황(대리인 포함)을 기재.

【별지 119 이의통지서】

서 울 회 생 법 원
제 1 부
이 의 통 지 서

사   건 : 2023회합○○   회생
채 무 자 : ○○ 주식회사
관 리 인 : ○   ○   ○
채권신고인 : ○   ○   ○
　　　　　　서울 ○○구 ○○로 ○○○

　위 사건에 관하여 조사기간(2023. ○. ○.까지) 내에(또는 2023. ○. ○. 15:00 개최된 추후 보완신고된 회생담보권, 회생채권의 특별조사기일에서) 귀하가 신고한 권리에 대하여 다음과 같이 이의가 있으므로, 채무자 회생 및 파산에 관한 법률 제169조에 의하여 통지합니다. 위 조사기간의 말일(또는 특별조사기일)로부터 1월 이내에 이의자 전원을 상대로 이 법원에 회생담보권 또는 회생채권 조사확정재판을 신청하지 아니하거나(같은 법 제170조), 회생절차개시 전에 소를 제기하여 회생절차개시 당시 이미 소송이 계속되고 있었던 경우에도 위 조사기간의 말일(또는 특별조사기일)로부터 1개월 이내에 이의자 전원을 상대로 소송의 수계절차(같은 법 제172조)를 밟지 않으면 이의가 있었던 부분에 관하여는 회생담보권자 또는 회생채권자로서 채무자에 대하여 권리주장을 할 수 없게 됨을 유의하시기 바랍니다.

- 다   음 -

1. 이의자 : 관리인 ○ ○ ○
2. 이의 있는 권리
　　　　　　　　　　　　　　　　　　　　　　　　　　　　(단위 : 원)

목록번호/ 신고번호	채권의 내용	신고 채권액	이 의 액	이의사유
채권○○				
담보권○○				

2023.　○.　○.
재판장 판 사　　○　　○　　○

※ 조사확정재판을 신청하거나 소송수계절차를 밟으려면, 2023년 ○월 ○일까지 이 법원 또는 소송 계속 중인 법원에 신청서를 접수하여야 합니다.

【별지 120 목록변경통지서】

서 울 회 생 법 원
제 1 부
목 록 변 경 통 지 서

○ ○ ○ 귀 하

사   건   2023회합○○ 회생
채 무 자   ○○○
                서울 서초구 서초대로 ○○○
관 리 인   ○○○
회생채권자   ○○○
                서울 서초구 ○○○

　위 사건에 관하여 제출된 회생채권자의 목록에 대하여 2023. ○. ○. 관리인 으로부터 별첨 내용과 같이 회생채권자의 목록 변경이 있었으므로 채무자 회생 및 파산에 관한 규칙 제53조 제2항에 의하여 이를 통지합니다.

별첨 : 회생채권자의 목록 변경서 사본 1부. 끝.

2023. ○. ○.

재판장 판 사 ○ ○ ○

【별지 121 이의철회통지서】

서 울 회 생 법 원
제 1 부
이의철회통지서

○ ○ ○ 귀 하

사 　　 건 : 2023회합○○ 　　　　 회생

채 무 자 : ○○ 주식회사

　　　　　　서울 ○○구 ○○로 ○○○

관 리 인 : ○　　○　　○

채권신고인 : ○　　○　　○

　　　　　　서울 ○○구 ○○로 ○○○

　위 사건에 관하여 조사기간 내에(또는 2023. ○. ○. 15:00 개최된 회생채권 등의 특별조사일에서) 귀하가 제출한 회생채권 등의 신고에 관하여 관리인으로부터 이의가 있었으나, 별첨 내용과 같이 이의의 철회가 있었으므로 채무자 회생 및 파산에 관한 규칙 제62조에 의하여 이를 통지합니다.

별 첨 : 이의 있는 회생채권에 대한 이의철회서 사본 1부. 끝.

2023. ○. ○.

재판장 판 사 　 ○　　○　　○

【별지 122 회생채권 등 확정소송의 소가결정문(1)】

서 울 회 생 법 원

제 1 부

결 정

사   건   2023회합○○   회생

소가결정신청인   ○○ 주식회사

부산 ○○구 ○○로 ○○○

대표이사 ○○○

상 대 방   채무자 ○○ 주식회사의 관리인 ○○○

서울 ○○구 ○○로 ○○○

주   문

소가결정신청인의 상대방에 대한 이 법원 2023가합○○호 회생채권조사확정
재판에 대한 이의의 소의 소송 목적의 가액을 ○○○원으로 정한다.

이   유

채무자 회생 및 파산에 관한 법률 제178조에 의하여 주문과 같이 결정한다.

2023. ○. ○.

재판장   판사   ○○○

판사   ○○○

판사   ○○○

【별지 123 회생채권 등 확정소송의 소가결정문(2)】

서 울 회 생 법 원
제 1 부
결   정

사   건   2023가합○○ 채권조사확정재판에 대한 이의의 소
              (2023○○회합○○ 회생)
원   고   ○○ 주식회사
              부산 ○○구 ○○로 ○○○
              대표이사 ○○○
피   고   채무자 ○○ 주식회사의 관리인 ○○○
              서울 ○○구 ○○로 ○○○

주   문
이 사건 소의 목적 가액을 ○○○원으로 정한다.

이   유
채무자 회생 및 파산에 관한 법률 제178조에 의하여 주문과 같이 결정한다.

2023. ○. ○.

재판장   판사   ○○○
            판사   ○○○
            판사   ○○○

【별지 124 회생채권 조사확정재판 결정례】

서 울 회 생 법 원
제 1 부
결   정

사   건   2023회확○○   회생채권조사확정
신 청 인   주식회사 △△△

　　　　　　　서울 ○○구 ○○로 ○○

　　　　　　　대표이사 △△△

상 대 방   1. 채무자 ○○ 주식회사의 관리인 ○○○

　　　　　　　　서울 ○○구 ○○로 ○○

　　　　　　　2. □□ 은행 주식회사

　　　　　　　　서울 ○○구 ○○로 ○○

　　　　　　　　대표이사 ○○○

주   문

1. 신청인의 채무자 ○○ 주식회사에 대한 회생채권은 5,000,000원 및 이에 대한 2023. 1. 5.부터 다 갚는 날까지 연 10%의 비율로 계산한 금원임을 확정한다.
2. 신청비용은 각자 부담한다.

신 청 취 지

신청인의 채무자 ○○ 주식회사(이하 '채무자'라 한다)에 대한 회생채권은 10,000,000원 및 이에 대한 2023. 1. 5.부터 다 갚는 날까지 연 10%의 비율로 계산한 금원임을 확정한다.

이   유

1. 신고한 회생채권

  2023. 1. 5.자 대여금 30,000,000원 및 이에 대한 2023. 1. 5.부터 다 갚는 날까지 연 10%의 비율로 계산한 이자 및 지연손해금

2. 이의채권의 범위

  신고한 회생채권 중 10,000,000원 및 이에 대한 2023. 1. 5.부터 다 갚는 날까지 연 10%의 비율로 계산한 이자 및 지연손해금

3. 이의사유

  채무자가 2023. 1. 21.에 한 10,000,000원 및 그 이자의 변제

4. 이 법원의 판단

  이 사건 기록 등에 의하면, 채무자가 2023. 1. 21. 신청인에게 5,000,000원 및 그 이자를 지급한 사실은 인정되나, 나머지 금액에 대해서는 이를 인정할 만한 자료가 없다.

5. 결   론

  따라서 신청인의 채무자에 대한 회생채권은 5,000,000원 및 이에 대한 2023. 1. 5.부터 다 갚는 날까지 연 10%의 비율로 계산한 금원이라 할 것이므로, 채무자 회생 및 파산에 관한 법률 제170조 제3항에 의하여 주문과 같이 결정한다.

2023. ○. ○.

재판장   판사   ○ ○ ○

판사   ○ ○ ○

판사   ○ ○ ○

【별지 125 회생담보권 조사확정재판 결정례】

서 울 회 생 법 원
제 1 부
결   정

사   건   2023회확○○   회생담보권조사확정
신 청 인   주식회사 △△△
                서울 ○○구 ○○로 ○○
                대표이사 △△△
상 대 방   채무자 ○○ 주식회사의 관리인 ○○○
                서울 ○○구 ○○로 ○○

주   문

1. 신청인의 채무자 ○○ 주식회사에 대한 회생담보권은 존재하지 아니함을 확정한다.
2. 신청비용은 각자 부담한다.

신 청 취 지

신청인의 채무자 ○○ 주식회사(이하 '채무자'라 한다)에 대한 회생담보권은 30,000,000원임을 확정한다.

이   유

1. 신고한 회생담보권
   서울 서초구 서초중앙로 1-1 대 1,000㎡에 관하여 2018. 12. 1. 설정된 제1순위 근저당권에 기한 30,000,000원
2. 이의채권의 범위
   신고한 회생담보권 전부
3. 이의사유
   채무자 회생 및 파산에 관한 법률 제100조 제1항 제3호에 의한 부인

4. 이 법원의 판단

　채무자가 2022. 12. 1. 신청인에게 위 토지에 관하여 제1순위 근저당권을 설정해 준 행위는 이 사건 회생절차개시 신청일인 2023. 1. 10.로부터 60일 전에 기존 채무에 관하여 한 담보의 제공이므로, 상대방은 채무자 회생 및 파산에 관한 법률 제100조 제1항 제3호의 규정에 의하여 이를 부인할 수 있다.

5. 결　　론

　따라서 신청인의 채무자에 대한 회생담보권은 존재하지 아니하므로, 채무자 회생 및 파산에 관한 법률 제170조 제3항에 의하여 주문과 같이 결정한다.

2023.　○.　○.

재판장　　　　판사　　　○○○

판사　　　○○○

판사　　　○○○

【별지 126 신규 자금차입 채권자협의회 의견조회】

서 울 회 생 법 원
제 1 부

2023. ○. ○. 발송필

우) 06594 서울 서초구 서초중앙로 157 / ☎ 530-1603 / 팩스 592-5661 / 주심: ○○○ 판사

시 행 일 자   2023.   ○.   ○.

수   신   ○○ 주식회사의 채권자협의회

　　　　　　　 (대표채권자 ○○○)

참   조   ○○○

　　　　　　　 (전화 ○○○-○○○, 팩스 ○○○-○○○)

제   목   신규자금차입에 관한 의견조회

1. 채무자 ○○ 주식회사(본점 : 서울 서초구 ○○○, 관리인: ○○○)에 대한 이 법원 2023회합○○호 회생사건에 관한 내용입니다.

2. 관리인이 별첨과 같이 자금차입의 허가신청을 하였으므로, 채무자 회생 및 파산에 관한 법률 제179조 제2항에 의하여 자금차입 허가에 관한 의견을 조회하오니 2023. ○. ○.까지 회신하여 주시기 바랍니다.

※ 붙임 : 자금차입 허가신청서 사본 1부

　　　재 판 장   판 사   ○   ○   ○

【별지 127 공익채권 등에 기한 강제집행 등의 취소결정】

서 울 회 생 법 원
제 1 부
결   정

사 건	2023회합○○ 회생
신 청 인	채무자 ○○ 주식회사의 관리인 ○○○
	서울 ○○구 ○○로 ○○○
상 대 방	주식회사 ○○은행
	서울 ○○구 ○○로 ○○○
	대표이사 ○○○

주   문

신청인과 상대방 사이의 인천지방법원 2022타경○○호 부동산강제경매신청 사건에 관하여 위 법원이 2022. ○. ○. 내린 경매개시결정을 취소한다.

이   유

인천지방법원은 2022. ○. ○. 별지 목록 기재 부동산에 대하여 부동산강제경 매개시결정을 하였는바, 별지 목록 기재 부동산은 채무자 소유의 공장 부지 및 건물로서 이에 대한 강제집행으로 말미암아 채무자의 회생에 현저한 지장이 초 래되는 한편 채무자는 주식회사 △△은행에 금 ○○○원의 예금을 보유하고 있 는 등 별지 목록 기재 부동산에 비하여 환가하기 쉬운 다른 재산을 보유하고 있으므로, 채무자 회생 및 파산에 관한 법률 제180조 제3항 제1호에 의하여 담 보를 제공하게 하지 아니하고 주문과 같이 결정한다.

2023. ○. ○.

재판장	판사	○○○
	판사	○○○
	판사	○○○

(별지 목록 생략)

【별지 128 공익채권 등에 기한 강제집행 등의 중지결정】

서 울 회 생 법 원

제 1 부

결   정

사   건   2023회합○○   회생

신 청 인   채무자 ○○ 주식회사의 관리인 ○○○

서울 ○○구 ○○로 ○○○

상 대 방   주식회사 ○○

서울 ○○구 ○○로 ○○○

대표이사 ○○○

제3채무자   주식회사 ○○은행

서울 ○○구 ○○로 ○○○

대표이사 ○○○

주   문

신청인과 상대방 사이의 서울남부지방법원 2022타채○○호 채권압류 및 추심명령 신청 사건에 관하여 위 법원이 2022. ○. ○. 내린 채권압류 및 추심명령에 기한 강제집행을 중지한다.

이   유

서울남부지방법원은 2022. ○. ○. 신청인의 제3채무자에 대한 별지 목록 기재 예금채권에 대하여 채권압류 및 추심명령을 하였는바, 2023. ○. ○. 현재 채무자의 재산은 합계 ○○○원에 불과한 반면 그 공익채권은 합계 ○○○○원으로서 채무자의 재산만으로는 공익채권을 변제하기에 부족한 것이 명백하므로, 채무자 회생 및 파산에 관한 법률 제180조 제3항 제2호에 의하여 담보를 제공하게 하지 아니하고 주문과 같이 결정한다.

2023. ○. ○.

재판장   판사   ○ ○ ○

판사   ○ ○ ○

판사   ○ ○ ○

(별지 목록 생략)

【별지 129 회생계획안 제출기간 연장결정문】

서 울 회 생 법 원

제 1 부

결   정

사   건   2023회합○○   회생

채 무 자   ○○ 주식회사

                서울 ○○구 ○○로 ○○○

관 리 인   ○○○

주   문

회생계획안 제출기간을 '2023. ○. ○.까지'에서 '2023. ○. ○.까지'로 연장한다.

이   유

채무자 회생 및 파산에 관한 법률 제50조 제3항, 제220조 제1항에 의하여 주문과 같이 결정한다.

2023. ○. ○.

재판장   판사   ○○○

            판사   ○○○

            판사   ○○○

【별지 130 회생계획안 제출기간 연장결정 공고문】

회생계획안 제출기간 연장결정 공고

사　　　건　　　2023회합○○　　　회생
채　무　자　　　○○ 주식회사
　　　　　　　　서울 ○○구 ○○로 ○○○
관　리　인　　　○○○

　　위 사건에 관하여 이 법원은 2023. ○. ○. 다음과 같이 결정하였으므로, 채무자 회생 및 파산에 관한 법률 제51조 제3항, 제1항에 의하여 이를 공고합니다.

◇ 다　음 ◇

회생계획안 제출기간을 '2023. ○. ○.까지'에서 '2023. ○. ○.까지'로 연장한다.

2023.　○.　○.

서울회생법원 제1부

재판장　　　판사　　　○○○
판사　　　○○○
판사　　　○○○

【별지 131 현가율계산표 사례】

현가율계산표

채무자 : ○○ 주식회사 　　　　　　　　　　　　　(단위 : 백만 원)

구　　분		채권시인금액			변제계획 현가액 (C)	청산시 배당액 (D)	변제액 현가비율 (C/B %)	청산시 배당률 (D/B %)
		원금(A)	이자	계(B)				
회생담보권	대여금채권(금융기관)							
	구상채권							
	대여금채권(리스채권)							
	물상보증채권							
	임차보증금반환채권							
회생채권	대여금채권(금융기관)							
	구상채권							
	보증채권							
	특수관계인채권(관계회사)							
	상거래채권							
	임차보증금반환채권							
	분양선수금							
	조세 등 채권							
	담보신탁							

【별지 132 변제할 채권액 내역표】

구 분			원금	개시전이자	시인된 총채권액	변동/권리변경	변제할채권액
회생담보권	대여금채권	금융기관					
		일 반					
		대여금채권계					
	보증채권	금융기관					미 정
		일 반					
		보증채권계					
회생채권	대여금채권	금융기관					
		전환사채					
		상거래채권					
		영업보증금					
		임차보증금					
		관계회사					
		관계회사 상거래채권					
		대여채권계					
	구상채권	금융기관(확정)					
		금융기관 (미확정)					미 정
		관계회사(확정)					
		구상채권계					
	보증채권	금융기관					미 정
		보증채권계					
합 계		대 여 채 권					
		구 상 채 권					
		보 증 채 권					미 정
		합 계					

주1) 변동 및 권리변경 내역에는 주채무자의 채무변제로 소멸된 채권액 (   )원과 조기 변제액 (   )원이 포함되어 있다.

주2) 변제할 채권액에는 출자전환대상액 (   )원과 개시후이자 (   )원이 포함되어 있으며 이를 차감한 실 변제액은 (   )원이다.

【별지 133 징수의 권한을 가진 자에 대한 의견조회서】

서 울 회 생 법 원
제 1 부

우) 06594 서울 서초구 서초중앙로 157 / ☎ 530-1603 / 팩스 592-5661 / 주심 : ○○○ 판사

시행일자 : 2023. ○. ○.

수   신 : 수신처 참조

제   목 : 회생계획안에 대한 의견 조회

1. 채무자 ○○ 주식회사(본점 : 서울 ○○구 ○○로 ○○○, 관리인 : ○○○) 에 대한 이 법원 2023회합○○호 회생 신청사건과 관련된 내용입니다.

2. 채무자의 관리인으로부터 회생계획안이 제출됨에 따라, 채무자 회생 및 파산 에 관한 법률 제140조 제2항에 의하여 이에 대한 귀 징수권자의 의견을 확 인하고자 하오니, 귀 징수권자의 의견을 2023. ○. ○.까지 이 법원에 도착 할 수 있도록 서면 또는 팩시밀리 전송의 방법으로 회신하여 주시기 바랍니 다.[30)]

◆ 붙임 : 회생계획안의 요지 1부. 끝.

재 판 장   판 사   ○   ○   ○

수신처 : 삼성세무서장, 예산세무서장, 강남구청장, 당진군수, 부산 사하구청장, 천안세관장, 인천세관장, 김포세관장, 동래세관장, 부산세관장, 서울지 방노동청장. 끝.

---

30) 법 제140조 제3항에 따라 징수권자의 동의 여부를 묻는 경우에는, "채무자의 관리인으로부터 회생계획안이 제출됨에 따라, 채무자 회생 및 파산에 관한 법률 제140조 제3항에 의하여 이에 대한 귀 징수권자의 동의 여부를 확인하고자 하오니, 귀 징수권자의 의견을 2023. ○. ○.까지 이 법원에 도착할 수 있도록 서면 또는 팩시밀리 전송의 방법으로 회신하여 주시기 바랍니다." 라고 기재한다.

【별지 134 이해관계인에 대한 특별조사기일, 관계인집회기일 및 회생계획안의 요지 통지서】

서 울 회 생 법 원

제 1 부

통 지 서

사   건   2023회합○○   회생

채 무 자   ○○ 주식회사

　　　　　　　서울 ○○구 ○○로 ○○○

관 리 인   ○○○

　　위 사건에 관하여 법원은 신고기간 후에 신고된 회생채권 및 회생담보권을 조사하기 위한 특별조사기일과 채무자의 관리인으로부터 제출된 회생계획안의 심리 및 결의를 위한 관계인집회를 개최하기로 하였으므로, 채무자 회생 및 파산에 관한 법률 제163조, 제182조에 의하여 그 기일을 통지하고, 아울러 동법 제232조에 의하여 회생계획안의 요지를 통지합니다.

다   음

가. 일시 : 2023. ○. ○. ○○:○○

나. 장소 : 서울회생법원 제1호 법정

다. 회생계획안 주요 내용 : 별지 회생계획안 요지와 같다.

2023. ○. ○.

재판장 판사   ○○○

수신처 : 관리인, 채무자, 목록에 기재되어 있거나 신고한 회생채권자·회생담보권자·주주·지분권자 중 의결권행사가 가능한 자. 끝.

【별지 135 감독행정청 등에 대한 관계인집회기일 통지 및 의견조회서】

서 울 회 생 법 원
제 1 부

우) 06594 서울 서초구 서초중앙로 157 / ☎ 530-1603 / 팩스 592-5661 / 주심 : ○○○ 판사

시행일자: 2023. ○. ○.
수   신: 수신처 참조
제   목: 관계인집회 기일통지 및 의견조회

1. 채무자 ○○ 주식회사(본점 : 서울 ○○구 ○○로 ○○○, 관리인 : ○○○)
   에 대한 이 법원 2023회합○○호 회생 신청사건과 관련된 내용입니다.
2. 채무자의 관리인으로부터 회생계획안이 제출됨에 따라 다음과 같이 회생계
   획안의 심리 및 결의를 위한 관계인집회를 개최하기로 하였으므로, 채무자
   회생 및 파산에 관한 법률 제183조에 의하여 이를 통지하고, 회생계획안에
   관한 의견이 있으면 동법 제226조 제3항에 의하여 2023. ○. ○.까지 그
   의견을 서면 또는 팩시밀리 전송의 방법으로 회신하여 주기 바랍니다.
   가. 일시 : 2023. ○. ○. 15:00
   나. 장소 : 서울회생법원 제1호 법정
   다. 회생계획안의 주요 내용 : 별지 회생계획안 요지와 같다.

재 판 장   판 사   ○   ○   ○

수신처 : 기획재정부장관, 법무부장관, 산업통상자원부장관, 고용노동부장관, 금융
         위원회위원장, 국세청장, ○○세무서장, 관세청장, ○○세관장. 서울특
         별시장, ○○구청장. 끝.

【별지 136 행정청의 허가·인가 등 처분을 요하는 사항을 정한 회생계획안에 대한 의견조회서】

서 울 회 생 법 원
제 1 부

우) 06594 서울 서초구 서초중앙로 157 / ☎ 530-1603 / 팩스 592-5661 / 주심 : ○○○ 판사

시행일자 : 2023. ○. ○.

수   신 : 수신처 참조

제   목 : 회생계획안에 대한 의견 조회

1. 채무자 ○○ 주식회사(본점 : 서울 ○○구 ○○로 ○○○, 관리인 : ○○○)에 대한 이 법원 2023회합○○호 회생 신청사건과 관련된 내용입니다.

2. 채무자의 관리인으로부터, 채무자가 운영하는 골프장을 회원제에서 대중제로 전환하는 내용의 회생계획안이 제출됨에 따라 채무자 회생 및 파산에 관한 법률 제226조 제2항에 의하여 이에 대한 귀 청의 의견을 확인하고자 하오니, 이에 관한 의견을 2023. ○. ○.까지 이 법원에 도착할 수 있도록 서면 또는 팩시밀리 전송의 방법으로 회신하여 주시기 바랍니다.

◆ 붙임 : 회생계획안의 요지 1부. 끝.

재 판 장   판사   ○   ○   ○

수신처 : 경기도지사(소관 : 문화체육관광국 체육과).   끝.

【별지 137 채무자의 노동조합에 대한 의견조회서】

서 울 회 생 법 원
제 1 부

우) 06594 서울 서초구 서초중앙로 157 / ☎ 530-1603 / 팩스 592-5661 / 주심 : ○○○ 판사

시 행 일 자   2023. ○. ○.
수   신   채무자 ○○ 주식회사의 노동조합 위원장 ○○○
                (주소 : 서울 ○○구 ○○로 ○○○ ○○ 주식회사 내)
                전화 02-***-**** / 팩시밀리 02-***-****
제   목   회생계획안에 관한 의견조회

1. 채무자 ○○ 주식회사(본점 : 서울 ○○구 ○○로 ○○○, 관리인 : ○○○)
   에 대한 이 법원 2023회합○○호 회생 신청사건과 관련된 내용입니다.
2. 채무자의 관리인으로부터 회생계획안이 제출됨에 따라 다음과 같이 회생계
   획안의 심리 및 결의를 위한 관계인집회를 개최하기로 하였으므로, 채무자
   회생 및 파산에 관한 법률 제227조에 의하여 귀 조합의 의견을 조회하고자
   하니 2023. ○. ○.까지 의견을 서면 또는 팩시밀리 전송의 방법으로 회신
   하여 주기 바랍니다.
   가. 일시 : 2023. ○. ○. 15:00
   나. 장소 : 서울회생법원 제1호 법정
   다. 회생계획안의 주요 내용 : 별지 회생계획안 요지와 같다.

            재 판 장   판 사   ○   ○   ○

【별지 138 회생계획안 수정명령】

서 울 회 생 법 원
제 1 부
결   정

사   건   2023회합○○   회생
채 무 자   ○○ 주식회사
           서울 ○○구 ○○로 ○○○
관 리 인   ○○○

주   문

관리인은 2023. ○. ○.까지 2023. ○. ○.자 회생계획안을 별지 목록 기재와 같이 수정한 회생계획안을 제출하여야 한다.

이   유

1. 기초사실

이 법원은 20○○. ○. ○. 채무자에 대하여 회생절차개시결정을 하면서 제출기간을 20○○. ○. ○.로 정하여 회생계획안의 제출을 명하였다. 이후 이 법원은 20○○. ○. ○. 위 회생계획안 제출기간을 20○○. ○. ○.까지로 연장하는 결정을 하였고, 법률상 관리인은 연장된 제출기간 내인 20○○. ○. ○. 이 법원에 회생계획안(이하 '이 사건 회생계획안'이라고 한다)을 제출하였다.

2. 회생계획안의 내용에 관한 판단

가. 회생계획안이 법률의 규정에 반하는지 여부

회생계획에는 채무자 회생 및 파산에 관한 법률(이하 '법'이라고 한다) 제193조 제1항 각 호에서 열거하는 사항을 정하여야 한다. 그런데 이 사건 회생계획안은 위 각 호의 사항 중 제2호의 공익채권의 변제에 관하여 아무런 기재를 하지 않았다. 따라서 이 사건 회생계획안은 법률의 규정에 반한다.

나. 회생계획안이 공정하고 형평에 맞는지 여부

이 사건 회생계획안이 제출된 20○○. ○. ○. 기준으로 볼 때, 이 사건 회생계획안은 채권조사기간 내에 시인된 채권과 조사기간 이후 추완보완신고된 채권 및 명의변경된 채권을 각 권리의 성질과 채권액에 따라 정확하게 반영하지 않았다.

따라서 위와 같이 시인된 채권액 등과 다른 채권액 등을 기초로 하여 그 권리변경 및 변제방법을 정한 이 사건 회생계획안은 공정하지 않거나 형평에 맞지 않는다.

다. 회생계획안의 수행이 가능한지 여부

이 사건 회생계획안은 채무자가 20○○. ○. ○.자 조사위원의 조사보고서에 기재된 추정손익계산서와 자금수지계획표와 동일한 추정손익을 올리고 자금을 확보할 수 있음을 전제로 하고 있다. 그런데 위 조사보고서에 의하면, 채무자는 준비연도인 20○○. ○. ○.부터 20○○. ○. ○.까지 합계 ○○만 원 상당의 매출액을 올리고 ○○만 원의 당기순이익이 발생하는 것을 예정하고 있다. 그러나 채무자는 이 사건 회생계획안 제출 시까지도 분양 및 분양대행 실적이 전혀 없고 전원주택의 공사 진행도 부진하며 직원들의 급여도 충당할 수 없을 정도로 자금수지가 악화되어 있는 상황이다. 그럼에도 불구하고 채무자는 위와 같은 매출액을 올릴 수 있을 만한 영업활동 등에 관한 아무런 자료를 제출하지 않고 있다.

위와 같은 사정에 비추어 보면, 조사보고서상의 추정손익계산서와 자금수지계획을 전제로 한 이 사건 회생계획안은 수행가능성이 희박하다.

3. 결   론

그렇다면 법률상 관리인이 제출한 20○○. ○. ○.자 회생계획안은 이를 별지 목록 기재와 같이 수정함이 상당하므로, 이 법원은 채무자 회생 및 파산에 관한 법률 제229조에 의하여 직권으로 법률상 관리인에게 회생계획안의 수정을 명하기로 하여 주문과 같이 결정한다.

2023. ○. ○.

재판장   판사   ○○○
            판사   ○○○
            판사   ○○○

(별지 생략)

【별지 139 회생계획안 수정명령신청 기각결정】

서 울 회 생 법 원
제 1 부
결   정

사   건   2023회합○○   회생

채 무 자   ○○ 주식회사

　　　　　　 서울 ○○구 ○○로 ○○○

관 리 인   ○○○

신 청 인   ○○○

　　　　　　 서울 ○○구 ○○로 ○○○

　　　　　　 신청대리인 변호사 ○○○

주   문
이 사건 신청을 기각한다.

신 청 취 지
관리인이 제출한 회생계획안 중 회생채권자 신고번호 ○○번 ○○○에 대한 부분을 별지 목록 기재와 같이 수정하라는 명령.

이   유
신청인의 2023. ○. ○.자 회생계획안 수정명령신청은 이유 없으므로 채무자 회생 및 파산에 관한 법률 제229조 제1항에 의하여 주문과 같이 결정한다.

2023. ○. ○.

재판장   판사   ○○○

　　　　　 판사   ○○○

　　　　　 판사   ○○○

(별지 생략)

【별지 140 수행가능성이 없음을 이유로 한 회생계획안 배제결정】

서 울 회 생 법 원

제 1 부

결   정

사   건   2023회합○○   회생

채 무 자   ○○ 주식회사

             서울 ○○구 ○○로 ○○○

관 리 인 겸   ○○○

회생계획안제출자

주   문

 관리인이 2023. ○. ○. 제출한 회생계획안은 관계인집회의 심리에 부치지 아니한다.

이   유

1. 회생절차에 이른 경과

  가. 채무자는 2001. ○. ○. 설립된 회사로서, 플라스틱시트(PVC필름)를 제조하여 판매하는 것을 주된 사업으로 영위하고 있다.

  나. 채무자는 원자재 가격 폭등과 환율상승으로 수익성이 악화되었고, 경기침체로 인한 소비위축으로 매출이 급감하였으며, 만기도래한 금융기관 채무 5억 원 상당이 기한연장되지 않아 자금부담이 가중되는 등으로 재정적 파탄에 처하게 되었다.

  다. 이에 채무자는 2023. ○. ○. 이 법원에 회생절차개시신청을 하였고, 이 법원은 2023. ○. ○. 채무자에 대하여 회생절차개시결정을 하면서 채무자의 대표이사인 ○○○을 채무자의 관리인으로 본다는 내용의 결정을 하였다.

2. 회생절차의 진행경과 및 회생계획안의 제출

  가. 채무자에 대한 목록제출기간과 채권신고기간 및 채권조사기간의 진행 후, 조사위원으로 선임된 ○○회계법인은 2023. ○. ○. 채무자의 계속기업가치가

42.1억 원으로서 청산가치인 22.4억 원을 초과한다는 내용의 조사보고서를 제출하였다.

나. 관리인은 2023. ○. ○. 조사위원이 조사보고서를 통하여 예측한 예상매출과 손익추정을 근거로 회생담보권과 회생채권 등의 권리변경과 변제방법을 정한 회생계획안(이하, 이 사건 회생계획안이라고 한다)을 작성, 제출하였다.

3. 관리인이 제출한 회생계획안의 수행가능성에 관한 판단

가. 채무자 회생 및 파산에 관한 법률 제231조에 따라 회생계획안이 법률의 규정에 위반하거나 공정·형평에 맞지 아니하거나 수행불가능한 것으로 인정되는 경우에는 회생계획안을 관계인집회의 심리 또는 결의에 부치지 아니할 수 있는데, 이 사건 회생계획안이 수행가능성이 있는지에 관하여 살펴본다.

나. 이 사건 기록에 의하면, 다음의 각 사실이 소명된다.

1) 이 사건 회생계획안은 채무자가 2024년부터 2033년까지 합계 707억 원의 매출을 통하여 41억 원의 영업이익을 달성함을 전제로 하고 있다. 그러나 이 사건 회생계획안 제출 이후 채무자의 관리인은 2023. ○. ○. 구속되어 현재까지 구금되어 있는바, 채무자는 관리인이 100% 지분을 보유한 중소기업으로서 관리인의 인맥을 활용하여 매출처 및 원자재 조달처를 확보하여 왔다. 그러나 위와 같이 관리인의 영업활동 참여가 불가능하여 거래처의 이탈이 불가피하게 되었고, 관리인의 불법행위로 인하여 시장에서의 신뢰성 역시 심각하게 저하되었다. 위와 같은 사정으로 채무자가 당초 이 사건 회생계획안에서 예정하고 있던 매출액과 영업이익을 달성할 수 없게 되었다.

2) 한편 채무자의 조사위원인 ○○회계법인도 위와 같은 사정을 고려하면, 채무자의 2024년부터 2033년까지 매출액은 423억 원으로, 영업손실은 17.6억 원으로 추정되므로 이 사건 회생계획안에 관하여 수행가능성이 없다는 취지의 제2차 조사보고서를 제출하였다.

다. 앞서 소명된 사실에 의하면 채무자가 향후 영업이익으로 회생채권자 등에게 변제하고자 하는 이 사건 회생계획안은 그 이행이 어려울 것으로 예상되고, 달리 채무자가 다른 방법으로 수입을 얻을 수도 없는 상태이므로, 이 사건 회생계획안은 수행가능성이 없다고 판단된다.

4. 결 론

그렇다면 이 사건 회생계획안은 수행가능성이 없으므로, 채무자 회생 및 파산

에 관한 법률 제231조에 따라 관계인집회의 심리에 부치지 아니하기로 하여, 주
문과 같이 결정한다.

2023. ○. ○.

재판장   판사   ○○○

판사   ○○○

판사   ○○○

【별지 141 공정·형평의 원칙 및 평등의 원칙 위반을 이유로 한 회생계획안 배제결정】

서 울 회 생 법 원

제 1 부

결   정

사 건	2023회합○○ 회생
채 무 자	○○ 주식회사
	서울 ○○구 ○○로 ○○
회생채권자겸	1. ○○○
회생계획안제출자	2. ○○○
	3. ○○○
신주인수권자겸	○○○
회생계획안제출자	

주   문

  회생채권자 ○○○, ○○○, ○○○ 및 신주인수권자 ○○○이 2023. ○. ○. 제출한 회생계획안은 관계인집회의 심리에 부치지 아니한다.

이   유

1. 회생절차에 이른 경과

  가. 채무자는 1966. ○. ○. 설립되어, 해운업, 무역업, 종합물류업, 복합운송주선업, 항만운송사업 등을 영위하고 있다.

  나. 채무자는 벌크선(주력사업, 2022년 총 매출의 약 78%)을 비롯하여 컨테이너선(2022년 총 매출의 약 14%), 탱커선(2022년 총 매출의 약 6%), 자동차선, LNG운송선 등 다양한 해상 운송서비스를 제공하는 종합 해운물류 기업인데, 20○○년 글로벌 금융위기, 20○○년 유럽의 재정 위기 등으로 인한 전 세계적인 경기침체에 따른 해상 물동량 감소 및 해상운임의 하락, 중국 조선소의 선박건조 생산량 증가 등으로 인한 선복(船腹, ship's space)량 공급 과잉, 고시황기에

고액 용선료로 장기용선계약을 체결한 선박의 용선료 지급 증가, 선박 연료유 가격의 상승, 신규 선박 도입 등에 따른 부채 및 상환원리금 증가 등으로 심각한 유동성 위기를 겪게 되자, 2023. ○. ○. 이 법원에 회생절차개시신청을 하였고, 이 법원은 2023. ○. ○. 채무자에 대하여 회생절차개시결정을 하면서 ○○○을 관리인으로 선임하였다.

2. 회생절차의 진행경과 및 회생계획안의 제출

가. 채무자에 대한 채권자목록 제출기간과 채권신고기간 및 채권조사기간의 진행 후, 조사위원으로 선임된 ○○회계법인은 2023. ○. ○. 채무자의 계속기업가치가 청산가치를 초과한다는 내용의 조사보고서를 제출하였다.

나. 관리인은 2023. ○. ○. 조사위원이 조사보고서를 통하여 예측한 예상매출과 손익추정을 근거로 회생채권 등의 권리변경 및 변제방법을 정한 회생계획안을 작성하여 제출하였다.

다. 한편 회생채권자 ○○○, ○○○, ○○○ 및 신주인수권자 ○○○은 2023. ○. ○. 관리인과는 별도로 회생계획안(이하 '이 사건 회생계획안'이라 한다)을 작성하여 제출하였다.

라. 이 사건 회생계획안의 주요 내용은 다음과 같다.

○ 회생채권

- 원금 : 35%에 대하여 현금 변제하되, 원금의 30%는 영업현금흐름으로 변제하고, 나머지 5%는 신주인수권 증권의 행사로 유입되는 현금으로 변제. 영업현금흐름으로 변제하는 원금의 30%는 제1차연도(2024년)부터 제3차연도(2026년)까지 매년 변제할 원금의 3%를 분할변제하고, 제4차연도(2027년)부터 제7차연도(2030년)까지 매년 변제할 원금의 7%를 분할변제하며, 제8차연도(2031년)에는 변제할 원금의 15%를 변제. 제9차연도(2032년)와 제10차연도(2033년)는 매년 변제할 원금의 24%를 분할변제. 신주인수권 증권의 행사로 유입되는 현금으로 변제하는 5%는 신주인수권 증권의 행사기간이 종료되는 제3차연도(2026년)에 변제.

  나머지 원금 65%는 출자전환(1주당 발행가액 5,200원)하되, 이 회생계획안에 의하여 채무자가 신규로 발행하는 주식의 효력발생일에 당해 금융기관 대여채무에 관한 회생채권의 변제에 갈음. 다만, 신주인수권 증권의 행사로 유입되는 현금이 5%에 미달할 경우에는 미달하는 금액에 대하여 제3차연도(2026년) 변제기일에 출자전환(1주당 발행가액 10,000원)

- 개시전 이자 : 면제
- 개시후 이자 : 지급하지 아니함
○ 주주
- 기존 주주 3:1 비율로 주식병합(특수관계인 10:1 비율로 주식병합)
- 위 병합된 주식과, 회생채권 출자전환에 의해 교부된 주식 전체를 대상
  으로 2:1 비율로 주식재병합
○ 신주인수권
- 채무자가 발행한 제12회 분리형 신주인수권 증권의 행사가격은 6,980원(행
  사가능 주식 수 35,812,635주 / 행사가능기간 2022. ○. ○. ~ 2025. ○. ○.)
  에서 행사가격 9,971원(행사가능 주식 수 25,068,845주 / 행사가능기간 2022.
  ○. ○. ~ 2026. ○. ○.)으로 변경

3. 이 사건 회생계획안이 공정·형평의 원칙 및 평등의 원칙을 준수하고 있
   는지 여부
   가. 채무자 회생 및 파산에 관한 법률(이하 '법'이라 한다) 제231조에 따라 회
   생계획안이 법률의 규정에 위반하거나 공정·형평에 맞지 아니하는 경우에는 회
   생계획안을 관계인집회의 심리 또는 결의에 부치지 아니할 수 있는데, 이 사건
   회생계획안이 공정·형평의 원칙 및 평등의 원칙을 준수하고 있는지에 관하여
   살펴본다.
   나. 먼저, 공정·형평의 원칙을 준수하고 있는지 여부에 관하여 본다.
   법 제217조 제1항은 주주의 경우 회생채권자보다 더 불리하게 권리변경이
   이루어져야 하는 것으로 규정하고 있다. 한편 신주인수권자는 아직 주주의 지위
   를 취득한 것은 아니지만 장래 신주인수권이라는 권리를 행사할 경우 주식을 인
   수할 수 있는 권리를 보유한 자이므로, 회생채권자보다는 주주의 지위에 가깝다
   고 할 수 있다. 따라서 신주인수권자도 주주와 마찬가지로 회생채권자 보다 더
   불리하게 권리변경이 이루어져 할 것이다.
   그런데 조사위원의 2차 조사보고서 및 이 사건 기록 등을 종합하면, 이 사건
   회생계획안은, 회생채권자에 대해, 위와 같이 채권금액 중 원금의 35%를 현금변
   제하고 나머지 65%를 출자전환하도록 되어 있어서, 현가변제율이 31.25%(출자
   전환 주식 가치 포함)에 불과하고, 채권금액 대비 권리감축율이 68.75%에 이르
   는 사실, 반면 신주인수권자는 회생절차개시 이전에 신주인수권을 행사하였더라

면 약 14.89%의 지분을 취득할 수 있었으나, 이 사건 회생계획안에 따른 권리변
경 후 신주인수권을 행사할 경우 약 9.29%의 지분을 취득할 수 있어서, 권리감
축율이 37.62%에 불과한 사실, 또한 회생채권자의 경우 출자전환 금액이 1주당
5,200원이고 출자전환 후 다시 2:1의 비율로 주식 재병합을 실시하도록 되어 있
어서, 결국 1주를 취득하는 데 드는 금액이 10,400원인 사실, 반면 신주인수권자
는 9,971원에 1주를 취득할 수 있는 사실이 각 인정된다.

따라서 이 사건 회생계획안은 신주인수권자의 경우 회생채권자보다 더 유리하
게 권리변경을 하고 있다고 할 것이므로, 공정·형평의 원칙에 반한다.

다. 다음으로, 평등의 원칙을 준수하고 있는지 여부에 관하여 본다.

앞서 본 바와 같이 신주인수권자는 아직 주주의 지위를 취득한 것은 아니
지만 장래 신주인수권이라는 권리를 행사할 경우 주식을 인수할 수 있는 권리를
보유한 자에 불과하므로, 회생계획으로 권리변경을 가함에 있어서는 주주와 동
등하게 또는 주주보다 더 유리하지 않은 조건으로 권리변경이 이루어져야 할 것
이다.

그런데 조사위원의 2차 조사보고서 및 이 사건 기록 등을 종합하면, 이 사건
회생계획안은, 주주에 대해 3:1의 비율(특수관계인의 경우 10:1 비율)로 주식병
합을 실시한 후 다시 출자전환 주식 등 전체 주식을 대상으로 2:1의 비율로 주
식재병합을 실시하도록 되어 있어서 최종적으로 권리가 6분의 1로 감축되는 사
실, 신주인수권자의 권리가 위와 같은 수준으로 감축되기 위해서는 신주인수권
의 행사가격이 종래 6,980원의 6배인 41,880원, 행사비율은 종래의 6분의 1인
16.67% 정도로 권리변경이 이루어져야 하는데, 이 사건 회생계획안에는 신주인
수권의 행사가격이 9,971원, 행사비율은 70%로 권리변경이 이루어지도록 되어
있는 사실, 또한 특수관계자를 제외한 일반 주주의 지분율은 회생절차개시 이전
69.36%에서 권리변경 이후 9.70%로 축소되어 권리감축율이 약 85.15%에 이르
는 사실, 반면 신주인수권자는 회생절차개시 이전에 신주인수권을 행사하였더라
면 약 14.89%의 지분을 취득할 수 있었으나, 이 사건 회생계획안에 따른 권리변
경 후 신주인수권을 행사할 경우 약 9.29%의 지분을 취득할 수 있어서, 권리감
축율이 37.62%에 불과한 사실이 각 인정된다.

따라서 이 사건 회생계획안은 신주인수권자의 경우 기존 주주보다 더 유
리하게 권리변경을 하고 있다고 할 것이므로, 평등의 원칙에 반한다.

4. 신주인수권자 ○○○이 제출한 이 사건 회생계획안 관련 부분

　　법 제221조(회생채권자 등의 회생계획안 제출) 제1항에 따르면, 관리인 이외에 회생계획안을 작성하여 제출할 수 있는 자는 채무자, 목록에 기재되어 있거나 신고한 회생채권자·회생담보권자·주주·지분권자이다.

　　그런데 앞서 본 바와 같이 '신주인수권자 ○○○'은 회생채권자 ○○○, ○○○, ○○○과 함께 이 사건 회생계획안을 작성·제출하였는데, '신주인수권자'는 장래 신주인수권이라는 권리를 행사할 경우 주식을 인수할 수 있는 권리를 보유한 자에 불과할 뿐 아직 주주의 지위에 있다고 볼 수 없으므로, 회생계획안을 작성·제출할 권한이 없다.

5. 결　　론

　　그렇다면, 이 사건 회생계획안은 공정·형평의 원칙 및 평등의 원칙에 반하고, '신주인수권자 ○○○'은 회생계획안을 작성·제출할 권한이 없으므로, 채무자 회생 및 파산에 관한 법률 제231조에 따라 이 사건 회생계획안을 관계인집회의 심리에 부치지 아니하기로 하여, 주문과 같이 결정한다.

2023.　○.　○.

　　　　　　　　　　재판장　　　　판사　　　　○○○

　　　　　　　　　　　　　　　　판사　　　　○○○

　　　　　　　　　　　　　　　　판사　　　　○○○

【별지 142 법률 규정 위반을 이유로 한 회생계획안 배제결정】

서 울 회 생 법 원

제 1 부

결   정

사   건   2023회합○○   회생

채 무 자   ○○ 주식회사

　　　　　　 서울 ○○구 ○○로 ○○○

관리인겸회생   ○○○

계획안제출자

주   문

　관리인이 20○○. ○. ○. 제출한 회생계획안은 관계인집회의 심리에 부치지
아니한다.

이   유

1. 회생절차 개시에 이르기까지의 경과

　가. 채무자는 20○○. ○. ○. 설립되어 건설업 등을 영위하고 있는 유가증권시
장 상장법인이다.

　나. 채무자는 20○○년 이후 두바이, 카자흐스탄, 베트남 등 해외 부동산 시장
에 진출하였으나 20○○년 금융위기 이후 해외 부동산경기가 하락하는 바람에
위 해외 사업장에서 많은 손실을 보게 되었다. 또한 관급공사의 발주 감소로 인
해 이를 주로 하는 채무자의 수주가 감소하는 한편 20○○년 철근, 시멘트 등
원자재 가격이 상승하여 ○억 원 상당의 영업손실을 입었다. 결국 채무자는 이
와 같은 영업환경의 악화로 인해 변제기가 도래한 차입금과 만기가 도래한 어음
을 결제할 수 없는 재정적 파탄상태에 이르게 되어 20○○. ○. ○. 이 법원에
회생절차개시신청을 하였고, 이 법원은 20○○. ○. ○. 회생절차개시결정을 하면
서 ○○○을 관리인으로 선임하였다.

2. 회생절차의 진행경과 및 회생계획안의 제출

　　가. 채무자에 대한 목록제출기간과 채권신고기간 및 채권조사기간의 진행 후, 조사위원으로 선임된 ○○회계법인은 조사보고서 제출기간 내인 20○○. ○. ○. 채무자의 계속기업가치가 ○억 원으로 청산가치인 ○억 원을 초과한다는 내용의 조사보고서를 제출하였다.

　　나. 관리인은 20○○. ○. ○. 채무자 회사를 분할존속회사와 분할신설회사로 분할하여 신탁자산 및 해외 법인 관련 자산 및 채무 일부를 분할신설회사로 이전하고, M&A를 통하여 인수자로부터 인수대금을 납입 받아 그 인수대금으로 분할존속회사의 채권 일부를 현금 변제하고, 나머지 채권을 출자전환한 뒤 다시 이를 20:1로 감자하고 이후 M&A 인수자에게 제3자 배정방식의 유상증자를 통하여 1주의 액면금액 ○원의 신주 ○만 주를 배정하며, 한편 분할신설회사는 보유 자산을 처분하여 당해 회사로 이전된 채무를 변제하는 등의 내용으로 회생계획안을 작성하여 제출하였다.

　　다. ○○○은 20○○. ○. ○. 위 M&A계약을 해제하고, 기존주주의 출자전환 전 감자비율에 관하여 관리인이 제출한 회생계획안상의 특수관계인 ○:○, 일반주주 ○:○의 비율을 각 ○:○, ○:○로 각 높이되 출자전환 후 주식에 대하여는 다시 감자를 하지 않는 등의 내용을 기재하고, 나머지 사항에 대하여는 위와 같은 관리인의 회생계획을 그대로 인용한다는 식으로 기재한 회생계획안(이하 '이 사건 회생계획안'이라 한다)을 추가로 제출하였다.

3. 이 사건 회생계획안의 법률 규정 위반에 관한 판단

　　살피건대, ○○○이 제출한 이 사건 회생계획안은 이 법원이 정한 회생계획안 제출기간인 20○○. ○. ○.을 경과하여 제출된 것으로서 부적법하다. 또한 이 사건 회생계획안은 '채무자 회생 및 파산에 관한 법률' 제193조 제1항에 따라 회생계획안에 반드시 기재되어야 할 공익채권의 변제에 관한 조항, 채무의 변제자금의 조달에 관한 조항, 회생계획에서 예상된 액을 넘는 수익금의 용도에 관한 조항 등에 대한 기재가 없어 법률의 규정을 위반하고 있다.

4. 결　론

　　그렇다면 이 사건 회생계획안은 법률의 규정을 위반하는 것이므로 채무자 회생 및 파산에 관한 법률 제231조에 따라 관계인집회의 심리에 부치지 아니하기로 하여 주문과 같이 결정한다.

20○○. ○. ○.

재판장 판사 　 ○ ○ ○

판사 　 ○ ○ ○

판사 　 ○ ○ ○

【별지 143 청산형 회생계획안 작성허가에 관한 이해관계인 의견조회서】

서 울 회 생 법 원
제 1 부

우) 06594 서울 서초구 서초중앙로 157 / ☎ 530-1603 / 팩스 592-5661 / 주심 : ○○○ 판사

시행일자   2023. ○. ○.
수   신   수신처 참조
참   조
제   목   청산(또는 영업양도, 물적 분할)을 내용으로 하는 회생계획안 작성허
           가에 대한 의견조회

---

1. 채무자 ○○ 주식회사에 대한 이 법원 2023회합○○호 회생 사건과 관련된 내용입니다.

2. 채무자의 관리인은 채무자의 사업을 청산할 때의 가치가 사업을 계속할 때의 가치보다 커서 현재와 같이 사업을 계속하면서 수익금이나 유휴자산의 매각에 의한 방법으로는 채무의 변제가 불가능하다고 판단하여, 2023. ○. ○. 이 법원에 사업의 청산(영업의 전부 또는 일부의 양도, 물적 분할)을 내용으로 하는 회생계획안의 작성을 허가하여 줄 것을 신청하였습니다.

3. 이에 채무자 회생 및 파산에 관한 법률 제222조 제4항, 제236조 제4항에 의하여 이해관계인의 의견을 조회하니, 2023. ○. ○.까지 이 법원에 도착할 수 있도록 팩시밀리 전송의 방법으로 회신하여 주시기 바랍니다.

재 판 장   판 사   ○   ○   ○

수신처 : (주)○○은행, ○○생명보험(주), ○○(주), ○○보증보험(주). 끝.

【별지 144 청산형 회생계획안 작성허가결정】

서 울 회 생 법 원
제 1 부
결   정

사   건   2023회합○○   회생
채 무 자   ○○ 주식회사
              서울 ○○구 ○○로 ○○○
관 리 인   ○○○

주   문

관리인이 채무자의 청산(영업의 전부 또는 일부의 양도, 물적 분할)을 내용으로 하는 회생계획안을 작성하는 것을 허가한다.

이   유

채무자 회생 및 파산에 관한 법률 제222조 제1항에 의하여 주문과 같이 결정한다.

2023. ○. ○.

재판장   판사   ○○○

           판사   ○○○

           판사   ○○○

【별지 145 특별조사기일에 관한 비용예납명령】

서 울 회 생 법 원
제 1 부
결   정

사   건   2023회합○○   회생
채 무 자   ○○ 주식회사
           서울 ○○구 ○○로 ○○○
관 리 인   ○○○
채권신고인   ○○○
           서울 ○○구 ○○로 ○○○

주   문

채권신고인은 이 결정을 송달받은 날부터 5일 이내에 2,000,000원을 예납하여야 한다.

이   유

추후 보완신고된 회생채권 등의 조사를 위한 특별조사기일에 관한 비용으로서 채무자 회생 및 파산에 관한 법률 제162조, 같은 규칙 제64조 제1항에 의하여 주문과 같이 결정한다.

2023. ○. ○.

재판장   판사   ○○○

판사   ○○○

판사   ○○○

【별지 146 비용미납을 이유로 한 회생채권 등 신고 각하결정】

서 울 회 생 법 원
제 1 부
결   정

사   건   2023회합○○   회생
채 무 자   ○○ 주식회사
            서울 ○○구 ○○로 ○○○
관 리 인   ○○○
채권신고인   ○○○
            서울 ○○구 ○○로 ○○○

주   문

이 사건 회생채권 추후 보완신고(접수번호 추완○○번)를 각하한다.

이   유

이 사건에 관하여 채권신고인은 이 법원이 정한 기간 내에 추후 보완신고된 회생채권 등의 조사를 위한 특별기일에 관한 비용을 예납하지 아니하였으므로, 채무자 회생 및 파산에 관한 규칙 제64조 제2항, 제1항에 의하여 이를 각하하기로 하여 주문과 같이 결정한다.

2023. ○. ○.

재판장   판사   ○○○

판사   ○○○

판사   ○○○

【별지 147 특별조사기일 지정결정】

서 울 회 생 법 원

제 1 부

결 　 　 정

사　　　건　　　2023회합○○　　　회생

채　무　자　　　○○ 주식회사

　　　　　　　　서울 ○○구 ○○로 ○○○

관　리　인　　　○○○

주　　문

　추후 보완신고된 회생채권 등의 조사를 위한 특별기일의 일시 및 장소를 2023. ○. ○. 15:00 서울회생법원 제1호 법정으로 한다.

이　　유

　채무자 회생 및 파산에 관한 법률 제162조에 의하여 주문과 같이 결정한다.

2023. ○. ○.

재판장　　　판사　　　○○○

판사　　　○○○

판사　　　○○○

【별지 148 심리 및 결의를 위한 관계인집회기일 및 특별조사기일 기일지정결정】

서 울 회 생 법 원
제 1 부
결   정

사   건   2023회합○○   회생
채 무 자   ○○ 주식회사
            서울 ○○구 ○○로 ○○○
관 리 인   ○○○

주   문

회생계획안의 심리 및 결의를 위한 관계인집회와 추후 보완신고된 회생채권
등의 조사를 위한 특별기일의 일시 및 장소를 2023. ○. ○. 15:00 서울회생법원
제1호 법정으로 한다.

이   유

채무자 회생 및 파산에 관한 법률 제224조, 제232조 제1항, 제162조에 의하여
주문과 같이 결정한다.

2023. ○. ○.

재판장   판사   ○○○

판사   ○○○

판사   ○○○

【별지 149 심리 및 결의를 위한 관계인집회기일 공고】

채무자 ○○ 주식회사 관계인집회기일 공고

사   건   2023회합○○   회생

채 무 자   ○○ 주식회사

                서울 ○○구 ○○로 ○○○

관 리 인   ○○○

　위 채무자의 회생계획안 심리 및 결의를 위한 관계인집회와 추완신고된 회생채권 등의 조사를 위한 특별기일의 일시 및 장소를 2023. ○. ○. 15:00 서울회생법원 제1호 법정으로 정하였으므로, 채무자 회생 및 파산에 관한 법률 제185조에 의하여 이를 공고합니다.

2023. ○. ○.

서울회생법원   제1부

재판장   판사   ○○○

            판사   ○○○

            판사   ○○○

【별지 150 특별조사기일, 심리 및 결의를 위한 관계인집회 조서 - 속행 가결시】

<h1 style="text-align:center">서 울 회 생 법 원</h1>

회생채권 등의 특별조사기일과
회생계획안의 심리 및 결의를 위한 관계인집회기일 조서

2023회합○○ 회생	기 일 : 2023. ○. ○. 15:00
재판장 판사 ○ ○ ○	장 소 : 서울회생법원 제1호 법정
판사 ○ ○ ○	공개 여부 : 공 개
판사 ○ ○ ○	선고한 다음 기일 : 2023. ○. ○. 15:00

법원 사무관 ○ ○ ○

사건과 절차관계인의 이름을 부름

채무자 ○○ 주식회사의 관리인 ○ ○ ○	출석
채무자 ○○ 주식회사의 대리인 변호사 ○ ○ ○	출석
채무자 ○○ 주식회사의 조사위원 ○○회계법인의 대리인 ○ ○ ○	출석
채무자 ○○ 주식회사의 구조조정담당임원 ○ ○ ○	출석
채무자 ○○ 주식회사의 채권자협의회 대표채권자 ○○은행의 대리인 ○○○	출석
채무자 ○○ 주식회사의 주무 관리위원 ○○○	출석

회생채권자, 회생담보권자 및 주주 기타 이해관계인의 출석사항은 별첨 '출석현
황 및 의결표'의 기재와 같음

재 판 장

1. 출석한 이해관계인들에게 오늘 집회의 진행 절차는 ① 먼저 신고기간 이후에
   추후 보완신고된 회생채권 등의 조사를 위한 특별조사기일을 개최하고, ② 회
   생계획안의 심리를 위한 관계인집회를 개최한 다음, ③ 회생계획안에 대한 심
   리가 끝나면 이어서 회생계획안의 결의를 위한 관계인집회를 개최하는 순으
   로 진행됨을 설명.
2. 채무자 회생 및 파산에 관한 법률 제186조에 의하여 특별조사기일과 회생계
   획안의 심리 및 결의를 위한 관계인집회를 병합한다고 고지.
3. 이 법원에 추후 보완신고된 회생채권 등에 대한 특별조사기일의 개최를 선언.

4. 관리인에게 추후 보완신고된 회생채권 등의 신고현황과 이의 등에 관한 의견을 진술할 것을 명.

관 리 인

　회생채권 등의 신고기간(2023. ○. ○. ~ 2023. ○. ○.) 이후 현재까지 추후 보완신고된 회생채권 등의 신고현황과 시·부인 내역은 별첨 '추후 보완신고 회생담보권·회생채권 시·부인표'의 기재와 같으며, 추후 보완신고가 뒤늦게 접수되어 위 시·부인표에 반영되지 아니한 것에 대해서는 일응 부인한다고 진술.

재 판 장

　회생채권자, 회생담보권자, 주주(지분권자) 또는 그 대리인에게 추후 보완신고된 회생채권 등에 대한 이의를 진술할 기회 및 관리인의 이의 내용에 대한 의견 진술의 기회를 부여.

회생채권자 신고번호 추완 ○○번 주식회사 ○○은행의 대리인 ○○○

　……

관 리 인

　……

나머지 회생채권자들 및 이해관계인들

　별다른 이의 또는 의견진술을 하지 아니하다.

재 판 장

　채무자의 대표이사 ○○○에게 추후 보완신고된 회생채권 및 회생담보권에 관하여 이의를 진술할 기회를 부여.

채무자의 대표이사 ○○○

　별다른 이의를 제기하지 아니하다.

재 판 장

　1. 회생담보권자 및 회생채권자에게, 관리인 등으로부터 이의가 진술된 경우 특별조사기일부터 1개월 이내에 이의자 전원을 상대로 조사확정재판을 신청하지 아니하거나 또는 회생절차개시결정 당시 소송이 제기되어 있음에도 그 소송절차에서 1개월 이내에 이의자 전원을 상대로 소송수계절차를 밟지 않으면 권리를 상실할 수 있고, 다만 회생절차개시결정 당시 집행력 있는 집행권원이나 종국판결이 있는 채권인 때에는 반대로 이의자가 1개월 이내에 그 채권자를 상대로 채무자가 할 수 있는 불복

방법에 의해 다투지 아니하면 권리가 그대로 확정될 수 있으므로 제소기간인 1개월을 준수할 것을 당부하고, 다만 특별조사기일부터 1개월 내에 관리인에 의하여 이의가 철회된 경우 특별조사기일에서 시인된 것과 같이 채권 확정의 효력이 있음을 설명.

2. 추후 보완신고된 회생채권 등에 대한 특별조사기일의 종료를 선언.

3. 채무자의 회생계획안 심리를 위한 관계인집회의 개최를 선언.

4. 관리인이 2023. ○. ○.자로 제출한 회생계획안(수정안) 수정신청을 허가 한다고 고지.

5. 관리인에게 수정된 회생계획안의 요지 및 변제계획에 관하여 설명할 것 을 명.

관 리 인

별첨 '관리인보고서'의 기재와 같이 회생계획안의 요지 및 변제계획에 관 하여 설명.

재 판 장

조사위원에게 이 사건 회생계획안이 수행가능한지 여부 및 이 사건 회생 계획안에 의한 변제방법이 채무자의 사업을 청산할 때에 각 채권자에게 변제하는 것보다 불리하지 아니하게 변제하는 내용인지 여부에 관한 조사 결과 및 의견을 진술할 것을 명.

조사위원 ○○회계법인의 대리인 ○○○

......

재 판 장

이 사건 회생계획안에 관하여 회생담보권자, 회생채권자, 주주 등 이해관 계인들에게 의견진술의 기회를 부여.

회생채권자 신고번호 ○○번 ○○○

......

관 리 인

......

회생담보권자 신고번호 ○○번 주식회사 ○○은행의 대리인 ○○○

......

관 리 인

......

나머지 출석한 이해관계인들

　　별다른 의견진술을 하지 아니하다.

재 판 장

　　1. 2023. ○. ○.자로 제출된 회생계획안 수정명령의 신청인인 ○○○(대리인 법무법인 ○○)을 호명.

　　2. 수정명령 신청인의 2023. ○. ○.자 회생계획안 수정명령 신청은, 채무자의 파탄에 관하여 대주주 및 특수관계인의 책임이 없으므로 현 회생계획안에 규정된 대주주 및 특수관계인의 주식소각규정을 삭제해 달라는 주장이나, 그 이유가 없다고 판단되므로 신청을 기각한다는 결정을 고지.

　　3. 채무자의 회생계획안 심리를 위한 관계인집회의 종료를 선언.[31]

　　4. 채무자의 회생계획안 결의를 위한 관계인집회의 개최를 선언.

　　5. 이 집회에서 채무자에 대한 의결권의 행사는 회생담보권자의 조, 회생채권자의 조, 주주의 조 등 3개 조로 나누어 실시하되, 채무자에 대한 회생절차 개시 당시 채무자의 부채 총액이 자산 총액을 초과하므로 주주의 조는 채무자 회생 및 파산에 관한 법률 제146조 제3항에 의하여 의결권을 행사할 수 없고,[32] 시인된 회생채권 중 개시결정일 이후의 이자에 해당하는 금액에 대하여는 채무자 회생 및 파산에 관한 법률 제191조 제3호에 의하여 의결권을 행사할 수 없다는 취지를 고지.

　　6. 관리인과 출석한 이해관계인들에게 채무자 회생 및 파산에 관한 법률

---

31) 이해관계인들의 의견을 청취한 결과 현재 회생계획안이 부결될 것이 명백하거나 수정이 필요한 경우 '회생계획안의 심리를 위한 관계인집회'를 종결하지 아니하고 속행하고 '회생계획안의 결의를 위한 관계인집회'를 연기할 수도 있음. 조서는 아래와 같음.
　관리인 : 채권자들의 의견을 들어본 결과 회생계획안을 수정할 필요가 있기 때문에 회생계획안 심리를 위한 관계인집회의 속행을 요청함.
　재판장 : 이해관계인들에게 의견을 물음.
　이해관계인들 : 별다른 의견을 진술하지 아니함.
　재판장 : 별다른 의견진술이 없으므로 회생계획안의 심리를 위한 관계인집회를 속행하고 회생계획안의 결의를 위한 관계인집회를 연기한다고 결정 고지.
　　　　 속행 및 연기되는 관계인집회의 기일 및 장소는 2023. ○. ○. (화) 15:00 서울회생법원 제1호 법정이라고 고지.
　집회종료.
32) 한편 법 제191조 제1호에 의하여 의결권을 행사할 수 없는 자가 있는 경우, 회생채권자 중 ○○ 주식회사, 주식회사 ○○은행의 경우에는 수정 허가된 회생계획안의 내용상 권리에 아무런 영향을 받지 않는 부분에 관하여 채무자 회생 및 파산에 관한 법률 제191조 제1호에 의하여 의결권을 행사할 수 없다는 취지를 고지(○○○ 주식회사의 경우에는 신고되어 확정된 채권 전액, 주식회사 ○○은행의 경우에는 신고되어 확정된 채권 중 금 ○○○원).

제187조에 따른 의결권에 대한 이의가 있는지를 여부와 같은 법 제236
조에 따른 조 분류의 결정에 대하여 의견이 있는지 여부를 묻다.

관 리 인

관리인이 회생채권 등의 채권조사기간 안에 또는 특별조사기일에 이의를
제기한 채권으로서 아직 확정되지 아니한 채권과 확정된 채권 중 별첨 '확
정된 회생담보권·회생채권에 대한 의결권 이의명세서'의 '의결권 이의액'
란에 기재된 금액에 관하여 의결권 이의를 제기하고, 조 분류의 결정에 대
하여는 별다른 의견이 없다고 진술.

나머지 이해관계인들

의결권 및 조 분류 결정에 관하여 별다른 이의를 제기하지 아니하다.

재 판 장

1. 관리인이 의결권에 관하여 이의를 한 회생채권자 주식회사 ○○은행의
   회생채권(신고번호 ○○번)에 대하여는 신고된 회생채권의 내용 및 성
   질, 제출된 소명의 정도, 향후 확정가능성 등 제반사정을 참작하여 신고
   채권액의 50%에 상당하는 금 16억 5,000만 원을 의결권의 액으로 결정
   하고, 관리인이 의결권에 관하여 이의를 한 회생채권자 ○○보증보험
   주식회사의 회생채권(신고번호 ○○번)에 대하여는 신고된 회생채권의
   내용 및 성질, 과거 3년간의 보증사고 발생가능성에 관한 통계수치 등
   제반사정을 참작하여 신고채권액의 5%에 상당하는 금 50억 원을 의결
   권의 액으로 인정한다는 취지의 결정을 고지.

2. 그 밖에 관리인이 의결권에 관하여 이의를 한 나머지 회생채권자 및 회
   생담보권자의 채권에 대하여는 관리인의 의결권에 관한 이의를 받아들
   여 의결권을 부여하지 않는다는 취지의 결정을 고지.

3. 출석한 이해관계인들에게 회생계획안이 가결되기 위하여는 채무자 회생
   및 파산에 관한 법률 제237조에 따라 회생담보권자의 조에서는 의결권
   총액의 4분의 3 이상. 회생채권자의 조에서는 의결권 총액의 3분의 2
   이상에 해당하는 의결권을 가진 자의 동의가 있어야만 한다고 설명.

4. 회생담보권자의 조, 회생채권자의 조에 대하여 차례로 호명하여 회생계
   획안에 대한 찬부를 묻다.

(휴정 및) 집계

재 판 장

　　1. 이 사건 회생계획안에 대한 찬부의 의견은 별첨 '출석현황 및 의결표' 중 '의결내용'의 기재와 같고, 집계결과는 다음과 같다고 고지.

　　　회생담보권자의 조

　　　　의결권 총액은 금 ○○○원으로서, 이 중

　　　　찬성금액은　　금 ○○○원이므로, ○○.○% 동의[33]

　　　회생채권자의 조

　　　　의결권 총액은 금 ○○○원으로서, 이 중

　　　　찬성금액은　　금 ○○○원이므로, ○○.○% 동의

　　2. 이 사건 회생계획안은 채무자 회생 및 파산에 관한 법률 제237조에서 정하는 가결요건을 갖추지 못하여 부결되었음을 선포.[34]

　　3. 이 사건 회생계획안이 부결되었으므로 채무자 회생 및 파산에 관한 법률 제286조 제1항 제2호에 의하여 채무자에 대한 회생절차를 폐지할 사유가 발생하였다고 설명.

　　4. 관리인 및 이해관계인들에게 채무자에 대한 회생절차를 폐지함에 관한 의견을 진술할 기회를 부여.

관 리 인

　　회생채권자 및 회생담보권자들과 추후 협의할 기회를 갖기 위하여 속행기일의 지정을 구한다고 진술.[35]

이해관계인들

　　별다른 의견진술을 하지 아니하다.

재 판 장

　　1. 회생채권자 등 이해관계인들에게 채무자의 관리인으로부터 회생계획안의 결의를 위한 관계인집회의 속행기일의 지정신청이 있었음을 고지.

　　2. 법원이 속행기일을 지정하기 위해서는 채무자 회생 및 파산에 관한 법

---

33) 집계 결과는 기재할 자릿수 미만은 버림으로 기재하여야 하고, 반올림해서는 안 됨.

34) 회생계획안이 가결된 경우에는 [별지 157] 참조.

35) 관리인이 속행을 신청하지 아니하고 회생절차폐지를 신청할 수도 있다. 한편 회생계획안이 어느 조만 가결된 경우에는 관리인이 결의를 위한 관계인집회의 속행을 구하지 아니하고 권리보호조항을 적용하여 회생계획안을 인가하여 줄 것을 요청할 수 있다. 이 때 법원이 이를 받아들여 권리보호조항을 적용할 것인지, 아니면 결의를 위한 관계인집회의 속행 동의를 묻는 절차를 밟을 것인지에 따라 전자(前者)라면 즉시 또는 기일을 정하여 인가결정을 선고하면 되고, 후자(後者)라면 본 조서와 같은 절차를 밟게 된다.

률 제238조에 따라 회생담보권자의 조에서는 의결권 총액의 2분의 1 이상, 회생채권자의 조에서는 의결권 총액의 3분의 1 이상에 해당하는 의결권을 가진 자의 동의가 있어야 된다는 점을 설명.

3. 회생담보권자의 조, 회생채권자의 조에 대하여 회생계획안 결의를 위한 관계인집회의 속행에 동의하는지 여부를 묻다.

집   계

재 판 장

1. 이 사건 회생계획안의 결의를 위한 관계인집회의 속행에 관한 동의 여부의 의견은 별첨 '출석현황 및 의결표' 중 '속행여부'란의 기재와 같고, 집계결과는 다음과 같다고 고지.

   회생담보권자의 조

      의결권 총액은 금 ○○○원으로서, 이 중

      찬성금액은   금 ○○○원이므로, ○○.○% 동의

   회생채권자의 조

      의결권 총액은 금 ○○○원으로서, 이 중

      찬성금액은   금 ○○○원이므로, ○○.○% 동의

2. 집계 결과 회생담보권자의 조 및 회생채권자의 조에서 각 채무자 회생 및 파산에 관한 법률 제238조 소정의 동의요건을 충족하였다고 고지.[36]

3. 채무자에 대한 회생계획안 결의를 위한 관계인집회의 속행기일 및 장소를 2023. ○. ○. 15:00 서울회생법원 제1호 법정으로 지정한다고 선고.

4. 관리인 및 이해관계인들에게 회생절차에 관한 협조를 당부.

5. 회생계획안 결의를 위한 관계인집회의 종료를 선언.

집회종료

                          법원 사무관   ○○○

                          재판장 판사   ○○○

---

[36] 속행결의가 부결된 경우에는 [별지 156] 참조.

【별지 151 심리를 위한 관계인집회의 관리인 보고서】

서울회생법원 제1부
사건 2023회합○○ 회생

관 리 인 보 고 서

2023. ○ . ○ .

채무자 ○○ 주식회사

법률상관리인 ○ ○ ○

안녕하십니까?

채무자 ○○ 주식회사의 관리인 ○○○입니다.
오늘 바쁘신 중에도 본 관계인집회에 참석해 주신 채권단 및 기타 이해관계인 여러분께 진심으로 감사드립니다.

본인은 금번 회생계획안을 수립함에 있어 무엇보다도 우선 채무자의 회생이라는 목표를 대전제로 하고 채권자 여러분의 권익을 도모하면서 형평과 공정의 원칙하에 작성하였으며, 현재의 여러 가지 어려운 경제상황 아래에서 본 회생계획안을 수립하는 데 현실적으로 어려움이 많았다는 점을 혜량하여 주시기 바랍니다.

그럼 지금부터 본 회생계획안의 요지를 간략히 말씀드리겠습니다.

먼저 특별조사기일까지 목록에 기재되거나 신고되어 시부인 결과 확정된 본 채무자의 채권액은 회생담보권 ○○○원, 회생채권 ○○○원으로 합계 ○○○원입니다.

다음은 회생담보권의 권리변경 및 변제방법에 대하여 말씀드리겠습니다.

(이하 중략)

마지막으로 주주(지분권자)의 권리변경에 대하여 보고 드리겠습니다.

출자전환대상채권에 대해서는 채권액 5,000원 당 액면가 5,000원의 보통주식 1주를 발행합니다.
이상 채무자의 회생계획안 요지에 관하여 보고 드렸으며, 기타 상세한 사항에 대해서는 배부하여 드린 회생계획안을 참고하여 주시기 바랍니다.

참석하여 주신 채권자 및 이해관계인 여러분

지금까지 본 회생계획안에 대한 간략한 보고를 드렸습니다만, 현재의 어려운 경제상황과 채무자의 회생을 전제로 작성된 본 회생계획안이 채무자의 사정으로 채권자 여러분께 만족할 만한 수준의 회생계획안을 제시하지 못한 점 송구스럽게 생각합니다.

그러나 현재의 경기동향 및 조기 경영정상화에 대한 전 임직원의 의지 등을 고려하여 수립된 본 회생계획안이 예정대로 확정되고 수행될 경우 채무자는 반드시 회생할 수 있을 것으로 확신합니다.

향후 채무자는 영업력 강화, 생산성 향상, 감축경영 등 강도 높은 자구책을 시행하여 매출 및 이익을 극대화하여 채무변제는 물론 사업의 성장·발전에 차질이 없도록 하겠습니다.

감사합니다.

[별지 152 의결권에 대한 이의명세서]

확정된 회생담보권의 의결권에 대한 이의 명세서

(단위 : 원)

채무자 : ○○○○ 주식회사

순번	신고번호	목록번호	채권자명	채권내용	확정회생채권액	의결권이의액	의결권액	이의사유
1		담보1	○○○	미발생구상채권	○○○	○○○	○○○	현실화가능성 없음
	합 계				○○○	○○○	○○○	

(단위 : 원)

확정된 회생채권의 의결권에 대한 이의 명세서

채무자 : ○○○○ 주식회사

순번	신고번호	목록번호	채권자명	채권내용	확정된 회생채권액	의결권이의액	의결권액	이의사유	비고
1	채권2		○○○	미발생구상채권	○○○	○○○	0	현실화 가능성 없음	
합 계					○○○	○○○	○○○		

【별지 153 위임장】

위 임 장

사　　　건 : 2023회합○○　　회생

채　무　자 : ○○ 주식회사

관　리　인 : ○　　○　　○

수　임　자 : ○　　○　　○ (주소 : 서울 ○○구 ○○로 ○○○)[37]

　위 사건에 관하여 회생계획안의 심리 및 결의를 위한 관계인집회와 그 속행기일에서의 출석 및 의결권의 행사에 관한 일체의 권리를 위 수임자에게 위임합니다.

2023.　　○．　　○．

위임자　　주　소 :

성　명 :　　　　　　　　　　(인)

채권번호　　　　　목록번호　　　　번

　　　　　　　　　　신고번호　　　　번

※ 별첨 : 인감증명서 1부

서울회생법원 제○부 귀중

---

37) 채무자의 임직원으로서 위임받은 권한을 행사할 수 있는 자를 미리 부동문자로 기재한다.

【별지 154 출석현황 및 의결표】

사　　건　　2023회합○○

채　무　자　　○○○○ 주식회사

출석현황 및 의결표

2023년 ○월 ○일

서울회생법원 제○부

목 차

1. 회생담보권자

1-1. 회생담보권 현황

(의결권 단위 : 원, %)

구 분	금액(원)	건 수	비율(%)	비 고
의결권 총액	98,765,432,109	47건	100.0%	
가결요건	74,074,074,082	-	75.0%	의결권 총액의 3/4
의결권 위임액	12,345,678,901	6건	12.4%	

1-2. 출석현황 및 의결표

회생담보권(위임장 미제출자)

(의결권 단위 : 원, %)

순번	신고번호	목록번호	채권자	확정채권액	의결권이의액	의결권액	구성비율(%)	출석현황				의결내용		속행여부	
								본인		대리인		찬성	반대	찬성	반대
								성명	날인	성명	날인				
1	4		(주)○○은행	90,000,000		90,000,000	0.9								
2	11 25		○○○○(주)	2,520,380,020		2,520,380,020	2.5								
3	15														
4	19														
5	22														
6		2													
							중략								
39	40														
40	주담1														
41	주담2														
소 계							33.9								
합 계				86,419,753,208		86,419,753,208	87.5								

1-3. 출석현황 및 의결표

회생담보권(위임장 제출자)

(의결권 단위 : 원, %)

순번	신고번호	목록번호	채권자	확정채권액	의결권 이의	의결권액	구성비율(%)	출석현황 본인 성명날인	본인 인	대리인 성명날인	대리인 인	의결내용 찬성	의결내용 반대	수행여부 찬성	수행여부 반대
1	7		○○○	970,266,000		970,266,000	0.9			○○○	인	○			
2	11		○○○	1,109,248,000		1,109,248,000	1.1			○○○	인	○			
3										○○○	인	○			
4										○○○	인	○			
5										○○○	인	○			
6										○○○	인	○			
소계				12,345,678,901		12,345,678,901	12.4								
합계				12,345,678,901		12,345,678,901	12.4								

(이하 회생채권자, 미확정채권자, 벌금·조세채권, 기타 이해관계인·주주·지분권자에 대한 출석현황 및 의결표는 생략)

【별지 155 가결기간 연장결정】

서 울 회 생 법 원
제 1 부
결　　　정

사　　건　　2023회합○○　　회생

채 무 자　　○○ 주식회사

　　　　　　서울 ○○구 ○○로 ○○○

관 리 인　　○○○

주　　　문

회생계획안 가결기간을 2023. ○. ○.까지 연장한다.

이　　　유

회생계획안의 가결은 회생절차개시일인 2023. ○. ○.부터 1년 내에 하여야 하나, 부득이한 사유가 있다고 인정되므로 채무자 회생 및 파산에 관한 법률 제239조 제3항 단서에 의하여 그 기간을 연장하기로 하여 주문과 같이 결정한다.[38]

2023. ○. ○.

　　　　　재판장　　　판사　　　○○○

　　　　　　　　　　　판사　　　○○○

　　　　　　　　　　　판사　　　○○○

---

[38] 법 제239조 제2항에 의하여 가결기간을 연장하는 경우에는 "회생계획안의 가결은 채무자 회생 및 파산에 관한 법률(이하 '법'이라 한다) 제239조 제1항의 규정에 의하여 결의를 위한 관계인집회의 제1기일부터 2개월 이내에 하여야 하나, 부득이 이를 연장할 필요가 인정되므로 법 제239조 제2항에 의하여 그 기간을 연장하기로 하여 주문과 같이 결정한다."라고 기재한다.

【별지 156 특별조사기일, 심리 및 결의를 위한 관계인집회 조서 - 속행 부결시】

서 울 회 생 법 원
회생채권 등의 특별조사기일과
회생계획안의 심리 및 결의를 위한 관계인집회조서

2023회합○○   회생   기 일 : 2023. ○. ○. 15:00
재판장 판사 ○ ○ ○   장 소 : 서울회생법원 제1호 법정
      판사 ○ ○ ○   공개 여부 : 공 개
      판사 ○ ○ ○
법원 사무관 ○ ○ ○
사건과 절차관계인의 이름을 부름
채무자 ○○ 주식회사의 관리인 ○ ○ ○   출석
채무자 ○○ 주식회사의 대리인 변호사 ○ ○ ○   출석
채무자 ○○ 주식회사의 조사위원 ○○회계법인의 대리인 ○ ○ ○   출석
채무자 ○○ 주식회사의 구조조정담당임원 ○ ○ ○   출석
채무자 ○○ 주식회사의 채권자협의회 대표채권자 ○○은행의 대리인 ○○○   출석
채무자 ○○ 주식회사의 주무 관리위원 ○○○   출석
회생채권자, 회생담보권자 및 주주 기타 이해관계인의 출석사항은 별첨 '출석현황 및 의결표'의 기재와 같음

(중   략)

재 판 장
　　1. 이 사건 회생계획안에 대한 찬부의 의견은 별첨 '출석현황 및 의결표'
　　　 중 '의결내용'의 기재와 같고, 집계결과는 다음과 같다고 고지.
　　　 회생담보권자의 조
　　　　　의결권 총액은 금 ○○○원으로서, 이 중
　　　　　찬성금액은   금 ○○○원이므로, ○○.○% 동의
　　　 회생채권자의 조
　　　　　의결권 총액은 금 ○○○원으로서, 이 중

　　　찬성금액은　　금 ○○○원이므로, ○○.○% 동의

　2. 이 사건 회생계획안은 채무자 회생 및 파산에 관한 법률 제237조에서
　　정하는 가결요건을 갖추지 못하여 부결되었음을 선포

　3. 이 사건 회생계획안이 부결되었으므로 채무자 회생 및 파산에 관한 법
　　률 제286조 제1항 제2호에 의하여 채무자에 대한 회생절차를 폐지할
　　사유가 발생하였다고 설명.

　4. 관리인 및 이해관계인들에게 채무자에 대한 회생절차를 폐지함에 관한
　　의견을 진술할 기회를 부여.

관 리 인

　회생채권자 및 회생담보권자들과 추후 협의할 기회를 갖기 위하여 속행기
　일의 지정을 구한다고 진술.

이해관계인들

　별다른 의견진술을 하지 아니하다.

재 판 장

　1. 회생채권자 등 이해관계인들에게 채무자의 관리인으로부터 회생계획안
　　의 결의를 위한 관계인집회의 속행기일의 지정신청이 있었음을 고지.

　2. 법원이 속행기일을 지정하기 위해서는 채무자 회생 및 파산에 관한 법
　　률 제238조에 따라 회생담보권자의 조에서는 의결권 총액의 2분의 1 이
　　상, 회생채권자의 조에서는 의결권 총액의 3분의 1 이상에 해당하는 의
　　결권을 가진 자의 동의가 있어야 된다는 점을 설명.

　3. 회생담보권자의 조, 회생채권자의 조에 대하여 회생계획안 결의를 위한
　　관계인집회의 속행에 동의하는지 여부를 묻다.

집　　계

재 판 장

　1. 이 사건 회생계획안의 결의를 위한 관계인집회의 속행에 관한 동의 여
　　부의 의견은 별첨 '출석현황 및 의결표' 중 '속행여부'란의 기재와 같고,
　　집계결과는 다음과 같다고 고지.

　　회생담보권자의 조

　　　의결권 총액은 금 ○○○원으로서, 이 중

　　　찬성금액은　　금 ○○○원이므로, ○○.○% 동의

　　회생채권자의 조

       의결권 총액은 금 ○○○원으로서, 이 중
       찬성금액은   금 ○○○원이므로, ○○.○% 동의

2. 집계 결과 채무자의 회생계획안 결의를 위한 관계인집회의 속행을 위한 요건이 구비되지 못하였으므로, 관리인의 속행기일지정신청을 기각한다는 결정을 고지.

3. 채무자 회생 및 파산에 관한 법률 제286조 제1항 제2호에 의하여 채무자에 대한 회생절차를 폐지할 사유가 발생하였음을 설명.

4. 이 법원은 가까운 시일 내에 채무자에 대한 회생절차의 폐지 여부의 결정을 하겠다는 취지를 설명.

5. 회생계획안의 결의를 위한 관계인집회를 종료한다고 선언.

집회종료

                 법원 사무관   ○ ○ ○

                 재판장 판사   ○ ○ ○

【별지 157 결의를 위한 관계인집회의 속행기일 조서 - 가결된 경우】

서 울 회 생 법 원
회생계획안 결의를 위한 관계인집회조서(속행기일)

2023회합○○　　　회생　　　　기 일 : 2023. ○. ○. 15:00

재판장 판사 　○　○　○　　장 소 : 서울회생법원 제1호 법정

　　　판사 　○　○　○　　공개 여부 : 공 개

　　　판사 　○　○　○

법원 사무관 　○　○　○

사건과 절차관계인의 이름을 부름

채무자 ○○ 주식회사의 관리인 ○ ○ ○　　　　　　　　　　　　　출석

채무자 ○○ 주식회사의 대리인 변호사 ○ ○ ○　　　　　　　　　출석

채무자 ○○ 주식회사의 조사위원 ○○회계법인의 대리인 ○ ○ ○　　출석

채무자 ○○ 주식회사의 구조조정담당임원 ○ ○ ○　　　　　　　　출석

채무자 ○○ 주식회사의 채권자협의회 대표채권자 ○○은행의 대리인 ○○○ 출석

채무자 ○○ 주식회사의 주무 관리위원 ○ ○ ○　　　　　　　　　출석

회생채권자, 회생담보권자 및 주주 기타 이해관계인의 출석사항은 별첨 '출석현황 및 의결표'의 기재와 같음

재 판 장

　　1. 출석한 이해관계인들에게, 지난 기일(2023. ○. ○.)에서 속행된 회생계획안의 결의를 위한 관계인집회의 개최를 선언.

　　2. 관리인에게 종전의 회생계획안에 변동이 있는지를 묻다.

관 리 인

　　별첨 '회생계획안(변경안)'의 기재와 같이 회생계획안 변경신청을 하고, 별첨 '관리인보고서,' 및 '회생계획안(변경안)의 요지'의 기재와 같이 그 요지에 관하여 진술.

재 판 장

1. 관리인이 변경신청한 회생계획안을 검토한 결과 종전 회생계획안에 비하여 회생담보권자·회생채권자·주주에게 불리한 영향을 주지 아니하므로, 채무자 회생 및 파산에 관한 법률 제234조에 의하여 관리인의 회생계획안 변경신청을 허가한다고 고지.
2. 조사위원에게 이 사건 회생계획안이 수행가능한지 여부 및 이 사건 회생계획안에 의한 변제방법이 채무자의 사업을 청산할 때에 각 채권자에게 변제하는 것보다 불리하지 아니하게 변제하는 내용인지 여부에 관한 조사결과 및 의견을 진술할 것을 명.

조사위원 ○○회계법인의 대리인 ○○○

......

재 판 장

회생담보권자, 회생채권자, 주주 등 이해관계인들에게 이 사건 회생계획안에 대한 의견이 있는지 여부를 묻다.

회생채권자 신고번호 ○○번 ○○○

......

재 판 장

1. 이 집회에서 채무자에 대한 의결권의 행사는 채무자 회생 및 파산에 관한 법률 제236조 제2항 및 제3항에 따라 회생담보권자의 조, 회생채권자의 조, 주주(지분권자)의 조로 나누어 실시하되, 채무자에 대한 회생절차개시결정 당시 채무자의 부채 총액이 자산 총액을 초과하므로 주주의 조는 채무자 회생 및 파산에 관한 법률 제146조 제3항에 의하여 의결권을 행사할 수 없고, 시인된 회생채권 중 개시 결정일 이후의 이자에 해당하는 금액에 대하여는 채무자 회생 및 파산에 관한 법률 제191조 제3호에 의하여 의결권을 행사할 수 없다는 취지를 고지.
2. 관리인과 출석한 이해관계인들에 대하여 채무자 회생 및 파산에 관한 법률 제187조에 따른 의결권에 대한 이의가 있는지 여부 및 같은 법 제

236조에 따른 조 분류의 결정에 대하여 의견이 있는지 여부를 묻다.

관 리 인

　　관리인이 회생채권 등의 조사기간 안에 또는 특별조사기일에 이의를 제기
　　한 채권으로서 아직 확정되지 아니한 채권과 확정된 채권 중 별첨 '확정된
　　회생담보권·회생채권에 대한 의결권 이의명세서'의 '의결권 이의액'란에
　　기재된 금액에 관하여 의결권 이의를 제기하고, 조 분류의 결정에 대하여
　　는 별다른 의견이 없다고 진술.

이해관계인들

　　의결권 및 조 분류 결정에 관하여 별다른 이의를 제기하지 아니하다.

재 판 장

　　1. 관리인이 의결권에 관하여 이의를 한 회생채권자 주식회사 ○○은행의
　　　회생채권(신고번호 ○○번)에 대하여는 금 16억 5,000만 원을, 회생채권
　　　자 주식회사 ○○보증보험 주식회사의 회생채권(신고번호 ○○번)에 대
　　　하여는 금 50억 원을 의결권의 액으로 인정한다는 취지의 결정을 고지.
　　2. 그 밖에 관리인이 의결권에 관하여 이의를 한 나머지 회생채권자 및 회
　　　생담보권자의 채권에 대하여는 관리인의 의결권에 관한 이의를 받아들
　　　여 의결권을 부여하지 않는다는 취지의 결정을 고지.
　　3. 출석한 이해관계인들에게 회생계획안이 가결되기 위하여는 채무자 회생
　　　및 파산에 관한 법률 제237조에 따라 회생담보권자의 조에서는 의결권
　　　총액의 4분의 3 이상. 회생채권자의 조에서는 의결권 총액의 3분의 2
　　　이상에 해당하는 의결권을 가진 자의 동의가 있어야만 한다고 설명.
　　4. 회생담보권자의 조, 회생채권자의 조에 대하여 차례로 호명하여 회생계
　　　획안에 대한 찬부를 묻다.

(휴정 및) 집계

재 판 장

　　1. 이 사건 회생계획안에 대한 찬부의 의견은 별첨 '출석현황 및 의결표'

중 '의결내용'의 기재와 같고, 집계결과는 다음과 같다고 고지.

회생담보권자의 조

의결권 총액은 금 ○○○원으로서, 이 중

찬성금액은   금 ○○○원이므로, ○○.○% 동의

회생채권자의 조

의결권 총액은 금 ○○○원으로서, 이 중

찬성금액은   금 ○○○원이므로, ○○.○% 동의

2. 이 사건 회생계획안은 채무자 회생 및 파산에 관한 법률 제237조에서 정하는 가결요건을 구비하였으므로 가결되었음을 선포.[39)]

3. 출석한 이해관계인들에게 가결된 회생계획안의 인가 여부에 관한 의견 진술 기회를 부여.

관리인 및 이해관계인들

별다른 의견을 진술하지 아니하다.

재 판 장

1. 별지 인가결정문에 의하여 이 사건 회생계획의 인가결정을 선고.

2. 회생계획안 결의를 위한 관계인집회의 종료를 선언.

---

39) 부결된 경우,

① 일부의 조만이 부동의 하는 경우

재판장 : 회생계획안이 부결되었으므로 회생절차를 폐지할 사유가 발생하였다고 설명.
(부동의 조의 주요 반대 채권자에 대하여) 회생계획안에 반대하는 이유가 무엇인가요. 원하는 변제조건이나 변제방법이 있다면 그 내용은 무엇인가요).

회생담보권자 : …

재판장 : 관리인의 의견은 어떠한가요.

관리인 : 별다른 의견이 없습니다(또는 채무자 회생 및 파산에 관한 법률 제244조 제1항에 따라 해당 조에 대하여 권리보호조항을 정하고 회생계획을 인가하여 주시기 바랍니다).

재판장 : 다른 이해관계인 중 회생절차의 폐지에 관하여 의견이 있는 사람은 진술하여 주시기 바랍니다.

이해관계인 : 별다른 의견을 진술하지 아니하다.

재판장 : 이 법원은 가까운 시일 내에 채무자에 대하여 폐지 여부의 결정을 하겠다는 취지를 설명(또는 권리보호조항을 정하여 즉시 인가결정을 선고하거나, 권리보호조항을 정하고 회생계획을 인가할지 아니면 회생절차를 폐지할지에 대한 결정의 선고기일을 결정·고지).

② 모든 조가 부동의 하는 경우 : [별지 156] 참조.

집회종료

                        법원 사무관   ○ ○ ○

                        재판장 판사   ○ ○ ○

【별지 158 서면결의에 부치는 결정】

서 울 회 생 법 원

제 1 부

결   정

사   건   2023회합○○   회생

채 무 자   ○○ 주식회사

　　　　　　　서울 ○○구 ○○로 ○○○

관 리 인   ○○○

주   문

1. 위 사건에 관하여 별지 회생계획안을 서면결의에 부친다.
2. 회신기간을 2023. ○. ○.까지로 정한다.

이   유

　위 사건에 관하여 관리인이 2023. ○. ○. 제출한 별지 회생계획안을 서면결의에 부치기로 하여 채무자 회생 및 파산에 관한 법률 제240조 제1항, 제2항에 의하여 주문과 같이 결정한다.

2023. ○. ○.

재판장　　　판사　　　○○○

　　　　　　판사　　　○○○

　　　　　　판사　　　○○○

【별지 159 서면결의 결정 공고】

채무자 ○○ 주식회사 서면결의 결정 공고

사   건   2023회합○○   회생
채 무 자   ○○ 주식회사(서울 ○○구 ○○로 ○○○)
관 리 인   ○○○

　위 사건에 관하여 관리인이 2023. ○. ○. 제출한 회생계획안을 서면결의에 부치기로 하고 회신기간을 2023. ○. ○.까지로 정하였으므로, 채무자 회생 및 파산에 관한 법률 제240조 제1항에 의하여 이를 공고합니다.

2023. ○. ○.

서울회생법원   제1부

재판장   판사   ○○○

판사   ○○○

판사   ○○○

【별지 160 서면결의 결정 통지서 - 의결권자 이외의 자】

서 울 회 생 법 원
제 1 부

우) 06594 서울 서초구 서초중앙로 157 / ☎ 530-1605 / 팩스 592-5661 / 주심: ○○○ 판사

시행일자 : 2023. ○. ○.

수　　신 : 관리인, 조사위원, 채무자, 목록에 기재되어 있거나 신고한 회생채
　　　　　권자 · 회생담보권자 · 주주 · 지분권자 중 의결권이 없는 자 및 회생
　　　　　을 위하여 담보를 제공하거나 채무를 부담한 자

제　　목 : 서면결의 결정 통지(의결권 이외의 자)

---

1. 채무자 ○○ 주식회사(본점 : 서울 ○○구 ○○로 ○○○, 관리인 : ○○○)
   에 대한 이 법원 2023회합○○호 회생 신청사건과 관련된 내용입니다.
2. 위 채무자의 관리인으로부터 회생계획안이 제출됨에 따라 이 법원은 2023.
   ○. ○. 회생계획안을 서면결의에 부치는 결정을 하였기에 채무자 회생 및
   파산에 관한 법률 제240조 제1항, 제2항에 의하여 다음과 같이 알려드립니
   다.

다　　음

1. 회신기간 : 2023. ○. ○.까지
2. 회생계획안의 요지 : 별첨 참조
3. 서면결의 결과 및 회생계획안 인가 여부, 회생절차폐지 여부는 추후 인터넷
   대한민국 대법원 홈페이지(www.scourt.go.kr) 법원공고란에 게시될 예정
   입니다.

별첨 : 회생계획안의 요지 1부

재 판 장　　판 사　　○　　○　　○

【별지 161 서면결의 결정 통지서 - 의결권자용】

서 울 회 생 법 원
제 1 부

우) 06594 서울 서초구 서초중앙로 157 / ☎ 530-1605 / 팩스 592-5661 / 주심: ○○○ 판사

시행일자 : 2023. ○. ○.
수　　신 : 목록에 기재되어 있거나 신고한 회생채권자, 회생담보권자, 주주 중
　　　　　 의결권행사 가능한 자
제　　목 : 서면결의 결정 통지(의결권자)

1. 채무자 ○○ 주식회사(본점 : 서울 ○○구 ○○로 ○○○, 관리인 : ○○○)
   에 대한 이 법원 2023회합○○호 회생 신청사건과 관련하여, 채무자의 관
   리인으로부터 회생계획안이 제출됨에 따라 이 법원은 2023. ○. ○. 회생계
   획안을 서면결의에 부치는 결정을 하였습니다.
2. 이에 채무자 회생 및 파산에 관한 법률 제240조 제2항에 의하여 의결권자
   들에게 다음과 같은 요령에 따라 회신기간까지 동봉한 의결표에 의하여 투
   표하여 주실 것을 통지하오니 회신기간까지 아래의 주소로 우송하거나 직접
   제출하는 방법으로 이 법원에 도착될 수 있도록 회신하여 주시기 바랍니다.

다　　음

1. 회신기간 및 제출방법
   가. 회신기간 : 2023. ○. ○.까지
   나. 제출방법 : 아래의 장소로 의결표를 우송하거나 직접 지참하여 제출하여
   　　　　　　　야 합니다. 의결표를 우송하는 경우에는 반드시 동봉한 회신용 봉투를
   　　　　　　　사용하여 주십시오. 그리고 의결표는 위 회신기간까지 이 법원에 도착되
   　　　　　　　어야만 유효한 것으로 처리됩니다.
   　　　　　　　〈서울회생법원 종합민원실 2023회합○○호 ○○주식회사 회생사건 담당
   　　　　　자 앞〉
2. 의결표의 기재요령
   가. 의결권자는 동봉한 의결표에 표시된 두 가지 안건(회생계획안에 대하여
   　　　　　찬성하는지 여부와 만약 회생계획안이 가결되지 않은 경우 속행기일의
   　　　　　지정에 동의하는지 여부)에 대하여 각각 찬성·반대 여부를 '동그라미
   　　　　　(○)로' 표시하여야 합니다. 찬성·반대의 어느 쪽에도 표시가 없는 경우

에는 반대한 것으로 취급된다는 점을 유의하여 주십시오.

나. 의결권을 통일하지 않고 분할하여 행사할 의결권자께서는 의결표의 찬성, 반대의 각 아래 칸에 분할하여 행사하고자 하는 의결권액을 각각 기재하여야 합니다.

다. 아울러 회생계획안의 인가 여부에 관하여 의견이 있으시면 의결표 하단의 해당란에 기재하여 주십시오.

라. 의결표 회신시에 위임장, 인감증명서 또는 법인 등기부등본을 제출하실 필요는 없습니다.

3. 기   타

가. 이 법원은 관리인이 제출한 회생계획안을 서면결의에 부치는 결정을 하면서, 회생담보권자의 조, 회생채권자의 조, 주주의 조 3개의 조로 분류하는 결정을 하였고, 각 이해관계인께서는 의결표에 기재된 각각의 조에 속하여 의결권을 행사하게 됩니다. 다만 주주의 조는 채무자에 대한 회생절차개시 당시 채무자의 부채의 총액이 자산의 총액을 초과하므로 의결권이 없습니다. 회생계획안이 가결되기 위해서는 채무자 회생 및 파산에 관한 법률 제237조에 따라 회생담보권자의 조에서는 의결권 총액의 4분의 3 이상, 회생채권자의 조에서는 의결권 총액의 3분의 2 이상에 해당하는 의결권을 가진 자의 동의가 있어야만 합니다.

나. 서면결의 결과 및 회생계획안 인가 여부, 회생절차 폐지 여부는 추후 인터넷 대한민국 대법원 홈페이지(www.scourt.go.kr) 법원공고란에 게시될 예정입니다.

별첨 : 회생계획안의 요지 1부, 의결표 1부, 회신용 봉투 1매

재판장 판사   ○   ○   ○

【별지 162 의결표】

의 결 표

사　　　건　　　　2023회합○○　　　회생
채　무　자　　　　○○ 주식회사
　　　　　　　　　서울 ○○구 ○○로 ○○

채권신고번호　　　○○번
회생 채권자　　　　△△ 주식회사
의 결 권 액　　　　50,000,000원(분류된 조 : 회생채권자조)
※ 아래의 '의결권액'란은 의결권을 통일하지 않고 분할하여 행사하는 경우에만 기재하여 주
　십시오.

〈제1안건〉 회생계획안에 동의하는지 여부

찬성		반대	
의결권액	원	의결권액	원
의결권자(서명날인)			인

〈제2안건〉 회생계획안이 부결된 경우 속행기일의 지정에 동의하는지 여부

찬성		반대	
의결권액	원	의결권액	원
의결권자(서명날인)			인

※회생계획안 인가 여부에 관한 의견이 있으면 기재하여 주십시오.

_____

_____

바코드

※ 바코드부분은 구부리거나 오손되지 않도록 하여 주십시오.

【별지 163 서면결의시 의결권액 결정】

서 울 회 생 법 원
제 1 부
결   정

사   건   2023회합○○   회생

채 무 자   ○○ 주식회사

              서울 ○○구 ○○로 ○○○

관 리 인   ○○○

주   문

 회생채권자 신고번호 ○○번 △△ 주식회사의 의결권의 액을 50,000,000원으로 정한다.

이   유

 채무자 회생 및 파산에 관한 법률 제240조 제6항, 제188조 제2항에 의하여 주문과 같이 결정한다.

2023. ○. ○.

재판장   판사   ○○○

            판사   ○○○

            판사   ○○○

【별지 164 서면결의시 조 분류 결정】

서 울 회 생 법 원

제 1 부

결   정

사   건   2023회합○○   회생

채 무 자   ○○ 주식회사

           서울 ○○구 ○○로 ○○○

관 리 인   ○○○

주   문

위 사건에 관하여 관리인이 제출한 별지 회생계획안의 결의를 위하여 회생담보권자의 조, 회생채권자의 조, 주주의 조로 분류한다.

이   유

위 사건에 관하여 관리인이 2023. ○. ○. 제출한 별지 회생계획안의 결의를 위하여 의결권을 행사할 조를 회생담보권자의 조, 회생채권자의 조, 주주의 조 3개의 조로 분류하기로 하여, 채무자 회생 및 파산에 관한 법률 제236조에 의하여 주문과 같이 결정한다.

2023. ○. ○.

재판장   판사   ○○○

          판사   ○○○

          판사   ○○○

【별지 165 회생계획안이 부결된 경우 회생절차폐지결정】

서 울 회 생 법 원

제 1 부

결   정

사   건   2023회합○○   회생

채 무 자   ○○ 주식회사

               서울 ○○구 ○○로 ○○○

관 리 인   ○○○

주   문

이 사건 회생절차를 폐지한다.

이   유

이 사건에 관하여 관리인이 2023. ○. ○. 제출하고, 2023. ○. ○. 수정허가된 별지 회생계획안은 2023. ○. ○. 개최된 회생계획안 결의를 위한 관계인집회에서(2023. ○. ○. 회신기간 안에 법원에 도달한 의결권자의 동의가) 채무자 회생 및 파산에 관한 법률 제237조의 가결요건에 해당하는 동의를 얻지 못하여 부결되었으므로, 채무자 회생 및 파산에 관한 법률 제286조 제1항 제2호(제4호)에 의하여 주문과 같이 결정한다.

2023. ○. ○.

재판장   판사   ○○○

            판사   ○○○

            판사   ○○○

【별지 166 회생절차폐지결정 공고】

채무자 ○○ 주식회사 회생절차폐지결정 공고

사 건 2023회합○○ 회생
채 무 자 ○○ 주식회사(서울 ○○구 ○○로 ○○○)
관 리 인 ○○○

위 사건에 관하여 이 법원은 2023. ○. ○.자로 회생절차폐지결정을 하였으므로 채무자 회생 및 파산에 관한 법률 제289조에 의하여 다음과 같이 공고합니다.

다 음

1. 주 문
채무자 ○○ 주식회사에 대한 회생절차를 폐지한다.
2. 이유의 요지
채무자에 대한 회생계획안은 그 결의를 위한 관계인집회에서(서면결의 결과) 부결되었으므로, 채무자 회생 및 파산에 관한 법률 제286조 제1항 제2호(제4호)에 의하여 주문과 같이 결정한다.

2023. ○. ○.

서울회생법원 제1부

재판장 판사 ○○○
판사 ○○○
판사 ○○○

【별지 167 관계인집회 가결시 인가결정】

서 울 회 생 법 원

제 1 부

결   정

사   건   2023회합○○   회생

채 무 자   ○○ 주식회사

            서울 ○○구 ○○로 ○○○

관 리 인   ○○○

주   문

별지 회생계획을 인가한다.

이   유

이 사건 회생계획안은 2023. ○. ○. 채무자의 관리인으로부터 제출되어 2023. ○. ○. 수정허가되고 2023. ○. ○. 별지 회생계획안의 기재와 같이 변경허가되었다. 이 사건 회생계획안은 2023. ○. ○. 회생계획안 결의를 위한 관계인집회에서 가결되었고, 채무자 회생 및 파산에 관한 법률 제243조 제1항에서 정한 요건을 구비하였다고 인정되므로 주문과 같이 결정한다.

2023. ○. ○.

재판장   판사   ○○○

          판사   ○○○

          판사   ○○○

【별지 168 서면결의 가결시 인가결정】

서 울 회 생 법 원
제 1 부
결　　　정

사　　　건　　　2023회합○○　　　회생

채　무　자　　　○○ 주식회사

　　　　　　　　서울 ○○구 ○○로 ○○○

관　리　인　　　○○○

주　　　문

별지 회생계획을 인가한다.

이　　　유

이 사건 회생계획안은 2023. ○. ○. 채무자의 관리인으로부터 제출되어 2023. ○. ○. 수정허가되었다. 이 사건 회생계획안은 2023. ○. ○. 회신기간이 끝난 서면결의 결과 회생담보권자의 조에서는 의결권 총액 ○○○원 중 80.5%인 ○○○원에 해당하는 의결권자의 동의를 얻고 회생채권자의 조에서는 의결권 총액 ○○○원 중 69.5%인 ○○○원에 해당하는 의결권자의 동의를 얻어 가결되었으며, 채무자 회생 및 파산에 관한 법률 제243조 제1항에서 정한 요건을 구비하였다고 인정되므로 주문과 같이 결정한다.

2023. ○. ○.

재판장　　　판사　　　○○○
판사　　　○○○
판사　　　○○○

【별지 169 불인가결정】

서 울 회 생 법 원

제 1 부

결 정

사 건   2023회합○○   회생

채 무 자   ○○ 주식회사

　　　　　서울 ○○구 ○○로 ○○○

관 리 인   ○○○

주 문

별지 회생계획을 인가하지 아니한다.

이 유

이 사건 회생계획안은 2023. ○. ○. 채무자의 관리인으로부터 제출되어 2023. ○. ○. 수정허가되고 2023. ○. ○. 별지 회생계획안의 기재와 같이 변경허가된 뒤, 2023. ○. ○. 회생계획안 결의를 위한 관계인집회에서(또는 서면결의에 의하여) 가결되었다. 그러나 회생계획 제○장 제○절 ○○○의 권리변경 조항은 채무자 회생 및 파산에 관한 법률 제○조에 합치되지 아니할 뿐 아니라, 회생계획에서 정한 채무변제계획은 채무자의 현재 영업실적에 비추어 수행가능성도 인정할 수 없으므로, 위 회생계획은 채무자 회생 및 파산에 관한 법률 제243조 제1항에서 정한 요건을 구비하지 못한 경우에 해당한다. 따라서 주문과 같이 결정한다.

2023. ○. ○.

재판장　　판사　　○○○

　　　　　판사　　○○○

　　　　　판사　　○○○

【별지 170 권리보호조항을 정한 회생계획인가결정】

서 울 회 생 법 원

제 1 부

결   정

사   건   2023회합○○   회생

채 무 자   ○○ 주식회사

            서울 ○○구 ○○로 ○○○

관 리 인   ○○○

주   문

회생채권자를 위하여 별지 권리보호조항을 정하고 별지 회생계획을 인가한다.

이   유

관리인으로부터 2023. ○. ○. 제출되고 2023. ○. ○. 수정허가된 별지 회생계획안은 채무자 회생 및 파산에 관한 법률 제243조 제1항의 요건을 구비하였다. 회생계획안 결의를 위하여 2023. ○. ○. 열린 관계인집회에서(또는 회신기간이 끝난 서면결의 결과) 회생담보권자의 조에서는 의결권 총액 ○○○원 중 80.5%인 ○○○원에 해당하는 의결권자의 동의를 얻어 법정 요건인 4분의 3 이상의 동의를 얻었으나, 회생채권자의 조에서는 의결권 총액 ○○○원 중 60.5%인 ○○○원에 해당하는 의결권자의 동의를 얻는 데 그쳐 법정 요건인 3분의 2 이상의 동의를 얻지 못하였다.

이에 채무자의 회생채권자, 근로자, 주주 및 기타 모든 이해관계인의 이익을 고려하여 위 회생계획의 인가 여부에 대하여 판단한다. 채무자에 대한 회생계획안이 인가되지 못하여 회생절차가 폐지되는 경우에는 채무자는 파산의 원인인 사실이 있으므로 파산적 청산을 할 수밖에 없다. 그러나 채무자가 파산적 청산을 하게 되면 회생채권자에 대한 예상 배당률은 원금 및 개시결정 전 이자의 약 10.8%에 불과하고, 만약 보증채권인 회생채권이 현실화되면 배당률은 약 6%로 더욱 낮아지는 점, 위 배당률은 원금의 40%를 변제받게 되는 회생계획보다 현저히 낮은 수치이므로, 회생채권자로서는 채무자가 파산하여 파산적 청산에 의한 배당을 받는 것보다는 조금씩 고통을 분담하여 채무자에게 계속 영업을 할 기회를 부여함으로써 영업수익 등으로 채무를 변제받는 편이 보다 많은 금액을 변제받을 수 있을 것으로 보이는 점, 회생채권자 조의 과반수가 넘는 60.5%가 회생계획안에 동의하고 있는 점 등을 고려하면, 비록 회생계획안이 법정 다수의 동의를 얻지 못하여 가결되지 못하였다 하더라도, 채무자 회생 및 파산에 관한 법률 제244조 제1항 제4호에 의하여 부동의한 회생채권자의 조를 위하여 별지와 같은 권리보호조항을 정하고 이를 인가함이 회생채권자, 근로자, 주주 및 기타 모든 이해관계인의 이익에 부합된다고 판단된다.

그렇다면 위 회생계획은 별지와 같은 권리보호조항을 정하고 이를 인가함이 상당하므로, 주문과 같이 결정한다.

2023. ○. ○.

재판장   판사   ○ ○ ○
                판사   ○ ○ ○
                판사   ○ ○ ○

별   지

회생채권자를 위하여 이 사건 회생계획안 중 아래 각 문항 중의 '60.0%'를 '70.0%'로 각 변경하고, 구체적 변제계획인 각 해당 '별표'의 변제금액을 위 비율에 맞게 수정한다.

아   래

1. 제2장 제3절 금융기관 회생채권의 권리변경과 변제방법 2.의 (2)와 3.의 (1) [27쪽]
2. 제2장 제4절 일반 회생채권의 권리변경과 변제방법 2. (2)의 5), 6)과 3.의 (1) [28쪽]
3. 제2장 제5절 기타 회생채권의 권리변경과 변제방법 2.의 (1) [29쪽]

- 끝 -

【별지 171 인부결정 공고문 – 관계인집회 결의의 경우】

채무자 ○○ 주식회사 회생계획인가결정 공고

사　　　건　　　2023회합○○　　　회생
채　무　자　　　○○ 주식회사
관　리　인　　　○　○　○

　이 법원은 2023. ○. ○. 채무자의 회생계획을 인가하였으므로, 채무자 회생 및 파산에 관한 법률 제245조에 의하여 다음과 같이 공고합니다.

◇ 다　음 ◇

1. 주　　　문
　　회생계획을 인가한다.
2. 이유의 요지
　　관리인이 제출한 이 사건 회생계획안이 2023. ○. ○. 회생계획안 결의를 위한 관계인집회에서 가결되었고, 채무자 회생 및 파산에 관한 법률 제243조 제1항에서 정한 요건을 구비하였다고 인정되므로 주문과 같이 결정한다.
3. 회생계획의 요지

별지와 같다.

2023. ○. ○.

서울회생법원　 제1부

재판장　　　판사　　　○○○

　　　　　　판사　　　○○○

　　　　　　판사　　　○○○

【별지 172 인부결정 공고문 - 서면결의의 경우】

채무자 ○○ 주식회사 회생계획인가결정 공고

사   건   2023회합○○   회생
채 무 자   ○○ 주식회사
관 리 인   ○   ○   ○

 이 법원은 2023. ○. ○. 채무자의 회생계획을 인가하였으므로 채무자 회생 및 파산에 관한 법률 제245조에 의하여 다음과 같이 공고합니다.

◇ 다 음 ◇

1. 주   문
  회생계획을 인가한다.
2. 이유의 요지
  관리인이 제출한 이 사건 회생계획안이 2023. ○. ○. 회신기간이 끝난 서면결의에 의하여 가결(동의율 : 회생담보권자의 조 80.5%, 회생채권자의 조 69.5%)되었고, 채무자 회생 및 파산에 관한 법률 제243조 제1항에서 정한 요건을 구비하였다고 인정되므로 주문과 같이 결정한다.
3. 회생계획의 요지

별지와 같다.

2023. ○. ○.

서울회생법원   제1부

재판장   판사   ○○○
            판사   ○○○
            판사   ○○○

【별지 173 인부결정 통지서 - 인가결정의 경우(채권자협의회)】

서 울 회 생 법 원

제 1 부

우) 06594 서울 서초구 서초중앙로 157 / ☎ 530-1605 / 팩스 592-5661 / 주심: ○○○ 판사

시행일자 : 2023. ○. ○.

수　　신 : 주식회사 ○○의 채권자협의회

　　　　　 (대표채권자 : ○○ 은행)

참　　조 : 담당 ○○○(전화 :　, 팩스 :　)

제　　목 : 회생계획인가결정문 송부

---

1. 채무자 ○○ 주식회사(본점 : 서울 ○○구 ○○로 ○○○, 관리인 : ○○○)
   에 대한 이 법원 2023회합○○호 회생 사건과 관련된 내용입니다.

2. 이 법원은 관리인이 제출한 회생계획에 대하여 2023. ○. ○. 인가결정을
   하였으므로, 채무자 회생 및 파산에 관한 법률 제22조 제1항, 같은 규칙 제
   39조 제11호에 의하여 회생계획 인가 결정의 사본을 송부합니다.

※ 붙임 : 회생계획 인가결정 사본

재 판 장　 판 사 　　○　　○　　○

【별지 174 인부결정 통지서 - 인가결정의 경우(감독행정청)】

서 울 회 생 법 원
제 1 부
통 지 서

수   신   수신처 참조
사   건   2023회합○○   회생
채 무 자   ○○ 주식회사
            서울 ○○구 ○○로 ○○○
관 리 인   ○○○

위 사건에 관하여 법원은 2023. ○. ○.자 관리인이 제출한 회생계획에 대하여 인가결정을 하였으므로, 채무자 회생 및 파산에 관한 법률 제245조 제3항, 제40조 제1항에 의하여 이를 통지합니다.

다   음

1. 주   문
   회생계획을 인가한다.
2. 이유의 요지
   관리인이 제출한 이 사건 회생계획안이 2023. ○. ○. 회생계획안 결의를 위한 관계인집회에서 가결되었고, 채무자 회생 및 파산에 관한 법률 제243조 제1항에서 정한 요건을 구비하였다고 인정되므로 주문과 같이 결정한다.
3. 회생계획의 요지 : 별지와 같다.

2023. ○. ○.
재판장 판사   ○○○

수신처 : 기획재정부장관, 법무부장관, 산업통상자원부장관, 고용노동부장관, 금
        융위원회위원장, 국세청장, 관세청장, ○○세무서장, 서울특별시장, ○
        ○구청장. 끝.

【별지 175 법인 채무자에 대한 인부결정의 상업등기촉탁서】

서 울 회 생 법 원
제 1 부
등 기 촉 탁 서

서울중앙지방법원 등기국장 귀하

사   건   2023회합○○   회생
채 무 자   ○○ 주식회사
            서울 ○○구 ○○로 ○○○

    위 사건에 관하여 다음과 같이 회생계획인가결정의 기입등기 및 대표이사 및 이사의 등기를 촉탁합니다.

등기원인과 그 연월일 1. 2023. ○. ○. 회생계획인가결정
                    2. 2023. ○. ○. 회생계획 인가에 의한 임원 전원의 유임
등기의 목적   회생계획인가결정 기입등기 및 대표이사 및 이사 유임
등록면허세 및 등기신청수수료 지방세법 제26조 제2항 제1호, 등기사항증명서
                    등 수수료규칙 제5조의3 제2항 제1호, 채무자
                    회생 및 파산에 관한 법률에 따른 법인등기 사
                    무처리지침 제8조에 의하여 면제
첨   부   1. 회생계획인가결정 등본(회생계획 해당부분 포함) 1통
               2. 법인등기사항증명서 사본 1부. 끝.

2023.   ○.   ○.

법원사무관   ○   ○   ○

【별지 176 개인 채무자의 재산(권리)에 대한 인부결정 기입등기·등록촉탁서】

서 울 회 생 법 원
제 1 부
등기(등록)촉탁서

○○등기소장 귀하

수   신   수신처 참조
사   건   2023회단○○   회생
채 무 자   ○ ○ ○(******-*******)
              서울 ○○구 ○○로 ○○○

　　　위 사건에 관하여 다음과 같이 등기(등록)를 촉탁합니다.

부동산(권리)의 표시   별지 기재와 같음.
소 유 자   ○ ○ ○(******-*******)
              서울 ○○구 ○○로 ○○○
등기(등록)원인   회생계획인가결정
등기(등록)의 목적   회생절차인가의 기입등기(등록)
등록면허세   채무자 회생 및 파산에 관한 법률에 따른 부동산 등
              의 등기 사무처리지침 제4조에 의하여 면제
등기촉탁수수료   채무자 회생 및 파산에 관한 법률에 따른 부동산 등
              의 등기 사무처리지침 제4조 및 등기사항증명서 등
              수수료규칙 제5조의2 제2항 제3호에 의하여 면제
첨   부   1. 회생계획인가결정 등본 1통

2023.   ○.   ○.

법원사무관   ○   ○   ○

【별지 177 변경등기촉탁서 - 자본의 변경】

서 울 회 생 법 원
제 1 부
등 기 촉 탁 서

서울중앙지방법원 등기국장 귀하

사 건   2023회합○○   회생
채 무 자   ○○ 주식회사
          서울 ○○구 ○○로 ○○○

위 사건에 관하여 다음과 같이 정관 및 자본의 변경등기를 촉탁합니다.

등기원인과 그 연월일   1. 2023. ○. ○. 인가결정에 의한 정관변경
                     2. 2023. ○. ○. 출자전환에 따른 신주의 발행
                     3. 2023. ○. ○. 출자전환 후 주식병합에 의한 자본
                        의 감소

등기의 목적   별첨과 같은 정관 및 자본의 변경 등기 촉탁

등록세 및 등기신청수수료   채무자 회생 및 파산에 관한 법률 제25조 제4항, 지
                     방세법 제26조 제2항 제1호 본문, 등기사항증명서등
                     수수료 규칙 제5조의3 제2항 제1호, 채무자 회생 및
                     파산에 관한 법률에 따른 법인등기 사무처리지침 제
                     8조에 의하여 면제

첨 부   1. 회생계획안 인가결정 등본(회생계획안 정관변경,
                     자본변경 해당부분) 1부
                     2. 정관변경 허가서 등본 1부
                     3. 주주의 권리변경과 신주발행 허가서 등본 1부
                     4. 법인등기사항증명서 부본 1부. 끝.

2023.   ○.   ○.

법원사무관   ○   ○   ○

【별지 178 감사 선임결정】

서 울 회 생 법 원
제 1 부
결   정

사   건   2023회합○○   회생
채 무 자   ○○ 주식회사
               서울 ○○구 ○○로 ○○○
관 리 인   ○○○

주   문

1. ○○○(19○○. ○. ○생, 주소 : 서울 ○○구 ○○로 ○○○)을 채무자의 감
   사로 선임한다.
2. 감사 ○○○의 임기를 2024. ○. ○.까지로 한다.
3. 감사 ○○○의 2023. ○. ○. 이후의 보수를 연 ○○○원으로 정하여 월할 지
   급한다.

이   유

채무자 회생 및 파산에 관한 법률 제203조 제4항에 의하여 주문과 같이 결정한다.

2023. ○. ○.

재판장   판사   ○○○
            판사   ○○○
            판사   ○○○

【별지 179 변경등기촉탁서 – 임원의 변경】

서 울 회 생 법 원

제 1 부

등 기 촉 탁 서

서울중앙지방법원 등기국장 귀하

사   건   2023회합○○   회생

채 무 자   ○○ 주식회사

　　　　　　　　서울 ○○구 ○○로 ○○○

위 사건에 관하여 다음과 같이 임원의 변경등기를 촉탁합니다.

등기원인과 그 연월일   2023. ○. ○. 회생계획안 수행에 따른 이사 및 대표

　　　　　　　　　　　　이사 변경을 위한 주주총회의 결의

등기의 목적   별지 기재와 같은 임원의 재선임, 선임, 해임, 사임의 등기

등록세 및 등기신청수수료 지방세법 제26조 제2항 제1호, 등기사항증명서 등 수

　　　　　　　　　　　　수료규칙 제5조의3 제2항 제1호, 채무자회생 및 파산

　　　　　　　　　　　　에 관한 법률에 따른 법인등기 사무처무지침 제8 조

　　　　　　　　　　　　에 의하여 면제

첨   부   1. 회생인가결정등본(회생계획안 해당부분 포함) 1부

　　　　　　　　　2. 개최허가서 등본 주주총회 의사록(공증받은 원본)

　　　　　　　　　　각 1부

　　　　　　　　　3. 취임승낙서 및 인감증명서, 주민등록초본 각 1부

　　　　　　　　　4. 인감신고서류(인감신고서, 인감대장, 인감증명서,

　　　　　　　　　　주민등록초본) 1부

　　　　　　　　　5. 법인등기부부본 1부. 끝.

2023.   ○.   ○.

법원사무관   ○   ○   ○

【별지 180 말소등기촉탁서 - 담보권의 말소】

서 울 회 생 법 원

제 1 부

등 기 촉 탁 서

○○등기소장 귀하

사　　　건　　　2023회합○○　　　회생

채 무 자　　　○○ 주식회사

　　　　　　　서울 ○○구 ○○로 ○○○

　위 사건에 관하여 다음과 같이 근저당권설정등기의 각 말소를 촉탁합니다.

부동산의 표시　　　　별지 기재와 같음

등기원인과 그 연월일　　2023. ○. ○. 근저당권 말소 허가

등 기 목 적　　　　별지 기재 부동산에 대하여 한 근저당권설정등기의

　　　　　　　　　　각 말소

등록세 및 지방교육세, 농어촌 특별세 별첨

첨　　　부　　　1. 근저당권 설정에 대한 말소허가서 등본 1부

　　　　　　　　2. 부동산등기부등본 각 1부. 끝.

2023.　　○.　　○.

재판장　판사　　○　　○　　○

(이하 부동산 목록, 말소등기 촉탁신청서 사본, 법원의 담보권 말소 허가서 등본은 생략)

【별지 181 법원의 허가를 필요로 하는 행위의 변경 결정】

서 울 회 생 법 원
제 1 부
결　　　정

사　　　건　　2023회합○○　　　회생
채 무 자　　○○ 주식회사
　　　　　　서울 ○○구 ○○로 ○○○
관 리 인　　○○○

주　　　문

1. 관리인이 법원의 허가를 얻어야 할 행위를 다음과 같이 변경한다.
　가. 부동산·자동차·중기·특허권 등 등기 또는 등록의 대상이 되는 일체의 재산에 대한 소유권의 양도, 담보권·임차권의 설정 기타 일체의 처분행위.
　나. 등기·등록의 대상이 되지 아니하는 시가 금 50,000,000원 이상의 재산에 대한 소유권의 양도, 담보권·임차권의 설정 기타 일체의 처분행위. 다만 계속적이고 정상적인 영업활동에 해당하는 상품, 제품, 원재료 등의 처분행위는 예외로 한다. 그러나 단서에서 제외된 처분행위에 관하여도 매분기마다 그 거래 내역을 보고해야 한다.
　다. 금 50,000,000원 이상의 재산의 양수.
　라. 항목당 금 50,000,000원 이상의 금원 지출. 다만 회생담보권 및 회생채권에 대한 변제는 5,000,000원 미만의 금원지출도 포함하고, 반면 국세, 지방세, 전기료, 수도료, 가스료, 전화료, 국민연금, 장애인고용분담금, 직업훈련분담금, 개발부담금 등 제세공과금과 건강보험료, 고용보험료, 산재보험료 중 공익채권에 해당하는 금원지출은 제외한다. 그러나 위 단서에 열거된 금원 지출에 관하여도 매분기마다 그 지출상황을 보고하여야 한다.
　마. 금 50,000,000원 이상의 금원 지출이 예상되는 증여, 매매, 교환, 소비대차, 임대차, 고용, 도급, 위임, 임치 등 계약의 체결 또는 의무부담행위.

바. 명목이나 방법 여하를 막론한 차재.

사. 어음·수표계좌의 설정 및 어음·수표용지의 수령 및 발행행위.

아. 채무자 회생 및 파산에 관한 법률 제119조의 규정에 의한 계약의 해제 또는 해지.

자. 소의 제기, 소송대리인의 선임, 화해 기타 일체의 소송행위. 다만 미수채권 회수를 위한 채무자의 물건 및 채권의 가압류·가처분 신청행위는 제외하되, 매분기마다 그 가압류·가처분 상황을 법원에 보고하여야 한다.

차. 과장급 이상의 인사 및 보수결정.

카. 권리의 포기.

타. 공익채권과 환취권의 승인.

파. 관리인의 자기 또는 제3자를 위한 채무자와 사이의 거래.

하. 경영상 이유에 의한 근로자의 해고.

거. 자본의 감소, 신주나 사채의 발행, 합병, 해산, 회사의 조직이나 기구의 변경, 이익이나 이자의 배당 기타 상무에 속하지 아니하는 행위.

2. 관리인이 법원의 허가를 얻어야 할 수 있는 위 각 행위 중 '나'목 내지 '마'목, '사'목, '자'목, '차'목에 대한 허가사무를 이 법원 관리위원회 소속 관리위원 ○○○, △△△, □□□에게 위임한다. 위임받은 허가사무는 위 관리위원 중 ○○○ 관리위원이 단독으로 처리하되, ○○○ 관리위원이 유고가 있는 경우에는 △△△ 관리위원이 처리하고, △△△ 관리위원이 유고가 있는 경우에는 □□□ 관리위원이 처리한다. 다만 아래의 행위에 대한 허가사무는 위임하지 아니한다.

가. '다'목 중 제3자의 영업의 양수.

나. '라'목 중 회생채권 및 회생담보권의 변제.

다. '자'목 중 소 및 상소의 제기 여부의 결정, 소송대리인의 선임, 소 및 상소의 취하, 조정, 화해, 청구의 포기·인낙, 소송탈퇴, 조정에 갈음하는 결정에 대한 이의신청 여부 및 화해권고결정에 대한 이의신청 여부의 결정.

라. '차'목 중 임원의 인사 및 보수결정.

3. 관리위원회는 허가위임사무의 처리결과를 매월 이 법원에 보고하여야 한다.

이   유

채무자 회생 및 파산에 관한 법률 제61조, 제18조, 채무자 회생 및 파산에 관한 규칙 제29조 제1항, 제30조 제1항·제2항에 의하여 주문과 같이 결정한다.

2023. ○. ○.

재판장   판사   ○○○

판사   ○○○

판사   ○○○

【별지 182 채무자의 본사 및 현장검증 조서】

서 울 회 생 법 원
검 증 조 서

사 건	2023회합○○	회생	일 시 : 2023. ○. ○. 10:00		

재판장 판사   ○   ○   ○   장 소 : 서울 ○○구 ○○로 ○○

판 사   ○   ○   ○   의 ○ 본사 및 서울 ○○

판 사   ○   ○   ○   ○○구 ○○로 소재 공장

법원사무관   ○   ○   ○   공개 여부 : 공 개

사건과 당사자를 호명

채무자 ○○ 주식회사의 관리인 ○ ○ ○   출석

관리위원 ○   ○   ○   출석

다음과 같이 검증을 시행하다.

1. 검증 목적물

   채무자 ○○ 주식회사 소유의 서울 ○○구 ○○로 ○○○ 소재 본사 및 서울
   ○○구 ○○로 소재 공장

2. 검증 목적

   채무자 ○○ 주식회사의 경영상태, 제품개발 및 공장가동 현황 및 직원들의
   근무상황 등을 파악하고자 함.

3. 검증장소의 위치

   별첨 1 기재 도면 표시와 같다.

4. 현장상황

(중   략)

5. 검증시간

   시 작 : 10:00   종 료 : 16:00

첨 부 :   1. 본사 및 공장 위치 도면 1부.

           2. 회사현황보고 1부.

           3. 사진 14장. 끝.

692 [별지 182 채무자의 본사 및 현장검증 조서]

법원 사무관   ○ ○ ○

재판장 판사   ○ ○ ○

(첨부 생략)

【별지 183 회생계획변경결정】

서 울 회 생 법 원

제 1 부

결   정

사   건   2023회합○○   회생

채 무 자   ○○ 주식회사

                서울 ○○구 ○○로 ○○○

관 리 인   ○○○

주   문

이 사건 회생계획을 별지와 같이 변경한다.

이   유

이 사건에 관하여 2023. ○. ○. 관리인으로부터 별지와 같은 내용의 회생계획
변경신청이 있는데, 별지와 같은 회생계획변경은 회생채권자, 회생담보권자, 주
주 등 이해관계인에게 불리한 영향을 미치지 아니하는 것으로서 채무자 회생 및
파산에 관한 법률 제282조 제1항, 제243조 제1항에서 정한 요건을 구비하였다고
인정되므로 주문과 같이 결정한다.

2023. ○. ○.

재판장   판사   ○○○

판사   ○○○

판사   ○○○

(별지 생략)

【별지 184 변경회생계획안의 심리 및 결의를 위한 관계인집회 조서】

서 울 회 생 법 원

변경회생계획안의 심리 및 결의를 위한 관계인집회조서

2023회합○○   회생   기 일 : 2023. ○. ○. 15:00
재판장 판사   ○ ○ ○   장소 : 서울회생법원 제1호 법정
       판사   ○ ○ ○   공개 여부 : 공 개
       판사   ○ ○ ○
법원 사무관   ○ ○ ○
사건과 당사자를 호명
채무자 ○○ 주식회사의 관리인 ○○○   출석
채무자 ○○ 주식회사의 조사위원 ○○회계법인의 대리인 ○ ○ ○   출석
채무자 ○○ 주식회사의 감사 ○ ○ ○   출석
채무자 ○○ 주식회사의 채권자협의회 대표채권자 ○○은행의 대리인 ○○○
                                                       출석
채무자 ○○ 주식회사의 주무 관리위원 ○○○   출석
채무자의 인수예정자 ○○○의 대리인 ○○○   출석
회생채권자, 회생담보권자 및 주주 기타 이해관계인의 출석사항은 별첨 '출석현
황 및 의결표'의 기재와 같음

재 판 장
   1. 관리인이 2023. ○. ○. 이 법원에 변경회생계획안을 제출하고, 2023. ○.
      ○. 수정된 변경회생계획안(수정안)을 제출하였으므로, 그 변경계획안을
      심리하기 위하여 관계인집회를 개최한다고 선언.
   2. 관리인이 2023. ○. ○.자로 제출한 '변경회생계획안(수정안)'에 의한 변경
      회생계획안의 수정신청을 허가한다고 고지.
   3. 변경회생계획안의 제출자인 관리인에게 변경회생계획안의 요지에 관하여
      설명할 것을 명하다.
관 리 인
      별첨 '관리인보고서,' '변경회생계획안,' '변경회생계획안(요약)'의 기재와 같

이 변경회생계획안의 요지에 관하여 진술.

재 판 장

채무자의 인수예정자인 ○○○의 대리인에게 변경회생계획안의 내용대로 신주를 인수하고 채무변제조건에 따라 회생채권 및 회생담보권을 변제할 것인지에 관하여 진술을 명하다.

채무자의 인수예정자 ○○○의 대리인 ○○○

관리인과 체결한 2023. ○. ○.자 신주인수계약과 변경회생계획안의 내용대로 채무자에 대한 총 ○○○억 원의 유상증자책임과 채무변제조건에 따른 회생채권·회생담보권의 변제책임을 반드시 이행함으로써 채무자의 경영 정상화를 위하여 최선을 다하겠다고 진술.

재 판 장

회생담보권자, 회생채권자, 주주 등 이해관계인에 대하여 관리인이 제출한 변경회생계획안에 대한 의견이 있는지를 묻다.

회생채권자 신고번호 ○○번 ○○ 주식회사의 대리인 ○○○

......

관 리 인

......

나머지 이해관계인들

별다른 의견진술을 하지 아니하다.

재 판 장

1. 더 이상 의견이 없음을 확인한 후, 변경회생계획안의 심리를 위한 관계인집회의 종료와 결의를 위한 관계인집회의 개최를 선언.

2. 의결권의 행사는 회생채권자의 조, 회생담보권자의 조, 주주의 조 3개조로 나누어 실시하되, 주주의 조는 변경회생계획안 제출일(2023. ○. ○.) 현재 채무자의 부채 총액이 자산 총액을 초과하므로 채무자 회생 및 파산에 관한 법률 제146조 제4항에 의하여 의결권을 행사할 수 없다는 취지를 고지.

3. 회생채권자, 회생담보권자의 의결권은 2023. ○. ○. 인가된 원 회생계획에 의하여 확정된 채권액(미확정 회생채권 포함)에서 현재까지 변제 등으로 소멸되거나 환율등락에 의하여 변동된 것, 채권양도된 것 등을 감안한 현재의 잔존채권액으로 정하기로 한다고 고지.

4. 관리인에게 회생채권자, 회생담보권자의 현재의 잔존채권액이 얼마인지에

관하여 진술하도록 명하다.

관 리 인

　　회생채권자, 회생담보권자의 현재 잔존채권액은 별첨 '출석현황 및 의결표' 중 '잔존채권액'의 기재와 같다고 진술.

재 판 장

　1. 별첨 '출석현황 및 의결표' 기재 회생채권자 중 '3. 권리변동이 없는 채권액 현황'에 기재된 채권자들의 경우에는 변경회생계획안의 내용상 종전에 인정된 권리에 아무런 영향을 받지 않으므로, 채무자 회생 및 파산에 관한 법률 제282조, 제191조 제1호에 의하여 의결권을 행사할 수 없다는 취지를 고지.

　2. 관리인과 출석한 이해관계인들에게 관리인이 진술한 현재의 잔존채권액에 관하여 채무자 회생 및 파산에 관한 법률 제187조에 의한 의결권에 대한 이의가 있는지를 묻다.

관 리 인

　　관리인이 회생채권 등의 조사기간 안에 또는 특별조사기일에 이의를 진술한 채권으로서 아직 확정되지 않은 별첨 '잔존 회생채권의 의결권에 대한 이의명세서' 기재의 채권에 대하여 의결권에 대한 이의를 제기한다고 진술.

이해관계인들

　　별다른 이의를 제기하지 아니하다.

재 판 장

　1. 관리인이 진술한 의결권에 대한 이의를 받아들여 이의가 진술된 회생채권자에 대하여는 의결권을 부여하지 않으며, 이의가 진술되지 않은 나머지 채권자에 대하여는 별첨 '출석현황 및 의결표' 중 '잔존채권액'에 따라서 의결권을 부여한다는 취지를 고지.

　2. 이 사건 변경회생계획안이 가결되기 위해서는 ① 회생담보권자의 조에서는 의결권 총액의 4분의 3 이상, ② 회생채권자의 조에서는 의결권 총액의 3분의 2 이상에 해당하는 의결권을 가진 자의 동의가 있어야만 한다고 설명.

　3. 다만 원 회생계획안에 동의한 자로서 오늘 변경회생계획안의 결의를 위한 관계인집회에 출석하지 아니한 경우에는 채무자 회생 및 파산에 관한 법률 제282조 제4항 제1호에 의하여 이 사건 변경회생계획안에 동의하는 것

으로 간주됨을 설명.

4. 회생담보권자의 조, 회생채권자의 조에 대하여 차례로 호명하여 변경회생계획안에 대한 찬부를 묻다.

집　계

재 판 장

1. 이 사건 변경회생계획안에 대한 찬부의 의견은 별첨 '출석현황 및 의결표' 중 '의결내용'의 기재와 같고, 각 조별 집계결과는 다음과 같다고 고지.

회생담보권자의 조

　　의결권 총액은 금 ○○○원으로서, 이 중

　　찬성금액은　　금 ○○○원이므로, ○○.○% 동의

회생채권자의 조

　　의결권 총액은 금 ○○○원으로서, 이 중

　　찬성금액은　　금 ○○○원이므로, ○○.○% 동의

2. 이 사건 변경회생계획안이 채무자 회생 및 파산에 관한 법률 제237조에 규정된 요건을 갖추어 가결되었음을 선포.

3. 출석한 이해관계인들에게 가결된 변경회생계획의 인가 여부에 관한 의견 진술의 기회를 부여.

관리인 및 이해관계인들

　　별다른 의견을 진술하지 아니하다.

재 판 장

1. 별지 인가결정문에 의하여 이 사건 변경회생계획의 인가결정을 선고.

2. 이 사건 변경회생계획안의 결의를 위한 관계인집회의 종료를 선언.

집회종료

　　　　　　　법원 사무관　 ○　 ○　 ○

　　　　　　　재판장 판사　 ○　 ○　 ○

[별지 185 출석현황 및 의결표]

출석현황 및 의결표

회생채권   (의결권 단위 : 원)

순번	신고번호	목록번호	채권자	잔존채권액	의결권미이의	의결권액	구성비율	출석현황 본인 성명	출석현황 본인 날인	대리인 성명	대리인 날인	회의생제회찬성	이결내용 찬성	이결내용 반대	속행여부 찬성	속행여부 반대
1	76		가세란	18,298,050		18,298,050	0.001									
2	1102		강두원	(이하 생략)								○				
3	217		강영철									○				
4	1575		강영철									×				
5	1576		강옥분													
6	추완 169		강용준									×				
7	50		강제영													
8	추완 156		강준자									○				
9	280		강호갑									×				
10	139		(주)안암									×				
소 계																

【별지 186 변경회생계획인가결정】

서 울 회 생 법 원

제 1 부

결　　정

사　　　건　　2023회합○○　　　회생

채 무 자　　○○ 주식회사

　　　　　　서울 ○○구 ○○로 ○○○

관 리 인　　○○○

주　　　문

별지 변경회생계획을 인가한다.

이　　　유

이 사건에 관하여 관리인으로부터 2023. ○. ○. 제출되고 2023. ○. ○. 수정허가된 별지 변경회생계획안은 2023. ○. ○. 변경회생계획안의 결의를 위한 관계인집회에서 가결되었고, 채무자 회생 및 파산에 관한 법률 제282조 제2항, 제243조에 정해진 요건을 구비하였다고 인정되므로 주문과 같이 결정한다.

2023. ○. ○.

재판장　　　판사　　　○○○

　　　　　　판사　　　○○○

　　　　　　판사　　　○○○

【별지 187 회생계획변경 불허가결정】

서 울 회 생 법 원
제 1 부
결   정

사   건   2023회합○○   회생
채 무 자   ○○ 주식회사
             서울 ○○구 ○○로 ○○○
관 리 인   ○○○

주   문
별지 변경회생계획안에 의한 회생계획 변경을 허가하지 아니한다.

이   유
이 사건에 관하여 관리인이 2023. ○. ○. 제출하고 2023. ○. ○. 수정하여 제출한 별지 변경회생계획안이 2023. ○. ○. 결의를 위한 관계인집회에서 채무자 회생 및 파산에 관한 법률 제237조의 가결요건에 해당하는 동의를 얻지 못하여 부결되었으므로, 채무자 회생 및 파산에 관한 법률 제282조 제2항, 제245조 제1항에 의하여 주문과 같이 결정한다.

2023. ○. ○.

재판장   판사   ○○○
          판사   ○○○
          판사   ○○○

【별지 188 변경회생계획불인가결정】

서 울 회 생 법 원

제 1 부

결   정

사   건   2023회합○○   회생

채 무 자   ○○ 주식회사

              서울 ○○구 ○○로 ○○○

관 리 인   ○○○

주   문

별지 변경회생계획을 인가하지 아니한다.

이   유

채무자의 관리인은 2023. ○. ○. 변경회생계획안을 제출하였는바, 변경회생계획안은 2023. ○. ○. 별지 1 기재 '변경회생계획안 요약'과 같이 수정허가되어, 같은 날 변경회생계획안의 결의를 위한 관계인집회에서 가결되었다.

변경회생계획의 요지는 채무자가 제철소 운영에 필요한 주요 자산을 ○○에 매각하여 매수인으로부터 미화 ○○○달러를 지급받는 것을 전제로 그 자산매각대금을 각 회생담보권자 및 회생채권자에게 일정 비율에 따라 배분하고 나머지 채권을 면제받는 것을 내용으로 하고 있다. 따라서 변경계획은 채무자가 위 자산매매계약의 내용대로 자산매각대금을 수령하여야만 수행할 수 있는 것임이 명확하다.

그런데 기록에 의하면 위 자산매매계약상 모든 의무의 종결일은 2023. ○. ○.로서 그 때까지 자산매각대금이 매도인인 채무자의 계좌로 입금되도록 약정되어 있는데, 매수인은 매매계약 종결일이 끝나가는 현재까지 대금을 입금하지 않고 있을 뿐 아니라, 매매계약 종결예정일 ○일 전까지 이행하여야 할 매매가격의 ○% 이상의 자산확보의무나 만족할 만한 수준의 매수자금 조달계획도 제시하지 않고 있음이 명백하다. 사정이 이와 같다면 변경회생계획은 비록 이해관계인들

의 적법한 가결이 있었다 하여도 그 전제가 되는 미화 ○○○달러의 자산매각대
금을 지급받지 못하여 수행이 불가능하다.

  그렇다면 변경회생계획은 채무자 회생 및 파산에 관한 법률 제282조 제2항
전단, 제243조 제1항 제2호에서 정한 요건을 구비하지 못한 경우에 해당하므로
주문과 같이 결정한다.

2023. ○. ○.

재판장 　　　판사　　　○ ○ ○
　　　　　　　 판사　　　○ ○ ○
　　　　　　　 판사　　　○ ○ ○

【별지 189 변경회생계획인가결정 공고】

채무자 ○○ 주식회사 변경회생계획인가결정 공고

사 건 　 2023회합○○ 　 회생
채 무 자 　 ○○ 주식회사 (서울 ○○구 ○○로 ○○○)
관 리 인 　 ○○○

　위 사건에 관하여 이 법원은 2023. ○. ○. 채무자의 변경회생계획을 인가하였으므로 채무자 회생 및 파산에 관한 법률 제282조, 제245조에 의하여 다음과 같이 공고합니다.

◇ 다 음 ◇

1. 주 문
　변경회생계획을 인가한다.
2. 이유의 요지
　관리인으로부터 2023. ○. ○. 제출되고 2023. ○. ○. 수정허가된 별지 변경회생계획안은 2023. ○. ○. 변경회생계획안 결의를 위한 관계인집회에서 가결되었고, 채무자 회생 및 파산에 관한 법률 제282조 제2항, 제243조에 정해진 요건을 구비하였다고 인정된다.
3. 변경회생계획의 요지 : 별지와 같다.

2023. ○. ○.

서울회생법원 제1부

재판장 　 판사 　 ○○○
　　　　　　 판사 　 ○○○
　　　　　　 판사 　 ○○○

【별지 190 인부결정 통지서 - 감독청 등에 대한 통지】

서 울 회 생 법 원
제 1 부

우) 06594 서울 서초구 서초중앙로 157 / ☎ 530-1605 / 팩스 592-5661 / 주심 : ○○○ 판사

시행일자 : 2023. ○. ○.

수　　신 : 수신처 참조

참　　조 :

제　　목 : 변경회생계획인가결정 통지

1. 채무자 ○○ 주식회사(본점 : 서울 ○○구 ○○로 ○○○, 관리인 : ○○○)에 대한 이 법원 2023회합○○호 회생 사건과 관련된 내용입니다.

2. 이 법원은 2023. ○. ○. 관리인이 제출한 변경회생계획에 대하여 인가결정을 하였으므로, 채무자 회생 및 파산에 관한 법률 제282조, 제245조 제2항, 제40조 제1항에 의하여 이를 통지합니다.

붙임 : 변경회생계획의 요지

재 판 장　판 사　　○　　○　　○

수신처 : 기획재정부장관, 법무부장관, 산업통상자원부장관, 고용노동부장관, 금융위원회위원장, 국세청장, 관세청장, ○○세무서장, 서울특별시장, ○○구청장. 끝.

【별지 191 변경회생계획불인가결정 공고】

채무자 ○○ 주식회사 변경회생계획불인가결정 공고

사   건   2023회합○○   회생
채 무 자   ○○ 주식회사(서울 ○○구 ○○로 ○○○)
관 리 인   ○○○

　　위 사건에 관하여 이 법원은 2023. ○. ○. 채무자의 변경회생계획을 불인가하였으므로, 채무자 회생 및 파산에 관한 법률 제282조, 제245조에 의하여 다음과 같이 공고합니다.

◇ 다　음 ◇

1. 주　　문
변경회생계획을 인가하지 아니한다.
2. 이유의 요지
　　이 사건 변경회생계획안은 2023. ○. ○. 채무자의 관리인으로부터 제출되고 2023. ○. ○. 수정허가되어 변경회생계획안의 결의를 위한 관계인집회에서 가결되었으나, 그 수행이 불가능하여 채무자 회생 및 파산에 관한 법률 제282조 제2항 전단, 제243조 제1항 제2호에서 정한 요건을 구비하지 못한 경우에 해당한다.
3. 변경회생계획의 요지 : 별지와 같다.

2023. ○. ○.

서울회생법원　제1부

재판장　　판사　　○○○
　　　　　판사　　○○○
　　　　　판사　　○○○

【별지 192 회생절차종결결정】

서 울 회 생 법 원

제 1 부

결   정

사   건   2023회합○○ 회생

채 무 자   ○○ 주식회사

                     서울 ○○구 ○○로 ○○○

관 리 인   ○○○

주   문

이 사건 회생절차를 종결한다.

이   유

기록에 의하면, 채무자는 2023. ○. ○. 회생계획인가 이후 회생담보권 전부와 회생채권인 조세채권에 대한 변제의무를 조기에 이행하여 회생계획에 따른 변제를 시작하였고, 한편 채무자에게 회생계획의 수행에 지장이 있다고 인정할 만한 자료가 없다.

그러므로 채무자 회생 및 파산에 관한 법률 제283조 제1항에 따라 이 사건 회생절차를 종결하기로 하여 주문과 같이 결정한다.

2023. ○. ○.

재판장   판사   ○○○

판사   ○○○

판사   ○○○

【별지 193 회생절차종결에 관한 의견조회 – 관리위원회】

서 울 회 생 법 원
제 1 부

우) 06594 서울 서초구 서초동 서초중앙로157 / ☎ 530-2399 / 팩스 591-8554 / 주심: ○○○판사

시행일자 2023. ○. ○.
수   신 서울회생법원 관리위원회
참   조 주무 관리위원 ○ ○ ○
제   목 회생절차종결 여부에 대한 의견 조회

1. 채무자 ○○ 주식회사(주된 사무소 : 서울 ○○구 ○○로 ○○○, 관리인 : ○○○)에 대한 이 법원 2023회합○○호 회생사건에 관련된 내용입니다.

2. 채무자 회생 및 파산에 관한 법률 제283조에 따라 위 채무자에 대한 회생절차를 종결함에 관한 귀 위원회의 의견을 조회하니 회신하여 주시기 바랍니다.

                재 판 장   판 사   ○   ○   ○

【별지 194 회생절차종결에 관한 의견조회 – 채권자협의회】

서 울 회 생 법 원
제 1 부

우) 06594 서울 서초구 서초중앙로 157 / ☎ 530-2399 / 팩스 591-8554 / 주심: ○○○ 판사

시행일자 2023. ○. ○.

수   신 채무자 ○○(주) 채권자협의회(대표채권자 : ○○은행)

참   조 여신관리부장(전화: ○○○-○○, FAX: ○○○-○○)

제   목 채무자 ○○㈜의 회생절차 종결 여부에 관한 의견조회

1. 채무자 ○○ 주식회사(본점 : 서울 ○○구 ○○로 ○○○, 관리인 : ○○○)에 대한 이 법원 2023회합○○호 회생사건과 관련된 내용입니다.

2. 채무자 회생 및 파산에 관한 법률 제283조에 따라 위 채무자에 대한 회생절차를 종결함에 대하여 귀 채권자협의회의 의견을 조회하오니, 2023. ○. ○.까지 이 법원에 도착할 수 있도록 서면 또는 팩시밀리 전송의 방법으로 회신하여 주시기 바랍니다.

3. 만약 기한 내에 의견 제출이 없으면 제시 의견이 없는 것으로 보고 처리할 예정이오니 참고하시기 바랍니다.

재 판 장   판 사   ○   ○   ○

【별지 195 회생절차종결결정 공고】

채무자 ○○ 주식회사 회생절차종결결정 공고

사   건   2023회합○○ 회생
채 무 자   ○○ 주식회사
               서울 ○○구 ○○로 ○○○
관 리 인   ○○○

    위 사건에 관하여 이 법원은 2023. ○. ○. 자로 회생절차종결결정을 하였으므로, 채무자 회생 및 파산에 관한 법률 제283조 제2항에 의하여 다음과 같이 공고합니다.

◇ 다 음 ◇

1. 주 문
   이 사건 회생절차를 종결한다.
2. 이유의 요지
   채무자는 회생계획에 따른 변제를 시작하였고, 앞으로 회생계획의 수행에 지장이 있다고 인정되지 아니하므로, 채무자 회생 및 파산에 관한 법률 제283조 제1항에 의하여 주문과 같이 결정한다.

2023. ○. ○.

서울회생법원   제1부

재판장   판사   ○○○

            판사   ○○○

            판사   ○○○

【별지 196 회생절차종결결정 통지서】

서 울 회 생 법 원

제 1 부

통 지 서

사　　　건	2023회합○○　회생
수 신 처	수신처 참조
채 무 자	○○ 주식회사
	서울 ○○구 ○○로 ○○○
관 리 인	○○○

위 사건에 관하여 이 법원은 2023. ○. ○. 회생절차종결결정을 하였으므로, 채무자 회생 및 파산에 관한 법률 제283조 제3항, 제40조 제1항의 규정에 의하여 이를 통지합니다.

회생절차종결사유 : 위 채무자는 회생계획에 따른 변제를 시작하였고 앞으로 회생계획 수행에 지장이 있다고 인정되지 아니한다.

2023.　 ○.　 ○.

재판장　 판사　 ○　 ○　 ○

수신처 : 기획재정부장관, 법무부장관, 산업통상자원부장관, 고용노동부장관, 금융위원회위원장, 국세청장, 관세청장, 서울특별시장, ○○구청장, ○○세무서장. 끝.

【별지 197 법인 채무자에 대한 회생절차종결결정 기입등기촉탁서】

서 울 회 생 법 원
제 1 부
등 기 촉 탁 서

서울중앙지방법원 등기국장 귀하

사   건   2023회합○○ 회생

채 무 자   ○○ 주식회사

　　　　　　　　서울 ○○구 ○○로 ○○○

　위 사건에 관하여 다음과 같이 회생절차 개시등기, 회생계획 인가 등기 및 관리인 간주 등기의 말소와 회생절차종결결정의 기입등기를 촉탁합니다.

등기원인과 그 연월일   2023. ○. ○. 종결

등기의 목적   회생절차 개시등기, 회생계획 인가 등기 및 관리인 간주 등기의 말소와 회생절차종결결정의 기입등기

등 록 세   면제

첨   부   1. 회생절차종결결정 등본 1통

　　　　　　　　2. 법인등기사항증명서 1통

2023. ○. ○.

법원사무관   ○   ○   ○

[별지 198 개인 채무자에 대한 회생절차종결결정 기입등기·등록 및 회생절차개시결정 기입등기·등록 등의 말소촉탁서]

【별지 198 개인 채무자에 대한 회생절차종결결정 기입등기·등록 및 회생절차개시결정 기입등기·등록 등의 말소촉탁서】

서 울 회 생 법 원
등기(등록)촉탁서

○○등기소장 귀하

사 건   2023회단○○ 회생

채 무 자   ○○○(640101-1234567)

서울 ○○구 ○○로 ○○○

위 사건에 관하여 다음과 같이 재산보전처분결정, 회생절차개시결정, 회생계획인가결정의 각 말소등기 및 회생절차종결결정의 기입등기를 촉탁합니다.

등기(등록)원인과 그 연월일   2023. ○. ○. 종결

등기(등록)의 목적   별지 기재 권리에 대하여 한 재산보전처분결정, 회생절차개시결정, 회생계획인가결정의 각 말소등기 및 회생절차종결결정의 기입등기

등 록 세   면제

첨 부   1. 회생절차종결결정 등본 1통

2023. ○. ○.

법원사무관   ○   ○   ○

【별지 199 법 제286조 제1항 제1호 전단에 의한 회생절차폐지결정】

서 울 회 생 법 원
제 1 부
결   정

사   건   2023회합○○ 회생
채 무 자   ○○ 주식회사
                 서울 ○○구 ○○로 ○○○
관 리 인   ○○○

주   문

이 사건 회생절차를 폐지한다.

이   유

위 사건에 관하여 이 법원은 2023. ○. ○. 회생계획안을 2023. ○. ○.까지 제출할 것을 명하였는데, 관리인 및 채무자 또는 목록에 기재되어 있거나 신고한 회생채권자, 회생담보권자, 주주·지분권자 모두 2023. ○. ○.까지 회생계획안을 제출하지 아니하였다.

관리인 등이 법원이 정한 기간 안에 회생계획안을 제출하지 아니함에 따라 이 사건 회생절차에 관하여 채무자 회생 및 파산에 관한 법률 제286조 제1항 제1호에 정한 폐지사유가 발생하였으므로, 이 사건 회생절차를 폐지하기로 하여 주문과 같이 결정한다.

2023. ○. ○.

재판장   판사   ○○○
            판사   ○○○
            판사   ○○○

【별지 200 법 제286조 제1항 제1호 후단에 의한 회생절차폐지결정】

서 울 회 생 법 원
제 1 부
결   정

사   건   2023회합○○ 회생

채 무 자   ○○ 주식회사

               서울 ○○구 ○○로 ○○○

관 리 인   ○○○

주   문

이 사건 회생절차를 폐지한다.

이   유

1. 회생절차개시에 이른 경과

　가. 채무자는 2001. ○. ○. 설립된 회사로서, 플라스틱시트(PVC필름)를 제조하여 판매하는 것을 주된 사업으로 영위하고 있다.

　나. 채무자는 원자재 가격 폭등과 환율상승으로 수익성이 악화되었고, 경기침체로 인한 소비위축으로 매출이 급감하였다. 더구나 만기가 도래한 금융기관 채무 5억 원의 기한이 연장되지 않아 자금부담이 가중되는 등으로 재정적 파탄에 처하게 되었다. 이에 채무자는 2023. ○. ○. 이 법원에 회생절차개시신청을 하였고, 이 법원은 2023. ○. ○. 채무자에 대하여 회생절차개시결정을 하면서 채무자의 대표이사인 ○○○를 관리인으로 선임하였다.

2. 회생절차의 진행경과 및 회생계획안의 제출

　가. 채무자에 대한 목록제출기간과 채권신고기간 및 채권조사기간의 진행 후, 조사위원으로 선임된 ○○회계법인은 조사보고서 제출기한 내인 2023. ○. ○. 채무자의 계속기업가치가 42억 원으로서 청산가치인 22억 원을 초과한다는 내용의 조사보고서를 제출하였다.

  나. 관리인은 2023. ○. ○. 조사위원이 조사보고서를 통하여 예측한 예상매출과
     손익추정을 근거로 회생담보권과 회생채권 등의 권리변경과 변제방법을 정
     한 회생계획안(이하 '이 사건 회생계획안'이라고 한다)을 작성, 제출하였다.

3. 회생계획안의 배제결정

  가. 이 사건 회생계획안은 채무자가 2023년부터 2032년까지 합계 707억 원의
     매출을 통하여 41억 원의 영업이익을 달성함을 전제로 하고 있다. 그러나
     이 사건 회생계획안 제출 이후 채무자의 관리인은 2023. ○. ○. 구속되어
     현재까지 구금되어 있고, 채무자는 관리인이 100% 지분을 보유한 중소기
     업으로서 관리인의 개인적인 인맥을 활용하여 매출처 및 원자재 조달처를
     확보하여 왔다. 그러나 위와 같이 관리인의 영업활동 참여가 불가능하여
     거래처의 이탈이 불가피하게 되었고, 관리인의 불법행위로 채무자에 대한
     시장의 신뢰성 역시 심각하게 저하되었다.

     위와 같은 사정으로 채무자가 당초 이 사건 회생계획안에서 예정한 매
     출액과 영업이익을 달성할 수 없게 되었다.

  나. 채무자의 조사위원인 ○○회계법인도 위와 같은 사정을 고려하면 채무자
     의 채무자가 2023년부터 2032년까지 매출액은 423억 원, 영업손실은 17억
     원으로 추정될 뿐이므로, 이 사건 회생계획안은 수행가능성이 없다는 취
     지의 제2차 조사보고서를 제출하였다.

  다. 이에 따라 이 법원은 이 사건 회생계획안이 수행 불가능하게 되었다고 판
     단하여, 2023. ○. ○. 채무자 회생 및 파산에 관한 법률 제231조에 따라
     이 사건 회생계획안을 관계인집회의 심리 또는 결의에 부치지 아니하기로
     하는 회생계획안의 배제결정을 하였다.

4. 결   론

  그렇다면 법원이 정한 기간 또는 연장한 기간 안에 제출된 모든 회생계획안
이 관계인집회의 심리 또는 결의에 부칠 만한 것이 못됨에 따라 이 사건 회생
절차에 관하여 채무자 회생 및 파산에 관한 법률 제286조 제1항 제1호에서 정
한 폐지사유가 발생하였으므로, 채무자에 대한 회생절차를 폐지하기로 하여 주
문과 같이 결정한다.

[별지 200 법 제286조 제1항 제1호 후단에 의한 회생절차폐지결정]

2023. ○. ○.

재판장　　　판사　　　○ ○ ○

판사　　　○ ○ ○

판사　　　○ ○ ○

【별지 201 관계인집회에서 회생계획안이 부결된 경우 회생절차폐지결정】

서 울 회 생 법 원

제 1 부

결   정

사   건   2023회합○○ 회생

채 무 자   ○○ 주식회사

                 서울 ○○구 ○○로 ○○○

관 리 인   ○○○

주   문

이 사건 회생절차를 폐지한다.

이   유

이 사건에 관하여 관리인이 2023. ○. ○. 제출하고, 2023. ○. ○. 수정허가된 회생계획안은 2023. ○. ○. 개최된 회생계획안 결의를 위한 관계인집회에서 채무자 회생 및 파산에 관한 법률 제237조의 가결요건에 해당하는 동의를 얻지 못하여 부결되었으므로, 같은 법 제286조 제1항 제2호에 의하여 주문과 같이 결정한다.

2023. ○. ○.

재판장   판사   ○○○

            판사   ○○○

            판사   ○○○

【별지 202 회생절차폐지결정 공고】

채무자 ○○ 주식회사 회생절차폐지결정 공고

사 건 2023회합○○ 회생
채 무 자 ○○ 주식회사
　　　　　서울 ○○구 ○○로 ○○○
관 리 인 ○○○

　　위 사건에 관하여 이 법원은 2023. ○. ○. 회생절차폐지결정을 하였으므로 채무자 회생 및 파산에 관한 법률 제289조에 의하여 다음과 같이 공고합니다.

다　음

1. 주　문
　채무자 ○○ 주식회사에 대한 회생절차를 폐지한다.
2. 이유의 요지
　채무자에 대한 회생계획안은 결의를 위한 관계인집회에서 부결되었으므로, 채무자 회생 및 파산에 관한 법률 제286조 제1항 제2호에 의하여 주문과 같이 결정한다.

2023. ○. ○.

서울회생법원　제1부

재판장　　판사　　○○○
　　　　　판사　　○○○
　　　　　판사　　○○○

【별지 203 서면결의로 회생계획안이 부결된 경우 회생절차폐지결정】

서 울 회 생 법 원
제 1 부
결   정

사   건   2023회합○○ 회생
채 무 자   ○○ 주식회사
             서울 ○○구 ○○로 ○○○
관 리 인   ○○○

주   문

이 사건 회생절차를 폐지한다.

이   유

이 사건 회생계획안은 2023. ○. ○. 회신기간 안에 법원에 도달한 의결권자의 동의가 채무자 회생 및 파산에 관한 법률 제237조의 가결요건을 충족하지 못하여 부결되었으므로(부결되고, 2023. ○. ○. 개최된 속행기일에서도 부결되었으므로), 같은 법 제286조 제1항 제4호에 의하여 주문과 같이 결정한다.

2023. ○. ○.

재판장   판사   ○○○
          판사   ○○○
          판사   ○○○

【별지 204 법 제286조 제2항에 의한 회생절차폐지결정】

서 울 회 생 법 원

제 1 부

결   정

사   건   2023회합○○ 회생

채 무 자   ○○ 주식회사

             서울 ○○구 ○○로 ○○○

관 리 인   ○○○

주   문

이 사건 회생절차를 폐지한다.

이   유

1. 회생절차에 이른 경과

  [중략]

  채무자는 2023. ○. ○. 이 법원에 회생절차개시신청을 하여 같은 해 ○. ○. 이 법원으로부터 회생절차개시결정을 받았다.

2. 채무자의 청산가치와 계속기업가치의 비교

  가. 법률의 규정

    채무자 회생 및 파산에 관한 법률 제286조 제2항 본문은, 회생계획안의 제출 전 또는 그 후에 채무자의 사업을 청산할 때의 가치가 채무자의 사업을 계속할 때의 가치보다 크다는 것이 명백하게 밝혀진 때에는 법원은 회생계획인가결정 전까지 관리인의 신청에 의하거나 직권으로 회생절차폐지의 결정을 할 수 있다고 규정하고 있다.

  나. 조사위원이 산정한 채무자의 청산가치와 계속기업가치

    이 법원이 선임한 조사위원의 조사보고서 및 관리인의 보고서에 의하면, 채무자의 청산가치는 190억 원인 반면 계속기업가치는 100억 원으로서 채무자의 청산가치가 계속기업가치보다 90억 원 정도 큰 것으로 나타나고 있다.

다. 판   단

살피건대, 조사위원이 위 조사를 수행하고 청산가치 및 계속기업가치를 산정함에 있어 그 조사방법이나 평가에 있어 합리성을 결여하였다거나 부적정한 점이 발견되지 않고 채무자의 인적, 물적 기반이 복구되지 않은 채 영업중단상태가 오랜 기간 지속되고 있으며 장래 영업이 재개될 개연성도 보이지 않는 이상 채무자의 청산가치가 계속기업가치보다 큰 것이 명백하다고 할 것이다.

3. 결   론

그러므로 채무자 회생 및 파산에 관한 법률 제286조 제2항에 따라 이 사건 회생절차를 폐지하기로 하여 주문과 같이 결정한다.

2023. ○. ○.

재판장   판사   ○○○
　　　　　판사   ○○○
　　　　　판사   ○○○

【별지 205 회생절차폐지에 관한 의견조회서(채권자협의회용)】

서 울 회 생 법 원
제 1 부

2023. ○. ○. 발송필

우) 06594 서울 서초구 서초중앙로 157 / ☎ 530-1908 / 팩스 592-5661 / 주심 : ○○○ 판사

시행일자   2023. ○. ○.

수   신   ○○ 주식회사의 채권자협의회 (대표채권자 : ○○은행)

참   조   기업회생부 차장 ○○○ (전화 :   , 팩스 :   )

제   목   회생절차폐지에 관한 의견조회

1. 채무자 ○○ 주식회사(본점 : 서울 ○○구 ○○로 ○○○, 관리인 : ○○○)
   에 대한 이 법원 2023회합○○호 회생 사건에 관한 내용입니다.

2. 채무자에 대한 조사위원으로부터 채무자의 청산가치와 계속기업가치의 산정
   및 회생절차를 계속 진행함이 적정한지에 관한 의견이 제출되었습니다.
   조사보고서에 의하면, 채무자의 청산가치는 ○○억 원이고, 계속기업가치는
   ○○억 원으로, 청산가치가 계속기업가치보다 높은 경우에 해당되어, 회생절
   차를 계속 진행함이 적정하지 않은 것으로 의견이 제시되었습니다.
   이는 채무자 회생 및 파산에 관한 법률 제286조 제2항에서 정한 폐지사유
   에 해당하여 회생절차폐지에 관한 귀 협의회의 의견을 조회하오니, 2023.
   ○. ○.까지 이 법원에 도착할 수 있도록 서면 또는 팩시밀리 전송의 방법으
   로 회신하여 주시기 바랍니다.

3. 기한 내에 의견 제출이 없으면 제시의견이 없는 것으로 보고 처리할 예정이
   오니 참고하시기 바랍니다.

재 판 장   판 사   ○   ○   ○

【별지 206 회생절차폐지에 관한 의견조회서(관리위원회용)】

서 울 회 생 법 원
제 1 부

우) 06594 서울 서초구 서초중앙로 157 / ☎ 530-1908 / 팩스 592-5661 / 주심 : ○○○ 판사

시행일자   2023. ○. ○.
수   신   서울회생법원 관리위원회
참   조   주무 관리위원 ○○○
제   목   회생절차를 계속 진행함이 적정한지 등에 대한 의견조회

1. 채무자 ○○ 주식회사에 대한 이 법원 2023회합○○호(본점 : 서울 ○○구 ○○로 ○○○, 관리인 : ○○○) 회생사건과 관련된 내용입니다.

2. 채무자에 대한 조사위원으로부터 채무자의 청산가치와 계속기업가치의 산정 및 회생절차를 계속 진행함이 적정한지에 관한 의견이 제출되었습니다. 귀 위원회에서 조사보고서를 검토하시고 회생절차를 계속 진행함이 적정한지 등에 관한 의견을 조회하오니 2023. ○. ○.까지 회신하여 주시기 바랍니다.

재 판 장   판 사   ○   ○   ○

【별지 207 회생절차폐지에 관한 의견청취 기일지정결정】

서 울 회 생 법 원
제 1 부
결   정

사   건   2023회합○○ 회생
채 무 자   ○○ 주식회사
                  서울 ○○구 ○○로 ○○○
관 리 인   ○○○

주   문
채무자에 대한 회생절차폐지에 관한 이해관계인의 의견을 듣기 위한 기일과 장소를 2023. ○. ○. 15:00 서울회생법원 제1호 법정으로 정한다.

이   유
채무자 회생 및 파산에 관한 법률 제288조 제2항에 의하여 주문과 같이 결정한다.

2023. ○. ○.

재판장   판사   ○○○
                  판사   ○○○
                  판사   ○○○

【별지 208 회생절차폐지에 관한 의견청취 기일지정공고】

채무자 ○○ 주식회사 기일 공고

사   건   2023회합○○ 회생
채 무 자   ○○ 주식회사
                    서울 ○○구 ○○로 ○○○
관 리 인   ○○○

　　위 사건에 관하여 다음과 같이 기일을 정하였으므로 채무자 회생 및 파산에 관한 법률 제288조 제3항에 의하여 이를 공고합니다.

다   음

1. 기일 : 2023. ○. ○. 15:00
2. 장소 : 서울회생법원 제1호 법정
3. 목적 : 채무자에 대한 회생절차를 폐지함에 관한 이해관계인의 의견을 듣기
　　　　위함.

2023. ○. ○.

서울회생법원   제1부

재판장   판사   ○○○
                    판사   ○○○
                    판사   ○○○

【별지 209 회생절차폐지에 관한 조서】

서 울 회 생 법 원

회생절차폐지에 관한 조서

2023회합○○ 회생	기 일 : 2023. ○. ○. 15:00
재판장 판사　　○ ○ ○	장 소 : 서울회생법원 제1호 법정
판사　　○ ○ ○	공개 여부 : 공 개
판사　　○ ○ ○	
법원 사무관　　○ ○ ○	

사건과 당사자를 호명

채무자 ○○ 주식회사의 관리인 ○ ○ ○ 　　　　　　　　　　　　　출석

관리위원 ○ ○ ○ 　　　　　　　　　　　　　　　　　　　　　　　　출석

채무자 ○○ 주식회사의 채권자협의회 대표채권자 ○ ○ ○ 　　　　　출석

회생채권자, 회생담보권자 및 주주 기타 이해관계인의 출석사항은 별첨 '출석현황표'의 기재와 같음.

재 판 장

　1. 채무자 ○○ 주식회사의 회생절차폐지에 관하여 이해관계인의 의견을 듣기 위한 기일을 개최한다고 선언.

　2. 먼저 관리인에게 채무자 ○○ 주식회사에 대한 회생절차개시 후 현재에 이르기까지의 제반 사정, 그 동안의 영업현황 및 회생계획 수행현황에 대하여 보고할 것을 명.

관 리 인

　별지 관리인 보고서 기재와 같이 채무자 ○○ 주식회사의 그 동안의 제반 사정, 영업현황 및 회생계획 수행현황에 대하여 보고.

재 판 장

　출석한 이해관계인들에게 채무자에 대한 회생절차폐지에 관한 의견 진술의 기회를 부여.

관 리 인

　　······

관리위원 ○○○

　　채무자에 대한 회생절차를 폐지함이 상당하다고 진술.

회생담보권자 주식회사 ○○은행의 대리인 ○○○

　　채무자는 ······이므로, 채무자에 대한 회생절차폐지에 동의한다고 진술.

회생채권자 ○○ 주식회사의 대리인 ○○○

　　······한 사유로 회생절차의 폐지를 연말까지 연기해 달라고 진술.

재 판 장

　　다른 출석한 이해관계인들에게 의견의 진술을 구하다.

나머지 출석한 이해관계인들

　　별다른 의견진술을 하지 아니하다.

재 판 장

　1. 본 기일에 나온 이해관계인들의 의견을 충분히 참작하여 채무자 ○○ 주
　　　식회사에 대한 회생절차폐지 여부를 결정하겠다고 고지.

　2. 채무자에 대한 회생절차가 폐지될 경우 회생계획에 정해진 사항의 효력과
　　　채무자에 대한 권리자들의 권리구제방안에 관하여 설명.

　3. 채무자에 대한 회생절차폐지에 관한 의견청취 기일의 종료를 선언.

집회종료

　　　　　　　　　　　　　　　　　　　　　법 원 사무관　○　○　○
　　　　　　　　　　　　　　　　　　　　　재판장 판사　○　○　○

【별지 210 회생절차폐지에 관한 의견제출기한 지정 결정】

서 울 회 생 법 원

제 1 부

결   정

사   건   2023회합○○ 회생

채 무 자   ○○ 주식회사

　　　　　　　　서울 ○○구 ○○로 ○○○

법률상관리인   대표이사 ○○○

주   문

채무자에 대한 회생절차폐지에 관한 이해관계인의 의견제출기한을 2023. ○. ○.까지로 한다.

이   유

채무자의 회생절차폐지에 관하여 관리위원회 · 채권자협의회 및 이해관계인에게 의견제출의 기회를 부여하기 위하여 채무자 회생 및 파산에 관한 법률 제288조 제2항에 의하여 주문과 같이 결정한다.

2023. ○. ○.

재판장   판사   ○○○

　　　　　　　판사   ○○○

　　　　　　　판사   ○○○

【별지 211 회생절차폐지에 관한 의견제출기한 공고】

채무자 ○○ 주식회사 의견제출기한 공고

사   건   2023회합○○ 회생
채 무 자   ○○ 주식회사
                서울 ○○구 ○○로 ○○○
법률상관리인   대표이사 ○○○

　　이 법원은 회생절차폐지에 관한 관리위원회·채권자협의회 및 이해관계인의 의견제출기한을 2023. ○. ○.까지로 정하였으므로 채무자 회생 및 파산에 관한 법률 제288조 제3항에 의하여 이를 공고합니다.

2023. ○. ○.

서울회생법원   제1부

재판장   판사   ○○○
            판사   ○○○
            판사   ○○○

【별지 212 법 제288조에 의한 회생절차폐지에 관한 의견조회서(채권자협의회)】

서 울 회 생 법 원
제 1 부

2023. ○. ○. 발송필

우) 06594 서울 서초구 서초중앙로 157/ ☎ 530-1908 / 팩스 592-5661 / 주심 : ○○○ 판사

시행일자   2023. ○. ○.

수   신   채무자 ○○주식회사의 채권자협의회(대표채권자)

참   조   기업개선부 ○○○ 팀장 (전화 ○○○-○○○○, 팩스 ○○○

              -○○○○)

제   목   회생절차폐지에 관한 의견조회

---

1. 채무자 ○○○에 대한 이 법원 20○○회합○○ 회생사건과 관련된 내용입니다.

2. 회생계획 인가의 결정이 있은 후 조사위원의 보고 등에 의해 회생계획을 수
   행할 수 없는 것이 명백하다는 의견이 제시되었습니다.

   이는 채무자 회생 및 파산에 관한 법률 제288조 제1항에서 정한 폐지사유
   에 해당되어 회생절차폐지 여부에 관한 의견을 조회하오니, 이에 대한 의견
   이 있는 경우 20○○. ○. ○.까지 이 법원에 도착할 수 있도록 서면 또는
   팩시밀리 전송의 방법으로 제출하여 주시기 바랍니다.

3. 만약 기한 내에 의견제출이 없으면 제시의견이 없는 것으로 보고 처리할 예
   정이오니 참고하시기 바랍니다.

재 판 장   판 사   ○   ○   ○

【별지 212-1 제288조에 의한 회생절차폐지에 관한 의견조회서(채권자 등)】

서 울 회 생 법 원
제 1 부
통 지 서

수 　 신　　수신처 참조
사 　 건　　20○○회합○○ 회생
채 　 무 　 자　　○○ 주식회사
　　　　　　　　서울 ○○구 ○○로 ○○○
법률상관리인　　대표이사 ○○○

1. 채무자 ○○○(본점 : 서울 서초구 ○○○, 관리인 : ○○○)에 대한 이 법원
   20○○회합○○ 회생 신청사건과 관련된 내용입니다.
2. 위 사건에 관하여 채무자 회생 및 파산에 관한 법률 제288조 제1항에서 정한
   폐지사유(회생계획인가의 결정이 있은 후 회생계획을 수행할 수 없는 것이
   명백하게 된 때)가 발생하여 이에 관한 의견을 조회하니, 의견이 있는 경우
   2023. ○. ○.까지 이 법원에 도착할 수 있도록 제출하여 주시기 바랍니다.

2023. ○. ○

재 판 장　　판 사　　○　　○　　○

수신처 : 확정된 회생채권·회생담보권이 회생계획에 의하여 인정된 권리를 가
　　　　진 자 중 알고 있는 자.

【별지 213 법 제288조에 의한 회생절차폐지에 관한 의견조회서(관리위원회용)】

서 울 회 생 법 원
제 1 부

우) 06594 서울 서초구 서초중앙로 157 / ☎ 530-1908 / 팩스 592-5661 / 주심 : ○○○ 판사

시행일자   2023. ○. ○.

수   신   서울회생법원 관리위원회

참   조   주무 관리위원 ○○○

제   목   회생절차폐지에 관한 의견조회

1. 채무자 ○○ 주식회사에 대한 이 법원 2023회합○○호 회생사건에 관한 내용입니다.

2. 채무자 회생 및 파산에 관한 법률 제288조 제2항에 의하여 채무자의 회생절차폐지 여부에 관한 의견을 조회를 하오니, 회신하여 주시기 바랍니다.

재 판 장   판 사   ○   ○   ○

【별지 214 법 제288조 제1항에 의한 회생절차폐지결정】

서 울 회 생 법 원
제 1 부
결　　　정

사　　　건　　2021회합○○ 회생
채　무　자　　○○ 주식회사
　　　　　　　서울 ○○구 ○○로 ○○○
관　리　인　　○○○

주　　　문

이 사건 회생절차를 폐지한다.

이　　　유

1. 인정 사실

이 사건 기록에 의하면, 다음 사실을 인정할 수 있다.

가.1) 채무자는 1992. 5. 10. 설립된 이래 산업용 포장재를 제조·판매하여 왔는데, 2015년 이후 자금난과 원가부담을 이기지 못하고 2021. 5. 18. 이 법원에 회생절차개시신청을 하였다. 이 법원은 2022. 3. 12. 관계인집회에서 회생계획이 가결되자 같은 날 인가를 하였는데, 회생계획 수행기간은 2021년을 준비연도로 하고 2022년도부터 2031년까지 10년 간으로 예정하였다.

2) 회생계획인가 당시 권리가 변경되어 확정된 회생채무의 내역은 회생담보권 약 150억 원, 회생채권 약 240억 원이었고, 공익채권도 약 37억 원이 발생되어 있었다. 채무자는 회생채무의 변제와 회사의 운영자금을 조달하기 위한 주된 수입원을 매출을 통한 영업수익금으로 계획하였는데, 당시 채무자가 예상한 구체적인 매출 등의 영업수지 중 2021년도부터 2023년 9월까지의 내역은 '별지 손익계산서'의 '추정'란 기재와 같다.

나.1) 채무자는 회생계획이 인가됨에 따라 그 수행에 들어갔는데, 우리나라 유화업계가 과잉설비에 따른 수익성 악화로 감산경영을 함에 따라 유화업체를 주된 거래처로 삼고 있던 채무자로서는 내수시장의 침체라는 예상치 않은 상황을 맞이하게 되었고, 이로 인하여 채무자의 영업실적은 2021년부터 2023년 9월까지 '별지 손익계산서'의 '실적'란 기재와 같이 회생계획상의 예정치를 훨씬 밑도는 매출 등의 영업수지를 보이고 있다.

2) 채무자의 영업상황 중 가장 중요한 자금유입원인 매출의 경우 회생계획 대비 실적 비율이 2021년 73.34%, 2022년 46.74%, 2023년 9월 현재 35.46%로서 점점 예정치 달성 비율이 낮아지고 있고, 매출액의 절대규모 역시 지속적인 하향추세를 보이고 있다. 영업수지 역시 2021년도에 약 2억 5천만 원의 영업이익을 실현해야 되나 약 1억 4천만 원에 그쳤고, 2022년도에는 예정하였던 영업이익 약 12억 7천만 원에 현저하게 미달하는 약 10억 7천만 원의 영업손실을 냈으며, 2023년도 9월까지 영업수지 역시 약 10억 4천만 원을 예정하고 있음에도 오히려 6억 5천만 원의 영업손실을 보는 등 영업수지가 개선될 기미를 보이고 있지 않은 실정이다.

다.1) 채무자는 위와 같은 영업부진 등으로 자금조달이 제대로 이루어지지 않음에 따라 2022. 12. 30.자로 이미 변제기가 경과한 회생채무 약 33억 원 중 회생담보권 약 13억 원, 회생채권 약 6억 원의 지급을 지체하고 있다. 또한 채무자는 2023. 12. 30.자로 변제기가 도래하는 회생담보권 약 10억 원, 회생채권 약 7억 7천만 원 합계 약 18억 원의 채무를 추가로 이행해야 한다.

2) 채무자는 위와 같은 부진한 영업상황을 개선하고 극심한 자금사정을 타개하기 위하여 2023년부터 계속하여 M&A 등을 통한 새로운 투자자의 확보에 노력을 기울였으나 현재까지 별다른 성과를 보지 못하였고, 채무자의 그 동안의 영업상황, 유화업계의 경기동향 등에 비추어 그 결과 또한 회의적이다.

라. 한편 채권자 중 회생담보권의 96%와 회생채권의 26%를 보유하고 있는 ○○유한회사는 채무자에 대한 회생절차폐지 여부를 묻는 이 법원의 의견조회에 대하여 위와 같은 채무자의 전반적인 영업상황 등을 이유로 회생절차의 폐지를 요청하고 있다.

2. 판   단

위 인정사실과 같이, 채무자가 회생계획과는 달리 매출이 현저히 부진을 면치 못함에 따라 영업이익 등이 큰 폭으로 적자를 내는 등 수입을 거의 창출하지 못하고 있는 점, 회생계획에 따른 채무를 이미 19억 원 정도 변제하지 못하고 있고 올해 변제기가 도래하는 18억 원의 채무 역시 그 이행을 기대할 수 없는 점, 채무자가 추진하는 신규자본 등의 유치도 구체적인 성과가 없고, 달리 금융기관으로부터의 지원도 기대할 수 없는 사정, 최대 채권자가 회생절차의 폐지를 요청하고 있는 사정, 그 밖에 이 사건 기록에 나타난 제반 사정에 비추어 볼 때, 채무자가 향후 회생계획기간 안에 회생계획에 따라 영업활동으로 자금을 조달하여 회생채무를 변제하고 회생의 바탕을 마련할 수 있는 것으로는 보이지 않는다.

3. 결   론

그렇다면 채무자는 회생계획을 수행할 수 없는 것이 명백하게 되었다고 할 것이므로, 채무자 회생 및 파산에 관한 법률 제288조 제1항에 따라 이 사건 회생절차를 폐지하기로 하여 주문과 같이 결정한다.

2023. ○. ○.

재판장   판사   ○○○
판사   ○○○
판사   ○○○

(별지 생략)

【별지 215 법 제288조 제1항에 의한 회생절차폐지결정 공고】

<h2 style="text-align:center">채무자 ○○ 주식회사 회생절차폐지결정 공고</h2>

사   건   2023회합○○ 회생
채 무 자   ○○ 주식회사
               서울 ○○구 ○○로 ○○○
관 리 인   ○○○

위 사건에 관하여 이 법원은 2023. ○. ○. 회생절차폐지결정을 하였으므로, 채무자 회생 및 파산에 관한 법률 제289조에 의하여 다음과 같이 공고합니다.

다   음

1. 주   문
   이 사건 회생절차를 폐지한다.
2. 이유의 요지
   채무자가 회생계획을 수행할 수 없는 것이 명백하므로, 채무자 회생 및 파산에 관한 법률 제288조 제1항에 의하여 주문과 같이 결정한다.

2023. ○. ○.

서울회생법원   제1부

재판장   판사   ○○○
            판사   ○○○
            판사   ○○○

【별지 216 회생절차폐지결정문 송부(채권자협의회)】

서 울 회 생 법 원
제 1 부

우) 06594 서울 서초구 서초중앙로 157 / ☎ 530-1908 / 팩스 592-5661 / 주심 : ○○○ 판사

시행일자 2023. ○. ○.
수 신 채무자 ○○주식회사의 채권자협의회 (대표채권자 : ○○은행)
참 조 기업회생부 차장 ○○○ (전화 , 팩스)
제 목 회생절차폐지결정문 송부

1. 채무자 ○○주식회사(서울 ○○구 ○○로 ○○○, 관리인 : ○○○)에 대한 이 법원 2021회합○○호 회생 사건과 관련된 내용입니다.
2. 이 법원은 채무자에 대하여 2023. ○. ○. 회생절차폐지결정을 하였으므로, 채무자 회생 및 파산에 관한 법률 제22조 제1항, 같은 규칙 제39조 제17호에 의하여 별첨과 같이 회생절차폐지결정문을 송부하오니 업무에 참조하시기 바랍니다.

※ 별첨 : 회생절차폐지결정문 사본. 끝.

재판장 판사 ○ ○ ○

【별지 217 회생절차폐지결정 확정 통지서】

서 울 회 생 법 원
제 1 부
통 지 서

수 신 처   수신처 참조
사   건   2023회합○○ 회생
채 무 자   ○○ 주식회사
              서울 ○○구 ○○로 ○○○
관 리 인   ○○○

　　위 사건에 관하여 이 법원은 2023. ○. ○. 회생절차폐지결정을 하였고, 위 결정이 2023. ○. ○. 확정되었으므로 채무자 회생 및 파산에 관한 법률 제290조 제2항, 제40조 제1항에 의하여 이를 통지합니다.
첨   부   회생절차폐지결정 등본 1통.

2023. ○. ○.

재판장   판사   ○   ○   ○

수신처 : 기획재정부장관, 법무부장관, 산업통상자원부장관, 고용노동부장관, 금융위원회위원장, 국세청장, 관세청장, 서울특별시장, ○○구청장, ○○세무서장. 끝.

【별지 218 법인 채무자에 대한 회생절차개시결정 등의 말소등기 및 회생절차
  폐지결정 기입등기촉탁서】

서 울 회 생 법 원
제 1 부
등 기 촉 탁 서

서울중앙지방법원 등기국장 귀하

사   건   2023회합○○ 회생

채 무 자   ○○ 주식회사

             서울 ○○구 ○○로 ○○○

    위 사건에 관하여 다음과 같이 회생절차 개시등기 말소, 관리인 등기의 말
소 및 회생절차폐지결정의 기입등기를 촉탁합니다.

등기원인과 그 연월일   2023. ○. ○. 회생절차폐지결정의 2023. ○. ○. 자
                        확정.

등기의 목적   회생절차 개시등기 말소, 관리인 등기의 말소 및 회
                      생절차 폐지결정의 기입등기.

첨   부   1. 회생절차폐지결정 등본 1통
                      2. 법인등기사항증명서 1통

2023.   ○.   ○.

법원사무관   ○   ○   ○

【별지 219 법인 채무자에 대한 재산보전처분결정 기입등기(등록) 등의 말소등기(등록) 촉탁서】

서 울 회 생 법 원
제 1 부
등기(등록)말소촉탁서

수　　　신　　　　수신처 참조
사　　　건　　　　2023회합○○ 회생
채　무　자　　　　○○ 주식회사
　　　　　　　　　서울 ○○구 ○○로 ○○○○ ○ ○

　　　위 사건에 관하여 다음과 같이 보전처분등기(등록)의 말소를 촉탁합니다.

등기(등록)원인과 그 연월일　　　　2023. ○. ○. 회생절차폐지결정의 2023. ○. ○. 자 확정에 따른 보전처분의 실효.

등기(등록)의 목적　　　　별지 기재 권리(부동산)에 대하여 한 보전처분등기(등록)의 말소

등　　록　　세　　　　면 제

첨　　　　　부　　　　1. 회생절차폐지결정 등본 1통
　　　　　　　　　　　2. 법인등기사항증명서 1통

2023. ○. ○.

법원사무관　　○　　　○　　　○

수　　　신　　　　○○등기소장, ○○등기소장, ○○시장. 끝.

【별지 220 개인 채무자에 대한 회생절차폐지결정 기입등기(등록) 및 회생절차
 개시결정 등의 말소등기(등록) 촉탁서】

서 울 회 생 법 원
등기(등록)촉탁서

○○등기소장 귀하

사   건   2023회단○ 회생
채 무 자   ○ ○ ○ (******-*******)
           서울 ○○구 ○○로 ○○○○ ○ ○

   위 사건에 관하여 다음과 같이 재산보전처분결정, 회생절차개시결정, 회생
계획인가결정의 기입등기(등록)의 각 말소등기(등록) 및 회생절차폐지결정의 기
입등기(등록)를 촉탁합니다.
등기(등록)원인과 그 연월일   2023. ○. ○. 회생절차폐지결정의 확정
등기(등록)의 목적   별지 기재 권리(부동산)에 대하여 한 재산
                              보전처분결정, 회생절차개시결정, 회생계획
                              인가결정의 기입등기(등록)의 각 말소등기
                              (등록), 회생절차폐지결정의 기입등기(등록)
등 록 세   면 제
첨   부   회생절차폐지결정 등본 1통.

2023. ○. ○.

법원사무관   ○   ○   ○

수   신   ○○등기소장, ○○등기소장, ○○시장. 끝.

【별지 221 항고보증금 결정】

서 울 회 생 법 원

제 1 부

결   정

사   건   2023회합○○ 회생

채 무 자   ○○ 주식회사

　　　　　　　서울 ○○구 ○○로 ○○○

항 고 인   관리인 ○○○

주   문

　항고인은 보증으로 이 결정을 송달받은 날부터 ○일 이내에 ○○○만 원을 공탁하여야 한다.

이   유

　이 법원의 2023. ○. ○. 회생절차폐지결정에 대하여 항고인이 2023. ○. ○. 이 사건 즉시항고를 제기하였는바, 채무자 회생 및 파산에 관한 법률 제290조 제1항, 제247조 제4항에 의하여 주문과 같이 결정한다.

2023. ○. ○.

재판장   판사   ○○○

판사   ○○○

판사   ○○○

【별지 222 항고장 각하결정】

서 울 회 생 법 원
제 1 부
결　　　　정

사　　　건　　　2023회합○○ 회생

채　무　자　　　○○ 주식회사

　　　　　　　　서울 ○○구 ○○로 ○○○

항　고　인　　　관리인 ○○○

주　　　　문

이 사건 항고장을 각하한다.

이　　　　유

이 사건에 관하여 항고인에게 기간을 정하여 보증금을 공탁할 것을 명하였으나 항고인이 이를 제공하지 아니하므로, 채무자 회생 및 파산에 관한 법률 제290조 제1항, 제247조 제5항에 의하여 주문과 같이 결정한다.

2023. ○. ○.

재판장　　　판사　　　○○○

　　　　　　　판사　　　○○○

　　　　　　　판사　　　○○○

【별지 223 직권에 의한 파산선고결정 - 필요적 파산선고의 경우】

서 울 회 생 법 원
제 1 부
결   정

사   건   2023하합○○ 파산선고
                (2023회합○○ 회생)
채 무 자   ○○ 주식회사
                서울 ○○구 ○○로 ○○○
                대표이사 ○○○
선고일시   2023. ○. ○. 10:00

주   문

1. 채무자에 대하여 파산을 선고한다.
2. 변호사 ○○○(19○○. ○. ○.생, 서울 ○○구 ○○로 ○○○)을 파산관재인으로 선임한다.
3. 파산관재인의 임기를 2025. 12. 31.까지로 한다.
4. 채권신고기간을 2023. ○. ○.까지로 한다.
5. 제1회 채권자집회와 채권조사의 기일 및 장소를 2023. ○. ○. 14:00 서울회생법원 제1호 법정으로 한다.
6. 채무자 회생 및 파산에 관한 법률 제492조 단서의 금액을 300만 원으로 한다.

이   유

1. 인정 사실
  기록에 의하면 아래와 같은 사실을 알 수 있다.
  가. 채무자는 … 등을 목적으로 19○○. ○. ○. 설립된 자본금 ○○○원의 비상장법인이다.
  나. 채무자는 … 등으로 재정적인 파탄상태에 이르렀다. 이에 채무자는 2023. ○. ○. 이 법원에 회생절차개시신청을 하였고, 이 법원은 2023. ○. ○. 채무자에

대하여 회생절차를 개시하는 결정을 하였으며, 2023. ○. ○. 회생계획을 인가하였다.

   다. …에 따라 이 법원은 2023. ○. ○. 채무자에 대한 회생절차를 폐지하는 결정을 하였고, 그 결정은 2023. ○. ○. 확정되었다.

   라. 채무자의 2023. ○. ○. 현재 자산총계는 ○○○원이고, 부채총계는 ○○○원으로, 채무자는 부채가 자산을 초과하고 있다.

2. 판단 및 결론

   위 인정 사실에 의하면 채무자에게는 지급불능 내지 부채초과의 파산원인이 존재한다고 인정된다.

   채무자 회생 및 파산에 관한 법률 제6조 제1항, 제305조 제1항, 제306조 제1항을 적용하여 채무자에 대하여 직권으로 파산을 선고하고, 파산관재인의 선임에 관하여는 같은 법 제355조 제1항을, 채권신고의 기간, 제1회 채권자집회의 기일 및 채권조사의 기일에 관하여는 같은 법 제312조를, 파산관재인이 법원의 허가를 받아야 하는 행위의 기준 금액에 대하여는 같은 법 제492조 단서를 각 적용하여 주문과 같이 결정한다.

                    재판장   판사   ○○○

                                판사   ○○○

                                판사   ○○○

【별지 224 파산선고결정 - 임의적 파산선고의 경우】

서 울 회 생 법 원

제 1 부

결   정

사   건   2023하합○○ 파산선고

　　　　　　　　(2023회합○○ 회생)

채 무 자   ○○ 주식회사

　　　　　　　서울 ○○구 ○○로 ○○○

　　　　　　　대표이사 ○○○

선고일시   2023. ○. ○. 10:00

주   문

1. 채무자에 대하여 파산을 선고한다.

2. 변호사 ○○○(19○○. ○. ○.생, 서울 ○○구 ○○로 ○○○)을 파산관재인으로 선임한다.

3. 파산관재인의 임기를 2025. 12. 31.까지로 한다.

4. 채권신고기간을 2023. ○. ○.까지로 한다.

5. 제1회 채권자집회와 채권조사의 기일 및 장소를 2023. ○. ○. 14:00 서울회생법원 제1호 법정으로 한다.

6. 채무자 회생 및 파산에 관한 법률 제492조 단서의 금액을 300만 원으로 한다.

이   유

1. 인정 사실

　기록에 의하면 아래와 같은 사실을 알 수 있다.

　가. 채무자는 … 등을 목적으로 19○○. ○. ○. 설립된 자본금 ○○○원의 비상장법인이다.

　나. 채무자는 … 등으로 재정적인 파탄상태에 이르렀다. 이에 채무자는 2023. ○. ○. 이 법원에 회생절차개시신청을 하였고, 이 법원은 2023. ○. ○. 채무자에

대하여 회생절차를 개시하는 결정을 하였다.

다. …에 따라 이 법원은 2023. ○. ○. 채무자에 대한 회생절차를 폐지하는 결정을 하였고, 그 결정은 2023. ○. ○. 확정되었다.

라. 채무자의 2023. ○. ○. 현재 자산총계는 ○○○원이고, 부채총계는 ○○○원으로, 채무자는 부채가 자산을 초과하고 있다.

2. 판단 및 결론

위 인정 사실에 의하면 채무자에게는 지급불능 내지 부채초과의 파산원인이 존재한다고 인정되므로, 채무자 회생 및 파산에 관한 법률 제6조 제2항 제2호, 제305조 제1항, 제306조 제1항을 적용하여 채무자에 대하여 관리인의 신청에 의하여(또는 직권으로) 파산을 선고하고, 파산관재인의 선임에 관하여는 같은 법 제355조 제1항을, 채권신고의 기간, 제1회 채권자집회의 기일 및 채권조사의 기일에 관하여는 같은 법 제312조를, 파산관재인이 법원의 허가를 받아야 하는 행위의 기준 금액에 대하여는 같은 법 제492조 단서를 각 적용하여 주문과 같이 결정한다.

재판장　　　판사　　　○○○

판사　　　○○○

판사　　　○○○

【별지 225 파산선고 공고】

<h2 style="text-align:center">채무자 ○○ 주식회사 파산선고 공고</h2>

사   건   2023하합○○ 파산선고

(2023회합○○ 회생)

채 무 자   ○○ 주식회사

서울 ○○구 ○○로 ○○○

대표이사 ○○○

위 사건에 관하여 이 법원은 2023. ○. ○. 10:00 파산선고를 하였으므로, 채무자 회생 및 파산에 관한 법률 제313조 제1항에 의하여 다음과 같이 공고합니다.

<h3 style="text-align:center">다   음</h3>

1. 파산결정의 주문

채무자에 대하여 파산을 선고한다.

2. 파산관재인의 성명 및 사무소

변호사 ○○○(19○○. ○. ○.생, 서울 ○○구 ○○로 ○○○)

3. 채권신고기간 및 채권자집회·채권조사 기일·채권자집회 결의사항

가. 채권신고기간 및 장소: 2023. ○. ○.까지, 서울회생법원 종합민원실

나. 채권자집회 및 채권조사의 기일과 장소: 2023. ○. ○. 14:00, 서울회생법원 제1호 법정

다. 채권자집회에서는 영업의 폐지 또는 계속, 고가품의 보관방법에 관하여 결의를 할 수 있음

(※ 본 사건의 경우 파산폐지에 관한 의견청취, 파산관재인의 임무종료에 따른 계산보고가 이루어질 수도 있음)

4. 유의사항

파산선고를 받은 채무자의 채무자와 파산재단에 속하는 재산의 소지자는 파산선고를 받은 채무자에게 채무를 변제하거나 그 재산을 교부하여서는 아니 되며, 채무를 부담하는 사실, 그 재산을 소지하는 사실(소지자가 별제권을 가

지고 있는 경우에는 그 채권을 가지고 있다는 사실)을 2023. ○. ○.까지 파산관재인에게 신고하여야 합니다.

(다만, 회생계획이 인가되지 않은 경우 회생절차에서 채무자 회생 및 파산에 관한 법률에 의하여 행하여진 회생채권의 신고·조사·이의 또는 확정은 파산절차에서 행하여진 파산채권의 신고·조사·이의 또는 확정으로 보게 되므로, 회생절차에서 신고한 채권자는 파산선고일(2023. ○. ○.)까지의 채권원리금 중 신고 누락한 부분만 추가신고하면 됩니다.)[40]

채무자의 주요자산 매각·포기 정보는 '대한민국 법원' 홈페이지 → '대국민서비스' → '공고' → '회생·파산 자산매각 안내'(http://www.scourt.go.kr/portal/notice/mnasell/guide/index.html)에서 확인할 수 있습니다.

2023. ○. ○.

재판장　　　판사　　　○○○
　　　　　　판사　　　○○○
　　　　　　판사　　　○○○

---

40) 회생계획인가 전에 파산선고가 된 경우에만 기재하되, 기재하지 않아도 무방하다.

【별지 226 채권자 등에 관한 파산선고 통지서】

서 울 회 생 법 원

제 1 부

통 지 서

수 신 　　알고 있는 채권자·채무자 및 재산소지자

사 건 　　2023하합○○ 파산선고

　　　　　(2023회합○○ 회생)

채 무 자 　　○○ 주식회사

　　　　　서울 ○○구 ○○로 ○○○

　　　　　대표이사 ○○○

　위 사건에 관하여 이 법원은 2023. ○. ○. 10:00 파산선고를 하였으므로, 채무자 회생 및 파산에 관한 법률 제313조에 의하여 다음과 같은 사항을 통지합니다.

다 　음

1. 파산결정의 주문

　채무자에 대하여 파산을 선고한다.

2. 파산관재인의 성명 및 사무소

　변호사 ○○○(19○○. ○. ○.생, 서울 ○○구 ○○로 ○○○)

3. 채권신고기간 및 채권자집회·채권조사 기일·채권자집회 결의사항

　가. 채권신고기간 및 장소: 2023. ○. ○.까지, 서울회생법원 종합민원실

　나. 채권자집회 및 채권조사의 기일과 장소: 2023. ○. ○. 14:00, 서울회생법원 제1호 법정

　다. 채권자집회에서는 영업의 폐지 또는 계속, 고가품의 보관방법에 관하여 결의를 할 수 있음

　　(※ 본 사건의 경우 파산폐지에 관한 의견청취, 파산관재인의 임무종료에 따른 계산보고가 이루어질 수도 있음)

4. 유의사항

가. 채무자에 대하여 파산채권을 소지한 경우, 파산재단에 속하는 재산에서 배당을 받기 위해서는 반드시 별첨한 파산채권 신고서 양식에 따라 이 법원에 파산채권 신고를 하여야 합니다. 신고하지 아니한 경우 배당에서 제외될 수 있습니다[구체적인 채권신고 방법 및 채권의 내용 등에 관한 문의사항은 파산관재인 사무소(02-○○○-○○○○)로 연락하시기 바랍니다]. (다만, 회생계획이 인가되지 않은 경우 회생절차에서 채무자 회생 및 파산에 관한 법률에 의하여 행하여진 회생채권의 신고·조사·이의 또는 확정은 파산절차에서 행하여진 파산채권의 신고·조사·이의 또는 확정으로 보게 되므로, 회생절차에서 신고한 채권자는 파산선고일(2023. ○. ○.)까지의 채권원리금 중 신고 누락한 부분만 추가신고하면 됩니다.)[41]

나. 파산선고를 받은 채무자의 채무자와 파산재단에 속하는 재산의 소지자는 파산선고를 받은 채무자에게 채무를 변제하거나 그 재산을 교부하여서는 아니 되며, 채무를 부담하는 사실, 그 재산을 소지하는 사실(소지자가 별제권을 가지고 있는 경우에는 그 채권을 가지고 있다는 사실)을 2023. ○. ○.까지 파산관재인에게 신고하여야 합니다.

5. 참고사항

가. 파산채권신고서에 전자메일(E-mail) 주소를 기재하고 통보 희망 의사에 관하여 '있음' 표시를 할 경우, 파산관재인이 채무자의 주요재산 매각정보에 관하여 통보하여 줄 수 있음

나. 채무자의 주요자산 매각·포기 정보는 '대한민국 법원' 홈페이지 → '대국민서비스' → '공고' → '회생·파산 자산매각 안내'(http://www.scourt.go.kr/portal/notice/mnasell/guide/index.html)에서 확인할 수 있음

※ 별 첨
1. 파산채권신고에 관한 주의사항　　1부
2. 파산채권신고서 및 채권목록　　각 1부
3. 위임장　　1부
4. 파산채권 신고 접수증　　1부

---

[41] 회생계획인가 전에 파산선고가 된 경우에만 기재하되, 기재하지 않아도 무방하다.

2023. ○. ○.

재 판 장   판 사   ○ ○ ○

【별지 227 관할 세무서장 등에 관한 파산선고 통지서】

서 울 회 생 법 원
제 1 부
통 지 서

수   신   수신처 참조
사   건   2023하합○○ 파산선고
                (2023회합○○ 회생)
채 무 자   ○○ 주식회사
                서울 ○○구 ○○로 ○○○
                대표이사 ○○○

  위 사건에 관하여 이 법원은 2023. ○. ○. 10:00 파산선고를 하고 변호사 ○
○○(서울 ○○구 ○○로 ○○○)을 파산관재인으로 선임하였음을 통지합니다.
첨부한 조세채권 등 신고서에 따라 재단채권 등을 신고하시길 바랍니다. 파산선
고 후 법률관계에 관하여 아래와 같이 안내해드립니다.

1. 파산선고 후 파산재단에 속하는 재산에 대한 체납처분 불가
   파산선고 후에는 파산재단에 속하는 재산에 대하여 국세징수법 또는 지방세기
   본법에 의하여 징수할 수 있는 청구권(국세징수의 예에 의하여 징수할 수 있
   는 청구권을 포함)에 기한 체납처분을 할 수 없습니다(채무자 회생 및 파산에
   관한 법률 제349조).
2. 국세징수법·지방세기본법에 의해 징수할 수 있는 채권에 대한 변제
   국세징수법·지방세기본법에 의해 징수할 수 있는 청구권은 채무자 회생 및
   파산에 관한 법률 제473조 제2호에 정한 재단채권입니다(단, 후순위파산채권
   에 해당하거나, 파산선고 후에 파산재단에 관하여 생긴 것이 아닌 때에는 그
   러하지 않습니다). 재단채권을 변제받기 위해서는 파산관재인에게 재단채권의
   존재를 알리면 됩니다. 별도로 법원에 파산채권으로 신고할 필요는 없습니다.

3. 파산선고 후 교부청구

 과세관청은 파산선고 이후라도 채무자 소유의 자산에 대한 경매절차에 적극적으로 교부청구를 하여주시기 바랍니다. 이는 파산관재인이 조세채권자 등 재단채권자들에 대한 변제와 파산채권자들에 대한 배당에 필요한 재원을 확보하는 데 큰 도움이 됩니다. 이 경우 그 교부청구에 따른 배당금은 채권자인 과세관청에 교부되지 아니하고 파산관재인에게 교부되나(대법원 2003. 6. 24. 선고 2002다70129 판결 등 참조), 파산관재인은 채무자 회생 및 파산에 관한 법률에 정한 절차에 따라 조세채권자를 비롯한 각 채권자들에게 변제·배당(변제자력 부족시에는 재단채권자들에 대한 안분변제)을 하게 됩니다.

붙임: 조세채권 등 신고서 1부

2023. ○. ○.

재 판 장   판 사   ○ ○ ○

수신처: 서울특별시장, ○○구청장, ○○세무서장, 국민건강보험공단 서울강원지역본부장/인천경기지역본부장, 근로복지공단 ○○지사장 끝.

조세채권 등 신고서

신고일자 : 20   년   월   일

신고인　　　명칭
　　　　　　주소
　　　　　　통지·송달받을 장소　　　　　　　　□□□-□□□
　　　　　　담당자
　　　　　　전화번호　　　　　　팩시밀리　　　　　　전자우편주소

채무자 ○○ 주식회사에 대한 2023하합○○ 파산사건에 관하여 다음과 같이 조세 등 재단채권이 있다는 사실을 알려 드립니다(증거서류 첨부).

순번	채권의 종류	채권액				
		① 파산선고 전 발생한 채권 원본	② ①에 기한 파산선고 전까지의 가산금 등	③ ①에 기한 파산선고 이후 가산금 등	④ 파산선고 후 발생한 채권 원본	⑤ ④에 기한 가산금 등

※ 위와 같이 신고한 조세채권 등이 재단채권으로 인정되면, 파산채권보다 먼저 변제받습니다(채무자 회생 및 파산에 관한 법률 제476조). 재단채권으로 인정받기 위해서는 국세·지방세이거나, 건강보험료·국민연금보험료·고용보험료·산업재해보상보험료·한국장애인고용공단의 고용부담금 등 국세징수의 예에 의하여 징수할 수 있는 청구권으로 그 징수우선순위가 일반파산채권보다 우선해야 합니다. 국유재산법상 사용료·대부료·변상금, 환경개선부담금, 벌금, 과료, 형사소송비용, 추징금, 과태료 등은 여기에 해당하지 않습니다.
※ 위 ③은 채무자 회생 및 파산에 관한 법률 제473조 제2호, 제446조 제1항, 제1호, 제2호에 의하여 후순위채권에 해당합니다. 따라서 재단채권으로 우선변제를 받을 수 없습니다.
※ 위 ④는 파산재단에 관한 것이어야 합니다. 종합토지세, 재산세, 자동차세, 등록세, 면허세, 인지세 등이 여기에 해당합니다.

위 채권에 기해 체납처분 등을 하거나 담보권을 설정받은 ○○ 주식회사 자산은 다음과 같습니다.

순번	자산의 내역	피담보채권 종류	피담보채권액	비고

위 채권에 관하여 이 사건 파산사건 이외에 계속되고 있는 소송은 다음과 같습니다.

756 [별지 227 관할 세무서장 등에 관한 파산선고 통지서]

소송이 계속 중인 법원	사건번호	당사자명	
법원		원고	피고

○○ 주식회사의 파산관재인 변호사 ○○○ 귀중

※ 이 신고서에 기재하기에 부족한 때에는 별지(가능한 한 A4)에 기재하여 첨부하길 바랍니다.

※ 이 신고서는 재단채권의 유무 등을 확인하기 위해 파산관재인에게 그 내용을 알려주는 것으로, 파산채권으로 신고한 것은 아닙니다. 신고한 채권이 재단채권으로 인정받지 못하는 경우, 이를 재단채권으로 인정받기를 원하면 ○○ 주식회사의 파산관재인 변호사 ○○○을 상대로 소를 제기해야 하고, 파산채권으로 인정받기 원하면 법원에 파산채권신고를 해야 합니다.

【별지 228 파산선고에 따른 검사에 대한 임의적 통지서】

서 울 회 생 법 원
제 1 부
통 지 서

수   신   서울중앙지방검찰청 검사장

사   건   2023하합○○ 파산선고

(2023회합○○ 회생)

채 무 자   ○○ 주식회사

서울 ○○구 ○○로 ○○○

대표이사 ○○○

위 사건에 관하여 이 법원은 2023. ○. ○. 10:00 채무자에 대하여 파산선고를 하고 변호사 ○○○(19○○. ○. ○.생, 서울 ○○구 ○○로 ○○○)을 파산관재인으로 선임하였음을 통지합니다.

첨 부 : 결정등본 1통. 끝.

2023.   ○.   ○.

재판장   판사   ○   ○   ○

【별지 229 파산선고 및 파산관재인 선임 등기촉탁서】

서 울 회 생 법 원

제 1 부

등 기 촉 탁 서

서울중앙지방법원 등기국장 귀하

사   건   2023하합○○ 파산선고(2023회합○○ 회생)

채 무 자   ○○ 주식회사

                 서울 ○○구 ○○로 ○○○

                 대표이사 ○○○

위 사건에 관하여 다음과 같이 파산선고 기입등기 등을 촉탁합니다.

등기원인과 그 연월일   2023. ○. ○. 10:00 파산선고 및 ○○○(19○○. ○.
                          ○.생, 서울 ○○구 ○○로 ○○○)을 파산관재인으
                          로 선임한 결정.

등기의 목적   파산선고 기입등기 및 파산관재인 선임등기.

등록세, 교육세 및   채무자 회생 및 파산에 관한 법률 제25조 제4항, 등
등기촉탁수수료   기사항증명서 등 수수료규칙 제5조의3 제2항 제1호
                         에 의하여 면제.

첨   부   1. 파산선고결정 등본   1통
                   2. 인감신고서   1통
                   3. 촉탁서 부본   1통.

2023.   ○.   ○.

재 판 장   판 사   ○○○

【별지 230 체신관서 등에 대한 촉탁서】

서 울 회 생 법 원
제 1 부
촉 탁 서

○○우체국장 귀하

사   건   2023하합○○ 파산선고
채 무 자   주식회사 ○○
              서울 ○○구 ○○로 ○○○
              대표자 사내이사 ○○○
파산관재인   변호사 ○○○
              서울 ○○구 ○○로 ○○

　　위 사건에 관하여 채무자 회생 및 파산에 관한 법률 제484조에 의하여 다
음과 같이 촉탁합니다.

다   음

　　파산선고를 받은 채무자 주식회사 ○○에게 보내는 우편물·전보 그 밖의 운
송물은 모두 파산관재인에게 배달하여 주시기 바랍니다.

첨   부   1. 파산선고결정 등본   1통
              2. 촉탁서 부본   1통.

2023. ○. ○.

재판장   판사   ○   ○   ○

【별지 231 파산관재인 선임증】

2023하합○○ 파산선고
(2023회합○○ 회생)

선 임 증

성 명 ○○○ (19○○. ○. ○.생)

주 소 서울 ○○구 ○○로 ○○

위 사람은 주식회사 ○○의 파산
관재인으로 선임되었음을 증명함.

임기: 2025. 12. 31.까지.

2023. ○. ○.

서울회생법원 제1부

【별지 231-1 간이조사보고서】

서울회생법원 2022간회합100001 간이회생
채무자 주식회사 ○○

간 이 조 사 보 고 서

간이조사위원 ○○회계법인

조사보고서

사건번호 : 2022간회합100001 간이회생
채무자 : 주식회사 ○○

본인은 귀 원의 위촉에 의하여 채무자가 신청한 간이회생절차개시명령 신청사건의 간이조사위원으로서, 채무자 회생 및 파산에 관한 법률 제293조의7(간이조사위원 등)에 따라 제90조 내지 제92조에 규정된 사항 등을 채무자 회생 및 파산에 관한 규칙 제71조의3을 적용하여 조사하였습니다. 이 조사를 실시함에 있어서 본 간이조사위원은 채무자 회생 및 파산에 관한 법률 등 관계법령을 준수하였으며, 독립적인 입장에서 선량한 관리자의 주의의무를 다하여 직무를 수행하였습니다.

위 사건과 관련하여 채무자 회생 및 파산에 관한 법률 제90조 내지 제92조 소정의 사항 등에 관하여 조사한 내용 및 채무자가 간이회생절차를 계속 진행함이 적정한지의 여부에 관한 의견을 다음과 같이 보고합니다.

1. 실사가치 및 청산가치

가. 자산

(단위: 원)

구분	회사제시	실사가치	청산가치
유동자산	464,007,240	3,177,152	581,412
비유동자산	2,077,761,624	2,036,517,531	1,741,291,727
자산 총계	2,541,768,864	2,039,694,683	1,741,873,139

나. 부채

(단위: 원)

구분	원금	개시전/개시후 이자	시인된 채권액
회생담보권	1,483,830,000	–	1,483,830,000
회생채권	770,386,395	15,173,762	785,560,157
공익채권	6,994,290	–	6,994,290
부채 총계	2,261,210,685	15,173,762	2,276,384,447

2. 간이회생절차 진행의 적정여부 의견 → 적정

채무자에 대한 조사결과, 경제성 측면에서 보면 채무자의 청산가치는 1742백만원이나, 채무자가 영업을 계속하는 추정기간 동안의 영업이익 현재가치, 비영업용 자산의 가치 등을 합하면 5489백만 원이고 이는 청산가치보다 크므로, 청산보다는 회생절차를 유지하는 것이 유리합니다. 그 밖에 회사의 영업전망, 거래처의 유지 가능성, 공익채권의 규모, 운영자금의 조달가능성에 대한 조사결과 등을 종합하여 볼 때, 채무자에 대하여 간이회생절차를 진행함이 적정하다고 판단됩니다.

※ 추정기간 : 비영업용자산의 가치와 영업이익의 현재가치 등을 합산한 금액이 청산가치를 보장할 수 있는 기간을 말함. 청산가치 보장기간이 5년 미만시 5년을 원칙 기간으로 산정, 5년 이상시 해당 기간으로 산정

2022년 09월 13일

간이조사위원 ○○회계법인
대표이사 ○○○

서울회생법원 귀중

I. 채무자의 개요

1. 채무자의 일반사항

가. 상호: 주식회사 ○○
나. 주소: 서울 구로구 시흥대로 1(○○동)
다. 대표자 겸 법률상 관리인: 홍길동
라. 설립일: 2018년 10월 10일
마. 사업목적: 기계제조 및 부품가공
바. 자본금 : 150,000,000원
사. 주주현황: 홍길동(41.0%), 기타(59%)

2. 간이회생절차개시에 이른 경위 등

가. 채무자의 현황

채무자는 2008년 '주식회사 ○○○○'으로 설립되었으며, 2012년 '주식회사 ○○'으로 상호변경을 하였고, 제약, 물티슈 포장기계 제조 및 부품가공업을 영위하고 있습니다. 채무자는 생산공정에 컨베이어 및 터치스크린을 통한 자동제어방식을 도입하는 등 사업에 대하여 풍부한 경험과 지식을 갖추고 있습니다.

나. 간이회생절차 개시원인

채무자는 사세가 확장하여 2017년 매출이 23억원에 이르렀으나, 안산 공장의 신축공사 지연으로 공사비가 증가하여 재무상태가 악화되었으며, 제품 하자와 관련한 분쟁으로 사업에 집중하지 못하여 재무적 곤경에 처하게 되었습니다.

다. 회생절차 진행경과

채무자는 2020년 7월 1일 서울회생법원에 회생절차개시신청을 하여 같은달 7일 포괄적금지명령 및 보전처분을 받았으며, 2020년 7월 14일 회생절차개시결정을 받았습니다.

II. 실사가치 및 청산가치

채무자 회생 및 파산에 관한 규칙 제71조의3(간이조사위원 등의 간이한 업무수행 방법)에 따라, 일반적으로 공정·타당하다고 인정되는 회계관행이 허용하는 범위 내에서 회계장부의 검토, 문서의 열람, 자산의 실사, 채무자 임직원에 대한 면담, 외부자료의 검색, 과거 영업실적을 통한 추세의 분석 및 동종업계의 영업에 관한 통계자료의 분석 중 채무자의 업종 및 영업특성에 비추어 효율적이라고 판단되는 하나 또는 그 이상의 방법을 선택하여 다음과 같이 조사기준일 현재(2022년 7월 14일)의 실사가치와 청산가치를 각 산정하였습니다.

1. 자산의 평가

(단위: 원)

구분	회사제시	실사조정	실사가치	청산조정	청산가치
자산					
I. 유동자산	464,007,240		3,177,152		581,412
1. 당좌자산	429,607,240		1,384,652		402,162
현금및현금성자산	240,538	(150,886)	89,652	–	89,652
매출채권	182,092,846	(181,051,146)	1,041,700	(729,190)	312,510
단기대여금	94,050,000	(94,050,000)	–		–
기타당좌자산	153,223,856	(152,970,556)	253,300	(253,300)	–
2. 재고자산	34,400,000		1,792,500		179,250
제품	32,400,000	(32,400,000)	–	–	–
원재료	2,000,000	(207,500)	1,792,500	(1,613,250)	179,250
III. 비유동자산	2,077,761,624		2,036,517,531		1,741,291,727
1. 유형자산	2,066,363,037		2,029,024,084		1,739,723,727
토지	1,571,140,200	194,399,800	1,765,540,000	(229,001,620)	1,536,538,380
건물	416,923,682	(212,543,682)	204,380,000	(28,817,580)	175,562,420
구축물	6,600,000	(6,600,000)			
기계장치	50,710,567	(23,639,471)	27,071,096	(18,950,366)	8,120,730
차량운반구	14,815,056	15,084,944	29,900,000	(10,610,900)	19,289,100
비품	6,173,532	(4,040,544)	2,132,988	(1,919,891)	213,097
2. 무형자산	6,318,587		5,533,447		
특허권	6,318,587	(785,140)	5,533,447	(5,533,447)	–
3. 기타비유동자산	5,080,000		1,960,000		1,568,000
임차보증금	3,000,000	(1,040,000)	1,960,000	(392,000)	1,568,000
기타보증금	2,080,000	(2,080,000)	–		–
자산 총계	2,541,768,864	(502,074,181)	2,039,694,683	(297,821,544)	1,741,873,139

2. 채무의 조사

(단위: 원)

구분	원금	개시전이자	개시후이자	합계	비고
회생담보권	1,483,830,000			1,483,830,000	
금융기관채권	1,483,830,000	–	–	1,483,830,000	
회생채권	770,386,395			785,560,157	
금융기관채권	166,800,000	7,900,000	–	174,700,000	
확정구상채권	302,045,185	5,588,814	–	307,633,999	
상거래채권	286,351,128	–	–	286,351,128	주1
조세채권	15,190,082	1,684,948		16,875,030	
공익채권	6,994,290			6,994,290	
개발부담금	6,994,290	–		6,994,290	
부채 총계	2,261,210,685	15,173,762		2,276,384,447	

(주1) 진행중인 소송(서울고등법원2017나00000)과 관련하여 채무액 511백만원이 포함되어 있으며, 향후 소송결과에 따라 채무액이 변동될 수 있습니다.

3. 실사가치의 세부 산정내역

(단위 : 원)

계정과목	거래처명	회사제시	실사조정	실사가치	조정사유
현금성자산	현금	138,290	(138,290)	–	임직원 면담
	농협은행	102,248	(12,596)	89,652	잔액증명서
현금성자산 계		240,538	(150,886)	89,652	
매출채권	㈜○○○	19,910,752	(19,910,752)	–	임직원 면담
	㈜죠이○○○○	20,928,000	(20,928,000)	–	소송중
	㈜○○○○	137,515,980	(137,515,980)	–	임직원 면담
	㈜지○○○○	957,000	–	957,000	
	㈜콤마○○○	24,900,000	(24,900,000)	–	임직원 면담
	㈜순수○○○	13,200	–	13,200	
	㈜○○○○	71,500	–	71,500	
	대손충당금	(22,203,586)	22,203,586	–	
매출채권 계		182,092,846	(181,051,146)	1,041,700	
단기대여금	㈜마운틴큐	95,000,000	(95,000,000)	–	장기미회수
	대손충당금	(950,000)	950,000	–	
단기대여금 계		94,050,000	(94,050,000)	–	
기타당좌자산	미수수익	1,798,773	(1,798,773)	–	가지급금 인정이자
	미수금	1,379,750	(1,379,750)	–	회계 오류
	선급금	3,366,847	(3,366,847)	–	물품공급으로 소멸
	선급비용	–	253,300	253,300	미경과 보험료
	주임종단기채권	146,678,486	(146,678,486)	–	변제자력 부족
기타당좌자산 계		153,223,856	(152,970,556)	253,300	
재고자산	제품	32,400,000	(32,400,000)	–	장기진부화재고
	원재료	2,000,000	(207,500)	1,792,500	진부화재고 평가감
재고자산 계		34,400,000	(32,607,500)	1,792,500	
토 지	서울 구로구 시흥	1,571,140,200	194,399,800	1,765,540,000	감정가액
건 물	대로1 외	416,923,682	(212,543,682)	204,380,000	〃
구축물		6,600,000	(6,600,000)	–	
토지, 건물 계		1,988,063,882	(18,143,882)	1,969,920,000	
기계장치	선반410	2,000	(1,000)	1,000	감가상각 재계산
	탁상드릴머신	1,000	–	1,000	〃
	TIPL–4	13,560,300	(9,288,438)	4,271,862	〃
	남선복합밀링	28,212,067	(10,898,355)	17,313,712	〃
	남선밀링	8,935,200	(3,451,678)	5,483,522	〃
기계장치 계		50,710,567	(23,639,471)	27,071,096	
차량운반구	포터 92모○○○○	9,815,056	1,084,944	10,900,000	중고차 시세조회
	지게차	5,000,000	14,000,000	19,000,000	
차량운반구 계		14,815,056	15,084,944	29,900,000	
비품	공구	1,000	–	1,000	감가상각 재계산
	에어컨	1,000	–	1,000	〃
	노트북	3,152,709	(3,037,678)	115,031	〃
	컨테이너	141,963	(60,419)	81,544	〃
	기타	2,876,860	(942,447)	1,934,413	〃
비품 계		6,173,532	(4,040,544)	2,132,988	
특허권	특허신청수수료	318,587	(55,140)	263,447	감가상각 재계산
	물티슈제조장치	2,600,000	(450,000)	2,150,000	〃
	기타	3,400,000	(280,000)	3,120,000	〃
특허권 계		6,318,587	(785,140)	5,533,447	
임차보증금	아마존카	3,000,000	(1,040,000)	1,960,000	연체료 공제
임차보증금 계		3,000,000	(1,040,000)	1,960,000	
기타보증금	㈜에이디티캡스	2,080,000	(2,080,000)	–	연체료 공제
기타보증금 계		2,080,000	(2,080,000)	–	

4. 청산가치의 주요 산정방법

구분	산정 방법
개 요	청산가치는 기업이 파산적 청산을 통하여 해체 또는 소멸되는 과정에서 기업을 구성하는 개별자산을 분리하여 처분할 때의 가치입니다. 청산가치는 실질가치에 비하여 상당한 감액이 이루어지므로 회수가능한 최소가치를 의미합니다.
당좌자산	1) 현금및현금성자산: 전액 회수가능하므로 실사가액을 청산가치로 산정함. 2) 외상매출금: 회수비용을 고려하여 실사가치의 30%를 청산가치로 추정함 .
재고자산	재고자산의 특성과 동종업계의 거래현황을 반영하여 실사가치의 10%를 청산가치로산정함.
유형자산	토지, 건물 및 차량운반구은 서울 구로구 최근 1년 공장, 차량, 중기 낙찰가율을 적용하였으며, 기계장치 및 비품의 경우에는 자산의 특성을 반영하여 각 30%, 10%의 청산가치율 적용.
무형자산	재산의 특성상 청산가치가 없는 것으로 가정.

III. 간이회생절차를 진행함이 적정한지 여부

채무자에 대한 조사결과, 경제성 측면에서 보면 채무자의 청산가치는 1742백만원이나, 채무자가 영업을 계속하는 추정기간 동안의 영업이익 현재가치, 비영업용 자산의 가치 등을 합하면 5489백만원이고, 이는 청산가치보다 크므로, 청산보다는 회생절차를 유지하는 것이 유리합니다. 그 밖에 회사의 영업전망, 거래처의 유지 가능성, 공익채권의 규모, 운영자금의 조달가능성에 대한 조사결과 등을 종합하여 볼 때, 채무자에 대하여 간이회생절차를 진행함이 적정하다고 판단됩니다.

1. 청산가치와 추정기간 계속기업가치의 비교

(단위: 원)

구분	금액
추정기간 동안의 계속기업가치	5,488,850,185
조사기준일 현재의 청산가치	1,741,873,139
차이	3,746,977,046

추정기간의 계속기업가치(5489백만원)가 청산가치(1742백만원)를 3747백만원 초과하는것으로 조사되었습니다.

2. 청산배당율과 예상변제율의 비교

(단위 : 원)

구분	채권금액	청산배당액	청산배당율	예상변제율 (추정기간)
파산비용	10,000,000	10,000,000	100.00%	100.00%
회생담보권	1,483,830,000	1,483,830,000	100.00%	100.85%
공익채권	6,994,290	6,994,290	100.00%	100.00%
조세채권	16,875,030	16,875,030	100.00%	100.00%
회생채권	768,685,127	224,173,819	29.16%	25.81%
합계	2,286,384,447	1,741,873,139	76.18%	66.39%

3. 추정기간 동안의 계속기업가치 산정내역

가. 요약표

(단위 : 원)

구분	금액
추정기간 영업이익의 현재가치	2,048,152,173
추정기간 이후 잔존가치	3,440,698,012
비영업용자산의 가치	-
계속기업가치	5,488,850,185

나. 영업이익 산정내역

(단위: 천원)

구분	준비연도(주1)	1차연도	2차연도	3차연도	4차연도	5차연도	합계
매출	1,101,693	2,268,748	2,336,048	2,405,344	2,476,696	2,550,165	13,138,695
매출원가	686,183	1,437,228	1,503,823	1,572,195	1,642,387	1,714,445	8,556,260
매출총이익	415,511	831,520	832,225	833,150	834,310	835,720	4,582,435
판관비	101,747	223,375	243,721	264,542	285,847	307,645	1,426,877
영업이익	313,764	608,145	588,503	568,608	548,463	528,075	3,155,558
영업이익률	28.5%	26.8%	25.2%	23.6%	22.1%	20.7%	24.0%
법인세비용	47,028	111,792	107,471	103,094	98,662	94,177	89,639
세후영업이익	266,736	496,353	481,033	465,514	449,801	433,899	3,065,919
감가상각비	17,131	34,261	34,261	34,261	34,261	34,261	34,261
자본적지출	(17,131)	(34,261)	(34,261)	(34,261)	(34,261)	(34,261)	(34,261)
영업현금흐름	266,736	496,353	481,033	465,514	449,801	433,899	3,065,919
현금흐름 현가	257,124	442,215	396,094	354,272	316,378	282,068	2,048,152

(주1) 2020년 7월부터 12월까지 6개월간의 추정 손익 및 현금흐름 입니다.

다. 계속기업가치 산정을 위한 가정

구분	내용
기본개요	회사는 물티슈 포장기계 제조 및 부품가공업을 영위하고 있으며, 주요 제품으로는 멀티폴더(IP-MPL100), 휴대용자동(IP-HAL-4) 및 반자동(IP-HBL700), 1매4각(IP-IS300) 등이 있음. 회사는 2014년 22억, 2015년 23억, 2016년 13억원의 매출을 실현하였으며, 주거래처로는 ㈜OO, 유진OOO 등이 있음. 영업악화로 인해 2017년 상반기 매출이 약 2억원에 불과하나 회사의 사업특성 및 향후 사업계획을 토대로 아래와 같은 가정을 적용하여 향후 예상손익 및 계속기업가치를 추정하였음.
추정기간	비영업용자산의 가치와 현금흐름 현가를 합산한 금액이 청산가치를 보장할 수 있는 기간을 말함. 청산가치 보장기간이 5년 미만시 _5년_을 원칙 기간으로 산정, 5년 이상시 해당 기간으로 산정
매출	계속거래처에 대한 최근 3개년 평균매출액 및 회사제시 사업계획 상 현실화 예상액을 기준으로 실질 국내총생산 성장률 2.95%를 적용하여 향후 매출액을 추정함. 채무자의 자금력과 영업상황 등을 고려할 때, 준비연도의 매출은 당해연도의 개시결정일 이전 실적을 연환산한 금액에 그칠 것으로 보이며, 회생 1차연도의 매출은 준비연도 매출을 연환산한 금액의 5%를 넘지 못할 것으로 추정됨. 회생 2차연도 이후의 매출은 최근 3년간 동종업계 매출성장률(4.3%) 범위내에서 증가할 수 있을 것으로 추정됨.
매출원가	1) 원재료: 최근 3개년 매출액 대비 발생비율을 적용하여 추정함. 2) 노무비: 회생기간 동안의 매출수준, 목표매출액 달성에 필요한 직원의 수 및 급여수준, 최근 3년간 급여상승률을 감안하여 추정함. 회생기간 동안 장기근속자의 퇴직과 신규직원의 교육훈련 등이 성공적으로 이루어지는 경우, 그에 따른 급여 감소의 효과로서 매출 대비 노무비율이 5% 범위 내에서 절감될 수 있을 것으로 추정됨. 3) 변동제조원가: 최근 3개년 매출액 대비 발생비율을 적용하여 추정. 4) 고정제조원가: 최근 3개년 평균 발생액에 물가상승률을 반영하여 추정.
판관비	인건비, 변동판관비, 고정판관비의 경우 상기 매출원가와 동일한 가정을 적용하여 추정.
할인율	2020년 7월 14일 기준 국고채금리인 1.69%에 법원회생 최대 프리미엄인 6.5%를 합산한 8.19%를 적용.
영구성장율	예측기간 이후의 현금흐름에 반영하는 영구성장율은 0%로 가정.
순운전자본	순운전자본의 증감은 없는 것으로 가정하여 고려대상에서 제외.
자본적지출	감가상각비의 100%만큼 발생하여 재투자되는 것으로 가정. 추정기간 이후 발생하는 것으로 가정할 수도 있음(추정기간 변동시 자본적지출 발생 가능).

라. 최근 손익계산서

(단위: 백만원)

구분	2017년	2018년	2019년	2020년(주1)
매출액	2,182	2,395	1,284	142
매출원가	1,912	2,027	1,096	118
매출총이익	271	368	188	24
판매비와관리비	220	252	314	95
영업이익	51	116	(125)	(71)
영업이익률	2.32%	4.84%	−9.75%	−50.33%

(주1) 2020년 1월부터 6월까지 6개월간의 손익계산서 입니다.

Ⅳ. 기타사항

1. 우발채무

가. 지급보증한 내역
채무자가 타인을 위하여 지급보증한 내역은 없습니다

나. 지급보증 받은 내역

(단위: 원)

제공자	제공받은자	보증금액	비고
신용보증기금	㈜○○	307,633,999	대위변제

(주1) 신용보증기금이 중소기업은행에 대한 채무를 대위변제함에 따라 회생채권(확정구상채무)으로 시인되었습니다.

다. 소송 현황

(단위 : 원)

원고	피고	소가	사건번호
정○○	㈜○○	576,200,000	서울고등법원 2017나0000 손해배상(기)

(주1) 정○○(상호:○○○○)는 채무자를 상대로 기계제작 및 설치대금 반환 청구소송(서울남부지법2015가합○○○○)을 제기하였으며, 채무자는 1심 결과(원고 일부승, 2017년 6월 8일 결정)에 따라 지급할 금액을 회생채권 상거래채무에 포함시켰습니다. 채무자는 상기 1심 결과에 불복하여 항소(서울고등법원 2017나0000)하였으며, 향후 재판결과에 따라 상기 채무액은 변동될 수 있습니다.

라. 담보제공자산 내역

(단위 : 원)

구분	저당권자	회사	채권최고액	시인된 채권액
토지 및 건물	중소기업진흥공단	㈜○○	1,596,000,000	1,483,830,000

(주1) 회사가 사무실 및 공장으로 사용중인 경기도 안산시 장하동 소재 토지 및 건물로서, 상기 채무 전액은 회생담보권(금융기관대여채무)로 시인되었습니다.

2. 주주의결권 제한사유

조사기준일 현재 수정후 재무상태표 상 자산총계는 2,040백만원이며, 부채총계는 2,787백만원으로 부채가 자산을 747백만원 초과하고 있으므로 채무자회생법 제146조 3항에 따라 주주의결권 제한사유에 해당됩니다.

3. 부인대상 행위의 존부 및 범위

조사결과 회생절차개시 이후 회사의 재산을 위하여 채무자회생법 제100조 내지 제104조에 따른 부인권 사유에 해당되는 사유가 발견되지 아니하였습니다.

4. 지배주주 및 임원들의 책임 유무

조사결과 상법 399조에 의거 이사가 법령 또는 정관을 위반한 행위를 하거나 그 임무를 해태함으로 인하여 발행한 손해배상 관련 특이사항은 발견되지 아니하였습니다.

5. 기타

기타 특이사항은 없습니다.

【별지 232 회생절차 속행결정 결정례】

서 울 회 생 법 원
제 1 부
결   정

사   건   2022간회합○○   간이회생
채 무 자   주식회사 ○○○○
             서울 ○○구 ○○로 ○○
법률상관리인   대표이사 ○○○

주   문
이 법원 2022간회합○○ 간이회생사건에 대하여 회생절차를 속행한다.

이   유
이 법원은 2023. ○. ○. 이 사건 간이회생절차폐지의 결정을 하였고, 위 결정
은 2023. ○. ○. 확정되었다. 그런데 채권자 일반의 이익 및 채무자의 회생가능
성을 고려하면 채무자에 대한 회생절차를 속행함이 상당하다고 인정되므로, 채
무자 회생 및 파산에 관한 법률 제293조의5 제4항에 의하여 회생절차를 속행하
기로 하여 주문과 같이 결정한다.

2023. ○. ○.

재판장 판사   ○○○

판사   ○○○

판사   ○○○

【별지 233 회생절차 속행결정 통지서】

서 울 회 생 법 원

제 1 부

결   정

수   신   알고 있는 회생채권자·회생담보권자

사   건   2022간회합○○   간이회생

채 무 자   주식회사 ○○○○

               서울 ○○구 ○○로 ○○

법률상관리인   대표이사 ○○○

　위 사건에 관하여 이 법원은 채무자에 대하여 2023. ○. ○. 간이회생절차 폐지결정을 하였으나, 채권자 일반의 이익 및 채무자의 회생가능성을 고려하여 채무자 회생 및 파산에 관한 법률 제293조의5 제4항에 의하여 회생절차를 속행하기로 결정하여 다음 사항을 통지합니다.

다   음

1. 이 사건 간이회생절차는 회생절차로 속행한다.

2. 간이회생절차에서의 채권신고 등은 회생절차에서도 유효하다.

2023. ○. ○.

재판장   판사   ○○○

판사   ○○○

판사   ○○○

【별지 234 공동관리인 선임결정】

서 울 회 생 법 원
결   정

사   건   2023회단○○ 회생

채무자 겸 관리인   ○○○ (○○○○○○-○○○○○○○)

서울 ○○구 ○○로 ○○○

공동관리인   ○○○ (○○○○○○-○○○○○○○)

서울 ○○구 ○○로 ○○○   .

주   문

1. 채무자의 법원에 대한 허가신청, 보고, 자료제출 및 이에 필요한 직무에 관하여, ○○○(19○○. ○. ○.생, 서울 ○○구 ○○로 ○○○)을 채무자의 공동관리인으로 선임하고, 그 임기를 이 사건 회생계획안의 인가결정일까지로 한다.
2. 채무자는 공동관리인 ○○○이 제1항의 직무를 수행하는 데 필요한 자료를 지체 없이 제공하고 그밖에 필요한 사항에 협조하여야 한다.
3. 공동관리인 ○○○은 다음 달 ○○일까지 월간보고서를 법원에 제출할 때 보고기간에 해당하는 채무자 겸 관리인 예금계좌의 거래내역서 또는 통장사본을 첨부하여야 한다.
4. 공동관리인 ○○○의 보수를 월 ○○만 원으로 정하여 매월 ○○일에 지급한다.

이   유

채무자 회생 및 파산에 관한 법률 제74조, 제75조, 제30조에 의하여 법원에 대한 허가신청, 보고, 자료제출 및 이에 필요한 직무에 관하여는 ○○○을 관리인으로 선임하기로 하고, 그 임기는 이 사건 회생계획안의 인가결정일까지, 보수는 월 ○○만 원으로 정함이 상당하여, 주문과 같이 결정한다.

2023. ○. ○. 10:00

판사   ○○○

【별지 235 공동관리인 선임에 따른 채권자 등에 대한 통지서】

서 울 회 생 법 원
통 지 서

수   신   관리인, 채무자, 알고 있는 회생채권자 · 회생담보권자
사   건   2023회단○○ 회생
채무자 겸 관리인   ○○○
                서울 ○○구 ○○로 ○○○
공동관리인   ○○○
                서울 ○○구 ○○로 ○○○

　　위 사건에 관하여 이 법원은 2023. ○○. ○○. 공동관리인 선임결정을 하였으므로, 채무자 회생 및 파산에 관한 법률 제51조 제2항, 제1항에 의하여 다음 사항을 통지합니다.

다   음

공동관리인선임결정의 주문
　1. 채무자의 법원에 대한 허가신청, 보고, 자료제출 및 이에 필요한 직무에 관하여, ○○○(19○○. ○. ○.생, 서울 ○○구 ○○로 ○○○)을 채무자의 공동관리인으로 선임하고, 그 임기를 이 사건 회생계획안의 인가결정일까지로 한다.
　2. 채무자는 관리인 ○○○이 제1항의 직무를 수행하는 데 필요한 자료를 지체 없이 제공하고 그밖에 필요한 사항에 협조하여야 한다.

2023. ○. ○.

서울회생법원
판사 ○ ○ ○

【별지 236 공동관리인 선임 공고】

채무자 ○○○에 대한 공동관리인 선임 공고

사   건   2023회단○○ 회생
채무자 겸 관리인   ○○○(19○○.○○.○○.생)
                   서울 ○○구 ○○로 ○○○
공동관리인   ○○○(19○○.○○.○○.생)
                   서울 ○○구 ○○로 ○○○

　위 사건에 관하여 이 법원은 공동관리인 선임결정을 하였으므로, 채무자 회생 및 파산에 관한 법률 제51조 제1항에 의하여 다음과 같이 공고합니다.

다   음

1. 결정 일시 : 2023. ○. ○.
2. 가. 관리인 : ○○○(19○○.○○.○○.생)
　　나. 공동관리인 : ○○○(19○○.○○.○○.생), 임무: 법원에 대한 허가신청, 보고, 자료제출 및 이에 필요한 행위, 임기: 이 사건 회생계획안 인가일 까지

2023. ○. ○.

서울회생법원

판사　　○○○

【별지 237 외국도산절차의 승인·지원결정】

서 울 회 생 법 원

제 1 부

결　　　정

사　　　　건　　2023국승○○　승인지원

외국도산절차의　　케너메탈 인크

채　무　자　　　미합중국 뉴욕주 15650 암스테르담애브뉴 1

신　청　인　　　외국도산절차의 대표자 미합중국인 존 도우

　　　　　　　　　대리인 법무법인 ○○ 담당변호사 ○○○

주　　　문

1. 이 사건 외국도산절차(2021. ○. ○. 미합중국 뉴욕주연방법원에 신청되어 계속 중인 청산절차)를 승인한다.

2. 국제도산관리인으로 이 사건 외국도산절차의 대표자인 미합중국인 존 도우를 선임하고, 그에게 채무자의 대한민국 내에서의 업무 및 재산에 대한 관리를 명한다.

3. 국제도산관리인은 매월 채무자의 대한민국 내에서의 업무 및 재산의 관리상태 기타 부수사항에 관한 보고서를 작성하여 다음 달 말일까지 이 법원에 제출하여야 한다.

4. 국제도산관리인은 다음의 행위를 하기 전 이 법원의 허가를 받아야 한다.

　　가. 채무자의 대한민국 내 재산의 처분(금원 지출을 포함한다) 또는 국외로의 반출, 환가·배당

　　나. 채무자의 대한민국 내 재산의 양수

　　다. 대한민국 내에서의 증여, 매매, 교환, 소비대차, 임대차, 고용, 도급, 위임, 임치 등 계약의 체결 또는 의무부담행위

　　라. 대한민국 내에서의 또는 대한민국 내 재산과 관련한 소의 제기, 소송대리인의 선임, 화해, 중재계약 기타 일체의 소송행위

　　마. 대한민국 내 재산과 관련한 권리의 포기

바. 국제도산관리인의 자기 또는 제3자를 위한 대한민국 내에서의 채무자와의
    거래

사. 그 밖에 이 법원이 정하는 행위

이   유

기록에 의하면, 이 사건 신청은 채무자 회생 및 파산에 관한 법률 제631조 제
1항 소정의 요건을 구비하고 있고, 이 사건 외국도산절차가 당해 외국에서 적법
하게 계속 중이며, 미합중국인 존 도우가 그 절차의 대표자로 선임되어 있는 사
실이 소명되는 한편 같은 법 제632조 제2항, 제636조 제3항 소정의 기각사유 가
있다고 인정되지 아니하므로, 같은 법 제632 제1항, 제636조 제1항, 제637조 제1
항 내지 제3항, 채무자 회생 및 파산에 관한 규칙 제102조 제2항, 제103조 제3항
을 각 적용하여 주문과 같이 결정한다.

2023. ○. ○. ○○:○○

재판장   판사   ○○○

판사   ○○○

판사   ○○○

【참고자료 1 서울회생법원 실무준칙 제101호】

서울회생법원 실무준칙의 목적 등

제1조(준칙의 목적)

서울회생법원 실무준칙(이하 '준칙'이라 한다)은 채무자 회생 및 파산에 관한 법률(이하 '법'이라 한다), 채무자 회생 및 파산에 관한 법률 시행령(이하 '시행령'이라 한다), 채무자 회생 및 파산에 관한 규칙(이하 '규칙'이라 한다)에 따라 서울회생법원에 계속 중인 사건의 절차를 공정하고 신속하며 효율적으로 진행하기 위한 합리적인 실무 기준과 서울회생법원의 신뢰받는 업무처리를 위해 필요한 사항을 정함을 목적으로 한다.

제2조(준칙의 적용범위)

준칙은 서울회생법원(이하 '법원'이라 한다)에 계속 중인 사건과 법원이 처리하는 업무에 적용된다.

제3조(업무지침의 제정)

법원은 준칙의 효율적인 시행을 위하여 상세한 기준을 정할 필요가 있는 경우 그에 관한 업무지침을 제정할 수 있다.

제4조(준칙 및 업무지침에 따른 절차진행)

절차관계인은 법원이 진행하는 절차에 관하여 준칙 및 업무지침을 준수하여야 한다. 다만, 준칙 또는 업무지침에도 불구하고 법원은 구체적 사건이나 절차의 특수성을 반영하여 공정하고 형평에 맞는 방식으로 절차를 진행할 수 있다.

【참고자료 2　서울회생법원 실무준칙 제102호】

회생·파산위원회 의견조회 등

제1조(목적)

준칙 제102호는 회생·파산위원회의 설치 및 운영에 관한 규칙에 따라 설치된 법원
행정처 회생·파산위원회(이하 '회생·파산위원회'라 한다)에 대한 의견조회 등이 필
요한 사항을 정리하고 이에 관한 구체적 사항을 정하여 법원과 회생·파산위원회 사
이의 업무가 원활하게 이루어지게 함으로써 법원이 사건을 보다 공정하고 효율적으
로 처리하게 함을 목적으로 한다.

제2조(절차관계인 선임 등에 관한 의견조회)

① 법원은 관리인(채무자의 대표자가 아닌 자를 관리인으로 선임하는 경우에 한한다),
보전관리인 또는 감사(이하 준칙 제102호에서 관리인, 보전관리인 또는 감사를 포함하
여 '관리인 등'이라 한다)를 선임하는 경우 회생·파산위원회의 의견을 들어야 한다.
② 법원은 조사위원 적임자 명단 및 파산관재인 후보자 명단을 작성할 때에 회생·
파산위원회의 의견을 들어야 한다.

제3조(절차관계인 선임 등에 관한 자료제공)

법원은 다음 각호의 자료를 회생·파산위원회에 제공한다.
   1. 관리인 등 선임과정에서 참고한 자료
   2. 조사위원 적임자 명단 작성 과정에서 참고한 자료
   3. 파산관재인 후보자 명단 작성 과정에서 참고한 자료

제4조(절차관계인 업무수행 평가결과의 통보)

법원은 매년 1회 이상 관리인 등, 조사위원, 회생위원(법원서기관, 법원사무관, 법원
주사 또는 법원주사보인 회생위원은 제외), 상임 관리위원, 파산관재인이 수행한 업
무의 적정성을 평가한 결과를 회생·파산위원회에 통보한다.

제5조(관리위원 후보자 추천 의뢰)

법원은 관리위원을 위촉하기 위하여 회생·파산위원회에 관리위원 후보자 추천을 의
뢰하여야 한다. 다만, 다음 각호의 경우에는 그러하지 아니하다.
   1. 기존 관리위원의 임기가 만료되어 동일한 사람을 다시 관리위원으로 위촉하고
      자 하는 경우
   2. 비상임 관리위원을 위촉하는 경우

【참고자료 3 서울회생법원 실무준칙 제201호】

간이회생사건 처리기준

제1조(목적)

준칙 제201호는 법 제2편 제9장에서 규정하고 있는 간이회생절차에 관하여 실무 운영상 필요한 구체적인 사항을 정함으로써 소액영업소득자가 적은 비용으로 신속하고 간이하게 채무조정을 통해 재기할 수 있도록 하게 함을 목적으로 한다.

제2조(사물관할)

법 제3조 제5항에 따라 개인이 아닌 채무자에 대한 간이회생사건은 법원 합의부가 처리하고, 개인인 채무자에 대한 간이회생사건은 법원 단독판사가 처리한다.

제3조(적용대상)

법 제293조의2 제2호의 소액영업소득자를 판단할 때 공익채무, 미발생 구상채무는 신청 당시 회생채권 및 회생담보권의 총액에 포함하지 아니하고, 다툼이 있는 채무는 개시신청서 첨부서류, 대표자 또는 채무자 심문결과 기타 소명자료를 근거로 위 총액에 포함할지 여부를 판단한다.

제4조(예납금)

예납금은 간이조사위원의 보수 및 절차비용을 고려하여 [별표 1 예납기준표]에 따라 결정하되, 조사의 난이도, 채무자의 매출규모, 사업구조 및 관계회사의 현황, 채권자 수 등을 참작하여 가감할 수 있다.

제5조(신속하고 간이한 절차진행)

① 대표자심문은 소액영업소득자가 아닌 채무자에 대한 회생사건보다 간이한 심문사항을 이용하여 시행한다.
② 현장검증을 실시할 경우 인터넷 화상장치 등을 활용하여 간이한 방법으로 시행할 수 있다.
③ 채권자목록 제출기간, 채권신고기간, 채권조사기간, 조사보고서 제출기간, 회생계획안 제출기간은 원칙적으로 법정 최소기간으로 정하되, 채무자의 자산 및 부채 규모, 사업구조, 채권자 수 등을 고려하여 적절히 정할 수 있다.
④ 관리인 보고를 위한 관계인집회의 대체절차로는 법 제98조 제2항 제1호의 주요사항 요지의 통지를 원칙으로 한다.

제6조(채권자협의회)

간이회생사건의 경우 채권자협의회를 구성하지 아니한다. 다만, 사업의 규모 및 내용, 자산 및 부채 등을 고려하여 필요한 경우 채권자협의회를 구성할 수 있다.

제7조(관리인 불선임 원칙)

간이회생사건의 경우 관리인을 선임하지 않는 것을 원칙으로 하되, 법 제74조 제2항 각호의 사유가 있는 경우에는 관리인을 선임할 수 있다.

제8조(간이조사위원)

① 법원은 간이조사위원 선임을 위하여 조사위원 적임자 명단과 별도로 간이조사위원 적임자 명단을 작성하여 관리하고, 간이조사위원의 자격, 선임방법 등에 대한 사항은 준칙 제261호 「간이조사위원 선임 및 평정」에서 구체적으로 정한다.
② 간이조사위원은 일반적으로 공정, 타당하다고 인정되는 범위 내에서 재량에 따라 간이한 방법을 선택하여 업무를 수행하고, 사안에 따라서는 조사보고서 중 일정 부분을 생략하거나 그 요지만을 기재할 수 있다. 다만, 채무자에 대한 회생절차를 계속 진행함이 적정한지 여부 및 채무자가 제출한 회생계획안이 수행가능성이 있는지 여부를 판단하는 데 필요한 내용은 생략할 수 없다.
③ 법원은 예납금의 범위 내에서 조사의 내용, 조사기간, 조사의 난이도, 조사의 성실성 등을 고려하여 간이조사위원의 보수를 정한다.

제9조(구조조정담당임원의 위촉)

① 개인이 아닌 채무자에 대한 간이회생절차에서 관리인은 법원이 선정한 적임자를 구조조정담당임원으로 위촉한다(채권자협의회가 구성된 경우에는 준칙 제219호 「채무자의 구조조정담당임원(CRO)」 제3조에 정한 위촉절차에 따른다). 다만, 제3자 관리인이 선임된 경우 또는 다른 특별한 사정이 있는 경우 법원은 구조조정담당임원을 위촉하지 않게 할 수 있다.
② 구조조정담당임원의 위촉, 보수, 운용 등에 대한 사항은 준칙 제262호 「간이회생사건 구조조정담당임원(CRO)」에서 구체적으로 정한다.

제10조(간이회생절차 고유의 기각사유로 인한 기각결정)

① 채무자가 소액영업소득자에 해당하지 아니하는 경우 또는 개인인 소액영업소득자가 신청일 전 5년 이내에 개인회생절차 또는 파산절차에 의한 면책을 받은 사실이 있는 경우(이하 '간이회생절차 고유의 기각사유'라 한다), 채무자가 회생절차개시신청의 의사가 있음을 밝혔다면, 간이회생절차개시신청의 기각결정과 함께 회생절차개시 여부에 대한 결정을 하여야 한다.
② 간이회생절차 고유의 기각사유로 간이회생절차개시신청의 기각결정을 하면서 회

생절차개시신청도 기각하는 경우, 회생사건에는 별도의 사건번호를 부여하지 아니하고 하나의 결정으로 동시에 기각하는 것을 원칙으로 한다.
③ 법원이 간이회생절차 고유의 기각사유로 간이회생절차개시신청의 기각결정을 하면서 회생절차개시결정을 하는 경우에는 별도의 사건번호를 부여하고, 추가로 비용예납명령을 할 수 있다. 이 경우 원칙적으로 간이회생사건을 담당하였던 재판부에서 회생사건도 처리한다.

제11조(폐지결정 후 회생절차의 속행)

① 간이회생절차개시 이후 회생계획인가결정 확정 전까지 간이회생절차 고유의 기각사유가 있음이 밝혀진 경우 간이회생절차를 폐지한다.
② 제1항의 간이회생절차폐지결정이 확정되면 필요한 경우 회생절차속행결정을 하거나, 관리인에게 회생절차를 다시 신청하도록 안내할 수 있다.
③ 법원은 제2항 전단의 경우 별도의 사건번호를 부여하여 간이회생절차 폐지결정 확정 후 지체 없이 회생절차속행결정을 하고, 이후 회생절차에서는 간이회생사건과 회생사건의 사건번호를 병기한다.
④ 추가 비용예납이 필요한 경우에는 간이회생절차폐지결정에 앞서 예납명령을 할 수 있다.

제12조(감사 선임)

간이회생사건에서 필요한 경우에는 회생계획인가결정 후부터 회생절차종결결정 또는 폐지결정이 확정될 때까지 구조조정담당임원으로 하여금 감사의 업무를 수행하게 할 수 있다.

제13조(신속한 종결)

소액영업소득자의 효율적인 재기를 위하여 특별한 사정이 없는 한 회생계획인가결정일부터 2개월 내에 간이회생절차를 종결함을 원칙으로 한다.

[별표 1 예납기준표]

신청 당시 재무상태표상 자산 및 부채 총액	예납금
자산 또는 부채가 10억 원 이하인 경우	400만 원~500만 원
자산 또는 부채가 10억 원 초과 20억 원 이하인 경우	500만 원~600만 원
자산 또는 부채가 20억 원 초과 30억 원 이하인 경우	600만 원~800만 원
자산 또는 부채가 30억 원 초과 50억 원 이하	800만 원~1,000만 원

【참고자료 4 서울회생법원 실무준칙 제202호】

중소기업 회생컨설팅 지원대상 채무자에
대한 회생사건

제1조(목적)

준칙 제202호는 중소벤처기업진흥공단에 의하여 중소기업 회생컨설팅(이하 준칙 제202호에서 '회생컨설팅'이라 한다) 지원대상으로 선정된 채무자(중소기업 진로제시컨설팅에서 지원대상으로 선정된 후 법원에 회생절차개시신청을 하는 경우와 회생절차개시신청 후 법원과 중소벤처기업진흥공단 사이에 체결된 업무협약에 따라 회생컨설팅 지원대상으로 선정된 경우를 포함)의 회생절차 진행에 관하여 필요한 사항을 정함으로써 중소기업인 채무자의 신속한 경영 정상화와 효율적인 회생을 지원함을 목적으로 한다.

제2조(절차안내)

회생사건 주심판사와 주무 관리위원은 채무자가 회생컨설팅 지원 제외 대상에 해당하지 아니하고 회생컨설팅 신청이 필요하다고 판단되는 경우에는 보전처분 시 또는 채무자나 대표자에 대한 심문기일에서 회생컨설팅 신청절차 및 사업내용을 안내할 수 있다.

제3조(예납금)

회생절차개시신청서에 중소기업 진로제시컨설팅 지원대상으로 선정되었음이 명시되어 있는 경우에는 조사위원 보수를 제외한 절차비용만을 예납금으로 납부하게 할 수 있다.

제4조(조사위원 선임 여부)

① 채무자에 대한 회생절차개시결정 당시 이미 회생컨설팅 지원대상으로 선정된 경우에는 조사위원을 선임하지 아니함을 원칙으로 한다.
② 채무자에 대한 회생절차개시결정 당시 회생컨설팅 지원대상 심사 중인 경우에는 개시결정 시 조사위원을 선임하지 아니하고, 이후 회생컨설팅 지원대상으로 선정되지 아니하였을 때 조사위원선임결정을 하는 것을 원칙으로 한다.
③ 제1, 2항에도 불구하고 법원은 필요한 경우 어느 때라도 조사위원을 선임할 수 있다.

제5조(회생컨설턴트의 업무)

중소기업 회생컨설턴트(이하 '회생컨설턴트'라 한다)는 회생컨설팅 지원대상으로 선정된 채무자에 대한 회생절차에서 다음 각호의 업무를 수행한다.
1. 관리인 조사보고서의 작성
2. 관리인이 제출한 회생계획안이 청산가치를 보장하고 수행 가능한지에 대한 조사 및 보고
3. 기타 필요한 사항에 대한 조사 및 보고

제6조 (예납금 환급)

조사위원 보수가 포함된 예납금이 납부된 후 채무자가 회생컨설팅 지원대상으로 선정되어 회생컨설턴트가 제5조에서 정한 업무를 수행하고 그 업무수행이 적절하다고 판단되는 경우, 법원은 채무자의 신청이 있으면 회생절차폐지결정이나 종결결정 전이라도 조기에 예납금 중 일부를 환급할 수 있다.

제7조 (평가)

① 조사보고서가 제출된 후 회생절차폐지결정 또는 회생계획인가결정이 있으면 관리위원회와 회생사건 주심판사는 지체 없이 회생컨설턴트에 대한 [별지 1 회생컨설턴트 업무수행평가표]를 작성하여 회생컨설턴트가 수행한 업무의 적정성을 평가한다.
② 법원은 제1항의 업무수행평가표를 중소벤처기업진흥공단에 통지한다.

〔별지 1 회생컨설턴트 업무수행 평가표〕

회생컨설턴트 업무수행 평가표

회생 컨설 턴트		채무자 (사건번호)		관리위원		조사기간	
				재판부			
관리위원회 평가							

1. 일반적인 업무수행에 대한 평가			
ㆍ 조사보고서 제출기간 준수	상 ☐	중 ☐	하 ☐
ㆍ 조사보고서의 일반적 충실도	상 ☐	중 ☐	하 ☐
ㆍ 조사사항의 누락 여부	상 ☐	중 ☐	하 ☐
2. 조사의 충실도에 대한 평가			
ㆍ 자산 실사의 충실도	상 ☐	중 ☐	하 ☐
ㆍ 서류열람, 회계기록 검토의 충실도	상 ☐	중 ☐	하 ☐
ㆍ 계산의 공정성과 신뢰성	상 ☐	중 ☐	하 ☐
3. 조사보고 결과의 적절성에 대한 평가			
ㆍ 매출액 추정의 합리성	상 ☐	중 ☐	하 ☐
ㆍ 매출원가 추정의 합리성	상 ☐	중 ☐	하 ☐
ㆍ 판매관리비 추정의 합리성	상 ☐	중 ☐	하 ☐
ㆍ 부인대상 행위, 임원 등의 책임에 관한 조사의 합리성	상 ☐	중 ☐	하 ☐
ㆍ 청산조정의 합리성	상 ☐	중 ☐	하 ☐
4. 회생컨설팅 적절성에 대한 평가			
ㆍ 구체적 개선점 및 대안 제시	상 ☐	중 ☐	하 ☐
5. 특이사항			
6. 업무수행에 대한 종합 평가	**상** ☐ ☐	**중** ☐ ☐	**하** ☐

주심판사 평가(주심판사:)			
업무수행에 대한 종합 평가	**상** ☐ ☐	**중** ☐ ☐	**하** ☐
특이사항			

【참고자료 5 서울회생법원 실무준칙 제211호】

관리인 등의 선임 · 해임 · 감독기준

제 1 절 총   칙

제1조(목적)

준칙 제211호는 법인 채무자(이하 준칙 제211호에서 '채무자'라 한다)의 업무수행권
및 관리처분권을 갖는 관리인 또는 관리인으로 보게 되는 채무자의 대표자(이하 '관
리인 등'이라 한다)에 관하여 그 선임 · 불선임 및 해임 기준을 제시함으로써 재정적
어려움으로 인하여 파탄에 직면한 채무자의 조기 회생절차 진입을 유도하고, 아울러
이들에 대한 감독 및 포상기준을 밝힘으로써 회생절차가 공정하고 투명하게 진행되
도록 함을 목적으로 한다.

제2조(선임증 · 증명서의 수여)

① 채무자의 관리인에게는 선임을 증명하는 선임증을, 관리인으로 보게 되는 채무자
의 대표자에게는 업무수행권과 관리처분권이 있음을 증명하는 증명서를 수여한다.
② 관리인 등에게 선임증 · 증명서를 수여할 때에는 관리인 등으로부터 법원의 감독
하에 업무를 수행하는 공적수탁자로서 공명정대하게 업무를 수행하고 채무자의 효율
적인 회생과 채권자 등 이해관계인의 권익보호를 위하여 노력하겠다는 내용의 각서
를 받는다.

제3조(관리인 등의 보수)

① 관리인 등의 보수는 고용노동부에서 발간하는 고용형태별근로실태조사보고서 중
해당 업종 경영자의 보수실태를 참작하고 기존의 보수체계와 채무자의 재정상태, 관
리인 등의 업무의 내용과 난이도 등을 고려하여 정하되, 관리인 등의 직무와 책임에
상응하도록 한다.
② 관리인 등이 퇴직하는 때에는 제1항의 보수와는 별도로 퇴직금을 지급할 수 있
다. 퇴직금을 지급할 경우 그 액수는 채무자의 퇴직금 규정, 재직기간, 관리인 등이
수행한 업무의 양과 질, 퇴직 사유 등을 종합하여 정한다.
③ 법원은 다음 각호의 사유에 해당한다고 인정하는 때에는 채무자의 규모와 재정상
황, 기여도 등을 종합적으로 고려하여 관리인 등에게 특별보상금을 지급할 수 있다.
  1. 관리인 등이 그의 경영 수완에 의하여 회생계획이 예정한 경영목표를 초과하여
     달성한 때
  2. 관리인 등의 능력과 노력에 기인하여 채무자의 재산상황이 그 관리인 등의 최

초 취임 당시에 비하여 현저히 개선된 때
  3. 관리인 등이 능동적으로 신규 자본을 물색·유입하거나 다른 우량기업과 인
    수·합병을 이룩함으로써 채무자의 회생에 현저한 기여를 한 때
④ 제3항 제1호, 제2호의 특별보상금은 채무자의 규모와 재정상황, 기여도 등을 종합
하여 3억 원을 한도로 정하되, 이에 갈음하여 일정한 가격으로 주식을 매수할 권리
(스톡옵션)를 부여할 수 있다.
⑤ 제3항 제3호의 특별보상금은 준칙 제241호 「회생절차에서의 M&A」 제39조에 따
른다.

제4조(관리인대리)

① 관리인대리는 관리인 등이 특별한 필요가 있음을 구체적으로 소명한 경우에 한하
여 법원이 그 선임을 허가한다.
② 관리인대리를 선임할 필요성이 소멸한 때에는 관리인 등 또는 관리인대리는 즉시
그 사유를 법원에 보고하여야 한다.
③ 관리인대리에 대한 보수 및 특별보상금은 제3조를 준용한다.

제5조(준용)

준칙 제211호는 성질에 반하지 않는 범위 내에서 개인 채무자, 보전관리인에 대하여
도 이를 준용한다.

제 2 절 관리인으로 보게 되는 채무자의 대표자

제6조(의의)

관리인으로 보게 되는 채무자의 대표자란 법원이 법 제74조 제3항에 의하여 관리인
을 선임하지 아니하는 결정을 한 경우 같은 조 제4항에 의하여 채무자의 관리인으로
보는 채무자의 대표자를 말한다.

제7조(관리인 불선임 결정의 원칙과 기준)

채무자가 중소기업이거나 규칙 제51조에 해당하고 법 제74조 제2항 각호의 사유가
존재하지 않는 경우 관리인을 선임하지 아니한다.

제8조(관리인 불선임 결정의 절차)

① 법원은 채무자의 회생절차개시신청 후 지체 없이 채무자의 대표자에 대한 심문절
차를 진행한다. 위 심문절차에는 채무자의 주요채권자도 참석하여 관리인 선임 및

회생절차개시에 관하여 의견을 제시할 수 있다.

② 법원은 위 심문절차가 종료된 후 신속하게 관리위원회와 채권자협의회에 관리인 선임 여부에 관하여 의견을 조회한다. 다만, 필요한 경우 심문 전에도 의견을 조회할 수 있다.

③ 법원은 채무자의 대표자에 대한 심문결과, 관리위원회 및 채권자협의회에 대한 의견조회 결과 등을 종합적으로 고려하여 신속하게 회생절차개시결정을 함과 동시에 관리인을 선임하지 아니하는 결정을 한다.

제9조(채무자의 대표자 선정 절차 및 기준)

① 회생절차개시 후 회생계획인가 전 단계에서는, 채무자 내부의 주주총회결의·사원총회결의 또는 이사회결의 등 통상적인 대표자 선임절차에 의하여 채무자의 대표자를 선정한다.

② 회생계획인가 후 단계에서는, 법 제203조 제1항 내지 제3항, 제263조 제1항, 제2항, 제4항에 따라 회생계획에서 선정한 자, 회생계획에서 정한 선정방법에 의하여 선정된 자 또는 회생계획에서 유임할 것으로 정한 자가 채무자의 대표자가 된다.

③ 채무자의 대표자의 선정은 회생채권자·회생담보권자·주주·지분권자 일반의 이익에 합치하여야 한다.

제10조(관리인의 선임)

법원이 법 제74조 제3항의 관리인 불선임 결정을 한 후 법 제74조 제2항 각호의 사유가 있다고 인정하여 관리인을 선임한 경우에는 채무자의 대표자는 채무자에 대한 업무수행권과 관리처분권을 상실하고, 새로 선임된 관리인이 그 권한을 가진다.

제 3 절 기존 경영자 관리인

제11조(의의)

기존 경영자란 회생절차개시 당시 채무자의 대표자를 말하고, 기존 경영자 관리인이란 기존 경영자가 법원의 결정에 의해 관리인으로 선임된 경우 당해 관리인을 말한다.

제12조(선임 기준과 절차)

① 법원은 회생절차개시신청 후 회생절차개시 때까지 채무자에게 법 제74조 제2항 각호의 사유가 존재하지 아니하고 관리인 선임의 필요성이 인정되는 경우 기존 경영자를 관리인으로 선임하는 결정을 한다.

② 채무자에게 법 제74조 제2항 제1호의 사유가 존재하고 있는지 여부는 특별한 사

정이 없는 한 회생절차개시 당시의 이사, 지배인 등을 기준으로 하여 판단한다.
③ 제8조는 법원이 기존 경영자 관리인 선임결정을 할 경우에 준용한다.

제13조(기존 경영자 관리인의 수)

① 채무자에게 공동 대표자가 존재하는 경우에는 기존 경영자 관리인은 1인을 선임
함을 원칙으로 한다.
② 다음 각호의 경우에는 수인의 기존 경영자 관리인을 선임할 수 있다.
  1. 채무자의 업무를 적절히 수행하기 위하여 2개 이상 분야의 전문적 역량을 필요
     로 하는 경우
  2. 채무자 내부의 대립되는 이해관계의 조정을 위하여 필요한 경우
③ 법원은 기존 경영자 관리인이 수인인 경우 필요한 때에는 그 상호간의 직무분장
을 정할 수 있다.

제14조(임기)

① 기존 경영자를 관리인으로 선임한 경우에는 원칙적으로 임기제를 시행하지 아니한다.
② 기존 경영자를 관리인으로 선임한 후 채무자의 대표자가 변경된 사정은 기존 경
영자 관리인의 지위에 영향을 미치지 아니한다.

제15조(해임)

기존 경영자를 관리인으로 선임한 후 법 제83조 제2항 각호의 사유가 존재한다고 인
정할 만한 명백한 사유가 발견된 경우에는, 기존 경영자 관리인에 대한 심문절차를
거쳐 관리인의 직에서 해임할 수 있다.

제 4 절   제 3 자 관리인

제16조(의의)

제3자 관리인이란 법원이 제3절의 기존 경영자 관리인 이외의 자를 관리인으로 선임
한 경우 그 관리인을 말한다.

제17조(선임 원칙 및 기준)

① 제3자 관리인은 채무자에 관하여 법 제74조 제2항 각호의 사유가 존재한다고 인
정되거나 관리인을 해임한 경우에 선임한다.
② 제3자 관리인의 선정은 전문경영 또는 그와 유사한 직무수행의 경력 또는 소양이

있는지 여부와 채무자의 업종에 대한 전문지식이 있는지 여부를 가장 중요한 요소로
고려한다.
③ 회생계획에 따라 채무자를 인수하거나 실질적인 지배 지분을 확보한 제3자가 있
는 경우 그의 의견을 우선적으로 참작한다.
④ 법인보다는 자연인을 우선하여 제3자 관리인으로 선임한다.

제18조(선임 방법 및 절차)

① 법원은 각종 경제단체 기타 여러 경로를 통하여 파악한 경영능력 등을 구비한 전
문인력 중에서 적임자를 제3자 관리인으로 선임한다.
② 법원은 복수의 후보자에 대한 구두 면접을 실시한 후 최다득점자를 제3자 관리인
으로 선임한다. 다만, 최다득점자가 제3자 관리인으로 선임되는 것을 원하지 아니하
는 경우, 최다득점자에게 제3자 관리인으로 선임될 수 없는 결격사유가 있는 경우
등에는 차순위 득점자를 제3자 관리인으로 선임한다.
③ 다음 각호의 경우에는 제2항에서 정한 절차에 의하지 아니하고 제3자 관리인을
선임할 수 있다.
1. 제3자 관리인의 임기가 만료되어 그를 채무자의 제3자 관리인으로 재선임하는 경우
2. 제3자 관리인, 구조조정담당임원(CRO), 감사로 선임되어 활동한 경력이 있는 사
   람으로서, 자질과 경륜, 경영능력, 청렴성 등이 인정된 사람을 선임하는 경우
3. 다른 채무자의 제3자 관리인, 구조조정담당임원(CRO), 감사 면접에 응하였으나
   선임되지 않은 사람으로서, 해당 면접과정에서 자질과 경륜, 경영능력, 청렴성 등
   이 인정된 자를 선임하는 경우
4. 제1항의 방법을 통하여 파악한 전문인력 중에 채무자의 관리인으로 선임하기에
   적절한 후보자가 없는 경우 또는 채무자의 회생을 위하여 필요한 경우
④ 제3항 제4호에 해당하는 경우에는 채무자, 관리위원회, 채권자협의회, 주요채권자,
자금력 있는 제3의 인수자, 관련 행정부처, 기타 적절한 기관에 추천을 의뢰하거나
공개모집 등 적절한 방법으로 제3자 관리인을 선임할 수 있다.

제19조(의견조회)

법원은 선정한 후보자에 관하여 이력서를 첨부하여 관리위원회, 채권자협의회, 회
생·파산위원회의 의견을 조회하고 그 의견을 참작하여 제3자 관리인으로 선임한다.

제20조(제3자 관리인의 수)

① 제3자 관리인은 특별한 사정이 없는 한 1인을 선임함을 원칙으로 한다.
② 다음 각호의 경우에는 수인의 제3자 관리인을 선임할 수 있다.
  1. 채무자의 업무를 적절하게 수행하기 위하여 2개 이상 분야의 전문적 역량을 필
     요로 하는 경우
  2. 채무자 내부의 대립되는 이해관계의 조정을 위하여 필요한 경우

③ 법원은 제3자 관리인이 수인인 경우 필요한 때에는 그 상호간의 직무분장을 정할 수 있다.

제21조(임기)

① 제3자 관리인은 임기를 정하여 선임한다. 다만, 회생계획에 따라 채무자를 인수하거나 실질적인 지배 지분을 확보한 제3자 또는 그 제3자가 추천한 자를 관리인으로 선임하는 경우에는 예외로 할 수 있다.
② 제3자 관리인의 임기는 채무자의 결산기, 실적평가에 필요한 기간, 업무량, 기타 사정을 고려하여 적절하게 정한다.
③ 회생절차개시결정 당시 선임된 제3자 관리인의 임기는 회생계획인가일부터 60일까지(회생계획인가 전에 회생절차가 폐지되는 경우에는 폐지결정 확정일까지)로 하며, 회생계획이 인가된 후에는 제2항의 사정을 고려하여 새로이 임기를 정한다.
④ 제3자 관리인의 임기가 만료된 때에는 법 제83조 제2항 각호의 해임사유가 없는 한 그를 관리인으로 재선임한다.
⑤ 제3자 관리인을 재선임할 때에도 관리위원회와 채권자협의회에 그 의견을 조회한다.

제22조(해임)

제3자 관리인의 해임에 관하여는 제15조를 준용한다.

【참고자료 6 서울회생법원 실무준칙 제212호】

채무자의 지출행위 중 법원의 허가가
필요한 금액의 기준

제1조(목적)

준칙 제212호는 채무자의 지출행위 중 법원의 허가를 필요로 하는 금액의 기준을 정함으로써 채무자와 이해관계인에게 예측가능성과 신뢰를 부여하는 한편 법원이 일정 규모 이상의 채무자 지출행위를 관리·감독할 수 있도록 하여 회생절차의 공정성을 제고하는 것을 목적으로 한다.

제2조(채무자의 지출행위 중 법원의 허가를 요하는 금액)

① 채무자의 지출행위 중 법원의 허가를 필요로 하는 금액의 기준은 [별표 1 연간 매출액에 따른 허가 필요 금액의 기준]에 따라 정한다. 다만, 채무자의 자산과 부채 총액, 법인 채무자의 경우 그 영업의 특성을, 개인 채무자의 경우 그 직업의 특성을 고려하고, 예상되는 허가신청의 빈도, 제3자 관리인 선임 여부 등을 종합하여 달리 정할 수 있다.
② 제1항의 기준을 정하는 데 필요한 경우 관리위원회는 사전에 법원에 의견을 제시할 수 있다.

제3조(회생계획인가 후 기준의 조정)

① 채무자에 대하여 회생계획이 인가된 후 법원이 채무자의 지출행위에 관해 제2조에 따라 정한 기준을 달리 정할 필요가 있다고 판단한 경우, 법원은 그 기준을 다시 정할 수 있다.
② 제1항의 경우 관리위원회는 법원에 의견을 제시할 수 있다.

제4조(포괄허가)

① 법원은 제2조의 규정에도 불구하고, 다음 각호에 해당하는 채무자의 지출행위에 대하여는 사전에 포괄적으로 허가할 수 있다.
1. 제조업체의 경우 원자재 구입, 외식업체의 경우 식자재 구입 등 채무자의 영업을 위해 지속적, 반복적으로 이루어지는 지출행위
2. 거래의 특성상 현장에서 즉시 현금결제가 이루어지는 지출행위
3. 근로자의 급여(임원 급여 제외) 지급, 사무실과 공장의 월 차임 지급 행위 등과 같은 채무자의 영업을 위한 일상적 지출행위

4. 기타 회생절차의 효율적 진행을 위해 포괄적 허가가 필요한 지출행위

② 제1항에 따라 포괄허가를 할 때에는 일정 기간 동안 발생할 일정한 유형의 지출행위에 관하여 포괄허가를 할 수 있다. 다만, 법원은 필요한 경우 포괄허가의 한도액을 정할 수 있고, 한도액은 전체 포괄허가행위에 관하여 또는 일정한 유형의 지출행위에 관하여 정할 수 있다.

③ 관리인은 이 조에 따른 포괄허가를 받아 지출한 행위의 내역에 관하여 다음 달 월간보고서에 포괄허가대상임을 명시하여 기재하고 보고하여야 한다.

④ 구조조정담당임원(CRO) 또는 감사가 존재하지 않는 채무자에 대하여는 이 조의 포괄허가를 할 수 없다.

⑤ 법원은 언제라도 직권으로 또는 채권자나 관리인의 신청에 의하여 이 조의 포괄허가를 취소할 수 있다.

[별표 1 연간 매출액에 따른 허가 필요 금액의 기준]

연간 매출액	기준액
100억 원 이하	500만 원
100억 원 초과 500억 원 이하	1,000만 원
500억 원 초과 1,000억 원 이하	2,000만 원
1,000억 원 초과 5,000억 원 이하	3,000만 원
5,000억 원 초과	5,000만 원

【참고자료 7 서울회생법원 실무준칙 제213호】

관리인의 보고서 작성 등

제1조(목적)

준칙 제213호는 관리인(관리인이 없을 경우 채무자의 대표자)이 법원에 제출하는 보고서의 종류와 내용, 양식에 관하여 규정함으로써 회생절차의 투명성 및 통일성을 제고함을 목적으로 한다.

제2조(관리인이 제출하여야 할 보고서의 종류)

① 회생절차개시결정을 받은 관리인은 다음 각호의 보고서를 작성하여 법원에 제출하여야 한다. 이 경우 관리인이 제출하는 보고서의 분기는 채무자의 회계연도를 기준으로 한다.
　1. 매월 1회의 월간보고서
　2. 1/4분기 및 3/4분기의 분기보고서
　3. 연 1회의 반기보고서(2/4분기 보고서의 제출에 갈음)
　4. 채무자현황 및 연간보고서(4/4분기 보고서의 제출에 갈음)
② 보전처분을 발령받은 채무자의 대표자는 제1항에서 정한 각 보고서 중 월간보고서와 분기보고서를 작성하여 법원에 제출하여야 한다. 채무자가 보전처분을 발령받은 후 회생절차개시결정을 받지 않은 상태에서 채무자의 회계연도 종료일이 도과하여 그때부터 3개월이 지난 경우에는, 채무자의 대표자는 채무자현황 및 연간보고서를 작성하지 않고, 4/4분기 보고서를 작성하여 법원에 제출하여야 한다.
③ 법원은 필요하다고 판단한 경우 수시로 관리인 또는 채무자의 대표자에게 해당 사항에 관하여 구두 또는 서면으로 보고하도록 명할 수 있다.

제3조(보고서 작성의 일부 면제 등)

① 법원은 채무자의 자산과 부채 액수, 채무자의 영업상황과 자금사정, 관리인의 업무수행 성실도, 인가된 경우 회생계획 수행 정도 등을 종합하여 제2조에서 정한 보고서의 일부 또는 전부를 작성하지 아니하게 할 수 있다.
② 법원은 개인 채무자, 영세한 소규모 기업인 채무자, 간이회생절차를 진행 중인 채무자에 대하여는 보고서의 일부 또는 전부를 작성하지 아니하게 할 수 있다.

제4조(보고서의 제출시기)

① 관리인은 다음 각호의 기간 내에 해당 보고서를 제출하여야 한다.

1. 월간보고서는 다음 달 20일까지, 다만, 개인 채무자의 경우 다음 달 15일까지
2. 분기보고서는 각 분기 종료일부터 1개월 이내
3. 반기보고서는 반기 종료일부터 2개월 이내
4. 채무자현황 및 연간보고서는 당해 회계연도 종료일부터 3개월 이내
② 채무자가 회계감사기관으로부터 반기검토의견서, 연간감사보고서 등을 받은 경우 관리인은 이를 즉시 법원에 제출하여야 한다.

제5조(보고서의 작성 요령)

① 회생계획에서 매출액과 수입, 지출 등에 관하여 연 목표액만을 정하고 월 목표액을 별도로 정하지 않은 경우, 관리인은 연 목표액을 월에 따라 배분하는 등의 방식으로 스스로 설정한 월 목표액을 기재하여 보고서를 작성한다.
② 회생계획에서 예상한 수치와 실적 사이에 차이가 큰 경우에는 반드시 주를 달아 그 사유를 상세하게 기재하여야 한다.
③ 보고서를 작성할 때에 결산이 완료되지 않은 경우에는 일단 가결산한 자료를 기초로 이를 명시하여 원래의 제출기한까지 보고서를 제출하고, 추후 결산이 완료되면 기존 보고서와 달라진 부분을 명시적으로 기재한 수정보고서를 다시 제출하여야 한다.
④ 공익채권현황은 금융기관 공익채권, 상거래 공익채권, 제세공과금 공익채권, 기타 공익채권 등으로 분류하여 작성하되 개시결정일, 전년도 말, 직전 분기 말 및 전월 말과 각 대비하여 기재한다.
⑤ 매출실적과 입금실적은 부가가치세를 제외하고 기재한다.
⑥ 보고서 항목 중 채무자에게 해당 사항이 없을 경우에는 항목의 제목을 기재한 다음 "해당사항 없음"이라고 기재한다.

제6조(월간보고서의 작성 요령)

① 월간보고서에는 다음 각호의 내용이 포함되어야 한다.
1. 매출실적, 입금실적
2. 자금수지총괄표, 자금수지실적명세서(미지급 급여와 퇴직금, 미납 세금, 미지급 임차료 등, 해당 월에 지급의무가 발생하였으나 지급하지 못한 경우 그 내역을 구체적으로 기재)
3. 발행어음현황
4. 이달에 발생한 주요사항
5. 허가사항총괄표(법원과 관리위원 허가사항을 구분하고, 허가받았으나 이행되지 않은 사항을 별도로 기재하되 그 사유를 소명)
6. 지출내역(법원 허가사항 지출내역, 관리위원 허가사항 지출내역, 허가금액 미만 사항 지출내역, 허가금액 이상 사항 지출내역으로 구분해서 기재)
7. 포괄허가내역
8. 자회사에 대한 주요변동사항
9. 공익채권현황(변제내역 포함)

10. 시재보유현황(받을 어음이 있을 경우 별도 기재)
11. 구조조정담당임원(CRO)의 의견, 회생계획인가 후 감사가 선임된 회사의 경우
에는 감사의 의견

② 이달에 발생한 주요사항에는 해당 월의 회생계획 수행상황(회생채권의 변제, 자
산처분 등), 해당 월에 예정되어 있었으나 수행하지 못한 회생계획사항, 영업상 특이
사항, 기타 보고를 요하는 사항을 기재한다.

③ 허가금액 이상 사항 지출내역에는 허가 기준금액을 초과하지만 공익채권에 해당
하는 항목 중 사전허가대상에서 제외된 항목의 지출내역을 포함하여 기재한다.

④ 회계연도 마지막 달의 월간보고서에는 다음 각호의 자료를 첨부한다. 다만 제2호
의 자료는 제2조 제1항 제4호의 채무자현황 및 연간보고서의 제출로 갈음할 수 있다.
1. 사업계획서(새로운 회계연도의 월별 매출목표와 자금수지계획, 종전 연도 실적
및 회생계획과 비교한 분기별 손익목표 등의 내용을 기재)
2. 회생담보권·회생채권 변제이행상황표[당해 연도의 회생계획 수행상황(회생채권
의 변제, 자산처분 등)을 기재]

⑤ 월간보고서에 자금의 수입과 지출을 기재하는 경우 반드시 회생계획에서 예상한
자금의 수입과 지출을 대비하여 기재하고, 회생계획에서 예상하였던 금액과 차이가
발생한 경우에는 그 사유를 구체적으로 기재하되 소명자료를 첨부한다.

⑥ 월간보고서 말미에 채무자가 거래하는 금융기관 계좌의 해당 월 입출금내역서를
첨부한다.

제7조(분기보고서 및 반기보고서의 작성 요령)

① 분기보고서 및 반기보고서에는 다음 각호의 내용이 포함되어야 한다.
1. 인원현황
2. 영업현황 및 재무상태 요약(재무상태표와 손익계산서 별첨)
3. 회생계획 수행현황
4. 보고사항
가. 회생담보권·회생채권현황표(변제내역 포함)
나. 공익채권현황(변제내역 포함)
다. 신규자본 유치 및 M&A를 위한 조치사항 및 실적
라. 어음·수표 발행현황표
마. 가압류·가처분 및 소송현황
바. 접대비 사용현황
사. 기타 보고사항

② 인원현황은 채무자의 특성에 따라 직급별·지역별 또는 본사·공장(현장)별 등으
로 적절히 구분하여 작성한다.

③ 영업현황 및 재무상태 요약을 작성할 때에는 다음 각호에 의한다.
1. 재무상태표 중 전기에 비하여 큰 변동이 있는 항목에 대해서는 주를 달아 그
사유를 상세하게 기재한다.
2. 손익 중 매출원가율, 판관비율 등 회생계획에서 연간 매출액 대비율을 정한 항

목에 대해서는, 분기보고서를 작성할 때 그 매출액 대비율을 임의로 변경하지 않도록 주의한다.

3. 실적 달성율을 기재할 때에는 전년도 및 회생계획과 대비하여 계산한 수치를 백분율로 환산한다.

4. 이자보상비율은 이자비용 및 법인세 차감 전 순이익(영업이익)을 이자비용으로 나누는 방법으로 계산하되, 그 이자비용에는 지급이자, 할인료, 사채이자 등이 모두 포함되어야 한다. 다만, 현가할인차금상각 및 채무면제이익은 제외하고 계산한다.

④ 회생담보권·회생채권현황표를 작성할 때에는 다음 각호에 의한다.

1. 회생담보권, 회생채권 종합변제실적 중 변제액과 미변제액 항목에는 인가결정 이후의 누적 변제액 또는 누적된 미변제액의 총액을 기재한다.

2. 조기에 변제한 경우 그 변제액수는 실제 조기에 변제한 연도가 아니라, 당초 회생계획에 예정되어 있던 변제연도 항목에 기재하고, 일부를 조기에 변제하고 나머지를 면제받은 경우에는 면제받은 부분까지 포함한 전체 금액을 변제실적으로 기재하되 주를 달아 그 사유를 기재한다.

3. 회생계획이 이행되지 않은 경우 미이행된 회생담보권과 회생채권 액수는 회생계획에 예정되어 있던 변제연도 항목에 기재하여 적시한다.

⑤ 가압류·가처분 및 소송현황에는 채무자가 당사자가 된 모든 보전처분과 소송현황을 기재하되, 보전처분(가압류, 가처분)은 해당 분기에 있었던 것만 기재하고, 소송은 현재 계속 중인 것을 모두 기재한다.

⑥ 건설업을 영위하는 채무자는 다음 각호의 문서를 보고서에 첨부하여 제출하여야 한다.

1. 현장명, 발주처, 수주금액, 공사기간, 회생계획과 대비하여 계산한 달성율(백분율로 환산하여 표시) 등을 기재한 수주실적표

2. 미분양현황 명세표

3. 사업현장이 여러 곳에 있는 경우 사업현장 명세표

⑦ 조선업을 영위하는 채무자 및 기타 주문생산부문이 있는 채무자에 대하여는 제6항 제1호를 준용한다.

⑧ 관리인은 필요한 경우 이 조에서 정한 사항 이외에도 다음 각호와 같이 법원에 보고할 필요가 있는 사항이 있는 경우 보고서에 추가 기재하여 제출하여야 한다.

1. 재무상태표상의 특이사항

2. 시설투자·기술투자계획과 실적, 인적 자원의 관리계획과 실적, 채권회수계획과 실적 등

3. 기타 회생계획 수행을 위해 추진해야 할 장단기 혁신계획과 실적

제8조(채무자현황 및 연간보고서의 작성 요령)

① 채무자현황 및 연간보고서에는 다음 각호의 내용이 포함되어야 한다.

1. 채무자 개요(채무자현황, 조직도, 인원현황, 회생절차개시신청에 이른 주원인과 신청 경과, 외부회계감사, 법원허가금액 및 허가대상행위, 허가사항총괄표)

2. 관리인현황(인적 사항, 관리인 선임 등)
3. 자본(주식과 자본금, 주권발행 여부, 상장법인 여부)
4. 영업현황 및 재무상태 요약(재무상태표와 손익계산서 별첨)
5. 자산 및 부채
6. 영업 및 자금수지
7. 회생계획 수행현황
8. 노사관계 사항
9. 감사의견서
10. 자회사가 있을 경우 자회사의 개요와 현황
11. 기타 사항

② 채무자 개요 중 외부회계감사에는 과거 5년간 채무자를 외부감사한 회계법인의 이름과 감사의견을 기재하고, 외부회계감사를 받지 않은 경우 그 사유와 함께 회생절차에서 선임된 조사위원의 이름을 기재한다.

③ 영업현황 및 재무상태 요약 중 재무상태표와 손익계산서를 작성하는 경우에는 과거 5년간의 비교재무상태표와 비교손익계산서를 기재한다.

④ 회생계획이 인가되기 전의 채무자는, 회생계획 수행현황에 스스로 계획하고 있는 회생계획의 주요내용과 채권자들과의 협의 내용, 향후 회생계획인가를 위해 예정하고 있는 일정 등을 기재한다.

⑤ 기타 사항에는 채권자협의회가 구성되어 있는 경우 그 내용, 회생담보권자와 회생채권자를 구분하지 않고 잔존 채권액의 다액 순으로 채권자 10명의 이름과 주소, 연락처, 담당자를 기재한다.

⑥ 채무자현황 및 연간보고서를 작성할 때에는 본조에서 정하는 사항을 제외하고는 제6조 및 제7조를 준용한다.

⑦ 채무자현황 및 연간보고서는 가능한 범위 내에서 회계감사기관의 회계감사보고서에 따라 작성함을 원칙으로 하되, 제출기간까지 결산이 완료되지 아니한 경우에는 제5조 제3항을 준용하여 작성한다.

【참고자료 8 서울회생법원 실무준칙 제214호】

관리인 직무교육

제1조(목적)

준칙 제214호는 관리인이 보다 공정하고 효율적으로 채무자를 관리하고 채권자 등 이해관계인의 다양한 이익을 합리적으로 조정하기 위해 필요한 역량을 키우고 책임 의식을 강화하기 위한 직무교육에 관하여 필요한 사항을 정함을 목적으로 한다.

제2조(관리인 직무교육의 시기와 대상)

관리인 직무교육은 매월 1회 법원에서 전월에 회생절차 개시결정이 있는 채무자의 관리인을 대상으로 하여 실시한다. 다만, 불가피한 사유가 있는 관리인은 그 이후의 직무교육에 언제라도 참석할 수 있다.

제3조(관리인 직무교육의 담당)

관리인 직무교육은 판사와 관리위원이 담당한다.

제4조(관리인 직무교육의 주요내용)

관리인 직무교육은 관리인이 채무자, 채권자 등 이해관계인의 이익을 공평하게 조정 하기 위해 채무자의 업무수행과 재산관리를 위탁받아 수행하는 공적 수탁자의 지위 에 있음을 인식하게 하며, 관리인으로서 효율적으로 업무를 수행하는 데 필요한 사 항을 습득하게 함을 주요내용으로 한다.

제5조(구조조정담당임원의 참여)

법원은 필요한 경우 구조조정담당임원(CRO)으로 하여금 관리인 직무교육에 참여하 게 할 수 있다.

【참고자료 9 서울회생법원 실무준칙 제215호】

관리인 평정

제1조(목적)

준칙 제215호는 채무자의 관리인(채무자의 대표자 아닌 자가 관리인으로 선임된 경우에 한한다. 이하 준칙 제215호에서 같다)에 대한 정기적인 평정을 실시할 때 관리인이 수행한 업무의 적정성을 평가하는 절차 및 그 밖에 필요한 사항을 정함으로써 회생절차가 투명하고 효율적으로 진행되게 함을 목적으로 한다.

제2조(평정시기)

① 법원은 매년 12월 말을 기준으로 회생계획이 인가되어 회생절차가 계속 중인 채무자의 관리인에 대하여 채무자의 관리인이 수행한 업무의 적정성에 관한 평가를 한다.
② 법원은 다음 각호의 결정을 하는 경우 그 결정 후 지체 없이 채무자의 관리인에 대하여 관리인이 수행한 업무의 적정성에 관한 평가를 한다. 다만, 제1항의 평가를 한 때로부터 3월이 경과하지 않은 경우에는 평가를 생략할 수 있다.
  1. 채무자에 대하여 회생절차폐지결정을 하는 경우
  2. 채무자에 대하여 회생절차종결결정을 하는 경우

제3조(평정관련 자료의 제출 등)

① 관리인은 제2조 제1항의 평가를 위하여 매년 1월 15일까지 관리위원회에 [별지 1 회사현황 보고]의 제1항 내지 제7항의 내용을 기재하여 제출하여야 한다.
② 관리위원회는 제2조 제1항의 평가를 위하여 주심판사에게 제1항과 같이 관리인이 제출한 회사현황 보고와 함께 채무자의 관리인이 수행한 경영성과, 회생계획 수행상황, 허가·보고사항 준수 여부, 조기종결 또는 인가 후 폐지에 대한 의견, 기타 관리인 및 감사에 대한 의견을 제출한다.
③ 관리위원회는 제2조 제2항의 평가를 위하여 주심판사에게, 제2조 제2항 각호의 결정 후 지체 없이, 채무자의 관리인이 수행한 경영성과, 회생계획 수행상황, 허가·보고사항 준수 여부, 기타 관리인 및 감사에 대한 의견을 제출한다.

제4조(평가표의 작성 등)

① 법원은 관리위원회의 의견을 참고하여 [별지 2 관리인평가표]에 따라 관리인에 대한 평가표를 작성한다.
② 법원은 관리인에 대한 평정결과를 회생·파산위원회에 통보한다.

제5조(보전관리인에 대한 평정)

① 법원은 보전관리인의 업무가 종료한 때(회생절차개시결정에 따라 보전관리인이 채무자의 관리인으로 선임된 경우를 제외한다) 보전관리인에 대하여 보전관리인이 수행한 업무의 적정성에 관한 평가를 한다.

② 관리위원회는 제1항의 평가를 위하여 주심판사에게 채무자의 보전관리인이 수행한 경영성과, 허가·보고사항 준수 여부 등에 대한 의견을 제출한다.

③ 제4조는 보전관리인의 성질에 반하지 않는 범위 내에서 보전관리인에 대하여 준용한다.

[별지 1 회사현황 보고]

20**회합** (주)0000 회사현황 보고

2017. 00. 00.

1. 회사의 주된 업종

○○업

2. 회생절차 진행 경과

20**. ○○. ○○. 개시 / 20**. ○○. ○○. 인가 / 관리인 ○○○
감사 ○○○

3. 회생계획 요지

구 분	시인된 총 채권액 (백만원)	권리변경 후 변제할 채권액 (백만원)	권리변경 및 변제방법
회생 담보권			
회생채권			
조세채권			
공익채권			
합계			
기존주주			

4. 회생계획 수행

가. 매출 및 영업이익 실적

구 분	20**년			20**년			20**년		
	회생계획 (백만원)	실적 (백만원)	달성율 (%)	회생계획 (백만원)	실적 (백만원)	달성율 (%)	회생계획 (백만원)	실적 (백만원)	달성율 (%)
매출액	00								
영업 이익									

나. 회생채권 등 변제 실적 (단위: 백만원)

구 분		준비 연도	1차 년도 (20××)	2차 년도 (20××)	3차 년도 (20××)	4차 년도 (20××)	5차 년도 (20××)	6차 년도 (20××)	7차 년도 (20××)	8차 년도 (20××)	9차 년도 (20××)	10차 년도 (20××)	합 계
회생담보권	회생 계획												
	실변 제액												
	달성율 (%)												
일반회생채권	회생 계획												
	실변 제액												
	달성율 (%)												
조세회생채권	회생 계획												
	실변 제액												
	달성율 (%)												
공익채권	회생 계획												
	실변 제액												
	달성율 (%)												
합계	회생 계획												
	실변 제액												
	달성율 (%)												

5. 회생계획 수행 상황

- 부동산 등 자산매각 현황
  (목적물 / 매각예상연도 / 매각대금예상액 / 실제 매각액)

- 수행 실적에 대한 간단한 분석

- 수행하지 못했을 경우 그 원인

6. 관리인의 장래 대책 / 감사의 의견

- 관리인의 장래 회생계획 수행에 대한 의견

- 감사의 의견

7. 조기 종결 또는 인가 후 폐지에 대한 의견

- 조기 종결의 가능성 등

8. 관리위원회 의견

- 경영성과
- 회생계획 수행상황
- 허가, 보고사항 준수 여부
- 조기종결 또는 인가 후 폐지에 대한 의견
- 기타 관리인 및 감사에 대한 의견(특이사항 있는 경우에만 기재)

〔별지 2 관리인평가표〕

(제 3 자, 공동)관리인 평가표

성명	사건번호		재판부		선임일	
	채무자		관리위원		임기만료일	

관리위원 평가			
1. 일상 업무 수행			
· 자금 관리 업무	상 ☐	중 ☐	하 ☐
· 생산관리 및 영업관리 업무	상 ☐	중 ☐	하 ☐
· 자금수지, 입출금 현황 감독 업무	상 ☐	중 ☐	하 ☐
· 공장, 지점, 창고, 거래현장 등 실질 감독업무	상 ☐	중 ☐	하 ☐
· 회생계획 수행 또는 회생계획안에 대한 검토 업무	상 ☐	중 ☐	하 ☐
· 허가 신청 업무	상 ☐	중 ☐	하 ☐
· 기타 회생절차 진행 업무	상 ☐	중 ☐	하 ☐
· 충분한 시간 투입, 근태	상 ☐	중 ☐	하 ☐
2. 법원에 대한 보고업무			
· 정기보고서 제출기일 준수 및 보고서 내용의 충실한 기재	상 ☐	중 ☐	하 ☐
· 법원 지시사항 조사 및 보고 업무	상 ☐	중 ☐	하 ☐
3. 이해관계인과의 관계			
· 경영자 관리인, 임직원과의 관계	상 ☐	중 ☐	하 ☐
· 채권자와 협의	상 ☐	중 ☐	하 ☐
4. 업무수행의 공정성			
· 뇌물수수나 약속, 향응접대 등 부정행위 발견 여부	여 ☐		부 ☐
· 기타 계약체결 행위 등에 부정한 관여	여 ☐		부 ☐
5. 평가의견			
6. 업무수행에 대한 종합 평가	상 ☐	중 ☐	하 ☐

재판부 평가			
1. 경영능력	상 ☐	중 ☐	하 ☐
2. 회생절차 이해도	상 ☐	중 ☐	하 ☐
3. 성실도	상 ☐	중 ☐	하 ☐
4. 평가 의견			
5. 업무수행에 대한 종합 평가	상 ☐	중 ☐	하 ☐

【참고자료 10 서울회생법원 실무준칙 제216호】

채권자협의회의 운영

제1조(목적)

준칙 제216호는 채권자협의회가 채권자 일반의 이익을 적절히 대표하게 함으로써 회생절차가 공정하고 효율적으로 진행될 수 있도록 채권자협의회의 운영에 필요한 사항을 정함을 목적으로 한다.

제2조(채권자협의회의 구성)

① 관리위원회는 회생절차개시신청이 있은 후 7일 이내에 채무자의 주요채권자를 구성원으로 하는 채권자협의회를 구성하여야 한다.

② 채무자는 주무 관리위원에게 제1항에 따른 채권자협의회 구성을 위해 필요한 채권자 명단, 채권자 연락처, 법인 채권자의 경우 담당부서와 직원, 각 채권의 액수, 채권의 성질 등을 기재한 서류를 지체 없이 제출한다.

③ 채권자협의회의 구성원은 10인 이내로 하되, 회생담보권자, 회생채권자, 금융기관, 비금융기관 등 채권자 그룹별로 적어도 1명 이상의 채권자가 포함되어야 하고, 같은 그룹 내에서는 채권액수를 기준으로 하여 최대채권자부터 포함됨을 원칙으로 한다. 이 때 기준이 되는 채권액수의 판단은 회생절차개시신청일을 기준으로 하되, 가까운 시일 내에 대위변제 등으로 그 순위가 변동될 고도의 개연성이 있을 경우에는 이를 참작하여 달리 정할 수 있다.

④ 제3항의 규정에도 불구하고 관리위원회는 필요하다고 인정하는 때에는 소액채권자를 채권자협의회 구성원으로 참여하게 할 수 있다.

⑤ 채권자협의회가 구성되어 그 통지가 이루어졌음에도 불구하고 그 때부터 5영업일 이내에 대표채권자 지정의 신고가 없는 경우에는 관리위원회는 대표채권자를 지정하여 그 내역을 채권자협의회에 통지하고 지체 없이 주심판사에게 알린다.

⑥ 제3항 내지 제5항의 규정에도 불구하고 채권자협의회에 속하기를 원하지 아니하는 채권자가 있을 경우에는, 차순위 조건에 해당하는 채권자를 채권자협의회 구성원으로 한다.

제3조(의견제시)

채권자협의회는 다음 각호의 사항에 관하여 법원에 의견을 제시할 수 있다.

1. 회생절차개시 및 관리인, 보전관리인, 조사위원 선임에 관한 의견
2. 법 제132조에 따른 회생채권 변제에 관한 의견
3. 법 제179조 제1항 제5호 및 제12호에 따른 신규자금 차입에 관한 의견

4. 법 제62조에 따른 영업양도 및 M&A 진행에 관한 의견
5. 법 제203조 제4항에 따른 감사 선임 및 재선임에 관한 의견
6. 회생절차의 폐지 및 종결에 관한 의견
7. 기타 회생절차에 관한 의견

제4조(채무자와 협약 체결)

채권자협의회는 회생절차의 조기종결 이후의 절차에 관하여 채무자와 협약을 체결한
때에는 준칙 제251호 「회생절차의 조기종결」에 따라 향후 채무자의 회생계획 수행을
감독할 수 있는 채권자협의체의 구성과 운영 등에 관한 적절한 규정을 마련하여 협
약 체결 후 7일 이내에 법원에 제출하여야 한다. 다만 그 협약의 내용은 법과 시행
령 및 규칙의 규정에 어긋나서는 아니 된다.

【참고자료 11 서울회생법원 실무준칙 제217호】

조사위원의 선임 및 평정

제 1 절 총 칙

제1조(목적)

준칙 제217호는 법 제87조 및 회생사건의 처리에 관한 예규(재민2006-5) 제6조에서 정한 조사위원의 선임과 평정에 대한 기준을 수립함으로써 회생절차가 공정하고 투명하게 진행되도록 함을 목적으로 한다.

제 2 절 조사위원 적임자 명단의 작성 및 관리

제2조(조사위원 적임자 명단 관리위원회)

① 법원에 「조사위원 적임자 명단 관리위원회」(이하 준칙 제217호에서 '위원회'라 한다)를 둔다.
② 위원회는 다음 각호의 업무를 한다. 다만, 제1호, 제2호의 업무를 하는 경우에는 회생·파산위원회의 의견을 들어야 한다.
　1. 조사위원 적임자 명단(이하 준칙 제217호에서 '적임자 명단'이라 한다)의 작성
　2. 적임자 명단에서의 삭제
　3. 그 밖에 적임자 명단의 작성, 관리에 필요한 업무
③ 위원회는 위원장 1명과 10명 이내의 위원으로 구성하되, 위원장은 법원 수석부장판사로 하고, 위원회의 위원은 다음 각호에 해당하는 사람 중 각 1명 이상을 법원장이 지명한다.
　1. 법원 소속 부장판사
　2. 법원 소속 판사
　3. 법원 관리위원회 소속 관리위원
④ 위원회에는 위원장이 법원 소속 판사 또는 관리위원 중에서 지명한 간사를 둘 수 있다.
⑤ 위원회는 서면으로 심의·의결할 수 있다.

제3조(적임자 명단의 작성)

① 위원회는 한국공인회계사회, 대한변호사협회 등으로부터 조사위원 선정대상자를 추

천받되, 다음 각호 중 하나 이상의 요건을 충족하는 자들로 적임자 명단을 작성한다.
  1. 국내 신용평가기관 중 규모가 3위 이내에 드는 기관
  2. 소속 공인회계사가 30명 이상인 국내 회계법인
② 회계법인이 제1항 제2호의 요건을 충족하지 못한 경우라도 상당한 이유가 있는
때에는 한국공인회계사회의 추천을 받아 적임자 명단에 등재할 수 있다.
③ 위원회는 적임자 명단 작성에 참고한 자료 등을 회생·파산위원회에 통보한다.

제4조(적임자 명단의 갱신 및 삭제)

① 위원회는 매년 조사위원에 대한 평정 결과 등을 참고하여 적임자 명단을 갱신한다.
② 위원회는 적임자 명단에 등재된 자가 다음 각호의 어느 하나에 해당하거나 기타
조사위원으로서 부적합하다고 볼 상당한 이유가 있는 때에는 언제든지 적임자 명단
에서 삭제할 수 있다.
  1. 조사위원으로 선임되었음에도 정당한 이유 없이 조사업무 수행을 거부한 때
  2. 조사보고 내용이 부실한 때
  3. 보수청구액이 현저히 부당하다고 인정되는 때
  4. 소속 공인회계사 수의 감소 기타 사유로 그 공신력이 현저히 훼손된 때

제 3 절 조사위원의 선임 등

제5조(조사위원의 선임)

① 법원이 조사위원을 선임하는 경우 적임자 명단의 순서에 따라 차례로 선정함을
원칙으로 한다. 다만, 적임자 명단에 등재된 회계법인 등이 다음 각호에 해당하는 경
우에는 해당 채무자의 조사위원으로 선정하지 아니한다.
  1. 최근 3년간 채무자를 외부감사하였거나 채무자에 관하여 경영컨설팅을 한 사실
  이 있는 경우
  2. 조사업무의 규모와 특성 등에 비추어 회계법인 등이 채무자에 대한 조사업무를
  수행하기 부적합하다고 볼 상당한 사유가 있는 경우
② 법원은 채무자의 자산 규모나 회계법인 등의 업무능력과 경험, 규모 등을 고려하
여 제1항 본문과 달리 조사위원을 선정할 수 있다.
③ 법원은 채무자가 영세한 소규모 기업 또는 개인인 경우로서 적임자 명단에 등재
된 자 중에서 조사위원을 선임하는 것이 적합하지 아니하다고 인정되는 때에는 법원
사무관등을 채무자에 대한 조사위원으로 선임할 수 있다.

제6조(조사위원의 해임)

① 법원은 상당한 이유가 있는 때에는 이해관계인의 신청에 의하거나 직권으로 조사
위원을 해임할 수 있다.

② 전항의 경우 법원은 그 조사위원을 심문하여야 한다.

제7조(조사위원의 보수 및 비용)

① 조사위원의 기본보수는 [별표]의 기준에 의하여 산정하되, 조사의 내용·기간·난이도 및 성실성 등을 고려하여 상당한 범위 내에서 가감할 수 있다. 다만, 조사위원이 법원사무관등인 경우에는 보수를 지급하지 아니하는 것을 원칙으로 한다.
② 조사를 위하여 외부기관의 감정이 필요하거나 그 밖에 이에 준하는 경우에는 그에 소요된 비용을 별도로 지급할 수 있다.
③ 조사위원이 법원사무관등인 경우 법 제88조, 제79조 제1항에 따른 검사에 필요한 조사위원 여비는 절차의 비용으로 보고 그 실비를 지급한다.
④ 제3항의 실비는 「법원공무원 여비 규칙」 제1장부터 제3장까지에서 규정한 기준에 따른다.

제 4 절 조사위원에 대한 평정

제8조(조사위원 업무수행 평가표의 작성)

① 위원회의 위원장은 위원회 위원 중 판사 1인을 조사위원 업무수행 평가표를 관리할 책임자로 지정한다.
② 법원은 법인인 채무자에 대한 회생절차에 관하여 조사보고서가 제출된 이후 회생절차개시신청의 기각결정, 회생절차폐지결정 또는 회생계획인가결정이 있는 경우 [별지 1 조사위원 평가표]를 작성하여야 한다.

제9조(조사위원에 대한 평정)

① 위원회는 매년 1월 말까지 조사위원 평가표 및 기타 제반사정을 참작하여 적임자 명단에 등재된 기관 또는 회계법인에 대하여 평정을 실시한다.
② 법원은 조사위원에 대한 평정결과를 회생·파산위원회에 통보한다.

〔별표〕

조사위원 보수 기준표

조사 당시의 자산 총액	기준 보수
50억 원 미만	1,500만 원
50억 원 이상 80억 원 미만	1,800만 원
80억 원 이상 120억 원 미만	2,700만 원
120억 원 이상 200억 원 미만	3,200만 원
200억 원 이상 300억 원 미만	3,900만 원
300억 원 이상 500억 원 미만	4,500만 원
500억 원 이상 1,000억 원 미만	5,000만 원
1,000억 원 이상 3,000억 원 미만	5,700만 원
3,000억 원 이상 5,000억 원 미만	7,700만 원
5,000억 원 이상 7,000억 원 미만	9,200만 원
7,000억 원 이상 1조 원 미만	10,000만 원
1조 원 이상 2조 원 미만	11,000만 원
2조 원 이상	12,000만 원(1조 원당 1,200만 원씩 추가)

〔별지 1 조사위원 평가표〕

조사위원 평가표

명칭		사건번호		재판부		조사기간	
		채무자		관리위원			

관리위원 평가	
1. 일반적인 업무수행	
· 조사보고서 제출기간 준수	상 ☐ 중 ☐ 하 ☐
· 조사보고서 일반의 충실도	상 ☐ 중 ☐ 하 ☐
· 조사사항의 누락 여부	상 ☐ 중 ☐ 하 ☐
2. 조사의 충실도	
· 자산 실사의 충실도	상 ☐ 중 ☐ 하 ☐
· 서류열람, 회계기록 검토의 충실도	상 ☐ 중 ☐ 하 ☐
· 계산의 공정성, 신뢰성	상 ☐ 중 ☐ 하 ☐
3. 조사보고 결과의 적절성	
· 매출액 추정의 합리성	상 ☐ 중 ☐ 하 ☐
· 매출원가 추정의 합리성	상 ☐ 중 ☐ 하 ☐
· 판매관리비 추정의 합리성	상 ☐ 중 ☐ 하 ☐
· 부인대상 행위, 임원 등의 책임에 관한 조사의 합리성	상 ☐ 중 ☐ 하 ☐
· 청산조정의 합리성	상 ☐ 중 ☐ 하 ☐
4. 업무수행의 공정성 및 객관성	
· 뇌물수수나 약속, 향응접대 등 부정행위 발견 여부	여 ☐ 부 ☐
5. 집회 출석	
· 집회 출석여부	여 ☐ 부 ☐
6. 업무 협조성	
· 재판부와 소통(주요사항 신속 보고 등)	상 ☐ 중 ☐ 하 ☐
7. 평가의견	
8. 업무수행에 대한 종합 평가	상 ☐ 중 ☐ 하 ☐

재판부 평가	
1. 평가의견	
2. 업무수행에 대한 종합 평가	상 ☐ 중 ☐ 하 ☐

【참고자료 12 서울회생법원 실무준칙 제218호】

조사위원의 조사·보고

제1조(목적)

준칙 제218호는 조사위원이 수행하여야 할 조사·보고에 관하여 필요한 사항을 정함으로써 회생절차의 통일성을 제고하고 이해관계인의 회생절차에 대한 신뢰성을 확보하는 것을 목적으로 한다.

제2조(제1차 조사보고서의 작성 및 제출)

조사위원(간이조사위원을 포함한다, 이하 준칙 제218호에서 같다)은 법원의 결정에 의하여 법원이 정한 기한까지 다음 각호의 사항을 조사하여 제1차 조사보고서를 작성·제출하여야 한다. 다만, 법원사무관등이 조사위원으로 선임된 경우에는 제2호에 대한 조사를 생략할 수 있다.
1. 법 제90조 내지 제92조에 규정된 사항의 전부 또는 일부
2. 채무자의 사업을 계속할 때의 가치가 채무자의 사업을 청산할 때의 가치보다 큰지 여부 및 회생절차를 진행함이 적정한지 여부에 관한 의견
3. 채무자의 부채액에 산입되지 아니한 채무자의 제3자에 대한 보증채무의 금액, 내용 및 보증책임의 발생가능성
4. 채무자의 이사나 이에 준하는 사람 또는 지배인의 중대한 책임이 있는 행위로 인하여 회생절차개시의 원인이 발생하였는지 여부 및 위와 같은 이사 등의 중대한 책임이 있는 행위에 지배주주 및 그 친족 기타 시행령이 정하는 범위의 특수관계에 있는 주주가 상당한 영향력을 행사하였는지 여부
5. 법 제100조 내지 제104조의 규정에 의하여 부인할 수 있는 행위의 존부 및 범위

제3조(제2차 조사보고서의 작성 및 제출)

조사위원은 법원의 결정에 의하여 회생계획안 심리를 위한 관계인집회 전에 다음 각호의 사항을 조사하여 제2차 조사보고서를 작성·제출하여야 한다.
1. 제출된 회생계획안에 의한 변제방법이 채무자의 사업을 청산할 때 각 채권자에게 변제하는 것보다 불리하지 아니하게 변제하는 내용인지 여부
2. 제출된 회생계획안의 수행이 가능한지 여부

제4조(변경회생계획안 제출에 따른 조사·보고 사항)

조사위원은 채무자가 인가된 회생계획에 대하여 변경회생계획안을 제출한 경우 변경

회생계획안 심리를 위한 관계인집회 전에 다음 각호의 사항을 조사하여 보고서를 제출하여야 한다.

  1. 변경회생계획안에 의한 변제방법이 채무자의 사업을 청산할 때 각 채권자에게 변제하는 것보다 불리하지 아니하게 변제하는 내용인지 여부

  2. 제출된 변경회생계획안의 수행이 가능한지 여부

제5조(기타 조사·보고 사항)

조사위원은 법원이 필요하다고 인정하여 조사를 명한 사항을 조사하여 보고서를 작성·제출하여야 한다.

【참고자료 13 서울회생법원 실무준칙 제219호】

채무자의 구조조정담당임원(CRO)

제1조(목적)

준칙 제219호는 구조조정담당임원이 회생절차에 관하여 관리인에게 충분히 자문을 제공하고, 회생절차의 공정한 진행을 위해 관리인을 적절히 감독하며, 회생절차의 성공적 진행을 위해 채권자 등과의 원활한 의사소통에 기여하도록 하기 위하여 채무자의 구조조정담당임원(Chief Restructuring Officer) 위촉 및 업무수행 등에 관하여 필요한 사항을 정함을 목적으로 한다.

제2조(구조조정담당임원의 위촉 시기)

관리인은 특별한 사정이 없는 한 회생절차개시결정일부터 14일 이내에 법원의 허가를 받아 구조조정담당임원을 위촉한다.

제3조(구조조정담당임원의 위촉절차)

① 채권자협의회는 법원에 채무자에 대한 구조조정담당임원 후보자를 추천할 수 있다. 이 때 법원은 채권자협의회에 회계업무 및 감사업무에 상당한 경력이 있는 사람, 채무자의 업종 또는 그와 유사한 업종에 전문적 경험이나 식견이 있는 사람 등 다양한 경력을 가진 복수의 후보자를 추천하여 줄 것을 요청한다.
② 법원은 채권자협의회로부터 제1항의 구조조정담당임원 후보자를 추천받는 경우 면접 등의 방법을 통하여 적임자를 선정한다. 다만, 채권자협의회로부터 추천받은 사람 중에 적임자를 선정하기 어려운 경우에는 관리위원회의 추천을 받거나 의견을 들어 적임자를 선정할 수 있다.
③ 관리인은 제2항과 같이 선정된 적임자를 채무자의 구조조정담당임원으로 위촉할 수 있다.

제4조(구조조정담당임원의 보수)

구조조정담당임원의 보수는 관리인이 법원의 허가를 받아 채무자의 자산 및 부채의 규모, 자금 사정 등을 고려하여 정한다.

제5조(구조조정담당임원의 임기)

구조조정담당임원의 임기는 회생계획인가 전 회생절차폐지결정이 확정된 날 또는 회생계획인가 후 감사가 선임된 날까지로 한다.

제6조(구조조정담당임원의 의무)

① 구조조정담당임원은 그 업무를 수행할 때 선량한 관리자로서의 주의의무를 다하여야 하고, 업무를 수행하는 과정에서 알게 된 채무자의 영업상의 비밀을 정당한 이유 없이 제3자에게 공개하거나 채무자 이외의 자를 위하여 사용하여서는 아니 된다.
② 구조조정담당임원은 관리인과 위촉계약을 체결하는 경우 지체 없이 법원에 [별지 1 서약서]를 작성하여 제출하여야 한다.

제7조(구조조정담당임원의 업무)

① 구조조정담당임원은 다음 각호와 같이 회생절차의 원활한 진행을 위한 업무를 수행한다.
  1. 회생절차 전반에 대한 자문
     가. 채권자목록, 시·부인표, 회생계획안 작성 등에 대한 사전검토 및 조언
     나. 조사위원의 조사보고서와 관리인의 조사보고서에 대한 검토 및 자문
     다. 각종 허가신청서와 보고서(월간보고서, 분기보고서, 반기보고서, 채무자현황 및 연간보고서 등) 사전검토 및 작성요령 지도
  2. 채권자협의회와의 원활한 의사소통
     가. 채권자협의회에 대한 의견조회를 거쳐야 하는 사항에 관한 사전 협의
     나. 채권자들의 문의사항에 대한 답변, 주요현안에 관한 의견 교환
     다. 회생계획안에 대한 동의를 받기 위한 사전 협의
  3. 부인권 행사 또는 이사 등에 대한 책임 추궁 관련 업무
     가. 부인권 행사 대상행위, 이사 등의 책임이 문제되는 사안에 대한 사전 조사
     나. 부인권 행사 또는 이사 등에 대한 손해배상청구와 관련하여 관리인과 적극 협의
② 구조조정담당임원은 다음 각호와 같이 관리인에 대한 감독업무를 수행한다.
  1. 자금수지 감독
     가. 채무자의 자금수지현황을 파악하여, 월 2회 주심판사, 주무 관리위원 및 채권자협의회에 제공
     나. 부적절한 비용 지출이나 입금 누락이 없는지 여부 점검
     다. 채무자에게 특이사항이 있는 경우 법원에 보고
  2. 거래관계 및 업무현황 점검
     가. 매출 및 매입에 대한 과소·과대계상, 허위매출, 부적절한 거래 등이 없는지 점검
     나. 가공의 임직원에 대한 급여 지출, 판관비 지출의 적정성 등 점검
  3. 자산의 매입, 처분, 설비 이전에 관한 적정성 등 점검
  4. 관리인의 법원에 대한 허가사항 사전점검 및 사후조치 경과 보고
  5. 관리인 보고서 점검 및 주요사항 의견서 제출

  6. 재고자산 등 현장의 직접 점검
  7. 관계회사 등 점검
     가. 관계회사나 특수관계인과의 부적절한 거래관계가 있는지 여부
     나. 관계회사나 특수관계인으로의 자산 유출 등이 있는지 여부

제8조(구조조정담당임원에 대한 지원)

① 관리인은 구조조정담당임원이 그 업무를 수행하기 위하여 필요한 장소, 비품, 인력 등을 지원하고, 필요경비를 지급해야 한다.
② 관리인은 구조조정담당임원이 업무를 수행하기 위하여 필요하다고 인정되는 정보를 제공하고, 장부, 매출전표, 기타 서류 등(재고상품 등 동산 포함)을 열람, 복사, 확인할 수 있도록 협조하여야 한다.

〔별지 1 서약서〕

사건번호 :
채 무 자 :

업 무 서 약 서

  본인은 채무자의 구조조정담당임원으로 직무를 수행하면서, 구조조정담당
임원의 관리인 감독업무 및 법원 보고업무 등 업무내용을 숙지하고 이를 성
실하게 수행할 것이며, 관리인 기타 임직원의 불법행위를 방지하기 위하여
구조조정담당임원으로서의 엄중한 주의의무를 다할 것입니다. 만일 그 직무
에 관하여 법령 또는 법원의 실무준칙에 위반하거나 고의 또는 과실로 법
원에 보고를 누락하거나 사실과 다른 보고를 하는 등 불성실한 직무수행 사
실이 확인되는 경우에는 그에 따른 책임을 질 것임을 서약합니다.

2017.   .   .

구 조 조 정 담 당 임 원　　○　○　○　(서 명)

【참고자료 14 서울회생법원 실무준칙 제220호】

감사의 선임 및 평정

제1조(목적)

준칙 제220호는 능력과 자질을 갖춘 적임자가 법 제203조 제4항에서 정하는 감사로 선임될 수 있도록 감사의 선임 및 평가에 필요한 사항을 정함으로써 회생절차의 공정성과 투명성을 확보하고 회생절차 전반에 대한 신뢰를 제고함을 목적으로 한다.

제2조(선임시기)

법원은 회생계획이 인가된 후 지체 없이 채무자의 감사를 선임한다.

제3조(선임원칙 및 절차)

① 법원은 관리위원회, 채권자협의회 및 회생·파산위원회의 의견을 들어 다음 각호의 어느 하나에 해당하는 사람으로서 엄정하게 직무를 수행할 수 있는 자질과 경륜이 있는 사람을 감사로 선임한다.
  1. 채무자의 업종 또는 그와 유사한 업종에 전문적 경험이나 식견이 있는 사람
  2. 회계업무 또는 감사업무에 상당한 경험이나 자격이 있는 사람
② 선임방법에 대하여는 준칙 제211호 「관리인 등의 선임·해임·감독기준」 제18조, 제19조를 준용한다. 이 경우 관리인을 감사로 본다.
③ 감사는 그 직에 취임할 때 [별지 1 선서서]에 의한 선서서를 법원에 제출하여야 한다.

제4조(보수)

감사의 보수는 채무자와 동일한 업종에 속하는 다른 업체의 감사 보수실태, 기존의 보수체계, 채무자의 재정상태, 채무자의 자산 및 매출규모, 감사 업무의 내용과 난이도를 고려하여 정한다.

제5조(임기)

① 감사의 임기는 특별한 사정이 없는 한 1년으로 한다.
② 감사는 특별한 사유가 없는 한 최초 선임된 날부터 3년을 초과하여 연임할 수 없다.

제6조(구조조정담당임원의 감사 선임)

구조조정담당임원이 위촉되어 있는 경우 법원은 관리위원회, 채권자협의회 및 회생·파산위원회의 의견조회를 거친 후 그를 감사로 선임할 수 있다.

제7조(겸임금지)

감사는 채무자 및 자회사의 관리인, 관리인대리, 이사, 지배인 기타 사용인의 직무를 겸하지 못한다.

제8조(복수의 채무자를 위한 감사 선임)

① 법원은 채무자의 자산 및 부채 규모, 업종, 영업력, 영업규모, 감사의 필요성 및 그 정도를 참작하여 1인을 여럿의 채무자의 감사로 선임할 수 있다.
② 이 경우 감사의 근무방식 및 근무일수 배분에 대해서는 미리 정하여야 한다.

제9조(평가)

① 법원은 준칙 제215호 「관리인 평정」에 따라 관리인 평가를 하는 시기에(단, 채무자의 대표자가 관리인으로 선임되거나 그를 관리인으로 보는 경우에도 평가를 실시함) 관리위원회의 의견을 참고하여 [별지2 감사 평가표]에 따라 감사에 대한 평가표를 작성한다.
② 법원은 감사에 대한 위 평가결과를 회생·파산위원회에 통보하여야 한다.

제10조(재선임)

감사의 임기가 만료되는 경우 법원은 특별한 사정이 없는 한 현재의 감사를 재선임한다.

제11조(사임)

감사는 정당한 사유가 있는 때에는 법원의 허가를 얻어 사임할 수 있다.

제12조(해임)

법원은 감사가 직무를 태만히 하거나 감사능력이 부족한 때, 그 밖에 상당한 이유가 있는 때에는 이해관계인의 신청에 의하거나 직권으로 감사를 해임할 수 있다.

〔별지 1 선서서〕

사건번호 :
채 무 자 :

선 서 서

　본인은 채무자의 감사로 취임하여 직무를 수행하면서 엄정하게 감사로서의 주의의무를 다하여 직무를 수행할 것이며, 그 직무에 관하여 법령 또는 법원의 실무준칙에 위반하거나 고의 또는 과실로 법원에 사실과 다른 보고를 하는 등 불성실한 직무수행 사실이 확인되는 경우에는 그에 따른 책임을 질 것임을 선서합니다.

○○○○. ○○. ○○.

감 사

〔별지 2 감사 평가표〕

감사 평가표

성명	사건번호		재판부		선임일	
	채무자		관리위원		임기만료일	

관리위원 평가			
1. 일상 업무 수행			
· 자금수지, 입출금 현황 감독 업무	상 ☐	중 ☐	하 ☐
· 공장, 지점, 창고, 거래현장 등 실질 감독업무	상 ☐	중 ☐	하 ☐
· 회생계획 수행 또는 (변경)회생계획안에 대한 검토 업무	상 ☐	중 ☐	하 ☐
· 허가 신청서 검토 및 허가사항 후속 처리 보고 업무	상 ☐	중 ☐	하 ☐
· 충분한 시간 투입, 근태	상 ☐	중 ☐	하 ☐
2. 법원에 대한 보고업무			
· 정기보고서 제출기일 준수 및 보고서 내용의 충실한 기재	상 ☐	중 ☐	하 ☐
· 법원 지시사항 조사 및 보고 업무	상 ☐	중 ☐	하 ☐
3. 이해관계인과의 관계			
· 관리인, 임직원과의 관계	상 ☐	중 ☐	하 ☐
4. 업무수행의 공정성			
· 뇌물수수나 약속, 향응접대 등 부정행위 발견 여부	여 ☐		부 ☐
· 기타 계약체결 행위 등에 부정한 관여	여 ☐		부 ☐
5. 평가의견			
6. 업무수행에 대한 종합 평가	상 ☐	중 ☐	하 ☐

재판부 평가			
1. 감사업무에 대한 이해도	상 ☐	중 ☐	하 ☐
2. 관리인의 허가사항 및 보고업무에 대한 확인	상 ☐	중 ☐	하 ☐
3. 특이사항 수시 보고 및 회생계획 이행 지도	상 ☐	중 ☐	하 ☐
4. 성실도	상 ☐	중 ☐	하 ☐
5. 평가 의견			
6. 업무수행에 대한 종합 평가	상 ☐	중 ☐	하 ☐

【참고자료 15 서울회생법원 실무준칙 제221호】

감사의 업무수행

제1조(목적)

준칙 제221호는 회생절차의 투명하고 공정한 진행을 위해 법 제203조 제4항에서 정한 감사가 채무자 및 관리인에 대하여 실질적인 감사를 하도록 하는 데 필요한 사항을 정함을 목적으로 한다.

제2조(감사의 업무수행)

① 감사는 다음 각호와 같이 관리인의 경영과 회생계획 수행활동을 감독하기 위한 업무를 수행한다.
  1. 채무자의 회계, 입출금내역 등 운영상황 점검
  2. 회생계획 수행에 대한 점검 및 독려
  3. 관리인의 허가신청업무 감독 및 확인
  4. 관리인의 보고업무에 대한 확인
  5. 기타 감사가 업무를 수행하는 데 필요한 사항
② 감사는 채무자의 업무처리가 적정한지 여부를 확인하기 위하여 수시로 회계장부 기타 채무자의 내부 서류를 열람하고 영업현장 등을 점검하여야 한다.
③ 감사는 중립적 지위에서 엄정하게 그 직무를 수행하여야 하고, 특히 아래 사항에 대한 점검, 확인을 철저히 하여야 한다.
  1. 법원의 허가 없는 자금의 조성과 지출 여부
  2. 회계계정의 부적절한 처리 여부
  3. 부당한 수입감소 또는 지출증가가 있는지 여부
  4. 채무자 조직의 능률성
  5. 기타 채무자의 운영에 관한 부정적 요인의 존부
  6. 준칙 제252호「채무자의 자회사현황 보고」제2조에서 정한 자회사 운영에 관한 사항
  7. 기타 법원이 조사를 요구한 사항

제3조(감사의 법원에 대한 보고)

① 감사는 부임 후 1개월 이내에 회사현황, 영업상황, 회생계획 수행현황, 향후 감사계획 등을 법원에 보고하여야 한다.
② 감사는 임기만료 1개월 전까지 감사실적 및 감사의 업무수행현황에 대하여 법원에 보고하여야 한다.

③ 감사는 상법 제412조에 규정된 임무를 수행하는 외에 법원으로부터 직접 구두나 공문으로 특정한 사항에 대하여 조사 및 감사를 명령받은 경우 지체 없이 해당 사항을 조사하여 법원에 보고하여야 한다.
④ 다음 각호의 어느 하나에 해당하는 사유가 발생한 경우 감사는 관련 사실을 지체 없이 법원에 보고하여야 한다.
  1. 이사 이상의 직에 있는 사람이 관련된 비위사실을 발견한 때
  2. 채무자에 대하여 시정을 촉구하였는데도 적절한 조치를 하지 아니한 사항이 있는 경우
  3. 급속을 요하거나 사안의 성질상 통상적인 체계를 거쳐서 보고하기에 부적절한 사항이 있는 경우
⑤ 법원에 대한 보고는 대면보고, 서면보고 또는 전화나 이메일 보고 중 적절한 방법으로 할 수 있다.

제4조(감사의견서 제출)

① 감사는 관리인이 법원에 제출하는 분기보고서, 반기보고서, 채무자현황 및 연간보고서에 대하여 감사의견서를 제출하여야 한다.
② 감사는 1/4분기, 3/4분기에 대한 감사의견서를 각 분기 종료일로부터 1개월 이내에, 2/4분기가 포함된 반기에 대한 감사의견서를 반기 종료일로부터 2개월 이내에, 당해 연도에 대한 감사의견서를 회계연도 종료일로부터 3개월 이내에 제출하여야 한다.
③ 감사의견서에는 채무자의 업무처리 과정에 상법 제413조에 규정된 사항이 있는지 여부를 명기하여야 하고, 특히 아래 사항에 관한 의견을 포함하여야 한다.
  1. 회계 및 자금관계 보고내용의 적부
  2. 당해 분기 감사실적의 개요
  3. 자회사에 대한 사항
  4. 기타 특이사항

제5조(주의의무 등)

① 감사가 선량한 관리자로서의 주의를 해태함으로써 채무자 또는 임직원의 비위를 발견하지 못하고 이로 인해 채무자가 손해를 입을 때에는 감사는 그 손해를 배상하여야 한다.
② 감사는 경영에 직접 관여하여서는 아니 되고, 관리인의 직무를 침범하여서는 아니 된다. 특히 감사는 그 업무를 수행하면서 채무자의 통상적인 업무수행에 지장을 주지 않도록 각별히 유념하여야 하며, 채무자의 회계장부, 공람서류 기타 감사를 위하여 제공된 문서와 자료는 신속히 열람한 후 반환하여야 한다.
③ 감사는 직무상 알게 된 사실을 누설하거나 공개하여서는 아니 된다.

제6조(감사업무수행에 대한 협조)

① 채무자는 감사로 하여금 그 직무를 수행하기에 충분한 인적, 물적 시설을 제공하여야 하고, 관리인이 결재하는 서류를 모두 그 결재 전 또는 결재 후 지체 없이 감사의 공람에 제공하여야 한다.

② 이사는 채무자 내부에 정관 또는 법령에 위반되는 사항이 있거나 채무자에게 손해를 끼칠 염려가 있는 사실을 발견한 때에는 지체 없이 이를 감사에게 보고하여야 한다.

③ 감사가 그 직무를 수행하기 위하여 이사 또는 관계 부서에 회계장부 기타의 자료를 요청하거나 보고를 요청하는 때에는 관계자는 지체 없이 이를 제공 또는 보고하여야 한다.

【참고자료 16 서울회생법원 실무준칙 제222호】

채무자 자산의 감정평가를 위한 감정인의
선임과 보수기준

제1조(목적)

준칙 제222호는 채무자에 대하여 그 소유의 부동산, 기계기구류 등 자산의 가액을 평가하여야 할 필요가 있을 경우 이를 평가할 감정인의 선정과 그 보수기준에 관하여 정함을 목적으로 한다.

제2조(감정평가를 실시하여야 할 경우)

채무자가 부동산, 기계기구류 등을 보유한 경우 관리인(관리인이 없는 경우 채무자를 말한다. 이하 같다)은 법원이 선정한 감정인을 통하여 감정평가를 실시하여야 한다. 다만, 다음 각호의 경우에는 감정평가를 실시하지 아니할 수 있다.
  1. 아파트나 중고자동차 등 그 감정목적물에 관하여 공신력 있는 기관, 단체가 제공하거나 또는 널리 통용되는 평균거래시세를 원용하는 방법 등이 적당하다고 인정되는 경우
  2. 회생절차개시신청일부터 1년 전 이내에 감정평가를 실시한 사실이 있고 그 감정평가금액이 적절하다고 인정되는 경우

제3조(감정인 후보자 명단)

① 감정인은 감정인 후보자 명단(이하 준칙 제222호에서 '후보자 명단'이라 한다)에 등재된 자(이하 준칙 제222호에서 '후보자'라 한다) 중에서 선정한다. 다만 채무자가 영세한 소규모 기업 또는 개인인 경우로서 후보자 중에서 감정인을 선임하는 것이 적합하지 아니하다고 인정되는 때에는 그러하지 아니하다.
② 법원은 공고 후 신청을 받아 소속 감정평가사가 10인 이상인 감정평가법인으로서 서울고등법원 관할구역 내에 본점 또는 지점(지점의 경우 상근 감정평가사가 3인 이상일 것)을 두고 있는 감정평가법인으로 구성된 후보자 명단을 작성한다. 위에 해당하는 감정평가법인의 수가 부족하거나 그밖에 상당한 이유가 있는 때에는 한국감정평가사협회의 추천을 받아 감정평가법인을 후보자 명단에 추가로 등재한다.

제4조(감정인 후보자 명단 관리위원회)

① 법원은 후보자 명단에 등재될 자의 선정 및 후보자 명단 관리를 위하여 감정인 후보자 명단 관리위원회(이하 준칙 제222호에서 '위원회'라 한다)를 둔다.

② 위원회의 구성, 업무, 심의·의결 방법에 관하여는 성질에 반하지 않는 한 준칙 제217호 「조사위원의 선임 및 평정」 제2조 내지 제4조를 준용한다.

제5조(감정인 선정방식)

① 관리인은 감정평가를 실시하여야 할 경우 법원이 제2항에 따라 선정한 감정인과 감정평가용역계약을 체결하여야 한다. 다만, 관리인이 선정된 감정인 또는 그 감정인이 제시하는 감정비용 등에 대하여 이의를 제기하고 그 이의가 타당한 경우에는 법원이 감정인을 추가로 선정하며, 관리인은 선정된 복수의 감정인 중 1개의 감정인과 감정평가용역계약을 체결하여야 한다.
② 법원은 후보자 전원에게 선임의 기회가 공평하게 부여되도록 후보자 명단의 순서대로 감정인을 선정함을 원칙으로 한다. 다만, 위 방식에 의하여 선정될 후보자가 채무자와 특수관계에 있거나 감정평가대상의 특성과 규모 등에 비추어 해당 감정평가업무를 수행하기 부적합하다고 볼 상당한 사유가 있는 경우에는 그를 배제하고 다음 순서의 후보자를 감정인으로 선정할 수 있다. 이 경우 배제된 후보자는 다음 기회에 우선적으로 선정할 수 있다.

제6조(감정인의 보수)

① 감정인은 감정평가가 완료된 이후 관리인에게 그 업무수행에 따른 수수료, 출장 또는 사실확인에 소요된 실비를 청구할 수 있고, 관리인은 위 수수료 등의 지급에 관한 법원의 허가를 받아 지체 없이 이를 감정인에게 지급하여야 한다.
② 제1항의 수수료의 요율 및 실비의 범위는 감정평가 및 감정평가사에 관한 법률 제23조에 의한 '감정평가법인등의 보수에 관한 기준'에 따르되, 위 기준에서 정한 최대할인율을 적용한 금액으로 한다.

【참고자료 17 서울회생법원 실무준칙 제231호】

개 시 전 조 사

제1조(목적)
준칙 제231호는 법원이 회생절차개시결정을 하기에 앞서 조사위원으로 하여금 채무 ·
자에 대하여 조사(이하 준칙 제231호에서 '개시 전 조사'라 한다)하도록 하는 예외적
인 경우의 유형 및 개시 전 조사를 하도록 할 경우 그 조사의 절차 등에 관하여 정
함을 목적으로 한다.

제2조(개시 전 조사 대상 사건)
법원은 다음 각호의 경우에 필요하다고 인정하는 경우 채무자에 대한 개시 전 조사
를 위해 조사위원을 선임할 수 있다.
  1. 채무자 아닌 자가 회생절차개시신청을 한 사건으로 재무상태표상 자산이 부채를
     초과하고 있고, 채무자가 회생절차 개시의 원인이 없다고 개시 요건을 다투는 경우
  2. 재신청 사건 중 종전의 회생절차개시신청 기각사유나 회생절차 폐지사유(부결
     된 사유 제외)가 해소되었다는 점에 관한 소명이 부족한 경우
  3. 그 밖에 채무자에 대한 개시 전 조사가 불가피한 합리적인 사정이 있는 경우

제3조(조사기간)
채무자에 대한 개시 전 조사기간은 충실한 조사에 필요한 시간, 신속한 개시 여부 결정
에 관한 이해관계인의 이익 등을 종합적으로 고려하여 합리적인 범위 내에서 정한다.

제4조(개시 전 조사 사항)
개시 전 조사 사항은 다음 각호의 전부 또는 일부로 할 수 있다.
  1. 법 제90조 내지 제92조에 규정된 사항의 전부 또는 일부
  2. 채무자의 사업을 계속할 때의 가치가 채무자의 사업을 청산할 때의 가치보다
     큰지 여부 및 회생절차를 진행함이 채권자 일반의 이익에 적합한지 여부
  3. 채무자의 부채액에 산입되지 아니한 채무자의 제3자에 대한 보증채무의 금액,
     내용 및 보증책임의 발생가능성
  4. 채무자의 이사나 이에 준하는 사람 또는 지배인의 중대한 책임이 있는 행위로
     인하여 회생절차개시의 원인이 발생하였는지 여부 및 위와 같은 이사 등의 중
     대한 책임이 있는 행위에 지배주주 및 그 친족 기타 시행령이 정하는 범위의
     특수관계에 있는 주주가 상당한 영향력을 행사하였는지 여부
  5. 법 제100조 내지 제104조의 규정에 의하여 부인할 수 있는 행위의 존부 및 범위
  6. 기타 법원이 필요에 따라 조사를 명한 내용

【참고자료 18 서울회생법원 실무준칙 제232호】

관리인보고를 위한 관계인집회의 대체절차

제 1 절 총 칙

제1조(목적)

준칙 제232호는 회생절차의 이해관계인에게 채무자에 관한 주요한 정보를 적절한 시기에 적정한 방법으로 제공함으로써 회생절차의 투명성을 제고하기 위하여 회생절차(간이회생절차를 포함한다. 이하 준칙 제232호에서 같다)의 관리인이 법 제98조 제2항 각호가 정한 조치를 이행할 때 준수해야 할 사항을 정함을 목적으로 한다.

제 2 절 주요 사항 요지의 통지

제2조(통지의 방법)

관리인은 법원이 정한 방법에 따라 법 제98조 제2항 제1호에 따라 법 제92조 제1항 각호가 정한 사항(이하 준칙 제232호에서 '주요사항'이라 한다)의 요지를 통지한다. 다만, 부득이한 사정이 있는 경우에는 다른 방법으로 통지할 수 있다. 이 경우 사전에 그 사유와 방법을 명시하여 법원의 허가를 받아야 한다.

제3조(통지의 시기)

관리인은 통지의 방법에 따라 다음 각호의 시기까지 상대방에게 통상 도달할 수 있는 여유(7일)를 두고 통지를 발송하여야 한다.
  1. 법원이 시기를 정한 경우에는 그때까지. 다만 그 기한을 준수하지 못할 부득이한 사유가 있는 경우에는 기한 전에 그 연장에 관하여 법원의 허가를 받아야 한다.
  2. 법원이 시기를 정하지 않은 경우에는 회생계획안 심리를 위한 관계인집회의 개최 또는 법 제240조 제1항에 따른 서면결의에 부치는 결정전까지

제4조(통지절차 착수의 사전보고)

관리인은 주요사항 요지의 통지절차에 착수하기 전에 통지 내용, 예상되는 통지 기간 기타 필요한 사항을 법원에 보고하여야 한다.

제5조(통지의 상대방)

① 관리인은 목록에 기재되어 있거나 신고한 회생채권자·회생담보권자·주주·지분권자, 조사위원·간이조사위원, 채무자, 회생을 위하여 채무를 부담하거나 담보를 제공한 자, 신규자금 지원자, 채무자를 위하여 보증을 제공한 자, 채무자의 자산에 관한 인수예정자(이하 준칙 제232호에서 '회생채권자 등'이라 한다)에게 주요사항의 요지를 통지한다.
② 관리인은 회생채권자 등에게 임의로 통지를 생략하거나 통지가 누락되지 않도록 하여야 한다.

제6조(통지의 내용)

① 관리인은 [별지 1 주요사항 요지 통지서]에 주요사항의 요지를 기재한 보고서 및 법 제92조 제1항이 정한 관리인 조사보고서 또는 조사위원 조사보고서의 요약본을 첨부하여 통지한다.
② 채무자의 업무 및 재산에 관한 사항에는 채무자의 주요사업목적, 조사기준일 현재 채무자의 자산·부채총액, 채무자의 사업을 청산할 때의 가치와 사업을 계속할 때의 가치(산정한 경우에 한한다), 회생채권 및 회생담보권 시·부인 총괄내역이 포함되도록 한다.
③ 그 밖에 채무자의 회생에 관하여 필요한 사항에는 회생절차개시 후 채무자의 사업현황 및 전망, M&A·영업양도 또는 주요한 자산매각을 추진하는 경우에는 그 내용 등을 기재한다.
④ 관리인은 주요사항 요지를 통지하면서 그 상대방에게 주요사항에 대한 의견을 법원에 서면으로 제출할 수 있다는 취지를 알려야 한다.

제7조(사후 보고)

① 관리인은 주요사항 요지의 통지절차를 이행한 경우에는 [별지 2 주요사항 요지 통지 결과보고서]에 의해 지체 없이 그 결과를 법원에 보고하되, 늦어도 통지기한 경과 후 7일 이내에 하여야 한다.
② 제1항의 보고에는 통지절차를 이행한 기간, 통지한 내용, 통지현황, 통지하지 못한 상대방이 있을 경우 그 현황과 사유 그 밖에 필요한 사항을 포함한다. 이 경우 통지한 내용이 제4조에 따른 사전보고의 내용과 같은 경우에는 그 취지만을 보고할 수 있다.

제 3 절 관계인설명회

제8조(관계인설명회 개최명령의 대상)

법원은 회생절차개시신청 당시 200억 원 이상의 채무를 부담하는 채무자에 관하여는 관리인 보고를 위한 관계인집회의 대체절차로서 관계인설명회(이하 준칙 제232호에서 '설명회'라 한다) 개최를 명하는 것을 원칙으로 한다. 다만, 채무의 성격, 채권자 등 이해관계인의 수 등을 고려하여 다른 대체절차의 이행을 명할 수 있다.

제9조(설명회 개최의 시기와 장소)

① 관리인은 법원이 정한 시기까지 적당한 일시와 장소를 정하여 1회 또는 수회의 법 제98조 제2항 제2호에 따른 설명회를 개최할 수 있다.
② 관리인은 설명회의 구체적인 일시와 장소에 관하여 법원의 허가를 받아야 한다.
③ 관리인은 제2항의 허가를 얻은 후 지체 없이 회생채권자 등 및 노동조합(노동조합이 조직되어 있지 않은 경우에는 근로자 대표자, 이하 같다)에 [별지 3 관계인설명회 통지서]에 따라 설명회를 개최한다는 취지를 통지하되, 그 통지는 늦어도 설명회 개최 7일 전까지 발송하여야 한다.
④ 관리인이 제3항의 통지를 발송한 후 설명회를 개최하기 전에 관리인 보고를 위한 관계인집회기일의 지정, 회생절차폐지 또는 기타 설명회를 개최하지 않을 사유가 발생한 경우에는 지체 없이 각 통지의 상대방에게 그 취지를 통지하여야 한다.
⑤ 제3항, 제4항의 각 통지는 서면·전자문서 또는 문자메시지의 발송, 모사전송, 구두 또는 유선에 의한 통지 기타 상당한 방법에 의하여 개별적으로 하여야 한다. 다만, 의결권이 없는 회생채권자 등에 대한 통지는 미리 법원의 허가를 얻어 홈페이지 게시, 중앙일간지 공고 기타 적절한 방법으로 갈음할 수 있다.

제10조(설명회의 참석대상자)

① 설명회에는 다음 각호의 사람이 참석함을 원칙으로 한다.
  1. 관리인. 다만, 제11조 제1항 단서에 따라 관리인을 대신하여 설명회를 주관할 자를 따로 정한 때에는 설명회 주관자
  2. 채무자의 회생절차개시신청 대리인이 있는 경우에는 신청대리인
  3. 조사위원
  4. 구조조정담당임원
② 채무자가 부담하는 채무가 300억 원 이상이고, 공익채권자를 제외한 회생채권자의 수가 100인 이상인 사건에서 설명회가 개최되는 경우에는 주무 관리위원이 그 설명회에 참석한다. 다만, 부득이한 사정이 있는 경우에는 참석하지 아니할 수 있다.

제11조(설명회의 진행)

① 설명회는 관리인이 주관한다. 다만, 설명회를 동시에 여러 곳에서 개최하거나, 관리인의 질병 그 밖에 부득이한 사정이 있는 경우에는 예외로 한다. 이 경우 관리인은 관리인을 대신하여 설명회를 주관할 자를 정하여 미리 법원의 허가를 받아야 한다.
② 관리인은 회생채권자 등에게 제6조에서 정한 사항의 요지를 설명하고, 주요사항에 대한 의견을 법원에 서면으로 제출할 수 있다는 취지를 알려야 한다.

③ 회생채권자 등 및 노동조합 대표자와 그 대리인은 설명회에 출석하여 의견을 진술할 수 있다.
④ 관리인은 회생채권자 등 및 노동조합 대표자와 그 대리인이 아닌 자의 설명회 출석을 금지할 수 있다.
⑤ 관리인은 설명회의 질서를 유지하기 위한 적절한 조치를 취하여야 하고, 영상녹화, 속기록의 작성·보존 등 설명회 종료 후에 설명회의 내용과 진행 상황을 확인할 수 있는 방안을 강구하여 시행하여야 한다.

제12조(사후 보고)

① 관리인은 설명회를 개최한 후 [별지 4 관계인설명회 개최 결과보고서]에 의해 지체 없이 그 결과를 법원에 보고하여야 한다.
② 제1항의 보고에는 설명회를 개최한 일시·장소, 설명회 일시·장소의 사전 통지 현황 및 통지하지 못한 회생채권자 등이 있는 경우 그 현황과 사유, 설명회 출석현황, 설명한 내용, 진행 순서에 따른 설명회 진행 경과, 회생채권자 등의 의견진술이 있은 경우 그 내용, 그 밖에 필요한 사항을 포함하여야 한다.
③ 관리인은 위 설명회 개최 결과보고서에 설명회에 관한 녹취록 또는 속기록을 첨부하여야 한다. 다만, 부득이한 사유가 있는 경우에는 녹취록 또는 속기록 대신 음성·영상 등 멀티미디어 방식의 자료를 제출할 수 있다.

〔별지 1 주요사항 요지 통지서〕

서울회생법원 2023회합○○ 회생

주요사항 요지 통지서

채무자 ○○ 주식회사 관리인 홍길동
서울 ○○구 ○○로 100

채무자 ○○ 주식회사에 대한 서울회생법원 2023회합○○ 회생 사건에 관하여 위 법원은 2023. ○○. ○○. 회생절차개시결정을 하였고, 홍길동이 채무자의 관리인으로서 직무를 수행하고 있습니다.

관리인은 채무자 회생 및 파산에 관한 법률 제92조 제1항에 따라 채무자가 회생절차의 개시에 이르게 된 사정, 채무자의 업무 및 재산에 관한 사항, 채무자의 이사 등에 대한 보전처분 또는 손해배상청구권 조사확정재판에 관한 사항, 그 밖에 채무자의 회생에 관하여 필요한 사항을 조사하여 법원에 보고하였습니다.

이에 관리인 조사보고서의 요지를 별첨과 같이 송부하여 드리오니 참조하시기 바랍니다. 아울러 이해관계인 여러분께서 위 각 사항에 관한 의견이 있으시면 직접 법원에 서면으로 의견을 제출하실 수 있습니다.

별첨 1. 관리인 조사보고서 요지 1부.
2. 조사위원 조사보고서 요지 1부. 끝.

문의사항이 있을 경우
채무자 ○○ 주식회사의 담당자 ○○○(전화 ○○○-○○○-○○○○,
팩스 ○○○-○○○-○○○○)에게 연락하여 주시기 바랍니다.

〔별지 2 주요 사항 요지 통지 결과보고서〕

주심판사	재판장

○○ 주식회사

우 12345 / 서울 ○○구 ○○로 ○○○ / 담당 김갑동 / 전화 (02)1234-5678 / 팩스 (02)2234-5678

문서번호: ○○ 회생 제2023-○○호

시행일자: 2023. ○○. ○○.

사　　건: 2023회합○○ 회생

수　　신: 서울회생법원 제1부

제　　목: 주요 사항 요지 통지 결과보고

관리위원

1. 폐사는 2023. ○. ○. 회생절차개시결정을 받은 회사입니다.
2. 관리인은 다음과 같이 채무자 회생 및 파산에 관한 법률 제98조 제2항 제1호에 따른 주요사항 요지 통지절차를 이행하였기에 보고합니다.

◇ 다　음 ◇

1. 통지 기간: 2023. ○○. ○○. ~ 2023. ○○. ○○.
2. 통지 내용: 2023. ○○. ○○.자 법원 보고 내용과 같음1)
3. 통지 현황: 별첨 통지현황과 같음2)
4. 통지 불이행 현황: 별첨 통지불이행현황과 같음3)
5. 기타 통지 관련 특이 사항: 별첨 기타 보고사항과 같음. 끝.

○○ 주식회사
법률상 관리인 대표이사 홍 길 동

CRO

---

1) 법원에 보고한 내용과 다른 경우 달라진 내용과 사유를 별첨으로 기재.
2) 통지 총괄현황 및 개별현황을 기재. 총괄현황은 통지한 채권자 수, 주주 수를 통지 방법(우편 송부, 이메일송부 등)별로 구분하여 기재하고, 개별현황은 통지 방법별 통지 상대방을 특정하여 기재하되, 통지 도달 여부가 확인된 경우에는 해당 사항도 기재.
3) 통지를 이행하지 못한 상대방과 사유를 기재.

〔별지 3 관계인설명회 통지문〕

서울회생법원 2023회합○○ 회생

관계인설명회 안내장

이해관계인 귀하

채무자 ○○ 주식회사 관리인 홍길동
서울 ○○구 ○○로 ○○○

 채무자 ○○ 주식회사에 대한 서울회생법원 2023회합○○ 회생 사건에 관하여 위 법원은 2023. ○○. ○○. 회생절차개시결정을 하였고, 홍길동이 채무자의 관리인으로서 직무를 수행하고 있습니다.

 관리인은 채무자 ○○ 주식회사가 회생절차의 개시에 이르게 된 사정, 채무자의 업무 및 재산에 관한 사항, 채무자의 이사 등에 대한 보전처분 또는 손해배상청구권 조사확정재판에 관한 사항, 그 밖에 채무자의 회생에 관하여 필요한 사항의 요지를 이해관계인 여러분께 보고하기 위한 설명회를 다음과 같이 개최할 예정이오니, 이해관계인 여러분의 많은 참석을 바랍니다.

◇ 다 음 ◇

1. 일시: 2023년 ○○월 ○○일 ○○시 ○○분
2. 장소: ○○회관 대강당
    (별지 안내도면을 참조하시기 바랍니다)

 *대리인이 참석할 경우 본인의 위임장 및 위임인의 인감증명서 등을 지참하시기 바랍니다.

문의사항이 있을 경우
채무자 ○○ 주식회사의 담당자 ○○○(전화 ○○○-○○○-○○○○,
팩스 ○○○-○○○-○○○○)에게 연락하여 주시기 바랍니다.

〔별지 4 관계인설명회 개최 결과보고서〕

주심판사	재판장

○○ 주식회사

우 12345 / 서울 ○○구 ○○로 ○○○ / 담당 김갑동 / 전화 (02)1234-5678 / 팩스 (02)2234-5678

문서번호: ○○ 회생 제2023-○○호

시행일자: 2023. ○○. ○○.

사 　 건: 2023회합○○ 회생

수 　 신: 서울회생법원 제○부

제 　 목: 관계인설명회 개최 결과보고

관리위원

---

1. 폐사는 2023. ○. ○. 회생절차개시결정을 받은 회사입니다.
2. 관리인은 다음과 같이 채무자 회생 및 파산에 관한 법률 제98조 제2항 제2호에 따른 관계인설명회를 개최하였기에 보고합니다.

◇ 다 　 음 ◇

1. 일시: 2023년 ○○월 ○○일 ○○시 ○○분
2. 장소: ○○회관 대강당
3. 설명회 통지 현황: 별첨 설명회 통지현황과 같음4)
4. 설명회 출석 현황: 별첨 설명회 출석현황과 같음5)
5. 설명회 진행내용
   가. 관리인의 설명 내용
   나. 출석자의 발언 내용
6. 기타 필요사항.
7. 첨부서류: 별첨 설명회 녹취록(속기록). 끝.

CRO

○○ 주식회사

법률상 관리인 대표이사 홍 길 동

---

4) 통지 상대방별 통지현황, 통지하지 못한 상대방 현황 및 그 사유를 기재.
5) 관리인, CRO, 조사위원, 회생채권자 등 이해관계인의 출석현황(대리인 포함)을 기재.

【참고자료 19 서울회생법원 실무준칙 제241호】

회생절차에서의 M&A

제 1 절 총   칙

제1조(목적)

준칙 제241호는 채무자의 재무구조를 개선하여 회생채무를 조기에 변제할 수 있도록 관리인으로 하여금 M&A(주식교환, 유상증자, 주식이전, 합병, 분할, 분할합병, 영업양도, 회사설립 등, 이하 'M&A'라 한다)를 적극적으로 추진하게 하고, 회생절차 내 M&A가 효율적이면서도 공정하고 투명하게 이루어질 수 있도록 적정한 절차 운영의 기준을 제시함을 목적으로 한다.

제2조(정의)

준칙 제241호에서 사용하는 용어의 뜻은 다음과 같다.
  1. '인수의향서[LOI(Letter Of Intent)]'란 단순히 M&A 절차에 참여할 의사가 표시된 서면으로, 당사자에게 아무런 법적 구속력이 없는 서면을 말한다.
  2. '인수제안서'란 실제 매각대상을 인수할 의사로 그 인수금액을 기재하여 M&A 절차에서 매각주간사 등에게 제출하는 서면을 말한다.
  3. '인수희망자'란 매각대상을 인수할 의사를 가진 자로서 M&A 절차에서 인수의향서나 인수제안서를 제출한 자를 말한다.
  4. '우선협상대상자'란 M&A 절차에서 법원의 허가를 받아 미리 작성된 기준에 따라 선정된 배타적 협상권(일정기간 우선적으로 협상할 권리)을 가진 자를 말한다.
  5. '인수예정자'란 법원의 허가를 받아 관리인과 매각대상에 관하여 양해각서를 체결한 자를 말한다.
  6. '인수자'란 법원의 허가를 받아 관리인과 인수계약을 체결한 자를 말한다.
  7. '공고 전 인수예정자'란 M&A 공고를 하기 전 적정한 인수내용으로 인수를 희망하는 자로서 관리인과 조건부 인수계약을 체결한 자를 말한다.

제3조(M&A 절차 진행의 원칙)

① 관리인은 매각대금의 극대화, 절차의 공정성과 투명성 확보, 매각절차의 시급성, 개별 방법에 따른 매각절차의 성공가능성 등을 종합적으로 고려하여 다음 각호의 방법 중 적정한 방법을 선택하여 회생절차에서의 M&A 절차를 진행할 수 있다.
  1. 공고를 통한 공개입찰
  2. 제한적인 경쟁입찰

3. 수의계약

② 관리인은 다음 각호의 경우 법원의 허가를 받아 제한적인 경쟁입찰이나 수의계약 방법으로 M&A 절차를 진행할 수 있다.

1. 공개입찰방법에 의하여 M&A 절차를 진행하였으나 매각이 성사되지 아니한 경우
2. 공개입찰방법으로 M&A 절차를 진행하지 아니하더라도 절차의 공정성을 해할 염려가 없는 경우
3. 신속하게 매각절차를 진행할 필요성이 있는 경우
4. 그 밖에 제한적인 경쟁입찰이나 수의계약방법으로 M&A 절차를 진행할 상당한 이유가 있는 경우

③ 관리인이 법원의 허가를 받아 M&A 절차를 진행하였거나 그 절차 진행 중에 법 제221조 각호에 해당하는 자가 M&A를 내용으로 하는 회생계획안을 제출한 경우 그 회생계획안이 아래 각호의 어느 하나에 해당하고 그 회생계획안에 의한 M&A 절차의 진행이 공정하고 신속한 회생절차의 진행을 저해할 우려가 있는 때에는 법 제231조에 따라 그 회생계획안을 관계인집회의 심리 또는 결의에 부치지 아니할 수 있다.

1. 회생계획안에 관리인이 법원의 허가를 받아 이미 체결한 인수계약의 이행을 불가능하게 하는 내용이 포함되어 있을 때
2. 관리인이 법원의 허가를 받아 진행한 M&A 절차에 입찰 등의 방법으로 참여하였거나 참여할 수 있었는데도 참여하지 않은 자를 인수자 등으로 하여 특별한 이유 없이 다시 M&A 절차를 진행하는 것을 내용으로 하는 회생계획안이 제출된 때

제4조(M&A의 방식)

① 관리인은 제3자 배정 유상증자, 신규자금 차입(회사채 발행 등)과 병행하는 제3자 배정 유상증자, 영업양수도, 자산매각, 회사 분할, 신회사 설립 등의 방식 중에 채무자의 상황에 따라 적절한 방식을 선택하여 M&A를 추진하여야 한다.

② 준칙 제241호 제2절 이하는 제3자 배정 유상증자 방식을 전제로 절차를 정하고 있으나, 성질상 허용되지 않는 경우를 제외하고는 제3자 배정 유상증자 방식이 아닌 다른 방식에 의한 M&A 절차에도 적용된다.

제5조(관리인의 의무)

① 관리인은 채무자가 독자적으로 사업을 계속하기 어려운 경우에는 지체 없이 M&A를 추진하여야 한다. 특히 제3자 관리인은 회생계획인가 후 회생계획의 수행가능 여부가 명백하지 않은 경우에는 M&A를 적극적으로 추진하여야 한다.

② 관리인은 준칙 제242호 「M&A 관련 홈페이지(웹사이트)의 관리 요령」에 따라 채무자의 인터넷 홈페이지, 대법원 홈페이지 및 법원 홈페이지에 M&A 절차와 관련한 자료의 게시 및 안내를 충실히 하여야 한다.

③ 관리인은 M&A 절차 진행상황을 수시로 법원에 보고하여야 한다.

제6조(M&A 절차와 관련한 법원의 허가사항)

① 법원은 필요하다고 인정하는 때에는 관리인에게 다음 각호의 사항에 관하여 법원의 허가를 받도록 할 수 있다.
 1. M&A 절차 추진 및 매각주간사 선정 방법
 2. 매각주간사 선정 및 용역계약 체결
 3. 매각공고
 4. 입찰안내서 및 우선협상대상자 선정기준 작성
 5. 우선협상대상자 선정
 6. 양해각서 체결
 7. 인수대금 조정
 8. 인수계약 체결
② 관리인은 제1항에서 정한 사항이 아니더라도 M&A 절차와 관련한 주요사항은 법원에 사전 보고하여야 한다.

제7조(이해관계인의 의견청취)

① 법원은 관리위원회와 채권자협의회의 의견을 들어 채무자에 대한 M&A 절차 진행 여부를 결정한다. 채권자협의회가 구성되지 아니한 경우에는 적정한 방법으로 주요채권자의 의견을 들어야 한다.
② 회생채권자, 회생담보권자, 주주 등 이해관계인은 M&A 절차의 착수 또는 M&A 절차 진행 과정에 관한 의견을 법원에 제출할 수 있다.
③ 제2항에 따라 이해관계인으로부터 M&A 절차의 착수에 관한 의견이 제출된 경우 관리인은 M&A 절차 착수의 적절성 여부 등을 검토한 보고서를 법원에 제출하여야 한다.

제 2 절 매각주간사

제8조(매각주간사 선정)

① 관리인은 M&A 절차의 공정성을 확보하고 전문성을 보완하기 위하여 법무법인, 회계법인, 은행 또는 금융기관 등 및 위 업체들의 컨소시엄을 매각주간사로 선정할 수 있다.
② 관리인은 필요한 경우 별도로 법률자문, 회계자문, 기술자문 등을 받을 수 있다.

제9조(매각주간사 선정방법 및 선정기준)

① 관리인은 회사의 규모, 신속한 절차진행의 필요성, 이해관계인 사이의 분쟁 발생 가능성, 매각주간사 업무의 난이도, 사안의 특수성 등을 고려하여 다음 각호의 방법 중 적정한 방법을 선택하여 매각주간사를 선정할 수 있다. 다만, 수의계약방법은 회

생절차의 신속한 진행 필요성 등 특별한 사정이 인정되고 절차의 공정성을 해하지 않는 경우에 허용될 수 있다.
  1. 공개경쟁: 매각주간사 선정을 위한 신문 공고 및 홈페이지 공고와 주요업체에 대한 용역제안서 제출안내서 발송을 병행하여 용역제안서를 제출받은 후 선정절차를 거쳐 매각주간사 선정
  2. 제한적 경쟁: 복수의 업체에 용역제안서 제출안내서를 발송하여 용역제안서를 제출받은 후 선정절차를 거쳐 매각주간사 선정
  3. 수의계약
② 관리인은 복수의 용역제안서가 제출될 경우를 대비하여 용역제안서 제출기간 만료 전에 구체적인 매각주간사 선정기준 및 평가위원을 미리 정하여야 한다.
③ 관리인은 아래의 요소들에 대한 배점 기준을 사안별로 적절히 조정하여 매각대상에 관하여 구체적이고 합리적인 M&A 추진계획을 제시한 업체를 매각주간사로 선정한다.
  1. 용역제안서 내용의 충실도
  2. 회사현황 및 M&A 절차에 대한 이해도
  3. M&A 추진계획의 적정성: 매각추진의 구도 및 방법의 적정성, 잠재적 인수희망자 확보 여부 및 마케팅 능력, 추진계획의 적정성 및 신속성, 이해관계인과의 협상 및 이해 조정능력, 매각주간사 용역수수료의 적정성 등
  4. M&A 수행·자문 실적
  5. 참여인원의 능력·경력: 매각주간사의 규모, 참여인원의 수·경험 등
④ 관리인은 매각주간사로부터 [별지 1 각서]를 용역제안서와 함께 제출받아야 한다.

제10조(매각주간사 선정 및 용역계약 체결)

① 관리인은 제9조 제3항에서 정한 선정기준에 따라 업체의 우선순위를 평가한 다음, 그 순위에 따라 용역수수료, 계약기간 등 구체적인 계약조건을 협의하여 계약조건이 가장 좋은 업체를 법원의 허가를 받아 매각주간사로 최종 선정한다.
② 용역계약의 기간은 절차 진행의 기간을 고려하여 6개월 또는 1년을 단위로 정한다. 다만 필요한 경우 법원의 허가를 받아 계약기간을 연장할 수 있다.

제11조(매각주간사의 용역수수료)

① 관리인은 다음 각호의 기준에 의하여 정해지는 매각주간사의 착수금 및 성공보수 금액을 기준금액으로 하여 채무자의 업종, 규모, 자금사정, M&A의 성사가능성, 매각주간사 업무의 난이도, 잠재적 인수희망자의 유치 및 인수대금 결정에 대한 기여도 등 여러 사정을 고려하여 기준금액의 60% 범위 내에서 증감하여 매각주간사의 용역수수료를 정하고, 이에 대하여 법원의 허가를 받아야 한다.
  1. 착수금
  용역계약 당시 채무자의 자산총액을 기준으로 아래 표 금액의 범위 내로 정한다. 다만 채무자의 자금사정이 좋지 않아 착수금 지급이 어려운 경우에는 착수금을 지

급하지 않는 것으로 정할 수 있다.

용역계약 당시 채무자의 자산 총액	착수금
100억 원 미만	2,000만 원
100억 원 이상, 250억 원 미만	3,000만 원
250억 원 이상, 500억 원 미만	4,000만 원
500억 원 이상, 1,500억 원 미만	5,000만 원
1,500억 원 이상, 3,000억 원 미만	7,000만 원
3,000억 원 이상, 6,000억 원 미만	1억 원
6,000억 원 이상, 1조 원 미만	1억 5,000만 원
1조 원 이상, 1조 5,000억 원 미만	2억 원
1조 5,000억 원 이상, 2조 원 미만	2억 5,000만 원
2조 원 이상, 3조 원 미만	3억 원
3조 원 이상	4억 원

2. 성공보수
성공보수는 유상증자대금의 전액과 사채 인수대금의 1/2을 합산한 금액(이하 준칙 제241호에서 '유입자금'이라 한다)을 기준으로 아래 표와 같이 정한다.

유입자금	성공보수금
100억 원 미만	유입자금의 3%에 해당하는 금액
100억 원 이상, 300억 원 미만	유입자금의 1.5%에 해당하는 금액+1억 5,000만 원
300억 원 이상, 500억 원 미만	유입자금의 1.2%에 해당하는 금액+2억 4,000만 원
500억 원 이상, 1,000억 원 미만	유입자금의 0.9%에 해당하는 금액+3억 9,000만 원
1,000억 원 이상, 2,000억 원 미만	유입자금의 0.6%에 해당하는 금액+8억 9,000만 원
2,000억 원 이상, 5,000억 원 미만	유입자금의 0.4%에 해당하는 금액+13억 원
5,000억 원 이상, 1조 원 미만	유입자금의 0.3%에 해당하는 금액+19억 원
1조 원 이상	유입자금의 0.3%에 해당하는 금액+25억 원

② 지급된 착수금은 지급할 성공보수에서 공제한다. 다만, 기지급한 착수금 액수가 제1항 제2호에 따라 계산한 성공보수보다 클 경우에는 기지급한 착수금을 성공보수로 보고 별도의 성공보수를 지급하지 않는다.
③ 관리인은 제1항에도 불구하고 법원의 허가를 받아 채무자의 자산 규모, 매각주간사 업무의 난이도 등을 고려하여 유입자금 규모에 비례한 금액이 아닌 특정금액을 매각주간사의 용역수수료로 정할 수 있다.

제12조(매각주간사의 업무)

① 매각주간사는 M&A의 성공적인 추진을 위하여 다음 각호의 업무를 수행한다.
 1. 매각전략수립 및 잠재적 인수희망자의 유치
 2. 매각대상의 가치평가, 주요현안 분석을 통한 최적의 M&A 절차 진행 방안 마련
 3. M&A 절차 진행에 필요한 문서 작성
 4. M&A 절차 전반에 걸친 자문 및 업무 지원
 5. 법률, 세무, 회계 및 재무에 관한 제반 검토와 자문
 6. 회생계획안 작성 및 채권자 동의를 위한 업무 지원
 7. 기타 거래를 종결하기 위하여 필요한 범위 내에서 관리인이 요청하는 사항
② 매각주간사는 법원이 필요하다고 인정한 경우 회생계획안의 심리 및 결의를 위한 관계인집회에 출석하여 채권자 등 이해관계인의 질문에 답변하여야 한다.

제 3 절 입찰방법에 의한 M&A 절차 일반

제13조(절차의 개요)

① 매각주간사 선정 이후 입찰방법에 의한 M&A 절차는 특별한 사정이 없는 한 아래와 같은 순서로 진행한다. 다만, 각 절차별 소요기간은 조정할 수 있고, 사건의 특성에 비추어 불필요하다고 판단되는 절차는 생략할 수 있다.

	절차	예상소요기간	비고
1	매각주간사 선정		
2	매각주간사의 실사 및 매각 준비	2주~5주	■ 채무자의 자산 및 부채 실사 후 청산가치와 계속기업가치 산정 ■ 매각전략 수립
3	매각공고	2주~6주	■ 매각공고 후 간략한 회사소개서 배포 ■ 마케팅 ■ 인수의향서 제출안내서 배포
4	인수의향서 접수		
5	예비실사	2주~4주	■ 예비실사를 위한 데이터룸 오픈 ■ 입찰안내서 및 양해각서안 배포 ■ 우선협상대상자 선정기준 작성
6	인수제안서 접수		■ 입찰보증금 납입
7	우선협상대상자 선정	1주~2주	
8	양해각서 체결		■ 이행보증금 납입
9	정밀실사	2주~4주	

	절차	예상소요기간	비고
10	인수대금 조정	1주~2주	■ 양해각서에 인수대금조정의 요건과 기한 명시
11	인수계약 체결		■ 양해각서에 인수계약 체결 기한 명시 ■ 계약금 납부
12	회생계획안 작성 및 제출		
13	인수대금 예치, 금융기관 발행 확약서 제공 또는 예스크로계좌 예치 등		■ 집회기일 수 영업일 전
14	관계인집회 개최		

② 조사위원이 작성한 조사보고서의 청산가치와 계속기업가치를 매각주간사 실사에 인용할 수 있는 경우에는 매각주간사에게 별도의 실사를 하지 아니하게 할 수 있다.

제14조(매각공고)

① 관리인은 매각전략을 수립한 후 법원의 허가를 받아 매각공고를 한다.
② 매각공고에는 다음 각호의 내용이 포함되어야 한다.
 1. 매각의 개요: 매각대상, 매각방법, 입찰방법, 채무자의 업종 등
 2. 진행일정
   가. 인수의향서 및 비밀유지확약서 접수: 제출기한, 제출장소, 제출방법, 제출서류 등
   나. 예비실사: 기간, 참가자격 등
   다. 인수제안서 접수: 제출기한, 제출장소, 제출서류 등
 3. 기타 주요사항
③ 관리인은 신문 공고 외에도 준칙 제242호 「M&A 관련 홈페이지(웹사이트)의 관리 요령」에 따른 공고도 같은 날 하여야 한다.

제15조(인수의향서 제출과 예비실사)

① 인수의향서를 제출하는 인수희망자는 관리인에게 비밀유지확약서를 함께 제출하여야 한다.
② 인수의향서 제출기간이 지나면 관리인은 인수의향서를 제출한 업체의 현황, 인수목적, 인수의향서에 나타난 투자전략, 자금조달계획, 향후 회사 경영방안 등을 법원에 보고하여야 한다.
③ 인수의향서를 제출한 인수희망자는 소정의 정보이용료를 지급하고 채무자가 제공하는 채무자의 재무 관련 자료, 영업 관련 자료 등을 통하여 예비실사를 할 수 있다.
④ 인수희망자는 예비실사를 위하여 관리인에게 채무자의 영업소 등의 방문을 허락

하여 줄 것을 요청할 수 있다. 이 경우 관리인은 인수희망자의 요청에 대한 의견을 기재하여 법원에 허가 여부를 신청하여야 한다.

⑤ 법원은 제4항의 신청에 대하여 관리인의 의사를 고려하여 허가 여부를 결정할 수 있다. 이 경우 인수희망자에게 예비실사와 관련한 일정한 제한 사항을 정할 수 있다.

제16조(입찰안내서)

① 관리인은 예비실사 기간 중 입찰대상·입찰방법·입찰시기 등 입찰에 관한 유의사항이 기재된 입찰안내서를 작성하여 인수의향서를 제출한 인수희망자에게 배포한다.

② 입찰안내서에는 다음 각호에서 정한 내용이 포함되도록 한다.

  1. 입찰의 목적, 거래구조, 컨소시엄의 구성 등 입찰의 개요
  2. 입찰금액의 의미, 확정된 인수금액의 사용계획(사용용도) 등
  3. 입찰서류의 종류, 제출기한, 제출장소
  4. 입찰보증금의 납입을 필요로 하는지 여부, 액수, 처리방법
  5. 무효로 하는 입찰서류
  6. 우선협상대상자 선정 및 지위 상실
  7. 이행보증금을 납입하도록 하는 경우 이행보증금의 납입과 처리방법
  8. 양해각서안
  9. 입찰 이후 잠정적인 M&A 추진 일정
  10. 기타 입찰참가 유의사항

③ 관리인은 입찰안내서에 "인수희망자가 법 제231조의2 제1항 제2호 각 목에서 정한 자에 해당하는지 여부 등을 확인하기 위한 자료제출을 요구할 수 있고, 만일 이에 응하지 않는 인수희망자는 인수자 또는 우선협상대상자 선정에서 배제될 수 있다."라는 내용을 명시하여야 한다.

제17조(우선협상대상자 선정기준의 작성)

① 관리인은 인수제안서 제출일 이전에 법원의 허가를 받아 구체적이고 상세한 내용의 우선협상대상자 선정기준을 작성하고, 관리인, 구조조정담당임원, 감사, 매각주간사 담당자, 법률자문 담당자 등 3인 이상을 인수제안서 평가위원으로 정한다.

② 관리인은 우선협상대상자 선정기준에 관한 세부적인 배점내용이 사전에 공개되지 않도록 하여야 한다.

③ 우선협상대상자 선정기준에서는 아래 각호의 항목을 평가하고, 평가요소별 배점과 세부 항목별 배점 기준을 사안별로 적절히 조정하여 인수 후 채무자를 실제로 경영·발전시킬 의사와 능력이 있는 인수희망자를 우선협상대상자로 선정할 수 있도록 한다.

  1. 인수대금: 인수대금의 규모, 유상증자 비율, 신규자금 대여조건(회사채 인수 등), 인수인이 회생담보권을 보유하거나 담보권 존속에 대한 해당 회생담보권자의 동의를 받은 경우 그 회생담보권의 가액
  2. 자금조달증빙

3. 인수희망자의 재무건전성
4. 인수 후 경영능력
5. 종업원 고용승계 및 고용안정에 대한 입장
6. 기타 사안의 특수성을 반영한 선정조건

④ 인수제안서를 제출한 인수희망자가 다음 각호에 해당하는 경우에는 인수자 또는 우선협상대상자 선정에서 배제할 수 있다.

1. 채무자 회생 및 파산에 관한 법률 시행령 제4조의 특수관계인, 특수관계인이었던 자, 주주, 주주였던 자 및 이와 관련 있는 자로서 회생절차 개시의 원인에 중대한 책임이 있는 경우
2. 인수희망자의 인수 목적 또는 인수 시도 과정 등이 회생절차를 남용하는 등 반사회적 법률행위에 해당하는 경우
3. 매각주간사 등과 경제적 이해관계가 있는 경우
4. 채무자의 M&A와 관련하여 위법·부당한 행위를 하였음이 소명되는 경우
5. 법 제231조의2 제1항 제2호 각 목에서 정한 자에 해당하는 경우

제18조(인수제안서 제출 및 입찰보증금)

① 관리인은 회생절차의 특수성, M&A 절차 악용 방지의 필요성, 매각절차 방해의 가능성, 절차의 안정성 등을 고려하여 필요한 경우 인수희망자가 인수제안서를 제출할 때 입찰보증금을 납부하도록 요구할 수 있다.

② 입찰보증금을 요구할 경우에는 미리 입찰안내서에서 입찰보증금의 납부시기, 액수, 처리방법 등을 정하여야 한다.

③ 관리인은 쌍방의 귀책사유 없이 인수계약이 체결되지 아니하거나 관리인의 귀책사유로 인수계약이 체결되지 아니하는 경우에는 납부된 입찰보증금을 반환하여야 한다.

④ 인수희망자는 인수제안서에 [별지 1 각서]를 첨부하여 제출하여야 한다.

제19조(우선협상대상자의 선정 및 통지)

① 관리인은 우선협상대상자 선정기준에 따라 평가한 결과 가장 우수한 인수제안서를 제출한 인수희망자를 법원의 허가를 받아 우선협상대상자로 선정한다.

② 법원은 우선협상대상자로 선정될 자에게 제17조 제4항에서 정한 배제사유가 있는지 여부를 확인하기 위하여 필요한 경우 채권자협의회, 구조조정담당임원, 감사 및 기타 이해관계인 등에 대하여 의견조회를 할 수 있다.

③ 관리인은 필요한 경우 우선협상대상자를 선정하면서 순위에 따라 예비협상대상자를 선정할 수 있다.

제20조(양해각서 체결)

① 관리인은 우선협상대상자와 미리 배포한 양해각서안에 대하여 협상을 한 후 법원의 허가를 받아 양해각서를 체결한다.

② 양해각서에서는 인수대금 조정의 요건, 조정가능한 인수금액의 범위, 조정 절차·기간, 협의가 이루어지지 않을 경우 처리 방안, 인수자가 취득할 지분 비율 등을 구체적으로 정하여야 한다.

③ 관리인은 회생절차의 특수성, M&A 절차 악용 방지의 필요성, 매각절차 방해의 가능성, M&A 절차의 안정성 등을 고려하여 필요한 경우 우선협상대상자가 양해각서 체결 전까지 인수대금의 일정 비율에 해당하는 금액(일반적으로 인수대금의 5%)을 이행보증금으로 납입하도록 요구할 수 있다. 입찰보증금이 납입된 경우에는 이를 위 이행보증금의 일부로 충당할 수 있다.

④ 관리인은 쌍방의 귀책사유 없이 인수계약이 체결되지 아니하거나 관리인의 귀책사유로 인수계약이 체결되지 아니하는 경우에는 이행보증금을 반환하여야 한다.

제21조(인수대금 조정)

관리인은 정밀실사를 마친 인수예정자로부터 인수대금 조정 요청을 받은 경우 10%의 범위 내에서 차순위 인수희망자의 입찰금액을 고려하여 인수대금 조정에 관한 협의를 하고, 법원의 허가를 받아 인수대금을 조정할 수 있다.

제22조(인수계약 체결)

관리인은 인수대금이 확정된 후 인수예정자로부터 인수대금의 약 10% 상당을 계약금으로 지급받고 본계약을 체결한다. 입찰보증금이나 이행보증금이 납입된 경우에는 이를 계약금의 일부로 충당한다.

제23조(인수자의 경영에 관한 의견 제출 등)

① 인수자는 인수계약체결 후 관리인 또는 법원에 인수자의 비용으로 채무자의 경영에 관한 원활한 업무 인수를 위하여 인수자의 직원 등을 채무자에 파견하는 것을 허가하여 줄 것을 요청할 수 있다.

② 관리인은 인수계약체결 후 중요한 경영상 판단을 해야 하는 경우 인수자의 의견을 들어야 한다. 또한 그 경영상 판단이 법원의 허가사항에 해당하는 경우 허가신청서에 인수자의 의견을 기재하여야 하고, 법원의 허가사항에 해당하지 아니하는 경우에는 법원에 관련 내용을 보고하여야 한다.

제24조(인수대금 납입)

회생계획안에 대하여 관계인집회에서의 결의가 필요한 경우 인수자는 늦어도 관계인집회기일 수 영업일 전까지 인수대금을 전액 납입하여야 한다. 다만, 관리인은 법원의 허가를 받아 관계인집회기일 전에 인수자가 금융기관 발행의 확약서를 제출하거나, 에스크로계좌(은행법 제2조 제1항 제2호에서 정한 은행에 개설된 계좌에 한한다)에 인수대금을 예치하는 등의 방법으로 인수대금납부 가능성을 소명하고, 회생계획인가 후 즉시 인수대금을 납부하도록 할 수 있다.

제4절 인가 전 M&A 절차에 관한 특칙

제25조(인가 전 M&A 절차의 진행)

① 관리인은 필요한 경우 법원의 허가를 받아 회생계획인가 전 M&A 절차를 진행할 수 있다.
② 법원은 제1항의 M&A 절차 진행 허가결정을 하는 경우 관리위원회 및 채권자협의회의 의견을 들어야 한다.

제26조(청산가치가 계속기업가치를 초과하는 경우)

① 조사위원의 조사결과 청산가치가 계속기업가치를 상회하는 것으로 산정된 경우라도, 관리인은 법원의 허가를 받아 인가 전 M&A 절차를 진행할 수 있다.
② 제1항에 해당하는 사건에서 법원은 필요한 경우 관리인에게 잠재적 인수희망자가 존재함을 알 수 있는 자료를 제출하도록 할 수 있다.

제27조(매각주간사 선정의 특칙)

① 채무자에 대하여 회생절차개시 전에 진행된 M&A 절차가 있는 경우 관리인은 법원의 허가를 받아 회생절차개시 전에 선임된 매각주간사를 인가 전 M&A 절차의 매각주간사로 선정할 수 있다.
② 신속한 절차진행을 위하여 필요하고 절차의 공정성을 해하지 않을 경우 관리인은 법원의 허가를 받아 회생절차에서의 조사위원을 매각주간사로 선정할 수 있다.

제28조(생략 가능한 절차)

청산가치와 계속기업가치에 대한 조사위원의 조사보고서 제출 후 M&A 절차를 진행할 경우 법원은 매각주간사로 하여금 별도로 채무자의 자산과 부채에 대한 실사를 하지 않도록 할 수 있다.

제29조(회생계획안의 작성과 제출)

① 관리인은 인가 전 M&A 절차에서 인수계약이 체결된 경우 특별한 사정이 없는 한 그 계약내용에 기초한 회생계획안을 작성하여 제출하여야 한다.
② 법원은 여러 개의 회생계획안이 제출된 경우 관리인으로 하여금 각 회생계획안의 장점을 살려 병합하는 내용의 회생계획안으로 수정할 것을 명할 수 있다.

제30조(회생계획안에 의하지 않은 영업양도)

① 관리인은 회생절차개시 전에 추진된 영업 또는 사업의 전부 또는 중요한 일부의 양도절차를 회생절차에서 계속 진행할 필요가 있는 경우, 법원의 허가를 받아 법 제62조에 따라 회생계획에 의하지 아니하고 그 양도절차를 진행할 수 있다.

② 관리인은 채무자의 회생을 위하여 필요한 경우 회생절차개시 후 회생계획인가 전에 법원의 허가를 받아 법 제62조에 따라 회생계획에 의하지 아니하고 채무자의 영업 또는 사업의 전부 또는 중요한 일부의 양도를 추진할 수 있다.

③ 법원은 영업양도의 허가 여부를 결정하는 경우에 다음 각호의 사항을 고려한다.
 1. 양수인 후보자의 선정방법이 합리적인지 여부
 2. 입찰조건에 양도대가를 하락시키는 부당한 조건이 부가되어 있는지 여부
 3. 양수인 후보자의 선정절차가 공정하게 진행되었는지 여부
 4. 양도대금의 사용방법 등에 대하여 회생채권자 등과 사전 협의가 이루어졌는지 여부
 5. 영업양도계약의 내용

④ 법원은 필요하다고 인정하는 때에는 법 제40조 제2항 각호의 어느 하나에 해당하는 자에 대하여 영업양도의 허가 여부에 대한 의견의 진술을 요구할 수 있다.

⑤ 법원은 회생계획에 의하지 아니한 영업양도 절차의 투명성 확보를 위하여 관리인에게 회생계획에 의하지 아니한 영업양도의 양도대금 액수 및 그 사용방법 등을 법 제98조에서 정한 관계인집회 또는 법 제98조의2에서 정한 관계인설명회에 보고하도록 명하거나 법 제98조 제2항 제1호에 따른 통지의 내용에 포함시키도록 명할 수 있다.

제5절 회생절차개시신청 전 진행된 M&A의 승인에 관한 특칙

제31조(원칙)

① 회생절차개시 전 추진된 채무자에 대한 M&A 절차를 회생절차에서 계속 진행할 필요가 있는 경우, 관리인은 법원에 이에 대한 허가신청을 할 수 있다.

② 법원은 제1항의 개시 전 M&A 절차가 공정하게 진행되었고 제시된 인수내용이 적정하다고 판단하는 경우 이를 계속 진행하도록 허가할 수 있다.

③ 법원은 제2항의 허가를 하는 경우 관리위원회 및 채권자협의회의 의견을 들어야 한다.

제32조(생략 가능한 절차)

법원이 제31조 제1항의 M&A 절차를 허가한 경우 채권자협의회와 관리위원회의 의견을 들어 조사위원을 선임하지 않을 수 있다.

제33조(새로운 인수자 선정을 위한 절차)

관리인이 법원으로부터 제31조 제1항 기재 M&A 절차에 관한 허가를 얻지 못한 경

우, 관리인은 제6절의 규정에 따라 법원의 허가를 받아 새로운 인수자 선정을 위한
절차를 진행할 수 있다.

제6절 공고 전 인수희망자가 있는 경우의 특칙

제34조(새로운 인수자 선정을 위한 절차 진행)

① M&A 공고를 하기 전 적정한 인수내용으로 인수를 희망하는 자가 있는 경우 관
리인은 법원의 허가를 받아 위 인수희망자와 조건부 인수계약을 체결할 수 있다. 이
때 인수희망자가 둘 이상 있는 경우 이들을 대상으로 제한적인 경쟁입찰을 실시하여
조건부 인수계약을 체결할 자를 선정할 수 있다.
② 법원은 공고 전 인수예정자가 제시한 인수내용보다 더 나은 인수내용을 제시하는
자를 찾기 위하여 공개입찰방법에 따른 인수자 선정절차를 진행할 수 있다. 위 선정
절차를 허가하는 경우 법원은 관리위원회 및 채권자협의회의 의견을 들어야 한다.
③ 관리인은 제1항, 제2항의 절차를 진행하는 경우 공고 전 인수예정자가 제17조 제4항
제1호 또는 제5호에 해당하는지 여부를 조사하여 그 결과를 법원에 보고하여야 한다.
④ 관리인은 제2항의 선정절차를 진행하는 경우 공고 전 인수예정자에게 해약보상금
(break-up fee)을 지급하는 등으로 조건부 인수계약을 체결한 인수예정자의 이익을
보호할 수 있도록 매각구조를 설계하여야 한다.
⑤ 관리인은 비밀유지약정을 체결하고 제2항의 공개입찰의 인수희망자에게 공고 전
인수예정자가 제시한 인수내용을 공개할 수 있다.

제35조(공고 전 인수예정자의 지위)

① 관리인은 공고 전 인수예정자로 하여금 제34조 제2항의 공개입찰방법에 따른 인
수자 선정절차에 다시 인수제안서를 제출할 수 있도록 매각구조를 설계할 수 있다.
다만, 이 경우 관리인은 다시 인수제안서를 제출하는 공고 전 인수예정자가 종전에
제시한 인수조건에 비해 채무자에 불리한 내용으로 입찰에 참여할 수 없도록 하는
등으로 절차의 효율성 및 인수희망자들의 이익 균형을 확보하여야 한다.
② 새로운 인수자 선정절차에 새로운 인수희망자가 없거나, 제시된 인수내용이 공고
전 인수예정자가 제시한 인수내용에 미치지 못하거나 그것과 동등한 경우에는, 관리
인은 법원의 허가를 받아 새로운 인수예정자를 선정하지 아니하고 공고 전 인수예정
자를 최종 인수예정자로 확정한다.

제36조(차순위 인수예정자 선정)

① 관리인은 최종 인수예정자를 선정함과 동시에 차순위 인수예정자를 선정할 수 있
고, 법원의 허가를 받아 차순위 인수예정자의 지위와 권한에 관하여 정할 수 있다.
② 관리인은 공개입찰의 입찰안내서에 차순위 인수예정자를 선정할 수 있는 사유,

차순위 인수예정자의 권리, 지위의 존속기한, 차순위 인수예정자가 최종 인수예정자로 되는 경우 해약보상금(break-up fee)의 지급 여부 등을 기재할 수 있다.

제37조(새로운 인수예정자와 인수계약 체결)

관리인은 확정된 새로운 인수예정자와 인수계약을 체결하는 경우에 특별한 사정이 없는 한 공고 전 인수예정자가 제시한 인수내용에 미치지 못하는 계약내용을 정하여서는 아니 된다.

제38조(이 절의 적용범위)

이 절에서 정하는 공고 전 인수예정자가 있는 경우의 특칙 규정은 회생계획인가 전후에 관계없이 회생절차에서의 모든 M&A 절차에 적용한다.

제 7 절   M&A절차 종료 후 업무

제39조(관리인 특별보상금)

① M&A를 성공시킨 관리인에게는 회생절차 종결 시 또는 그 직전에 특별보상금을 지급할 수 있다. 다만, 관리인의 M&A에 대한 적극성, 기여도가 미미한 경우 또는 회생절차를 신속히 종결하지 않거나 회생계획인가 후 상당한 이유 없이 채무자의 운영에 관한 인수자의 의사를 존중하지 아니한 경우에는 그러하지 아니하다.
② 제1항의 특별보상금은 채무자의 업종, 규모, M&A의 난이도, 관리인의 적극성, 기여도, 인수자의 상황, 인수조건, 회생절차 종결 여부, 잔여 임기 동안의 관리인의 보수 총액 등을 고려하여 [별지 2 M&A를 성공시킨 관리인에 대한 특별보상금산정에 관한 세칙]에 따라 법원이 정한다.
③ 채무자의 임직원이 자신의 통상적인 업무 범위를 넘어 M&A 성공에 상당한 공헌을 한 경우에는, 법원은 그 임직원에게도 [별지 2 M&A를 성공시킨 관리인에 대한 특별보상금산정에 관한 세칙]의 취지를 반영하여 합리적인 범위 내에서 특별보상금을 지급할 수 있다.

제40조(M&A절차 종료 후 업무)

① 관리인은 회생채무의 변제 등 회생절차 종결을 위한 절차를 신속히 진행하고, 법원은 관리인 및 임직원의 개임 등 향후 채무자의 운영에 관하여 인수자의 의사를 존중한다.
② 법원은 필요한 사항을 직접 협의하기 위하여 매각주간사, 인수희망자, 인수예정자, 인수자 등의 출석을 요구할 수 있다.
③ 인수자는 법원에 신속한 회생절차 종결이나 채무자의 운영에 관하여 의견을 제출할 수 있다.

〔별지 1 각서〕

각 서

채무자 ○○○○ 주식회사의 M&A를 위한 용역제안서(또는 인수제안서)를 제출한 본인은, 최종 매각주간사(또는 회계자문사, 법무자문사, 기술자문사, 인수자)로 선정되지 않더라도 이에 승복하고 어떠한 이의도 제기하지 않을 것임을 확약합니다.

2023. ○. ○.

제출인:

〔별지 2 M&A를 성공시킨 관리인에 대한 특별보수산정에 관한 세칙〕

[M&A를 성공시킨 관리인에 대한 특별보수산정에 관한 세칙]

1. 특별보수산정의 기준

제39조(관리인 특별보상금)에 따라 지급하는 관리인에 대한 특별보상금은, 아래 기준보상금에서 제39조 제2항에서 열거한 제반사정을 고려하여 60%의 범위 내에서 증감하여 산정한다(다만, 관리인의 M&A 대한 기여도가 미미한 경우에는 특별보상금을 지급하지 아니한다).

2. 기준보수 산정표

※ 아래 기준보수 산정표에서 '인수대금'은 유상증자대금의 전액 및 사채 인수대금의 1/2을 합산한 금액을 말한다.

※ 산식: 기준보수 = ③+(④-③)× {(인수대금-①) / (②-①)}

① 인수대금(이상)	② 인수대금(미만)	③ 보수(이상)	④ 보수(미만)
0원	100억 원	5,000만 원	1억 원
100억 원	300억 원	1억 원	1억 4,000만 원
300억 원	700억 원	1억 4,000만 원	2억 원
700억 원	1,000억 원	2억 원	2억 3,000만 원
1,000억 원	1,500억 원	2억 3,000만 원	2억 5,500만 원
1,500억 원	2,000억 원	2억 5,500만 원	2억 7,500만 원
2,000억 원	3,000억 원	2억 7,500만 원	3억 원
3,000억 원	5,000억 원	3억 원	3억 3,000만 원
5,000억 원	7,000억 원	3억 3,000만 원	3억 5,000만 원
7,000억 원	1조 원	3억 5,000만 원	3억 7,000만 원
1조 원	2조 원	3억 7,000만 원	4억 원

【참고자료 20 서울회생법원 실무준칙 제242호】

M&A 관련 홈페이지(웹사이트)의 관리 요령

제1조(목적)

준칙 제242호는 채무자의 신규자본 유치 및 M&A를 촉진하기 위하여 인터넷에 개설되는 M&A 관련 홈페이지(웹사이트, 이하 준칙 제242호에서 '홈페이지'라 한다)를 효율적으로 관리하는 데 필요한 사항을 정함을 목적으로 한다.

제2조(적용범위)

① 준칙 제241호 「회생절차에서의 M&A」가 적용되어 M&A가 추진되는 채무자에 대하여 준칙 제242호를 적용한다. 다만, 준칙 제241호 「회생절차에서의 M&A」 제3조 제1항 제3호에 따라 M&A 절차를 계속 진행하는 경우는 예외로 한다.

② 제1항 본문에 해당하지 않는 경우에도 관리인 또는 관리인으로 보게 되는 채무자의 대표자(이하 준칙 제242호에서 '관리인 등'이라 한다)가 동의하는 경우에는 제6조를 적용한다.

제3조(공시)

① 관리인 등은 인터넷에 채무자의 홈페이지를 개설하고 그 적절한 항목에 다음의 각호의 자료를 공시하여야 한다.

1. 채무자의 개요(명칭, 업종, 개시결정일, 계획인가일, 종업원 수, 본사 소재지, 공장현황 등)
2. 자본과 관련된 사항(상장 여부, 주식 수, 액면가, 납입자본금, 수권자본금, 출자전환 예정내역)
3. 최근 3년간 재무상태표, 손익계산서, 주요자산, 특허권 등
4. 회생담보권, 회생채권에 관한 사항(채권금액, 회생계획상 변제계획, 변제내역)
5. 채권자협의회 또는 채권단
6. M&A 안내(M&A 홍보문, 담당자 부서 및 담당자 성명, 전화번호, 이메일주소)

② 제1항의 각 자료를 공시할 때에는 그 기준일자(예: 2017. 5. 1. 현재)를 부기하여야 한다.

③ 이미 M&A 절차가 완료되었거나 기타 특별한 사유가 있는 때에는 관리인 등은 법원의 허가를 얻어 제1항의 자료 중 일부의 공시를 생략할 수 있다.

제4조(갱신)

① 관리인 등은 각 분기마다 제3조의 규정에 의하여 공시된 사항에 변동이 있는지 여부를 점검하여 변동이 있는 때에는 즉시 그 내용을 갱신하여야 한다.
② 관리인 등은 분기보고서의 M&A 항목에 인터넷에 공시된 M&A 관련 사항의 점검 결과와 갱신 여부 및 갱신 내용을 명기하여 보고하여야 한다.

제5조(시정조치)

주심판사는 각 채무자 홈페이지의 M&A 항목이 최신의 정보를 정확하게 공시하고 있는지를 분기별로 확인하고, 게재 내용에 오류가 있는 때에는 관리인 등에게 즉시 시정하도록 조치를 취한다.

제6조(법원 홈페이지의 M&A 공고 등)

법원은 대법원 홈페이지의 공고와 법원 홈페이지의 "회생회사 M&A 안내"에 M&A 의 목적, 방법, 일정 등 주요사항을 게재한다.

제7조(보고)

관리인 등은 제6조 M&A 공고 등을 통하여 협의 제의를 받은 때에는 그 내용과 조치 및 의견을 법원에 보고하여야 한다.

【참고자료 21 서울회생법원 실무준칙 제251호】

회생절차의 조기종결

제1조(목적)

준칙 제251호는 회생절차 조기종결에 관한 기준을 제시함으로써 회생절차의 예측가능성을 제고하여 채권자 등 이해관계인의 이익을 보호하고 채무자의 신속하고 실질적인 회생을 촉진함을 목적으로 한다.

제2조(조기종결의 원칙)

법원은 향후 채무자가 회생계획을 수행하는 데 지장이 있다고 인정되지 않은 때에는 관리위원회, 채권자협의회 및 이해관계인의 의견을 들어 특별한 사정이 없는 한 회생절차를 조기에 종결한다.

제3조(운영기준)

채무자가 회생계획에 따른 변제를 시작하였고 다음 각호의 전부 또는 일부에 해당하는 경우에는 특별한 사정이 없는 한 회생절차를 종결함을 원칙으로 한다.
  1. 채무자의 총자산이 총부채를 안정적으로 초과하고 있는 경우
  2. 제3자가 채무자를 인수하였거나 채무자의 매출실적이나 영업실적이 양호하여 회생계획 수행에 필요한 자금조달이 가능한 경우
  3. 담보물이 처분되지 아니하였더라도 회생절차를 계속하는 것이 담보물 처분에 유리할 것으로 판단되지 않는 경우
  4. 회생절차를 종결하면 채무자의 영업이나 매출이 개선될 것으로 예상되는 등 회생계획 수행가능성이 높아지는 경우

제4조(채권자협의체 구성)

① 법원은 필요하다고 판단하는 경우에는 관리인에게 주요채권자의 협의체(이하 준칙 제251호에서 '채권자협의체'라 한다)를 구성하도록 권고할 수 있다.
② 채권자협의체 구성원은 특별한 사정이 없는 한 채권자협의회 구성원으로 하되, 관리인은 필요한 경우 채권자협의회의 구성원이 아닌 자를 그 구성원으로 정할 수 있다.
③ 제1항에 따라 법원이 채권자협의체의 구성을 권고한 경우에도 채권자협의체의 구성은 종결의 요건에 해당하지 아니한다.

제5조(채권자협의체와의 협약 체결)

① 관리인은 법원의 권고가 있을 경우 채권자협의체와 사이에 채권자협의체 내부의 구성과 운영, 활동범위에 관한 필요한 사항을 정하는 협약을 체결한다.

② 회생절차 종결 전에 협약을 체결하는 경우에는 법원의 허가를 받아야 한다. 다만, 인가된 회생계획에서 다르게 정하고 있는 경우에는 그에 따른다.

③ 채권자협의체와의 협약내용은 정기적인 보고서 제출, 중요 자산의 처분에 관한 보고 등 회생계획의 적정한 수행을 감독하기 위하여 필요한 한도 내에서 정하도록 한다.

【참고자료 22 서울회생법원 실무준칙 제252호】

관리인의 채무자 자회사현황 보고

제1조(목적)

준칙 제252호는 채무자의 현황을 정확히 파악함으로써 공정한 회생절차를 진행하기 위하여 채무자의 자회사 현황을 파악하는 데 필요한 사항을 정함을 목적으로 한다.

제2조(정의)

준칙 제252호에서 자회사라 함은 다음 각호에 해당하는 회사(해외법인을 포함한다)를 말한다.
  1. 채무자가 당해 회사 지분(주식회사의 경우 발행주식 총수를 기준으로 하되 상법 제344조의3의 규정에 의한 의결권 없는 주식을 제외한다, 이하 같다)의 50%를 초과하여 소유하고 있는 회사(상법 제342조의2 참조)
  2. 채무자가 당해 회사의 지분 소유자로서 단독으로 또는 다른 지분 소유자와 공동으로 당해 회사의 실질적 경영권을 행사하는 회사

제3조(지분의 합산)

제2조 각호의 지분을 산정하는 경우 채무자, 채무자의 자회사 및 채무자의 기존 대표자가 각자 소유하는 지분은 이를 모두 합산하여 채무자의 지분으로 본다.

제4조(예외)

관리인은 채무자가 다른 회사의 최대 지분을 소유하고 있는데도 그 다른 회사에 대하여 실질적인 경영권을 행사하지 않고 있는 경우에는 그 내역과 사유를 매년 채무자현황 및 연간보고서에 기재하여야 한다.

제5조(자회사 현황보고서에 기재할 내용)

① 자회사 현황보고서에는 자회사의 개요, 자본에 관한 사항, 자산 및 부채에 관한 사항, 영업에 관한 사항, 채무자와 자회사의 관계, 기타 중요한 사항이 포함되어야 한다.
② 자회사의 개요에는 다음 각호의 사항이 포함되어야 한다.
  1. 설립연월일, 설립자, 채무자 연혁, 자회사 관계를 유지하는 이유, 본·지점 및 공장소재지
  2. 주요업종, 생산품, 주요판매처
  3. 임원현황, 임기 및 직책, 선임 전 채무자와의 관계, 보수(임원이력서 첨부)
  4. 직원현황(총수 및 사업별·직급별 현황)
  5. 채무자의 경영관여 정도

③ 자본에 관한 사항에는 다음 각호의 사항이 포함되어야 한다.
 1. 현재 납입자본금, 발행주식 수, 주식소유관계(총주식 수 5% 이상 소유하는 주주 명단 및 그 소유비율)
 2. 주권발행 여부, 상장(장외등록)법인 여부, 주당 액면가, 최근 주식시세(또는 거래가격) 및 지난 1년간 주식시세 변동상황의 개요
 3. 자회사가 주식회사가 아닌 경우에는 위 각 사항에 대응하는 사항
④ 자산 및 부채에 관한 사항(최근 감사보고서 또는 결산서 기준)에는 다음 각호의 사항이 포함되어야 한다.
 1. 최근 5년간의 채권·채무 총액의 추이
 2. 최근 5년간의 비교재무상태표
 3. 자회사의 주요재산목록
⑤ 영업에 관한 사항에는 다음 각호의 사항이 포함되어야 한다.
 1. 최근 5년간의 요약 비교손익계산서(매출액 중 매출원가, 매출총이익, 판관비, 영업이익, 영업외비용, 경상이익, 특별이익, 당기순이익 등이 차지하는 비율을 백분율로 부기할 것)
 2. 직전 회계연도의 상세손익계산서(각 항목의 매출액에 대한 백분율을 부기함과 아울러 재무회계 및 관리회계에 따른 각 손익상황을 비교할 것)
 3. 차기 회계연도 손익계획 및 사업전망
⑥ 채무자와 자회사의 관계에는 다음 각호의 사항이 포함되어야 한다.
 1. 상호 간의 영업 거래현황
 2. 상호 간의 금전대차 기타 채권·채무 내역
 3. 회생계획 인가 당시와 전년도 및 당해 연도의 상호 간 채권·채무 총액의 추이
 4. 상호 보증관계
 5. 최근 5년간 채무자가 받은 이익배당의 내용
 6. 자회사 매각계획의 유무 기타 자회사에 대한 향후 운용방침과 그 경과

제6조(채무자 보고서에 기재할 사항)

관리인은 자회사에 관한 주요사항에 변동이 있을 때에는 월간보고서 및 분기보고서에 그 내용을 기재하고, 특히 분기보고서에는 자회사의 손익계산서(당해 분기까지의 실적을 누계하여 재무회계 및 관리회계에 따른 각 손익상황을 비교한 제5조 제5항의 규정에 의한 상세손익계산서)를 첨부하여야 한다.

제7조(사전허가가 필요한 사항)

채무자 또는 관리인이 자회사의 주주총회 결의, 임원의 구성 기타 자회사의 운영에 관하여 주주 또는 경영주로서의 권한을 행사하는 경우 법원의 사전 허가를 받아야 한다.

제8조(보고서의 제출)

관리인은 매년 법원에 채무자현황 및 연간보고서를 제출할 때에 자회사현황보고서도 첨부하여 함께 제출하여야 한다.

【참고자료 23 서울회생법원 실무준칙 제253호】

외부감사인에 의한 회계감사

제1조(목적)

준칙 제253호는 채무자의 재무상태 등에 대한 감사결과의 객관성을 높이고 채무자의 재정상황을 보다 투명하게 파악하여 채권자 등 이해관계인이 회생절차를 보다 신뢰하고 법원이 회생계획 수행을 효율적으로 감독하기 위하여 법인 채무자로 하여금 매년 의무적으로 공신력 있는 외부감사인에 의한 회계감사를 받게 하는 데 필요한 사항을 정함을 목적으로 한다.

제2조(적용범위)

준칙 제253호는 회생절차가 개시된 법인 채무자(이하 준칙 제253호에서 '채무자'라 한다)에 대하여 적용된다. 다만, 채무자가 주식회사 등의 외부감사에 관한 법률(이하 준칙 제253호에서 '외부감사법'이라 한다)의 적용을 받지 아니하고 영세한 소규모 법인, 비영리 법인 또는 합명회사, 합자회사 중 어느 하나에 해당하는 때에는 직권으로 또는 관리인의 신청에 의하여 이 준칙의 적용을 면제할 수 있다.

제3조(정의)

① 관리인은 매 회계연도의 개시 후 4월 이내에 법원의 허가를 받아 외부감사인과 채무자에 대한 회계감사계약을 체결하여야 한다. 다만, 장기 회계감사계약이 이미 체결되어 있거나 기타 사유로 당해 연도에 별도 회계감사계약을 체결할 필요가 없는 때에는 위 기간 내에 그 사유를 법원에 보고하여야 한다.

② 외부감사법 제11조의 규정에 의하여 외부감사인의 지정을 받는 채무자의 경우에는 매 회계연도의 개시 후 4월 이내에 법원의 허가를 받아 외부감사인을 선정한 후 증권선물위원회에 그 외부감사인을 지정 요청하여야 하고, 증권선물위원회로부터 외부감사인 지정(외부감사법 제11조 제4항의 규정에 의한 재지정을 포함한다)을 통보받은 날부터 2주 이내에 법원의 허가를 받아 그 지정된 외부감사인과 회계감사계약을 체결하여야 한다. 이 경우 제1항 본문은 적용하지 아니한다.

③ 관리인은 매 회계연도 개시 후 3월 이내에 채무자가 외감법 제11조 규정에 의한 외부감사인 지정 대상기업에 해당되는지 여부를 보고하고, 외부감사인 선정방식과 절차에 대한 법원의 허가를 받아야 한다.

제4조(외부 회계감사 면제)

채무자가 외부감사인에 의한 회계감사를 받지 못할 특별한 사유가 있는 때에는 관리인은 그 사유를 소명하여 매 회계연도 개시 후 4월 이내에 법원으로부터 외부 회계감사 면제에 대한 허가를 받아야 한다.

제5조(외부감사인의 선정자격)

① 관리인은 채무자의 자산 및 영업규모 등을 고려하여 채무자에 대한 회계감사를 실시할 만한 충분한 인적·물적 시설을 갖춘 외부감사인을 선정하여야 한다.
② 회생절차개시신청 전 3년 이내에 채무자에 대하여 외부감사 또는 경영컨설팅 등을 한 적이 있는 외부감사인은 회생계획인가 회계연도 다음해부터 3년간, 채무자의 조사위원직을 수행하였던 외부감사인은 회생계획인가 회계연도 다음해부터 3년간 그 채무자의 외부감사인으로 선정될 수 없다.
③ 동일한 외부감사인과는 3개 회계연도를 초과하는 기간 연속하여 회계감사계약을 체결할 수 없다. 다만, 상당한 이유가 있어 법원의 허가를 받은 때에는 그러하지 아니하다.

제6조(서약서의 제출)

① 외부감사인은 회계감사계약을 체결할 때 [별지 1 서약서]를 작성하고, 관리인은 이 서약서를 계약체결 허가신청서에 첨부하여, 법원에 제출하여야 한다.
② 제3조 제1항 단서에 의하여 별도의 회계감사계약을 체결하지 않는 경우에는 현재의 외부감사인으로부터 제1항의 서약서를 제출받아 법원에 제출하여야 한다.

제7조(회생계획 조항)

채무자는 회생계획을 작성할 때에 "채무자는 서울회생법원 실무준칙이 정하는 바에 따라 매년 외부감사인으로부터 회계감사를 받는다."라는 조항을 회생계획에 삽입한다.

〔별지 1 서약서〕

서 약 서

  본인은 채무자 ○○○○ 주식회사에 대한 회계감사를 실시하면서 법원으로부터 직접 회계감사명령을 받은 사람과 동일한 내용의 주의의무를 다할 것이며, 만일 본인의 고의 또는 과실로 인하여 회계상의 부실이나 분식회계의 결과를 밝혀내지 못한 때에는 그에 따른 책임을 질 것임을 이 각서로써 서약합니다.

2023.　.　.

    외부감사인　　○　○　○　(서명)

【참고자료 24 서울회생법원 실무준칙 제254호】

단체협약 체결

제1조(목적)

준칙 제254호는 법인 채무자(이하 준칙 제254호에서 '채무자'라 한다)의 관리인이 근로자 측과 임금 기타 근로조건에 관하여 원만히 협상하여 불필요한 노사 갈등이 발생하지 않도록 함으로써 회생의 가능성을 높이기 위하여 관리인이 근로자 측과 근로조건에 관한 협약을 체결하는 경우에 필요한 사항을 규정함을 목적으로 한다.

제2조(원칙)

관리인은 단체협약을 체결하기 전에 법원의 허가를 받아야 한다. 관리인이 위 허가 신청을 할 때에는 단체협약의 내용이 회생계획상의 추정임금인상률 등 관련 규정의 범위 내이고 회생계획의 수행에 지장을 초래하지 않음을 확인할 수 있는 자료를 첨부하여야 한다.

제3조(절차)

관리인은 임금 기타 근로조건에 관하여 근로자 측과 협상을 개시하기에 앞서 적정한 임금 기타 근로조건의 수준을 법원에 보고하여야 하며, 근로자 측과 합의를 할 때에도 합의예정안을 법원에 사전 보고하고 법원과 충분한 협의를 거쳐야 한다.

제4조(보고 자료)

관리인이 제3조에 따라 적정한 임금 기타 근로조건의 수준 및 합의예정안을 법원에 보고할 때에는 다음과 같은 자료를 구비하여야 한다.
  1. 과거 실적
     가. 최근 3년간 회생계획에 정해진 매출·매출원가·판매관리비·영업이익 달성 정도
     나. 최근 5년간 직급별 임금인상률
     다. 과거 상여금 지급률(단체협약 내용 및 실제 지급률)
     라. 인상 전 동종업체와 임금수준 비교
  2. 당해 연도 협상 과정 및 관리인 의견
     가. 노동조합 유무, 노동조합 가입자의 수 및 비율, 상급노동단체, 최근 노사관계의 동향
     나. 회생계획상 예정된 당해 연도 임금인상률·인건비총액·매출액 대비 인건비율

    다. 당해 연도 임금인상 요구내용과 그 협상과정

    라. 당해 연도 적정임금 기타 근로조건의 수준 또는 합의예정안, 이에 대한 관리인 등의 의견

3. 인상 후 예상자료

    가. 직급별 1인당 연간 실수령 총액 기준, 인상 전 임금·인상 후 임금·인상액·인상률(연간 호봉승급분 포함)

    나. 인상 전·인상 후 예상 인건비총액(제 수당 및 퇴직금충당금 포함)·인건비 부담증가율

    다. 임금인상 후의 당해 연도의 추정 매출·매출원가·판매관리·영업이익 및 회생계획 달성률

    라. 인상 후 동종업체와 임금수준 비교

【참고자료 25 서울회생법원 실무준칙 제261호】

간이조사위원 선임 및 평정

제1조(목적)

준칙 제261호는 간이회생절차의 공정하고 효율적인 진행을 위해 법 제293조의7에서 규정하고 있는 법원사무관등이 아닌 간이조사위원(이하 준칙 제261호에서 '간이조사위원'이라 한다)에 대한 간이조사위원 적임자 명단 작성 및 관리 등 간이조사위원의 선임 및 평정에 관하여 필요한 사항을 정함을 목적으로 한다.

제2조(간이조사위원 적임자 명단 관리위원회)

① 법원은 간이회생사건 조사위원 업무를 담당할 간이조사위원 적임자 명단(이하 준칙 제261호에서 '적임자 명단'이라 한다)을 작성하여 관리한다.
② 적임자 명단에 등재될 자의 선정 및 적임자 명단 관리를 위하여 '간이조사위원 적임자 명단 관리위원회'(이하 준칙 제261호에서 '위원회'라 한다)를 둔다.
③ 위원회의 구성, 업무, 심의·의결의 방법에 관하여는 준칙 제217호 「조사위원의 선임 및 평정」 제2조 제2항 내지 제5항을 준용한다.

제3조(적임자 명단의 작성)

① 적임자 명단에 등재될 수 있는 자는 법 제601조 제1항 제3호 내지 제7호의 자격을 가진 자로 한다.
② 위원회는 특별한 사정이 없는 한 1년마다 적임자 명단을 새로 작성한다.
③ 위원회의 위원장은 위원 중 3인 이상을 심사위원으로 지정하여 적임자 명단에 등재되기를 지원한 자의 선발에 필요한 업무를 수행하게 할 수 있다.
④ 심사위원은 적임자 명단에 등재되기를 지원한 자에 대하여 서류심사와 면접을 시행한다. 다만, 기존 적임자 명단에 등재되어 있던 자에 대하여는 서류심사와 면접 절차를 생략할 수 있다.
⑤ 위원회는 심사위원의 심사결과에 기초하여 심의를 거쳐 간이조사위원 업무를 수행할 의사와 능력이 있다고 평가된 자를 적임자 명단에 등재하고, 명단 작성에 참고한 자료 등을 회생·파산위원회에 통보한다.

제4조(간이조사위원 선임 원칙)

① 법원은 적임자 명단에 등재된 후보자(이하 준칙 제261호에서 '후보자'라 한다) 전원에게 균등한 선임 기회가 부여되도록 한다.

② 법원은 후보자가 수행하고 있는 간이조사위원 업무의 과중도, 후보자와 해당 간이회생사건과의 이해관계 유무, 사건의 난이도, 후보자의 업무능력과 성실도, 경험, 법원의 사건 관리·감독의 효율성 등을 고려하여 제1항과 달리 간이조사위원을 선임할 수 있다.

③ 관계회사가 법인회생사건 진행 중에 있어 동일한 조사위원을 선임하여야 하는 필요성이 있는 경우에는 간이조사위원 적임자 명단에 등재되어 있지 아니한 자를 간이조사위원으로 선임할 수 있다.

제5조(간이조사위원에 대한 평가)

간이조사위원의 업무수행에 대한 평가에 관하여는 준칙 제217호 「조사위원의 선임 및 평정」 제8조를 준용한다. 다만, 법원은 준칙 제217호 제8조 제2항의 [조사위원 평가표] 대신 [별지 1 간이조사위원 평가표]를 작성한다.

제6조(간이조사위원에 대한 평정)

① 위원회는 매년 1월 말까지 제5조에 따른 간이조사위원에 대한 평가결과 및 기타 제반사정을 바탕으로 후보자에 대한 평정을 실시한다.

② 위원회는 제3조 제2항에 따라 적임자 명단을 새로 작성하거나 제7조 제1항에 따라 후보자를 적임자 명단에서 삭제할 경우 위 평정결과를 고려한다.

③ 법원은 간이조사위원에 대한 평정결과를 회생·파산위원회에 통보하여야 한다.

제7조(적임자 명단에서의 삭제 및 간이조사위원 변경)

① 위원회는 다음 각호의 어느 하나에 해당하는 경우 심의를 거쳐 언제든지 후보자를 적임자 명단에서 삭제할 수 있다.

  1. 후보자가 직무를 위반하거나 간이회생절차의 공정과 신뢰를 해할 우려가 있는 행위를 한 경우
  2. 후보자가 간이조사위원 업무를 수행할 의사 또는 능력이 부족하거나 불성실하여 간이조사위원업무를 수행하는 것이 곤란하다고 인정되는 경우
  3. 그 밖에 후보자가 간이조사위원으로 계속 활동하기 어렵다고 인정할 상당한 이유가 있는 경우

② 후보자가 적임자 명단에서 삭제된 경우(제3조 제2항에 따라 적임자 명단이 새로 작성되면서 기존 후보자가 새로운 명단에 등재되지 않은 경우를 포함한다) 법원은 간이회생절차의 공정하고 원활한 진행을 위하여 적임자 명단에서 삭제된 경위, 간이회생절차의 진행 정도 등을 고려하여 그 후보자가 간이조사위원으로 선임된 사건의 간이조사위원을 변경할 수 있다.

[별지 1 간이조사위원 평가표]

간이조사위원 평가표

명칭		사건번호		재판부		조사기간	
		채무자		관리위원			

관리위원 평가	
1. 일반적인 업무수행	
· 조사보고서 제출기간 준수	상 ☐ 중 ☐ 하 ☐
· 조사보고서 일반의 충실도	상 ☐ 중 ☐ 하 ☐
· 조사사항의 누락 여부	상 ☐ 중 ☐ 하 ☐
2. 조사의 충실도	
· 자산 실사의 충실도	상 ☐ 중 ☐ 하 ☐
· 서류열람, 회계기록 검토의 충실도	상 ☐ 중 ☐ 하 ☐
· 계산의 공정성, 신뢰성	상 ☐ 중 ☐ 하 ☐
3. 조사보고 결과의 적절성	
· 매출액 추정의 합리성	상 ☐ 중 ☐ 하 ☐
· 매출원가 추정의 합리성	상 ☐ 중 ☐ 하 ☐
· 판매관리비 추정의 합리성	상 ☐ 중 ☐ 하 ☐
· 부인대상 행위, 임원 등의 책임에 관한 조사의 합리성	상 ☐ 중 ☐ 하 ☐
· 청산조정의 합리성	상 ☐ 중 ☐ 하 ☐
4. 업무수행의 공정성 및 객관성	
· 뇌물수수나 약속, 향응접대 등 부정행위 발견 여부	여 ☐ 부 ☐
5. 집회 출석	
· 집회 출석여부	여 ☐ 부 ☐
6. 업무 협조성	
· 재판부와 소통(주요사항 신속 보고 등)	상 ☐ 중 ☐ 하 ☐
7. 평가의견	
8. 업무수행에 대한 종합 평가	상 ☐ 중 ☐ 하 ☐

재판부 평가	
평가의견	
업무수행에 대한 종합 평가	상 ☐ 중 ☐ 하 ☐

【참고자료 26 서울회생법원 실무준칙 제262호】

간이회생사건 구조조정담당임원(CRO)

제1조(목적)

준칙 제262호는 적은 비용으로 신속하게 진행되는 간이회생절차의 특성에 맞추어 구조조정담당임원 제도가 효율적으로 운영될 수 있도록 준칙 제219호 「채무자의 구조조정담당임원(CRO)」이 정한 사항 중 간이회생절차에 우선하여 적용할 사항을 별도로 정함을 목적으로 한다.

제2조(구조조정담당임원 적임자의 선정)

법원은 관리위원회의 추천을 받거나 의견을 들어 간이회생사건 채무자의 구조조정담당임원 적임자를 선정한다. 단, 준칙 제201호 「간이회생사건 처리기준」 제6조 단서에 따라 채권자협의회가 구성된 경우에는 준칙 제219호 「채무자의 구조조정담당임원(CRO)」 제3조에 정한 바에 따라 구조조정담당임원 적임자를 선정한다.

제3조(위촉절차)

관리인은 특별한 사정이 없는 한 간이회생절차개시결정일부터 7일 이내에 법원의 허가를 받아 제2조에 따라 법원이 선정한 사람을 구조조정담당임원으로 위촉할 수 있다.

제4조(보수)

구조조정담당임원의 보수는 채무자의 자산 및 부채 규모, 매출규모, 자금사정, 업무의 난이도 등을 고려하여 정한다.

제5조(업무내용)

① 간이회생사건의 구조조정담당임원은 채권자목록, 시·부인표, 회생계획안 작성 등에 대한 사전검토 및 조언과 같은 회생절차 전반에 대한 자문업무, 자금수지 점검 및 보고 업무 등을 주로 수행한다.
② 간이회생사건의 구조조정담당임원은 법원에 자금수지상황 등을 보고하는 경우에 이메일 보고 등 간이한 방법을 선택할 수 있다.

제6조(임기)

구조조정담당임원의 임기는 위촉계약에 정함이 없으면 다음 각호 중 가장 먼저 도래
하는 때까지로 한다.
  1. 감사 선임 시
  2. 간이회생절차 종결 또는 폐지 시

제7조(준용규정)

이 준칙에서 정하지 않고 있는 사항에 관하여는 준칙 제219호 「채무자의 구조조정담
당임원(CRO)」을 준용한다.

【참고자료 27 서울회생법원 실무준칙 제291호】

일반회생 사건의 처리

제1조(목적)

준칙 제291호는 법 제2편 회생절차에 의하여 회생절차를 진행하는 '개인 채무자에 대한 회생' 사건의 처리에 필요한 사항을 정함을 목적으로 한다.

제2조(용어)

준칙 제291호에서 사용하는 용어의 정의는 다음과 같다.
  1. "일반회생"이라 함은 법 제2편 회생절차에 의하여 회생절차를 진행하는 개인 채무자에 대한 회생을 말한다.
  2. "내부 조사위원"이라 함은 조사위원 중 법원사무관등 법원 직원인 조사위원을 말한다.
  3. "외부 조사위원"이라 함은 조사위원 중 법원 직원이 아닌 자로서 공인회계사 또는 회계법인 등인 조사위원을 말한다.

제3조(법인회생 준칙의 적용 등)

① 일반회생사건에 관하여는 다음 각호에 해당하는 경우를 제외하고는 법인회생사건의 준칙을 적용할 수 있다.
  1. 준칙 제291호에서 달리 정한 것
  2. 일반회생의 성질상 적용할 수 없는 것
  3. 일반회생의 특성상 적용하기에 적절하지 아니한 것
② 법인회생사건의 준칙 중 회생사건에 대한 준칙과 간이회생사건에 대한 준칙이 달리 정하고 있는 경우에는 일반회생절차의 신속하고 원활한 진행을 위하여 양 준칙 중 어느 하나를 선별하여 적용하거나 혼용하여 적용할 수 있다.

제4조(법원의 허가를 받아야 하는 금액)

채무자의 지출행위 중 법원의 허가를 받아야 하는 금액의 기준은 아래와 같다. 다만 사업 규모 및 내용, 월급여액 또는 사업소득액, 자산 및 부채, 허가 신청의 빈도 등을 고려하여 적절히 가감할 수 있다.
  1. 급여소득자: 300만 원
  2. 영업소득자: 법인회생 준칙에서 정한 금액
  3. 소액영업소득자(간이회생사건): 300만 원

제5조(채권자협의회의 예외적 구성)

관리위원회는 일반회생사건의 간이, 신속한 진행 등을 위하여 원칙적으로 채권자협의회를 구성하지 아니하되, 사업 규모 및 내용, 월급여액 또는 사업소득액, 자산 및 부채 등을 고려하여 필요한 경우에는 채권자협의회를 구성할 수 있다.

제6조(조사위원 적임자 명단)

① 조사위원은 일반회생사건의 조사위원 적임자 명단에 등재된 자 중에서 선임한다.
② 법원은 조사에 필요한 학식과 경험이 있는 자로서 그 회생절차에 이해관계가 없는 내부 조사위원을 일반회생사건의 조사위원 적임자 명단에 등재할 수 있다.
③ 조사위원 적임자 명단의 작성, 관리, 평정 등 필요한 사항은 간이회생사건의 준칙을 준용하되, 일반회생사건의 원활한 진행을 위하여 일부 절차를 생략할 수 있다.

제7조(조사위원의 선임)

① 법원은 채무자의 사업 규모 및 내용, 월급여액 또는 사업소득액, 자산 및 부채, 채권자 수 등을 고려하여 내부 조사위원을 채무자의 조사위원으로 선임할 수 있다.
② 법원은 조사위원 적임자 명단에 등재된 자 전원에게 균등한 선임기회가 부여되도록 한다.
③ 회생절차가 진행 중인 법인의 임원에 대한 일반회생사건의 경우 당해 법인의 조사위원이 일반회생사건의 조사위원 명단에 등재되어 있지 않더라도 위 임원에 대한 일반회생사건의 조사위원으로 선임할 수 있다.
④ 조사의 충실성, 정확성 등을 강화하기 위하여 필요한 경우에는 내부 조사위원과 외부 조사위원을 조사위원으로 공동선임할 수 있다.

제8조(조사위원의 보수)

① 내부 조사위원의 보수는 별도로 지급하지 않는다. 다만 현장조사 경비 등 실제 지출한 비용은 채무자의 예납금 등에서 지급할 수 있다.
② 외부 조사위원의 보수는 부가가치세를 포함하여 다음 각호의 기준에 의하여 지급하되, 사업 규모 및 내용, 자산 및 부채, 월급여액 또는 사업소득액, 채권자 수, 조사의 내용, 기간, 난이도 및 성실성 등을 고려하여 적절히 가감할 수 있다.
  1. 급여소득자의 경우에는 300만 원 내지 800만 원으로 한다. 다만, 회생절차가 진행 중인 법인의 임원에 대한 조사위원 보수는 특별한 사정이 없는 한 위 보수기준의 80% 이하의 금액으로 정할 수 있다.
  2. 소액영업소득자가 아닌 영업소득자의 경우에는 500만 원 내지 1,200만 원으로 한다. 다만 위 보수기준이 적정하지 아니한 경우에는 법인회생사건의 해당 준칙에 의할 수 있다.
  3. 소액영업소득자의 경우(간이회생사건)에는 300만 원 내지 1,000만 원으로 한다.

제9조(예금계좌개설명령)

법원은 채무자에 대한 회생절차개시결정과 동시에 또는 그 이후에 관리인에게 예금계좌개설명령을 한다.

제10조(정해진 계좌를 통한 자금거래)

관리인은 법원의 예금계좌개설명령에 따라 개설한 계좌를 이용하여 수입, 지출 등 자금거래를 하여야 하고, 특별한 사정이 없는 한 현금거래, 다른 계좌를 이용한 자금거래를 하여서는 아니 된다.

제11조(계좌 입출금 내역의 보고)

관리인은 월간보고서 제출 시 위 예금계좌의 입출금 내역을 보고하여야 하고, 그 증빙자료로 위 예금계좌의 거래내역서 또는 통장사본을 첨부하여야 한다.

【참고자료 28 서울회생법원 실무준칙 제292호】

회생절차가 진행 중인 법인의 임원에
대한 일반회생사건 처리

제1조(목적)

준칙 제292호는 회생절차가 진행 중인 법인의 대표이사, 이사, 감사 등 임원(이하 준칙 제292호에서 '법인의 임원'이라 한다)이 일반회생절차개시신청을 한 경우 당해 임원의 일반회생절차 진행에 대한 부담을 경감하고 효율적인 회생을 도모함을 목적으로 한다.

제2조(적용범위)

준칙 제292호는 일반회생절차개시신청 당시 회생절차가 진행 중인 법인의 임원에 대하여 적용하고, 회생절차가 종료된 법인의 임원에 대하여는 적용하지 아니한다.

제3조(사건배당)

사건배당권자는 회생절차가 진행 중인 법인의 임원에 대한 일반회생사건을 다음 각호에 따라 배당할 수 있다.
  1. 법인회생사건의 주심판사가 일반회생사건의 재판장을 겸하고 있는 경우에는 일반회생사건 담당 재판부로 하여금 처리하게 할 수 있다.
  2. 법인회생사건의 주심판사가 일반회생사건의 재판장을 겸하고 있지 아니한 경우에는 통상적인 사건의 배당기준에 따를 수 있다.

제4조(조사위원의 선임)

회생절차가 진행 중인 법인의 임원에 대한 일반회생사건의 조사위원으로는 특별한 사정이 없는 한 법인회생사건의 조사위원을 선임한다.

제5조(기일의 병행 진행)

① 회생절차가 진행 중인 법인의 임원에 대한 일반회생사건의 채권자목록 제출기간, 신고기간, 조사기간, 조사보고서 제출기간, 주요사항 요지 통지명령 등 절차, 회생계획안 제출기간은 다음 각호에 의한다.
  1. 법인회생사건과 동시에 신청된 경우에는 특별한 사정이 없는 한 당해 법인회생사건과 같은 날짜로 정한다.

2. 법인회생사건보다 먼저 신청된 경우에는 각 기간의 연장 등을 통해 같은 날짜에 진행할 수 있다.

3. 법인회생사건보다 나중에 신청된 경우에는 법인회생사건의 날짜를 고려하여 근접한 날짜 또는 같은 날짜에 진행할 수 있다.

② 회생절차가 진행 중인 법인의 임원에 대한 일반회생사건의 관계인집회는 특별한 사정이 없는 한 법인회생사건의 관계인집회와 동시 또는 근접한 기일에 진행한다.

【참고자료 29 서울회생법원 실무준칙 제501호】

법원사무관 등의 조사 · 보고

제1조(목적)

준칙 제501호는 법 제12조 제2항, 규칙 제98조에서 정한 법원사무관등 또는 법원조직법 제54조의3의 규정에 따른 조사관(이하 준칙 제501호에서 '조사관'이라 한다)이 수행하여야 할 조사 · 보고 사항에 관하여 정하여, 국제도산 절차가 신속하고 효율적이며, 공정 · 투명하게 진행되도록 함으로써 절차의 신뢰성을 확보하는 것을 목적으로 한다.

제2조(승인신청에 관한 조사 · 보고 사항)

법원사무관등 또는 조사관은 법원의 결정에 의하여 법원이 정한 기한까지 다음 각호의 사항을 조사하여 조사보고서를 작성 · 제출하여야 한다.
  1. 승인신청에 관한 일반사항
    가. 외국도산절차가 신청된 국가에 채무자의 영업소 · 사무소 또는 주소가 있는지 여부
    나. 승인신청서에 법 제631조 제1항 각호의 사항에 관한 서류(규칙 제97조 제2항 각호에 규정된 사항 포함)가 첨부되어 있는지(외국어로 작성된 서면인 경우에는 번역문 포함) 여부
    다. 법 제632조 제2항 각호에 규정된 사유가 있는지 여부
  2. 외국도산절차에 관한 사항
    가. 채무자의 설립의 준거법(개인 채무자인 경우에는 국적)
    나. 외국도산절차의 진행현황[신청, 개시, 도산채권의 시 · 부인, 계획안의 수립 내지 인가, 계획안의 수행 및 변경 여부 등 어느 단계인지를 확인하고, 각 진행 단계에서의 구체적인 내용(시 · 부인 내역, 계획안상의 조 분류 및 변제방법 등)을 명시할 것]
  3. 국내채권자에 관한 사항
    가. 국내채권자의 이름, 주소, 연락처 및 채권내역(발생원인, 채권액 등)
    나. 국내채권자의 외국도산절차 참가현황[채권신고, 계획안에의 반영, 실권 여부 등(만약 반영되어 있다면 채권액, 조 분류, 변제율, 변제기한 등 구체적인 변제방법을 포함할 것)]
    다. (만약 절차에 참가하지 못했다면) 국내채권자에게 외국도산절차의 진행에 관한 정보를 충분히 고지하였다는 자료 및 국내채권자가 외국도산절차에 적법하게 참가하였을 경우 종국적으로 변제받아갈 것으로 예상되는 금액[해당 채권과 성질이 가장 유사한 채권이 외국도산절차상 어느 조로 분류되어 어

따한 내용(변제율, 변제방법 등)으로 변제받도록 구성되어 있는지 등도 밝힐
것]

    라. 채무자 내지 외국도산절차의 대표자와 국내채권자 간에 진행 중인 소송현황
      (본안소송, 신청·집행소송 등 일체)

 4. 기타사항

    가. 채무자에 대한 다른 외국도산절차(승인 및 지원 절차 포함)의 진행현황

    나. 외국도산절차(가목 기재 절차가 있다면 이를 포함)의 담당재판부 연락처(판
      사의 인적사항, 전화번호, 이메일 등. 별도의 도산관련 대리인이 있는 경우에
      는 그에 관한 정보도 포함)

    다. 승인신청에 대한 국내채권자의 의견

제3조(지원신청에 관한 조사·보고 사항)

① 법원사무관등 또는 조사관은 법원이 정한 기한까지 다음 각호의 사항을 조사하여
조사보고서를 작성·제출하여야 한다.

 1. 지원신청서에 규칙 제101조 제1항 각호의 사항이 기재되어 있는지 여부

 2. 채무자의 재산에 속하는 권리로서 등기 또는 등록이 된 것에 관한 지원신청인
   경우에는 권리에 대한 등기사항증명서 또는 등록원부가 첨부되어 있는지 여부

 3. 법 제636조 제3항에 규정된 사유가 있는지 여부

 4. 지원신청에 대한 국내채권자의 의견

② 지원신청이 국제도산관리인 선임신청인 경우에 법원사무관등 또는 조사관은 다음
각호의 사항을 추가로 조사·보고하여야 한다.

 1. 규칙 제102조 제1항에 규정된 서류가 첨부되어 있는지 여부

 2. 외국도산절차의 대표자에게 법 제83조 제2항 제1호, 제2호, 제4호의 사유가 있
   는지 여부

 3. 채무자 내지 외국도산절차의 계획안에 따라 채무자를 인수한 지배주주가 특정
   한 제3자 국제도산관리인의 선임을 희망하고 있는지 여부

 4. 수인의 국제도산관리인이 필요한지 여부

제4조(기타 조사·보고 사항)

법원사무관등 또는 조사관은 제2조, 제3조에서 정한 사항 외에 법원이 필요하다고
인정하여 조사를 명한 사항을 조사하여 보고서를 작성·제출하여야 한다.

【참고자료 30 서울회생법원 실무준칙 제502호】

국제도산관리인의 선임·해임·감독 기준

제1절 총 칙

제1조(목적)

준칙 제502호는 법 제637조, 규칙 제102조에서 정한 국제도산관리인의 선임 및 해임 기준과 이들에 대한 감독 및 포상 기준을 정함으로써 국제도산절차가 공정하고 투명하게 진행되도록 함을 목적으로 한다.

제2조(선임증의 수여)

① 국제도산관리인에게는 선임을 증명하는 선임증을 수여한다.
② 국제도산관리인에게 선임증을 수여할 때에는 국제도산관리인으로부터 법원의 감독하에 업무를 수행하는 공적수탁자로서 공명정대하게 업무를 수행하고 채무자의 효율적인 도산절차 처리와 채권자 등 이해관계인의 권익보호를 위하여 노력하겠다는 내용의 각서를 받는다.

제3조(제3자 국제도산관리인의 보수 등)

① 제3자 국제도산관리인의 보수는 채무자의 재정상태, 제3자 국제도산관리인의 업무의 내용과 난이도 등을 고려하여 그 직무와 책임에 상응하도록 정한다.
② 법원은 다음 각호의 사유가 있다고 인정되는 때에는, 채무자의 규모와 재정상황, 기여도 등을 종합적으로 고려하여 제3자 국제도산관리인에게 특별보상금을 지급할 수 있다.
  1. 제3자 국제도산관리인의 능력과 노력으로 채무자의 국내 재산상황이 선임 당시에 비하여 현저히 개선된 때
  2. 제3자 국제도산관리인이 도산재단의 재산증식에 특별한 기여를 한 경우
  3. 그 밖에 제3자 국제도산관리인이 능동적으로 대한민국 내에서의 업무수행과 재산의 관리 및 처분을 함으로써 외국도산절차에 현저한 기여를 한 때
③ 법원은 제1항의 보수 및 제2항의 특별보상금을 산정할 때, 준칙 제211호 「관리인 등의 선임·해임·감독 기준」, 제322호 「법인 파산관재인의 보수 등」, 제371호 「개인 파산관재인의 보수」의 관련 규정 등을 참조할 수 있다.

제4조(국제도산관리인대리)

① 국제도산관리인대리는 특별한 필요가 있음을 구체적으로 소명한 경우에 한하여 그 선임을 허가한다.
② 국제도산관리인대리를 선임할 필요성이 소멸한 때에는 국제도산관리인 또는 국제도산관리인대리는 즉시 그 사유를 법원에 보고하여야 한다.
③ 국제도산관리인대리에 대한 보수 및 특별보상금은 제3조를 준용한다.

제 2 절   기존 대표자 국제도산관리인

제5조(의의)

외국도산절차의 대표자란 국제도산관리인 선임신청 당시 외국도산절차에서 대표자로서 활동할 권한을 부여받은 사람 또는 기구를 말하고, 임시로 임명된 자를 포함한다. 기존 대표자 국제도산관리인이란 외국도산절차의 대표자가 국제도산관리인으로 선임된 경우 그 국제도산관리인을 말한다.

제6조(선임기준)

외국도산절차의 대표자에게 해당 외국도산절차에서 대표자로서 활동할 권한을 부여받은 이후 국제도산관리인 선임신청 전 사이에 법 제83조 제2항 제1호, 제2호, 제4호의 사유가 존재한다고 명백히 인정되지 아니하면, 법원은 외국도산절차의 대표자를 국제도산관리인으로 선임한다.

제7조(선임방법 및 절차)

① 외국도산절차의 대표자가 국제도산관리인 선임신청을 하면 법원은 지체 없이 위 대표자에 대한 심문절차를 진행한다. 국내채권자 등 이해관계인은 위 심문절차에 참석하여 국제도산관리인의 선임에 관한 의견을 개진할 수 있다.
② 법원은 위 심문절차가 종료한 후 신속하게 관리위원회에 국제도산관리인 선임에 관하여 의견을 조회한다. 다만, 필요한 경우에는 심문 전에도 의견을 조회할 수 있다.
③ 외국도산절차의 대표자에 대한 심문결과와 관리위원회에 대한 의견조회 결과에도 불구하고 법 제83조 제2항 제1호, 제2호, 제4호의 사유가 존재한다고 명백히 인정되지 아니하면, 법원은 신속하게 외국도산절차의 대표자를 국제도산관리인으로 선임하는 결정을 한다.

제8조(기존 대표자 국제도산관리인의 수)

① 외국도산절차의 대표자가 복수로 존재하는 경우, 기존 대표자 국제도산관리인은

그 중 1인을 선임하는 것을 원칙으로 한다.

② 다음 각호의 경우에는 수인의 기존 대표자 국제도산관리인 선임을 고려할 수 있다.

  1. 외국도산절차의 승인 및 지원에 관한 업무를 적절히 수행하기 위하여 2개 이상 분야의 전문적 역량을 필요로 하는 경우

  2. 채무자 내부의 대립되는 이해관계의 조정을 위하여 필요한 경우

③ 법원은 기존 대표자 국제도산관리인이 수인인 경우, 필요한 때에는 그 상호 간의 직무분장을 정할 수 있다.

제9조(임기 등)

① 외국도산절차의 대표자를 국제도산관리인으로 선임한 경우에는 원칙적으로 임기 제를 시행하지 아니한다.

② 외국도산절차에서 그 대표자가 변경된 사정은 기존 대표자 국제도산관리인의 지 위에 영향을 미치지 아니한다. 다만, 외국도산절차의 대표자는 외국도산절차에서의 지위에 변경이 생기는 경우, 지체 없이 이를 법원에 보고하여야 한다.

제10조(해임)

외국도산절차의 대표자를 국제도산관리인으로 선임한 후 법 제83조 제2항 제1호, 제 2호, 제4호의 사유가 존재한다고 인정할 만한 명백한 사유가 발견된 경우에는 심문 절차를 거쳐 국제도산관리인의 직에서 해임할 수 있다.

제 3 절   제 3 자 국제도산관리인

제11조(의의)

제3자 국제도산관리인이란 법원이 외국도산절차의 대표자 이외의 다른 자를 국제도 산관리인으로 선임한 경우 당해 국제도산관리인을 말한다.

제12조(선임기준)

① 제3자 국제도산관리인은 외국도산절차의 대표자에게 법 제83조 제2항 제1호, 제2 호, 제4호의 사유가 존재한다고 인정되거나, 기존 국제도산관리인을 해임하고 그 필 요성이 인정되는 경우에 선임한다.

② 제3자 국제도산관리인은 전문경영 또는 그와 유사한 직무수행의 경력 또는 소양 이 있는지 여부와 채무자의 업종 및 외국도산절차에 대한 전문지식이 있는지 여부를 가장 중요한 요소로 고려하여 선임한다.

③ 제3자 국제도산관리인을 선임할 때에는 채무자, 외국도산절차의 대표자의 의견을 고려하고, 외국도산절차의 계획안에 따라 채무자를 인수하거나 실질적인 지배 지분

을 확보한 제3자가 있는 경우 그의 의견을 우선적으로 참작한다.
④ 제3자 국제도산관리인을 선임할 때에는 법인보다 자연인을 우선한다.

제13조(선임방법 및 절차)

① 법원은 외국도산절차의 성질, 채무자의 대한민국 내에서의 업무현황 및 재산상황 등을 고려하여 제3자 국제도산관리인을 선임한다.
② 법원은 제3자 국제도산관리인을 선정할 때, 준칙 제211호 「관리인 등의 선임·해임·감독 기준」, 준칙 제301호 「파산관재인의 선정 및 평정」의 관련 규정 등을 참조할 수 있다.
③ 법원은 선정한 후보자에 관하여 이력서를 첨부하여 관리위원회에 의견을 조회하고, 그 의견을 참작하여 제3자 국제도산관리인으로 선임한다.

제14조(제3자 국제도산관리인의 수)

① 제3자 국제도산관리인은 특별한 사정이 없는 한 1인을 선임함을 원칙으로 한다.
② 다음 각호의 경우에는 수인의 제3자 국제도산관리인 선임을 고려할 수 있다.
  1. 외국도산절차의 승인 및 지원에 관한 업무를 적절히 수행하기 위하여 2개 이상 분야의 전문적 역량을 필요로 하는 경우
  2. 채무자 내부의 대립되는 이해관계의 조정을 위하여 필요한 경우
③ 법원은 제3자 국제도산관리인이 수인인 경우, 필요한 때에는 그 상호 간의 직무 분장을 정할 수 있다.

제15조(임기)

① 제3자 국제도산관리인은 임기를 정하여 선임함으로써 책임관리 체제를 확립한다. 다만, 외국도산절차의 계획안에 따라 채무자를 인수하거나 실질적인 지배 지분을 확보한 제3자 또는 그 제3자가 추천한 자를 국제도산관리인으로 선임하는 경우에는 예외로 할 수 있다.
② 제3자 국제도산관리인의 임기는 외국도산절차가 종료된 때부터 90일까지로 하는 것을 원칙으로 하되, 외국도산절차의 진행 상황, 업무량, 기타 사정을 고려하여 적절하게 정한다.
③ 제3자 국제도산관리인의 임기가 만료된 때에는 법 제83조 제2항 제1호, 제2호, 제4호의 해임사유가 없는 한 동일한 사람을 관리인으로 재선임한다.
④ 제3자 국제도산관리인을 재선임할 때에는 관리위원회에 그 의견을 조회한다.

제16조(해임)

제3자 국제도산관리인의 해임에 관하여는 제10조를 준용한다.

【참고자료 31 서울회생법원 실무준칙 제503호】

국제도산관리인의 보고서 작성 등

제1조(목적)

준칙 제503호는 규칙 제103조 제3항에서 정한 업무와 계산에 관한 보고에 관하여 국제도산관리인이 작성하여 법원에 제출하는 보고서의 종류와 내용, 양식에 관하여 규정함을 그 목적으로 한다.

제2조(보고서 작성의무)

국제도산관리인은 제3조에서 정한 보고서를 작성할 의무가 있다.

제3조(보고서의 종류)

① 국제도산관리인은 매월 1회의 월간보고서를 법원에 제출하여야 한다. 다만, 법원은 필요한 경우 분기보고서, 반기보고서 및 연간보고서의 제출을 추가로 명할 수 있다(이때 반기보고서, 연간보고서의 제출은 각 2/4분기 보고서, 4/4분기 보고서의 제출에 갈음한다).
② 제1항의 경우 분기의 표시는 채무자의 회계연도를 기준으로 한다.
③ 법원은 제1항의 규정에도 불구하고 필요하다고 판단할 경우 해당 사항에 관하여 국제도산관리인에게 구두 또는 서면으로 보고하도록 명할 수 있다.

제4조(보고서의 제출시기 및 제출횟수)

① 월간보고서는 다음달 20일까지, 1/4분기 보고서와 3/4분기 보고서는 각 분기 종료일부터 1개월 이내에, 반기보고서는 반기 종료일부터 2개월 이내에, 연간보고서는 당해 회계연도 종료일부터 3개월 이내에 각 제출한다.
② 법원은 제1항의 규정에도 불구하고 채무자의 자산과 부채 액수, 채무자의 영업상황과 자금사정, 국제도산관리인의 업무수행 성실도 등을 종합하여 보고서의 일부 또는 전부를 작성하지 아니하게 할 수 있다.

제5조(월간보고서의 작성 요령)

월간보고서에는 다음 각호의 내용이 포함되어야 한다.
  1. 외국도산절차의 진행현황에 관한 자료
    가. 외국도산절차의 진행현황(신청, 개시, 도산채권의 시·부인, 계획안의 수립

내지 인가, 계획안의 수행 및 변경 여부 등)을 밝히고, 각 진행 단계에서의
구체적인 내용(시·부인 내역, 계획안상의 조 분류 및 변제방법 등)을 명시
할 것

나. 외국도산절차에서의 국내채권자의 법적 지위(채권신고, 채권액, 조 분류, 변
제방법 등)를 설명하고, 만약 국내채권자가 외국도산절차에 참가하지 못하였
다면 그 이유 및 대응방법을 밝힐 것[외국도산절차가 개시된 국가의 도산법
(이하 준칙 제503호에서 '도산법정지법'이라 한다)상 추후 보완신고의 가부
등]

다. 채무자가 도산법정지법 내지 외국도산절차를 관할하는 법원의 명령 등에 따
라 정기적으로 제출하여야 하는 보고서가 있는 경우에는 해당 보고서 및 그
요지(채무자의 자산 및 부채 현황, 공익채권현황, 시재보유현황 등을 알 수
있는 자료)

2. 채무자의 국내 재산 및 채무에 관한 자료

가. 채무자가 국내에 보유하고 있는 재산현황

나. 국내채권자의 현황[이름, 주소, 연락처, 채권내역(발생원인, 채권액 등)]

다. 국제도산관리인(수계 전이라면 채무자 내지 외국도산절차의 대표자)과 국내
채권자 간에 진행 중인 소송현황(본안소송, 신청·집행소송 등 일체)

라. 이달 주요발생사항

마. 허가사항총괄표

3. 기타사항

가. 채무자에 대하여 진행 중인 다른 외국도산절차(승인 및 지원 절차 포함)현황
[만약, 해당 절차가 있다면 그에 관한 서류를 제출하고, 담당재판부의 연락
처(담당판사의 인적사항, 전화번호, 이메일 등)도 밝힐 것]

나. 향후 계획(외국도산절차에서의 계획 포함)

제6조(분기보고서, 반기보고서, 연간보고서의 작성요령)

국제도산관리인은 준칙 제213호 「관리인의 보고서 작성 등」의 관련 규정을 참조하여
분기보고서, 반기보고서, 연간보고서를 작성하되, 제5조에 규정된 내용을 포함하여야
한다.

【참고자료 32 서울회생법원 실무준칙 제504호】

국제도산 사건에서의 법원 간 공조

제1조(목적)

준칙 제504호는 법 제641조에서 정한 외국법원 및 외국도산절차의 대표자와의 공조에 관한 구체적인 방법과 절차를 정하여, 병행절차에서 채무자, 채권자 등 이해관계인(이하 준칙 제504호에서 '이해관계인'이라 한다)들의 이익을 보호하고, 국제도산 절차가 효율적이고 효과적으로 관리되도록 하는 것을 목적으로 한다.

제2조(법원의 공조)

① 법원은 병행절차의 공정하고 원활한 진행을 위해 외국법원 및 외국도산절차의 대표자(이하 준칙 제504호에서 '외국법원 등'이라 한다)와 통신수단을 이용하여 의견을 교환(이하 준칙 제504호에서 '교신'이라 한다)할 수 있다.
② 법원은 외국법원 등으로부터 교신에 관한 요청을 받으면 신속히 이에 응하여야 한다.
③ 교신은 다음 각호에 따른 방법으로 행할 수 있다.
 1. 판결, 결정, 명령, 조서 등·사본의 송달 내지 전송
 2. 전화, 영상 컨퍼런스 콜, 다른 전자적 수단을 통한 쌍방향 교신
 3. 기타 법원이 외국법원 등과 합의한 다른 방법

제3조(쌍방향 교신)

① 채무자와 관련된 국내도산절차를 담당하는 법관은 쌍방향 교신에 참여할 수 있고, 법원은 필요하다고 판단하는 경우 국내도산절차의 이해관계인도 쌍방향 교신에 참여시킬 수 있다.
② 법원은 외국법원 등과 협의하여 쌍방향 교신의 일시·장소를 정할 수 있고, 그 일정 조율을 위해 법관 이외의 다른 직원으로 하여금 외국법원 등의 담당자와 연락을 취하도록 할 수 있다.
③ 법원은 외국법원 등과의 쌍방향 교신을 기록할 수 있고, 외국법원 등이 동의하는 경우에는 위 쌍방향 교신의 내용을 기록한 서류(이하 준칙 제504호에서 '녹취서'라 한다)를 공식적인 문서로 취급할 수 있다.
④ 법원은 적절하다고 판단하는 경우에는 쌍방향 교신에 관한 기록, 녹취서 등의 기밀성이 유지되도록 명할 수 있다.

제4조(관리인 등의 공조)

① 국내도산절차의 관리인 또는 파산관재인(이하 준칙 제504호에서 '관리인 등'이라 한다)은 법원의 허가를 얻어 외국법원 등과 교신할 수 있다.
② 관리인 등은 외국법원 등으로부터 교신에 관한 요청을 받으면 지체 없이 법원에 이를 보고하고 교신에 관한 허가를 신청하여야 한다.
③ 관리인 등이 요청하는 경우 법원은 관리인 등이 외국법원 등과 원활히 교신할 수 있도록 협조할 수 있다.
④ 관리인 등은 외국법원 등과 교신을 마친 이후에는 그 내용을 법원에 보고하여야 한다.

제5조(절차합의서의 체결)

① 관리인 등은 법원의 허가를 얻어 외국법원 등과 도산절차의 조정에 관한 절차합의서(protocol, 이하 준칙 제504호에서 '절차합의서'라 한다)를 체결할 수 있다.
② 절차합의서는 원칙적으로 절차적인 사항만을 규정한다. 다만, 국내도산절차에 적용되는 준거법이 허용하는 한도 내에서는 실체적인 사항도 규정할 수 있다.
③ 절차합의서를 체결하였다는 것이 다음 각호의 사항을 의미하거나 허용하는 것은 아니다.
  1. 법원이나 관리인 등이 국내도산절차에 관하여 가지는 권한의 포기 또는 외국법원 등에 대한 권한의 부여
  2. 국내도산절차에 적용되는 준거법에 따라 관리인 등이 준수해야 하는 규범의 배제
  3. 대한민국의 선량한 풍속 그 밖의 사회질서에 반하거나, 이해관계인의 이익이 충분히 보호되지 않는 경우 법원이 국내도산절차에서 행사할 수 있는 권한의 포기
  4. 국내도산철차에서 이해관계인이 보유한 권리의 실체적 변경

제6조(참여)

① 법원은 이해관계인이 외국법원의 승인을 얻어 외국법원에 진행 중인 절차에 출석하고 참여하는 것을 허가할 수 있다.
② 법원은 법이 허용하는 한도 내에서 필요한 경우에는 외국도산절차의 이해관계인이 특정 쟁점에 관하여 국내도산절차에 출석하고 참여하도록 허가할 수 있다. 이때 그 이해관계인은 관련 쟁점을 제외한 나머지 모든 쟁점에 대해서는 국내도산절차의 관할권에 구속되지 않는다.

제7조(기타)

준칙 제504호에서 규정하지 않은 교신 및 공조방법 등에 관하여는 법원이 당사자의 신청 내지 직권에 의하여 도산사법네트워크(Judicial Insolvency Network)에서 정한 [별지 1 가이드라인(Guidelines)] 및 [별지 2 세부원칙(Modalities)]의 전부 또는 일부를 따르기로 결정할 수 있다.

[별지 1 Guidelines의 내용]

1. 원문(영어)

GUIDELINES FOR COMMUNICATION AND COOPERATION BETWEEN COURTS IN CROSS-BORDER INSOLVENCY MATTERS

INTRODUCTION

A. The overarching objective of these Guidelines is to improve in the interests of all stakeholders the efficiency and effectiveness of cross-border proceedings relating to insolvency or adjustment of debt opened in more than one jurisdiction ("Parallel Proceedings") by enhancing coordination and cooperation amongst courts under whose supervision such proceedings are being conducted. These Guidelines represent best practice for dealing with Parallel Proceedings.

B. In all Parallel Proceedings, these Guidelines should be considered at the earliest practicable opportunity.

C. In particular, these Guidelines aim to promote:
   (i)   the efficient and timely coordination and administration of Parallel Proceedings;
   (ii) the administration of Parallel Proceedings with a view to ensuring relevant stakeholders' interests are respected;
   (iii) the identification, preservation, and maximisation of the value of the debtor's assets, including the debtor's business;
   (iv) the management of the debtor's estate in ways that are proportionate to the amount of money involved, the nature of the case, the complexity of the issues, the number of creditors, and the number of jurisdictions involved in Parallel Proceedings;
   (v)   the sharing of information in order to reduce costs; and
   (vi) the avoidance or minimisation of litigation, costs, and inconvenience to the parties[6] in Parallel Proceedings.

D. These Guidelines should be implemented in each jurisdiction in such manner as the jurisdiction deems fit.[7]

---

6) The term "parties" when used in these Guidelines shall be interpreted broadly.

7) Possible modalities for the implementation of these Guidelines include practice directions and commercial guides.

E. These Guidelines are not intended to be exhaustive and in each case consideration ought to be given to the special requirements in that case.

F. Courts should consider in all cases involving Parallel Proceedings whether and how to implement these Guidelines. Courts should encourage and where necessary direct, if they have the power to do so, the parties to make the necessary applications to the court to facilitate such implementation by a protocol or order derived from these Guidelines, and encourage them to act so as to promote the objectives and aims of these Guidelines wherever possible.

ADOPTION & INTERPRETATION

Guideline 1: In furtherance of paragraph F above, the courts should encourage administrators in Parallel Proceedings to cooperate in all aspects of the case, including the necessity of notifying the courts at the earliest practicable opportunity of issues present and potential that may (a) affect those proceedings; and (b) benefit from communication and coordination between the courts. For the purpose of these Guidelines, "administrator" includes a liquidator, trustee, judicial manager, administrator in administration proceedings, debtor-in-possession in a reorganisation or scheme of arrangement, or any fiduciary of the estate or person appointed by the court.

Guideline 2: Where a court intends to apply these Guidelines (whether in whole or in part and with or without modification) in particular Parallel Proceedings, it will need to do so by a protocol or an order,[8] following an application by the parties or pursuant to a direction of the court if the court has the power to do so.

Guideline 3: Such protocol or order should promote the efficient and timely administration of Parallel Proceedings. It should address the coordination of requests for court approvals of related decisions and actions when required and communication with creditors and other parties. To the extent possible, it should also provide for timesaving procedures to avoid unnecessary and costly court hearings and other proceedings.

Guideline 4: These Guidelines when implemented are not intended to:
    (i) interfere with or derogate from the jurisdiction or the exercise of jurisdiction by a court in any proceedings including its authority or

---

8) In the normal case, the parties will agree on a protocol derived from these Guidelines and obtain the approval of each court in which the protocol is to apply.

supervision over an administrator in those proceedings;

(ii) interfere with or derogate from the rules or ethical principles by which an administrator is bound according to any applicable law and professional rules;

(iii) prevent a court from refusing to take an action that would be manifestly contrary to the public policy of the jurisdiction; or

(iv) confer or change jurisdiction, alter substantive rights, interfere with any function or duty arising out of any applicable law, or encroach upon any applicable law.

Guideline 5: For the avoidance of doubt, a protocol or order under these Guidelines is procedural in nature. It should not constitute a limitation on or waiver by the court of any powers, responsibilities, or authority or a substantive determination of any matter in controversy before the court or before the other court or a waiver by any of the parties of any of their substantive rights and claims.

Guideline 6: In the interpretation of these Guidelines or any protocol or order under these Guidelines, due regard shall be given to their international origin and to the need to promote good faith and uniformity in their application.

COMMUNICATION BETWEEN COURTS

Guideline 7: A court may receive communications from a foreign court and may respond directly to them. Such communications may occur for the purpose of the orderly making of submissions and rendering of decisions by the courts, and to coordinate and resolve any procedural, administrative or preliminary matters relating to any joint hearing where Annex A is applicable. Such communications may take place through the following methods or such other method as may be agreed by the two courts in a specific case:

(i) Sending or transmitting copies of formal orders, judgments, opinions, reasons for decision, endorsements, transcripts of proceedings or other documents directly to the other court and providing advance notice to counsel for affected parties in such manner as the court considers appropriate.

(ii) Directing counsel to transmit or deliver copies of documents, pleadings, affidavits, briefs or other documents that are filed or to be filed with the court to the other court in such fashion as may be appropriate and providing advance notice to counsel for affected parties in such manner as the court considers appropriate.

(iii) Participating in two-way communications with the other court, in which case Guideline 8 should be considered.

Guideline 8: In the event of communications between courts, unless otherwise directed by any court involved in the communications whether on an ex parte basis or otherwise, or permitted by a protocol, the following shall apply:

(i) In the normal case, parties may be present.

(ii) If the parties are entitled to be present, advance notice of the communications shall be given to all parties in accordance with the rules of procedure applicable in each of the courts to be involved in the communications and the communications between the courts shall be recorded and may be transcribed. A written transcript may be prepared from a recording of the communications that, with the approval of each court involved in the communications, may be treated as the official transcript of the communications.

(iii) Copies of any recording of the communications, of any transcript of the communications prepared pursuant to any direction of any court involved in the communications, and of any official transcript prepared from a recording may be filed as part of the record in the proceedings and made available to the parties and subject to such directions as to confidentiality as any court may consider appropriate.

(iv) The time and place for communications between the courts shall be as directed by the courts. Personnel other than judges in each court may communicate with each other to establish appropriate arrangements for the communications without the presence of the parties.

Guideline 9: A court may direct that notice of its proceedings be given to parties in proceedings in another jurisdiction. All notices, applications, motions, and other materials served for purposes of the proceedings before the court may be ordered to be provided to such other parties by making such materials available electronically in a publicly accessible system or by facsimile transmission, certified or registered mail or delivery by courier, or in such other manner as may be directed by the court in accordance with the procedures applicable in the court.

APPEARANCE IN COURT

Guideline 10: A court may authorise a party, or an appropriate person, to appear before and be heard by a foreign court, subject to approval of the foreign court to such appearance.

Guideline 11: If permitted by its law and otherwise appropriate, a court may authorise a party to a foreign proceeding, or an appropriate person, to appear and be heard by it without thereby becoming subject to its jurisdiction.

CONSEQUENTIAL PROVISIONS

Guideline 12: A court shall, except on proper objection on valid grounds and then only to the extent of such objection, recognise and accept as authentic the provisions of statutes, statutory or administrative regulations, and rules of court of general application applicable to the proceedings in other jurisdictions without further proof. For the avoidance of doubt, such recognition and acceptance does not constitute recognition or acceptance of their legal effect or implications.

Guideline 13: A court shall, except upon proper objection on valid grounds and then only to the extent of such objection, accept that orders made in the proceedings in other jurisdictions were duly and properly made or entered on their respective dates and accept that such orders require no further proof for purposes of the proceedings before it, subject to its law and all such proper reservations as in the opinion of the court are appropriate regarding proceedings by way of appeal or review that are actually pending in respect of any such orders. Notice of any amendments, modifications, extensions, or appellate decisions with respect to such orders shall be made to the other court(s) involved in Parallel Proceedings, as soon as it is practicable to do so.

Guideline 14: A protocol or order made by a court under these Guidelines is subject to such amendments, modifications, and extensions as may be considered appropriate by the court, and to reflect the changes and developments from time to time in any Parallel Proceedings. Notice of such amendments, modifications, or extensions shall be made to the other court(s) involved in Parallel Proceedings, as soon as it is practicable to do so.

ANNEX A (JOINT HEARINGS)

Annex A to these Guidelines relates to guidelines on the conduct of joint hearings. Annex A shall be applicable to, and shall form a part of these Guidelines, with respect to courts that may signify their assent to Annex A from time to time. Parties are encouraged to address the matters set out in Annex A in a protocol or order.

ANNEX A: JOINT HEARINGS

A court may conduct a joint hearing with another court. In connection with any such joint hearing, the following shall apply, or where relevant, be considered for inclusion in a protocol or
order:

(i) The implementation of this Annex shall not divest nor diminish any court's respective independent jurisdiction over the subject matter of proceedings. By implementing this Annex, neither a court nor any party shall be deemed to have approved or engaged in any infringement on the sovereignty of the other jurisdiction.

(ii) Each court shall have sole and exclusive jurisdiction and power over the conduct of its own proceedings and the hearing and determination of matters arising in its proceedings.

(iii) Each court should be able simultaneously to hear the proceedings in the other court. Consideration should be given as to how to provide the best audio-visual access possible.

(iv) Consideration should be given to coordination of the process and format for submissions and evidence filed or to be filed in each court.

(v) A court may make an order permitting foreign counsel or any party in another jurisdiction to appear and be heard by it. If such an order is made, consideration needs to be given as to whether foreign counsel or any party would be submitting to the jurisdiction of the relevant court and/or its professional regulations.

(vi) A court should be entitled to communicate with the other court in advance of a joint hearing, with or without counsel being present, to establish the procedures for the orderly making of submissions and rendering of decisions by the courts, and to coordinate and resolve any procedural, administrative or preliminary matters relating to the joint hearing.

(vii) A court, subsequent to the joint hearing, should be entitled to communicate with the other court, with or without counsel present, for the purpose of determining outstanding issues. Consideration should be given as to whether the issues include procedural and/or substantive matters. Consideration should also be given as to whether some or all of such communications should be recorded and preserved.

2. 번역문(국어)

국제 도산 사건에서 법원 간 교신 및 공조에 관한 가이드라인

전 문

A. 본 가이드라인의 전반적인 목적은 둘 이상의 국가에서 개시된 도산 내지 채무조정과 관련된 국제적 절차("병행절차")에서 그 법원들 간의 조정과 공조를 증진함으로써 모든 이해관계인을 위하여 그 절차의 효율성과 효과를 향상시키는 데 있다. 본 가이드라인은 병행절차를 처리함에 있어 최선의 실무를 제시한다.

B. 모든 병행절차에 있어 본 가이드라인은 가능한 한 초기 단계에서 고려되어야 한다.

C. 특히 본 가이드라인은 다음과 같은 사항을 장려하는 것을 목표로 한다.
   (i) 병행 절차의 효율적이고 시의적절한 공조와 처리
   (ii) 관련 이해관계인의 이익이 존중받을 수 있도록 배려한다는 관점에서의 병행절차 처리
   (iii) 채무자의 사업을 포함한 채무자 자산 가치의 인식, 보존 및 극대화
   (iv) 관련 자금의 액수, 사건의 특성, 쟁점들의 복잡성, 채권자의 수, 병행 절차가 진행되는 국가의 수 등에 상응한 도산재단의 관리
   (v) 비용 절감을 위한 정보의 공유
   (vi) 병행절차에서의 소송, 비용, 당사자들[9]이 겪는 불편함의 회피 내지 최소화

D. 본 가이드라인은 각 국가에서 적절하다고 생각되는 방식으로 수행되어야 한다.[10]

E. 본 가이드라인은 절대적인 것이 아니고, 개별 사건에서는 그 사안의 특수한 상황이 고려되어야 한다.

F. 법원은 병행절차에 관한 모든 사안에서 본 가이드라인의 수행 여부 및 그 방법을 검토하여야 한다. 법원은 본 가이드라인에서 파생되는 프로토콜이나 명령에 의하여 본 가이드라인이 수행되도록 장려하기 위하여 당사자들로 하여금 법원에 필요한 신청을 하도록 권고하고, 권한이 있다면 필요한 경우 이를 명령하여야 하며, 당사자들이 언제나 본 가이드라인의 목적과 목표를 증대하는 방향으로 행동하도록 권고하여야 한다.

---

9) 이 가이드라인에서 "당사자들"이란 용어는 광의로 이해되어야 한다.
10) 이 가이드라인의 수행을 위하여 가능한 방식으로는 실무지침이나 상사안내서와 같은 것이 있다.

채택 및 해석

가이드라인 1: 위 F항의 연장선상에서, 법원은 (a) 당해 절차에 영향을 미치고, (b) 법원 간의 교신 및 조정을 통하여 해결할 수 있는 현재의 또는 잠재적인 쟁점들을 가능한 한 초기 단계에서 법원에 알려야 할 필요성을 포함하여, 병행절차의 관리인들이 사건의 모든 측면에서 공조하도록 장려하여야 한다. 본 가이드라인의 목적상, "관리인"에는 청산인, 파산관재인, 도산관리관, 관리절차에서의 관리자, 회생절차나 자율협약절차에서의 법률상관리인(DIP), 도산재단의 수탁자, 기타 법원이 임명한 개인이 포함된다.

가이드라인 2: 특정 병행절차에서 (전체 내지 일부든, 수정 사항이 있든 없든) 당사자들의 신청 또는 법원이 권한이 있는 경우 직권으로 본 가이드라인을 적용하려 하는 경우에는, 프로토콜 내지 명령11)에 의하여 할 필요가 있다.

가이드라인 3: 이와 같은 프로토콜이나 명령은 병행절차가 효율적이고 시의적절하게 처리될 수 있도록 하여야 한다. 필요한 경우 관련 결정이나 소송에 관한 법원의 승인에 관한 조정, 채권자 및 기타 당사자들과의 교신에 관한 사항도 포함되어야 한다. 불필요하고 비용이 많이 드는 법원의 심리 기타 절차를 피하기 위하여 시간을 절약할 수 있는 절차에 관한 사항도 가능한 범위 내에서 포함되어야 한다.

가이드라인 4: 본 가이드라인의 이행이 다음 사항을 의도하는 것은 아니다.
 (i) 당해 절차에 관한 법원의 관할권이나 그 행사(관리인에 대한 권한이나 감독권 행사 등)에 간섭하거나 이를 손상시키는 것
 (ii) 준거법이나 전문가 규칙에 따라 관리인이 따라야 하는 규정 내지 윤리원칙에 간섭하거나 이를 손상시키는 것
 (iii) 법원으로 하여금 당해 국가의 공공질서에 명백히 반하는 행위를 하는 것을 거부하지 못하도록 하는 것
 (iv) 관할권의 부여나 이전, 실체적 권리의 변경, 준거법으로부터 도출되는 모든 기능 내지 의무에 간섭하거나 준거법을 침해하는 것

가이드라인 5: 의문의 여지를 없애기 위하여, 본 가이드라인에 따른 프로토콜이나 명령은 본질적으로 절차적 성격을 가지고 있음을 밝혀둔다. 법원의 권능, 책임 내지 권한이 제한되거나 당해 법원 또는 다른 법원에서 문제되는 쟁점에 대하여 실체적인 결정이 내려져서는 안 되고, 당사자들의 실체적 권리와 채권을 포기하는 것과 같은 사항이 규율되어서도 안 된다.

---

11) 통상의 사건에서 당사자들은 이 가이드라인으로부터 파생된 프로토콜에 동의하고 프로토콜이 적용될 개별 법원의 승인을 얻게 될 것이다.

가이드라인 6: 본 가이드라인 또는 본 가이드라인에 따른 프로토콜 내지 명령을 해석함에 있어, 이들의 국제적 연원과 위 가이드라인을 적용하는 과정에서 선의와 통일성이 증대되어야 한다는 점이 적절히 고려되어야 한다.

법원 간 교신

가이드라인 7: 법원은 외국 법원으로부터 교신을 받고 직접 회신할 수 있다. 이와 같은 교신은 서면 제출과 법원 결정의 발령을 원활히 하고, 별첨 A가 적용되는 경우에는 해당 공동심리와 관련된 절차적, 행정적, 예비적 쟁점을 공조하고 해결하기 위한 목적에서 행하여질 수 있다. 그러한 교신은 다음의 방법 또는 개별 사건에서 법원이 합의한 다른 방법으로 이루어질 수 있다.

  (i) 공식적인 명령, 판결, 의견, 결정의 이유, 승인, 녹취서, 기타 서류의 사본을 직접 다른 법원에 송달하거나 전송하고, 해당 법원이 적절하다고 생각하는 방법에 의하여 이해 당사자의 대리인에게 사전통지를 하는 것
  (ii) 법원에 제출되었거나 제출될 서류, 변론서, 진술서, 요약서 기타 서류를 대리인으로 하여금 적절한 방법으로 다른 법원에 제공하도록 하고 해당 법원이 적절하다고 생각하는 방법에 의하여 이해 당사자의 대리인에게 사전통지를 하는 것
  (iii) 전화, 영상 컨퍼런스 콜, 다른 전자적 수단을 통하여 다른 법원과의 쌍방향 교신에 참여하는 것. 이 경우에는 가이드라인 8이 검토되어야 함.

가이드라인 8: 법원 간 교신을 하는 경우에는 그 교신이 일방적 진행에 의한 것인지 프로토콜에 의한 것인지 관계없이, 일방 법원이 특별히 다른 명령을 하는 경우가 아닌 한, 다음 사항이 적용된다.

  (i) 일반적 사건의 경우 당사자들이 출석할 수 있다.
  (ii) 그 당사자들이 출석할 권리가 있다면, 당해 교신과 관련된 각 법원의 절차 규칙에 따라 위 당사자들에게 대하여 교신에 대한 사전 통지가 이루어져야 하고, 법원 간 교신은 기록되고 녹취되어야 한다. 속기록은 교신 기록에 기초하여 작성될 수 있는데, 관련 법원의 승인을 얻는 경우에는 공식적인 기록으로 취급될 수 있다.
  (iii) 교신에 관한 기록이나 법원의 명령을 따라 준비된 교신 관련 녹취서 또는 공식적인 녹취서의 각 사본은 해당 절차에서 기록의 일부로 제출될 수 있고 당사자들이 이에 접근할 수도 있으나, 법원은 적절하다고 판단하는 경우 그 기밀성을 유지하도록 명령하여 이를 제한할 수 있다.
  (iv) 법원 간 교신의 일시 및 장소는 법원들이 결정한다. 법관이 아닌 각 법원의 직원들은 교신을 조율하기 위하여 당사자들의 참여 없이도 그 의견을 주고받을 수 있다.

가이드라인 9: 법원은 절차에 관한 통지가 다른 국가에서 진행되는 절차의 당사자들에게 이루어질 수 있도록 명령할 수 있다. 해당 법원의 절차에서 송달된 모든 통지, 신청, 발의, 기타 서류들은 공개적으로 접근 가능한 시스템을 통하여 해당 서류들이

전자적으로 접근될 수 있도록 하거나 팩시밀리, 인증 내지 등록된 우편, 배달원의 송달 기타 그 법원에 적용되는 절차규칙에 따라 법원이 명령하는 방법을 통하여 다른 당사자들에게 제공될 수 있다.

법원에의 출석

가이드라인 10: 법원은 당사자 또는 적절한 사람이 외국 법원의 승인을 얻어 당해 법원에 진행 중인 절차에 출석하고 참여하는 것을 허가할 수 있다.

가이드라인 11: 법원은 법에 의하여 허용되거나 적절한 경우 외국도산절차의 당사자 또는 적절한 사람이 해당법원의 절차에 출석하고 참여하는 것을 허가할 수 있다. 다만, 그러한 경우에도 외국도산절차의 당사자가 해당 법원의 관할권에 구속되는 것은 아니다.

결과적 규정

가이드라인 12: 법원은, 타당한 근거에 기한 적절한 이의가 제기되는 경우 그러한 이의에 따라 배제되는 범위를 제외하고는, 다른 국가의 절차에 적용되는 법령, 행정적 규정, 법원규칙을 추가적 증명 없이도 진정한 것으로 승인하고 받아들여야 한다. 의문의 여지를 없애기 위하여, 그러한 승인과 수용이 이들의 법적 효과 내지 효력의 승인 또는 수용을 구성하는 것은 아님을 밝혀둔다.

가이드라인 13: 법원은, 타당한 근거에 기한 적절한 이의가 제기되는 경우 그러한 이의에 따라 배제되는 범위를 제외하고는, 다른 국가의 절차에서 내려진 명령들이 그 각각의 일자에 적법한 절차를 거쳐 적절하게 이루어진 점과, 그러한 명령들이 추가적 증명을 필요로 하지 않고, 그 법에 구속되며, 그 명령에 관하여 실제 진행 중인 상소 내지 재심의 방법으로 그 법원이 타당하다고 보는 유보사항에 구속된다는 점을 받아들여야 한다. 그러한 명령에 관한 수정, 정정, 연장 또는 상소심의 결정은 가능한 한 신속히 병행절차에 관련된 다른 법원들에게 통지되어야 한다.

가이드라인 14: 본 가이드라인에 따라 법원에서 이루어지는 프로토콜, 명령은 그 법원이 적절하다고 생각하는 바대로 수정, 변경, 연장될 수 있고, 병행절차에서 때로 발생하는 사정변경과 전개사항을 반영할 수 있다. 그러한 수정, 변경, 연장은 가능한 한 신속히 병행절차에 관련된 다른 법원들에게 통지되어야 한다.

별첨 A(공동심리)

본 가이드라인의 별첨 A는 공동심리의 진행에 관한 가이드라인과 관련된다. 별첨 A는 그 적용에 대한 동의를 명시적으로 표시하는 법원에 대해 적용되고 이때 본 가이드라인의 일부를 구성한다. 당사자들에게는 프로토콜이나 명령에 별첨 A에 설시된 사항을 포함할 것이 권고된다.

별첨 A: 공동심리

법원은 다른 법원과 공동심리를 진행할 수 있다. 그러한 공동심리에 관하여 다음 사항이 적용되고, 필요한 경우에는 이들이 프로토콜이나 명령에 포함되도록 고려하여야 한다.

(i) 이 별첨에 기재된 사항을 이행하는 것이 해당 절차의 대상에 관한 법원의 개별적이고 독립적인 권한을 박탈하거나 축소하는 것이어서는 안 된다. 이 별첨에 기재된 사항이 이행되더라도 이로써 법원이나 당사자들이 다른 관할권에 속하는 권한의 침해를 승인하거나 이에 관여한 것으로 간주되어서는 안 된다.

(ii) 각 법원은 해당 국가에서 진행되는 절차의 진행, 심리, 그 절차에서 발생하는 문제들의 결정에 관하여 유일하고 배타적인 관할권과 권한을 가진다.

(iii) 각 법원은 다른 법원의 절차를 실시간으로 참관할 수 있어야 한다. 가능한 최상의 음향 및 영상 접근을 제공할 수 있도록 방법을 고려하여야 한다.

(iv) 각 법원에 제출되었거나 제출될 서면과 증거의 제출과정 및 형식에 대한 공조를 고려하여야 한다.

(v) 법원은 상대국의 외국 대리인이나 당사자가 출석하여 의견을 진술하는 것을 허용하는 명령을 행할 수 있다. 그러한 명령이 행하여질 경우 외국 대리인이나 당사자가 관련 법원의 관할이나 전문가 규정에 구속되는지 여부를 고려할 필요가 있다.

(vi) 법원은 공동심리 이전에, 원활한 문건 제출과 법원의 결정 발령을 위한 절차를 모색하고, 그 공동심리와 관련된 절차적, 행정적, 예비적 쟁점들을 공조하고 해소하기 위하여 대리인의 관여 여부를 불문하고 그 다른 법원과 교신할 수 있어야 한다.

(vii) 법원은 공동심리 이후에, 드러난 쟁점들을 결정하기 위하여 대리인의 관여 여부를 불문하고 다른 법원과 교신할 수 있어야 한다. 이 쟁점들에 절차적 또는 실체적 사항들이 포함될 것인지 여부는 검토해 보아야 한다. 그러한 교신의 전부 또는 일부가 녹음되어 보존되어야 하는지 여부도 검토해 보아야 한다.

〔별지 2 세부원칙(Modalities)〕

1. 원문(영어)

MODALITIES OF COURT-TO-COURT COMMUNICATION

Scope and definitions

1. These Modalities apply to direct communications (written or oral) between courts in specific cases of cross-border proceedings relating to insolvency or adjustment of debt opened in more than one jurisdiction ("Parallel Proceedings"). Nothing in this document precludes indirect means of communication between courts, such as through the parties or by exchange of transcripts, etc. This document is subject to any applicable law.

2. These Modalities govern only the mechanics of communication between courts in Parallel Proceedings. For the principles of communication (*e.g.*, that court-to-court communications should not interfere with or derogate from the jurisdiction or the exercise of jurisdiction by a court in any proceedings, etc.), reference may be made to the *Guidelines for Communication and Cooperation between Courts in Cross-Border Insolvency Matters* (the "Guidelines") issued by the Judicial Insolvency Network in October 2016 and attached as APPENDIX A.

3. These Modalities contemplate contact being initiated by an "Initiating Judge" (defined below). The parties before such judge may request him or her to initiate such contact, or the Initiating Judge may seek it on his or her own initiative.

4. In this document:
   a. "Initiating Judge" refers to the judge initiating communication in the first instance;
   b. "Receiving Judge" refers to the judge receiving communication in the first instance;
   c. "Facilitator" refers to the person(s) designated by the court where the Initiating Judge sits or the court where the Receiving Judge sits (as the case may be) to initiate or receive communications on behalf of the Initiating Judge or the Receiving Judge in relation to Parallel Proceedings.

Designation of Facilitator

5. Each court may designate one or more judges or administrative officials as the Facilitator. It is recommended that, where the Facilitator is not a judge, a judge be designated to supervise the initial steps in the communication process.

6. Courts should prominently publish the identities and contact details of their Facilitators, such as on their websites.

7. Courts should prominently list the language(s) in which initial communications may be made and the technology available to facilitate communication between or among courts (*e.g.* telephonic and/or video conference capabilities, any secure channel email capacity, etc.).

Initiating communication

8. To initiate communication in the first instance, the Initiating Judge may require the parties over whom he or she exercises jurisdiction to obtain the identity and contact details of the Facilitator of the other court in the Parallel Proceedings, unless the information is already known to the Initiating Judge.

9. The first contact with the Receiving Judge should be in writing, including by email, from the Facilitator of the Initiating Judge's court to the Facilitator of the Receiving Judge's court, and contain the following:
   a. the name and contact details of the Facilitator of the Initiating Judge's court;
   b. the name and title of the Initiating Judge as well as contact details of the Initiating Judge in the event that the Receiving Judge wishes to contact the Initiating Judge directly and such contact is acceptable to the Initiating Judge;
   c. the reference number and title of the case filed before the Initiating Judge and the reference number and title (if known; otherwise, some other identifier) of the case filed before the Receiving Judge in the Parallel Proceedings;
   d. the nature of the case (with due regard to confidentiality concerns);
   e. whether the parties before the Initiating Judge have consented to the communication taking place (if there is any order of court, direction or protocol for court-to-court communication for the case approved by the Initiating Judge, this information should also be provided);
   f. if appropriate, the proposed date and time for the communication requested (with due regard to time differences); and
   g. the specific issue(s) on which communication is sought by the Initiating Judge.

Arrangements for communication

10. The Facilitator of the Initiating Judge's court and the Facilitator of the Receiving Judge's court may communicate fully with each other to establish appropriate arrangements for the communication without the necessity for participation of counsel or the parties unless otherwise ordered by one of the courts.

11. The time, method and language of communication should be to the satisfaction of the Initiating Judge and the Receiving Judge, with due regard given to the need for efficient management of the Parallel Proceedings.

12. Where translation or interpretation services are required, appropriate arrangements shall be made, as agreed by the courts. Where written communication is provided through translation, the communication in its original form should also be provided.

13. Where it is necessary for confidential information to be communicated, a secure means of communication should be employed where possible.

Communication between the Initiating Judge and the Receiving Judge

14. After the arrangements for communication have been made, discussion of the specific issue(s) on which communication was sought by the Initiating Judge and subsequent communications in relation thereto should, as far as possible, be carried out between the Initiating Judge and the Receiving Judge in accordance with any protocol or order for communication and cooperation in the Parallel Proceedings[12]

15. If the Receiving Judge wishes to by-pass the use of a Facilitator, and the Initiating Judge has indicated that he or she is amenable, the judges may communicate with each other about the arrangements for the communication without the necessity for the participation of counsel or the parties.

16. Nothing in this document should limit the discretion of the Initiating Judge to contact the Receiving Judge directly in exceptional circumstances.

---

12) See Guideline 2 of the *Guidelines for Communication and Cooperation Between Courts in Cross-Border Insolvency Matters.*

2. 번역문(국어)

법원 간 교신의 세부원칙

범위와 정의

1. 이 세부원칙들은 둘 이상의 국가에서 개시된 도산 내지 채무조정과 관련된 국제적 절차("병행절차")에서 법원들 간의 직접 교신(서면 또는 구두)에 적용된다. 이 문서의 어느 부분도 당사자들을 통하거나 녹취서의 교환에 의하는 것과 같은 간접적인 방법에 의한 법원 간의 교신을 방해하지 아니한다. 이 문서는 준거법에 따른 제한을 받는다.

2. 이 세부원칙들은 병행절차에서 법원 간 교신의 방법에만 적용된다. 교신의 원칙 (예를 들어, 법원 간 교신이 당해 절차에 관한 법원의 관할권이나 그 행사에 간섭하거나 이를 손상시켜서는 안 된다는 점 등)에 관하여는 2016년 10월에 도산사법 네트워크에 의하여 공표되고 별첨A로 첨부된 「국제 도산 사건에서 법원 간 교신 및 공조에 관한 가이드라인」("가이드라인")13)이 참조될 수 있다.

3. 이 세부원칙들은 "개시법관"(뒤에서 정의 내려짐)에 의하여 연락이 개시되는 것을 예정하고 있다. 그 법관으로부터 재판을 받는 당사자들이 그 법관에게 그와 같은 연락을 개시할 것을 요청할 수 있고, 혹은 개시법관이 스스로의 판단에 따라 그와 같은 연락을 시도할 수도 있다.

4. 이 문서에서:
   a. "개시법관"은 처음에 교신을 개시한 법관을 말한다.
   b. "수신법관"은 처음에 교신을 수신한 법관을 말한다.
   c. "조력자"는 개시법관이 근무하는 법원 또는 수신법관이 근무하는 법원으로부터 병행절차와 관련하여 (경우에 따라) 개시법관이나 수신법관을 위하여 교신을 개시하거나 수신하기 위하여 지정된 사람(들)을 말한다.

조력자의 지정

5. 각 법원은 1인 또는 다수의 법관 또는 행정 공무원을 조력자로 지정할 수 있다. 조력자가 법관이 아닌 경우에는 교신 과정의 초기 단계를 감독할 법관이 지정되는 것이 권고된다.

---

13) 이 준칙의 [별지 1 가이드라인(Guidelines)]을 말하는 것이므로, [별지 2 세부원칙(Modalities)] 부분에 위 가이드라인을 중복하여 첨부하지는 않는다.

6. 법원들은 조력자의 신분 및 상세 연락처를 그들의 웹사이트와 같은 곳에 잘 알려 지도록 공표하여야 한다.

7. 법원들은 최초의 교신이 이루어질 수 있는 언어(들) 및 법원 간 교신을 촉진하기 위하여 사용가능한 기술(예를 들어, 전화 또는 화상 회의 가능 여부, 보안 채널 이메일 가능 여부 등)을 잘 알려지도록 열거하여야 한다.

교신의 개시

8. 처음에 교신을 개시하기 위하여 개시법관은 그가 관할권을 행사하고 있는 당사자 들에게 병행절차가 진행되는 다른 법원의 조력자의 신분과 상세 연락처를 입수할 것을 요구할 수 있으나, 개시법관이 그 정보를 이미 알고 있는 경우에는 그렇지 아니하다.

9. 수신법관과의 첫 번째 연락은 개시법관의 조력자로부터 수신법관의 조력자에게 이 메일을 비롯한 서면으로 이루어져야 하고, 다음과 같은 사항을 포함하여야 한다:
   a. 개시법관이 있는 법원의 조력자의 이름과 상세 연락처
   b. 개시법관의 이름과 직위 및 수신법관이 개시법관과 직접 연락하기를 원할 때에 개시법관이 그러한 연락을 받아들일 수 있는 경우에는 개시법관의 상세 연락처
   c. 개시법관에게 신청되어 있는 사건의 사건번호와 사건명 그리고 병행절차에서 수신법관에게 신청되어 있는 사건의 사건번호와 사건명(알고 있는 경우. 알고 있지 않다면, 달리 식별할 수 있는 것)
   d. 사건의 특성 (비밀성에 대한 우려를 감안하여)
   e. 교신이 이루어지는 것에 대하여 개시법관으로부터 재판을 받는 당사자들이 동 의하였는지 여부 (만일 그 사건에 관하여 법원 간 교신을 위한 법원의 명령, 지 시 또는 프로토콜로서 개시법관으로부터 승인받은 것이 있다면 그러한 정보도 제공되어야 한다)
   f. 가능한 경우에는, 요청된 교신을 위하여 제안된 일자와 시간 (시차를 감안하여)
   g. 개시법관에 의하여 교신이 구하여지는 구체적인 쟁점(들)

교신을 위한 준비

10. 개시법관이 속한 법원의 조력자와 수신법관이 속한 법원의 조력자는 그 법원들 중 하나가 다르게 정하지 아니하는 한 당사자들이나 대리인을 참여시킬 필요 없이 교 신을 위한 적절한 준비를 하기 위하여 서로 충분히 연락을 주고받을 수 있다.

11. 교신의 시간, 방법 및 언어는 병행절차의 효율적인 관리가 필요함을 고려하여 개 시법관과 수신법관을 만족시키는 것이어야 한다.

12. 번역이나 통역 서비스가 필요한 경우에는 법원들에 의하여 합의된 바에 따라 적절한 준비가 이루어져야 한다. 서면으로 된 교신이 통역되어 제공되는 경우에는 원래 형태의 교신도 제공되어야 한다.

13. 비밀인 정보가 교신될 필요가 있는 경우에는 가능하다면 교신을 위하여 안전한 수단이 이용되어야 한다.

개시법관과 수신법관 사이의 교신

14. 교신을 위한 준비가 이루어진 후, 개시법관에 의하여 교신이 구하여지는 구체적인 쟁점(들)에 대한 논의 및 그와 관련된 그 이후의 교신은 가능한 한 개시법관과 수신법관 사이에서 병행절차에 있어 교신 및 공조를 위한 프로토콜이나 명령에 따라 수행되어야 한다.[14]

15. 만일 수신법관이 조력자의 사용을 피하기를 원하고 개시법관이 이를 받아들일 것을 나타내었다면, 그 법관들은 당사자들이나 대리인을 참여시킬 필요 없이 교신을 위한 준비에 관하여 서로 연락을 주고받을 수 있다.

16. 이 문서의 어느 부분도 예외적인 상황에서 개시법관이 수신법관에게 직접 연락할 재량을 제한하지는 아니한다.

---

14) 「국제 도산 사건에서 법원 간 교신 및 공조에 관한 가이드라인」 중 가이드라인 2를 참조.

조문색인

사항색인

제 6 판
회생사건실무(하)

초판발행	2006년 5월 30일
제 2 판발행	2008년 7월 30일
제 3 판발행	2011년 4월 20일
제 4 판발행	2014년 9월 25일
제 5 판발행	2019년 7월 25일
제 6 판발행	2023년 7월 20일

지은이	서울회생법원 재판실무연구회
펴낸이	안종만·안상준

편 집	이승현
기획/마케팅	조성호
표지디자인	이수빈
제 작	고철민·조영환

펴낸곳	(주) **박영시**
	서울특별시 금천구 가산디지털2로 53, 210호(가산동, 한라시그마밸리)
	등록 1959. 3. 11. 제300-1959-1호(倫)
전 화	02)733-6771
f a x	02)736-4818
e-mail	pys@pybook.co.kr
homepage	www.pybook.co.kr
ISBN	979-11-303-4429-4 94360
	979-11-303-4427-0 (세트)

정 가   68,000원